ACCOUN

KIM YONG JAE

합격에 필요한 것만 담았다!

CPA 수석이 개발한 획기적인 풀이법 전수!

김 용 재 편저

CPA 수석이 알려주는 컴팩트 회계학

김용재의 객관식 재무회계

최신증보판

https://**hmstory.kr**

PREFACE

[1] 객관식 중급회계 교재 특징

1. 풀이법에 대한 간단한 설명

본서에서는 기본강의 및 심화강의에서 배웠던 풀이법을 다시 배울 것입니다. 하지만 객관식 강의에서는 시간과 지면의 한계로, 풀이법에 대해서 결론만 간단하게 짚고 넘어갈 겁니다. 따라서 **객관식 강의가 이해되지 않는 수험생은 패턴 회계학을 수강해주세요.** 객관식 교재에 비해 양이 적지만, 설명이 자세하기 때문에 따라오기 수월할 겁니다. **패턴과 객관식 둘 다 볼 시간이 없다면 패턴을 보세요.** 객관식 재무회계는 패턴 회계학에 있는 내용을 잘 숙지한 학생들이 비슷한 유형에 대해 많은 문제를 풀면서 훈련을 하기 위한 과정입니다. 패턴 회계학을 잘 모른다면 객관식 과정을 따라오는 것이 비효과적입니다. 패턴 회계학에 있는 내용만 잘 숙지해도 충분히 합격에 필요한 점수를 받을 수 있습니다.

2. 기출문제를 유형별로 배치

유형별 풀이법을 간략하게 복습한 뒤, 그 유형에 해당하는 기출문제를 풀 것입니다. 시중 객관식 교재는 문제가 장별로만 구분되어 있고, 유형별로는 구분되어 있지 않습니다. 예를 들어, '재고자산' 장에는 50문제가 1번부터 50번까지 순서대로 배열되어 있을 뿐, 저가법 문제가 어디에 있는지, 소매재고법 문제가 어디에 있는지 파악할 수 없었습니다. 따라서 공부하다가 특정 유형을 복습하려고 할 때 그 유형이 어디에 있는지 장 전체를 뒤져봤어야 합니다. 제가 수험생 시절에 이런 책으로 공부하면서 직접 불편함을 느꼈기에, 여러분의 편의성을 위해 유형별로 문제를 모아서 배치하였습니다.

3. 2010년도부터 최근 기출문제까지 수록

본서에는 2010년도 기출문제부터 최근 기출문제까지 수록하였습니다. 그 이전에는 IFRS 도입 전이므로 현 수험생이 풀기에 적합하지 않다고 판단하였습니다. 2010년도부터의 기출문제만 하더라도 문제 수가 많기 때문에 훈련하기에 충분할 겁니다.

4. 심화 표시의 의미

(1) 내용에 있는 심화 표시

내용에 심화 표시가 있다면, 자주 나오지 않는 유형이라는 뜻입니다. 여유가 없는 수험생은 심화 내용을 넘어가도 좋습니다.

(2) 말문제에 있는 심화 표시

지엽적인 문장이 포함되어 있거나, 눈에 잘 띄지 않는 부분을 고쳐서 틀리게 만든 문장이 포함되어 있다는 뜻입니다.

(3) 계산문제에 있는 심화 표시

계산 과정이 많이 복잡하거나, 응용이 많이 된 문제라는 뜻입니다. 1차 시험은 타임어택이라고 불릴 만큼 시간 압박이 심합니다. 모든 문제를 다 풀지 않아도 됩니다. 따라서 풀 문제와 풀지 않을 문제를 걸러내는 것이 굉장히 중요합니다. **제가 심화 표시를 한 문제들은 실전에서 풀지 않아야 하는 문제입니다.** 하지만 실제 시험지에는 문제에 심화 표시가 없죠. 제가 표시한 심화 문제들을 보면서 '왜 이 문제는 심화 문제인지'를 고민해보세요. 실전에서 풀지 않을 문제를 걸러내는 능력을 키울 수 있을 겁니다.

5. 구성: 전반부 - 풀이법 설명 및 문제, 후반부 - 정답 및 해설

교재 전반부에는 풀이법 설명 및 문제를, 후반부에는 정답 및 해설을 배치하였습니다. 시중 교재에서 흔히 볼 수 있는 '1장 문제 - 1장 해설 - 2장 문제 - 2장 해설'과 같은 배치에서는 계속 교재를 앞, 뒤로 뒤적거려야 하는 불편함이 있기 때문에 문제와 정답 부분을 분리하였습니다. 수험생 여러분께서는 교재를 분권하여 문제와 해설을 같이 펼쳐놓고 공부하실 것을 추천합니다.

6. 빠른 정답표

각 장별로는 정답표를 수록하지 않았습니다. 대신, 교재 가장 마지막 부분에 빠른 정답표를 수록하였습니다. 해설을 보지 않고 채점을 하고 싶은 학생은 빠른 정답표를 활용하기 바랍니다.

[2] 말문제 공부법

1. 모든 기준서 문장을 기억하려고 하지 말 것

제발. **기준서에 있는 모든 문장을 외우려고 하지 말아주세요**... 부탁입니다. 저와 여러분 모두에게 불행이 찾아올 겁니다. 강사인 저도 기준서에 있는 모든 문장을 외우지는 못합니다. 수험생 때는 외운 문장이 더욱 적었겠죠. 그럼에도 불구하고 수석으로 합격할 수 있었습니다. 교재의 하나의 장이 하나의 기준서인데, 기준서 하나 분량이 200~300p가량 됩니다. 우리가 다루는 모든 기준서의 분량을 합치면 5,000p 정도 되겠네요.

기준서에 있는 모든 문장을 외우는 것은 불가능하다는 것을 꼭 숙지해주셨으면 좋겠습니다. 물론, 기출문제들을 풀다 보면 모르는 문장이 가끔 튀어나올 겁니다. 처음 보는 문장이 문제에 등장하면 속으로 '아, 이거 뭐야...'하실텐데요, 어쩔 수 없습니다. 출제진은 기준서에 있는 문장 중 본인의 마음에 드는 문장을 고르는데요, 이 문장이 출제된 문장일 수도 있고, 출제된 적 없는 문장일 수도 있습니다. 하지만 이 출제된 적 없는 문장까지 맞히기 위해서 다 공부하려면 3년으로도 부족합니다. '내년 시험에 출제되는 모든 문장을 내가 아는 상태로 시험장에 가겠다'라는 욕심을 버리고 공부하셔야 합니다. 어차피 다른 수험생들도 처음 보는 것은 똑같습니다.

2. 기준서 문장을 이해하려고 하지 말 것

말문제를 공부하다 보면 다양한 기준서 문장을 읽게 될 텐데, **기준서 문장을 이해하려고 하지 마세요.** 여러분이 회계 고수가 아니기 때문에 처음 보는 기준서 문장을 보자마자 이해할 수가 없습니다. 예를 들어, 김치를 할 때 찹쌀을 넣어야 합니다. 요잘알은 왜 그런지 듣자마자 알겠지만, 요알못은 왜 그런지 모를 겁니다. 그럼 그냥 왜인지는 모르지만 찹쌀을 넣는 겁니다. 그게 맛있다고 하니까요.

여러분은 회알못입니다. 한 문장, 한 문장씩 '왜 그럴까?'라는 의문을 가지면서 공부하면 이해도 안 되고, 진도도 못 나갑니다. 그냥 '음, 이 계정은 이렇게 회계처리 하는구나~'라고 생각하면서 그냥 넘어가세요. 대신 여러 번 보세요. **처음 볼 땐 이해가 안 되겠지만 여러 번 반복해서 보면 나도 모르게 그게 당연한 것이 됩니다.**

[3] 말문제 풀이 꿀팁

1. 옳은 것은? 무조건 넘기기

말문제의 유형은 2가지입니다. '다음 중 옳은 것은?', '다음 중 옳지 않은 것은?' 이 중 **난이도가 높은 유형은 옳은 것을 묻는 문제**입니다. 조금 어려운 것도 아니고, 압도적으로 어렵습니다. 우리는 공부할 때 올바른 기준서 문장을 공부합니다. 올바른 문장이 익숙한 상태에서, 틀린 문장을 고르는 것은 여간 쉬운 일이 아니죠. 옳지 않은 것을 묻는 문제는 틀린 문장을 1개만 찾으면 되지만, 옳은 것을 묻는 문제는 틀린 문장을 4개를 걸러내야 합니다. 따라서 **옳은 것을 묻는 문제는 무조건 넘어가세요.** 시험장에서 여러분의 시간을 잡아먹는 괴물이 될 수 있습니다.

2. 계산형 말문제는 숫자가 없는 선지 먼저 판단하기

계산형 말문제란, 유형은 말문제인데 선지에 숫자가 들어있어서 계산을 해야 하는 문제입니다. 우선 **계산형 말문제는 계산해야 할 숫자들이 많으므로 넘기고 마지막에 푸세요.** 다른 문제들을 다 풀고 나서도 그냥 푸는 게 아닙니다. 선지들을 보면 계산형 말문제임에도 불구하고 **숫자가 없는 선지**가 간혹 있습니다. 이런 선지는 눈으로만 봐도 정오를 판단할 수 있으므로 이런 선지를 **먼저 풀고 나서 나머지 선지를 계산**하는 겁니다. 의외로 계산이 필요 없는 선지가 답인 경우가 꽤 많습니다.

[3] 계산문제 풀이 속도를 빠르게 하는 법

1. 정석적으로 풀이법을 연습하기

우선은 각 패턴별로 정해진 풀이법을 습득하는 것이 중요하므로, 본서에 서술된대로 풀이법을 정석대로 써주세요. 표에 써놓은 메모, 계산 순서 등 모든 것을 하나도 건너뛰지 말고 FM대로 풀어주세요. 시간이 다소 걸리겠지만 처음에는 이렇게 연습해야 나중에 속도가 빨라집니다. 대충 아는 상태로 풀이법을 간소화시키면 이후에 처음 보는 문제가 나왔을 때 당황할 수 있습니다.

|정석적인 풀이법 사례|

	비용	자산	부채	OCI
기초		120,000	150,000	
이자(10%)	3,000	12,000	15,000	
당기	25,000		25,000	
지급		(3,000)	(3,000)	
적립		35,000		
재측정 전	**28,000**	164,000	187,000	

2. 풀이법은 머릿속으로 생각하면서 계산 진행

정석적으로 풀이법 연습을 반복해서 풀이법이 편해지면 풀이법을 간소화하여 적습니다. 이제는 어느 칸에 어느 숫자가 들어가야 하는지 알기 때문에 굳이 적지 않아도 됩니다. 정석적인 풀이법 사례를 다음과 같이 간단하게 적을 수 있습니다.

|간단한 풀이법 사례|

10%	3,000 25,000	120,000 12,000 (3,000) 35,000	150,000 15,000 25,000 (3,000)	
	28,000	164,000	187,000	

3. 풀었는데 답이 보기에 없는 경우: 넘어갈 것! (중요!)
이는 계산형 문제가 출제되는 세법, 재무관리, 경제학 등 모든 과목에 적용해야 하는 방법입니다. 1차에서는 객관식 문제를 푸는데, 답을 구했는데 ①~⑤ 중에 답이 없을 수 있습니다. 이때는 **뒤도 돌아보지 말고 바로 다음 문제로 넘어가야 합니다.** 보기에 답이 없는 이유는 내가 잘못 풀었기 때문입니다. 정답을 구하려면 방금 푼 것과 다른 방식으로 풀어야 합니다. 하지만 바로 다시 풀 때는 방금과 같은 방식으로 풀 가능성이 높습니다. 따라서 다른 문제들을 먼저 풀면서 환기를 한 뒤, 맨 마지막에 풀어야 합니다. 아무래도 시간이 지났기 때문에 최초의 풀이법과 다르게 접근할 수 있을 것입니다. 1차 시험은 시간 압박이 굉장히 큰 타임어택입니다. **한 문제에 너무 오랜 시간을 붙들고 있으면 그 해 시험 전체를 망칠 수 있습니다. 안 풀리면 바로 넘어가세요.**

[4] OMR 마킹하는 법

1. 굵은 컴퓨터용 싸인펜 사용하기
회계사, 세무사 1차 시험 OMR의 마킹란은 ▯처럼 길쭉한 형태가 아니라 ○처럼 동그란 형태입니다. 따라서 많은 학생들이 컴퓨터용 싸인펜으로 원을 그리면서 마킹을 하는데요, 이렇게 되면 마킹하는데 시간이 굉장히 많이 걸립니다. 원을 그리다가 삐져나가서 옆에 원을 침범하는 경우도 많구요. 그래서 애초에 컴싸를 살 때부터 굵은 펜을 이용하시는 것이 유리합니다.
제가 시중에 있는 다양한 컴싸를 써봤는데, '모나미' 컴퓨터용 싸인펜이 굵습니다. 아래 QR코드는 구입 링크입니다. 배송비 절약을 위해 한꺼번에 많이 구입하신 후, 동료 수험생과 나눌 것을 추천합니다.

모나미 컴싸

2. 싸인펜 끝 구부리기

모나미 컴싸가 다른 컴싸에 비해 굵긴 하지만, 아직 마킹란을 채우기는 부족합니다. 이를 보완하기 위해서, 싸인펜 끝을 구부릴 겁니다. 싸인펜 끝을 종이에 대고 비스듬히 누르면 종이에 닿는 면적이 넓어질 것입니다. 이때, 수직으로 누르면 싸인펜 심이 들어갈 수 있으므로 주의하세요.

3. 쿡쿡 찍기

이제 마킹을 하기 위한 모든 준비는 끝났습니다. 구부러진 끝을 이용하여 쿡쿡 찍기만 하면 됩니다. 기존에 원을 그리던 방식에 비해서 마킹하는 속도가 훨씬 빠를 겁니다. 영상을 참고하고 싶은 분은 유튜브에 '김수석님~~ 컴퓨터용 싸인펜 추천해주세요~!'이라고 검색하시면 됩니다.

4. 원터치 컴퓨터용 사인펜

기존 컴싸가 얇은 문제를 보완하기 위해서, 원터치 컴퓨터용 사인펜을 팔더군요. '동아 원터치 컴퓨터용 사인펜'을 검색해서 써보시면 좋을 듯 합니다. 이 펜은 애초에 굵게 제작해서 끝을 구부릴 필요가 없습니다. 모나미 컴싸와 원터치 컴싸 중 마음에 드는 걸 사용하시기 바랍니다.

보너스. 모르겠으면 3, 4번으로 찍기

선지	정답 빈도
①	18.44%
②	20.56%
③	**21.35%**
④	**21.09%**
⑤	18.56%
계	100.00%

본서에 있는 선지별 정답 빈도입니다. 모든 선지의 정답 빈도가 20%(=1/5)에 가깝긴 하나, ③, ④번의 빈도가 다른 선지에 비해 높습니다. 실전에서 시간이 부족하고, 지금 당장 OMR카드를 제출해야 하는 상황이라면 정답률이 1%p라도 높은 선지를 찍는 것이 좋아보입니다.

CONTENTS

PART 1 중급 회계

chapter 01 재고자산 15

1. 재고자산 일반 16
2. 기말 재고자산에 포함될 항목 18
3. 저가법 26
4. 소매재고법 39
5. 재고자산 말문제 43

chapter 02 유형자산 49

1. 유형자산의 취득원가 50
2. 교환 52
3. 차입원가 자본화 57
4. 감가상각 72
5. 정부보조금 77
6. 유형자산 원가모형 85
7. 유형자산 재평가모형 91
8. 재평가모형의 손상 100
9. 복구충당부채 102
10. 유형자산 말문제 106

chapter 03 투자부동산 111

1. 투자부동산 평가모형 112
2. 투자부동산 계정 재분류 113
3. 투자부동산 말문제 116

chapter 04 무형자산 121

1. 무형자산의 최초 인식 122
2. 개별 취득하는 무형자산 123
3. 내부적으로 창출한 무형자산 123
4. 무형자산의 측정 124
5. 무형자산 계산문제 131

chapter 05 금융부채 137

1. 유효이자율법 138
2. 기중상환 141
3. 자기사채 143
4. 권면상 발행일과 실제 발행일이 다른 경우 중요! 145
5. 이자지급일이 기중인 경우 심화 149
6. 연속상환사채 150
7. 당기손익-공정가치 측정 금융부채 151

chapter 06 금융자산 155

1. 지분상품 회계처리 156
2. 채무상품 회계처리 158
3. 신용위험 중요! 165
4. 신용손상 중요! 166
5. 조건 변경 중요! 175
6. 금융자산 재분류 184
7. 금융자산의 제거 190
8. 금융보증계약 및 지속적 관여 심화 194
9. 금융상품 말문제 출제사항 196

chapter 07 복합금융상품 201

1. 전환사채 202
2. 신주인수권부사채 208
3. 조정 계정을 이용한 총액 분개 심화 220
4. 액면발행이 아닌 경우 VS 발행원가 221
5. 전환사채의 조기상환 중요! 224
6. 전환사채-유도전환 229

chapter 08 리스 233

1. 정기리스료의 산정 234
2. 금융리스 회계처리 236
3. 무보증잔존가치 감소 246
4. 판매형 리스 247
5. 판매후 리스 251

6. 리스부채의 재측정 254
7. 리스의 변경 심화 258
8. 운용리스제공자 266
9. 리스 말문제 심화 269

chapter 09 충당부채 275

1. 충당부채의 의의 276
2. 우발부채와 우발자산 276
3. 충당부채의 측정 278
4. 충당부채 사례 중요! 279
5. 충당부채의 계산 287

chapter 10 종업원급여 293

1. 확정급여제도 294
2. 적립 및 지급이 기중에 이루어지는 경우 301
3. 자산인식상한 302
4. 종업원급여 말문제 출제사항 306

chapter 11 자본 311

1. 자본의 구성요소 312
2. 유상증자 314
3. 자기주식 315
4. 감자 317
5. 자본이 불변인 자본거래 318
6. 이익잉여금의 구성 318
7. 이익잉여금의 처분 319
8. 자본거래가 자본에 미치는 영향 중요! 324
9. 배당금의 배분 329
10. 우선주의 종류 332

chapter 12 수익 335

0. 수익의 의의 336
1. 1단계-계약의 식별 336
2. 2단계-수행의무의 식별 337
3. 3단계-거래가격의 산정 338
4. 4단계-거래가격의 배분 341
5. 5단계-수익의 인식 341
6. 계약변경 344
7. 수취채권, 계약자산, 계약부채 347
8. 재매입 약정 349
9. 고객충성제도 353
10. 보증 355
11. 본인-대리인 356
12. 계약원가 359
13. 수익 인식의 다양한 사례 359
14. 건설계약 363

chapter 13 주식기준보상 369

1. 주식결제형 주식기준보상 370
2. 현금결제형 주식기준보상 373
3. 가득조건 377
4. 조건변경 379
5. 선택형 주식기준보상 383
6. 주식기준보상의 중도 청산 387
7. 주식기준보상 말문제 출제사항 390

chapter 14 주당순이익 395

1. 기본주당순이익 396
2. 희석주당이익 403
3. 잠재적보통주가 여러 개일 때 중요! 409
4. 주당이익과 계속영업이익 심화 411
5. 주당순이익 말문제 출제사항 412

chapter 15 회계변경 및 오류수정 417

1. 회계변경 및 오류수정 418
2. 정책변경 418
3. 자동조정오류 423
4. 비자동조정오류 425
5. 법인세가 있는 경우 소급법 심화 434
6. 회계변경 및 오류수정 말문제 435

CONTENTS

chapter 16 법인세회계 441

1. 법인세회계 442
2. 법인세회계-자산성 검토 450
3. 법인세회계-기타 세무조정 451
4. 법인세회계-전환사채 심화 455
5. 법인세회계 말문제 458

chapter 17 현금흐름표 463

1. 현금흐름표의 의의 464
2. 영업활동 현금흐름-직접법 465
3. 영업활동 현금흐름-간접법 473
4. 영업에서 창출된 현금 479
5. 투자 · 재무활동 현금흐름 486
6. 현금흐름표 말문제 심화 492

chapter 18 현금 및 수취채권 495

1. 현금 및 현금성자산 496
2. 은행계정조정표 497
3. 대손 499
4. 어음의 할인 500

chapter 19 재무제표 표시 503

1. 재무제표 504
2. 일반사항 505
3. 재무상태표 508
4. 포괄손익계산서 509
5. 주석 511

chapter 20 개념체계 519

1. 개념체계 및 일반목적재무보고 520
2. 유용한 재무정보의 질적 특성 523
3. 재무제표의 요소 529
4. 인식과 제거 532
5. 측정기준 533
6. 자본 및 자본유지개념 536
7. 보고기업 540

chapter 21 기타 재무보고 543

1. 농림어업 544
2. 매각예정비유동자산 548
3. 중단영업 553
4. 중간재무보고 555
5. 보고기간 후 사건 558
6. 재무비율 560

PART 2 고급 회계

chapter 01 환율변동효과 569

1. 기능통화로의 환산 570
2. 재무제표의 표시통화로의 환산 576
3. 환율변동효과 말문제 580
4. 삼각 외화환산 심화 584

chapter 02 위험회피회계 587

1. 외환채권, 채무에 대한 위험회피 588
2. 공정가치위험회피 590
3. 현금흐름위험회피 중요! 596
4. 외화확정계약 603
5. 스왑 위험회피 심화 607
6. 위험회피회계 말문제 614

chapter 03 사업결합 621

1. 영업권과 염가매수차익 622
2. 취득자산과 인수부채의 측정 622
3. 잠정금액 627
4. 조건부대가 630

5. 단계적 취득 및 이전대가 중 비화폐성 자산 634
6. 기존 관계 심화 638
7. 현금창출단위 640
8. 사업결합이 아닌 자산집단 취득 심화 643
9. 사업결합 말문제 644
10. 지배력 649

chapter 04 연결회계 653

1. 연결NI, 지배NI, 비지배NI 654
2. 영업권의 손상 670

chapter 05 연결회계-기타사항 675

1. 법인세가 있는 경우 연결 ★중요! 676
2. 기타포괄손익이 있는 경우 연결 680
3. 모자손 682
4. 역취득 685
5. 종속기업투자주식의 취득, 처분 심화 687
6. 종속기업의 자본거래 심화 688
7. 연결 말문제 691
8. 해외사업장 순투자 697
9. 해외사업장에 대한 연결 심화 699
10. 해외사업장 순투자에 대한 위험회피 702

chapter 06 지분법 705

1. 지분법 회계처리 706
2. 지분법손익, 관계기업투자주식 장부금액 707
3. 관계기업투자주식의 처분 714
4. 연결의 중단 716
5. 관계기업투자주식의 손상 718
6. 현물출자를 통한 유의적인 영향력 획득 심화 719
7. 지분법 말문제 720

PART 3 정답 및 해설

01 중급회계 730

02 고급회계 972

PART 1

중급회계

CHAPTER 01 재고자산
CHAPTER 02 유형자산
CHAPTER 03 투자부동산
CHAPTER 04 무형자산
CHAPTER 05 금융부채
CHAPTER 06 금융자산
CHAPTER 07 복합금융상품
CHAPTER 08 리스
CHAPTER 09 충당부채
CHAPTER 10 종업원급여
CHAPTER 11 자본
CHAPTER 12 수익
CHAPTER 13 주식기준보상
CHAPTER 14 주당순이익
CHAPTER 15 회계변경 및 오류수정
CHAPTER 16 법인세회계
CHAPTER 17 현금흐름표
CHAPTER 18 현금 및 수취채권
CHAPTER 19 재무제표 표시
CHAPTER 20 개념체계
CHAPTER 21 기타 재무보고

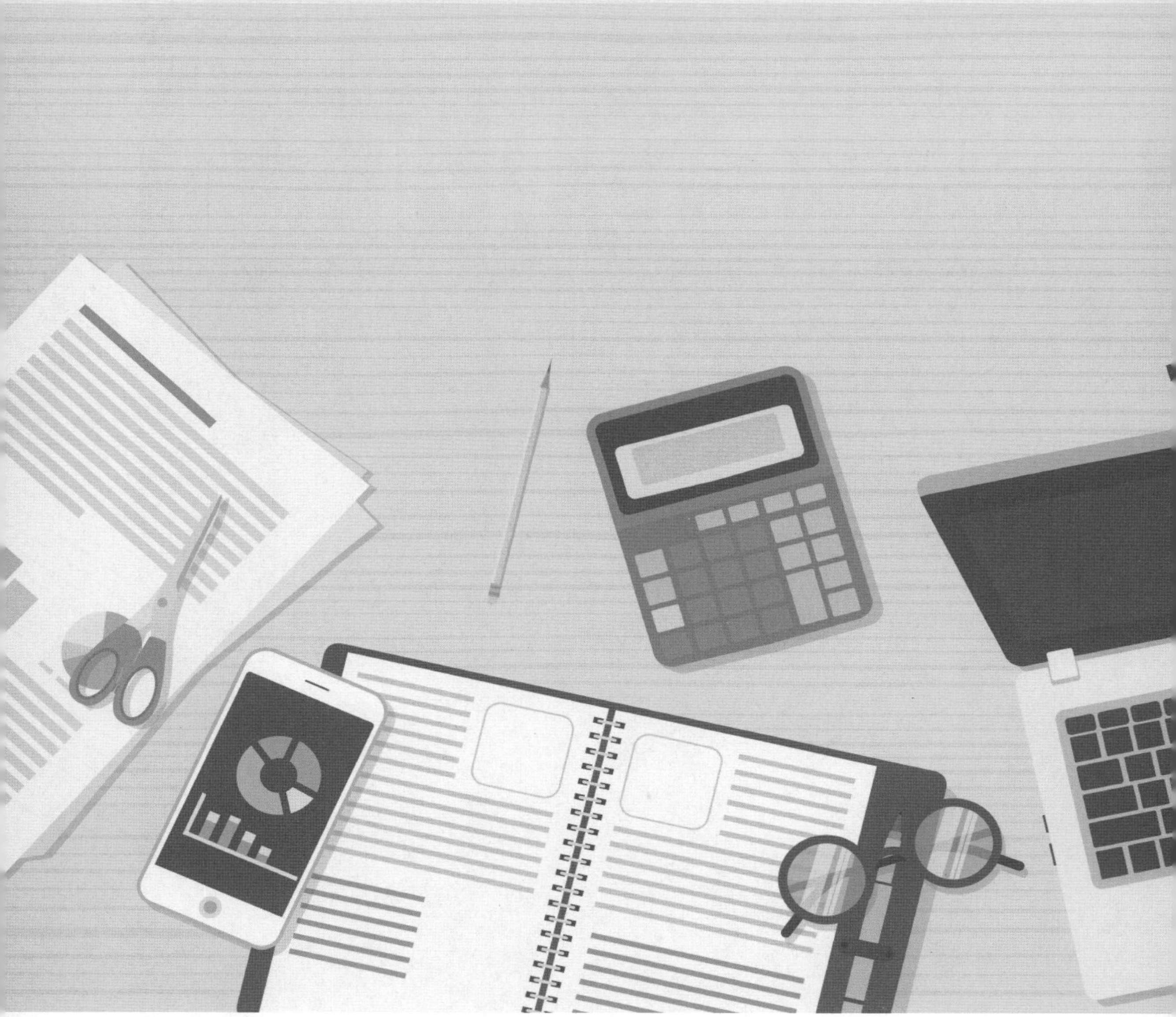

객 관 식

C·H·A·P·T·E·R

1

재고자산

[1] 재고자산 일반

[2] 기말 재고자산에 포함될 항목

[3] 저가법

[4] 소매재고법

[5] 재고자산 말문제

01 CHAPTER

재고자산

1 재고자산 일반

1. 재고자산의 매입 및 매출

> 매출원가 = 기초 재고 + (순)매입액 − 기말 재고
> 매출총이익 = (순)매출액 − 매출원가
> (순)매입액 = 총매입액 − 매입에누리 − 매입환출 − 매입할인 + 취득부대비용
> (순)매출액 = 총매출액 − 매출에누리 − 매출환입 − 매출할인

(1) 차감항목: 매입액 및 매출액에서 차감

(2) 부대비용: 매입액에 가산, 매출액과 무관

2. 원가흐름의 가정

	계속기록법	실지재고조사법
FIFO	FIFO	
평균법	이동평균법	총평균법

(1) 선입선출법(FIFO, First In First Out)

: 먼저 구입한 순서대로 먼저 판매되었다고 가정

> 매출원가 = 기초 재고부터 매입액을 순차적으로 가산
> 기말 재고자산 = 가장 마지막 매입부터 역순으로 가산

선입선출법은 **계속기록법과 실지재고조사법의 차이가 없음**

(2) 총평균법 (실지재고조사법 & 평균법)

: 기초 재고와 총 매입 재고 전체(판매가능상품)를 한꺼번에 평균

> 매출원가 = 판매가능상품 금액 × 판매 수량/판매가능상품 수량
> 기말 재고자산 = 판매가능상품 금액 × 기말 수량/판매가능상품 수량

(3) 이동평균법 (계속기록법 & 평균법)

: 매출 시점까지 존재한 재고를 기준으로 평균

일 자	수량	단가	금액	잔액	잔량(먼저!)
1월 1일	150개	₩100	15,000		
1월 15일	50개	₩140	7,000	㉠22,000	①200
1월 20일	(100개)		ⓐ(11,000)	㉡11,000	②100
1월 25일	100개	₩150	15,000	㉢26,000	③200
1월 28일	(100개)		ⓑ(13,000)	㉣13,000	④100

Step 1. 잔액, 잔량 표 그리기
Step 2. 잔량 구하기
Step 3. 잔액 구하기
Step 4. 매출원가 구하기

예 제 원가흐름의 가정

A-01 ㈜한국은 상품의 매입원가에 20%를 가산하여 판매하고 있으며 실지재고조사법으로 재고자산을 회계처리하고 있다. 20X3년도 상품매매와 관련된 자료는 다음과 같다.

일 자	적 요	수량(단위)	단 가
1월 1일	기초재고	1,000	₩200
2월 5일	매 입	1,000	200
6월 10일	매 입	1,000	300
9월 15일	매 출	2,500	–
11월 20일	매 입	1,000	400

㈜한국이 재고자산의 원가흐름가정으로 가중평균법을 적용하고 있다면 20X3년도 포괄손익계산서에 인식할 매출액은 얼마인가? 2014. CTA

① ₩687,500 ② ₩825,000 ③ ₩870,000 ④ ₩900,000 ⑤ ₩920,000

2 기말 재고자산에 포함될 항목

미착품	선적지 인도조건 시 구매자, 도착지 인도조건 시 판매자의 재고	
적송품 (위탁판매)	수탁자가 판매할 때 수익 인식	창고 밖에 있지만 재고에 포함
시송품 (시용판매)	고객이 구매 의사를 밝혔을 때 수익 인식	
저당상품	대여자가 보관해도 차입자의 재고	
할부판매&선수금 판매	자산 인도 시점에 소유권 이전	
재구매조건부 판매	공정가치 재구매 or 풋옵션이 깊은 외가격 상태이면 판매	
인도결제판매	자산 인도 후 결제까지 완료되어야 소유권 이전	
미인도청구약정	판매자가 보관하지만 구매자의 재고	

주의 ⓘ **기말 재고자산 계산 시 주의사항**

(1) 기말 재고자산에 포함된다고 무조건 더하지 말고, 재고자산에 포함되지 않는다고 무조건 빼지 말 것
(2) 재구매조건부 판매: 재고가 맞다면 **원가**를 가산해야 함 (not 판매가격, 재구매 가격)

1. 시송품

시송품은 **고객이 구매 의사를 밝혔을 때 수익을 인식**하며, 그 전까지 고객이 보유하고 있는 상품은 판매자의 재고자산에 포함된다.

(1) 예상구매비율 추정 여부에 따른 매출과 매출원가 인식

고객의 예상구매비율	매출액	매출원가
합리적 추정 불가(원칙)	0	0 (전부 기말 재고자산)
합리적 추정 가능(예외)	총 매출액 × 예상구매비율	시송품 원가 × 예상구매비율

2. 할부판매 vs 선수금 판매: 소유권 이전은 대금 회수 여부와 무관 ★중요!

	X1년	X2년
할부판매	상품 이전	판매대금 수령
선수금 판매	판매대금 수령	상품 이전

회계는 발생주의를 기반으로 하므로 대금 회수 여부와 상관없이 **상품의 소유권은 상품이 이전될 때 같이 넘어간다.**

(1) 할부판매 및 선수금 판매의 매출액

할부판매	선수금 판매
매출액 = PV(현금 수령액)	매출액 = 현금수령액 × $(1 + R)^n$

3. 재구매조건부판매 ★중요!

거래 구분 (재고의 소유자)	(1) 재구매 가격	(2) 풋옵션의 상태
판매거래 (구매자)	공정가치 (위험 이전 O)	깊은 외가격 (그대로 니꺼)
차입거래 (판매자)	약정금액 (위험 이전 X)	깊은 내가격 (다시 내꺼)

예 제 기말 재고자산에 포함될 항목

A-02 ㈜한국의 회계담당자가 20X1년 12월 31일 재고자산을 실사한 결과, 창고에 보관하고 있는 상품은 ₩1,000,000이며 아래 항목은 반영되지 않은 상태이다.

- 선적지인도조건의 거래명세서 ₩200,000을 20X2년 1월 3일에 수령하여 매입거래로 기록하였다. 상품은 20X1년 12월 29일에 선적되어 20X2년 1월 3일에 입고되었다.
- 도착지인도조건의 거래명세서 ₩300,000을 20X1년 12월 28일에 수령하였다. 상품은 20X2년 1월 2일에 입고되었다.
- 20X1년 12월 26일 도착지인도조건으로 판매한 상품 ₩400,000(원가)이 20X1년 12월 31일 현재 운송 중이었다. 20X2년 1월 2일 고객으로부터 상품을 인수하였다는 통보를 받고 ㈜한국은 동 일자로 매출을 기록하였다.
- 20X1년 12월 31일 매출로 기록한 상품이 하역장에 보관되어 기말재고실사과정에서 누락되었다. 선적지인도조건이며 20X2년 1월 3일 선적되었으며, 상품원가는 ₩500,000이었다.

위의 자료를 반영한 후 ㈜한국의 20X1년 올바른 기말상품재고액은? 단, 재고자산감모손실 및 평가손실은 없다고 가정한다. 2017. CPA

① ₩1,200,000 ② ₩1,600,000 ③ ₩1,700,000 ④ ₩2,100,000 ⑤ ₩2,400,000

A-03 ㈜대한은 20X3년 12월 31일 실사를 통하여 창고에 보관 중인 상품이 ₩200,000(원가)인 것으로 확인하였다. 다음의 자료를 고려한 ㈜대한의 기말상품재고액은 얼마인가? (단, 재고자산감모손실 및 재고자산평가손실은 없다.) 2014. CTA

- ㈜대한이 고객에게 인도한 시송품의 원가는 ₩90,000이며, 이 중 3분의 1에 대해서는 기말 현재 고객으로부터 매입의사를 통보받지 못하였다.
- ㈜대한이 ㈜한국으로부터 도착지인도조건으로 매입하여 기말 현재 운송중인 상품의 원가는 ₩80,000이며 20X4년 1월 10일 도착 예정이다.
- ㈜대한과 위탁판매계약을 체결한 ㈜세무에서 기말 현재 판매되지 않고 보관중인 상품의 원가는 ₩60,000이다.
- ㈜대한이 ㈜세종으로부터 선적지인도조건으로 매입하여 기말 현재 운송중인 상품의 원가는 ₩30,000이며 20X4년 1월 20일 도착 예정이다.

① ₩200,000 ② ₩260,000 ③ ₩290,000 ④ ₩320,000 ⑤ ₩360,000

A-04 ㈜세무의 20X1년 재고자산 관련 현황이 다음과 같을 때, 20X1년 말 재무상태표의 재고자산은? 2017. CTA

- 20X1년 말 재고실사를 한 결과 ㈜세무의 창고에 보관 중인 재고자산의 원가는 ₩100,000이다.
- 20X1년도 중 고객에게 원가 ₩80,000 상당의 시송품을 인도하였으나, 기말 현재까지 매입의사를 표시하지 않았다.
- 20X1년도 중 운영자금 차입목적으로 은행에 원가 ₩80,000의 재고자산을 담보로 인도하였으며, 해당 재고자산은 재고실사 목록에 포함되지 않았다.
- ㈜한국과 위탁판매계약을 체결하고 20X1년도 중 원가 ₩100,000 상당의 재고자산을 ㈜한국으로 운송하였으며, 이 중 기말 현재 미판매되어 ㈜한국이 보유하고 있는 재고자산의 원가는 ₩40,000이다.
- ㈜대한으로부터 원가 ₩65,000의 재고자산을 도착지인도조건으로 매입하였으나 20X1년 말 현재 운송중이다.

① ₩220,000 ② ₩260,000 ③ ₩300,000
④ ₩320,000 ⑤ ₩365,000

A-05 ㈜대한이 실지재고조사법으로 재고자산을 실사한 결과 20X1년말 현재 창고에 보관하고 있는 재고자산의 실사금액은 ₩5,000,000으로 집계되었다. 추가자료는 다음과 같다.

(1) 20X1년 10월 1일 ㈜대한은 ㈜서울에 원가 ₩500,000의 상품을 인도하고, 판매대금은 10월말부터 매월 말일에 ₩200,000씩 4개월에 걸쳐 할부로 수령하기로 하였다.
(2) ㈜대한은 20X1년 11월 1일에 ㈜충청과 위탁판매계약을 맺고 원가 ₩2,000,000의 상품을 적송하였다. ㈜충청은 20X1년말까지 이 중 60%만을 판매완료하였다.
(3) 20X1년말 ㈜대한은 ㈜경기에 원가 ₩1,200,000의 상품을 ₩1,600,000에 판매 즉시 인도하면서, ㈜경기가 ㈜대한에게 동 상품을 ₩1,800,000에 재매입하도록 요구할 수 있는 풋옵션을 부여하는 약정을 체결하였다.
(4) 20X1년 12월 1일에 ㈜대한은 제품재고가 없어 생산중인 제품에 대한 주문을 ㈜강원으로부터 받아 이를 수락하고 동 제품에 대한 판매대금 ₩1,500,000을 전부 수령하였다. 20X1년말 현재 동 제품은 생산이 완료되었으며 ㈜대한은 이를 20X2년 1월 5일에 ㈜강원에 인도하였다. 동 제품의 제조원가는 ₩1,000,000이고 실사금액에 포함되어 있다.

추가자료의 내용을 반영하면 ㈜대한의 20X1년말 재무상태표에 보고될 재고자산은 얼마인가? 2015. CPA

① ₩4,800,000 ② ₩5,200,000 ③ ₩6,000,000
④ ₩6,200,000 ⑤ ₩7,000,000

A-06 ㈜계림은 회계감사를 받기 전, 20X1년 말 현재 재무상태표에 재고자산 ₩5,000,000을 보고하였다. ㈜계림은 실지재고조사법을 사용하여 기말에 창고에 있는 모든 상품만을 기말재고로 보고하였다. 회계감사 도중 공인회계사는 다음 사항을 알게 되었다.

(1) ㈜계림은 20X1년 10월 8일에 새로 개발된 단위당 원가 ₩100,000의 신상품을 기존의 고객 10명에게 각각 전달하고, 사용해본 후 6개월 안에 ₩150,000에 구입여부를 통보해 줄 것을 요청하였다. 20X1년 12월 31일 현재 4곳으로부터 구입하겠다는 의사를 전달받았고, 나머지 6곳으로부터는 아무런 연락을 받지 못했다.
(2) ㈜계림은 20X1년 12월 2일 미국의 A사와 프랑스의 B사에 각각 ₩500,000, ₩400,000의 상품을 주문하였다. 동년 12월 30일에 양사로부터 주문한 상품이 선적되었음을 통보받았고, A사에 주문한 상품은 20X2년 1월 2일에, B사에 주문한 상품은 20X2년 1월 27일에, 각각 도착하여 ㈜계림에 인도되었다. A사 상품에 대한 주문조건은 도착지인도조건(F.O.B. destination)이고 B사 상품에 대한 주문조건은 선적지인도조건(F.O.B. shipping point)이다.
(3) ㈜계림은 20X1년 12월 15일에 원가 ₩250,000의 상품을 ㈜통성에게 ₩300,000에 판매하였다. 그 대금으로 판매 당일 ₩50,000을 수령하였으며, 나머지는 향후 5개월간 매월 15일에 ₩50,000씩 받기로 하고 상품을 인도하였다.
(4) ㈜계림은 20X1년 12월 20일에 자금이 부족하여 잘 알고 지내는 고객에게 원가 ₩100,000의 상품을 ₩150,000에 판매하여 인도하고, 1개월 후 ₩160,000에 재구매하기로 약정하였다.
(5) ㈜계림은 20X1년 12월 27일에 원가 ₩150,000의 상품을 ㈜한랑에게 ₩200,000에 판매하고 판매대금을 수수하였다. 하지만, ㈜한랑은 20X2년 2월 8일에 동 상품을 인도받기를 원해서 ㈜계림의 창고 한쪽에 따로 보관하고 있다.

위의 내용을 반영하여 재무상태표에 재고자산을 보고하면 얼마인가? 2011. CPA

① ₩5,450,000 ② ₩5,750,000 ③ ₩5,950,000 ④ ₩6,850,000 ⑤ ₩7,100,000

A-07 재고자산을 실사한 결과, ㈜한국은 20X1년 12월 31일 현재 원가 ₩600,000의 상품을 창고에 보관하고 있다. 다음의 추가 자료를 반영한 후 ㈜한국의 20X1년 올바른 기말상품재고액은 얼마인가? 단, 재고자산 감모손실 및 평가손실은 없다고 가정한다. 2016. CPA

〈추가자료〉
(1) ㈜한국은 판매자로부터 원가 ₩10,000의 상품을 매입한 후 대금을 완불하였으나 보관창고가 부족하여 20X1년 12월 31일 현재 동 상품을 판매자가 보관하고 있다
(2) ㈜한국은 위탁판매거래를 위해 20X1년 11월 중 수탁자에게 원가 ₩20,000의 상품을 적송했는데 20X1년 12월 31일 현재까지 상품이 판매되지 않았다. 적송 시 운임은 발생하지 않았다.
(3) ㈜한국은 20X1년 12월 25일 판매자로부터 선적지인도조건(F.O.B. shipping point)으로 원가 ₩80,000의 상품을 매입하여 20X1년 12월 31일 현재 운송 중에 있으며, 도착예정일은 20X2년 1월 9일이다. 매입 시 운임은 발생하지 않았다.
(4) ㈜한국은 20X1년 12월 25일에 원가 ₩40,000의 상품을 1개월 후에 재구매하겠다는 조건으로 고객에게 판매하여 인도하였다.
(5) ㈜한국은 20X1년 12월 28일 중개업자를 통해 인도결제판매조건으로 원가 ₩30,000의 상품을 판매하여 인도가 완료되었다. 중개업자는 판매대금을 회수하고 대행수수료 ₩5,000을 차감한 후 ㈜한국에 지급한다. ㈜한국 및 중개업자는 20X1년 12월 31일 현재 판매대금 전액을 현금으로 수취하지 못하고 있다.

① ₩700,000 ② ₩740,000 ③ ₩750,000 ④ ₩770,000 ⑤ ₩780,000

A-08 ㈜대한이 재고자산을 실사한 결과 20X1년 12월 31일 현재 창고에 보관중인 상품의 실사금액은 ₩2,000,000인 것으로 확인되었다. 추가자료 내용은 다음과 같다.

> (1) ㈜대한이 20X1년 12월 21일 ㈜서울로부터 선적지인도조건(F.O.B. shipping point)으로 매입한 원가 ₩250,000의 상품이 20X1년 12월 31일 현재 운송 중에 있다. 이 상품은 20X2년 1월 5일 도착예정이며, 매입 시 발생한 운임은 없다.
> (2) ㈜대한은 20X1년 10월 1일에 ㈜부산으로부터 원가 ₩150,000의 상품에 대해 판매를 수탁받았으며 이 중 원가 ₩40,000의 상품을 20X1년 11월 15일에 판매하였다. 나머지 상품은 20X1년 12월 31일 현재 ㈜대한의 창고에 보관 중이며 기말 상품의 실사금액에 포함되었다. 수탁 시 발생한 운임은 없다.
> (3) ㈜대한은 20X1년 12월 19일에 ㈜대전에게 원가 ₩80,000의 상품을 ₩120,000에 판매 즉시 인도하고 2개월 후 ₩130,000에 재구매하기로 약정을 체결하였다.
> (4) 20X1년 11월 10일에 ㈜대한은 ㈜강릉과 위탁판매계약을 체결하고 원가 ₩500,000의 상품을 적송하였으며, ㈜강릉은 20X1년 12월 31일 현재까지 이 중 80%의 상품을 판매하였다. 적송 시 발생한 운임은 없다.
> (5) ㈜대한은 단위당 원가 ₩50,000의 신상품 10개를 20X1년 10월 15일에 ㈜광주에게 전달하고 20X2년 2월 15일까지 단위당 ₩80,000에 매입할 의사를 통보해 줄 것을 요청하였다. 20X1년 12월 31일 현재 ㈜대한은 ㈜광주로부터 6개의 상품을 매입하겠다는 의사를 전달받았다.

위의 추가자료 내용을 반영한 이후 ㈜대한의 20X1년 12월 31일 재무상태표에 표시될 기말상품재고액은 얼마인가? 단, 재고자산감모손실 및 재고자산평가손실은 없다고 가정한다. 2019. CPA

① ₩2,330,000 ② ₩2,430,000 ③ ₩2,520,000 ④ ₩2,530,000 ⑤ ₩2,740,000

A-09 ㈜대한이 재고자산을 실사한 결과 20X1년 12월 31일 현재 창고에 보관중인 상품의 실사금액은 ₩1,500,000인 것으로 확인되었다. 재고자산과 관련된 추가자료는 다음과 같다.

> • ㈜대한은 20X1년 9월 1일에 ㈜강원으로부터 원가 ₩100,000의 상품에 대해 판매를 수탁받았으며, 이 중 원가 ₩20,000의 상품을 20X1년 10월 1일에 판매하였다. 나머지 상품은 20X1년 12월 31일 현재 ㈜대한의 창고에 보관중이며, 창고보관상품의 실사금액에 이미 포함되었다.
> • ㈜대한은 20X1년 11월 1일 ㈜경북에 원가 ₩400,000의 상품을 인도하고, 판매대금은 11월 말부터 매월 말일에 3개월에 걸쳐 ₩150,000씩 할부로 수령하기로 하였다.
> • ㈜대한은 20X1년 11월 5일에 ㈜충남과 위탁판매계약을 체결하고 원가 ₩200,000의 상품을 적송하였으며, ㈜충남은 20X1년 12월 31일 현재까지 이 중 60%의 상품을 판매하였다.
> • ㈜대한이 20X1년 12월 23일에 ㈜민국으로부터 선적지인도조건으로 매입한 원가 ₩100,000의 상품이 20X1년 12월 31일 현재 운송 중에 있다. 이 상품은 20X2년 1월 10일 도착예정이다.
> • ㈜대한은 20X1년 12월 24일에 ㈜충북에게 원가 ₩50,000의 상품을 ₩80,000에 판매 즉시 인도하고 2개월 후 ₩100,000에 재구매하기로 약정하였다.

위의 추가자료를 반영한 후 ㈜대한의 20X1년 말 재무상태표에 표시될 기말상품재고액은 얼마인가? 단, 재고자산감모손실 및 재고자산평가손실은 없다. ㈜대한의 위탁(수탁)판매계약은 기업회계기준서 제1115호 '고객과의 계약에서 생기는 수익'의 위탁(수탁)약정에 해당한다. 2022. CPA

① ₩1,570,000 ② ₩1,600,000 ③ ₩1,650,000 ④ ₩1,730,000 ⑤ ₩1,800,000

A-10 ㈜세무의 20X1년 기초재고자산은 ₩200,000이고 당기 매입액은 ₩1,000,000이다. ㈜세무는 실지재고조사법을 적용하고 있으며, 20X1년 12월 31일 실사를 통하여 창고에 보관 중인 상품이 ₩300,000인 것으로 확인하였다. 추가 고려사항이 다음과 같을 때, ㈜세무의 20X1년 매출원가는? (단, 재고자산감모손실 및 재고자산평가손실은 없다.) 2016. CTA

- 20X1년 6월 1일에 ㈜한국으로부터 판매를 수탁받은 상품(원가 ₩120,000) 중 원가 ₩20,000이 판매되었고, 나머지는 기말 현재 ㈜세무의 창고에 보관 중이며 기말실사 금액에 포함되어 있다.
- 20X1년 12월 21일에 ㈜민국으로부터 FOB 선적지인도조건으로 매입한 상품(송장가격: ₩60,000)이 20X1년 12월 31일 현재 선박으로 운송 중에 있다. 이 상품은 20X2년 1월 8일에 도착한다.
- 20X1년 12월 30일에 반품률이 높은 상품(원가 ₩50,000)을 ㈜대한에 판매 · 인도하였다. 해당 상품의 경우 반품률은 신뢰성 있게 추정할 수 없고 반품기한은 20X2년 1월 10일까지이다.

① ₩690,000 ② ₩770,000 ③ ₩790,000 ④ ₩870,000 ⑤ ₩890,000

A-11 ㈜국세의 20X1년 기초재고자산은 ₩2,000,000이며, 당기매입액은 ₩12,000,000이다. ㈜국세는 20X1년도 결산을 하는 과정에서 재고자산 실사를 한 결과 ₩1,000,000인 것으로 파악되었다. 20X1년 중에 발생한 아래와 같은 사항을 고려하여 20X1년도 매출원가를 계산하면 얼마인가? (단, 당기 매입에 대한 회계처리는 적절하게 이루어졌으며, 재고자산감모손실과 재고자산평가손실은 없다고 가정한다.) 2012. CTA

- 20X1년 12월 25일에 ㈜대한으로부터 FOB 선적지인도조건으로 매입한 상품(송장가격: ₩1,500,000)이 20X1년 12월 31일 현재 선박으로 운송 중에 있다. 이 상품은 20X2년 1월 9일에 도착할 예정이다.
- 20X1년 12월 30일에 ㈜민국으로부터 FOB 도착지인도조건으로 매입한 상품(송장가격: ₩2,100,000)이 20X1년 12월 31일 현재 항공편으로 운송 중에 있다. 이 상품은 20X2년 1월 2일에 도착할 예정이다.
- ㈜국세가 판매를 목적으로 고객에게 발송한 상품(원가: ₩1,500,000) 중 20X1년 12월 31일 현재 원가 ₩1,000,000에 해당하는 상품에 대해서만 고객이 매입의사를 표시하였다.
- ㈜국세가 은행에서 자금을 차입하면서 담보로 제공한 재고자산(₩700,000)이 창고에 보관중인데, 재고자산 실사 시 이를 포함하였다.

① ₩9,300,000 ② ₩10,300,000 ③ ₩11,000,000
④ ₩11,500,000 ⑤ ₩11,700,000

예제 기말 재고자산에 포함될 항목 & 매출총이익률법

A-12 ㈜일용은 20X1년 6월말 재고자산을 보관중인 창고에 화재가 발생해 모든 재고자산과 재고자산에 관한 장부를 소실하였다. 회사는 실지재고조사법을 사용하고 있다. 화재 이후 20X1년 12월말까지 회사는 정상적인 영업활동을 수행하였다. 다음은 재고자산과 관련한 자료이다.

가. 20X0년말 재무상태표에 따르면 재고자산은 ₩450,000이며, 매출채권은 ₩200,000, 매입채무는 ₩150,000이다.
나. 20X0년도 포괄손익계산서의 매출액 및 매출원가는 각각 ₩8,000,000과 ₩6,400,000이다.
다. 20X1년 6월말 현재 매출채권보조원장 차변 합계액은 ₩3,000,000이고, 매입채무보조원장 대변 합계액은 ₩2,300,000이다. 회사는 모두 신용거래만을 하고 있다.
라. 20X1년 7월부터 12월까지의 매입액과 매출액은 각각 ₩2,400,000, ₩3,100,000이다.
마. 20X1년말 ㈜일용의 창고에 보관중인 재고자산은 ₩200,000이다.
바. 20X1년 12월 ₩80,000을 차입하기 위해 재고자산 ₩100,000이 담보로 제공되었으며, 20X1년말 현재 금융기관이 보관하고 있다.
사. 20X1년 9월에 할부조건으로 판매된 재고자산은 모두 ₩200,000이며, 20X1년말 현재 할부금의 50%는 아직 회수되지 않았다. 미회수중인 할부금의 회수불확실성은 높지 않다.
아. 20X1년 10월부터 재고자산의 일부에 대해서는 위탁판매의 형태로 매출하고 있으며, 20X1년말 수탁자가 판매하지 못하고 보관중인 ㈜일용의 재고자산은 ₩300,000이다.

㈜일용의 20X1년 6월의 재고자산화재손실 금액과 20X1년말 기말재고자산 금액은 각각 얼마인가? 단, 20X1년 6월말까지의 매출원가는 20X0년도의 매출총이익률을 사용하여 추정한 금액을 활용한다. 2014. CPA 심화

	재고자산화재손실	기말재고자산
①	₩200,000	₩580,000
②	₩200,000	₩600,000
③	₩350,000	₩600,000
④	₩360,000	₩600,000
⑤	₩360,000	₩700,000

예제 할부판매

A-13 ㈜대한은 20X1년 1월 1일에 원가가 ₩4,500,000인 상품을 판매하면서 그 대금은 매년 말 ₩2,000,000씩 3회에 걸쳐 현금을 수취하기로 하였다. 동 거래로 20X1년도와 20X2년도의 포괄손익계산서상 당기순이익은 각각 얼마나 증가되는가? (단, 유효이자율은 10%이며, 현가계수는 아래 표를 이용한다. 계산금액은 소수점 첫째자리에서 반올림하며, 이 경우 단수차이로 인해 약간의 오차가 있으면 가장 근사치를 선택한다.) 2011. CTA

현 가 계 수 표

할인율 / 기간	기간 말 단일금액 ₩1의 현재가치	정상연금 ₩1의 현재가치
	10%	10%
1년	0.90909	0.90909
2년	0.82645	1.73554
3년	0.75131	2.48685

	20X1년	20X2년
①	₩497,370	₩347,107
②	₩497,370	₩500,000
③	₩971,070	₩347,107
④	₩971,070	₩500,000
⑤	₩1,500,000	₩0

A-14 ㈜국세는 20X2년 7월 1일에 토지(장부금액: ₩60,000)를 매각하면서 20X3년 6월 30일부터 20X5년 6월 30일까지 매년 6월 30일에 ₩40,000씩을 수령하기로 하였다. 20X2년 7월 1일 유효이자율이 연 10%일 때 동 토지매각과 관련하여 ㈜국세가 20X3년도 포괄손익계산서에 인식해야 할 이자수익은 얼마인가? (단, 현가계수는 아래의 표를 이용하며, 이자는 월할계산한다. 계산금액은 소수점 첫째자리에서 반올림하며, 단수차이로 인한 오차가 있으면 가장 근사치를 선택한다.) 2012. CTA

현 가 계 수 표

할인율 / 기간	기간 말 단일금액 ₩1의 현재가치	정상연금 ₩1의 현재가치
	10%	10%
1	0.90909	0.90909
2	0.82645	1.73554
3	0.75131	2.48685

① ₩6,000 ② ₩6,942 ③ ₩8,445
④ ₩9,947 ⑤ ₩12,000

3 저가법

1. 저가법 풀이법 ★중요!

BQ × BP	= XXX		
↓	(감모손실)	〈	정상감모 (주로 매출원가) 비정상감모 (주로 기타비용)
AQ × BP	= XXX		
↓	(평가충당금)		(평가손실 = 기말 충당금 − 기초 충당금)
AQ × 저가	= XXX(순액)		

BQ(Book Quantity): 장부상 수량
BP(Book Price): 장부상 단가(= 취득원가)
AQ(Actual Quantity): 실제 수량
저가: min[BP, NRV]
− NRV(순실현가능가치) = 예상 판매가격 − 추가 완성원가 − 판매비용

(1) 기말 재고: 마지막 줄 금액 (=AQ×저가)

(2) 매출원가 ★중요!

총비용	= 매출원가 + 기타비용	= 기초 재고(순액) + 매입액 − 기말 재고(순액)
매출원가	= 총비용 − 기타비용	= 기초 재고(순액) + 매입액 − 기말 재고(순액) − **기타비용**

재고자산

기초(순액)	①XXX	**매출원가**	**⑤XXX**	┐ 총비용
		기타비용	④XXX	┘
매입	②XXX	기말(순액)	④XXX	
계	③XXX	계	③XXX	

(3) 평가충당금 회계처리

평가충당금 설정	재고자산평가손실 (비용)	XXX	재고자산평가충당금 (자산 감소)	XXX
평가충당금 환입	재고자산평가충당금	XXX	재고자산평가손실환입 (비용 감소)	XXX

예제 저가법

B-01 다음의 자료는 ㈜민국의 20X1년도 재고자산과 관련된 내용이다.

- 기초재고자산: ₩485,000
  재고자산평가충당금(기초): 없음
  당기매입액: ₩4,000,000
- ㈜민국은 재고자산감모손실과 재고자산평가손실을 매출원가에 포함한다.

상품	장부재고	실지재고	단위당 원가	단위당 순실현가능가치
A	1,000개	900개	₩100	₩110
B	400개	350개	₩200	₩180
C	500개	500개	₩250	₩220

㈜민국이 20X1년도 포괄손익계산서에 인식할 매출원가는? 2017. CPA

① ₩4,202,000 ② ₩4,215,000 ③ ₩4,222,000
④ ₩4,237,000 ⑤ ₩4,242,000

B-02 ㈜한국의 20X1년 말 재고자산의 취득원가는 ₩200,000, 순실현가능가치는 ₩160,000이다. 20X2년 중 재고자산을 ₩1,600,000에 매입하였다. 20X2년 말 장부상 재고자산 수량은 200단위지만 재고실사 결과 재고자산 수량은 190단위(단위당 취득원가 ₩2,200, 단위당 순실현가능가치 ₩1,900)였다. 회사는 재고자산으로 인한 당기비용 중 재고자산감모손실을 제외한 금액을 매출원가로 인식할 때, 20X2년 매출원가는? (단, 20X1년 말 재고자산은 20X2년에 모두 판매되었다.) 2015. CTA

① ₩1,377,000 ② ₩1,394,000 ③ ₩1,399,000
④ ₩1,417,000 ⑤ ₩1,421,000

B-03 ㈜대한의 20X1년도 재고자산(상품A)과 관련된 자료가 다음과 같을 때, 20X1년도에 매출원가, 감모손실, 평가손실로 인식할 비용의 합계액은? 2013. CTA

(1) 기초재고 ₩700,000 (재고자산평가충당금 ₩0)
(2) 매입액 ₩6,000,000
(3) 매출액 ₩8,000,000
(4) 기말재고: 장부수량 3,000개, 개당 취득원가 ₩200
실사수량 2,500개, 개당 순실현가능가치 ₩240
재고자산 감모 분 중 50%는 정상적인 것으로 판단되었다.

① ₩6,000,000 ② ₩6,050,000 ③ ₩6,100,000 ④ ₩6,150,000 ⑤ ₩6,200,000

B-04 ㈜세무는 단일상품을 판매하는 기업으로, 20X1년 결산이전 재고자산의 정상적인 수량부족과 평가손실을 반영하지 않은 매출원가는 ₩989,400이다. 재고와 관련된 자료가 다음과 같을 때, 20X1년 기초재고자산은? (단, 재고자산의 정상적인 수량부족과 평가손실은 매출원가로 처리하고, 비정상적인 수량부족은 기타비용으로 처리한다.) 2020. CTA

- 당기매입 관련 자료
  - 당기상품매입액: ₩800,000
  - 매입운임: ₩60,000
  - 관세환급금: ₩10,000
- 기말재고 실사자료
  - 기말재고 장부상 수량: 500개
  - 기말재고 실제 수량: 480개(14개는 정상적인 수량부족임)
  - 단위당 취득단가: ₩900
  - 단위당 순실현가능가치: ₩800

① ₩584,000 ② ₩586,600 ③ ₩587,400
④ ₩589,400 ⑤ ₩596,600

예제 저가법-기초 평가충당금이 존재하는 경우

B-05 ㈜세무의 20X1년 초 상품재고액은 ₩100,000(재고자산평가충당금 ₩0)이다. ㈜세무의 20X1년과 20X2년의 상품매입액은 각각 ₩500,000과 ₩600,000이며, 기말상품재고와 관련된 자료는 다음과 같다. ㈜세무는 재고자산평가손실(환입)과 정상적인 재고자산감모손실은 매출원가에 반영하고, 비정상적인 재고자산감모손실은 기타비용에 반영하고 있다. ㈜세무의 20X2년도 매출원가는? 2022. CTA

항목	장부수량	실제수량	정상감모수량	단위당 취득원가	단위당 순실현가능가치
20X1년 말	450개	400개	20개	₩300	₩250
20X2년 말	650개	625개	10개	₩350	₩330

① ₩481,000 ② ₩488,500 ③ ₩496,000
④ ₩501,000 ⑤ ₩523,500

B-06 ㈜한국이 보유하고 있는 재고자산의 품목(A)와 품목(B)는 서로 다른종목이며, 재고자산을 저가법으로 평가할 때 종목기준을 적용하고 있다. 20X1년의 기초재고자산은 ₩200,000이며 20X1년 중에 매입한 재고자산의 품목(A)와 품목(B)의 합계는 총 ₩6,000,000이다. 단, 기초의 재고자산평가충당금은 없다. 아래에서는 ㈜한국이 20X1년 12월 31일 현재 실지재고조사를 통해 보유중인 재고자산의 수량 및 단위당 가치에 대한 현황을 나타내고 있다.

항목	장부수량	실제수량	단위당 취득원가	단위당 순실현가능가치
품목(A)	500개	400개	₩400	₩450
품목(B)	500개	450개	₩100	₩80

㈜한국이 재고자산과 관련하여 20X1년도에 당기비용으로 인식할 금액은 얼마인가? 만약 20X2년 12월 31일 현재 재고자산 품목(B)의 단위당 순실현가능가치가 ₩120으로 회복될 경우, 재고자산평가손실환입액으로 인식할 금액은 얼마인가? 단, ㈜한국은 판매가격의 하락으로 인해 감액된 재고자산 품목(B)의 수량을 20X2년 12월 31일까지 계속 보유하고 있으며, 20X2년도 중 품목(B)의 추가취득은 없다고 가정한다. 2016. CPA

	20X1년도 당기비용	20X2년도 품목(B)의 재고자산평가손실환입액
①	₩5,900,000	₩18,000
②	₩5,950,000	₩18,000
③	₩5,959,000	₩9,000
④	₩5,995,000	₩9,000
⑤	₩6,004,000	₩9,000

예 제 저가법 & 원가흐름의 가정

B-07 ㈜세무의 20X1년도 및 20X2년도 상품 관련 자료는 다음과 같다.

- 20X1년도 기말재고자산: ₩4,000,000(단위당 원가 ₩1,000)
- 20X2년도 매입액: ₩11,500,000(단위당 원가 ₩1,250)
- 20X2년도 매출액: ₩15,000,000

20X2년 말 장부상 상품수량은 4,000개였으나, 실지재고조사 결과 기말수량은 3,500개로 확인되었다. 20X2년 말 현재 보유하고 있는 상품의 예상 판매가격은 단위당 ₩1,500이며, 단위당 ₩300의 판매비용이 예상된다. ㈜세무가 선입선출법을 적용할 때, 20X2년도에 인식할 당기손익은? 2017. CTA

① ₩3,000,000 이익 ② ₩3,700,000 이익 ③ ₩3,875,000 이익
④ ₩4,300,000 이익 ⑤ ₩4,500,000 이익

B-08 20X1년 초 설립된 ㈜세무는 단일상품만 판매하고 있으며, 재고자산에 대하여 가중평균법(실지재고조사법)을 적용하고 있고, 기말 장부상재고와 실제재고를 함께 확인한다. ㈜세무의 20X1년도 재고자산에 관한 자료는 다음과 같다.

일자	적요	수량	단위당 원가
1월 10일	매입	300개	₩100
3월 20일	매출	200	–
6월 15일	매입	300	120
10월 16일	매입	400	130
12월 7일	매출	400	–

20X1년 말 재고자산의 단위당 순실현가능가치는 ₩110이며, 20X1년도 재고자산평가손실은 ₩2,960일 때, ㈜세무가 20X1년도 재무제표에 보고할 매출원가는? (단, 감모의 80%는 정상감모이며, 정상감모손실과 재고자산평가손실은 매출원가에 반영하고, 비정상감모손실은 기타비용으로 처리한다.) 2024. CTA

① ₩70,800 ② ₩71,508 ③ ₩73,632
④ ₩76,592 ⑤ ₩77,300

B-09 ㈜대한은 재고자산을 관리하기 위하여 계속기록법과 평균법을 적용하고 있으며, 기말재고자산의 장부수량과 실지재고수량은 일치한다. 다음은 ㈜대한의 20X1년 매입과 매출에 관한 자료이다.

일자	적요	수량(개)	매입단가(₩)
1월 1일	기초재고	100	300
5월 1일	매입	200	400
6월 1일	매입	200	300
9월 1일	매입	100	200
12월 15일	매입	100	200
일자	적요	수량(개)	매출단가(₩)
8월 1일	매출	200	600
10월 1일	매출	200	500

20X1년 기말재고자산의 단위당 순실현가능가치가 ₩200인 경우 ㈜대한이 20X1년 말에 인식할 재고자산평가손실액은 얼마인가? 단, 기초재고자산과 관련된 평가충당금은 없다. 2022. CPA

① ₩21,000 ② ₩24,000 ③ ₩27,000
④ ₩30,000 ⑤ ₩33,000

B-10 유통업을 영위하고 있는 ㈜대한은 재고자산에 대해 계속기록법과 평균법을 적용하고 있으며, 기말에는 실지재고조사를 실시하여 실제 재고수량을 파악하고 있다. 다음은 ㈜대한의 20X1년 재고자산에 관한 자료이다.

일자	적요	수량	매입단가	비고
1월 1일	기초재고	100개	₩300	전기말 실제수량
6월 1일	매입	400개	₩400	
7월 1일	매출	300개		판매단가 ₩600
9월 1일	매입	100개	₩500	
10월 1일	매출	200개		판매단가 ₩500

20X1년 기말재고자산의 실제 재고수량은 장부수량과 일치하였고, 단위당 순실현가능가치는 ₩300인 경우, ㈜대한의 20X1년도 매출총이익은 얼마인가? 단, 재고자산평가손실은 매출원가로 분류하며, 기초재고자산과 관련된 평가충당금은 ₩4,000이다. 2024. CPA

① ₩70,000 ② ₩74,000 ③ ₩78,000
④ ₩82,000 ⑤ ₩100,000

예제 저가법 & 기말 재고자산에 포함될 항목

B-11 ㈜대한은 재고자산과 관련하여 실지재고조사법을 사용하고 있으며 이와는 별도로 입·출고 수량에 대한 기록을 병행하고 있다. ㈜대한의 20X1년도 재고자산과 관련된 자료는 다음과 같다.

- ㈜대한의 20X1년 초 재무상태표상 상품재고액은 ₩70,000이며, 당기 순매입액은 ₩580,000이다.
- ㈜대한은 20X1년 10월 초에 ㈜소한에게 원가 ₩100,000의 상품을 발송하였으며, 발송운임은 발생하지 않았다. ㈜소한은 20X1년 12월 중순에 수탁받은 상품의 75%를 판매하였다고 ㈜대한에 통보하였다. ㈜대한은 이에 대한 회계처리를 적절히 수행하였다. ㈜소한은 기말 현재 수탁상품 중 미판매분을 보유하고 있다.
- ㈜대한은 20X1년 11월 초에 원가 ₩15,000의 상품을 ㈜동방에게 인도하면서 매출로 회계처리하고, 20X2년 3월에 공정가치와 관계없이 ₩20,000에 재매입하기로 약정하였다.
- ㈜대한이 20X1년 12월 말에 장부상 기말재고 수량과 실사 재고수량을 비교한 결과, 정상적인 감모손실(매출원가에 가산)은 ₩5,000이며 비정상적인 감모손실(별도 비용으로 계상)은 ₩8,000이다.
- ㈜대한이 20X1년 12월 말 창고에 있는 기말재고를 실사한 금액은 ₩150,000이며, 이 금액은 재고자산에 대한 기말 평가를 하기 전의 금액이다. 기초 재고자산평가충당금이 없으며, 기말에 계산된 재고자산평가손실은 ₩35,000이다.

위 거래와 관련하여 ㈜대한의 20X1년도 포괄손익계산서에 인식할 비용총액은 얼마인가? 2011. CTA

① ₩456,000 ② ₩465,000 ③ ₩478,000
④ ₩480,000 ⑤ ₩495,000

B-12 유통업을 영위하고 있는 ㈜대한은 재고자산에 대해 계속기록법과 가중평균법을 적용하고 있으며, 기말에는 실지재고조사를 실시하고 있다. 다음은 ㈜대한의 20X1년 재고자산(단일상품)과 관련된 자료이다.

• 일자별 거래 자료

일자	적요	수량	매입단가	비고
1월 1일	기초재고	100개	₩200	전기말 실사수량
3월 1일	매입	200개	₩200	
6월 1일	매입계약	200개	₩300	선적지 인도조건
7월 1일	매출	200개	—	
9월 1일	매입계약	200개	₩300	도착지 인도조건
11월 1일	매출	100개	—	

• ㈜대한이 6월 1일에 계약한 상품 200개는 6월 30일에 창고로 입고되었다.
• ㈜대한이 9월 1일에 계약한 상품 200개는 11월 1일에 선적되었으나 12월 말 현재까지 운송중인 상태로 확인되었다.
• 12월 말 현재 ㈜대한이 창고에 보관중인 상품의 총 수량은 300개이고 실사를 통해 다음과 같은 사실을 발견하였다.

> • ㈜대한은 12월 1일에 ㈜민국으로부터 상품 200개(단위원가 ₩300)에 대해 판매를 수탁받아 창고에 보관하였으며, 이 중 20%를 12월 중에 판매하였다.
> • ㈜대한은 12월 1일에 ㈜만세와 위탁판매계약을 체결하고 상품 50개(단위원가 ₩240)를 적송하였다. 기말 실사 후 ㈜만세가 12월 말 현재 보관중인 상품은 20개임을 확인하였다.

• ㈜대한은 재고자산감모손실과 재고자산평가손실(환입)을 매출원가에서 조정하고 있다.
• 수탁품과 적송품에서는 감모(분실, 도난 등)가 발생하지 않았다.

20X1년 기말재고자산의 단위당 순실현가능가치가 ₩200이고, 재고자산평가충당금의 기초잔액이 ₩3,000일 때, ㈜대한의 20X1년도 매출원가는 얼마인가? 2023. CPA **심화**

① ₩72,000 ② ₩74,400 ③ ₩81,800
④ ₩85,000 ⑤ ₩88,000

2. 확정판매계약 시 NRV

기말 재고에 대해 확정판매계약을 체결한 경우, NRV는 다음과 같이 달라진다.

	기말 재고 수량〉계약 수량	기말 재고 수량〈계약 수량
계약 수량 이내의 재고	계약 가격	
계약 수량 초과분 or 부족분	원래 NRV = 예상 판매가격 − 추가 완성원가 − 판매비용	손실충당부채 설정 = 부족분 × (**취득원가** − 계약 가격)

예 제 저가법-확정판매계약

C-01 20X1년 초에 설립한 ㈜대한은 20X1년 말 다음과 같이 성격과 용도가 다른 세 종목의 상품을 보유하고 있다.

구 분	수량	단위당 원가	단위당 예상판매가격	단위당 예상판매비용
A상품	1,800개	₩1,000	₩1,100	₩50
B상품	1,000	950	950	50
C상품	500	1,200	1,150	100

㈜대한의 기말재고에는 확정판매계약(단위당 계약가격: ₩950)을 이행하기 위하여 보유한 A상품 1,300개가 포함되어 있으며, 확정판매계약 이행을 위한 판매비용은 발생하지 않는다. ㈜대한이 20X1년도 포괄손익계산서에 반영할 재고자산평가손실은? 2013. CTA

① ₩65,000 ② ₩75,000 ③ ₩115,000 ④ ₩125,000 ⑤ ₩190,000

C-02 상품매매업을 하는 ㈜한국은 확정판매계약(취소불능계약)에 따른 판매와 시장을 통한 판매를 동시에 실시하고 있다. 다음은 ㈜한국의 20X1년 말 보유 중인 재고내역이다.

종 목	실사수량	단위당 취득원가	단위당 정상판매가격
상품A	100개	₩150	₩160
상품B	200개	200	230
상품C	300개	250	260

㈜한국의 경우 확정판매계약에 따른 판매의 경우에는 판매비용이 발생하지 않으나, 시장을 통해 판매하는 경우에는 상품의 종목과 관계없이 단위당 ₩20의 판매비용이 발생한다. 재고자산 중 상품B의 50%와 상품C의 50%는 확정판매계약을 이행하기 위하여 보유하고 있는 재고자산이다. 상품B의 단위당 확정판매계약가격은 ₩190이며, 상품C의 단위당 확정판매계약가격은 ₩230이다. 재고자산평가와 관련한 20X1년도 당기손익은? (단, 재고자산의 감모는 발생하지 않았다.) 2015. CTA

① ₩5,000 손실 ② ₩5,500 이익 ③ ₩6,500 손실 ④ ₩7,500 이익 ⑤ ₩8,000 손실

C-03 유통업을 영위하고 있는 ㈜대한은 확정판매계약(취소불능계약)에 따른 판매와 시장을 통한 일반 판매를 동시에 수행하고 있다. ㈜대한이 20X1년 말 보유하고 있는 상품재고 관련 자료는 다음과 같다.

• 기말재고 내역

항목	수량	단위당 취득원가	단위당 일반판매가격	단위당 확정판매 계약가격
상품A	300개	₩500	₩600	–
상품B	200개	₩300	₩350	₩280
상품C	160개	₩200	₩250	₩180
상품D	150개	₩250	₩300	–
상품E	50개	₩300	₩350	₩290

• 재고자산 각 항목은 성격과 용도가 유사하지 않으며, ㈜대한은 저가법을 사용하고 있고, 저가법 적용 시 항목기준을 사용한다.
• 확정판매계약(취소불능계약)에 따른 판매 시에는 단위당 추정 판매비용이 발생하지 않을 것으로 예상되며, 일반 판매 시에는 단위당 ₩20의 추정 판매비용이 발생할 것으로 예상된다.
• 재고자산 중 상품B, 상품C, 상품E는 모두 확정판매계약(취소불능계약) 이행을 위해 보유 중이다.
• 모든 상품에 대해 재고자산 감모는 발생하지 않았으며, 기초의 재고자산평가충당금은 없다.

㈜대한의 재고자산 평가와 관련된 회계처리가 20X1년도 포괄손익계산서의 당기순이익에 미치는 영향은 얼마인가? 2020. CPA

① ₩11,800 감소 ② ₩10,800 감소 ③ ₩9,700 감소 ④ ₩8,700 감소 ⑤ ₩7,700 감소

C-04 20X1년 초에 설립한 ㈜세무는 유사성이 없는 두 종류의 상품 A와 상품 B를 판매하고 있다. ㈜세무는 20X1년 중 상품 A 200단위(단위당 취득원가 ₩1,000)와 상품 B 200단위(단위당 취득원가 ₩2,000)를 매입하였으며, 20X1년 말 상품재고와 관련된 자료는 다음과 같다.

	장부수량	실제수량	단위당 취득원가	단위당 예상 판매가격
상품 A	50	30	₩1,000	₩1,300
상품 B	100	70	2,000	2,200

상품 A의 재고 중 20단위는 ㈜대한에 단위당 ₩900에 판매하기로 한 확정판매계약을 이행하기 위해 보유 중이다. 확정판매계약에 의한 판매시에는 판매비용이 발생하지 않으나, 일반판매의 경우에는 상품 A와 상품 B 모두 단위당 ₩300의 판매비용이 발생할 것으로 예상된다. ㈜세무가 20X1년도에 인식할 매출원가는? (단, 정상감모손실과 재고자산평가손실은 매출원가에 가산하며, 상품 A와 상품 B 모두 감모의 70%는 정상감모이다.) 2021. CTA

① ₩410,000 ② ₩413,000 ③ ₩415,000 ④ ₩423,000 ⑤ ₩439,000

3. 조별 저가법

	A	
	A1	A2
BQ × BP	ΣBQ × BP	
AQ × BP	ΣAQ × BP	
AQ × 저가	min[ΣAQ × BP, ΣAQ × NRV]	

STEP 1 BQ× BP 및 AQ× BP

원래 계산하는 방식과 같은 방식으로 항목별 금액을 계산한 뒤 더하면 된다.

STEP 2 AQ×저가=min[ΣAQ×BP, ΣAQ×NRV]

두 번째 줄 금액(ΣAQ × BP)과 ΣAQ × NRV 중 작은 금액이 세 번째 줄에 온다. 각 항목별로 NRV에 AQ를 곱한 뒤, 두 번째 줄 금액과 비교하여 작은 금액이 세 번째 줄 금액이다. 이때 **NRV가 BP보다 크더라도 NRV를 사용한다**는 것을 주의하자.

김수석의 꿀팁! 조별 매출원가 〈 항목별 매출원가

조별 저가법을 적용하면 기말 재고자산이 항목별 저가법에 비해 커진다. 결과적으로 매출원가는 작아질 수 밖에 없다. 시간이 부족하다면 항목별 매출원가보다 작은 금액을 조별 매출원가로 고르자. 직접 계산할 때는 기말 재고 증가분만큼 항목별 매출원가에서 빼면 된다.

예제 조별 저가법

C-05 유통업을 영위하는 ㈜대한의 20X1년도 기초 재고자산은 ₩855,000이며, 기초 재고자산평가충당금은 ₩0이다. 20X1년도 순매입액은 ₩7,500,000이다. ㈜대한의 20X1년도 기말 재고자산 관련 자료는 다음과 같다.

조	항목	장부 수량	실제 수량	단위당 원가	단위당 순실현가능가치
A	A1	120개	110개	₩800	₩700
	A2	200개	200개	₩1,000	₩950
B	B1	300개	280개	₩900	₩800
	B2	350개	300개	₩1,050	₩1,150

㈜대한은 재고자산감모손실과 재고자산평가손실을 매출원가에 포함한다. ㈜대한이 항목별기준 저가법과 조별기준 저가법을 각각 적용할 경우, ㈜대한의 20X1년도 포괄손익계산서에 표시되는 매출원가는 얼마인가? 2019. CPA

	항목별기준	조별기준
①	₩7,549,000	₩7,521,000
②	₩7,549,000	₩7,500,000
③	₩7,519,000	₩7,500,000
④	₩7,519,000	₩7,498,000
⑤	₩7,500,000	₩7,498,000

C-06 상품매매업을 하는 ㈜세무의 20X1년 기말 재고자산 관련 자료는 다음과 같다.

조 구분	종목 구분	장부 수량	실제 수량	단위당 원가	단위당 순실현가능가치
I	상품A	150개	140개	₩1,000	₩900
	상품B	180개	180개	500	450
II	상품C	200개	190개	750	650
	상품D	430개	400개	1,200	1,300

종목별기준 저가법을 적용할 경우 20X1년도 포괄손익계산서에 표시되는 매출원가가 ₩8,000,000일 때, 조별기준 저가법을 적용할 경우 20X1년도 포괄손익계산서에 표시되는 매출원가는? (단, 재고자산평가손실은 매출원가에 포함한다.) 2019. CTA

① ₩7,985,000 ② ₩7,981,000 ③ ₩8,000,000 ④ ₩8,040,000 ⑤ ₩8,043,000

4. 원재료의 저가법 적용

(1) 완성될 제품이 원가 이상으로 판매될 것으로 예상하는 경우에는 그 생산에 투입하기 위해 보유하는 원재료 및 기타 소모품을 감액하지 아니한다.
(2) 그러나 원재료 가격이 하락하여 제품의 원가가 순실현가능가치를 초과할 것으로 예상된다면 해당 원재료를 **순실현가능가치**로 감액한다. 이 경우 원재료의 **현행대체원가**는 순실현가능가치에 대한 최선의 이용가능한 측정치가 될 수 있다.

김수석의 핵심콕! **원재료 저가법 풀이 순서**

① 원재료가 투입되는 제품이 원가 이상으로 판매되는지 확인 – YES → 원재료 평가손실 X
↓ NO
② NRV or 현행대체원가와 비교하여 저가법 적용!

'단일 제품만을 생산 · 판매한다.': 문제에 제시된 원재료가 제품에 투입된다는 뜻
→ 제품 먼저 평가손실 인식 여부 검토!

예제 원재료의 저가법 적용

C-07 다음은 제조업을 영위하는 ㈜대한의 20X1년도 기말재고자산과 관련된 자료이다.

재고자산	장부재고	실지재고	단위당 원가	단위당 순실현가능가치
원재료	500kg	400kg	₩50/kg	₩45/kg
제품	200개	150개	₩300/개	₩350/개

㈜대한은 재고자산감모손실과 재고자산평가손실(환입)을 매출원가에서 조정하고 있다. 재고자산평가충당금(제품)의 기초잔액이 ₩3,000 존재할 때, ㈜대한의 20X1년도 매출원가에서 조정될 재고자산감모손실과 재고자산평가손실(환입)의 순효과는 얼마인가? 단, ㈜대한은 단일 제품만을 생산·판매하고 있으며, 기초재공품과 기말재공품은 없다. 2018. CPA

① 매출원가 차감 ₩3,000
② 매출원가 가산 ₩5,000
③ 매출원가 가산 ₩15,000
④ 매출원가 가산 ₩17,000
⑤ 매출원가 가산 ₩20,000

C-08 ㈜한국은 하나의 원재료를 가공하여 제품을 생산하고 있다. ㈜한국은 재고자산에 대하여 실지재고조사법과 가중평균법을 적용하고 있다. 다만, ㈜한국은 감모손실을 파악하기 위하여 입·출고수량을 별도로 확인하고 있다. ㈜한국의 원재료와 제품재고 등에 대한 정보는 다음과 같다.

(1) 원재료
- 20X1년초 장부금액은 ₩25,000(수량 500단위, 단가 ₩50)이며, 20X1년도 매입액은 ₩27,000(수량 500단위, 단가 ₩54)이다.
- 입·출고 기록에 의한 20X1년말 원재료 재고수량은 500단위이나 재고조사 결과 460단위가 있는 것으로 확인되었다.
- 20X1년말 원재료 단위당 현행대체원가는 ₩50이다.

(2) 제품
- 20X1년초 장부금액은 ₩100,000(수량 500단위, 단가 ₩200)이며, 20X1년도 당기제품제조원가는 ₩200,000(수량 500단위, 단가 ₩400)이다.
- 입·출고 기록에 의한 20X1년말 제품 재고수량은 200단위이나 재고조사 결과 150단위가 있는 것으로 확인되었다.
- 20X1년말 제품의 단위당 판매가격은 ₩350이며, 단위당 판매비용은 ₩30이다.

(3) 기타
- 20X0년말까지 재고자산평가손실은 발생하지 않았다.

동 재고자산과 관련하여 ㈜한국의 20X1년도 재고자산평가손실과 재고자산감모손실 합계액은 얼마인가? 2013. CPA

① ₩15,600 ② ₩16,000 ③ ₩16,420 ④ ₩17,080 ⑤ ₩18,000

4 소매재고법

소매재고법은 세무사 1차, 회계사 2차 시험에 종종 등장하는 주제이다. 회계사 1차 수험생 중 여유가 없는 수험생은 넘어가도 좋다.

1. 표 그리기: 〈순순비, 정종, 순비는 (-), 정종은 (+)〉

	원가	매가		원가	매가
기초	XXX	XXX	매출	⑤	XXX
매입	XXX	XXX	정상	XXX	XXX
순인상		XXX	종업원할인		XXX
순인하		(XXX)			
비정상	(XXX)	(XXX)	기말	④ ←	③XXX
계	①XXX	①XXX	계	②XXX	②XXX

|용어의 정의|

매입	순매입	순인상	인상액 – 인상취소액	정상	정상파손
매출	순매출	순인하	인하액 – 인하취소액	비정상	비정상파손

2. 문제 풀이 순서

Step 1. 차변 합계 구하기
Step 2. 차변 합계를 대변 합계에 적기
Step 3. 기말 재고 매가 구하기

Step 3 – 1. 원가율 구하기
평균법 원가율: 원가 총계/매가 총계
– 저가법 적용 시: 원가 총계/(매가 총계 + **순인하**)
FIFO(선입선출법) 원가율: (원가 총계 – 기초 원가)/(매가 총계 – 기초 매가)
– 저가법 적용 시: (원가 총계 – 기초 원가)/(매가 총계 – 기초 매가 + **순인하**)

Step 4. 기말 재고 원가 구하기
④기말 재고자산 원가 = ③기말 재고자산 매가 × 원가율

Step 5. 매출원가 구하기
⑤매출원가 = ①원가 합계 – ④기말 재고자산 원가
– 정상파손원가: 매출원가에 포함하므로 차감하지 말 것

예 제 소매재고법

D-01 ㈜한국백화점은 선입선출법에 의한 저가기준 소매재고법을 이용하여 재고자산을 평가하고 있으며, 재고자산 관련자료는 다음과 같다.

	원 가	소 매 가
기초재고액	₩2,000,000	₩3,000,000
당기매입액	6,000,000	9,600,000
매입운반비	100,000	
매입할인	318,000	
당기매출액		10,000,000
종업원할인		500,000
순인상액		200,000
순인하액		300,000

㈜한국백화점이 20X1년도 포괄손익계산서에 인식할 매출원가는 얼마인가? 2013. CPA

① ₩6,502,000 ② ₩6,562,000 ③ ₩6,582,000
④ ₩6,602,000 ⑤ ₩6,642,000

D-02 ㈜세무는 재고자산을 소매재고법으로 평가하고 있다. 원가흐름은 선입선출법으로 가정하며 원가율은 저가기준으로 산정한다. 재고자산과 관련된 자료가 다음과 같을 때, ㈜세무의 매출원가는? 2018. CTA

	원가	판매가
기초재고	₩9,000	₩8,950
당기매입	64,410	94,100
매입운임	420	—
매입환출	230	—
매출액	—	98,000
종업원할인	—	2,000
순인상액	—	900
순인하액	—	700

① ₩61,200 ② ₩66,640 ③ ₩71,300
④ ₩71,374 ⑤ ₩71,390

D-03

㈜세무는 저가기준으로 선입선출 소매재고법을 적용하고 있다. 재고자산과 관련된 자료가 다음과 같을 때, 매출원가는? (단, 원가율은 소수점 이하 셋째자리에서 반올림한다.) 2020. CTA

구분	원가	판매가
기초재고	₩12,000	₩14,000
매입	649,700	999,500
매입운임	300	—
매출	—	1,000,000
매출환입	—	500
순인상	—	500
순인하	—	300
정상파손	100	200

① ₩652,670 ② ₩652,770 ③ ₩652,800
④ ₩652,870 ⑤ ₩652,900

D-04

유통업을 영위하고 있는 ㈜세무는 저가기준으로 가중평균 소매재고법을 적용하고 있다. ㈜세무의 재고자산과 관련된 자료가 다음과 같을 때, 매출총이익은? (단, 정상파손은 매출원가로 처리하고, 비정상파손은 기타비용으로 처리한다.) 2023. CTA

구분	원가	판매가
기초재고	₩80,000	₩100,000
총매입액	806,000	1,000,000
매입할인	50,000	—
총매출액	—	1,050,000
매출환입	—	24,000
순인상액	—	95,000
순인하액	—	50,000
정상파손	—	50,000
비정상파손	10,000	15,000

① ₩221,000 ② ₩227,800 ③ ₩237,800
④ ₩245,000 ⑤ ₩261,800

D-05 ㈜대한은 소매재고법으로 재고자산을 평가하고 있으며, 원가흐름에 대한 가정으로 가중평균(평균원가)법을 사용하여 원가율을 산정한다. 20X1년에 ㈜대한의 재고자산 관련 자료는 다음과 같다.

	원 가	소매가
기초재고액	?	₩120,000
당기매입액	₩650,000	800,000
당기매출액		700,000
순 인 상 액		80,000

당기 중 매입할인 ₩20,000과 종업원할인 ₩50,000이 있으며, 이 외에 ㈜대한의 매입 및 매출에 영향을 주는 항목은 없다. 20X1년 ㈜대한의 포괄손익계산서상 매출원가가 ₩525,000일 때 기초재고액은 얼마인가?

2015. CPA **심화**

① ₩70,000 ② ₩80,000 ③ ₩85,000
④ ₩90,000 ⑤ ₩105,000

5 재고자산 말문제

1. 재고자산의 측정

(1) 재고자산의 취득원가

재고자산의 취득원가는 매입원가, 전환원가 및 재고자산을 현재의 장소에 현재의 상태로 이르게 하는 데 발생한 기타 원가 모두를 포함한다.

(2) 재고자산의 매입원가

재고자산의 매입원가는 매입가격에 수입관세와 제세금(과세당국으로부터 추후 환급받을 수 있는 금액은 제외), 매입운임, 하역료 그리고 완제품, 원재료 및 용역의 취득과정에 직접 관련된 기타 원가를 가산한 금액이다. 매입할인, 리베이트 및 기타 유사한 항목은 매입원가를 결정할 때 차감한다.

(3) 전환원가

① 재고자산의 전환원가: 원재료를 완제품으로 전환하는 데 드는 고정 및 변동 제조간접원가의 체계적인 배부액도 포함

② 고정제조간접원가 배부: '실제조업도≒정상조업도'라면 실제조업도 사용 가능

(4) 기타 원가: 특정한 고객을 위한 원가 포함 가능

(5) 재고자산의 취득원가에 포함할 수 없으며 발생기간의 비용으로 인식하여야 하는 원가

① 재료원가, 노무원가 및 기타 제조원가 중 비정상적으로 낭비된 부분 ② 후속 생산단계에 투입하기 전에 보관이 필요한 경우 이외의 보관원가 ③ 재고자산을 현재의 장소에 현재의 상태로 이르게 하는데 기여하지 않은 관리간접원가 ④ 판매원가

2. 단위원가 결정

(1) 개별법: 상호 교환될 수 없다면 개별법 사용, 상호교환 가능하다면 개별법 적절 X

(2) 성격과 용도에 따른 결정

① 성격과 용도 면에서 **유사한** 재고자산: **동일한** 단위원가 결정방법을 적용

② 성격이나 용도 면에서 **차이가** 있는 재고자산: 서로 **다른** 단위원가 결정방법을 적용 가능

(3) 재고자산의 **지역별 위치나 과세방식이 다르다는** 이유만으로 동일한 재고자산에 **다른 단위원가 결정방법**을 적용하는 것: **정당화 X** ★중요!

3. 저가법

(1) 재고자산평가손실 및 감모손실: 발생한 기간에 비용으로 인식

(2) 재고자산평가충당금 환입

재고자산의 감액을 초래했던 상황이 해소되거나 경제상황의 변동으로 순실현가능가치가 상승한 명백한 증거가 있는 경우에는 **최초의 장부금액을 초과하지 않는 범위 내에서 평가손실을 환입**한다.

(3) 항목별, 조별 적용은 가능, 총계 적용은 불가능

(4) 순실현가능가치 심화

① 정의: 통상적인 영업과정에서 재고자산의 판매를 통해 실현할 것으로 기대하는 순매각금액
② 순실현가능가치는 **기업특유가치**에 해당함 (↔공정가치)
③ 순실현가능가치를 추정할 때 재고자산의 **보유 목적도 고려해야 함**
EX〉 확정판매계약: 계약 수량과 보유 수량에 따라 순실현가능가치가 달라짐

4. 다른 자산에 배부된 재고자산의 원가

자가건설한 유형자산의 구성요소로 사용되는 재고자산처럼 재고자산의 원가를 다른 자산계정에 배분하는 경우도 있다. 이처럼 다른 자산에 배분된 재고자산 원가는 해당 자산의 내용연수 동안 비용으로 인식한다.

5. 매입 단가 변동 시 원가흐름의 가정 비교

|파이총라| (최근) FIFO-이동평균-총평균-LIFO (과거)

매입 단가 상승 시	기말재고	FIFO 〉 이동평균 〉 총평균 〉 LIFO
	매출원가	FIFO 〈 이동평균 〈 총평균 〈 LIFO
매입 단가 하락 시	기말재고	FIFO 〈 이동평균 〈 총평균 〈 LIFO
	매출원가	FIFO 〉 이동평균 〉 총평균 〉 LIFO

예제 재고자산 말문제

E-01

재고자산에 관한 설명으로 옳지 않은 것은? 2021. CTA

① 재고자산의 취득원가는 매입원가, 전환원가 및 재고자산을 현재의 장소에 현재의 상태로 이르게 하는 데 발생한 기타 원가 모두를 포함한다.

② 완성될 제품이 원가 이상으로 판매될 것으로 예상하는 경우에는 그 생산에 투입하기 위해 보유하는 원재료 및 기타 소모품을 감액하지 아니한다.

③ 후속 생산단계에 투입하기 전에 보관이 필요한 경우 이외의 보관원가는 재고자산의 취득원가에 포함한다.

④ 통상적으로 상호교환 가능한 대량의 재고자산 항목에 개별법을 적용하는 것은 적절하지 아니하다.

⑤ 성격과 용도 면에서 유사한 재고자산에는 동일한 단위원가 결정방법을 적용하여야 하며, 성격이나 용도 면에서 차이가 있는 재고자산에는 서로 다른 단위원가 결정방법을 적용할 수 있다.

E-02

기업회계기준서 제1002호 '재고자산'에 관한 다음의 설명 중 옳지 않은 것은? 2021. CPA

① 재고자산의 지역별 위치나 과세방식이 다르다는 이유만으로 동일한 재고자산에 다른 단위원가 결정방법을 적용하는 것은 정당화된다.

② 통상적으로 상호 교환될 수 없는 재고자산항목의 원가와 특정 프로젝트별로 생산되고 분리되는 재화 또는 용역의 원가는 개별법을 사용하여 결정한다.

③ 재고자산의 전환원가는 원재료를 완제품으로 전환하는 데 드는 고정 및 변동 제조간접원가의 체계적인 배부액도 포함한다.

④ 보유하고 있는 재고자산의 수량이 확정판매계약의 이행에 필요한 수량을 초과하는 경우에는 그 초과 수량의 순실현가능가치는 일반 판매가격에 기초한다.

⑤ 원재료 가격이 하락하여 제품의 원가가 순실현가능가치를 초과할 것으로 예상된다면 해당 원재료를 순실현가능가치로 감액한다.

E-03

재고자산과 관련된 다음의 설명 중 옳지 않은 것은? 2014. CPA

① 회사가 실지재고조사법만을 사용하더라도 재고자산평가손실을 파악할 수 있다.

② 물가가 지속적으로 상승하는 경우 선입선출법 하의 기말재고자산금액은 평균법 하의 기말재고자산금액보다 작지 않다.

③ 선입선출 소매재고법을 사용할 경우 매출원가는 판매가능재고자산의 원가와 판매가를 이용하여 산출한 원가율을 매출액에 곱하여 결정한다.

④ 보유하고 있는 재고자산의 순실현가능가치 총합계액이 취득원가 총합계액을 초과하더라도 재고자산평가손실은 계상될 수 있다.

⑤ 보유하고 있는 재고자산이 확정판매계약의 이행을 위한 것이라면 동 재고자산의 순실현가능가치는 그 계약가격을 기초로 한다.

E-04 재고자산 회계처리에 관한 설명으로 옳지 않은 것은? 2016. CTA

① 완성될 제품이 원가 이상으로 판매될 것으로 예상되더라도 생산에 투입하기 위해 보유한 원재료 가격이 현행대체원가보다 하락한다면 평가손실을 인식한다.

② 후속 생산단계에 투입하기 전에 보관이 필요한 경우 이외의 보관원가는 재고자산의 취득원가에 포함할 수 없으며 발생기간의 비용으로 인식한다.

③ 재고자산을 후불조건으로 취득하는 경우 계약이 실질적으로 금융요소를 포함하고 있다면, 해당 금융요소는 금융이 이루어지는 기간 동안 이자비용으로 인식한다.

④ 재고자산을 순실현가능가치로 감액한 평가손실과 모든 감모손실은 감액이나 감모가 발생한 기간에 비용으로 인식한다.

⑤ 당기에 비용으로 인식하는 재고자산 금액은 일반적으로 매출원가로 불리우며, 판매된 재고자산의 원가와 배분되지 않은 제조간접원가 및 제조원가 중 비정상적인 부분의 금액으로 구성된다.

E-05 재고자산 회계처리에 관한 설명으로 옳은 것은? 2024. CTA

① 재고자산의 매입원가는 매입가격에 수입관세와 제세금, 매입운임, 하역료 그리고 완제품, 원재료 및 용역의 취득과정에 직접 관련된 기타 원가, 리베이트 및 기타 유사한 항목을 가산한 금액이다.

② 재고자산을 후불조건으로 취득할 때 그 계약이 실질적인 금융요소를 포함하고 있다면, 정상신용조건의 매입가격과 실제 지급액간의 차이는 재고자산의 취득원가에 가산한다.

③ 확정판매계약 또는 용역계약만을 이행하기 위하여 보유하는 재고자산의 순실현가능가치는 일반 판매가격에 기초하여 추정한다.

④ 원재료 가격이 하락하여 원재료 원가가 순실현가능가치를 초과할 것으로 예상된다면 완성될 제품이 원가 이상으로 판매되더라도 해당 원재료를 현행대체원가로 측정된 순실현가능가치로 감액한다.

⑤ 재고자산의 감액을 초래했던 상황이 해소되거나 경제상황의 변동으로 순실현가능가치가 상승한 명백한 증거가 있는 경우 최초의 장부금액을 초과하지 않는 범위 내에서 평가손실을 환입한다.

E-06 재고자산의 회계처리에 관한 설명으로 옳지 않은 것은? 2023. CTA

① 재료원가, 노무원가 및 기타 제조원가 중 비정상적으로 낭비된 부분은 재고자산의 취득원가에 포함할 수 없다.

② 성격과 용도 면에서 유사한 재고자산에는 동일한 단위원가 결정방법을 적용하여야 하며, 성격이나 용도 면에서 차이가 있는 재고자산에는 서로 다른 단위원가 결정방법을 적용할 수 있다.

③ 순실현가능가치를 추정할 때 재고자산의 보유 목적은 고려하지 않는다.

④ 자가건설한 유형자산의 구성요소로 사용되는 재고자산처럼 재고자산의 원가를 다른 자산계정에 배분하는 경우, 다른 자산에 배분된 재고자산 원가는 해당 자산의 내용연수 동안 비용으로 인식한다.

⑤ 통상적으로 상호 교환될 수 없는 재고자산항목의 원가와 특정 프로젝트별로 생산되고 분리되는 재화 또는 용역의 원가는 개별법을 사용하여 결정한다.

E-07 기업회계기준서 제1002호 '재고자산'에 대한 다음 설명 중 옳지 않은 것은? 2023. CPA 심화

① 공정가치에서 처분부대원가를 뺀 금액으로 측정한 일반상품 중개기업의 재고자산에 대해서는 저가법을 적용하지 않는다.

② 순실현가능가치는 재고자산의 주된 (또는 가장 유리한) 시장에서 시장참여자 사이에 일어날 수 있는 정상거래의 가격에서 처분부대원가를 뺀 금액으로 측정하기 때문에 기업특유의 가치가 아니다.

③ 생물자산에서 수확한 농림어업 수확물로 구성된 재고자산은 공정가치에서 처분부대원가를 뺀 금액으로 측정하여 수확시점에 최초로 인식한다.

④ 재고자산의 감액을 초래했던 상황이 해소되거나 경제상황의 변동으로 순실현가능가치가 상승한 명백한 증거가 있는 경우에는 최초의 장부금액을 초과하지 않는 범위 내에서 평가손실을 환입한다.

⑤ 성격과 용도 면에서 유사한 재고자산에는 동일한 단위원가 결정방법을 적용하여야 하며, 성격이나 용도면에서 차이가 있는 재고자산에는 서로 다른 단위원가 결정방법을 적용할 수 있다.

객 관 식

C·H·A·P·T·E·R

2

유형자산

[1] 유형자산의 취득원가

[2] 교환

[3] 차입원가 자본화

[4] 감가상각

[5] 정부보조금

[6] 유형자산 원가모형

[7] 유형자산 재평가모형

[8] 재평가모형의 손상

[9] 복구충당부채

[10] 유형자산 말문제

02 유형자산

CHAPTER

1 유형자산의 취득원가

1. 유형자산의 원가에 포함하는 지출

경영진이 의도하는 방식으로 자산을 가동하는 데 필요한 장소와 상태에 이르게 하는 데 직접 관련되는 원가는 원가에 포함한다. 반면, 유형자산이 경영진이 의도하는 방식으로 가동될 수 있는 장소와 상태에 이른 후에는 원가를 더 이상 인식하지 않는다. 다음 표는 각각의 사례이다.

유형자산의 원가에 포함 O	유형자산의 원가에 포함 X
① 관세 및 환급불가능한 취득 관련 세금 ② 최초의 운송 및 취급 관련 원가 ③ 설치원가 및 조립원가 ④ 전문가에게 지급하는 수수료 ⑤ 매입 또는 건설과 직접 관련된 종업원급여 ⑥ 안전 또는 환경상의 이유로 취득하는 유형자산	① 광고선전비, 교육훈련비, 관리 및 기타 일반간접원가 ② 재배치, 재편성 원가 ③ 경영진이 의도하는 방식으로 가동될 수 있으나 아직 실제로 사용되지는 않고 있는 경우 또는 완전조업도 수준에 미치지 못하는 경우에 발생하는 원가, 초기 가동손실 ④ 부수적인 영업의 수익과 관련 비용 (ex〉주차장에서 발생한 손익)
설치장소 준비 원가	새로운 시설을 개설하는 데 소요되는 원가
정상적으로 작동되는지 시험하는 과정에서 발생하는 원가	자산이 정상적으로 작동되는지를 시험할 때 생산되는 시제품의 매각액과 원가

2. 토지에 대한 지출

(1) 내용연수, 보수 담당에 따른 구분

내용연수	보수 담당	계정과목
영구적	지자체	토지
유한	회사	구축물

(2) 토지의 취득원가에 가산하는 지출: 구획정리비용, 토지정지비용

3. 다양한 상황에서 유형자산의 취득원가

(1) 국공채의 의무매입: 국공채의 '취득원가 – 현재가치'는 유형자산의 취득원가에 가산
(2) 현물출자: 1순위 – 취득한 자산의 공정가치, 2순위 – 발행한 주식의 공정가치
(3) 무상취득: 무상으로 취득한 자산의 공정가치
(4) 장기할부구입: 현금가격상당액(= 총 현금 지급액의 현재가치) (not 총 현금 지급액)

4. 일괄취득

(1) 모두 사용: 공정가치 비율로 안분
(2) 새로운 건물을 신축하기 위하여 토지 + 건물 구입
토지의 취득원가 = 일괄구입가격 + 철거비용 – 폐자재 처분 수입
(3) 토지 + 건물 구입 후 구건물을 사용하다가 철거
: FV 비율로 취득원가 안분 → 건물 감가상각 → 철거 시 처분손실 인식
건물 처분손실 = 건물의 철거 시점 장부금액 + 철거비용 – 폐자재 처분 수입

예 제 일괄취득

A-01 ㈜세무는 20X1년 7월 1일에 본사사옥으로 사용하기 위하여 토지와 건물을 ₩14,000,000에 일괄취득하고, 공통으로 발생한 취득 관련 직접원가 ₩1,000,000을 지출하였다. 취득당시 토지와 건물의 공정가치는 각각 ₩9,600,000과 ₩6,400,000이었다. 건물의 내용연수는 4년, 잔존가치는 ₩1,000,000, 연수합계법으로 감가상각한다. 건물과 관련하여 ㈜세무가 20X2년도에 인식할 감가상각비는? (단, 감가상각은 월할 계산하고 건물에 대해 원가모형을 적용한다.) 2023. CTA

① ₩1,380,000 ② ₩1,500,000 ③ ₩1,610,000 ④ ₩1,750,000 ⑤ ₩1,890,000

A-02 ㈜대한은 철강제조공장을 신축하기 위하여 토지를 취득하였는데 이 토지에는 철거예정인 창고가 있었다. 다음 자료를 고려하여 토지의 취득원가를 계산하면 얼마인가? 2014. CTA

- 토지 취득가격 ₩700,000
- 토지 취득세 및 등기비용 50,000
- 토지 중개수수료 10,000
- 공장신축전 토지를 임시주차장으로 운영함에 따른 수입 40,000
- 창고 철거비용 30,000
- 창고 철거 시 발생한 폐자재 처분 수입 20,000
- 영구적으로 사용가능한 하수도 공사비 15,000
- 토지의 구획정리비용 10,000

① ₩775,000 ② ₩780,000 ③ ₩795,000 ④ ₩815,000 ⑤ ₩835,000

A-03 ㈜세무는 20X1년 초 가건물이 있던 공장부지를 취득하여 기존의 가건물을 철거하고 건물을 신축하였다. 관련 자료가 다음과 같을 때, 건물의 취득원가는? 2018. CTA

토지구입대금	₩200,000	토지소유권이전비	₩3,000
토지의 정지 및 측량비	50,000	진입로 공사비	30,000
건물신축 허가비	25,000	가건물 철거비	18,000
신축건물 공사원가	150,000	가건물 철거 부산물 매각수입	5,000
건축설계비	15,000	토지분 재산세	4,000
건물등록비	20,000	울타리 설치공사	13,000

① ₩185,000 ② ₩210,000 ③ ₩223,000 ④ ₩228,000 ⑤ ₩241,000

2 교환

1. 상업적 실질이 있는 경우

	현금 지급 시	현금 수령 시
상황		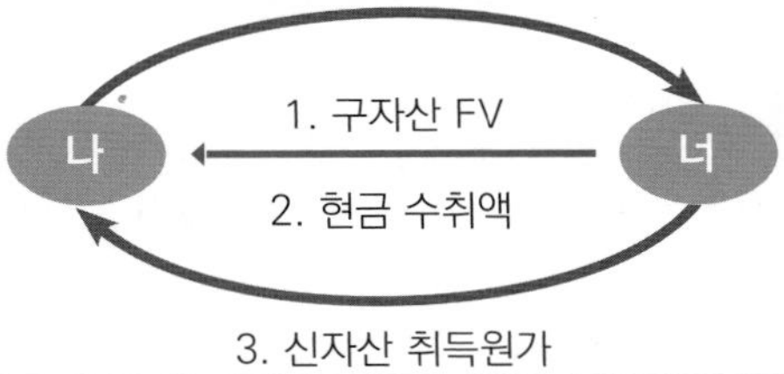
처분손익	구 자산 공정가치(FV) − 구 자산 장부금액(BV)	
신 자산의 취득원가	구 자산 FV ＋ 현금 지급액	구 자산 FV − 현금 수취액

2. 상업적 실질이 결여되었거나, 공정가치를 신뢰성 있게 측정할 수 없는 경우

	현금 지급 시	현금 수령 시
상황		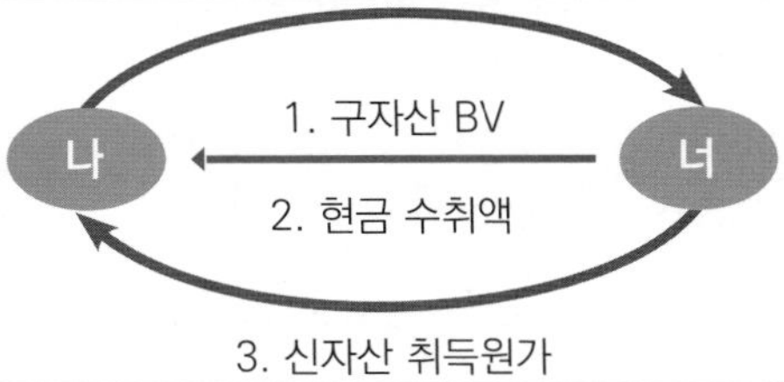
처분손익	0	
신 자산의 취득원가	구 자산 BV ＋ 현금 지급액	구 자산 BV − 현금 수취액

3. 신 자산의 FV가 구 자산의 FV보다 더 명백한 경우: 문제에 제시된 구 자산의 FV 무시!

	신 자산의 FV가 구 자산의 FV보다 더 명백
상황	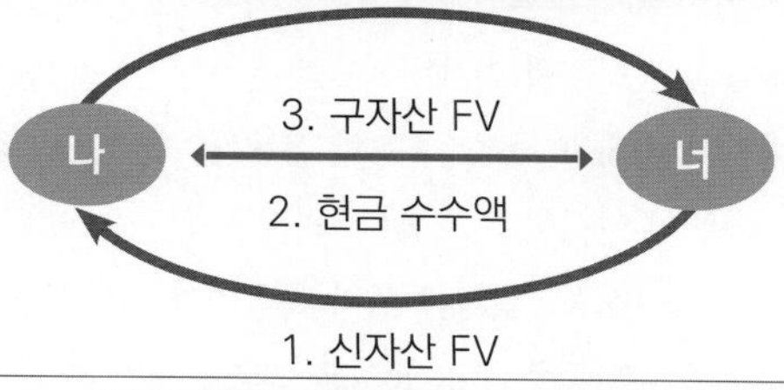
처분손익	(다시 구한) 구 자산 FV − 구 자산 BV
신 자산의 취득원가	신 자산 FV

예제 교환

B-01 다음의 각 독립적인 상황(상황 1, 상황 2)에서 ㈜대한의 유형자산(기계장치) 취득원가는 각각 얼마인가?

2022. CPA

상황 1	• ㈜대한은 기계장치(장부금액 ₩800,000, 공정가치 ₩1,000,000)를 ㈜민국의 기계장치와 교환하면서 현금 ₩1,800,000을 추가로 지급하였다. • ㈜대한과 ㈜민국 간의 기계장치 교환은 상업적 실질이 있는 거래이다.
상황 2	• ㈜대한은 기계장치를 ㈜민국의 기계장치와 교환하였다. • ㈜대한과 ㈜민국의 기계장치에 대한 취득원가 및 감가상각누계액은 각각 다음과 같다. (아래 표 참조) • ㈜대한과 ㈜민국 간의 기계장치 교환은 상업적 실질이 결여된 거래이다.

구분	㈜대한	㈜민국
취득원가	₩2,000,000	₩2,400,000
감가상각누계액	1,200,000	1,500,000

	상황 1	상황 2
①	₩2,700,000	₩800,000
②	₩2,700,000	₩900,000
③	₩2,800,000	₩800,000
④	₩2,800,000	₩900,000
⑤	₩3,100,000	₩2,000,000

B-02 ㈜대전은 사용 중인 기계장치A(장부금액 ₩600,000, 공정가치 ₩300,000)를 ㈜세종의 기계장치B(장부금액 ₩700,000, 공정가치 ₩500,000)와 교환하면서, 공정가치 차액에 대하여 현금 ₩200,000을 지급하였다. 해당 교환거래에 대한 설명으로 옳지 않은 것은? 2013. CTA

① 상업적 실질이 존재하는 경우, ㈜대전이 인식할 기계장치B의 취득원가는 ₩500,000이다.

② 상업적 실질이 결여된 경우, ㈜대전이 인식할 기계장치B의 취득원가는 ₩800,000이다.

③ 상업적 실질이 존재하는 경우, ㈜세종이 인식할 기계장치A의 취득원가는 ₩300,000이다.

④ 상업적 실질이 결여된 경우, ㈜세종이 인식할 기계장치A의 취득원가는 ₩700,000이다.

⑤ 상업적 실질이 결여된 경우, ㈜대전과 ㈜세종은 모두 교환과 관련된 손익을 인식하지 않는다.

B-03 ㈜세무와 ㈜한국은 다음과 같은 기계장치를 서로 교환하였다. 교환과정에서 ㈜세무는 ㈜한국에게 현금 ₩20,000을 지급하였다.

구분	㈜세무	㈜한국
취득원가	₩500,000	₩350,000
감가상각누계액	220,000	20,000
공정가치	270,000	300,000

동 거래에 관한 설명으로 옳은 것은? 2019. CTA

① 교환거래에 상업적 실질이 있으며, 각 기계장치의 공정가치가 신뢰성 있게 측정된 금액이라면 ㈜세무가 교환취득한 기계장치의 취득원가는 ₩300,000이다.

② 교환거래에 상업적 실질이 있으며, 각 기계장치의 공정가치가 신뢰성 있게 측정된 금액이라면 ㈜한국이 교환취득한 기계장치의 취득원가는 ₩290,000이다.

③ 교환거래에 상업적 실질이 있으며, ㈜세무가 사용하던 기계장치의 공정가치가 명백하지 않을 경우 ㈜세무가 교환취득한 기계장치의 취득원가는 ₩280,000이다.

④ 교환거래에 상업적 실질이 없으면 ㈜세무만 손실을 인식한다.

⑤ 교환거래에 상업적 실질이 있으며, 각 기계장치의 공정가치가 신뢰성 있게 측정된 금액이라면 ㈜세무와 ㈜한국 모두 손실을 인식한다.

B-04 ㈜인상은 20X1년에 사용하고 있던 지게차를 새로운 모델의 지게차로 교환하였다. 구지게차의 취득원가는 ₩40,000,000, 감가상각누계액은 ₩25,000,000이고, 감정평가사가 평가한 공정가치는 ₩17,000,000이다. 지게차 판매회사는 구지게차의 가치를 ₩20,000,000으로 인정하고 추가적으로 현금 ₩30,000,000을 지급받는 조건으로 ㈜인상의 구지게차를 신지게차로 교환하였다.

다음 중 이 교환거래를 인식하는 방법으로 맞는 것은 어느 것인가? (단, ㈜인상이 보유하고 있던 구지게차의 공정가치 평가는 감정평가사의 평가가 더 명백하다.) 2011. CPA

① 이 교환거래에 상업적 실질이 있다고 판단되는 경우, ㈜인상의 장부상에 신지게차의 취득원가는 ₩50,000,000으로 인식된다.

② 이 교환거래에 상업적 실질이 있다고 판단되는 경우, ㈜인상은 ₩3,000,000의 유형자산처분이익을 계상한다.

③ 이 교환거래에 상업적 실질이 결여되었다고 판단되는 경우, ㈜인상은 ₩2,000,000의 유형자산처분이익을 계상한다.

④ 이 교환거래에 상업적 실질이 결여되었다고 판단되는 경우, ㈜인상의 장부상에 신지게차의 취득원가는 ₩45,000,000으로 인식된다.

⑤ 이 교환거래에 상업적 실질이 있다고 판단되는 경우, ㈜인상이 인식할 유형자산처분이익(손실)은 없다.

예 제 교환 & 유형자산 회계처리

B-05 ㈜대한은 20X1년 1월 1일에 장부금액이 ₩700,000인 기계장치를 ㈜민국의 기계장치(장부금액: ₩800,000, 공정가치: ₩900,000)와 교환하면서 현금 ₩50,000을 추가로 지급하였으며, 유형자산처분손실로 ₩100,000을 인식하였다. ㈜대한은 교환으로 취득한 기계장치와 관련하여 설치장소 준비원가 ₩50,000과 설치원가 ₩50,000을 20X1년 1월 1일에 지출하고 즉시 사용하였다. 한편, ㈜대한은 취득한 기계장치의 잔존가치와 내용연수를 각각 ₩50,000과 5년으로 추정하였으며, 정액법으로 감가상각한다. ㈜대한이 동 기계장치와 관련하여 20X1년 감가상각비로 인식할 금액은 얼마인가? 단, 동 자산의 교환은 상업적 실질이 있으며, ㈜대한의 기계장치 공정가치는 신뢰성 있게 측정가능하고 ㈜민국의 기계장치 공정가치보다 명백하다고 가정한다. 2021. CPA

① ₩130,000 ② ₩140,000 ③ ₩160,000
④ ₩212,500 ⑤ ₩250,000

B-06 ㈜세무는 20X1년 7월 1일에 순장부금액이 ₩7,000인 기계장치를 ㈜국세의 기계장치(순장부금액 ₩8,000, 공정가치 ₩9,000)와 교환하면서 현금 ₩500을 추가로 지급하였으며, 유형자산처분손실로 ₩1,000을 인식하였다. ㈜세무는 20X1년 7월 1일에 교환으로 취득한 기계장치와 관련하여 설치장소 준비원가 ₩500과 설치원가 ₩500을 지출하고 즉시 사용하였다. 한편, ㈜세무는 취득한 기계장치의 잔존가치와 내용연수를 각각 ₩500과 3년으로 추정하였으며, 연수합계법으로 감가상각하고 원가모형을 적용한다. ㈜세무의 20X2년도 기계장치 감가상각비는? (단, 동 자산의 교환은 상업적 실질이 있으며, ㈜세무의 기계장치 공정가치는 신뢰성 있게 측정가능하고 ㈜국세의 기계장치 공정가치보다 명백하다고 가정한다. 감가상각은 월할 계산한다.) 2024. CTA

① ₩1,750 ② ₩2,000 ③ ₩2,333 ④ ₩2,917 ⑤ ₩3,500

B-07 ㈜세무는 20X1년 1월 1일 소유하고 있는 장부금액 ₩1,000,000(공정가치 ₩900,000)인 기계장치를 ㈜대한이 소유하고 있는 기계장치와 교환하면서 ㈜대한의 기계장치와의 공정가치 차이 ₩100,000을 현금으로 수취하였다. 동 자산의 교환은 상업적 실질이 있다. ㈜세무는 ㈜대한과의 교환으로 취득하여 사용하고 있는 기계장치에 대해 내용연수 4년과 잔존가치 ₩0을 적용하여 정액법으로 상각하고 재평가모형(매년 말 평가)을 적용하고 있다. 재평가모형을 적용하여 장부금액을 조정할 때 기존의 감가상각누계액을 전부 제거하는 방법을 사용하며, 재평가잉여금을 이익잉여금으로 대체하지 않는다. 20X1년 말과 20X2년 말의 공정가치는 각각 ₩570,000과 ₩420,000이다. 위 거래가 ㈜세무의 20X2년 포괄손익계산서상 당기순이익에 미치는 영향은? (단, 감가상각은 월할 계산하며 감가상각비 중 자본화한 금액은 없다.) 2022. CTA

① ₩130,000 감소 ② ₩160,000 감소 ③ ₩190,000 감소
④ ₩220,000 감소 ⑤ ₩250,000 감소

B-08 ㈜한국은 20X1년 초 사용 중인 기계장치(장부금액 ₩4,000,000, 공정가치 ₩3,000,000)를 제공하고 영업용 차량운반구(장부금액 ₩4,500,000)를 취득하였다. ㈜한국은 동 자산의 내용연수와 잔존가치를 각각 4년과 ₩500,000으로 추정하고, 정액법으로 감가상각하며 재평가모형을 적용한다. 동 자산의 교환은 상업적 실질이 있다. 동 자산의 20X1년 말과 20X2년 말의 공정가치는 모두 ₩3,800,000으로 동일하였다. 동 자산과 관련한 20X2년도 자본의 증감액은? (단, ㈜한국은 동 자산의 사용기간 중에 재평가잉여금을 이익잉여금으로 대체하지 않는다.) 2015. CTA

① ₩0 ② ₩875,000 감소 ③ ₩625,000 감소
④ ₩1,100,000 증가 ⑤ ₩1,425,000 증가

3 차입원가 자본화

1. 공사를 시작한 해의 차입원가 자본화

X1		12.31 or 완공일			
1.1	지출액 × 월수/12	= XXX			
3.1	지출액 × 월수/12	= XXX			
7.1	(보조금) × 월수/12	= (XXX)			
	α	연평균 지출액			
특정	차입금 × 월수/12	= XXX	(이자율)	→ 특정차입금 이자비용	
일시	(일시투자) × 월수/12	= (XXX)	(이자율)	→ (일시투자 차감액)	
일반	(연평균 지출액	− β)	(R)	→ 일반차입금 자본화액	(한도: 이자비용 계)
				차입원가 자본화액	
R	= 이자비용 계/연평균 차입금 계				
A	차입금 × 월수/12	= XXX	(이자율)	→ 이자비용	
B	차입금 × 월수/12	= XXX	(이자율)	→ 이자비용	
계		연평균 차입금 계		이자비용 계	

STEP 1 연평균 지출액

(1) 연도와 12.31(or 완공일) 쓰기

① 연도: 차입원가를 자본화하는 연도

② 날짜: 그 연도에 공사가 마감되면 공사 완공일, 마감되지 않으면 12.31

(2) 지출일과 지출액 쓰기

– 정부보조금, 유상증자: 수령일과 수령액을 음수로 적기

– **X1년도 차입원가 자본화할 때는 X2년도 지출액은 적으면 안 됨!**

(3) 월할 상각해서 연평균 지출액 구하기

STEP 2 특정차입금 자본화

(1) 차입금 × 월수/12 = 연평균 차입금

: 올해 차입한 기간 중 건설 기간이 겹치는 기간만 포함

① 특정차입금 중 건설 기간과 겹치지 않는 기간 심화

: 특정차입금 중 건설 기간과 겹치지 않는 부분은 일반차입금으로 봄

(2) 특정차입금 이자비용: 연평균 차입금(이자율) → 특정 차입금 이자비용

(3) 일시투자: (일시투자) × 월수/12 = (XXX)(이자율) → (일시투자 차감액)

특정차입금을 일시 투자한 경우 투자액에서 발생한 이자수익을 특정차입금 이자비용에서 차감

주의 일반차입금의 일시투자는 무시!

(4) 특정 차입금 자본화액 = 특정차입금 이자비용 − 일시투자 차감액

STEP 3 일반차입금 가중평균차입이자율 및 한도 계산

(1) 차입금 × 월수/12 = 연평균 일반차입금(이자율) → 이자비용

− 일반차입금 자본화액을 계산할 땐 건설기간을 고려할 필요 없음

− 특정차입금 중 건설 기간과 겹치지 않았던 부분은 일반차입금으로 보아 다른 일반차입금과 같이 처리

(2) R(일반차입금 가중평균차입이자율) = 이자비용 계/연평균 일반 차입금 계

김수석의 핵심콕! 특정차입금 vs 일반차입금

	특정차입금	일반차입금
자본화 기간	차입기간 ∩ 건설기간	차입기간
일시투자액	특정차입금 자본화액에서 차감	무시

STEP 4 일반차입금 자본화: (연평균 지출액−β)×R (한도: 이자비용 계)

(1) β = 연평균 특정 차입금 − 연평균 일시 투자액

(2) 일반차입금 자본화액 한도: 이자비용 계 ★중요!

예제 공사를 시작한 해의 차입원가 자본화

C-01 ㈜국세는 20X1년 1월 1일에 건물을 신축하기 시작하였으며, 동 건물은 차입원가 자본화의 적격자산에 해당된다. 총 건설비는 ₩200,000이며, 20X1년 1월 1일에 ₩100,000, 10월 1일에 ₩50,000, 그리고 20X2년 7월 1일에 ₩50,000을 각각 지출하였다. 동 건물은 20X2년 9월 30일에 완공될 예정이며, ㈜국세의 차입금 내역은 다음과 같다.

차입금	A	B	C
	₩30,000	₩50,000	₩100,000
차입일	20X1년 1월 1일	20X0년 1월 1일	20X1년 7월 1일
상환일	20X2년 9월 30일	20X2년 12월 31일	20X3년 6월 30일
이자율	연 8%	연 10%	연 6%

차입금 중 A는 동 건물의 취득을 위한 목적으로 특정하여 차입한 자금(특정차입금)이며, 나머지는 일반 목적으로 차입하여 건물의 취득을 위하여 사용하는 자금(일반차입금)이다. 이자율은 모두 단리이며, 이자는 매년 말에 지급한다. 20X1년도에 자본화할 차입원가는 얼마인가? (단, 평균지출액과 이자는 월할계산한다.)

2012. CTA

① ₩2,400　② ₩6,800　③ ₩9,000
④ ₩11,400　⑤ ₩15,600

C-02 ㈜대전은 20X2년 1월 1일 사옥 건설(20X3년 6월 30일에 완공될 예정)을 시작하면서, 20X2년 1월 1일에 ₩200,000과 20X2년 7월 1일에 ₩300,000을 지출하였다. 한편, ㈜대전의 차입금 내역은 다음과 같으며, 모든 차입금에 대한 이자는 단리로 계산되고 상환일에 지급된다. (단, 평균지출액과 이자는 월할계산한다.)

차입일	차입금액	상환일	이자율	비 고
20X1. 1. 1	₩500,000	20X2. 6. 30	7%	일반차입금
20X2. 1. 1	₩250,000	20X3. 1. 1	8%	일반차입금
20X2. 7. 1	₩300,000	20X3. 12. 31	9%	사옥건설을 위한 특정차입금

㈜대전이 20X2년에 자본화할 차입원가는?

2013. CTA

① ₩22,500　② ₩28,500　③ ₩29,500
④ ₩30,750　⑤ ₩35,000

C-03 ㈜세무는 20X1년 4월 1일에 공장건물 신축을 시작하여 20X2년 9월 30일에 공사를 완료하였다. 동 공장건물은 차입원가를 자본화하는 적격자산이며, 공장건물 신축 관련 공사비 지출 내역은 다음과 같다.

구분	20X1년 4월 1일	20X1년 6월 1일	20X2년 2월 1일
공사대금 지출액	₩2,000,000	₩4,800,000	₩900,000

모든 차입금은 매년 말 이자지급 조건이며, 특정차입금과 일반차입금에서 발생한 일시적 투자수익은 없다. ㈜세무의 차입금 내역은 다음과 같다.

차입금	차입일	차입금액	상환일	연 이자율
특정차입금	20X1. 4. 1.	₩1,000,000	20X2. 9. 30.	5%
일반차입금	20X1. 1. 1.	₩1,500,000	20X3. 12. 31.	8%
일반차입금	20X1. 3. 1.	₩1,800,000	20X3. 12. 31.	12%

20X1년 공장건물과 관련하여 자본화할 차입원가는? (단, 연평균지출액과 이자비용은 월할 계산한다.)

2019. CTA

① ₩300,000 ② ₩325,000 ③ ₩337,500
④ ₩380,000 ⑤ ₩550,000

C-04 ㈜세무는 공장건물을 20X1년 1월 1일 착공, 20X2년 10월 말에 완공하였다. 공장건물 신축 관련 자료가 다음과 같을 때, 20X1년도에 자본화할 차입원가는? (단, 모든 차입금의 이자는 1년 후급조건이며 월할계산한다.)

2018. CTA

• 공사비 지출

일자	금액
20X1년 1월 1일	₩10,000
20X1년 7월 1일	7,000

• 차입금 현황

종류	금액	이자율	차입기간
특정차입금	₩10,000	5%	20X1년 1월 1일 ~ 20X2년 12월 31일
일반차입금A	1,000	8%	20X0년 8월 1일 ~ 20X2년 7월 31일
일반차입금B	3,000	6%	20X1년 9월 1일 ~ 20X3년 10월 31일

① ₩640 ② ₩728 ③ ₩745 ④ ₩760 ⑤ ₩990

C-05 ㈜삼삼기계는 공장을 신축하기로 하고 ㈜동서건설과 도급계약을 체결하였다. 공사는 20X1년 1월 1일 착공하여 20X2년 9월 30일에 완공될 예정이다. ㈜삼삼기계는 공장건설을 위해 20X1년 1월 1일에 ₩50,000,000, 동년 7월 1일에 ₩100,000,000, 20X2년 1월 1일에 ₩50,000,000을 각각 지불하였다. ㈜삼삼기계의 차입금 내역은 다음과 같다.

차입금	A	B	C
차입액	₩20,000,000	₩30,000,000	₩90,000,000
차입일	20X1. 1. 1	20X0. 8. 1	20X1. 9. 1
상환일	20X2.12.31	20X2. 7.31	20X3.10.31
연이자율	9%	8%	6%

이들 차입금 중에서 A차입금은 공장신축을 위해 차입한 특정차입금이며 차입과 동시에 ㈜동서건설에 지급하였고, 나머지 차입금은 일반차입금이다. 이자율은 모두 단리이다.
㈜삼삼기계가 건설중인 신축공사에 대하여 20X1년도에 자본화할 총차입원가의 금액은 얼마인가? (단, 계산시 월할로 한다.) 2011. CPA

① ₩1,800,000 ② ₩4,200,000 ③ ₩5,600,000 ④ ₩6,000,000 ⑤ ₩7,400,000

C-06 ㈜대한은 공장건물을 신축하기로 하고 20X1년 1월 1일에 ㈜민국건설과 도급계약을 체결하였다. 동 건설공사는 20X2년 9월 30일에 완공하였다. 공장건물은 차입원가를 자본화하는 적격자산이며, 공사대금 지출과 관련한 자료는 다음과 같다.

지출일	20X1. 4. 1.	20X1. 5. 1.
지출액	₩200,000	₩1,200,000

20X1년 4월 1일의 지출액은 물리적인 건설공사를 착공하기 전에 각종 인·허가를 얻는 과정에서 지출되었다. 모든 차입금은 매년말 이자지급 조건이며, 특정차입금과 일반차입금에서 발생한 일시 투자 수익은 없다. ㈜대한의 차입금 내역은 다음과 같다.

차입금	차입금액	차입일	상환일	연 이자율
특정차입금	₩600,000	20X1. 4. 1.	20X2. 6. 30.	6%
일반차입금	2,000,000	20X1. 1. 1.	20X2. 12. 31.	10%
일반차입금	1,000,000	20X1. 7. 1.	20X1. 12. 31.	8%

㈜민국건설은 20X1년 7월 1일부터 7월 31일까지 건설공사를 일시적으로 중단하였는데, 이 중단기간에도 상당한 기술 및 관리활동이 진행되고 있었던 것으로 확인되었다. ㈜대한이 20X1년도에 자본화할 차입원가는? 단, 연평균지출액과 이자비용은 월할로 계산한다. 2018. CPA

① ₩54,600 ② ₩62,400 ③ ₩65,600 ④ ₩71,500 ⑤ ₩75,000

C-07 ㈜갑은 20X1년초에 기계장치 제작을 개시하였으며, 동 기계장치는 차입원가를 자본화하는 적격자산이다. 기계장치는 20X2년말에 완성될 예정이다. ㈜갑은 기계장치 제작을 위해 20X1년초에 ₩60,000과 20X1년 7월 1일에 ₩40,000을 각각 지출하였다.
㈜갑의 차입금 내역은 다음과 같다.

차입금	차입일	차입금액	상환일	이자율	이자지급조건
A	20X1.1.1	₩40,000	20X1.12.31	8%	단리/매년말지급
B	20X1.1.1	₩10,000	20X1.12.31	12%	단리/매년말지급
C	20X1.7.1	₩30,000	20X2. 6.30	10%	단리/매년말지급

이들 차입금 중에서 차입금 A는 기계장치 제작을 위한 특정차입금이다. 차입금 B와 C는 일반목적 차입금이다. 한편 ㈜갑은 20X1년 1월 1일에 ₩10,000의 정부보조금을 수령하여 이를 기계장치 제작에 사용하였다.
제작중인 동 기계장치에 대하여 20X1년에 자본화할 차입원가는 얼마인가? 단, 정부보조금은 원가차감법으로 회계처리한다. 2012. CPA

① ₩5,600 ② ₩5,700 ③ ₩5,900 ④ ₩6,440 ⑤ ₩7,400

C-08 ㈜국세는 20X1년 1월 1일에 생산공장을 신축하기 위하여 공사를 시작하였다. 동 생산공장은 20X3년 12월 31일에 준공될 예정이다. 생산공장 신축과 관련하여 ㈜국세는 20X1년 1월 1일과 7월 1일에 각각 ₩60,000,000과 ₩100,000,000을 지출하였다. 20X1년 7월 1일에 지출한 금액 중 ₩30,000,000은 동 일자로 상환의무 없이 생산공장 신축과 관련하여 정부로부터 보조받은 금액이다. ㈜국세는 20X1년 1월 1일에 대둔은행으로부터 생산공장 신축을 위하여 ₩20,000,000을 차입하여 즉시 전액 지출하였다. 동 차입금의 이자율은 10%(단리, 매년 말 지급)이며, 상환일은 20X4년 1월 31일이다. 한편, 일반목적 차입금 내역은 다음과 같다.

차입처	차입일	차입금액	상환일	이자율	이자지급조건
해남은행	20X1.07.01.	₩40,000,000	20X4.04.30.	10%	단리/매년 말 지급
제부은행	20X1.01.01.	₩20,000,000	20X3.12.31.	8%	단리/매년 말 지급

동 생산공장 신축과 관련하여 ㈜국세가 20X1년 말 재무상태표상 건설중인자산으로 자본화하여야 할 차입원가는 얼마인가? (단, 위 문제와 관련한 이자는 월할계산한다.) 2011. CTA

① ₩5,600,000 ② ₩7,250,000 ③ ₩8,750,000 ④ ₩11,900,000 ⑤ ₩14,100,000

C-09

㈜대한은 공장건물을 신축하기로 하고 ㈜청주건설과 도급계약을 체결하였다. 공장건물 건설공사는 20X1년 1월 1일에 시작하여 20X2년 6월 30일에 완료될 예정이다. 동 공장건물은 차입원가를 자본화하는 적격자산에 해당한다. ㈜대한은 공장건물 건설공사를 위해 20X1년 1월 1일에 ₩3,000,000, 20X1년 7월 1일에 ₩5,000,000, 20X1년 10월 1일에 ₩4,000,000을 각각 지출하였다. ㈜대한의 차입금 내역은 다음과 같다.

차입금	차입금액	차입일	상환일	연 이자율	이자지급조건
A	₩4,000,000	20X1.1.1.	20X2.9.30.	8%	단리/매년말 지급
B	₩6,000,000	20x0.9.1.	20X2.12.31.	10%	단리/매년말 지급
C	₩8,000,000	20X1.4.1.	20X3.6.30.	6%	단리/매년말 지급

이들 차입금 중에서 차입금A는 동 공장건물의 건설공사를 위한 특정차입금이며, 차입금B와 차입금C는 일반차입금이다. 특정차입금 중 ₩1,000,000은 20X1년 1월 1일부터 20X1년 6월 30일까지 연 이자율 5%의 정기예금에 예치하였다. ㈜대한이 20X1년에 자본화할 차입원가는 얼마인가? 단, 연평균지출액, 이자비용, 이자수익은 월할로 계산한다. 2019. CPA

① ₩320,000 ② ₩470,000 ③ ₩495,000 ④ ₩520,000 ⑤ ₩535,000

C-10

㈜한국은 20X1년 4월 1일부터 공장건물 신축공사를 시작하여 20X2년 중에 준공할 예정이다. 동 공장건물은 차입원가를 자본화하는 적격자산이며, 관련 자료는 다음과 같다.

지출일	20X1. 4. 1	20X1. 10. 1
공사대금지출액	₩400,000	₩1,000,000

차입금	차입일	차입금액	상환일	연 이자율
특정차입금	20X1.4.1	₩500,000	20X2.12.31	6%
일반차입금	20X1.1.1	₩2,000,000	20X2.12.31	10%

20X1년 10월 1일의 지출액에는 공장건물 건설과 관련하여 동 일자에 수령한 정부보조금 ₩200,000이 포함되어 있다. 모든 차입금은 매년 말 이자지급조건이다. 특정차입금 중 ₩100,000은 20X1년 4월 1일부터 9월 30일까지 연 이자율 4%의 정기예금에 예치하였다. 20X1년도에 자본화할 차입원가는? 단, 연평균지출액과 이자비용은 월할로 계산한다. 2017. CPA

① ₩37,475 ② ₩38,000 ③ ₩55,500 ④ ₩59,300 ⑤ ₩60,500

C-11

㈜대한은 20X1년 7월 1일에 공장건물을 신축하기 시작하여 20X2년 10월 31일에 해당 공사를 완료하였다. ㈜대한의 동 공장건물은 차입원가를 자본화하는 적격자산이다.

- 공장건물 신축 관련 공사비 지출 내역은 다음과 같다.

구분	20X1.7.1.	20X1.10.1.	20X2.4.1.
공사비 지출액	₩1,500,000	₩3,000,000	₩1,000,000

- ㈜대한은 20X1년 7월 1일에 ₩200,000의 정부보조금을 수령하여 즉시 동 공장건물을 건설하는 데 모두 사용하였다.
- 특정차입금 ₩2,500,000 중 ₩300,000은 20X1년 7월 1일부터 9월 30일까지 연 4% 수익률을 제공하는 투자처에 일시적으로 투자하였다.
- ㈜대한의 차입금 내역은 다음과 같으며, 모든 차입금은 매년 말 이자지급 조건이다.

차입금	차입일	차입금액	상환일	연 이자율
특정	20X1.7.1.	₩2,500,000	20X2.8.31.	5%
일반	20X1.1.1.	2,000,000	20X3.12.31.	4%
일반	20X1.7.1.	4,000,000	20X2.12.31.	8%

㈜대한이 동 공사와 관련하여 20X1년에 자본화할 차입원가는 얼마인가? 단, 연평균지출액, 이자수익 및 이자비용은 월할로 계산한다. 2022. CPA

① ₩73,000 ② ₩83,000 ③ ₩92,500 ④ ₩148,500 ⑤ ₩152,500

C-12

㈜세무는 20X1년 7월 1일에 영업지점 건물 신축을 시작하여 20X2년 12월 31일에 공사를 완료하였다. 동 건물은 차입원가를 자본화하는 적격자산이며, 20X1년도 영업지점 건물 신축 관련 공사비 지출 내역은 다음과 같다. 20X1년 10월 1일 지출액 중 ₩240,000은 당일에 정부로부터 수령한 보조금으로 지출되었다.

구분	20X1. 7. 1.	20X1. 10. 1.	20X1. 12. 1.
공사대금 지출액	₩300,000	₩960,000	₩1,200,000

㈜세무의 차입금 내역은 다음과 같으며, 모든 차입금은 매년 말 이자지급 조건이다. 특정차입금 중 ₩200,000은 20X1년 7월 1일부터 20X1년 9월 30일까지 3개월 간 연 10%의 수익률을 제공하는 금융상품에 투자하여 일시적 운용수익을 획득하였다.

차입금	차입일	차입금액	상환일	연 이자율
특정차입금	20X1. 7. 1.	₩500,000	20X2. 6. 30.	8%
일반차입금 A	20X1. 1. 1.	500,000	20X2. 12. 31.	8%
일반차입금 B	20X1. 7. 1.	1,000,000	20X3. 6. 30.	6%

신축중인 영업지점 건물과 관련하여 ㈜세무가 20X1년도에 자본화할 차입원가는? (단, 연평균지출액과 이자비용은 월할 계산하며, 정부보조금은 해당 자산의 장부금액에서 차감하는 방법으로 처리한다.) 2021. CTA

① ₩15,000 ② ₩31,100 ③ ₩49,300 ④ ₩62,300 ⑤ ₩85,000

예제 가중평균차입이자율

D-01 ㈜한국은 사옥건설을 위하여 20X1년 1월 1일에 ㈜동산건설과 건설기간 3년의 계약을 체결하였다. ㈜한국은 동 사옥건설과 관련하여 20X1년 1월 1일에 ₩950,000을 지출했다. 한편, ㈜한국은 20X1년 1월 1일 사옥건설을 위하여 은행으로부터 개별적으로 ₩600,000(특정차입금)을 차입했으며, 동 차입금에 대한 20X1년도의 차입원가는 ₩60,000이다. ㈜한국은 사옥건설과 관련하여 20X1년도 차입원가로 ₩102,000을 자본화했다. 20X1년도 일반목적으로 차입한 자금(일반차입금)에 대한 자본화할 차입원가를 계산하기 위하여 적용한 자본화이자율(%)은? (단, ㈜한국의 20X1년 일반목적으로 차입한 자금에서 실제로 발생한 차입원가는 ₩54,000이다.) 2010. CPA

① 6% ② 8% ③ 10% ④ 12% ⑤ 14%

D-02 ㈜세무는 20X1년 7월 1일 공장건물 신축을 시작하여 20X2년 12월 31일에 공사를 완료하였다. 동 공장건물은 차입원가를 자본화하는 적격자산이다. 공장건물 신축을 위해 20X1년 7월 1일에 ₩12,000,000, 그리고 20X2년에 ₩10,000,000을 각각 지출하였다. ㈜세무는 20X1년 7월 1일 공장건물 신축을 위한 특정차입금 ₩2,000,000(이자율 연 5%, 2년 후 일시 상환)을 차입하였다. ㈜세무는 특정차입금 중 ₩1,000,000을 연 2% 이자지급조건의 정기예금에 20X1년 8월 1일부터 20X1년 10월 31일까지 예치하였다. ㈜세무가 20X1년에 공장건물 신축과 관련하여 자본화한 차입원가는 ₩150,000일 때, 20X1년 일반차입금에 대한 자본화이자율은? (단, 특정차입금으로 사용하지 않은 지출액은 일반차입금으로 지출되었으며, 20X1년도에 일반차입금에서 발생한 실제 차입원가는 ₩520,000이다. 연평균 지출액과 이자비용은 월할 계산한다.) 2022. CTA

① 2% ② 3% ③ 4% ④ 5% ⑤ 6%

D-03 ㈜대한은 20X1년 7월 1일에 차입원가 자본화 적격자산에 해당하는 본사 사옥 신축공사를 시작하였으며, 본 공사는 20X2년 9월 말에 완료될 것으로 예상된다. 동 공사와 관련하여 20X1년에 지출한 공사비는 다음과 같다.

일자	20X1.7.1.	20X1.10.1.	20X1.12.1.
지출액	₩500,000	₩600,000	₩1,200,000

㈜대한의 차입금 내역은 아래와 같다.

구 분	차입금액	차입일	상환일	연 이자율
특정차입금	₩800,000	20X1.7.1.	20X3. 6.30.	5%
일반차입금	1,000,000	20X1.1.1.	20X3.12.31.	?

모든 차입금은 매년 말 이자 지급조건이며, 특정차입금 중 50%는 20X1년 9월 말까지 3개월 간 연 3% 수익률을 제공하는 투자처에 일시적으로 투자하였다. ㈜대한이 동 공사와 관련하여 20X1년 말에 건설중인자산(유형자산)으로 ₩2,333,000을 보고하였다면, 일반차입금의 연 이자율은 몇 퍼센트(%)인가? 단, 연평균지출액, 이자수익 및 이자비용은 월할로 계산한다. 2021. CPA

① 1.6% ② 3% ③ 5% ④ 8% ⑤ 10.5%

D-04 ㈜ABC는 당기말에 완공한 사옥건설과 관련하여 총차입원가 ₩100,000을 자본화하였고 사옥건물에 대한 연평균지출액은 ₩900,000이었다. ㈜ABC는 사옥건설을 위한 목적으로 특정차입금을 은행으로부터 연 10% 이자율로 ₩600,000을 직접 차입하였으며, 이 중에서 ₩200,000은 연 8% 이자지급조건의 정기예금에 예치하여 ₩16,000의 이자수익이 발생하였다. 따라서 특정차입금으로 사용한 연평균지출액은 ₩400,000이었다. 특정차입금으로 사용하지 않은 지출액은 전액 일반차입금으로 지출되었다고 가정한다. 일반차입금에 대한 자본화이자율은 얼마인가? 2014. CPA

① 9.2% ② 11.2% ③ 14.2% ④ 16.2% ⑤ 18.2%

3. 공사 두 번째 해의 차입원가 자본화

X2		완공일			
1.1	**전기지출액** × 월수/12	= XXX			
1.1	지출액 × 월수/12	= XXX			
3.1	지출액 × 월수/12	= XXX			
7.1	(보조금) × 월수/12	= (XXX)			
	α	연평균 지출액			
특정	차입금 × 월수/12	= XXX	(이자율)	→ 특정차입금 이자비용	
일시	(일시투자) × 월수/12	= (XXX)	(이자율)	→ (일시투자 차감액)	
일반	(연평균 지출액	− β)	(R)	→ 일반차입금 자본화액	(한도: 이자비용 계)
				차입원가 자본화액	
R	= 이자비용 계/연평균 차입금				
A	차입금 × 월수/12	= XXX	(이자율)	→ 이자비용	
B	차입금 × 월수/12	= XXX	(이자율)	→ 이자비용	
계		연평균 차입금		이자비용 계	

(1) 전기 지출액

– 전기 지출액이 있다면, 1.1 옆에 전기의 **총 지출액**(X1년의 α, not 연평균 지출액) 적기

(2) 전기 차입원가 자본화액 포함 여부

– 문제의 가정에 따라 전기 차입원가 자본화액을 포함할 수도 있고, 포함하지 않을 수도 있음
– 대부분의 문제에서는 전기 차입원가 자본화액을 포함하지 않는 것으로 가정
– '적격자산 평균지출액은 건설중인 자산의 매월말 장부금액 가중평균으로 한다.'
: 전기 지출액에 전기의 차입원가 자본화액 포함

예제 공사 두 번째 해의 차입원가 자본화

D-05 ㈜대한은 20X1년 3월 1일부터 공장건물 신축공사를 실시하여 20X2년 9월 30일에 해당 공사를 완료하였다. 동 공장건물은 차입원가를 자본화하는 적격자산이다. ㈜대한의 신축공사와 관련된 자료는 다음과 같다.

구분	20X1.3.1.	20X1.10.1.	20X2.1.1.	20X2.9.1.
공사대금 지출액	₩300,000	₩400,000	₩300,000	₩120,000

종류	차입금액	차입기간	연 이자율
특정차입금A	₩240,000	20X1. 3.1.~20X2. 9.30.	6%(단리)
일반차입금B	₩240,000	20X1. 3.1.~20X2. 6.30.	6%(단리)
일반차입금C	₩60,000	20X1. 6.1.~20X2.12.31.	9%(단리)

20X1년 3월 1일의 지출액에는 공장건물 건설과 관련하여 동 일자에 수령한 정부보조금(상환의무 없음) ₩200,000이 포함되어 있다. 특정차입금A 중 ₩100,000은 20X1년 4월 1일부터 20X1년 9월 30일까지 연 이자율 3%(단리)의 정기예금에 예치하였다. ㈜대한이 20X2년도에 자본화할 차입원가는 얼마인가? 단, 전기 이전에 자본화한 차입원가는 연평균 지출액 계산 시 포함하지 아니하며, 연평균 지출액, 이자수익 및 이자비용은 월할로 계산한다. 그리고 모든 차입금과 정기예금은 매월 말 이자 지급(수취) 조건이다. 2023. CPA

① ₩16,450 ② ₩21,900 ③ ₩23,400 ④ ₩42,700 ⑤ ₩53,200

D-06 ㈜대한은 20X1년 3월 1일부터 공장건물 신축공사를 실시하여 20X2년 10월 31일에 해당 공사를 완료하였다. 동 공장건물은 차입원가를 자본화하는 적격자산이다. ㈜대한의 신축공사와 관련된 자료는 다음과 같다.

구분	20X1.3.1.	20X1.10.1.	20X2.1.1.	20X2.10.1.
공사대금 지출액	₩200,000	₩400,000	₩300,000	₩120,000

종류	차입금액	차입기간	연 이자율
특정차입금A	₩240,000	20X1.3.1.~20X2.10.31.	4%
일반차입금B	₩240,000	20X1.3.1.~20X2. 6.30.	4%
일반차입금C	₩60,000	20X1.6.1.~20X2.12.31.	10%

㈜대한이 20X2년에 자본화할 차입원가는 얼마인가? 단, 전기 이전에 자본화한 차입원가는 연평균 지출액 계산 시 포함하지 아니하며, 연평균 지출액, 이자비용은 월할 계산한다. 2020. CPA

① ₩16,800 ② ₩17,000 ③ ₩18,800 ④ ₩20,000 ⑤ ₩20,800

D-07 ㈜대한은 20X1년 7월 1일에 태양광 전력생산설비 건설공사를 시작하여 20X2년 9월 30일에 해당 공사를 완료하였다. 전력생산설비는 차입원가 자본화 적격자산에 해당하며, ㈜대한의 건설공사와 관련된 자료는 다음과 같다.

• 공사비 지출 내역

구분	20X1.7.1.	20X1.10.1.	20X2.4.1.	20X2.9.1.
공사비 지출액	₩1,000,000	₩2,000,000	₩1,500,000	₩2,400,000

• ㈜대한은 20X1년 7월 1일에 ₩500,000의 정부보조금(상환의무 없음)을 수령하여 즉시 동 전력생산설비를 건설하는 데 모두 사용하였다.
• ㈜대한의 차입금 내역은 다음과 같으며, 모든 차입금은 매월 말과 상환일에 월할로 이자지급을 하는 조건이다.

차입금	차입일	차입금액	상환일	연 이자율
특정	20X1. 7.1.	₩1,500,000	20X2. 6.30.	5%(단리)
일반A	20X1.10.1.	₩2,000,000	20X2. 9.30.	4%(단리)
일반B	20X2. 4.1.	₩2,000,000	20X4. 3.31.	8%(단리)

㈜대한이 20X2년에 자본화할 차입원가는 얼마인가? 단, 자본화한 차입원가는 연평균지출액 계산 시 포함하지 않으며, 연평균지출액, 이자수익 및 이자비용은 모두 월할계산한다. 2024. CPA

① ₩20,000 ② ₩37,500 ③ ₩124,500 ④ ₩162,000 ⑤ ₩180,000

D-08 ㈜세무는 20X1년 4월 1일부터 공장건물 신축공사를 실시하여 20X2년 10월 31일에 해당 공사를 완료하였다. 동 공장건물은 차입원가를 자본화하는 적격자산이다. ㈜세무의 신축공사와 관련된 자료는 다음과 같다.

구분	20X1.4.1.	20X1.11.1.	20X2.2.1.	20X2.7.1.
공사대금 지출액	₩100,000	₩30,000	₩20,000	₩20,000

종류	차입금액	차입기간	이자율
특정차입금A	₩90,000	20X1.4.1.~20X2.10.31.	3%
일반차입금B	60,000	20X1.5.1.~20X2.8.30.	5%
일반차입금C	30,000	20X1.9.1.~20X2.4.30.	10%

㈜세무는 특정차입금 중 ₩30,000을 연 2% 이자지급조건의 정기예금에 20X1년 5월 1일부터 20X1년 7월 31일까지 예치하였다. ㈜세무가 20X1년도와 20X2년도에 자본화할 차입원가는? (단, 연평균지출액과 이자비용은 월할 계산하며, 자본화한 차입원가는 연평균지출액 계산 시 포함하지 아니한다.) 2024. CTA

	20X1년	20X2년
①	₩3,075	₩5,250
②	₩3,075	₩5,550
③	₩4,875	₩4,875
④	₩4,875	₩5,250
⑤	₩4,875	₩5,550

D-09 ㈜한국은 20X1년초에 공장건물 신축을 시작하여 20X2년 7월 1일에 공사를 완료하였다. 동 공장건물은 차입원가를 자본화하는 적격자산이며, 신축 관련 공사비 지출액의 내역은 다음과 같다.

구 분	20X1. 3. 1.	20X1. 9. 1.	20X2. 4. 1.
공사대금 지출액	₩3,000,000	₩6,000,000	₩7,000,000

공장건물 신축을 목적으로 직접 차입한 자금은 없으며, 20X1년도와 20X2년도의 회계기간동안 일반목적차입금 이자비용과 일반목적차입금 가중평균 관련 자료는 다음과 같다.

구 분	20X1년	20X2년
이자비용	₩480,000	₩700,000
연평균 차입금	₩6,000,000	₩7,000,000

㈜한국은 신축관련 공사비 지출액을 건설중인자산으로 인식한다. 적격자산 평균지출액은 회계기간동안 건설중인자산의 매월말 장부금액 가중평균으로 계산한다고 할 때, 20X2년 ㈜한국이 인식해야 할 자본화 차입원가는 얼마인가? 2016. CPA

① ₩360,000 ② ₩450,000 ③ ₩625,000 ④ ₩643,000 ⑤ ₩700,000

예 제 적격자산의 취득원가

D-10 ㈜한국은 20X1년 1월 1일 사옥건설을 시작하였으며, 20X2년 9월 30일에 완공하였다. 다음은 사옥건설과 관련된 세부내역이다.

〈지출액〉
20X1년 1월 1일 : ₩200,000
20X2년 1월 1일 : ₩300,000

〈차입금 내역〉

차입금	차입일	차입금액	상환일	이자율
A	20X1. 1. 1	₩100,000	20X2. 6. 30	연 5%
B	20X1. 1. 1	₩200,000	20X2. 12. 31	연 10%

차입금A는 사옥건설 목적을 위하여 개별적으로 차입(특정차입금)하였으며 차입금B는 일반목적차입금이다.

20X2년 사옥의 취득원가로 인식할 금액은? (단, 이자는 월할계산하며, 전기 이전에 자본화한 차입원가는 연평균지출액 계산 시 포함하지 아니한다.) 2015. CTA

① ₩500,000 ② ₩522,500 ③ ₩537,500 ④ ₩545,000 ⑤ ₩550,000

4. 차입원가 자본화 말문제 심화

(1) 적격자산의 정의

적격자산은 의도된 용도로 사용하거나 판매가능한 상태에 이르게 하는 데 상당한 기간을 필요로 하는 자산을 말한다. 단, **금융자산과 생물자산 및 단기간 내에 생산되는 재고자산은 적격자산에 해당하지 않는다.**

(2) 자본화가능차입원가의 범위

당해 적격자산과 관련된 지출이 발생하지 아니하였다면 부담하지 않았을 차입원가

(3) 기간별 차입원가 자본화 여부

차입원가 자본화 O	차입원가 자본화 X
① 자산의 물리적인 제작뿐 아니라 그 이전단계에서 이루어진 기술 및 관리상의 활동 EX〉 물리적인 제작 전에 각종 인허가를 얻기 위한 활동, 토지가 개발되고 있는 경우 개발과 관련된 활동이 진행되고 있는 기간 동안 발생한 차입원가	① 자산의 상태에 변화를 가져오는 생산 및 개발이 이루어지지 않는 상황에서 단지 자산을 보유하는 것 EX〉 건설목적으로 취득한 토지를 별다른 개발활동 없이 보유하는 동안 발생한 차입원가
② 상당한 기술 및 관리활동을 진행하고 있는 기간	② 적격자산에 대한 적극적인 개발활동을 중단한 기간
③ 자산을 의도된 용도로 사용 가능하게 하기 위해 일시적인 지연이 필수적인 경우 EX〉 건설기간동안 해당 지역의 하천수위가 높아지는 현상이 일반적이어서 교량건설이 지연되는 경우	③ 자산을 의도된 용도로 사용 가능하게 하는 데 필요한 대부분의 활동을 완료한 시점

예 제 차입원가 자본화 말문제

D-11 차입원가 회계처리에 관한 설명으로 옳지 않은 것은? 2016. CTA

① 일반적인 목적으로 차입한 자금을 적격자산 취득에 사용하였다면 관련 차입원가를 자본화하되, 동 차입금과 관련하여 자본화기간 내에 발생한 일시적 투자수익을 자본화가능차입원가에서 차감한다.

② 일반적인 목적으로 차입한 자금의 자본화가능차입원가를 결정할 때, 적용되는 자본화이자율은 회계기간동안 차입한 자금(적격자산을 취득하기 위해 특정 목적으로 차입한 자금 제외)으로부터 발생된 차입원가를 가중평균하여 산정한다.

③ 적격자산과 관련하여 수취하는 정부보조금과 건설 등의 진행에 따라 수취하는 금액은 적격자산에 대한 지출액에서 차감한다.

④ 적격자산에 대한 적극적인 개발활동을 중단한 기간에는 차입원가의 자본화를 중단한다.

⑤ 적격자산을 의도된 용도로 사용하거나 판매가능한 상태에 이르게 하는 데 필요한 대부분의 활동이 완료된 시점에 차입원가의 자본화를 종료한다.

D-12 차입원가에 대한 설명으로 옳지 않은 것은? 2023. 지방직 9급

① 적격자산이 물리적으로 완성된 경우라면 일상적인 건설 관련 후속 관리업무 등이 진행되고 있더라도 일반적으로 당해 자산을 의도된 용도로 사용(또는 판매) 가능한 것으로 본다.

② 적격자산을 의도된 용도로 사용(또는 판매) 가능하게 하는 데 필요한 활동은 당해 자산의 물리적인 제작활동을 포함하나 그 이전단계에서 이루어진 기술 및 관리상의 활동은 포함하지 않는다.

③ 적격자산의 건설활동을 여러 부분으로 나누어 완성하고, 남아있는 부분의 건설활동을 계속 진행하고 있더라도 이미 완성된 부분이 사용 가능하다면, 당해 부분을 의도된 용도로 사용(또는 판매) 가능하게 하는 데 필요한 대부분의 활동을 완료한 시점에 차입원가의 자본화를 종료한다.

④ 적격자산에 대한 지출은 현금의 지급, 다른 자산의 제공 또는 이자부 부채의 발생 등에 따른 지출액을 의미한다. 적격자산과 관련하여 수취하는 정부보조금과 건설 등의 진행에 따라 수취하는 금액은 적격자산에 대한 지출액에서 차감한다.

4 감가상각

1. 감가상각방법

(1) 계산식

정액법, 연수합계법	(취득원가 − 잔존가치) × 상각률
정률법, 이중체감법	기초 장부금액 × 상각률

(2) 상각률

정액법	1/내용연수
연수합계법	내용연수를 역수로 표시한 당년도 수 ÷ 내용연수 합계 (단, 내용연수 합계 = n(n + 1)/2)
정률법	문제에서 제시한 상각률
이중체감법	2/내용연수

2. 기중 취득 및 기중 처분 자산의 감가상각

정액법	기중 취득 or 기중 처분한 해에는 1년치 감가비 × 보유월수
연수합계법	연도가 걸쳐 있으면 상각률을 나눠서 계산할 것!
정률법	기초 장부금액 × 상각률 (원래 계산식)
이중체감법	

예제 감가상각

E-01 ㈜용암은 20X1년 10월 1일에 기계장치를 현금으로 구입하여 즉시 제품생산에 투입하였다. 취득시점에서 이 기계장치의 내용연수는 3년, 잔존가치는 ₩12,000으로 추정하였다. ㈜용암은 이 기계장치에 대해 원가모형을 적용하여 연수합계법으로 감가상각을 하고 있는데, 20X1년 말에 인식한 감가상각비는 ₩60,000이었다. 20X2년 12월 31일 기계장치의 장부금액은 얼마인가? (단, 감가상각비는 월할 계산하며, 이 기계장치에 대한 취득시점 이후 자산손상은 없었다.) 2010. CPA

① ₩160,000 ② ₩200,000 ③ ₩212,000 ④ ₩260,000 ⑤ ₩272,000

E-02 ㈜대한은 20X1년 9월 1일 내용연수 5년의 기계장치를 취득하였다. 이 기계장치는 정률법을 사용하여 감가상각하며, 감가상각률은 36%이다. 20X2년도에 인식한 감가상각비는 ₩253,440이다. 20X3년도에 인식할 기계장치의 감가상각비는 얼마인가? 단, 계산 방식에 따라 단수차이로 인해 오차가 있는 경우, 가장 근사치를 선택한다. 2014. CPA

① ₩85,899 ② ₩91,238 ③ ₩102,005 ④ ₩103,809 ⑤ ₩162,202

3. 감가상각의 변경

(1) 수익적 지출(당기비용) 및 자본적 지출(장부금액에 가산)

– 어떤 지출인지 언급이 없다면 자본적 지출로 볼 것

(2) 상각 방법 변경: 변경 시점의 장부금액을 남은 기간 동안 새로운 상각 방법으로 상각

(3) n(내용연수): '잔여' 내용연수 확인!

– 내용연수가 바뀌는 경우: 이미 지나간 기간은 차감한 **수정된 '잔여'(= 잔존)내용연수**로 상각

– 내용연수가 바뀌지 않은 경우: 이미 지나간 기간이 있으므로 **상각률 바뀜**

(4) s(잔존가치): 바꾼 잔존가치로 남은 기간동안 상각

– 0이 아닌지 항상 확인!

(5) 감가상각요소 변경 후 연수합계법을 적용하는 경우 상각률

– 남은 기간을 대상으로 변경 시점이 1기인 것처럼 상각

예제 감가상각의 변경

E-03 ㈜국세는 20X1년 1월 1일에 본사 사옥을 ₩1,000,000에 취득(내용연수 5년, 잔존가치 ₩100,000)하고 연수합계법으로 감가상각한다. ㈜국세는 20X2년 초에 본사 사옥의 증축을 위해 ₩200,000을 지출하였으며 이로 인해 잔존가치는 ₩20,000 증가하였고, 내용연수는 2년 더 연장되었다. ㈜국세가 20X2년 초에 감가상각방법을 이중체감법(상각률은 정액법 상각률의 2배)으로 변경하였다면, 20X2년도에 인식해야할 감가상각비는 얼마인가? (단, ㈜국세는 본사 사옥에 대하여 원가모형을 적용한다.) 2014. CTA

① ₩145,000 ② ₩150,000 ③ ₩240,000 ④ ₩260,000 ⑤ ₩300,000

E-04 ㈜세무는 20X1년 4월 1일 기계장치를 취득(취득원가 ₩30,000, 잔존가치 ₩0, 내용연수 4년)하여 연수합계법으로 감가상각하고 원가모형을 적용하고 있다. 20X3년 1월 1일 동 기계장치의 부품 교체에 ₩10,000을 지출하고 다음과 같은 조치를 취하였다.

> • 부품교체는 자본적지출로 인식한다.
> • 부품 교체시점에서의 회계추정 변경사항
>   — 감가상각방법: 정액법
>   — 잔존내용연수: 5년
>   — 잔존가치: ₩500

동 기계장치의 20X2년 감가상각비와 20X3년 말 장부금액은? (단, 감가상각은 월할상각한다.) 2018. CTA

	20X2년 감가상각비	20X3년 말 장부금액
①	₩9,000	₩15,500
②	₩9,000	₩17,100
③	₩9,750	₩15,500
④	₩9,750	₩17,100
⑤	₩12,000	₩17,100

E-05 ㈜한국은 20X1년 1월 1일에 영업용 건물(취득원가 ₩100,000, 잔존가치 ₩0, 내용연수 10년, 정액법 감가상각)을 취득하여 원가모형을 적용하고 있다. 20X3년 1월 1일에 ₩30,000의 수선비가 지출되었고, 이로 인하여 내용연수가 2년 연장될 것으로 추정하였다. 수선비는 자산화하기로 하였으며, ㈜한국은 감가상각방법을 20X3년초부터 연수합계법으로 변경하기로 하였다.
영업용 건물의 회계처리가 ㈜한국의 20X3년도 당기순이익에 미치는 영향은? 단, 단수차이로 인해 오차가 있다면 가장 근사치를 선택한다. 2017. CPA

① ₩11,000 감소 ② ₩14,545 감소 ③ ₩16,666 감소 ④ ₩20,000 감소 ⑤ ₩21,818 감소

E-06 ㈜세무는 20X1년 10월 1일 기계장치를 취득(취득원가 ₩4,800,000, 내용연수 5년, 잔존가치 ₩0)하여 정액법으로 감가상각하였다. 20X2년 4월 1일 동 기계장치에 대하여 ₩1,200,000을 지출하고, 이를 내용연수를 증가시키는 자본적지출로 처리하였으며 다음과 같은 회계변경을 실행하였다.

감가상각 방법	내용연수	잔존가치
정액법에서 연수합계법	잔존 내용연수를 8년으로 재추정	₩0에서 ₩120,000으로 재추정

20X3년 7월 1일 현금 ₩4,000,000을 수령하고 동 기계장치를 처분하였을 경우 처분손익은? (단, 감가상각은 월할 계산한다.) 2020. CTA

① 유형자산처분손실 ₩57,500
② 유형자산처분손실 ₩252,500
③ 유형자산처분손실 ₩537,500
④ 유형자산처분이익 ₩242,500
⑤ 유형자산처분이익 ₩442,500

E-07 ㈜세무는 20X1년 1월 1일에 기계장치(취득원가 ₩1,000,000, 잔존가치 ₩0, 내용연수 4년, 정액법으로 감가상각)를 취득하여 원가모형을 적용하고 있다. 20X3년 1월 1일에 ㈜세무는 동 기계장치에 대하여 자산인식기준을 충족하는 후속원가 ₩500,000을 지출하였다. 이로 인해 내용연수가 2년 연장(20X3년 1월 1일 현재 잔존내용연수 4년)되고 잔존가치는 ₩100,000 증가할 것으로 추정하였으며, 감가상각방법은 연수합계법으로 변경하였다. ㈜세무는 동 기계장치를 20X4년 1월 1일에 현금을 수령하고 처분하였으며, 처분손실은 ₩60,000이다. 기계장치 처분 시 수령한 현금은 얼마인가? 2019. CTA

① ₩190,000 ② ₩480,000 ③ ₩540,000 ④ ₩580,000 ⑤ ₩700,000

E-08 ㈜세무와 ㈜한국은 20X1년 초에 모든 조건이 동일한 영업용 차량(내용연수 4년, 잔존가치 ₩500,000)을 ₩9,000,000에 각각 취득하였다. 두 회사가 동 차량에 대하여 각 보고기간별로 다음과 같이 감가상각방법을 적용하던 중, 두 회사 모두 20X4년 초 현금 ₩3,000,000에 동 차량을 매각하였다.

	20X1년	20X2년	20X3년
㈜세무	정률법	정률법	정액법
㈜한국	정액법	연수합계법	연수합계법

두 회사의 총수익 및 동 차량에서 발생한 감가상각비를 제외한 총비용이 동일하다고 가정할 경우 옳은 설명은? (단, ㈜세무와 ㈜한국은 동 차량에 대해 원가모형을 적용하고 있으며, 정률법 상각률은 55%이다.) 2017. CTA 심화

① 20X1년도 당기순이익은 ㈜한국이 더 작다.
② 20X4년 초에 인식하는 유형자산처분이익은 ㈜세무가 더 크다.
③ ㈜세무의 20X2년도 감가상각비는 ₩4,675,000이다.
④ ㈜한국의 20X3년 말 차량 장부금액은 ₩1,145,833이다.
⑤ ㈜세무의 20X3년도 감가상각비는 ₩330,625이다.

E-09 ㈜국세는 20X2년 1월 1일 기계장치를 ₩4,500,000에 구입하였으며, 설치 및 시험가동 등으로 ₩500,000을 지출하였다. 이로 인해 기계장치는 20X2년 4월 1일부터 사용 가능하게 되었다. 동 기계장치의 내용연수는 5년, 잔존가치는 ₩500,000으로 추정되며, 이중체감법(상각률은 정액법의 2배)으로 감가상각을 한다. ㈜국세는 매년 말 잔존가치를 재검토하고 있는데, 20X4년 말 현재 동 기계장치를 거래하는 시장이 활성화됨으로써 잔존가치가 ₩2,500,000으로 증가할 것으로 추정하였다. ㈜국세가 20X4년도에 인식하여야 할 감가상각비는 얼마인가? (단, ㈜국세는 동 기계장치에 대하여 원가모형을 적용하고, 감가상각은 월할계산하며, 손상차손 및 손상차손환입은 고려하지 않는다.) 2012. CTA **심화**

① ₩0 ② ₩420,000 ③ ₩580,000 ④ ₩840,000 ⑤ ₩1,160,000

E-10 ㈜송화는 20X0년 1월 1일에 기계장치를 ₩21,000,000에 취득하였다. 취득당시 동 기계장치의 내용연수는 10년, 잔존가치는 ₩1,000,000, 감가상각방법은 정액법을 적용하였다. 그런데 20X6년 1월 1일에 동 기계장치를 당초의 내용연수보다 몇 년간 더 쓸 수 있음을 알고 내용연수 연장과 함께 감가상각방법을 연수합계법으로, 잔존가치를 ₩0으로 변경하였다.

㈜송화가 20X8년도에 동 기계장치에 대하여 ₩1,500,000의 감가상각비를 인식하였다면, 20X9년 1월 1일 현재 동 기계장치의 감가상각누계액 차감 후 장부금액은 얼마인가? (단, 위의 변경사항은 정당성이 입증되었으며, 법인세 효과는 고려하지 않는다.) 2011. CPA **심화**

① ₩250,000 ② ₩2,500,000 ③ ₩3,750,000 ④ ₩5,250,000 ⑤ ₩7,000,000

5 정부보조금

1. 정부보조금 회계처리: 원가차감법과 이연수익법

	원가차감법				이연수익법			
자산 취득 시	유형자산	총 취득원가	현금 정부보조금 (유형자산)	XXX 보조금	유형자산	총 취득원가	현금 정부보조금 (이연수익)	XXX 보조금
매기말	감가비 정부보조금	총 감가비 보조금 환입액	감누 **감가상각비**	총 감가비 보조금 환입액	감가비 정부보조금	총 감가비 보조금 환입액	감누 **기타수익**	총 감가비 보조금 환입액
자산 처분 시	현금 감누 정부보조금 (유형자산)	처분가액 누적 감가비 보조금 잔액	유형자산	총 취득원가	현금 감누 정부보조금 (이연수익)	처분가액 누적 감가비 보조금 잔액	유형자산	총 취득원가
	처분손익 XXX (방법 무관)				처분손익 XXX (방법 무관)			

	원가차감법	이연수익법
정부보조금 처리 방법	자산의 차감 → 감가비와 상계	부채 → 수익
장부금액	취득원가 – 감누 – **보조금 잔액**	취득원가 – 감누
감가상각비	감가상각비 – **보조금 환입액**	감가상각비
유형자산처분손익	처분가액 – (취득원가 – 감누 – 보조금 잔액)	

2. 정부보조금 환입액

정부보조금 환입액 = 정부보조금 × 감가상각비/(취득원가 – 잔존가치)

3. 처분손익: 무조건 정부보조금을 차감한 순액으로 구할 것!

처분손익 = 처분가액 – 원가차감법에 따른 장부금액

참고 이연수익법 적용 시 유형자산처분손익

이연수익법으로 회계처리하는 경우 유형자산 처분 시 정부보조금 환입액은 기타수익으로 인식해야 한다는 주장이 있다. 하지만 문제에서 처분손익을 단독으로 묻는 경우보다는, 처분한 해의 당기순이익에 미치는 영향을 묻는 경우가 대부분이다. 어느 방법으로 계산하더라도 당기순이익은 같다. 본서에서 설명하는 방법으로 처분손익을 계산하는 것이 훨씬 쉽고, 실수를 할 가능성이 적으니 김수석이 알려준대로 처분손익을 구하자.

김수석의 꿀팁! **원가차감법을 적용하고, 정액법이나 연수합계법으로 상각 시 간편법**

: 정부보조금을 차감한 금액을 취득원가로 볼 것! ★중요!

취득원가 순액 = 취득원가 총액 − 정부보조금

ex 유형자산을 100원에 취득 시 10원의 보조금 수령: 취득원가 = 90원

F-01 ㈜성서전자는 정부의 전략산업육성지침에 따라 기계장치 구입자금의 일부를 정부로부터 보조받았다. ㈜성서전자는 국고보조금 ₩20,000,000을 이용하여 20X1년 1월 1일에 취득원가 ₩100,000,000의 기계장치를 구입하였다. 정부보조금에 부수되는 조건은 이미 충족되었고 상환의무가 없으며 국고보조금은 기계장치 구입 당일에 수취하였다. 동 기계장치의 잔존가치는 없으며, 내용연수는 10년, 감가상각방법은 정액법으로 결정되었다. ㈜성서전자는 동 기계장치를 20X5년 12월 31일에 ₩35,000,000에 처분하였다.
다음 중 동 기계장치와 관련된 기록을 설명한 것으로 맞는 것은 어느 것인가? (단, 법인세 효과는 고려하지 않는다.) 2011. CPA

① 자산관련정부보조금은 재무상태표에 이연수익으로 표시(이연수익법)하거나 자산의 장부금액을 결정할 때 차감하여 표시(원가차감법)하는 방법이 있는데 한국채택국제회계기준에서는 이연수익법을 허용하지 않고 있다.

② 이연수익법을 적용하면 20X1년 12월 31일 현재 재무상태표에 보고되는 유형자산의 순장부금액이 ₩90,000,000으로 원가차감법을 적용했을 때의 ₩72,000,000보다 크다.

③ 이연수익법과 원가차감법 모두 20X1년도 포괄손익계산서상 정부보조금수익은 ₩2,000,000이다.

④ 이연수익법을 적용하면 20X5년도 포괄손익계산서상 유형자산처분이익 ₩5,000,000이 당기손익에 반영되지만, 원가차감법을 적용하면 유형자산처분손실 ₩5,000,000이 당기손익에 반영된다.

⑤ 이연수익법과 원가차감법 모두 20X1년 12월 31일 현재 재무상태표에 동 거래와 관련하여 부채가 보고되지 않는다.

F-02 ㈜세무는 20X1년 초 정부보조금으로 ₩500,000을 수취하여 기계설비(취득원가 ₩2,000,000, 내용연수 5년, 잔존가치 ₩0, 정액법 상각, 원가모형 적용)를 취득하였다. 20X2년 초 ㈜세무는 동 기계설비에 자산의 인식요건을 충족하는 ₩1,000,000의 지출을 하였으며, 이로 인하여 기계설비의 잔존가치는 ₩100,000 증가하고, 내용연수는 1년 연장되었다. 기계설비와 관련하여 ㈜세무가 20X2년도에 인식할 감가상각비는? (단, 정부보조금은 자산에서 차감하는 방법으로 회계처리한다.) 2023. CTA

① ₩360,000 ② ₩380,000 ③ ₩400,000 ④ ₩420,000 ⑤ ₩440,000

F-03 20X1년 7월 1일 ㈜한국은 취득원가 ₩1,000,000의 설비자산을 취득하고, 내용연수와 잔존가치를 각각 4년과 ₩200,000으로 추정하고 감가상각방법은 연수합계법(월할상각)을 적용한다. 동 자산의 취득과 관련하여 20X1년 7월 1일 정부로부터 보조금 ₩200,000을 수령하여 전액 설비자산의 취득에만 사용하였다. 동 자산과 관련하여 20X2년도에 인식할 당기손익은? 2015. CTA

① ₩140,000 이익　② ₩160,000 이익　③ ₩180,000 손실
④ ₩210,000 손실　⑤ ₩280,000 손실

F-04 ㈜세무는 20X1년 4월 1일 영업용 차량을 취득(취득원가 ₩1,200,000, 내용연수 5년, 잔존가치 ₩200,000, 정액법으로 감가상각)하면서 정부로부터 취득원가의 30%를 보조받고, 이를 부채(이연수익법)로 회계처리 하였다. 20X3년 7월 1일에 동 영업용 차량을 현금 ₩600,000에 처분하였다면, 정부보조금과 관련하여 처분시점에서 제거해야 할 부채(이연정부보조금수익)는? (단, 감가상각은 월할상각한다.) 2020. CTA

① ₩126,000　② ₩144,000　③ ₩162,000　④ ₩198,000　⑤ ₩234,000

F-05 ㈜ABC는 방위산업 회사로서 20X1년 6월 30일 방위산업설비에 필요한 기계장치를 ₩500,000에 취득하면서 정부로부터 ₩50,000을 현금으로 보조 받았다. 정부보조금은 기계장치를 1년 이상 사용한다면 정부에 상환할 의무가 없다. 취득한 기계장치의 추정내용연수는 10년이고 추정잔존가치는 없으며, 감가상각은 정액법을 사용한다. ㈜ABC는 기계장치를 취득한 후 만 3년 후인 20X4년 7월 1일에 동 기계장치를 ₩300,000에 처분하였다. 기계장치의 처분과 관련하여 유형자산처분손익은 얼마인가? 단, 기계장치의 장부금액을 결정할 때 취득원가에서 정부보조금을 차감하는 원가차감법을 사용한다. 2014. CPA

① 처분손실 ₩10,000　② 처분이익 ₩10,000　③ 처분손실 ₩15,000
④ 처분이익 ₩15,000　⑤ 처분손실 ₩20,000

F-06 ㈜한국은 20X1년 1월 1일 기계장치를 ₩50,000,000에 취득(내용연수 5년, 잔존가치 ₩5,000,000)하고 연수합계법으로 감가상각한다. ㈜한국은 동 기계장치를 취득하면서 정부로부터 ₩9,000,000을 보조받아 기계장치 취득에 전액 사용하였으며, 이에 대한 상환의무는 없다. ㈜한국이 20X3년 12월 31일 동 기계장치를 ₩10,000,000에 처분하였다면, 유형자산처분손익은 얼마인가? (단, 원가모형을 적용하며, 기계장치의 장부금액을 결정할 때 취득원가에서 정부보조금을 차감하는 원가차감법을 사용한다.) 2014. CTA

① ₩3,200,000 이익　② ₩2,000,000 이익　③ ₩0
④ ₩2,000,000 손실　⑤ ₩2,200,000 손실

F-07 20X1년 4월 1일 ㈜세무는 다음의 영업용 건물을 ₩500,000에 처분하였다.

- 취득원가: ₩2,000,000
- 취득 시 정부보조금 수령액: ₩450,000
- 감가상각방법: 정률법(상각률 25%)
- 잔존가치: ₩200,000
- 20X1년 1월 1일 감가상각누계액: ₩1,200,000
- 기말평가: 원가모형

동 건물의 감가상각 및 처분이 ㈜세무의 20X1년 당기순이익에 미친 영향은? 2019. CTA

① ₩150,000 감소 ② ₩187,500 감소 ③ ₩227,500 감소
④ ₩250,000 증가 ⑤ ₩262,500 증가

예제 정부보조금 & 교환

F-08 ㈜대한은 친환경회사로서 20X1년 1월 1일 기계설비를 취득하면서 최소 2년간 생산에 사용하는 조건으로 설비자금의 일부를 정부로부터 보조받았다. 해당 유형자산 취득 및 보조금의 정보는 다음과 같다.

취득원가	₩2,000
정부보조금	₩500
추정내용연수	5년
추정잔존가치	₩0
감가상각방법	정액법(월할상각)

20X3년 1월 1일 ㈜대한은 해당 기계설비를 현금 ₩400과 함께 제공하는 조건으로 ㈜민국의 토지와 교환하였다. ㈜대한은 수익성 악화로 교환을 결정했으며, 토지는 새로운 사업의 공장 부지로 사용될 예정이다. 교환시점에 해당 토지의 공정가치는 ₩1,400이다.

위 거래로 ㈜대한이 20X3년도 포괄손익계산서에 인식할 당기손익은? 2017. CPA

① ₩0 ② ₩100 이익 ③ ₩100 손실
④ ₩200 이익 ⑤ ₩200 손실

4. 정부가 시장이자율보다 낮은 이자율로 대출해주는 경우 정부보조금

> 정부보조금 = 대출액 × (시장R − 정부R) × '시장R'의 연금현가계수

(1) 총 비용: 감가상각비+이자비용

정부가 시장이자율보다 낮은 이자율로 대출해주는 경우 회사는 차입금을 계상한다. 따라서 이자비용이 발생하므로, 차입금의 현재가치를 계산한 뒤 이자비용을 가산하자.

F-09 ㈜코리아는 20X1년 1월 1일 지방자치단체로부터 자금을 전액 차입하여 기계장치를 ₩200,000에 구입하였다. 지방자치단체로부터 수령한 차입금은 20X5년 12월 31일에 상환해야 하며, 매년말에 액면이자율 연 2%를 지급하는 조건이다. ㈜코리아가 구입한 기계장치의 추정내용연수는 5년이고, 잔존가치는 ₩0이며 정액법으로 감가상각한다. 20X1년 1월 1일 구입당시의 시장이자율은 연10%이며, 10%의 현가계수는 아래의 표와 같다.

기간	단일금액 ₩1의 현가	정상연금 ₩1의 현가
4	0.6830	3.1699
5	0.6209	3.7908

20X1년 1월 1일에 ㈜코리아가 지방자치단체로부터 수령한 차입금 중 정부보조금으로 인식할 금액과 20X1년 12월 31일 현재 기계장치의 장부금액은 각각 얼마인가? 정부보조금은 전액 기계장치 구입에만 사용하여야 하며, 자산의 취득원가에서 차감하는 원가(자산)차감법을 사용하여 표시한다. 단, 소수점 첫째자리에서 반올림하며, 계산결과 단수차이로 인한 약간의 오차가 있으면 가장 근사치를 선택한다. 2015. CPA

	정부보조금	기계장치의 장부금액
①	₩50,720	₩99,343
②	₩50,720	₩123,605
③	₩60,657	₩134,474
④	₩60,657	₩124,474
⑤	₩60,657	₩111,474

F-10 ㈜대한은 20X1년 1월 1일 정부로부터 자금을 전액 차입하여 기계장치를 ₩400,000에 구입하였다. 정부로부터 수령한 차입금은 20X4년 12월 31일에 일시 상환해야 하며, 매년 말 차입금의 연 3% 이자를 지급하는 조건이다. ㈜대한은 구입한 기계장치에 대해서 원가모형을 적용하며, 추정내용연수 4년, 잔존가치 ₩0, 정액법으로 감가상각한다. 20X1년 1월 1일 차입 시 ㈜대한에 적용되는 시장이자율은 연 8%이다. 정부로부터 수령한 차입금과 관련하여 ㈜대한의 20X1년 말 재무상태표 상에 표시될 기계장치의 장부금액은 얼마인가? 단, 정부보조금은 자산의 취득원가에서 차감하는 원가(자산)차감법을 사용하여 표시한다. 단수차이로 인해 오차가 있다면 가장 근사치를 선택한다. 2022. CPA

기간 \ 할인율	8%	
	단일금액 ₩1의 현재가치	정상연금 ₩1의 현재가치
4년	0.7350	3.3121

① ₩242,309 ② ₩244,309 ③ ₩246,309
④ ₩248,309 ⑤ ₩250,309

F-11 ㈜한국은 20X1년 1월 1일에 기계장치를 ₩400,000에 구입하면서 정부로부터 상환의무가 있는 차입금 ₩400,000을 무이자조건으로 전액 지원받았다. 기계장치의 추정내용연수는 5년이며 추정잔존가치는 없다. 정부로부터 수령한 해당 차입금의 만기는 4년이고, 자금차입일 현재 ㈜한국이 적용할 시장이자율은 연 8%이며, 구입한 기계장치는 정액법으로 감가상각한다. 기간별 8% 현재가치계수(현가)는 아래의 표를 이용한다.

기간	8% 단일금액 ₩1의 현가	8% 정상연금 ₩1의 현가
4년	0.7350	3.3121
5년	0.6806	3.9927

위의 거래와 관련하여 ㈜한국이 20X1년도에 인식할 감가상각비는 얼마인가? 단, ㈜한국은 정부보조금을 자산의 취득원가에서 차감하는 원가차감법을 사용한다. 계산금액은 소수점 첫째자리에서 반올림하며 단수차이로 인해 약간의 오차가 있다면 가장 근사치를 선택한다. 2016. CPA

① ₩80,000 ② ₩73,500 ③ ₩58,800
④ ₩54,448 ⑤ ₩50,000

F-12

㈜대한은 20X1년 1월 1일 국가로부터 설비자산 취득목적으로 만기 5년(일시상환), 표시이자율 연 2%(매년말 지급)로 ₩1,000,000을 차입하여 설비자산(내용연수 5년, 잔존가치 ₩0, 정액법 상각)을 구입하였다. 20X1년 1월 1일 설비자산 구입당시 ㈜대한이 금전대차 거래에서 부담해야 할 시장이자율은 연 10%이다. ㈜대한은 정부보조금을 자산의 취득원가에서 차감하는 원가(자산)차감법을 사용하여 회계처리하고 있다.

㈜대한이 설비자산과 관련하여 20X1년 포괄손익계산서에 인식할 당기비용은? 단, 20X1년에 발생한 비용 중 자본화된 금액은 없다. 10%의 현가계수는 아래 표와 같으며, 단수차이로 인해 오차가 있다면 가장 근사치를 선택한다. 2018. CPA

기간	단일금액 ₩1의 현재가치	정상연금 ₩1의 현재가치
5년	0.6209	3.7908

① ₩139,343 ② ₩169,671 ③ ₩200,000
④ ₩209,015 ⑤ ₩248,036

F-13

도소매업을 영위하는 ㈜세무는 20X1년 1월 1일 지방자치단체로부터 자금을 전액 차입하여 기계장치를 ₩50,000에 구입하였다. 지방자치단체로부터 수령한 차입금은 20X5년 12월 31일에 상환해야 하며, 매년말에 연 1% 이자율로 계산한 액면이자를 지급하는 조건이다. ㈜세무가 구입한 기계장치에 원가모형을 적용하고, 추정내용연수는 5년, 잔존가치는 ₩0이며 정액법으로 감가상각한다. 20X1년 1월 1일 구입당시의 시장이자율은 10%이다. ㈜세무가 20X3년도 포괄손익계산서에 당기비용으로 인식할 금액은? (단, 현재가치 계산 시 다음에 제시된 현가계수표를 이용한다. 정부보조금은 전액 기계장치의 구입에만 사용하여야 하며, 자산의 취득원가에서 차감하는 원가(자산)차감법을 사용하여 표시한다.) 2024. CTA

기간	단일금액 ₩1의 현재가치 (할인율=10%)	정상연금 ₩1의 현재가치 (할인율=10%)
5	0.6209	3.7908

① ₩10,469 ② ₩10,607 ③ ₩11,194
④ ₩12,807 ⑤ ₩13,294

5. 상환의무가 있는 보조금

상환의무가 발생한 정부보조금은 **회계추정**의 변경으로 보아 전진법으로 처리한다. 정부보조금 상환 시 상황별로 인식할 비용은 다음과 같다.

처분으로 상환하는 경우	상환손실 = 지급액
사용하면서 상환하는 경우	상환손실 = 지급액 − 보조금

예제 상환의무가 있는 보조금

F-14 ㈜세무는 20X1년 초 친환경 영업용 차량(내용연수 5년, 잔존가치 ₩0)을 공정가치 ₩10,000,000에 취득하면서, 자산취득에 따른 정부보조금으로 ₩5,000,000을 수취하였다. 동 차량을 중도처분할 경우 내용연수 미사용 기간에 비례하여 정부보조금 잔액을 즉시 상환한다. 감가상각방법은 정액법(월할상각)을 적용하였으며, 20X3년도 7월 1일에 동 자산을 ₩4,000,000에 처분하였다. 자산관련 정부보조금의 표시방법으로 장부금액에서 차감 표시하는 방법을 사용할 때, 동 차량의 회계처리에 관한 설명으로 옳지 않은 것은? 2017. CTA

① 20X1년 말 차량의 장부금액은 ₩4,000,000이다.
② 20X2년 말 정부보조금 잔액은 ₩3,000,000이다.
③ 20X2년도의 동 차량과 관련하여 인식할 당기손익은 (-)₩2,000,000이다.
④ 20X3년 처분에 따른 유형자산처분이익은 ₩1,500,000이다.
⑤ 20X3년 정부보조금 상환금액은 ₩2,500,000이다.

F-15 정부보조금의 회계처리에 관한 설명으로 옳지 않은 것은? 2016. CTA 심화

① 정부보조금에 부수되는 조건의 준수와 보조금 수취에 대한 합리적인 확신이 있을 경우에만 정부보조금을 인식한다.
② 자산의 취득과 이와 관련된 보조금의 수취는 재무상태표에 보조금이 관련 자산에서 차감하여 표시되는지와 관계없이 현금흐름표에 별도 항목으로 표시한다.
③ 정부보조금을 인식하는 경우, 비상각자산과 관련된 정부보조금이 일정한 의무의 이행도 요구한다면 그 의무를 충족시키기 위한 원가를 부담하는 기간에 그 정부보조금을 당기손익으로 인식한다.
④ 정부보조금을 인식하는 경우, 수익관련보조금은 당기손익의 일부로 별도의 계정이나 기타수익과 같은 일반계정으로 표시한다. 대체적인 방법으로 관련비용에서 보조금을 차감할 수도 있다.
⑤ 정부보조금을 인식한 후에 상환의무가 발생하면 회계정책의 변경으로 회계처리한다.

6 유형자산 원가모형

1. 원가모형 손상차손 풀이법: '상각-손상-상각-환입'

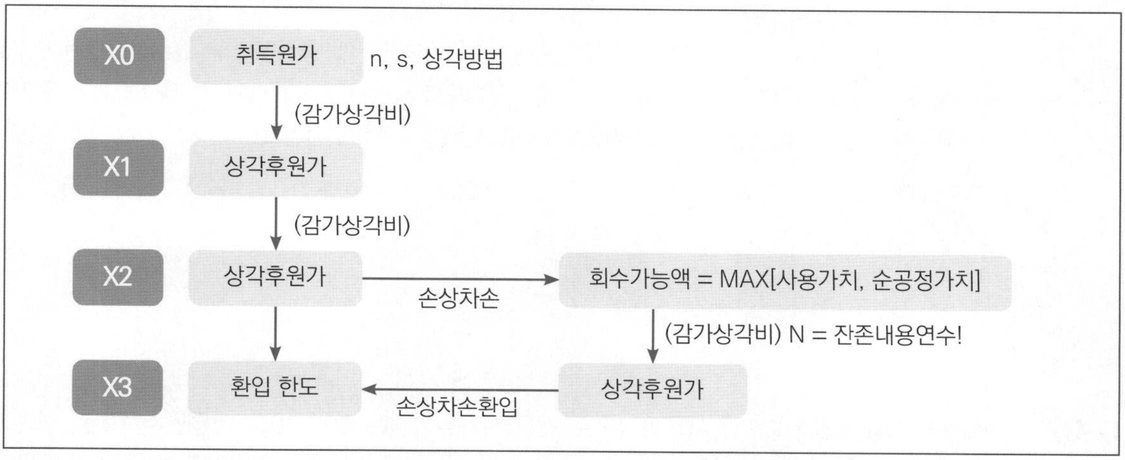

STEP 1 1차 상각

STEP 2 손상: 무조건 큰 거!

손상징후가 있는 연도에는 감가상각 후, 회수가능액이 상각후원가보다 작다면 손상차손 인식

> **회수가능액 = MAX[순공정가치, 사용가치]**
> 순공정가치 = 공정가치 − 처분부대비용
> 사용가치 = PV(자산이 창출할 CF)

STEP 3 2차 상각: 잔존내용연수, 잔존가치 주의!

STEP 4 손상차손환입: 한도 주의! ★중요!

> **손상차손환입 한도 = 손상을 인식하지 않았을 경우의 장부금액**
> = 손상 인식 이전 금액에서 더 상각한 금액

2. 원가모형 손상차손 회계처리

손상	(차) 손상차손	XXX	(대) 손상차손누계액	XXX
환입	(차) 손상차손누계액	XXX	(대) 손상차손환입	XXX

예 제 유형자산 원가모형

G-01 ㈜ABC는 20X1년 1월 1일에 내용연수 5년, 잔존가치 ₩0인 기계장치를 ₩200,000에 취득하여 제품을 생산하고 있으며 감가상각은 정액법을 사용한다. 20X1년 12월 31일 기계장치의 순공정가치가 ₩100,000이고 사용가치는 ₩120,000이며, 손상차손의 인식조건을 충족하였다. 그로부터 2년 후 20X3년 12월 31일에 기계장치의 회수가능액이 ₩150,000으로 상승하였다. ㈜ABC가 자산에 대해 원가모형으로 회계처리 할 때 20X3년도에 손상차손환입으로 인식할 금액은 얼마인가? 2014. CPA

① ₩90,000 ② ₩60,000 ③ ₩50,000 ④ ₩20,000 ⑤ ₩10,000

G-02 ㈜세무는 20X1년 1월 1일 사용목적으로 건물(취득원가 ₩2,000,000, 내용연수 10년, 잔존가치 ₩400,000, 정액법 감가상각)을 취득하고 원가모형을 적용하고 있다. 20X2년 말과 20X4년 말 동 건물의 순공정가치와 사용가치가 다음과 같을 때, 20X4년도 손상차손환입액은? 2020. CTA

구분	20X2년 말	20X4년 말
순공정가치	₩1,200,000	₩1,500,000
사용가치	1,400,000	1,300,000

① ₩200,000 ② ₩210,000 ③ ₩300,000 ④ ₩310,000 ⑤ ₩350,000

G-03 ㈜세무는 20X1년 1월 1일 기계장치를 ₩1,000,000(내용연수 5년, 잔존가치 ₩0, 정액법 감가상각, 원가모형적용)에 취득하여 제품생산에 사용하였다. 매 회계연도 말 기계장치에 대한 회수가능액은 다음과 같으며, 회수가능액 변동은 기계장치의 손상 또는 그 회복에 따른 것이다. 동 거래가 20X3년도 ㈜세무의 당기순이익에 미치는 영향은? 2016. CTA

구 분	20X1년 말	20X2년 말	20X3년 말
회수가능액	₩700,000	₩420,000	₩580,000

① ₩120,000 감소 ② ₩20,000 감소 ③ ₩20,000 증가 ④ ₩120,000 증가 ⑤ ₩160,000 증가

G-04 ㈜대한은 20X1년 1월 1일에 기계장치(내용연수 5년, 잔존가치 ₩200,000, 정액법 사용)를 ₩2,000,000에 취득하였으며, 원가모형을 적용하고 있다. ㈜대한은 기계장치의 손상에 대해 다음과 같이 판단하였다.

20X1년도	20X2년도	20X3년도
손상없음	손상차손 발생	손상차손환입 발생

20X2년 말 동 기계장치의 순공정가치는 ₩770,000이고 사용가치는 ₩700,000이며, 20X3년 말 회수가능액은 ₩780,000이다. ㈜대한의 기계장치에 대한 회계처리가 20X3년도 당기순이익에 미치는 영향은 얼마인가?

2023. CPA

① ₩20,000 감소
② ₩10,000 감소
③ ₩0 (영향 없음)
④ ₩10,000 증가
⑤ ₩20,000 증가

G-05 ㈜국세가 20X1년 1월 1일에 취득한 영업용 차량운반구(내용연수 10년, 잔존가치 ₩0)의 20X3년 초 재무상태표상 장부금액은 ₩7,500,000(감가상각누계액 ₩2,000,000, 손상차손누계액 ₩500,000)이다. ㈜국세는 영업용 차량운반구에 원가모형을 적용하여 정액법으로 상각하고 있으며 동 자산에 대한 손상은 20X2년 말 처음으로 발생하였다. 다음은 동 영업용 차량운반구의 순공정가치와 사용가치에 대한 자료이다.

구 분	20X3년 말	20X4년 말
순공정가치	₩6,860,000	₩6,300,000
사용가치	6,800,000	6,400,000

위 거래가 ㈜국세의 20X4년도 포괄손익계산서상 당기순이익에 미치는 영향은 얼마인가?

2011. CTA

① 감소 ₩640,000
② 감소 ₩690,000
③ 감소 ₩780,000
④ 감소 ₩860,000
⑤ 감소 ₩920,000

G-06 ㈜세무는 20X1년 1월 1일 영업부서에서 사용할 차량운반구를 취득(내용연수 5년, 잔존가치 ₩100,000, 정액법 상각)하였다. 동 차량운반구의 20X1년 말 장부금액은 ₩560,000이며, 동 차량운반구와 관련하여 20X1년도 포괄손익계산서에 인식한 비용은 감가상각비 ₩120,000과 손상차손 ₩20,000이다. ㈜세무가 20X2년도 포괄손익계산서에 동 차량운반구와 관련하여 손상차손과 감가상각비로 총 ₩130,000을 인식하였다면, 20X2년 말 동 차량운반구의 회수가능액은? (단, ㈜세무는 차량운반구 취득 후 차량운반구에 대해 추가적인 지출을 하지 않았으며, 차량운반구에 대해 원가모형을 적용하고 있다.)

2021. CTA

① ₩410,000
② ₩415,000
③ ₩420,000
④ ₩425,000
⑤ ₩430,000

G-07

㈜대한은 건물(유형자산)에 대해서 원가모형을 선택하여 회계처리 하고 있고 관련 자료는 다음과 같다.

- ㈜대한은 20X1년 초에 본사 건물(유형자산)을 ₩600,000에 취득하였으며, 내용연수는 6년, 잔존가치는 없고, 감가상각방법은 정액법을 사용한다.
- ㈜대한은 20X1년 말 보유중인 건물에 대해서 손상징후를 검토한 결과 손상징후가 존재하여 이를 회수가능액으로 감액하고 해당 건물에 대해서 손상차손을 인식하였다.
- 20X1년 말 건물을 처분하는 경우 처분금액은 ₩370,000, 처분부대원가는 ₩10,000이 발생할 것으로 추정되었다. 20X1년 말 건물을 계속 사용하는 경우 20X2년 말부터 내용연수 종료시점까지 매년 말 ₩80,000의 순현금유입이 있을 것으로 예상되며, 잔존가치는 없을 것으로 예상된다. 미래 순현금유입액의 현재가치 측정에 사용될 할인율은 연 8%이다.
- 20X2년 초 건물의 일상적인 수선 및 유지비용(수익적지출)과 관련하여 ₩20,000이 발생하였다.
- 20X2년 말 건물이 손상회복의 징후가 있는 것으로 판단되었고, 회수가능액은 ₩450,000으로 추정되고 있다.

할인율 / 기간	8%	
	단일금액 ₩1의 현재가치	정상연금 ₩1의 현재가치
4년	0.7350	3.3121
5년	0.6806	3.9927

㈜대한의 건물 관련 회계처리가 20X2년도 포괄손익계산서의 당기순이익에 미치는 영향은 얼마인가? 단, 단수차이로 인해 오차가 있다면 가장 근사치를 선택한다. 2020. CPA

① ₩20,000 증가 ② ₩40,000 증가 ③ ₩80,000 증가
④ ₩92,000 증가 ⑤ ₩100,000 증가

G-08

㈜대한은 20X1년 1월 1일에 현금 ₩80,000을 지급하고 기계장치를 취득하였다. ㈜대한은 동 기계장치에 대해 내용연수는 5년, 잔존가치는 ₩0으로 추정하였으며 감가상각방법으로 정액법을 사용하기로 하였다. 20X1년 말 동 기계장치에 자산손상 사유가 발생하여 ㈜대한은 자산손상을 인식하기로 하였다. 20X1년 12월 31일 현재 동 기계장치의 회수가능액은 ₩50,000이다. ㈜대한은 20X2년 1월 1일 동 기계장치의 잔존 내용연수를 6년으로, 잔존가치를 ₩5,000으로 재추정하여 변경하였다. 20X2년 12월 31일 현재 동 기계장치의 회수가능액은 ₩30,000이다. ㈜대한이 20X2년 12월 31일 재무상태표에 동 기계장치의 손상차손누계액으로 표시할 금액은 얼마인가? 단, ㈜대한은 동 기계장치에 대해 원가모형을 선택하여 회계처리하고 있다. 2019. CPA

① ₩21,500 ② ₩25,000 ③ ₩26,500
④ ₩28,500 ⑤ ₩30,000

G-09 ㈜국세는 20X1년 1월 1일 기계장치를 ₩2,000,000에 취득(내용연수 5년, 잔존가치는 ₩0)하였다. 동 기계장치는 원가모형을 적용하며 정액법으로 감가상각한다. 매 회계연도 말 기계장치에 대한 회수가능액은 다음과 같으며 회수가능액 변동은 기계장치의 손상 또는 그 회복에 따른 것이다.

연도	20X1년 말	20X2년 말	20X3년 말	20X4년 말
회수가능액	₩1,600,000	₩900,000	₩600,000	₩1,000,000

20X4년도 말 재무상태표에 인식될 기계장치의 손상차손누계액은 얼마인가? 2014. CTA

① ₩0 ② ₩100,000 ③ ₩200,000
④ ₩300,000 ⑤ ₩400,000

G-10 ㈜세무는 20X1년 초 내용연수 5년, 잔존가치 ₩0인 기계를 ₩4,500,000에 매입하였으며, 설치장소를 준비하는데 ₩500,000을 지출하였다. 동 기계는 원가모형을 적용하고, 정액법으로 감가상각한다. 매 회계연도 말 기계에 대한 회수가능액은 다음과 같으며, 회수가능액 변동은 기계의 손상 또는 그 회복에 따른 것이라고 할 때, 회계처리로 옳지 않은 것은? 2017. CTA

구 분	20X1년 말	20X2년 말
순공정가치	₩2,000,000	₩3,500,000
사용가치	1,800,000	2,500,000

① 20X1년도에 인식할 감가상각비는 ₩1,000,000이다.
② 20X1년도에 인식할 손상차손은 ₩2,000,000이다.
③ 20X2년도에 인식할 손상차손 환입액은 ₩1,500,000이다.
④ 20X2년도에 인식할 감가상각비는 ₩500,000이다.
⑤ 20X2년 말 기계의 장부금액은 ₩3,500,000이다.

G-11 ㈜세무는 20X1년 1월 1일 기계장치(취득원가 ₩550,000, 잔존가치 ₩10,000, 내용연수 10년)를 취득하여 정액법으로 감가상각하고, 원가모형을 적용하고 있다. 20X2년 말 동 기계장치의 회수가능액이 ₩300,000으로 추정되어 손상을 인식하였다. 20X4년 말 동 기계장치의 회수가능액이 ₩340,000으로 회복되었다. 다음 설명 중 옳지 않은 것은? 2018. CTA

① 20X2년 말 장부금액은 ₩300,000이다.
② 20X2년에 인식하는 손상차손은 ₩142,000이다.
③ 20X3년에 인식하는 감가상각비는 ₩36,250이다.
④ 20X4년 말 감가상각누계액은 ₩180,500이다.
⑤ 20X4년에 인식하는 손상차손환입액은 ₩112,500이다.

G-12 ㈜세무는 20X1년 1월 1일 기계장치(내용연수 4년, 잔존가치 ₩0, 정액법 상각, 원가모형 적용)를 ₩240,000에 취득하여 기계장치가 정상적으로 작동되는지 여부를 시험한 후 즉시 사용하고 있다. 시험하는 과정에서 시운전비 ₩40,000이 발생하였고, 시험하는 과정에서 생산된 시제품은 시험 종료 후 즉시 전부 판매하고 ₩20,000을 현금으로 수취하였다. ㈜세무는 20X1년 7월 1일 동 기계장치를 재배치하기 위해 운반비 ₩50,000과 설치원가 ₩50,000을 추가 지출하였다. 20X1년 말 기계장치에 대한 순공정가치와 사용가치는 각각 ₩150,000과 ₩120,000으로 손상이 발생하였으며, 20X2년 말 순공정가치와 사용가치는 각각 ₩160,000과 ₩170,000으로 회복되었다. 위 거래와 관련하여 ㈜세무의 기계장치 회계처리에 관한 설명으로 옳은 것은? (단, 감가상각은 월할 계산한다.) 2022. CTA 심화

① 20X1년 손상차손은 ₩45,000이다.

② 20X1년 감가상각비는 ₩65,000이다.

③ 20X2년 감가상각비는 ₩40,000이다.

④ 20X2년 말 장부금액은 ₩140,000이다.

⑤ 20X2년 손상차손환입액은 ₩30,000이다.

7 유형자산 재평가모형

1. 재평가모형 풀이법

(1) 토지: 매년 말 공정가치 평가만 수행

(2) 유·무형자산(토지 제외): 감가상각 후, 상각 후 원가를 공정가치로 평가

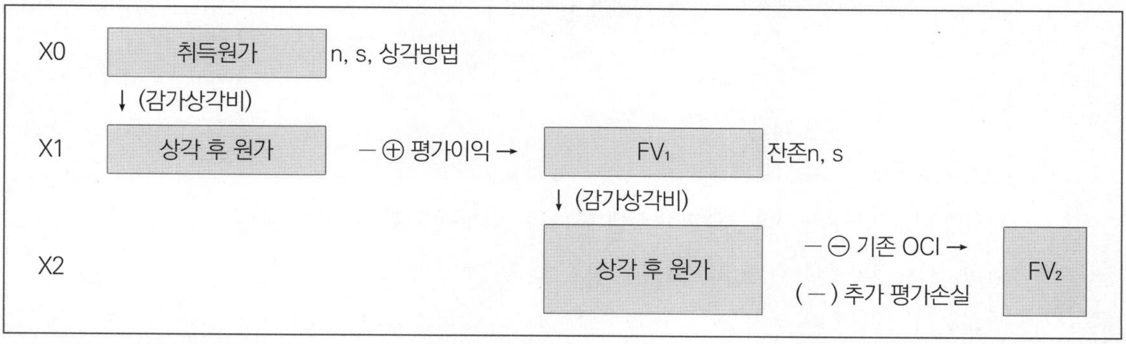

(1) 1차 상각: 문제에 제시된 방법으로 감가상각

(2) 1차 평가: 평가이익은 OCI(재평가잉여금)로, 평가손실은 PL(재평가손실)로 인식

(3) 2차 상각: 잔존내용연수, 잔존가치 주의

(4) 2차 평가: 올라가면 OCI, 내려가면 PL, 상대방 것이 있다면 제거 후 초과분만 인식

상황	1차 평가	2차 평가	
①	이익 (OCI)	이익	OCI
②		손실	기존에 인식한 OCI 제거 후, 초과손실은 PL
③	손실 (PL)	이익	기존에 인식한 PL 제거 후, 초과이익은 OCI
④		손실	PL

주의! 재평가모형에서 감가상각비 관련 주의사항

① 감가상각비는 재평가손익의 분류(OCI/PL)에 영향을 안 미침!

② 당기손익에 미치는 영향 = 재평가이익 — 재평가손실 — **감가상각비**

예제 재평가모형

H-01 ㈜대한은 20X1년 1월 1일 ㈜민국으로부터 토지와 건물을 ₩2,400에 일괄 취득하였다. 구입 당시 토지의 공정가치는 ₩1,500이며 건물의 공정가치는 ₩1,000이다. ㈜대한은 매년말 토지를 재평가하여 측정하며 토지의 공정가치 변동에 대한 정보는 다음과 같다.

구분	토지의 공정가치
20X1. 1. 1	₩1,500
20X1. 12. 31	₩1,400
20X2. 12. 31	₩1,500
20X3. 12. 31	₩400

토지의 재평가와 관련하여 ㈜대한이 수행해야 하는 회계처리 결과로 옳은 설명은? 2017. CPA

① 20X1년 12월 31일 당기순이익 ₩100 감소
② 20X2년 12월 31일 당기순이익 ₩60 증가
③ 20X2년 12월 31일 재평가잉여금 ₩60 증가
④ 20X3년 12월 31일 재평가잉여금 ₩1,040 감소
⑤ 20X3년 12월 31일 당기순이익 ₩60 감소

H-02 ㈜세무는 토지와 건물에 대하여 재평가모형을 적용하고 있다. ㈜세무는 20X1년 초 토지와 영업용 건물을 각각 ₩100,000과 ₩10,000에 취득하였다. ㈜세무는 건물에 대하여 정액법(내용연수 4년, 잔존가치 ₩0)으로 감가상각하고 있으며, 20X2년 초 건물에 대하여 자산인식기준을 충족하는 후속원가 ₩2,000을 지출하였다. ㈜세무는 유형자산이 제거되기 전까지는 재평가잉여금을 이익잉여금으로 대체하지 않는다. 토지와 건물의 공정가치는 다음과 같다.

구분	토지	건물
20X1년 말	₩95,000	₩7,000
20X2년 말	120,000	6,500

동 거래가 ㈜세무의 20X2년 당기순이익에 미치는 영향은? 2019. CTA

① ₩2,000 증가 ② ₩2,500 증가 ③ ₩4,500 증가
④ ₩22,000 증가 ⑤ ₩22,500 증가

2. 재평가모형의 회계처리

> 비례수정법: 취득원가와 감가상각누계액을 비례하여 조정
> 감가상각누계액제거법: 감가상각누계액을 전액 제거하고, 취득원가를 공정가치와 일치시킴
> → **취득원가 or 감누**를 묻는 것이 아니라면, 회계처리 방법은 무시하고 풀 것!

예제 재평가모형의 회계처리

H-03 ㈜세무는 20X1년 초 건물(내용연수 5년, 잔존가치 ₩100,000)을 ₩1,000,000에 취득하여 재평가모형을 적용하고, 이중체감법(상각률 40%)으로 감가상각하였다. 재평가일인 20X1년 말 건물의 공정가치가 ₩900,000이고 자산의 총장부금액에서 감가상각누계액을 제거하는 방법으로 재평가 회계처리할 때, 재평가 회계처리로 옳은 것은? 2017. CTA

	(차변)		(대변)	
①	감가상각누계액	400,000	건물	100,000
			재평가잉여금	300,000
②	감가상각누계액	260,000	재평가잉여금	260,000
③	감가상각누계액	360,000	건물	100,000
			재평가잉여금	260,000
④	감가상각누계액	400,000	재평가잉여금	400,000
⑤	재평가손실	100,000	건물	100,000

H-04 ㈜대한은 제조업을 영위하고 있으며, 20X1년 초에 재화의 생산에 사용할 목적으로 기계장치를 ₩5,000,000에 취득하였다(내용연수: 9년, 잔존가치: ₩500,000, 감가상각방법: 정액법). ㈜대한은 매년 말 해당 기계장치에 대해서 재평가모형을 선택하여 사용하고 있다. ㈜대한의 각 연도 말 기계장치에 대한 공정가치는 다음과 같다.

구분	20X1년 말	20X2년 말
기계장치의 공정가치	₩4,750,000	₩3,900,750

㈜대한의 기계장치 관련 회계처리가 20X2년도 포괄손익계산서의 당기순이익에 미치는 영향은 얼마인가? 단, ㈜대한은 기계장치를 사용하는 기간 동안 재평가잉여금을 이익잉여금으로 대체하지 않으며, 감가상각비 중 자본화한 금액은 없다. 2020. CPA

① ₩589,250 감소 ② ₩599,250 감소 ③ ₩600,250 감소 ④ ₩601,250 감소 ⑤ ₩602,250 감소

H-05 ㈜세무는 20X1년 1월 1일 영업용 차량운반구(취득원가 ₩600,000, 잔존가치 ₩0, 내용연수 6년, 정액법 상각)를 취득하였다. 동 차량운반구는 매년 말 재평가모형을 적용하며, 장부금액과 감가상각누계액을 비례하여 조정하고 있다. 공정가치가 다음과 같을 때, 차량운반구와 관련하여 20X2년 인식해야 할 당기비용은? (단, 재평가잉여금의 이익잉여금 대체는 고려하지 않는다.) 2018. CTA

20X1년 말	20X2년 말
₩550,000	₩374,000

① ₩16,000 ② ₩66,000 ③ ₩110,000 ④ ₩126,000 ⑤ ₩176,000

H-06 ㈜세무는 20X1년 1월 1일 본사사옥으로 사용할 목적으로 건물(취득원가 ₩1,000,000, 잔존가치 ₩200,000, 내용연수 5년, 정액법 상각)을 취득하였다. ㈜세무는 건물에 대해 재평가모형을 적용하고 있으며, 자산의 총장부금액에서 감가상각누계액을 제거하는 방법으로 재평가 회계처리를 한다. 동 건물의 각 연도 말 공정가치는 다음과 같다.

20X1. 12. 31.	20X2. 12. 31.
₩700,000	₩800,000

동 건물과 관련된 회계처리가 ㈜세무의 20X2년도 당기순이익에 미치는 영향은? (단, 재평가잉여금은 이익잉여금으로 대체하지 않는다.) 2021. CTA

① ₩25,000 감소 ② ₩20,000 감소 ③ ₩15,000 증가 ④ ₩35,000 증가 ⑤ ₩85,000 증가

H-07 ㈜대한은 20X1년 1월 1일에 기계장치(내용연수 5년, 잔존가치 ₩100,000, 정액법 사용)를 ₩1,500,000에 취득하였다. 해당 기계장치에 대해 매년 말 감가상각 후 재평가를 실시하고 있으며, 재평가모형 적용 시 감가상각누계액을 모두 제거하는 방법으로 장부금액을 조정하고 있다. ㈜대한은 20X2년 1월 1일에 기계장치의 성능향상을 위해 ₩300,000을 지출하였으며, 이로 인하여 잔존가치는 ₩20,000 증가하였고 잔존내용연수는 2년 연장되었다. 동 기계장치의 매년 말 공정가치는 다음과 같다.

구분	20X1년 말	20X2년 말
공정가치	₩1,020,000	₩1,350,000

㈜대한의 기계장치에 대한 회계처리가 20X1년도와 20X2년도 당기순이익에 미치는 영향은 얼마인가? 단, 재평가잉여금을 이익잉여금으로 대체하지 않으며, 손상차손은 고려하지 않는다. 2023. CPA

	20X1년도	20X2년도
①	₩480,000 감소	₩0 (영향 없음)
②	₩480,000 감소	₩30,000 감소
③	₩480,000 감소	₩200,000 감소
④	₩280,000 감소	₩30,000 감소
⑤	₩280,000 감소	₩200,000 감소

H-08 ㈜대한은 제조기업이며, 20X1년 초에 제품의 생산을 위해 기계장치를 취득하였다(취득원가: ₩6,000,000, 내용연수: 10년, 잔존가치: ₩500,000, 감가상각방법: 정액법). ㈜대한은 기계장치에 대하여 재평가모형을 적용하기로 하였으며, 기계장치의 각 연도 말 공정가치는 다음과 같다.

20X1년 말	20X2년 말	20X3년 말
₩5,000,000	₩5,500,000	₩3,500,000

㈜대한은 20X3년 초에 기계장치의 잔존내용연수를 5년, 잔존가치는 ₩600,000으로 추정을 변경하였다. ㈜대한의 기계장치 관련 회계처리가 20X3년도 당기순이익에 미치는 영향은 얼마인가? 단, ㈜대한은 기계장치를 사용하는 기간 동안 재평가잉여금을 이익잉여금으로 대체하지 않으며, 손상차손은 고려하지 않는다. 2024. CPA

① ₩980,000 감소 ② ₩1,020,000 감소 ③ ₩1,300,000 감소
④ ₩1,450,000 감소 ⑤ ₩2,000,000 감소

H-09 ㈜브룩은 20X1년 1월 1일 기계장치를 ₩1,000,000에 취득하고 재평가모형을 적용하기로 하였다. 동 기계장치의 내용연수는 5년, 잔존가치는 ₩0이며 정액법으로 감가상각한다. 기계장치의 20X1년말 공정가치는 ₩780,000이며, 20X2년말 공정가치는 ₩650,000이다. 동 기계장치와 관련하여 20X2년도 포괄손익계산서상 당기순이익과 기타포괄이익에 미치는 영향은 각각 얼마인가? 단, 재평가잉여금은 이익잉여금으로 대체하지 않으며, 감가상각비 중 자본화한 금액은 없다. 또한 법인세효과는 고려하지 않는다. 2013. CPA

	당기순이익	기타포괄이익
①	₩195,000 감소	₩65,000 증가
②	₩180,000 감소	₩50,000 증가
③	₩175,000 감소	₩45,000 증가
④	₩20,000 증가	₩65,000 감소
⑤	영향없음	₩65,000 증가

H-10 ㈜한국은 20X5년 1월 1일에 기계장치 1대를 ₩300,000에 취득하여 생산에 사용하였다. 동 기계장치의 내용연수는 5년, 잔존가치는 ₩0이며, 정액법으로 감가상각한다. ㈜한국은 동 기계장치에 대하여 재평가모형을 적용하여 매년말 감가상각 후 주기적으로 재평가하고 있다. 동 기계장치의 각 회계연도말 공정가치는 다음과 같다.

구 분	20X5년말	20X6년말	20X7년말
공정가치	₩250,000	₩150,000	₩130,000

㈜한국이 위 거래와 관련하여 20X6년도에 인식할 재평가손실과 20X7년도에 인식할 재평가잉여금은 각각 얼마인가? 단, 손상차손은 고려하지 않으며, 재평가잉여금을 이익잉여금으로 대체하지 않는다. 또한 기존의 감가상각누계액 전부를 제거하는 방법을 적용한다. 2015. CPA

	20X6년도 재평가손실	20X7년도 재평가잉여금
①	₩10,000	₩2,500
②	₩27,500	₩2,500
③	₩27,500	₩10,000
④	₩37,500	₩2,500
⑤	₩37,500	₩10,000

H-11 ㈜대한은 20X1년 1월 1일에 기계장치 1대를 ₩600,000에 취득하고 해당 기계장치에 대해 재평가모형을 적용하기로 하였다. 동 기계장치의 내용연수는 5년, 잔존가치는 ₩50,000이며 정액법을 사용하여 감가상각한다. ㈜대한은 동 기계장치에 대해 매년 말 감가상각 후 재평가를 실시하고 있다. 동 기계장치의 20X1년 말 공정가치는 ₩510,000이며, 20X2년 말 공정가치는 ₩365,000이다. 동 기계장치와 관련한 ㈜대한의 20X1년도 및 20X2년도 자본의 연도별 증감액은 각각 얼마인가? 단, 재평가잉여금을 이익잉여금으로 대체하지 않으며, 손상차손은 고려하지 않는다. 또한 재평가모형을 선택하여 장부금액을 조정하는 경우 기존의 감가상각누계액 전부를 제거하는 방법을 적용한다. 2019. CPA

	20X1년	20X2년
①	₩20,000 증가	₩20,000 감소
②	₩20,000 증가	₩30,000 감소
③	₩90,000 증가	₩125,000 감소
④	₩90,000 감소	₩125,000 감소
⑤	₩90,000 감소	₩145,000 감소

3. 재평가잉여금의 이익잉여금 대체: I/S에 표시 X

유 · 무형자산의 재평가잉여금: **재분류조정 대상 X, 이익잉여금으로 직접 대체 가능**

〈재평가잉여금의 이익잉여금 대체 방법〉
① 유형자산을 사용하면서 조금씩 대체
② 유형자산을 처분할 때 한꺼번에 대체
→ 두 경우 모두 **포괄손익계산서에 기타포괄손익 감소로 표시 X**

(1) 유형자산을 사용하면서 재평가잉여금 대체

〈상각 — 대체 — 평가〉

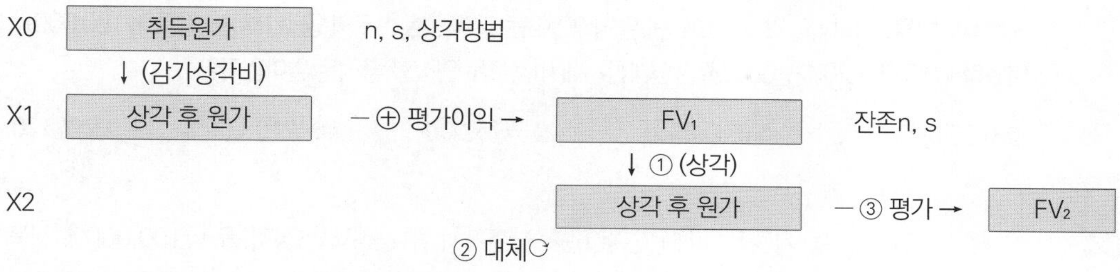

② 이익잉여금 대체액 = **재평가잉여금 × 상각률**
정액법 상각 시 이익잉여금 대체액 = 재평가잉여금/잔존내용연수

(2) 유형자산을 처분할 때 재평가잉여금 대체

: OCI가 처분손익에 영향을 미치지 않음, 이익잉여금 대체는 생략 가능

감누	감누	유형자산	취득원가
현금	처분가액		
유형자산처분손익(PL) = 처분가액 — 장부금액			
(재평가잉여금	XXX	이익잉여금	XXX)

예 제 재평가잉여금의 이익잉여금 대체

I-01 ㈜국세는 20X1년 초 처음으로 기계장치 1대를 ₩1,000,000(내용연수 10년, 잔존가치 ₩0, 정액법 상각)에 취득하여 재평가모형에 의해 회계처리 하기로 했다. 즉, ㈜국세는 위 기계장치에 대해 매년 말 공정가치로 재평가를 실시하며, 자산을 사용함에 따라 매년 말 재평가잉여금을 이익잉여금으로 대체하기로 하였다. 20X1년 말 기계장치의 공정가치가 ₩990,000이고, 20X2년 말 공정가치는 ₩880,000이다. ㈜국세가 20X2년 말 이익잉여금으로 대체하는 재평가잉여금은 얼마인가? 2011. CTA

① ₩7,000 ② ₩8,500 ③ ₩10,000 ④ ₩15,000 ⑤ ₩20,000

I-02 ㈜대전은 20X1년 1월 1일 건물을 ₩210,000에 취득하였으며, 감가상각방법은 정액법(내용연수 7년, 잔존가치 ₩0)을 사용한다. ㈜대전은 20X4년 1월 1일부터 보유하고 있는 건물에 대해 재평가모형을 적용하는 것으로 회계정책을 변경하였고, 20X4년 초 공정가치 ₩180,000으로 재평가하였다. ㈜대전이 재평가자산의 사용에 따라 재평가잉여금의 일부를 이익잉여금으로 대체한다면, 20X4년 말 이익잉여금으로 대체되는 재평가잉여금은? 2013. CTA

① ₩7,500 ② ₩15,000 ③ ₩45,000 ④ ₩75,000 ⑤ ₩135,000

I-03 ㈜국세는 20X1년 1월 1일에 영업용 차량운반구(내용연수 5년, 잔존가치 ₩0, 정액법 상각)를 ₩200,000에 취득하여 사용하고 있으며, 재평가모형을 적용하고 있다. ㈜국세는 재평가모형 적용 시 기존의 감가상각누계액을 전부 제거하는 방법을 사용하며, 차량운반구를 사용함에 따라 재평가잉여금의 일부를 이익잉여금으로 대체하는 회계처리방법을 채택하고 있다. 20X1년 말과 20X2년 말 차량운반구의 공정가치는 각각 ₩180,000과 ₩60,000이었다. ㈜국세가 20X2년도 포괄손익계산서에 비용으로 인식할 금액은 얼마인가? 2012. CTA

① ₩55,000 ② ₩60,000 ③ ₩75,000 ④ ₩105,000 ⑤ ₩120,000

I-04 ㈜대한은 20X1년 초 기계장치(내용연수 5년, 잔존가치 ₩0, 정액법 상각)를 ₩100,000에 취득하여 사용하고 있으며, 재평가모형을 적용하고 있다. ㈜대한은 재평가모형 적용 시 재평가 후 기계장치의 장부금액이 재평가금액과 일치하도록 감가상각누계액과 총장부금액을 비례적으로 수정하는 방법을 사용하며, 기계장치를 사용함에 따라 재평가잉여금의 일부를 이익잉여금으로 대체하는 회계처리방법을 채택하고 있다. 동 기계장치의 20X1년 말 공정가치는 ₩88,000이며, 20X2년 말 공정가치는 ₩69,300이었다. ㈜대한이 20X2년 말 재무상태표에 인식할 재평가잉여금은 얼마인가? 2014. CTA

① ₩3,300 ② ₩5,500 ③ ₩8,000 ④ ₩9,300 ⑤ ₩11,500

I-05 ㈜세무는 20X1년 1월 1일에 기계장치를 ₩100,000(내용연수 5년, 잔존가치 ₩0, 정액법 감가상각)에 취득하고 재평가모형(매년 말 재평가)을 적용하기로 하였다. 재평가잉여금은 자산을 사용함에 따라 이익잉여금으로 대체한다. 공정가치가 다음과 같을 때 관련 설명으로 옳지 않은 것은? (단, 공정가치의 하락은 자산손상과 무관하다.) 2016. CTA

연도	20X1년 말	20X2년 말	20X3년 말
공정가치	₩100,000	₩63,000	₩39,000

① 20X2년도 감가상각비는 ₩25,000이다.
② 동 거래로 인한 20X2년도 이익잉여금의 당기 변동분은 ₩(-)20,000이다.
③ 20X2년 말 당기손익으로 인식할 재평가손실은 ₩0이다.
④ 20X3년 말 당기손익으로 인식할 재평가손실은 ₩3,000이다.
⑤ 동 거래로 인한 20X3년도 이익잉여금의 당기 변동분은 ₩(-)21,000이다.

예 제 재평가모형 적용 자산의 처분

I-06 ㈜세무는 20X1년 초 토지를 ₩1,000,000에 취득하여 영업활동에 사용해 오던 중 20X4년 초에 동 토지를 ₩1,150,000에 처분하였다. 취득 후 각 보고기간 말 토지의 공정가치가 다음과 같을 때, 토지의 처분과 관련하여 20X4년도 포괄손익계산서에 인식해야 할 당기손익과 기타포괄손익은? (단, ㈜세무는 취득시점부터 동 토지에 대해 재평가모형을 매년 적용하고 있으며, 토지와 관련하여 자본에 계상된 재평가잉여금은 토지를 제거할 때 이익잉여금으로 대체하는 회계처리를 한다.) 2017. CTA

20X1년 말	20X2년 말	20X3년 말
₩1,100,000	₩900,000	₩1,200,000

	당기손익	기타포괄손익
①	₩50,000 이익	₩0
②	₩50,000 이익	₩200,000 손실
③	₩0	₩150,000 손실
④	₩50,000 손실	₩0
⑤	₩50,000 손실	₩200,000 손실

I-07 ㈜서락은 20X1년 1월 1일에 기계장치 1대(내용연수 10년, 잔존가치 ₩0, 정액법으로 감가상각)를 ₩40,000,000에 구입하였다. 동 기계장치를 이용하여 생산하는 제품에 대한 수요가 급증한 반면, 동일한 기계장치에 대한 공급이 제한되어 있어서 동 기계장치의 가치가 증가하였다. 20X3년 12월 31일 동 기계장치는 ₩35,000,000으로 재평가 되었고, 20X6년 1월 1일에 ㈜서락은 공정개선으로 인하여 더 이상 필요가 없게 된 동 기계장치를 ₩28,000,000에 처분하였다. 다음 중 동 기계장치 처분 시점에서의 기록과 관련한 사항으로 맞지 않는 것은 어느 것인가? (단, 동 기계장치와 관련하여 위의 자산재평가 이외에는 다른 자산재평가 또는 자산손상이 없고, 법인세 효과는 고려하지 않는다.) 2011. CPA 심화

① 기계장치처분에 따른 유형자산처분이익 ₩3,000,000이 당기손익에 반영된다.
② ₩7,000,000의 자산재평가이익이 이익잉여금으로 대체되어 반영될 수 있다.
③ ₩5,000,000의 자산재평가이익이 이익잉여금으로 대체되어 반영될 수 있다.
④ ₩7,000,000의 자산재평가이익이 당기손익으로 대체되어 반영될 수 있다.
⑤ 처분된 기계장치와 관련한 감가상각누계액 ₩25,000,000이 제거되어 차변에 나타날 수 있다.

8 재평가모형의 손상

〈내려갈 땐 회수가능액으로, 올라갈 땐 공정가치로〉

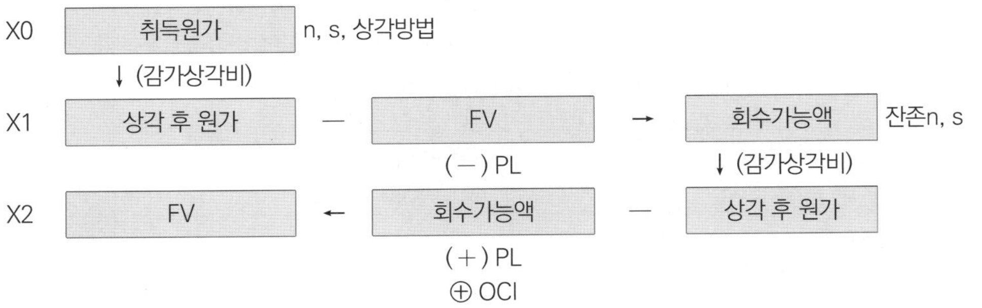

STEP 1 1차 상각

STEP 2 평가 및 손상

(1) 회수가능액 〉 FV: 손상차손 X

(2) 회수가능액 〈 FV: 손상도 재평가로 봄

→ 공정가치는 무시하고 바로 **회수가능액**으로 감액

(OCI가 있다면 제거 후 초과분만 재평가손실 & 손상차손을 PL로 인식)

STEP 3 2차 상각: 잔존내용연수, 잔존가치 주의!

STEP 4 환입 및 평가: 재평가모형과 동일하게 처리

(1) 손상차손환입 시에는 **공정가치**까지 증가 (PL을 제거하면서 초과이익을 OCI로 인식)

– 내려갈 땐 회수가능액으로, 올라갈 땐 공정가치로

(2) 재평가모형은 손상차손환입에 한도가 없음 (↔원가모형)

> **참고** 재평가손실(이익) vs 손상차손(환입): PL만 정확히 구하면 됨
> Step 2와 4에서 손상차손(환입)과 재평가손익(PL)을 구분할 필요는 없다. PL의 총액만 구할 수 있으면 되고, 각 계정과목의 금액은 구하지 않아도 된다. PL과 OCI만 정확하게 구할 수 있다면 답을 고를 수 있게끔 문제를 출제하기 때문이다.

예 제 재평가모형의 손상

I-08 ㈜한국은 설비자산을 20X1년 초에 ₩400,000에 취득하여, 매년 말 재평가모형을 적용한다. 이 설비자산의 잔존가치는 ₩0, 내용연수는 8년이며, 정액법으로 감가상각한다. 20X2년 초 설비자산의 잔존내용연수를 4년으로 변경하였다. 20X2년 말 설비자산에 대해서 손상을 인식하기로 하였다. 다음은 설비자산의 공정가치와 회수가능액에 대한 자료이다. 20X2년에 당기손익으로 인식할 손상차손은? (단, 설비자산을 사용하는 기간 동안에 재평가잉여금을 이익잉여금으로 대체하지 않는다.) 2015. CTA

구분	공정가치	회수가능액
20X1년 말	₩380,000	₩385,000
20X2년 말	₩270,000	₩242,000

① ₩11,000 ② ₩13,000 ③ ₩15,000
④ ₩19,000 ⑤ ₩28,000

I-09 ㈜세무는 20X1년 초 영업부에서 사용할 차량운반구(취득원가 ₩2,000,000, 내용연수 3년, 잔존가치 ₩200,000, 정액법 상각, 재평가모형 적용)를 취득하였으며, 자산의 총장부금액에서 감가상각누계액을 제거하는 방법으로 재평가회계처리를 한다. 차량운반구와 관련하여 20X2년 말에 손상이 발생하였으며, 차량운반구의 20X1년과 20X2년 말 공정가치와 회수가능액은 다음과 같다. 차량운반구 관련 회계처리가 ㈜세무의 20X2년도 당기순이익에 미치는 영향은? (단, 재평가잉여금은 이익잉여금으로 대체하지 아니하며, 처분부대원가는 무시할 수 없는 수준이다.) 2023. CTA

구분	20X1년 말	20X2년 말
공정가치	₩1,600,000	₩500,000
회수가능액	1,600,000	300,000

① ₩400,000 감소 ② ₩600,000 감소 ③ ₩900,000 감소
④ ₩1,100,000 감소 ⑤ ₩1,300,000 감소

I-10 차량운반구에 대해 재평가모형을 적용하고 있는 ㈜대한은 20X1년 1월 1일에 영업용으로 사용할 차량운반구를 ₩2,000,000(잔존가치: ₩200,000, 내용연수: 5년, 정액법 상각)에 취득하였다. 동 차량운반구의 20X1년 말 공정가치와 회수가능액은 각각 ₩1,800,000으로 동일하였으나, 20X2년 말 공정가치는 ₩1,300,000이고 회수가능액은 ₩1,100,000으로 자산손상이 발생하였다. 동 차량운반구와 관련하여 ㈜대한이 20X2년 포괄손익계산서에 당기비용으로 인식할 총 금액은 얼마인가? 단, 차량운반구의 사용기간 동안 재평가잉여금을 이익잉여금으로 대체하지 않는다. 2021. CPA

① ₩200,000 ② ₩360,000 ③ ₩400,000 ④ ₩540,000 ⑤ ₩600,000

I-11 도소매업을 영위하는 ㈜세무는 20X1년 1월 1일 기계장치를 ₩2,000(잔존가치 ₩200, 내용연수 5년, 정액법 상각)에 취득하고 재평가모형을 적용한다. 기계장치의 20X1년 말 공정가치와 회수가능액은 각각 ₩1,800으로 동일하였으나, 20X2년 말 공정가치는 ₩1,300이고 회수가능액은 ₩1,100으로 자산손상이 발생하였다. 동 기계장치와 관련하여 ㈜세무가 20X2년도 포괄손익계산서에 당기비용으로 인식할 금액은? (단, 재평가잉여금은 이익잉여금으로 대체하지 아니하며, 처분부대원가는 무시할 수 없는 수준이다.) 2024. CTA

① ₩360 ② ₩420 ③ ₩460 ④ ₩540 ⑤ ₩640

9 복구충당부채

1. 복구충당부채 회계처리

취득 시		유형자산	XXX	현금	지출액
			복구충당부채	PV(예상 복구비용)	
매년 말	상각	감가비	XXX	감누	XXX
	이자	이자비용	XXX	복구충당부채	XXX
복구비용 지출 시		복구충당부채	예상 복구비용	현금	실제 복구비용
		복구공사손익(PL) XXX			

STEP 1 취득 시: 복구충당부채(=PV(예상 복구비용))를 취득원가에 가산

복구충당부채 = 예상 복구비용 × 단순현가계수
유형자산 취득원가 = 지출액 + 복구충당부채

STEP 2 매년 말

(1) 유형자산 감가상각: 유형자산의 취득원가(복구충당부채 포함)를 기준으로 감가상각

(2) 복구충당부채 유효이자율 상각

이자비용 = 기초 충당부채 × 유효 R
n년 말 충당부채 = X1년 초 충당부채 × $(1 + \text{유효 R})^n$

ex〉 X1년 초 충당부채 ₩700, 유효이자율 10%

→ X2년 말 충당부채 = $700 \times (1.1)^2 = 847$ (계산기 사용법 1.1 × × 700 = =)

김수석의 꿀팁! 상각 마지막 해의 이자비용=예상 복구비용/(1+유효 R)×유효 R

ex〉 X1년 초에 구축물 취득, 내용연수 5년, 예상 복구비용 ₩100,000,
유효이자율 연 10%(10%, 5기간 단순현가계수는 0.62092)

(1) 일반적인 계산법
X1년 초 복구충당부채: 100,000 × 0.62092 = 62,092
X4년 말 복구충당부채: 62,092 × 1.1^4 = 90,909 (계산기 사용법 1.1 × × 62,092 = = = =)
X5년도 이자비용: 90,909 × 10% = 9,091

(2) 빠른 계산법
X5년도 이자비용: 100,000/1.1 × 10% = 9,091

(3) 당기비용 = 감가상각비 + 이자비용 ★중요!
– 이자비용 및 감가상각비 계산 시 월할 상각을 유의할 것!

STEP 3 복구비용 지출 시

복구공사손익(PL) = 예상 복구비용 – 실제 복구비용

예제 복구충당부채

J-01 ㈜한국은 20X1년 3월 1일 폐기물처리장을 신축하기 위해 토지를 ₩2,000,000에 취득하였으며, 토지 등기비용으로 ₩30,000이 발생하였다. 20X1년 7월 1일 폐기물처리장 신축을 완료하고, 그 신축공사원가로 ₩1,000,000을 지급하였다. 폐기물처리장의 잔존가치는 없으며 내용연수는 5년으로 추정되고 원가모형을 적용하여 정액법으로 감가상각을 한다. 폐기물처리장은 내용연수 종료시점에 원상복구의무가 있으며, 내용연수 종료시점의 복구비용은 ₩200,000으로 예상된다. 이상의 거래와 관련하여 20X1년도 포괄손익계산서에 계상되는 폐기물처리장의 복구충당부채 이자비용(전입액)은? (단, 이자는 월할계산하며, 복구충당부채에 적용할 할인율은 연 10%이고, 현가계수(10%, 5년)는 0.6209이다.) 2015. CTA

① ₩0 ② ₩6,209 ③ ₩10,000 ④ ₩12,418 ⑤ ₩20,000

J-02 ㈜국세는 20X2년 1월 1일 소유하고 있는 임야에 내용연수 종료 후 원상복구의무가 있는 구축물을 설치하는데 ₩1,000,000을 지출하였다. 동 구축물의 내용연수는 5년, 잔존가치는 ₩10,000이고 정액법으로 상각하며 원가모형을 적용한다. 원상복구와 관련하여 예상되는 지출액은 ₩400,000이며, 이는 인플레이션과 시장위험프리미엄 등을 고려한 금액이다. ㈜국세의 신용위험 등을 고려한 할인율은 연 10%이며, 기간말 단일금액의 현가계수(10%, 5기간)는 0.62092이다. ㈜국세가 동 구축물과 관련하여 20X2년도 포괄손익계산서에 인식할 비용은 얼마인가? (단, 손상차손 및 손상차손환입은 고려하지 않는다. 또한 계산금액은 소수점 첫째자리에서 반올림하며, 단수차이로 인한 오차가 있으면 가장 근사치를 선택한다.) 2012. CTA

① ₩24,837 ② ₩247,674 ③ ₩248,368 ④ ₩272,511 ⑤ ₩273,205

J-03 ㈜대한은 20X1년 7월 1일 폐기물처리장을 신축하여 사용하기 시작하였으며, 해당 공사에 대한 대금으로 ₩4,000,000을 지급하였다. 이 폐기물처리장은 내용연수 4년, 잔존가치는 ₩46,400, 원가모형을 적용하며 감가상각방법으로는 정액법을 사용한다. ㈜대한은 해당 폐기물처리장에 대해 내용연수 종료시점에 원상복구의무가 있으며, 내용연수 종료시점의 복구비용(충당부채의 인식요건을 충족)은 ₩800,000으로 예상된다. ㈜대한의 복구충당부채에 대한 할인율은 연 10%이며, 폐기물처리장 관련 금융원가 및 감가상각비는 자본화하지 않는다. ㈜대한의 동 폐기물처리장 관련 회계처리가 20X1년도 포괄손익계산서의 당기순이익에 미치는 영향은 얼마인가? 단, 금융원가 및 감가상각비는 월할 계산하며, 단수차이로 인해 오차가 있다면 가장 근사치를 선택한다. 2020. CPA

할인율 / 기간	10%
	단일금액 ₩1의 현재가치
3년	0.7513
4년	0.6830

① ₩1,652,320 감소 ② ₩1,179,640 감소 ③ ₩894,144 감소
④ ₩589,820 감소 ⑤ ₩374,144 감소

J-04 ㈜한국은 20X3년 1월 1일에 저유설비를 신축하기 위하여 기존건물이 있는 토지를 ₩10,000,000에 취득하였다. 기존건물을 철거하는데 ₩500,000이 발생하였으며, 20X3년 4월 1일 저유설비를 신축완료하고 공사대금으로 ₩2,400,000을 지급하였다. 이 저유설비의 내용연수는 5년, 잔존가치는 ₩100,000이며, 원가모형을 적용하여 정액법으로 감가상각한다. 이 저유설비의 경우 내용연수 종료시에 원상복구의무가 있으며, 저유설비 신축완료시점에서 예상되는 원상복구비용의 현재가치는 ₩200,000이다. ㈜한국은 저유설비와 관련된 비용을 자본화하지 않는다고 할 때, 동 저유설비와 관련하여 20X3년도 포괄손익계산서에 인식할 비용은 얼마인가? (단, 무위험이자율에 ㈜한국의 신용위험을 고려하여 산출된 할인율은 연 9%이며, 감가상각은 월할계산한다.) 2014. CTA

① ₩361,500 ② ₩375,000 ③ ₩388,500 ④ ₩513,500 ⑤ ₩518,000

J-05 ㈜세무는 20X1년 7월 1일 관리부서에서 사용할 설비를 ₩1,000,000에 취득하였다. 동 설비는 복구의무가 있으며, 내용연수 종료 후 원상복구를 위해 지출할 복구비용은 ₩300,000으로 추정된다. ㈜세무는 동 설비에 대해 원가모형을 적용하고 있으며, 연수합계법(잔존가치 ₩200,000, 내용연수 4년)으로 감가상각한다. 동 설비와 관련하여 ㈜세무가 20X2년도 당기비용으로 인식할 금액은? (단, 현재가치에 적용할 할인율은 연 10%이며, 이후 할인율의 변동은 없다. 10%, 4기간 단일금액 ₩1의 현재가치는 0.6830이다. 계산금액은 소수점 첫째자리에서 반올림하며, 감가상각비와 이자비용은 월할로 계산한다.) 2021. CTA

① ₩301,470 ② ₩322,985 ③ ₩351,715 ④ ₩373,230 ⑤ ₩389,335

J-06 ㈜대한은 20X3년 초 해양구조물을 ₩974,607에 취득하여 20X5년 말까지 사용한다. ㈜대한은 관련 법률에 따라 사용 종료시점에 해양구조물을 철거 및 원상복구하여야 한다. 20X5년 말 철거 및 원상복구 시점에서 ₩300,000이 지출될 것으로 예상되며, 이는 인플레이션, 시장위험프리미엄 등을 고려한 금액이다. ㈜대한의 신용위험 등을 고려하여 산출된 할인율은 10%이며, ㈜대한은 해양구조물을 정액법(내용연수 3년, 잔존가치 ₩0)으로 감가상각한다. ㈜대한은 20X5년 말에 이 해양구조물을 철거하였으며, 총 ₩314,000의 철거 및 원상복구비용이 발생되었다. ㈜대한이 해양구조물과 관련한 비용을 자본화하지 않는다고 할 때, 20X5년도 포괄손익계산서에 계상할 비용총액은 얼마인가? (단, 10%의 단일금액 현가계수(3년)는 0.75131이다. 계산금액은 소수점 첫째자리에서 반올림하며, 이 경우 단수차이로 인해 약간의 오차가 있으면 가장 근사치를 선택한다.) 2011. CTA

① ₩300,275 ② ₩314,275 ③ ₩418,275 ④ ₩427,275 ⑤ ₩441,275

J-07 ㈜세무는 20X1년 1월 1일 복구조건이 있는 연구용 설비(취득원가 ₩440,000, 잔존가치 ₩5,130, 내용연수 3년, 복구비용 추정금액 ₩100,000)를 취득하여, 원가모형을 적용하고 정액법으로 감가상각하였다. 내용연수 종료시점에 실제 복구비용은 ₩120,000이 지출되었으며, 잔존 설비는 ₩3,830에 처분하였다. 20X3년도에 이 설비와 관련하여 인식할 총비용은? (단, 현재가치에 적용할 할인율은 10%이며, 기간 3년(10%) 단일금액 ₩1의 현재가치는 0.7513으로 계산하고 단수차이로 인한 오차는 근사치를 선택한다. 2018. CTA

① ₩180,391 ② ₩191,300 ③ ₩199,091 ④ ₩200,391 ⑤ ₩202,466

J-08 20X1년 1월 1일 ㈜대한은 ㈜민주로부터 축사를 구입하면서 5년 동안 매년말 ₩100,000씩 지급하기로 했다. ㈜대한의 내재이자율 및 복구충당부채의 할인율은 연 10%이다.

축사의 내용연수는 5년이고 잔존가치는 없으며 정액법으로 감가상각 한다. 축사는 내용연수 종료 후 주변 환경을 원상회복하는 조건으로 허가받아 취득한 것이며, 내용연수 종료시점의 원상회복비용은 ₩20,000으로 추정된다. ㈜대한은 축사의 내용연수 종료와 동시에 원상회복을 위한 복구공사를 하였으며, 복구비용으로 ₩17,000을 지출하였다.

현가계수표

할인율 / 기간	단일금액 ₩1의 현재가치	정상연금 ₩1의 현재가치
	10%	10%
5년	0.6209	3.7908

위의 거래에 대하여 옳지 않은 설명은? 필요시 소수점 첫째자리에서 반올림하고, 단수 차이로 오차가 있는 경우 ₩10 이내의 차이는 무시한다. 2017. CPA

① 축사의 취득원가는 ₩391,498이다.
② 축사의 20X1년 감가상각비는 ₩78,300이다.
③ 축사의 20X2년 복구충당부채 증가액은 ₩1,366이다.
④ 축사의 20X3년말 복구충당부채 장부금액은 ₩16,529이다.
⑤ 축사의 20X5년 복구공사손실은 ₩3,000이다.

10 유형자산 말문제

유형자산 말문제는 자주 출제되는 유형은 아니다. 대부분이 계산문제에서 다루는 내용의 기준서 원문을 출제한 문제이므로, 말문제를 맞히기 위해서 시간 투입은 많이 하지 않는 것을 추천한다. 회계사 1차 시험에서는 출제 빈도가 낮기 때문에 회계사 1차 수험생은 이 유형을 넘어가도 좋다.

1. 인식

유형자산으로 인식되기 위해서는 다음의 인식기준을 모두 충족하여야 한다.
(1) 자산으로부터 발생하는 미래경제적효익이 기업에 유입될 가능성이 높다.
(2) 자산의 원가를 신뢰성 있게 측정할 수 있다.

2. 재평가모형

(1) 재평가모형의 정의

최초 인식 후에 공정가치를 신뢰성 있게 측정할 수 있는 유형자산은 재평가일의 공정가치에서 이후의 감가상각누계액과 손상차손누계액을 차감한 재평가금액을 장부금액으로 한다.

(2) 재평가의 빈도: 유형자산마다 다름

재평가는 보고기간말에 자산의 장부금액이 공정가치와 중요하게 차이가 나지 않도록 주기적으로 수행한다. **재평가의 빈도는 재평가되는 유형자산의 공정가치 변동에 따라 달라진다.** 매년 재평가가 필요한 유형자산이 있는 반면에 공정가치의 변동이 경미하여 3년이나 5년마다 재평가하는 것으로 충분한 유형자산도 있다.

(3) 특정 유형자산을 재평가할 때, 해당 자산이 포함되는 유형자산의 **유형 전체를 재평가**한다.

3. 감가상각

(1) 감가상각의 의의

감가상각은 취득원가의 배분 과정이다. 회계상 감가상각은 실제 가치 변동과 무관하다.

(2) 감가상각비의 인식: 유형자산의 감가상각비는 다른 자산의 장부금액에 포함되는 경우가 아니라면 **당기손익**으로 인식한다.

(3) 감가상각의 구분: 유형자산을 구성하는 일부가 전체에 비해 **유의적이거나 유의적이지 않다면, 그 부분은 별도로 구분하여 감가상각할 수 있다.**

ex〉 항공기의 엔진, 의자: 엔진이 항공기에서 차지하는 비중이 유의적이라면 엔진만 따로 상각 가능 / 의자가 항공기에서 차지하는 비중이 유의적이지 않다면 따로 상각 가능

(4) 감가상각의 시작: 감가상각은 자산이 **사용가능한** 때부터 시작한다.

'사용가능한' 상태란 경영진이 자산을 가동하는 데 필요한 장소와 상태에 이르는 것을 의미한다.

(5) 감가상각의 중단

감가상각은 자산이 매각예정자산으로 분류되는 날과 자산이 제거되는 날 중 이른 날에 중지한다. **자산이 운휴(작동 X) 중이거나 적극적인 사용상태가 아니어도 감가상각이 완전히 이루어지기 전까지는 감가상각을 중단하지 않는다.**

(6) 감가상각방법

감가상각방법은 해당 자산에 내재되어 있는 미래경제적효익의 예상 소비형태를 가장 잘 반영하는 방법에 따라 선택한다. 다만, 자산의 사용을 포함하는 활동에서 창출되는 수익에 기초한 감가상각방법은 적절하지 않다. 수익은 자산이 소비되는 방식과 관계가 없는 판매 수량 및 가격 변동에 영향을 받기 때문이다.

(7) 감가상각요소의 재검토

유형자산의 감가상각방법, 잔존가치 및 내용연수는 적어도 **매 회계연도 말에 재검토**한다.

(8) 잔존가치의 증가

잔존가치가 자산의 장부금액 이상으로 증가하는 경우 잔존가치가 장부금액보다 작은 금액으로 감소될 때까지 감가상각을 하지 않는다.

(9) 공정가치의 증가: 유형자산의 공정가치가 장부금액을 초과하더라도 잔존가치가 장부금액을 초과하지 않는 한 감가상각액을 계속 인식한다.

4. 손상 및 제거

(1) 손상에 대한 보상

손상, 소실 또는 포기된 유형자산에 대해 제3자로부터 보상금을 받는 경우가 있다. 이 경우 보상금은 수취할 권리가 발생하는 시점에 **당기손익**으로 반영한다.

(2) 제거

유형자산의 장부금액은 다음과 같은 때에 제거한다.

① 처분하는 때

② 사용이나 처분을 통하여 미래경제적효익이 기대되지 않을 때

예제 유형자산 말문제

J-09 유형자산의 회계처리와 관련된 다음의 설명 중 옳은 것은? 2014. CPA

① 자산에 내재된 미래경제적효익의 예상되는 소비형태에 유의적인 변동이 있어 감가상각방법을 변경할 경우, 그 변경효과를 소급적용하여 비교표시되는 재무제표를 재작성한다.

② 회사가 자산을 해체, 제거하거나 부지를 복구할 의무는 해당 의무의 발생시점에 비용으로 인식한다.

③ 비화폐성자산간의 교환거래가 상업적실질을 결여하지 않은 경우라 하더라도 제공한 자산과 취득한 자산 모두의 공정가치를 신뢰성 있게 측정할 수 없는 경우에는 취득하는 유형자산의 취득원가는 그 교환으로 제공한 자산의 장부금액으로 측정한다.

④ 재평가모형을 선택한 유형자산에 대해서는 자산손상에 대한 회계처리를 적용하지 않는다.

⑤ 유형자산의 보유기간 중 잔존가치의 추정치가 변경되어 해당 자산의 장부금액보다 큰 금액으로 추정되는 경우 그 차이에 해당하는 금액을 감가상각누계액에서 환입하여 당기이익에 반영한다.

J-10 유형자산의 감가상각에 관한 설명으로 옳은 것은?

2021. CTA

① 감가상각이 완전히 이루어지기 전이라도 유형자산이 운휴 중이거나 적극적인 사용상태가 아니라면 상각방법과 관계없이 감가상각을 중단해야 한다.

② 유형자산의 잔존가치와 내용연수는 매 3년이나 5년마다 재검토하는 것으로 충분하다.

③ 유형자산의 전체원가에 비교하여 해당 원가가 유의적이지 않은 부분은 별도로 분리하여 감가상각할 수 없다.

④ 자산의 사용을 포함하는 활동에서 창출되는 수익에 기초한 감가상각방법은 적절하지 않다.

⑤ 유형자산의 공정가치가 장부금액을 초과하는 상황이 발생하면 감가상각액을 인식할 수 없다.

J-11 유형자산의 원가와 관련된 회계처리 중 옳은 것은?

2015. CTA 심화

① 안전 또는 환경상의 이유로 취득하는 유형자산은 당해 유형자산을 취득하지 않았을 경우보다 관련 자산으로부터 미래경제적효익을 더 많이 얻을 수 있게 해주기 때문에 자산으로 인식할 수 있다.

② 특정기간 동안 재고자산을 생산하기 위해 유형자산을 사용한 결과로 동 기간에 발생한 그 유형자산을 해체, 제거하거나 부지를 복구할 의무의 원가는 유형자산의 원가에 포함한다.

③ 유형자산을 사용하거나 이전하는 과정에서 발생하는 원가는 당해 유형자산의 장부금액에 포함하여 인식한다.

④ 자가건설에 따른 내부이익과 자가건설 과정에서 원재료, 인력 및 기타 자원의 낭비로 인한 비정상적인 원가는 자산의 원가에 포함한다.

⑤ 대금지급이 일반적인 신용기간을 초과하여 이연되는 경우, 현금가격상당액과 실제 총지급액과의 차액은 자본화하지 않아도 유형자산의 원가에 포함한다.

J-12 유형자산의 회계처리에 관한 설명으로 옳지 않은 것은?

2018. CTA

① 토지의 원가에 해체, 제거 및 복구원가가 포함된 경우에는 그러한 원가를 관련 경제적효익이 유입되는 기간에 감가상각한다.

② 사용정도에 따라 감가상각하는 경우가 아니라면, 감가상각은 자산이 매각예정자산으로 분류되는 날과 제거되는 날 중 이른 날에 중단한다.

③ 손상, 소실 또는 포기된 유형자산에 대해 제3자로부터 받을 보상금은 취득시점의 추정금액을 취득원가에 조정한다.

④ 유형자산의 장부금액은 처분하는 때 또는 사용이나 처분을 통하여 미래경제적효익이 기대되지 않을 때에 제거한다.

⑤ 감가상각방법, 내용연수, 잔존가치의 변경은 회계추정의 변경으로 회계처리한다.

객 관 식

C·H·A·P·T·E·R

3

투자부동산

[1] 투자부동산 평가모형
[2] 투자부동산 계정 재분류
[3] 투자부동산 말문제

CHAPTER

03 투자부동산

1 투자부동산 평가모형

	원가모형	공정가치모형
감가상각	O	X
공정가치 평가	X	O (평가손익 PL)

1. 원가모형: 유형자산 기준서를 준용하여, 유형자산 원가모형과 동일하게 감가상각

2. 공정가치모형: 감가상각하지 않고, 공정가치로 평가하면서 평가손익은 당기손익으로 인식

주의 공정가치 모형은 감가상각 X!

예 제 투자부동산 평가모형

A-01 ㈜국세는 20X2년 1월 1일에 임대수익을 얻을 목적으로 건물A를 ₩150,000,000에 취득하였다. 건물A의 내용연수는 10년이고, 잔존가치는 없는 것으로 추정하였다. 20X2년 12월 31일 건물A의 공정가치는 ₩140,000,000이다. ㈜국세가 건물A에 대해 공정가치모형을 적용하는 경우 20X2년도에 평가손익으로 인식할 금액은 얼마인가? (단, ㈜국세는 통상적으로 건물을 정액법으로 감가상각한다.) 2012. CTA

① ₩0 ② ₩5,000,000 평가이익 ③ ₩5,000,000 평가손실
④ ₩10,000,000 평가이익 ⑤ ₩10,000,000 평가손실

A-02 유통업을 영위하는 ㈜대한은 20X1년 1월 1일 건물을 ₩10,000에 취득하였다. 건물의 내용연수는 10년, 잔존가치는 ₩0이며, 정액법으로 상각한다. 다음은 20X1년초부터 20X2년말까지의 동 건물에 관한 공정가치 정보이다.

20X1년초	20X1년말	20X2년말
₩10,000	₩10,800	₩8,800

㈜대한이 동 건물을 다음과 같은 방법(A ~ C)으로 회계처리하는 경우, 20X2년도 당기순이익 크기 순서대로 올바르게 나열한 것은? 단, 손상차손은 고려하지 않으며, 동 건물의 회계처리를 반영하기 전의 20X2년도 당기순이익은 ₩10,000이라고 가정한다. 2018. CPA

A 원가모형을 적용하는 유형자산
B 재평가모형을 적용하는 유형자산(단, 재평가잉여금은 건물을 사용함에 따라 이익잉여금에 대체한다고 가정함)
C 공정가치모형을 적용하는 투자부동산

① A 〉 B 〉 C ② A 〉 C 〉 B ③ B 〉 A 〉 C ④ C 〉 B 〉 A ⑤ A 〉 B = C

2 투자부동산 계정 재분류

재분류 전 계정	재분류 후 계정	재분류 후 금액	재분류 손익
투자부동산 원가모형	유형자산, 재고자산	재분류 전 BV	N/A
유형자산, 재고자산	**투자부동산 원가모형**		
투자부동산 FV모형	유형자산, 재고자산	재분류 시점의 FV	PL
재고자산	**투자부동산 FV모형**		
유형자산			재평가모형 논리

1. 재분류 전 or 후에 원가모형 적용

: 대체 전 자산의 **장부금액**을 승계 → 재분류 과정에서 손익 발생 X

2. 재분류 전 or 후에 공정가치모형 적용 ★중요!

: 재분류 시점의 **공정가치**로 평가

(1) 투자부동산 → 유형자산(자가사용부동산), 투자부동산↔재고자산: 당기손익

(2) **유형자산(자가사용부동산) → 투자부동산**: 재평가모형 논리대로 회계처리

김수석의 꿀팁!

투자부동산 계정 재분류 시 평가손익 암기법: 변경 전 계정을 따라간다!

주의 계정 재분류 후 감가상각비 계산 시 월할 상각 주의!

예 제 투자부동산 계정 재분류

A-03 ㈜한국은 20X1년말에 취득한 건물(취득원가 ₩1,000,000, 내용연수 12년, 잔존가치 ₩0)을 투자부동산으로 분류하고 공정가치모형을 적용하기로 하였다. 그러나 20X2년 7월 1일에 ㈜한국은 동 건물을 유형자산으로 계정대체하고 즉시 사용하였다. 20X2년 7월 1일 현재 동 건물의 잔존내용연수는 10년이고, 잔존가치는 ₩0이며, 정액법(월할상각)으로 감가상각한다. 각 일자별 건물의 공정가치는 다음과 같다.

20X1. 12. 31	20X2. 7. 1	20X2. 12. 31
₩1,000,000	₩1,100,000	₩1,200,000

㈜한국이 유형자산으로 계정대체된 건물에 대하여 원가모형을 적용한다고 할 때, 동 건물과 관련한 회계처리가 20X2년도 ㈜한국의 당기순이익에 미치는 영향은 얼마인가? 2015. CPA

① ₩100,000 감소 ② ₩55,000 감소 ③ ₩10,000 감소 ④ ₩45,000 증가 ⑤ ₩200,000 증가

A-04 제조업을 영위하는 ㈜세무는 20X1년 4월 1일 시세차익을 위하여 건물을 ₩2,000,000에 취득하였다. 그러나 ㈜세무는 20X2년 4월 1일 동 건물을 자가사용으로 용도를 전환하고 동 일자에 영업지점으로 사용하기 시작하였다. 20X2년 4월 1일 현재 동 건물의 잔존내용연수는 5년, 잔존가치는 ₩200,000이며, 정액법으로 감가상각(월할 상각)한다. 동 건물의 일자별 공정가치는 다음과 같다.

20X1. 12. 31.	20X2. 4. 1.	20X2. 12. 31.
₩2,400,000	₩2,600,000	₩2,200,000

동 건물 관련 회계처리가 ㈜세무의 20X2년도 당기순이익에 미치는 영향은? (단, ㈜세무는 투자부동산에 대해서는 공정가치모형을 적용하고 있으며, 유형자산에 대해서는 원가모형을 적용하고 있다.) 2021. CTA

① ₩70,000 감소 ② ₩160,000 감소 ③ ₩200,000 감소 ④ ₩40,000 증가 ⑤ ₩240,000 증가

A-05 ㈜세무는 20X1년 1월 1일에 투자목적으로 건물(취득원가 ₩2,000,000, 잔존가치 ₩0, 내용연수 4년, 공정가치모형 적용)을 구입하였다. 20X2년 7월 1일부터 ㈜세무는 동 건물을 업무용으로 전환하여 사용하고 있다. ㈜세무는 동 건물을 잔여내용연수 동안 정액법으로 감가상각(잔존가치 ₩0)하며, 재평가모형을 적용한다. 공정가치의 변동내역이 다음과 같을 때, 동 거래가 20X2년도 ㈜세무의 당기순이익에 미치는 영향은? (단, 감가상각은 월할상각한다.) 2016. CTA

구분	20X1년 말	20X2년 7월 1일	20X2년 말
공정가치	₩2,200,000	₩2,400,000	₩2,500,000

① ₩480,000 감소 ② ₩280,000 감소 ③ ₩200,000 증가 ④ ₩300,000 증가 ⑤ ₩580,000 증가

A-06 ㈜대한은 20X1년 1월 1일에 취득하여 본사 사옥으로 사용하고 있던 건물(취득원가 ₩2,000,000, 내용연수 20년, 잔존가치 ₩200,000, 정액법 상각)을 20X3년 7월 1일에 ㈜민국에게 운용리스 목적으로 제공하였다. ㈜대한은 투자부동산에 대해서 공정가치모형을 적용하고 있으며, 유형자산에 대해서는 원가모형을 적용하고 있다. 건물의 공정가치는 다음과 같다.

20X2년 말	20X3년 7월 1일	20X3년 말
₩2,000,000	₩2,500,000	₩3,000,000

㈜대한의 건물에 대한 회계처리가 20X3년도 당기순이익에 미치는 영향은 얼마인가? 단, 감가상각비는 월할로 계산한다.
2023. CPA

① ₩45,000 감소 ② ₩455,000 증가 ③ ₩500,000 증가 ④ ₩600,000 증가 ⑤ ₩1,180,000 증가

A-07 ㈜세무는 20X1년 말에 취득한 건물(취득원가 ₩1,000,000, 내용연수 12년, 잔존가치 ₩0)을 투자부동산으로 분류하고 공정가치모형을 적용하였다. 20X2년 7월 1일부터 동 건물 전부를 본사사옥으로 전환하여 사용하고 있다. 20X2년 7월 1일 현재 동 건물의 잔존내용연수를 10년, 잔존가치를 ₩0으로 추정하였으며, 정액법으로 감가상각하기로 결정하였다. 아래 표는 건물의 공정가치 변동 현황이다.

구분	20X1년 12월 31일	20X2년 7월 1일	20X2년 12월 31일
공정가치	₩1,000,000	₩1,200,000	₩1,000,000

20X2년 12월 31일 동 건물을 원가모형에 따라 회계처리 하였을 경우 20X2년 당기순이익은 ₩750,000이다. 재평가모형을 적용하였을 경우 ㈜세무의 20X2년 당기순이익은?
2019. CTA

① ₩550,000 ② ₩610,000 ③ ₩670,000 ④ ₩750,000 ⑤ ₩916,667

3 투자부동산 말문제

1. 투자부동산의 범위

투자부동산 O	투자부동산 X
임대 및 장기 시세차익 목적	**판매용** 부동산 (재고자산), **자가사용**부동산 (유형자산) 처분 예정인 자가사용부동산 (매각예정비유동자산)
장래 용도를 결정하지 못한 토지	
(금융리스로 보유하여) **운용리스**로 제공	**금융리스**로 제공 (처분임 – 내 자산 아님)
제공하는 용역이 **경미한** 경우 ex〉 보안과 관리용역	제공하는 용역이 **유의적**인 경우 ex〉 호텔
미래에 **투자부동산**으로 사용하기 위하여 건설중인 자산	미래에 **자가사용**하기 위하여 건설중인 자산 (유형자산) **제3자**를 위하여 건설중인 부동산 (재고자산)
	연결재무제표 상에서 **지배기업과 종속기업 간에 리스**한 부동산 (자가사용부동산)
일부 임대, 일부 자가사용: 부분별 매각 불가능시 **'자가 사용부분이' 경미**할 때만 전체를 투자부동산으로 분류 (그렇지 않으면 전체를 유형자산으로 분류.)	

2. 제3자에게서 받는 보상은 '받을 수 있게 되는 시점'(not 받은 시점)에 당기손익으로 인식

3. 투자부동산을 개발하지 않고 처분하기로 결정하는 경우에는 그 부동산이 제거될 때까지 투자부동산으로 계속 분류하며 재고자산으로 재분류하지 않는다.

4. 공정가치모형 적용 시 투자부동산으로 분류되는 건설중인 자산은 완공 시 공정가치로 평가(평가손익: PL)

예 제 투자부동산 말문제

B-01 다음 중 투자부동산으로 분류되지 않는 것은 어느 것인가? 2011. CPA

① 금융리스로 제공한 부동산
② 장래 사용목적을 결정하지 못한 채로 보유하고 있는 토지
③ 직접 소유하고 운용리스로 제공하고 있는 건물
④ 운용리스로 제공하기 위하여 보유하고 있는 미사용 건물
⑤ 미래에 투자부동산으로 사용하기 위하여 건설 또는 개발중인 부동산

B-02 투자부동산의 분류에 관한 설명으로 옳지 않은 것은? 2018. CTA

① 통상적인 영업과정에서 단기간에 판매하기 위하여 보유하지 않고 장기 시세차익을 얻기 위하여 보유하고 있는 토지는 투자부동산으로 분류한다.

② 종업원으로부터 시장가격에 해당하는 임차료를 받고 있는 경우에도 종업원이 사용하는 부동산은 자가사용부동산이며 투자부동산으로 분류하지 않는다.

③ 장래 자가사용할지 또는 통상적인 영업과정에서 단기간에 판매할지를 결정하지 못한 토지는 자가사용부동산이며 투자부동산으로 분류하지 않는다.

④ 건물의 소유자가 그 건물 전체를 사용하는 리스이용자에게 보안과 관리용역을 제공하는 경우에는 당해 건물을 투자부동산으로 분류한다.

⑤ 투자부동산을 개발하지 않고 처분하기로 결정하는 경우에는 그 부동산이 제거될 때까지 투자부동산으로 계속 분류한다.

B-03 투자부동산의 분류에 관한 설명으로 옳은 것은? 2022. CTA

① 통상적인 영업과정에서 가까운 장래에 개발하여 판매하기 위해 취득한 부동산은 투자부동산으로 분류한다.

② 토지를 자가사용할지 통상적인 영업과정에서 단기간에 판매할지를 결정하지 못한 경우 자가사용부동산으로 분류한다.

③ 호텔을 소유하고 직접 경영하는 경우 투숙객에게 제공하는 용역이 전체 계약에서 유의적인 비중을 차지하므로 투자부동산으로 분류한다.

④ 지배기업 또는 다른 종속기업에게 부동산을 리스하는 경우 당해 부동산을 연결재무제표에 투자부동산으로 분류할 수 없고 자가사용부동산으로 분류한다.

⑤ 사무실 건물의 소유자가 그 건물을 사용하는 리스이용자에게 경미한 비중의 보안과 관리용역을 제공하는 경우 부동산 보유자는 당해 부동산을 자가사용부동산으로 분류한다.

B-04 투자부동산의 회계처리에 관한 설명으로 옳지 않은 것은? 2023. CTA

① 지배기업 또는 다른 종속기업에게 부동산을 리스하는 경우, 이러한 부동산은 연결재무제표에 투자부동산으로 분류한다.

② 부동산의 용도가 변경되는 경우에만 다른 자산에서 투자부동산으로 또는 투자부동산에서 다른 자산으로 대체한다.

③ 투자부동산의 손상, 멸실 또는 포기로 제3자에게서 받는 보상은 받을 수 있게 되는 시점에 당기손익으로 인식한다.

④ 재고자산을 공정가치로 평가하는 투자부동산으로 대체하는 경우, 재고자산의 장부금액과 대체시점의 공정가치의 차액은 당기손익으로 인식한다.

⑤ 부동산 보유자가 부동산 사용자에게 부수적인 용역을 제공하는 경우, 전체 계약에서 그러한 용역의 비중이 경미하다면 부동산 보유자는 당해 부동산을 투자부동산으로 분류한다.

B-05 투자부동산의 회계처리에 관한 설명으로 옳지 않은 것은?

2024. CTA

① 투자부동산의 손상, 멸실 또는 포기로 제3자에게서 받는 보상은 받을 수 있게 되는 시점에 당기손익으로 인식한다.

② 투자부동산을 후불조건으로 취득하는 경우의 원가는 취득시점의 현금가격상당액으로 하고, 현금가격상당액과 실제 총지급액의 차액은 신용기간 동안의 이자비용으로 인식한다.

③ 지배기업이 보유하고 있는 건물을 종속기업에게 리스하여 종속기업의 본사 건물로 사용하는 경우 그 건물은 지배기업의 연결재무제표상에서 투자부동산으로 분류할 수 없다.

④ 부동산 중 일부는 시세차익을 얻기 위하여 보유하고, 일부분은 재화의 생산에 사용하기 위하여 보유하고 있으나, 이를 부분별로 나누어 매각할 수 없다면, 재화의 생산에 사용하기 위하여 보유하는 부분이 중요하다고 하더라도 전체 부동산을 투자부동산으로 분류한다.

⑤ 투자부동산을 공정가치로 측정해 온 경우라면 비교할만한 시장의 거래가 줄어들거나 시장가격 정보를 쉽게 얻을 수 없게 되더라도, 당해 부동산을 처분할 때까지 또는 자가사용부동산으로 대체하거나 통상적인 영업과정에서 판매하기 위하여 개발을 시작하기 전까지는 계속하여 공정가치로 측정한다.

B-06 투자부동산에 대한 다음의 설명 중 옳은 것을 모두 열거한 것은?

2013. CPA 수정

(가) 부동산 중 일부분은 임대수익이나 시세차익을 얻기 위하여 보유하고, 일부분은 재화나 용역의 생산 또는 제공이나 관리목적에 사용하기 위하여 보유할 때, 부분별로 분리하여 매각할 수 없다면 재화나 용역의 생산 또는 제공이나 관리목적에 사용하기 위하여 보유하는 부분이 경미한 경우에만 해당 부동산을 투자부동산으로 분류한다.

(나) 공정가치모형을 적용하는 경우, 투자부동산의 공정가치 변동으로 발생하는 손익은 발생한 기간의 당기손익에 반영한다.

(다) 재고자산을 공정가치로 평가하는 투자부동산으로 대체하는 경우, 재고자산의 장부금액과 대체시점의 공정가치의 차액은 당기손익으로 인식한다.

(라) 투자부동산의 손상, 멸실 또는 포기로 제3자에게서 받는 보상은 받을 수 있게 되는 시점에 당기손익으로 인식한다.

① (가), (나) ② (나), (다) ③ (가), (다), (라)
④ (나), (다), (라) ⑤ (가), (나), (다), (라)

B-07 투자부동산의 회계처리에 대하여 옳지 않은 설명은?

2017. CPA

① 금융리스를 통해 보유하게 된 건물을 운용리스로 제공하고 있다면 해당 건물은 투자부동산으로 분류한다.

② 공정가치로 평가하게 될 자가건설 투자부동산의 건설이나 개발이 완료되면 해당일의 공정가치와 기존 장부금액의 차액은 당기손익으로 인식한다.

③ 운용리스로 제공하기 위하여 직접 소유하고 있는 미사용 건물은 투자부동산에 해당된다.

④ 지배기업이 보유하고 있는 건물을 종속기업에게 리스하여 종속기업의 본사 건물로 사용하는 경우 그 건물은 지배기업의 연결재무제표에서 투자부동산으로 분류할 수 없다.

⑤ 투자부동산의 손상, 멸실 또는 포기로 제3자에게서 받는 보상은 보상금을 수취한 시점에서 당기손익으로 인식한다.

B-08 기업회계기준서 제1040호 '투자부동산'에 대한 다음 설명 중 옳지 않은 것은? 2020. CPA 심화

① 소유 투자부동산은 최초 인식시점에 원가로 측정하며, 거래원가는 최초 측정치에 포함한다.

② 계획된 사용수준에 도달하기 전에 발생하는 부동산의 운영손실은 투자부동산의 원가에 포함한다.

③ 투자부동산을 후불조건으로 취득하는 경우의 원가는 취득시점의 현금가격상당액으로 하고, 현금가격상당액과 실제 총지급액의 차액은 신용기간 동안의 이자비용으로 인식한다.

④ 투자부동산을 공정가치로 측정해 온 경우라면 비교할만한 시장의 거래가 줄어들거나 시장가격 정보를 쉽게 얻을 수 없게 되더라도, 당해 부동산을 처분할 때까지 또는 자가사용부동산으로 대체하거나 통상적인 영업과정에서 판매하기 위하여 개발을 시작하기 전까지는 계속하여 공정가치로 측정한다.

⑤ 공정가치모형을 적용하는 경우 투자부동산의 공정가치 변동으로 발생하는 손익은 발생한 기간의 당기손익에 반영한다.

B-09 기업회계기준서 제1040호 '투자부동산'에 대한 다음 설명 중 옳지 않은 것은? 2024. CPA 심화

① 부동산 보유자가 부동산 사용자에게 부수적인 용역을 제공하는 경우가 있다. 전체 계약에서 그러한 용역의 비중이 경미하다면 부동산 보유자는 당해 부동산을 투자부동산으로 분류한다.

② 부동산 보유자가 부동산 사용자에게 제공하는 용역이 유의적인 경우가 있다. 예를 들면 호텔을 소유하고 직접 경영하는 경우, 투숙객에게 제공하는 용역은 전체 계약에서 유의적인 비중을 차지한다. 그러므로 소유자가 직접 경영하는 호텔은 투자부동산이 아니며 자가사용부동산이다.

③ 투자부동산에 대하여 공정가치모형을 선택한 경우에는 투자부동산의 공정가치 변동으로 발생하는 손익은 발생한 기간의 당기손익에 반영한다.

④ 기업은 투자부동산의 공정가치를 계속 신뢰성 있게 측정할 수 있다고 추정한다. 그러나 처음으로 취득한 투자부동산의 공정가치를 계속 신뢰성 있게 측정하기가 어려울 것이라는 명백한 증거가 있을 수 있다.

⑤ 투자부동산을 공정가치로 측정해 온 경우라도 비교할만한 시장의 거래가 줄어들거나 시장가격 정보를 쉽게 얻을 수 없게 되면, 당해 부동산에 대한 공정가치 측정을 중단하고 원가로 측정한다.

객 관 식

C·H·A·P·T·E·R

4

무형자산

[1] 무형자산의 최초 인식
[2] 개별 취득하는 무형자산
[3] 내부적으로 창출한 무형자산
[4] 무형자산의 측정
[5] 무형자산 계산문제

04 무형자산

CHAPTER

1 무형자산의 최초 인식

1. 최초 인식: 원가 측정

2. 사업결합 시: 공정가치 측정

3. 식별가능성

무형자산의 정의에서는 영업권과 구별하기 위하여 무형자산이 식별가능할 것을 요구한다. 자산은 다음 중 하나에 해당하는 경우에 식별가능하다.

(1) 자산이 분리가능하다.

기업의 의도와는 무관하게 기업에서 분리하거나 분할할 수 있고, 개별적으로 또는 관련된 계약, 식별가능한 자산이나 부채와 함께 매각, 이전, 라이선스, 임대, 교환할 수 있다.

(2) 자산이 계약상 권리 또는 기타 법적 권리로부터 발생한다.

그러한 **권리가 이전가능한지 여부** 또는 기업이나 기타 권리와 의무에서 **분리가능한지 여부는 고려하지 아니한다.**

4. 통제

기초가 되는 자원에서 유입되는 미래경제적효익을 확보할 수 있고 그 효익에 대한 제3자의 접근을 제한할 수 있다면 기업이 자산을 통제하고 있는 것이다. 무형자산의 미래경제적효익에 대한 통제능력은 일반적으로 법원에서 강제할 수 있는 법적 권리에서 나오며, 법적 권리가 없는 경우에는 통제를 제시하기 어렵다. 그러나 다른 방법으로도 미래경제적효익을 통제할 수 있기 때문에 **권리의 법적 집행가능성이 통제의 필요조건은 아니다.**

5. 미래경제적효익

(1) 경제적효익이 발생하는 형태

무형자산의 미래경제적효익은 제품의 매출, 용역수익, 원가절감 또는 자산의 사용에 따른 기타 효익의 형태로 발생할 수 있다.

ex〉 제조과정에서 지적재산을 사용하면 미래 수익 증가보다는 미래 제조원가 감소 가능

(2) 미래경제적효익의 검토

미래경제적효익이 기업에 유입될 가능성은 무형자산의 내용연수 동안의 경제적 상황에 대한 경영자의 최선의 추정치를 반영하는 합리적이고 객관적인 가정에 근거하여 평가하여야 한다.

2 개별 취득하는 무형자산

1. 개별 취득하는 무형자산과 사업결합으로 취득하는 무형자산은 발생가능성 인식기준을 항상 충족하는 것으로 본다. ★중요!

2. 개별 취득하는 무형자산의 원가

개별 취득하는 무형자산의 원가는 구입가격과 자산을 의도한 목적에 사용할 수 있도록 준비하는 데 직접 관련되는 원가로 구성된다. 직접 관련되는 원가의 예는 다음과 같다.

무형자산의 원가에 포함 O	무형자산의 원가에 포함 X
① 종업원급여, 전문가 수수료 ② 자산이 적절하게 기능을 발휘하는지 검사하는 데 발생하는 원가	① 홍보원가, 광고와 판매촉진활동 원가 ② 새로운 지역에서 또는 새로운 고객을 대상으로 사업을 수행하는 데서 발생하는 원가 ③ 재배치 원가 ④ 경영자가 의도하는 방식으로 운용될 수 있으나 아직 사용하지 않는 기간에 발생한 원가 ⑤ 교육훈련비, 초기 영업손실 ⑥ 부수적인 영업활동과 관련된 수익과 비용
장기할부 구입 시 현금가격상당액	실제 총지급액 – 현금가격상당액: 이자비용

3 내부적으로 창출한 무형자산

1. 내부적으로 창출한 무형자산의 원가 ★중요!

내부적으로 창출한 무형자산의 원가는 그 자산의 창출, 제조 및 경영자가 의도하는 방식으로 운영될 수 있게 준비하는 데 필요한 직접 관련된 모든 원가를 포함한다. 직접 관련된 원가의 예는 다음과 같다.

무형자산의 원가에 포함 O	무형자산의 원가에 포함 X
① 재료원가, 용역원가 ② 종업원급여 ③ 법적 권리를 등록하기 위한 수수료 ④ 특허권과 라이선스의 상각비	① 판매비, 관리비 및 기타 일반경비 지출. (자산을 의도한 용도로 사용할 수 있도록 준비하는 데 직접 관련된 경우는 제외) ② 명백한 비효율로 인한 손실 ③ 교육훈련비, 초기 영업손실

개별 취득하는 무형자산의 원가와 비슷하다. 개별 취득인지, 내부적으로 창출인지는 구분하지 않아도 되며, 원가에 포함하는지, 안하는지만 구분할 수 있으면 된다.

2. 연구단계 vs 개발단계

(1) 연구단계: 비용, 개발단계: 조건부 자산

(2) 연구단계와 개발단계를 구분할 수 없는 경우에는 모두 **연구단계**로 본다.

(3) 최초에 비용으로 인식한 무형항목에 대한 지출은 **이후에 자산으로 인식할 수 없다.**

3. 연구단계와 개발단계의 사례

연구단계: 지식, 여러 가지 대체안	개발단계: 최종 선정안, 주형, 시제품, 시험공장
새로운 **지식**을 얻고자 하는 활동 연구결과나 기타 **지식**을 탐색, 평가, 최종 선택, 응용하는 활동 **여러 가지 대체안** 탐색하는 활동 **여러 가지 대체안**을 최종 선택하는 활동	**최종 선정안**을 설계, 제작, 시험하는 활동 **공구, 지그, 주형, 금형** 등을 설계하는 활동 **시제품**과 모형을 설계, 제작, 시험하는 활동 경제적 규모가 아닌 **시험공장**을 설계, 건설, 가동하는 활동

김수석의 꿀팁!

지식 → 여러 가지 대체안 (연구) / → 최종 선정안 (개발)

4. 무형자산으로 인식할 수 없는 항목

(1) 내부적으로 창출한 영업권: 자산으로 인식 X

(2) 내부적으로 창출한 브랜드 등

내부적으로 창출한 브랜드, 제호, 출판표제, 고객 목록과 이와 실질이 유사한 항목은 무형자산으로 인식하지 않는다.

4 무형자산의 측정

1. 무형자산도 원가모형과 재평가모형 모두 적용 가능 (=유형자산)

2. 내용연수가 비한정인 무형자산: 상각 X ex〉영업권

(1) 손상징후와 무관하게 **매년 손상검사 수행**

(2) 비한정이라는 가정의 적정성 검토

: 매년 검토해야 하며, 비한정이라는 가정이 더이상 적절하지 않으면 상각 시작

(3) 비한정 내용연수를 유한 내용연수로 변경

① 회계**추정**의 변경 (not 회계정책의 변경)

② 자산손상의 징후에 해당 → '회수가능액<장부금액'이면 손상차손 인식

3. 무형자산의 내용연수

계약상 권리 또는 기타 법적 권리로부터 발생하는 무형자산의 내용연수는 그러한 계약상 권리 또는 기타 법적 권리의 기간을 초과할 수는 없지만, 자산의 예상사용기간에 따라 더 짧을 수는 있다.

4. 무형자산의 상각방법

무형자산의 상각방법은 자산의 경제적 효익이 소비될 것으로 예상되는 형태를 반영한 방법이어야 한다. 다만, 그 형태를 신뢰성 있게 결정할 수 없는 경우에는 **정액법**을 사용한다.

5. 무형자산의 잔존가치

(1) 무형자산의 잔존가치는 해당 자산의 장부금액과 같거나 큰 금액으로 증가할 수도 있다(not 없다). 이 경우에는 자산의 잔존가치가 이후에 장부금액보다 작은 금액으로 감소될 때까지는 무형자산의 상각액은 영(0)이 된다.

(2) 내용연수가 유한한 무형자산의 잔존가치는 다음 중 하나에 해당하는 경우를 제외하고는 **영(0)**으로 본다.

① 내용연수 종료 시점에 제3자가 자산을 구입하기로 한 약정이 있다. ② 활성시장이 내용연수 종료 시점에 존재할 가능성이 높고 잔존가치를 그 활성시장에 기초하여 결정할 수 있다.

예제 무형자산 말문제

A-01 무형자산의 정의 및 인식기준에 관한 설명으로 옳지 않은 것은? 2014. CTA

① 무형자산을 최초로 인식할 때에는 원가로 측정한다.

② 무형자산의 미래경제적효익에 대한 통제능력은 일반적으로 법원에서 강제할 수 있는 법적권리에서 나오나, 권리의 법적 집행가능성이 통제의 필요조건은 아니다.

③ 계약상 권리 또는 기타 법적 권리는 그러한 권리가 이전 가능하거나 또는 기업에서 분리가능한 경우 무형자산 정의의 식별가능성 조건을 충족한 것으로 본다.

④ 미래경제적효익이 기업에 유입될 가능성은 무형자산의 내용연수 동안의 경제적 상황에 대한 경영자의 최선의 추정치를 반영하는 합리적이고 객관적인 가정에 근거하여 평가하여야 한다.

⑤ 무형자산으로부터의 미래경제적효익은 제품의 매출, 용역수익, 원가절감 또는 자산의 사용에 따른 기타 효익의 형태로 발생할 수 있다.

A-02 기업회계기준서 제1038호 '무형자산'에서 "내부적으로 창출한 무형자산의 원가는 그 자산의 창출, 제조 및 경영자가 의도하는 방식으로 운영될 수 있게 준비하는 데 필요한 직접 관련된 모든 원가를 포함한다"고 설명하고 있다. 다음 중 내부적으로 창출한 무형자산의 원가에 포함하지 않는 것은 무엇인가? 2019. CPA

① 무형자산의 창출에 사용되었거나 소비된 재료원가, 용역원가
② 무형자산에 대한 법적 권리를 등록하기 위한 수수료
③ 무형자산의 창출을 위하여 발생한 종업원급여
④ 무형자산을 운용하는 직원의 교육훈련과 관련된 지출
⑤ 무형자산의 창출에 사용된 특허권과 라이선스의 상각비

A-03 내부적으로 창출한 무형자산의 취득원가에 포함되지 않는 것은? 2012. CTA

① 법적권리를 등록하기 위한 수수료
② 무형자산의 창출에 사용된 특허권상각비
③ 무형자산의 창출을 위하여 발생한 종업원 급여
④ 연구결과를 최종선택, 응용하는 활동과 관련된 지출
⑤ 무형자산의 창출에 사용되었거나 소비된 재료원가, 용역원가

A-04 무형자산의 인식 및 측정에 관한 설명으로 옳은 것은? 2013. CTA

① 개별 취득하는 무형자산은 자산에서 발생하는 미래경제적효익이 기업에 유입될 가능성이 높다는 발생가능성 인식기준을 항상 충족하는 것으로 본다.
② 새로운 지역에서 또는 새로운 계층의 고객을 대상으로 사업을 수행하는 데서 발생하는 원가는 무형자산 원가에 포함한다.
③ 내부적으로 창출한 브랜드, 제호, 출판표제, 고객 목록은 개발하는 데 발생한 원가를 전체 사업과 구별할 수 없더라도 무형자산으로 인식한다.
④ 무형자산에 대한 대금지급기간이 일반적인 신용기간보다 긴 경우 무형자산의 원가는 실제 총지급액이 된다.
⑤ 새롭거나 개선된 재료, 장치, 제품, 공정, 시스템이나 용역에 대한 여러 가지 대체안을 최종 선택하는 활동은 개발활동의 예로서 해당 지출은 무형자산으로 인식한다.

A-05 무형자산의 인식과 측정에 대한 다음 설명 중 옳지 않은 것은? 2023. CPA

① 개별 취득하는 무형자산과 사업결합으로 취득하는 무형자산은 무형자산 인식조건 중 자산에서 발생하는 미래경제적효익이 기업에 유입될 가능성이 높다는 조건을 항상 충족하는 것은 아니다.
② 무형자산을 최초로 인식할 때에는 원가로 측정하며, 사업결합으로 취득하는 무형자산의 원가는 취득일 공정가치로 한다.
③ 사업결합으로 취득하는 자산이 분리가능하거나 계약상 또는 기타 법적 권리에서 발생한다면, 그 자산의 공정가치를 신뢰성 있게 측정하기에 충분한 정보가 존재한다.
④ 내부적으로 창출한 영업권과 내부 프로젝트의 연구단계에서 발생한 지출은 자산으로 인식하지 않는다.
⑤ 내부적으로 창출한 무형자산의 원가는 그 자산의 창출, 제조 및 경영자가 의도하는 방식으로 운영될 수 있게 준비하는데 필요한 직접 관련된 모든 원가를 포함한다.

A-06 기업회계기준서 제1038호 '무형자산'에 관한 다음 설명 중 옳지 않은 것은? 2021. CPA

① 개별 취득하는 무형자산의 원가는 그 자산을 경영자가 의도하는 방식으로 운용될 수 있는 상태에 이를 때까지 인식하므로 무형자산을 사용하거나 재배치하는 데 발생하는 원가도 자산의 장부금액에 포함한다.

② 미래경제적효익이 기업에 유입될 가능성은 무형자산의 내용연수 동안의 경제적 상황에 대한 경영자의 최선의 추정치를 반영하는 합리적이고 객관적인 가정에 근거하여 평가하여야 한다.

③ 자산의 사용에서 발생하는 미래경제적효익의 유입에 대한 확실성 정도에 대한 평가는 무형자산을 최초로 인식하는 시점에서 이용 가능한 증거에 근거하며, 외부 증거에 비중을 더 크게 둔다.

④ 무형자산의 미래경제적효익은 제품의 매출, 용역수익, 원가절감 또는 자산의 사용에 따른 기타 효익의 형태로 발생할 수 있다.

⑤ 내부적으로 창출한 영업권은 원가를 신뢰성 있게 측정할 수 없고 기업이 통제하고 있는 식별가능한 자원이 아니기 때문에 자산으로 인식하지 아니한다.

A-07 무형자산과 관련된 다음의 설명 중 옳지 않은 것은? 2014. CPA

① 무형자산을 최초로 인식할 때에는 원가로 측정한다.

② 최초의 비용으로 인식한 무형자산에 대한 지출은 그 이후에 무형자산의 인식요건을 만족하게 된 경우에 한하여 무형자산의 원가로 다시 인식할 수 있다.

③ 무형자산을 창출하기 위한 내부 프로젝트를 연구단계와 개발단계로 구분할 수 없는 경우에는 그 프로젝트에서 발생한 지출은 모두 연구단계에서 발생한 것으로 본다.

④ 내부적으로 창출한 브랜드, 제호, 출판표제, 고객 목록과 이와 실질이 유사한 항목은 무형자산으로 인식하지 않는다.

⑤ 계약상 권리 또는 기타 법적 권리로부터 발생하는 무형자산의 내용연수는 그러한 계약상 권리 또는 기타 법적 권리의 기간을 초과할 수는 없지만, 자산의 예상사용기간에 따라 더 짧을 수는 있다.

A-08 무형자산에 관한 다음 설명 중 옳은 것은? 2018. CPA

① 무형자산을 최초로 인식할 때에는 공정가치로 측정한다.

② 내용연수가 비한정인 무형자산은 상각하지 않는다.

③ 내용연수가 비한정인 무형자산을 유한 내용연수로 재평가하는 경우에는 자산손상의 징후에 해당되지 않으므로 손상차손을 인식하지 않는다.

④ 내용연수가 유한한 무형자산의 잔존가치는 내용연수 종료 시점에 제3자가 자산을 구입하기로 한 약정이 있다고 하더라도 영(0)으로 본다.

⑤ 미래경제적효익 창출에 대해 식별가능하고 해당 원가를 신뢰성 있게 결정할 수 있는 경우에는 내부적으로 창출한 영업권이라도 무형자산으로 인식할 수 있다.

A-09 무형자산의 회계처리에 대한 옳은 설명은? 2017. CPA

① 무형자산을 최초로 인식할 때에는 공정가치로 측정한다.
② 내부적으로 창출한 브랜드, 제호, 출판표제, 고객 목록과 이와 실질이 유사한 항목은 무형자산으로 인식한다.
③ 연구결과를 최종선택, 응용하는 활동과 관련된 지출은 내부적으로 창출된 무형자산의 취득원가에 포함한다.
④ 무형자산을 창출하기 위한 내부 프로젝트를 연구단계와 개발단계로 구분할 수 없는 경우에는 그 프로젝트에서 발생한 지출은 모두 개발단계에서 발생한 것으로 본다.
⑤ 내용연수가 유한한 무형자산의 상각방법은 자산의 경제적 효익이 소비될 것으로 예상되는 형태를 반영한 방법이어야 한다. 다만, 그 형태를 신뢰성 있게 결정할 수 없는 경우에는 정액법을 사용한다.

A-10 무형자산 회계처리에 관한 설명으로 옳은 것은? 2022. CTA

① 내용연수가 비한정인 무형자산의 비한정 내용연수를 유한 내용연수로 변경하는 것은 회계정책의 변경이다.
② 자산을 운용하는 직원의 교육훈련과 관련된 지출은 내부적으로 창출한 내용연수가 비한정인 무형자산의 원가에 포함한다.
③ 내부적으로 창출한 브랜드, 제호, 출판표제, 고객 목록과 이와 실질이 유사한 항목은 내용연수가 비한정인 무형자산으로 인식한다.
④ 내용연수가 유한한 무형자산을 내용연수 종료 시점에 제3자가 구입하기로 약정한 경우, 잔존가치는 영(0)으로 보지 않는다.
⑤ 경제적 효익이 소비될 것으로 예상되는 형태를 신뢰성 있게 결정할 수 없는 내용연수가 비한정인 무형자산은 정액법을 적용하여 상각한다.

A-11 무형자산의 회계처리에 관한 설명으로 옳지 않은 것은? 2019. CTA

① 사업결합 과정에서 피취득자가 진행하고 있는 연구·개발 프로젝트가 무형자산의 정의를 충족한다면 사업결합 전에 그 자산을 피취득자가 인식하였는지 여부에 관계없이, 취득자는 취득일에 피취득자의 무형자산을 영업권과 분리하여 인식한다.
② 무형자산의 인식기준을 충족하지 못하여 비용으로 인식한 지출은 그 이후에 무형자산의 원가로 인식할 수 없다.
③ 내용연수가 비한정인 무형자산을 유한 내용연수로 재평가하는 것은 그 자산의 손상을 시사하는 징후에 해당하지 않으므로 손상차손을 인식하지 않는다.
④ 상각하지 않는 무형자산에 대하여 사건과 상황이 그 자산의 내용연수가 비한정이라는 평가를 계속하여 정당화하는지를 매 회계기간에 검토하며, 사건과 상황이 그러한 평가를 정당화하지 않는 경우에 비한정 내용연수를 유한 내용연수로 변경하는 것은 회계추정의 변경으로 회계처리한다.
⑤ 내부적으로 창출한 브랜드, 제호, 출판표제, 고객 목록과 이와 실질이 유사한 항목은 무형자산으로 인식하지 않는다.

A-12 무형자산의 회계처리에 관한 설명으로 옳지 않은 것은? 2024. CTA

① 무형자산의 미래경제적효익은 제품의 매출, 용역수익, 원가절감 또는 자산의 사용에 따른 기타 효익의 형태로 발생할 수 있다.

② 내부적으로 창출한 영업권은 원가를 신뢰성 있게 측정할 수 없고 기업이 통제하고 있는 식별가능한 자원이 아니기 때문에 자산으로 인식하지 아니한다.

③ 자산의 사용에서 발생하는 미래경제적효익의 유입에 대한 확실성 정도에 대한 평가는 무형자산을 최초로 인식하는 시점에서 이용 가능한 증거에 근거하며, 외부 증거에 비중을 더 크게 둔다.

④ 계약상 권리 또는 기타 법적 권리로부터 발생하는 무형자산의 내용연수는 그러한 계약상 권리 또는 기타 법적 권리의 기간을 초과할 수는 없지만, 자산의 예상사용기간에 따라 더 짧을 수는 있다.

⑤ 개별 취득하는 무형자산의 원가는 그 자산을 경영자가 의도하는 방식으로 운용될 수 있는 상태에 이를 때까지 인식하므로 무형자산을 사용하거나 재배치하는 데 발생하는 원가도 자산의 취득원가에 포함한다.

A-13 다음 중 무형자산의 회계처리에 대한 설명으로 타당하지 않은 것은? 2010. CPA

① 최초에 비용으로 인식한 무형항목에 대한 지출은 그 이후에 무형자산의 원가로 인식할 수 없다.

② 내용연수가 유한한 무형자산의 잔존가치는 해당 자산의 장부금액과 같을 수는 있으나, 장부금액보다 더 클 수는 없다.

③ 내부적으로 창출한 영업권은 무형자산으로 인식하지 않는다.

④ 내용연수가 비한정인 무형자산은 상각하지 아니하지만, 내용연수가 유한한 무형자산은 상각하고 상각기간과 상각방법은 적어도 매 보고기간 말에 검토한다.

⑤ 무형자산의 회계정책으로 원가모형이나 재평가모형을 선택할 수 있다.

A-14 내용연수가 유한한 무형자산과 유형자산의 감가상각에 대한 설명으로 옳지 않은 것은? 2013. CTA

① 내용연수가 유한한 무형자산과 유형자산의 잔존가치는 해당자산의 장부금액보다 큰 금액으로 증가할 수 없다.

② 내용연수가 유한한 무형자산과 유형자산의 감가상각방법은 변경될 수 있으며, 이러한 변경은 회계추정의 변경으로 회계처리한다.

③ 내용연수가 유한한 무형자산과 유형자산의 감가상각방법에는 정액법, 체감잔액법 및 생산량비례법이 있다.

④ 내용연수가 유한한 무형자산과 유형자산의 감가상각방법은 자산의 미래경제적효익이 소비되는 형태를 반영한다.

⑤ 내용연수가 유한한 무형자산과 유형자산의 감가상각방법은 적어도 매 회계연도 말에 재검토한다.

A-15 기업회계기준서 제1038호 '무형자산'에 대한 다음 설명 중 <u>옳지 않은</u> 것은? 2024. CPA 심화

① 연구와 개발활동의 목적은 지식의 개발에 있다. 따라서 이러한 활동으로 인하여 물리적 형체(예: 시제품)가 있는 자산이 만들어지더라도, 그 자산의 물리적 요소는 무형자산 요소 즉, 그 자산이 갖는 지식에 부수적인 것으로 본다.

② 시장에 대한 지식과 기술적 지식에서도 미래경제적효익이 발생할 수 있다. 이러한 지식이 저작권, 계약상의 제약이나 법에 의한 종업원의 기밀유지의무 등과 같은 법적 권리에 의하여 보호된다면, 기업은 그러한 지식에서 얻을 수 있는 미래경제적효익을 통제하고 있는 것이다.

③ 미래경제적효익이 기업에 유입될 가능성은 무형자산의 내용연수 동안의 경제적 상황에 대한 시장참여자들의 최선의 추정치를 반영하는 합리적이고 객관적인 가정에 근거하여 평가하여야 한다.

④ 사업결합으로 취득하는 무형자산의 원가는 기업회계기준서 제1103호 '사업결합'에 따라 취득일 공정가치로 한다. 무형자산의 공정가치는 취득일에 그 자산이 갖는 미래경제적효익이 기업에 유입될 확률에 대한 시장참여자의 기대를 반영할 것이다.

⑤ 무형자산을 창출하기 위한 내부 프로젝트를 연구단계와 개발단계로 구분할 수 없는 경우에는 그 프로젝트에서 발생한 지출은 모두 연구단계에서 발생한 것으로 본다.

5 무형자산 계산문제

무형자산 계산문제는 주로 내부적으로 창출한 무형자산과 원가모형 및 재평가모형을 이용하여 출제된다. 무형자산 계산문제에서는 다음 내용을 주의하자.

1. 연구단계: 비용, 개발단계: 조건부 자산화

문제에서 개발단계는 자산 인식요건을 충족하는 것으로 주로 제시한다.

2. 무형자산 상각

(1) 상각 시작 시점: 무형자산을 사용할 수 있는 시점 (not 지출 시점)

자산 인식요건을 충족하는 개발단계에서 발생한 지출만 무형자산으로 인식하는데, 지출 시점이 아니라 무형자산(프로젝트, 신기술 등)을 사용할 수 있는 시점부터 무형자산 상각을 시작해야 한다.

(2) 내용연수가 비한정인 무형자산: 상각 X

무형자산은 유형자산과 달리 내용연수가 비한정일 수 있으므로 내용연수를 꼭 확인하자.

3. 특허권

(1) 개발비와 다른 계정과목

개발단계에서 발생한 지출 중 자산 인식요건을 충족하는 항목은 '개발비'라는 무형자산으로 인식한다. 문제에 특허권이 등장하면 다른 계정과목이므로 두 무형자산을 따로 상각해야 한다.

(2) 특허권의 취득원가: 특허권 취득과 직접 관련된 원가

4. 당기비용=무형자산 상각비+재평가손실+손상차손+연구단계 지출

당기비용 또는 당기순이익에 미치는 영향을 물으면 무형자산의 상각 및 평가에만 집중하는데, 연구단계에서 발생한 지출도 비용으로 인식하므로 주의하자.

예 제 무형자산 원가모형

B-01 ㈜세무는 신제품 개발활동으로 연구개발비가 다음과 같이 발생하였다. 차입원가는 연구개발활동과 관련된 특정차입금에서 발생한 이자비용이다. 20X1년은 연구단계이고, 20X2년은 개발단계(무형자산의 인식요건을 충족함)에 속하는데, 20X2년 7월 1일에 프로젝트가 완료되어 제품생산에 사용되었다. 무형자산(개발비)은 내용연수 5년, 잔존가치 ₩0, 정액법 상각(월할상각)하며, 원가모형을 적용한다. 20X2년 12월 31일 무형자산(개발비)의 장부금액은? 2016. CTA

내역	20X1년 1월 1일~ 20X1년 12월 31일	20X2년 1월 1일~ 20X2년 6월 30일
연구원 급여	₩40,000	₩30,000
시험용 원재료 사용액	25,000	20,000
시험용 기계장치 감가상각비	10,000	5,000
차입원가	5,000	5,000

① ₩49,500 ② ₩50,000 ③ ₩54,000 ④ ₩55,000 ⑤ ₩60,000

B-02 다음은 ㈜대한의 무형자산과 관련된 자료이다.

- ㈜대한은 탄소배출량을 혁신적으로 감소시킬 수 있는 신기술에 대해서 연구 및 개발활동을 수행하고 있다. ㈜대한의 20X1년과 20X2년의 연구 및 개발활동에서 발생한 지출내역을 요약하면 다음과 같다.

구분	20X1년	20X2년
연구활동	₩900,000	₩300,000
개발활동	—	3,500,000

- ㈜대한의 개발활동과 관련된 지출은 모두 무형자산의 인식요건을 충족한다.
- ㈜대한의 탄소배출량 감소와 관련된 신기술은 20X2년 중에 개발이 완료되었으며, 20X2년 10월 1일부터 사용가능하게 되었다.
- ㈜대한은 신기술 관련 무형자산에 대해서 원가모형을 적용하며 추정내용연수 20년, 잔존가치 ₩0, 정액법으로 상각한다.
- 20X3년 말 상기 신기술의 사업성이 매우 낮은 것으로 판명되었고, 신기술의 회수가능가액은 ₩2,000,000으로 평가되었다.

동 신기술 관련 무형자산 회계처리가 ㈜대한의 20X3년도 포괄손익계산서 상 당기순이익에 미치는 영향은 얼마인가? 2022. CPA

① ₩1,496,250 감소 ② ₩1,486,250 감소 ③ ₩1,480,250 감소
④ ₩1,456,250 감소 ⑤ ₩1,281,250 감소

B-03 ㈜한국은 제품 공정 A를 연구개발하고 있으며 20X5년 동안에 공정 A 연구개발을 위해 지출한 금액은 ₩100,000이었다. 이 금액 중 ₩70,000은 20X5년 10월 1일 이전에 지출되었고, ₩30,000은 20X5년 10월 1일부터 12월 31일까지 지출되었다. 공정 A는 20X5년 10월 1일에 무형자산 인식기준을 충족하게 되었다. 또한 ㈜한국은 20X6년 중 공정 A를 위해 추가로 ₩30,000을 지출하였다. 공정 A가 갖는 노하우의 회수가능액(그 공정이 사용가능하기 전에 해당 공정을 완료하기 위한 미래 현금유출액 포함)은 다음과 같다.

구 분	20X5년말	20X6년말
회수가능액	₩20,000	₩70,000

㈜한국의 20X5년도와 20X6년도의 순이익에 미치는 영향은 각각 얼마인가? 단, 무형자산에 대해 상각하지 않으며, 원가모형을 적용한다. 또한, 20X5년도는 손상 조건을 충족하고, 20X6년도는 손상회복 조건을 충족한다.

2015. CPA

	20X5년도	20X6년도
①	₩80,000 감소	₩20,000 감소
②	₩80,000 감소	₩10,000 증가
③	₩70,000 감소	₩20,000 감소
④	₩70,000 감소	₩10,000 감소
⑤	₩70,000 감소	₩10,000 증가

B-04 ㈜대한은 20X1년부터 연구·개발하기 시작한 신기술이 20X2년 7월 1일에 완료되어 즉시 동 신기술을 사용하기 시작하였다. 동 신기술 연구·개발과 관련하여 20X1년 연구단계에서 지출한 금액은 ₩25,000이고 개발단계에서 지출한 금액은 ₩10,000이며, 20X2년 1월 1일부터 6월 30일까지의 개발단계에서 지출한 금액은 ₩30,000이다. 개발단계의 지출은 모두 무형자산의 인식요건을 충족한다. ㈜대한은 개발된 무형자산의 내용연수를 8년으로 추정하였으며, 정액법(잔존가치 ₩0)으로 상각한다. ㈜대한은 특허권 획득과 직접 관련하여 ₩1,000을 지출하고, 20X2년 10월 1일에 동 신기술에 대해 특허권을 획득하였다. 특허권의 내용연수는 5년으로 추정하였으며, 정액법(잔존가치 ₩0)으로 상각한다. 무형자산으로 인식한 개발비는 20X3년 말에 손상사유가 발생하여 회수가능금액 ₩25,000으로 평가되었고, 내용연수는 3년이 축소된 것으로 평가되었다. ㈜대한이 위 무형자산과 관련한 비용을 자본화하지 않는다고 할 때, 20X3년도 포괄손익계산서에 인식할 비용총액은 얼마인가? (단, 무형자산상각은 월할상각 한다.)

2011. CTA

① ₩5,000 ② ₩5,200 ③ ₩7,500
④ ₩12,500 ⑤ ₩12,700

예제 무형자산 재평가모형

B-05 ㈜한국은 20X1년 1월 1일 활성시장에서 특허권을 ₩6,000,000에 취득하고, 매년 말 재평가모형을 적용한다. 동 특허권은 향후 10년간 사용할 수 있고 잔존가치는 없으며 정액법으로 상각한다. 20X1년, 20X2년, 20X3년 각 연도 말 동 특허권의 공정가치는 각각 ₩5,400,000, ₩5,182,000, ₩4,150,000이다. 20X3년 말 동 특허권과 관련하여 인식할 당기손익은? (단, 특허권을 사용하는 기간 동안에 재평가잉여금을 이익잉여금으로 대체하지 않는다.) 2015. CTA

① ₩647,750 손실 ② ₩650,000 손실 ③ ₩847,750 손실
④ ₩1,032,000 손실 ⑤ ₩1,200,000 손실

B-06 ㈜강내는 신제품에 대한 새로운 생산공정을 개발하고 있는데, 동 생산공정 개발은 20X1년 10월 1일부터 무형자산의 인식기준을 충족한다. 이와 관련하여 20X1년 동안 발생한 지출은 ₩100,000이었고, 그 중 ₩60,000은 20X1년 10월 1일 전에 발생하였으며, ₩40,000은 20X1년 10월 1일과 20X1년 12월 31일 사이에 발생했다. 20X1년 말 동 생산공정 개발비의 공정가치는 ₩45,000이며, 손상은 없었다. 20X2년 말 동 생산공정 개발비의 공정가치는 20X1년 말 대비 변동이 없었으나, 동 무형자산이 속해 있는 사업부의 손상으로 배부받은 ₩9,000을 손상차손으로 인식했다. 취득시점 이후에 동 무형자산을 재평가모형으로 평가할 때 20X2년도에 인식할 당기손실은 얼마인가? (단, 동 무형자산은 상각하지 않으며, 법인세효과는 고려하지 않는다.) 2010. CPA

① ₩9,000 ② ₩6,000 ③ ₩5,000 ④ ₩4,000 ⑤ ₩0

B-07 ㈜갑이 20X1년초에 취득한 무형자산과 관련된 자료는 다음과 같다.

	취득원가	내용연수	20X1년말 공정가치	20X2년말 회수가능액
상표권	₩20,000	비한정적	₩21,000	₩18,000
특허권	₩80,000	4년	₩78,000	₩45,000

특허권은 정액법으로 상각하며, 잔존가치는 ₩0이다. 20X2년말에는 상기 무형자산에 대해 손상징후가 발생하였다. ㈜갑은 무형자산에 대하여 재평가모형을 적용하며, 무형자산을 사용하면서 관련 재평가잉여금을 이익잉여금으로 대체하는 방법은 선택하지 않고 있다.
㈜갑이 20X2년도에 인식할 상표권 관련 손상차손과 20X2년말 재무상태표에 표시할 특허권 관련 재평가잉여금은 각각 얼마인가? 2012. CPA 수정

	손상차손	재평가잉여금
①	₩1,000	₩7,000
②	₩3,000	₩11,000
③	₩2,000	₩7,000
④	₩3,000	₩7,000
⑤	₩2,000	₩11,000

예 제 정부보조금을 수령한 무형자산

B-08 ㈜한국은 스마트폰을 제조·판매하는 중견벤처회사이다. ㈜한국은 현재 스마트폰 생산에 이용된 첨단기술을 활용하여 차세대 첨단로봇을 개발하는 연구를 진행하고 있다. ㈜한국은 로봇의 연구개발에 필요한 기계장치를 취득할 때 정부의 정책적 목적에 따라 구입자금의 일부를 보조받았다. ㈜한국은 정부보조금을 자산의 취득원가에서 차감하는 원가차감법을 사용한다. 아래의 자료를 기초로 하여 20X1년 12월 31일 현재 ㈜한국의 재무상태표상에 보고되는 기계장치의 장부금액 및 20X4년도에 취득한 특허권의 취득원가를 구하면 각각 얼마인가? 단, 동 기계장치는 연구개발활동이 종료된 이후에도 계속 사용된다고 가정한다. 2016. CPA

(1) 기계장치의 취득원가는 ₩500,000이다(취득일: 20X1년 1월 1일).
(2) 정부보조금은 ₩100,000이다(20X1년 1월 1일에 상환의무가 없는 보조금 전액 수령).
(3) ㈜한국은 기계장치를 취득하면서 관련법규에 따라 정부가 발행하는 현재가치 ₩40,000인 공채를 액면금액 ₩60,000에 의무적으로 매입하여 상각후원가측정금융자산으로 분류하였다.
(4) ㈜한국은 20X1년 12월 31일 차세대 첨단로봇 의 연구활동이 종료되어 20X2년 1월 1일부터 개발단계가 시작되었다. 개발단계에서 지출된 금액 ₩50,000은 자산의 인식요건을 충족하여 이를 개발비로 계상하고 있다.
(5) ㈜한국은 20X2년 12월 31일 개발활동을 종료하였고 20X4년 4월말에 동 첨단로봇의 제조기술 및 판매에 대해 개발활동의 산출물에서 특허권을 취득하였으며, 특허권 취득과 직접 관련하여 ₩20,000을 지출하였다.
(6) ㈜한국은 유형자산 및 무형자산의 상각방법으로 정액법을 사용하며, 추정내용연수는 5년, 추정잔존가치는 ₩0이다.

	기계장치의 장부금액	특허권의 취득원가
①	₩436,000	₩20,000
②	₩416,000	₩20,000
③	₩346,000	₩70,000
④	₩336,000	₩20,000
⑤	₩316,000	₩20,000

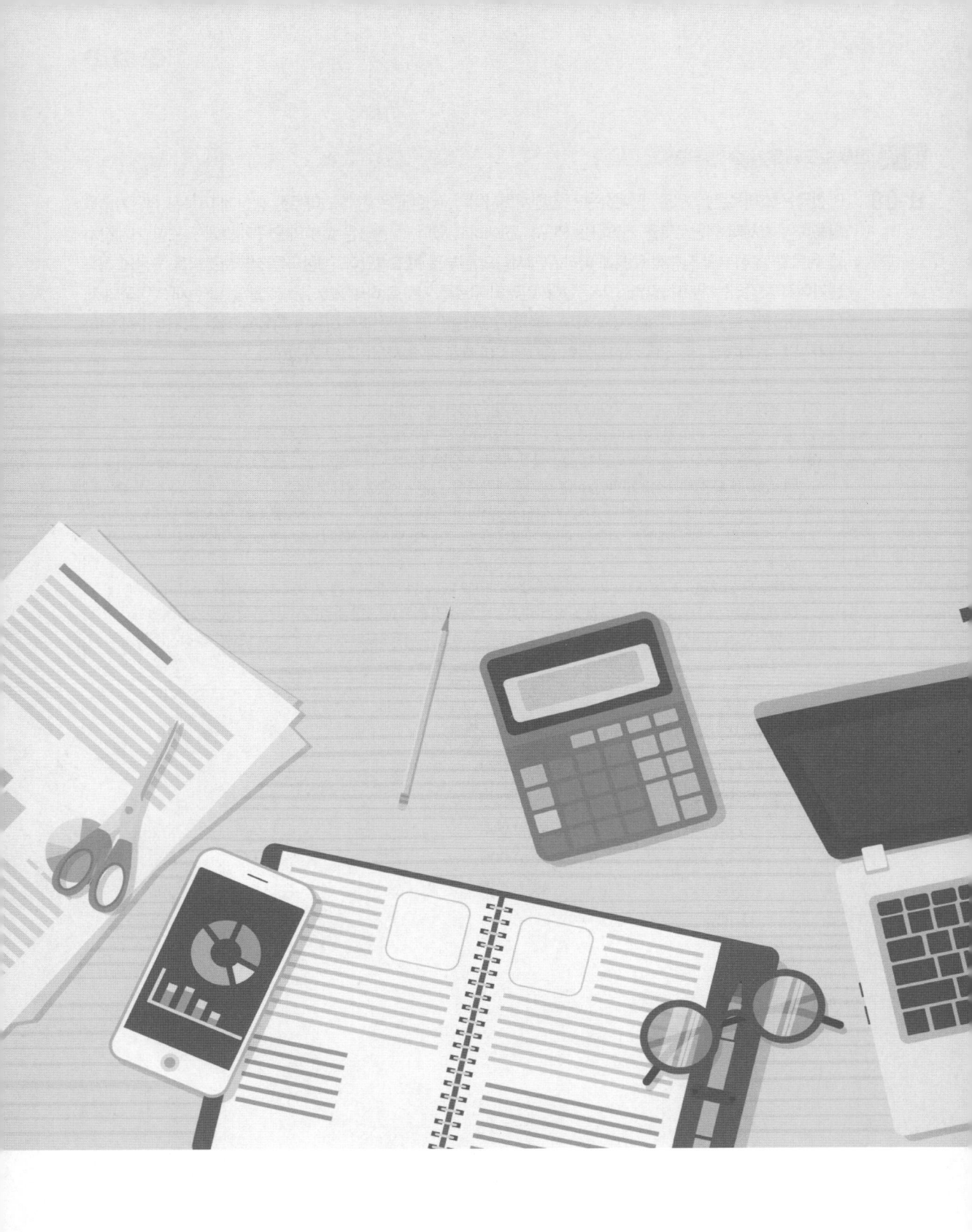

객 관 식

C·H·A·P·T·E·R

5

금융부채

[1] 유효이자율법
[2] 기중상환
[3] 자기사채
[4] 권면상 발행일과 실제 발행일이 다른 경우
★중요!
[5] 이자지급일이 기중인 경우
[6] 연속상환사채
[7] 당기손익-공정가치 측정 금융부채

05 금융부채

CHAPTER

1 유효이자율법

1. 유효이자율 상각표 작성

사례

㈜김수석은 X1년 초 액면금액 ₩1,000,000, 만기 3년, 액면이자율 8%, 유효이자율 10%인 사채를 발행하였다. 10%, 3기 단일금액 ₩1의 현가는 0.75131이고, 정상연금 ₩1의 현가는 2.48685일 때, 동 사채의 유효이자율 상각표는 다음과 같다. 각 시점은 기말 시점을 표시한 것으로, X0은 X1년 초(＝X0년 말)를, X1은 X1년 말을 의미한다.

	유효이자(10%)	액면이자(8%)	상각액	장부금액
X0	액면이자 × 연금현가계수 ＋ 액면금액 × 단순현가계수 ＝			950,263
X1	95,026	80,000	15,026	965,289
X2	96,529	80,000	16,529	981,818
X3	98,182	80,000	18,182	1,000,000

STEP 1 현재가치(=발행금액) 구하기

사채의 현재가치 ＝ 80,000 × 2.48685 ＋ 1,000,000 × 0.75131 ＝ 950,258 (단수차이)

STEP 2 기말 장부금액=기초 장부금액×(1+유효이자율)−액면이자

계산기 사용법 950,263 × 10% ＋ － 80,000 ＝

(1) 차기 상각액 ＝ 당기 상각액 × (1 ＋ 유효이자율)

ex〉 15,026 × 1.1 ＝ 16,529, 16,529 × 1.1 ＝ 18,182

(2) X1말 장부금액 ＝ 액면이자 × 2년 연금현가계수 ＋ 액면금액 × 2년 단순현가계수

＝80,000 × 1.7355＋1,000,000 × 0.8264＝965,240 (≒965,289)

예제 유효이자율법

A-01 ㈜세무는 20X1년 초 5년 만기 사채를 발행하여 매년 말 액면이자를 지급하고 유효이자율법에 의하여 이자비용을 인식하고 있다. 20X2년 말 이자와 관련하여 다음과 같은 회계처리 후 사채의 장부금액이 ₩84,000이 되었다면, 20X3년 말 사채의 장부금액은? 2018. CTA

(차)	이자비용	8,200	(대)	사채할인발행차금	2,000
				현금	6,200

① ₩86,200 ② ₩86,600 ③ ₩87,000 ④ ₩87,200 ⑤ ₩87,600

A-02 ㈜대한은 20X1년 1월 1일 만기가 2년을 초과하는 사채를 발행하였으며, 이는 회사의 유일한 사채이다. 동 사채는 액면이자를 매년 12월 31일에 지급하며, 액면금액을 만기일에 일시상환하는 조건이다. 사채 발행 이후 발행조건의 변경은 없다. 동 사채에 대한 20X1년도와 20X2년도의 관련 이자 정보는 다음과 같다.

구분	20X1년도	20X2년도
연도말 액면이자 지급액	₩120,000	₩120,000
포괄손익계산서상 연간 이자비용	₩148,420	₩152,400

상기 사채의 발행시점의 유효이자율은 얼마인가? 단, 사채발행비와 조기상환, 차입원가 자본화는 발생하지 않았으며, 단수차이로 인해 오차가 있다면 가장 근사치를 선택한다. 2019. CPA

① 14% ② 15% ③ 16% ④ 17% ⑤ 18%

2. 사채발행비가 존재하는 경우 ★중요!

> 사채의 발행금액 = 액면이자 × 연금현가계수 + 액면금액 × 단순현가계수 − 사채발행비

– 발행 시 시장이자율에 해당하는 현가계수 이용
– 사채발행비는 사채의 발행금액에서 차감
→ 유효이자율 상승, 새로운 유효이자율을 사용해야 함

(1) 문제에서 새로운 유효이자율을 제시해 준 경우: **새로운 유효이자율로 상각**

(2) 문제에서 새로운 유효이자율을 제시하지 않은 경우

> 새로운 유효이자율 = X1년도 이자비용/(X1년초 PV − 사채발행비)

예 제 사채발행비가 존재하는 경우

A-03 ㈜민국은 20X1년 1월 1일 액면금액 ₩1,000,000, 액면이자율 연 5%(매년 말 이자지급), 3년 만기인 회사채를 발행하고 상각후원가측정금융부채로 분류하였다. 사채발행 당시 시장이자율은 연 8%이었으며, 사채할인발행차금에 대하여 유효이자율법으로 상각한다. 한편, ㈜민국이 동 사채를 발행하는 과정에서 직접적인 사채발행비 ₩47,015이 발생하였으며, ㈜민국은 동 사채와 관련하여 20X1년도 포괄손익계산서상 이자비용으로 ₩87,564를 인식하였다. 동 사채와 관련하여 ㈜민국이 20X2년도 포괄손익계산서상 이자비용으로 인식할 금액은 얼마인가? (단, 8%, 3기간 기간 말 단일금액 ₩1의 현가계수는 0.7938이며, 8%, 3기간 정상연금 ₩1의 현가계수는 2.5771이다. 계산금액은 소수점 첫째자리에서 반올림하며, 단수차이로 인해 약간의 오차가 있으면 가장 근사치를 선택한다. 또한 법인세 효과는 고려하지 않는다.) 2011. CPA

① ₩91,320 ② ₩92,076 ③ ₩93,560 ④ ₩94,070 ⑤ ₩95,783

A-04 ㈜대한은 20X1년 1월 1일 사채(액면금액 ₩5,000,000, 표시이자율 연 6%, 매년 말 이자지급, 3년 만기)를 발행하였으며, 동 사채를 상각후원가로 측정하는 금융부채로 분류하였다. 사채발행일의 시장이자율은 연 8%이며, 사채발행비 ₩50,000이 지급되었다. 20X1년 12월 31일 사채의 장부금액이 ₩4,814,389일 경우 ㈜대한이 동 사채와 관련하여 20X2년에 인식할 이자비용은 얼마인가? 단, 단수차이로 인해 오차가 있다면 가장 근사치를 선택한다. 2022. CPA

할인율 / 기간	단일금액 ₩1의 현재가치		정상연금 ₩1의 현재가치	
	6%	8%	6%	8%
1년	0.9434	0.9259	0.9434	0.9259
2년	0.8900	0.8573	1.8334	1.7832
3년	0.8396	0.7938	2.6730	2.5770

① ₩394,780 ② ₩404,409 ③ ₩414,037 ④ ₩423,666 ⑤ ₩433,295

A-05 ㈜세무는 20X1년 초 상각후원가로 측정하는 금융부채에 해당하는 사채(액면금액 ₩2,000,000, 표시이자율 연 8%, 만기 3년, 매년 말 이자지급)를 ₩1,900,504에 발행하고, 사채발행비 ₩92,604을 현금으로 지출하였다. 발행당시 시장이자율은 연 10%이며, ㈜세무는 동 사채와 관련하여 20X1년도 이자비용으로 ₩216,948을 인식하였다. 20X2년 말 ㈜세무가 경과이자를 포함하여 ₩2,000,000에 사채 전부를 조기상환하였다면, 사채의 상환으로 인식할 사채상환이익은? (단, 현재가치 계산 시 다음에 제시된 현가계수표를 이용한다.) 2023. CTA

기간	단일금액 ₩1의 현재가치		정상연금 ₩1의 현재가치	
	8%	10%	8%	10%
1	0.9259	0.9091	0.9259	0.9091
2	0.8573	0.8265	1.7833	0.8265
3	0.7938	0.7513	2.5771	0.7513

① ₩51,325 ② ₩61,345 ③ ₩88,630 ④ ₩123,656 ⑤ ₩160,000

2 기중상환

(1) 사채상환손익 = **기초 사채의 BV × (1 + 유효R × 경과 월수/12) × 상환비율 − 상환금액**

(2) 기중 상환하는 해의 당기손익에 미치는 영향
① 전부 상환 시: **기초 사채의 BV − 상환금액**
② 일부 상환 시: 기초 사채의 BV − 상환금액 − **기말 사채의 BV − 기말 액면이자 지급액**

예제 기중상환

A-06 ㈜대한은 20X1년 초 장부금액이 ₩965,260이고 액면금액이 ₩1,000,000인 사채(표시이자율 연 10%)를 20X1년 7월 1일에 경과이자를 포함하여 ₩970,000에 상환하였다. 동 사채의 이자지급일은 매년 12월 31일이고 사채 발행시의 유효이자율은 연 12%이었다. ㈜대한이 20X1년도에 인식할 사채상환손익은 얼마인가? (단, 이자는 월할계산하며, 소수점 첫째자리에서 반올림한다.) 2014. CTA

① ₩53,176 이익 ② ₩34,740 이익 ③ ₩4,740 손실
④ ₩11,092 손실 ⑤ ₩13,176 손실

A-07 ㈜대한은 20X1년 초 액면금액 ₩1,000,000의 사채(만기 3년, 액면이자율 10%, 이자는 매년 말 지급)를 12%의 유효이자율로 발행하였다. ㈜대한은 액면금액 중 ₩500,000을 20X3년 6월 30일에 경과이자를 포함하여 ₩525,000에 조기상환하였다. 사채의 조기상환손익은? (단, 현가계수는 아래 표를 이용한다. 계산금액은 소수점 첫째자리에서 반올림하며, 단수차이가 있으면 가장 근사치를 선택한다.) 2013. CTA

현가계수표

기간	기간 말 단일금액 ₩1의 현재가치		정상연금 ₩1의 현재가치	
	10%	12%	10%	12%
1	0.9091	0.8929	0.9091	0.8929
2	0.8264	0.7972	1.7355	1.6901
3	0.7513	0.7118	2.4868	2.4018

① ₩8,918 손실 ② ₩4,459 손실 ③ ₩0
④ ₩4,459 이익 ⑤ ₩8,918 이익

A-08 ㈜갑은 20X1년 1월 1일 액면금액 ₩50,000(만기 3년, 표시이자율 연 10%, 매년말 이자지급)인 사채를 발행하였다. 20X1년 1월 1일의 시장이자율은 연 8%이다. ㈜갑이 20X3년 4월 1일에 동 사채의 50%(발생한 액면이자 포함)를 ₩25,000에 조기상환할 경우, 조기상환이익은 얼마인가? 단, 사채발행과 관련된 거래비용은 없다. (계산결과 단수차이로 인해 답안과 오차가 있는 경우 근사치를 선택한다.) 2012. CPA

	기간말 단일금액 ₩1의 현재가치		정상연금 ₩1의 현재가치	
할인율 / 기간	8%	10%	8%	10%
1	0.9259	0.9091	0.9259	0.9091
2	0.8573	0.8264	1.7833	1.7355
3	0.7938	0.7513	2.5771	2.4868

① ₩159 ② ₩346 ③ ₩784 ④ ₩971 ⑤ ₩1,596

A-09 ㈜세무는 20X1년 1월 1일 액면금액 ₩1,000,000, 표시이자율 5%(매년 말 지급), 만기 3년인 회사채를 ₩875,645에 발행하고 상각후원가측정금융부채로 분류하였다. 사채발행 시점의 유효이자율은 10%이었으며, 사채할인발행차금을 유효이자율법으로 상각한다. ㈜세무는 20X2년 1월 1일에 동 사채의 일부를 ₩637,000에 조기상환하여, 사채상환이익이 ₩2,247 발생하였다. 20X2년 말 재무상태표에 표시될 사채 장부금액(순액)은? 2019. CTA

① ₩190,906 ② ₩286,359 ③ ₩334,086
④ ₩381,812 ⑤ ₩429,539

A-10 ㈜한국은 20X1년 1월 1일 액면금액 ₩1,000,000, 액면이자율 연 8%(매년 말 이자지급), 만기 3년인 회사채를 ₩950,244에 발행하였다. 발행당시 유효이자율은 연 10%이었으며, 사채할인발행차금에 대하여 유효이자율법으로 상각하고 있다. 한편, ㈜한국은 자산매각을 통해 발생한 자금으로 20X1년 7월 1일에 동 사채 액면금액의 50%를 ₩500,000(경과이자 포함)에 조기상환하였다. 동 사채와 관련하여 20X1년도에 발생한 거래가 ㈜한국의 20X1년도 포괄손익계산서상 당기순이익에 미치는 영향은 얼마인가? (단, 법인세 효과는 고려하지 않으며, 이자는 월할계산한다. 또한 계산금액은 소수점 첫째자리에서 반올림하며, 단수차이로 인해 약간의 오차가 있으면 가장 근사치를 선택한다.) 2011. CPA

① ₩47,512 감소 ② ₩48,634 감소 ③ ₩58,638 감소
④ ₩71,268 감소 ⑤ ₩72,390 감소

예제 사채발행비 & 기중상환

A-11 ㈜대경은 20X1년 1월 1일 액면금액 ₩1,000,000, 액면이자율 연 7%(매년말 이자지급), 3년 만기인 회사채를 발행하고 상각후원가측정금융부채로 분류하였다. 사채발행 당시 시장이자율은 연 9%이었으며, 사채할인발행차금에 대하여 유효이자율법으로 상각한다. 한편, ㈜대경이 동 사채를 발행하는 과정에서 직접적인 사채발행비 ₩24,011이 발생하였다. ㈜대경은 동 사채와 관련하여 20X1년도 포괄손익계산서상 이자비용으로 ₩92,538을 인식하였다. ㈜대경이 20X2년 5월 31일에 상기 사채를 ₩1,050,000(미지급이자 포함)에 매입하였다면, 사채상환손실은 얼마인가? 계산과정에서 소수점 이하는 첫째자리에서 반올림한다. 그러나 계산방식에 따라 단수차이로 인해 오차가 있는 경우, 가장 근사치를 선택한다. 또한 법인세 효과는 고려하지 않는다. 2014. CPA

할인율	단일금액 ₩1의 현재가치			정상연금 ₩1의 현재가치		
	1년	2년	3년	1년	2년	3년
7%	0.9346	0.8734	0.8163	0.9346	1.8080	2.6243
9%	0.9174	0.8417	0.7722	0.9174	1.7591	2.5313

① ₩12,045 ② ₩39,254 ③ ₩50,000 ④ ₩62,585 ⑤ ₩76,136

A-12 ㈜세무는 20X1년 1월 1일 액면금액 ₩1,000,000(표시이자율 연 5%, 매년 말 이자지급, 만기 3년)인 사채를 발행하였으며, 사채발행비로 ₩46,998을 지출하였다. 사채발행 당시 시장이자율은 연 8%이며, 20X1년 말 이자비용으로 ₩87,566을 인식하였다. 사채의 액면금액 중 ₩600,000을 20X3년 4월 1일에 경과이자를 포함하여 ₩570,000에 조기상환 한 경우 사채상환손익은? (단, 계산금액은 소수점 이하 첫째자리에서 반올림한다.) 2021. CTA

기간	단일금액 ₩1의 현재가치		정상연금 ₩1의 현재가치	
	5%	8%	5%	8%
3년	0.8638	0.7938	2.7233	2.5771

① 손실 ₩7,462 ② 손실 ₩9,545 ③ 이익 ₩7,462
④ 이익 ₩9,545 ⑤ 이익 ₩17,045

3 자기사채

(1) 자기사채의 취득: 사채의 상환
(2) 자기사채의 소각: 회계처리 없음
(3) 자기사채의 재발행: 새로운 사채의 발행으로 봄
→ 취득 시부터 재발행 시까지 유효이자율 상각X, 재발행 시 손익 발생 X

예 제 자기사채

B-01 ㈜한국은 20X1년 1월 1일 액면금액 ₩1,000,000, 액면이자율 연8%(매년말 이자지급), 3년 만기인 회사채를 발행하고 상각후원가측정금융부채로 분류하였다. 사채발행 당시 시장이자율은 연10%이었으며, 사채발행차금에 대하여 유효이자율법으로 상각한다. ㈜한국은 20X2년 7월 1일에 동 사채를 모두 ₩1,000,000(경과이자포함)에 매입하였으며, 이 중 액면금액 ₩400,000은 매입 즉시 소각하고, 나머지 액면금액 ₩600,000은 20X2년 12월 31일에 재발행하였다. 20X2년 7월 1일의 시장이자율은 연8%이고, 20X2년 12월 31일의 시장이자율은 연10%이다. 동 사채와 관련된 회계처리가 ㈜한국의 20X2년 당기순이익에 미치는 영향은 얼마인가? 단, 현가계수는 아래의 현가계수표를 이용하며, 계산과정에서 소수점 이하는 첫째자리에서 반올림하고, 단수차이로 인해 오차가 있는 경우 가장 근사치를 선택한다. 2015. CPA

할인율	단일금액 ₩1의 현가			정상연금 ₩1의 현가		
	1년	2년	3년	1년	2년	3년
8%	0.9259	0.8573	0.7938	0.9259	1.7832	2.5770
10%	0.9091	0.8264	0.7513	0.9091	1.7355	2.4868

① ₩95,024 감소 ② ₩76,988 감소 ③ ₩34,732 감소 ④ ₩1,680 증가 ⑤ ₩18,206 증가

예 제 새로운 사채의 발행을 통한 기존 사채의 상환

B-02 ㈜세무는 20X1년 1월 1일 ㈜대한에게 사채A(액면금액 ₩1,000,000, 만기 5년, 표시이자율 연 5%, 매년 말 이자지급)를 발행하고 상각후원가측정금융부채로 분류하였다. 사채발행 시점의 유효이자율은 연 10%이고, 사채할인발행차금을 유효이자율법으로 상각하고 있다. 20X4년 1월 1일 유효이자율이 연 8%로 하락함에 따라 ㈜민국에게 새로운 사채B(액면금액 ₩1,000,000, 만기 2년, 표시이자율 연 3%, 매년 말 이자지급)를 발행하여 수취한 현금으로 사채A를 조기상환 하였다. ㈜세무가 20X4년 1월 1일 인식할 사채A의 상환손익과 사채B의 발행금액은? (단, 계산금액은 소수점 이하 첫째자리에서 반올림한다.) 2020. CTA 심화

기간	단일금액 ₩1의 현재가치				정상연금 ₩1의 현재가치			
	3%	5%	8%	10%	3%	5%	8%	10%
2년	0.9426	0.9070	0.8573	0.8264	1.9135	1.8594	1.7833	1.7355
5년	0.8626	0.7835	0.6806	0.6209	4.5797	4.3295	3.9927	3.7908

	사채A 상환손익	사채B 발행금액
①	손실 ₩2,396	₩878,465
②	손실 ₩2,396	₩913,195
③	손실 ₩2,396	₩915,591
④	이익 ₩2,396	₩910,799
⑤	이익 ₩2,396	₩1,000,000

4 권면상 발행일과 실제 발행일이 다른 경우 ★중요!

↗ × 월수/12

	유효이자(12%)	액면이자(8%)	상각액	BV
X0				X1초 PV
X1.4.1	유효이자 × 3/12			
X1	X1초 PV × 유효R			

Step 1. **실제 발행일**의 이자율을 사용하여 1월 1일의 현재가치를 구하기

Step 2. 1년치 상각표 그리기

Step 3. 1년치 이자를 월할 상각하여 발행일의 상각표 그리기

Step 4. 발행 시 현금 수령액 및 이자비용
1. 발행 시 현금 수령액 = 사채의 기초 BV × (1 + 유효R × 경과 월수/12)
2. X1년도 이자비용 = 유효이자 × 잔존 월수/12

예제 권면상 발행일과 실제 발행일이 다른 경우

B-03 ㈜한국은 액면금액 ₩1,000,000(표시이자율 연 8%, 사채권면상 발행일 20X1년 1월 1일, 만기 3년, 매년 말 이자지급)인 사채를 20X1년 4월 1일에 발행하였다. 권면상 발행일인 20X1년 1월 1일의 시장이자율은 연 10%이며, 실제 발행일(20X1년 4월 1일)의 시장이자율은 연 12%이다. 현가계수는 아래 표를 이용한다.

현가계수표

할인율 / 기간	단일금액 ₩1의 현재가치			정상연금 ₩1의 현재가치		
	8%	10%	12%	8%	10%	12%
3년	0.7938	0.7513	0.7118	2.5771	2.4868	2.4018

㈜한국이 사채발행으로 20X1년 4월 1일 수취하는 금액은? 단, 단수차이로 인해 오차가 있다면 가장 근사치를 선택한다.

2017. CPA

① ₩911,062 ② ₩931,062 ③ ₩938,751
④ ₩958,751 ⑤ ₩978,751

B-04 ㈜한국은 자금조달을 위하여 액면금액 ₩20,000(액면이자율 연 8%, 사채권면상 발행일 20X1년 1월 1일, 만기 3년, 매년말 이자지급)인 사채를 20X1년 4월 1일에 발행했다. 권면상 발행일인 20X1년 1월 1일의 시장이자율은 연 10%, 실제발행일의 시장이자율이 연 12%라고 할 때 ㈜한국의 20X1년 말 재무상태표에 표시될 사채의 장부금액은 얼마인가? (단, 사채발행과 관련한 거래비용은 없으며, 현가계수는 아래 표를 이용한다. 또한 계산금액은 소수점 첫째자리에서 반올림하며, 이 경우 단수차이로 인해 약간의 오차가 있으면 가장 근사치를 선택한다.) 2010. CPA

현가계수표

할인율 / 기간	기간 말 ₩1의 현재가치 (단일금액)			정상연금 ₩1의 현재가치		
	8%	10%	12%	8%	10%	12%
1년	0.9259	0.9091	0.8929	0.9259	0.9091	0.8929
2년	0.8573	0.8264	0.7972	1.7833	1.7355	1.6901
3년	0.7938	0.7513	0.7118	2.5771	2.4868	2.4018

① ₩18,221 ② ₩18,648 ③ ₩19,080 ④ ₩19,305 ⑤ ₩20,000

B-05 ㈜국세는 아래와 같은 조건으로 사채를 발행하였다.

- 사채권면에 표시된 발행일은 20X0년 1월 1일이며, 실제발행일은 20X0년 8월 1일이다.
- 사채의 액면금액은 ₩3,000,000이며, 이자지급일은 매년 12월 31일이고 만기는 4년이다.
- 사채의 액면이자율은 연 6%이며, 동 사채에 적용되는 유효이자율은 연 12%이다.
- 사채권면에 표시된 발행일과 실제발행일 사이의 발생이자는 실제발행일의 사채 발행금액에 포함되어 있다.

위 사채의 회계처리에 관한 다음 설명 중 옳지 않은 것은? (단, 현가계수는 아래의 표를 이용한다. 이자는 월할계산하며, 소수점 첫째자리에서 반올림한다.) 2012. CTA 심화

현 가 계 수 표

할인율 / 기간	기간 말 단일금액 ₩1의 현재가치		정상연금 ₩1의 현재가치	
	6%	12%	6%	12%
1	0.94340	0.89286	0.94340	0.89286
2	0.89000	0.79719	1.83340	1.69005
3	0.83962	0.71178	2.67302	2.40183
4	0.79209	0.63552	3.46511	3.03735

① 실제발행일의 순수 사채발행금액은 ₩2,520,013이다.

② 20X0년도에 상각되는 사채할인발행차금은 ₩122,664이다.

③ 20X0년 12월 31일 현재 사채할인발행차금 잔액은 ₩432,323이다.

④ 사채권면상 발행일과 실제발행일 사이의 액면발생이자는 ₩105,000이다.

⑤ 사채권면상 발행일과 실제발행일 사이의 사채가치의 증가분(경과이자 포함)은 ₩171,730이다.

B-06 ㈜대한은 20X1년 1월 1일에 다음과 같은 조건의 사채를 발행하려고 하였으나 실패하고, 3개월이 경과된 20X1년 4월 1일에 동 사채를 발행하였으며 상각후원가 측정 금융부채(AC 금융부채)로 분류하였다. 20X1년 4월 1일 현재 유효이자율은 연 4%이다.

- 권면상 발행일: 20X1년 1월 1일
- 액면금액: ₩1,000,000
- 만기일: 20X3년 12월 31일(일시상환)
- 표시이자율: 연 6%, 매년 말 지급

㈜대한은 20X2년 4월 1일에 액면금액 중 ₩600,000을 경과이자를 포함하여 ₩610,000에 조기상환하였다. ㈜대한의 사채에 대한 회계처리가 20X2년도 당기순이익에 미치는 영향은 얼마인가? 단, 이자는 월할로 계산하며, 단수차이로 인해 오차가 있다면 가장 근사치를 선택한다. 2023. CPA

할인율 / 기간	단일금액 ₩1의 현재가치		정상연금 ₩1의 현재가치	
	4%	6%	4%	6%
1년	0.9615	0.9434	0.9615	0.9434
2년	0.9246	0.8900	1.8861	1.8334
3년	0.8890	0.8396	2.7751	2.6730

① ₩3,968 감소 ② ₩6,226 감소 ③ ₩22,830 감소 ④ ₩2,258 증가 ⑤ ₩12,636 증가

※ ㈜대한이 발행한 상각후원가(AC)로 측정하는 금융부채(사채)와 관련된 다음 〈자료〉를 이용하여 7번과 8번에 대해 답하시오.

〈자료〉

액면금액	₩3,000,000
사채권면 상 발행일	20X1년 1월 1일
사채 실제 발행일	20X1년 3월 1일
표시이자율	연 6%(매년 12월 31일에 지급)
사채권면 상 발행일의 유효이자율	연 6%
상환만기일	20X3년 12월 31일(만기 일시상환)

현가계수표

기간 \ 할인율	단일금액 ₩1의 현재가치			정상연금 ₩1의 현재가치		
	6%	7%	8%	6%	7%	8%
1년	0.9434	0.9346	0.9259	0.9434	0.9346	0.9259
2년	0.8900	0.8734	0.8573	1.8334	1.8080	1.7832
3년	0.8396	0.8163	0.7938	2.6730	2.6243	2.5770

B-07 다음 (A) 또는 (B)의 조건으로 사채를 발행하는 경우, ㈜대한이 20X1년 3월 1일에 사채발행으로 수취하는 금액에 대한 설명으로 옳은 것은? 단, 이자는 월할로 계산하며, 단수차이로 인해 오차가 있다면 가장 근사치를 선택한다. 2021. CPA

(A) 사채 실제 발행일의 유효이자율이 연 8%인 경우
(B) 사채 실제 발행일의 유효이자율이 연 7%인 경우

① (A)가 (B)보다 수취하는 금액이 ₩76,014만큼 많다.
② (A)가 (B)보다 수취하는 금액이 ₩72,159만큼 많다.
③ (A)가 (B)보다 수취하는 금액이 ₩76,014만큼 적다.
④ (A)가 (B)보다 수취하는 금액이 ₩72,159만큼 적다.
⑤ (A)와 (B)의 수취하는 금액은 동일하다.

B-08 ㈜대한은 20X3년 4월 1일에 사채액면금액 중 30%를 경과이자를 포함하여 현금 ₩915,000에 조기상환하였다. 위 〈자료〉에서 사채 실제 발행일(20X1년 3월 1일)의 유효이자율이 연 8%인 경우, ㈜대한이 조기상환시점에 사채상환손실로 인식할 금액은 얼마인가? 단, 이자는 월할로 계산하며, 단수차이로 인해 오차가 있다면 가장 근사치를 선택한다. 2021. CPA

① ₩9,510 ② ₩14,030 ③ ₩15,000 ④ ₩31,700 ⑤ ₩46,800

5 이자지급일이 기중인 경우 심화

1. 유효이자율 상각표는 이자지급일을 기준으로 작성

ex〉 이자지급일이 매년 6월 30일: 매년 6월 30일을 기준으로 유효이자율 상각표 작성

2. 이자비용: 회계연도를 기준으로 계산

이자지급일(ex〉6.30)을 전후로 적용되는 이자비용이 다름

→ 전후 연도의 이자비용을 월할 계산

예제 이자지급일이 기중인 경우

B-09 ㈜세무는 ㈜한국이 발행한 다음의 사채를 만기보유 목적으로 20X6년 10월 1일에 취득하였다.

액면금액	₩1,000,000	발행일	20X6년 7월 1일
표시이자율	연 8%	만기일	20X9년 6월 30일
발행일 유효이자율	연 10%	이자지급일	매년 6월 30일

사채의 취득금액에는 경과이자가 포함되어 있으며, 사채 취득시점의 유효이자율은 연 8%이다. 동 거래와 관련하여 ㈜세무가 20X6년에 인식할 이자수익 금액과 20X6년 말 인식할 금융자산 장부금액의 합계액은? (단, 이자는 월할계산한다.)

2016. CTA

기간	단일금액 ₩1의 현재가치		정상연금 ₩1의 현재가치	
	8%	10%	8%	10%
1	0.9259	0.9091	0.9259	0.9091
2	0.8573	0.8264	1.7833	1.7355
3	0.7938	0.7513	2.5771	2.4869

① ₩981,521　② ₩977,765　③ ₩990,765　④ ₩1,020,000　⑤ ₩1,023,756

6 연속상환사채

연속상환사채: 액면금액을 만기에 한꺼번에 갚는 것이 아니라, 조금씩 나누어 갚는 사채

액면이자 = 기초 액면금액 × 액면이자율
발행금액 = Σ연도별 CF × 단순현가계수
기말 장부금액 = 기초 장부금액 + 유효이자 − 액면이자 − 액면금액 상환액

예제 연속상환사채

B-10 ㈜세무는 20X1년 1월 1일에 액면금액 ₩1,200,000, 표시이자율 연 5%, 매년 말 이자를 지급하는 조건의 사채(매년 말에 액면금액 ₩400,000씩을 상환하는 연속상환사채)를 발행하였다. 20X1년 12월 31일 사채의 장부금액은? (단, 사채발행 당시의 유효이자율은 연 6%, 계산금액은 소수점 첫째자리에서 반올림, 단수차이로 인한 오차는 가장 근사치를 선택한다.) 2016. CTA

기간	단일금액 ₩1의 현재가치		정상연금 ₩1의 현재가치	
	5%	6%	5%	6%
1	0.9524	0.9434	0.9524	0.9434
2	0.9070	0.8900	1.8594	1.8334
3	0.8638	0.8396	2.7232	2.6730

① ₩678,196 ② ₩778,196 ③ ₩788,888 ④ ₩795,888 ⑤ ₩800,000

B-11 ㈜세무는 20X1년 1월 1일 상각후원가로 측정하는 금융부채에 해당하는 다음과 같은 조건의 연속상환사채를 발행하였다. 20X2년 말 재무상태표상 동 상각후원가 측정 금융부채의 장부금액은? (단, 현재가치 계산 시 다음에 제시된 현가계수표를 이용한다.) 2022. CTA

- 액면금액 : ₩1,200,000
- 이자지급 : 연 5%의 이자율을 적용하여 매년 12월 31일에 지급
- 상 환 : 20X2년부터 20X4년까지 매년 12월 31일에 ₩400,000씩 연속상환
- 발행당시 유효이자율 : 연 6%

구분	단일금액 ₩1의 현재가치		정상연금 ₩1의 현재가치	
	5%	6%	5%	6%
1년	0.9524	0.9434	0.9524	0.9434
2년	0.9070	0.8900	1.8954	1.8334
3년	0.8638	0.8396	2.7232	2.6730
4년	0.8227	0.7921	3.5459	3.4651

① ₩396,221 ② ₩788,896 ③ ₩796,221 ④ ₩988,221 ⑤ ₩1,188,896

7 당기손익-공정가치 측정 금융부채

1. 당기손익-공정가치 측정 금융부채

당기손익 – 공정가치 측정 금융부채(FVPL 금융부채)란 다음 중 하나의 조건을 충족하는 금융부채를 의미한다.

(1) 단기매매항목의 정의를 충족한다.
(2) 최초 인식시점에 당기손익 – 공정가치 측정 항목으로 지정한다.

FVPL 금융부채로 지정하는 것이 정보를 더 목적 적합하게 하는 경우에는 금융부채를 최초 인식시점에 FVPL 항목으로 지정할 수 있다. 다만 **한번 지정하면 이를 취소할 수 없다.**

2. 상각후원가 측정 금융부채와 비교

	AC 금융부채	FVPL 금융부채
최초 인식	FV(= 발행금액)	
발행원가	발행금액에서 차감	당기비용 처리
후속 측정	유효이자율 상각	FV 평가 (평가손익: PL or OCI)

– 신용위험 변동에 따른 FVPL금융부채의 공정가치 변동은 OCI로 표시 (**재분류조정 X**)

예 제 당기손익-공정가치 측정 금융부채

B-12 ㈜한국은 권면상 발행일이 20X1년 1월 1일이며 만기는 20X3년 12월 31일, 액면금액 ₩1,000,000, 표시이자율 연6%(매년말 지급)인 사채를 20X1년 4월 1일에 발행하고, 사채발행비용 ₩10,000을 지출 하였다. 20X1년 1월 1일 사채에 적용되는 시장이자율은 연8%이지만, 실제 발행일인 20X1년 4월 1일의 시장이자율은 연10%이다. 20X1년 4월 1일에 동 사채를 당기손익인식금융부채로 분류했을 때의 당기손익인식금융부채 장부금액(A)과 상각후원가측정금융부채로 분류했을 때의 상각후원가측정금융부채 장부금액(B)을 구하면 각각 얼마인가? 단, 현가계수는 아래의 현가계수표를 이용하며, 단수차이로 인해 오차가 있는 경우 가장 근사치를 선택한다. 2016. CPA

할인율	단일금액 ₩1의 현가			정상연금 ₩1의 현가		
	1년	2년	3년	1년	2년	3년
8%	0.9259	0.8573	0.7938	0.9259	1.7832	2.5770
10%	0.9091	0.8264	0.7513	0.9091	1.7355	2.4868

	당기손익인식금융부채로 분류했을 때의 장부금액(A)	상각후원가측정금융부채로 분류했을 때의 장부금액(B)
①	₩898,021	₩898,021
②	₩898,021	₩908,021
③	₩908,021	₩898,021
④	₩942,388	₩942,388
⑤	₩952,388	₩942,388

B-13 ㈜세무는 사채(사채권면상 발행일 20X1년 1월 1일, 액면금액 ₩1,000,000, 표시이자율 연 8%, 만기 3년, 매년 말 이자지급)를 20X1년 4월 1일에 발행하고 사채발행비용 ₩1,000을 지출하였다. 사채권면상 발행일인 20X1년 1월 1일의 시장이자율은 연 10%이며, 실제 발행일(20X1년 4월 1일)의 시장이자율은 연 12%이다. 동 사채를 당기손익-공정가치 측정 금융부채로 분류했을 경우 20X1년 4월 1일의 장부금액은? (단, 현재가치 계산 시 다음에 제시된 현가계수표를 이용한다.) 2022. CTA

구분	단일금액 ₩1의 현재가치			정상연금 ₩1의 현재가치		
	8%	10%	12%	8%	10%	12%
3년	0.7938	0.7513	0.7118	2.5771	2.4868	2.4018

① ₩910,062 ② ₩911,062 ③ ₩953,000
④ ₩954,000 ⑤ ₩1,000,000

Memo

객 관 식

C·H·A·P·T·E·R

6

금융자산

[1] 지분상품 회계처리
[2] 채무상품 회계처리
[3] 신용위험 ★중요!
[4] 신용손상 ★중요!
[5] 조건 변경
[6] 금융자산 재분류
[7] 금융자산의 제거
[8] 금융보증계약 및 지속적 관여 심화
[9] 금융상품 말문제 출제사항

CHAPTER

06 금융자산

1 지분상품 회계처리

구분		취득부대비용	배당금수익(주식)	FV 평가 손익	처분손익
지분상품	FVOCI	취득원가에 가산	PL	OCI	0 (평가 후 처분) – 처분부대비용: PL
	FVPL	당기비용		PL	PL

예제 지분상품 회계처리

A-01 ㈜세무는 ㈜대한의 주식 A를 취득하고, 이를 기타포괄손익-공정가치측정 금융자산으로 '선택' (이하 "FVOCI") 지정분류 하였다. 동 주식 A의 거래와 관련된 자료가 다음과 같고, 다른 거래가 없을 경우 설명으로 옳은 것은? (단, 동 FVOCI 취득과 처분은 공정가치로 한다.) 2020. CTA

구분	20X1년 기중	20X1년 기말	20X2년 기말	20X3년 기중
회계처리	취득	후속평가	후속평가	처분
공정가치	₩100,000	₩110,000	₩98,000	₩99,000
거래원가	500	–	–	200

① 20X1년 기중 FVOCI 취득원가는 ₩100,000이다.
② 20X1년 기말 FVOCI 평가이익은 ₩10,000이다.
③ 20X2년 기말 FVOCI 평가손실이 ₩3,000 발생된다.
④ 20X3년 처분 직전 FVOCI 평가손실 잔액은 ₩2,000이다.
⑤ 20X3년 처분 시 당기손실 ₩200이 발생된다.

A-02

㈜갑은 20X1년 7월 1일 주식 A 10주를 수수료 ₩100을 포함한 ₩1,100에 취득하여 당기손익-공정가치측정금융자산으로 분류하였다. 또한 ㈜갑은 20X1년 10월 1일에 주식 B 10주를 수수료 ₩200을 포함한 ₩2,200에 취득하여 기타포괄손익-공정가치측정금융자산으로 선택하였다. 각 주식의 1주당 공정가치는 다음과 같다.

	20X1년말	20X2년말	20X3년말
주식 A	₩120	—	—
주식 B	₩230	₩200	₩250

㈜갑은 20X2년 2월 5일에 주식 A를 주당 ₩130에 전부 처분하였으며, 20X4년 1월 5일에 주식 B를 주당 ₩240에 전부 처분하였다.

주식 A와 관련하여 인식할 20X1년도의 당기손익 및 20X2년 2월 5일의 처분이익과, 주식 B와 관련하여 인식할 20X1년도의 기타포괄손익 및 20X4년도의 기타포괄손익은 얼마인가? 단, 손상차손은 없다. 2012. CPA 수정

	주식 A		주식 B	
	당기손익	처분이익	X1년도 기타포괄손익	X4년도 기타포괄손익
①	₩100	₩100	₩100	(-) ₩100
②	₩100	₩100	₩100	(-) ₩500
③	₩200	₩300	₩0	(-) ₩500
④	₩200	₩100	₩0	(-) ₩100
⑤	₩200	₩100	₩100	(-) ₩100

A-03

㈜한국은 20X3년 10월 7일 ㈜대한의 보통주식을 ₩3,000,000에 취득하고, 취득에 따른 거래비용 ₩30,000을 지급하였다. 20X3년 말 ㈜대한의 보통주식 공정가치는 ₩3,500,000이었다. ㈜한국은 20X4년 1월 20일 ㈜대한의 보통주식을 ₩3,400,000에 매도하였으며, 매도와 관련하여 부대비용 ₩50,000을 지급하였다. ㈜대한의 보통주식을 당기손익-공정가치 측정 금융자산 혹은 기타포괄손익-공정가치 측정 금융자산으로 분류한 경우, ㈜한국의 회계처리에 관한 설명으로 옳은 것은? 2014. CTA 수정

① 당기손익-공정가치 측정 금융자산으로 분류한 경우나 기타포괄손익-공정가치 측정 금융자산으로 분류한 경우 취득원가는 동일하다.

② 기타포괄손익-공정가치 측정 금융자산으로 분류한 경우나 당기손익-공정가치 측정 금융자산으로 분류한 경우 20X3년 말 공정가치 변화가 당기손익에 미치는 영향은 동일하다.

③ 당기손익-공정가치 측정 금융자산으로 분류한 경우나 기타포괄손익-공정가치 측정 금융자산으로 분류한 경우 20X3년 총포괄이익은 동일하다.

④ 당기손익-공정가치 측정 금융자산으로 분류한 경우 20X4년 금융자산처분손실은 ₩200,000이다.

⑤ 기타포괄손익-공정가치 측정 금융자산으로 분류한 경우 20X4년 기타포괄손익에 미치는 영향은 ₩320,000이다.

2 채무상품 회계처리

구분		취득부대비용	이자수익	FV 평가손익	처분손익
채무상품	AC	취득원가에 가산	유효이자	없음	PL
	FVOCI			OCI	PL (재분류 조정)
	FVPL	당기비용	액면이자	PL	PL

1. FVOCI 금융자산 회계처리: 취소-상각-평가 중요!

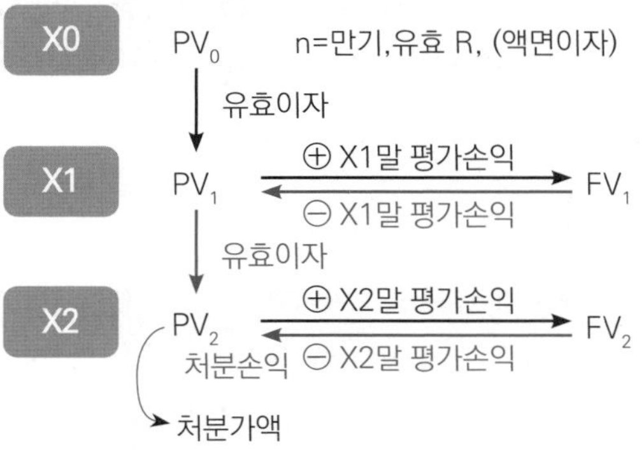

STEP 1 상각: 유효이자율 상각

STEP 2 평가: 공정가치 평가 (평가손익 OCI)

STEP 3 취소: 전기말 평가 회계처리 역분개

STEP 4 상각: 유효이자율 상각

STEP 5 평가: 공정가치 평가 (평가손익 OCI)

STEP 6 처분

FVOCI 금융자산의 처분손익(PL) = 처분가액 − 처분 시점의 PV

김수석의 꿀팁! FVOCI금융자산의 당기손익=AC금융자산의 당기손익 ★중요!

(1) FVOCI 금융자산의 당기손익: 취소, 평가 없이 AC 금융자산 기준으로 계산!
(2) FVOCI 금융자산의 기타포괄손익: 취소, 평가를 해야 함

① 당기말 재무상태표 상 기타포괄손익누계액(잔액) = 당기말 평가 OCI
② 포괄손익계산서상 기타포괄손익(변동분) = 당기말 OCI − 전기말 OCI

김수석의 꿀팁! FVOCI금융자산의 총포괄손익=FVPL금융자산의 총포괄손익

둘 다 공정가치로 평가하므로 CI는 동일함

예제 FVOCI 금융자산

A-04 ㈜국세는 다음과 같은 조건으로 발행된 채무상품을 20X2년 1월 1일에 취득하여 기타포괄손익-공정가치 측정 금융자산으로 분류하였다.

- 액면금액 : ₩20,000,000
- 액면이자 : 연 5%, 매년 12월 31일 지급
- 발 행 일 : 20X2년 1월 1일
- 만 기 : 3년
- 유효이자율: 연 8%

동 금융자산의 20X2년 말 이자수취 후 공정가치가 ₩18,800,000인 경우 ㈜국세가 인식해야 할 금융자산 평가손익은 얼마인가? (단, 현가계수는 아래의 표를 이용한다.) 2012. CTA 수정

현 가 계 수 표

할인율 / 기간	기간 말 단일금액 ₩1의 현재가치		정상연금 ₩1의 현재가치	
	5%	8%	5%	8%
1	0.95238	0.92593	0.95238	0.92593
2	0.90703	0.85734	1.85941	1.78327
3	0.86384	0.79383	2.72325	2.57710

① ₩476,296 평가손실 ② ₩129,996 평가손실 ③ ₩129,996 평가이익
④ ₩346,300 평가이익 ⑤ ₩476,296 평가이익

A-05 ㈜대한은 20X1년 1월 1일에 ㈜민국이 발행한 사채(액면금액 ₩1,000,000, 만기 3년, 표시이자율 연 6%(매년 12월 31일에 이자지급), 만기 일시상환, 사채발행시점의 유효이자율 연 10%)를 ₩900,508에 취득(취득 시 신용이 손상되어 있지 않음)하여 기타포괄손익-공정가치로 측정하는 금융자산(FVOCI 금융자산)으로 분류하였다. 20X1년 말과 20X2년 말 동 금융자산의 공정가치는 각각 ₩912,540과 ₩935,478이며, 손상이 발생하였다는 객관적인 증거는 없다. 한편 ㈜대한은 20X3년 1월 1일에 동 금융자산 전부를 ₩950,000에 처분하였다. ㈜대한의 동 금융자산이 20X2년도 포괄손익계산서의 기타포괄이익과 20X3년도 포괄손익계산서의 당기순이익에 미치는 영향은 각각 얼마인가? 단, 단수차이로 인해 오차가 있다면 가장 근사치를 선택한다. 2020. CPA

	20X2년도 기타포괄이익에 미치는 영향	20X3년도 당기순이익에 미치는 영향
①	₩10,118 감소	₩13,615 감소
②	₩10,118 감소	₩14,522 증가
③	₩18,019 감소	₩13,615 감소
④	₩18,019 감소	₩14,522 증가
⑤	₩18,019 감소	₩49,492 증가

A-06 ㈜대한은 ㈜민국이 20X1년 1월 1일에 발행한 액면금액 ₩100,000(만기 3년(일시상환), 표시이자율 연 10%, 매년 말 이자지급)의 사채를 동 일자에 ₩95,198(유효이자율 연 12%)을 지급하고 취득하였다. 동 금융자산의 20X1년 말과 20X2년 말의 이자수령 후 공정가치는 각각 ₩93,417과 ₩99,099이며, ㈜대한은 20X3년 초 ₩99,099에 동 금융자산을 처분하였다. 동 금융자산과 관련한 다음의 설명 중 옳지 않은 것은? 단, 필요 시 소수점 첫째자리에서 반올림한다. 2021. CPA

① 금융자산을 상각후원가로 측정하는 금융자산(AC 금융자산)으로 분류한 경우에 기타포괄손익-공정가치로 측정하는 금융자산(FVOCI 금융자산)으로 분류한 경우보다 ㈜대한의 20X1년 말 자본총액은 더 크게 계상된다.

② 금융자산을 상각후원가로 측정하는 금융자산(AC 금융자산)으로 분류한 경우 ㈜대한이 금융자산과 관련하여 20X1년의 이자수익으로 인식할 금액은 ₩11,424이다.

③ 금융자산을 상각후원가로 측정하는 금융자산(AC 금융자산)으로 분류한 경우와 기타포괄손익-공정가치로 측정하는 금융자산(FVOCI 금융자산)으로 분류한 경우를 비교하였을 때, 금융자산이 ㈜대한의 20X2년 당기손익에 미치는 영향은 차이가 없다.

④ 금융자산을 기타포괄손익-공정가치로 측정하는 금융자산(FVOCI 금융자산)으로 분류한 경우 금융자산과 관련한 ㈜대한의 20X2년 말 재무상태표 상 기타포괄손익누계액은 ₩882이다.

⑤ 금융자산을 상각후원가로 측정하는 금융자산(AC 금융자산)으로 분류한 경우에 기타포괄손익-공정가치로 측정하는 금융자산(FVOCI 금융자산)으로 분류한 경우보다 ㈜대한이 20X3년 초 금융자산 처분 시 처분이익을 많이 인식한다.

예 제 FVPL 금융자산

A-07 ㈜동학은 다음과 같은 두 개의 사채를 발행일에 취득하였다.

사채	A사채	B사채
액면금액	₩3,000,000	₩1,000,000
액면이자율(연)	8%	10%
만기	3년	3년
발행일	20X1. 1. 1	20X1. 1. 1
이자지급일	매년말 지급	매년말 지급

두 사채 모두 사채발행일 현재, 유효이자율은 연 10%이며, 따라서 ㈜동학이 구입한 가격은 A사채는 ₩2,850,732이고 B사채는 ₩1,000,000이다. 20X1년 12월 31일 현재, 유효이자율이 연 12%로 상승하여 공정가치는 A사채의 경우 ₩2,797,224이고, B사채의 경우 ₩966,210이다. 연말 공정가치는 이자수취 직후의 금액이다. ㈜동학은 두 사채를 구입한 직후에 A사채는 당기손익-공정가치 측정 금융자산(FVPL 금융자산)으로, B사채는 기타포괄손익-공정가치 측정 금융자산(FVOCI 금융자산)으로 각각 분류하였다. 이 두 사채를 보유함으로 인해 20X1년도 ㈜동학의 포괄손익계산서상 당기순이익에 영향을 미치는 총 금액은 얼마인가? (단, 법인세 효과는 고려하지 않는다.) 2011. CPA 수정

① ₩87,298 감소
② ₩252,702 증가
③ ₩286,492 증가
④ ₩306,210 증가
⑤ ₩340,000 증가

A-08 20X1년 1월 1일에 ㈜대한은 ㈜한국이 동 일자에 발행한 액면가액 ₩1,000,000, 표시이자율 연 8%(이자는 매년말 후급)의 3년 만기 사채를 ₩950,220에 취득하였다. 취득 당시 유효이자율은 연 10%이었다. 동 사채의 20X1년말 공정가치는 ₩970,000이었으며, 20X2년초에 ₩975,000에 처분하였다. ㈜대한의 동 사채에 대한 회계처리로서 옳지 않은 것은? 2014. CPA 수정

① 당기손익-공정가치 측정 금융자산으로 분류되었다면, 20X1년 당기순이익은 ₩99,780 증가한다.
② 기타포괄손익-공정가치 측정 금융자산으로 분류되었다면, 20X1년 당기순이익은 ₩95,022 증가한다.
③ 상각후원가 측정 금융자산으로 분류되었다면, 20X1년 당기순이익은 ₩95,022 증가한다.
④ 기타포괄손익-공정가치 측정 금융자산으로 분류되었다면, 20X2년 당기순이익은 ₩5,000 증가한다.
⑤ 상각후원가 측정 금융자산으로 분류되었다면, 20X2년 당기순이익은 ₩9,758 증가한다.

A-09 ㈜대한과 관련된 다음의 자료를 활용하여 물음에 답하시오.

• ㈜대한은 다음과 같은 A, B, C사채를 발행일에 취득하였다.

사채	A사채	B사채	C사채
액면금액	₩2,000,000	₩1,500,000	₩500,000
표시이자율	연 6%	연 8%	연 10%
만기일	20X3.12.31.	20X3.12.31.	20X3.12.31.
발행일	20X1. 1. 1.	20X1. 1. 1.	20X1. 1. 1.

• ㈜대한은 A, B, C사채를 구입한 직후에 A사채는 당기손익 – 공정가치측정(FVPL)금융자산으로, B사채와 C사채는 기타포괄손익 – 공정가치측정(FVOCI)금융자산으로 각각 분류하였다.
• A, B, C사채 모두 이자 지급일은 매년 말이며, 사채발행일 현재 유효이자율은 연 10%이다.
• ㈜대한이 사채에 대해서 발행일에 취득한 가격은 A사채 ₩1,801,016, B사채 ₩1,425,366, C사채 ₩500,000이고, 해당 취득가격은 공정가치와 같다.
• 20X1년 12월 31일, 연말 이자수취 직후의 금액인 공정가치는 A사채의 경우 ₩1,888,234이고, B사채는 ₩1,466,300이며, C사채는 ₩501,000이다.

㈜대한의 금융자산에 대한 회계처리가 20X1년도 포괄손익계산서의 당기순이익에 미치는 영향은 얼마인가? 단, 단수차이로 인해 오차가 있다면 가장 근사치를 선택한다. 2024. CPA

① ₩50,755 증가 ② ₩120,755 증가 ③ ₩399,755 증가
④ ₩417,218 증가 ⑤ ₩427,218 증가

A-10 ㈜세무는 3년 만기 회사채A(액면금액 ₩1,000,000, 표시이자율 4% 매년 말 이자지급, 유효이자율 8%)를 20X1년 1월 1일 1매당 공정가치 ₩896,884에 발행하였다. 동 일자에 ㈜세무가 발행한 회사채A를 공정가치로 1매씩 매입한 회사들의 매입 및 분류현황은 다음과 같다.

구분	계정분류	매입수수료	회사채A 처분일
㈜대한	상각후원가측정금융자산	₩1,200	–
㈜민국	기타포괄손익 – 공정가치측정금융자산	1,200	20X3년 9월 17일
㈜한국	당기손익 – 공정가치측정금융자산	900	20X2년 1월 10일

20X1년 12월 31일 회사채A의 공정가치가 ₩1,000,000일 때, 20X1년도 포괄손익계산서상 총포괄이익이 큰 회사순으로 나열한 것은? (단, 모든 회사는 비금융업을 영위하며, 회사채A 관련 회계 처리가 미치는 재무적 영향을 제외할 때 회사채A를 매입한 세 회사의 총포괄이익은 같다.) 2019. CTA

① ㈜대한 〉 ㈜민국 〉 ㈜한국 ② ㈜민국 〉 ㈜대한 〉 ㈜한국 ③ ㈜민국 〉 ㈜한국 〉 ㈜대한
④ ㈜한국 〉 ㈜민국 〉 ㈜대한 ⑤ ㈜민국 = ㈜한국 〉 ㈜대한

3. 채무상품의 기중 처분

(1) 처분손익

① 사채 기중 상환 시 상환손익	기초 사채의 BV × (1 + 유효R × 경과 월수/12) − 상환금액
② 채권 기중 처분 시 처분손익	처분금액 − 기초 채권의 BV × (1 + 유효R × 경과 월수/12)

기중에 채무상품을 제거하는 것이므로 계산 식이 같다. 상환 시에는 현금이 나가므로 상환금액을 빼고, 처분 시에는 현금이 들어오므로 처분금액을 더하면 된다.

(2) 채무상품을 기중 처분하는 해의 당기순이익

① 당기순이익 = 이자수익 + 처분손익
② 이자수익 = 기초 채권의 BV × 유효R × 경과 월수/12
③ 처분손익 = 처분금액 − 기초 채권의 BV × (1 + 유효R × 경과 월수/12)
④ 당기순이익 = ② + ③ = **처분금액 − 기초 채권의 BV**

예 제 채무상품의 기중 처분

A-11 다음은 ㈜한국의 금융자산과 관련된 자료이다.

- ㈜한국은 20X1년 1월 1일 액면금액 ₩1,000,000(만기 3년, 표시이자율 연 8%, 매년말 이자지급)의 채무증권을 ₩950,244(유효이자율 연 10%)에 취득하여 기타포괄손익 – 공정가치 측정 금융자산으로 분류하였다.
- 20X1년 12월 31일 현재 동 채무증권의 공정가치는 ₩925,000이었으며 손상이 발생하였다는 객관적인 증거는 없었다.
- ㈜한국은 20X2년 7월 1일에 동 채무증권의 50%를 ₩490,000(미수이자 포함)에 매각하였다.

㈜한국이 20X2년 7월 1일 인식할 금융자산처분손익은? 단, 단수차이로 인해 오차가 있다면 가장 근사치를 선택한다.

2017. CPA 수정

① ₩36,900 손실 ② ₩33,532 손실 ③ ₩16,766 손실
④ ₩33,532 이익 ⑤ ₩36,900 이익

A-12 ㈜대한은 20X1년 4월 1일에 ㈜민국이 20X1년 1월 1일 발행한 액면금액 ₩1,000,000(만기 3년, 표시이자율 연 4%, 매년 말 이자지급)의 사채를 취득하면서 상각후원가로 측정하는 금융자산(AC금융자산)으로 분류하였다. ㈜대한이 사채 취득 시 적용할 유효이자율은 연 6%이다. ㈜민국이 20X2년 10월 1일 사채액면금액의 60%를 ₩610,000(경과이자 포함)에 조기상환 시 ㈜대한이 인식할 처분손익은 얼마인가? 단, 이자는 월할로 계산하며, 단수차이로 인해 오차가 있다면 가장 근사치를 선택한다. 2022. CPA

할인율 / 기간	단일금액 ₩1의 현재가치		정상연금 ₩1의 현재가치	
	4%	6%	4%	6%
1년	0.9615	0.9434	0.9615	0.9434
2년	0.9246	0.8900	1.8861	1.8334
3년	0.8890	0.8396	2.7751	2.6730

① 처분이익 ₩24,004 ② 처분이익 ₩6,004 ③ ₩0
④ 처분손실 ₩6,004 ⑤ 처분손실 ₩24,004

A-13 ㈜세무는 20X1년 1월 1일에 ㈜한국이 발행한 채권을 ₩927,910에 취득하였다. 동 채권의 액면금액은 ₩1,000,000, 표시이자율은 연 10%(매년 말 지급)이며, 취득 당시 유효이자율은 연 12%이었다. 20X1년 말 동 채권의 이자수취 후 공정가치는 ₩990,000이며, ㈜세무는 20X2년 3월 31일에 발생이자를 포함하여 ₩1,020,000에 동 채권을 처분하였다. ㈜세무의 동 채권과 관련된 회계처리에 관한 설명으로 옳지 않은 것은? (단, 채권 취득과 직접 관련된 거래원가는 없다.) 2016. CTA 수정

① 당기손익-공정가치측정금융자산으로 분류한 경우나 기타포괄손익-공정가치측정금융자산으로 분류한 경우, 20X1년 말 재무상태표상에 표시되는 금융자산은 ₩990,000으로 동일하다.
② 당기손익-공정가치측정금융자산으로 분류한 경우, 20X1년 당기순이익은 ₩162,090 증가한다.
③ 당기손익-공정가치측정금융자산으로 분류한 경우나 기타포괄손익-공정가치측정금융자산으로 분류한 경우, 20X1년 총포괄손익금액에 미치는 영향은 동일하다.
④ 당기손익-공정가치측정금융자산으로 분류한 경우, 20X2년 당기순이익은 ₩30,000 증가한다.
⑤ 기타포괄손익-공정가치측정금융자산으로 분류한 경우, 20X2년 당기순이익은 ₩75,741 증가한다.

A-14 ㈜민진은 20X1년 7월 1일에 ㈜필승이 발행한 액면금액이 ₩1,000,000이고, 표시이자율이 연 8%(매년 6월 30일에 지급)인 사채를 ₩940,000에 취득하였다. 그러나 활성시장의 공시가격에 의해 입증된 동 채권 취득일의 공정가치는 ₩950,000이다. 20X1년 7월 1일의 유효이자율은 연 10%이다.

20X1년 12월 31일 동 채권의 공정가치는 ₩930,000(기간 경과이자 불포함)이며, ㈜민진은 20X2년 4월 1일에 ₩980,000(기간 경과이자 포함)을 받고 동 채권을 모두 처분하였다.

㈜민진이 동 채권을 기타포괄손익-공정가치 측정 금융자산으로 분류한 경우, 해당 채권과 관련하여 ㈜민진의 20X2년도 포괄손익계산서상 당기순이익과 기타포괄이익에 미치는 영향은 각각 얼마인가? 단, 법인세효과는 고려하지 않는다.

2013. CPA 수정 **심화**

	당기순이익	기타포괄이익
①	₩41,250 감소	영향없음
②	₩17,500 감소	₩27,500 증가
③	₩17,500 감소	₩17,000 증가
④	₩7,000 감소	₩17,000 증가
⑤	₩7,000 감소	영향없음

3 신용위험 ★중요!

1. 신용위험에 따른 손실충당금 및 이자수익 ★중요!

(1) 손실충당금: 유의적 증가 O-전체기간 기대신용손실, 유의적 증가 X-12개월 기대신용손실

(2) 손상차손=당기말 손실충당금-전기말 손실충당금

(3) 신용위험이 발생한 후 이자수익: 총 장부금액×역사적 이자율

- 손실충당금이 있더라도 손실충당금을 차감하지 않은 총 장부금액에 이자율을 곱함
- 이자율이 바뀌더라도 역사적 이자율 이용

2. 신용위험이 있는 AC금융자산: 손실충당금 취소, 설정

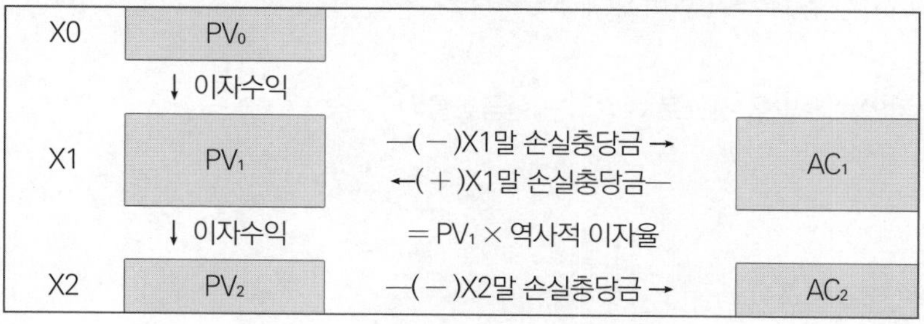

X2년도 손상차손: X2말 손실충당금 − X1말 손실충당금 X2년도 당기순이익: 이자수익 − (X2말 손실충당금 − X1말 손실충당금) = X1말 손실충당금 + 이자수익 − X2말 손실충당금

2. FVOCI 금융자산의 신용위험

X0	PV_0				
	↓ 이자수익				
X1	PV_1	—(−)X1말 손실충당금 → ←(+)X1말 손실충당금—	AC_1	—⊕X1말 평가손익 → ←⊖X1말 평가손익—	FV_1
	↓ 이자수익	= PV_1 × 역사적 이자율			
X2	PV_2	—(−)X2말 손실충당금 →	AC_2	—⊕X2말 평가손익 →	FV_2

공정가치 평가손익(OCI) = 공정가치 − 손실충당금 차감 후 순액

– FVOCI 금융자산은 AC 금융자산과 당기손익에 미치는 영향이 같으므로 이자수익, 손상차손은 동일 (평가손익만 OCI로 인식)
– **이자수익은 총액**으로 계산하지만, **평가손익은 순액**으로 계산

4 신용손상 ★중요!

1. 신용손상에 따른 손상차손(환입) 및 이자수익

(1) 손상차손=PV(못 받을 것으로 예상되는 현금흐름)

– 이자율이 바뀌더라도 **역사적** 이자율로 미래현금흐름을 할인함

(2) 신용손상이 발생한 후 이자수익: PV(미래CF)×역사적 이자율

– **상각후원가**(= 총 장부금액 − 손상차손 = PV(미래CF))에 역사적 이자율을 곱함

(3) 손상차손환입=PV(못 받을 줄 알았는데 받을 것으로 예상되는 현금흐름)

김수석의 핵심콕! 신용위험 vs 신용손상 ★중요!

		손실충당금 및 손상차손(환입)	이자수익
신용위험	유의적 증가 O	전체기간 기대신용손실	총 장부금액 × 역사적 이자율
	유의적 증가 X	12개월 기대신용손실	
신용손상	손상차손	PV(못 받을 것으로 예상되는 CF)	PV(미래CF) × 역사적 이자율
	환입	PV(예상외로 받을 것으로 예상되는 CF)	

– 신용위험과 신용손상 모두 **역사적 이자율** 사용

(5) 신용위험 후 신용손상 심화

> 손상차손 = PV(못 받을 것으로 예상되는 CF) – 전체기간 or 12개월 기대신용손실

신용위험이 발생한 경우 전체기간 또는 12개월 기대신용손실로 손실충당금을 인식한다. 이후에 신용손상이 발생한다면 못 받을 것으로 예상되는 현금흐름의 현재가치만큼 추가로 손상차손을 인식하는 것이 아니라, 차액만 손상차손으로 인식한다. 결과적으로 기대신용손실은 제거되는 것이나 마찬가지이며, 채권은 미래에 받을 것으로 예상되는 현금흐름의 현재가치로 표시된다.

2. AC 금융자산의 신용손상

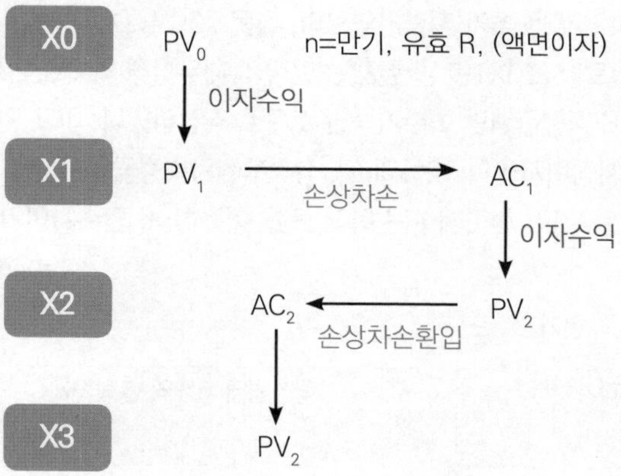

예 제 AC 금융자산의 신용손상

B-01 ㈜세무는 20X1년 초 ㈜한국이 동 일자로 발행한 사채(액면금액 ₩1,000,000, 표시이자율 연 10%, 만기 4년, 매년 말 이자지급)를 ₩939,240에 취득하고 상각후원가측정금융자산으로 분류하였다. 취득 시 유효이자율은 연 12%이며, 취득당시 손상은 없었다. ㈜세무는 20X1년 말 ㈜한국으로부터 20X1년도 이자는 정상적으로 수취하였으나, 20X1년 말 동 금융자산에 신용손상이 발생하였다. ㈜세무는 채무불이행 발생확률을 고려하여 20X2년부터 만기까지 매년 말 이자 ₩70,000과 만기에 원금 ₩700,000을 수취할 것으로 추정하였다. 금융자산의 회계처리가 ㈜세무의 20X1년도 당기순이익에 미치는 영향은? (단, 현재가치 계산 시 다음에 제시된 현가계수표를 이용한다.) 2023. CTA

기간	단일금액 ₩1의 현재가치		정상연금 ₩1의 현재가치	
	10%	12%	10%	12%
1	0.9091	0.8929	0.9091	0.8929
2	0.8265	0.7972	1.7355	1.6901
3	0.7513	0.7118	2.4869	2.4018
4	0.6830	0.6355	3.1699	3.0374

① ₩139,247 감소 ② ₩164,447 감소 ③ ₩172,854 감소
④ ₩181,772 감소 ⑤ ₩285,597 감소

B-02 ㈜대한은 20X1년 1월 1일 ㈜민국이 당일 발행한 액면금액 ₩100,000(만기 3년, 액면이자율 8%, 이자는 매년 말 지급)인 사채를 공정가치 ₩90,394에 취득하고 상각후원가측정금융자산으로 분류하였다. ㈜대한은 사채의 취득과 직접 관련된 거래원가로 ₩4,630을 추가 지출하였으며, 취득 당시 유효이자율은 10%이다. ㈜대한은 20X1년도 이자를 정상회수 하였으나, 20X1년 말 현재 ㈜민국의 재무상태 악화로 20X2년도와 20X3년도의 이자회수가 불가능하고 만기에 액면금액만 회수가능한 것으로 추정하였다. 이로 인해 금융자산의 손상이 발생되었다. 20X1년 말 현재 시장이자율이 12%일 때, 상각후원가측정금융자산 보유가 ㈜대한의 20X1년도 당기순이익에 미치는 영향은? (단, 현가계수는 아래 표를 이용하며, 단수차이가 있으면 가장 근사치를 선택한다.) 2013. CTA

현가계수표

기간	기간 말 단일금액 ₩1의 현재가치		정상연금 ₩1의 현재가치	
	10%	12%	10%	12%
1	0.9091	0.8929	0.9091	0.8929
2	0.8264	0.7972	1.7355	1.6901
3	0.7513	0.7118	2.4868	2.4018

① ₩13,886 감소 ② ₩4,384 감소 ③ ₩1,502 증가
④ ₩8,000 증가 ⑤ ₩9,502 증가

B-03 ㈜대한은 ㈜민국이 발행한 사채(발행일 20X1년 1월 1일, 액면금액 ₩3,000,000으로 매년 12월 31일에 연 8% 이자지급, 20X4년 12월 31일에 일시상환)를 20X1년 1월 1일에 사채의 발행가액으로 취득하였다(취득 시 신용이 손상되어 있지 않음). ㈜대한은 취득한 사채를 상각후원가로 측정하는 금융자산으로 분류하였으며, 사채발행시점의 유효이자율은 연 10%이다. ㈜대한은 ㈜민국으로부터 20X1년도 이자 ₩240,000은 정상적으로 수취하였으나 20X1년 말에 상각후원가로 측정하는 금융자산의 신용이 손상되었다고 판단하였다. ㈜대한은 채무불이행확률을 고려하여 20X2년부터 20X4년까지 다음과 같은 현금흐름을 추정하였다.

- 매년 말 수취할 이자 : ₩150,000
- 만기에 수취할 원금 : ₩2,000,000

또한 ㈜대한은 ㈜민국으로부터 20X2년도 이자 ₩150,000을 수취하였으며, 20X2년 말에 상각후원가로 측정하는 금융자산의 채무불이행확률을 합리적으로 판단하여 20X3년부터 20X4년까지 다음과 같은 현금흐름을 추정하였다.

- 매년 말 수취할 이자 : ₩210,000
- 만기에 수취할 원금 : ₩2,000,000

㈜대한이 20X2년도에 인식할 손상차손환입은 얼마인가? 단, 단수차이로 인해 오차가 있다면 가장 근사치를 선택한다.

2019. CPA

할인율 / 기간	단일금액 ₩1의 현재가치		정상연금 ₩1의 현재가치	
	8%	10%	8%	10%
1년	0.9259	0.9091	0.9259	0.9091
2년	0.8573	0.8264	1.7832	1.7355
3년	0.7938	0.7513	2.5770	2.4868
4년	0.7350	0.6830	3.3120	3.1698

① ₩0　② ₩104,073　③ ₩141,635
④ ₩187,562　⑤ ₩975,107

B-04 ㈜대한은 ㈜민국이 다음과 같이 발행한 사채를 20X1년 1월 1일에 취득하고 상각후원가로 측정하는 금융자산으로 분류하였다.

> • 발행일 : 20X1년 1월 1일
> • 액면금액 : ₩1,000,000
> • 이자지급 : 연 8%를 매년 12월 31일에 지급
> • 만기일 : 20X3년 12월 31일(일시상환)
> • 사채발행 시점의 유효이자율 : 연 10%

20X1년말 위 금융자산의 이자는 정상적으로 수취하였으나, ㈜민국의 신용이 손상되어 ㈜대한은 향후 이자는 수령하지 못하며 만기일에 액면금액만 수취할 것으로 추정하였다. 20X1년도 ㈜대한이 동 금융자산의 손상차손으로 인식할 금액(A)과 손상차손 인식 후 20X2년도에 이자수익으로 인식할 금액(B)은 각각 얼마인가? 단, 20X1년말 현재 시장이자율은 연 12%이며, 단수차이로 인해 오차가 있다면 가장 근사치를 선택한다.

2018. CPA

할인율 / 기간	단일금액 ₩1의 현재가치		정상연금 ₩1의 현재가치	
	10%	12%	10%	12%
1년	0.9091	0.8928	0.9091	0.8928
2년	0.8264	0.7972	1.7355	1.6900
3년	0.7513	0.7118	2.4868	2.4018

	20X1년도 손상차손(A)	20X2년도 이자수익(B)
①	₩168,068	₩82,640
②	₩168,068	₩95,664
③	₩138,868	₩82,640
④	₩138,868	₩95,664
⑤	₩138,868	₩115,832

예제 신용위험 & 신용손상

B-05 ㈜세무는 ㈜대한이 다음과 같이 발행한 만기 4년인 회사채를 20X1년 1월 1일에 취득하고 상각후원가측정금융자산으로 분류하였다.

- 발행일: 20X1년 1월 1일
- 액면금액: ₩1,000,000
- 이자지급: 액면금액의 4%를 매년 말에 후급
- 만기 및 상환방법: 20X4년 12월 31일에 전액 일시 상환
- 사채발행시점의 유효이자율: 8%

㈜세무는 20X1년 말에 상각후원가측정금융자산의 신용위험이 유의하게 증가하였다고 판단하고 전체기간 기대신용손실을 ₩50,000으로 추정하였다. 20X2년 말에 이자는 정상적으로 수취하였으나 상각후원가측정금융자산의 신용이 손상되었다고 판단하였다. 20X2년 말 현재 채무불이행 발생확률을 고려하여 향후 이자는 받을 수 없으며, 만기일에 수취할 원금의 현금흐름을 ₩700,000으로 추정하였다. 상각후원가측정금융자산 관련 회계처리가 ㈜세무의 20X1년도와 20X2년도의 당기순이익에 미치는 영향으로 옳은 것은? (단, 20X1년 말과 20X2년 말의 시장이자율은 각각 10%와 12%이며, 회사채 취득 시 손상은 없다.) 2019. CTA 심화

기간	단일금액 ₩1의 현재가치			정상연금 ₩1의 현재가치		
	8%	10%	12%	8%	10%	12%
1년	0.9259	0.9091	0.8929	0.9259	0.9091	0.8929
2년	0.8573	0.8264	0.7972	1.7833	1.7355	1.6901
3년	0.7938	0.7513	0.7118	2.5771	2.4869	2.4018
4년	0.7350	0.6830	0.6355	3.3121	3.1699	3.0373

	20X1년	20X2년
①	₩19,399 증가	₩206,773 감소
②	₩19,399 증가	₩216,913 감소
③	₩19,399 증가	₩248,843 감소
④	₩31,834 증가	₩206,773 감소
⑤	₩31,834 증가	₩248,843 감소

3. FVOCI 금융자산의 신용손상

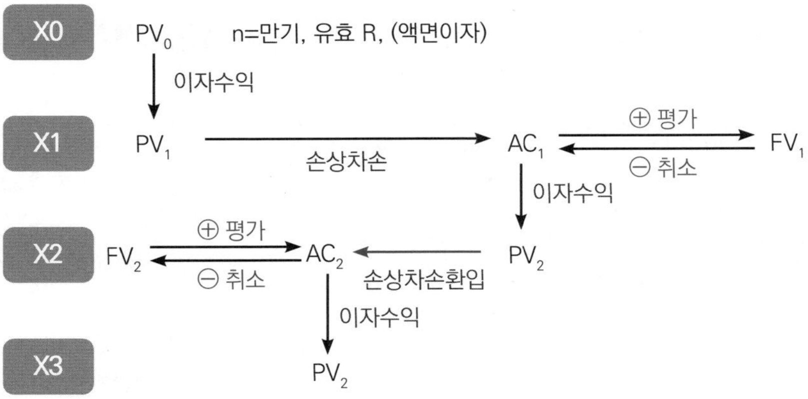

	AC 금융자산	FVOCI 금융자산
	상각 – 손상 – 상각 – 환입	**상각 – 손상 – 평가, 취소 – 상각 – 환입 – 평가**
상각	'신용이 손상된 시점까지' 유효이자율 상각	
손상	손상차손 = PV(못 받을 것으로 예상되는 현금흐름)	
평가	–	평가손익(OCI) = FV – PV(미래CF)
취소	–	전기말 평가 회계처리 역분개
상각	이자수익 = PV(미래CF) × **역사적** 이자율	
환입	손상차손환입 = PV(못 받을 줄 알았는데 받을 것으로 예상되는 현금흐름)	
평가	–	평가
비고	FVOCI 금융자산의 당기손익 = AC 금융자산의 당기손익 (이자수익, 손상차손, 환입)	

– 손상차손(환입) 및 이자수익 모두 **역사적 이자율**(사채 발행 시의 이자율) 이용

예제 FVOCI 금융자산의 신용손상

B-06 ㈜대한은 ㈜민국이 다음과 같이 발행한 사채를 20X1년 1월 1일에 발행가액으로 현금취득(취득 시 신용이 손상되어 있지 않음)하고, 기타포괄손익-공정가치로 측정하는 금융자산(FVOCI 금융자산)으로 분류하였다.

- 사채발행일: 20X1년 1월 1일
- 액면금액: ₩1,000,000
- 만기일: 20X3년 12월 31일(일시상환)
- 표시이자율: 연 10%(매년 12월 31일에 지급)
- 사채발행시점의 유효이자율: 연 12%

20X1년 말 ㈜대한은 동 금융자산의 이자를 정상적으로 수취하였으나, ㈜민국의 신용이 손상되어 만기일에 원금은 회수가능 하지만 20X2년부터는 연 6%(표시이자율)의 이자만 매년 말 수령할 것으로 추정하였다. 20X1년 말 현재 동 금융자산의 공정가치가 ₩800,000인 경우, ㈜대한의 20X1년도 포괄손익계산서의 당기순이익과 기타포괄이익에 미치는 영향은 각각 얼마인가? 단, 단수차이로 인해 오차가 있다면 가장 근사치를 선택한다. 2020. CPA

할인율 / 기간	단일금액 ₩1의 현재가치			정상연금 ₩1의 현재가치		
	6%	10%	12%	6%	10%	12%
1년	0.9434	0.9091	0.8929	0.9434	0.9091	0.8929
2년	0.8900	0.8264	0.7972	1.8334	1.7355	1.6901
3년	0.8396	0.7513	0.7118	2.6730	2.4868	2.4019

	당기순이익에 미치는 영향	기타포괄이익에 미치는 영향
①	₩67,623 감소	₩14,239 감소
②	₩67,623 감소	₩98,606 감소
③	₩67,623 감소	₩166,229 감소
④	₩46,616 증가	₩98,606 감소
⑤	₩46,616 증가	₩166,229 감소

B-07 ㈜대한은 ㈜민국이 20X1년 1월 1일에 발행한 사채를 발행일에 취득하였으며, 취득 시 동 사채를 기타포괄손익-공정가치 측정 금융자산(FVOCI 금융자산)으로 분류하였다. ㈜민국의 사채는 다음과 같은 조건으로 발행되었다.

- 액면금액: ₩1,000,000
- 만기일: 20X3년 12월 31일(일시상환)
- 표시이자율: 연 4%, 매년 말 지급
- 유효이자율: 연 6%

㈜대한은 ㈜민국으로부터 20X1년도 표시이자는 정상적으로 수취하였으나, 20X1년 말에 상기 사채의 신용이 손상되어 향후 표시이자 수령 없이 만기일에 원금의 80%만 회수가능할 것으로 추정하였다. ㈜대한은 20X2년에 예상대로 이자는 회수하지 못하였으나, 20X2년 말 현재 상황이 호전되어 사채의 만기일에 원금의 100%를 회수할 수 있을 것으로 추정하였다(이자는 회수불가능). 상기 사채의 20X1년 말과 20X2년 말 현재 공정가치는 각각 ₩700,000과 ₩820,000이다.
㈜대한의 상기 금융자산이 (1)<u>20X1년도 총포괄이익에 미치는 영향</u>과 (2)<u>20X2년도 당기순이익에 미치는 영향</u>은 각각 얼마인가? 단, 단수차이로 인해 오차가 있다면 가장 근사치를 선택한다. 2023. CPA

기간 \ 할인율	단일금액 ₩1의 현재가치		정상연금 ₩1의 현재가치	
	4%	6%	4%	6%
1년	0.9615	0.9434	0.9615	0.9434
2년	0.9246	0.8900	1.8861	1.8334
3년	0.8890	0.8396	2.7751	2.6730

	(1) 20X1년도 총포괄이익	(2) 20X2년도 당기순이익
①	₩206,520 감소	₩213,200 증가
②	₩206,520 감소	₩231,400 증가
③	₩186,520 감소	₩213,200 증가
④	₩186,520 감소	₩231,400 증가
⑤	₩186,520 감소	₩121,200 증가

5 조건 변경 ★중요!

1. 손상 vs 조건 변경

(1) 손상: 못 받을 금액을 '추정'하는 것 → 무조건 역사적 이자율 사용

(2) 조건 변경: 계약에 의해 현금흐름을 '조정'하는 것 → 역사적 or 현행 이자율 사용

2. 조건 변경 풀이법

STEP 1 조건 변경 시점까지 상각하기

변경 전 PV = 조건 변경 시점까지 상각한 금액

STEP 2 조건 변경 후의 현금흐름을 '역사적' 이자율로 할인하기

변경 후 PV = 조건 변경 후의 현금흐름을 **역사적 이자율**로 할인한 현재가치

STEP 3 조건 변경이 실질적(=제거조건 충족)인지 판단하기

변경 전 PV × 90%〉변경 후 PV: 실질적 O

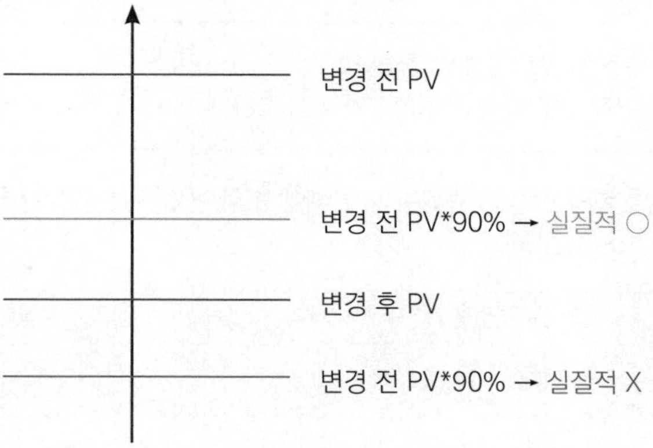

'제거조건을 충족한다'	실질적인 조건 변경
'제거조건을 충족하지 않는다'	실질적이지 않은 조건 변경

STEP 4 채권, 채무 금액 조정하기 & 이자수익 인식하기

	(1) 실질적 X (기존 채권)	(2) 실질적 O (새로운 채권)
변경 후 사채 BV	**역사적 R**로 할인한 미래CF = 변경 후 PV	**현행 R**로 할인한 미래CF ≠변경 후 PV
조건변경손익	변경 전 PV − 변경 후 사채 BV (채권자는 손실, 채무자는 이익)	
변경 후 이자손익	변경 후 사채 BV × **역사적 R**	변경 후 사채 BV × **현행 R**

예 제 조건 변경

C-01 ㈜대한은 20X1년 1월 1일에 ㈜민국의 사채를 발행가액으로 취득하였으며 사채의 발행조건은 다음과 같다(취득 시 신용이 손상되어 있지 않음). ㈜대한은 사업모형 및 사채의 현금흐름 특성을 고려하여 취득한 사채를 상각후원가로 측정하는 금융자산으로 분류하였다.

- 사채발행일 : 20X1년 1월 1일
- 액면금액 : ₩1,000,000
- 사채발행시점의 유효이자율 : 연 10%
- 만기일 : 20X3년 12월 31일(일시상환)
- 이자지급 : 매년 12월 31일에 연 7% 지급

20X3년 1월 1일에 ㈜대한과 ㈜민국은 다음과 같은 조건으로 재협상하여 계약상 현금흐름을 변경하였으며, 20X3년 1월 1일의 현행이자율은 연 13%이다. ㈜대한은 재협상을 통한 계약상 현금흐름의 변경이 금융자산의 제거조건을 충족하지 않는 것으로 판단하였다.

- 만기일 : 20X5년 12월 31일로 연장(일시상환)
- 이자지급 : 20X3년부터 매년 12월 31일에 연 5% 지급

㈜대한이 계약상 현금흐름의 변경과 관련하여 인식할 변경손익은 얼마인가? 단, 단수차이로 인해 오차가 있다면 가장 근사치를 선택한다. 2019. CPA

기간 \ 할인율	단일금액 ₩1의 현재가치		정상연금 ₩1의 현재가치	
	10%	13%	10%	13%
1년	0.9091	0.8850	0.9091	0.8850
2년	0.8264	0.7831	1.7355	1.6681
3년	0.7513	0.6931	2.4868	2.3612

① ₩0 ② ₩97,065 이익 ③ ₩97,065 손실 ④ ₩161,545 이익 ⑤ ₩161,545 손실

C-02 ㈜대한은 ㈜민국이 20X1년 1월 1일 발행한 사채를 발행일에 취득하였으며, 취득 시 상각후원가로 측정하는 금융자산(AC금융자산)으로 분류하였다. ㈜민국의 사채는 다음과 같은 조건으로 발행되었다.

- 액면금액 : ₩500,000
- 이자지급일 : 매년 말
- 만기일 : 20X3년 12월 31일
- 표시이자율 : 연 6%
- 유효이자율 : 연 8%

20X2년 12월 31일 ㈜대한과 ㈜민국은 다음과 같은 조건으로 재협상하여 계약상 현금흐름을 변경하였다. 변경시점의 현행시장이자율은 연 10%이다.

- 만기일을 20X4년 12월 31일로 연장
- 표시이자율을 연 4%로 인하

위 계약상 현금흐름의 변경이 금융자산의 제거조건을 충족하지 않는 경우 ㈜대한이 인식할 변경손익은 얼마인가? 단, 단수차이로 인해 오차가 있다면 가장 근사치를 선택한다. 2022. CPA

할인율 / 기간	단일금액 ₩1의 현재가치			정상연금 ₩1의 현재가치		
	6%	8%	10%	6%	8%	10%
1년	0.9434	0.9259	0.9091	0.9434	0.9259	0.9091
2년	0.8900	0.8573	0.8264	1.8334	1.7832	1.7355
3년	0.8396	0.7938	0.7513	2.6730	2.5770	2.4868

① 변경이익 ₩42,809 ② 변경이익 ₩26,405 ③ ₩0
④ 변경손실 ₩26,405 ⑤ 변경손실 ₩42,809

C-03 ㈜대한은 20X1년 1월 1일에 ㈜민국에게 사채(액면금액 ₩1,000,000, 3년 만기, 표시이자율 연 10%, 매년 말 이자지급)를 발행하였으며, 동 사채를 상각후원가로 측정하는 금융부채로 분류하였다. 사채발행일의 시장이자율은 연 12%이다. ㈜대한은 20X1년 12월 31일 동 사채의 만기를 20X4년 12월 31일로 연장하고 매년 말 연 4%의 이자를 지급하는 조건으로 ㈜민국과 합의하였다. 조건 변경 전 20X1년 12월 31일 사채의 장부금액은 ₩966,218이며, 현행시장이자율은 연 15%이다. ㈜대한이 20X1년 12월 31일 동 사채의 조건변경으로 인식할 조정손익은 얼마인가? 단, 단수차이로 인해 오차가 있다면 가장 근사치를 선택한다. 2022. CPA

할인율 / 기간	단일금액 ₩1의 현재가치			정상연금 ₩1의 현재가치		
	10%	12%	15%	10%	12%	15%
3년	0.7513	0.7118	0.6575	2.4868	2.4018	2.2832

① 조정이익 ₩217,390 ② 조정이익 ₩158,346 ③ ₩0
④ 조정손실 ₩158,346 ⑤ 조정손실 ₩217,390

C-04 ㈜대한은 20X1년 1월 1일 다음과 같은 사채를 발행하고 상각후원가로 측정하는 금융부채로 분류하였다.

- 발행일 : 20X1년 1월 1일
- 액면금액 : ₩1,000,000
- 이자지급 : 연 8%를 매년 12월 31일에 지급
- 만기일 : 20X3년 12월 31일(일시상환)
- 사채발행 시점의 유효이자율 : 연 10%

㈜대한은 20X2년초 사채의 만기일을 20X4년 12월 31일로 연장하고 표시이자율을 연 3%로 조건을 변경하였다. 20X2년초 현재 유효이자율은 연 12%이다. 사채의 조건변경으로 인해 ㈜대한이 20X2년도에 인식할 조건변경이익(A)과 조건변경 후 20X2년도에 인식할 이자비용(B)은 각각 얼마인가? 단, 단수차이로 인해 오차가 있다면 가장 근사치를 선택한다. 2018. CPA

할인율 / 기간	단일금액 ₩1의 현재가치		정상연금 ₩1의 현재가치	
	10%	12%	10%	12%
1년	0.9091	0.8928	0.9091	0.8928
2년	0.8264	0.7972	1.7355	1.6900
3년	0.7513	0.7118	2.4868	2.4018

	20X2년도 조건변경이익(A)	20X2년도 이자비용(B)
①	₩139,364	₩94,062
②	₩139,364	₩82,590
③	₩139,364	₩78,385
④	₩181,414	₩82,590
⑤	₩181,414	₩94,062

C-05 ㈜대한은 20X1년 1월 1일 사채를 발행하고 해당 사채를 상각후원가 측정(AC)금융부채로 분류하였다. 사채와 관련된 자료는 다음과 같다.

- 발행일: 20X1년 1월 1일
- 액면금액: ₩2,000,000
- 만기일: 20X3년 12월 31일(일시상환)
- 표시이자율: 연 5%, 매년 말 지급
- 사채발행 시점의 유효이자율: 연 6%
- 적용할 현가계수는 아래의 표와 같다.

할인율 / 기간	단일금액 ₩1의 현재가치		정상연금 ₩1의 현재가치	
	6%	8%	6%	8%
1년	0.9434	0.9259	0.9434	0.9259
2년	0.8900	0.8573	1.8334	1.7832
3년	0.8396	0.7938	2.6730	2.5770

㈜대한은 재무적 어려움으로 인하여 20X2년 초에 사채의 만기일을 20X4년 12월 31일로 연장하고 표시이자율을 연 1%로 조건을 변경하였다. 20X2년 초 시장이자율은 연 8%이다. ㈜대한이 사채의 조건변경으로 인해 (A) 20X2년도에 인식할 조건변경이익과 (B) 조건변경 후 20X2년도에 인식할 이자비용은 각각 얼마인가? 단, 단수차이로 인해 오차가 있다면 가장 근사치를 선택한다. 2024. CPA

	(A) 조건변경이익	(B) 이자비용
①	₩324,150	₩121,131
②	₩324,150	₩131,131
③	₩334,150	₩131,131
④	₩334,150	₩151,131
⑤	₩354,150	₩151,131

C-06 ㈜세무는 20X1년 초 상각후원가로 측정하는 금융부채에 해당하는 사채(액면금액 ₩1,000,000, 표시이자율 연 8%, 만기 3년, 매년 말 이자지급)를 ₩950,252(유효이자율 연 10%)에 발행하였다. ㈜세무는 20X2년 초에 표시이자율을 연 5%(매년 말 이자지급)로, 만기를 20X5년 말로 조건을 변경하는 것에 사채권자와 합의하였다. 조건변경과 관련한 수수료는 발생하지 않았으며, 20X2년 초 시장이자율은 연 12%이다. 동 사채의 회계처리가 ㈜세무의 20X2년도 당기순이익에 미치는 영향은? (단, 현재가치 계산 시 다음에 제시된 현가계수표를 이용한다.) 2023. CTA

기간	단일금액 ₩1의 현재가치				정상연금 ₩1의 현재가치			
	5%	8%	10%	12%	5%	8%	10%	12%
1	0.9524	0.9259	0.9091	0.8929	0.9524	0.9259	0.9091	0.8929
2	0.9070	0.8573	0.8265	0.7972	1.8594	1.7833	0.8265	1.6901
3	0.8638	0.7938	0.7513	0.7118	2.7233	2.5771	0.7513	2.4018
4	0.8227	0.7350	0.6830	0.6355	3.5460	3.3121	3.1699	3.0374
5	0.7835	0.6806	0.6209	0.5674	4.3295	3.9927	3.7908	3.6048

① ₩207,932 감소 ② ₩272,391 감소 ③ ₩39,637 증가
④ ₩53,212 증가 ⑤ ₩83,423 증가

C-07 ㈜세무는 20X1년 1월 1일 ㈜대한에게 ₩500,000(만기 4년, 표시이자율 연 5%, 매년 말 지급)을 차입하였으며, 유효이자율은 연 5%이다. 20X2년 12월 31일 ㈜세무는 경영상황이 악화되어 ㈜대한과 차입금에 대해 다음과 같은 조건으로 변경하기로 합의하였다.

- 만기일 : 20X7년 12월 31일
- 표시이자율 : 연 2%, 매년 말 지급
- 유효이자율 : 연 8%

기간	단일금액 ₩1의 현재가치		정상연금 ₩1의 현재가치	
	5%	8%	5%	8%
2년	0.9070	0.8573	1.8594	1.7833
5년	0.7835	0.6806	4.3295	3.9927

20X2년 12월 31일 ㈜세무가 재무상태표에 인식해야 할 장기차입금은? 2021. CTA

① ₩380,227 ② ₩435,045 ③ ₩446,483
④ ₩472,094 ⑤ ₩500,000

C-08 ㈜세무는 20X1년 초 상각후원가로 측정하는 금융부채에 해당하는 사채(액면금액 ₩1,000,000, 표시이자율 8%, 만기 5년, 매년 말 원금 ₩200,000씩 연속 상환, 매년 말 이자지급)를 발행하였다. 20X1년 말과 20X2년 말 원금과 이자는 정상적으로 지급하였으나 20X3년 초 재무위기가 발생하여 채권자들의 동의를 받아 사채의 조건을 변경(무이자로 20X5년 말 원금 ₩600,000 일시 상환)하였다. 시장이자율이 각각 20X1년 초 10%, 20X3년 초 12%이고 조건변경과 관련한 수수료는 발생하지 않았을 때, 동 사채에 관한 설명으로 옳은 것은? (단, 사채발행시 거래원가는 발생하지 않았으며, 현재가치 계산 시 다음에 제시된 현가계수표를 이용한다.)

2024. CTA 심화

기간	단일금액 ₩1의 현재가치			정상연금 ₩1의 현재가치		
	8%	10%	12%	8%	10%	12%
1	0.9259	0.9091	0.8929	0.9259	0.9091	0.8929
2	0.8573	0.8265	0.7972	1.7833	1.7355	1.6901
3	0.7938	0.7513	0.7118	2.5771	2.4869	2.4018
4	0.7350	0.6830	0.6355	3.3121	3.1699	3.0374
5	0.6806	0.6209	0.5674	3.9927	3.7908	3.6048

① 20X1년 초 사채의 발행금액은 ₩924,164이다.
② 20X2년도 인식할 이자비용은 ₩96,681이다.
③ 20X3년 초 조건 변경 시 제거될 사채의 장부금액은 ₩601,920이다.
④ 20X3년 초 조건 변경 시 새로 인식할 사채의 장부금액은 ₩450,780이다.
⑤ 20X3년 초 조건 변경으로 인해 인식될 조정이익은 ₩152,401이다.

3. 조건 변경 시 발생하는 수수료 심화

(1) 실질적 조건 변경 판단 기준

> 채권자: 변경 전 PV × 90%〉변경 후 PV − 수수료: 실질적 O
> 채무자: 변경 전 PV × 90%〉변경 후 PV + 수수료: 실질적 O

(2) 수수료 처리 방법, 조건변경손익 및 이자수익

	실질적 변경 O	실질적 변경 X
수수료 처리 방법	당기비용	금융자산에 가산 or 금융부채에서 차감
변경 후 금융자산/부채	현행이자율로 할인한 PV(미래CF)	역사적이자율로 할인한 PV(미래CF)±수수료 = 새로운 이자율로 할인한 PV(미래CF)
조건변경손익	변경 전 부채 − (변경 후 금융부채 + 수수료)	변경 전 부채 − 변경 후 금융부채
조건변경 후 유효이자율	현행이자율	역사적이자율에 수수료를 반영한 새로운 유효이자율

(3) 회계처리

① 채무자가 수수료를 부담한 경우

실질적 변경 O				실질적 변경 X			
금융부채	변경 전 PV	금융부채	PV(미래CF) (현행 R)	금융부채	변경 전 PV	금융부채	PV(미래CF) (역사적 R)
		변경이익	XXX			변경이익	XXX
변경이익	XXX	현금	수수료	금융부채	수수료	현금	수수료

② 채권자가 수수료를 부담한 경우

실질적 변경 O				실질적 변경 X			
금융자산	PV(미래CF) (현행 R)	금융자산	변경 전 PV	금융자산	PV(미래CF) (역사적 R)	금융자산	변경 전 PV
변경손실	XXX			변경손실	XXX		
변경손실	XXX	현금	수수료	금융자산	수수료	현금	수수료

예 제 조건 변경 시 발생하는 수수료

C-09 ㈜대한은 ㈜민국이 20X1년 1월 1일에 발행한 사채를 동 일자에 ₩950,244에 취득하였으며, 이를 상각후원가로 측정하는 금융자산(AC 금융자산)으로 분류하였다. ㈜민국의 사채는 다음과 같은 조건으로 발행되었다.

- 액면금액: ₩1,000,000
- 만기일: 20X3년 12월 31일(일시상환)
- 표시이자율: 연 8%, 매년 말 지급
- 유효이자율: 연 10%

20X1년 12월 31일에 ㈜대한과 ㈜민국은 다음과 같은 조건으로 재협상하여 계약상 현금흐름을 변경하였다.

- 만기일: 20X4년 12월 31일로 1년 연장(일시상환)
- 표시이자율: 20X2년부터 연 5%로 인하, 매년 말 지급
- 변경시점의 현행시장이자율: 연 12%

계약상 현금흐름의 변경과 관련하여 발생한 수수료 ₩124,360은 ㈜대한이 부담하였다. ㈜대한은 재협상을 통한 계약상 현금흐름의 변경이 금융자산의 제거조건을 충족하지 않는 것으로 판단하였다.
상기 금융자산과 관련하여 ㈜대한이 20X2년도에 인식할 이자수익은 얼마인가? 단, 단수차이로 인해 오차가 있다면 가장 근사치를 선택한다.

2023. CPA 심화

할인율 / 기간	단일금액 ₩1의 현재가치		정상연금 ₩1의 현재가치	
	10%	12%	10%	12%
1년	0.9091	0.8929	0.9091	0.8929
2년	0.8264	0.7972	1.7355	1.6901
3년	0.7513	0.7118	2.4868	2.4019

① ₩50,000 ② ₩87,564 ③ ₩89,628
④ ₩95,024 ⑤ ₩96,527

6 금융자산 재분류

재분류 전	재분류 후	금액 변화	평가 차액	이자율	손실충당금
AC : FV로 평가	FVOCI	AC → FV	OCI 인식 (평가)	기존 이자율	승계
	FVPL		PL	액면 이자율	제거
FVOCI : OCI 제거	AC	FV → AC	OCI 제거 (취소)	기존 이자율	승계
	FVPL	FV → FV	OCI → PL (재분류 조정)	액면 이자율	제거
FVPL : 계정만 대체	AC	FV → FV	N/A	새로운 이자율	원래 없음
	FVOCI				

1. AC → FVOCI: FV 평가, 평가손익 OCI, 기존 이자율

재분류일의 **공정가치**로 측정한다. 금융자산의 재분류 전 상각후원가와 공정가치의 차이에 따른 손익은 **기타포괄손익**으로 인식한다. **유효이자율**과 기대신용손실 측정치는 **재분류로 인해 조정되지 않는다.**

2. AC → FVPL: FV 평가, 평가손익 PL

재분류일의 **공정가치**로 측정한다. 금융자산의 재분류 전 상각후원가와 공정가치의 차이에 따른 손익은 **당기손익**으로 인식한다.

3. FVOCI → AC: 처음부터 AC였던 것처럼, OCI 제거, 기존 이자율

재분류일의 **공정가치**로 측정한다. 그러나 재분류 전에 인식한 **기타포괄손익누계액은 자본에서 제거**하고 재분류일의 금융자산의 공정가치에서 조정한다. 따라서 최초 인식시점부터 **상각후원가로 측정**했었던 것처럼 재분류일에 금융자산을 측정한다. 재분류에 따라 **유효이자율**과 기대신용손실 측정치는 **조정하지 않는다.**

4. FVOCI → FVPL: 계속 FV, OCI 재분류조정

계속 **공정가치**로 측정한다. 재분류 전에 인식한 **기타포괄손익누계액**은 재분류일에 **재분류조정**으로 자본에서 당기손익으로 재분류한다.

5. FVPL → AC: 계속 FV

재분류일의 **공정가치**가 새로운 총장부금액이 된다

6. FVPL → FVOCI: 계속 FV

계속 **공정가치**로 측정한다.

7. 재분류일: 다음 해 1.1

금융자산의 계정 재분류는 재분류일부터 전진적으로 적용한다. 여기서 '재분류일'이란 **재분류를 한 다음 해의 1.1**을 의미한다. **재분류를 한 해에 평가손익을 인식하지 않도록 주의하자.**

8. 손실충당금이 있는 경우: 순액 기준으로 평가손익 계산할 것

계정 재분류 전에 손실충당금이 있는 경우 평가손익은 **손실충당금을 차감한 순액 기준으로 계산**한다. AC 금융자산과 FVOCI 금융자산 사이의 재분류는 손실충당금을 그대로 두고, 재분류 후 FVPL로 분류하는 경우에는 손실충당금을 제거한다. 재분류 전에 FVPL로 분류하는 경우에는 손상을 인식하지 않으므로 손실충당금이 존재하지 않는다.

예 제 금융자산 재분류

D-01 금융자산의 재분류시 회계처리에 관한 설명으로 옳지 않은 것은? 2018. CTA

① 상각후원가측정금융자산을 당기손익-공정가치측정금융자산으로 재분류할 경우 재분류일의 공정가치로 측정하고, 재분류 전 상각후원가와 공정가치의 차이를 당기손익으로 인식한다.

② 상각후원가측정금융자산을 기타포괄손익-공정가치측정금융자산으로 재분류할 경우 재분류일의 공정가치로 측정하고, 재분류 전 상각후원가와 공정가치의 차이를 기타포괄손익으로 인식하며, 재분류에 따라 유효이자율과 기대신용손실 측정치는 조정하지 않는다.

③ 기타포괄손익-공정가치측정금융자산을 당기손익-공정가치측정금융자산으로 재분류할 경우 계속 공정가치로 측정하고, 재분류 전에 인식한 기타포괄손익누계액은 재분류일에 이익잉여금으로 대체한다.

④ 기타포괄손익-공정가치측정금융자산을 상각후원가측정금융자산으로 재분류할 경우 재분류일의 공정가치로 측정하고, 재분류 전에 인식한 기타포괄손익누계액은 자본에서 제거하고 재분류일의 금융자산의 공정가치에서 조정하며, 재분류에 따라 유효이자율과 기대신용손실 측정치는 조정하지 않는다.

⑤ 당기손익-공정가치측정금융자산을 기타포괄손익-공정가치측정금융자산으로 재분류할 경우 계속 공정가치로 측정하고, 재분류일의 공정가치에 기초하여 유효이자율을 다시 계산한다.

D-02 다음은 금융자산의 분류 및 재분류 등에 관한 설명이다. 옳은 설명을 모두 고른 것은? 2022. CTA

> ㄱ. 계약상 현금흐름을 수취하기 위해 보유하는 것이 목적인 사업모형 하에서 금융자산을 보유하고, 금융자산의 계약 조건에 따라 특정일에 원금과 원금잔액에 대한 이자 지급만으로 구성되어 있는 현금흐름이 발생하는 금융자산은 상각후원가로 측정한다.
> ㄴ. 계약상 현금흐름의 수취와 금융자산의 매도 둘 다를 통해 목적을 이루는 사업모형 하에서 금융자산을 보유하고, 금융자산의 계약 조건에 따라 특정일에 원금과 원금잔액에 대한 이자 지급만으로 구성되어 있는 현금흐름이 발생하는 금융자산은 당기손익 – 공정가치로 측정한다.
> ㄷ. 서로 다른 기준에 따라 자산이나 부채를 측정하거나 그에 따른 손익을 인식한 결과로 발생한 인식이나 측정의 불일치를 제거하거나 유의적으로 줄이는 경우에는 최초 인식시점에 해당 금융자산을 당기손익 – 공정가치 측정 항목으로 지정할 수 있다.
> ㄹ. 금융자산을 기타포괄손익 – 공정가치 측정 범주에서 당기손익 – 공정가치 측정 범주로 재분류하는 경우, 재분류 전에 인식한 기타포괄손익누계액은 재분류일에 자본의 다른 항목으로 직접 대체한다.

① ㄱ, ㄴ ② ㄱ, ㄷ ③ ㄴ, ㄷ ④ ㄴ, ㄹ ⑤ ㄷ, ㄹ

D-03 기업회계기준서 제1109호 '금융상품'에 대한 다음 설명 중 옳지 않은 것은? 2024. CPA 심화

① 양도자산이 양도하기 전 금융자산 전체 중 일부이고 그 양도한 부분 전체가 제거 조건을 충족한다면, 양도하기 전 금융자산 전체의 장부금액은 계속 인식하는 부분과 제거하는 부분에 대해 양도일 현재 각 부분의 상대적 공정가치를 기준으로 배분한다.

② 사업모형의 변경은 사업계열의 취득, 처분, 종결과 같이 영업에 유의적인 활동을 시작하거나 중단하는 경우에만 발생할 것이다. 그러나 특정 금융자산과 관련된 의도의 변경, 금융자산에 대한 특정 시장의 일시적 소멸, 기업 내 서로 다른 사업모형을 갖고 있는 부문 간 금융자산의 이전 등은 사업모형의 변경에 해당하지 않는다.

③ 양도자가 양도자산의 소유에 따른 위험과 보상의 대부분을 보유하지도 이전하지도 않고, 양도자가 양도자산을 통제하고 있다면, 그 양도자산에 지속적으로 관여하는 정도까지 그 양도자산을 계속 인식한다.

④ 금융상품의 기대신용손실은 일정 범위의 발생 가능한 결과를 평가하여 산정한 금액으로서 편의가 없고 확률로 가중한 금액, 화폐의 시간가치 및 보고기간 말에 과거사건, 현재 상황과 미래 경제적 상황의 예측에 대한 정보로서 합리적이고 뒷받침될 수 있으며 과도한 원가나 노력 없이 이용할 수 있는 정보를 반영하도록 측정한다.

⑤ 금융자산을 재분류하기 위해서는 그 재분류를 중요도에 따라 구분하며, 중요한 재분류는 소급법을 적용하고, 중요하지 않은 재분류는 전진법을 적용한다.

D-04 ㈜한국은 ㈜경기가 20X5년 1월 1일에 발행한 사채를 동일자에 취득하였다. 사채의 액면금액은 ₩10,000,000이며 액면이자율은 연4%로 매년말 후급이고 만기상환일은 20X9년 12월 31일이다. 사채 발행일 현재 유효이자율은 연5%이다. ㈜한국은 ㈜경기가 발행한 사채를 상각후원가 측정 금융자산으로 구분하여 회계처리하다가 20X6년 중 사업모형을 변경하여 동 사채를 기타포괄손익-공정가치 측정 금융자산으로 재분류하였다. 20X7년 1월 1일 동 사채의 공정가치가 ₩9,800,000일 경우 인식해야 될 기타포괄손익-공정가치 측정 금융자산평가손익은 얼마인가? 단, 손상차손은 고려하지 않는다. 현가계수는 아래의 현가계수표를 이용하며, 단수차이로 인해 오차가 있는 경우 가장 근사치를 선택한다. 2015. CPA 수정

기간	5% 단일금액 ₩1의 현가	5% 정상연금 ₩1의 현가
1	0.9524	0.9524
2	0.9070	1.8594
3	0.8638	2.7232
4	0.8227	3.5459
5	0.7835	4.3294

① ₩104,455 손실 ② ₩13,767 손실 ③ ₩72,647 이익
④ ₩154,860 이익 ⑤ ₩233,200 이익

D-05 ㈜한국은 20X1년 초 다른 기업이 발행한 3년 만기 사채A를 ₩285,594(액면금액 ₩300,000)에 취득하고 상각후원가측정금융자산으로 분류하였다. 사채A의 액면이자율은 연 10%(매년 말 후급)이며, 취득시 유효이자율은 연 12%이다. 한편, 20X1년 중에 사업모형을 변경하여 사채A를 기타포괄손익-공정가치측정금융자산으로 적절하게 분류변경하였다. 20X2년 초와 20X2년 말 사채A의 공정가치는 각각 ₩280,251과 ₩297,297이다. 사채A와 관련하여 ㈜한국의 20X2년도 자본의 증가금액은? 2015. CTA 수정

	단일금액 ₩1의 현재가치		정상연금 ₩1의 현재가치	
	10%	12%	10%	12%
1 기간	0.9091	0.8929	0.9091	0.8929
2 기간	0.8264	0.7972	1.7355	1.6901
3 기간	0.7513	0.7118	2.4868	2.4018

① ₩2,648 ② ₩34,784 ③ ₩37,432
④ ₩47,046 ⑤ ₩49,065

D-06 ㈜국세는 20X1년 1월 1일에 ㈜한라의 사채(발행일 20X1년 1월 1일) 2매를 ₩1,903,926에 취득하였다. 사채 1매당 액면가액은 ₩1,000,000, 만기는 20X3년 12월 31일, 액면이자율은 10%(매년 말 이자지급)이며, 발행시 유효이자율은 12%이다. ㈜국세는 동 사채를 취득시부터 상각후원가측정금융자산으로 분류하여 적절하게 회계처리 하였다. 그러나 보유의도 등의 변화로 인하여 더 이상 상각후원가측정금융자산으로 분류하는 것이 적절하지 않아, 20X1년 12월 31일에 사채 1매를 기타포괄손익-공정가치측정금융자산으로 분류변경하고, 나머지 1매는 처분비용 없이 공정가치로 처분하였다. 한편, ㈜국세가 취득한 동 사채의 유효이자율은 20X1년 말에 9%로 하락하였다. 위 거래가 ㈜국세의 20X1년도 포괄손익계산서상 당기순이익에 미치는 영향은 얼마인가? (단, 현가계수는 아래 표를 이용한다. 계산금액은 소수점 첫째자리에서 반올림하며, 이 경우 단수차이로 인해 약간의 오차가 있으면 가장 근사치를 선택한다.) 2011. CTA 수정

현가계수표

할인율 / 기간	기간 말 단일금액 ₩1의 현재가치			정상연금 ₩1의 현재가치		
	9%	10%	12%	9%	10%	12%
1년	0.91743	0.90909	0.89286	0.91743	0.90909	0.89286
2년	0.84168	0.82645	0.79719	1.75911	1.73554	1.69005
3년	0.77218	0.75131	0.71178	2.53129	2.48685	2.40183

① 증가 ₩151,387
② 증가 ₩202,774
③ 증가 ₩228,471
④ 증가 ₩279,863
⑤ 증가 ₩331,245

예제 금융자산 재분류-손실충당금이 있는 경우

D-07 ㈜대한은 ㈜민국이 20X1년 1월 1일에 발행한 액면금액 ₩50,000(만기 5년(일시상환), 표시이자율 연 10%, 매년 말 이자지급)인 사채를 동 일자에 액면금액으로 취득하고, 상각후원가로 측정하는 금융자산(AC 금융자산)으로 분류하여 회계처리하였다. 그러나 ㈜대한은 20X2년 중 사업모형의 변경으로 동 사채를 당기손익-공정가치로 측정하는 금융자산(FVPL 금융자산)으로 재분류하였다. 20X2년 말 현재 동 사채와 관련하여 인식한 손실충당금은 ₩3,000이다. 동 사채의 20X3년 초와 20X3년 말의 공정가치는 각각 ₩45,000과 ₩46,000이다. 동 사채가 ㈜대한의 20X3년 포괄손익계산서 상 당기순이익에 미치는 영향은 얼마인가? 단, 동 사채의 20X3년 말 공정가치는 이자수령 후 금액이다. 2021. CPA

① ₩2,000 감소 ② ₩1,000 감소 ③ ₩4,000 증가
④ ₩5,000 증가 ⑤ ₩6,000 증가

D-08 20X1년 1월 1일 ㈜세무는 ㈜대한이 동 일자에 발행한 사채(액면금액 ₩1,000,000, 만기 3년, 표시이자율 연 8%, 매년 말 이자지급)를 ₩950,252에 취득하였다. 취득 당시의 유효이자율은 연 10%이며, ㈜세무는 동 사채를 기타포괄손익-공정가치측정 금융자산으로 분류하였다. 한편, ㈜세무는 20X1년 중 사업모형을 변경하여 동 사채를 당기손익-공정가치측정 금융자산으로 재분류하였다. 20X1년 말 동 사채의 신용위험은 유의적으로 증가하지 않았으며, 12개월 기대신용손실은 ₩10,000이다. ㈜세무는 20X1년 말과 20X2년 말에 표시이자를 정상적으로 수령하였다. 동 사채의 각 연도 말의 공정가치는 다음과 같으며, 재분류일의 공정가치는 20X1년 말의 공정가치와 동일하다.

	20X1. 12. 31.	20X2. 12. 31.
공정가치	₩932,408	₩981,828

㈜세무의 동 사채관련 회계처리가 20X2년도 당기순이익에 미치는 영향은? (단, 계산금액은 소수점 이하 첫째자리에서 반올림한다.) 2021. CTA

① ₩16,551 감소 ② ₩22,869 감소 ③ ₩26,551 증가
④ ₩96,551 증가 ⑤ ₩106,551 증가

7 금융자산의 제거

1. 금융자산의 정형화된 매입 또는 매도는 매매일이나 결제일에 인식하거나 제거한다.

2. 매각거래 vs 차입거래

매각거래	현금	XXX	금융자산	XXX
			처분손익 XXX	
차입거래	현금	XXX	차입금	XXX

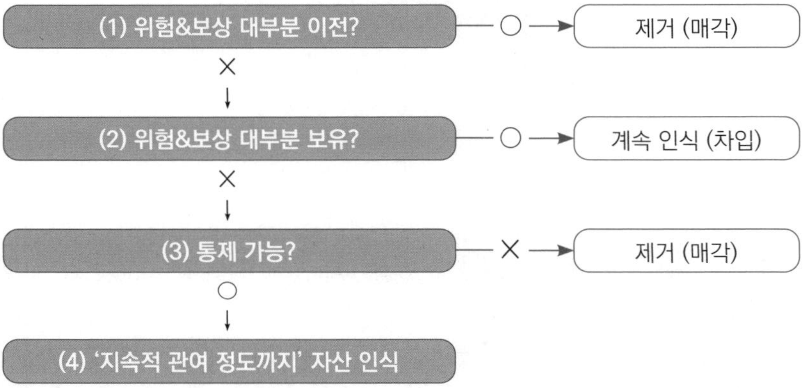

3. 매각거래 VS 차입거래 기준서 사례

〈매각거래〉 위험과 보상의 대부분을 **이전**	〈차입거래〉 위험과 보상의 대부분을 **보유**
(1) 양도자가 콜, 양수자가 풋 보유 → 깊은 **외가격** 상태: 행사 X (그대로 니꺼)	(1) 양도자가 콜, 양수자가 풋 보유 → 깊은 **내가격** 상태: 행사 O (다시 내꺼)
(2) 양도자가 **공정가치** 재매입	(2) 양도자가 **미리 정한 가격**(+이자수익) 재매입
(3) 조건 없는 **매도**	(3) 유가증권 **대여** 계약
	(4) 시장위험 익스포저를 양도자에게 다시 이전, 양도자가 발생가능성이 높은 신용손실 보증

4. 관리용역 심화

금융자산 전체를 양도할 때 제거 조건을 충족하고, 수수료를 대가로 해당 양도자산의 관리용역을 제공하기로 한다면 관리용역제공계약과 관련하여 다음과 같이 자산이나 부채를 인식한다.

(1) 관리용역 수수료 〈 용역제공의 적절한 대가

관리용역 수수료가 용역제공의 적절한 대가에 미달할 것으로 예상한다면 용역제공의무에 따른 부채를 **공정가치(용역의 적절한 대가)**로 인식한다.

(2) 관리용역 수수료 〉 용역제공의 적절한 대가 심화

관리용역 수수료가 용역제공의 적절한 대가를 초과할 것으로 예상한다면 양도하기 전 금융자산 전체의 장부금액 중 계속 인식하는 부분과 제거하는 부분에 대해 양도일 현재 각 부분의 **상대적 공정가치를 기준으로 배분된 금액을 기준으로 용역제공 권리에 따른 자산**을 인식한다.

(3) 제거조건을 충족하는 양도

양도의 결과로 금융자산 전체를 제거하지만 새로운 금융자산을 획득하거나 새로운 금융부채나 관리용역부채를 부담한다면, 그 새로운 금융자산, 금융부채, 관리용역부채를 **공정가치**로 인식한다.

사례

㈜김수석은 양도일 현재 장부금액이 ₩10,000, 공정가치가 ₩11,000인 금융자산을 ₩12,000에 양도하고, 해당 금융자산에 대한 관리용역을 제공하기로 하였다. 관리용역의 적절한 대가가 ₩1,500인 경우 양도일의 회계처리는 다음과 같다.

|회계처리|

현금	12,000	금융자산 부채 처분이익	10,000 1,500 500

관리용역의 적절한 대가가 1,500이라면 금융자산의 장부금액과 관리용역의 공정가치 총 11,500을 12,000에 처분한 것으로 보아 500의 처분이익을 인식한다. 관리용역 수수료가 용역제공의 적절한 대가를 초과하는 경우는 수험목적 상 생략한다.

예 제 금융자산의 제거

E-01 금융자산의 제거에 대한 다음 설명 중 옳지 않은 것은? 2012. CPA

① 금융자산의 정형화된 매도시 당해 금융자산을 매매일 또는 결제일에 제거한다.

② 금융자산의 현금흐름에 대한 계약상 권리가 소멸한 경우에는 당해 금융자산을 제거한다.

③ 금융자산의 현금흐름에 대한 계약상 권리를 양도하고 위험과 보상의 대부분을 이전하면 당해 금융자산을 제거한다.

④ 금융자산의 현금흐름에 대한 계약상 권리를 양도하고, 위험과 보상의 대부분을 보유하지도 않고 이전하지도 않으면서 당해 금융자산을 통제하고 있지 않다면 당해 금융자산을 제거한다.

⑤ 금융자산의 현금흐름에 대한 계약상 권리는 양도하였지만 양도자가 매도 후에 미리 정한 가격으로 당해 금융자산을 재매입하기로 한 경우에는 당해 금융자산을 제거한다.

E-02 기업회계기준서 제1109호 '금융상품' 중 계약상 현금흐름 특성 조건을 충족하는 금융자산으로서 사업모형을 변경하는 경우의 재분류 및 금융자산의 제거에 대한 다음 설명 중 옳은 것은? 2019. CPA

① 금융자산을 기타포괄손익-공정가치 측정 범주에서 상각후원가 측정 범주로 재분류하는 경우에는 최초 인식시점부터 상각후원가로 측정했었던 것처럼 재분류일에 금융자산을 측정한다.

② 양도자가 발생 가능성이 높은 신용손실의 보상을 양수자에게 보증하면서 단기 수취채권을 매도한 것은 양도자가 소유에 따른 위험과 보상의 대부분을 이전하는 경우의 예이다.

③ 금융자산을 기타포괄손익-공정가치 측정 범주에서 당기손익-공정가치 측정 범주로 재분류하는 경우에 계속 공정가치로 측정하며, 재분류 전에 인식한 기타포괄손익누계액은 자본에서 당기손익으로 재분류하지 않는다.

④ 양도자가 매도한 금융자산을 재매입시점의 공정가치로 재매입할 수 있는 권리를 보유하고 있는 것은 양도자가 소유에 따른 위험과 보상의 대부분을 보유하는 경우의 예이다.

⑤ 양도자가 매도 후에 미리 정한 가격으로 또는 매도가격에 양도자에게 금전을 대여하였더라면 그 대가로 받았을 이자수익을 더한 금액으로 양도자산을 재매입하는 거래는 양도자가 소유에 따른 위험과 보상의 대부분을 이전하는 경우의 예이다.

E-03 다음 금융자산 제거의 회계처리에 대한 설명 중 옳지 않은 것은? 2016. CPA

① 양도자가 금융자산의 소유에 따른 위험과 보상의 대부분을 이전하면, 당해 금융자산을 제거하고 양도함으로써 발생하거나 보유하게 된 권리와 의무를 각각 자산과 부채로 인식한다.

② 양도자가 금융자산의 소유에 따른 위험과 보상의 대부분을 보유하면, 당해 금융자산을 계속하여 인식한다.

③ 양도자가 금융자산의 소유에 따른 위험과 보상의 대부분을 소유하지도 아니하고 이전하지도 아니한 상태에서, 양도자가 금융자산을 통제하고 있다면 당해 금융자산을 제거하고 양도함으로써 발생하거나 보유하게 된 권리와 의무를 각각 자산과 부채로 인식한다.

④ 양도자가 양도자산을 통제하고 있는지 여부는 양수자가 그 자산을 매도할 수 있는 실질적인 능력을 가지고 있는지 여부에 따라 결정한다.

⑤ 금융자산 전체가 제거 조건을 충족하는 양도로 금융자산을 양도하고, 수수료를 대가로 당해 양도자산의 관리용역을 제공하기로 한다면, 관리용역제공계약과 관련하여 자산이나 부채를 인식한다.

E-04 기업회계기준서 제1109호 '금융상품' 중 금융자산의 제거에 대한 다음 설명 중 옳지 않은 것은? 2020. CPA

① 양도자가 양도자산의 소유에 따른 위험과 보상의 대부분을 보유하지도 이전하지도 않고, 양도자가 양도자산을 통제하고 있다면, 그 양도자산에 지속적으로 관여하는 정도까지 그 양도자산을 계속 인식한다.

② 양도자가 확정가격이나 매도가격에 대여자의 이자수익을 더한 금액으로 재매입하기로 하고 금융자산을 매도한 경우, 양도자는 금융자산의 소유에 따른 위험과 보상의 대부분을 보유하고 있는 것이다.

③ 금융자산 전체가 제거 조건을 충족하는 양도로 금융자산을 양도하고, 수수료를 대가로 해당 양도자산의 관리용역을 제공하기로 한다면 관리용역제공계약과 관련하여 자산이나 부채를 인식하지 않는다.

④ 양도자가 금융자산의 일부에만 지속적으로 관여하는 경우에 양도하기 전 금융자산의 장부금액을 지속적 관여에 따라 계속 인식하는 부분과 제거하는 부분에 양도일 현재 각 부분의 상대적 공정가치를 기준으로 배분한다.

⑤ 양도의 결과로 금융자산 전체를 제거하지만 새로운 금융자산을 획득하거나 새로운 금융부채나 관리용역부채를 부담한다면, 그 새로운 금융자산, 금융부채, 관리용역부채를 공정가치로 인식한다.

E-05 ㈜한국은 발행일이 20X5년 1월 1일이고, 액면금액이 ₩1,000,000이며, 액면이자율이 연3%(매년말 후급조건)이고, 3년 만기인 ㈜경기의 약속어음을 발행일에 ₩825,920(유효이자율 연10%)에 취득하고, 이를 수취채권으로 분류하였다. ㈜한국은 당해 금융자산을 20X6년 1월 1일에 ₩847,895(유효이자율 연12%)에 양도하였는데, 여기에는 양수자가 어느 때라도 ㈜한국에게 ₩1,000,000에 매도할 수 있는 풋옵션 조건이 붙어 있다. 20X7년 1월 1일 풋옵션이 행사되었을 때, 풋옵션 행사에 따라 ㈜한국이 인식할 당기손실은 얼마인가? 단, 손상차손은 고려하지 않으며, 단수차이로 인해 오차가 있는 경우 가장 근사치를 선택한다. 2015. CPA 심화

① ₩52,592 ② ₩57,851 ③ ₩63,636
④ ₩71,747 ⑤ ₩80,357

8 금융보증계약 및 지속적 관여 심화

1. 금융보증계약

금융보증부채 = MAX[①, ②]
① 최초 인식금액에서 기업회계기준서 제1115호(수익 기준서)에 따라 인식한 이익누계액을 차감한 금액 (수익은 진행률 or 정액법으로 인식)
② 기대신용손실로 산정한 손실충당금

2. 지속적 관여

양도자산의 소유에 따른 위험과 보상의 대부분을 보유하지도 이전하지도 않는데, 양도자가 양도자산을 통제하고 있다면, 그 양도자산에 지속적으로 관여하는 정도까지 그 양도자산을 계속 인식한다.

STEP 1 금융자산 양도 시

양도자가 양도자산에 대하여 일부만 보증을 제공하는 형태로 지속적 관여가 이루어지는 경우 지속적으로 관여하는 정도까지 양도자산을 계속 인식하며, 관련 부채도 함께 인식한다.

(1) 지속적 관여 자산 = min[①, ②]
① 양도자산의 장부금액
② 수취한 대가 중 상환을 요구받을 수 있는 최대 금액(최대 보증액)

(2) 관련 부채 = 최대 보증액 + 보증의 공정가치

현금	총 수령액	금융자산	장부금액
지속적관여자산	최대 보증액	관련부채	최대 보증액
		관련부채	보증의 FV
처분손익 XXX			

– 최대 보증액이 양도자산의 장부금액보다 클 가능성은 거의 없으므로 회계처리에서 지속적 관여 자산은 최대 보증액으로 계상하였다.

STEP 2 보증 시

비용	실제 보증액	현금	실제 보증액
관련부채	실제 보증액	지속적관여자산	실제 보증액
관련부채	환입액	수익	환입액

양도자는 양도자산에서 생기는 수익을 지속적으로 관여하는 정도까지 계속 인식하며, 관련 부채에서 생기는 모든 비용을 인식한다.

(1) 현금 지출액만큼 비용 인식

(2) 실제 보증액만큼 지속적 관여 자산과 관련 부채 상계

(3) 관련부채 환입액만큼 수익 인식

관련부채 환입액(= 수익): 보증의 FV × 실제 보증액/최대 보증액

예제 지속적 관여

E-06 ㈜세무는 20X1년 1월 1일 금융회사인 ㈜대한에 장부금액 ₩500,000의 매출채권을 양도하였다. ㈜세무는 동 매출채권의 위험과 보상의 대부분을 이전하지도 않고 보유하지도 않으며, ㈜대한은 양도받은 동 매출채권을 제3자에게 매도할 수 있는 능력이 없다. 한편 ㈜세무는 매출채권 양도 후 5개월간 동 매출채권의 손상발생에 대해 ₩100,000까지 지급을 보증하기로 하였으며, 동 보증의 공정가치(보증의 대가로 수취한 금액)는 ₩20,000이다. ㈜세무가 동 매출채권을 양도하면서 ㈜대한으로부터 보증의 대가를 포함하여 ₩480,000을 수령하였다면, ㈜세무가 20X1년 1월 1일 매출채권 양도시 부채로 인식할 금액은? 2021. CTA 심화

① ₩20,000 ② ₩40,000 ③ ₩80,000
④ ₩100,000 ⑤ ₩120,000

9 금융상품 말문제 출제사항

1. 금융부채 및 금융자산의 정의

금융부채와 금융자산은 각각 다음의 부채와 자산을 말한다. 금융자산의 경우 괄호 안에 있는 내용으로 읽어야 한다.

	금융부채	금융자산
(1) 다음 중 하나에 해당하는 계약상 의무(권리)	① 거래상대방에게 현금 등 금융자산을 인도하기로 한 계약상 의무(권리) ② 잠재적으로 불리한(유리한) 조건으로 거래상대방과 금융자산이나 금융부채를 교환하기로 한 계약상 의무(권리)	
(2) 자기지분상품으로 결제될 수 있는 다음 중 하나의 계약	① 인도할(수취할) 자기지분상품의 **수량이 변동 가능한 비파생상품** ② **확정 수량의 자기지분상품을 확정 금액의 현금** 등 금융자산과 교환하여 결제하는 방법 **외의 방법으로 결제**하거나 결제할 수 있는 파생상품	
(3) 기타		① 현금 ② 다른 기업의 지분상품

(1) 자기지분상품으로 결제되는 계약

비파생상품	파생상품	분류
확정 수량	확정 수량 & 확정 금액	지분상품
변동 수량	변동 수량 or 변동 금액	금융부채(or 자산)

① 자기지분상품으로 결제되는 비파생상품

자기지분상품으로 결제되는 비파생상품은 수량이 확정된 경우 지분상품으로 분류하고, 그렇지 않다면 금융부채나 금융자산으로 분류한다.

② 자기지분상품으로 결제되는 파생상품

자기지분상품으로 결제되는 파생상품은 수량과 금액이 모두 확정된 경우 지분상품으로 분류하고, 그렇지 않다면 금융부채나 금융자산으로 분류한다.

2. 최초 지정: 지정은 최초 인식시점에서만 가능, 취소 불가

(1) 지분상품의 FVOCI 금융자산으로 선택

지분상품은 원칙적으로 FVPL 금융자산으로 분류하나, 단기매매목적이 아니고 조건부 대가도 아닌 경우 FVOCI 금융자산으로 선택할 수 있다.

(2) FVPL 금융자산 및 FVPL 금융부채 지정: 회계불일치 제거

회계불일치를 제거하거나 유의적으로 줄이기 위해 채무상품 중 AC 금융자산 또는 FVOCI 금융자산으로 분류될 항목을 FVPL 금융자산으로 지정할 수 있다.

3. 공정가치가 거래가격과 다른 경우: 취득원가=공정가치 (차액은 PL)

최초 인식시점에 공정가치가 거래가격과 다르고, 그러한 공정가치가 활성시장의 공시가격에 따라 입증된다면 **공정가치**로 측정한다. 최초 인식시점에 공정가치와 거래가격 간의 차이는 손익(PL)으로 인식한다. FVOCI 금융자산으로 분류하더라도 차이를 PL로 인식한다는 것을 주의하자.

예 제 금융상품 말문제

E-07 금융상품의 발행자가 금융상품을 금융부채(financial liability)와 지분상품(equity instrument)으로 분류할 때, 다음의 설명 중 타당하지 않은 것은? 2010. CPA 수정

① 잠재적으로 불리한 조건으로 거래상대방과 금융자산이나 금융부채를 교환하기로 한 계약상 의무는 금융부채로 분류한다.

② 향후 금 100온스의 가치에 해당하는 확정되지 않은 금액의 현금을 대가로 자기지분상품 100주를 인도하는 계약은 지분상품으로 분류하지 않는다.

③ 발행자가 보유자에게 미래의 시점에 확정된 금액을 의무적으로 상환해야 하는 의무가 있는 우선주는 금융부채로 분류한다.

④ 100원과 동일한 공정가치에 해당하는 자기지분상품을 인도할 계약은 지분상품으로 분류한다.

⑤ 지분상품은 자산에서 부채를 차감한 후의 잔여지분을 나타내는 계약으로 지분상품의 발행자는 공정가치 평가를 하지 아니한다.

E-08 기업회계기준서 제1109호 '금융상품'에 관한 다음 설명 중 옳은 것은? 2018. CPA

① 회계불일치 상황이 아닌 경우의 금융자산은 금융자산의 관리를 위한 사업모형과 금융자산의 계약상 현금흐름 특성 모두에 근거하여 상각후원가, 기타포괄손익-공정가치, 당기손익-공정가치로 측정되도록 분류한다.

② 당기손익-공정가치로 측정되는 지분상품에 대한 특정 투자의 후속적인 공정가치 변동은 최초 인식시점이라도 기타포괄손익으로 표시하는 것을 선택할 수 없다.

③ 금융자산의 전체나 일부의 회수를 합리적으로 예상할 수 없는 경우에도 해당 금융자산의 총장부금액을 직접 줄일 수는 없다.

④ 기타포괄손익-공정가치 측정 금융자산의 손상차손은 당기손실로 인식하고, 손상차손환입은 기타포괄손익으로 인식한다.

⑤ 회계불일치를 제거하거나 유의적으로 줄이는 경우에는 최초 인식 시점에 해당 금융자산을 기타포괄손익-공정가치 측정 항목으로 지정할 수 있으며, 지정 후 이를 취소할 수 있다.

E-09 금융자산과 금융부채에 관한 설명으로 옳지 않은 것은? 2016. CTA 수정

① 당기손익-공정가치로 측정되는 '지분상품에 대한 특정 투자'에 대하여는 후속적인 공정가치 변동을 기타포괄손익으로 표시하도록 최초 인식시점에 선택할 수도 있다. 다만 한번 선택하면 이를 취소할 수 없다.

② 상대방에게 확정된 가격으로 확정된 수량의 주식을 매입할 수 있는 권리를 부여한 주식옵션의 발행자는 이를 지분상품으로 분류한다.

③ 기존 차입자와 대여자가 실질적으로 다른 조건으로 채무상품을 교환하거나 기존 금융부채의 조건이 실질적으로 변경된 경우에는 최초의 금융부채를 제거하고 새로운 금융부채를 인식한다.

④ 금융자산의 최초인식시 거래가격과 공정가치가 다를 경우 거래가격으로 측정한다.

⑤ 잠재적으로 불리한 조건으로 거래상대방과 금융자산이나 금융부채를 교환하기로 한 계약상 의무는 금융부채이다.

Memo

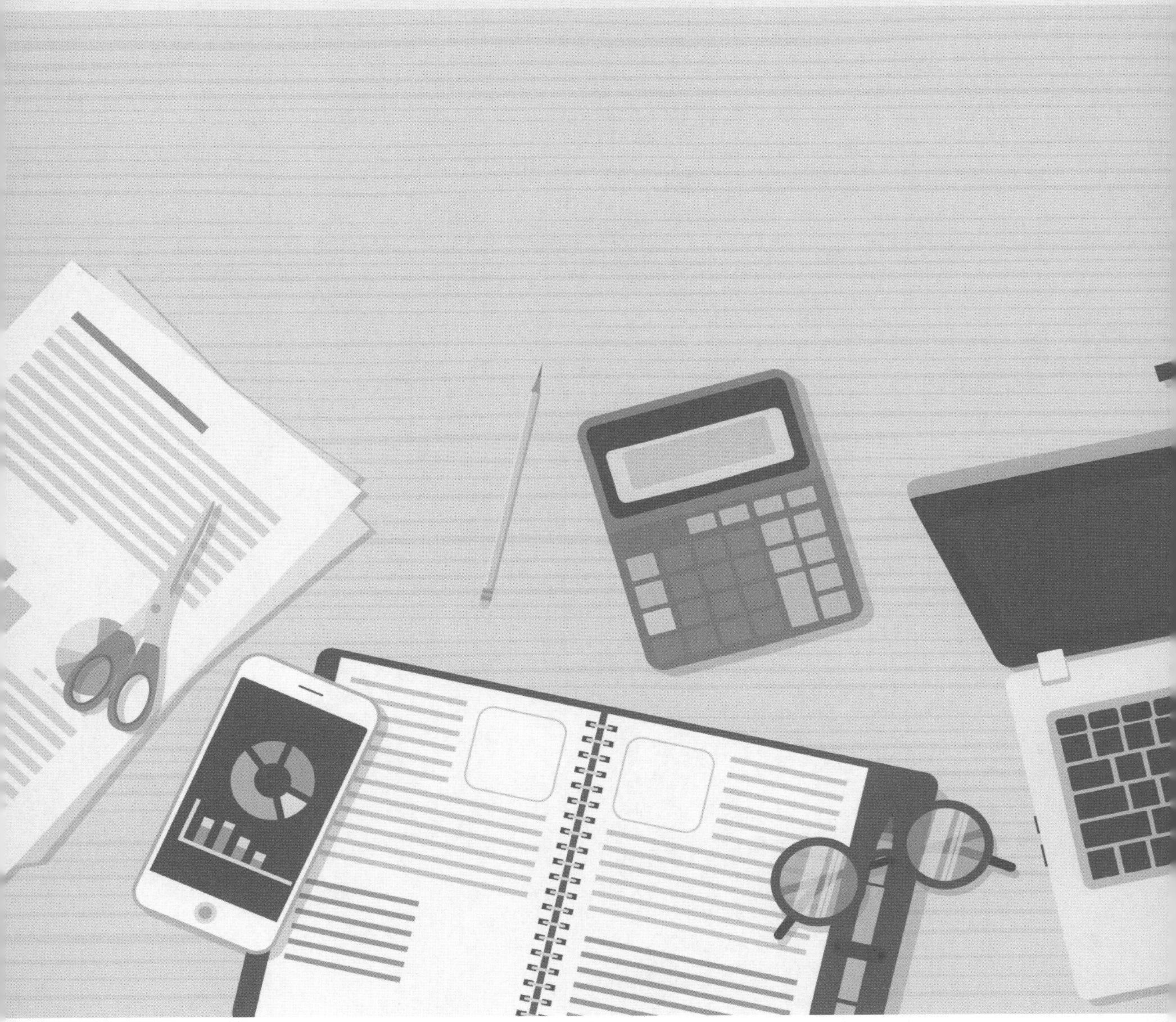

객 관 식

C·H·A·P·T·E·R

7

복합금융상품

[1] 전환사채

[2] 신주인수권부사채

[3] 조정 계정을 이용한 총액 분개

[4] 액면발행이 아닌 경우 VS 발행원가

[5] 전환사채의 조기상환 ★중요!

[6] 전환사채-유도전환

07 복합금융상품

CHAPTER

1 전환사채

STEP 0 상환할증금

1. 만기까지 전환하지 않으면 만기에 액면금액의 110%를 지급한다.

: 상환할증금 = 액면금액 × 10%

2. 보장수익률은 10%이다.

> 상환할증금 = 액면금액 × (보장R − 액면R) × ((1 + 보장R)² + (1 + 보장R) + 1)
> EX〉 액면이자율 연 5%, 시장이자율 연 12%, 연 보장수익률 액면금액의 10%, 액면금액 ₩1,000,000 가정 시 상환할증금 = 1,000,000 × (10% − 5%) × (1.1² + 1.1 + 1) = 165,500
>
> 계산기 사용법 상환할증금
> 1.1 × = + 1.1 + 1 × 1,000,000 × 5%
> 위 식에서 (1.1² + 1.1 + 1)을 먼저 계산하고, 앞의 숫자들을 곱하는 것이 편하다. 1.1²은 '1.1 × = '을 누르면 계산할 수 있다.

액면발행이 아니더라도 상환할증금은 반드시 위와 같이 계산한다. 여기에서 **시장이자율은 절대로 쓰이지 않는다**는 점을 주의하자.

STEP 1 발행가액 분석

부채	(액면금액 + **할증금**) × 단순현가계수 + 액면이자 × 연금현가계수	= ①XXX
자본		③XXX(A)
계		②발행가액

STEP 2 매년 말: 유효이자율 상각

> 이자비용 = 기초 부채 BV(할증금 포함) × 유효R

STEP 3 전환권 행사

부채	기말 BV × 전환율	자본금	주식 수 × 액면가
		주발초	XXX
전환권대가	A × 전환율	주발초	XXX

1. 전환 시 자본 증가액=부채 감소액=기말 사채 BV(할증금 포함)×전환율

2. 전환 시 증가하는 주발초 ★중요!

주발초 증가액 = (전기말 사채 BV + 전환권대가 − 주당 액면가 × 총 전환 가능 주식 수) × 전환율

STEP 4 전환권 행사 후 이자비용

전환권 행사 후 이자비용 = 전기말 사채 BV × 유효R × (1 − 전환율)

− 부채의 장부금액은 할증금을 포함한 금액이라는 것을 주의!

STEP 5 만기 상환

1. 만기 지급액

만기 지급액 = (액면금액 + 할증금) × (1 − 전환율)

2. 미전환 시 만기까지 총 이자비용 (만기=3년 가정)

총 이자비용 = **총 현금 지급액** − 총 현금 수령액
= **액면이자** × 3 + **액면금액** + **할증금** − 부채의 PV (전환권대가 제외)

| 전환사채 회계처리 요약 |

발행 시	현금	발행가	부채	PV(할증금도)	
			전환권대가(자본)	XXX(A)	
매년 말	이자비용	기초 BV × 유효R	현금	액면이자	
			부채	XXX	⌋ 기말 BV(할증금 포함)
전환 시	부채	기말 BV × 전환율	자본금	주식 수 × 액면가	
	전환권대가	A × 전환율	주발초	XXX	⌋ 기말 BV × (1 − 전환율)
전환 후 기말	이자비용	기말BV × 유효R × (1 − 전환율)	현금	액면이자	
			부채	XXX	
만기 상환	부채	(액면금액 + 할증금) × (1 − 전환율)	현금	XXX	

예제 전환사채

A-01 ㈜ABC는 20X1년 1월 1일 액면금액이 ₩1,000,000이며, 상환기일이 20X3년 12월 31일, 만기 3년의 전환사채를 액면발행하였다. 동 사채의 액면이자율은 연 5%로 매년말 이자를 지급한다. 이 전환사채와 동일한 일반사채의 시장이자율은 연 12%이며 만기까지 전환되지 않은 전환사채에 대한 연 보장수익률은 액면금액의 10%이다. 20X1년 1월 1일 전환사채 발행시 계상되는 전환권대가는 얼마인가? 단, 계산과정에서 소수점 이하는 첫째자리에서 반올림한다. 그러나 계산방식에 따라 단수차이로 인해 오차가 있는 경우, 가장 근사치를 선택한다. 2014. CPA

3년 기준	5%	10%	12%
단일금액 ₩1 현재가치	0.8638	0.7513	0.7118
정상연금 ₩1 현재가치	2.7232	2.4868	2.4018
정상연금 ₩1 미래가치	3.1525	3.3100	3.3744

① ₩50,307 ② ₩40,307 ③ ₩30,307
④ ₩90,397 ⑤ ₩170,397

A-02 ㈜국세는 20X1년 1월 1일에 다음과 같은 조건의 전환사채를 액면발행하였다.

> • 액면금액: ₩1,000,000
> • 만 기: 20X5년 12월 31일
> • 이 자: 매년 12월 31일에 액면금액의 연 8%를 현금으로 지급
> • 전환조건: 전환사채 발행시점부터 1개월 경과 후 만기시점까지 전환청구 가능
> 전환가격은 전환사채 액면금액 ₩5,000당 보통주(주당액면 ₩5,000) 1주로 전환가능
> • 전환사채를 중도에 전환하지 않고 만기까지 보유한 경우 전환사채 액면금액의 105%를 지급함
> • 전환사채 발행시점의 유효이자율은 연 10%임

동 전환사채 발행 직전 ㈜국세의 자산총액은 ₩10,000,000, 부채총액은 ₩6,000,000이었다. 동 전환사채 발행 직후 ㈜국세의 부채비율(부채÷자본)은 얼마인가? (단, 현가계수는 아래의 표를 이용한다. 부채비율은 소수점 셋째자리에서 반올림하며, 단수차이로 인한 오차가 있으면 가장 근사치를 선택한다.) 2012. CTA

현 가 계 수 표

할인율 / 기간	기간 말 단일금액 ₩1의 현재가치		정상연금 ₩1의 현재가치	
	8%	10%	8%	10%
1	0.92593	0.90909	0.92593	0.90909
2	0.85734	0.82645	1.78327	1.73554
3	0.79383	0.75131	2.57710	2.48685
4	0.73503	0.68302	3.31213	3.16987
5	0.68058	0.62092	3.99271	3.79079

① 1.22 ② 1.48 ③ 1.50
④ 1.64 ⑤ 1.72

A-03 다음은 ㈜대한의 전환사채와 관련된 자료이다.

(1) ㈜대한은 20X1년초 다음 조건으로 전환사채(액면금액 ₩100,000)를 액면 발행하였다.
- 표시이자 : 연 10%(매년말 지급)
- 전환조건 : 사채액면 ₩1,000당 1주의 보통주(주당액면 ₩500)로 전환
- 만기일 : 20X3. 12. 31.
- 투자자가 만기시점까지 전환권을 행사하지 않으면 만기 시점에 액면금액의 112%를 지급한다.

(2) 20X2년말 재무상태표에 표시된 전환사채 장부금액은 ₩107,018이고 전환권대가는 ₩1,184이었다.
(3) ㈜대한은 전환사채 발행시점에서 인식한 자본요소(전환권대가) 중 전환된 부분은 주식발행초과금으로 대체하는 회계처리를 한다.

20X3년초 전환사채의 60%가 전환되었다. 전환사채 전환으로 증가하는 주식발행초과금을 구하면? 단, 원 단위 미만의 금액은 소수점 첫째 자리에서 반올림한다. 2018. CPA

① ₩34,211 ② ₩34,921 ③ ₩37,910 ④ ₩64,211 ⑤ ₩64,921

A-04 다음은 ㈜한국의 전환사채와 관련된 자료이다.

- 20X1년 1월 1일 전환사채 ₩1,000,000(표시이자율 연 7%, 매년말 이자지급, 만기 3년)을 액면발행하였다. 전환사채 발행시점의 일반사채 시장이자율은 연 15%이다.
- 전환으로 발행되는 주식 1주(액면금액 ₩5,000)에 요구되는 사채액면금액은 ₩20,000으로 한다. 만기일까지 전환되지 않으면 만기일에 액면금액의 116.87%를 지급하고 일시상환한다.
- 이자율이 연 15%일 때 3년 후 ₩1의 현재가치는 ₩0.6575이며, 3년간 정상연금 ₩1의 현재가치는 ₩2.2832이다.
- 20X2년 1월 1일 사채 액면금액 ₩500,000의 전환청구로 사채가 주식으로 전환되었다.

㈜한국의 전환사채에 대한 회계처리로 옳은 설명은? 단, 전환권대가는 전환시점에서 주식발행초과금으로 대체한다. 필요시 소수점 첫째자리에서 반올림하고, 단수 차이로 오차가 있는 경우 ₩10 이내의 차이는 무시한다. 2017. CPA

① 전환사채 발행시점의 부채요소는 ₩759,544이다.
② 전환사채 발행시점의 자본요소는 ₩240,456이다.
③ 20X1년 포괄손익계산서에 계상되는 이자비용은 ₩139,237이다.
④ 전환권 행사로 자본총계는 ₩534,619 증가한다.
⑤ 전환권 행사로 주식발행초과금은 ₩498,740 증가한다.

A-05 ㈜대한은 20X1년 1월 1일 다음과 같은 조건의 전환사채를 ₩980,000에 발행하였으며, 관련 자료는 다음과 같다.

- 발행일: 20X1년 1월 1일
- 액면금액: ₩1,000,000
- 만기일: 20X3년 12월 31일(일시상환)
- 표시이자율: 연 4%, 매년 말 지급
- 원금상환방법: 상환기일에 액면금액의 106%를 일시상환
- 전환사채 발행시점의 자본요소가 결합되지 않은 유사한 일반사채의 시장이자율: 연 8%
- 전환조건: 전환사채발행시점부터 1개월 경과 후 만기시점까지 전환청구 가능하며, 전환가격은 전환사채 액면금액 ₩10,000이다.
- 적용할 현가계수는 아래의 표와 같다.

할인율 / 기간	단일금액 ₩1의 현재가치		정상연금 ₩1의 현재가치	
	4%	8%	4%	8%
1년	0.9615	0.9259	0.9615	0.9259
2년	0.9246	0.8573	1.8861	1.7832
3년	0.8890	0.7938	2.7751	2.5770

㈜대한의 전환사채 중 액면금액 ₩600,000이 20X2년 1월 1일 보통주식(주당 액면금액 ₩5,000)으로 전환되었다. 전환권대가는 전환권이 행사되어 주식을 발행할 때 행사된 부분만큼 주식발행초과금으로 대체되며, 전환간주일은 기초시점으로 가정한다. ㈜대한의 20X2년 말 재무상태표에 인식될 (A) 전환사채의 장부금액과 (B) 전환권대가의 장부금액은 각각 얼마인가? 단, 단수차이로 인한 오차가 있다면 가장 근사치를 선택한다. 2024. CPA

	(A) 전환사채	(B) 전환권대가
①	₩383,700	₩8,038
②	₩385,719	₩12,038
③	₩387,267	₩12,038
④	₩401,396	₩14,197
⑤	₩407,390	₩14,197

2 신주인수권부사채

STEP 1 발행가액 분석

액면사채	액면금액 × 단순현가계수 + 액면이자 × 연금현가계수	= ①XXX
할증금	할증금 × 단순현가계수	= ②XXX
자본		④XXX(A)
계		③발행가액

신주인수권부사채는 전환사채와 달리 사채 부분과 할증금을 따로 현재가치를 구함

STEP 2 매년 말: 유효이자율 상각

이자비용 = (기초 액면사채 + 할증금 BV) × 유효R

STEP 3 신주인수권 행사

현금	**주식 수 × 행사가**	자본금	주식 수 × 액면가
할증금	**BV × 행사율**	주발초	XXX
대가	A × 행사율	주발초	XXX

1. 행사 시 자본 증가액=현금 납입액+부채 감소액=주식 수×행사가+할증금 BV×행사율

2. 행사 시 증가하는 주발초

주발초 증가액
= (행사가 × 총 행사 가능 주식 수 + 할증금 BV + 신주인수권대가
− 주당 액면가 × 총 행사 가능 주식 수) × 행사율

참고 행사비율 100%
− 행사가격의 총합이 사채 액면금액과 일치한다는 의미
− 행사비율이 100%가 아닌 경우는 출제 X

STEP 4 행사 후 이자비용

행사 후 이자비용
= 액면사채 BV × 유효R × **100%** + 할증금 BV × 유효R × **(1 − 행사율)**

신주인수권부사채는 신주인수권을 행사하더라도 사채가 사라지지 않으므로 사채에 대한 이자비용은 100% 다 인식하지만, 할증금에 대한 이자비용은 미행사율만큼만 인식함.

STEP 5 만기 상환

1. 만기 지급액

만기 지급액 = 액면금액 × **100%** + 할증금 × **(1 − 행사율)**

신주인수권부사채는 신주인수권을 행사하더라도 사채가 사라지지 않으므로 만기에 사채의 액면금액은 100% 다 지급하지만, 할증금은 미행사율만큼만 지급함.

2. 미행사 시 만기까지 총 이자비용 (만기=3년 가정)

총 이자비용 = **총 현금 지급액** − 총 현금 수령액
= **액면이자** × 3 + **액면금액** + **할증금** − 부채의 PV (신주인수권대가 제외)

|신주인수권부사채 회계처리|

발행 시	현금	발행가	신주인수권부사채	PV	
			할증금	PV	
			신주인수권대가	XXX(A)	
매년 말	이자비용	사채 기초 BV × 유효R	현금	액면이자	
			신주인수권부사채	XXX	
	이자비용	할증금 기초 BV × 유효R	할증금	XXX	⌋ 할증금 BV
행사 시	현금	주식 수 × 행사가	자본금	주식 수 × 액면가	
	할증금	할증금 BV × 행사율	주발초	XXX	
	대가	A × 행사율	주발초	XXX	
행사 후 기말	이자비용	BV × 유효R × 100%	현금	액면이자	
			신주인수권부사채	XXX	
	이자비용	BV × 유효R × (1 − 행사율)	할증금	XXX	
만기 상환	신주인수권부사채	액면금액 × 100%	현금	XXX	
	할증금	할증금 × (1 − 행사율)			

김수석의 핵심콕! 전환사채, 신주인수권부사채 출제사항 요약 ★중요!

	전환사채	신주인수권부사채
(1)할증금	1,000,000 × (10% − 5%) × (1.1² + 1.1 + 1) = 165,500 − 10%: 보장R, 5%: 액면R, **유효이자율은 전혀 안 씀!**	
(2)주발초	(전기말 사채 BV + 전환권대가 − 주당 액면가 × 총 전환 가능 주식 수) × 전환율	(행사가 + 할증금 BV + 신주인수권대가 − 주당 액면가 × 총 행사 가능 주식 수) × 행사율
(3)행사 후 이자비용	BV(할증금 포함) × (1 − 전환율) × 유효R	{액면사채 BV + 할증금 BV × (1 − 행사율)} × 유효R
(4)행사 시 자본 증가액	BV(할증금 포함) × 전환율	행사가 + 할증금 BV × 행사율
(5)만기 현금 상환액	(액면금액 + 할증금) × (1 − 전환율)	액면금액 × 100% + 할증금 × (1 − 행사율)
(6)미행사시 총 이자비용	**총 현금 지급액** − 총 현금 수령액 = **액면이자** × 3 + **액면금액** + **할증금** − 사채의 PV (대가 제외)	

주의 사채 상각 시 액면이자를 차감한 금액에 이자율을 곱할 것!

참고 사채의 장부금액: 할증금의 장부금액 포함
'전환사채의 장부금액', '신주인수권부사채의 장부금액': **할증금의 장부금액까지 포함**
− BW의 경우 할증금 부분을 따로 계산하지만, 할증금도 사채의 장부금액에 포함

예제 신주인수권부사채

B-01 ㈜국세는 20X3년 1월 1일 액면금액이 ₩1,000,000인 비분리형 신주인수권부사채(상환기일 20X7년 12월 31일, 5년 만기, 표시이자율 연 7%, 이자는 매년 말 후급조건)를 액면발행하였다. 이 신주인수권부사채와 동일한 조건의 일반사채의 유효이자율은 연 10%이며, 만기까지 신주인수권을 행사하지 않을 경우 액면금액의 110%를 보장한다. 신주인수권부사채의 발행 시 동 사채의 장부금액은 얼마인가? (단, 현가계수는 아래 표를 이용한다.) 2014. CTA

현가계수표

할인율 / 기간	기간 말 단일금액 ₩1의 현재가치		정상연금 ₩1의 현재가치	
	7%	10%	7%	10%
1	0.9346	0.9091	0.9346	0.9091
2	0.8734	0.8264	1.8080	1.7355
3	0.8163	0.7513	2.6243	2.4868
4	0.7629	0.6830	3.3872	3.1698
5	0.7130	0.6209	4.1002	3.7908

① ₩848,346 ② ₩886,256 ③ ₩948,346 ④ ₩986,256 ⑤ ₩1,000,000

B-02 ㈜세무는 20X1년 1월 1일 액면금액 ₩1,000,000인 신주인수권부사채(만기 3년, 표시이자율 연 7%, 매년 말 이자지급)를 액면발행 하였다. 동 신주인수권부사채 발행 당시 동일한 조건의 일반사채의 유효이자율은 연 12%이다. 동 사채는 발행일로부터 18개월이 경과한 시점부터 상환기일 30일 전까지 사채의 액면금액 ₩10,000당 보통주 1주(주당 액면금액 ₩5,000)를 인수할 수 있는 권리가 부여되어 있다. 만기까지 신주인수권을 행사하지 않을 경우 액면금액의 113.5%를 보장한다. ㈜세무의 20X1년도 이자비용은? (단, 계산금액은 소수점 이하 첫째자리에서 반올림한다.)

2020. CTA

기간	단일금액 ₩1의 현재가치		정상연금 ₩1의 현재가치	
	7%	12%	7%	12%
1년	0.9346	0.8929	0.9346	0.8929
2년	0.8734	0.7972	1.8080	1.6901
3년	0.8163	0.7118	2.6243	2.4018

① ₩70,000　② ₩117,122　③ ₩122,777
④ ₩135,000　⑤ ₩158,981

B-03 ㈜럭키는 20X1년 1월 1일 다음과 같은 조건의 비분리형 신주인수권부사채를 액면발행하였다.

- 액면금액 : ₩1,000,000
- 표시이자율 : 연 4%
- 이자지급일 : 매년 12월 31일
- 행사가액 : ₩10,000 (행사비율은 100%)
- 만기상환일 : 20X4년 1월 1일
- 발행주식의 주당 액면금액 : ₩5,000
- 원금상환방법 : 상환기일에 액면금액의 109.74%를 일시상환
- 신주인수권부사채 발행시점의 신주인수권이 부여되지 않은 유사한 일반사채 시장이자율 : 연 8%

기간	8% 기간말 단일금액 ₩1의 현재가치	8% 정상연금 ₩1의 현재가치
3	0.7938	2.5771

동 사채 액면금액 중 ₩700,000의 신주인수권이 20X2년 1월 1일에 행사되었을 때, 증가되는 주식발행초과금은 얼마인가? 단, ㈜럭키는 신주인수권이 행사되는 시점에 신주인수권대가를 주식발행초과금으로 대체하며, 법인세효과는 고려하지 않는다. 또한 계산결과 단수차이로 인해 답안과 오차가 있는 경우 근사치를 선택한다.

2013. CPA 수정

① ₩358,331　② ₩368,060　③ ₩376,555　④ ₩408,451　⑤ ₩426,511

B-04

㈜대한은 비분리형 신주인수권부사채를 액면발행하였으며, 관련된 자료는 다음과 같다.

- 발행일: 20X1년 1월 1일
- 액면금액: ₩100,000
- 만기일: 20X3년 12월 31일(일시상환)
- 표시이자율: 연 4%, 매년 말 지급
- 발행당시 신주인수권이 없는 일반사채의 시장이자율: 연 8%
- 보장수익률은 연 6%이며, 동 신주인수권부사채는 액면금액 ₩10,000당 보통주 1주(액면금액: ₩5,000)를 인수(행사가격: ₩10,000)할 수 있다.
- 신주인수권 행사기간은 발행일로부터 1개월이 경과한 날부터 상환기일 30일 전까지이다.
- 적용할 현가계수는 아래의 표와 같다.

기간 \ 할인율	단일금액 ₩1의 현재가치		정상연금 ₩1의 현재가치	
	6%	8%	6%	8%
1년	0.9434	0.9259	0.9434	0.9259
2년	0.8900	0.8573	1.8334	1.7832
3년	0.8396	0.7938	2.6730	2.5770

20X2년 1월 1일 ㈜대한의 신주인수권부사채 40%(액면금액 기준)에 해당하는 신주인수권이 행사되었다. ㈜대한은 신주인수권 발행 시 인식한 자본요소(신주인수권대가) 중 행사된 부분은 주식발행초과금으로 대체하는 회계처리를 한다. ㈜대한의 신주인수권과 관련된 회계처리와 관련하여 20X2년 1월 1일 신주인수권 행사로 인한 ㈜대한의 주식발행초과금 증가액은 얼마인가? 단, 만기 전에 상환된 신주인수권부사채는 없다. 단수차이로 인한 오차가 있다면 가장 근사치를 선택한다. 2024. CPA

① ₩15,431
② ₩22,431
③ ₩23,286
④ ₩24,286
⑤ ₩28,431

B-05 ㈜청명은 20X1년 1월 1일 비분리형 신주인수권부사채를 ₩98,000에 발행하였다. 다음은 이 사채와 관련된 사항이다.

- 사채의 액면금액은 ₩100,000이고 만기는 20X3년 12월 31일이다.
- 액면금액에 대해 연 6%의 이자를 매 연도말 지급한다.
- 신주인수권의 행사기간은 20X1년 2월 1일부터 20X3년 11월 30일까지이다.
- 신주인수권 행사시 사채의 액면금액 ₩1,000당 주식 1주를 인수할 수 있으며, 행사금액은 주당 ₩8,000이다. 발행하는 주식의 주당 액면금액은 ₩5,000이다.
- 신주인수권부사채의 발행시 동일조건을 가진 일반사채의 유효이자율은 연 10%이다.

3년 기준	6%	10%
단일금액 ₩1의 현재가치	0.8396	0.7513
정상연금 ₩1의 현재가치	2.6730	2.4869

위 신주인수권부사채의 액면금액 중 70%에 해당하는 신주인수권이 20X2년 1월 1일에 행사되었다. 신주인수권의 행사로 증가하는 주식발행초과금과 20X2년도 포괄손익계산서에 인식할 이자비용은 각각 얼마인가? 단, 신주인수권이 행사되는 시점에 신주인수권대가를 주식발행초과금으로 대체하며, 법인세효과는 고려하지 않는다. 또한 계산과정에서 소수점 이하는 첫째자리에서 반올림한다. 그러나, 계산방식에 따라 단수차이로 인해 오차가 있는 경우, 가장 근사치를 선택한다.

2014. CPA

	주식발행초과금	이자비용
①	₩210,000	₩2,792
②	₩215,564	₩2,792
③	₩212,385	₩8,511
④	₩216,964	₩9,005
⑤	₩215,564	₩9,306

B-06 ㈜대한은 20X1년 1월 1일에 만기 3년, 액면이자율 5%(이자는 매년 말 지급), 액면금액 ₩1,000,000의 비분리형 신주인수권부사채를 액면발행하였다. 신주인수권의 행사기간은 발행일로부터 1개월이 경과한 날부터 상환기일 30일 전까지이다. 신주인수권부사채는 상환할증 조건이 없으며, 신주인수권의 행사조건은 사채 액면금액 ₩20,000당 보통주(주당 액면 ₩5,000) 1주를 인수(행사가격 ₩20,000)할 수 있다. 20X3년 1월 1일 신주인수권의 60%가 행사되었다. 이러한 신주인수권 행사로 인한 ㈜대한의 자본증가액은? (단, ㈜대한은 신주인수권부사채 발행시점에서의 신용등급으로 만기 3년, 액면이자율 10%, 액면금액 ₩1,000,000의 일반사채를 액면발행할 수 있다. 또한 현가계수는 아래 표를 이용한다.) 2013. CTA

현가계수표

기간	기간 말 단일금액 ₩1의 현재가치		정상연금 ₩1의 현재가치	
	5%	10%	5%	10%
1	0.9524	0.9091	0.9524	0.9091
2	0.9070	0.8264	1.8594	1.7355
3	0.8638	0.7513	2.7232	2.4868

① ₩500,000 ② ₩512,180 ③ ₩562,180 ④ ₩600,000 ⑤ ₩674,616

B-07 ㈜세무는 20X1년 1월 1일 다음과 같은 조건의 신주인수권부사채를 액면발행하였다.

- 액면금액 : ₩100,000
- 표시이자율 : 연 4%
- 사채발행시 신주인수권이 부여되지 않은 일반사채의 시장이자율 : 연 6%
- 이자지급일 : 매년 12월 31일
- 행사가격 : 1주당 ₩1,000
- 만기상환일 : 20X3년 12월 31일
- 상환조건 : 신주인수권 미행사시 상환기일에 액면금액의 105%를 일시상환

20X2년 초 상기 신주인수권의 60%가 행사되어 주식 60주가 발행되었다. 20X2년 초 상기 신주인수권의 행사로 인한 ㈜세무의 자본총계 증가액은? (단, 상기 신주인수권은 지분상품에 해당하며, 현재가치 계산이 필요한 경우 다음에 제시된 현가계수표를 이용한다.) 2022. CTA

기간	단일금액 ₩1의 현재가치		정상연금 ₩1의 현재가치	
	4%	6%	4%	6%
1년	0.9615	0.9434	0.9615	0.9434
2년	0.9246	0.8900	1.8861	1.8334
3년	0.8890	0.8396	2.7751	2.6730

① ₩60,000 ② ₩62,670 ③ ₩63,000 ④ ₩63,700 ⑤ ₩65,000

※ 다음 〈자료〉를 이용하여 8번과 9번에 답하시오.

〈자료〉

- ㈜대한은 20X1년 1월 1일에 액면금액 ₩1,000,000의 비분리형 신주인수권부사채를 다음과 같은 조건으로 액면발행하였다.

> - 만기일: 20X3년 12월 31일(일시상환)
> - 표시이자율: 연 4%, 매년 말 지급
> - 발행시점의 일반사채 시장이자율: 연 8%
> - 신주인수권 행사가액: 사채액면금액 ₩20,000당 보통주 1주(주당 액면금액 ₩5,000)를 ₩20,000에 인수
> - 상환할증금: 만기일까지 신주인수권을 행사하지 않으면 만기일에 액면금액의 10%를 지급

- 적용할 현가계수는 아래의 표와 같다.

기간 \ 할인율	단일금액 ₩1의 현재가치			정상연금 ₩1의 현재가치		
	4%	8%	10%	4%	8%	10%
1년	0.9615	0.9259	0.9091	0.9615	0.9259	0.9091
2년	0.9246	0.8573	0.8264	1.8861	1.7832	1.7355
3년	0.8890	0.7938	0.7513	2.7751	2.5770	2.4868

- ㈜대한은 신주인수권부사채 발행 시 인식한 자본요소(신주인수권대가) 중 신주인수권이 행사된 부분은 주식발행초과금으로 대체하는 회계처리를 한다.
- 20X2년 1월 1일에 ㈜대한의 신주인수권부사채 액면금액 중 40%에 해당하는 신주인수권이 행사되었다.

B-08 ㈜대한이 신주인수권부사채를 발행할 때 인식할 신주인수권대가는 얼마인가? 단, 단수차이로 인해 오차가 있다면 가장 근사치를 선택한다.

2023. CPA

① ₩20,000 ② ₩23,740 ③ ₩79,380
④ ₩100,000 ⑤ ₩103,120

B-09 신주인수권 행사 시점에 ㈜대한이 인식해야 하는 자본 변동액은 얼마인가? 단, 단수차이로 인해 오차가 있다면 가장 근사치를 선택한다.

2023. CPA

① ₩405,744 증가 ② ₩409,496 증가 ③ ₩415,240 증가
④ ₩434,292 증가 ⑤ ₩443,788 증가

B-10 ㈜무등은 20X1년 1월 1일 신주인수권부사채를 발행하였으며, 이와 관련된 사항은 다음과 같다.

· 액면금액:	₩2,000,000
· 발행금액:	₩1,903,960
· 액면이자율:	연 8%(매년 말 이자지급)
· 원금상환:	20X3.12.31에 일시상환
· 행사기간:	20X1. 3. 1 ~ 20X3. 9.30
· 행사금액:	₩10,000(행사비율은 100%로 사채액면 ₩10,000당 주당 액면금액이 ₩5,000인 보통주 1주 인수 가능)
· 납입방법:	주금납입은 현금으로만 가능하며 대용납입은 인정되지 않음
· 기　타:	신주인수권부사채 발행시 동일조건을 가진 일반사채의 유효이자율은 연 12%이고, 동 사채와 관련하여 상기 사항을 제외한 약정사항은 없음

20X2년 1월 1일에 신주인수권부사채 액면 ₩500,000에 대하여 신주인수권이 행사되었다. 동 신주인수권부사채와 관련하여 ㈜무등이 20X2년도 포괄손익계산서에 인식할 이자비용과 20X2년 말 재무상태표에 인식할 신주인수권대가는 얼마인가? (단, 신주인수권대가는 행사시 주식발행초과금으로 대체하며, 현가계수는 아래 표를 이용하라. 또한 계산금액은 소수점 첫째자리에서 반올림하며, 단수차이로 인해 약간의 오차가 있으면 가장 근사치를 선택한다.) 2011. CPA

현가계수표

할인율 / 기 간	기간 말 단일금액 ₩1의 현재가치			정상연금 ₩1의 현재가치		
	8%	10%	12%	8%	10%	12%
1	0.9259	0.9091	0.8929	0.9259	0.9091	0.8929
2	0.8573	0.8264	0.7972	1.7833	1.7355	1.6901
3	0.7938	0.7513	0.7118	2.5771	2.4868	2.4018

	이자비용	신주인수권대가
①	₩167,835	₩72,054
②	₩167,835	₩96,072
③	₩223,780	₩72,054
④	₩223,780	₩96,072
⑤	₩223,780	₩98,086

예제 신주인수권부사채 계산형 말문제

C-01 ㈜대한은 20X1년 1월 1일에 다음과 같은 상환할증금 미지급조건의 비분리형 신주인수권부사채를 액면발행하였다.

- 사채의 액면금액은 ₩1,000,000이고 만기는 20X3년 12월 31일이다.
- 액면금액에 대하여 연 10%의 이자를 매년 말에 지급한다.
- 신주인수권의 행사기간은 발행일로부터 1개월이 경과한 날부터 상환기일 30일 전까지이다.
- 행사비율은 사채액면금액의 100%로 행사금액은 ₩20,000(사채액면금액 ₩20,000당 보통주 1주(주당 액면금액 ₩5,000)를 인수)이다.
- 원금상환방법은 만기에 액면금액의 100%를 상환한다.
- 신주인수권부사채 발행 시점에 일반사채의 시장수익률은 연 12%이다.

㈜대한은 신주인수권부사채 발행 시 인식한 자본요소(신주인수권대가) 중 행사된 부분은 주식발행초과금으로 대체하는 회계처리를 한다. 20X3년 1월 1일에 ㈜대한의 신주인수권부사채 액면금액 중 40%에 해당하는 신주인수권이 행사되었다. 다음 설명 중 옳은 것은? 단, 단수차이로 인해 오차가 있다면 가장 근사치를 선택한다.

2019. CPA

할인율 / 기간	단일금액 ₩1의 현재가치		정상연금 ₩1의 현재가치	
	10%	12%	10%	12%
1년	0.9091	0.8929	0.9091	0.8929
2년	0.8264	0.7972	1.7355	1.6901
3년	0.7513	0.7118	2.4868	2.4019

① 20X1년 1월 1일 신주인수권부사채 발행시점의 자본요소(신주인수권대가)는 ₩951,990이다.
② 20X2년도 포괄손익계산서에 인식할 이자비용은 ₩114,239이다.
③ 20X2년 말 재무상태표에 부채로 계상할 신주인수권부사채의 장부금액은 ₩966,229이다.
④ 20X3년 1월 1일 신주인수권의 행사로 증가하는 주식발행초과금은 ₩319,204이다.
⑤ 20X3년도 포괄손익계산서에 인식할 이자비용은 ₩70,694이다.

C-02 ㈜세무는 20X1년 초 다음과 같은 조건의 비분리형 신주인수권부사채를 액면발행하였다.

- 액면금액: ₩1,000,000
- 표시이자율: 5%(매년 말 지급)
- 사채발행시 신주인수권이 부여되지 않은 일반사채의 시장이자율: 10%
- 만기상환일: 20X3년 말
- 행사가격: 사채액면금액 ₩20,000당 보통주 1주(액면금액 ₩10,000)를 ₩20,000에 인수
- 행사기간: 발행일로부터 12개월이 경과한 날부터 상환기일 30일 전까지
- 상환조건: 신주인수권 미행사시 상환기일에 액면금액의 115%를 일시상환
- 신주인수권(지분상품에 해당)이 행사된 부분은 주식발행초과금으로 대체되며, 만기 때까지 신주인수권부사채는 상환되지 않음

20X2년 초 상기 신주인수권의 40%가 행사되었으며, 이후 신주인수권이 행사되지 않았을 때, 동 사채에 관한 설명으로 옳은 것은? (단, 현재가치 계산이 필요한 경우 다음에 제시된 현가계수표를 이용한다.) 2024. CTA

기간	단일금액 ₩1의 현재가치		정상연금 ₩1의 현재가치	
	5%	10%	5%	10%
1	0.9524	0.9091	0.9524	0.9091
2	0.9070	0.8265	1.8594	1.7355
3	0.8638	0.7513	2.7233	2.4869

① 20X1년 초 인식된 신주인수권대가는 ₩124,355이다.
② 20X1년도 이자비용은 ₩87,565이다.
③ 20X2년 초 신주인수권 행사시 자본 증가액은 ₩454,254이다.
④ 20X2년 초 신주인수권 행사 직후 상환할증금을 포함한 사채의 장부금액은 ₩1,037,174이다.
⑤ 20X2년도 이자비용은 ₩98,758이다.

※ 문제 3번과 4번은 독립적이다. ㈜조선의 복합금융상품과 관련된 다음의 자료를 이용하여 문제 3번과 문제 4번에 답하시오.

액면금액	₩1,000,000
표시이자율	연5%
이자지급일	매년 12월 31일
만기일	20X3년 12월 31일
일반사채 시장이자율	연12%

할인율	단일금액 ₩1의 현가			정상연금 ₩1의 현가		
	1년	2년	3년	1년	2년	3년
5%	0.9524	0.9070	0.8638	0.9524	1.8594	2.7233
8%	0.9259	0.8573	0.7938	0.9259	1.7833	2.5771
12%	0.8929	0.7972	0.7118	0.8929	1.6901	2.4018

C-03

상기 복합금융상품은 상환할증금 미지급조건의 전환사채이며, ㈜조선은 20X1년 1월 1일 상기 전환사채를 액면발행하였다. 전환조건은 전환사채 액면 ₩10,000당 액면 ₩5,000의 보통주 1주를 교부하는 것이다. 20X2년 1월 1일 전환사채의 일부가 보통주로 전환되었으며, 나머지는 만기에 상환되었다. ㈜조선은 전환사채 발행 시 인식한 자본요소(전환권대가) 중 전환된 부분은 주식발행초과금으로 대체하는 회계처리를 한다. 20X2년 1월 1일 전환사채의 전환으로 인한 ㈜조선의 주식발행초과금 증가액은 ₩329,896이다. 이 경우 전환된 전환사채의 비율은 얼마인가? 단, 단수차이로 인해 오차가 있는 경우 가장 근사치를 선택한다. 2016. CPA

① 40% ② 45% ③ 50% ④ 55% ⑤ 60%

C-04

상기 복합금융상품은 비분리형 신주인수권부사채이다. ㈜조선은 상기 신주인수권부사채를 20X1년 1월 1일에 액면발행하였다. 20X2년 1월 1일부터 권리행사가 가능하며, 신주인수권부사채의 신주인수권을 행사하지 않을 경우에는 만기에 상환할증금이 지급된다. 보장수익률은 연8%이며, 20X3년 1월 1일에 액면금액의 50%에 해당하는 신주인수권이 행사되었다. 행사가격은 ₩10,000이며, 신주인수권부사채 액면 ₩10,000당 액면 ₩5,000의 보통주 1주를 인수할 수 있다. 상기 신주인수권부사채와 관련하여 20X3년에 인식하는 이자비용은 얼마인가? 단, 단수차이로 인해 오차가 있는 경우 가장 근사치를 선택한다. 2016. CPA

① ₩61,467 ② ₩86,549 ③ ₩117,717 ④ ₩141,413 ⑤ ₩146,549

C-05

㈜코리아는 20X1년 1월 1일 신주인수권부사채를 ₩960,000에 발행하였는데, 이와 관련된 구체적인 내역은 다음과 같다.

(1) 액면금액은 ₩1,000,000이며 만기는 3년이다.
(2) 액면이자율은 연5%이며 이자는 매년말에 후급된다.
(3) 보장수익률은 연8%이며 동 신주인수권부사채는 액면금액 ₩10,000당 보통주 1주(액면금액 ₩1,000)를 인수할 수 있다.
(4) 발행당시 신주인수권이 없는 일반사채의 시장이자율은 연10%이다.
(5) 20X2년 1월 1일 신주인수권부사채의 50%(액면금액 기준)에 해당하는 신주인수권이 행사되었다.

㈜코리아가 20X3년 12월 31일 만기일에 액면이자를 포함하여 사채권자에게 지급해야 할 총금액은 얼마인가? 단, 만기 전에 상환된 신주인수권부사채는 없다. 2015. CPA

① ₩1,018,696 ② ₩1,038,696 ③ ₩1,058,696 ④ ₩1,078,696 ⑤ ₩1,098,696

3 조정 계정을 이용한 총액 분개 심화

전환사채	현금	발행가	전환사채	액면가
			할증금	할증금
	전환권조정	XXX	전환권대가	A
신주인수권부사채	현금	발행가	신주인수권부사채	액면가
	신주인수권조정	XXX	할증금	할증금
			신주인수권대가	A

전환권조정, 신주인수권조정: 사채할인발행차금과 동일 (= 액면금액 + 할증금 − 부채의 현재가치)

− 조정 계정 없이 순액으로 회계처리해도 답을 구할 수 있음.

→ 조정을 제시하거나, 조정을 묻는 문제가 아니라면 순액으로 회계처리할 것!

예 제 조정 계정을 이용한 총액 분개

C-06 ㈜갑은 운영자금을 조달하기 위하여 20X1년초에 상환할증금이 있는 신주인수권부사채를 액면발행하였다. 신주인수권부사채의 발행내역은 다음과 같다.

- 액면금액: ₩100,000
- 이자율 및 지급조건: 표시이자율 연 10%, 매년말 지급
- 만기상환일: 20X3년 12월 31일
- 발행시 신주인수권조정: ₩14,843
- ㈜갑이 신주인수권부사채를 발행하는 시점에서 신주인수권이 부여되지 않은 유사한 일반사채의 시장이자율은 연 15%이다.

연 15% 현가계수		
기간	단일금액 ₩1	정상연금 ₩1
1	0.8696	0.8696
2	0.7561	1.6257
3	0.6575	2.2832

신주인수권부사채의 액면금액 중 60%의 신주인수권이 만기 전에 행사되었다면, 만기상환시 ㈜갑이 지급해야 할 현금총액은 얼마인가? 단, 이자지급액은 제외하며, 만기 전에 상환된 신주인수권부사채는 없다. 2012. CPA 수정

① ₩102,936 ② ₩104,000 ③ ₩104,800 ④ ₩112,000 ⑤ ₩123,418

4 액면발행이 아닌 경우 VS 발행원가

1. 액면발행이 아닌 경우(할인발행 or 할증발행): 차액은 자본에 반영

부채	(액면금액 + 할증금) × 단순현가계수 + 액면 이자 × 연금현가계수	= ①XXX
자본		③XXX
계		②발행가액

전환사채의 발행금액 분석 시 미래현금흐름의 현재가치를 먼저 부채로 계상하고, 발행가액에서 부채를 차감한 잔여액을 자본으로 계상

→ **전환사채의 발행금액과 액면금액의 차이는 자본(전환권대가)에 반영**

예제 액면발행이 아닌 경우

D-01 ㈜예림은 20X1년 1월 1일 다음과 같은 조건의 전환사채를 ₩970,000에 발행하였다.

- 액면금액 : ₩1,000,000
- 표시이자율 : 연 5%
- 전환사채 발행시점의 자본요소가 결합되지 않은 유사한 일반사채 시장이자율 : 연 10%
- 이자지급일 : 매년 12월 31일
- 만기상환일 : 20X4년 1월 1일
- 원금상환방법 : 상환기일에 액면금액의 105.96%를 일시상환

기간	10% 기간말 단일금액 ₩1의 현재가치	10% 정상연금 ₩1의 현재가치
1	0.9091	0.9091
2	0.8265	1.7356
3	0.7513	2.4869

전환사채 중 액면금액 ₩700,000이 20X2년 1월 1일에 보통주식(주당 액면금액 ₩5,000)으로 전환되었으며, 전환가격은 ₩10,000이다. 전환권대가는 전환권이 행사되어 주식을 발행할 때 행사된 부분만큼 주식발행초과금으로 대체하며, 전환간주일은 기초시점으로 가정한다.

20X2년 12월 31일 전환사채와 전환권대가의 장부금액은 각각 얼마인가? 단, 법인세효과는 고려하지 않으며, 계산결과 단수차이로 인해 답안과 오차가 있는 경우 근사치를 선택한다. 2013. CPA

	전환사채	전환권대가
①	₩317,880	₩23,873
②	₩317,880	₩14,873
③	₩302,614	₩14,873
④	₩302,614	₩23,873
⑤	₩300,000	₩59,600

D-02 ㈜갑은 20X1년 1월 1일 1매당 액면금액이 ₩1,000인 전환사채 1,000매(만기 3년, 표시이자율 연 8%, 매년말 이자지급)를 ₩950,352에 할인발행하였다. 발행된 전환사채는 만기 전 1매당 1주의 보통주로 전환될 수 있다. 전환사채 발행시점에서 자본요소가 결합되지 않은 유사한 일반사채의 시장이자율은 연 12%이다. 전환사채 발행시점에서 전환권 1매의 공정가치는 활성시장에서 ₩55이다.
㈜갑이 20X1년말 재무상태표에 표시할 전환권대가 및 전환사채의 장부금액과 가장 가까운 것은? 2012. CPA

	기간말 단일금액 ₩1의 현재가치		정상연금 ₩1의 현재가치	
기간 \ 할인율	8%	12%	8%	12%
1	0.9259	0.8929	0.9259	0.8929
2	0.8573	0.7972	1.7833	1.6901
3	0.7938	0.7118	2.5771	2.4018

	전환권대가	전환사채 장부금액
①	₩46,408	₩932,417
②	₩48,402	₩932,417
③	₩46,408	₩930,184
④	₩55,000	₩922,794
⑤	₩48,402	₩930,184

2. 발행원가: 자본과 부채에 BV 비율로 안분 심화

부채	PV(현금흐름)	= ①XXX	× 비율	= XXX
자본		③XXX	× 비율	= XXX
계		②발행가액	× 비율	발행가액 – 발행원가

전환사채 발행 시 **발행원가는 자본과 부채에 안분**한다. 안분 비율은 '발행원가가 없다고 가정했을 때의 BV 비율'이다. 우선은 발행원가가 없다고 보고 발행가액 분석을 한다. 이때 계산되는 부채와 자본의 BV 비율대로 발행원가를 안분하면 된다.

예 제 발행원가

D-03 ㈜코리아는 20X1년 1월 1일 액면금액 ₩1,000,000의 전환사채를 ₩900,000에 발행하였다. 전환사채 발행과 관련된 중개수수료, 인쇄비 등 거래비용으로 ₩10,000을 지출하였다. 이자는 매년말 액면금액의 4%를 지급하며 만기는 5년이다. 전환사채는 20X1년 7월 1일부터 만기일까지 액면금액 ₩5,000당 액면금액 ₩1,000의 보통주 1주로 전환이 가능하다. 전환사채 발행당시 전환권이 없는 일반사채의 시장이자율은 연 10%이며, 만기일까지 전환권을 행사하지 않을 경우에는 액면금액의 106%를 지급한다. 동 사채발행일에 ㈜코리아의 부채 및 자본이 증가한 금액은 각각 얼마인가? 단, 현가계수는 아래의 표를 이용하며 소수점 첫째자리에서 반올림한다. 계산결과 단수차이로 인한 약간의 오차가 있으면 가장 근사치를 선택한다. 2015. CPA

이자율	기간	단일금액 ₩1의 현가	정상연금 ₩1의 현가
4%	5년	0.8219	4.4518
10%	5년	0.6209	3.7908

	부채증가액	자본증가액
①	₩800,788	₩89,212
②	₩809,786	₩90,214
③	₩809,786	₩88,518
④	₩809,786	₩89,505
⑤	₩836,226	₩89,505

5 전환사채의 조기상환 중요!

사채	상환 시점 사채의 BV	현금	①상환 시점 사채의 FV
	②PL XXX		
전환권대가	전환권대가 BV	현금	③총 상환금액 − 상환 시점 사채의 FV
	④자본요소 XXX		

STEP 1 상환 시점 사채의 FV 구하기

상환 시점 사채의 FV = 잔여 현금흐름을 '현행이자율'로 할인한 금액

주의 잔여 현금흐름에 상환할증금을 빼먹지 말 것!

STEP 2 사채상환손익(PL)=사채의 BV−사채의 FV 중요!

STEP 3 전환권대가에 대한 상환금액=총 상환금액−상환 시점 사채의 FV

STEP 4 전환권대가 상환손익(자본요소)=전환권대가−전환권대가에 대한 상환금액

주의 문제에 전환권대가의 공정가치가 제공되더라도 사용하지 말 것!

예제 전환사채의 조기상환

D-04 ㈜가야는 20X1년 1월 1일 다음과 같은 상환할증금 미지급조건의 전환사채를 액면발행하였다.

액면금액	₩2,000,000
표시이자율	연6%
일반사채 시장이자율	연8%
이자지급일	매년 12월 31일
만기일	20X3년 12월 31일
전환가격	₩10,000(보통주 주당 액면금액 ₩5,000)

20X2년 1월 1일에 ㈜가야는 전환사채 전부를 동일자의 공정가치인 ₩2,400,000에 조기상환하였다. 만약 이날 ㈜가야가 매년말 이자를 지급하는 2년 만기 일반사채를 발행한다면 이 사채에 적용될 시장이자율은 10%이다. 조기상환시점에서 상환대가 ₩2,400,000 중 전환사채의 자본요소에 대한 상환대가는 얼마인가? 단, 단수차이로 인해 오차가 있는 경우 가장 근사치를 선택한다. 2016. CPA

할인율	단일금액 ₩1의 현가			정상연금 ₩1의 현가		
	1년	2년	3년	1년	2년	3년
6%	0.9434	0.8900	0.8396	0.9434	1.8334	2.6730
8%	0.9259	0.8573	0.7938	0.9259	1.7833	2.5771
10%	0.9091	0.8264	0.7513	0.9091	1.7355	2.4869

① ₩296,844 ② ₩320,000 ③ ₩368,256
④ ₩397,874 ⑤ ₩538,940

D-05 ㈜국세는 20X1년 1월 1일 액면금액 ₩3,000,000인 전환사채를 상환할증금 지급조건 없이 액면발행하였다. 전환사채의 액면이자율은 8%(매년 말 이자지급), 사채발행일 현재 일반사채의 유효이자율은 10%이다. 전환사채의 상환기일은 20X3년 12월 31일이며, 전환청구기간은 20X1년 6월 1일부터 20X3년 11월 30일까지이다. 동 전환사채는 사채액면 ₩10,000당 1주의 보통주(주당액면 ₩5,000)로 전환이 가능하다.
㈜국세가 20X2년 1월 1일 동 전환사채 전부를 공정가치인 ₩2,960,000에 재구매하였다면, 동 전환사채의 재구매 거래가 20X2년도 ㈜국세의 포괄손익계산서 상 당기순이익에 미치는 영향은 얼마인가? (단, 재구매일 현재 일반사채의 유효이자율은 9%이며, 현가계수는 아래 표를 이용한다. 계산금액은 소수점 첫째 자리에서 반올림하며, 이 경우 단수차이로 인해 약간의 오차가 있으면 가장 근사치를 선택한다.) 2011. CTA

현 가 계 수 표

기간＼할인율	기간 말 단일금액 ₩1의 현재가치			정상연금 ₩1의 현재가치		
	8%	9%	10%	8%	9%	10%
1년	0.92592	0.91743	0.90909	0.92592	0.91743	0.90909
2년	0.85733	0.84168	0.82645	1.78325	1.75911	1.73554
3년	0.79383	0.77218	0.75131	2.57708	2.53129	2.48685

① 감소 ₩38,601 ② 감소 ₩51,375 ③ 감소 ₩64,149
④ 증가 ₩12,774 ⑤ 증가 ₩91,375

D-06 ㈜세무는 20X1년 1월 1일 액면금액 ₩1,000,000의 전환사채를 액면발행하였다. 다음 자료를 이용할 경우, 전환사채 상환 회계처리가 ㈜세무의 20X2년도 당기순이익에 미치는 영향은? (단, 현재가치 계산 시 다음에 제시된 현가계수표를 이용한다.) 2023. CTA

- 표시이자율 연 5%, 매년 말 이자지급
- 만기상환일 : 20X3년 12월 31일
- 일반사채의 유효이자율 : 20X1년 1월 1일 연 10%, 20X2년 1월 1일 연 12%
- 상환조건 : 상환기일에 액면금액의 115%를 일시상환
- 전환조건 : 사채액면 ₩1,000당 보통주식 1주(주당액면 ₩500)로 전환
- 20X2년 1월 1일에 전환사채 중 50%를 동 일자의 공정가치 ₩550,000에 상환

기간	단일금액 ₩1의 현재가치		정상연금 ₩1의 현재가치	
	10%	12%	10%	12%
1	0.9091	0.8929	0.9091	0.8929
2	0.8265	0.7972	1.7355	1.6901
3	0.7513	0.7118	2.4869	2.4018

① ₩25,583 감소 ② ₩31,413 감소 ③ ₩55,830 감소
④ ₩17,944 증가 ⑤ ₩25,456 증가

※ 다음 자료를 이용하여 7번과 8번에 답하시오.

• ㈜대한은 20X1년 1월 1일 액면금액 ₩1,000,000의 전환사채를 다음과 같은 조건으로 액면발행하였다.

> • 표시이자율 : 연 4%
> • 일반사채 시장이자율 : 연 8%
> • 이자지급일 : 매년 말
> • 만기일 : 20X3년 12월 31일
> • 전환조건 : 사채액면금액 ₩5,000당 1주의 보통주(1주당 액면금액 ₩3,000)로 전환되며, 후속적으로 변경되지 않는다.
> • 만기일까지 전환권을 행사하지 않으면 만기일에 액면금액의 108.6%를 지급

• 적용할 현가계수는 아래의 표와 같다.

할인율 / 기간	단일금액 ₩1의 현재가치			정상연금 ₩1의 현재가치		
	4%	8%	10%	4%	8%	10%
1년	0.9615	0.9259	0.9091	0.9615	0.9259	0.9091
2년	0.9246	0.8573	0.8264	1.8861	1.7832	1.7355
3년	0.8890	0.7938	0.7513	2.7751	2.5770	2.4868

D-07 20X2년 1월 1일 위 전환사채의 액면금액 40%가 전환되었을 때, ㈜대한의 자본증가액은 얼마인가? 단, 단수차이로 인해 오차가 있다면 가장 근사치를 선택한다. 2022. CPA

① ₩365,081　② ₩379,274　③ ₩387,003
④ ₩400,944　⑤ ₩414,885

D-08 ㈜대한은 전환되지 않고 남아있는 전환사채를 모두 20X3년 1월 1일 조기상환하였다. 조기상환 시 전환사채의 공정가치는 ₩650,000이며, 일반사채의 시장이자율은 연 10%이다. ㈜대한의 조기상환이 당기순이익에 미치는 영향은 얼마인가? 단, 단수차이로 인해 오차가 있다면 가장 근사치를 선택한다. 2022. CPA

① ₩3,560 증가　② ₩11,340 증가　③ ₩14,900 증가
④ ₩3,560 감소　⑤ ₩11,340 감소

D-09 ㈜세무는 20X1년 1월 1일 액면 ₩100,000(표시이자율 6% 매년 말 지급, 만기 3년)인 전환사채를 ₩100,000에 발행하였다. 발행 당시 일반사채의 유효이자율은 12%이다. 전환조건은 전환사채 액면 ₩800당 보통주 1주(액면 ₩500)이며, 만기일까지 전환권이 행사되지 않은 경우에는 액면의 113.24%를 지급한다. 동 전환사채와 관련된 설명으로 옳지 않은 것은? 2019. CTA 수정

기간	단일금액 ₩1의 현재가치 (할인율 12%)	정상연금 ₩1의 현재가치 (할인율 12%)
1년	0.8929	0.8929
2년	0.7972	1.6901
3년	0.7118	2.4018

① 전환사채 발행시점 부채요소의 장부금액은 ₩95,015이다.

② 20X1년 12월 31일 전환사채의 자본요소는 ₩4,985이다.

③ 20X2년 부채 증가금액은 ₩6,050이다.

④ 20X3년 1월 1일 전환사채 액면 ₩40,000의 전환청구가 이루어지면 전환권대가 ₩1,994을 자본잉여금으로 대체할 수 있다.

⑤ 20X3년 1월 1일 전환사채 전부를 ₩100,000에 상환하고, 상환 당시 일반사채의 유효이자율은 10%라면 당기손익으로 인식할 사채상환이익은 ₩11,452이다.

D-10 ㈜세무는 20X1년 초 다음과 같은 전환사채를 액면발행하였으며, 20X2년 초 전환사채 전부를 ₩1,070,000(상환시점의 공정가치)에 조기상환하였다. 이 전환사채의 회계처리에 관한 설명으로 옳지 않은 것은? (단, 주어진 현가계수표를 이용하며, 현가계산 시 소수점 이하는 첫째자리에서 반올림한다.) 2018. CTA 수정

- 액면금액: ₩1,000,000
- 표시이자율: 연 4%
- 만기상환일: 20X3년 12월 31일
- 상환할증금: 없음
- 일반사채의 시장수익률: 연 8%
- 이자지급일: 매년 12월 31일
- 조기상환일 일반사채의 시장수익률: 연 15%
- 발행 시 주식전환 옵션은 전환 조건이 확정되어 있다.
- 현가계수

기간 \ 할인율	단일금액 ₩1의 현재가치		정상연금 ₩1의 현재가치	
	8%	15%	8%	15%
2	0.85733	0.75614	1.78326	1.62571
3	0.79383	0.65752	2.57710	2.28323

① 발행 당시 전환권대가는 ₩103,086이다.

② 20X1년도 전환권조정 상각액은 ₩31,753이다.

③ 20X2년 초 전환사채의 장부금액은 ₩928,667이다.

④ 20X2년 전환사채의 조기상환일에 부채요소의 공정가치는 ₩821,168이다.

⑤ 20X2년 전환사채의 조기상환과 관련하여 당기손익에 반영되는 사채상환손실은 ₩38,247이다.

6 전환사채-유도전환

	유도전환으로 인한 손실(PL)
(1) 주식 추가 지급 시	원래보다 더 주는 주식 수 × 주식의 FV
(2) 현금 지급 시	전부 전환했다고 가정할 때 지급하는 현금 총액

- 유도전환 시에는 실제로 전환하지 않았더라도 변경 후의 조건으로 전부 전환하였다고 가정했을 때의 손실을 당기비용으로 인식함

※ 1번과 2번은 서로 독립적이다. ㈜대한의 전환사채와 관련된 다음 〈자료〉를 이용하여 1번과 2번에 대해 각각 답하시오.

〈자료〉

대한은 20X1년 1월 1일 다음과 같은 상환할증금 미지급조건의 전환사채를 액면발행하였다.

액면금액	₩3,000,000
표시이자율	연 10%(매년 12월 31일에 지급)
일반사채 유효이자율	연 12%
상환만기일	20X3년 12월 31일
전환가격	사채액면 ₩1,000당 보통주 3주(주당 액면금액 ₩200)로 전환
전환청구기간	사채발행일 이후 1개월 경과일로부터 상환만기일 30일 이전까지

E-01 ㈜대한은 20X2년 1월 1일에 전환사채 전부를 동 일자의 공정가치인 ₩3,100,000에 현금으로 조기상환하였다. 만약 조기상환일 현재 ㈜대한이 표시이자율 연 10%로 매년 말에 이자를 지급하는 2년 만기 일반사채를 발행한다면, 이 사채에 적용될 유효이자율은 연 15%이다. ㈜대한의 조기상환으로 발생하는 상환손익이 20X2년도 포괄손익계산서의 당기순이익에 미치는 영향은 얼마인가? 단, 단수차이로 인해 오차가 있다면 가장 근사치를 선택한다.

2020. CPA

기간 \ 할인율	단일금액 ₩1의 현재가치			정상연금 ₩1의 현재가치		
	10%	12%	15%	10%	12%	15%
1년	0.9091	0.8929	0.8696	0.9091	0.8929	0.8696
2년	0.8264	0.7972	0.7561	1.7355	1.6901	1.6257
3년	0.7513	0.7118	0.6575	2.4868	2.4019	2.2832

① ₩76,848 증가　② ₩76,848 감소　③ ₩100,000 증가
④ ₩142,676 증가　⑤ ₩142,676 감소

E-02 20X2년 1월 1일에 ㈜대한의 자금팀장과 회계팀장은 위 〈자료〉의 전환사채 조기전환을 유도하고자 전환조건의 변경방안을 각각 제시하였다. 자금팀장은 다음과 같이 [A]를, 회계팀장은 [B]를 제시하였다. ㈜대한은 20X2년 1월 1일에 [A]와 [B] 중 하나의 방안을 채택하려고 한다. ㈜대한의 [A]와 [B] 조건변경과 관련하여 조건변경일(20X2년 1월 1일)에 발생할 것으로 예상되는 손실은 각각 얼마인가? 2020. CPA

변경방안	내용
[A]	만기 이전 전환으로 발행되는 보통주 1주당 ₩200을 추가로 지급한다.
[B]	사채액면 ₩1,000당 보통주 3.2주(주당 액면금액 ₩200)로 전환할 수 있으며, 조건변경일 현재 ㈜대한의 보통주 1주당 공정가치는 ₩700이다.

	[A]	[B]
①	₩600,000	₩0
②	₩600,000	₩420,000
③	₩1,800,000	₩0
④	₩1,800,000	₩140,000
⑤	₩1,800,000	₩420,000

※ 다음 자료를 이용하여 문제 3번과 문제 4번에 답하시오. 2010. CPA

㈜한국은 20X1년 1월 1일에 3년 만기의 전환사채 ₩1,000,000을 액면발행했다. 전환사채의 표시이자율은 연 10%이고, 이자는 매년 말에 지급한다. 전환사채는 20X1년 7월 1일부터 보통주로 전환이 가능하며, 사채액면 ₩10,000당 1주의 보통주(주당액면 ₩5,000)로 전환될 수 있다. 사채발행일에 전환권이 부여되지 않은 일반사채의 시장이자율은 연 15%이다. (단, 사채발행과 관련한 거래비용은 없으며, 현가계수는 아래 표를 이용하라. 또한 계산금액은 소수점 첫째자리에서 반올림하며, 이 경우 단수차이로 인해 약간의 오차가 있으면 가장 근사치를 선택한다.)

현가계수표

할인율 / 기 간	기간 말 ₩1의 현재가치(단일금액)			정상연금 ₩1의 현재가치		
	10%	12%	15%	10%	12%	15%
1년	0.9091	0.8929	0.8696	0.9091	0.8929	0.8696
2년	0.8264	0.7972	0.7561	1.7355	1.6901	1.6257
3년	0.7513	0.7118	0.6575	2.4868	2.4018	2.2832

E-03 20X2년 1월 1일에 전환사채의 70%가 전환되었다면 동 전환거래로 인하여 ㈜한국의 자본총액은 얼마나 증가하는가? (단, 전환권대가는 전환시 주식발행초과금으로 대체한다.)

① ₩350,000 ② ₩527,671 ③ ₩643,085 ④ ₩700,000 ⑤ ₩723,011

E-04 문제 3번과는 독립적이다. 20X2년 1월 1일에 ㈜한국은 전환사채의 조기전환을 유도하기 위하여 20X2년 6월 30일까지 전환사채를 전환하면 사채액면 ₩10,000당 2주의 보통주(주당액면 ₩5,000)로 전환할 수 있도록 조건을 변경했다. 조건변경일의 ㈜한국의 보통주 1주당 공정가치가 ₩7,000이라면 ㈜한국이 전환조건의 변경으로 ㈜한국이 인식하게 될 손실은 얼마인가? (단, 전환조건을 변경하기 전까지 전환청구가 없었으며, 법인세효과는 고려하지 않는다.)

① ₩400,000 ② ₩500,000 ③ ₩600,000 ④ ₩700,000 ⑤ ₩800,000

E-05 전환사채 회계처리에 관한 설명으로 <u>옳지 않은</u> 것은? 2016. CTA 심화

① 전환사채 발행자는 재무상태표에 부채요소와 자본요소를 분리하여 표시한다.

② 전환조건이 변경되면 발행자는 '변경된 조건에 따라 전환으로 보유자가 수취하게 되는 대가의 공정가치'와 '원래의 조건에 따라 전환으로 보유자가 수취하였을 대가의 공정가치'의 차이를 조건이 변경되는 시점에 당기손익으로 인식한다.

③ 전환사채를 취득하는 경우 만기 이전에 지분증권으로 전환하는 권리인 전환권 특성에 대해 대가를 지급하기 때문에 일반적으로 전환사채를 상각후원가측정금융자산으로 분류할 수 없다.

④ 복합금융상품의 발행과 관련된 거래원가는 배분된 발행금액에 비례하여 부채요소와 자본요소로 배분한다.

⑤ 전환권을 행사할 가능성이 변동하는 경우에는 전환상품의 부채요소와 자본요소의 분류를 수정한다.

객 관 식

C·H·A·P·T·E·R

8

리스

[1] 정기리스료의 산정
[2] 금융리스 회계처리
[3] 무보증잔존가치 감소
[4] 판매형 리스
[5] 판매후 리스
[6] 리스부채의 재측정
[7] 리스의 변경 심화
[8] 운용리스제공자
[9] 리스 말문제 심화

08 CHAPTER

리스

1 정기리스료의 산정

오늘 쓴 돈	=PV(앞으로 받을 돈)=리스 제공자의 리스채권
FV + 리스개설직접원가	**정기리스료** × 연금현가계수 + 리스 기간 종료 시 받을 것 × 단순현가계수

STEP 1 정기리스료×연금현가계수: 리스료 지급조건 주의!

ex〉 매년 말 지급 + 리스개시일에도 지급, 매년 초 지급

STEP 2 리스 기간 종료 시 받을 것 (물건, 현금 포함)

1. 소유권 이전 시: 받을 것 = 행사가격

2. 반납 시: 받을 것 = 리스기간 종료 시 추정 잔존가치

예 제 정기리스료의 산정

A-01 ㈜대한은 20X1년 1월 1일 ㈜민국리스와 다음과 같은 조건의 금융리스 계약을 체결하였다.

- 리스개시일: 20X1년 1월 1일
- 리스기간: 20X1년 1월 1일부터 20X4년 12월 31일까지
- 리스자산의 리스개시일의 공정가치는 ₩1,000,000이고 내용연수는 5년이다. 리스자산의 내용연수 종료시점의 잔존가치는 없으며, 정액법으로 감가상각한다.
- ㈜대한은 리스기간 종료 시 ㈜민국리스에게 ₩100,000을 지급하고, 소유권을 이전 받기로 하였다.
- ㈜민국리스는 상기 리스를 금융리스로 분류하고, ㈜대한은 리스개시일에 사용권자산과 리스부채로 인식한다.
- 리스의 내재이자율은 연 8%이며, 그 현가계수는 아래의 표와 같다.

기간 \ 할인율	8%	
	단일금액 ₩1의 현재가치	정상연금 ₩1의 현재가치
4년	0.7350	3.3121
5년	0.6806	3.9927

㈜민국리스가 리스기간 동안 매년 말 수취하는 연간 고정리스료는 얼마인가? 단, 단수차이로 인해 오차가 있다면 가장 근사치를 선택한다. 2020. CPA

① ₩233,411 ② ₩244,132 ③ ₩254,768 ④ ₩265,522 ⑤ ₩279,732

A-02 20X1년 1월 1일 ㈜한국플랜트는 ㈜대한리스회사와 다음과 같은 조건으로 금융리스계약을 체결하였다.

> • 리스자산(기계장치)의 공정가치: ₩500,000(경제적 내용연수 4년, 잔존가치 ₩0, 정액법 상각)
> • 리스기간은 3년이고 리스료는 매년 말 정액지급
> • ㈜한국플랜트는 리스기간 종료시 ₩50,000을 지급하고 소유권을 이전 받음
> • 내재이자율은 10%
> (3기간의 10% 정상연금 현가계수는 2.48685, 현가계수는 0.75131)
> (4기간의 10% 정상연금 현가계수는 3.16986, 현가계수는 0.68301)

리스기간 동안 매년 말 지급되는 연간 리스료는 얼마인가? (단, 계산금액은 소수점 첫째자리에서 반올림하며, 이 경우 단수차이로 인해 약간의 오차가 있으면 가장 근사치를 선택한다.) 2011. CTA

① ₩124,350 ② ₩150,000 ③ ₩161,915
④ ₩166,667 ⑤ ₩185,952

A-03 ㈜세무는 20X1년 1월 1일 ㈜대한리스로부터 기계장치(기초자산)를 리스하는 해지금지조건의 금융리스계약을 체결하였다. 계약상 리스개시일은 20X1년 1월 1일, 리스기간은 20X1년 1월 1일부터 20X3년 12월 31일, 내재이자율은 연 10%, 고정리스료는 매년 말 일정금액을 지급한다. ㈜대한리스의 동 기계장치 취득금액은 ₩2,000,000으로 리스개시일의 공정가치이다. 동 기계장치의 내용연수는 4년, 내용연수 종료시점의 잔존가치는 없고, 정액법으로 감가상각한다. ㈜세무는 리스기간 종료시점에 매수선택권을 ₩400,000에 행사할 것이 리스약정일 현재 상당히 확실하다. ㈜대한리스가 리스기간 동안 매년 말 수취하는 연간 고정리스료는? (단, 리스계약은 소액자산리스 및 단기리스가 아니라고 가정하며, 현재가치 계산 시 다음에 제시된 현가계수표를 이용한다.) 2024. CTA

기간	단일금액 ₩1의 현재가치 (할인율=10%)	정상연금 ₩1의 현재가치 (할인율=10%)
3	0.7513	2.4869
4	0.6830	3.1699

① ₩544,749 ② ₩630,935 ③ ₩683,373
④ ₩804,214 ⑤ ₩925,055

A-04 ㈜민국리스는 20X1년 1월 1일 ₩500,000(공정가치)에 취득한 기계장치로 ㈜대한과 금융리스계약을 체결하고 20X1년 1월 1일부터 리스를 실행하였다.

- 리스기간은 3년이며, 리스기간 종료시점에서 ㈜대한에게 기계장치 소유권을 ₩100,000에 이전한다.
- 최초 정기리스료는 리스실행일에 수취하며, 20X1년말부터 20X3년말까지 매년말 3회에 걸쳐 추가로 정기리스료를 수취한다.
- 리스계약과 관련하여 ㈜민국리스가 지출한 리스개설직접원가는 ₩20,000이다.
- ㈜민국리스의 내재이자율은 12%이며, 현가계수는 다음과 같다.

단일금액 ₩1의 현재가치			정상연금 ₩1의 현재가치		
1년	2년	3년	1년	2년	3년
0.8929	0.7972	0.7118	0.8929	1.6901	2.4018

㈜민국리스가 내재이자율을 유지하기 위하여 책정해야 할 정기리스료는? 단, 단수차이로 인해 오차가 있다면 가장 근사치를 선택한다. 2017. CPA

① ₩126,056 ② ₩131,936 ③ ₩152,860
④ ₩186,868 ⑤ ₩216,504

2 금융리스 회계처리

STEP 1 리스개시일

제공자				이용자			
리스채권	XXX	기초자산	FV	사용권자산	XXX	리스부채	PV(총 현금 지급액)
		현금	직접원가	현금	인센티브	현금	직접원가

1. 리스채권

오늘 쓴 돈	리스 제공자의 리스채권=PV(앞으로 받을 것)
FV + 리스개설직접원가	**고정리스료** × 연금현가계수 + 리스 기간 종료 시 받을 것 × 단순현가계수

(1) 리스 기간 종료 시 받을 것 (물건, 현금 포함)

① 소유권 이전 시: 받을 것 = 행사가격

② 반납 시: 받을 것 = 리스기간 종료 시 추정 잔존가치

(2) 할인율

① **리스제공자의 내재이자율**

② 리스제공자의 내재이자율이 불분명하면 **이용자의 증분차입이자율**

2. 리스부채: 리스 제공자에게 지급하는 총 현금의 현재가치

리스부채 = 고정리스료 × 연금현가계수 + 리스 기간 종료 시 예상 지급액 × 단순현가계수

(1) 소유권 이전 시: 리스 기간 종료 시 예상 지급액 = 행사가격 (리스부채 = 리스채권)

(2) 반납 시: 리스 기간 종료 시 예상 지급액 ≒ 보증액 − 추정잔존가치 (최저한: 0) (리스부채≠리스채권)

3. 사용권자산=리스부채+리스개설직접원가−인센티브

STEP 2 매년 말

제공자				이용자			
현금	고정리스료	이자수익	기초 채권 × R	**이자비용**	기초 부채 × R	현금	고정리스료
		리스채권	XXX	리스부채	XXX		
				감가상각비	XXX	사용권자산	XXX

1. 리스채권 및 리스부채 유효이자율 상각

리스제공자의 이자수익 = 기초 리스채권 × 내재이자율 리스이용자의 이자비용 = 기초 리스부채 × 내재이자율

2. 사용권자산 상각

	n	s
소유권 이전 시	자산의 내용연수	내용연수 말 잔존가치
반납 시	리스기간 (한도: 내용연수)	ZERO

주의 사용권자산에 리스 이용자의 리스개설직접원가를 빠트리지 말 것!

3. 당기순이익에 미치는 영향 ★중요!

(1) 리스제공자: 이자수익만큼 증가

(2) 리스이용자: '감가상각비 + 이자비용'만큼 감소

김수석의 핵심 콕! 금융리스 관련 자산, 부채 증감 요약 ★중요!

<table>
<tr><th colspan="2"></th><th>리스개시일</th><th></th><th>리스기간 종료일</th></tr>
<tr><td rowspan="3">소유권 이전 시</td><td>리스채권</td><td rowspan="2">고정리스료 × 연금현가계수
+ 행사가격 × 단순현가계수</td><td rowspan="7">→</td><td>행사가격</td></tr>
<tr><td>리스부채</td><td rowspan="2">상각 후 BV</td></tr>
<tr><td>사용권자산</td><td>리스부채 + 리스개설직접원가</td></tr>
<tr><td rowspan="3">반납 시</td><td>리스채권</td><td>고정리스료 × 연금현가계수
+ 추정 잔존가치 × 단순현가계수</td><td>추정 잔존가치</td></tr>
<tr><td>리스부채</td><td>고정리스료 × 연금현가계수
+ 예상 지급액 × 단순현가계수</td><td>예상 지급액</td></tr>
<tr><td>사용권자산</td><td>리스부채 + 리스개설직접원가</td><td>ZERO</td></tr>
</table>

– 리스채권, 부채는 단순현가계수 앞에 곱한 금액이 리스기간 종료일에 남음

STEP 3 리스 기간 종료일

1. 리스 기간 종료일-소유권이 이전되는 경우

제공자				이용자			
현금	행사가격	리스채권	행사가격	리스부채	행사가격	현금	행사가격
				유형자산	XXX	사용권자산	XXX

2. 리스 기간 종료일-리스 자산을 반납하는 경우

제공자				이용자			
유형자산	실제 잔존가치	리스채권	추정 잔존가치	리스부채	보증액 – 추정잔존가치	현금	보상액
PL	XXX			PL XXX			
현금	보상액	PL	보상액				

(1) 기초자산의 반환

유형자산 계상액: 실제 잔존가치 제공자의 비용: 추정 잔존가치 – 실제 잔존가치

(2) 현금 수수액

현금 수령액 = 제공자의 수익 = 보증액 − 실제 잔존가치 (최저한: 0)

① 리스 제공자: 현금 수령액을 수익으로 인식
　− 유형자산의 잔존가치 감소분과 상계
② 리스 이용자: 리스부채와 현금 지급액의 차이를 손익으로 인식

예제 금융리스 회계처리

B-01 ㈜대한은 20X1년 1월 1일 ㈜한국리스로부터 기계장치를 리스하기로 하고, 동 일자에 개시하여 20X3년 12월 31일에 종료하는 금융리스계약을 체결하였다. 연간 정기리스료는 매년 말 ₩1,000,000을 후급하며, 내재이자율은 연 10%이다. 리스기간 종료시 예상 잔존가치는 ₩1,000,000이다. 리스개설과 관련한 법률비용으로 ㈜대한은 ₩100,000을 지급하였다. 리스기간 종료시점에 ㈜대한은 염가매수선택권을 ₩500,000에 행사할 것이 리스약정일 현재 거의 확실하다. 기계장치의 내용연수는 5년이고, 내용연수 종료시점의 잔존가치는 없으며, 기계장치는 정액법으로 감가상각한다. ㈜대한이 동 리스거래와 관련하여 20X1년도에 인식할 이자비용과 감가상각비의 합계는 얼마인가? 단, 계산방식에 따라 단수차이로 인해 오차가 있는 경우, 가장 근사치를 선택한다. 2014. CPA

기간	단일금액 ₩1의 현재가치(할인율=10%)	정상연금 ₩1의 현재가치(할인율=10%)
1	0.9091	0.9091
2	0.8265	1.7355
3	0.7513	2.4869
4	0.6830	3.1699
5	0.6209	3.7908

① ₩746,070　② ₩766,070　③ ₩858,765　④ ₩878,765　⑤ ₩888,765

B-02 20X0년 11월 1일 ㈜세무는 ㈜대한리스로부터 업무용 컴퓨터 서버(기초자산)를 리스하는 계약을 체결하였다. 리스기간은 20X1년 1월 1일부터 3년이며, 고정리스료는 리스개시일에 지급을 시작하여 매년 ₩500,000씩 총 3회 지급한다. 리스계약에 따라 ㈜세무는 연장선택권(리스기간을 1년 연장할 수 있으며 동시에 기초자산의 소유권도 리스이용자에게 귀속)을 20X3년 12월 31일에 행사할 수 있으며, 연장된 기간의 리스료 ₩300,000은 20X4년 1월 1일에 지급한다. 리스개시일 현재 ㈜세무가 연장선택권을 행사할 것은 상당히 확실하다. 20X1년 1월 1일 기초자산인 업무용 컴퓨터 서버(내용연수 5년, 잔존가치 ₩0, 정액법으로 감가상각)가 인도되어 사용 개시되었으며, ㈜세무는 리스개설과 관련된 법률비용 ₩30,000을 동일자에 지출하였다. ㈜세무의 증분차입이자율은 10%이며, 리스 관련 내재이자율은 알 수 없다. 이 리스거래와 관련하여 ㈜세무가 20X1년에 인식할 이자비용과 사용권자산 상각비의 합계액은? 2019. CTA

기간	단일금액 ₩1의 현재가치(할인율 10%)	정상연금 ₩1의 현재가치(할인율 10%)
1년	0.9091	0.9091
2년	0.8264	1.7355
3년	0.7513	2.4869
4년	0.6830	3.1699

① ₩408,263 ② ₩433,942 ③ ₩437,942 ④ ₩457,263 ⑤ ₩481,047

B-03 ㈜갑은 20X1년 1월 1일 리스회사인 ㈜을과 공정가치 ₩869,741인 기계장치에 대하여 동일자에 개시하여 20X3년 12월 31일에 종료하는 리스계약을 체결하였다. ㈜갑은 매년말 ㈜을에게 리스사용료로 ₩286,278씩 지급하며, 내재이자율은 10%이다. 기계장치의 경제적 내용연수는 4년이며, 양사 모두 정액법을 사용하여 감가상각한다. 리스기간 종료시 예상잔존가치는 ₩250,000이고, 이 중 80%를 ㈜갑이 보증한다. 리스개설과 관련한 법률비용으로 ㈜갑과 ㈜을은 각각 ₩30,000을 지급하였으며, 리스 종료시 염가매수선택권은 없다.
㈜갑이 이 리스를 금융리스로 회계처리한다면, 20X1년 이 리스거래와 관련하여 인식할 이자비용과 감가상각비는 얼마인가? 단, 계산결과 단수차이로 인해 답안과 오차가 있는 경우 근사치를 선택한다. 2012. CPA 수정

기간	기간말 단일금액 ₩1의 현재가치 (10%)	정상연금 ₩1의 현재가치 (10%)
1	0.9091	0.9091
2	0.8264	1.7355
3	0.7513	2.4868
4	0.6830	3.1699

	이자비용	감가상각비
①	₩71,192	₩185,479
②	₩71,192	₩247,305
③	₩74,949	₩194,873
④	₩74,949	₩259,830
⑤	₩86,218	₩297,393

B-04 ㈜대한리스는 20X1년 1월 1일에 자동차를 ₩1,247,690(내용연수 5년, 예상 잔존가치 ₩500,000)에 구입하여, 구입 즉시 ㈜민국에 5년간 임대하는 금융리스계약(매년 말에 ₩300,000씩 5회 리스료 지급)을 체결하였다. 이 리스계약을 체결하기 위한 ㈜대한리스의 리스개설직접원가는 ₩200,000이고, ㈜민국의 리스개설직접원가는 ₩300,000이다. ㈜민국은 리스기간 종료 후 자동차를 ㈜대한리스에게 반환하며 예상 잔존가치의 20%를 보증한다. ㈜민국이 리스와 관련하여 20X1년도에 인식할 이자비용과 감가상각비의 합계는? (단, 감가상각은 정액법을 적용한다. ㈜민국은 ㈜대한리스의 내재이자율 10%를 알고 있으며, 할인율 10%의 5년 단일금액 현가계수는 0.6209이고, 5년 정상연금 현가계수는 3.7908이다. 단수차이로 인한 오차가 있으면 가장 근사치를 선택한다.) 2013. CTA 수정

① ₩262,694 ② ₩319,635 ③ ₩324,673 ④ ₩399,799 ⑤ ₩401,172

B-05 ㈜국세는 20X1년 1월 1일 ㈜대한리스로부터 공정가치 ₩2,000,000의 영업용차량을 5년간 리스하기로 하고, 매년 말 리스료로 ₩428,500씩 지급하기로 하였다. 동 차량은 원가모형을 적용하고 내용연수는 7년이며 정액법으로 감가상각한다. 리스기간 종료시 동 차량은 ㈜대한리스에 반환하는 조건이며, ㈜국세는 리스기간 개시일 ㈜대한리스의 내재이자율 10%를 알고 있다. 내용연수 종료시 추정잔존가치는 ₩300,000이며, 잔존가치 보증에 따라 ㈜국세가 지급할 것으로 예상한 금액은 ₩100,000이다. ㈜국세가 20X2년도 포괄손익계산서에 리스와 관련하여 인식할 비용은 얼마인가? (단, 현가계수는 아래 표를 이용한다. 또한 계산금액은 소수점 첫째자리에서 반올림하며, 단수차이로 인한 오차가 있으면 가장 근사치를 선택한다.) 2014. CTA 수정

현가계수표

기간 \ 할인율	기간 말 단일금액 ₩1의 현재가치	정상연금 ₩1의 현재가치
	10%	10%
1	0.9091	0.9091
2	0.8264	1.7355
3	0.7513	2.4868
4	0.6830	3.1698
5	0.6209	3.7908
6	0.5645	4.3553
7	0.5132	4.8685

① ₩337,290 ② ₩428,500 ③ ₩451,365 ④ ₩479,949 ⑤ ₩505,935

B-06 ㈜대한은 금융업을 영위하는 ㈜민국리스와 다음과 같은 조건으로 금융리스계약을 체결하였다.

- 리스개시일: 20X1년 1월 1일
- 리스기간: 20X1년 1월 1일 ~ 20X3년 12월 31일(3년)
- 연간 정기리스료: 매년 말 ₩743,823 후급
- 선급리스료: ㈜대한은 ㈜민국리스에게 리스개시일 이전에 ₩100,000의 리스료를 지급하였다.
- 리스개설직접원가: ㈜대한은 ₩50,000의 리스개설직접원가를 부담하였으며, ㈜민국리스가 부담한 리스개설직접원가는 없다.
- 소유권이전 약정: ㈜민국리스는 리스기간 종료시점에 ㈜대한에게 리스자산의 소유권을 ₩200,000에 이전한다.
- 리스의 내재이자율은 연 10%이며, 그 현가계수는 아래의 표와 같다.

할인율 / 기간	단일금액 ₩1의 현재가치	정상연금 ₩1의 현재가치
	10%	10%
3년	0.7513	2.4868

㈜대한이 20X1년 12월 31일 재무상태표에 보고해야 하는 리스부채 금액은 얼마인가? 단, 단수차이로 인해 오차가 있다면 가장 근사치를 선택한다. 2024. CPA

① ₩1,456,177 ② ₩1,511,177 ③ ₩1,566,177 ④ ₩1,621,177 ⑤ ₩2,000,000

B-07 ㈜대한리스는 20X1년 1월 1일 ㈜민국과 다음과 같은 금융리스계약을 약정과 동시에 체결하였다.

- 리스개시일 : 20x1년 1월 1일
- 리스기간 : 20x1년 1월 1일 ~ 20x3년 12월 31일(3년)
- 연간 정기리스료 : 매년 말 ₩500,000 후급
- 리스자산의 공정가치는 ₩1,288,530이고 내용연수는 4년이다. 내용연수 종료시점에 잔존가치는 없으며, ㈜민국은 정액법으로 감가상각한다.
- ㈜민국은 리스기간 종료시점에 ₩100,000에 리스자산을 매수할 수 있는 선택권을 가지고 있고, 그 선택권을 행사할 것이 리스약정일 현재 상당히 확실하다. 동 금액은 선택권을 행사할 수 있는 날(리스기간 종료시점)의 공정가치보다 충분히 낮을 것으로 예상되는 가격이다.
- ㈜대한리스와 ㈜민국이 부담한 리스개설직접원가는 각각 ₩30,000과 ₩20,000이다.
- ㈜대한리스는 상기 리스를 금융리스로 분류하고, ㈜민국은 리스개시일에 사용권자산과 리스부채를 인식한다.
- 리스의 내재이자율은 연 10%이며, 그 현가계수는 아래 표와 같다.

기간	단일금액 ₩1의 현재가치	정상연금 ₩1의 현재가치
3년	0.7513	2.4868
4년	0.6830	3.1698

상기 리스거래가 ㈜대한리스와 ㈜민국의 20X1년도 당기순이익에 미치는 영향은? 단, 단수차이로 인해 오차가 있다면 가장 근사치를 선택한다.

2019. CPA

	㈜대한리스	㈜민국
①	₩131,853 증가	₩466,486 감소
②	₩131,853 증가	₩481,486 감소
③	₩131,853 증가	₩578,030 감소
④	₩134,853 증가	₩466,486 감소
⑤	₩134,853 증가	₩481,486 감소

B-08 리스사업을 하고 있는 ㈜코리아리스는 ㈜서울과 다음과 같은 조건으로 해지불능 금융리스계약을 체결하였다. 아래의 자료를 기초로 리스기간개시일 현재 ㈜코리아리스가 리스채권으로 인식할 금액 및 ㈜서울이 20X1년 감가상각비로 인식해야 할 금액은 각각 얼마인가? 리스제공자인 ㈜코리아리스의 내재이자율은 연10%이며, 양사 모두 리스자산의 감가상각방법으로 정액법을 사용한다. 10% 현가계수는 아래의 표를 이용하며, 소수점 첫째자리에서 반올림한다. 단, 계산결과 단수차이로 인한 약간의 오차가 있으면 가장 근사치를 선택한다. 2015. CPA 수정

기간	단일금액 ₩1의 현가	정상연금 ₩1의 현가
4	0.6830	3.1699
5	0.6209	3.7908

- 리스기간개시일 : 20X1년 1월 1일
- 리스기간 : 리스기간개시일로부터 4년(리스기간 종료시점의 추정잔존가치는 ₩50,000이며, 이 중에서 리스이용자가 ₩30,000을 보증함)
- 리스자산의 내용연수 : 5년
- 연간리스료 : 매 연도말에 ₩4,000,000씩 지급함
- 리스개설직접원가 : ㈜코리아리스가 지출한 리스개설직접원가는 ₩0이며, ㈜서울이 지출한 리스개설직접원가는 ₩80,000임
- 소유권이전약정 : 리스기간 종료시까지 소유권이전약정 없음

	리스채권	감가상각비
①	₩12,713,750	₩2,551,920
②	₩12,713,750	₩3,046,365
③	₩12,713,750	₩3,189,900
④	₩12,679,600	₩3,189,900
⑤	₩12,679,600	₩2,551,920

B-09 ㈜세무리스는 20X1년 1월 1일에 ㈜한국과 해지불능 금융리스계약을 체결하였다. 관련 자료는 다음과 같다.

- 리스자산 : 내용연수 5년, 잔존가치 ₩100,000, 정액법 감가상각
- 리스기간 : 리스기간개시일(20X1년 1월 1일)부터 5년
- 연간리스료 : 매년 12월 31일 지급
- 리스개설직접원가 : ㈜세무리스와 ㈜한국 모두 없음
- 내재이자율 : 연 10%, ㈜한국은 ㈜세무리스의 내재이자율을 알고 있음
- ㈜세무리스는 리스기간개시일에 리스채권으로 ₩19,016,090(리스기간 개시일의 리스자산 공정가치와 동일)을 인식함
- ㈜한국은 리스기간개시일에 사용권자산으로 ₩18,991,254를 인식함
- 특약사항 : 리스기간 종료시 반환조건이며, ㈜한국은 리스기간 종료시 보증하는 잔존가치가 있음

㈜한국이 동 리스와 관련하여 보증한 잔존가치는? (단, 기간 5년, 할인율 연 10%일 때, 단위금액 ₩1의 현재가치 계수는 0.6209, 정상연금 ₩1의 현재가치 계수는 3.7908이다. 단수차이로 인한 오차는 가장 근사치를 선택한다.) 2016. CTA 수정

① ₩18,955 ② ₩40,000 ③ ₩60,000 ④ ₩100,000 ⑤ ₩160,000

B-10 금융업을 영위하는 ㈜대한리스는 20X1년 1월 1일에 ㈜민국과 다음과 같은 조건으로 리스계약을 체결하였다.

- ㈜대한리스는 ㈜민국이 지정하는 기계설비를 제조사인 ㈜만세로부터 신규 취득하여 20X1년 1월 1일부터 ㈜민국이 사용할 수 있는 장소로 배송한다.
- 리스기간: 20X1년 1월 1일 ~ 20X3년 12월 31일(리스기간 종료 후 반환조건)
- 잔존가치 보증: ㈜대한리스는 리스기간 종료 시 리스자산의 잔존가치를 ₩10,000,000으로 예상하며, ㈜민국은 ₩7,000,000을 보증하기로 약정하였다.
- 리스개설직접원가: ㈜대한리스와 ㈜민국이 각각 ₩300,000과 ₩200,000을 부담하였다.
- ㈜대한리스는 상기 리스를 금융리스로 분류하였고, 동 리스에 대한 내재이자율로 연 10%를 산정하였다.
- 연간 정기리스료: 매년 말 ₩3,000,000 지급
- 할인율이 10%인 경우 현가계수는 아래의 표와 같다.

기간	단일금액 ₩1의 현재가치	정상연금 ₩1의 현재가치
3년	0.7513	2.4868

㈜대한리스의 (1)기계설비 취득원가(공정가치)와 (2)리스기간 종료 시 회수된 기계설비의 실제 잔존가치가 ₩5,000,000인 경우의 손실금액은 각각 얼마인가? 단, 단수차이로 인해 오차가 있다면 가장 근사치를 선택한다.

2023. CPA

	(1)취득원가	(2)회수 시 손실금액
①	₩14,673,400	₩3,000,000
②	₩14,673,400	₩5,000,000
③	₩14,973,400	₩2,000,000
④	₩14,973,400	₩3,000,000
⑤	₩14,973,400	₩5,000,000

3 무보증잔존가치 감소

리스채권 감소액 = min[추정 잔존가치 감소액, 최초 무보증잔존가치] × 단순현가계수

무보증잔존가치가 줄어든 경우에 리스제공자는 리스기간에 걸쳐 수익 배분액을 조정하고 발생된 감소액을 즉시 인식한다.

B-11 ㈜세무리스는 20X1년 1월 1일(리스개시일)에 ㈜한국에게 건설장비를 5년 동안 제공하고 고정리스료로 매년 말 ₩2,000,000씩 수취하는 금융리스계약을 체결하였다. 체결당시 ㈜세무리스는 리스개설직접원가 ₩50,000을 지출하였으며, 건설장비의 공정가치는 ₩8,152,500이다. 리스개시일 당시 ㈜세무리스의 내재이자율은 10%이다. 리스기간 종료시 ㈜한국은 건설장비를 반환하는 조건이며, 예상잔존가치 ₩1,000,000 중 ₩600,000을 보증한다. ㈜세무리스는 20X3년 1월 1일 무보증잔존가치의 추정을 ₩200,000으로 변경하였다. ㈜세무리스가 20X3년도에 인식해야 할 이자수익은? 2021. CTA

기간	단일금액 ₩1의 현재가치 (할인율 10%)	정상연금 ₩1의 현재가치 (할인율 10%)
3년	0.7513	2.4868
5년	0.6209	3.7908

① ₩542,438 ② ₩557,464 ③ ₩572,490 ④ ₩578,260 ⑤ ₩582,642

B-12 20X1년 1월 1일 ㈜강원리스는 제조사로부터 공정가치 ₩600,000인 기계장치를 구입하여 ㈜원주에게 금융리스계약을 통하여 리스하였다. 리스약정일과 리스기간개시일은 동일하며, 경제적 내용연수와 리스기간도 동일하다. 리스료는 20X1년부터 5년간 매년도 말 ₩150,000을 수취한다. 리스기간 종료 후 그 잔존가치는 ₩50,540이며, ㈜원주가 이 중 ₩30,000을 보증한다. 동 금융리스에 적용되는 유효이자율(내재이자율)은 연 10%이며, 현가계수는 다음과 같다.

현가계수표

할인율 / 기 간	기간 말 ₩1의 현재가치 (단일 금액, 10%)	정상연금 ₩1의 현재가치 (10%)
4년	0.6830	3.1699
5년	0.6209	3.7908

20X1년 말에 이 리스자산의 잔존가치가 ₩50,540에서 ₩30,540으로 감소하였다. 이 리스계약이 리스제공자인 ㈜강원리스의 20X1년도 당기순이익에 미치는 영향은 얼마인가? (단, 소수점 이하는 반올림하며, 이 경우 단수차이로 인해 약간의 오차가 있으면 가장 근사치를 선택한다.) 2010. CPA

① ₩40,500 ② ₩42,340 ③ ₩44,500 ④ ₩46,340 ⑤ ₩60,000

4 판매형 리스

1. 판매형 리스

: 제조자 또는 판매자가 취득 또는 제조한 자산을 고객에게 금융리스의 형태로 판매하는 것

– 제조자 또는 판매자의 운용리스는 판매형 리스 X

2. 매출총이익 ★중요!

(1) 반환하는 경우

매출채권	PV(고정리스료 + 추정 잔존가치)	매출액	PV(고정리스료 + 보증액)
매출원가	BV – PV(추정 잔존가치 – 보증액)	재고자산	BV
판관비	판관비 지출액	현금	판관비 지출액

① 매출채권 + 매출원가 = 매출액 + 재고자산
② 매출총이익 = 매출액 – 매출원가 = 매출채권 – 재고자산
③ 매출총이익 = **PV(고정리스료 + 추정 잔존가치) – BV**
: 보증액과 무관!

(2) 반환하지 않는 경우

매출채권	PV(고정리스료 + 행사가격)	매출액	PV(고정리스료 + 행사가격)
매출원가	BV	재고자산	BV
판관비	판관비 지출액	현금	판관비 지출액

3. 판매형 리스의 할인율: 시장이자율 ★중요!

4. 판매형 리스의 리스관련원가: 비용(판관비) 처리 (not 리스개설직접원가)

5. 당기손익=매출총이익–판관비 (+이자수익)

(1) 판매일의 당기손익: 매출총이익 – 판관비

(2) 판매한 년도 전체의 당기손익: 매출총이익 – 판관비 + 이자수익

6. 판매형 리스의 매출액 한도: 기초자산의 공정가치 심화

– 한도에 걸리면 매출액 감소분을 매출채권에 반영

→ 새로운 유효이자율을 문제에서 제시해야 하므로 이자수익은 묻지 않음

예제 판매형 리스

C-01 다음은 ㈜대한의 리스계약과 관련된 자료이다. 자동차 제조회사인 ㈜대한은 ㈜민국에게 제조된 차량(제조원가 ₩2,000,000)을 판매하는 리스계약(금융리스)을 체결하였다.

- 리스기간은 20X1년 1월 1일부터 20X3년 12월 31일까지이고, 해지불능리스이다.
- 정기리스료 ₩1,071,693을 매년말 수취한다.
- 리스기간 종료시점의 잔존가치는 ₩300,000으로 추정되는데 리스이용자는 이 중 ₩100,000을 보증한다.
- 시장이자율은 연 10%이지만, ㈜대한은 ㈜민국에게 인위적으로 낮은 연 8% 이자율을 제시하였다.
- 판매시점에 차량의 공정가치는 ₩3,000,000이었다.

할인율 / 기간	단일금액 ₩1의 현재가치		정상연금 ₩1의 현재가치	
	8%	10%	8%	10%
3년	0.7938	0.7513	2.5771	2.4868

상기 거래로 ㈜대한이 20X1년도 포괄손익계산서에 보고할 매출총이익은? 단, 단수차이로 인해 오차가 있다면 가장 근사치를 선택한다. 2018. CPA

① ₩665,086 ② ₩740,216 ③ ₩815,346 ④ ₩890,476 ⑤ ₩1,000,000

C-02 에어컨제조사인 ㈜태풍은 20X1년 1월 1일 직접 제조한 추정내용연수가 5년인 에어컨을 ㈜여름에게 금융리스 방식으로 판매하는 계약을 체결하였다. 동 에어컨의 제조원가는 ₩9,000,000이고, 20X1년 1월 1일의 공정가치는 ₩12,500,000이다.

리스기간은 20X1년 1월 1일부터 20X4년 12월 31일까지이며, ㈜여름은 리스기간 종료시 에어컨을 반환하기로 하였다. ㈜여름은 매년말 리스료로 ₩3,500,000을 지급하며, 20X4년 12월 31일의 에어컨 예상잔존가치 ₩1,000,000 중 ₩600,000은 ㈜여름이 보증하기로 하였다.

㈜태풍은 20X1년 1월 1일 ㈜여름과의 리스계약을 체결하는 과정에서 ₩350,000의 직접비용이 발생하였다.

㈜태풍이 동 거래로 인하여 리스기간개시일인 20X1년 1월 1일에 인식할 수익과 비용의 순액(수익에서 비용을 차감한 금액)은 얼마인가? 단, 20X1년 1월 1일 현재 시장이자율과 ㈜태풍이 제시한 이자율은 연 8%로 동일하다. 2013. CPA

기 간	8% 기간말 단일금액 ₩1의 현재가치	8% 정상연금 ₩1의 현재가치
4	0.7350	3.3121

① ₩2,575,250 ② ₩2,683,250 ③ ₩2,977,350 ④ ₩3,327,350 ⑤ ₩3,444,000

C-03 ㈜대한은 기계장치를 제조 및 판매하는 기업이다. 20X1년 1월 1일 ㈜대한은 ㈜민국에게 원가(장부금액) ₩100,000의 재고자산(기초자산)을 아래와 같은 조건으로 판매하였는데, 이 거래는 금융리스에 해당한다.

- 리스개시일은 20X1년 1월 1일이며, 리스개시일 현재 재고자산(기초자산)의 공정가치는 ₩130,000이다.
- ㈜대한은 20X1년부터 20X3년까지 매년 12월 31일에 ㈜민국으로부터 ₩50,000의 고정리스료를 받는다.
- ㈜대한은 동 금융리스 계약의 체결과 관련하여 리스개시일에 ₩1,000의 수수료를 지출하였다.
- ㈜민국은 리스기간 종료일인 20X3년 12월 31일에 리스자산을 해당 시점의 공정가치보다 충분히 낮은 금액인 ₩8,000에 매수할 수 있는 선택권을 가지고 있으며, 20X1년 1월 1일 현재 ㈜민국이 이를 행사할 것이 상당히 확실하다고 판단된다.
- 20X1년 1월 1일에 ㈜대한의 증분차입이자율은 연 8%이며, 시장이자율은 연 12%이다.
- 적용할 현가계수는 아래의 표와 같다.

할인율 / 기간	단일금액 ₩1의 현재가치		정상연금 ₩1의 현재가치	
	8%	12%	8%	12%
1년	0.9259	0.8929	0.9259	0.8929
2년	0.8573	0.7972	1.7832	1.6901
3년	0.7938	0.7118	2.5770	2.4019

위 거래가 ㈜대한의 20X1년도 포괄손익계산서 상 당기순이익에 미치는 영향은 얼마인가? 단, 단수차이로 인해 오차가 있다면 가장 근사치를 선택한다.

2022. CPA

① ₩24,789 증가 ② ₩25,789 증가 ③ ₩39,884 증가
④ ₩40,884 증가 ⑤ ₩42,000 증가

C-04 ㈜국세는 일반 판매회사로서 20X2년 1월 1일에 ㈜대한리스에 아래와 같은 조건으로 보유자산을 판매하였다.

- ㈜국세는 20X2년부터 20X4년까지 매년 12월 31일에 ㈜대한리스로부터 리스료로 ₩10,000,000씩 3회 수령한다.
- ㈜대한리스는 리스기간 종료일인 20X4년 12월 31일에 리스자산을 당시의 공정가치보다 충분히 낮은 금액인 ₩2,000,000에 매수할 수 있는 선택권을 가지고 있으며, 20X2년 1월 1일 현재 ㈜대한리스가 이를 행사할 것이 거의 확실시 된다.
- ㈜대한리스가 선택권을 행사하면 리스자산의 소유권은 ㈜국세에서 ㈜대한리스로 이전된다.
- 20X2년 1월 1일 ㈜국세가 판매한 리스자산의 장부금액은 ₩20,000,000이며, 공정가치는 ₩27,000,000이다.
- ㈜국세의 증분차입이자율은 연 5%이며, 시장이자율은 연 8%이다.

위 거래는 금융리스에 해당된다. 이 거래와 관련하여 ㈜국세가 20X2년 1월 1일에 인식할 매출액은 얼마인가? (단, 리스약정일과 리스기간개시일은 동일한 것으로 가정한다. 또한 현가계수는 아래의 표를 이용한다.) 2012. CTA

현 가 계 수 표

할인율 / 기간	기간 말 단일금액 ₩1의 현재가치		정상연금 ₩1의 현재가치	
	5%	8%	5%	8%
1	0.95238	0.92593	0.95238	0.92593
2	0.90703	0.85734	1.85941	1.78327
3	0.86384	0.79383	2.72325	2.57710

① ₩23,756,000　② ₩25,771,000　③ ₩27,000,000
④ ₩27,358,660　⑤ ₩28,960,180

5 판매후 리스

1. 판매가 수익 기준서의 요구사항을 충족하지 못하는 경우

판매자(리스이용자)				구매자(리스제공자)			
현금	판매가	금융부채	판매가	금융자산	판매가	현금	판매가

(1) 판매자(리스이용자): 이전한 자산 계속 인식, 이전금액과 같은 금액으로 금융부채 인식
(2) 구매자(리스제공자): 이전된 자산 인식 X, 이전금액과 같은 금액으로 금융자산 인식

2. 판매가 수익 기준서의 요구사항을 충족하는 경우

(1) 구매자(리스제공자)

자산의 매입에 적용할 수 있는 기준서를 적용하고 리스에는 이 기준서의 리스제공자 회계처리 요구사항을 적용한다.

(2) 판매자(리스이용자)

현금	판매가	자산	BV
사용권자산	$BV \times \dfrac{\text{리스부채} + (FV - \text{판매가})}{FV}$	리스부채	PV(고정리스료)

처분손익 XXX

자산의 종전 장부금액에 비례하여 판매후리스에서 생기는 사용권자산을 측정한다. 따라서 판매자(리스이용자)는 구매자(리스제공자)에게 이전한 권리에 관련되는 차손익 금액만을 인식한다.

C-05 ㈜갑은 20X1년 1월 1일 장부금액이 ₩2,100,000인 기계장치(공정가치는 ₩2,500,000)를 ㈜을에게 ₩2,500,000에 판매하고 동시에 해당 기계장치를 ㈜을로부터 리스하여 사용하기로 하였다. ㈜갑은 ㈜을에게 리스료로 4년간 매년 말 ₩600,000씩 지급하기로 하였으며, 내재이자율은 연 10%이다. ㈜갑과 ㈜을이 20X1년 1월 1일에 행할 회계처리에 관한 설명으로 옳지 않은 것은? (단, 4기간 10% 정상연금 ₩1의 현재가치는 3.1699이다.) 2012. CPA 수정

① 기계장치의 판매가 기업회계기준서 제1115호 상 '판매' 조건을 충족하지 못한다면, ㈜갑은 기계장치를 계속 인식하고, ₩2,500,000의 금융부채를 인식한다.

② 기계장치의 판매가 기업회계기준서 제1115호 상 '판매' 조건을 충족하지 못한다면, ㈜을은 기계장치를 인식하지 않고, ₩2,500,000의 금융자산을 인식한다.

③ 기계장치의 판매가 기업회계기준서 제1115호 상 '판매' 조건을 충족한다면, ㈜갑은 ₩1,901,940의 리스부채를 인식한다.

④ 기계장치의 판매가 기업회계기준서 제1115호 상 '판매' 조건을 충족한다면, ㈜갑은 ₩1,597,630의 사용권자산을 인식한다.

⑤ 기계장치의 판매가 기업회계기준서 제1115호 상 '판매' 조건을 충족한다면, 기계장치의 판매는 20X1년 1월 1일 ㈜갑의 당기손익을 ₩77,690만큼 증가시킨다.

C-06 ㈜대한은 20X1년 1월 1일 장부금액 ₩500,000, 공정가치 ₩600,000의 기계장치를 ㈜민국리스에게 ₩650,000에 현금 판매(기업회계기준서 제1115호 상 '판매' 조건 충족)하고 동 일자로 기계장치를 5년 동안 리스하였다. ㈜대한은 ㈜민국리스에게 리스료로 매년 말 ₩150,000씩 지급하기로 하였으며, 내재이자율은 연 8%이다. ㈜대한이 리스 회계처리와 관련하여 20X1년 1월 1일 인식할 이전된 권리에 대한 차익(기계장치처분이익)은 얼마인가? 단, 단수차이로 인해 오차가 있다면 가장 근사치를 선택한다. 2020. CPA

할인율 / 기간	8%	
	단일금액 ₩1의 현재가치	정상연금 ₩1의 현재가치
4년	0.7350	3.3121
5년	0.6806	3.9927

① ₩8,516 ② ₩46,849 ③ ₩100,183
④ ₩150,000 ⑤ ₩201,095

C-07 ㈜우리는 20X1년 1월 1일 건물을 ₩14,000,000에 취득하였다. 취득당시 동 건물의 내용연수는 7년이고 잔존가치는 없으며, 감가상각방법은 정액법을 적용하였다. ㈜우리는 자금사정의 악화로 20X3년 1월 1일 동 건물을 공정가치인 ₩12,000,000에 ㈜나라에 전액 현금으로 처분(기업회계기준서 제1115호 상 '판매' 조건 충족)한 후, 동일자로 다시 리스하여 사용하고 있다. 동 리스의 리스기간은 20X3년 1월 1일부터 20X6년 12월 31일까지이며, 리스료는 매년 12월 31일 ₩3,800,000씩 지급하는 조건이다, ㈜우리는 리스기간 종료시점에 보증하는 잔존가치 없이 동 건물을 반환한다. ㈜우리가 동 리스거래로 인해 20X3년 1월 1일 인식할 유형자산처분손익은 얼마인가? 리스의 내재이자율은 연 10%이며, 그 현가계수는 아래와 같다.

2011. CPA 수정

기 간	10% 기간말 단일금액 ₩1의 현재가치	10% 정상연금 ₩1의 현재가치
4	0.6830	3.1699
5	0.6209	3.7908

① ₩42,478 이익 ② ₩38,017 이익 ③ ₩7,603 손실
④ ₩45,620 손실 ⑤ ₩84,450 손실

6 리스부채의 재측정

1. 리스부채의 재측정 회계처리

: 리스부채 변동액만큼 사용권자산 조정 (사용권자산을 초과하는 리스부채 감소분은 PL)

리스이용자는 리스개시일 후에 리스료에 생기는 변동을 반영하기 위하여 리스부채를 다시 측정한다. 리스이용자는 **사용권자산을 조정하여 리스부채의 재측정 금액을 인식**한다. 그러나 **사용권자산의 장부금액이 영(0)으로 줄어들고 리스부채 측정치가 그보다 많이 줄어드는 경우에 리스이용자는 나머지 재측정 금액을 당기손익**으로 인식한다.

2. 리스부채의 재측정 방법: 수정 할인율 vs 기존 할인율

(1) 수정 할인율로 리스부채 재측정	(2) 기존 할인율로 리스부채 재측정
① **리스기간** 변경 ② **매수선택권 평가** 변동 ③ **변동이자율**의 변동	① 잔존가치보증에 따른 **예상지급액** 변동 ② 리스료를 산정할 때 사용한 **지수나 요율**의 변동으로 생기는 미래 리스료 변동

> **참고** 지수나 요율의 변동
> 리스료 변동으로 인해 리스부채를 재측정하는 것은 리스료를 산정할 때 사용한 지수나 요율이 변동할 때이다. 기준서에서 언급하고 있는 지수나 요율의 사례에는 소비자물가지수, 기준금리, 시장대여요율이 있다. **지수나 요율이 아닌 다른 이유(ex〉매출)로 미래 리스료가 변동할 때는 변동리스료를 리스부채에 포함하지 않으며, 당기손익으로 인식**한다.

김수석의 꿀팁! **수정 할인율을 사용하는 경우: 사용 기간의 변동 or 이자율의 변동**

사용기간이나 이자율 자체가 변동하는 경우에는 수정 할인율을 사용해야 한다고 기억할 것!

D-01 리스이용자인 ㈜대한은 리스제공자인 ㈜민국리스와 리스개시일인 20X1년 1월 1일에 다음과 같은 조건의 리스계약을 체결하였다.

- 기초자산(생산공정에 사용할 기계장치)의 리스기간은 20X1년 1월 1일부터 20X3년 12월 31일까지이다.
- 기초자산의 내용연수는 4년으로 내용연수 종료시점의 잔존가치는 없으며, 정액법으로 감가상각한다.
- ㈜대한은 리스기간 동안 매년 말 ₩3,000,000의 고정리스료를 지급한다.
- 사용권자산은 원가모형을 적용하여 정액법으로 감가상각하고, 잔존가치는 없다.
- 20X1년 1월 1일에 동 리스의 내재이자율은 연 8%로 리스제공자와 리스이용자가 이를 쉽게 산정할 수 있다.
- ㈜대한은 리스기간 종료시점에 기초자산을 현금 ₩500,000에 매수할 수 있는 선택권을 가지고 있으나, 리스개시일 현재 동 매수선택권을 행사하지 않을 것이 상당히 확실하다고 판단하였다. 그러나 20X2년 말에 ㈜대한은 유의적인 상황변화로 인해 동 매수선택권을 행사할 것이 상당히 확실하다고 판단을 변경하였다.
- 20X2년 말 현재 ㈜대한은 남은 리스기간의 내재이자율을 쉽게 산정할 수 없으며, ㈜대한의 증분차입이자율은 연 10%이다.
- 적용할 현가계수는 아래의 표와 같다.

할인율 / 기간	단일금액 ₩1의 현재가치		정상연금 ₩1의 현재가치	
	8%	10%	8%	10%
1년	0.9259	0.9091	0.9259	0.9091
2년	0.8573	0.8264	1.7832	1.7355
3년	0.7938	0.7513	2.5770	2.4868

㈜대한이 20X3년에 인식할 사용권자산의 감가상각비는 얼마인가? 단, 단수차이로 인해 오차가 있다면 가장 근사치를 선택한다.
2021. CPA

① ₩993,804 ② ₩1,288,505 ③ ₩1,490,706
④ ₩2,577,003 ⑤ ₩2,981,412

D-02 ㈜대한은 ㈜민국과 다음과 같은 조건으로 사무실에 대한 리스계약을 체결하였다.

- 리스기간: 20X1년 1월 1일 ~ 20X3년 12월 31일(3년)
- 연장선택권: ㈜대한은 리스기간을 3년에서 5년으로 2년 연장할 수 있는 선택권이 있으나 리스개시일 현재 동 선택권을 행사할 의도는 전혀 없다.
- 리스료: ㈜대한은 리스기간 동안 매년 말에 ₩2,000,000의 고정리스료를 ㈜민국에게 지급하며, 연장선택권을 행사하면 20X4년 말과 20X5년 말에는 각각 ₩2,200,000을 지급하기로 약정하였다.
- 내재이자율: ㈜대한은 동 리스에 적용되는 ㈜민국의 내재이자율은 쉽게 산정할 수 없다.
- ㈜대한의 증분차입이자율: 연 8%(20X1.1.1.), 연 10%(20X3.1.1.)
- 리스개설직접원가: ㈜대한은 리스계약과 관련하여 ₩246,000을 수수료로 지급하였다.
- 리스계약 당시 ㈜민국이 소유하고 있는 사무실의 잔존내용연수는 20년이다.
- 적용할 현가계수는 아래의 표와 같다.

할인율 / 기간	단일금액 ₩1의 현재가치		정상연금 ₩1의 현재가치	
	8%	10%	8%	10%
1년	0.9259	0.9091	0.9259	0.9091
2년	0.8573	0.8264	1.7832	1.7355
3년	0.7938	0.7513	2.5770	2.4868

㈜대한은 모든 유형자산에 대해 원가모형을 적용하며, 감가상각은 잔존가치 없이 정액법을 사용한다. 20X3년 1월 1일에 영업환경의 변화 때문에 연장선택권을 행사할 것이 상당히 확실해졌다면 ㈜대한의 20X3년 말 재무상태표에 보고할 사용권자산의 장부금액은 얼마인가? 단, 단수차이로 인해 오차가 있다면 가장 근사치를 선택한다. 2023. CPA

① ₩3,436,893 ② ₩3,491,560 ③ ₩3,526,093
④ ₩3,621,613 ⑤ ₩3,760,080

D-03 ㈜세무는 20X1년 1월 1일에 ㈜한국리스로부터 기초자산A와 기초자산B를 리스하는 계약을 체결하였다. 리스개시일은 20X1년 1월 1일로 리스기간은 3년이며, 리스료는 매년 초 지급한다. 리스 내재이자율은 알 수 없으며 ㈜세무의 20X1년 초와 20X2년 초 증분차입이자율은 각각 8%와 10%이다. 리스계약은 다음의 변동리스료 조건을 포함한다.

• 변동리스료 조건

기초자산A	리스개시일 1회차 리스료: ₩50,000 변동조건: 기초자산 사용으로 발생하는 직전 연도 수익의 1%를 매년 초 추가지급
기초자산B	리스개시일 1회차 리스료: ₩30,000 변동조건: 직전 연도 1년간의 소비자물가지수 변동에 기초하여 2회차 리스료부터 매년 변동

• 시점별 소비자물가지수

구분	20x0년 12월 31일	20X1년 12월 31일
소비자물가지수	120	132

20X1년 기초자산A의 사용으로 ₩200,000의 수익이 발생하였다. 리스료 변동으로 인한 20X1년 말 리스부채 증가금액은?

2019. CTA 심화

기간	단일금액 ₩1의 현재가치 (할인율 8%)	단일금액 ₩1의 현재가치 (할인율 10%)
1년	0.9259	0.9091
2년	0.8573	0.8264
3년	0.7938	0.7513

① ₩5,527 ② ₩5,727 ③ ₩5,778 ④ ₩7,727 ⑤ ₩7,778

7 리스의 변경 심화

리스의 변경은 어려우니 한 번 구경만 해보고, 못하겠다고 생각되면 안 하는 것도 좋은 전략이다. 내용도 어렵고, 잘 알고 있더라도 문제 풀이에 시간이 많이 소요된다.

1. 리스부채의 재평가 vs 리스의 변경

리스부채의 재평가는 리스계약을 변경하지 않은 상태로, 추정치의 변경(ex>보증으로 인한 지급액, 염가매수선택권 행사가능성 변경에 따른 리스기간 변동 등)으로 **리스료가 변동하는 것**을 의미한다. 반면, **리스의 변경은 리스계약 사항의 변경으로 인해 리스의 범위나 리스대가가 변경되는** 것을 의미한다.

	추정치의 변경	계약 내용 변경 (=계약서 재작성)
금융자산/부채	손상차손 ex> ₩10,000을 못 받을 것 같다	조건변경 ex> ₩10,000은 안 받을게
리스	리스부채의 재평가 ex> 리스기간 2년 연장할 것 같다	리스의 변경 ex> 리스기간 2년 연장하자

2. 별도 리스의 조건

리스제공자 및 리스이용자는 다음 조건을 모두 충족하는 금융리스의 변경을 별도 리스로 회계처리한다.

(1) 하나 이상의 기초자산 사용권이 추가되어 리스의 범위가 넓어진다.
(2) 넓어진 리스 범위의 개별 가격에 상응하는 금액과 특정한 계약의 상황을 반영하여 그 개별 가격에 적절히 조정하는 금액만큼 리스대가가 증액된다.

3. 리스변경 시 리스이용자 회계처리

리스변경 시 리스'제공자'의 회계처리는 시험에 출제될 가능성이 낮으므로 본서에서는 다루지 않는다. **리스변경 시 리스'이용자'의 회계처리만 잘 기억하면 된다.**

	범위	기간
확장	<Case 1>	<Case 2>
축소	<Case 3>	<Case 4>
리스 대가만 변경	<Case 5>	

<table>
<tr><th colspan="3"></th><th>범위</th><th>기간</th></tr>
<tr><td colspan="3">확장</td><td colspan="2">사용권 XXX / 리스부채 New R</td></tr>
<tr><td rowspan="4">축소</td><td rowspan="3">Step 1</td><td>사용권</td><td rowspan="2">범위 감소 비율만큼 감소</td><td>기간 감소 비율만큼 감소</td></tr>
<tr><td>리스부채</td><td>Old R로 재평가</td></tr>
<tr><td>대차차액</td><td colspan="2">PL</td></tr>
<tr><td colspan="2">Step 2</td><td colspan="2">리스부채 New R / 사용권 XXX</td></tr>
<tr><td colspan="3">리스 대가만 변경</td><td colspan="2">리스부채 New R / 사용권 XXX</td></tr>
</table>

Case 1 **리스 범위 확장** ex〉 리스 범위를 1,000평에서 1,500평으로 확장

위 예시에서는 확장된 500평이 추가된 기초자산에 해당한다. 또한, 추가된 기초자산의 개별 가격만큼 리스대가도 증액된다고 제시한다면 **별도 리스**에 해당한다. 리스 범위의 확장 시 별도 리스에 해당하지 않는 경우는 수험목적상 생략한다.

Step 1. 사용권자산 및 리스부채 증가

추가된 기초자산이 별도 리스이므로 이에 대한 사용권자산과 리스부채를 계상하면 된다. **리스료 증가분을 리스 변경일의 이자율로 할인한 금액만큼 리스부채와 사용권자산을 증가**시킨다.

Case 2 **리스 기간 확장** ex〉 리스 기간을 5년에서 6년으로 연장

Step 1. 사용권자산 및 리스부채 증가

리스 기간 확장도 리스 범위 확장과 회계처리가 비슷하다. 6년간의 리스료를 **리스 변경일의 이자율로 할인한 금액으로 리스부채를 증가시킨다.** 또한, **리스부채 증가액만큼 사용권자산도 증가시킨다.**

Case 3 **리스 범위 축소** ex〉 리스 범위를 1,000평에서 500평으로 축소

Step 1. 사용권자산 및 리스부채 감소

(1) 사용권자산: 범위 감소 비율만큼 감소

(2) 리스부채: 범위 감소 비율만큼 감소

리스 범위 축소의 경우 사용권자산과 리스부채를 모두 범위 감소 비율만큼 감소시키면 된다. 위 예시에서는 리스 변경 전 장부금액의 50%를 감소시켜야 한다.

(3) 대차차액: PL

사용권자산과 리스부채가 범위 감소 비율만큼 감소하는데, 사용권자산과 리스부채의 리스변경 전 장부금액이 다를 것이므로 **대차차액**이 발생한다. 이를 **당기손익으로 인식**한다.

Step 2. 리스 변경일의 이자율로 리스부채 재조정

리스 변경일 현재 잔여 리스료를 **리스 변경일의 이자율로 할인한 금액으로 리스부채를 조정한다.** 이때, 리스부채 조정액만큼 사용권자산도 조정한다.

Case 4 **리스 기간 축소** ex〉 리스 기간을 5년에서 4년으로 축소 ★중요!

4가지 Case 중 출제 가능성이 가장 높은 Case이다. 가장 중요하지만, 그만큼 어렵다. 4가지 Case를 모두 외우는 것이 어렵다면 Case 4만 외우는 것도 좋다.

Step 1. 사용권자산 및 리스부채 감소

(1) 사용권자산: 기간 감소 비율만큼 감소

리스 기간 축소의 경우 사용권자산만 기간 감소 비율만큼 감소시키면 된다. 위 예시에서는 리스변경 전 장부금액의 20%(= 1/5)를 감소시켜야 한다.

(2) 리스부채: 리스 개시일의 이자율로 재조정

리스 변경일 현재 잔여 리스료를 **리스 개시일의 이자율로 할인한 금액으로 리스부채를 조정한다.** 리스 변경일 현재 잔여 리스료를 **리스 개시일의 이자율로 할인한 금액을 리스부채로 계상한다.** 리스변경 시 유일하게 리스 개시일의 이자율을 사용하는 상황이므로 주의하자.

(3) 대차차액: PL

사용권자산과 리스부채의 감소액이 다르므로 **대차차액**이 발생한다. 이를 **당기손익으로 인식**한다.

Step 2. 리스 변경일의 이자율로 리스부채 재조정

리스부채는 현재 리스 개시일의 이자율로 할인되어 있다. 리스 변경일 현재 잔여 리스료를 **리스 변경일의 이자율로 할인한 금액으로 리스부채를 조정한다.** 이때, 리스부채 조정액만큼 사용권자산도 조정한다.

Case 5 **리스 대가만 변경** ex〉 고정리스료를 연 ₩100,000에서 ₩90,000으로 변경

Step 1. 리스 변경일의 이자율로 리스부채 재조정

리스 대가만 변경한 경우 리스 변경일 현재 잔여 리스료를 **리스 변경일의 이자율로 할인한 금액으로 리스부채를 조정한다.** 이때, 리스부채 조정액만큼 사용권자산도 조정한다.

사례 리스의 변경

20X1년 초 리스이용자는 사무실 공간 5,000㎡를 10년간 리스하는 계약을 체결한다. 연간 리스료는 매년 말에 ₩50,000씩 지급해야 한다. 리스의 내재이자율은 쉽게 산정할 수 없다. 20X1년 초와 20X6년 초에 리스이용자의 증분차입이자율은 각각 연 5%와 연 6%이다. 20X6년 초 변경 직전에 리스부채는 ₩210,000, 사용권자산은 ₩180,000이라고 할 때, 리스와 관련된 다음의 독립된 (물음)에 답하시오. 단, 현재가치 계산 시 다음에 제시된 현가계수표를 이용하며, 사용권자산의 감가상각은 정액법으로 한다.

기간	정상연금 ₩1의 현재가치	
	5%	6%
4	3.5460	3.4651
5	4.3295	4.2124
6	5.0757	4.9173

(물음 1) 20X6년 초에 리스이용자와 리스제공자는 남은 5년간 같은 건물의 사무실 공간 3,000㎡를 추가하도록 기존 리스를 수정하기로 합의한다. 리스 총 대가는 매년 말 ₩75,000(= ₩50,000 + ₩25,000)으로 상승한다. 이는 새로운 3,000㎡ 사무실 공간의 현재 시장요율에 상응하여 상승하는 것이지만, 리스제공자가 같은 공간을 새로운 세입자에게 리스하였다면 부담하였을 원가(예: 마케팅 원가)가 들지 않는다는 점을 반영하여 리스이용자가 받는 할인액만큼 조정된 금액이다. 리스이용자의 20X6년도 회계처리를 하시오.

(물음 2) 20X6년 초에 리스이용자와 리스제공자는 기존 리스를 수정하여 20X6년 1분기 말부터 기존 공간의 2,500㎡만으로 공간을 줄이기로 합의한다. 연간 고정리스료(20X6년부터 20Y0년까지)는 30,000원씩이다. 리스이용자의 20X6년도 회계처리를 하시오.

(물음 3) 20X6년 초에 리스이용자와 리스제공자는 기존 리스를 수정하여 계약상 리스기간을 1년 연장하기로 합의한다. 연간 리스료는 변동되지 않는다(20X6년부터 20Y1년까지 매년 말에 ₩50,000씩을 지급). 리스이용자의 20X6년도 회계처리를 하시오.

(물음 4) 20X6년 초에 리스이용자와 리스제공자는 기존 리스를 수정하여 계약상 리스기간을 1년 단축하기로 합의한다. 연간 리스료는 변동되지 않는다(20X6년부터 20X9년까지 매년 말에 ₩50,000씩을 지급). 리스이용자의 20X6년도 회계처리를 하시오. ★중요!

(물음 5) 20X6년 초에 리스이용자와 리스제공자는 기존 리스를 수정하여 기존 리스를 수정하여 남은 5년간의 리스료를 연 50,000원에서 연 40,000원으로 줄이기로 합의한다. 리스이용자의 20X6년도 회계처리를 하시오.

해답

(물음 1) 리스 범위 확장 (별도 리스)

X6.1.1	사용권자산	105,310	리스부채	105,310
X6.12.31	감가상각비	57,062	사용권자산	57,062
	이자비용	16,819	현금	75,000
	리스부채	58,181		

(1) 별도 리스에 대한 리스부채: 25,000 × 4.2124 = 105,310
리스이용자는 이 변경을 변경 전 10년 리스와는 구분하여 별도 리스로 회계처리한다. 이는 이 변경이 리스이용자에게 기초자산을 사용하게 하는 추가 권리를 부여하고, 계약 상황을 반영하여 조정한 추가 사용권자산의 개별 가격에 상응하여 리스대가를 증액하기 때문이다. 이 사례에서 추가 기초자산은 새로운 3,000㎡의 사무실 공간이다. 따라서 새로운 리스개시일(20X6년 초)에 리스이용자는 추가 사무실 공간 3,000㎡에 관련하여 사용권자산과 리스부채를 인식한다.

(2) 감가상각비: (180,000 + 105,310)/5 = 57,062

(3) 이자비용: 210,000 × 5% + 105,310 × 6% = 16,819
리스이용자는 변경의 결과로 사무실 공간 5,000㎡의 기존 리스에 대한 회계처리에 어떠한 조정도 하지 않는다. 따라서 기존 리스와 관련된 사용권자산과 리스부채는 그대로 계상되어 있으며, 이에 대해서도 감가상각비와 이자비용을 인식해야 한다. 기존 리스부채는 증분차입이자율이 5%이므로 5%로 상각해야 한다.

(물음 2) 리스 범위 축소

X6.1.1	리스부채	105,000	사용권자산	90,000
			PL	15,000
	사용권자산	21,372	리스부채	21,372
X6.12.31	감가상각비	22,274	사용권자산	22,274
	이자비용	7,582	현금	30,000
	리스부채	22,418		

(1) 리스 범위 감소로 인한 리스부채 및 사용권자산 감소
리스이용자는 변경 전 사용권자산의 50%에 상당하는 2,500㎡에 기초하여 사용권자산 및 리스부채의 장부금액 중 비례하는 감소액을 산정한다.
리스부채 감소액: 210,000 × 50% = 105,000
사용권자산 감소액: 180,000 × 50% = 90,000
리스이용자는 리스부채 감소액과 사용권자산 감소액의 차이(105,000 − 90,000 = 15,000)를 변경 유효일(20X6년 초)에 당기손익으로 인식한다.

(2) 리스료 변경으로 인한 리스부채 조정

① 변경 후 리스부채: 30,000 × 4.2124 = 126,372

변경 유효일(20X6년 초)에 리스이용자는 남은 리스기간 5년, 연간 리스료 ₩30,000과 리스이용자의 증분차입이자율 연 6%에 기초하여 리스부채를 다시 측정한다.

② 리스부채 증가액(= 사용권자산 증가액): 126,372 − 105,000 = 21,372

리스이용자는 나머지 리스부채와 변경된 리스부채의 차액을 사용권자산을 조정하여 인식하여, 지급 대가의 변동과 수정 할인율을 반영한다.

(3) 감가상각비: (90,000 + 21,372)/5 = 22,274

(4) 이자비용: 126,372 × 6% = 7,582

(물음 3) 리스 기간 확장

X7.1.1	사용권자산	35,865	리스부채	35,865
X7.12.31	감가상각비	35,978	사용권자산	35,978
	이자비용	14,752	현금	50,000
	리스부채	35,248		

(1) 변경 후 리스부채: 50,000 × 4.9173 = 245,865

변경 유효일(20X7년 초)에 리스이용자는 나머지 리스기간 6년, 연간 리스료 ₩50,000과 리스이용자의 증분차입이자율 연 6%에 기초하여 리스부채를 다시 측정한다. 리스이용자는 변경된 리스부채의 장부금액과 변경 직전의 리스부채 장부금액의 차액을 사용권자산을 조정하여 인식한다.

(2) 감가상각비 및 이자비용

① 감가상각비: (180,000 + 35,865)/6 = 35,978

② 이자비용: 245,865 × 6% = 14,752

(물음 4) 리스 기간 축소

X6.1.1	리스부채	32,700	사용권자산	36,000
	PL	3,300		
	리스부채	4,045	사용권자산	4,045
X6.12.31	감가상각비	34,989	사용권자산	34,989
	이자비용	10,395	현금	50,000
	리스부채	39,605		

(1) 리스부채 및 사용권자산 감소 (대차차액은 PL)
① 리스부채: 잔여리스료를 **기존** 할인율로 할인한 금액으로 재평가
변경 후 리스부채: 50,000 × 3.5460 = 177,300
리스부채 증감: 177,300 − 210,000 = 32,700 감소
② 사용권자산: 줄어든 리스기간에 비례하여 사용권자산 감소 = 180,000 × 1/5 = 36,000 감소

(2) 리스부채 재조정 (대차차액은 사용권자산)
① 리스부채: 잔여리스료를 **수정** 할인율로 할인한 금액으로 재평가
변경 후 리스부채: 50,000 × 3.4651 = 173,255
리스부채 증감: 173,255 − 177,300 = 4,045 감소

(3) 감가상각비 및 이자비용
① 감가상각비: (180,000 − 36,000 − 4,045)/4 = 34,989
② 이자비용: 173,255 × 6% = 10,395

(물음 5) 리스 대가 변경

X6.1.1	리스부채	41,504	사용권자산	41,504
X6.12.31	감가상각비	27,699	사용권자산	27,699
	이자비용	10,110	현금	40,000
	리스부채	29,890		

(1) 리스부채 및 사용권자산 재조정
① 리스부채: 잔여리스료를 **수정** 할인율로 할인한 금액으로 재평가
변경 후 리스부채 = 40,000 × 4.2124 = 168,496

② 사용권자산 증감(= 리스부채 증감): 168,496 − 210,000 = (−)41,504 감소

(2) 감가상각비 및 이자비용
① 감가상각비: (180,000 − 41,504)/5 = 27,699
② 이자비용: 168,496 × 6% = 10,110

예제 리스의 변경

D-04 20X1년 1월 1일 ㈜세무는 ㈜한국리스로부터 건물 3개층 모두를 5년 동안 리스하는 계약을 체결하였다. ㈜세무는 리스료로 매년 말 ₩30,000씩 지급하며, 리스 관련 내재이자율은 알 수 없고 증분차입이자율은 5%이다. 20X4년 1월 1일 ㈜세무는 건물 3개층 중 2개층만 사용하기로 ㈜한국리스와 합의하였으며, 남은 기간 동안 매년 말에 ₩23,000씩 지급하기로 하였다. 20X4년 1월 1일 리스 관련 내재이자율은 알 수 없으며, 증분차입이자율은 8%이다. ㈜세무의 리스변경으로 인한 20X4년 말 사용권자산의 장부금액은? (단, 계산금액은 소수점이하 첫째자리에서 반올림한다.) 2021. CTA

기간	단일금액 ₩1의 현재가치		정상연금 ₩1의 현재가치	
	5%	8%	5%	8%
2년	0.9070	0.8573	1.8594	1.7833
5년	0.7835	0.6806	4.3295	3.9927

① ₩17,318 ② ₩19,232 ③ ₩24,063 ④ ₩25,977 ⑤ ₩27,891

D-05 ㈜세무의 리스거래 관련 자료는 다음과 같다. ㈜세무의 리스 회계처리가 20X2년도 당기순이익에 미치는 영향은? (단, 현재가치 계산 시 다음에 제시된 현가계수표를 이용한다.) 2023. CTA 심화

- 리스기간 : 20X1. 1. 1. ~ 20X4. 12. 31.
- 고정리스료 : 리스기간 매년 말 ₩100,000 지급
- 리스계약 체결시점의 내재이자율은 연 8%이며, 리스기간 종료시 추정 잔존가치는 ₩5,000이고, 보증잔존가치는 없다.
- 리스자산의 경제적 내용연수는 5년, 잔존가치 ₩0, 정액법으로 상각한다.
- 20X1년 말 현재 사용권자산과 리스부채는 각각 ₩248,408과 ₩257,707이다.
- 20X2년 1월 1일 ㈜세무는 잔여 리스기간을 3년에서 2년으로 단축하는 리스계약 조건변경에 합의하였다. 변경된 계약은 별도 리스로 회계처리 할 수 있는 요건을 충족하지 않는다. 리스계약 변경시점의 새로운 내재이자율은 연 10%이다.

기간	단일금액 ₩1의 현재가치		정상연금 ₩1의 현재가치	
	8%	10%	8%	10%
1	0.9259	0.9091	0.9259	0.9091
2	0.8573	0.8265	1.7833	1.7355
3	0.7938	0.7513	2.5771	2.4869
4	0.7350	0.6830	3.3121	3.1699

① ₩62,730 감소 ② ₩74,389 감소 ③ ₩97,770 감소
④ ₩101,194 감소 ⑤ ₩116,357 감소

8 운용리스제공자

리스이용자는 리스가 금융리스인지, 운용리스인지 판단하지 않는다. 리스이용자는 일부 예외를 제외한 모든 리스에 대해 사용권자산과 리스부채를 인식한다. 운용리스 체결 시 회계처리가 달라지는 것은 리스제공자이다. 운용리스제공자의 회계처리는 다음과 같다.

리스기간 개시일	~~유형자산~~ 운용리스자산	~~취득원가~~ XXX	현금 ~~유형자산~~ 현금	취득원가 ~~취득원가~~ 리스개설직접원가
매기 말	현금 미수리스료 감가상각비	XXX XXX XXX	리스료수익 선수리스료 감가상각누계액	XXX XXX XXX

1. 운용리스자산=유형자산의 취득원가+리스개설직접원가

2. 리스료수익=전체 리스료/리스기간

– 정액 기준이나 다른 체계적인 기준으로 운용리스의 리스료를 수익으로 인식
– '다른 체계적인 기준이 없다' or '정액 기준으로 수익을 인식': **정액법으로 수익 인식**
→ **매년 리스료가 다르더라도 매년 같은 금액을 리스료수익으로 인식**

3. 감가상각비=유형자산 취득원가/내용연수+리스개설직접원가/리스기간

– 리스제공자는 운용리스 체결 과정에서 부담하는 리스개설직접원가를 기초자산의 장부금액에 더하고 리스료 수익과 같은 기준으로 리스기간에 걸쳐 비용으로 인식한다.
– 유형자산은 자산의 내용연수동안 감가상각, **리스개설직접원가는 리스기간동안 감가상각**

E-01

㈜세무리스는 ㈜한국과 운용리스계약을 체결하고, 20X2년 10월 1일 생산설비(취득원가 ₩800,000, 내용연수 10년, 잔존가치 ₩0, 정액법 감가상각)를 취득과 동시에 인도하였다. ㈜세무리스는 운용리스 개설과 관련한 직접원가로 ₩60,000을 지출하였다. 리스기간은 3년이고, 리스료는 매년 9월 30일에 수령한다. ㈜세무리스가 리스료를 다음과 같이 수령한다면, 동 거래가 20X2년 ㈜세무리스의 당기순이익에 미치는 영향은 각각 얼마인가?(단, 리스와 관련된 효익의 기간적 형태를 더 잘 나타내는 다른 체계적인 인식기준은 없고, 리스료와 감가상각비는 월할 계산한다.) 2016. CTA 수정

일자	리스료
20X3년 9월 30일	₩100,000
20X4년 9월 30일	120,000
20X5년 9월 30일	140,000

① ₩5,000 증가 ② ₩10,000 증가 ③ ₩25,000 증가
④ ₩30,000 증가 ⑤ ₩35,000 증가

E-02 ㈜대한리스는 ㈜민국과 리스개시일인 20X1년 1월 1일에 운용리스에 해당하는 리스계약(리스기간 3년)을 체결하였으며, 관련 정보는 다음과 같다.

- ㈜대한리스는 리스개시일인 20X1년 1월 1일에 기초자산인 기계장치를 ₩40,000,000(잔존가치 ₩0, 내용연수 10년)에 신규 취득하였다. ㈜대한리스는 동 기초자산에 대해 원가모형을 적용하며, 정액법으로 감가상각한다.
- 정액 기준 외 기초자산의 사용으로 생기는 효익의 감소형태를 보다 잘 나타내는 다른 체계적인 기준은 없다.
- ㈜대한리스는 리스기간 종료일인 20X3년 12월 31일에 기초자산을 반환받으며, 리스종료일에 리스이용자가 보증한 잔존가치는 없다.
- ㈜대한리스는 ㈜민국으로부터 각 회계연도 말에 다음과 같은 고정리스료를 받는다.

20X1년 말	20X2년 말	20X3년 말
₩6,000,000	₩8,000,000	₩10,000,000

- ㈜대한리스와 ㈜민국은 20X1년 1월 1일 운용리스 개설과 관련한 직접원가로 ₩600,000과 ₩300,000을 각각 지출하였다.
- ㈜민국은 사용권자산에 대해 원가모형을 적용하며, 정액법으로 감가상각한다.
- 동 거래는 운용리스거래이기 때문에 ㈜민국은 ㈜대한리스의 내재이자율을 쉽게 산정할 수 없으며, 리스개시일 현재 ㈜민국의 증분차입이자율은 연 8%이다.
- 적용할 현가계수는 아래의 표와 같다.

할인율 / 기간	8%	
	단일금액 ₩1의 현재가치	정상연금 ₩1의 현재가치
1년	0.9259	0.9259
2년	0.8573	1.7832
3년	0.7938	2.5770

동 운용리스거래가 리스제공자인 ㈜대한리스와 리스이용자인 ㈜민국의 20X1년도 포괄손익계산서 상 당기순이익에 미치는 영향은 각각 얼마인가? 단, 감가상각비의 자본화는 고려하지 않으며, 단수차이로 인해 오차가 있다면 가장 근사치를 선택한다. 2022. CPA

	㈜대한리스	㈜민국
①	₩1,400,000 증가	₩8,412,077 감소
②	₩3,400,000 증가	₩8,412,077 감소
③	₩3,400,000 증가	₩8,512,077 감소
④	₩3,800,000 증가	₩8,412,077 감소
⑤	₩3,800,000 증가	₩8,512,077 감소

9 리스 말문제 심화

리스는 회계사/세무사 1차 시험에서 평균적으로 2문제가 출제되며, 말문제는 2년에 1문제 정도 출제된다. 리스 기준서는 난이도가 상당히 어렵고, 양도 많다. 알아야 하는 양에 비해 출제 빈도가 낮으므로 **리스 말문제는 가성비가 굉장히 떨어지는 주제에 속하며, 전략적으로 틀릴 것을 추천한다.** 본서에서도 리스 기준서 중 중요한 몇 문장을 소개하는 수준에서 그칠 것이며, 자세한 설명은 생략한다.

1. 리스제공자의 리스 분류

(1) 금융리스: 기초자산의 소유에 따른 **위험과 보상의 대부분을 이전**하는 리스
(2) 운용리스: 기초자산의 소유에 따른 **위험과 보상의 대부분을 이전하지 않는** 리스

2. 금융리스를 적용하지 않는 예외

리스이용자는 다음 리스에는 금융리스로 회계처리하지 않기로 선택할 수 있다.

(1) 단기리스 (2) 소액 기초자산 리스

(1) 소액 기초자산 리스

기초자산이 소액인지는 **절대적 기준**에 따라 평가한다. 그 평가는 리스이용자의 규모, 특성, 상황에 영향을 받지 않는다.

(2) 단기리스 및 소액 기초자산 리스에 대한 선택

① 단기리스에 대한 선택: 사용권이 관련되어 있는 **기초자산의 유형별로 한다.**
② 소액 기초자산 리스에 대한 선택: **리스별로** 할 수 있다.

(3) 금융리스로 회계처리하지 않는 경우 회계처리 방법

개정 리스 기준서는 리스기간이 12개월을 초과하고 기초자산이 소액이 아닌 모든 리스에 대하여 리스이용자가 자산과 부채를 인식하도록 요구한다.
단기리스나 소액 기초자산 리스를 금융리스로 회계처리하지 않기로 선택한 경우에 리스이용자는 해당 리스에 관련되는 리스료를 리스기간에 걸쳐 **정액 기준**이나 다른 체계적인 기준에 따라 비용으로 인식한다.

3. 리스이용자의 현금흐름의 분류

> ① 리스부채의 원금에 해당하는 현금 지급액: **재무활동**
> ② 리스부채의 이자에 해당하는 현금 지급액: 현금흐름표 기준서의 이자 지급에 관한 요구사항을 적용하여 분류 (회사가 선택하여 일관되게 적용)
> ③ 리스부채 측정치에 포함되지 않은 단기리스료, 소액자산 리스료, 변동리스료: **영업활동**

4. 용어의 정의

(1) 단기리스

리스개시일에, 리스기간이 12개월 **이하**인 리스. 매수선택권이 있는 리스는 단기리스에 해당하지 않는다.

(2) 리스개설직접원가

리스를 체결하지 않았더라면 부담하지 않았을 리스체결의 증분원가. 다만 **금융리스와 관련하여 제조자 또는 판매자인 리스제공자(판매형 리스)가 부담하는 원가는 제외**

(3) 고정리스료

리스기간의 기초자산 사용권에 대하여 리스이용자가 리스제공자에게 지급하는 금액에서 변동리스료를 뺀 금액

(4) 변동리스료

리스기간에 기초자산의 사용권에 대하여 리스이용자가 리스제공자에게 지급하는 리스료의 일부로서 시간의 경과가 아닌 리스개시일 후 사실이나 상황의 변화 때문에 달라지는 부분

(5) 잔존가치보증

리스제공자와 **특수 관계에 있지 않은 당사자가** 리스제공자에게 제공한, 리스종료일의 기초자산 가치(또는 가치의 일부)가 적어도 특정 금액이 될 것이라는 보증

(6) 무보증잔존가치

리스제공자가 실현할 수 있을지 확실하지 않거나 리스제공자의 **특수관계자**만이 보증한, 기초자산의 잔존가치 부분

(7) 리스 인센티브

리스와 관련하여 리스제공자가 리스이용자에게 지급하는 금액이나 리스의 원가를 리스제공자가 보상하거나 부담하는 금액

(8) 리스료

리스개시일에 리스부채의 측정치에 포함되는 리스료는, 리스기간에 걸쳐 기초자산을 사용하는 권리에 대한 지급액 중 그날 현재 지급되지 않은 다음 금액으로 구성된다.

① 고정리스료(실질적인 고정리스료를 포함하고, 리스 인센티브는 차감)
② 지수나 요율(이율)에 따라 달라지는 변동리스료
③ 리스이용자가 매수선택권을 행사할 것이 상당히 확실한 경우에 그 매수선택권의 행사가격
④ 리스기간이 리스이용자의 종료선택권 행사를 반영하는 경우에, 그 리스를 종료하기 위하여 부담하는 금액
⑤ 리스이용자: 잔존가치 보증에 따른 지급 예상액
⑥ 리스제공자: 리스이용자, 리스이용자의 특수관계자, 제3자가 제공하는 보증액

※특수관계자와 보증잔존가치
리스제공자의 특수관계자가 보증: 무보증잔존가치
리스이용자의 특수관계자가 보증: 보증잔존가치

(9) 리스총투자

금융리스에서 리스제공자가 받게 될 리스료와 무보증잔존가치의 합계액

(10) 리스순투자

리스총투자를 리스의 내재이자율로 할인한 금액

(11) 미실현 금융수익

리스총투자와 리스순투자의 차이

(12) 리스의 내재이자율

리스료 및 무보증잔존가치의 현재가치 합계액을 기초자산의 공정가치와 리스제공자의 리스개설직접원가의 합계액과 동일하게 하는 할인율

(13) 리스이용자의 증분차입이자율

리스이용자가 비슷한 경제적 환경에서 비슷한 기간에 걸쳐 비슷한 담보로 사용권자산과 가치가 비슷한 자산 획득에 필요한 자금을 차입한다면 지급해야 하는 이자율

예 제 리스 말문제

E-03 리스에 관한 설명으로 옳은 것은? 2020. CTA

① 제조자 또는 판매자인 리스제공자의 운용리스 체결은 운용리스 체결 시점에 매출이익을 인식한다.

② 금융리스로 분류되는 경우 리스제공자는 자신의 리스총투자 금액에 일정한 기간수익률을 반영하는 방식으로 리스기간에 걸쳐 금융수익을 인식한다.

③ 리스제공자는 운용리스 체결 과정에서 부담하는 리스개설직접원가를 기초자산의 장부금액에 더하고 리스료 수익과 같은 기준으로 리스기간에 걸쳐 비용으로 인식한다.

④ 기초자산의 소유에 따른 위험과 보상의 대부분을 이전하는 리스는 운용리스로 분류하고, 기초자산의 소유에 따른 위험과 보상의 대부분을 이전하지 않는 리스는 금융리스로 분류한다.

⑤ 제조자 또는 판매자인 리스제공자의 금융리스 체결은 금융리스 체결 시점에 기초자산의 원가(원가와 장부금액이 다를 경우에는 장부금액)에서 보증잔존가치를 뺀 금액을 매출원가로 인식한다.

E-04 리스부채의 측정에 관한 설명으로 옳지 않은 것은? 2022. CTA

① 리스부채의 최초 측정시 리스료의 현재가치는 리스이용자의 증분차입이자율을 사용하여 산정한다. 다만, 증분차입이자율을 쉽게 산정할 수 없는 경우에는 리스의 내재이자율로 리스료를 할인한다.

② 리스개시일에 리스부채의 측정치에 포함되는 리스료는 리스기간에 걸쳐 기초자산을 사용하는 권리에 대한 지급액 중 그날 현재 지급되지 않은 금액으로 구성된다.

③ 리스가 리스기간 종료시점 이전에 리스이용자에게 기초자산의 소유권을 이전하는 경우에, 리스이용자는 리스개시일부터 기초자산의 내용연수 종료시점까지 사용권자산을 감가상각한다.

④ 리스이용자는 리스개시일 후에 리스부채에 대한 이자를 반영하여 리스부채의 장부금액을 증액하고, 지급한 리스료를 반영하여 리스부채의 장부금액을 감액한다.

⑤ 리스개시일 후 리스료에 변동이 생기는 경우, 리스이용자는 사용권자산을 조정하여 리스부채의 재측정 금액을 인식하지만, 사용권자산의 장부금액이 영(0)으로 줄어들고 리스부채 측정치가 그보다 많이 줄어드는 경우에는 나머지 재측정 금액을 당기손익으로 인식한다.

E-05 기업회계기준서 제1116호 '리스'에 대한 다음 설명 중 옳은 것은? 2019. CPA 심화

① 리스기간이 12개월 이상이고 기초자산이 소액이 아닌 모든 리스에 대하여 리스이용자는 자산과 부채를 인식하여야 한다.

② 일부 예외적인 경우를 제외하고, 단기리스나 소액 기초자산 리스를 이용하는 리스이용자는 해당 리스에 관련되는 리스료를 리스기간에 걸쳐 정액 기준이나 다른 체계적인 기준에 따라 비용으로 인식할 수 있다.

③ 리스이용자의 규모, 특성, 상황이 서로 다르기 때문에, 기초자산이 소액인지는 상대적 기준에 따라 평가한다.

④ 단기리스에 대한 리스회계처리 선택은 리스별로 적용해야 한다.

⑤ 소액 기초자산 리스에 대한 리스회계처리 선택은 기초자산의 유형별로 적용해야 한다.

E-06 기업회계기준서 제1116호 '리스'에 관한 다음 설명 중 옳지 않은 것은? 2021. CPA

① 리스개설직접원가는 리스를 체결하지 않았더라면 부담하지 않았을 리스체결의 증분원가이다. 다만, 금융리스와 관련하여 제조자 또는 판매자인 리스제공자가 부담하는 원가는 제외한다.

② 포괄손익계산서에서 리스이용자는 리스부채에 대한 이자비용을 사용권자산의 감가상각비와 구분하여 표시한다.

③ 리스이용자는 리스부채의 원금에 해당하는 현금 지급액은 현금흐름표에 재무활동으로 분류하고, 리스부채 측정치에 포함되지 않은 단기리스료, 소액자산 리스료, 변동리스료는 현금흐름표에 영업활동으로 분류한다.

④ 무보증잔존가치는 리스제공자가 실현할 수 있을지 확실하지 않거나 리스제공자의 특수관계자만이 보증한, 기초자산의 잔존가치 부분이다.

⑤ 리스이용자는 하나 이상의 기초자산 사용권이 추가되어 리스의 범위가 넓어진 경우 또는 개별 가격에 적절히 상응하여 리스대가가 증액된 경우에 리스변경을 별도 리스로 회계처리한다.

E-07 기업회계기준서 제1116호 '리스'에 대한 다음 설명 중 옳지 않은 것은? 2024. CPA 심화

① 리스제공자는 각 리스를 운용리스 아니면 금융리스로 분류한다. 기초자산의 소유에 따른 위험과 보상의 대부분을 이전하는 리스는 금융리스로 분류하고, 기초자산의 소유에 따른 위험과 보상의 대부분을 이전하지 않는 리스는 운용리스로 분류한다.

② 계약 자체가 리스인지, 계약이 리스를 포함하는지는 리스개시일에 판단한다. 계약에서 대가와 교환하여, 식별되는 자산의 사용 통제권을 일정 기간 이전하게 한다면 그 계약은 리스이거나 리스를 포함한다.

③ 리스이용자는 리스부채의 원금에 해당하는 현금 지급액은 현금흐름표에 재무활동으로 분류하고, 리스부채 측정치에 포함되지 않은 단기리스료, 소액자산 리스료, 변동리스료는 현금흐름표에 영업활동으로 분류한다.

④ 리스이용자는 리스개시일에 사용권자산과 리스부채를 인식한다.

⑤ 리스이용자는 리스개시일에 사용권자산을 원가로 측정한다.

객 관 식

C·H·A·P·T·E·R

09

충당부채

[1] 충당부채의 의의

[2] 우발부채와 우발자산

[3] 충당부채의 측정

[4] 충당부채 사례 ★중요!

[5] 충당부채의 계산

09 충당부채

CHAPTER

충당부채는 회계사, 세무사 시험 모두 2년에 한번꼴로 출제되는 주제이다. 계산문제보다는 말문제 위주로 출제된다. 본 장에 요약된 내용만 숙지하면 쉽게 풀 수 있는 주제이므로, 충당부채는 꼭 맞히자.

1 충당부채의 의의

1. 충당부채의 정의

지출하는 시기 또는 금액이 불확실한 부채

2. 인식 조건

충당부채는 다음의 요건을 모두 충족하는 경우에 인식한다.

(1) 현재의무 존재: 법적의무 뿐만 아니라 **의제의무도 포함**

(2) 높은 유출 가능성: 일어날 가능성>일어나지 않을 가능성

제품보증이나 이와 비슷한 계약 등 **비슷한 의무가 다수 있는 경우에 의무 이행에 필요한 자원의 유출 가능성은 해당 의무 전체를 고려하여 판단**

→ 개별 항목에서 의무 이행에 필요한 자원의 유출 가능성이 높지 않더라도 전체적인 의무 이행에 필요한 자원의 유출 가능성이 높을 경우 충당부채 인식

(3) 신뢰성 있는 추정: 신뢰성 있는 추정이 불가능하다면 재무상태표에 계상 불가

추정치의 사용은 재무제표 작성에 반드시 필요하며 재무제표의 신뢰성을 떨어뜨리지 X

2 우발부채와 우발자산

1. 우발부채의 정의

과거사건으로 생겼으나, 불확실한 미래 사건으로만 확인할 수 있는 잠재적 의무

2. 우발부채 vs 충당부채

<table>
<tr><th></th><th>신뢰성 있는 추정 O</th><th>신뢰성 있는 추정 X</th></tr>
<tr><td>유출가능성이 높다</td><td>충당부채 (B/S)</td><td rowspan="2">우발부채 (주석)</td></tr>
<tr><td>유출가능성이 높지 않다</td><td></td></tr>
<tr><td>유출가능성이 희박하다</td><td colspan="2">주석 공시도 X</td></tr>
</table>

3. 우발자산

(1) 정의: 과거사건으로 생겼으나, 불확실한 미래 사건으로만 확인할 수 있는 잠재적 자산

(2) 발생가능성이 높을 때에만 주석으로 공시

김수석의 핵심콕! **부채 vs 자산: 부채는 높지 않아도 공시, 자산은 높아야 공시**

<table>
<tr><th>유출(발생) 가능성</th><th>부채</th><th>자산</th></tr>
<tr><td>높다</td><td>충당부채(B/S)</td><td>우발자산(주석)</td></tr>
<tr><td>높지 않다</td><td>우발부채(주석)</td><td rowspan="2">X</td></tr>
<tr><td>희박하다</td><td>X</td></tr>
</table>

4. 충당부채, 우발부채 및 우발자산의 검토

우발부채 및 우발자산은 관련 상황의 변화가 적절하게 재무제표에 반영될 수 있도록 **지속적으로 평가한다.**

(1) 충당부채

① 충당부채 → 우발부채: 의무를 이행하기 위하여 경제적 효익이 있는 자원을 유출할 가능성이 높지 않게 된 경우에는 관련 **충당부채를 환입**한다.

② 우발부채 → 충당부채: **과거에 우발부채로 처리하였더라도** 미래 경제적 효익의 유출 가능성이 높아진 경우에는 **재무제표에 충당부채로 인식**

(2) 우발자산

① 우발자산 → 자산: 경제적 효익의 유입이 거의 확실하게 되는 경우 그러한 상황변화가 일어난 기간의 **재무제표에 그 자산과 관련 이익을 인식**

② 주석 공시 X → 우발자산: 경제적 효익의 유입 가능성이 높지 않다가 높아진 경우 **우발자산을 공시**

5. 주석 공시할 수 없는 경우

극히 드문 경우이지만 주석으로 공시할 모든 사항이나 일부 사항을 공시하는 것이 해당 충당부채, 우발부채, 우발자산과 관련하여 진행 중인 상대방과의 분쟁에 현저하게 불리한 영향을 미칠 것으로 예상되는 경우에는 그에 관한 공시를 생략할 수 있다.

3 충당부채의 측정

1. 최선의 추정치

충당부채로 인식하는 금액은 현재의무를 보고기간 말에 이행하기 위하여 **필요한 지출에 대한 최선의 추정치**이어야 한다.

(1) 의무를 이행하기가 불가능한 경우: 합리적으로 지급하여야 할 금액이 최선의 추정치가 됨
EX〉 1,000억원의 의무 부담 but 상환능력 800억원 → 충당부채 = 1,000억원
(2) 다수의 항목과 관련된 의무를 측정하는 경우: 기댓값으로 추정
(3) 하나의 의무를 측정하는 경우: 가능성이 가장 높은 금액

2. 위험과 불확실성

최선의 추정치를 구할 때에는 관련된 여러 사건과 상황에 따르는 불가피한 위험과 불확실성을 고려 but, 불확실성을 이유로 충당부채를 과도하게 인식하거나 부채를 의도적으로 과대 표시하는 것 또한 정당화 X

3. 법인세효과: 충당부채는 세전 금액으로 측정

4. 현재가치 평가

(1) 화폐의 시간가치 영향이 중요한 경우: 충당부채는 의무를 이행하기 위하여 예상되는 지출액의 현재가치로 평가
(2) 충당부채를 현재가치로 평가하여 표시하는 경우: 장부금액을 기간 경과에 따라 증액하고 해당 증가 금액은 **차입원가**로 인식
(3) 할인율: **세전** 할인율 이용, 미래 CF 추정 시 고려된 **위험 반영** X

5. 미래 사건

현재의무를 이행하기 위하여 필요한 지출 금액에 영향을 미치는 미래 사건이 일어날 것이라는 충분하고 객관적인 증거가 있는 경우에는 그 **미래 사건을 고려**하여 충당부채 금액을 추정한다.

6. 충당부채의 사용: 충당부채는 최초 인식과 관련 있는 지출에만 사용한다.

4 충당부채 사례 ★중요!

1. 의무발생사건

의무발생사건이 되려면 해당 사건으로 생긴 의무의 이행 외에는 현실적인 대안이 없어야 한다. 다음은 의무발생사건의 예이다.

충당부채 O	충당부채 X
벌과금, 복구충당부채	정화'장치' 설치비용 정기적인 수선 및 검사원가
법안: 제정이 거의 확실할 때에만	미래 영업에서 생길 원가, 예상 영업손실
	예상되는 자산 처분이익

사례 A **새로운 법률에 따라 기업은 20X1년 6월까지 매연 여과장치를 공장에 설치하여야 한다. 기업은 지금까지 매연 여과장치를 설치하지 않았다.**

(1) 보고기간 말인 20X0년 12월 31일 현재
매연 여과장치의 설치원가로 충당부채를 인식하지 아니한다. 그 법률에 따른 매연 여과장치의 설치원가나 벌금에 대한 의무발생사건이 없기 때문이다.

(2) 보고기간 말인 20X1년 12월 31일 현재
매연 여과장치 설치원가로 충당부채를 인식하지 아니한다. 매연 여과장치 설치원가에 대한 의무는 여전히 없기 때문이다. 그러나 공장에서 법률을 위반하는 의무발생사건이 일어났기 때문에 법률에 따른 벌과금을 내야 하는 의무가 생길 수는 있다. 벌과금이 부과될 가능성이 그렇지 않을 가능성보다 높은 경우에는 벌과금의 최선의 추정치로 충당부채를 인식한다.

사례 B **기업은 해저유전을 운영한다. 그 라이선싱 약정에 따르면 석유 생산 종료시점에는 유정 굴착장치를 제거하고 해저를 원상 복구하여야 한다. 최종 원상 복구원가의 90%는 유정 굴착장치 제거와 그 장치의 건설로 말미암은 해저 손상의 원상 복구와 관련이 있다. 나머지 10%의 원상 복구원가는 석유의 채굴로 생긴다. 보고기간 말에 굴착장치는 건설되었으나 석유는 채굴되지 않은 상태이다.**

→ 유정 굴착장치 제거와 그 장치의 건설로 말미암은 손상의 원상 복구에 관련된 원가(최종 원가의 90%)의 최선의 추정치로 충당부채를 인식한다. 이 원가는 유정 굴착장치의 원가의 일부가 된다. 석유 채굴로 생기는 나머지 10%의 원가는 석유를 채굴할 때 부채로 인식한다.

사례 C **기업이 소송과 관련하여 인식할 충당부채의 최선의 추정치가 ₩1,000,000이다. 기업이 충당부채의 의무를 이행하기 위해서는 현재 보유하고 있는 유형자산(장부금액 ₩500,000)을 ₩600,000에 처분해야 한다.**

→ 유형자산의 처분이익 ₩100,000은 충당부채에 영향을 주지 않으며, 충당부채로 인식할 금액은 ₩1,000,000이다.

사례 D **석유산업에 속한 기업은 오염을 일으키고 있지만 사업을 운영하는 특정 국가의 법률에서 요구하는 경우에만 오염된 토지를 정화한다. 이러한 사업이 운영되는 어떤 국가에서도 오염된 토지를 정화하도록 요구하는 법률이 제정되지 않았고, 그 기업은 몇 년 동안 그 국가의 토지를 오염시켰다. 20X0년 12월 31일 현재 이미 오염된 토지를 정화하도록 요구하는 법률 초안이 연말 후에 곧 제정될 것이 거의 확실하다.**

→ 토지 정화를 요구하는 법률 제정이 거의 확실하기 때문에 토지 정화원가의 최선의 추정치로 충당부채를 인식한다.

사례 D **석유산업에 속한 기업은 오염을 일으키고 있지만 사업을 운영하는 특정 국가의 법률에서 요구하는 경우에만 오염된 토지를 정화한다. 이러한 사업이 운영되는 어떤 국가에서도 오염된 토지를 정화하도록 요구하는 법률이 제정되지 않았고, 그 기업은 몇 년 동안 그 국가의 토지를 오염시켰다. 20X0년 12월 31일 현재 이미 오염된 토지를 정화하도록 요구하는 법률 초안이 연말 후에 곧 제정될 것이 거의 확실하다.**

→ 토지 정화를 요구하는 법률 제정이 거의 확실하기 때문에 토지 정화원가의 최선의 추정치로 충당부채를 인식한다.

사례 E **기술적인 이유로 5년마다 대체할 필요가 있는 내벽을 갖춘 용광로가 있다. 보고기간 말에 이 내벽은 3년 동안 사용되었다.**

→ 보고기간 말에는 내벽을 교체할 의무가 기업의 미래 행위와 관계없이 존재하지 않기 때문에 내벽의 교체원가를 인식하지 아니한다. 충당부채로 인식하는 대신에 5년에 걸쳐 감가상각하는 것이 타당하다. 내벽 교체원가가 생기면 이를 자본화하고, 이후 5년에 걸쳐 감가상각한다.

사례 F 항공사는 법률에 따라 항공기를 3년에 한 번씩 정밀하게 정비하여야 한다.

→ 사례 E에서 내벽 교체원가를 충당부채로 인식하지 않은 것과 같은 이유로 항공기 정밀 정비원가도 충당부채로 인식하지 아니한다. 정밀 정비를 하도록 한 법률 규정이 있더라도 정밀 정비원가가 부채를 생기게 하지 않는다. 이는 기업의 미래 행위와 상관없이 항공기의 정밀 정비의무가 있는 것은 아니기 때문이다.

2. 제삼자 변제

(1) 자산 계상액=min[변제 예상액, 충당부채]

충당부채를 결제하기 위하여 필요한 지출액을 제삼자가 변제할 것으로 예상되는 경우에는 '변제를 받을 것이 거의 확실하게 되는 때'에만 **변제금액을 별도의 자산으로 회계처리**한다.

(2) 수익-비용 상계 가능 (not 자산-부채 상계)

충당부채와 관련하여 인식한 비용은 제삼자의 변제로 인식한 수익과 상계할 수 있다.

3. 제삼자와 연대하여 의무를 지는 경우

① 우발부채: 전체 의무 중 **제삼자가 이행할 것으로 예상되는 부분**

② 충당부채: 해당 의무 중에서 경제적 효익이 있는 **자원의 유출 가능성이 높은 부분**

4. 손실부담계약

(1) 정의

계약상 의무의 이행에 필요한 회피 불가능 원가가 그 계약에서 받을 것으로 예상되는 경제적 효익을 초과하는 계약

(2) 손실충당부채

손실부담계약을 체결하고 있는 경우에는 관련된 현재의무를 충당부채로 인식하고 다음과 같이 측정한다.

손실충당부채 = min(①, ②) ① 계약을 이행하기 위하여 필요한 원가 ② 계약을 이행하지 못하였을 때 지급하여야 할 보상금이나 위약금

(3) 손상차손 먼저 인식 후 충당부채 인식

손실부담계약에 대한 충당부채를 인식하기 전에 해당 손실부담계약을 이행하기 위하여 사용하는 자산에서 생긴 **손상차손을 먼저 인식**한다.

5. 구조조정

(1) 충당부채 인식 시점: 당사자가 정당한 기대를 가질 때 (내부 계획만 있는 경우 충당부채 인식 X)

(2) 충당부채로 인식할 금액: 구조조정에서 생기는 직접비용

구조조정충당부채로 인식할 지출은 **구조조정에서 생기는 직접비용**으로서, 구조조정 때문에 반드시 생기는 지출이어야 한다.

〈구조조정충당부채에 포함되지 않는 원가〉

① 계속 근무하는 종업원에 대한 교육 훈련과 재배치	② 마케팅
③ 새로운 제도와 물류체제의 구축에 대한 투자	④ 구조조정을 완료하는 날까지 생길 것으로 예상되는 영업손실
⑤ 구조조정과 관련하여 예상되는 자산 처분이익	

6. 소송충당부채: 변호사 말대로!

소송은 **사용 가능한 증거**(변호사의 의견)에 따라 충당부채를 설정한다.

김수석의 핵심 콕! **충당부채 사례 요약**

제삼자 변제	자산 계상액 = min[변제 예상액, 충당부채] 수익 – 비용 상계 가능
연대보증	내가 갚을 부분: 충당부채, 남이 갚을 부분: 우발부채
손실부담계약	손실충당부채 = min(①, ②) ① 계약 이행 시 손실 ② 계약 미이행 시 지급할 위약금
구조조정	구조조정충당부채 = 구조조정에서 생기는 직접비용
소송충당부채	충당부채 = 변호사가 예측하는 배상금액

예제 충당부채

A-01 충당부채와 우발부채에 관한 설명으로 옳지 않은 것은? 2023. CTA

① 현재의무를 이행하기 위하여 필요한 지출 금액에 영향을 미치는 미래 사건이 일어날 것이라는 충분하고 객관적인 증거가 있는 경우에는 그 미래 사건을 고려하여 충당부채 금액을 추정한다.
② 우발부채는 의무를 이행하기 위하여 경제적 효익이 있는 자원을 유출할 가능성이 희박하지 않다면 주석으로 공시한다.
③ 충당부채와 관련하여 포괄손익계산서에 인식한 비용은 제삼자의 변제와 관련하여 인식한 금액과 상계하여 표시할 수 있다.
④ 당초에 다른 목적으로 인식된 충당부채를 그 목적이 아닌 다른 지출에 사용할 수 있다.
⑤ 충당부채를 현재가치로 평가하여 표시하는 경우에는 장부금액을 기간 경과에 따라 증액하고 해당 증가 금액은 차입원가로 인식한다.

A-02 충당부채의 변동과 변제에 관한 설명으로 옳지 않은 것은? 2017. CTA

① 어떤 의무를 제삼자와 연대하여 부담하는 경우에 이행하여야 하는 전체 의무 중에서 제삼자가 이행할 것으로 예상되는 정도까지만 충당부채로 처리한다.
② 의무를 이행하기 위하여 경제적 효익이 있는 자원을 유출할 가능성이 높지 않게 된 경우에는 관련 충당부채를 환입한다.
③ 충당부채를 현재가치로 평가하여 표시하는 경우에는 장부금액을 기간 경과에 따라 증액하고 해당 증가 금액은 차입원가로 인식한다.
④ 충당부채를 결제하기 위하여 필요한 지출액의 일부나 전부를 제삼자가 변제할 것으로 예상되는 경우에는 기업이 의무를 이행한다면 변제를 받을 것이 거의 확실하게 되는 때에만 변제금액을 별도의 자산으로 인식하고 회계처리한다.
⑤ 보고기간 말마다 충당부채의 잔액을 검토하고, 보고기간 말 현재 최선의 추정치를 반영하여 조정한다.

A-03 충당부채, 우발부채 및 우발자산에 관한 설명으로 옳은 것은? 2015. CTA

① 우발자산은 경제적효익의 유입가능성이 높아지더라도 공시하지 않는다.
② 손실부담계약을 체결하고 있는 경우에는 관련된 현재의무를 충당부채로 인식하지 않는다.
③ 충당부채를 현재가치로 평가하는 경우 적용될 할인율은 부채의 특유위험과 화폐의 시간가치에 대한 현행 시장의 평가를 반영한 세후 이율이다.
④ 충당부채와 관련하여 포괄손익계산서에 인식된 비용은 제3자의 변제와 관련하여 인식한 금액과 상계하여 표시할 수 있다.
⑤ 화폐의 시간가치 효과가 중요한 경우에도 충당부채는 현재가치로 평가하지 않는다.

A-04 다음 중 충당부채, 우발부채 및 우발자산에 대한 설명으로 옳지 않은 것은 어느 것인가? 2011. CPA

① 충당부채로 인식되기 위해서는 과거사건으로 인한 의무가 기업의 미래행위와 독립적이어야 한다. 따라서 불법적인 환경오염으로 인한 범칙금이나 환경정화비용의 경우에는 충당부채로 인식한다.

② 충당부채는 부채로 인식하는 반면, 우발부채와 우발자산은 부채와 자산으로 인식하지 않는다.

③ 당초에 다른 목적으로 인식된 충당부채를 어떤 지출에 대하여 사용하게 되면 다른 두 사건의 영향이 적절하게 표시되지 않으므로 당초 충당부채에 관련된 지출에 대해서만 그 충당부채를 사용한다.

④ 의무발생사건이 되기 위해서는 당해 사건으로부터 발생된 의무를 이행하는 것 외에는 실질적인 대안이 없어야 한다. 이러한 경우는 의무의 이행을 법적으로 강제할 수 있거나 기업이 당해 의무를 이행할 것이라는 정당한 기대를 상대방이 가지는 경우에만 해당한다.

⑤ 재무제표는 재무제표이용자들의 현재 및 미래 의사결정에 유용한 정보를 제공하는 데에 그 목적이 있다. 따라서 미래영업을 위하여 발생하게 될 원가에 대해서 충당부채로 인식한다.

A-05 미래의 예상 영업손실과 손실부담계약에 대한 설명으로 옳지 않은 것은? 2013. CTA

① 미래의 예상 영업손실은 충당부채로 인식하지 아니한다.

② 손실부담계약은 계약상의 의무에 따라 발생하는 회피 불가능한 원가가 당해 계약에 의하여 얻을 것으로 기대되는 경제적효익을 초과하는 계약이다.

③ 손실부담계약을 체결하고 있는 경우에는 관련된 현재의무를 충당부채로 인식하고 측정한다.

④ 손실부담계약에 대한 충당부채를 인식하기 전에 당해 손실부담계약을 이행하기 위하여 사용하는 자산에서 발생한 손상차손을 먼저 인식한다.

⑤ 손실부담계약의 경우 계약상의 의무에 따른 회피 불가능한 원가는 계약을 해지하기 위한 최소순원가로서 계약을 이행하기 위하여 소요되는 원가와 계약을 이행하지 못하였을 때 지급하여야 할 보상금(또는 위약금) 중에서 큰 금액을 말한다.

A-06 다음 중 충당부채를 인식할 수 없는 상황은? (단, 금액은 모두 신뢰성 있게 측정할 수 있다.) 2022. CTA

① 법률에 따라 항공사의 항공기를 3년에 한 번씩 정밀하게 정비하도록 하고 있는 경우

② 법적규제가 아직 없는 상태에서 기업이 토지를 오염시켰지만, 이에 대한 법률 제정이 거의 확실한 경우

③ 보고기간 말 전에 사업부를 폐쇄하기 위한 구체적인 계획에 대하여 이사회의 동의를 받았고, 고객들에게 다른 제품 공급처를 찾아야 한다고 알리는 서한을 보냈으며, 사업부의 종업원들에게는 감원을 통보한 경우

④ 기업이 토지를 오염시킨 후 법적의무가 없음에도 불구하고 오염된 토지를 정화한다는 방침을 공표하고 준수하는 경우

⑤ 관련 법규가 제정되어 매연여과장치를 설치하여야 하나, 당해 연도말까지 매연여과장치를 설치하지 않아 법규위반으로 인한 벌과금이 부과될 가능성이 그렇지 않은 경우보다 높은 경우

A-07 충당부채 및 우발부채와 관련된 다음의 회계처리 중 옳은 것은? 2013. CPA

① ㈜민국은 ㈜나라와 공동으로 사용하는 토지의 환경정화에 대하여 연대하여 의무를 부담한다. 이에 ㈜민국은 ㈜나라가 이행할 것으로 기대되는 ₩1,000,000을 우발부채로 처리하였다.

② ㈜한국은 토지의 환경정화와 관련하여 3년후 지급하게 될 미래현금흐름을 ₩1,000,000으로 추정하고, 동 미래현금흐름 추정시 고려한 위험을 반영한 할인율을 적용하여 계산한 현재가치를 충당부채로 인식하였다.

③ ㈜대한은 토지의 환경정화 원가를 ₩2,000,000으로 추정하고, 법인세율 20%를 고려한 ₩1,600,000을 충당부채로 인식하였다.

④ ㈜충청은 예상되는 토지의 환경정화원가 ₩2,000,000을 위하여 ㈜경상보험에 보험을 가입하였다. 동 보험약정에 의해 ㈜경상보험은 ㈜충청이 환경정화를 실시하면 ₩1,000,000을 보전해주기로 하여 ㈜충청은 토지의 환경정화와 관련된 충당부채로 ₩1,000,000을 인식하였다.

⑤ ㈜전라는 토지환경정화와 유전복구를 위해 각각 충당부채를 인식하였으나 토지환경정화에 대한 지출은 ₩500,000이 과소 발생하였고, 유전복구에 대한 지출은 ₩500,000이 과다 발생하였다. 이에 ㈜전라는 토지환경정화와 관련된 충당부채를 유전복구지출에 사용하였다.

A-08 충당부채, 우발부채, 우발자산과 관련된 다음의 회계처리 중 옳은 것은? 단, 각 설명에 제시된 금액은 최선의 추정치라고 가정한다. 2020. CPA

① 항공업을 영위하는 ㈜대한은 3년에 한 번씩 항공기에 대해 정기점검을 수행한다. 20X1년 말 현재 ㈜대한은 동 항공기를 1년 동안 사용하였으며, 20X1년 말 기준으로 측정한 2년 후 정기점검 비용 ₩10,000을 20X1년에 충당부채로 인식하였다.

② ㈜민국은 새로운 법률에 따라 20X1년 6월까지 매연 여과장치를 공장에 설치해야 하며 미설치 시 벌과금이 부과된다. ㈜민국은 20X1년 말까지 매연 여과장치를 설치하지 않아 법규 위반으로 인한 벌과금이 부과될 가능성이 그렇지 않을 가능성보다 높으며, 벌과금은 ₩20,000으로 예상된다. ㈜민국은 20X1년에 동 벌과금을 우발부채로 주석공시하였다.

③ ㈜민국이 판매한 제품의 폭발로 소비자가 크게 다치는 사고가 발생하였다. 해당 소비자는 ㈜민국에 손해배상청구소송을 제기하였으며, 20X1년 말까지 재판이 진행 중에 있다. ㈜민국의 담당 변호사는 20X1년 재무제표 발행승인일까지 기업에 책임이 있다고 밝혀질 가능성이 높으나, ㈜민국이 부담할 배상금액은 법적 다툼의 여지가 남아 있어 신뢰성 있게 추정하기가 어렵다고 조언하였다. ㈜민국은 동 소송사건을 20X1년에 우발부채로 주석공시하였다.

④ 제조업을 영위하는 ㈜대한은 20X1년 12월 고객에게 제품을 판매하면서 1년간 확신유형의 제품보증을 하였다. 제조상 결함이 명백할 경우 ㈜대한은 제품보증계약에 따라 수선이나 교체를 해준다. 과거 경험에 비추어 볼 때, 제품보증에 따라 일부가 청구될 가능성이 청구되지 않을 가능성보다 높을 것으로 예상된다. 20X1년 말 현재 ₩5,000의 보증비용이 발생할 것으로 추정되었으며, ㈜대한은 동 제품보증을 20X1년에 우발부채로 주석공시하였다.

⑤ ㈜대한은 20X1년 말 보유 중인 토지가 정부에 의해 강제 수용될 가능성이 높다고 판단하였다. 20X1년 말 현재 보유 중인 토지의 장부금액은 ₩10,000이며 수용금액은 ₩14,000일 것으로 예상된다. ㈜대한은 ₩4,000을 20X1년에 우발자산으로 인식하였다.

A-09 다음 사례는 ㈜대한의 20X1년과 20X2년에 발생한 사건으로, 금액은 신뢰성 있게 추정이 가능하다고 가정한다.

사례 A	석유산업에 속한 ㈜대한은 오염을 일으키고 있지만 사업을 영위하는 특정 국가의 법률에서 요구하는 경우에만 오염된 토지를 정화한다. ㈜대한은 20X1년부터 토지를 오염시켰으나, 이러한 사업이 운영되는 어떤 국가에서도 오염된 토지를 정화하도록 요구하는 법률이 20X1년말까지 제정되지 않았다. 20X2년말 현재 ㈜대한이 사업을 영위하는 국가에서 이미 오염된 토지를 정화하도록 요구하는 법안이 연말 후에 곧 제정될 것이 거의 확실하다.
사례 B	20X1년초 새로운 법률에 따라 ㈜대한은 20X1년말까지 매연 여과장치를 공장에 설치해야 하고, 해당 법률을 위반할 경우 벌과금이 부과될 가능성이 매우 높다. ㈜대한은 20X2년말까지 매연 여과장치를 설치하지 않아 20X2년말 관계 당국으로부터 벌과금 납부서(납부기한 : 20X3년 2월말)를 통지받았으나 아직 납부하지 않았다.
사례 C	20X1년 12월 12일 해외사업부를 폐쇄하기 위한 구체적인 계획에 대하여 이사회 동의를 받았다. 20X1년말이 되기 전에 이러한 의사결정의 영향을 받는 대상자들에게 그 결정을 알리지 않았고 실행을 위한 어떠한 절차도 착수하지 않았다. 20X2년말이 되어서야 해당 사업부의 종업원들에게 감원을 통보하였다.

위 사례 중 ㈜대한의 20X1년말과 20X2년말 재무상태표에 충당부채로 인식해야 하는 사항을 모두 고른다면?

2018. CPA

	20X1년말	20X2년말
①	A, B	B, C
②	B, C	A, B, C
③	B	A, C
④	B	A, B, C
⑤	C	B, C

A-10 ㈜태평은 20X1년말 현재 다음과 같은 사항에 대한 회계처리를 고심하고 있다.

가. 20X1년 12월 15일에 이사회에서 회사의 조직구조 개편을 포함한 구조조정계획이 수립되었으며, 이를 수행하는데 ₩250,000의 비용이 발생할 것으로 추정하였다. 그러나 20X1년말까지 회사는 동 구조조정계획에 착수하지 않았다.
나. 회사는 경쟁업체가 제기한 특허권 무단 사용에 대한 소송에 제소되어 있다. 만약 동 소송에서 패소한다면 ㈜태평이 배상하여야 하는 손해배상금액은 ₩100,000으로 추정된다. ㈜태평의 자문 법무법인에 따르면 이러한 손해배상이 발생할 가능성은 높지 않다고 한다.
다. 회사가 사용중인 공장 구축물의 내용연수가 종료되면 이를 철거하고 구축물이 정착되어 있던 토지를 원상으로 회복하여야 한다. 복구비용은 ₩200,000으로 추정되며 그 현재가치 금액은 ₩140,000이다.
라. 회사가 판매한 제품에 제조상 결함이 발견되어 이에 대한 보증 비용이 ₩200,000으로 예상되고, 그 지출가능성이 높다. 한편, 회사는 동 예상비용을 보험사에 청구하였으며 50%만큼 변제받기로 하였다.

㈜태평이 20X1년말 재무상태표에 계상하여야 할 충당부채의 금액은 얼마인가? 단, 위에서 제시된 금액은 모두 신뢰성 있게 측정되었다. 2014. CPA

① ₩240,000 ② ₩340,000 ③ ₩440,000 ④ ₩590,000 ⑤ ₩690,000

A-11 다음은 ㈜대한과 관련하여 20X1년에 발생한 사건이다.

가.	㈜대한은 20X1년부터 해저유전을 운영한다. 관련 라이선싱 약정에 따르면, 석유 생산 종료시점에는 유정 굴착장치를 제거하고 해저를 원상 복구하여야 한다. 최종 원상 복구원가의 90%는 유정 굴착장치 제거와 그 장치의 건설로 말미암은 해저 손상의 원상 복구와 관련이 있다. 나머지 10%의 원상 복구원가는 석유의 채굴로 생긴다. 20X1년 12월 31일 현재 굴착장치는 건설되었으나 석유는 채굴되지 않은 상태이다. 20X1년 12월 31일 현재 유정 굴착장치 제거와 그 장치의 건설로 말미암은 손상의 원상 복구에 관련된 원가(최종 원가의 90%)의 최선의 추정치는 ₩90,000이며, 석유 채굴로 생기는 나머지 10%의 원가에 대한 최선의 추정치는 ₩10,000이다.
나.	20X1년 8월 A씨의 결혼식이 끝나고 10명이 식중독으로 사망하였다. 유족들은 ㈜대한이 판매한 제품 때문에 식중독이 발생했다고 주장하면서 ㈜대한에 민사소송을 제기하였다(손해배상금 ₩50,000). ㈜대한은 그 책임에 대해 이의를 제기하였다. 회사의 자문 법무법인은 20X1년 12월 31일로 종료하는 연차 재무제표의 발행승인일까지는 ㈜대한에 책임이 있는지 밝혀지지 않을 가능성이 높다고 조언하였다.

상기 사건들에 대하여, 20X1년 말 ㈜대한의 재무상태표에 표시되는 충당부채는 얼마인가? 단, 기초잔액은 없는 것으로 가정한다. 2019. CPA

① ₩150,000 ② ₩140,000 ③ ₩100,000 ④ ₩90,000 ⑤ ₩0

5 충당부채의 계산

1. 보증기간이 종료되지 않은 경우

(1) 제품보증비(비용): 매출이 발생할 때 당기 매출로 인해 발생할 보증액 전부를 비용처리

제품보증비 = 당기 매출액 × 보증 설정률 or 당기 판매량 × 개당 예상 보증비

(2) 기말 제품보증충당부채 잔액

기말 제품보증충당부채 = 제품보증비 누적액 – 보증 지출액 누적액

실제 보증 시에는 비용을 인식하는 것이 아니라, 기존에 인식한 제품보증충당부채를 감소시킴

2. 보증기간이 종료된 경우

(1) 제품보증충당부채환입

제품보증충당부채환입 = 보증기간이 종료된 매출과 관련된 '제품보증비 – 보증 지출액 누적액'

품질보증기간이 지난 부분에 대해서는 보증의무가 사라지므로 충당부채를 환입해야 함

(2) 기말 제품보증충당부채 잔액

기말 충당부채 = 기초 충당부채 + 당기 제품보증비 – 당기 보증 지출액 – **충당부채환입** = 기말 현재 보증의무가 있는 매출에 대한 '제품보증비 누적액 – 보증 지출액 누적액'

예 제 충당부채의 계산

B-01 ㈜세무는 20X1년부터 제품을 판매하기 시작하고 3년간 품질을 보증하며, 품질보증기간이 지나면 보증의무는 사라진다. 과거의 경험에 의하면 제품 1단위당 ₩200의 제품보증비가 발생하며, 판매량의 5%에 대하여 품질보증요청이 있을 것으로 추정된다. 20X3년 말 현재 20X1년에 판매한 제품 중 4%만 실제 제품보증활동을 수행하였다. 20X1년부터 20X3년까지의 판매량과 보증비용 지출액 자료는 다음과 같다.

연도	판매량(대)	보증비용 지출액
20X1년	3,000	₩20,000
20X2년	4,000	30,000
20X3년	6,000	40,000

㈜세무가 제품보증과 관련하여 충당부채를 설정한다고 할 때, 20X3년 말 제품보증충당부채는? (단, 모든 보증활동은 현금지출로 이루어진다.) 2020. CTA

① ₩10,000 ② ₩14,000 ③ ₩20,000 ④ ₩34,000 ⑤ ₩40,000

B-02 ㈜갑은 20X1년초에 한정 생산판매한 제품에 대하여 3년 동안 품질을 보증하기로 하였다. 20X1년중 실제 발생한 품질보증비는 ₩210이다. ㈜갑은 기대가치를 계산하는 방식으로 최선의 추정치 개념을 사용하여 충당부채를 인식한다. ㈜갑은 이 제품의 품질보증과 관련하여 20X1년말에 20X2년 및 20X3년에 발생할 것으로 예상되는 품질보증비 및 예상 확률을 다음과 같이 추정하였다.

20X2년		20X3년	
품질보증비	예상확률	품질보증비	예상확률
₩144	10%	₩220	40%
₩296	60%	₩300	50%
₩640	30%	₩500	10%

㈜갑은 20X2년 및 20X3년에 발생할 것으로 예상되는 품질보증비에 대해 설정하는 충당부채를 20%의 할인율을 적용하여 현재가치로 측정하기로 하였다. ㈜갑의 20X1년말 재무상태표에 보고될 제품보증충당부채는 얼마인가? 단, 20X2년과 20X3년에 발생할 것으로 예상되는 품질보증비는 각 회계연도말에 발생한다고 가정한다. 2012. CPA

① ₩310 ② ₩320 ③ ₩520 ④ ₩560 ⑤ ₩730

B-03

㈜세무는 20X1년 초에 한정 생산・판매한 제품에 대하여 3년 동안 품질을 보증하기로 하였다. 20X1년 중 실제 발생한 품질보증비는 ₩10,000이다. ㈜세무는 기대가치를 계산하는 방식으로 최선의 추정치 개념을 사용하여 충당부채를 인식한다. ㈜세무는 이 제품의 품질보증과 관련하여 20X1년 말에 20X2년 및 20X3년에 발생할 것으로 예상되는 품질보증비 및 예상확률을 다음과 같이 추정하였다.

20X2년		20X3년	
품질보증비	예상확률	품질보증비	예상확률
₩1,800	20%	₩3,000	30%
3,000	50%	4,000	60%
7,000	30%	5,000	10%

㈜세무는 20X2년 및 20X3년에 발생할 것으로 예상되는 품질보증비에 대해 설정하는 충당부채를 10%의 할인율을 적용하여 현재가치로 측정하기로 하였다. 또한 ㈜세무는 20X2년도에 ₩1,000의 영업손실이 발생할 것으로 예상하고 있다. ㈜세무의 20X1년 말 재무상태표에 보고될 제품보증충당부채는? (단, 현재가치 계산 시 다음에 제시된 현가계수표를 이용한다. 20X2년과 20X3년에 발생할 것으로 예상되는 품질보증비는 각 회계연도말에 발생한다고 가정한다.)

2024. CTA

기간	단일금액 ₩1의 현재가치 (할인율=10%)
1	0.9091
2	0.8264
3	0.7513

① ₩6,360 ② ₩6,740 ③ ₩7,360 ④ ₩7,740 ⑤ ₩8,360

B-04

㈜세무는 20X3년부터 판매한 제품의 결함에 대해 1년간 무상보증을 해주고 있으며, 판매한 제품 중 5%의 보증요청이 있을 것으로 예상한다. ㈜세무는 제품보증활동에 관한 수익을 별도로 인식하지 않고 제품보증비용을 인식한다. 개당 보증비용은 20X3년 말과 20X4년 말에 각각 ₩1,200과 ₩1,500으로 추정되었다. 판매량과 보증비용 지출액에 관한 자료가 다음과 같을 때, 20X4년 말 재무상태표에 표시할 제품보증충당부채는? (단, 모든 보증활동은 현금지출로 이루어진다.)

2016. CTA

연도	판매량	보증비용 지출액
20X3년	600개	₩15,000
20X4년	800개	₩17,000(전기 판매분) ₩30,000(당기 판매분)

① ₩26,000 ② ₩30,000 ③ ₩34,000 ④ ₩37,500 ⑤ ₩40,500

B-05

㈜대한의 확신유형 보증관련 충당부채 자료는 다음과 같다.

- ㈜대한은 20X1년부터 판매한 제품의 결함에 대해 1년간 무상보증을 해주고 있으며, 판매량 중 3%에 대해서 품질보증요청이 있을 것으로 추정된다.
- ㈜대한은 제품보증활동에 관한 수익을 별도로 인식하지 않고 제품보증비용을 인식한다. ㈜대한의 연도별 판매량과 보증비용 지출액에 관한 자료는 다음과 같다. ㈜대한의 20X2년 및 20X3년의 판매 개당 품질보증비는 각각 ₩420과 ₩730으로 추정된다.

연도	판매량	보증비용 지출액
20X2년	800개	₩10,080 (당기판매분)
20X3년	1,000개	₩8,000 (당기판매분)

20X3년 말 ㈜대한이 재무상태표에 인식할 제품보증충당부채는 얼마인가? 단, 제품보증충당부채의 20X2년 초 잔액은 없고, 모든 보증활동은 현금지출로 이루어진다. 2024. CPA

① ₩11,900 ② ₩13,900 ③ ₩14,900 ④ ₩16,900 ⑤ ₩18,900

B-06

20X1년초 ㈜대한은 신제품을 출시하면서 판매일로부터 2년 이내에 제조상 결함으로 인하여 발생하는 제품 하자에 대해 무상으로 수리하거나 교체해 주는 제품보증제도를 도입하였다. 다음은 20X1년과 20X2년의 매출액 및 실제 제품보증비 지출에 대한 자료이다.

	20X1년	20X2년
매출액	₩2,000,000	₩2,500,000
제품보증비 지출액	8,000	17,000

20X1년말 ㈜대한은 매출액의 3%를 제품보증비 발생액에 대한 추정치로 결정하고 제품보증충당부채를 설정하였다. 그러나 20X2년 중에 ㈜대한은 전년도 제품보증충당부채 설정당시 이용가능한 정보를 충분히 고려하지 못하였음을 발견하고 추정치를 매출액의 2%로 수정하였다. 동 오류는 중요한 오류에 해당한다. ㈜대한이 20X2년에 제품보증에 대한 회계처리를 적절히 수행한 경우, 동 회계처리가 20X2년말 재무상태표상 이익잉여금에 미치는 영향과 제품보증충당부채 잔액은 각각 얼마인가? 2015. CPA 심화

	이익잉여금에 미치는 영향	제품보증충당부채 잔액
①	₩30,000 감소	₩50,000
②	₩50,000 감소	₩50,000
③	₩30,000 감소	₩65,000
④	₩50,000 감소	₩65,000
⑤	₩50,000 감소	₩85,000

Memo

객 관 식

C·H·A·P·T·E·R

10

종업원급여

[1] 확정급여제도
[2] 적립 및 지급이 기중에 이루어지는 경우
[3] 자산인식상한
[4] 종업원급여 말문제 출제사항

10 종업원급여

CHAPTER

1 확정급여제도

	비용	자산	부채	OCI
기초		기초 자산	기초 부채	
이자(기초 R)	XXX	기초 자산 × R	기초 부채 × R	
지급		(지급액)	(지급액)	
적립		적립액		
당기	당기근무원가		당기근무원가	
과거	과거근무원가		과거근무원가	
재측정 전	XXX(PL)	①XXX	①XXX	
재측정		③XXX	③XXX	④XXX
재측정 후		②자산 FV	②부채 PV	
순부채			부채 − 자산	

STEP 1 각 줄의 이름 쓰기

1. 문제 읽기 전에 표 왼쪽에 '이자'를 적을 것!

2. 기초 이자율 적기 (not 기말 이자율)

1순위: 우량회사채 시장수익률 2순위: 국공채 시장수익률

STEP 2 기초 자산, 부채 적기

순확정급여부채 = 확정급여채무 − 사외적립자산

문제에서 순확정급여부채 금액을 주는 경우에는 기초 자산을 비우고, 기초 부채에 적기

STEP 3 이자비용 계산하기

기초 자산, 부채에 기초 이자율을 곱한 금액만큼 적고, 대차 맞추면서 비용 인식하기

STEP 4 지급 및 적립

1. 지급: 퇴직금 지급 시 같은 금액만큼 자산과 부채 감소

2. 적립(=출연): 적립 시에는 적립액만큼 자산 증가

주의! 퇴직금의 지급 및 사외적립자산 적립이 기말에 이루어지지 않았는지 확인할 것!

지급 및 적립이 기말에 이루어지지 않았다면 이자손익을 월할 상각해야 함

STEP 5 당기근무원가 및 과거근무원가

당기근무원가나 과거근무원가를 비용과 부채 아래에 적기

STEP 6 비용(PL) 총계

1. 비용 총계=Σ비용 줄 아래에 있는 금액

2. 당기순이익에 미치는 영향=비용 총계만큼 감소

STEP 7 재측정 및 순확정급여부채

	비용	자산	부채	OCI
재측정 전	XXX(PL)	①XXX	①XXX	
재측정		③XXX	③XXX	④XXX
재측정 후		②자산 FV	②부채 PV	
순부채			⑤부채 − 자산	

김수석의 꿀팁! **확정급여채무의 보험수리적손익과 사외적립자산의 실제수익**

구분	의미	재측정 시 자산, 부채의 증감
확정급여채무의 보험수리적손익	확정급여채무에서 발생한 재측정요소	보험수리적손익만큼 확정급여부채 감소
사외적립자산의 실제수익	사외적립자산 이자수익 + 사외적립자산에서 발생한 재측정요소	'실제수익 − 이자수익'만큼 사외적립자산 증가

김수석의 꿀팁! **확정급여제도의 총포괄손익**

CI = 기초 순부채 − 기말 순부채 − 적립액

예 제 종업원급여

A-01 다음은 ㈜한국이 채택하고 있는 퇴직급여제도와 관련한 20X1년도 자료이다.

> 가. 20X1년초 확정급여채무의 현재가치와 사외적립자산의 공정가치는 각각 ₩4,500,000과 ₩4,200,000이다.
> 나. 20X1년말 확정급여채무의 현재가치와 사외적립자산의 공정가치는 각각 ₩5,000,000과 ₩3,800,000이다.
> 다. 20X1년말 일부 종업원의 퇴직으로 퇴직금 ₩1,000,000을 사외적립자산에서 지급하였으며, 20X1년말에 추가로 적립한 기여금 납부액은 ₩200,000이다.
> 라. 20X1년에 종업원이 근무용역을 제공함에 따라 증가하는 예상미래퇴직급여지급액의 현재가치는 ₩500,000이다.
> 마. 20X1년말 확정급여제도의 일부 개정으로 종업원의 과거근무기간의 근무용역에 대한 확정급여채무의 현재가치가 ₩300,000 증가하였다.
> 바. 20X1년초와 20X1년말 현재 우량회사채의 연 시장수익률은 각각 8%, 10%이며, 퇴직급여채무의 할인율로 사용한다.

㈜한국의 확정급여제도로 인한 20X1년도 포괄손익계산서의 당기순이익과 기타포괄이익에 미치는 영향은 각각 얼마인가? 단, 법인세 효과는 고려하지 않는다. 2014. CPA

	당기순이익에 미치는 영향	기타포괄이익에 미치는 영향
①	₩548,000 감소	₩52,000 감소
②	₩600,000 감소	₩300,000 감소
③	₩830,000 감소	₩270,000 감소
④	₩830,000 감소	₩276,000 증가
⑤	₩824,000 감소	₩276,000 감소

A-02 ㈜세무는 확정급여제도를 채택하여 시행하고 있다. ㈜세무의 확정급여채무와 관련된 자료가 다음과 같을 때, 20X1년도에 인식할 퇴직급여와 기타포괄손익은? 2021. CTA

- 20X1년 초 사외적립자산 잔액은 ₩560,000이며, 확정급여채무 잔액은 ₩600,000이다.
- 20X1년도의 당기근무원가는 ₩450,000이다.
- 20X1년 말에 사외적립자산 ₩150,000이 퇴직종업원에게 현금으로 지급되었다.
- 20X1년 말에 현금 ₩400,000을 사외적립자산에 출연하였다.
- 20X1년 말 현재 사외적립자산의 공정가치는 ₩920,000이며, 할인율을 제외한 보험수리적 가정의 변동을 반영한 20X1년 말 확정급여채무는 ₩1,050,000이다.
- 확정급여채무 계산시 적용한 할인율은 연 15%이다.

	퇴직급여	기타포괄손익
①	₩456,000	손실 ₩34,000
②	₩456,000	이익 ₩26,000
③	₩540,000	손실 ₩34,000
④	₩540,000	이익 ₩26,000
⑤	₩540,000	손실 ₩60,000

A-03 다음은 ㈜한국이 채택하고 있는 확정급여제도와 관련한 자료이다.

- 확정급여채무계산시 적용한 할인율은 연 5%이다.
- 20X1년초 순확정급여부채는 ₩200,000이다.
- 20X1년말 일부 종업원의 퇴직으로 퇴직금 ₩250,000을 사외적립자산에서 지급하였으며, 20X1년말에 추가로 ₩500,000을 사외적립하였다.
- 20X1년의 당기근무원가는 ₩200,000이다.
- 20X1년말 확정급여제도의 일부 개정으로 종업원의 과거근무기간 근무용역에 대한 확정급여채무의 현재가치가 ₩100,000 증가하였다.
- 20X1년말 재무상태표에 표시된 순확정급여부채는 ₩100,000이다.

㈜한국의 확정급여제도 적용이 20X1년도 포괄손익계산서의 당기순이익과 기타포괄이익에 미치는 영향은? 2017. CPA

	당기순이익에 미치는 영향	기타포괄이익에 미치는 영향
①	₩210,000 감소	₩190,000 감소
②	₩210,000 감소	₩190,000 증가
③	₩310,000 감소	₩190,000 증가
④	₩310,000 감소	₩90,000 감소
⑤	₩310,000 감소	₩90,000 증가

A-04 ㈜세무의 확정급여제도와 관련된 20X1년도 자료가 다음과 같을 때, 포괄손익계산서상 당기손익으로 인식할 퇴직급여 관련 비용은? 2017. CTA

가. 확정급여채무(현재가치)

구분	20X1년
기초금액	₩150,000
당기근무원가	25,000
이자비용	15,000
과거근무원가	5,000
퇴직금 지급	(3,000)
재측정요소	(600)
기말금액	₩191,400

나. 사외적립자산(공정가치)

구분	20X1년
기초금액	₩120,000
이자수익	12,000
현금출연	35,000
퇴직금 지급	(3,000)
재측정요소	500
기말금액	₩164,500

① ₩30,000 ② ₩33,000 ③ ₩40,000 ④ ₩45,000 ⑤ ₩50,000

A-05 ㈜세무는 확정급여제도를 채택하여 시행하고 있으며, 관련 자료는 다음과 같다. ㈜세무의 확정급여채무 및 사외적립자산과 관련된 회계처리가 20X1년도의 기타포괄이익에 미치는 영향은? 2022. CTA

- 20X1년 초 확정급여채무와 사외적립자산의 잔액은 각각 ₩1,000,000과 ₩600,000이다.
- 확정급여채무의 현재가치 계산에 적용할 할인율은 연 10%이다.
- 20X1년도의 당기근무원가 발생액은 ₩240,000이고, 20X1년 말 퇴직한 종업원에게 ₩100,000을 사외적립자산에서 지급하였다.
- 20X1년 말 현금 ₩300,000을 사외적립자산에 출연하였다.
- 20X1년 말 현재 확정급여채무의 현재가치와 사외적립자산의 공정가치는 각각 ₩1,200,000과 ₩850,000이다.

① ₩30,000 감소 ② ₩10,000 감소 ③ ₩10,000 증가 ④ ₩30,000 증가 ⑤ ₩40,000 증가

A-06

㈜한국은 퇴직급여제도로 확정급여제도를 채택하고 있다. 다음은 확정급여제도와 관련된 ㈜한국의 20X1년 자료이다. 퇴직금의 지급과 사외적립자산의 추가납입은 20X1년말에 발생하였으며, 20X1년초 현재 우량회사채의 시장이자율은 연5%로 20X1년 중 변동이 없었다.

20X1년초 확정급여채무 장부금액	₩500,000
20X1년초 사외적립자산 공정가치	400,000
당기근무원가	20,000
퇴직금지급액(사외적립자산에서 지급함)	30,000
사외적립자산 추가납입액	25,000
확정급여채무의 보험수리적손실	8,000
사외적립자산의 실제 수익	25,000

20X1년말 ㈜한국의 재무상태표에 계상될 순확정급여부채는 얼마인가? 2015. CPA

① ₩65,000 ② ₩73,000 ③ ₩95,000 ④ ₩100,000 ⑤ ₩103,000

A-07

20X1년 1월 1일에 설립된 ㈜대한은 확정급여제도를 채택하고 있으며, 관련 자료는 다음과 같다. 순확정급여자산(부채) 계산 시 적용한 할인율은 연 6%로 매년 변동이 없다.

〈20X1년〉
- 20X1년 말 확정급여채무 장부금액은 ₩500,000이다.
- 20X1년 말 사외적립자산에 ₩460,000을 현금으로 출연하였다.

〈20X2년〉
- 20X2년 말에 퇴직종업원에게 ₩40,000의 현금이 사외적립자산에서 지급되었다.
- 20X2년 말에 사외적립자산에 ₩380,000을 현금으로 출연하였다.
- 당기근무원가는 ₩650,000이다.
- 20X2년 말 현재 사외적립자산의 공정가치는 ₩850,000이다.
- 할인율을 제외한 보험수리적가정의 변동을 반영한 20X2년 말 확정급여채무는 ₩1,150,000이다.

㈜대한의 확정급여제도 적용이 20X2년도 총포괄이익에 미치는 영향은 얼마인가? 2022. CPA

① ₩580,000 감소 ② ₩635,200 감소 ③ ₩640,000 감소
④ ₩685,000 감소 ⑤ ₩692,400 감소

A-08 20X1년 1월 1일에 설립된 ㈜대한은 확정급여제도를 채택하고 있으며, 관련 자료는 다음과 같다. 순확정급여부채(자산) 계산 시 적용한 할인율은 연 7%로 변동이 없다.

〈20X1년〉
- 20X1년 말 사외적립자산의 공정가치는 ₩1,000,000이다.
- 20X1년 말 확정급여채무의 현재가치는 ₩1,200,000이다.

〈20X2년〉
- 20X2년도 당기근무원가는 ₩300,000이다.
- 20X2년 말에 일부 종업원의 퇴직으로 ₩150,000을 사외적립자산에서 현금으로 지급하였다.
- 20X2년 말에 ₩200,000을 현금으로 사외적립자산에 출연하였다.
- 20X2년 말 확정급여채무에서 발생한 재측정요소와 관련된 회계처리는 다음과 같다.
  (차변) 보험수리적손실 466,000 (대변) 확정급여채무 466,000

㈜대한의 20X2년 말 재무상태표에 표시될 순확정급여부채가 ₩400,000인 경우, (A)20X2년 말 현재 사외적립자산의 공정가치 금액과 (B)확정급여제도 적용이 20X2년도 당기순이익에 미치는 영향은 각각 얼마인가? 2019. CPA

	(A)	(B)
①	₩568,000	₩286,000 감소
②	₩568,000	₩314,000 감소
③	₩1,416,000	₩286,000 감소
④	₩1,500,000	₩286,000 감소
⑤	₩1,500,000	₩314,000 감소

A-09 ㈜신라는 퇴직급여제도로 확정급여제도(defined benefit plan)를 채택하고 있다. 20X1년초 순확정급여부채는 ₩2,000이다. 20X1년에 확정급여제도와 관련된 확정급여채무 및 사외적립자산에서 기타포괄손실(재측정요소)이 각각 발생하였으며, 그 결과 ㈜신라가 20X1년 포괄손익계산서에 인식한 퇴직급여관련 기타포괄손실은 ₩1,040이다. ㈜신라가 20X1년초 확정급여채무의 현재가치 측정에 적용한 할인율은 얼마인가? 단, 자산인식상한은 고려하지 않는다. 2016. CPA

(1) 20X1년 확정급여채무의 당기근무원가는 ₩4,000이다.
(2) 20X1년말 퇴직한 종업원에게 ₩3,000의 현금이 사외적립자산에서 지급되었다.
(3) 20X1년말 사외적립자산에 추가로 ₩2,000을 적립하였다.
(4) 20X1년말 재무상태표에 표시되는 순확정급여부채는 ₩5,180이다.

① 6% ② 7% ③ 8% ④ 9% ⑤ 10%

2 적립 및 지급이 기중에 이루어지는 경우

> **사례**
>
> 20X1년 7월 1일 일부 종업원의 퇴직으로 퇴직금 ₩1,000,000을 사외적립자산에서 지급하였으며, 20X1년 10월 1일에 추가로 적립한 기여금 납부액은 ₩200,000이다. 확정급여채무 현재가치에 적용되는 할인율은 연 8%이다.

1. 사외적립자산의 기중 적립: 퇴직급여 감소

	비용	자산	부채	OCI
적립(10.1)		200,000		
–이자 월할	(4,000)	4,000		

– 이자수익: 200,000 × 8% × 3/12 = 4,000

2. 퇴직금의 기중 지급: 퇴직급여 불변

	비용	자산	부채	OCI
지급(7.1)		(1,000,000)	(1,000,000)	
–이자 월할	–	(40,000)	(40,000)	

– 이자손익: 1,000,000 × 8% × 6/12 = 40,000

예제 적립 및 지급이 기중에 이루어지는 경우

B-01 ㈜세무는 확정급여제도를 채택하여 시행하고 있다. 20X1년 초 확정급여채무의 현재가치는 ₩900,000이고, 사외적립자산의 공정가치는 ₩720,000이다. 20X1년 동안 당기근무원가는 ₩120,000이다. 20X1년 9월 1일 퇴직한 종업원에게 ₩90,000의 퇴직급여가 사외적립자산에서 지급되었으며, 20X1년 10월 1일 사외적립자산에 대한 기여금 ₩60,000을 납부하였다. 20X1년 말 순확정급여부채는? (단, 우량회사채의 시장수익률은 연 10%이고, 이자원가 및 이자수익은 월할계산한다.) 2020. CTA

① ₩240,000 ② ₩256,500 ③ ₩258,000 ④ ₩316,500 ⑤ ₩318,000

B-02 ㈜대한은 확정급여제도를 채택하고 있으며, 관련 자료는 다음과 같다.

- 20X1년 초 확정급여채무의 현재가치와 사외적립자산의 공정가치는 각각 ₩1,200,000과 ₩900,000이다.
- 20X1년 5월 1일에 퇴직종업원에게 ₩240,000의 현금이 사외적립자산에서 지급되었다.
- 20X1년 9월 1일에 사외적립자산에 ₩120,000을 현금으로 출연하였다.
- 20X1년도의 당기근무원가 발생액은 ₩300,000이다.
- 할인율을 제외한 보험수리적 가정의 변동을 반영한 20X1년 말 확정급여채무의 현재가치는 ₩1,400,000이다.
- 20X1년 말 현재 사외적립자산의 공정가치는 ₩920,000이다.
- 순확정급여자산(부채) 계산 시 적용한 할인율은 연 10%로 매년 변동이 없다.
- 관련 이자비용 및 이자수익은 월할로 계산한다.

㈜대한의 확정급여제도 적용이 20X1년도 총포괄이익에 미치는 영향은 얼마인가? 2023. CPA

① ₩300,000 감소 ② ₩280,000 감소 ③ ₩260,000 감소
④ ₩240,000 감소 ⑤ ₩220,000 감소

3 자산인식상한

1. 자산인식상한과 자산인식상한효과

자산인식상한 = 사외적립자산 − 확정급여채무 − 자산인식상한효과
→ **자산인식상한효과 = 사외적립자산 − 확정급여채무 − 자산인식상한**

ex) X1년 말 확정급여채무의 현재가치 20,000, 사외적립자산의 공정가치 30,000, 자산인식상한 6,000
→ 자산인식상한효과 = 4,000

X1	비용	자산	상한효과	부채	OCI
재측정 후		30,000		20,000	6,000
상한효과			(4,000)		(4,000)
인식 후		30,000	(4,000)	20,000	2,000

(차) 재측정요소(OCI)	4,000	(대) 자산인식상한효과(자산의 감소)	4,000

2. 기초에 자산인식상한효과가 존재하는 경우 심화

ex> X2년 말 확정급여채무의 현재가치 21,000, 사외적립자산의 공정가치 32,000, 자산인식상한 7,000

→ X2년 말 자산인식상한효과 = 4,000

X2	비용	자산	상한효과	부채	OCI
기초		30,000	(4,000)	20,000	2,000
이자(10%)	(600)	3,000	(400)	2,000	
당기	6,000			6,000	
지급		(5,000)		(5,000)	
적립		7,000			
재측정 전	5,400	35,000	(4,400)	23,000	2,000
재측정		(3,000)		(2,000)	(1,000)
재측정 후		32,000	(4,400)	21,000	1,000
자산인상효과			**400**		**400**
인식 후		32,000	(4,000)	21,000	1,400

STEP 1 이자비용

기초에 존재하는 상한효과도 자산, 부채와 같이 이자비용 인식 (자산>부채이므로 비용 감소)

STEP 2 기말 자산인식상한효과 검토

(1) 자산, 부채 재측정

X2년에도 문제에서 제시한 자산의 FV와 부채의 PV를 이용하여 재측정

재측정 시 상한효과는 무시하고, 상한효과는 (4,400) 그대로 내려옴

(2) 자산인식상한효과 잔액 계산

X2년 말 자산인식상한효과: 사외적립자산 − 확정급여채무 − 자산인식상한 = 32,000 − 21,000 − 7,000 = 4,000

(3) 자산인식상한효과 조정

상한효과가 4,400에서 4,000이 되어야 하므로 400 감소, 같은 금액을 재측정요소로 인식

(차) 자산인식상한효과(자산의 감소)	400	(대) 재측정요소(OCI)	400

예제 자산인식상한

B-03 ㈜거제는 퇴직급여제도로 확정급여제도를 채택하고 있으며, 20X1년초 확정급여채무와 사외적립자산의 장부금액은 각각 ₩1,000,000과 ₩900,000이다. ㈜거제의 20X1년도 확정급여제도와 관련된 자료는 다음과 같다. ㈜거제의 확정급여제도와 관련하여 적용할 할인율은 연 12%이며, 모든 거래는 기말에 발생하고, 퇴직금은 사외적립자산에서 지급한다. 또한 자산인식의 상한은 ₩20,000으로 가정한다.

• 당기 근무원가	:	₩100,000
• 퇴직금 지급액	:	150,000
• 사외적립자산에 대한 기여금 납부액	:	400,000
• 보험수리적가정의 변동을 고려한 20X1년말의 확정급여채무	:	1,300,000
• 20X1년말 사외적립자산의 공정가치	:	1,350,000

동 확정급여제도로 인하여 ㈜거제의 20X1년도 포괄손익계산서상 당기순이익과 기타포괄이익에 미치는 영향은 각각 얼마인가? 단, 법인세효과와 과거근무원가는 고려하지 않는다. 2013. CPA

	당기순이익에 미치는 영향	기타포괄이익에 미치는 영향
①	₩112,000 증가	₩162,000 증가
②	₩112,000 감소	₩168,000 감소
③	₩175,000 감소	₩192,000 증가
④	₩220,000 증가	₩162,000 증가
⑤	₩220,000 감소	₩168,000 감소

B-04 다음은 ㈜대한이 채택하고 있는 확정급여제도와 관련한 자료이다. ㈜대한의 확정급여제도 적용이 20X1년도 포괄손익계산서의 당기순이익과 기타포괄이익에 미치는 영향은? 2018. CPA

- 순확정급여부채(자산) 계산시 적용한 할인율은 연 5%이다.
- 20X1년초 사외적립자산의 공정가치는 ₩550,000이고, 확정급여채무의 현재가치는 ₩500,000이다.
- 20X1년도 당기근무원가는 ₩700,000이다.
- 20X1년말에 퇴직종업원에게 ₩100,000의 현금이 사외적립자산에서 지급되었다.
- 20X1년말에 사외적립자산에 ₩650,000을 현금으로 출연하였다.
- 20X1년말 사외적립자산의 공정가치는 ₩1,350,000이다.
- 보험수리적 가정의 변동을 반영한 20X1년말 확정급여채무는 ₩1,200,000이다.
- 20X1년초와 20X1년말 순확정급여자산의 자산인식상한금액은 각각 ₩50,000과 ₩100,000이다.

	당기순이익에 미치는 영향	기타포괄이익에 미치는 영향
①	₩702,500 감소	₩147,500 감소
②	₩702,500 감소	₩147,500 증가
③	₩702,500 감소	₩97,500 감소
④	₩697,500 감소	₩97,500 감소
⑤	₩697,500 감소	₩97,500 증가

B-05 확정급여제도를 도입하고 있는 ㈜한국의 20X1년 퇴직급여와 관련된 정보는 다음과 같다.

• 20X1년 초 확정급여채무의 장부금액	₩150,000
• 20X1년 초 사외적립자산의 공정가치	120,000
• 당기근무원가	50,000
• 20X1년 말 제도변경으로 인한 과거근무원가	12,000
• 퇴직급여지급액(사외적립자산에서 연말 지급)	90,000
• 사외적립자산에 대한 기여금(연말 납부)	100,000
• 20X1년 말 보험수리적 가정의 변동을 반영한 확정급여채무의 현재가치	140,000
• 20X1년 말 사외적립자산의 공정가치	146,000
• 20X1년 초 할인율	연 6%

위 퇴직급여와 관련하여 인식할 기타포괄손익은? (단, 20X1년 말 순확정급여자산인식상한은 ₩5,000이다.)

2015. CTA

① ₩200 손실 ② ₩1,000 이익 ③ ₩1,200 손실 ④ ₩2,200 이익 ⑤ ₩3,200 손실

B-06 ㈜세무는 확정급여제도를 채택하여 시행하고 있으며, 관련 자료는 다음과 같다. ㈜세무가 20X2년도에 인식할 퇴직급여와 기타포괄손익은?

2023. CTA

- 20X1년 말 사외적립자산 잔액은 ₩300,000이며, 확정급여채무 잔액은 ₩305,000이다.
- 20X2년 초에 현금 ₩180,000을 사외적립자산에 출연하였다.
- 20X2년도의 당기근무원가는 ₩190,000이다.
- 20X2년 말에 사외적립자산 ₩150,000이 퇴직종업원에게 현금으로 지급되었다.
- 20X2년 말 현재 확정급여채무의 현재가치와 사외적립자산의 공정가치는 각각 ₩373,000과 ₩375,000이며, 자산인식상한은 ₩1,000이다.
- 순확정급여부채(자산) 계산 시 적용한 할인율은 연 10%로 변동이 없다.

	퇴직급여	기타포괄손익
①	₩172,500 손실	₩500
②	₩172,500 손실	₩1,500
③	₩172,500 이익	₩1,500
④	₩190,500 손실	₩16,500
⑤	₩190,500 이익	₩16,500

B-07 20X1년 1월 1일에 설립된 ㈜대한은 확정급여제도를 채택하고 있으며, 관련 자료는 다음과 같다. 순확정급여자산(부채) 계산 시 적용한 할인율은 연 8%로 매년 변동이 없다.

〈20X1년〉 • 20X1년 말 사외적립자산의 공정가치는 ₩1,100,000이다. • 20X1년 말 확정급여채무의 현재가치는 ₩1,000,000이다. • 20X1년 말 순확정급여자산의 자산인식상한금액은 ₩60,000이다.
〈20X2년〉 • 20X2년 당기근무원가는 ₩900,000이다. • 20X2년 말에 일부 종업원의 퇴직으로 ₩100,000을 사외적립자산에서 현금으로 지급하였다. • 20X2년 말에 ₩1,000,000을 현금으로 사외적립자산에 출연하였다. • 20X2년 말 사외적립자산의 공정가치는 ₩2,300,000이다. • 20X2년 말 확정급여채무의 현재가치는 ₩2,100,000이다.

㈜대한의 20X2년 말 재무상태표에 표시될 순확정급여자산이 ₩150,000인 경우, ㈜대한의 확정급여제도 적용이 20X2년 포괄손익계산서의 기타포괄이익(OCI)에 미치는 영향은 얼마인가? 2021. CPA 심화

① ₩12,800 감소 ② ₩14,800 감소 ③ ₩17,800 감소
④ ₩46,800 감소 ⑤ ₩54,800 감소

4 종업원급여 말문제 출제사항

1. 퇴직급여의 종류: 확정기여제도(DC) vs 확정급여제도(DB)

	확정기여제도	확정급여제도
기업의 의무	고정금액을 기금에 출연	고정금액의 퇴직금 지급
보험수리적위험과 투자위험 부담자 (= 기여금의 주인)	종업원	기업
종업원이 받을 퇴직급여	변동	고정

2. 용어의 정의

순확정급여부채(자산)	과소적립액이나 자산인식상한을 한도로 하는 초과적립액
과소적립액 or 초과적립액	확정급여채무의 현재가치 − 사외적립자산의 공정가치
자산인식상한	제도에서 환급받는 형태로 또는 제도에 납부할 미래기여금을 절감하는 형태로 얻을 수 있는 경제적 효익의 현재가치
확정급여채무의 현재가치	종업원이 당기와 과거 기간에 근무용역을 제공하여 생긴 채무를 결제하기 위해 필요한 예상 미래지급액의 현재가치
확정급여원가의 구성요소	자산의 원가에 포함하는 경우를 제외하고는 확정급여원가의 구성요소를 다음과 같이 인식한다. (1) 근무원가, 순확정급여부채(자산)의 순이자: 당기손익 (2) 순확정급여부채(자산)의 재측정요소: 기타포괄손익 **(재분류조정 X)**
근무원가(PL)	(1) 당기근무원가: 당기에 종업원이 근무용역을 제공하여 생긴 확정급여채무 현재가치의 증가분 (2) 과거근무원가: 제도가 개정되거나 축소됨에 따라, 종업원이 과거 기간에 제공한 근무용역에 대한 확정급여채무 현재가치의 변동 (3) **정산 손익**
순확정급여부채(자산)의 순이자(PL)	보고기간에 시간이 지남에 따라 생기는 순확정급여부채(자산)의 변동
순확정급여부채(자산)의 재측정요소(OCI)	다음으로 구성된다. 단, (2), (3) 중 순확정급여부채(자산)의 순이자에 포함된 금액은 제외한다. (1) 보험수리적손익 (2) 사외적립자산의 수익 (3) 자산인식상한효과의 변동
보험수리적손익	경험조정과 보험수리적 가정의 변경 효과로 인해 생기는 확정급여채무 현재가치의 변동
사외적립자산의 수익	사외적립자산에서 생기는 이자, 배당금과 그 밖의 수익에서 제도운영원가, 제도 자체와 관련된 세금을 차감한 금액
예측단위적립방식	확정급여채무의 현재가치와 당기근무원가를 결정하기 위해 사용하는 방식. 적용할 수 있다면 과거근무원가를 결정할 때에도 동일한 방식을 사용한다.
정산	확정급여제도에 따라 생긴 급여의 일부나 전부에 대한 법적의무나 의제의무를 더 이상 부담하지 않기로 하는 거래

3. 기타장기종업원급여에서의 재측정요소: 당기손익 (not 기타포괄손익)

B-08 종업원급여에 관한 설명으로 옳지 않은 것은? 2014. CTA

① 보험수리적손익은 확정급여제도의 정산으로 인한 확정급여채무의 현재가치변동을 포함하지 아니한다.

② 자산의 원가에 포함하는 경우를 제외한 확정급여원가의 구성요소 중 순확정급여부채의 재측정요소는 기타포괄손익으로 인식한다.

③ 순확정급여부채(자산)의 순이자는 당기손익으로 인식한다.

④ 퇴직급여제도 중 확정급여제도 하에서 보험수리적위험과 투자위험은 종업원이 실질적으로 부담한다.

⑤ 순확정급여부채(자산)의 재측정요소는 보험수리적손익, 순확정급여부채(자산)의 순이자에 포함된 금액을 제외한 사외적립자산의 수익, 순확정급여부채(자산)의 순이자에 포함된 금액을 제외한 자산인식상한효과의 변동으로 구성된다.

B-09 기업회계기준서 제1019호 '종업원급여' 중 확정급여제도에 대한 다음 설명 중 옳지 않은 것은? 2020. CPA

① 확정급여채무의 현재가치와 당기근무원가를 결정하기 위해서는 예측단위적립방식을 사용하며, 적용할 수 있다면 과거근무원가를 결정할 때에도 동일한 방식을 사용한다.

② 보험수리적손익은 보험수리적 가정의 변동과 경험조정으로 인한 확정급여채무 현재가치의 증감에 따라 생긴다.

③ 과거근무원가는 제도의 개정이나 축소로 생기는 확정급여채무 현재가치의 변동이다.

④ 기타포괄손익에 인식되는 순확정급여부채(자산)의 재측정요소는 후속 기간에 당기손익으로 재분류하지 아니하므로 기타포괄손익에 인식된 금액을 자본 내에서 대체할 수 없다.

⑤ 순확정급여부채(자산)의 재측정요소는 보험수리적손익, 순확정급여부채(자산)의 순이자에 포함된 금액을 제외한 사외적립자산의 수익, 순확정급여부채(자산)의 순이자에 포함된 금액을 제외한 자산인식상한효과의 변동으로 구성된다.

B-10 '종업원급여'에 대한 다음 설명 중 옳지 않은 것은? 2023. CPA

① 확정기여제도에서 가입자의 미래급여금액은 사용자나 가입자가 출연하는 기여금과 기금의 운영효율성 및 투자수익에 따라 결정된다.

② 확정급여제도에서 자산의 원가에 포함하는 경우를 제외한 확정급여원가의 구성요소 중 순확정급여부채의 재측정요소는 기타포괄손익으로 인식한다.

③ 확정급여제도에서 확정급여채무와 사외적립자산에 대한 순확정급여부채(자산)의 순이자는 당기손익으로 인식하나, 자산인식상한효과에 대한 순확정급여부채(자산)의 순이자는 기타포괄손익으로 인식한다.

④ 확정급여제도에서 보험수리적손익은 보험수리적 가정의 변동과 경험조정으로 인한 확정급여채무 현재가치의 증감에 따라 생긴다.

⑤ 퇴직급여가 아닌 기타장기종업원급여에서의 재측정요소는 기타포괄손익으로 인식하지 않고 당기손익으로 인식한다.

B-11 기업회계기준서 제1019호 '종업원급여'에 대한 다음 설명 중 옳지 않은 것은? 2024. CPA

① 퇴직급여가 아닌 기타장기종업원급여에서의 재측정요소는 기타포괄손익으로 인식하지 않고 당기손익으로 인식한다.

② 확정급여제도에서 순확정급여부채(자산)의 순이자는 당기손익으로 인식한다.

③ 확정급여채무의 현재가치와 당기근무원가를 결정하기 위해서는 예측단위적립방식을 사용하며, 적용할 수 있다면 과거근무원가를 결정할 때에도 동일한 방식을 사용한다.

④ 확정급여제도에서 순확정급여부채(자산)의 재측정요소는 기타포괄손익으로 인식하며, 후속기간에 당기손익으로 재분류할 수 없다.

⑤ 확정급여제도에서 순확정급여부채(자산)을 재측정하는 경우가 아닌 일반적인 순확정급여부채(자산)의 순이자는 연차보고기간 말의 순확정급여부채(자산)와 할인율을 사용하여 결정한다.

객 관 식

C·H·A·P·T·E·R

11

자본

[1] 자본의 구성요소
[2] 유상증자
[3] 자기주식
[4] 감자
[5] 자본이 불변인 자본거래
[6] 이익잉여금의 구성
[7] 이익잉여금의 처분
[8] 자본거래가 자본에 미치는 영향 ★중요!
[9] 배당금의 배분
[10] 우선주의 종류

11 CHAPTER 자본

1 자본의 구성요소

1. 한국채택국제회계기준에 따른 자본의 구성요소

납입자본	자본금, 주식발행초과금
이익잉여금	법정적립금, 임의적립금, 미처분이익잉여금
기타자본구성요소	납입자본과 이익잉여금이 아닌 자본요소

2. 일반기업회계기준에 따른 자본의 구성요소

<table>
<tr><td colspan="2">자본금</td><td>보통주 자본금, 우선주 자본금</td></tr>
<tr><td colspan="2">자본잉여금</td><td>주식발행초과금, 자기주식처분이익, 감자차익 등</td></tr>
<tr><td rowspan="2">자본조정</td><td>차감</td><td>주식할인발행차금, 자기주식처분손실, 감자차손, 자기주식 등</td></tr>
<tr><td>가산</td><td>주식선택권, 미교부주식배당금 등</td></tr>
<tr><td colspan="2">기타포괄손익누계액(OCI)</td><td>재평가잉여금, FVOCI 금융자산 평가손익, 재측정요소, 해외사업장환산차이, 위험회피적립금 등</td></tr>
<tr><td colspan="2">이익잉여금</td><td>법정적립금, 임의적립금, 미처분이익잉여금</td></tr>
</table>

3. 기타포괄손익누계액: 잉지재부, 채해위, XO

한 기간에 인식되는 모든 수익과 비용 항목은 한국채택국제회계기준이 달리 정하지 않는 한 당기손익으로 인식한다. 기준서에서 나열하고 있는 기타포괄손익은 다음과 같다.

<table>
<tr><th>구분</th><th>설명</th><th>재분류조정</th></tr>
<tr><td>① 평가잉여금</td><td>유·무형자산의 재평가모형 적용 시 평가이익</td><td rowspan="4">X
(이익잉여금 대체 가능)</td></tr>
<tr><td>② FVOCI 금융자산
(지분상품) 평가손익</td><td>FVOCI 금융자산(지분상품)의 공정가치 평가손익</td></tr>
<tr><td>③ 재측정요소</td><td>확정급여제도 적용 시 확정급여부채 및 사외적립자산의 평가손익</td></tr>
<tr><td>④ FVPL 지정 금융부채 평가손익</td><td>FVPL 지정 금융부채의 신용위험 변동에 따른 공정가치 평가손익</td></tr>
<tr><td>⑤ FVOCI 금융자산
(채무상품) 평가손익</td><td>FVOCI 금융자산(채무상품)의 공정가치 평가손익</td><td rowspan="3">O</td></tr>
<tr><td>⑥ 해외사업장환산차이</td><td>기능통화로 작성된 재무제표를 표시통화로 환산하는 과정에서 발생하는 외환차이</td></tr>
<tr><td>⑦ 위험회피적립금</td><td>파생상품에 대해 현금흐름위험회피회계를 적용하는 경우 파생상품 평가손익 중 효과적인 부분</td></tr>
<tr><td>⑧ 지분법자본변동</td><td>관계기업이 인식한 기타포괄손익 중 지분율에 비례하는 부분</td><td>△</td></tr>
</table>

예제 기타포괄손익누계액

A-01 기타포괄손익 항목 중 후속적으로 당기손익으로 재분류조정될 수 있는 것은? 2018. CTA

① 최초 인식시점에서 기타포괄손익-공정가치측정금융자산으로 분류한 지분상품의 공정가치 평가손익
② 확정급여제도의 재측정요소
③ 현금흐름위험회피 파생상품평가손익 중 위험회피에 효과적인 부분
④ 무형자산 재평가잉여금
⑤ 관계기업 유형자산 재평가로 인한 지분법기타포괄손익

2 유상증자

1. 증자와 감자

	증자: 자본금 증가	감자: 자본금 감소
유상: 자본 변동 O	**유상증자**	유상감자
무상: 자본 변동 X	**무상증자**	무상감자

(1) 유상증자: 대가를 받고 자본금을 증가시키는 자본거래 (= 실질적 증자)
ex〉 현금출자, 현물출자, 출자전환

(2) 무상증자: 대가 없이 자본금을 증가시키는 자본거래 (= 형식적 증자)

2. 현금출자

현금	발행금액		자본금	액면금액
주식할인발행차금	XXX	or	주식발행초과금	XXX
주발초 or 주할차	발행원가		현금	발행원가

(1) 자본금 증가액 = 액면금액 × 증자 주식 수
(2) 주식발행초과금 증가액 = 발행금액 − 액면금액 − 주식할인발행차금 − 직접원가
(3) 자본 증가액 = 현금 순유입액 = 발행금액 − 발행원가

3. 현물출자 vs 출자전환

주식의 발행금액	현물출자	출자전환 심화
1순위	**자산**의 공정가치	**주식**의 공정가치
2순위	주식의 공정가치	부채의 공정가치

예 제 현금출자

A-02 ㈜대한은 주당 액면금액 ₩5,000인 보통주 500주를 주당 ₩15,000에 발행하였다. 발행대금은 전액 당좌예금에 입금되었으며, 주식인쇄비 등 주식발행과 직접 관련된 비용 ₩500,000이 지급되었다. 유상증자 직전에 주식할인발행차금 미상각잔액 ₩800,000이 존재할 때, ㈜대한의 유상증자로 인한 자본의 증가액은 얼마인가? 2014. CTA

① ₩2,500,000 ② ₩4,500,000 ③ ₩6,200,000 ④ ₩7,000,000 ⑤ ₩7,500,000

3 자기주식

유상취득	자기주식	취득원가	현금	취득원가
무상취득	– 회계처리 없음 –			

1. 유상취득: 자기주식은 취득원가로 계상

자기주식은 취득원가로 계상한 뒤, 공정가치 평가 X

2. 무상취득: 회계처리 X

무상으로 취득한 자기주식은 0(not 공정가치)으로 계상

3. 자기주식의 처분 (=자기주식의 재발행)

현금	처분가액		자기주식	취득원가
자기주식처분손실	XXX	or	자기주식처분이익	XXX

4. 자기주식 소각

자본금	액면금액		자기주식	취득원가
감자차손	XXX	or	감자차익	XXX

김수석의 핵심콕! 자본잉여금 vs 자본조정: 동시 계상 불가!

	구분	증자	자기주식 처분	감자
이익	자본잉여금	주식발행초과금	자기주식처분이익	감자차익
손실	자본조정	주식할인발행차금	자기주식처분손실	감자차손

예제 자기주식

A-03 ㈜세무의 보통주(주당 액면금액 ₩5,000, 주당 발행가 ₩6,500)와 관련된 거래가 다음과 같이 발생했을 때, 20X1년 4월 30일 회계처리로 옳은 것은? (단, 회계처리는 선입선출법을 적용한다.) 2018. CTA

거래일자	주식수	주당 재취득금액	주당 재발행금액
20X1년 3월 1일	50	₩6,800	—
20X1년 4월 1일	20	5,600	—
20X1년 4월 21일	30	—	₩6,900
20X1년 4월 30일	10	—	4,800

	(차변)		(대변)	
①	현금	48,000	자기주식	68,000
	자기주식처분이익	3,000		
	자기주식처분손실	17,000		
②	현금	48,000	자기주식	68,000
	자기주식처분손실	20,000		
③	현금	48,000	자기주식	56,000
	자기주식처분손실	8,000		
④	현금	48,000	자기주식	50,000
	감자차익	2,000		
⑤	현금	48,000	자기주식	50,000
	감자차손	2,000		

A-04 ㈜갑은 20X1년에 자기주식 60주를 주당 ₩3,000에 취득하였으며, 20X2년에 이 중 30주를 주당 ₩5,000에 처분하였다. 20X1년말 ㈜갑 주식의 주당 공정가치는 ₩4,000이다. 20X2년의 자기주식 처분이 자본총계에 미치는 영향을 옳게 나타낸 것은? 단, 법인세효과는 고려하지 않는다. 2012. CPA

① ₩30,000 감소
② ₩60,000 증가
③ ₩150,000 감소
④ ₩150,000 증가
⑤ ₩180,000 증가

4 감자

1. 유상감자

자기주식 취득	~~자기주식~~	~~취득원가~~	현금	취득원가
자기주식 소각	자본금	액면금액	~~자기주식~~	~~취득원가~~
	감자차손	XXX or	감자차익	XXX

2. 무상감자

자본금	액면금액	이월결손금	결손금
		감자차익	XXX

– 무상감자 시에는 감자차익만 발생할 수 있고, 감자차손은 발생할 수 없음

A-05 ㈜대한은 20X1년 1월 1일에 주당 액면금액 ₩5,000인 보통주 1,000주를 주당 ₩15,000에 발행하여 설립되었다. 20X2년 중 다음과 같은 자기주식 거래가 발생하였다.

3월 1일	100주의 보통주를 주당 ₩14,000에 재취득
6월 1일	60주의 자기주식을 주당 ₩18,000에 재발행
9월 1일	40주의 보통주를 주당 ₩16,000에 재취득
12월 1일	60주의 자기주식을 주당 ₩10,000에 재발행
12월 31일	20주의 자기주식을 소각

20X1년 중 자기주식 거래는 없었으며, ㈜대한은 자기주식의 회계처리에 선입선출법에 따른 원가법을 적용하고 있다. 20X2년도 위 거래의 회계처리 결과로 옳은 설명은? 2017. CPA

① 자본 총계 ₩360,000이 감소한다.
② 포괄손익계산서에 자기주식처분손실 ₩40,000을 보고한다.
③ 포괄손익계산서에 자기주식처분이익 ₩240,000과 자기주식처분손실 ₩280,000을 각각 보고한다.
④ 20X2년말 자본금 ₩5,000,000을 보고한다.
⑤ 감자차손 ₩320,000을 보고한다.

5 자본이 불변인 자본거래

1. 무상증자 vs 주식배당: 재원 이외에 무상증자와 주식배당의 효과는 같음

무상증자	자본잉여금 or 법정적립금	XXX	자본금	XXX
주식배당	미처분이익잉여금	XXX	자본금	XXX

2. 주식병합 vs 주식분할

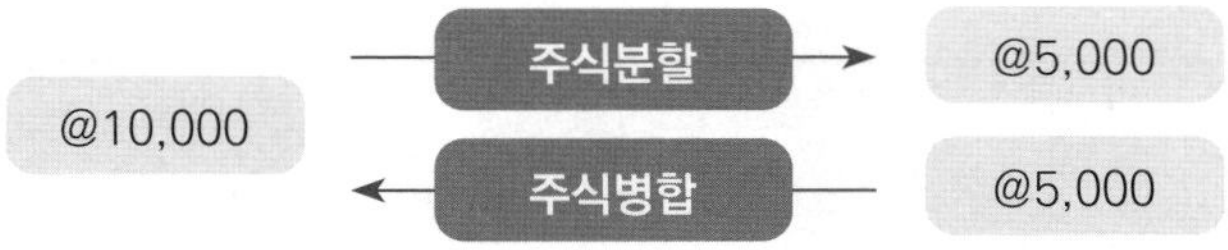

주식 수와 액면가만 달라질 뿐 자본총계와 자본금 모두 불변
→ 주식분할과 주식병합은 회계처리 X

6 이익잉여금의 구성

<table>
<tr><td rowspan="3">이익잉여금</td><td rowspan="2">기처분이익잉여금
(적립금 등)</td><td>법정적립금</td></tr>
<tr><td>임의적립금</td></tr>
<tr><td colspan="2">미처분이익잉여금</td></tr>
</table>

1. 법정적립금(=이익준비금)

이익준비금 적립액 = 이익배당액(중간배당, 현물배당 포함, 주식배당 제외) × 10%

2. 임의적립금: 기업의 목적에 따라 임의로 적립한 이익잉여금

3. 미처분이익잉여금: 당기순이익으로 누적된 이익잉여금 중 아직 처분되지 않은 금액

예 제 자본거래

A-06 ㈜세무의 20X1년 초 자본잉여금은 ₩100,000이고 20X1년 기중 거래내역이 다음과 같을 때, 20X1년 12월 31일 자본잉여금은? 2020. CTA

일자	거래내역
2월 1일	보통주 600주(주당액면 ₩500)를 주당 ₩700에 발행하고, 주식발행비용 ₩30,000이 발생하였다.
3월 10일	이월결손금 ₩250,000을 보전하기 위하여 기발행주식수 3,000주(주당 액면금액 ₩500)를 1주당 0.8주로 교부하는 주식병합을 실시하였다(20X1년 초 감자차손 없음).
5월 2일	화재발생으로 유형자산(장부금액 ₩400,000)이 전소되고, 보험회사로부터 ₩40,000의 화재보험금을 수령하였다.
8월 23일	이익준비금 ₩200,000을 재원으로 하여 보통주 400주(주당액면 ₩500)를 무상증자하였다.
9월 30일	신제품 생산용 기계장치 구입을 위해 정부보조금 ₩80,000을 수령하였다.
11월 17일	보유중인 자기주식 500주(재취득가 주당 ₩650)를 주당 ₩700에 재발행하였다(20X1년 초 자기주식처분손실은 없으며, 자기주식은 원가법으로 회계처리함).

① ₩215,000 ② ₩235,000 ③ ₩240,000
④ ₩245,000 ⑤ ₩265,000

7 이익잉여금의 처분

: 주주총회에서 미처분이익잉여금의 사용 목적을 결정하여 미처분이익잉여금을 감소시키는 것

1. 적립금의 적립 및 이입

〈이익잉여금〉

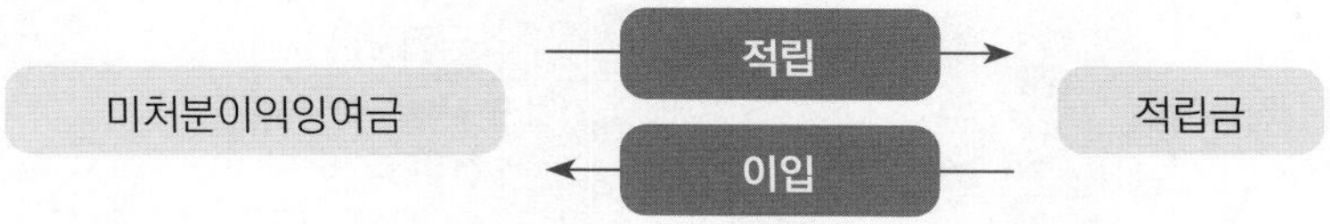

적립금의 적립 및 이입이 이루어지더라도 이익잉여금 및 자본은 불변

2. 배당: 현금배당, 현물배당, 주식배당

(1) 현금배당

결의 시	미처분이익잉여금	XXX	미지급배당금(부채)	XXX
지급 시	미지급배당금	XXX	현금	XXX

(2) 현물배당 심화

결의 시	미처분이익잉여금	결의 시 자산의 FV	미지급배당금	결의 시 자산의 FV
12.31	미처분이익잉여금	자산의 FV 증감	미지급배당금	자산의 FV 증감
지급 시	미처분이익잉여금	자산의 FV 증감	미지급배당금	자산의 FV 증감
	미지급배당금	지급 시 자산의 FV	자산	BV
	처분손익(PL) XXX			

(3) 주식배당

결의 시	미처분이익잉여금	XXX	미교부주식배당금(자본조정)	XXX
지급 시	미교부주식배당금	XXX	자본금	XXX

3. 자본조정의 상각

자본거래 결과 자본의 차감 항목(주할차, 자처손, 감자차손)이 재무상태표에 남아있다면 이익잉여금 처분을 통해 이익잉여금과 상계 가능 (강제 사항 X, 문제에서 시키면 하면 됨)

4. 이익잉여금처분계산서

X1.01.01 X0년 주총 (X1년 3월 경)	기초 미처분이익잉여금 (X0년 처분)
X0 차기이월미처분이익잉여금 =	X1 전기이월미처분이익잉여금 (중간배당) OCI의 직접 대체 등 X1 당기순이익
X1.12.31 X1년 주총 (X2년 3월 경)	기말 미처분이익잉여금 (X1년 처분)
X2 전기이월미처분이익잉여금 =	X1 차기이월미처분이익잉여금

(1) 기초, 기말의 기준일: 회계기간 종료일(12.31)

(2) 전기이월, 차기이월의 기준일: 주주총회 결의일

예제 이익잉여금의 처분

A-07 20X2년 2월 개최된 주주총회 결의일 직후 작성된 ㈜대경의 20X1년말 재무상태표상 자본은 다음과 같다.

• 보통주 자본금	₩30,000,000
• 이익준비금	1,000,000
• 사업확장적립금	500,000
• 감채기금적립금	600,000
• 미처분이익잉여금	800,000

㈜대경의 20X2년도 당기순이익은 ₩1,200,000이고, 당기 이익잉여금 처분 예정은 다음과 같다.

• 감채기금적립금 이입	₩300,000
• 현금배당	400,000
• 주식배당	100,000
• 사업확장적립금 적립	250,000
• 이익준비금 적립	법정최소금액 적립

위 사항들이 20X3년 2월 개최된 주주총회에서 원안대로 승인되었다. 한국채택국제회계기준에 따라 20X2년도 이익잉여금처분계산서를 작성할 때 차기이월미처분이익잉여금은 얼마인가? 2014. CPA

① ₩1,510,000　② ₩1,550,000　③ ₩1,610,000
④ ₩1,650,000　⑤ ₩1,800,000

A-08 다음은 유통업을 영위하는 ㈜대한의 자본과 관련된 자료이다. 20X2년도 포괄손익계산서의 당기순이익은 얼마인가? 2020. CPA

[부분재무상태표(20X1년 12월 31일)]

(단위: ₩)

Ⅰ. 자본금	2,000,000
Ⅱ. 주식발행초과금	200,000
Ⅲ. 이익잉여금	355,000
이익준비금	45,000
사업확장적립금	60,000
미처분이익잉여금	250,000
자본총계	2,555,000

(1) ㈜대한은 재무상태표의 이익잉여금에 대한 보충정보로서 이익잉여금처분계산서를 주석으로 공시하고 있다.
(2) ㈜대한은 20X2년 3월 정기 주주총회 결의를 통해 20X1년도 이익잉여금을 다음과 같이 처분하기로 확정하고 실행하였다.

- ₩100,000의 현금배당과 ₩20,000의 주식배당
- 사업확장적립금 ₩25,000 적립
- 현금배당의 10%를 이익준비금으로 적립

(3) 20X3년 2월 정기 주주총회 결의를 통해 확정될 20X2년도 이익잉여금 처분내역은 다음과 같으며, 동 처분내역이 반영된 20X2년도 이익잉여금처분계산서의 차기이월미처분이익잉여금은 ₩420,000이다.

- ₩200,000의 현금배당
- 현금배당의 10%를 이익준비금으로 적립

(4) 상기 이익잉여금 처분과 당기순이익 외 이익잉여금 변동은 없다.

① ₩545,000 ② ₩325,000 ③ ₩340,000 ④ ₩220,000 ⑤ ₩640,000

A-09 다음 [사례 A] ~ [사례 E] 내용을 20X1년 ㈜한국의 자본변동표에 표시하는 방법으로 옳지 않은 것은? 단, ㈜한국이 발행한 주식의 단위당 액면금액은 ₩500으로 일정하다. 2015. CPA

- 사례 A : 20X1년 2월초에 자기주식 10주를 주당 ₩800에 취득하였다.
- 사례 B : 20X1년 3월말에 토지를 취득하고 이에 대한 대가로 주식 100주를 발행, 교부하였다. 토지의 공정가치는 알 수 없으나, 주식 교부일 현재 주식의 단위당 공정가치는 ₩700이다. 신주발행비용 ₩1,000은 현금으로 지급하였다.
- 사례 C : 20X1년 7월초에 ₩100,000에 취득한 상품의 20X1년말 순실현가능가치는 ₩120,000이다. 단, 동 상품은 기말 현재 보유하고 있다.
- 사례 D : 20X1년 8월초에 중간배당으로 ₩50,000을 지급하였으며, 20X1년도 결산배당으로 ₩200,000(현금배당 ₩100,000, 주식배당 ₩100,000)을 20X2년 3월 3일 주주총회에서 의결하였다.
- 사례 E : 20X1년말에 FVOCI 선택 금융자산으로 회계처리하고 있는 투자주식에 대하여 금융상품평가이익 ₩20,000을 인식하였다.

자본변동표(관련 내역만 표시됨)

㈜한국 20X1. 1. 1 ~ 20X1. 12. 31 (단위:₩)

	사례	납입자본	이익잉여금	기타자본요소	총계
①	A	-	-	(8,000)	(8,000)
②	B	69,000	-	-	69,000
③	C	-	-	-	-
④	D	-	(250,000)	100,000	(150,000)
⑤	E	-	-	20,000	20,000

8 자본거래가 자본에 미치는 영향 ★중요!

자본에 미치는 영향 = 현금 유출입 + NI + OCI

1. 현금 순증감액

자본거래로 인한 자본 증감액은 현금수수액과 일치한다. 자본거래에서 발생한 손익(주식발행초과금/주식할인발행차금, 자기주식처분손익, 감자차손익)은 무시하자.

(1) 현금출자	'발행가액 – 발행원가'만큼 자본 증가
(2) 자기주식 취득	취득원가만큼 자본 감소 (무상취득 시 자본 불변)
(3) 자기주식 처분	처분가액만큼 자본 증가
(4) 자기주식 소각	자본 불변
(5) 적립금의 적립 및 이입	
(6) 무상증자, 주식분할 및 병합	
(7) 배당	현금배당은 자본 감소, 주식배당은 자본 불변

2. 당기순이익과 기타포괄이익

문제에 **당기순이익(NI)**와 **기타포괄이익(OCI)**이 제시된 경우 그 금액만큼 자본이 증가한다.

예제 자본거래가 자본에 미치는 영향

B-01 다음은 ㈜한국의 기초 및 기말 재무제표 자료 중 일부이다.

	기초	기말
자산총계	₩11,000,000	₩15,000,000
부채총계	5,000,000	6,000,000

당기 중 무상증자 ₩1,000,000이 있었으며, 현금배당 ₩500,000 및 주식배당 ₩300,000이 결의 및 지급되고 토지재평가이익 ₩100,000이 있었다면, 당기순이익은? (단, 토지재평가는 당기에 처음으로 실시하였다.) 2015. CTA

① ₩2,400,000 ② ₩2,800,000 ③ ₩3,000,000 ④ ₩3,400,000 ⑤ ₩3,600,000

B-02 20X1년 말 ㈜세무의 자산총액은 기초 대비 ₩4,000,000 증가하였고, 부채총액은 기초 대비 ₩2,000,000 감소하였다. 20X1년 중에 유상증자를 하고 그 대가 전액 ₩500,000을 토지 취득에 사용하였으며, 이후 무상증자 ₩1,000,000을 실시하였다. 또한 현금배당 ₩800,000과 주식배당 ₩500,000을 결의・지급하였고, 자기주식을 ₩600,000에 취득하였다. 기타포괄손익-공정가치측정금융자산 기말 공정가치가 기초 대비 ₩400,000 증가하였다면, 20X1년도 당기순이익은? 2017. CTA

① ₩5,000,000 ② ₩5,500,000 ③ ₩6,000,000 ④ ₩6,500,000 ⑤ ₩7,000,000

B-03 다음은 ㈜코리아의 20X1년 기초 및 기말 재무상태표에서 추출한 자산과 부채의 자료이다.

구 분	20X1년 기초	20X1년 기말
자산총계	₩6,000,000	₩20,000,000
부채총계	₩2,800,000	₩10,000,000

㈜코리아는 20X1년 중에 유상증자로 ₩1,000,000의 자금을 조달하였고 ₩200,000의 무상증자를 실시하였다. 이익처분으로 현금배당 ₩600,000과 주식배당 ₩800,000을 지급하였고 법정적립금으로 ₩100,000의 이익준비금을 적립하였다. 20X1년도 당기에 재평가잉여금은 ₩500,000만큼 증가했고, 기타포괄손익-공정가치 측정 금융자산평가이익은 ₩800,000이 증가하였다. ㈜코리아의 20X1년 포괄손익계산서에 표시될 총포괄이익은 얼마인가? 단, ㈜코리아의 자본은 납입자본과 이익잉여금 및 기타자본요소로 구성되어 있다. 2015. CPA 수정

① ₩4,200,000 ② ₩5,000,000 ③ ₩4,300,000 ④ ₩5,100,000 ⑤ ₩6,400,000

B-04 ㈜세무의 20X1년 중 자본 관련 자료가 다음과 같을 때, 20X1년도 자본 증가액은? (단, ㈜세무는 주당 액면금액이 ₩1,000인 보통주만을 발행하고 있다.) 2017. CTA 수정

- 2월 1일: 보통주 200주를 주당 ₩1,500에 유상증자
- 3월 31일: 자기주식 50주를 주당 ₩1,000에 취득
- 5월 10일: 3월 31일에 취득한 자기주식 중 20주를 소각
- 7월 1일: A사 주식 150주를 주당 ₩1,500에 취득하여 기타포괄손익 – 공정가치측정금융자산으로 분류
- 8월 25일: 보통주 50주를 무상감자
- 9월 1일: 보통주 100주를 주당 ₩800에 유상감자
- 12월 31일: A사 주식 공정가치 주당 ₩1,200

① ₩55,000 ② ₩105,000 ③ ₩115,000 ④ ₩125,000 ⑤ ₩235,000

B-05 ㈜세무의 20X1년 초 자본총계는 ₩3,000,000이었다. 20X1년 중 자본과 관련된 자료가 다음과 같을 때, 20X1년 말 자본총계는? 2022. CTA

- 4월 1일 : 1주당 액면금액 ₩5,000인 보통주 100주를 1주당 ₩12,000에 발행하였다.
- 7월 30일 : 이사회에서 총 ₩200,000의 중간배당을 결의하고 즉시 현금으로 지급하였다.
- 10월 1일 : 20주의 보통주(자기주식)를 1주당 ₩11,000에 취득하였다.
- 11월 30일 : 10월 1일에 취득하였던 보통주(자기주식) 중에서 10주는 1주당 ₩13,000에 재발행하였고, 나머지 10주는 소각하였다.
- 12월 31일 : 20X1년도의 당기순이익과 기타포괄이익으로 각각 ₩850,000과 ₩130,000을 보고하였다.

① ₩4,040,000 ② ₩4,470,000 ③ ₩4,690,000 ④ ₩4,760,000 ⑤ ₩4,890,000

B-06 ㈜백두의 20X1년 1월 1일의 자산과 부채의 총계는 각각 ₩3,500,000과 ₩1,300,000이었으며, ㈜백두의 20X1년 중 발생한 모든 자본거래는 다음과 같다.

· 3월 8일:	20X0년도 정기주주총회(2월 28일 개최)에서 결의한 배당을 지급하였다. 구체적으로 현금배당으로 ₩130,000을 지급하였으며, 주식배당으로 보통주 100주(주당 액면금액 ₩500, 주당 공정가치 ₩550)를 발행하였다. ㈜백두는 현금배당액의 10%를 상법상의 이익준비금으로 적립하였다.
· 5월 8일:	보통주 200주(주당 액면금액 ₩500)를 주당 ₩600에 발행하였으며, 이와 관련하여 직접적인 주식발행비용 ₩30,000이 발생하였다.
· 10월 9일:	20X0년에 취득한 자기주식(취득원가 ₩70,000)을 ₩80,000에 재발행하였다.

㈜백두가 20X1년도 포괄손익계산서상 당기순이익과 총포괄이익으로 ₩130,000과 ₩40,000을 보고하였다면, ㈜백두가 20X1년 말 현재 재무상태표상 자본의 총계로 보고할 금액은 얼마인가? (단, 법인세 효과는 고려하지 않는다.) 2011. CPA

① ₩2,280,000 ② ₩2,283,000 ③ ₩2,293,000 ④ ₩2,390,000 ⑤ ₩2,410,000

B-07 ㈜대한의 20X1년 1월 1일 현재 자본 관련 자료는 다음과 같다.

보통주 – 자본금	₩5,000,000
(주당 액면금액 ₩5,000, 발행주식수 1,000주)	
보통주 – 주식발행초과금	3,000,000
이익잉여금	1,500,000
자본총계	₩9,500,000

20X1년에 발생한 ㈜대한의 자기주식거래는 다음과 같다.

20X1년 3월 1일 :	자기주식 60주를 주당 ₩6,000에 취득하였다.
5월 10일 :	자기주식 20주를 주당 ₩7,500에 처분하였다.
7월 25일 :	자기주식 10주를 주당 ₩5,000에 처분하였다.
9월 15일 :	자기주식 20주를 주당 ₩4,500에 처분하였다.
10월 30일 :	자기주식 10주를 소각하였다.
11월 20일 :	대주주로부터 보통주 20주를 무상으로 증여받았으며, 수증 시 시가는 주당 ₩8,000이었다.

㈜대한의 20X1년도 당기순이익은 ₩300,000이다. ㈜대한은 선입선출법에 따른 원가법을 적용하여 자기주식거래를 회계처리한다. ㈜대한의 20X1년 12월 31일 재무상태표에 표시되는 자본총계는 얼마인가?

2019. CPA

① ₩9,710,000　② ₩9,730,000　③ ₩9,740,000
④ ₩9,820,000　⑤ ₩9,850,000

B-08 다음은 ㈜대한의 자본과 관련된 자료이다.

20X1년초 현재 보통주 발행주식수는 1,000주이고 주당 액면금액은 ₩500이다. 다음은 ㈜대한의 20X1년초 현재의 자본 내역이다.

보통주자본금	₩500,000	감자차익	₩1,000
주식발행초과금	40,000	재평가잉여금	30,000
자기주식	35,000	미처분이익잉여금	10,000

20X1년 중 다음의 거래가 발생하였다.

A	20X1년초 현재 보유하고 있는 자기주식 수량은 50주이다. 자기주식은 원가법으로 회계처리하며 자기주식 취득원가는 주당 ₩700이다. 20X1년 3월초 자기주식 10주를 소각하였다.
B	20X1년초 현재 보유하고 있는 토지는 ₩70,000에 취득하였는데 재평가잉여금은 토지의 재평가로 발생한 것이다. 20X1년말 토지는 ₩80,000으로 재평가되었다.
C	20X1년 3월말 자기주식 20주를 주당 ₩800에 재발행하였다.
D	20X1년 5월초 현물출자방식으로 보통주 300주를 발행하여 건물을 취득하였다. 현물출자 시점에 건물의 공정가치는 ₩200,000이고, 원가모형을 적용한다.
E	20X1년 7월초 이사회에서 중간배당으로 총 ₩1,500을 지급하기로 결의하고 7월말에 지급하였다. 20X1년 당기순이익으로 ₩10,000을 보고하였다.

상기 A부터 E까지의 거래가 반영된 20X1년말 자본 총계를 구하면? 2018. CPA 심화

① ₩740,500 ② ₩742,500 ③ ₩747,500 ④ ₩750,500 ⑤ ₩757,500

9 배당금의 배분

우선주	보통주
①우선주자본금 × 배당률 × 횟수	②보통주자본금 × 배당률
③남은 배당금 안분	③남은 배당금 안분
④합계	④합계

STEP 1 누적적/비누적적 고려하여 우선주 배당금 구하기

(1) 누적적 우선주: 우선주 배당금 = 우선주자본금 × 배당률 × **누적 횟수**
(2) 비누적적 우선주: 우선주 배당금 = 우선주자본금 × 배당률

STEP 2 보통주 배당금 구하기=보통주 자본금×배당률

보통주 배당률을 제시하지 않은 경우 우선주의 배당률 이용

STEP 3 잔여 배당금 분배하기-완전참가적/비참가적/부분참가적

(1) 완전참가적 우선주: 남은 배당액을 우선주 자본금 대 보통주 자본금 비율로 배분
(2) 비참가적 우선주: 남은 배당액은 전부 보통주에게 배분
(3) 부분참가적 우선주: min[①, ②]를 우선주에 추가 배분
　① 우선주 자본금 × (부분참가율 − 우선주 배당률)
　② 남은 배당금 × 우선주 자본금/(보통주 자본금 + 우선주 자본금)

C-01 ㈜대한은 20X4년 초에 설립되었으며 설립 이후 자본금의 변동 및 배당금 지급은 없었다. ㈜대한의 보통주 자본금과 우선주자본금의 내역은 다음과 같다.

• 보통주(주당 액면금액 ₩5,000)	₩10,000,000
• 누적적 비참가적 우선주(배당률 3%, 주당 액면금액 ₩5,000)	5,000,000

㈜대한이 20X6년 3월 2일 주주총회에서 ₩1,000,000의 현금배당을 최초로 결의하였다면, 보통주 주주에게 지급할 배당금은 얼마인가? 2014. CTA

① ₩300,000 ② ₩450,000 ③ ₩550,000 ④ ₩700,000 ⑤ ₩850,000

C-02 ㈜세무는 20X1년 초 보통주와 우선주(누적적, 완전참가)를 발행하여 영업을 개시하였으며, 영업개시 이후 자본금의 변동은 없었다. 20X3년 기말 현재 발행된 주식과 배당관련 자료는 다음과 같다.

보통주	액면금액	₩1,000
	발행주식수	3,000주
	배당률	4%
우선주 (누적적, 완전참가)	액면금액	₩1,000
	발행주식수	2,000주
	배당률	6%

20X4년 3월 말 주주총회에서 ₩1,000,000의 현금배당을 결의하였을 경우, 보통주 주주에게 지급할 배당금은? (단, 과거에 현금배당을 실시하지 않았고, 배당가능이익은 충분하다.) 2020. CTA

① ₩432,000 ② ₩568,000 ③ ₩576,000 ④ ₩640,000 ⑤ ₩880,000

C-03 ㈜세무는 20X1년 초 보통주와 우선주를 발행하여 영업을 개시하였으며, 영업개시 이후 자본금의 변동은 없었다. 20X3년 말 현재 ㈜세무의 자본금 구성은 다음과 같다.

구분	1주당 액면금액	배당률	자본금	비고
보통주	₩1,000	2%	₩8,000,000	
우선주	₩1,000	3%	₩2,000,000	누적적, 5% 부분참가적

20X4년 3월 말 주주총회에서 ₩600,000의 현금배당이 결의되었다. ㈜세무의 보통주에 배분될 배당금은? (단, 과거에 배당을 실시하지 않았고, 배당가능이익은 충분하다.) 2024. CTA

① ₩360,000 ② ₩380,000 ③ ₩400,000 ④ ₩420,000 ⑤ ₩440,000

C-04 20X1년 1월 1일에 주식을 발행하고 영업을 개시한 ㈜국세의 20X3년 12월 31일 현재 재무상태표상 보통주자본금과 우선주자본금은 각각 ₩5,000,000과 ₩3,000,000이고, 그 동안 자본금의 변동은 없었다. 보통주 및 우선주의 주당 액면금액은 ₩5,000으로 동일하며, 우선주는 배당률 3%의 누적적·부분참가적(6%까지) 주식이다. 영업을 개시한 이래 한 번도 배당을 실시하지 않은 ㈜국세가 20X4년 1월에 총 ₩600,000의 현금배당을 선언하였다. 보통주와 우선주에 배분될 배당금은 각각 얼마인가? 2011. CTA

	보통주	우선주
①	₩240,000	₩360,000
②	₩262,500	₩337,500
③	₩284,300	₩315,700
④	₩306,400	₩293,600
⑤	₩420,000	₩180,000

C-05 20X1년 1월 1일에 ㈜대한은 보통주와 우선주(배당률 2%)를 발행하여 영업을 개시하였다. 설립 이후 자본금의 변동은 없으며, 배당결의와 지급은 없었다. 20X3년 12월 31일 현재 ㈜대한의 보통주자본금과 우선주자본금의 내역은 다음과 같다.

구분	1주당 액면금액	자본금
보통주	₩1,000	₩10,000,000
우선주	₩1,000	₩6,000,000

20X4년 2월, 주주총회에서 총 ₩1,080,000의 현금배당이 결의되었다. ㈜대한의 우선주가 (1)누적적, 5% 부분참가적인 경우와 (2)비누적적, 완전참가적인 경우, 보통주에 배분될 배당금은 각각 얼마인가? 단, ㈜대한의 배당가능이익은 충분하며 자기주식은 취득하지 않았다고 가정한다. 2023. CPA

	(1)	(2)
①	₩525,000	₩475,000
②	₩525,000	₩675,000
③	₩540,000	₩405,000
④	₩540,000	₩675,000
⑤	₩555,000	₩405,000

10 우선주의 종류

1. 전환우선주: 보유자가 전환권을 행사하면 보통주를 발행하는 우선주

전환 후 보통주의 발행가액 = 전환 전 우선주의 발행가액

우선주자본금	우선주 수 × 우선주 액면금액	보통주자본금	보통주 수 × 보통주 액면금액
		주식발행초과금	XXX

2. 상환우선주

	분류	배당금		부채의 발행금액
의무 상환 or 보유자 요구 시 상환	부채	누적적	이자	상환금액*단순현가 + 배당금*연금현가
		비누적적	배당	상환금액*단순현가
발행자 임의 상환	자본	무조건 배당		0 (액면금액만큼 우선주자본금 계상)

예제 자본 말문제

C-06 자본항목에 관한 설명으로 옳지 않은 것은? 2023. CTA

① 지분상품의 상환이나 차환은 자본의 변동으로 인식하지만, 지분상품의 공정가치 변동은 재무제표에 인식하지 않는다.

② 확정수량의 보통주로 전환되는 조건으로 발행된 전환우선주는 지분상품으로 회계처리한다.

③ 기업이 자기지분상품을 재취득하는 경우에는 자본에서 차감하며, 자기지분상품을 매입, 매도, 발행, 소각하는 경우의 손익은 당기손익으로 인식하지 않는다.

④ 액면주식을 액면발행한 경우, 발생한 주식발행 직접원가는 주식할인발행차금으로 차변에 기록된다.

⑤ 보유자가 발행자에게 특정일이나 그 후에 확정되었거나 결정 가능한 금액으로 상환해줄 것을 청구할 수 있는 권리가 있는 우선주는 지분상품으로 분류한다.

예제 상환우선주

C-07 ㈜한국은 20X1년 초 주당 액면금액이 ₩500인 우선주 1,000주를 발행하였고, 20X2년 말 주당 ₩700에 상환하여야 한다. 동 우선주는 약정배당률이 액면금액의 5%인 비누적적 우선주이다. 우선주 발행시 유효이자율은 연 8%일 때, 동 우선주와 관련된 20X1년도 당기비용은? (단, ㈜한국은 20X1년 말에 배당금을 지급하였으며, 연 8%, 2년 단일금액 ₩1의 현재가치는 0.8573이고, 2년 정상연금 ₩1의 현재가치는 1.7833이다.) 2015. CTA

① ₩25,000 ② ₩41,575 ③ ₩48,009 ④ ₩51,575 ⑤ ₩73,009

C-08 ㈜대한은 20X1년 1월 1일에 상환우선주 200주(1주당 액면금액 ₩500)를 공정가치로 발행하였다. 동 상환우선주와 관련된 자료는 다음과 같다.

- ㈜대한은 상환우선주를 20X2년 12월 31일에 1주당 ₩600에 의무적으로 상환해야 한다.
- 상환우선주의 배당률은 액면금액기준 연 3%이며, 배당은 매년 말에 지급한다. 배당이 지급되지 않는 경우에는 상환금액에 가산하여 지급한다.
- 20X1년 1월 1일 현재 상환우선주에 적용되는 유효이자율은 연 6%이며, 그 현가계수는 아래 표와 같다.

기간 \ 할인율	6%	
	단일금액 ₩1의 현재가치	정상연금 ₩1의 현재가치
2년	0.8900	1.8334

- 20X1년 말에 ㈜대한은 동 상환우선주의 보유자에게 배당을 결의하고 지급하였다.

㈜대한이 동 상환우선주와 관련하여 20X1년 포괄손익계산서 상 이자비용으로 인식해야 할 금액은 얼마인가? 단, 단수차이로 인해 오차가 있다면 가장 근사치를 선택한다. 2021. CPA

① ₩0 ② ₩3,000 ③ ₩3,600
④ ₩6,408 ⑤ ₩6,738

C-09 ㈜리비는 20X1년 1월 1일 다음과 같이 두 종류의 비참가적 우선주를 발행하였으며, 이 시점의 적절한 할인율은 연 5%이다.

- A우선주 : 주당 액면금액은 ₩5,000이고 연 배당률이 3%인 누적적 우선주 100주 발행. ㈜리비는 동 우선주를 상환할 수 있는 권리를 가짐.
- B우선주 : 주당 액면금액은 ₩5,000이고 연 배당률이 4%인 비누적적 우선주 100주 발행. ㈜리비는 20X5년 1월 1일 주당 ₩5,000에 동 우선주를 의무적으로 상환해야 함.

기간	5% 기간말 단일금액 ₩1의 현재가치	5% 정상연금 ₩1의 현재가치
4	0.8227	3.5460

20X1년도에는 배당가능이익이 부족하여 우선주에 대해 배당을 하지 못했으나, 20X2년도에는 배당을 현금으로 전액 지급하였다. 단, 해당연도 배당금은 매 연도말에 지급된다고 가정한다.
위의 두 종류 우선주와 관련하여 20X1년도와 20X2년도의 당기순이익에 미치는 영향의 합계액은 얼마인가? 단, 차입원가는 모두 당기비용으로 인식하며, 법인세효과는 고려하지 않는다. 또한 계산결과 단수차이로 인해 답안과 오차가 있는 경우 근사치를 선택한다. 2013. CPA

① ₩72,164 감소 ② ₩62,164 감소 ③ ₩57,164 감소
④ ₩42,164 감소 ⑤ 영향없음

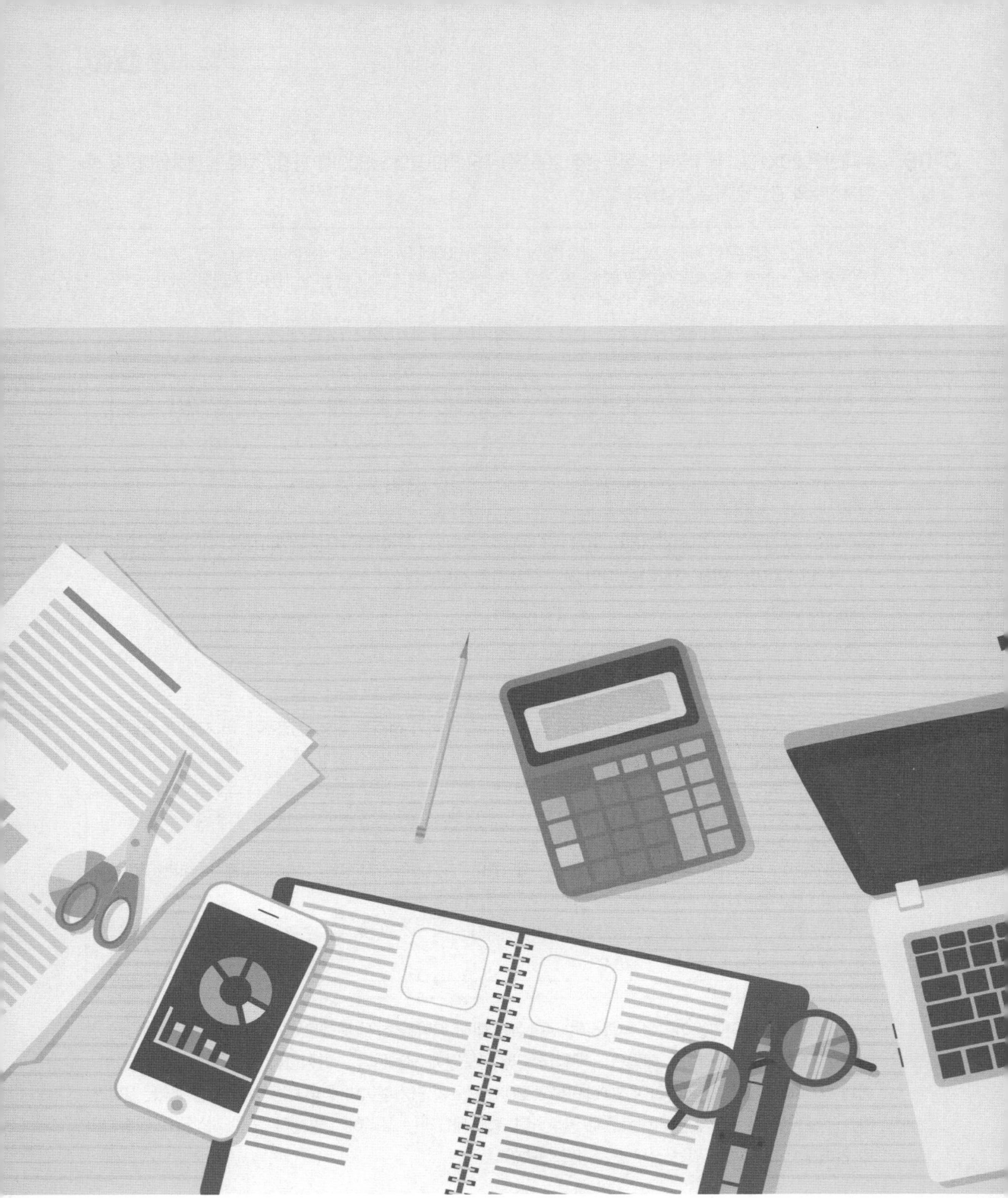

객 관 식

C·H·A·P·T·E·R

12

수익

[0] 수익의 의의

[1] 단계-계약의 식별

[2] 단계-수행의무의 식별

[3] 단계-거래가격의 산정

[4] 단계-거래가격의 배분

[5] 단계-수익의 인식

[6] 계약변경

[7] 수취채권, 계약자산, 계약부채

[8] 재매입 약정

[8] 반품가능판매 ★중요!

[10] 고객충성제도

[11] 보증

[12] 본인-대리인

[13] 계약원가

[14] 수익 인식의 다양한 사례

CHAPTER 12 수익

0 수익의 의의

1. 수익의 정의

수익은 자산의 유입 또는 가치 증가나 부채의 감소 형태로 자본의 증가를 가져오는, 특정 회계기간에 생긴 경제적 효익의 증가로서, 지분참여자의 출연과 관련된 것은 제외한다.

2. 고객

고객이란 기업의 통상적인 활동의 산출물을 대가와 교환하여 획득하기로 그 기업과 계약한 당사자를 말한다. 계약상대방이 기업의 **산출물을 취득하기 위해서가 아니라** 활동이나 과정(예: 협업약정에 따른 자산 개발)에 참여하기 위해 계약하였고, 그 계약 당사자들이 그 **활동이나 과정에서 생기는 위험과 효익을 공유한다면, 그 계약상대방은 고객이 아니다.**

3. 수익 인식 5단계: 계의산배수

1단계 – **계**약의 식별
2단계 – 수행**의**무의 식별
3단계 – 거래가격의 **산**정
4단계 – 거래가격의 **배**분
5단계 – **수**익인식

1 1단계-계약의 식별

1. 계약의 식별 조건

다음 기준을 모두 충족하는 때에만 고객과의 계약으로 회계처리한다.

계약 승인 및 의무 확약	계약 당사자들이 계약을 **(서면으로, 구두로, 그 밖의 사업 관행에 따라)** 승인하고 각자의 의무를 수행하기로 확약한다.
권리 식별	각 당사자의 권리를 식별할 수 있다.
지급조건 식별	이전할 재화나 용역의 지급조건을 식별할 수 있다.
상업적 실질	계약에 상업적 실질이 있다.
회수가능성	이전할 재화나 용역에 대한 대가의 회수 가능성이 높다.

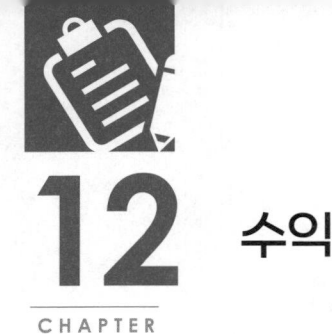

2. 계약: 둘 이상의 당사자 사이에 집행 가능한 권리와 의무가 생기게 하는 합의

계약은 서면으로, 구두로, 기업의 사업 관행에 따라 암묵적으로 체결할 수 있다.

3. 계약이 존재하지 않는다고 보는 경우

계약의 각 당사자가 전혀 수행되지 않은 계약에 대해 상대방에게 보상하지 않고 종료할 수 있는 일방적이고 집행 가능한 권리를 갖는다면, 그 계약은 존재하지 않는다고 본다.

4. 계약의 식별 조건을 충족하지 못하는 경우

: 고객에게서 받은 대가는 **환불되지 않는 경우에만** 받은 대가를 **수익으로 인식**

– 고객에게서 받은 대가가 환불되지 않거나, 계약의 식별 조건이 나중에 충족되기 전까지는 고객에게서 받은 대가를 **부채**로 인식

5. 회수가능성

대가의 회수 가능성이 높은지를 평가할 때에는 지급기일에 고객이 대가(금액)를 지급할 수 있는 **능력과 지급할 의도만을 고려**한다.

2 2단계–수행의무의 식별

1. 수행의무의 정의

수행의무: 고객과의 계약에서 다음의 어느 하나를 고객에게 이전하기로 한 각 약속

(1) 구별되는 재화나 용역 (또는 재화나 용역의 묶음) (2) 실질적으로 서로 같고 고객에게 이전하는 방식도 같은 일련의 구별되는 재화나 용역

2. 고객과의 계약으로 한 약속

(1) 의제의무: 수행의무 O

고객과의 계약에서 식별되는 수행의무는 계약에 분명히 기재한 재화나 용역에만 한정되지 않을 수 있다.

(2) 준비활동: 수행의무 X ★중요!

계약을 이행하기 위해 해야 하지만 **고객에게 재화나 용역을 이전하는 활동이 아니라면 그 활동은 수행의무에 포함되지 않는다.**

3. 구별되는 재화나 용역

하나의 계약은 고객에게 재화나 용역을 이전하는 여러 약속을 포함한다. 그 재화나 용역들이 구별된다면 약속은 수행의무이고 별도로 회계처리한다. 약속한 재화나 용역이 구별되지 않는다면, 구별되는 재화나 용역의 묶음을 식별할 수 있을 때까지 그 재화나 용역을 약속한 다른 재화나 용역과 결합한다.

(1) 구별되는 수행의무 (여러 개)	(2) 구별되지 않는 수행의무 (한 개)
① 그 자체로, 혹은 다른 자원과 함께하여 효익을 얻을 수 있다. ② 계약 내에서 별도로 식별할 수 있다.	① 통합, 결합산출물 ② 고객맞춤화 ③ 상호의존도, 상호관련성이 매우 높다

3 3단계-거래가격의 산정

1. 거래가격의 정의

(1) 거래가격

고객에게 약속한 재화나 용역을 이전하고 그 대가로 기업이 받을 권리를 갖게 될 것으로 예상하는 금액이며, **제삼자를 대신해서 회수한 금액은 제외**(not 포함)

(2) 거래가격을 산정하기 위해서 **계약 조건과 기업의 사업 관행 참고**

2. 변동대가 ★중요!

(1) 고객과의 계약에서 약속한 대가는 고정금액, 변동금액 또는 둘 다를 포함할 수 있다.

(2) 변동대가 추정 방법

계약에서 약속한 대가에 변동금액이 포함된 경우에 고객에게 약속한 재화나 용역을 이전하고 그 대가로 받을 권리를 갖게 될 금액을 추정한다. 변동대가(금액)는 다음 중에서 기업이 받을 권리를 갖게 될 대가(금액)를 더 잘 예측할 것으로 예상하는 방법을 사용하여 추정한다.

① 특성이 비슷한 계약이 많은 경우	기댓값
② 가능한 결과치가 두 가지뿐일 경우	가능성이 가장 높은 금액

3. 변동대가 추정치의 제약

(1) 변동대가 추정치 중 제약받는 금액은 거래가격에서 제외

수행의무를 이행할 때, 그 수행의무에 배분된 거래가격(변동대가 추정치 중 제약받는 금액은 **제외**)을 수익으로 인식한다.

(2) 변동대가와 관련된 불확실성 해소 시 거래가격에 포함

변동대가와 관련된 불확실성이 해소될 때, 이미 인식한 누적 수익 금액 중 유의적인 부분을 되돌리지 않을 가능성이 '매우 높은' 정도까지만 거래가격에 포함

(3) 변동대가와 관련된 불확실성 평가

변동대가와 관련된 불확실성이 나중에 해소될 때, 이미 인식한 누적 수익 금액 중 유의적인 부분을 되돌리지 않을 가능성이 매우 높을지를 평가할 때는 **수익의 환원 가능성 및 크기를 모두 고려**한다.

4. 유의적인 금융요소

(1) 고객에게 재화나 용역을 이전하면서 유의적인 금융 효익이 제공되는 경우: **화폐의 시간가치**를 반영하여 대가를 조정

(2) 유의적인 금융요소를 반영하기 위해 사용하는 할인율

① 계약 개시시점에 기업과 고객이 별도 금융거래를 한다면 반영하게 될 할인율

② 계약 개시 후에는 할인율을 새로 수정하지 않음

(3) 기업이 재화나 용역 이전 시점과 대가 지급 시점 간의 기간이 1년 이내라면

: 유의적인 금융요소를 반영하지 않는 실무적 간편법 사용 가능

(4) 유의적인 금융요소가 없는 경우: 다음 요인 중 어느 하나라도 존재하는 경우 (CF or 시기 변동)

① 고객이 대가를 선급하였고 재화나 용역의 이전 시점은 고객의 재량에 따른다.
② 고객이 약속한 대가 중 상당한 금액이 변동될 수 있으며 그 대가의 금액과 시기는 고객이나 기업이 실질적으로 통제할 수 없는 **미래 사건의 발생 여부에 따라 달라진다**(예: 판매기준 로열티).
③ 약속한 대가와 재화나 용역의 현금판매가격 간의 차이가 고객이나 기업에 대한 금융제공 외의 이유로 생기며, 그 금액 차이는 그 차이가 나는 이유에 따라 달라진다. 예를 들면 지급조건을 이용하여 계약상 의무의 일부나 전부를 적절히 완료하지 못하는 계약 상대방에게서 기업이나 고객을 보호할 수 있다.

5. 비현금 대가: 공정가치 측정 ★중요!

고객이 현금 외의 형태로 대가를 지급하는 경우 비현금 대가를 **공정가치**로 측정한다.

(1) 비현금 대가의 공정가치를 합리적으로 추정할 수 없는 경우: 그 대가와 교환하여 **고객에게 약속한 재화나 용역의 개별 판매가격**을 **참조**하여 간접적으로 측정

(2) 비현금 대가의 공정가치 변동

고객이 약속한 비현금 대가의 공정가치가 대가의 형태만이 아닌 이유로 변동된다면, **변동대가 추정치의 제약 규정**을 **적용**한다.

6. 고객에게 지급할 대가

(1) 고객에게 지급할 대가의 범위: 현금, 쿠폰 및 상품권 포함

(2) 고객에게 지급할 대가의 회계처리

기업에게 이전하는 재화나 용역의 대가 X	거래가격에서 차감	
기업에게 이전하는 재화나 용역의 대가 O	다른 공급자에게 구매한 것처럼	
	FV 초과	초과분을 거래가격에서 차감
	FV 추정 X	거래가격에서 차감

예 제 고객에게 지급할 대가

A-01 ㈜대한은 상업용 로봇을 제작하여 고객에게 판매한다. 20X1년 9월 1일에 ㈜대한은 청소용역업체인 ㈜민국에게 청소로봇 1대를 ₩600,000에 판매하고, ㈜민국으로부터 2개월 간 청소용역을 제공받는 계약을 체결하였다. ㈜대한은 ㈜민국의 청소용역에 대한 대가로 ₩50,000을 지급하기로 하였다. ㈜대한은 20X1년 10월 1일 청소로봇 1대를 ㈜민국에게 인도하고 현금 ₩600,000을 수취하였으며, ㈜민국으로부터 20X1년 10월 1일부터 2개월 간 청소용역을 제공받고 현금 ₩50,000을 지급하였다. 다음의 독립적인 2가지 상황(상황 1, 상황 2)에서 상기 거래로 인해 ㈜대한이 20X1년도에 인식할 수익은 각각 얼마인가? 2022. CPA

(상황 1) ㈜민국이 ㈜대한에 제공한 청소용역의 공정가치가 ₩40,000인 경우
(상황 2) ㈜민국이 ㈜대한에 제공한 청소용역의 공정가치를 합리적으로 추정할 수 없는 경우

	(상황 1)	(상황 2)
①	₩590,000	₩550,000
②	₩590,000	₩600,000
③	₩560,000	₩550,000
④	₩560,000	₩600,000
⑤	₩600,000	₩600,000

4 4단계-거래가격의 배분

거래가격을 배분하는 목적은 기업이 고객에게 약속한 재화나 용역을 이전하고 그 대가로 받을 권리를 갖게 될 금액을 나타내는 금액으로 각 수행의무에 거래가격을 배분하는 것이다.

1. 거래가격의 배분 기준: 상대적 개별 판매가격

2. 개별 판매가격 추정방법

(1) 시장평가 조정 접근법: 재화와 용역을 판매하는 시장의 가격을 추정
(2) 예상원가 이윤 가산 접근법: 예상원가를 예측하고, 적정 이윤을 더함
(3) 잔여접근법: 총 거래가격에서 다른 재화나 용역의 개별 판매가격을 차감하여 추정

3. 할인액의 배분 중요!

(1) 기업이 재화나 용역의 묶음을 보통 따로 판매하고 & 그 묶음의 할인액이 계약의 전체 할인액과 같은 경우

: 할인액을 일부 수행의무들에만 배분

(2) 할인액 전체가 일부 수행의무에만 관련된다는 증거가 없는 경우

: 할인액을 모든 수행의무에 배분

4. 거래가격의 변동 중요!

: 거래가격의 후속 변동은 **계약 개시시점과 같은 기준으로** 계약상 수행의무에 배분

→ 계약을 개시한 후의 **개별 판매가격 변동을 반영하기 위해 거래가격을 다시 배분 X**

5 5단계-수익의 인식

1. 수익 인식 시점: 자산을 이전할 때

2. 기간에 걸쳐 이행 vs 한 시점에 이행 중요!

수행의무가 기간에 걸쳐 이행되지 않는다면, 그 수행의무는 한 시점에 이행되는 것이다. 기간에 걸쳐 이행되는지 여부를 먼저 검토한 뒤, 그렇지 않으면 한 시점에 이행되는 것으로 본다.

(1) 기간에 걸쳐 이행: 조금씩 넘어감	(2) 한 시점에 이행: 이미 고객의 자산
완료한 부분에 대해 지급청구권O	**현재** 지급청구권O
기업이 수행하는 **대로** 고객이 통제, 기업이 수행하는 **대로** 효익을 얻음	위험과 보상은 **고객**에게, **고객**이 자산 인수, 물리적 점유 이전, 법적 소유권

예제 수익 말문제

A-02 기업회계기준서 제1115호 '고객과의 계약에서 생기는 수익'에 대한 다음 설명 중 옳지 않은 것은? 2018. CPA

① 계약이란 둘 이상의 당사자 사이에 집행 가능한 권리와 의무가 생기게 하는 합의이다.

② 하나의 계약은 고객에게 재화나 용역을 이전하는 여러 약속을 포함하며, 그 재화나 용역들이 구별된다면 약속은 수행의무이고 별도로 회계처리한다.

③ 거래가격은 고객이 지급하는 고정된 금액을 의미하며, 변동대가는 포함하지 않는다.

④ 거래가격은 일반적으로 계약에서 약속한 각 구별되는 재화나 용역의 상대적 개별 판매가격을 기준으로 배분한다.

⑤ 기업이 약속한 재화나 용역을 고객에게 이전하여 수행의무를 이행할 때(또는 기간에 걸쳐 이행하는 대로) 수익을 인식한다.

A-03 기업회계기준서 제1115호 '고객과의 계약에서 생기는 수익'에 대한 다음 설명 중 옳은 것은? 2019. CPA

① 일반적으로 고객과의 계약에는 기업이 고객에게 이전하기로 약속하는 재화나 용역을 분명히 기재한다. 따라서 고객과의 계약에서 식별되는 수행의무는 계약에 분명히 기재한 재화나 용역에만 한정된다.

② 고객에게 재화나 용역을 이전하는 활동은 아니지만 계약을 이행하기 위해 수행해야 한다면, 그 활동은 수행의무에 포함된다.

③ 수행의무를 이행할 때(또는 이행하는 대로), 그 수행의무에 배분된 거래가격(변동대가 추정치 중 제약받는 금액을 포함)을 수익으로 인식한다.

④ 거래가격은 고객에게 약속한 재화나 용역을 이전하고 그 대가로 기업이 받을 권리를 갖게 될 것으로 예상하는 금액이며, 제삼자를 대신해서 회수한 금액도 포함한다.

⑤ 거래가격의 후속 변동은 계약 개시시점과 같은 기준으로 계약상 수행의무에 배분한다. 따라서 계약을 개시한 후의 개별 판매가격 변동을 반영하기 위해 거래가격을 다시 배분하지는 않는다.

A-04 기업회계기준서 제1115호 '고객과의 계약에서 생기는 수익'의 측정에 대한 다음 설명 중 옳은 것은? 2020. CPA

① 거래가격의 후속변동은 계약 개시시점과 같은 기준으로 계약상 수행의무에 배분한다. 따라서 계약을 개시한 후의 개별 판매가격 변동을 반영하기 위해 거래가격을 다시 배분해야 한다. 이행된 수행의무에 배분되는 금액은 거래가격이 변동되는 기간에 수익으로 인식하거나 수익에서 차감한다.

② 계약을 개시할 때 기업이 고객에게 약속한 재화나 용역을 이전하는 시점과 고객이 그에 대한 대가를 지급하는 시점 간의 기간이 1년 이내일 것이라고 예상한다면 유의적인 금융요소의 영향을 반영하여 약속한 대가를 조정하지 않는 실무적 간편법을 쓸 수 있다.

③ 고객이 현금 외의 형태의 대가를 약속한 계약의 경우, 거래가격은 그 대가와 교환하여 고객에게 약속한 재화나 용역의 개별판매가격으로 측정하는 것을 원칙으로 한다.

④ 변동대가는 가능한 대가의 범위 중 가능성이 가장 높은 금액으로 측정하며 기댓값 방식은 적용할 수 없다.

⑤ 기업이 고객에게 대가를 지급하는 경우, 고객에게 지급할 대가가 고객에게서 받은 구별되는 재화나 용역에 대한 지급이 아니라면 그 대가는 판매비로 회계처리한다.

A-05 수익의 인식에 관한 설명으로 옳지 않은 것은? 2020. CTA

① 거래가격은 고객에게 약속한 재화나 용역을 이전하고 그 대가로 기업이 받을 권리를 갖게 될 것으로 예상하는 금액이며, 제삼자를 대신해서 회수한 금액(예: 일부 판매세)은 제외한다.

② 약속한 재화나 용역이 구별되지 않는다면, 구별되는 재화나 용역의 묶음을 식별할 수 있을 때까지 그 재화나 용역을 약속한 다른 재화나 용역과 결합한다.

③ 변동대가(금액)는 기댓값 또는 가능성이 가장 높은 금액 중에서 고객이 받을 권리를 갖게 될 대가(금액)를 더 잘 예측할 것으로 예상하는 방법을 사용하여 추정한다.

④ 계약의 각 당사자가 전혀 수행되지 않은 계약에 대해 상대방(들)에게 보상하지 않고 종료할 수 있는 일방적이고 집행 가능한 권리를 갖는다면, 그 계약은 존재하지 않는다고 본다.

⑤ 계약을 개시한 다음에는 계약 당사자들이 수행의무를 실질적으로 변경하는 계약변경을 승인하지 않는 한, 자산이 기업에 대체 용도가 있는지를 다시 판단하지 않는다.

A-06 기업회계기준서 제1115호 '고객과의 계약에서 생기는 수익'에 대한 다음 설명 중 옳지 않은 것은? 2021. CPA

① 유형자산의 처분은 계약상대방이 기업회계기준서 제1115호에서 정의하고 있는 고객에 해당되지 않기 때문에 유형자산 처분손익에 포함되는 대가(금액)를 산정함에 있어 처분유형에 관계없이 동 기준서의 거래가격 산정에 관한 요구사항을 적용할 수 없다.

② 기업이 수행하여 만든 자산이 기업 자체에는 대체 용도가 없고, 지금까지 수행을 완료한 부분에 대해 집행 가능한 지급청구권이 기업에 있다면, 기업은 재화나 용역에 대한 통제를 기간에 걸쳐 이전하므로, 기간에 걸쳐 수행의무를 이행하는 것이고 기간에 걸쳐 수익을 인식한다.

③ 고객이 약속한 대가 중 상당한 금액이 변동될 수 있으며 그 대가의 금액과 시기는 고객이나 기업이 실질적으로 통제할 수 없는 미래 사건의 발생 여부에 따라 달라진다면, 그 계약에는 유의적인 금융요소가 없을 것이다.

④ 고객이 현금 외의 형태로 대가를 약속한 계약의 경우에 거래가격을 산정하기 위하여 비현금 대가(또는 비현금 대가의 약속)를 공정가치로 측정한다.

⑤ 고객에게 지급할 대가가 고객에게서 받은 구별되는 재화나 용역의 공정가치를 초과한다면, 그 초과액을 거래가격에서 차감하여 회계처리한다.

A-07 기업회계기준서 제1115호 '고객과의 계약에서 생기는 수익'에 대한 다음 설명 중 옳지 않은 것은? 2022. CPA

① 일반적으로 고객과의 계약에는 기업이 고객에게 이전하기로 약속하는 재화나 용역을 분명히 기재한다. 그러나 고객과의 계약에서 식별되는 수행의무는 계약에 분명히 기재한 재화나 용역에만 한정되지 않을 수 있다.

② 계약을 이행하기 위해 해야 하지만 고객에게 재화나 용역을 이전하는 활동이 아니라면 그 활동은 수행의무에 포함되지 않는다.

③ 고객이 약속한 대가(판매대가) 중 상당한 금액이 변동될 수 있으며 그 대가의 금액과 시기가 고객이나 기업이 실질적으로 통제할 수 없는 미래 사건의 발생 여부에 따라 달라진다면 판매대가에 유의적인 금융요소는 없는 것으로 본다.

④ 적절한 진행률 측정방법에는 산출법과 투입법이 포함된다. 진행률 측정방법을 적용할 때, 고객에게 통제를 이전하지 않은 재화나 용역은 진행률 측정에서 제외하는 반면, 수행의무를 이행할 때 고객에게 통제를 이전하는 재화나 용역은 모두 진행률 측정에 포함한다.

⑤ 수익은 한 시점에 이행하는 수행의무 또는 기간에 걸쳐 이행하는 수행의무로 구분한다. 이러한 구분을 위해 먼저 통제 이전 지표에 의해 한 시점에 이행하는 수행의무인지를 판단하고, 이에 해당하지 않는다면 그 수행의무는 기간에 걸쳐 이행되는 것으로 본다.

6 계약변경

개별 판매가격 반영	별도 계약에 해당하지 않는 경우	
	기존과는 구별되는 경우	기존과도 구별되지 않는 경우
기존 잔여 / 추가	기존 / 잔여 추가	기존 잔여 추가
별도 계약으로	기존 계약을 종료하고 새로운 계약을 체결한 것처럼	기존 계약의 일부인 것처럼 (누적효과 일괄조정기준)

1. 별도 계약으로 보는 경우: '개별 판매가격' 반영

(1) 구별되는 약속한 재화나 용역이 추가되어 계약의 범위가 확장된다.
(2) 계약가격이 추가로 약속한 재화나 용역의 **개별 판매가격을 반영**하여 적절히 상승한다.

2. 계약변경이 별도 계약에 해당하지 않는 경우

(1) 나머지 재화나 용역이 그 전에 이전한 재화나 용역과 구별되는 경우: 기존 계약을 종료하고 새로운 계약을 체결한 것처럼 회계처리

(2) 나머지 재화나 용역이 그 전에 이전한 재화나 용역과 구별되지 않는 경우: 기존 계약의 일부인 것처럼 회계처리 (누적효과 일괄조정기준으로 조정)

3. 계약변경 말문제 출제사항

(1) 계약변경: 서면으로만 승인되어야 하는 것은 아님!
계약변경은 서면으로, 구두 합의로, 기업의 사업 관행에서 암묵적으로 승인될 수 있다.

(2) 계약변경은 다툼이 있거나, 가격 변경이 결정되지 않더라도 존재할 수 있다.

예 제 계약변경

B-01 20X1년 1월 1일 ㈜세무는 제품 200개를 고객에게 1년에 걸쳐 개당 ₩1,000에 판매하기로 약속하였다. 각 제품에 대한 통제는 한 시점에 이전된다. ㈜세무는 20X1년 4월 1일 동일한 제품 100개를 개당 ₩800에 고객에게 추가 납품하기로 계약을 변경하였으며, 동 시점까지 기존 계약 수량 200개 가운데 30개에 대한 통제를 고객에게 이전하였다. 추가된 제품은 구별되는 재화에 해당하며, 추가 제품의 계약금액은 개별 판매가격을 반영하지 않는다. 20X1년 4월 1일부터 6월 30일까지 기존 계약 수량 중 58개와 추가 계약 수량 중 50개의 통제를 고객에게 이전하였다. 동 거래와 관련하여 ㈜세무가 20X1년 1월 1일부터 6월 30일 사이에 인식할 총수익은? 2019. CTA

① ₩100,000 ② ₩100,800 ③ ₩118,000 ④ ₩128,000 ⑤ ₩130,000

B-02 20X1년 10월 1일에 ㈜대한은 제품 120개를 고객에게 개당 ₩1,000에 판매하기로 약속하였다. 제품은 6개월에 걸쳐 고객에게 이전되며, 각 제품에 대한 통제는 한 시점에 이전된다. ㈜대한은 20X1년 10월 31일에 제품 50개에 대한 통제를 고객에게 이전한 후, 추가로 제품 30개를 개당 ₩800에 고객에게 납품하기로 계약을 변경하였다. 추가된 제품 30개는 구별되는 재화에 해당하며, 최초 계약에 포함되지 않았다. 20X1년 11월 1일부터 20X1년 12월 31일까지 기존 계약수량 중 40개와 추가 계약수량 중 20개에 대한 통제를 고객에게 이전하였다.

계약을 변경할 때, 추가 제품의 가격(₩800/개)이 (1)계약변경 시점의 개별 판매가격을 반영하여 책정된 경우와 (2)계약변경 시점의 개별 판매가격을 반영하지 않은 경우, ㈜대한이 20X1년도 포괄손익계산서에 인식할 수익은 각각 얼마인가? 단, 계약변경일에 아직 이전되지 않은 약속한 제품은 계약변경일 전에 이전한 제품과 구별된다.

2023. CPA

	(1)	(2)
①	₩16,000	₩18,800
②	₩90,000	₩87,600
③	₩90,000	₩106,400
④	₩106,000	₩87,600
⑤	₩106,000	₩106,400

B-03 ㈜대한은 20X1년 초에 건물관리 용역을 제공하는 계약을 고객과 체결하였다. 계약기간은 2년이며, 고객은 매년 말에 건물관리 용역의 개별 판매가격에 해당하는 ₩1,000,000을 후급하기로 하였다. 이후 20X2년 초에 고객은 계약기간을 4년 추가하는 대신 추가된 기간(20X3년부터 20X6년까지)동안에는 ₩900,000을 지급할 것을 요구하였으며, ㈜대한은 추가된 기간에 대한 용역 대가가 개별 판매가격을 반영하지 않는 금액이지만 매년 초에 선급하는 조건으로 계약변경에 합의하였다. ㈜대한이 20X3년에 인식할 수익 금액은 얼마인가? 단, 계약변경일 이후에 제공할 용역은 이미 제공한 용역과 구별된다고 간주하며, 현재가치 평가는 고려하지 않는다.

2024. CPA

① ₩900,000 ② ₩920,000 ③ ₩950,000
④ ₩1,150,000 ⑤ ₩1,900,000

B-04 다음은 ㈜대한이 20X1년 1월 1일 ㈜민국과 체결한 청소용역 계약의 내용이다.

- ㈜대한은 20X1년 1월 1일부터 20X2년 12월 31일까지 2년간 ㈜민국의 본사 건물을 일주일 단위로 청소하고, ㈜민국은 ㈜대한에게 연간 ₩600,000을 매연도말에 지급한다.
- 계약 개시시점에 그 용역의 개별 판매가격은 연간 ₩600,000이다. ㈜대한은 용역을 제공한 첫 연도인 20X1년에 ₩600,000을 수령하고 이를 수익으로 인식하였다.
- 20X1년 12월 31일에 ㈜대한과 ㈜민국은 계약을 변경하여 2차 연도의 용역대금을 ₩600,000에서 ₩540,000으로 감액하고 2년을 더 추가하여 계약을 연장하기로 합의하였다.
- 연장기간에 대한 총 대가 ₩1,020,000은 20X3년말과 20X4년말에 각각 ₩510,000씩 지급하기로 하였다.
- 2차 연도 개시일에 용역의 개별 판매가격은 연간 ₩540,000이며, 20X2년부터 20X4년까지 3년간 계약의 개별 판매가격의 적절한 추정치는 ₩1,620,000(연간 ₩540,000 × 3년)이다.

상기 거래에 대한 다음 설명 중 옳은 것은? 단, 유의적인 금융요소는 고려하지 않는다. 2018. CPA

① 매주의 청소용역이 구별되므로, ㈜대한은 청소용역을 복수의 수행의무로 회계처리할 수 있다.

② 계약변경일에 ㈜대한이 제공할 나머지 용역은 구별되지 않는다.

③ 계약변경일에 ㈜대한이 나머지 대가로 지급받을 금액은 제공할 용역의 개별 판매가격을 반영하고 있다.

④ ㈜대한은 동 계약변경을 기존 계약의 일부인 것처럼 회계처리하여야 한다.

⑤ ㈜대한이 20X2년에 인식해야 할 수익은 ₩520,000이다.

B-05 ㈜대한은 ㈜민국 소유의 토지에 건물을 건설하기로 ㈜민국과 계약을 체결하였다. 그 계약의 내용 및 추가 정보는 다음과 같다.

- ㈜민국은 계약 개시일부터 30일 이내에 ㈜대한이 토지에 접근할 수 있게 한다.
- 해당 토지에 ㈜대한의 접근이 지연된다면(불가항력적인 사유 포함), 지연의 직접적인 결과로 들인 실제원가에 상당하는 보상을 ㈜대한이 받을 권리가 있다.
- 계약 개시 후에 생긴 그 지역의 폭풍 피해 때문에 ㈜대한은 계약 개시 후 120일이 지나도록 해당 토지에 접근하지 못하였다.
- ㈜대한은 청구의 법적 기준을 검토하고, 관련 계약 조건을 기초로 집행할 수 있는 권리가 있다고 판단하였다.
- ㈜대한은 계약변경에 따라 ㈜민국에게 재화나 용역을 추가로 제공하지 않고 계약변경 후에도 나머지 재화와 용역 모두는 구별되지 않으며 단일 수행의무를 구성한다고 판단하였다.
- ㈜대한은 계약 조건에 따라 지연의 결과로 들인 특정 직접원가를 제시할 수 있으며, 청구를 준비하고 있다.
- ㈜민국은 ㈜대한의 청구에 처음에는 동의하지 않았다.

계약변경과 관련하여 상기 거래에 대한 다음 설명 중 옳지 않은 것은? 2019. CPA

① 계약변경은 서면이나 구두 합의, 또는 기업의 사업 관행에서 암묵적으로 승인될 수 있다.

② ㈜대한과 ㈜민국이 계약변경 범위에 다툼이 있더라도, 계약변경은 존재할 수 있다.

③ ㈜대한과 ㈜민국이 계약 범위의 변경을 승인하였지만 아직 이에 상응하는 가격 변경을 결정하지 않았다면, 계약변경은 존재할 수 없다.

④ ㈜대한과 ㈜민국은 계약변경으로 신설되거나 변경되는 권리와 의무를 집행할 수 있는지를 판단할 때에는 계약 조건과 그 밖의 증거를 포함하여 관련 사실 및 상황을 모두 고려한다.

⑤ ㈜대한은 계약변경에 대해 거래가격과 수행의무의 진행률을 새로 수정하여 그 계약변경은 기존 계약의 일부인 것처럼 회계처리한다.

7 수취채권, 계약자산, 계약부채

1. 수취채권: 돈 받기로 한 날 못 받은 돈 (≒매출채권)

- 대가를 받을 무조건적인 권리
- 계약상 약정일이 도래하면 수취채권 계상

2. 계약자산: 돈 받기로 한 날 전에 물건 먼저 보낸 것

- 재화나 용역을 이전하고 고객에게서 대가를 받을 권리
- 재화를 이전하여 수익은 인식했는데 계약상 약정일이 도래하지 않아 수취채권을 못 잡을 때 인식

3. 수익: 재화를 이전할 때 인식 (not 현금 수령 시)

4. 계약부채: 자산 인식했는데, 재화를 이전하기 전이라 수익 인식 못 할 때 인식

- 기업이 고객에게서 이미 받은 대가(현금), 또는 지급기일이 된 대가(수취채권)에 상응하여 고객에게 재화나 용역을 이전하여야 하는 기업의 의무
- 현금을 받았거나, 약정일이 도래하여 수취채권을 잡았는데 재화를 이전하기 전이어서 수익을 인식하지 못할 때 계상

HONEY 김수석의 꿀팁! 수취채권, 계약자산, 계약부채의 진화 과정 ★중요!

차변	대변
계약자산 ↓ 수취채권 ↓ 현금	 계약부채 ↓ 수익

	재화 이전하기 전: 계약부채	재화 이전한 후: 수익
약정일 이전: 계약자산	—	계약자산 / 수익
약정일 도래: 수취채권	수취채권 / 계약부채	수취채권 / 수익
현금 수령: 현금	현금 / 계약부채	현금 / 수익

예제 수취채권, 계약자산, 계약부채

B-06 ㈜세무는 고객에게 제품을 이전하기로 한 약속을 수행의무로 식별하고, 제품을 고객에게 이전할 때 각각의 수행의무에 대한 수익을 인식하고 있다. ㈜세무는 ㈜한국에게 제품A와 제품B를 이전하기로 하는 계약을 20X1년 12월 1일에 체결하였고, 동 계약에 따라 받기로 한 대가는 총 ₩10,000이다. 동 계약에 따르면, 제품A를 먼저 인도한 후 제품B를 나중에 인도하기로 하였지만, 대가 ₩10,000은 모든 제품(제품A와 제품B)을 인도한 이후에만 받을 권리가 생긴다. ㈜세무는 20X1년 12월 15일에 제품A를 인도하였고, 제품B에 대한 인도는 20X2년 1월 10일에 이루어졌으며, 20X2년 1월 15일에 대가 ₩10,000을 수령하였다. ㈜세무는 제품A를 개별적으로 판매할 경우 ₩8,000에 판매하고 있지만, 제품B는 판매경험 및 유사제품에 대한 시장정보가 없어 개별판매가격을 알지 못한다. 따라서 잔여접근법으로 거래가격을 배분하기로 한다. ㈜세무의 상기거래에 관한 설명으로 옳지 않은 것은? (단, 제시된 거래의 효과만을 반영하기로 한다.) 2022. CTA

① 20X1년 말 ㈜세무의 재무상태표에 표시할 수취채권의 금액은 영(0)이다.
② 20X1년 말 ㈜세무의 재무상태표에 표시할 계약자산의 금액은 ₩8,000이다.
③ ㈜세무가 20X1년도 포괄손익계산서에 수익으로 인식할 금액은 ₩8,000이다.
④ 20X1년 말 ㈜세무의 재무상태표에 표시할 계약부채는 없다.
⑤ ㈜세무의 20X2년 1월 10일 회계처리로 인하여 계약자산은 ₩2,000 증가한다.

B-07 다음은 ㈜대한의 20X1년과 20X2년의 수취채권, 계약자산, 계약부채에 대한 거래이다.

- ㈜대한은 고객에게 제품을 이전하기로 한 약속을 수행의무로 식별하고, 제품을 고객에게 이전할 때 각 수행의무에 대한 수익을 인식한다.
- ㈜대한은 20X2년 1월 31일에 ㈜민국에게 제품A를 이전하는 취소 불가능 계약을 20X1년 10월 1일에 체결하였다. 계약에 따라 ㈜민국은 20X1년 11월 30일에 대가 ₩1,000 전액을 미리 지급하여야 하나 ₩300만 지급하였고, 20X2년 1월 15일에 잔액 ₩700을 지급하였다. ㈜대한은 20X2년 1월 31일에 제품A를 ㈜민국에게 이전하였다.
- ㈜대한은 ㈜만세에게 제품B와 제품C를 이전하고 그 대가로 ₩1,000을 받기로 20X1년 10월 1일에 계약을 체결하였다. 계약에서는 제품B를 먼저 인도하도록 요구하고, 제품B의 인도 대가는 제품C의 인도를 조건으로 한다고 기재되어 있다. ㈜대한은 제품의 상대적 개별 판매가격에 기초하여 제품B에 대한 수행의무에 ₩400을, 제품C에 대한 수행의무에 ₩600을 배분한다. ㈜대한은 ㈜만세에게 20X1년 11월 30일에 제품B를, 20X2년 1월 31일에 제품C를 각각 이전하였다.

상기 거래에 대하여, 20X1년 12월 31일 현재 ㈜대한의 수취채권, 계약자산, 계약부채 금액은 각각 얼마인가? 단, 기초잔액은 없는 것으로 가정한다. 2019. CPA

	수취채권	계약자산	계약부채
①	₩0	₩400	₩0
②	₩400	₩0	₩0
③	₩700	₩400	₩1,000
④	₩1,000	₩400	₩1,000
⑤	₩1,100	₩0	₩1,000

8 재매입 약정

		재매입 가격이 원래 판매가격보다	
		높은 금액	낮은 금액
(1) 기업이 선도 or CALL 보유		금융약정	리스
(2) 고객이 PUT 보유		높은 금액	낮은 금액
행사할 유인	유의적	금융약정	리스
	유의적X	반품가능판매	

주의 기업이 콜옵션을 갖는 경우 반품가능판매 없음!

1. 금융약정

최초 판매 시	현금	판매금액	부채	판매금액
판매~행사 전	이자비용	재매입가격 − 판매금액	부채	재매입가격 − 판매금액
옵션 포기 시	부채	재매입가격	매출	재매입가격
	매출원가	원가	재고자산	원가
옵션 행사 시	부채	재매입가격	현금	재매입가격

예제 금융약정

C-01 ㈜세무는 20X1년 1월 1일 ㈜한국에게 원가 ₩100,000의 제품을 ₩200,000에 현금 판매하였다. 판매계약에는 20X1년 6월 30일 이전에 ㈜한국이 요구할 경우 ㈜세무가 판매한 제품을 ₩210,000에 재매입해야 하는 풋옵션이 포함된다. 풋옵션이 행사될 유인은 판매시점에서 유의적일 것으로 판단하였으나 실제로 20X1년 6월 30일까지 풋옵션이 행사되지 않은 채 권리가 소멸하였다. 동 거래에 관한 설명으로 옳지 않은 것은? (단, 20X1년 1월 1일 기준으로 재매입일 예상 시장가치는 ₩210,000 미만이다.) 2019. CTA

① 20X1년 1월 1일 ㈜한국은 제품의 취득을 인식하지 못한다.

② 20X1년 1월 1일 ㈜한국은 금융자산을 인식한다.

③ 20X1년 1월 1일 ㈜세무는 금융부채 ₩200,000을 인식한다.

④ 20X1년 6월 30일 ㈜세무는 이자비용 ₩10,000을 인식한다.

⑤ 20X1년 6월 30일 ㈜세무는 매출액 ₩200,000을 인식한다.

C-02 ㈜대한은 20X1년 12월 1일에 ㈜민국에게 원가 ₩500,000의 제품을 ₩1,000,000에 현금 판매하였다. 판매계약에는 20X2년 3월 31일에 동 제품을 ₩1,100,000에 다시 살 수 있는 권리를 ㈜대한에게 부여하는 콜옵션이 포함되어 있다. ㈜대한은 20X2년 3월 31일에 계약에 포함된 콜옵션을 행사하지 않았으며, 이에 따라 해당 콜옵션은 동 일자에 소멸되었다. 상기 재매입약정 거래가 ㈜대한의 20X2년 당기순이익에 미치는 영향은 얼마인가? 단, 현재가치평가는 고려하지 않으며, 계산과정에 오차가 있으면 가장 근사치를 선택한다. 2021. CPA

① ₩100,000 감소 ② ₩75,000 감소 ③ ₩500,000 증가
④ ₩525,000 증가 ⑤ ₩600,000 증가

2. 반품가능판매 ★중요!

판매 시	현금	총 판매 수량 × 매가	환불부채	예상 반품 수량 × 매가
			매출	예상 매출 수량 × 매가
	회수권	예상 반품 수량 × 원가	재고자산	총 판매 수량 × 원가
	매출원가	예상 매출 수량 × 원가		
반품 시	환불부채	잡은 거 전부 제거	현금	반품 수량 × 매가
			매출	추가 매출 수량 × 매가
	재고자산	반품 수량 × 원가	회수권	잡은 거 전부 제거
	매출원가	추가 매출 수량 × 원가		

김수석의 핵심콕! 환불부채와 회수권의 제거 요약 ★중요!

판매 시	반품 시	
	반품 O	반품 X
환불부채	현금 감소	매출
회수권	재고자산	매출원가

(1) 반환 시 예상되는 비용이 있는 경우

판매 시	회수권	예상 반품 수량 × (원가 − 단위당 예상 비용)	재고자산	총 판매 수량 × 원가
	비용	예상 반품 수량 × 단위당 예상 비용		
	비용	예상 매출 수량 × 원가		
반품 시	재고자산	반품된 자산의 실제 가치	회수권	잡은 거 전부 제거
	비용	XXX		

예 제 반품가능판매

C-03 ㈜세무는 20X1년 12월 31일 개당 원가 ₩150인 제품 100개를 개당 ₩200에 현금 판매하였다. ㈜세무는 판매 후 30일 이내에 고객이 반품하면 전액 환불해주고 있다. 반품율은 5%로 추정되며, 반품제품 회수비용, 반품제품 가치하락 및 판매당일 반품은 없다. 동 거래에 대한 설명으로 옳지 않은 것은? 2019. CTA

① 20X1년 인식할 매출액은 ₩19,000이다.

② 20X1년 인식할 이익은 ₩4,750이다.

③ '환불이 발생할 경우 고객으로부터 제품을 회수할 권리'를 20X1년 말 자산으로 인식하며, 그 금액은 ₩750이다.

④ 동 거래의 거래가격은 변동대가에 해당하기 때문에 받을 권리를 갖게 될 금액을 추정하여 수익으로 인식한다.

⑤ 20X1년 말 인식할 부채는 ₩250이다.

C-04 ㈜한국은 고객이 상품구매 후 2개월 이내에 반품을 인정하는 조건으로 20X1년 12월 31일 원가 ₩1,200,000만큼의 상품을 ₩1,500,000에 현금판매하였다. ㈜한국은 과거의 경험에 기초하여 현금판매한 상품금액의 5%가 반품될 것으로 신뢰성 있게 추정하였고 반품될 가능성이 높다. 상품이 반품될 경우에는 반품과 관련하여 직접비용 총 ₩10,000이 발생하며, 반품되는 상품원가의 40%가 손상될 것으로 추정된다. 위 거래와 관련하여 ㈜한국이 20X1년 12월 31일 현재 '환불이 발생할 경우 고객으로부터 제품을 회수할 권리'에 대하여 자산으로 인식할 금액은 얼마인가? 추정반환금액은 반품에 따른 미래예상 현금흐름 순유출액이며, 동 금액을 반품충당부채로 계상한다. 단, ㈜한국은 재고자산의 회계처리로 계속기록법을 이용하고 있으며 반품조건부판매는 수익인식기준을 충족한다. 2016. CPA 수정

① ₩26,000　② ₩30,000　③ ₩36,000　④ ₩60,000　⑤ ₩75,000

C-05 ㈜대한은 20X1년 말 고객이 구매 후 30일 내에 반품할 수 있는 조건으로 원가 ₩1,050,000의 정수기를 ₩1,500,000에 현금판매 하였다. ㈜대한은 20X1년 말 과거 경험과 정수기 소매업계 상황에 기초하여 판매한 상품의 5%가 반품될 것으로 추정하였다. 또한 반품과 관련된 직접비용으로 반환금액의 3%가 발생한다. 이러한 반품조건의 판매가 ㈜대한의 20X1년도 당기순이익에 미치는 영향은? 2013. CTA

① ₩415,250 증가　② ₩417,500 증가　③ ₩425,250 증가
④ ₩427,500 증가　⑤ ₩450,000 증가

예 제 재매입 약정 종합문제

C-06 다음은 유통업을 영위하고 있는 ㈜대한의 20X1년 거래를 보여준다. ㈜대한이 20X1년에 인식할 수익은 얼마인가?

2020. CPA

(1) ㈜대한은 20X1년 12월 1일에 고객A와 재고자산 100개를 개당 ₩100에 판매하기로 계약을 체결하고 재고자산을 현금으로 판매하였다. 계약에 따르면, ㈜대한은 20X2년 2월 1일에 해당 재고자산을 개당 ₩120의 행사가격으로 재매입할 수 있는 콜옵션을 보유하고 있다.

(2) ㈜대한은 20X1년 12월 26일에 고객B와 계약을 체결하고 재고자산 100개를 개당 ₩100에 현금으로 판매하였다. 고객B는 계약 개시시점에 제품을 통제한다. 판매계약 상 고객B는 20일 이내에 사용하지 않은 제품을 반품할 수 있으며, 반품 시 전액을 환불받을 수 있다. 동 재고자산의 원가는 개당 ₩80이다. ㈜대한은 기댓값 방법을 사용하여 90개의 재고자산이 반품되지 않을 것이라고 추정하였다. 반품에 ㈜대한의 영향력이 미치지 못하지만, ㈜대한은 이 제품과 고객층의 반품 추정에는 경험이 상당히 있다고 판단한다. 그리고 불확실성은 단기간(20일 반품기간)에 해소될 것이며, 불확실성이 해소될 때 수익으로 인식한 금액 중 유의적인 부분은 되돌리지 않을 가능성이 매우 높다고 판단하였다. 단, ㈜대한은 제품의 회수 원가가 중요하지 않다고 추정하였으며, 반품된 제품은 다시 판매하여 이익을 남길 수 있다고 예상하였다. 20X1년 말까지 반품된 재고자산은 없다.

① ₩20,000 ② ₩9,000 ③ ₩10,000
④ ₩19,000 ⑤ ₩0

9 고객충성제도

개정 수익 기준서 도입 전에는 '고객충성제도'라는 별도의 기준서가 있었다. 고객충성제도 기준서는 기업이 직접 보상하는 경우와 제3자가 보상하는 경우로 나누어 회계처리를 서술하였다. 하지만 개정 수익 기준서가 도입됨에 따라 고객충성제도 기준서를 대체하게 되었다. 개정 수익 기준서에는 아래 사례만 등장하므로 이 경우만 숙지하면 된다. 이는 **기업이 직접 보상하는 경우**에 해당한다. 시중 교재에서 제3자가 보상하는 경우를 보더라도 당황해하지 말자.

판매 시	현금	수령액	계약부채 매출	계약부채 XXX
X1말	계약부채	XXX	(포인트) 매출	X1년 포인트 매출 누적액
X2말	계약부채	XXX	(포인트) 매출	X2년 포인트 매출 누적액 －X1년 포인트 매출 누적액

STEP 1 계약부채

$$\text{계약부채} = \text{수령액} \times \frac{\text{포인트의 개별 판매가격}}{\text{제품의 개별 판매가격} + \text{포인트의 개별 판매가격}}$$

STEP 2 매출=현금 수령액-계약부채

STEP 3 X1년 포인트 매출=X1년 포인트 매출 누적액

$$\text{포인트 매출 누적액} = \text{최초 계약부채} \times \frac{\text{누적 포인트 사용액}}{\text{총 예상 포인트 사용액}}$$

STEP 4 X2년 포인트 매출=X2년 포인트 매출 누적액-X1년 포인트 매출 누적액

주의 총 예상 포인트 사용액이 바뀌더라도 최초 계약부채를 수정하지 않음!

예 제 고객충성제도

C-07 ㈜세무는 고객이 구매한 금액 ₩2당 포인트 1점을 보상하는 고객충성제도를 운영하고 있으며, 각 포인트는 ㈜세무의 제품을 구매할 때 ₩1의 할인과 교환할 수 있다. ㈜세무가 고객에게 포인트를 제공하는 약속은 수행의무에 해당한다. 고객으로부터 수취한 대가는 고정금액이고, 고객이 구매한 제품의 개별 판매가격은 ₩1,000,000이다. 고객은 20X1년에 제품 ₩1,000,000을 구매하였으며, 미래에 제품 구매 시 사용할 수 있는 500,000포인트를 얻었다. ㈜세무는 20X1년도에 고객에게 부여한 포인트 중 50%가 교환될 것으로 예상하여 포인트 당 개별 판매가격을 ₩0.5으로 추정하였다. 20X1년과 20X2년의 포인트에 대한 자료는 다음과 같다.

구분	20X1년	20X2년
교환된 포인트	180,000	252,000
전체적으로 교환이 예상되는 포인트	450,000	480,000

㈜세무가 20X2년 12월 31일 재무상태표에 보고해야 할 계약부채는? 2021. CTA

① ₩10,000 ② ₩20,000 ③ ₩30,000 ④ ₩40,000 ⑤ ₩50,000

C-08 ㈜대한은 고객과의 계약에 따라 구매금액 ₩10당 고객충성포인트 1점을 고객에게 보상하는 고객충성제도를 운영한다. 각 포인트는 고객이 ㈜대한의 제품을 미래에 구매할 때 ₩1의 할인과 교환될 수 있다. 20X1년 중 고객은 제품을 ₩200,000에 구매하고 미래 구매 시 교환할 수 있는 20,000포인트를 얻었다. 대가는 고정금액이고 구매한 제품의 개별 판매가격은 ₩200,000이다. 고객은 제품구매시점에 제품을 통제한다. ㈜대한은 18,000포인트가 교환될 것으로 예상하며, 동 예상은 20X1년 말까지 지속된다. ㈜대한은 포인트가 교환될 가능성에 기초하여 포인트당 개별 판매가격을 ₩0.9(합계 ₩18,000)으로 추정한다. 20X1년 중에 교환된 포인트는 없다. 20X2년 중 10,000포인트가 교환되었고, 전체적으로 18,000포인트가 교환될 것이라고 20X2년 말까지 계속 예상하고 있다. ㈜대한은 고객에게 포인트를 제공하는 약속을 수행의무라고 판단한다. 상기 외 다른 거래가 없을 때, 20X1년과 20X2년에 ㈜대한이 인식할 수익은 각각 얼마인가? 단, 단수차이로 인해 오차가 있다면 가장 근사치를 선택한다. 2020. CPA

	20X1년	20X2년
①	₩200,000	₩10,000
②	₩182,000	₩9,000
③	₩182,000	₩10,000
④	₩183,486	₩8,257
⑤	₩183,486	₩9,174

C-09 연필만을 전문적으로 판매하는 ㈜대한은 홍보목적으로 고객충성제도를 운영하고 있다. 20X1년도에 포인트제도에 가입한 회원은 연필구입금액 ₩10,000당 유효기간이 4년인 1포인트를 부여받아 포인트로 연필과 무료로 교환할 수 있다. 20X1년도 중 포인트제도에 가입한 회원들은 ₩300,000,000의 연필을 구입하여 포인트를 부여받았다. ㈜대한은 1포인트로 교환 가능한 연필의 공정가치를 포인트의 100% 회수를 가정하여 ₩140으로 추정하였으며, 실제로 20X1년도 말에 8,400포인트가 회수되어 연필과 교환되었다. 20X2년도에 ㈜대한은 20X1년도에 부여한 포인트 가운데 80%가 회수될 것으로 추정을 변경하였으며, 20X2년도 중 실제로 6,000포인트가 회수되어 연필과 교환되었다. 20X3년도에는 20X1년도에 부여한 포인트 가운데 90%가 회수될 것으로 추정을 다시 변경하였으며, 이를 근거로 ㈜대한은 포인트 회수를 통한 연필의 교환과 관련하여 20X3년도 포괄손익계산서에 ₩1,035,503의 수익을 인식하였다.

20X1년도에 부여한 포인트 가운데 20X3년도 중에 실제로 회수된 포인트는? (단, 20X2년도와 20X3년도에 포인트와의 교환 이외에 연필의 추가판매는 없으며, 회수율 추정의 변경에 따른 1포인트 공정가치의 변동은 없는 것으로 가정한다.)

2011. CPA 수정

① 6,750포인트 ② 7,500포인트 ③ 8,550포인트 ④ 9,100포인트 ⑤ 12,600포인트

10 보증

구분	수행의무	거래가격 배분	처리 방법
확신 유형의 보증	X	X	보증비 XXX / 충당부채 XXX
용역 유형의 보증	O	O	현금 XXX / 계약부채 XXX

1. 확신 유형의 보증: 수행의무 X → 거래가격 배분 X, 수익 인식 X

매출 시	현금	XXX	매출	XXX
	제품보증비	XXX	제품보증충당부채	XXX
보증 시	제품보증충당부채	XXX	현금	XXX

2. 용역 유형의 보증: 수행의무 O → 거래가격 배분 O, 수익 인식 O

매출 시	현금	XXX	매출	XXX
			계약부채	XXX
보증 시	계약부채	XXX	수익	XXX
	제품보증비	XXX	현금	XXX

예제 보증

D-01 20X1년 9월 1일에 ㈜대한은 ㈜민국에게 1년간의 하자보증조건으로 중장비 1대를 ₩500,000에 현금 판매하였다. 동 하자보증은 용역 유형의 보증에 해당한다. ㈜대한은 1년간의 하자보증을 제공하지 않는 조건으로도 중장비를 판매하고 있으며, 이 경우 중장비의 개별 판매가격은 보증조건 없이 1대당 ₩481,000이며, 1년간의 하자보증용역의 개별 판매가격은 ₩39,000이다. ㈜대한은 ㈜민국에게 판매한 중장비 1대에 대한 하자보증으로 20X1년에 ₩10,000의 원가를 투입하였으며, 20X2년 8월 말까지 추가로 ₩20,000을 투입하여 하자보증을 완료할 계획이다. 상기 하자보증조건부판매와 관련하여 ㈜대한이 20X1년에 인식할 총수익금액과 20X1년 말 재무상태표에 인식할 부채는 각각 얼마인가? 2021. CPA

	총수익	부채		총수익	부채
①	₩475,000	₩25,000	②	₩475,000	₩20,000
③	₩462,500	₩37,500	④	₩462,500	₩20,000
⑤	₩500,000	₩0			

11 본인-대리인

1. 본인

(1) 인식 요건: 통제 O

고객에게 재화나 용역이 이전되기 전에 기업이 그 정해진 재화나 용역을 **통제**한다면 이 기업은 본인이다.

〈기업이 그 정해진 재화나 용역을 통제함(본인임)을 나타내는 지표의 사례〉

① 정해진 재화나 용역을 제공하기로 하는 약속을 이행할 **주된 책임**(예: 재화나 용역을 고객의 규격에 맞출 주된 책임)이 이 기업에 있다.

② 정해진 재화나 용역이 고객에게 이전되기 전이나, 후에 **재고위험**이 이 기업에 있다(예: 고객에게 반품권이 있는 경우).

③ 정해진 재화나 용역의 **가격 결정권**이 기업에 있다.

(2) **총액**을 수익으로 인식

2. 대리인

(1) 인식 요건: 통제 X

기업의 수행의무가 다른 당사자가 정해진 재화나 용역을 제공하도록 주선하는 것이라면 이 기업은 대리인이다. 기업이 대리인인 경우에 다른 당사자가 공급하는 정해진 재화나 용역이 고객에게 이전되기 전에 기업이 그 정해진 재화나 용역을 통제하지 않는다.

(2) **순액(or 보수나 수수료 금액)**으로 수익 인식

예 제 본인-대리인

D-02 ㈜대한은 게임기 제조기업이며 ㈜민국은 게임기 판매전문회사이다. 20X1년 1월 1일 ㈜대한은 ㈜민국과 다음과 같이 새 게임기의 판매계약을 맺었다.

> • ㈜대한의 게임기 1대당 판매가격은 ₩110이며, ㈜민국은 게임기 1대당 ₩110의 판매가격에서 ₩10의 판매수수료를 차감한 후 ₩100을 ㈜대한에게 지급한다.
> • ㈜민국은 ㈜대한에게 매년 최소 5,000대의 게임기 판매를 보장한다. 다만, ㈜민국이 게임기 5,000대를 초과하여 판매한 경우에는 판매되지 않은 게임기를 ㈜대한에게 반납할 수 있다.

㈜대한은 20X1년과 20X2년에 각각 게임기 7,000대와 8,000대를 ㈜민국에게 인도하였고, ㈜민국은 20X1년과 20X2년에 게임기 4,500대와 6,000대를 판매하였다. 동 거래에 대한 다음의 설명 중 옳지 않은 것은?

2017. CPA 수정

① ㈜대한이 20X1년도에 인식할 수익은 ₩500,000이다.
② ㈜민국이 20X1년도에 인식할 수익은 ₩495,000이다.
③ ㈜대한이 20X2년도에 인식할 수익은 ₩610,000이다.
④ ㈜민국이 20X2년도에 인식할 수익은 ₩650,000이다.
⑤ ㈜민국은 매년 5,000대의 게임기를 통제하며, ㈜민국은 이에 대해 본인이다.

D-03 유통업을 영위하고 있는 ㈜대한은 20X1년 1월 1일 제품A와 제품B를 생산하는 ㈜민국과 각 제품에 대해 다음과 같은 조건의 판매 계약을 체결하였다.

〈제품A〉

- ㈜대한은 제품A에 대해 매년 최소 200개의 판매를 보장하며, 이에 대해서는 재판매 여부에 관계없이 ㈜민국에게 매입대금을 지급한다. 다만, ㈜대한이 200개를 초과하여 제품A를 판매한 경우 ㈜대한은 판매되지 않은 제품A를 모두 조건 없이 ㈜민국에게 반환할 수 있다.
- 고객에게 판매할 제품A의 판매가격은 ㈜대한이 결정한다.
- ㈜민국은 ㈜대한에 제품A를 1개당 ₩1,350에 인도하며, ㈜대한은 판매수수료 ₩150을 가산하여 1개당 ₩1,500에 고객에게 판매한다.

〈제품B〉

- ㈜대한은 제품B에 대해 연간 최소 판매 수량을 보장하지 않으며, 매년 말까지 판매하지 못한 제품B를 모두 조건 없이 ㈜민국에게 반환할 수 있다.
- 고객에게 판매할 제품B의 판매가격은 ㈜민국이 결정한다.
- ㈜대한은 인도 받은 제품B 중 제3자에게 판매한 부분에 대해서만 ㈜민국에게 관련 대금을 지급한다.
- ㈜민국은 고객에게 판매할 제품B의 판매가격을 1개당 ₩1,000으로 결정하였으며, ㈜대한은 해당 판매가격에서 ₩50의 판매수수료를 차감한 금액을 ㈜민국에게 지급한다.

㈜민국은 위 계약을 체결한 즉시 ㈜대한에게 제품A 250개와 제품B 100개를 인도하였다. ㈜대한이 20X1년에 제품A 150개와 제품B 80개를 판매하였을 경우 동 거래로 인해 ㈜대한과 ㈜민국이 20X1년도에 인식할 수익은 각각 얼마인가? 2022. CPA

	㈜대한	㈜민국
①	₩26,500	₩278,500
②	₩26,500	₩305,000
③	₩229,000	₩305,000
④	₩229,000	₩350,000
⑤	₩305,000	₩278,500

12 계약원가

1. 계약체결 증분원가

: 고객과 계약을 체결하기 위해 들인 원가로서 계약을 체결하지 않았다면 들지 않았을 원가(예: 판매수수료)

회수 예상	자산 (상각기간이 1년 이하: 비용)
계약 체결 여부와 무관하게 발생	비용 (고객에게 명백히 청구 가능: 자산)

2. 계약이행원가

: 직접노무원가, 직접재료원가, 기업이 계약을 체결하였기 때문에 드는 원가 등

(1) 다른 기준서의 적용범위에 포함 O: 그 기준서에 따라 회계처리
(2) 다른 기준서의 적용범위에 포함 X: 조건부 자산화

13 수익 인식의 다양한 사례

1. 위탁약정

(1) 위탁약정: 최종 고객에게 판매하기 위해 기업이 제품을 다른 당사자(예: 중개인이나 유통업자)에게 인도하였는데, **다른 당사자가 그 제품을 통제하지 못하는 경우**
→ 제품을 다른 당사자에게 인도할 때 **수익 인식** X

〈위탁약정이라는 지표〉
① 정해진 사건이 일어날 때까지(예: 중개인의 고객에게 자산을 판매하거나 정해진 기간이 만료될 때까지) 기업이 자산을 통제한다.
② 기업은 제품의 반환을 요구하거나 제품을 제삼자(예: 다른 중개인)에게 이전할 수 있다.
③ 중개인은 제품에 대해 지급해야 하는 무조건적인 의무는 없다.

2. 미인도청구약정

(1) 미인도청구약정: 기업이 고객에게 제품의 대가를 청구하지만 미래 한 시점에 고객에게 이전할 때까지 기업이 제품을 물리적으로 점유하는 계약

(2) 고객이 미인도청구약정에서 제품을 통제하기 위한 기준
고객이 미인도청구약정에서 제품을 통제하기 위해서는 다음 기준을 모두 충족해야 한다.

① 미인도청구약정의 이유가 실질적이어야 한다(예: 고객이 그 약정을 요구하였다). ② 제품은 고객의 소유물로 구분하여 식별되어야 한다. ③ 고객에게 제품을 물리적으로 이전할 준비가 현재 되어 있어야 한다. ④ 기업이 제품을 사용할 능력을 가질 수 없거나 다른 고객에게 이를 넘길 능력을 가질 수 없다.

(3) 미인도청구약정에서는 기업이 고객 자산을 보관하는 용역을 고객에게 제공

→ **기업이 이행하는 수행의무는 제품과 보관용역이므로 거래가격을 각 수행의무에 배분**

예 제 미인도청구약정

D-04 20X1년 1월 1일에 ㈜대한은 특수프린터와 예비부품을 제작하여 판매하기로 ㈜민국과 다음과 같이 계약을 체결하였다.

• 특수프린터와 예비부품의 제작 소요기간은 2년이며, 특수프린터와 예비부품을 이전하는 약속은 서로 구별된다. 제작기간 중 제작을 완료한 부분에 대해 집행가능한 지급청구권이 ㈜대한에는 없다. • 20X2년 12월 31일에 ㈜민국은 계약조건에 따라 특수프린터와 예비부품을 검사한 후, 특수프린터는 ㈜민국의 사업장으로 인수하고 예비부품은 ㈜대한의 창고에 보관하도록 요청하였다. • ㈜민국은 예비부품에 대한 법적 권리가 있고 그 부품은 ㈜민국의 소유물로 식별될 수 있다. • ㈜대한은 자기 창고의 별도 구역에 예비부품을 보관하고 그 부품은 ㈜민국의 요청에 따라 즉시 운송할 준비가 되어 있다. • ㈜대한은 예비부품을 2년에서 4년까지 보유할 것으로 예상하고 있으며, ㈜대한은 예비부품을 직접 사용하거나 다른 고객에게 넘길 능력은 없다. • ㈜민국은 특수프린터를 인수한 20X2년 12월 31일에 계약상 대금을 전부 지급하였다.

상기 미인도청구약정에 관한 다음 설명 중 옳지 않은 것은? 2018. CPA

① ㈜대한이 계약상 식별해야 하는 수행의무는 두 가지이다.

② 특수프린터에 대한 통제는 ㈜민국이 물리적으로 점유하는 때인 20X2년 12월 31일에 ㈜민국에게 이전된다.

③ ㈜대한은 예비부품에 대한 통제를 ㈜민국에게 이전한 20X2년 12월 31일에 예비부품 판매수익을 인식한다.

④ ㈜대한이 예비부품을 물리적으로 점유하고 있더라도 ㈜민국은 예비부품을 통제할 수 있다.

⑤ ㈜대한은 계약상 지급조건에 유의적인 금융요소가 포함되어 있는지를 고려해야 한다.

3. 라이선스: 접근권 (기간에 걸쳐) vs 사용권 (한 시점에)

라이선스는 기준서 상 조건에 해당하면 접근권으로 보고, 해당 조건을 충족하지 못하면 사용권으로 본다. 접근권으로 판단하는 조건은 수험 목적상 생략한다.

> (1) 접근권: 기간에 걸쳐 이행하는 수행의무 (가입비)
> (2) 사용권: 한 시점에 이행하는 수행의무 (매달 통신비)
> (3) 판매 또는 사용기준 로열티: 수익 인식의 예외 (불확실성 해소 시까지 수익 인식 X)

예 제 라이선스

D-05 프랜차이즈를 운영하는 ㈜세무가 20X1년 11월 초 고객과 체결한 계약과 관련된 정보가 다음과 같을 때, ㈜세무가 20X1년도에 인식할 수익은? (단, 라이선스를 부여하기로 하는 것과 설비를 이전하기로 하는 것은 구별되며, 변동대가와 고정대가는 모두 개별 판매금액을 반영한 것이다.) 2023. CTA

> • ㈜세무는 계약일로부터 5년 동안 고객이 ㈜세무의 상호를 사용하고 제품을 판매할 권리를 제공하는 프랜차이즈 라이선스를 부여하기로 하였으며, 라이선스에 추가하여 상점을 운영하기 위해 필요한 장비를 제공하기로 약속하였다.
> • ㈜세무는 라이선스를 부여하는 대가로 고객의 월 매출액 중 3%(변동대가)를 판매기준 로열티로 다음달 15일에 수령하기로 하였다.
> • ㈜세무는 설비가 인도되는 시점에 설비의 대가로 ₩1,500,000(고정대가)을 받기로 하였다.
> • 계약과 동시에 설비를 고객에게 이전하였으며, 고객의 20X1년 11월과 12월의 매출액은 각각 ₩7,000,000과 ₩8,000,000이다.

① ₩210,000 ② ₩450,000 ③ ₩500,000 ④ ₩1,710,000 ⑤ ₩1,950,000

4. 추가 재화나 용역에 대한 고객의 선택권

(1) 계약을 체결하지 않으면 받을 수 없는 경우에만 선택권은 수행의무임
ex〉 이 재화나 용역에 대해 그 지역이나 시장의 해당 고객층에게 일반적으로 제공하는 할인의 범위를 초과하는 할인

(2) 수익 인식 시점: **미래 재화나 용역이 이전되거나 선택권이 만료될 때**

(3) 거래가격 배분 기준: 선택권의 **상대적 개별 판매가격**

(4) 개별 판매가격을 직접 관측할 수 없는 경우 추정하는 방법
고객이 선택권을 행사할 때 받을 할인을 반영하되, ① **고객이 선택권을 행사하지 않고도 받을 수 있는 할인액**과 ② **선택권이 행사될 가능성**을 모두 조정

예 제 할인권

D-06 ㈜세무는 제품 A를 ₩2,000에 판매하기로 계약을 체결하였으며, 이 계약의 일부로 앞으로 30일 이내에 ₩2,000 한도의 구매에 대해 30% 할인권을 고객에게 주었다. ㈜세무는 계절 판촉활동을 위해 앞으로 30일 동안 모든 판매에 대해 10% 할인을 제공할 계획인데, 10% 할인은 30% 할인권에 추가하여 사용할 수 없다. ㈜세무는 고객의 80%가 할인권을 사용하고 추가 제품을 평균 ₩1,500에 구매할 것이라고 추정하였을 때, 제품 판매 시 배분될 계약부채(할인권)는? (단, 제시된 거래의 효과만을 반영하기로 한다.) 2024. CTA

① ₩214　② ₩240　③ ₩305　④ ₩400　⑤ ₩500

예 제 상품권

D-07 유통업을 영위하는 ㈜대한은 20X1년 1월 1일에 액면금액 ₩10,000인 상품권 50매를 액면금액으로 발행하였다. 20X1년 1월 1일 이전까지 ㈜대한이 상품권을 발행한 사실은 없으며, 이후 20X2년 1월 1일에 추가로 100매를 액면금액으로 발행하였다. ㈜대한은 상품권 액면금액의 60% 이상 사용하고 남은 금액은 현금으로 반환하며, 상품권의 만기는 발행일로부터 1년이다. 만기까지 사용되지 않은 상품권은 만기 이후 1년 이내에는 90%의 현금으로 상환해줄 의무가 있으나, 1년이 경과하면 그 의무는 소멸한다. 20X1년도 발행 상품권 중 42매가 정상적으로 사용되었으며, 사용되지 않은 상품권 중 5매는 20X2년 중에 현금으로 상환되었고, 나머지 3매는 상환되지 않아 20X2년 12월 31일 현재 ㈜대한의 의무는 소멸하였다. 한편, 20X2년도 발행 상품권은 20X2년 중에 90매가 정상적으로 사용되었다.
상품권 사용 시 상품권 잔액을 현금으로 반환한 금액은 다음과 같다.

구분	금액
20X1년도 발행분	₩31,000
20X2년도 발행분	₩77,000

㈜대한의 상품권에 대한 회계처리와 관련하여 20X2년도 포괄손익계산서에 인식할 수익은 얼마인가? 단, ㈜대한은 고객의 미행사권리에 대한 대가를 다른 당사자에게 납부하도록 요구받지 않는다고 가정한다.
2023. CPA 심화

① ₩823,000　② ₩833,000　③ ₩850,000
④ ₩858,000　⑤ ₩860,000

14 건설계약

1. 건설계약-일반형

	X1년	X2년
진행률 누적계약수익	누적발생원가/총예상원가 계약대금 × 진행률	누적발생원가/총예상원가 계약대금 × 진행률
계약수익 계약원가	X1년 누적계약수익 X1년 지출액	X2년 누적계약수익 − X1년 누적계약수익 X2년 지출액
공사손익	계약수익 − 계약원가	계약수익 − 계약원가

STEP 1 진행률=누적발생원가/총예상원가 (단, 총예상원가=누적발생원가+추가예상원가)

진행률이란 건설의 진행 정도를 의미한다. 진행률은 건설에 소요되는 총예상원가 대비 현재까지 투입한 누적발생원가가 차지하는 비율로 계산한다. 이때, 총예상원가에 추가예상원가 뿐만 아니라 누적발생원가를 포함 시키는 것에 주의하자. 문제에서 총예상원가를 제시하지 않고, 당기발생원가와 추가예상원가로 나누어 제시했다면 전기까지의 누적발생원가까지 포함해서 진행률을 계산해야 한다.

STEP 2 누적계약수익=계약대금×진행률

건설계약은 진행률에 비례하여 수익을 인식한다. 따라서 전체 계약대금 중 진행률을 곱한 만큼 누적수익으로 인식한다.

STEP 3 계약수익=당기 누적계약수익-전기 누적계약수익

진행률은 예상원가의 변동에 따라 매년 변화하는데, **진행기준을 적용하면서 발생하는 모든 변동 사항은 회계추정의 변경**으로 보아 **전진법**을 적용한다. 따라서 누적계약수익을 계산한 뒤, 전기까지 인식한 누적계약수익을 차감하여 당기에 인식할 수익을 계산한다.

STEP 4 공사손익=계약수익-계약원가 (단, 계약원가=당기발생원가)

Step 3에서 계산한 계약수익만큼 수익으로 인식하고, 당기에 발생한 계약원가만큼 비용으로 인식한다. 따라서 당기의 공사손익은 계약수익에서 계약원가를 차감한 이익이 된다.

STEP 5 회계처리

지출 시	계약원가	지출액	현금	지출액
기말	미성공사	수익	계약수익	수익
청구 시	공사미수금	청구액	진행청구액	청구액
수령 시	현금	수령액	공사미수금	수령액
공사 종료 시	진행청구액	계약금액	미성공사	계약금액

(1) 공사원가 지출 시
공사원가 지출 시 현금 지출액만큼 계약원가(비용)를 인식한다.

(2) 기말
표를 통해 계산한 계약수익만큼 미성공사(자산)를 인식한다.

(3) 대금 청구 시
대금 청구 시 청구액만큼 공사미수금을 설정하면서, 대변에 진행청구액을 설정한다.

(4) 대금 수령 시
대금 수령 시 공사미수금을 제거하면서 현금이 차변에 표시된다.

(5) 공사 종료 시
공사 종료 시 진행청구액과 미성공사를 상계한다.

STEP 6 계정별 잔액

계정과목		누적 수익		누적 청구액		누적 수령액
미청구공사(초과청구공사)	=	미성공사	−	진행청구액		
공사미수금	=			진행청구액	−	누적 수령액
현금	=					누적 수령액
계		미성공사				

(1) 미성공사 및 진행청구액

미성공사 = Σ(발생원가 + 공사손익) = Σ(계약원가 + 공사손익) = Σ계약수익
진행청구액 = Σ대금 청구액

미성공사란 발생원가와 공사손익의 누적액이다. 그리고 발생원가는 계약원가와 일치한다. 그런데 공사손익은 계약수익에서 계약원가를 차감한 손익이므로, **미성공사는 계약수익의 누적액과 일치**한다. 회계처리 시에도 매년 계약수익만큼 미성공사를 증가시킨다.
진행청구액은 대금 청구액의 누적액이다. 공사 종료 시까지 미성공사와 진행청구액을 감소시키지 않기 때문에 누적액이 그대로 계상된다.

(2) 미청구공사 및 초과청구공사 ★중요!

미청구공사 = 미성공사 − 진행청구액 = 누적수익 − 누적 청구액 단, 음수인 경우 초과청구공사

건설계약 문제에서 가장 많이 묻는 것이 미청구공사(또는 초과청구공사)이다. 미청구공사는 미성공사에서 진행청구액을 차감한 금액이다. 따라서 **누적 계약수익에서 누적 청구액을 차감하면 미청구공사를 구할 수 있다.** 만약 **'누적 수익<누적 청구액'이어서 미청구공사가 음수인 경우 초과청구공사를 계상**한다.

(3) 공사미수금

대금 청구 시 청구액만큼 공사미수금을 설정하고, 대금 수령 시 공사미수금을 제거하므로 공사미수금의 잔액은 누적청구액에서 누적수령액을 차감한 금액이다.

김수석의 꿀팁! 미성공사=미청구공사+공사미수금+현금 수령액

위 표를 보게 되면 미청구공사 잔액, 공사미수금 잔액, 현금 수령액의 합은 미성공사 잔액과 일치한다. 문제에서는 주로 미청구공사를 묻는데, 만약 공사미수금도 묻는다면 위 표를 그려서 같이 구하면 된다. 마지막 줄에 현금 수령액까지 채우면 각 계정 잔액을 잘 구했는지 검산이 가능하다.

참고 개정된 수익 기준서에 따른 계정별 명칭

개정 전 건설계약 기준서	개정 후 수익 기준서
미청구공사	계약자산
초과청구공사	계약부채
공사미수금	수취채권

기준서의 개정 전, 후 계정과목을 대응하면 위 표와 같다. 개정된 수익 기준서에서는 '계약자산'과 '계약부채', '수취채권'이라는 용어를 사용하지만 재무상태표에서 그 항목에 대해 다른 표현을 사용하는 것을 금지하지 않는다. 따라서 개정 수익 기준서가 도입되었음에도 불구하고 출제진들은 건설계약 기준서에 따른 계정과목을 여전히 사용한다. 수험생은 건설계약 기준서에 따른 계정과목을 중심으로 공부하길 바란다.

D-08 다음은 ㈜대한의 공사계약과 관련된 자료이다. 당해 공사는 20X1년 초에 시작되어 20X3년 말에 완성되었으며, 총계약금액은 ₩5,000,000이다. ㈜대한은 건설 용역에 대한 통제가 기간에 걸쳐 이전되는 것으로 판단하였으며, 진행률은 발생원가에 기초한 투입법으로 측정한다.

구분	20X1년	20X2년	20X3년
당기발생원가	₩1,000,000	₩2,000,000	₩1,500,000
완성시까지 추가소요원가	₩3,000,000	₩1,000,000	—

㈜대한의 20X2년도 공사손익은 얼마인가? 2024. CPA

① ₩250,000 손실
② ₩250,000 이익
③ ₩500,000 이익
④ ₩1,750,000 이익
⑤ ₩3,500,000 이익

D-09 ㈜세무는 20X1년 초 ㈜대한과 건설계약(공사기간 3년, 계약금액 ₩850,000)을 체결하였다. 관련 자료가 다음과 같을 때, 20X1년 말 미청구공사금액(또는 초과청구공사금액)과 20X2년도 공사이익은? (단, 진행기준으로 수익을 인식하고 진행률은 누적발생계약원가를 추정총계약원가로 나눈 비율로 측정한다.) 2020. CTA

구분	20X1년	20X2년	20X3년
누적발생계약원가	₩432,000	₩580,000	₩740,000
추정총계약원가	720,000	725,000	740,000
계약대금청구금액	390,000	310,000	150,000
계약대금수령금액	450,000	200,000	200,000

	20X1년말 미청구공사(초과청구공사)	20X2년도 공사이익
①	초과청구공사 ₩0	₩78,000
②	초과청구공사 ₩20,000	₩22,000
③	초과청구공사 ₩20,000	₩78,000
④	미청구공사 ₩120,000	₩22,000
⑤	미청구공사 ₩120,000	₩78,000

4. 진행률을 합리적으로 측정할 수 없는 경우

(1) 원가의 회수 가능성이 높은 경우: 회수가능한 범위 내에서만 수익 인식

진행률을 합리적으로 측정할 수 없는 경우 신뢰성 있게 계약수익을 인식할 수 없다. 이 경우 **이미 투입한 원가 중 회수가능한 범위 내에서만 수익을 인식**한다.

(2) 원가의 회수 가능성이 높지 않은 경우: 수익 인식 X, 투입한 원가만큼 비용만 인식

만약 투입한 원가의 회수가능성이 높지 않다면 **수익을 인식하지 않고, 투입한 원가만큼 비용만 인식**한다.

(3) 진행률을 다시 합리적으로 추정 가능한 경우: 진행률 적용 (전진법)

이후에 진행률을 다시 합리적으로 추정 가능한 경우에는 기존 회계처리를 건드리지 않은 채로, 정상적으로 진행률을 적용하여 계약수익과 계약원가를 인식하면 된다. 진행률의 추정 가능성 변동은 회계 추정의 변경으로 보아 전진법을 적용하기 때문이다.

D-10 ㈜세무는 20X1년 초 ㈜한국과 건설계약(공사기간 3년, 계약금액 ₩600,000)을 체결하였다. ㈜세무의 건설용역에 대한 통제는 기간에 걸쳐 이전된다. ㈜세무는 발생원가에 기초한 투입법으로 진행률을 측정한다. 건설계약과 관련된 자료는 다음과 같다. ㈜세무의 20X2년도 공사이익은? 2021. CTA

- 20X1년 말 공사완료시까지의 추가소요원가를 추정할 수 없어 합리적으로 진행률을 측정할 수 없었으나, 20X1년 말 현재 이미 발생한 원가 ₩120,000은 모두 회수할 수 있다고 판단하였다.
- 20X2년 말 공사완료시까지 추가소요원가를 ₩200,000으로 추정하였다.
- 연도별 당기발생 공사원가는 다음과 같다.

구분	20X1년	20X2년	20X3년
당기발생 공사원가	₩120,000	₩180,000	₩200,000

① ₩0　② ₩40,000　③ ₩60,000　④ ₩120,000　⑤ ₩180,000

객 관 식

C·H·A·P·T·E·R

13

주식기준보상

[1] 주식결제형 주식기준보상
[2] 현금결제형 주식기준보상
[3] 가득조건
[4] 조건변경
[5] 선택형 주식기준보상
[6] 주식기준보상의 중도 청산
[7] 주식기준보상 말문제 출제사항

13 주식기준보상

CHAPTER

1 주식결제형 주식기준보상

	명수	×개수	×금액	×1/n	=누적액	비용
X1	재직 예상인원	개수	부여일의 FV	1/3	A	A
X2	재직 예상인원	개수	부여일의 FV	2/3	B	B − A
X3	재직 예상인원	개수	부여일의 FV	3/3	C	C − B

1. 명수 (재직 예상인원)

<table>
<tr><td colspan="4">최초 재직 인원</td></tr>
<tr><td>− 전기까지 누적 퇴사</td><td>− 당기 퇴사</td><td>− 차기부터 예상 퇴사</td><td>재직 예상인원</td></tr>
<tr><td colspan="2">− 당기까지 누적 퇴사</td><td>− 차기부터 예상 퇴사</td><td>재직 예상인원</td></tr>
<tr><td colspan="3">− 가득 기간 총 예상 퇴사</td><td>재직 예상인원</td></tr>
</table>

− 명수: 가득 시점에 재직할 것으로 예상하는 인원
− 예상하는 시점: '매기 말' (X1초에 예상하는 재직 인원 대입 X)

2. 개수: 1인당 부여한 주식선택권 개수

3. 금액: 부여일의 공정가치 (X1초의 공정가치)

4. 1/n: 주식선택권 가득에 필요한 연수를 '1/n, 2/n, 3/n …'과 같은 방식으로 채우기

ex〉 가득 기간 3년: 1/3, 2/3, 3/3

5. 누적액 (주식선택권 기말 잔액)=명수×개수×금액×1/n

6. 비용 (주식보상비용)=당기 누적액−전기 누적액

주식보상비용(PL)	XXX	주식선택권(자본조정)	XXX

7. 행사 시 회계처리

(1) 신주 발행 시				(2) 구주(자기주식) 지급 시			
현금	행사가	자본금	액면가	현금	행사가	자기주식	자기주식 BV
SO	부여일의 FV	**주발초**	XXX	SO	부여일의 FV		
						자기주식처분손익 XXX	

8. 행사 시 자본 증가액=현금 수령액=행사가×행사한 주식선택권 수

주식보상비용 인식과 행사 시 회계처리 모두 현금을 제외한 모든 계정이 자본 계정이므로, **자본에 미치는 영향은 현금 수령액과 일치함**

예 제 주식결제형 주식기준보상

A-01 ㈜대한은 20X1년 1월 1일 종업원 100명에게 각각 1,000개의 주식선택권을 부여하였다. 동 주식선택권은 종업원이 앞으로 3년 동안 회사에 근무해야 가득된다. 20X1년 1월 1일 현재 ㈜대한이 부여한 주식선택권의 단위당 공정가치는 ₩360이며, 각 연도말 퇴직 종업원 수는 다음과 같다.

연 도	실제 퇴직자수	추가퇴직 예상자 수
20X1년말	10명	20명
20X2년말	15명	13명
20X3년말	8명	–

주식선택권 부여일 이후 주가가 지속적으로 하락하여 ㈜대한의 20X2년 12월 31일 주식선택권의 공정가치는 단위당 ₩250이 되었다. 동 주식기준보상과 관련하여 ㈜대한이 인식할 20X2년 포괄손익계산서상 주식보상비용은 얼마인가? 단, 계산방식에 따라 단수차이로 인해 오차가 있는 경우, 가장 근사치를 선택한다. 2014. CPA

① ₩1,933,333 ② ₩5,166,667 ③ ₩6,480,000 ④ ₩6,672,000 ⑤ ₩8,400,000

A-02 ㈜한국은 20X1년 초 50명의 종업원에게 2년 용역제공조건의 주식선택권을 각각 200개씩 부여하였다. 부여일 현재 주식선택권의 단위당 공정가치는 ₩2,000으로 추정되었으며, 10%의 종업원이 2년 이내에 퇴사하여 주식선택권을 상실할 것으로 예상하였다. 20X1년 중 4명이 퇴사하였으며, 20X1년 말에 ㈜한국은 20X2년 말까지 추가로 퇴사할 것으로 추정되는 종업원의 수를 2명으로 변경하였다. 20X2년 중 실제로 3명이 퇴사하였다. 따라서 20X2년 말 현재 주식선택권을 상실한 종업원은 총 7명이 되었으며, 총 43명의 종업원에 대한 주식선택권(8,600개)이 가득되었다. 동 주식선택권과 관련하여 20X1년도와 20X2년도에 인식할 당기비용은? (단, 주식기준보상거래에서 종업원으로부터 제공받은 용역은 자산의 인식요건을 충족하지 못하였다.) 2015. CTA

	20X1년	20X2년		20X1년	20X2년
①	₩8,600,000	₩8,800,000	②	₩8,600,000	₩9,000,000
③	₩8,800,000	₩8,400,000	④	₩8,800,000	₩8,600,000
⑤	₩9,000,000	₩8,400,000			

A-03 ㈜한국은 20X1년 1월 1일 현재 근무하고 있는 임직원 10명에게 20X3년 12월 31일까지 의무적으로 근무하는 것을 조건으로 각각 주식선택권 10개씩을 부여하였다. 20X1년 1월 1일 현재 ㈜한국이 부여한 주식선택권의 단위당 공정가치는 ₩1,000이다. 부여된 주식선택권의 행사가격은 단위당 ₩15,000이고, 동 주식의 주당 액면금액은 ₩10,000이다. 각 연도말 주식선택권의 단위당 공정가치는 다음과 같다.

20X1년말	20X2년말	20X3년말
₩1,000	₩1,200	₩1,500

주식선택권 부여일 현재 임직원 중 10%가 3년 이내에 퇴사하여 주식선택권을 상실할 것으로 추정하였으나, 각 연도말의 임직원 추정 퇴사비율 및 실제 퇴사비율은 다음과 같다.

20X1년말	20X2년말	20X3년말
16%(추정)	16%(추정)	13%(실제)

가득기간 종료 후인 20X3년말에 주식선택권 50개의 권리가 행사되어 ㈜한국은 보유하고 있던 자기주식(취득원가 ₩700,000)을 교부하였다. 주식선택권의 회계처리가 ㈜한국의 20X3년 당기순이익과 자본총계에 미치는 영향은 각각 얼마인가? 2015. CPA

	당기순이익	자본총계
①	₩31,000 감소	₩750,000 증가
②	₩31,000 감소	₩781,000 증가
③	₩31,000 감소	₩850,000 증가
④	₩63,300 감소	₩750,000 증가
⑤	₩63,300 감소	₩813,300 증가

A-04 ㈜세무는 20X3년 1월 1일 종업원 40명에게 1인당 주식선택권 40개씩 부여하였다. 동 주식선택권은 종업원이 향후 3년 동안 ㈜세무에 근무해야 가득된다. 20X3년 1월 1일 현재 주식선택권의 단위당 공정가치는 ₩300으로 추정되었으며, 행사가격은 단위당 ₩600이다. 각 연도말 주식선택권의 공정가치와 퇴직 종업원수는 다음과 같다.

연도 말	주식선택권 단위당 공정가치	실제퇴직자	추가 퇴직 예상자
20X3	₩300	2명	6명
20X4	400	4	2
20X5	500	1	–

20X6년 초에 가득된 주식선택권의 50%가 행사되어 ㈜세무가 주식(단위당 액면금액 ₩500)을 교부하였다면, 주식선택권 행사로 인해 증가되는 자본은? 2016. CTA

① ₩66,000 ② ₩198,000 ③ ₩264,000 ④ ₩330,000 ⑤ ₩396,000

2 현금결제형 주식기준보상

	명수	×개수	×금액	×1/n	=누적액	비용
X1	재직 예상인원	개수	X1말 FV	1/3	A	A
X2	재직 예상인원	개수	X2말 FV	2/3	B	B－A
X3	가득 인원	개수	X3말 FV	3/3	C	C－B
	(가득 인원－X3 행사 인원)	개수	X3말 FV	－	D	(환입액)
X4	(가득 인원－X3 행사 인원)	개수	X4말 FV	－	E	E－D
	(가득 인원－X3, X4 행사 인원)	개수	X4말 FV	－	F	(환입액)

1. 명수 (재직 예상인원)

(1) 가득 전: 주식결제형과 같은 방식으로 적기

(2) 가득 이후: **가득 인원－누적 행사 인원**

2. 개수: 1인당 부여한 주가차액보상권 개수

3. 금액: 결제될 때까지 매기 말 주가차액보상권의 공정가치 (not 주식의 공정가치)

4. 1/n

(1) 가득 전: 주식결제형과 같은 방식으로 적기

(2) 가득 이후: 1이므로 비워두기

5. 누적액 (부채 기말 잔액)=명수×개수×금액×1/n

6. 평가 비용 (주식보상비용)

(1) 가득 전=당기 누적액−전기 누적액

주식보상비용(PL)	XXX	장기미지급비용(부채)	XXX

(2) 가득 이후: 현금결제형은 가득 이후에도 매기 말 공정가치로 평가

전기말까지 행사한 누적 인원을 차감한 부채 잔액(D)을 계산한 뒤, 당기에는 공정가치만 바꿔서 부채 잔액(E)을 다시 계산한다. 이 두 금액의 차이(E－D)를 당기(X4년) 비용으로 인식한다.

7. 행사 시 회계처리 ★중요!

: 부채는 FV로 계상하지만, 현금은 내재가치만큼 지급

장기미지급비용	②주가차액보상권의 FV	현금	①내재가치
		주식보상비용	③XXX

① 내재가치 = 주식의 공정가치 – 행사가격
② 현금결제형은 매기말 FV로 평가하였으므로, 행사 시 FV만큼 부채(장기미지급비용)를 제거
③ 대차차액은 주식보상비용환입(PL)으로 인식

주식보상비용환입 = 행사 명수 × 개수 × (공정가치 – 내재가치)

김수석의 꿀팁! **행사하는 해의 비용=FV 평가비용-행사 시 보상비용환입** ★중요!

예제 현금결제형 주식기준보상

※ 다음의 자료를 이용하여 문제 5번과 문제 6번에 답하시오. 2012. CPA

㈜갑은 20X1년 1월 1일에 영업부서 종업원 10명에게 2년간 근무하는 조건으로 종업원 1인당 10단위의 주식선택권을 부여하였다. 부여일의 주식선택권 공정가치는 단위당 ₩20이고, 단위당 행사가격은 ₩10이다. ㈜갑은 이들 종업원 모두가 20X2년말까지 근무할 것으로 예측하였고, 이 예측은 실현되었다. 주식선택권을 부여받은 종업원 중 5명은 20X3년 1월 1일 주식선택권을 전부 행사하였고, 나머지 5명은 20X4년 1월 1일 주식선택권을 전부 행사하였다. ㈜갑의 주식선택권 단위당 공정가치 및 주가흐름은 다음과 같다.

일자	주식선택권 단위당 공정가치	1주당 주가
20X1년 1월 1일	₩20	₩10
20X1년 12월 31일 및 20X2년 1월 1일	₩30	₩20
20X2년 12월 31일 및 20X3년 1월 1일	₩25	₩30
20X3년 12월 31일 및 20X4년 1월 1일	₩35	₩40

A-05
㈜갑이 주식선택권의 대가로 제공받는 근무용역에 대하여 20X1년, 20X2년, 20X3년에 인식할 보상비용(순액)은 각각 얼마인가?

	20X1년	20X2년	20X3년
①	₩1,000	₩1,000	₩0
②	₩1,000	₩1,000	₩1,750
③	₩1,500	₩1,500	₩750
④	₩1,250	₩1,500	₩0
⑤	₩1,500	₩1,500	₩1,750

A-06
상기 자료에서 ㈜갑이 부여한 주식기준보상이 주식결제형이 아닌 주가와 행사가격의 차이를 현금으로 지급하는 현금결제형 주가차액보상권이라면, ㈜갑이 해당 근무용역에 대하여 20X1년, 20X2년, 20X3년에 인식할 보상비용(순액)은 각각 얼마인가?

	20X1년	20X2년	20X3년
①	₩1,500	₩1,000	₩750
②	₩1,000	₩1,500	₩250
③	₩1,250	₩1,250	₩750
④	₩1,000	₩1,500	₩750
⑤	₩1,500	₩1,000	₩250

A-07
㈜세무는 20X1년 1월 1일 종업원 100명에게 각각 현금결제형 주가차액보상권 10개씩 부여하였다. 주가차액보상권은 3년간 종업원이 용역을 제공하는 조건으로 부여되었으며, 주가차액보상권과 관련된 자료는 다음과 같다. ㈜세무가 20X3년도에 인식할 당기비용은? 2021. CTA

- 20X1년 실제퇴사자는 10명이며, 미래 예상퇴사자는 15명이다.
- 20X2년 실제퇴사자는 12명이며, 미래 예상퇴사자는 8명이다.
- 20X3년 실제퇴사자는 5명이며, 주가차액보상권 최종 가득자는 73명이다.
- 20X3년 말 주가차액보상권을 행사한 종업원 수는 28명이다.
- 매 연도말 주가차액보상권에 대한 현금지급액과 공정가치는 다음과 같다.

연도	현금지급액	공정가치
20X1	—	₩1,000
20X2	—	1,260
20X3	₩1,200	1,400

① ₩56,000　② ₩378,000　③ ₩434,000　④ ₩490,000　⑤ ₩498,000

A-08 ㈜대한은 20X8년 1월 1일에 판매직 종업원 100명에게 각각 현금결제형 주가차액보상권 100개씩을 부여하고, 2년의 용역제공조건을 부과하였다. 연도별 판매직 종업원의 실제 퇴사인원 및 추정 퇴사인원은 다음과 같다.

- 20X8년도: 실제 퇴사인원은 6명이며, 20X9년도에는 추가로 4명이 퇴사할 것으로 추정하였다.
- 20X9년도: 실제 퇴사인원은 7명이며, 20X9년도 말 시점의 계속근무자는 주가차액보상권을 모두 가득하였다.

매 회계연도 말에 현금결제형 주가차액보상권의 공정가치와 20X9년에 행사된 현금결제형 주가차액보상권 현금지급액의 내역은 다음과 같다.

구 분	공정가치/개	현금지급액(내재가치)/개
20X8년	₩400	—
20X9년	₩420	₩410

20X9년 12월 31일에 종업원 50명이 주가차액보상권을 행사하였을 때, 20X9년도에 인식해야 할 보상비용은 얼마인가? 2011. CTA

① ₩902,000 ② ₩1,800,000 ③ ₩1,804,000 ④ ₩2,050,000 ⑤ ₩3,604,000

A-09 ㈜대한은 주가가 행사가격(단위당 ₩1,000)을 초과할 경우 차액을 현금으로 지급하는 주가차액보상권을 20X2년 1월 1일 임직원 10명에게 각각 200개씩 부여하였다. 이 주가차액보상권은 20X2년 말에 모두 가득되었고, 20X4년 말에 실제로 1,000개의 주가차액보상권이 행사되었다. 매 회계연도 말 보통주와 현금결제형 주가차액보상권의 단위당 공정가치가 다음과 같은 경우, 주가차액보상권과 관련하여 20X4년도에 ㈜대한이 인식할 주식보상비용(또는 주식보상비용환입)과 현금지급액은? 2013. CTA

	20X2년 말	20X3년 말	20X4년 말
보통주의 공정가치	1,800	1,700	1,900
주가차액보상권의 공정가치	1,400	1,300	1,500

① 주식보상비용 ₩200,000 현금지급액 ₩900,000
② 주식보상비용환입 ₩200,000 현금지급액 ₩900,000
③ 주식보상비용 ₩900,000 현금지급액 ₩900,000
④ 주식보상비용 ₩1,100,000 현금지급액 ₩500,000
⑤ 주식보상비용환입 ₩1,100,000 현금지급액 ₩500,000

3 가득조건

가득조건		설명
용역제공조건		근무기간 채우면 가득
성과조건	시장조건	목표주가 달성하면 가득
	비시장조건	주가 이외의 조건 달성하면 가득

1. 용역제공조건

: 상대방이 특정기간동안 용역을 제공할 경우 지분상품 또는 현금을 획득할 수 있는 조건

2. 성과조건

상대방이 특정기간동안 용역을 제공하는 것에 추가로 특정 성과목표를 달성해야 지분상품 또는 현금을 획득할 수 있는 조건

(1) 시장조건(=주가조건): 조건 달성 여부와 관계없이 계산식 수정 X

→ 퇴사자를 반영하면서 **명수만 수정**

(2) 비시장조건: 조건 달성 여부에 따라 계산식 수정 O

예 제 가득조건

B-01 ㈜한국은 20X1년 1월 1일 종업원 100명에게 각각 주식결제형 주식선택권 10개를 부여하였으며, 부여한 주식선택권의 단위당 공정가치는 ₩3,000이다. 이 권리들은 연평균 시장점유율에 따라 가득시점 및 가득 여부가 결정되며, 조건은 다음과 같다.

연평균 시장점유율	가득일
10%이상	20X2년말
7%이상에서 10%미만	20X3년말
7%미만	가득되지 않음

20X1년의 시장점유율은 11%이었으며, 20X2년에도 동일한 시장점유율을 유지할 것으로 예상하였다. 20X2년의 시장점유율은 8%이었으며, 20X3년에도 8%로 예상하였다. 20X1년말 현재 6명이 퇴사하였으며, 20X3년말까지 매년 6명씩 퇴사할 것으로 예측된다. 실제 퇴직자수도 예측과 일치하였다.
㈜한국이 주식선택권과 관련하여 20X2년도 포괄손익계산서에 인식할 비용은? 2017. CPA

① ₩320,000 ② ₩440,000 ③ ₩1,320,000 ④ ₩1,440,000 ⑤ ₩1,640,000

B-02 유통업을 영위하는 ㈜대한은 20X1년 1월 1일에 종업원 100명에게 각각 3년의 용역제공조건과 함께 주식선택권을 부여하고, 부여일 현재 주식선택권의 단위당 공정가치를 ₩300으로 추정하였다. 가득되는 주식선택권 수량은 연평균 매출액증가율에 따라 결정되며, 그 조건은 다음과 같다.

연평균 매출액증가율	1인당 가득되는 주식선택권 수량
10% 미만	0개 (가득되지 않음)
10% 이상 15% 미만	150개
15% 이상	200개

20X1년의 매출액증가율은 15%이었으며, 20X3년까지 동일한 증가율이 유지될 것으로 예상하였다. 20X2년의 매출액증가율은 11%이었으며 20X3년에도 11%로 예상하였다. 그러나, 20X3년의 매출액증가율은 1%에 불과하여 최종적으로 가득요건을 충족하지 못하였다. 주식기준보상약정을 체결한 종업원 모두가 20X3년 말까지 근무할 것으로 예측하였고, 이 예측은 실현되었다.
㈜대한의 주식기준보상거래에 대한 회계처리가 20X3년도 당기순이익에 미치는 영향은 얼마인가? 2023. CPA

① ₩3,000,000 감소 ② ₩1,000,000 감소 ③ ₩0 (영향 없음)
④ ₩1,000,000 증가 ⑤ ₩3,000,000 증가

B-03 ㈜백두는 20X1년 1월 1일에 판매부서 직원 20명에게 2년 용역제공조건의 주식선택권을 1인당 1,000개씩 부여하였다. 주식선택권의 행사가격은 단위당 ₩1,000이나, 만약 2년 동안 연평균 판매량이 15% 이상 증가하면 행사가격은 단위당 ₩800으로 인하된다.
부여일 현재 주식선택권의 단위당 공정가치는 행사가격이 단위당 ₩1,000일 경우에는 ₩500으로, 행사가격이 단위당 ₩800일 경우에는 ₩600으로 추정되었다. 20X1년의 판매량이 18% 증가하여 연평균 판매량 증가율은 달성가능할 것으로 예측되었다. 그러나 20X2년의 판매량 증가율이 6%에 그쳐 2년간 판매량은 연평균 12% 증가하였다.
한편 20X1년초에 ㈜백두는 20X2년말까지 총 5명이 퇴직할 것으로 예상하였고 이러한 예상에는 변동이 없었으나, 실제로는 20X1년에 1명, 20X2년에 3명이 퇴직하여 총 4명이 퇴사하였다. 동 주식기준보상과 관련하여 ㈜백두가 20X2년도 포괄손익계산서상에 인식할 보상비용은 얼마인가? 2013. CPA

① ₩3,500,000 ② ₩3,800,000 ③ ₩4,000,000
④ ₩4,500,000 ⑤ ₩5,100,000

4 조건변경

김수석의 핵심콕! **가득조건 vs 조건변경**

	추정치의 변경	계약 내용 변경 (=계약서 재작성)
금융자산/부채	손상차손	조건변경
리스	리스부채의 재평가	리스의 변경
주식기준보상	가득조건 ex〉 행사가격이 ₩800일 줄 알았는데 가득조건을 못 달성해서 ₩1,000이 되었다.	조건변경 ex〉 행사가격을 ₩1,000에서 ₩800으로 낮춰줄게

1. 주식선택권의 조건변경은 종업원에게 '유리한' 조건변경만 인식 중요!

→ 종업원에게 불리한 조건변경은 무시함

2. 행사가격의 변동

	명수	×개수	×금액	×1/n	=누적액	비용
X1	재직 예상인원	개수	부여일의 FV	1/3	A	A
X2	재직 예상인원	개수	부여일의 FV	2/3	B	B + C − A
	재직 예상인원	개수	증분공정가치	**1/2**	C	
X3	재직 예상인원	개수	부여일의 FV	3/3	D	D + E − (B + C)
	재직 예상인원	개수	증분공정가치	**2/2**	E	

STEP 1 조건변경일의 증분공정가치

증분공정가치 = 조건변경 후 주식선택권의 FV − 조건변경 전 주식선택권의 FV
− 조건변경 전과 조건변경 후 공정가치 모두 **조건변경일**의 공정가치 이용

STEP 2 증분공정가치를 '전진적으로' 인식

Step 1에서 계산한 **증분공정가치를 조건변경일부터 남은 기간에 걸쳐 '전진적으로' 인식**

ex〉 가득 조건이 3년인 주식선택권에 대해 1년 경과 후 조건변경
: 부여일의 공정가치만큼은 1/3, 2/3, 3/3을, 증분공정가치는 X2년부터 1/2, 2/2를 곱하기

STEP 3 누적액 및 비용

(1) X2년 말 누적액(주식선택권): B + C
(2) X3년 말 누적액(주식선택권): D + E
(3) X3년도 주식보상비용: D + E − (B + C)

예제 조건변경

B-04 ㈜바다는 2007년 1월 1일 종업원 400명에게 각각 주식선택권 200개를 부여하고, 3년의 용역제공조건을 부과하였다. ㈜바다는 주식선택권의 단위당 공정가치를 ₩200으로 추정하였다. 그런데 주식선택권 부여일 이후 지속적으로 주가가 하락하여 ㈜바다는 2007년 12월 31일 행사가격을 하향 조정하고, 이로부터 당초 주식선택권의 공정가치를 단위당 ₩80으로, 조정된 주식선택권의 공정가치를 단위당 ₩120으로 추정하였다. 각 연도말까지 실제로 퇴사한 누적 종업원 수와 가득기간 종료일까지 추가로 퇴사할 것으로 예상되는 종업원 수는 다음과 같다.

연도	누적 실제 퇴사자 수	추가로 예상되는 퇴사자 수
2007	30명	55명
2008	55명	33명
2009	90명	−

3년 동안 계속 근무한 종업원은 2009년 12월 31일에 주식선택권을 가득하였다. ㈜바다가 2008년과 2009년에 인식해야 할 보상원가는 각각 얼마인가? 2008. CPA

	2008년	2009년		2008년	2009년
①	₩4,200,000	₩5,100,000	②	₩4,200,000	₩5,312,000
③	₩5,368,000	₩5,312,000	④	₩5,368,000	₩5,468,000
⑤	₩5,368,000	₩5,100,000			

B-05 ㈜세무는 20X1년 1월 1일 현재 근무 중인 임직원 300명에게 20X4년 12월 31일까지 의무적으로 근무할 것을 조건으로 임직원 1명당 주식선택권 10개씩을 부여하였다. 주식선택권 부여일 현재 동 주식선택권의 단위당 공정가치는 ₩200이다. 동 주식선택권은 20X5년 1월 1일부터 행사할 수 있다. 20X2년 1월 1일 ㈜세무는 주가가 크게 하락하여 주식선택권의 행사가격을 조정하였다. 이러한 조정으로 주식선택권의 단위당 공정가치는 ₩20 증가하였다. ㈜세무는 20X1년 말까지 상기 주식선택권을 부여받은 종업원 중 20%가 퇴사할 것으로 예상하여, 주식선택권의 가득률을 80%로 추정하였으나, 20X2년 말에는 향후 2년 내 퇴사율을 10%로 예상함에 따라 주식선택권의 가득률을 90%로 추정하였다. 부여한 주식선택권과 관련하여 ㈜세무가 20X2년에 인식할 주식보상비용은? 2022. CTA

① ₩120,000 ② ₩150,000 ③ ₩168,000 ④ ₩240,000 ⑤ ₩270,000

3. 행사수량의 변동

(1) 행사수량의 증가: 유리한 조건변경

① 개수: 행사수량 증가분을 조건변경일부터 남은 기간동안 전진적으로 인식

② 금액: 행사수량 증가분은 조건변경일에 부여한 것이므로, 조건변경일의 공정가치로 평가

(2) 행사수량의 감소 심화

① 중도청산으로 봄 → **감소된 수량만큼 연수에 1(= n/n)을 곱함**

② 명수 계산 시 주의사항: **조건변경일까지 퇴사한 사람만 차감**

– 조건변경일~가득일까지 예상 퇴사자는 차감 X

예제 조건변경-행사수량의 변동

B-06 ㈜대한은 20X1년 1월 1일 종업원 100명에게 각각 10개의 주식선택권을 부여하였다. 동 주식선택권은 종업원이 앞으로 3년 동안 회사에 근무해야 가득된다. 20X1년 1월 1일 현재 ㈜대한이 부여한 주식선택권의 단위당 공정가치는 ₩360이며, 각 연도말 퇴직 종업원 수는 다음과 같다.

구분	실제 퇴직자 수	추가퇴직 예상자 수
20X1년말	10명	20명
20X2년말	15명	13명
20X3년말	13명	–

주식선택권 부여일 이후 주가가 지속적으로 하락하여 ㈜대한의 20X2년 12월 31일 주식선택권의 단위당 공정가치는 ₩250이 되었다. 동 주식기준보상과 관련하여 ㈜대한이 (A)20X2년말 종업원에게 부여하였던 주식선택권의 수를 10개에서 9개로 변경하였다고 가정할 때 20X2년도에 인식할 주식보상비용과 (B)20X2년말 종업원에게 부여하였던 주식선택권의 수를 10개에서 12개로 변경하였다고 가정할 때 20X3년도에 인식할 주식보상비용은 각각 얼마인가? 단, 단수차이로 인해 오차가 있다면 가장 근사치를 선택한다.

2018. CPA 수정 심화

	주식선택권의 수를 10개에서 9개로 변경하였다고 가정할 때 20X2년도에 인식할 주식보상비용(A)	주식선택권의 수를 10개에서 12개로 변경하였다고 가정할 때 20X3년도에 인식할 주식보상비용(B)
①	₩64,800	₩89,900
②	₩64,800	₩105,400
③	₩76,920	₩119,040
④	₩76,920	₩105,400
⑤	₩78,520	₩119,040

4. 현금결제형 주식기준보상을 주식결제형으로 변경하는 경우 심화

|조건변경일의 회계처리|

장기미지급비용	①조건변경일의 BV	주식선택권	②조건변경일의 FV
주식보상비용	③XXX		

STEP 1 조건변경일 현재 현금결제형 관련 부채 제거

– 기초 부채(not 기말 부채)를 제거해야 함

STEP 2 주식선택권 계상

(1) 금액: 조건변경일의 FV

주식결제형 주식기준보상거래는 조건변경일에 부여된 지분상품의 공정가치에 기초하여 측정

(2) 1/n: 최초부터 있었던 것처럼 계산

주식결제형 주식기준보상거래는 재화나 용역을 기존에 제공받은 정도까지 조건변경일에 자본으로 인식

ex〉 3년 근무조건으로 현금결제형 부여 후 1년 뒤 주식결제형으로 변경: 1/n = 1/3

STEP 3 대차차액은 당기손익으로 인식

예 제 현금결제형 주식기준보상을 주식결제형으로 변경하는 경우

B-07 ㈜김수석은 20X1년 1월 1일에 종업원 100명에게 각각 현금결제형 주가차액보상권 100개씩을 부여하고, 4년의 용역제공조건을 부과하였다. ㈜김수석은 20X2년 12월 31일에 현금결제형 주가차액보상권을 취소하고 그 대신 앞으로 1년간 근무할 것을 조건으로 주식선택권 100개씩을 부여하였다. 가득기간 종료일까지 퇴사한 종업원은 없을 것으로 예상하며, 실제로도 없었다. 매 회계연도 말에 현금결제형 주가차액보상권과 주식선택권의 공정가치는 다음과 같을 때, ㈜김수석이 20X2년도에 인식해야 할 보상비용은 얼마인가? 심화

구 분	주가차액보상권	주식선택권
20X1년	₩400	₩390
20X2년	₩420	₩410

① ₩1,000,000　② ₩1,050,000　③ ₩1,100,000
④ ₩2,000,000　⑤ ₩2,050,000

B-08 ㈜대한은 20X1년 1월 1일에 종업원 30명 각각에게 앞으로 5년 간 근무할 것을 조건으로 주가차액보상권(SARs) 30개씩을 부여하였다. 20X1년 말과 20X2년 말 주가차액보상권의 1개당 공정가치는 각각 ₩100과 ₩110이다. 20X2년 말 ㈜대한은 동 주가차액보상권을 모두 취소하고, 그 대신 상기 종업원 30명 각각에게 앞으로 3년 간 근무할 것을 조건으로 주식선택권 30개씩을 부여하였다. 따라서 당초 가득기간에는 변함이 없다. 또한 ㈜대한은 모든 종업원이 요구되는 용역을 제공할 것으로 예상하였으며, 실제로도 모든 종업원이 용역을 제공하였다. ㈜대한의 주식기준보상거래 관련 회계처리가 20X2년 포괄손익계산서의 당기순이익을 ₩28,800만큼 감소시키는 경우, 20X2년 말 주식선택권의 1개당 공정가치는 얼마인가? 2021. CPA 심화

① ₩100 ② ₩110 ③ ₩120 ④ ₩130 ⑤ ₩140

5 선택형 주식기준보상

1. 거래상대방(종업원)이 결제방식을 선택할 수 있는 경우

STEP 1 총 가치 분석

	명수	×개수	×금액	=가치
부채	명수	개수	부여일의 주가	②XXX
자본				③XXX
총 가치	명수	개수	부여일 주식결제형의 공정가치	①XXX

① 총 가치 = 주식 결제 시 받는 주식 수 × 부여일 주식결제형의 공정가치
② 부채의 가치 = 현금 결제 시 받는 주식 수 × 부여일의 주가
③ 자본의 가치 = 총 가치 − 부채의 가치

선택형 주식기준보상은 주식을 지급하거나, 주가에 해당하는 현금을 지급하므로, 행사가격이 없다. 따라서 **부채를 주가차액보상권의 공정가치가 아니라, 주가로 평가한다.**

STEP 2 매 기말

X1말	비용	③자본/3	SO	③자본/3
	비용	X1말 부채	부채	X1말 부채
X2말	비용	③자본/3	SO	③자본/3
	비용	X2말 부채 − X1말 부채	부채	X2말 부채 − X1말 부채

(1) SO(자본) 증가

Step 1에서 계산한 ③자본 금액을 가득 기간으로 나눈 만큼 주식선택권 증가

(2) 부채 평가

X1년말 부채 = 명수 × 개수 × X1말 FV × 1/3
X2년말 부채 = 명수 × 개수 × X2말 FV × 2/3
X2년도 비용 = X2년말 부채 − X1년말 부채

STEP 3 행사 시

현금 결제 시 (선택 분개)	부채 (SO	결제 시 주식의 FV 자본	현금 자본요소	결제 시 주식의 FV 자본)
주식 결제 시	부채 SO	행사가 느낌 자본	자본금 주발초	액면가 XXX

(1) 현금 결제 시: 비용 없음!

− 선택형 주식기준보상은 행사가격이 없으므로, 부채와 현금 모두 주식의 공정가치
→ 일반적인 현금결제형 주식기준보상과 달리 행사 시 주식보상비용환입 X
− 기존에 인식한 주식선택권은 자본요소로 대체 가능 (생략 가능)

(2) 주식 결제 시: 현금 자리에 부채가 옴!

− 선택형 주식선택권을 주식 결제 시에는 주식결제형 행사 시와 매우 유사
− 선택형은 현금이 납입되지 않지만, 향후 현금을 지급할 의무가 사라지므로 부채를 제거

예 제 거래상대방(종업원)이 결제방식을 선택할 수 있는 경우

C-01 ㈜고구려는 20X1년 1월 1일 종업원에게 가상주식 1,000주(주식 1,000주에 상당하는 현금을 지급받을 권리)와 주식 1,400주를 선택할 수 있는 권리를 부여하고 3년의 용역제공조건을 부과하였다. 종업원이 주식 1,400주를 제공받는 결제방식을 선택하는 경우에는 주식을 가득일 이후 3년간 보유하여야 하는 제한이 있다. 부여일에 ㈜고구려의 주가는 주당 ₩400이다. ㈜고구려는 부여일 이후 3년 동안 배당금을 지급할 것으로 예상하지 않는다. ㈜고구려는 가득 이후 양도제한의 효과를 고려할 때 주식 1,400주를 제공받는 결제방식의 부여일 현재 공정가치가 주당 ₩360이라고 추정하였다. 부여일에 추정된 상기 복합금융상품 내 자본요소의 공정가치는 얼마인가? 2016. CPA

① ₩104,000 ② ₩360,000 ③ ₩400,000 ④ ₩504,000 ⑤ ₩560,000

2. 기업이 결제방식을 선택할 수 있는 경우

〈자산, 부채 안분 없이 둘 중 하나로!〉
현금 지급 의무 O: **현금결제형**으로 회계처리
현금 지급 의무 X: **주식결제형**으로 회계처리

예제 기업이 결제방식을 선택할 수 있는 경우

C-02 ㈜대한은 20X1년 초에 기업이 결제방식을 선택할 수 있는 주식기준보상을 종업원에게 부여하였다. ㈜대한은 결제방식으로 가상주식 1,000주(주식 1,000주에 상당하는 현금을 지급) 또는 주식 1,200주를 선택할 수 있고, 각 권리는 종업원이 2년 동안 근무할 것을 조건으로 한다. 또한 종업원이 주식 1,200주를 제공받는 경우에는 주식을 가득일 이후 2년 동안 보유하여야 하는 제한이 있다. ㈜대한은 부여일 이후 2년 동안 배당금을 지급할 것으로 예상하지 않으며, 부여일과 보고기간 말에 추정한 주식결제방식의 주당 공정가치와 주당 시가는 다음과 같다.

구분	20X1년 초	20X1년 말
주식 1,200주 결제방식의 주당 공정가치	₩400	₩480
주당 시가	₩450	₩520

종업원 주식기준보상약정과 관련하여 (A)현금을 지급해야 하는 현재의무가 ㈜대한에게 있는 경우와 (B)현금을 지급해야 하는 현재의무가 ㈜대한에게 없는 경우, 20X1년도에 ㈜대한이 인식할 주식보상비용은 각각 얼마인가? 단, 주식기준보상약정을 체결한 종업원 모두가 20X2년 말까지 근무할 것으로 예측하였고, 이 예측은 실현되었다고 가정한다.

2019. CPA

	(A)	(B)
①	₩225,000	₩240,000
②	₩225,000	₩288,000
③	₩260,000	₩240,000
④	₩260,000	₩288,000
⑤	₩275,000	₩288,000

3. 현금결제선택권이 후속적으로 추가된 경우 심화

	자본	부채	계	비용
X1말	명수 × 개수 × X1초 주가 × 1/3 = A		A	A
X2말	명수 × 개수 × (X1초 주가 − X2말 주가) × 2/3 = B	명수 × 개수 × X2말 주가 × 2/3 = C	B + C	B + C − A
X3말	명수 × 개수 × (X1초 주가 − X2말 주가) × 3/3 = D	명수 × 개수 × X3말 주가 × 3/3 = E	D + E	D + E − B − C

X1말	비용	A	SO	A
X2말 (추가 시)	비용 SO	B + C − A A − B	부채	C
X3말	비용	D + E − B − C	부채 SO	E − C D − B

STEP 1 X1년 주식선택권 인식

− 최초에는 현금결제선택권이 없으므로 X1년에는 주식결제형임
− 주식결제형 계산식 이용하여 비용과 자본 인식

STEP 2 X2년 주식선택권을 자본과 부채로 찢기

(1) X2년 말 부채 = 명수 × 개수 × **X2말 주가** × **2/3**
소급법 적용: '처음부터 현금결제형이었던 것처럼' **연수 계산 시 2/3을 곱하기**
(↔'유리한 조건 변경': 전진법 적용, 증분공정가치에 1/2을 곱하기)

(2) X2년 말 자본 = 명수 × 개수 × **(X1초 주가 − X2말 주가)** × 2/3
− 주식선택권을 자본과 부채로 '찢기'
− 부여일의 공정가치(X1초 주가) 중 X2말 주가는 부채로 계상하였으므로 나머지 부분만 자본으로 계상

STEP 3 X3년 자본과 부채 추가 인식

(1) X3년 말 부채 = 명수 × 개수 × **X3말 주가** × 3/3
− 현금결제형은 매기 말 공정가치로 평가

(2) X3년 말 자본 = 명수 × 개수 × (X1초 주가 − X2말 주가) × **3/3**
− 자본은 X2년에 찢은 금액 그대로 연수만 3/3으로 바꾸기

예 제 현금결제선택권이 후속적으로 추가된 경우

C-03 ㈜설악은 20X1년 1월 1일 임원 20명에게 각각 주식 50주를 부여하였다. 의무근무조건은 부여일로부터 3년이며, 부여일 당시 주식의 주당 공정가치는 ₩450이었다. 한편, ㈜설악은 20X2년 12월 31일 당초 부여한 주식에 현금결제선택권을 부여하였다. 따라서 각 임원은 가득일에 주식 50주를 수취하거나 50주에 상당하는 현금을 수취할 수 있다. 20X2년 말 ㈜설악 주식의 주당 공정가치는 ₩420이었다. 동 주식기준보상과 관련하여 ㈜설악이 20X2년도 포괄손익계산서상 비용으로 인식할 금액과 20X2년 말 현재 재무상태표상 부채로 인식할 금액은 각각 얼마인가? (단, 모든 임원은 계속 근무하고 있다고 가정하고, 법인세 효과는 고려하지 않는다.)

2011. CPA

	비용으로 인식할 금액	부채로 인식할 금액
①	₩130,000	₩140,000
②	₩130,000	₩280,000
③	₩140,000	₩140,000
④	₩150,000	₩140,000
⑤	₩150,000	₩280,000

6 주식기준보상의 중도 청산

잔여 비용	**주식보상비용**	잔여 비용	주식선택권	잔여 비용
청산	주식선택권	가득 시 SO 잔액	현금	지급액
	자본	청산일의 FV − 가득 시 SO 잔액		
	주식보상비용	XXX		

STEP 1 청산 전 SO 잔액 구하기

청산 전 SO 잔액: 청산일까지 주식결제형 계산식을 이용하여 계산된 주식선택권 잔액

STEP 2 잔여 비용 인식하면서 가득 시 SO 잔액으로 키우기

가득 시 SO 잔액 = (총인원 − 청산일까지 퇴사한 인원) × 개수 × 부여일의 FV × **n/n**
잔여비용 = 가득 시 SO 잔액 − 청산 전 SO 잔액

– 청산일에 가득 되었다고 보고 연도를 1(= n/n)로 키우기
– 가득 시 SO 잔액 계산 시 주의사항: **청산일까지 퇴사한 사람만 차감할 것!**
(↔중도청산을 하지 않는다면: 가득일까지 예상 퇴사자도 차감)

STEP 3 청산손실 계산

(1) 자본 = 청산일의 SO 공정가치 – 가득 시 SO 잔액
(2) 비용 = 현금 지급액 – 청산일의 SO 공정가치

STEP 4 중도청산 시 총비용=잔여 비용+청산 비용 ★중요!

STEP 5 중도청산으로 인해 자본에 미치는 영향: 현금 지급액만큼 감소

김수석의 핵심콕! SO 중도청산 VS CB 조기상환

〈SO 중도청산〉	〈CB 조기상환〉		
비용	자본		총지급액
	전환권대가		총지급액
자본	비용	FV	총지급액
가득 시 SO 잔액	CB 장부금액	FV	총지급액

SO 중도청산: FV까지 자본, 나머지는 비용
CB 조기상환: FV까지 비용, 나머지는 자본

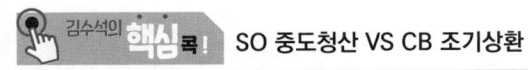

예제 주식기준보상의 중도 청산

C-04 ㈜대한은 20X1년 1월 1일 종업원 100명에게 각각 3년의 용역제공조건으로 1인당 주식결제형 주식선택권 100개를 부여하였다. ㈜대한은 20X3년 중에 종업원과 합의하여 주식선택권 전량을 현금 ₩700/개에 중도청산 하였다. 시점별 주식선택권의 단위당 공정가치는 다음과 같다.

부여일	중도청산일
₩600	₩660

㈜대한의 주식기준보상거래가 20X3년도 당기순이익에 미치는 영향은 얼마인가? 단, 종업원의 중도퇴사는 고려하지 않는다.

2024. CPA

① ₩400,000 감소　② ₩1,000,000 감소　③ ₩2,000,000 감소
④ ₩2,400,000 감소　⑤ ₩3,000,000 감소

C-05 ㈜대전은 20X1년 1월 1일에 종업원 6,000명에게 주식선택권을 100개씩 부여하였다. 동 주식선택권은 종업원이 앞으로 3년 간 용역을 제공할 경우 가득된다. 20X1년 1월 1일 현재 ㈜대전이 부여한 주식선택권의 단위당 공정가치는 ₩10이며, 각 연도 말 주식선택권의 단위당 공정가치는 다음과 같다.

20X1년 12월 31일	20X2년 12월 31일	20X3년 12월 31일
₩12	₩16	₩23

㈜대전은 주식선택권을 부여받은 종업원 중 퇴사할 종업원은 없다고 추정하였다. 20X3년 1월 1일에 ㈜대전은 종업원과의 협의 하에 주식선택권을 단위당 현금 ₩20에 중도청산하였다. 중도청산일까지 퇴사한 종업원은 없다. 20X3년 1월 1일에 ㈜대전의 주식선택권의 중도청산과 관련하여 발생한 비용과 자본에 미치는 영향은 얼마인가? (단, 동 주식선택권의 20X2년 12월 31일과 20X3년 1월 1일의 공정가치는 같다고 가정한다.)

2010. CPA

	비용에 미치는 영향	자본에 미치는 영향
①	₩4,400,000 증가	₩4,400,000 감소
②	₩4,400,000 증가	₩12,000,000 감소
③	₩6,000,000 증가	₩12,000,000 감소
④	₩6,000,000 감소	₩12,000,000 증가
⑤	₩9,600,000 증가	₩9,600,000 증가

7 주식기준보상 말문제 출제사항

1. 인식

(1) 주식결제형: 자본의 증가, 현금결제형: 부채의 증가

주식기준보상거래에서 제공받는 재화나 용역은 그 재화나 용역을 **제공받는 날에 인식**한다. **주식결제형** 주식기준보상거래로 재화나 용역을 제공받는 경우에는 그에 상응한 **자본의 증가**를 인식하고, **현금결제형** 주식기준보상거래로 재화나 용역을 제공받는 경우에는 그에 상응한 **부채의 증가**를 인식한다.

(2) 자산의 인식요건을 충족하지 못한 주식기준보상: 비용으로 인식

2. 주식선택권의 측정 중요!

	일자	금액
(1) 원칙	받는 날	1순위: 받는 것의 공정가치 2순위: 준 것(SO)의 공정가치
(2) 종업원	준 날	준 것(SO)의 공정가치

3. 부여한 지분상품의 공정가치 결정 심화

(1) 시장가격을 구할 수 있는 경우: 시장가격
(2) 시장가격을 구할 수 없는 경우: 가치평가기법 사용
(3) 재부여특성: 고려 X

4. 부여 즉시 가득 조건: 즉시 비용/자본 인식

5. 주식선택권의 권리 소멸 시

주식결제형	주식선택권	XXX	자본	XXX
현금결제형	장기미지급비용	XXX	주식보상비용환입	XXX

(생략 가능)

(1) 주식결제형: 주식선택권 및 주식보상비용 **환입** X

– 주식선택권을 다른 자본 계정으로 대체하는 것은 금지 X

(2) 현금결제형: 부채를 제거하면서 비용 **환입** O

예 제 주식선택권의 측정

D-01 ㈜세무의 20X1년 중 주식기준보상 거래내용 및 주가자료는 다음과 같다.

- 주식기준보상 A
  20X1년 4월 1일 현재 근무하고 있는 종업원 100명에게 향후 12개월을 근무할 경우 1인당 주식 20주를 지급하기로 하였다. 20X1년 말 기준 예상 가득인원은 90명이다.
- 주식기준보상 B
  20X1년 8월 1일 ㈜대한으로부터 기계장치를 취득하고 주식 200주를 지급하였다. 기계장치의 공정가치는 신뢰성 있게 측정할 수 없다.
- 주식기준보상 C
  20X1년 11월 1일 ㈜민국이 2개월 이내에 원재료 1톤을 공급하면 주식 300주를 지급하기로 하였다. 동 계약에 따라 ㈜민국은 11월 1일에 공정가치 ₩80,000의 원재료 0.7톤을 공급하였으며, 12월 1일에 공정가치 ₩50,000의 원재료 0.3톤을 공급하여 주식 300주를 수취하였다.

일자	1주당 주가	일자	1주당 주가
4월 1일	₩300	12월 1일	₩420
8월 1일	320	12월 31일	450
11월 1일	400		

동 거래로 인한 ㈜세무의 20X1년 당기손익의 영향을 제외한 당기 자본 증가금액은? 2019. CTA

① ₩589,000 ② ₩590,800 ③ ₩599,000 ④ ₩791,500 ⑤ ₩801,500

예 제 주식기준보상 말문제

D-02 주식결제형 주식기준보상에 대한 다음의 설명 중 옳지 않은 것은? 2016. CPA

① 종업원 및 유사용역제공자와의 주식기준보상거래에서는 기업이 거래상대방에게서 재화나 용역을 제공받는 날을 측정기준일로 한다.

② 제공받는 재화나 용역의 공정가치를 신뢰성 있게 추정할 수 있다면, 제공받는 재화나 용역과 그에 상응하는 자본의 증가를 제공받는 재화나 용역의 공정가치로 직접 측정한다.

③ 제공받는 재화나 용역의 공정가치를 신뢰성 있게 추정할 수 없다면, 제공받는 재화나 용역과 그에 상응하는 자본의 증가는 부여한 지분상품의 공정가치에 기초하여 간접 측정한다.

④ 가득된 지분상품이 추후 상실되거나 주식선택권이 행사되지 않은 경우에도 종업원에게서 제공받은 근무용역에 대해 인식한 금액을 환입하지 아니한다.

⑤ 시장조건이 있는 지분상품을 부여한 경우에는 그러한 시장조건이 달성되는지 여부와 관계없이 다른 모든 가득조건을 충족하는 거래상대방으로부터 제공받는 재화나 용역을 인식한다.

D-03 기업회계기준서 제1102호 '주식기준보상'에 대한 설명이다. 다음 설명 중 옳지 않은 것은? 2020. CPA

① 주식결제형 주식기준보상거래에서 가득된 지분상품이 추후 상실되거나 주식선택권이 행사되지 않은 경우에도 종업원에게서 제공받은 근무용역에 대해 인식한 금액을 환입하지 아니한다. 그러나 자본계정 간 대체 곧, 한 자본계정에서 다른 자본계정으로 대체하는 것을 금지하지 않는다.

② 주식결제형 주식기준보상거래에서 지분상품이 부여되자마자 가득된다면 거래상대방은 지분상품에 대한 무조건적 권리를 획득하려고 특정기간에 용역을 제공할 의무가 없다. 이때 반증이 없는 한, 지분상품의 대가에 해당하는 용역을 거래상대방에게서 이미 제공받은 것으로 보아 기업은 제공받은 용역 전부를 부여일에 인식하고 그에 상응하여 자본의 증가를 인식한다.

③ 현금결제형 주식기준보상거래의 경우에 제공받는 재화나 용역과 그 대가로 부담하는 부채를 부채의 공정가치로 측정하며, 부채가 결제될 때까지 매 보고기간 말과 결제일에 부채의 공정가치를 재측정하지 않는다.

④ 기업이 거래상대방에게 주식기준보상거래를 현금이나 지분상품발행으로 결제받을 수 있는 선택권을 부여한 경우에는 부채요소(거래상대방의 현금결제요구권)와 자본요소(거래상대방의 지분상품결제요구권)가 포함된 복합금융상품을 부여한 것으로 본다.

⑤ 기업이 현금결제방식이나 주식결제방식을 선택할 수 있는 주식기준보상거래에서 기업이 현금을 지급해야 하는 현재 의무가 있으면 현금결제형 주식기준보상거래로 보아 회계처리한다.

D-04 주식기준보상에 관한 설명으로 옳은 것은? 2023. CTA

① 현금결제형 주식기준보상거래의 경우에 제공받는 재화나 용역과 그 대가로 부담하는 부채를 부채의 공정가치로 측정하며, 부채가 결제될 때까지 매 보고기간 말과 결제일에 부채의 공정가치를 재측정하지 않는다.

② 주식결제형 주식기준보상거래로 가득된 지분상품이 추후 상실되거나 주식선택권이 행사되지 않은 경우에는 종업원에게서 제공받은 근무용역에 대해 인식한 금액을 환입하여 당기손익으로 인식한다.

③ 부여한 지분상품의 공정가치를 신뢰성 있게 추정할 수 없어 내재가치로 측정한 경우에는 부여일부터 가득일까지 내재가치 변동을 재측정하여 당기손익으로 인식하고, 가득일 이후의 내재가치 변동은 수정하지 않는다.

④ 시장조건이 있는 지분상품을 부여한 때에는 그 시장조건이 충족되는 시점에 거래상대방에게서 제공받는 재화나 용역을 인식한다.

⑤ 거래상대방이 결제방식을 선택할 수 있는 주식기준보상거래의 경우, 기업이 결제일에 현금을 지급하는 대신 지분상품을 발행하면 부채를 발행되는 지분상품의 대가로 보아 자본으로 직접 대체한다.

D-05 기업회계기준서 제1102호 '주식기준보상'에 대한 다음 설명 중 옳지 않은 것은? 2024. CPA

① 종업원 및 유사용역제공자와의 주식결제형 주식기준보상거래에서는 기업이 부여한 지분상품의 공정가치는 부여일 기준으로 측정한다.

② 현금결제형 주식기준보상거래의 경우에 제공받는 재화나 용역과 그 대가로 부담하는 부채를 부채의 공정가치로 측정한다. 또 부채가 결제될 때까지 매 보고기간 말과 결제일에 부채의 공정가치를 재측정하고, 공정가치의 변동액은 기타포괄손익으로 인식한다.

③ 주식결제형 주식기준보상거래에서 지분상품이 부여되자마자 가득된다면 거래상대방은 지분상품에 대한 무조건적 권리를 획득하려고 특정기간에 용역을 제공할 의무가 없다.

④ 거래상대방이 결제방식을 선택할 수 있는 주식기준보상거래의 경우 종업원과의 주식기준보상거래를 포함하여 제공받는 재화나 용역의 공정가치를 직접 측정할 수 없는 거래에서는 현금이나 지분상품에 부여된 권리의 조건을 고려하여 측정기준일 현재 복합금융상품의 공정가치를 측정한다.

⑤ 주식결제형 주식기준보상거래에서, 시장조건이 아닌 가득조건이 충족되지 못하여 부여한 지분상품이 가득되지 못한다면, 누적기준으로 볼 때 제공받은 재화나 용역에 대해 어떠한 금액도 인식하지 아니한다.

D-06 기업회계기준서 제1102호 '주식기준보상'에 대한 다음 설명 중 옳지 않은 것은? 2022. CPA 심화

① 주식결제형 주식기준보상거래에서는, 제공받는 재화나 용역과 그에 상응하는 자본의 증가를 제공받는 재화나 용역의 공정가치로 직접 측정한다. 그러나 제공받는 재화나 용역의 공정가치를 신뢰성 있게 추정할 수 없다면, 제공받는 재화나 용역과 그에 상응하는 자본의 증가는 부여한 지분상품의 공정가치에 기초하여 간접 측정한다.

② 주식결제형 주식기준보상거래에서 부여한 지분상품의 공정가치에 기초하여 거래를 측정하는 때에는 시장가격을 구할 수 있다면, 지분상품의 부여조건을 고려한 공정가치와 가치평가기법을 사용하여 부여한 지분상품의 공정가치 중 한 가지를 선택하여 측정한다.

③ 현금결제형 주식기준보상거래에서 주가차액보상권을 부여함에 따라 인식하는 부채는 부여일과 부채가 결제될 때까지 매 보고기간 말과 결제일에 주가차액보상권의 공정가치로 측정한다.

④ 거래상대방이 결제방식을 선택할 수 있는 주식기준보상거래의 경우 종업원과의 주식기준보상거래를 포함하여 제공받는 재화나 용역의 공정가치를 직접 측정할 수 없는 거래에서는 현금이나 지분상품에 부여된 권리의 조건을 고려하여 측정기준일 현재 복합금융상품의 공정가치를 측정한다.

⑤ 기업이 현금이나 지분상품발행으로 결제할 수 있는 선택권을 갖는 조건이 있는 주식기준보상거래의 경우에는, 현금을 지급해야 하는 현재의무가 있는지를 결정하고 그에 따라 주식기준보상거래를 회계처리한다.

객 관 식

C·H·A·P·T·E·R

14

주당순이익

[1] 기본주당순이익

[2] 희석주당이익

[3] 잠재적보통주가 여러 개일 때 ★중요!

[4] 주당이익과 계속영업이익 심화

[5] 주당순이익 말문제 출제사항

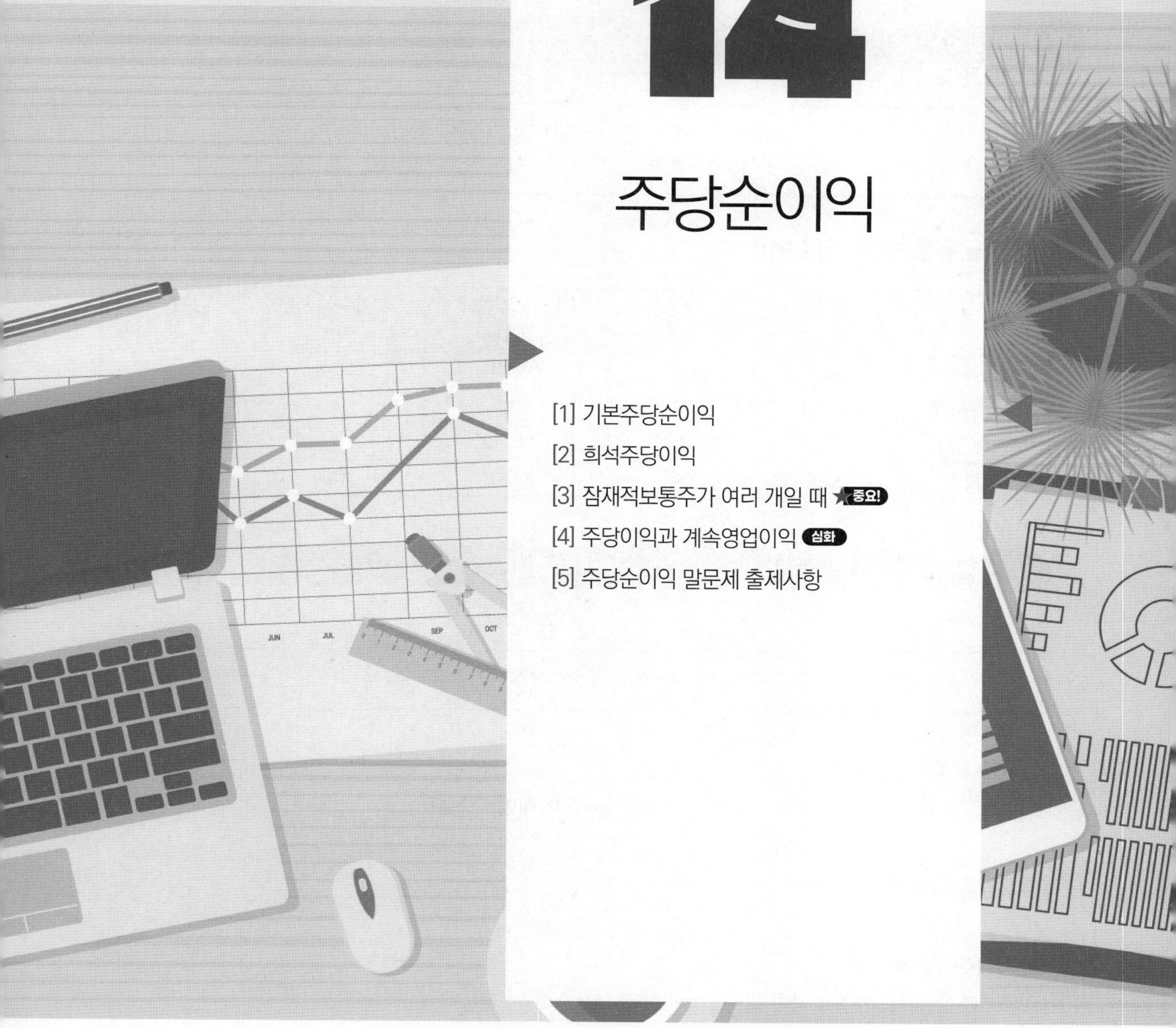

14 주당순이익

CHAPTER

1 기본주당순이익

기본 EPS = 보통주 귀속 당기순이익/가중평균유통보통주식수
(보통주 귀속 당기순이익 = NI − 우선주 배당금)

1. 가중평균유통보통주식수(n)

	기초 1.1	유상증자 3.1	자기주식 취득 7.1	자기주식 처분 9.1	계
주식수	XXX	XXX	(XXX)	XXX	
무상증자 등	× 1.1	× 1.1	× 1.1		
가중평균	× 12/12	× 10/12	× 6/12	× 4/12	
계	XXX	XXX	(XXX)	XXX	n

STEP 1 일자별 주식 수 변동 기재

유통주식수 = 발행주식수 − 자기주식 수

(1) 기초 유통주식수 기재

1.1을 적은 뒤, 문제에 제시된 기초 유통주식수를 그 아래에 적는다.

(2) 유상증자: 유통주식수 증가

(3) 자기주식 거래

① 자기주식 취득: 유통주식수 감소

② 자기주식 처분(=자기주식 재발행): 유통주식수 증가

③ 자기주식 소각: 유통주식수 불변

(4) 전환우선주, 전환사채: 전환일에 유통주식수 증가

① 전환우선주 전환으로 발행되는 보통주

= 전환된 우선주/보통주 1주로 전환하기 위해 필요한 우선주 주식 수

② 전환사채 전환으로 발행되는 보통주

= 전환사채 액면금액/보통주 1주로 전환하기 위해 필요한 전환사채 액면금액(= 전환가격) × 전환비율

STEP 2 자본이 불변인 자본거래: 소급적용

(1) 자본이 불변인 자본거래: 무상증자, 주식배당, 주식분할, 주식병합

(2) 소급적용: 자본거래 이전에 발생한 주식 변동에 주식 변동비율 곱하기

STEP 3 n(가중평균유통보통주식수) 구하기

유통일을 기준으로 월할 가중평균

계산기 사용법 M + 로 메모리에 넣어놓고, 12는 맨 마지막에 나누자!

2. 공정가치 미만 유상증자 ★중요!

STEP 1 공정가치 미만 유상증자 시 무상증자로 보는 주식 수

무상증자로 보는 주식 수 = **증자 주식 수 × (공정가치 − 발행가액)/공정가치**
유상증자로 보는 주식 수 = 전체 유상증자 주식 수 − 무상증자로 보는 주식 수

STEP 2 무상증자율

무상증자율 = 무상증자로 보는 주식 수/(유상증자 전 주식 수 + 유상증자로 보는 주식 수)

무상증자로 보는 주식 수는 유상증자 전에 있던 주식과 유상증자로 보는 주식 수에 비례 배분

3. 우선주배당금

(1) 누적적 우선주와 비누적적 우선주: 누적적, 비누적적 모두 1년치만 차감

① 당해 회계기간과 관련하여 '배당결의된' **비누적적** 우선주에 대한 세후 배당금
② '배당결의 여부와 관계없이' 당해 회계기간과 관련한 **누적적** 우선주에 대한 세후배당금

(2) 기중에 발행한 우선주

> ① 기산일이 기초: 1년치 배당금 전부 지급
> ② 배당의 기산일은 납입일이며, 무상신주 등은 원구주를 따른다: 우선주 배당금 월할상각

(3) 기중에 보통주로 전환한 우선주

> ① 기중에 전환된 전환우선주에 대해서는 우선주배당금 지급 X
> ② 배당의 기산일은 납입일이며, 무상신주 등은 원구주를 따른다: 우선주 배당금 월할상각

예 제 가중평균유통보통주식수

A-01 ㈜세무의 20X1년 초 유통보통주식수는 15,000주였다. 20X1년 중 보통주식수의 변동내역이 다음과 같다면, 20X1년도 기본주당이익 계산을 위한 가중평균유통보통주식수는? (단, 가중평균유통보통주식수는 월할계산한다.) 2017. CTA

- 2월 1일: 유상증자(발행가격: 공정가치) 20%
- 7월 1일: 주식배당 10%
- 9월 1일: 자기주식 취득 1,800주
- 10월 1일: 자기주식 소각 600주
- 11월 1일: 자기주식 재발행 900주

① 17,750주 ② 18,050주 ③ 18,200주 ④ 18,925주 ⑤ 19,075주

A-02 ㈜대한의 20X1년 1월 1일 유통보통주식수는 24,000주이며, 20X1년도 중 보통주식수의 변동내역은 다음과 같았다.

일 자	보통주식수 변동내역
3월 1일	유상증자를 통해 12,000주 발행
5월 1일	자기주식 6,000주 취득
9월 1일	자기주식 3,000주 재발행
10월 1일	자기주식 1,000주 재발행

한편, 20X1년 3월 1일 유상증자시 주당 발행가격은 ₩1,000으로서 권리락 직전일의 종가인 주당 ₩1,500보다 현저히 낮았다. ㈜대한의 20X1년도 기본주당순이익계산을 위한 가중평균유통보통주식수는? (단, 가중평균유통보통주식수는 월할계산한다.) 2013. CTA

① 31,250주 ② 31,750주 ③ 32,250주 ④ 32,750주 ⑤ 33,250주

예제 기본주당순이익

A-03 ㈜한국의 20X3년 초 유통보통주식수는 5,000주이며 20X3년도 중 보통주식수의 변동내역은 다음과 같다.

> • 20X3년 4월 1일에 보통주 1,000주를 시장가격으로 발행하였다.
> • 20X3년 8월 1일에 10%의 주식배당을 하였다.
> • 20X3년 12월 1일에 자기주식 600주를 취득하였다.

20X3년도 당기순이익이 ₩5,522,000이었다면, ㈜한국의 기본주당순이익은 얼마인가? (단, 가중평균유통보통주식수는 월할계산한다.) 2014. CTA

① ₩840 ② ₩868 ③ ₩880 ④ ₩928 ⑤ ₩960

A-04 ㈜세무의 20X6년 당기순이익은 ₩2,450,000이며, 기초 유통보통주식수는 1,800주이다. 20X6년 9월 1일 주주우선배정 방식으로 보통주 300주를 유상증자하였다. 이때 발행금액은 주당 ₩40,000이며, 유상증자 직전 종가는 주당 ₩60,000이다. ㈜세무의 20X6년 기본주당순이익은? (단, 가중평균유통보통주식수는 월할계산한다.) 2016. CTA

① ₩1,167 ② ₩1,225 ③ ₩1,250 ④ ₩1,289 ⑤ ₩1,321

A-05 20X1년 1월 1일 ㈜국세의 유통보통주식수는 10,000주(주당액면 ₩5,000), 유통우선주식수는 7,000주(주당액면 ₩5,000, 비누적적·비참가적)이었다. 20X1년 중 우선주의 변동은 없었으며, 보통주는 20X1년 4월 1일 유상증자로 4,000주가 증가하였고, 7월 1일 10% 무상증자로 1,400주가 추가 발행되었다. 20X1년도 당기순이익은 ₩29,880,000이었으며, 우선주의 배당률은 20%이다. ㈜국세의 기본주당순이익은 얼마인가? (단, 가중평균유통주식수는 월할계산한다. 또한 유상증자는 20X1년 4월 1일에 전액 납입완료되었으며, 무상신주의 배당기산일은 원구주에 따른다.) 2012. CTA

① ₩1,334 ② ₩1,443 ③ ₩1,486 ④ ₩1,600 ⑤ ₩1,670

A-06 20X1년초 현재 ㈜한국이 기발행한 보통주 100,000주(주당 액면금액 ₩5,000)가 유통 중에 있으며, 우선주는 없다. 20X1년 중에 발생한 거래는 다음과 같다.

구 분	내용	변동주식수
1월 1일	기초 유통보통주식수	100,000주
4월 1일	무상증자	20,000주
7월 1일	유상증자	15,000주
10월 1일	자기주식 취득	(1,500)주

20X1년 7월 1일 주당 ₩5,000에 유상증자가 이루어졌으며, 증자 직전 주당 공정가치는 ₩15,000이다. 20X1년 당기순이익이 ₩500,000,000일 때, 기본주당순이익은 얼마인가? 단, 가중평균유통보통주식수 계산시 월할계산하며, 단수차이로 인해 오차가 있는 경우 가장 근사치를 선택한다. 2016. CPA

① ₩3,578 ② ₩3,790 ③ ₩3,899 ④ ₩3,937 ⑤ ₩4,092

A-07 ㈜세무의 20X1년도 주당이익 계산과 관련된 자료는 다음과 같다. ㈜세무의 20X1년도 기본주당순이익은? 2022. CTA

- ㈜세무의 20X1년 초 유통보통주식수는 800주이며, 우선주는 모두 비참가적, 비누적적 우선주이다.
- ㈜세무는 20X1년 4월 1일 유상증자를 실시하여 보통주 300주를 추가발행하였다. 동 유상증자시 발행금액은 1주당 ₩1,000이었으나, 유상증자 전일의 보통주 종가는 1주당 ₩1,500이었다.
- ㈜세무는 20X1년 10월 1일 보통주(자기주식) 60주를 취득하여 20X1년 말까지 보유하고 있다.
- 20X1년도 우선주에 대하여 지급하기로 결의된 배당금은 ₩50,000이다.
- ㈜세무의 20X1년도 당기순이익은 ₩575,300이다.
- 가중평균유통보통주식수는 월할계산하고, 유상증자의 경우 발행금액 전액이 발행일에 납입완료되었다.

① ₩495 ② ₩498 ③ ₩500 ④ ₩505 ⑤ ₩510

A-08 ㈜세무의 20X1년 초 유통보통주식수는 10,000주이고, 유통우선주식수는 3,000주(1주당 액면금액 ₩100, 연 배당률 10%)로 우선주 2주당 보통주 1주로 전환이 가능하다. ㈜세무의 20X1년도 당기순이익은 ₩1,335,600이며, 주당이익과 관련된 자료는 다음과 같다.

- 4월 1일 전년도에 발행한 전환사채(액면금액 ₩20,000, 전환가격 ₩50) 중 40%가 보통주로 전환되었다. 20X1년 말 전환사채에서 발생한 이자비용은 ₩1,200이며, 법인세율은 20%이다.
- 7월 1일 자기주식 250주를 취득하였다.
- 10월 1일 우선주 1,000주가 보통주로 전환되었다.

㈜세무의 20X1년도 기본주당이익은? (단, 기중에 전환된 전환우선주에 대해서 우선주배당금을 지급하지 않으며, 가중평균주식수는 월할계산한다.) 2021. CTA

① ₩110 ② ₩120 ③ ₩130 ④ ₩140 ⑤ ₩150

A-09 20X5년 1월 1일 현재 ㈜한국이 기발행한 보통주 500,000주(1주당 액면금액 ₩5,000)와 배당률 연10%의 비누적적 전환우선주 150,000주(1주당 액면금액 ₩10,000)가 유통 중에 있다. 전환우선주는 20X3년 3월 1일에 발행되었으며, 1주당 보통주 1주로 전환이 가능하다. 20X5년도에 발생한 보통주식의 변동 상황을 요약하면 다음과 같다.

구 분	내 용	변동주식수	유통주식수
1월 1일	기초 유통보통주식수	—	500,000주
4월 1일	전환우선주 전환	100,000주	600,000주
9월 1일	1대 2로 주식분할	600,000주	1,200,000주
10월 1일	자기주식 취득	(200,000주)	1,000,000주

20X5년도 당기순이익은 ₩710,000,000이며, 회사는 현금배당을 결의하였다. ㈜한국의 20X5년도 기본주당순이익은 얼마인가? 단, 기중에 전환된 전환우선주에 대해서는 우선주배당금을 지급하지 않으며, 가중평균유통보통주식수 계산시 월할계산한다. 단수차이로 인해 오차가 있는 경우 가장 근사치를 선택한다. 2015. CPA

① ₩500 ② ₩555 ③ ₩591 ④ ₩600 ⑤ ₩645

A-10 20X1년 1월 1일 현재 ㈜대한의 보통주 발행주식수는 7,000주(1주당 액면금액 ₩500)이며, 이 중 600주는 자기주식이고, 전환우선주(누적적) 발행주식수는 900주(1주당 액면금액 ₩200, 연 배당률 20%, 3주당 보통주 1주로 전환 가능)이다.

- 3월 1일 유상증자를 실시하여 보통주 2,000주가 증가하였다. 유상증자 시 1주당 발행금액은 ₩2,000이고 유상증자 직전 1주당 공정가치는 ₩2,500이다.
- 7월 1일 전년도에 발행한 전환사채(액면금액 ₩500,000, 액면금액 ₩500당 1주의 보통주로 전환) 중 25%가 보통주로 전환되었다.
- 10월 1일 전환우선주 600주가 보통주로 전환되었다.

㈜대한이 20X1년 당기순이익으로 ₩2,334,600을 보고한 경우 20X1년도 기본주당이익은 얼마인가? 단, 기중에 전환된 전환우선주에 대해서는 우선주배당금을 지급하지 않는다. 가중평균유통보통주식수는 월할계산하되, 잠재적보통주(전환사채, 전환우선주)에 대해서는 실제 전환일을 기준으로 한다. 2022. CPA

① ₩220 ② ₩240 ③ ₩260 ④ ₩280 ⑤ ₩300

A-11 ㈜세무의 20X1년도 당기순이익은 ₩10,000,000이며, 주당이익과 관련된 자료는 다음과 같다.

- 20X1년 초 유통보통주식수는 10,000주(주당 액면금액 ₩5,000)이고, 유통우선주식수는 5,000주(주당 액면금액 ₩5,000)이다.
- 상기 우선주는 전환우선주로서 누적적이며 배당률은 10%이다.
- 3월 1일 주주총회에서 보통주 8,000주의 주식배당을 의결하고 즉시 발행하였다.
- 4월 1일에 유상증자를 실시하여 보통주 4,000주가 증가하였다. 동 유상증자에 대한 주당 발행금액은 ₩5,000이며, 유상증자 직전 공정가치는 주당 ₩10,000이다. 발행금액 전액이 발행일에 납입완료되었다.
- 9월 1일에 자기주식 4,350주를 취득하여 20X1년 말까지 보유하고 있다.
- 12월 31일 상기 전환우선주 전액이 주식으로 전환청구되어 보통주 5,000주를 발행하였다.
- 기중에 전환된 전환우선주에 대해서는 전환일까지의 기간에 대해 우선주 배당금을 지급한다.

㈜세무의 20X1년도 기본주당이익은? (단, 가중평균유통보통주식수는 월할 계산한다.) 2024. CTA

① ₩375 ② ₩384 ③ ₩405 ④ ₩500 ⑤ ₩512

A-12 ㈜대한은 보통주와 우선주 두 종류의 주식을 보유하고 있다. 우선주는 배당률 7%의 누적적·비참가적 주식으로 20X0년 말 시점에 연체배당금 ₩700,000이 있다. ㈜대한은 20X1년도 이익에 대해서도 배당을 실시하지 않았다. 20X1년 초의 주식수는 모두 유통주식수이다. 유상신주의 배당기산일은 납입한 때이며, 무상신주의 배당기산일은 원래의 구주에 따른다. 20X1년 7월 1일 유상증자는 공정가치로 실시되었다. ㈜대한의 20X1년도 당기순이익은 ₩5,170,000이며 자본금(주당액면 ₩5,000) 변동내역이 다음과 같을 때 주당순이익은 얼마인가? (단, 가중평균유통보통주식수와 배당금은 월할 계산한다. 계산금액은 소수점 첫째자리에서 반올림하며, 이 경우 단수차이로 인해 약간의 오차가 있으면 가장 근사치를 선택한다.) 2011. CTA 심화

구 분	보통주자본금		우선주자본금	
기초(1월 1일)	10,000주	₩50,000,000	1,000주	₩5,000,000
기중				
7월 1일 유상증자(납입) 25%	2,500주	12,500,000	250주	1,250,000
8월 1일 무상증자 6%	750주	3,750,000	75주	375,000
11월 1일 자기주식 구입	(300)주	(1,500,000)	−	−
기말(12월 31일)	12,950주	₩64,750,000	1,325주	₩6,625,000

① ₩206 ② ₩300 ③ ₩385 ④ ₩400 ⑤ ₩406

2 희석주당이익

$$희석EPS = \frac{NI - 우선주\ 배당금 + 조정사항}{n + 조정사항}$$

|잠재적 보통주로 인한 분자, 분모 조정 사항| ★중요!

	분모	분자
전환우선주	기초(or 발행일) 전환 가정 (전환가정법)	전환 가정시 안 주는 배당금
전환사채		이자비용 × (1 − t)
신주인수권	권리 행사 시 증가 주식 수 × (평균시가 − 행사가)/평균시가 (자기주식법)	ZERO(0)
신주인수권부사채		'할증금' 상각액 × (1 − t) or 0
주식선택권		주식보상비용 × (1 − t)

(t = 법인세율)

1. 전환우선주 및 전환사채 분모 조정 사항: 전환가정법

① 기초부터 있었다면: 기초에 전환하였다고 가정

② 기중에 발행했다면: 발행하자마자 전환하였다고 가정

2. 신주인수권, BW, SO 분모 조정 사항: 자기주식법

김수석의 핵심콕! **신주인수권, BW, SO vs 공정가치 미만 유상증자**

신주인수권, BW, SO 존재 시 희석 EPS 분모에 가산할 주식 수	공정가치 미만 유상증자 시 무상증자로 보는 주식 수
권리 행사 시 증가 주식 수 × (**평균시가** − 행사가)/**평균시가**	증자 주식 수 × (**공정가치** − 발행가액)/**공정가치**

− 평균시가 및 공정가치가 분모와 분자에 옴

① 신주인수권: '평균시가〉행사가'인 경우에만 반영 심화

② 주식선택권: '조정'행사가 이용 심화

> 조정행사가 = 행사가 + 잔여가득기간에 인식할 '선택권 1개 당' 보상비용

3. 기중에 일부만 전환/행사 시 분모 조정사항

기중에 일부만 전환 또는 행사 시에 분모에 가산하는 금액은 다음과 같이 계산한다.

(1) 전환우선주, 전환사채
  : 기초(or 발행일) 전환 시 증가 주식 수 × 월수/12 − 실제 증가 주식 수 × 월수/12
(2) 신주인수권, BW, SO
  : (기초(or 발행일) 행사 가정 시 증가 주식 수 × 월수/12 − 실제 증가 주식 수 × 월수/12) × (평균시가 − 행사가)/평균시가

예제 희석주당이익-전환사채

B-01 ㈜세무의 20X1년 초 유통보통주식수는 2,000주이다. ㈜세무는 20X1년 4월 1일 처음 전환사채(액면금액 ₩50,000, 전환가격 ₩100)를 발행하였고, 동 전환사채는 당기 중 전환되지 않았다. 20X1년 당기순이익이 ₩1,500,000, 전환사채 이자비용은 ₩120,000, 법인세율이 20%일 때, 희석주당이익은? (단, 계산에 필요한 기간은 월 단위로 한다.) 2018. CTA

① ₩632 ② ₩638 ③ ₩672 ④ ₩750 ⑤ ₩798

B-02 ㈜갑의 20X1년 당기순이익은 ₩1,232,500이며, 20X1년초 유통되고 있는 보통주식수는 3,000주이다. 다음 자료를 이용하면 20X1년 포괄손익계산서상 ㈜갑의 희석주당이익은 얼마인가? 2012. CPA

- 20X1년 7월 1일에 15%의 주식배당을 하였다.
- 20X1년 10월 1일에 보통주 1,000주를 시장가격으로 발행하였다.
- 20X1년 11월 1일에 자기주식 1,200주를 취득하였다.
- ㈜갑은 직전연도에 1매당 보통주 2주로 교환 가능한 전환사채 500매를 발행하였는데, 20X1년 중 해당 전환사채는 보통주로 전환되지 않았다. 20X1년도 전환사채 관련 이자비용은 ₩200,000이며 법인세율은 30%이다.

① ₩300 ② ₩305 ③ ₩318 ④ ₩321 ⑤ ₩335

B-03 ㈜대한의 20X1년도 당기순이익은 ₩15,260,000이며, 주당이익과 관련된 자료는 다음과 같다.

- 20X1년 1월 1일 현재 유통보통주식수는 30,000주(주당 액면금액 ₩1,500)이며, 유통우선주식수는 20,000주(주당 액면금액 ₩5,000, 배당률 5%)이다. 우선주는 누적적우선주이며, 전년도에 지급하지 못한 우선주배당금을 함께 지급하기로 결의하였다.
- 20X1년 7월 1일에 보통주 2,000주를 공정가치로 유상증자하였으며, 9월 1일에 3,200주를 무상증자하였다.
- 20X1년 10월 1일에 전년도에 발행한 전환사채 액면금액 ₩1,000,000 중 20%가 보통주로 전환되었으며, 전환가격은 ₩500이다. 20X1년도 포괄손익계산서에 계상된 전환사채의 이자비용은 ₩171,000이며, 세율은 20%이다.

㈜대한의 20X1년도 희석주당이익은 얼마인가? 단, 가중평균유통주식수는 월할로 계산하며, 단수차이로 인해 오차가 있다면 가장 근사치를 선택한다.

2023. CPA

① ₩149 ② ₩166 ③ ₩193 ④ ₩288 ⑤ ₩296

B-04 ㈜문경의 20X1년도 주당이익산출과 관련된 자료는 다음과 같다.

(1) 20X1년 1월 1일 현재 유통보통주식수는 15,000주(주당 액면금액 ₩1,000)이며, 우선주는 없다.
(2) 20X1년 7월 1일에 자기주식 1,800주를 취득하여 20X1년 12월 31일 현재 보유하고 있다.
(3) 20X1년 1월 1일에 전환사채(액면금액 ₩500,000, 3년 후 일시상환)를 액면발행하였다. 동 사채의 액면이자율은 연 8%(매년 말 이자지급)이며, 전환사채 발행시 동일조건을 가진 일반사채의 유효이자율은 연 10%이다. 동 전환사채는 만기까지 언제든지 사채액면 ₩1,000당 보통주 1주로 전환가능하다. 20X1년 12월 31일까지 동 전환사채에 대하여 전환청구는 없었다.
(4) 가중평균은 월할로 계산한다.

20X1년도 ㈜문경의 기본주당순이익이 ₩328이라면 희석주당순이익은 얼마인가? (단, 법인세율은 20%로 가정한다. 현가계수는 아래 표를 이용하라. 또한 계산금액은 소수점 첫째자리에서 반올림하며, 단수차이로 인해 약간의 오차가 있으면 가장 근사치를 선택한다.)

2011. CPA 심화

현가계수표

할인율 / 기간	기간 말 단일금액 ₩1의 현재가치		정상연금 ₩1의 현재가치	
	8%	10%	8%	10%
1	0.9259	0.9091	0.9259	0.9091
2	0.8573	0.8264	1.7833	1.7355
3	0.7938	0.7513	2.5771	2.4868

① ₩313 ② ₩316 ③ ₩319 ④ ₩322 ⑤ ₩325

예제 희석주당이익-신주인수권

B-05 다음은 ㈜대한의 20X1년도 주당이익과 관련한 자료이다.

- 20X1년 중 보통주 변동내용은 다음과 같다. 7월 1일 유상증자는 주주우선배정 신주발행에 해당하며, 유상증자 전일의 보통주 공정가치는 주당 ₩800이고, 유상증자 시점의 발행가액은 주당 ₩500이다.

일자	변동내용	유통주식수
20X1. 1. 1.	전기 이월	1,000주
20X1. 7. 1.	유상증자 400주	1,400주

- 20X1년초 신주인수권 800개를 부여하였는데, 동 신주인수권 1개로 보통주 1주를 인수할 수 있다. 신주인수권의 개당 행사가격은 ₩600이고, 20X1년 중 ㈜대한이 발행한 보통주식의 평균주가는 주당 ₩750이다.
- 20X1년도 당기순이익으로 ₩919,800을 보고하였다.

㈜대한의 20X1년도 희석주당순이익은 얼마인가? 단, 가중평균유통주식수는 월할 계산한다. 2018. CPA

① ₩600 ② ₩648 ③ ₩657 ④ ₩669 ⑤ ₩730

B-06 ㈜세무의 20X1년 초 유통보통주식수는 8,000주(1주당 액면금액 ₩100)이다. 20X1년도 희석주당이익 계산을 위한 자료는 다음과 같다.

- 4월 1일 유상증자로 보통주 3,000주 발행(신주 발행금액은 주당 ₩400으로 유상증자일 직전 종가 ₩600보다 현저히 낮았음)
- 9월 1일 자기주식 300주 취득
- 10월 1일 옵션 600개 발행(옵션 1개당 1주의 보통주 발행, 행사가격은 1주당 ₩300, 보통주 1주의 평균주가는 ₩500)
- 12월 31일 전년도 발행 전환사채(액면금액 ₩500,000, 액면금액 ₩10,000당 1주의 보통주로 전환가능)는 전환되지 않았음

20X1년도 희석주당이익 계산을 위해 가중평균한 유통보통주식수와 잠재적보통주식수의 합계는? (단, 주식수는 월수계산하고, 소수점 이하 첫째자리에서 반올림한다.) 2020. CTA

① 10,150주 ② 10,260주 ③ 10,310주 ④ 10,460주 ⑤ 10,850주

B-07 20X1년 1월 1일 현재 ㈜대한의 유통보통주식수는 200,000주(1주당 액면금액 ₩1,000)이며, 자기주식과 우선주는 없다. ㈜대한은 20X1년 1월 1일에 주식매입권 30,000개(20X3년 말까지 행사가능)를 발행하였으며, 주식매입권 1개가 행사되면 보통주 1주가 발행된다. 주식매입권의 행사가격은 1개당 ₩20,000이며, 20X1년 보통주의 평균시장가격은 1주당 ₩25,000이다. 20X1년 10월 1일에 동 주식매입권 20,000개가 행사되었다. ㈜대한이 20X1년 당기순이익으로 ₩205,000,000을 보고한 경우 20X1년 희석주당이익은 얼마인가? 단, 가중평균유통보통주식수는 월할로 계산하며, 단수차이로 인해 오차가 있다면 가장 근사치를 선택한다. 2021. CPA

① ₩960 ② ₩972 ③ ₩976 ④ ₩982 ⑤ ₩987

B-08 다음은 ㈜세무의 20X1년도 주당이익과 관련된 자료이다.

• 20X1년 중 보통주 변동내용은 다음과 같다.

일자	변동내용
1월 1일	기초유통보통주식수(액면금액 ₩5,000)는 1,000주이다.
4월 1일	자기주식 200주를 1주당 ₩8,500에 취득하다.
7월 1일	자기주식 100주를 1주당 ₩10,000에 재발행하다.
10월 1일	자기주식 100주를 소각하다.

• 20X1년 초 신주인수권 600개를 부여하였는데, 동 신주인수권 1개로 보통주 1주를 인수할 수 있다. 신주인수권의 개당 행사가격은 ₩8,000이고, 20X1년도 보통주 가격현황은 다음과 같다.

1월 1일 종가	1월 1일~12월 31일 평균주가	12월 31일 종가
₩7,000	₩10,000	₩12,000

20X1년도 희석주당순이익이 ₩840일 때, 기본주당순이익은? (단, 가중평균주식수는 월할계산한다.) 2019. CTA

① ₩840 ② ₩941 ③ ₩952 ④ ₩966 ⑤ ₩1,027

B-09 ㈜대경의 20X2년 1월 1일 현재 보통주자본금은 ₩50,000,000(주당 액면금액은 ₩5,000)이고 자기주식과 우선주자본금은 없다. ㈜대경의 20X2년 당기 희석주당이익 계산을 위한 자료는 다음과 같다.

• 기초미행사 신주인수권 : 1,000개(신주인수권 1개당 보통주 1주 인수)
• 신주인수권 행사가격 : 주당 ₩6,000
• 기중 보통주 평균시가 : 주당 ₩10,000

20X2년 10월 1일에 신주인수권 800개가 행사되었다. 가중평균주식수를 월할계산했을때 20X2년 당기 희석주당이익이 ₩620이라고 하면, 20X2년 ㈜대경의 당기순이익은 얼마인가? 단, 법인세 효과는 고려하지 않는다. 2014. CPA

① ₩6,398,400 ② ₩6,423,200 ③ ₩6,522,400 ④ ₩6,572,000 ⑤ ₩6,671,200

예제 희석주당이익-신주인수권부사채

B-10 20X1년 초 현재 ㈜대한이 기발행한 보통주 10,000주(주당 액면금액 ₩100)가 유통 중에 있으며, 자기주식과 우선주는 없다. 20X1년 중에 발생한 거래는 다음과 같다.

- 20X1년 1월 1일에 발행된 상환할증금 미지급조건의 신주인수권부사채의 액면금액은 ₩1,000,000이고, 행사비율은 사채액면금액의 100%로 사채액면 ₩500당 보통주 1주(주당 액면금액 ₩100)를 인수할 수 있다. 20X1년도 포괄손익계산서의 신주인수권부사채 관련 이자비용은 ₩45,000이며, 법인세율은 20%이다. 한편 20X1년 ㈜대한의 보통주 평균시장가격은 주당 ₩800이며, 20X1년 중에 행사된 신주인수권은 없다.
- 20X1년 3월 1일에 보통주 3,000주의 유상증자(기존의 모든 주주에게 부여되는 주주우선배정 신주발행)를 실시하였는데, 유상증자 직전의 보통주 공정가치는 주당 ₩3,000이고, 유상증자 시점의 발행가액은 주당 ₩2,500이다.
- 20X1년 7월 1일에 취득한 자기주식 500주 중 300주를 3개월이 경과한 10월 1일에 시장에서 처분하였다.

㈜대한이 20X1년도 당기순이익으로 ₩4,000,000을 보고한 경우, 20X1년도 희석주당이익은 얼마인가? 단, 가중평균유통보통주식수는 월할로 계산하며, 단수차이로 인해 오차가 있다면 가장 근사치를 선택한다.
2020. CPA

① ₩298 ② ₩304 ③ ₩315 ④ ₩323 ⑤ ₩330

B-11 ㈜한국의 20X1년 1월 1일 현재 보통주자본금은 ₩5,000,000(주당 액면금액 ₩5,000)이고, 자기주식과 우선주자본금은 없다. 20X1년도 주당이익을 계산하기 위한 자료는 다음과 같다.

- ㈜한국은 20X1년도 당기순이익으로 ₩7,200,000을 보고하였다.
- ㈜한국은 20X1년 4월 1일 20% 무상증자를 실시하였다.
- ㈜한국은 20X0년 1월 1일에 액면금액이 ₩10,000(만기 3년, 이자 연말 후급, 행사가액 주당 ₩2,000)인 상환할증조건이 없는 신주인수권부사채를 100매 액면발행하였다. 20X1년말 현재까지 신주인수권의 행사는 없었으나, 만기전까지 언제든지 사채 1매당 보통주 1주를 행사가액에 매입할 수 있는 신주인수권을 행사할 수 있다.

㈜한국의 20X1년도 희석주당이익이 ₩5,760이라면, ㈜한국 보통주 1주의 20X1년도 평균시가는 얼마인가? 단, ㈜한국이 동 신주인수권부사채와 관련하여 20X1년도 포괄손익계산서에 인식한 이자비용은 ₩180,000이고, 법인세율은 20%로 가정한다. 또한 가중평균주식수는 월할계산한다. 2013. CPA 심화

① ₩2,000 ② ₩4,000 ③ ₩6,000 ④ ₩8,000 ⑤ ₩10,000

3 잠재적보통주가 여러 개일 때 ★중요!

	분자	분모	EPS	희석여부
기본 신주인수권	2,000,000 0	10,000 100	200 0	O
BW	2,000,000 1,400,000	10,100 10,000	198 140	O
전환우선주	3,400,000 720,000	20,100 750	169(희석 EPS) 960	X

1. 잠재적보통주가 여러 개일 때 희석 순서: 희석효과가 가장 큰 것부터!

2. 반희석 효과 발생 시 희석 중단! ★중요!

김수석의 꿀팁! **신주인수권이 있다면 무조건 신주인수권부터 탈 것!**

김수석의 꿀팁! **희석EPS를 계산해보지 않고도 희석효과를 판단하는 방법 (가비의 리)**

	분자	분모	EPS	희석여부
기본 잠재적 보통주	A C	B D	X Y	X〉Y: O X〈Y: X
	A+C	B+D	Z	

C-01 다음은 ㈜한국의 20X2년도 주당이익과 관련된 자료이다.

- 당기순이익은 ₩21,384이고, 기초의 유통보통주식수는 100주이며 기중 변동은 없었다.
- 20x1년초 전환사채를 발행하였으며, 전환권을 행사하면 보통주 20주로 전환이 가능하다. 20x2년도 포괄손익계산서의 전환사채 관련 이자비용은 ₩5,250이며, 법인세율은 20%이다. 20x2년말까지 행사된 전환권은 없다.
- 20x1년초 신주인수권 20개를 발행하였으며, 신주인수권 1개당 보통주 1주의 취득(행사가격 ₩3,000)이 가능하다. 20x2년 중의 보통주 평균시가는 주당 ₩5,000이다.

20X2년도 ㈜한국의 포괄손익계산서상 희석주당이익은? 단, 가중평균유통보통주식수는 월할로 계산하며, 단수차이로 인해 오차가 있다면 가장 근사치를 선택한다. 2017. CPA

① ₩178 ② ₩183 ③ ₩198 ④ ₩200 ⑤ ₩208

C-02 ㈜세무의 20X1년도 주당이익과 관련된 자료는 다음과 같다. ㈜세무의 20X1년도 희석주당이익은? 2023. CTA

- 20X1년 초 유통보통주식수는 10,000주이고, 유통우선주식수는 5,000주이다.
- 우선주(누적적 비참가적, 주당 액면금액 ₩1,000, 배당률 연 10%)는 전환우선주로 우선주 5주당 보통주 1주로 전환이 가능하다.
- 20X1년도 당기순이익은 ₩993,600이다.
- 4월 1일 신주인수권 10,000개(신주인수권 1개당 보통주 1주 인수, 행사가격 개당 ₩3,000)를 발행하였다.
- 7월 1일 우선주 2,000주가 보통주로 전환되었다.
- 보통주식의 4월 1일 종가는 주당 ₩4,000, 12월 31일 종가는 주당 ₩6,000이고, 당기 평균주가는 주당 ₩5,000이다.
- 기중에 전환된 전환우선주에 대해서 우선주배당금을 지급하지 않으며, 가중평균주식수는 월할 계산한다.

① ₩50 ② ₩53 ③ ₩57 ④ ₩68 ⑤ ₩71

4 주당이익과 계속영업이익 심화

1. 희석효과의 검토: 계속영업이익 기준으로 희석 여부 판단

잠재적보통주는 보통주로 전환된다고 가정할 경우 **주당계속영업이익을 감소시키거나 주당계속영업손실을 증가시킬 수 있는 경우에만 희석성 잠재적보통주로 취급**한다.

포괄손익계산서 예시	비고
매출액 (매출원가)	
매출총이익 (판관비)	
영업이익 영업외손익	
법인세비용차감전순이익 (법인세비용)	계속영업의 세전 이익 계속영업 관련 법인세
계속영업이익 중단영업이익	계속영업의 세후 이익 중단영업의 세후 이익
당기순이익(NI) 기타포괄이익(OCI)	
총포괄이익(CI)	

2. 주당계속영업이익

: 주당이익 공식에서 당기순이익만 계속영업이익으로 교체한 금액

> 기본주당계속영업이익 = 보통주 계속영업이익/n
> 희석주당계속영업이익 = (보통주 계속영업이익 + 조정사항)/(n + 조정사항)
> (단, 보통주 계속영업이익 = 계속영업이익 − 우선주 배당금)

예 제 주당계속영업이익

C-03 ㈜한국의 20X1년 기초 유통보통주식수는 1,000주이며, 보통주 계속영업이익은 ₩840,000이다. 20X1년 변동내역은 다음과 같다. ㈜한국의 20X1년 희석주당계속영업이익은? (단, 가중평균주식수는 월할계산한다.)

2015. CTA 심화

(1) 4월 1일 유상증자를 실시하여 보통주 200주를 발행하였으며, 주당 발행금액은 시장가치와 동일하다.
(2) 10월 1일 신주인수권부사채의 신주인수권이 모두 행사되어 보통주 120주를 발행 교부하였다. 신주인수권부사채는 당기 4월 1일 액면상환조건으로 발행되었으며, 행사가격은 주당 ₩6,000이다.
(3) 보통주 평균시장가격은 주당 ₩9,000이다.

① ₩662 ② ₩672 ③ ₩690 ④ ₩700 ⑤ ₩712

5 주당순이익 말문제 출제사항

1. 우선주 배당금

(1) 할증배당우선주

할증배당우선주의 할인(or 할증)발행차금 상각액은 유효이자율 상각하여 우선주배당금에 가산(or 차감)한다. **할증배당우선주의 상각액은 배당으로 보아 이자비용이 아니라 이익잉여금에 직접 가감한다.**

① 할인 발행: 할인발행차금 상각액은 우선주배당금에 가산

발행 시	현금 할인발행차금	XXX XXX	우선주자본금	XXX
상각 시	이익잉여금	XXX	할인발행차금	XXX

② 할증 발행: 할증발행차금 상각액은 우선주배당금에 차감

발행 시	현금	XXX	우선주자본금 할증발행차금	XXX XXX
상각 시	할증발행차금	XXX	이익잉여금	XXX

(2) 우선주 재매입: BV보다 더 준 금액은 우선주 배당금 ★중요!

① 우선주 재매입 대가 〉 우선주 BV: 보통주 NI에서 차감

② 우선주 재매입 대가 〈 우선주 BV: 보통주 NI에 가산

(3) 부채로 분류되는 상환우선주

부채로 분류된 **상환우선주의 우선주배당금은** 이자비용이므로 **당기순이익에서 또 차감하면 안 된다.**

(4) 전환우선주의 유도 전환

조기 전환을 유도하는 경우 처음의 전환조건에 따라 발행될 보통주의 공정가치를 초과하여 지급하는 보통주나 그 밖의 대가의 공정가치는 보통주에 귀속되는 당기순손익에서 차감한다.

2. 무상증자 등 자원의 변동이 없는 자본거래: 과거 EPS도 소급 재작성

상응하는 자원의 변동 없이 유통보통주식수를 변동시키는 사건을 반영하여 당해 기간 및 비교표시되는 모든 기간의 가중평균유통보통주식수를 조정한다. 다만, 잠재적보통주의 전환은 제외한다.

3. 유통보통주식수의 변동 시점

(1) 사업결합 이전대가: 취득일

(2) 보통주로 반드시 전환해야 하는 전환금융상품: 계약체결 시점

4. 매입옵션: 반희석효과 → 희석EPS 계산 시 포함 X ★중요!

예제 주당순이익 말문제

C-04 기본주당이익을 계산할 때 보통주에 귀속되는 당기순손익 계산에 대하여 옳지 않은 설명은? 2017. CPA 수정

① 누적적 우선주는 배당결의가 있는 경우에만 당해 회계기간과 관련한 세후배당금을 보통주에 귀속되는 당기순손익에서 차감한다.

② 할증배당우선주의 할인발행차금은 유효이자율법으로 상각하여 이익잉여금에서 차감하고, 주당이익을 계산할 때 우선주 배당금으로 처리한다.

③ 비누적적 우선주는 당해 회계기간과 관련하여 배당 결의된 세후 배당금을 보통주에 귀속되는 당기순손익에서 차감한다.

④ 기업이 공개매수 방식으로 우선주를 재매입할 때 우선주 주주에게 지급한 대가의 공정가치가 우선주 장부금액을 초과하는 부분은 보통주에 귀속되는 당기순손익을 계산할 때 차감한다.

⑤ 부채로 분류되는 상환우선주에 대한 배당금은 보통주에 귀속되는 당기순손익을 계산할 때 조정하지 않는다.

C-05 주당이익 계산과 관련된 다음의 설명 중 옳은 것은?

2012. CPA

① 기업이 자신의 보통주에 기초한 풋옵션이나 콜옵션을 매입한 경우 반희석 효과가 있으므로 희석주당이익의 계산에 포함하지 아니한다.

② 기본주당이익 계산을 위한 가중평균유통보통주식수 산정시 당기중에 유상증자와 주식분할로 증가된 보통주식은 그 발행일을 기산일로 하여 유통보통주식수를 계산한다.

③ 희석주당이익 계산시 당기중에 발행된 잠재적보통주는 보고기간 초부터 희석주당 계산식의 분모에 포함한다.

④ 지배기업의 보통주에 귀속되는 당기순이익 계산시 비지배지분에 귀속되는 순이익이나 우선주 배당금은 가산한다.

⑤ 기업이 여러 종류의 잠재적보통주를 발행한 경우에는 특정 잠재적보통주가 희석효과를 가지는지 판별하기 위해 모든 잠재적보통주를 고려하며, 기본주당이익에 대한 희석효과가 가장 작은 잠재적보통주부터 순차적으로 고려하여 희석주당이익을 계산한다.

C-06 기업회계기준서 제1033호 '주당이익'에 대한 다음 설명 중 옳지 않은 것은?

2024. CPA

① 희석주당이익 계산시 희석성 잠재적보통주는 회계기간의 기초에 전환된 것으로 보되 당기에 발행된 것은 그 발행일에 전환된 것으로 본다.

② 당기 회계기간과 관련한 누적적 우선주에 대한 세후배당금은 배당결의 여부와 관계없이 보통주에 귀속되는 당기순손익에서 차감한다.

③ 희석주당이익을 계산할 때 희석효과가 있는 옵션이나 주식매입권은 행사된 것으로 가정한다. 이 경우 권리행사에서 예상되는 현금유입액은 보통주를 보고기간 말의 시장가격으로 발행하여 유입된 것으로 가정한다.

④ 유통되는 보통주식수나 잠재적보통주식수가 자본금전입, 무상증자, 주식분할로 증가하였거나 주식병합으로 감소하였다면, 비교표시하는 모든 기본주당이익과 희석주당이익을 소급하여 수정한다.

⑤ 행사가격이 주식의 공정가치보다 작은 기존주주에 대한 주주우선배정 신주발행은 무상증자 요소를 수반한다.

C-07 기업회계기준서 제1033호 '주당이익'에 대한 다음 설명 중 옳지 않은 것은? 2019. CPA 심화

① 기본주당이익 정보의 목적은 회계기간의 경영성과에 대한 지배기업의 보통주 1주당 지분의 측정치를 제공하는 것이다.

② 기업이 공개매수 방식으로 우선주를 재매입할 때 우선주의 장부금액이 우선주의 매입을 위하여 지급하는 대가의 공정가치를 초과하는 경우 그 차액을 지배기업의 보통주에 귀속되는 당기순손익을 계산할 때 차감한다.

③ 가중평균유통보통주식수를 산정하기 위한 보통주유통일수 계산의 기산일은 통상 주식발행의 대가를 받을 권리가 발생하는 시점이다. 채무상품의 전환으로 인하여 보통주를 발행하는 경우 최종이자발생일의 다음날이 보통주유통일수를 계산하는 기산일이다.

④ 조건부로 재매입할 수 있는 보통주를 발행한 경우 이에 대한 재매입가능성이 없어질 때까지는 보통주로 간주하지 아니하고, 기본주당이익을 계산하기 위한 보통주식수에 포함하지 아니한다.

⑤ 잠재적보통주는 보통주로 전환된다고 가정할 경우 주당계속영업이익을 감소시키거나 주당계속영업손실을 증가시킬 수 있는 경우에만 희석성 잠재적보통주로 취급한다.

객 관 식

C·H·A·P·T·E·R

15

회계변경 및 오류수정

[1] 회계변경 및 오류수정

[2] 정책변경

[3] 자동조정오류

[4] 비자동조정오류

[5] 법인세가 있는 경우 소급법 심화

[6] 회계변경 및 오류수정 말문제

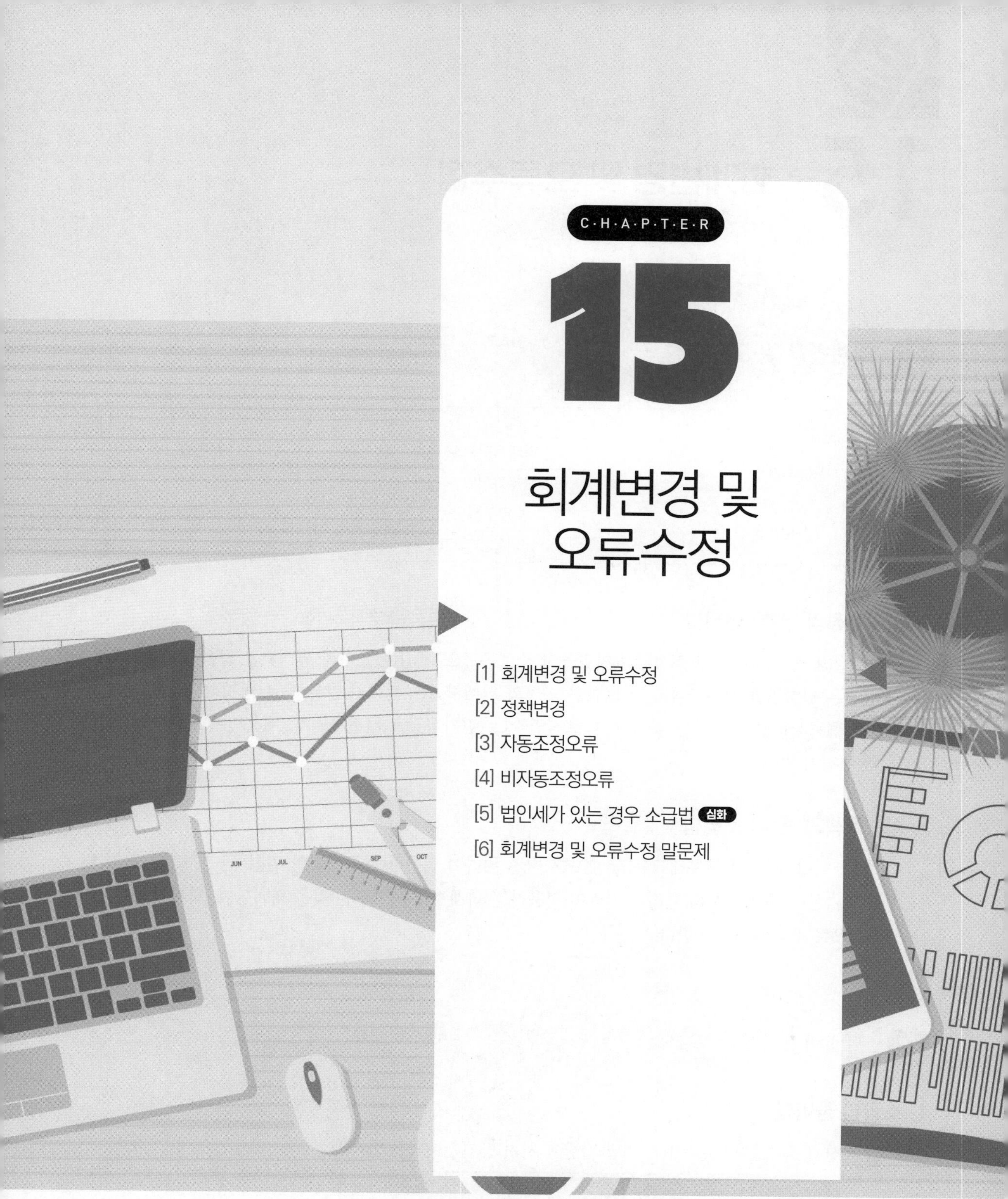

15 회계변경 및 오류수정

CHAPTER

1 회계변경 및 오류수정

구분		처리방법
회계변경	회계추정의 변경	**전진법**
	회계정책의 변경	**소급법**
오류수정	자동조정오류	
	비자동조정오류	

1. 회계추정의 변경: 전진법

회계추정의 변경은 이전에 추정했던 사항들이 새로운 정보나 상황에 따라 변경되는 것을 말한다. **회계추정의 변경은 전진법**을 적용한다. 전진법이란 과거의 회계처리는 손대지 않은 채로 변경하는 기간과 그 이후 기간에 변경사항을 반영하는 것이다. 대표적인 예로 감가상각요소(취득원가, 내용연수, 잔존가치, 상각방법)의 변경이 있다.

2. 회계정책의 변경: 소급법

회계정책이란, 기업이 재무제표를 작성·표시하기 위하여 적용하는 구체적인 원칙, 근거, 관습, 규칙 및 관행을 의미한다. 회계정책의 변경은 기업이 적용하던 회계정책을 바꾸는 것을 의미한다. **회계정책의 변경**은 원칙적으로 **소급법**을 적용한다.

2 정책변경

1. 소급법 풀이법

기말 자산과 당기순이익은 비례, 기말 자산과 차기 당기순이익은 반비례

	재고자산	매출원가	당기순이익
당기	기말 재고자산 증가	감소	**증가**
차기	기초 재고자산 증가	증가	**감소**

사례

㈜대경은 20X2년도에 재고자산평가방법을 선입선출법에서 평균법으로 변경하였다. 그 결과 20X2년도의 기초재고자산과 기말재고자산이 각각 ₩22,000과 ₩18,000만큼 감소하였다.

STEP 1 손익은 기말 자산 변동과 동일

	X1	X2	X3
X1	**(22,000)**		
X2		**(18,000)**	

STEP 2 변동액은 부호만 반대로 다음 해에 적기

	X1	X2	X3
X1	(22,000)	**22,000**	
X2		(18,000)	**18,000**

STEP 3 요구사항 구하기 ★중요!

|연도별 변동액|

	X1	X2	X3
당기순이익	(−) 22,000	(+) 4,000	(+) 18,000
매출원가	(+) 22,000	(−) 4,000	(−) 18,000
기말 이익잉여금	(−) 22,000	(−) 22,000 + 4,000 = (−) 18,000	(−) 22,000 + 4,000 + 18,000 = 0

(1) 당기순이익: **해당 연도만 세로로 더하기**

(2) 매출원가: **당기순이익의 부호만 반대로**

(3) 이익잉여금: Σ당기순이익 ★중요!

	X1	X2	X3
X1	(22,000)	**22,000**	
X2		(18,000)	**18,000**
	X3 기초 이잉(= X2 기말 이잉)		X3 당기순이익
	X3 기말 이잉		

예제 정책변경-재고자산 평가방법 변경

A-01 ㈜대경은 20X2년도에 재고자산평가방법을 선입선출법에서 평균법으로 변경하였다. 그 결과 20X2년도의 기초재고자산과 기말재고자산이 각각 ₩22,000과 ₩18,000만큼 감소하였다. 이러한 회계정책변경은 한국채택국제회계기준에 의할 때 인정된다. 만일 회계정책변경을 하지 않았다면 ㈜대경의 20X2년 당기순이익은 ₩160,000이고, 20X2년 12월 31일 현재 이익잉여금은 ₩540,000이 된다. 회계정책변경 후 ㈜대경의 20X2년 당기순이익과 20X2년 12월 31일 현재 이익잉여금을 계산하면 각각 얼마인가? 단, 법인세효과는 고려하지 않는다. 2014. CPA 수정

	당기순이익	이익잉여금
①	₩120,000	₩522,000
②	₩156,000	₩558,000
③	₩156,000	₩602,000
④	₩164,000	₩522,000
⑤	₩200,000	₩602,000

A-02 ㈜세무는 20X1년 설립이후 재고자산 단위원가 결정방법으로 가중평균법을 사용하여 왔다. 그러나 선입선출법이 보다 목적적합하고 신뢰성있는 정보를 제공할 수 있다고 판단하여, 20X4년 초에 단위원가 결정방법을 선입선출법으로 변경하였다. ㈜세무가 재고자산 단위원가 결정방법을 선입선출법으로 변경하는 경우, 다음 자료를 이용하여 20X4년도 재무제표에 비교정보로 공시될 20X3년 매출원가와 20X3년 기말이익잉여금은? 2016. CTA

	20X1년	20X2년	20X3년
가중평균법적용 기말재고자산	₩10,000	₩11,000	₩12,000
선입선출법적용 기말재고자산	12,000	14,000	16,000
회계정책 변경 전 매출원가	₩50,000	₩60,000	₩70,000
회계정책 변경 전 기말이익잉여금	100,000	300,000	600,000

	매출원가	기말이익잉여금
①	₩61,000	₩607,000
②	₩61,000	₩604,000
③	₩69,000	₩599,000
④	₩69,000	₩604,000
⑤	₩71,000	₩599,000

A-03 20X1년초에 설립된 ㈜백제는 설립일 이후 재고자산 단위원가 결정방법으로 선입선출법을 사용하여 왔다. 그러나 영업환경의 변화로 가중평균법이 보다 더 신뢰성 있고 목적적합한 정보를 제공하는 것으로 판단되어 20X3년초에 재고자산 단위원가 결정방법을 가중평균법으로 변경하였으며, 이와 관련된 자료는 다음과 같다. 선입선출법을 적용한 20X2년도의 포괄손익계산서상 매출원가는 ₩8,000,000이다. ㈜백제가 20X3년도에 가중평균법을 소급적용하는 경우, 20X3년도 포괄손익계산서에 비교정보로 공시되는 20X2년도 매출원가는 ₩8,200,000이다. ㈜백제가 선입선출법으로 인식한 20X2년초 재고자산은 얼마인가? 2016. CPA

	20X2년초 재고자산	20X2년말 재고자산
선입선출법	?	₩4,000,000
가중평균법	₩3,600,000	₩4,300,000

① ₩3,100,000 ② ₩3,400,000 ③ ₩3,500,000 ④ ₩3,700,000 ⑤ ₩4,100,000

2. 유·무형자산 및 투자부동산의 평가모형 변경

Before	After	처리	비고
유·무형 원가모형	유·무형 재평가모형	**전진법**	소급법 면제 (혜택)
유·무형 재평가모형	유·무형 원가모형	**소급법**	소급법 적용 (원칙)
투부 원가모형	투부 공정가치모형		

예 제 정책변경-투자부동산 평가모형 변경

A-04 ㈜대한은 20X1년 초 건물을 ₩1,000,000에 취득하여 투자부동산으로 분류하고 원가모형을 적용하여 정액법으로 감가상각(내용연수 10년, 잔존가치 ₩0)하였다. 그러나 20X2년에 ㈜대한은 공정가치모형이 보다 더 신뢰성 있고 목적적합한 정보를 제공하는 것으로 판단하여, 동 건물에 대하여 공정가치모형을 적용하기로 하였다. 동 건물 이외의 투자부동산은 없으며, 원가모형 적용 시 20X1년 말 이익잉여금은 ₩300,000이었다. 건물의 공정가치가 다음과 같은 경우, 동 건물의 회계처리와 관련된 설명 중 옳지 않은 것은? 단, 이익잉여금 처분은 없다고 가정한다. 2019. CPA

구분	20X1년 말	20X2년 말
건물의 공정가치	₩950,000	₩880,000

① 20X2년 말 재무상태표에 표시되는 투자부동산 금액은 ₩880,000이다.
② 20X2년도 포괄손익계산서에 표시되는 투자부동산평가손실 금액은 ₩70,000이다.
③ 20X2년 재무제표에 비교 표시되는 20X1년 말 재무상태표상 투자부동산 금액은 ₩950,000이다.
④ 20X2년 재무제표에 비교 표시되는 20X1년도 포괄손익계산서상 감가상각비 금액은 ₩100,000이다.
⑤ 20X2년 재무제표에 비교 표시되는 20X1년 말 재무상태표상 이익잉여금 금액은 ₩350,000이다.

A-05 ㈜대한은 20X1년 1월 1일에 임대목적으로 건물을 ₩5,000,000에 취득하고, 내용연수는 10년, 잔존가치는 ₩1,000,000으로 추정하였다. ㈜대한은 동 건물에 대해 원가모형을 적용하며, 정액법으로 감가상각하기로 하였다. 그러나 20X2년부터 ㈜대한은 동 건물에 대하여 원가모형 대신 공정가치모형을 적용하기로 하였으며, 이 회계변경은 정당한 변경에 해당한다. ㈜대한은 동 건물 이외의 투자부동산은 보유하고 있지 않으며, 동 건물의 공정가치는 다음과 같다.

구분	20X1년 말	20X2년 말
건물의 공정가치	₩4,500,000	₩4,800,000

㈜대한의 20X1년 말 보고된 이익잉여금은 ₩300,000이었고, 투자부동산 회계처리를 반영하기 전 20X2년도 당기순이익은 ₩700,000일 때, ㈜대한의 20X2년 말 이익잉여금은 얼마인가? 단, 이익잉여금 처분은 없다고 가정한다. 2024. CPA

① ₩900,000 ② ₩1,000,000 ③ ₩1,200,000
④ ₩1,300,000 ⑤ ₩1,400,000

3 자동조정오류

1. 재고자산의 오류수정: 정책변경(평가방법 변경)과 동일

2. 발생주의 오류수정

EX〉 선수수익, 미수수익, 선급비용, 미지급비용에서 발생한 오류

(1) 기말 자산과 당기순이익은 비례, 차기 당기순이익은 반비례

	자산(미수수익, 선급비용)	수익	비용	당기순이익
당기	기말 자산 증가	증가	감소	**증가**
차기	기초 자산 증가	감소	증가	**감소**

(2) 기말 부채와 당기순이익은 반비례, 차기 당기순이익은 비례: 자산과 반대

	부채(선수수익, 미지급비용)	수익	비용	당기순이익
당기	기말 부채 증가	감소	증가	**감소**
차기	기초 부채 증가	증가	감소	**증가**

예 제 자동조정오류

A-06 ㈜세무는 20X1년 10월 1일 3년치 영업용 건물 관련 화재보험료 ₩1,200,000을 선급하고 전액 20X1년 비용으로 인식하였다. 동 오류는 20X2년 말 장부마감 전에 발견되어 수정되었다. ㈜세무의 오류수정 회계처리가 20X2년 재무제표에 미친 영향으로 옳은 것은? (단, 보험료는 매 기간 균등하게 발생하고, 모든 오류는 중요한 것으로 간주한다.)

2019. CTA

① 전기이월이익잉여금이 ₩1,100,000 증가한다.
② 당기 비용이 ₩700,000 발생한다.
③ 기말 이익잉여금이 ₩400,000 증가한다.
④ 기말 자산항목이 ₩400,000 증가한다.
⑤ 기말 순자산이 ₩300,000 증가한다.

A-07 ㈜대한의 회계감사인은 20X2년도 재무제표에 대한 감사과정에서 20X1년 말 재고자산 금액이 ₩10,000 만큼 과대계상되어 있음을 발견하였으며, 이는 중요한 오류에 해당한다. 동 재고자산의 과대계상 오류가 수정되지 않은 ㈜대한의 20X1년과 20X2년의 손익은 다음과 같다.

구분	20X1년	20X2년
수익	₩150,000	₩170,000
비용	90,000	40,000
당기순이익	₩60,000	₩130,000

한편, 20X2년 말 재고자산 금액은 정확하게 계상되어 있으며, ㈜대한의 20X1년 초 이익잉여금은 ₩150,000이다. 상기 재고자산 오류를 수정하여 비교재무제표를 작성할 경우, ㈜대한의 20X1년 말과 20X2년 말의 이익잉여금은 각각 얼마인가? 2022. CPA

	20X1년 말	20X2년 말
①	₩200,000	₩330,000
②	₩200,000	₩340,000
③	₩210,000	₩330,000
④	₩210,000	₩340,000
⑤	₩220,000	₩340,000

A-08 ㈜세무는 20X2년도 장부마감 전에 다음과 같은 중요한 오류를 발견하였다. ㈜세무의 20X2년도 오류수정 전 당기순이익이 ₩500,000일 때, 오류수정 후 당기순이익은? 2023. CTA

- 20X1년 기말재고자산을 ₩10,000 과대평가하였으며, 20X2년 기말재고자산을 ₩5,000 과소평가하였다.
- 20X1년 미지급이자를 ₩7,000 과소계상하였으며, 20X2년 미지급이자를 ₩3,000 과소계상하였다.
- 20X2년 초에 취득한 투자주식(지분율 30%)에 대하여 지분법으로 처리해야 하는데 원가법으로 잘못 회계처리하였다. 20X2년 중에 ₩6,000의 중간배당금을 현금으로 수령하였으며, 피투자회사의 20X2년도 당기순이익은 ₩400,000이다.

① ₩595,000 ② ₩601,000 ③ ₩603,000 ④ ₩633,000 ⑤ ₩639,000

4 비자동조정오류

1. 감가상각자산 오류

사례

㈜김수석은 X1년 1월 1일 기계장치에 대한 ₩10,000의 지출을 현금으로 지급하였다. 기계장치의 잔존내용연수는 4년, 잔존가치는 ₩0, 감가상각방법은 정액법이다. ₩10,000의 지출에 대해서 회사가 다음과 같이 처리한 뒤 오류를 X3년말에 발견하였다면, 각 상황에 해당하는 오류수정분개를 하시오.
상황 1. ₩10,000이 자본적지출이지만 지출 시 수선비로 계상한 경우
상황 2. ₩10,000이 수익적지출이지만 지출 시 기계장치의 장부금액에 가산한 뒤 감가상각한 경우

STEP 1 연도별 손익 변동표 그리기

구분		올바른	회사	수정분개
상황 1 자본적 지출	지출 시	자산	비용	**비용 부인**
	감가상각	O	X	**감가상각비 인식**
상황 2 수익적 지출	지출 시	비용	자산	**비용 인식**
	감가상각	X	O	**감가상각비 부인**

		X1	X2	X3	X4
상황1	올바른	(2,500)	(2,500)	(2,500)	(2,500)
	수정 전	(10,000)	–	–	–
	(1)자산화	10,000			
	(2)감가상각	(2,500)	(2,500)	(2,500)	(2,500)
상황2	올바른	(10,000)	–	–	–
	수정 전	(2,500)	(2,500)	(2,500)	(2,500)
	(1)비용화	(10,000)			
	(2)감가상각	2,500	2,500	2,500	2,500

(1) 지출 시점: 자산화 or 비용화하기
(2) 지출 이후: 감가상각비 조정

STEP 2 금액 효과 구하기

		X1	X2	X3	
상황1	(1)자산화	10,000			→ 기계장치
	(2)감가상각	(2,500)	(2,500)	(2,500)	→ 감가상각누계액
상황2	(1)비용화	(10,000)			→ 기계장치
	(2)감가상각	2,500	2,500	2,500	→ 감가상각누계액
		기초 이익잉여금		당기손익	

(1) 이익잉여금: 당기순이익의 누적액

(2) 감가상각비: '감가상각' 오른쪽, 당기 아래에 기록된 금액.

(3) 감가상각누계액: 감가상각비의 누적액

(4) 손익변동표의 부호 해석 방법

그대로	반대로
자산: 재고자산, 유형자산, 선급비용, 미수수익	부채: 감가상각누계액, 미지급비용, 선수수익
수익	비용: 매출원가, 감가상각비
당기순이익, 이익잉여금	

STEP 3 회계처리

회계처리에 표시되는 이익잉여금은 **기초** 이익잉여금
(∵당기의 수익, 비용이 마감되지 않았으므로)

|X3년말 수정분개|

상황1	① 기계장치	10,000	② 감가상각누계액	7,500
	③ 감가상각비	2,500	④ 이익잉여금	5,000
상황2	② 감가상각누계액	7,500	① 기계장치	10,000
	④ 이익잉여금	5,000	③ 감가상각비	2,500

예제 감가상각자산 오류

B-01 20X2년 말 ㈜대한의 외부감사인은 수리비의 회계처리 오류를 발견하였다. 동 오류의 금액은 중요하다. 20X1년 1월 1일 본사 건물 수리비 ₩500,000이 발생하였고, ㈜대한은 이를 건물의 장부금액에 가산하였으나 동 수리비는 발생연도의 비용으로 회계처리 하는 것이 타당하다. 20X1년 1월 1일 현재 건물의 잔존내용연수는 10년, 잔존가치는 ₩0이며, 정액법으로 감가상각한다. ㈜대한의 오류수정 전 부분재무상태표는 다음과 같다.

구분	20x0년 말	20X1년 말	20X2년 말
건물	₩5,000,000	₩5,500,000	₩5,500,000
감가상각누계액	(2,500,000)	(2,800,000)	(3,100,000)
장부금액	2,500,000	2,700,000	2,400,000

기 오류수정으로 인해 ㈜대한의 20X2년 말 순자산 장부금액은 얼마나 변동되는가? 2020. CPA

① ₩400,000 감소 ② ₩450,000 감소 ③ ₩500,000 감소
④ ₩420,000 감소 ⑤ ₩50,000 증가

B-02 ㈜대한의 회계담당자는 20X2년도 장부를 마감하기 전에 다음과 같은 오류사항을 발견하였으며, 모두 중요한 오류에 해당한다.

(1) ㈜대한은 20X1년초에 사무실을 임차하고 2년어치 임차료 ₩360,000을 미리 지급하면서 선급임차료로 기록하였다. 이와 관련하여 ㈜대한은 20X2년말에 다음과 같이 수정분개하였다.

(차) 임차료 360,000 (대) 선급임차료 360,000

(2) ㈜대한은 실지재고조사법을 적용하면서 선적지인도조건으로 매입하여 매기말 현재 운송중인 상품을 기말재고자산에서 누락하였다. 이로 인해 20X0년말의 재고자산이 ₩150,000 과소계상되었으며, 20X1년말의 재고자산도 ₩200,000 과소계상되었다. 과소계상된 재고자산은 모두 그 다음 연도에 판매되었다.
(3) 20X1년초 ㈜대한은 정액법으로 감가상각하고 있던 기계장치에 대해 ₩100,000의 지출을 하였다. 동 지출은 기계장치의 장부금액에 포함하여 인식하여야 하는데, ㈜대한은 이를 전액 수선비로 회계처리하였다. 20X2년말 현재 동 기계장치의 잔존내용연수는 3년이다.

위 오류사항에 대한 수정효과가 ㈜대한의 20X2년 전기이월이익잉여금과 당기순이익에 미치는 영향은 얼마인가? 단, 법인세 효과는 고려하지 않는다. 2015. CPA

	전기이월이익잉여금	당기순이익
①	₩80,000 증가	₩40,000 감소
②	₩100,000 증가	₩40,000 감소
③	₩80,000 증가	₩220,000 감소
④	₩100,000 증가	₩220,000 감소
⑤	영향없음	영향없음

B-03 ㈜대한은 20X3년 말 장부 마감 전에 과거 3년 간의 회계장부를 검토한 결과 다음과 같은 오류사항을 발견하였으며, 이는 모두 중요한 오류에 해당한다.

- 기말재고자산은 20X1년에 ₩20,000 과소계상, 20X2년에 ₩30,000 과대계상, 20X3년에 ₩35,000 과대계상되었다.
- 20X2년에 보험료로 비용 처리한 금액 중 ₩15,000은 20X3년 보험료의 선납분이다.
- 20X1년 초 ㈜대한은 잔존가치없이 정액법으로 감가상각하고 있던 기계장치에 대해 ₩50,000의 지출을 하였다. 동 지출은 기계장치의 장부금액에 포함하여 인식 및 감가상각하여야 하나, ㈜대한은 이를 지출 시점에 즉시 비용(수선비)으로 처리하였다. 20X3년 말 현재 동 기계장치의 잔존내용연수는 2년이며, ㈜대한은 모든 유형자산에 대하여 원가모형을 적용하고 있다.

위 오류사항에 대한 수정효과가 ㈜대한의 20X3년 전기이월이익잉여금과 당기순이익에 미치는 영향은 각각 얼마인가? 2021. CPA

	전기이월이익잉여금	당기순이익
①	₩15,000 감소	₩15,000 감소
②	₩15,000 증가	₩15,000 감소
③	₩15,000 감소	₩30,000 감소
④	₩15,000 증가	₩30,000 감소
⑤	₩0	₩0

B-04 ㈜국세는 20X2년도 재무제표를 감사받던 중 몇 가지 오류사항을 지적받았다. 다음 오류사항들을 20X2년도 재무제표에 수정·반영할 경우, 전기이월이익잉여금과 당기순이익에 미치는 영향은? (단, 오류사항은 모두 중요한 오류로 간주한다. 건물에 대해서는 원가모형을 적용하며, 감가상각은 월할계산한다. 또한 20X2년도 장부는 마감되지 않았다고 가정한다.) 2012. CTA

- 20X1년 1월 1일에 본사 건물을 ₩1,000,000(잔존가치 ₩0, 정액법 상각)에 취득하였는데 감가상각에 대한 회계처리를 한 번도 하지 않았다. 20X2년 말 현재 동 건물의 잔존내용연수는 8년이다.
- 20X1년 7월 1일에 동 건물의 미래효익을 증가시키는 냉난방설비를 부착하기 위한 지출 ₩190,000이 발생하였는데, 이를 수선비로 처리하였다.
- 20X1년 4월 1일에 가입한 정기예금의 이자수령 약정일은 매년 3월 31일이다. ㈜국세는 20X1년 말과 20X2년 말에 정기예금에 대한 미수이자 ₩50,000을 계상하지 않고, 실제 이자를 받은 이자수령일에 수익으로 인식하는 회계처리를 하였다.

	전기이월이익잉여금	당기순이익
①	₩130,000 증가	₩120,000 감소
②	₩140,000 증가	₩120,000 감소
③	₩140,000 감소	₩145,000 감소
④	₩130,000 증가	₩120,000 증가
⑤	₩140,000 감소	₩120,000 증가

B-05 ㈜한국은 20X2년도 재무제표 작성 중에 다음과 같은 오류를 발견하였다.

> (1) 20X1년 기말재고자산을 ₩20,000 과대평가하였으며, 20X2년 기말재고자산을 ₩6,000 과소평가하였다.
> (2) 20X1년 미지급급여를 ₩3,000 과소계상하였으며, 20X2년 미지급급여를 ₩2,000 과대계상하였다.
> (3) 20X1년 초 ₩20,000에 취득한 유형자산을 취득시 전액 비용으로 처리하였다. 유형자산은 내용연수 5년, 잔존가치 ₩0, 정액법으로 감가상각한다.
> (4) 매년 무형자산 상각비를 ₩1,000 누락하였다.

20X2년의 장부가 아직 마감되지 않았다면, 이러한 오류수정으로 인해 ㈜한국의 20X2년도 당기순이익과 20X2년 기말이익잉여금은 각각 얼마나 증가하는가? (단, 오류사항은 모두 중요한 오류로 간주하며, 실무적으로 적용할 수 있는 범위 내에 있다. 유형자산에 대해서는 원가모형을 적용한다.) 2015. CTA

	당기순이익	기말이익잉여금
①	₩20,000	₩19,000
②	₩26,000	₩18,000
③	₩26,000	₩19,000
④	₩27,000	₩18,000
⑤	₩27,000	₩19,000

B-06 다음은 ㈜민국의 20X1년 12월 31일 현재 재무상태표의 자본내역과 이와 관련된 추가 정보이다. 20X2년도 자본변동표상에 나타날 20X2년 12월 31일 현재의 이익잉여금, 자본총계, 그리고 20X2년도 포괄손익계산서상의 총포괄이익은 각각 얼마인가? (단, 법인세효과는 고려하지 않는다.) 2010. CPA 심화

〈20X1년 말 자본내역〉

자본금	₩2,000,000
기타포괄손익 – 공정가치측정금융자산평가이익	30,000
해외사업장외화환산이익	50,000
이익잉여금	500,000
자본총계	₩2,580,000

〈추가정보〉

(가) 20X2년 중 주당액면금액 ₩500의 주식 1,000주를 주당 ₩800에 발행하였다.

(나) 20X2년 중 자기주식 50주를 주당 ₩900에 취득하였다.

(다) 기타포괄손익 – 공정가치측정금융자산평가이익과 해외사업장외화환산이익은 각각 자산의 공정가치 및 환율의 변동에 기인한 것이다. 20X2년 12월 31일 현재 재무상태표상 잔액은 각각 ₩40,000과 ₩10,000이다.

(라) 20X1년에 비용화해야 할 지출을 자산으로 회계처리한 중요한 오류를 20X2년도 장부를 마감한 후 재무제표 발행승인일 전에 발견하였다. 이 오류로 인하여 20X1년의 비용이 ₩400,000 과소계상되었고, 20X2년의 비용은 ₩100,000 과대계상되었다. 이 오류가 반영되기 전 20X2년도 당기순이익은 ₩400,000이다.

(마) 20X1년에 취득하여 사용해 오던 기계장치의 감가상각방법을 20X2년 중에 변경하였다. 이 회계변경의 20X2년도에 대한 효과는 재무제표에 이미 반영되었다. 그러나 이 회계변경을 소급적용하면 20X1년도의 비용은 ₩40,000 감소한다.

	이익잉여금	자본총계	총포괄이익
①	₩600,000	₩2,580,000	₩400,000
②	₩600,000	₩3,405,000	₩470,000
③	₩640,000	₩3,405,000	₩470,000
④	₩640,000	₩3,445,000	₩400,000
⑤	₩700,000	₩3,965,000	₩370,000

2. 유효이자율 상각 오류

발생주의 계정과목(미지급비용, 선급비용, 미수수익, 선수수익)은 전부 자동조정오류에 해당하지만, 사채의 할인(할증)발행차금 상각액 오류는 사채의 만기가 지나야 제거되므로 비자동조정오류에 해당한다. 미지급이자의 오류는 자동조정오류이므로 당기에 비용을 수정하고, 차기에 금액은 그대로 부호만 반대로 부인하면 되지만, 사채할인(할증)발행차금 상각액의 차이는 비자동조정오류이므로 회사의 이자비용과 올바른 이자비용을 계산하여 그 차이 부분만을 조정해주어야 한다.

예 제 유효이자율 상각 오류

B-07 ㈜세무는 20X1년 초 사채(액면금액 ₩100,000, 만기 3년, 매 연말 이자지급 표시이자율 5%)를 ₩87,565에 발행하였으며, 유효이자율은 10%이다. 20X2년 말 사채관련 이자비용 회계처리를 한 후 장부마감 전에 20X1년과 20X2년에 사채할인발행차금을 유효이자율법이 아닌 정액법으로 상각하였다는 것을 발견하였을 때, 20X2년 수정분개로 옳은 것은?

2017. CTA

기간	단일금액 ₩1의 현재가치		정상연금 ₩1의 현재가치	
	5%	10%	5%	10%
1	0.95238	0.90909	0.95238	0.90909
2	0.90703	0.82645	1.85941	1.73554
3	0.86384	0.75131	2.72325	2.48685

	(차변)		(대변)	
①	사채할인발행차금	401	이자비용	401
②	사채할인발행차금	401	이자비용	13
			이익잉여금	388
③	사채할인발행차금	401	이익잉여금	401
④	이자비용	401	사채할인발행차금	401
⑤	이자비용	13	사채할인발행차금	401
	이익잉여금	388		

※ 다음의 자료를 이용하여 문제 8번과 문제 9번에 답하시오.

다음은 유통업을 영위하고 있는 ㈜갑의 회계감사인이 20X1년도 재무제표에 대한 감사과정에서 발견한 사항이다. ㈜갑의 회계변경은 타당한 것으로 간주하고, 회계정책의 적용효과가 중요하며, 오류가 발견된 경우 중요한 오류로 본다. 차입원가를 자본화할 적격자산은 없고, 법인세효과는 고려하지 않는다. 또한 계산결과 단수차이로 인해 답안과 오차가 있는 경우 근사치를 선택한다.

- ㈜갑은 20X0년 1월 1일에 액면금액이 ₩10,000이고, 이자율이 연 10%인 3년 만기의 사채를 ₩9,520에 발행하였다. 이자지급일은 매년 말이고, 유효이자율법으로 사채할인발행차금을 상각하며, 사채발행시점의 유효이자율은 연 12%이다. ㈜갑은 20X0년도와 20X1년도의 포괄손익계산서에 위 사채와 관련된 이자비용을 각각 ₩1,000씩 인식하였다.
- ㈜갑은 20X1년초에 재고자산 단위원가 결정방법을 선입선출법에서 가중평균법으로 변경하였다. ㈜갑은 기초와 기말 재고자산금액으로 각각 ₩1,500과 ₩1,100을 적용하여 20X1년의 매출원가를 계상하였다. 선입선출법과 가중평균법에 의한 재고자산 금액은 다음과 같다.

	20X0년초	20X0년말	20X1년말
선입선출법	₩1,000	₩1,500	₩1,400
가중평균법	900	1,700	1,100

B-08 위의 사항이 재무제표에 적정하게 반영될 경우 비교 표시되는 20X0년말 ㈜갑의 재무상태표에 계상될 이익잉여금에 미치는 영향은 얼마인가? 2013. CPA

① ₩342 감소 ② ₩101 감소 ③ ₩42 감소
④ ₩58 증가 ⑤ ₩200 증가

B-09 위의 사항이 재무제표에 적정하게 반영될 경우 ㈜갑의 20X1년도 포괄손익계산서의 당기순이익은 얼마나 감소하는가? 2013. CPA

① ₩101 ② ₩159 ③ ₩359
④ ₩401 ⑤ ₩459

B-10 20X1년 1월 1일에 설립된 ㈜국세의 회계담당자로 새롭게 입사한 김수정씨는 20X4년 초에 당사의 과거자료를 살펴보던 중 다음과 같은 오류가 수정되지 않았음을 확인하였다.

- ㈜국세의 판매직원 급여는 매월 ₩1,000,000으로 설립 후 변동이 없다. ㈜국세는 회사 설립 후 지금까지, 근로 제공한 달의 급여를 다음 달 매10일에 현금 ₩1,000,000을 지급하면서 비용으로 전액 인식하였다.
- ㈜국세는 20X2년 1월 1일에 사채(액면금액 ₩2,000,000, 3년 만기)를 ₩1,903,926에 발행하였다. 동 사채의 액면이자율은 10%(매년 말 이자 지급), 유효이자율은 12%이다. ㈜국세는 사채발행시 적절하게 회계처리 하였으나, 20X2년과 20X3년의 이자비용은 현금지급 이자에 대해서만 회계처리 하였다.
- ㈜국세는 20X3년 1월 1일 취득원가 ₩10,000,000에 영업용 차량운반구(내용연수 10년, 잔존가치 ₩0, 정액법 상각)를 구입하여 취득 및 감가상각 회계처리를 적절히 하였다. 그러나 동 영업용 차량운반구 취득시 취득자금 중 ₩1,000,000을 상환의무 없이 정부에서 보조받았으나 ㈜국세는 정부보조금에 대한 모든 회계처리를 누락하였다.

위 오류의 수정이 ㈜국세의 20X3년도 포괄손익계산서상 당기순이익에 미치는 영향은 얼마인가? (단, 위 오류는 모두 중요한 오류라고 가정하고, 20X3년도 장부는 마감되지 않았다고 가정한다. 계산금액은 소수점 첫째 자리에서 반올림하며, 이 경우 단수차이로 인해 약간의 오차가 있으면 가장 근사치를 선택한다.) 2011. CTA

① 증가 ₩68,112 ② 증가 ₩876,434 ③ 감소 ₩60,367
④ 감소 ₩931,892 ⑤ 감소 ₩960,367

B-11 ㈜대한의 회계담당자는 20X2년도 장부를 마감하기 전에 다음과 같은 오류사항을 발견하였으며, 이는 모두 중요한 오류에 해당한다.

- ㈜대한은 실지재고조사법을 적용하면서 선적지인도조건으로 매입한 상품에 대해 매입을 인식하였지만, 매기 말 현재 운송 중인 상품을 기말재고자산에서 누락하였다. 이로 인해 20x0년 말의 재고자산이 ₩100,000 과소계상되었으며, 20X1년 말의 재고자산도 ₩150,000 과소계상되었다. 과소계상된 재고자산은 그 다음 연도에 모두 판매되었고, 관련 매출은 모두 기록되었다.
- 20X1년 초 ㈜대한은 정액법으로 감가상각하고 있는 기계장치A에 대해서 ₩60,000의 지출을 하였다. 동 지출은 기계장치A의 장부금액에 포함하여 인식 및 감가상각하여야 하나, ㈜대한은 이를 지출 시점에 즉시 비용(수선비)으로 처리하였다. 20X2년 말 현재 동 기계장치A의 잔존내용연수는 2년이고 잔존가치는 없다. ㈜대한은 모든 유형자산에 대하여 원가모형을 적용하고 있다.
- ㈜대한은 20X1년 1월 1일에 액면금액이 ₩100,000이고 표시이자율이 연 6%인 3년 만기의 사채를 ₩94,842에 발행하였다. 해당 사채의 이자지급일은 매년 말이고, 유효이자율법으로 사채할인발행차금을 상각하며, 사채발행시점의 유효이자율은 연 8%이다. ㈜대한은 20X1년도, 20X2년도의 포괄손익계산서에 위 사채와 관련된 이자비용을 각각 ₩6,000씩 인식하였다.

위 오류사항에 대한 수정효과가 ㈜대한의 (가) 20X2년 전기이월이익잉여금과 (나) 20X2년도 당기순이익에 미치는 영향은 각각 얼마인가? 2024. CPA

	(가) 전기이월이익잉여금	(나) 당기순이익
①	₩98,627 증가	₩115,000 감소
②	₩161,627 증가	₩115,000 감소
③	₩161,627 증가	₩166,714 감소
④	₩193,413 증가	₩166,714 감소
⑤	₩193,413 증가	₩175,857 감소

B-12 ㈜세무는 20X1년 초에 사채(상각후원가로 측정하는 금융부채)를 발행하였다. 20X1년 말 장부마감 과정에서 동 사채의 회계처리와 관련한 다음과 같은 중요한 오류를 발견하였다.

- 사채의 발행일에 사채발행비 ₩9,500이 발생하였으나 이를 사채의 발행금액에서 차감하지 않고, 전액 20X1년도의 당기비용으로 처리하였다.
- 20X1년 초 사채의 발행금액(사채발행비 차감전)은 ₩274,000이고, ㈜세무는 동 발행금액에 유효이자율 연 10%를 적용하여 20X1년도 이자비용을 인식하였다.
- 상기 사채발행비를 사채 발행금액에서 차감할 경우 사채발행시점의 유효이자율은 연 12%로 증가한다.

㈜세무의 오류수정 전 20X1년도의 당기순이익이 ₩100,000인 경우, 오류를 수정한 후의 20X1년도 당기순이익은? 2022. CTA

① ₩90,500 ② ₩95,660 ③ ₩104,340 ④ ₩105,160 ⑤ ₩109,500

5 법인세가 있는 경우 소급법 심화

손익변동표 상의 숫자에 전부 '1 − **법인세율**'을 곱하면 된다.

B-13 12월말 결산법인인 ㈜경빈의 20X1년도 재무제표에 대한 감사에서 아래와 같은 회계오류가 지적되었으며, 이는 중요한 오류로 판단된다.

(1) 20X0년 1월 1일에 기계장치에 대해 ₩100,000의 지출을 하였다. 동 지출은 기계장치의 장부금액에 포함하여 인식 및 감가상각하여야 하나, ㈜경빈은 이를 지출 시점에 즉시 수선비로 처리하였다. 20X1년도 말 현재 이 기계의 잔존내용연수는 8년이며 감가상각은 정액법으로 한다.
(2) 20X0년과 20X1년도 말에 선수금 ₩20,000과 ₩30,000을 각각 수취하여 매출로 계상하였다. 실제 상품의 인도는 익년에 이루어졌다. 기말재고자산은 실지재고조사법에 의해 평가한다.

위의 오류수정이 20X1년도 재무제표상 전기이월이익잉여금(법인세효과 고려)과 법인세비용차감전순이익에 미치는 영향은? 단, 법인세율은 30%이다. 2002. CPA 심화

	전기이월이익잉여금	법인세비용차감전순이익
①	₩70,000 증가	₩14,000 감소
②	₩49,000 증가	₩20,000 감소
③	₩70,000 증가	₩20,000 감소
④	불 변	₩29,000 증가
⑤	₩29,000 증가	불 변

6 회계변경 및 오류수정 말문제

1. 회계추정의 변경

(1) 전진법 적용

회계추정의 변경효과는 다음의 회계기간의 당기손익에 포함하여 전진적으로 인식한다.

① 변경이 발생한 기간에만 영향을 미치는 경우에는 변경이 발생한 기간 ② 변경이 발생한 기간과 미래기간에 모두 영향을 미치는 경우에는 변경이 발생한 기간과 미래 기간

(2) 합리적 추정은 신뢰성 손상 X

합리적 추정을 사용하는 것은 재무제표 작성의 필수적인 과정이며 **재무제표의 신뢰성을 손상시키지 않는다.**

2. 회계정책의 변경

(1) 회계정책의 일관성

한국채택국제회계기준에서 특정 범주별로 서로 다른 회계정책을 적용하도록 규정하거나 허용하는 경우를 제외하고는 **유사한 거래, 기타 사건 및 상황에는 동일한 회계정책을 선택하여 일관성 있게** 적용한다.

(2) 회계정책의 변경을 할 수 있는 경우

① 한국채택국제회계기준에서 회계정책의 변경을 요구하는 경우 ② 회계정책의 변경을 반영한 재무제표가 거래, 기타 사건 또는 상황이 재무상태, 재무성과 또는 현금흐름에 미치는 영향에 대하여 신뢰성 있고 더 목적적합한 정보를 제공하는 경우

(3) 회계정책의 변경에 해당하지 않는 사항 중요!

① 과거에 발생한 거래와 실질이 다른 거래에 대하여 다른 회계정책을 적용하는 경우 ② 과거에 발생하지 않았거나 발생하였어도 중요하지 않았던 거래에 대하여 새로운 회계정책을 적용하는 경우 ③ 잘못된 회계원칙을 일반적으로 인정된 회계원칙으로 변경하는 경우 (Non − GAAP → GAAP): 오류수정

3. 정책변경 vs 추정변경

정책변경	추정변경
재고자산의 원가흐름 가정 변경 (FIFO↔평균법) 투자부동산 측정기준 변경 (FV모형↔원가모형) 유·무형자산 측정기준 변경 (재평가모형↔원가모형)	대손의 추정 변경 재고자산 진부화에 대한 판단 변경 금융자산이나 금융부채의 공정가치 변경 감가상각의 변경 (잔존가치, 내용연수 또는 상각방법) 품질보증의무(충당부채)의 추정 변경
애매하면: 추정의 변경으로 본다!	

(1) 측정기준의 변경은 회계정책의 변경에 해당한다.

(2) 정책변경과 추정변경을 구분하는 것이 어려운 경우에는 **추정변경**으로 본다. ★중요!

4. 소급법: 회계정책의 변경 및 오류수정

(1) 소급법 적용

회계정책의 변경(or 중요한 전기오류)은 특정기간에 미치는 영향이나 누적효과를 실무적으로 결정할 수 없는 경우를 제외하고는 **소급재작성**한다.

① 회계정책의 변경

회계정책의 변경을 소급적용하는 경우, 비교표시되는 가장 이른 과거기간의 영향 받는 자본의 각 구성요소의 기초 금액과 비교표시되는 각 과거기간의 공시되는 그 밖의 대응 금액을 새로운 회계정책이 처음부터 적용된 것처럼 조정한다.

② 오류수정: 오류가 **발견된 기간**의 당기손익으로 보고 X ★중요!

③ '중요한' 전기오류는 소급법 적용

(2) 소급적용의 제한: 적용가능한 때까지 소급적용

① 과거기간

특정기간에 미치는 회계정책 변경(or 오류)의 영향을 실무적으로 결정할 수 없는 경우, 실무적으로 소급적용할 수 있는 **가장 이른 회계기간**의 자산, 부채 및 자본의 기초금액을 재작성한다(실무적으로 소급재작성할 수 있는 가장 이른 회계기간은 당기일 수도 있음).

② 당기 기초시점

당기 기초시점에 과거기간 전체에 대한 새로운 회계정책 적용(or 오류)의 누적효과를 실무적으로 결정할 수 없는 경우, **실무적으로 적용할 수 있는 가장 이른 날**부터 전진적으로 비교정보를 재작성한다.

예 제 회계변경 및 오류수정 말문제

C-01 한국채택국제회계기준에서 인정하는 회계정책의 변경에 해당하는 것을 모두 고른 것은? 2024. CTA

ㄱ. 과거에 발생한 거래와 실질이 다른 거래, 기타 사건 또는 상황에 대하여 다른 회계정책을 적용하는 경우
ㄴ. 한국채택국제회계기준의 요구에 따라 회계정책을 변경하는 경우
ㄷ. 회계정책의 변경을 반영한 재무제표가 거래, 기타 사건 또는 상황이 재무상태, 재무성과 또는 현금흐름에 미치는 영향에 대하여 신뢰성 있고 더 목적적합한 정보를 제공하는 경우
ㄹ. 과거에 발생하지 않았거나 발생하였어도 중요하지 않았던 거래, 기타 사건 또는 상황에 대하여 새로운 회계정책을 적용하는 경우
ㅁ. 한국채택국제회계기준에서 인정되지 않는 회계정책을 적용하다가 이를 한국채택국제회계기준에서 허용하는 방법으로 변경하는 경우

① ㄱ, ㄴ ② ㄱ, ㅁ ③ ㄴ, ㄷ ④ ㄷ, ㄹ ⑤ ㄹ, ㅁ

C-02 회계정책, 회계추정의 변경 및 오류에 대한 다음 설명 중 옳지 않은 것은? 2018. CPA

① 전기오류의 수정은 오류가 발견된 기간의 당기손익으로 보고한다.
② 전기오류는 특정기간에 미치는 오류의 영향이나 오류의 누적효과를 실무적으로 결정할 수 없는 경우를 제외하고는 소급재작성에 의하여 수정한다.
③ 회계정책의 변경과 회계추정의 변경을 구분하는 것이 어려운 경우에는 회계추정의 변경으로 본다.
④ 당기 기초시점에 과거기간 전체에 대한 새로운 회계정책 적용의 누적효과를 실무적으로 결정할 수 없는 경우, 실무적으로 적용할 수 있는 가장 이른 날부터 새로운 회계정책을 전진적용하여 비교정보를 재작성한다.
⑤ 과거에 발생하였지만 중요하지 않았던 거래, 기타 사건 또는 상황에 대하여 새로운 회계정책을 적용하는 경우는 회계정책의 변경에 해당하지 않는다.

C-03 '회계정책, 회계추정의 변경 및 오류'에 관한 설명으로 옳지 않은 것은? 2011. CTA

① 한국채택국제회계기준에서 특정 범주별로 서로 다른 회계정책을 적용하도록 규정하거나 허용하는 경우를 제외하고는 유사한 거래, 기타 사건 및 상황에는 동일한 회계정책을 선택하여 일관성 있게 적용한다.
② 종전에는 발생하지 않았거나 발생하더라도 금액이 중요하지 않았기 때문에 품질보증비용을 지출연도의 비용으로 처리하다가, 취급하는 품목에 변화가 생겨 품질보증비용의 금액이 커지고 중요하게 되었기 때문에 충당부채를 인식하는 회계처리를 적용하기로 한 경우, 이는 회계정책의 변경에 해당하지 아니한다.
③ 택배회사의 직원 출퇴근용버스를 새로 구입하여 운영하기로 한 경우, 이 버스에 적용될 감가상각 방법을 택배회사가 이미 보유하고 있는 배달용트럭에 대한 감가상각방법과 달리 적용하는 경우는 이를 회계정책의 변경으로 본다.
④ 회계정책의 변경을 반영한 재무제표가 거래, 기타 사건 또는 상황이 재무상태, 재무성과 또는 현금흐름에 미치는 영향에 대하여 신뢰성있고 더 목적적합한 정보를 제공하는 경우에는 회계정책을 변경할 수 있다.
⑤ 중요한 전기오류는 특정기간에 미치는 오류의 영향이나 오류의 누적효과를 실무적으로 결정할 수 없는 경우를 제외하고는 소급재작성에 의하여 수정한다.

C-04 회계변경의 유형(또는 오류수정)과 전기재무제표의 재작성여부에 대한 다음의 문항 중 옳은 것은? 단, 각 항목은 전기 및 당기의 재무제표에 중요한 영향을 준다고 가정한다. 2012. CPA

문항	항목	회계변경의 유형 또는 오류수정	전기재무제표 재작성여부
①	재고자산 단위원가 계산방법을 후입선출법에서 선입선출법으로 변경함	회계추정의 변경	재작성 안함
②	패소의 가능성이 높았고 손해배상금액의 합리적 추정이 가능하였던 소송사건을 우발부채로 주석 공시하였다가 충당부채로 변경함	회계추정의 변경	재작성 안함
③	미래 경제적효익의 변화를 인식하여 새로운 회계처리방법을 채택하였으나 회계정책의 변경인지 추정의 변경인지 분명하지 않음	회계정책의 변경	재작성함
④	장기건설계약의 회계처리방법을 완성기준에서 진행기준으로 변경함	오류수정	재작성 안함
⑤	유형자산의 감가상각방법을 정률법에서 이중체감법으로 변경함	회계추정의 변경	재작성 안함

Memo

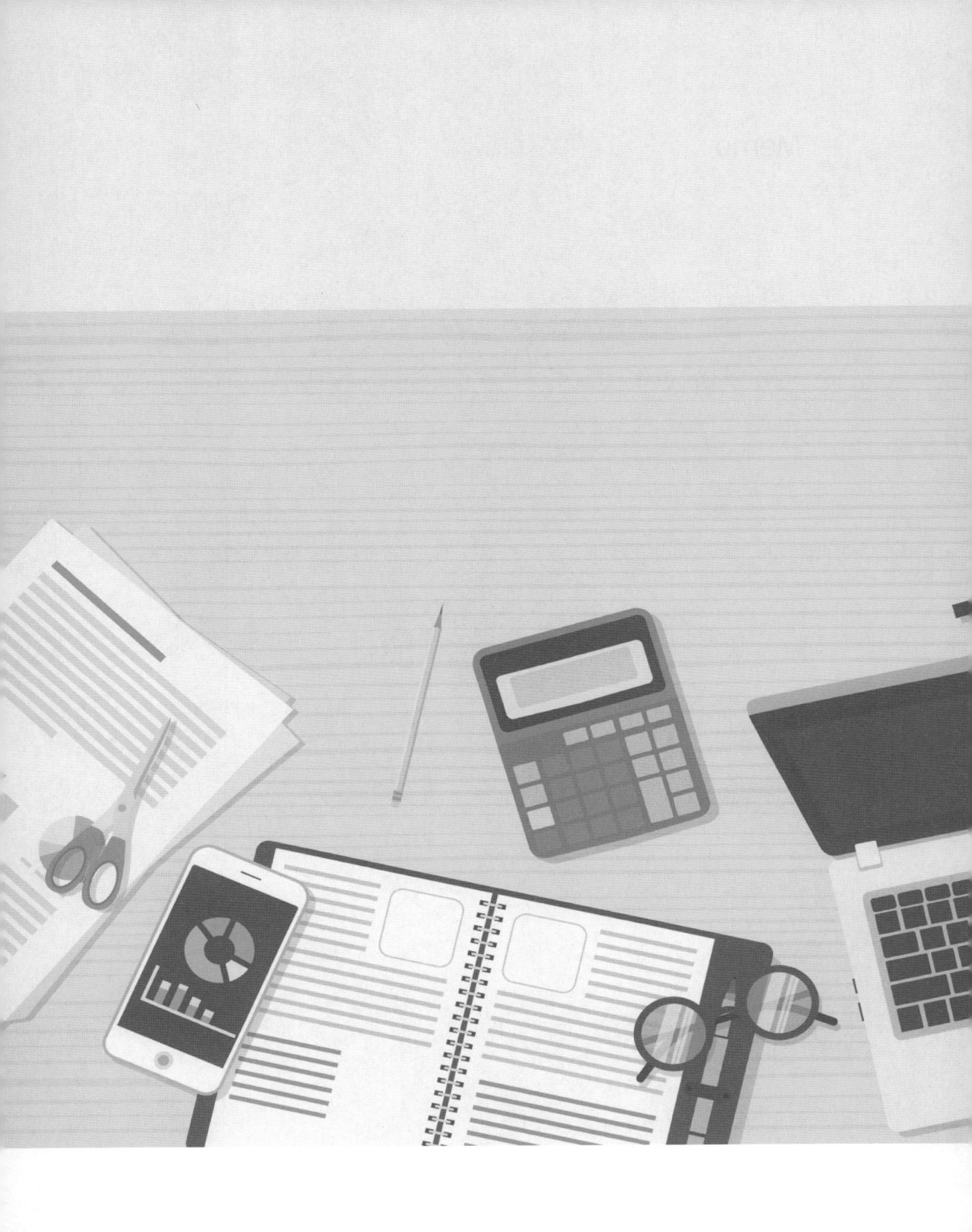

객　관　식

C·H·A·P·T·E·R

16

법인세회계

[1] 법인세회계
[2] 법인세회계-자산성 검토
[3] 법인세회계-기타 세무조정
[4] 법인세회계-전환사채 심화
[5] 법인세회계 말문제

16 법인세회계

CHAPTER

1 법인세회계

1. 법인세회계 풀이법

사례

다음은 ㈜대한의 법인세와 관련된 자료이다.

• 20X2년 세무조정내역

법인세비용차감전순이익		₩1,500,000
세무조정항목 :		
	전기 감가상각비 한도초과	(90,000)
과세소득		₩1,410,000

• 세무조정항목은 모두 일시적차이에 해당하고, 이연법인세자산의 실현가능성은 거의 확실하다.
• 20X1년말 이연법인세자산과 이연법인세부채는 각각 ₩65,000과 ₩25,000이다.
• 20X2년 법인세율은 25%이고, 20X3년과 20X4년 이후의 세율은 각각 20%와 18%로 20X2년말에 입법화되었다.
• 20X2년말 현재 미소멸 일시적차이의 소멸시기는 아래와 같다.

감가상각비 한도초과와 토지 건설자금이자는 전기로부터 이월된 금액이다.

일시적차이	20X2년말 잔액	소멸시기
감가상각비 한도초과	₩170,000	20X3년 ₩90,000 소멸 20X4년 ₩80,000 소멸
토지 건설자금이자	(100,000)	20X4년 이후 전액 소멸

㈜대한의 20X2년도 포괄손익계산서에 인식할 법인세비용은? 2018. CPA

① ₩335,000 ② ₩338,100 ③ ₩352,500 ④ ₩366,900 ⑤ ₩378,100

STEP 1 연도별 세율 및 EBT 적기

	X2(25%)	X3(20%)	X4~(18%)
EBT	1,500,000		

1. 연도별 세율 표시

– 세율이 다른 해는 구분해서 적기

– 세율이 모두 같다면 '당기'와 '차기~'로만 구분 (유보가 추인되는 해는 구분해야 함)

2. EBT(법인세차감전순이익) 적기

STEP 2 세무조정

	X2(25%)	X3(20%)	X4~(18%)
EBT **감가비 한도초과** **건설자금이자**	1,500,000 (90,000)	 (90,000)	 (80,000) 100,000

1. 당기 세무조정

2. 당기 말 유보 추인

– 당기 말 유보 잔액의 추인을 표시

– 당기 말 유보 = 기초 유보 + 유보 발생액 – 유보 추인액 (not 유보 발생액)

STEP 3 과세소득과 법인세부담액 계산

	X2(25%)	X3(20%)	X4~(18%)
EBT 감가비 건설자금이자	1,500,000 (90,000)	 (90,000)	 (80,000) 100,000
과세소득	**1,410,000**		
법인세부담액	**352,500**		

과세소득 = EBT±세무조정 법인세부담액 = 과세소득 × 당기 세율

STEP 4 기말 이연법인세 자산, 부채 계산

	X2(25%)	X3(20%)	X4~(18%)
EBT	1,500,000		
감가비 건설자금이자	(90,000)	(90,000)	(80,000) 100,000
과세소득	1,410,000		
법인세부담액	352,500	**(18,000)**	**(14,400)** **18,000**

(1) 이연법인세부채 = 가산할 일시적차이 × 소멸 시점의 세율
(2) 이연법인세자산 = 차감할 일시적차이 × 소멸 시점의 세율
표의 **양수가 부채, 음수가 자산**

STEP 5 법인세비용 계산 및 회계처리

1. 기초 제거	이연법인세부채	기초 부채	이연법인세자산	기초 자산
2. 기말 계상	이연법인세자산	기말 자산	이연법인세부채	기말 부채
3. 당기 부채&비용	법인세비용	XXX	당기법인세부채	법인세부담액

김수석의 꿀팁! **'당기에 설립한', '당기 초에 영업을 시작한': 기초 이연법인세 자산, 부채 0!**

|사례의 법인세 회계처리| 법인세비용: 378,100

1. 기초 제거	이연법인세부채	25,000	이연법인세자산	65,000
2. 기말 계상	이연법인세자산	32,400	이연법인세부채	18,000
3. 당기 부채&비용	법인세비용	**378,100**	당기법인세부채	352,500

답 ⑤

예제 법인세회계

A-01 ㈜세무의 20X2년도 법인세 관련 자료가 다음과 같을 때, 20X2년도 법인세비용은? 2022. CTA

- 20X2년도 법인세비용차감전순이익 ₩500,000
- 세무조정사항
  - 전기 감가상각비 한도초과액 ₩(80,000)
  - 접대비한도초과액 ₩130,000
- 감가상각비 한도초과액은 전기 이전 발생한 일시적차이의 소멸분이고, 접대비 한도초과액은 일시적차이가 아니다.
- 20X2년 말 미소멸 일시적차이(전기 감가상각비 한도초과액)는 ₩160,000이고, 20X3년과 20X4년에 각각 ₩80,000씩 소멸될 것으로 예상된다.
- 20X1년 말 이연법인세자산은 ₩48,000이고, 이연법인세부채는 없다.
- 차감할 일시적차이가 사용될 수 있는 과세소득의 발생가능성은 매우 높다.
- 적용될 법인세율은 매년 20%로 일정하고, 언급된 사항 이외의 세무조정 사항은 없다.

① ₩94,000 ② ₩110,000 ③ ₩126,000 ④ ₩132,000 ⑤ ₩148,000

A-02 20X1년 초에 설립된 ㈜세무의 20X1년도 포괄손익계산서상 법인세비용차감전순이익은 ₩700,000이고, 법인세율은 20%이다. 당기 법인세부담액을 계산하기 위한 세무조정사항 및 이연법인세자산(부채) 자료가 다음과 같을 때, 20X1년도 법인세비용은? 2020. CTA

- 20X1년도에 당기손익 – 공정가치측정금융자산평가손실로 ₩100,000을 인식하였으며, 동 금융자산은 20X2년에 처분한다.
- 20X1년 세법상 손금한도를 초과하여 지출한 접대비는 ₩100,000이다.
- 20X1년 정기예금(만기 20X2년)에서 발생한 이자 ₩20,000을 미수수익으로 인식하였다.
- 20X2년 법인세율은 18%로 예상된다.
- 일시적 차이가 사용될 수 있는 미래 과세소득의 발생가능성은 높다.

① ₩158,000 ② ₩161,600 ③ ₩176,000 ④ ₩179,600 ⑤ ₩190,400

A-03 20X1년 초 설립된 ㈜세무의 법인세 관련 자료가 다음과 같을 때, 20X1년도 법인세비용은? 2018. CTA

• 법인세비용차감전순이익:	₩1,000,000
• 세무조정사항:	
— 정기예금 미수이자	₩200,000
— 접대비한도초과액	150,000
— 벌금과 과태료	70,000
— 감가상각한도초과액	50,000
• 법인세율은 20%로 유지된다.	
• 일시적 차이가 사용될 수 있는 미래 과세소득의 발생가능성은 높다.	

① ₩214,000 ② ₩244,000 ③ ₩258,000 ④ ₩288,000 ⑤ ₩298,000

A-04 ㈜대한의 20X1년도와 20X2년도의 법인세비용차감전순이익은 각각 ₩815,000과 ₩600,000이다. ㈜대한의 20X1년과 20X2년의 법인세와 관련된 세무조정사항은 다음과 같다.

항목	20X1년도	20X2년도
감가상각비 한도초과액	₩6,000	—
당기손익 – 공정가치 측정 금융자산평가이익	2,000	—
제품보증충당부채	—	₩3,000
정기예금 미수이자	—	4,000

20X1년도 세무조정 항목 중 감가상각비 한도초과액 ₩6,000은 20X2년부터 매년 ₩2,000씩 소멸되며, 당기손익-공정가치 측정 금융자산(FVPL 금융자산)은 20X2년 중에 처분될 예정이다.
20X2년도 세무조정 항목 중 제품보증충당부채 ₩3,000은 20X3년부터 매년 ₩1,000씩 소멸되며, 정기예금의 이자는 만기일인 20X3년 3월 말에 수취한다. ㈜대한의 20X1년도 법인세율은 30%이며, 미래의 과세소득에 적용될 법인세율은 다음과 같다.

구분	20X2년도	20X3년도 이후
적용세율	30%	25%

㈜대한의 20X2년도 법인세비용은 얼마인가? 단, 20X1년 1월 1일 현재 이연법인세자산(부채)의 잔액은 없으며, 일시적 차이에 사용될 수 있는 과세소득의 발생가능성은 높다. 2023. CPA

① ₩176,800 ② ₩177,750 ③ ₩178,400 ④ ₩179,950 ⑤ ₩180,350

A-05 다음은 ㈜대한의 법인세와 관련된 자료이다. 다음의 자료를 활용하여 물음에 답하시오.

• 〈추가자료〉를 제외한 20X2년의 세무조정내역은 다음과 같다.

세무조정내역	금액
법인세비용차감전순이익	₩1,200,000
전기 감가상각비 한도초과	₩(50,000)
과세소득	₩1,150,000

〈추가자료〉
• 20X1년 말의 이연법인세자산과 이연법인세부채는 각각 ₩31,200과 ₩0이며, 이연법인세자산의 실현가능성은 거의 확실하다.
• 20X2년 법인세율은 24%, 20X3년과 20X4년 이후의 세율은 각각 22%, 20%로 20X2년 말에 입법완료되었다.
• 20X2년도에 당기손익 – 공정가치측정(FVPL)금융자산평가손실은 ₩90,000을 인식하였으며, 동 금융자산은 20X3년에 전부 처분할 예정이다.
• 20X1년에 발생한 퇴직급여한도초과액 ₩80,000은 20X2년부터 4년간 각각 ₩20,000씩 손금추인된다.
• 20X2년도 세법상 손금한도를 초과하여 지출한 접대비는 ₩30,000이다.

㈜대한의 20X2년도 포괄손익계산서에 인식할 법인세비용은 얼마인가? 2024. CPA

① ₩267,800 ② ₩282,200 ③ ₩299,000 ④ ₩300,000 ⑤ ₩320,000

2. 중간예납세액

납부 시	당기법인세자산	중간예납세액	현금	중간예납세액
기말	법인세비용	법인세부담액	당기법인세자산 당기법인세부채	중간예납세액 법인세부담액 – 중간예납세액

(1) 중간예납세액 납부 시

중간예납세액은 아직 법인세비용이 확정되지 않은 상태에서 먼저 납부하는 것이므로, 일종의 선급비용에 해당한다. 따라서 중간예납세액은 당기법인세자산이라는 자산으로 처리한다.

(2) 기말

① 당기법인세부채 = 법인세부담액 – 중간예납세액
기중에 납부한 중간예납세액만큼은 납부를 하지 않아도 되므로 당기법인세부채 계산 시 중간예납세액 차감

② 법인세비용: 중간예납세액이 있더라도 법인세비용은 같음
당기법인세자산 감소분만큼 당기법인세부채는 감소하지만, 법인세비용이 증가하므로 중간예납세액과 법인세비용은 무관

예제 중간예납세액

A-06 다음은 ㈜세무의 법인세 관련 자료이다.

- 20X1년도 각사업연도사업소득에 대한 법인세부담액은 ₩70,000이며, 20X1년 중 당기 법인세 관련 원천징수·중간예납으로 ₩30,000을 현금으로 지급하여 당기법인세자산 차변에 기입하였다. 나머지 ₩40,000은 20X2년 3월 말에 관련 세법규정을 준수하여 납부한다.
- 세무조정에 따른 유보 처분액(일시적차이)의 증감내용을 나타내는 20X1년도 자본금과적립금조정명세서(을)는 다음과 같다.

구분	기초잔액	당기중 증감		기말잔액
		감소	증가	
매출채권 손실충당금	₩90,000	₩18,000	₩13,000	₩85,000
정기예금 미수이자	△50,000		△10,000	△60,000
건물 감가상각누계액	120,000		30,000	150,000
당기손익 – 공정가치측정금융자산			△5,000	△5,000
합계	₩160,000	₩18,000	₩28,000	₩170,000

- 이연법인세자산의 실현가능성은 거의 확실하며, 20x0년 말과 20X1년 말 미사용 세무상결손금과 세액공제는 없다.
- 연도별 법인세율은 20%로 일정하다.

20X1년도 포괄손익계산서에 표시할 법인세비용은? (단, 제시된 사항 외에 세무조정사항은 없으며, 자본금과적립금조정명세서(을)에 나타난 △는 (−)유보를 나타낸다.) 2019. CTA

① ₩28,000 ② ₩36,000 ③ ₩38,000 ④ ₩68,000 ⑤ ₩102,000

※ 다음의 자료를 이용하여 문제 7번과 문제 8번에 답하시오.

다음은 ㈜갑의 법인세 관련 자료이다.

• 20X1년 법인세부담액은 ₩1,000이며, 20X1년 중 원천징수·중간예납으로 ₩400의 법인세를 선납하고 다음과 같이 회계처리하였다.

(차변) 선급법인세 400 (대변) 현 금 400

• 세무조정에 따른 유보 처분액(일시적차이)의 증감내용을 나타내는 20X1년도 자본금과 적립금조정명세서(을)은 다음과 같다. (단위 : 원)

구 분	기초잔액	당기 중 증감		기말잔액
		감소	증가	
매출채권 대손충당금	460	50	70	480
미수이자	△100	△80	△50	△70
유형자산 감가상각누계액	300	40	80	340
제품보증충당부채	340	230	40	150
연구·인력개발준비금	△600			△600
합 계	400	240	140	300

주) △는 (–)유보를 의미함

• 20X0년말과 20X1년말의 차감할 일시적차이가 사용될 수 있는 과세소득의 발생가능성은 높으며, 20X0년말과 20X1년말 미사용 세무상결손금과 세액공제는 없다.
• 20X0년말과 20X1년말의 일시적차이가 소멸될 것으로 예상되는 기간의 과세소득에 적용될 것으로 예상되는 평균세율은 20%이다.
• ㈜갑은 20X2년 3월 30일에 20X1년분 법인세 차감납부할 세액 ₩600을 관련 세법규정에 따라 신고·납부하였으며, 법인세에 부가되는 세액은 없는 것으로 가정한다.

A-07 ㈜갑의 20X1년말 재무상태표에 계상할 이연법인세자산·부채(상계 후 금액)는 얼마인가? 2013. CPA

① 이연법인세자산 ₩20
② 이연법인세자산 ₩60
③ 이연법인세부채 ₩20
④ 이연법인세부채 ₩40
⑤ 이연법인세부채 ₩60

A-08 ㈜갑의 20X1년도 포괄손익계산서에 계상할 법인세비용은 얼마인가? 2013. CPA

① ₩940 ② ₩980 ③ ₩1,000 ④ ₩1,020 ⑤ ₩1,060

2 법인세회계-자산성 검토

1. 유보는 자산이다!

이연법인세자산은 당기에 손不 유보 처분이 발생할 때 생긴다. 차기 이후에 손入 △유보로 추인되면서 미래 과세소득을 줄이기 때문이다.

2. 이연법인세자산의 인식 조건

자산으로 인정하는 유보 = 미래의 예상 EBT + 미래의 손不 유보 추인액

기준서에서는 보수주의로 인해 **이연법인세자산에 대해서 '자산성이 인정될 때에만' 자산으로 계상**할 것을 규정하고 있다. 자산으로 인정하는 유보의 한도는 위와 같다.

예 제 법인세회계-자산성 검토

B-01 다음은 20X1년초 설립한 ㈜한국의 20X1년도 법인세와 관련된 내용이다.

법인세비용차감전순이익		₩5,700,000
세무조정항목:		
	감가상각비 한도초과	300,000
	연구및인력개발준비금	(600,000)
과세소득		₩5,400,000

- 연구및인력개발준비금은 20X2년부터 3년간 매년 ₩200,000씩 소멸하며, 감가상각비 한도초과는 20X4년에 소멸한다.
- 향후 과세소득(일시적차이 조정 전)은 경기침체로 20X2년부터 20X4년까지 매년 ₩50,000으로 예상된다. 단, 20X5년도부터 과세소득은 없을 것으로 예상된다.
- 연도별 법인세율은 20%로 일정하다.

㈜한국이 20X1년도 포괄손익계산서에 인식할 법인세비용은? 2017. CPA

① ₩1,080,000 ② ₩1,140,000 ③ ₩1,150,000 ④ ₩1,180,000 ⑤ ₩1,200,000

3 법인세회계-기타 세무조정

STEP 1 기타 세무조정

1. 자기주식처분손익

	X1(30%)
EBT 자처익 자처손	XXX XXX* (XXX)*
과세소득	XXX
법인세부담액	XXX

– 문제에 제시된 자기주식처분손익은 세무조정으로 반영하고, 숫자 옆에 *(별표)를 작게 표시

2. 기타포괄손익: 재평가잉여금 및 FVOCI 금융자산(주식) 평가손익

	X1(30%)	X2(30%)
EBT 재평가잉여금 토지	XXX 20,000* (20,000)	 20,000
과세소득	XXX	
법인세부담액	XXX	

– OCI(재평가잉여금, 금융자산평가이익)는 양수로 적은 뒤 *(별표)를 작게 표시
– △유보는 음수로 적은 뒤 유보 추인 시점에 양수로 적기

STEP 2 기타 세무조정 회계처리

1. 기초 제거	이연법인세부채	기초 부채	이연법인세자산	기초 자산
2. 기말 계상	이연법인세자산	기말 자산	이연법인세부채	기말 부채
3. 당기 부채&비용	법인세비용	XXX	당기법인세부채	법인세부담액
4. 기타 세무조정	**법인세비용**	**XXX**	**자처손**	**발생액 × 당기 세율**
	자처익	**발생액 × 당기 세율**	**법인세비용**	**XXX**
	OCI	**발생액 × 미래 세율**	**법인세비용**	**XXX**

– 동일 회계기간 또는 다른 회계기간에 **당기손익 이외**로 인식되는 항목과 관련된 당기 법인세와 이연법인세는 **당기손익 이외**의 항목으로 인식

1. 법인세비용과 상계할 금액

자기주식처분손익	자기주식처분손익 × **당기** 세율
OCI	OCI 발생액 × **미래** 세율

2. 자본 상계 방향: 원래 자본이 계상된 곳과 반대쪽으로! (법인세는 마찰력)

기중	현금 **자처손**	처분가액 발생액	자기주식	BV
상계	법인세비용	XXX	**자처손**	발생액 × 당기 세율
기중	현금	처분가액	자기주식 **자처익**	BV 발생액
상계	**자처익**	발생액 × 당기 세율	법인세비용	XXX
기중	자산	발생액	OCI	발생액
상계	OCI	발생액 × 미래 세율	법인세비용	XXX

예 제 법인세회계-기타 세무조정

B-02 다음 자료는 ㈜한국의 20X2년도 법인세와 관련된 내용이다.

• 20X1년말 현재 일시적차이 :	
미수이자	₩(100,000)
• 20X2년도 법인세비용차감전순이익	1,000,000
• 20X2년도 세무조정 사항 :	
미수이자	(20,000)
접대비한도초과	15,000
자기주식처분이익	100,000
• 연도별 법인세율은 20%로 일정하다.	

㈜한국의 20X2년도 포괄손익계산서에 인식할 법인세비용은 얼마인가? 단, 일시적차이에 사용될 수 있는 과세소득의 발생가능성은 높으며, 20X1년말과 20X2년말 각 연도의 미사용 세무상결손금과 세액공제는 없다. 2015. CPA

① ₩199,000 ② ₩203,000 ③ ₩219,000 ④ ₩223,000 ⑤ ₩243,000

B-03 아래 자료는 ㈜한국의 20X1년도 법인세와 관련된 거래 내용이다.

- 20X1년말 접대비 한도초과액은 ₩30,000이다.
- 20X1년말 재고자산평가손실은 ₩10,000이다.
- 20X1년말 기타포괄손익 – 공정가치측정금융자산평가손실 ₩250,000을 기타포괄손익으로 인식하였다. 동 기타포괄손익 – 공정가치측정금융자산평가손실은 20X3년도에 소멸된다고 가정한다.
- 20X1년도 법인세비용차감전순이익은 ₩1,000,000이다.
- 20X1년까지 법인세율이 30%이었으나, 20X1년말에 세법개정으로 인하여 20X2년 과세소득 분부터 적용할 세율은 20%로 미래에도 동일한 세율이 유지된다.

㈜한국의 20X1년도 포괄손익계산서에 계산할 법인세비용은 얼마인가? 단, 일시적차이에 사용될 수 있는 과세소득의 발생가능성은 높으며, 전기이월 일시적차이는 없는 것으로 가정한다. 2014. CPA

① ₩260,000　② ₩310,000　③ ₩335,000　④ ₩360,000　⑤ ₩385,000

B-04 아래 자료는 ㈜한국의 20X1년도 법인세와 관련된 거래내용이다.

(가) 20X1년도 ㈜한국의 접대비 한도초과액은 ₩300,000이다.
(나) ㈜한국은 20X1년 6월 7일에 ₩35,000에 취득한 자기주식을 20X1년 9월 4일에 ₩60,000에 처분했다.
(다) ㈜한국이 20X1년 9월 7일 사옥을 건설하기 위하여 ₩70,000에 취득한 토지의 20X1년 12월 31일 현재 공정가치는 ₩80,000이다. ㈜한국은 유형자산에 대하여 재평가모형을 적용하고 있으나, 세법에서는 이를 인정하지 않는다.

㈜한국의 20X1년도 법인세비용차감전순이익은 ₩3,000,000이다. 당기 과세소득에 적용될 법인세율은 30%이고, 향후에도 세율이 일정하다면 ㈜한국이 20X1년도 포괄손익계산서에 인식할 법인세비용과 20X1년 말 재무상태표에 계상될 이연법인세 자산·부채는 각각 얼마인가? (단, ㈜한국의 향후 과세소득은 20X1년과 동일한 수준이며, 전기이월 일시적차이는 없다고 가정한다.) 2010. CPA

	법인세비용	이연법인세자산·부채
①	₩900,000	이연법인세자산 ₩3,000
②	₩973,500	이연법인세자산 ₩4,500
③	₩973,500	이연법인세부채 ₩3,000
④	₩990,000	이연법인세자산 ₩4,500
⑤	₩990,000	이연법인세부채 ₩3,000

B-05 ㈜세무의 20X1년도 법인세 관련 자료가 다음과 같을 때, 20X1년도 법인세비용은? 2023. CTA

- 20X1년도 법인세비용차감전순이익은 ₩1,000,000이다.
- 20X1년 10월 말에 자기주식처분이익 ₩20,000이 발생하였다.
- 20X1년 말 재고자산평가손실의 세법상 부인액은 ₩30,000, 접대비 한도초과액은 ₩50,000이다.
- 20X1년 초에 ₩3,000,000에 취득한 토지의 20X1년 말 현재 공정가치는 ₩3,100,000이다. ㈜세무는 토지에 대해 재평가모형을 적용하고 있으나, 세법에서는 이를 인정하지 않는다.
- 차감할 일시적차이가 사용될 수 있는 과세소득의 발생가능성은 매우 높다.
- 법인세율은 20%로 매년 일정하며, 전기이월 일시적차이는 없다고 가정한다.

① ₩190,000 ② ₩194,000 ③ ₩210,000 ④ ₩220,000 ⑤ ₩234,000

B-06 다음은 ㈜대한의 20X1년 법인세 관련 자료이다.

- 20X1년 법인세비용차감전순이익은 ₩500,000이다.
- 20X1년 말 접대비 한도초과액은 ₩20,000이며, 20X1년 말 재고자산평가손실의 세법 상 부인액은 ₩5,000이다.
- 20X1년 5월 1일에 ₩30,000에 취득한 자기주식을 20X1년 10월 1일에 ₩40,000에 처분하였다.
- 20X1년 말 기타포괄손익 – 공정가치(FVOCI)로 측정하는 금융자산(지분상품) 평가손실 ₩20,000을 기타포괄손익으로 인식하였다.
- 20X1년 10월 1일 본사 사옥을 건설하기 위하여 ₩100,000에 취득한 토지의 20X1년 말 현재 공정가치는 ₩120,000이다. ㈜대한은 유형자산에 대해 재평가모형을 적용하고 있으나, 세법에서는 이를 인정하지 않는다.
- 연도별 법인세율은 20%로 일정하다.
- 일시적 차이에 사용될 수 있는 과세소득의 발생가능성은 높으며, 전기이월 일시적차이는 없다.

㈜대한이 20X1년 포괄손익계산서에 당기비용으로 인식할 법인세비용은 얼마인가? 2021. CPA

① ₩96,000 ② ₩100,000 ③ ₩104,000 ④ ₩106,000 ⑤ ₩108,000

4 법인세회계-전환사채 심화

1. 전환사채 발행 시 세무조정

전환사채의 경우 발행가액을 부채와 자본으로 분리하여 인식하지만, **법인세법에서는 전환사채의 자본을 인정하지 않고, 발행가액을 전부 부채로 본다.** 따라서 전환사채를 액면발행한다면 다음과 같은 세무조정이 발생한다. (전환사채는 문제에서 주로 액면발행하므로 액면발행을 가정한다.)

장부상 회계처리	현금	액면금액	부채 자본	부채요소 자본요소

+

익入 기타	자본	자본요소	PL	자본요소
손入 △유보	PL	자본요소	부채	자본요소

⇓

세법상 회계처리	현금	액면금액	부채	액면금액

세법에서는 전환사채와 관련하여 자본요소에 해당하는 부분을 인정하지 않으므로 '익入 기타' 세무조정을 통해 전환권대가를 PL로 전환한다. 또한, 세법에서는 부채를 액면금액으로 보기 때문에 '손入 △유보' 세무조정을 통해 전환권대가 금액만큼 부채 금액을 늘린다.

2. 유효이자율 상각 시 세무조정

회계기준에서는 부채를 현재가치로 표시하지만, 세법에서는 부채를 액면금액으로 보았다. 이로 인해 회계기준에 따른 이자비용은 유효이자이지만, 세법상 이자비용은 액면이자가 된다. 따라서 상각액에 해당하는 이자비용을 '손不 유보' 세무조정을 통해 제거한다. 발행 시 발생한 △유보를 추인하는 것이라고 봐도 무방하다.

장부상 회계처리	이자비용	유효이자	현금 부채	액면이자 상각액

+

손不 유보	부채	상각액	이자비용	상각액

⇓

세법상 회계처리	이자비용	액면이자	현금	액면이자

3. 기말 이연법인세부채=(자본요소-상각액)×미래세율

	X1	X2~
EBT 전환권대가 부채 부채	XXX 자본요소* (자본요소) 상각액	 상각액
과세소득	XXX	
법인세부담액	XXX	

부채에 대한 세무조정에서 발생한 △유보로 인해 기말 이연법인세부채가 계상된다. 자본요소만큼 △유보가 발생했지만 상각액만큼 유보를 추인하였으므로, 가산할 일시적 차이(△유보 잔액)는 '자본요소 − 상각액'이 된다. 따라서 **기말 이연법인세부채는 '자본요소 − 상각액'에 일시적 차이가 제거될 시점의 세율을 곱한 금액**이 된다.

4. 기타 세무조정 관련 회계처리

1. 기초 제거	이연법인세부채	기초 부채	이연법인세자산	기초 자산
2. 기말 계상	이연법인세자산	기말 자산	이연법인세부채	기말 부채
3. 당기 부채&비용	법인세비용	XXX	당기법인세부채	법인세부담액
4. 기타 세무조정	**전환권대가**	**자본요소 × 미래세율**	**법인세비용**	**자본요소 × 미래세율**

전환권대가로 인해 기타 세무조정이 발생했으므로, 3번 회계처리까지는 똑같이 회계처리하고, 4번 회계처리를 추가하면 된다. **전환권대가와 법인세비용을 상계할 금액은 자본요소에 일시적 차이가 제거될 시점의 세율을 곱한 금액이다.** 기말에 상각액만큼 △유보를 추인하긴 했지만, 근본적으로 전환권대가로 인해 자본요소만큼 △유보가 발생하였으므로, 이에 대한 법인세비용은 전환권대가가 부담한다. 기말 이연법인세부채를 계산할 때에는 자본요소에서 상각액을 차감하지만, 전환권대가 상계액을 계산할 때에는 상각액을 차감하지 않는다는 점을 주의하자.

예제 법인세회계-전환사채

C-01 ㈜대박은 20X1년 1월 1일 다음과 같은 조건의 전환사채를 발행하였다.

- 액면금액 및 발행금액 : ₩50,000,000
- (전환권이 없는 동일조건) 일반사채의 유효이자율 : 연 9%
- 액면이자율 : 연 7%
- 이자지급방법 : 매년 말 현금지급
- 만기(상환기일) : 20X3.12.31(상환기일에 액면금액 일시상환)
- 전환청구기간 : 사채발행일 이후 1개월 경과일로부터 상환기일 30일전까지
- 전환조건 : 사채발행금액 ₩1,000,000당 주식 100주로 전환가능

전환사채와 관련하여 세법에서는 자본요소에 해당하는 부분을 인정하지 않으며, 당기 과세소득에 적용될 법인세율은 40%로 향후에도 세율의 변동은 없을 것으로 예상된다. 동 전환사채의 세무조정으로 인해 발생하는 이연법인세자산·부채와 관련된 법인세비용(이자비용 중 현금으로 지급되는 부분으로 인해 발생하는 법인세 효과는 제외)이 ㈜대박의 20X1년도 포괄손익계산서상 당기순이익에 미치는 영향은 얼마인가? (단, 당기 및 차기 이후 차감할 일시적차이에 사용될 수 있는 과세소득의 발생가능성은 높으며, 전기이월 일시적차이는 없는 것으로 가정한다. 현가계수는 아래 표를 이용하라. 또한 소수점 첫째자리에서 반올림하며, 단수차이로 인해 약간의 오차가 있으면 가장 근사치를 선택한다.) 2011. CPA 심화

현가계수표

기간 \ 할인율	기간 말 단일금액 ₩1의 현재가치		정상연금 ₩1의 현재가치	
	7%	9%	7%	9%
3	0.8163	0.7722	2.6243	2.5313

① 영향없음 ② ₩308,904 증가 ③ ₩308,904 감소
④ ₩703,276 증가 ⑤ ₩703,276 감소

5 법인세회계 말문제

1. 세무기준액

(1) 자산의 세무기준액=기업에 유입될 과세대상 경제적효익-세무상 **차감액**

자산의 세무기준액은 자산의 장부금액이 회수될 때 기업에 유입될 과세대상 경제적효익에서 세무상 차감될 금액을 말한다. 만약 그러한 경제적효익이 과세대상이 아니라면, 자산의 세무기준액은 장부금액과 일치한다.

(2) 부채의 세무기준액=장부금액-세무상 **공제액**

부채의 세무기준액은 장부금액에서 미래 회계기간에 당해 부채와 관련하여 세무상 공제될 금액을 차감한 금액이다. 수익을 미리 받은 경우, 이로 인한 부채의 세무기준액은 당해 장부금액에서 미래 회계기간에 과세되지 않을 수익을 차감한 금액이다.

2. 당기법인세부채와 당기법인세자산

당기 및 과거기간에 대한 당기법인세 중 납부되지 않은 부분을 부채(당기법인세부채)로 인식한다. 만일 과거기간에 이미 납부한 금액이 그 기간 동안 납부하여야 할 금액을 초과하였다면 그 초과금액은 자산(당기법인세자산)으로 인식한다.

3. 이연법인세자산, 부채의 인식

(1) 이연법인세부채

모든 가산할 일시적차이에 대하여 이연법인세부채를 인식한다.

(2) 이연법인세자산

차감할 일시적차이가 사용될 수 있는 과세소득의 발생가능성이 높은 경우에, 모든 차감할 일시적차이에 대하여 **이연법인세자산을 인식한다.**

(3) 결손금 및 세액공제

미사용 세무상결손금과 세액공제가 사용될 수 있는 **미래 과세소득의 발생가능성이 높은 경우 그 범위 안에**서 이월된 미사용 세무상결손금과 세액공제에 대하여 **이연법인세자산을 인식**한다.

(4) 이연법인세자산의 자산성 재검토: 매년 유동적임

이연법인세자산의 장부금액은 매 보고기간말에 검토한다. 이연법인세자산의 일부 또는 전부에 대한 혜택이 사용되기에 충분한 과세소득이 발생할 가능성이 더 이상 높지 않다면 이연법인세자산의 장부금액을 감액시킨다. **감액된 금액은 사용되기에 충분한 과세소득이 발생할 가능성이 높아지면 그 범위 내에서 환입한다.**

4. 법인세자산, 부채의 상계 조건: 상계권리와 의도가 있음

기업이 법적으로 **상계권리**를 갖고 있으며, 순액으로 결제하거나, 자산을 실현하는 동시에 부채를 결제할 **의도**가 있는 경우에만 당기법인세자산, 부채를 상계한다.

5. 이연법인세자산, 부채의 표시 ★중요!

(1) 기업이 재무상태표에 유동자산과 비유동자산, 그리고 유동부채와 비유동부채로 구분하여 표시하는 경우, 이연법인세자산(부채)은 **유동자산(부채)으로 분류하지 아니한다.**
(2) 이연법인세자산, 부채는 **할인하지 아니한다.**

6. 세율

(1) 이연법인세자산, 부채에 적용할 세율

이연법인세자산과 부채는 보고기간말까지 제정되었거나 실질적으로 제정된 세율(및 세법)에 근거하여 당해 자산이 실현되거나 부채가 결제될 회계기간에 적용될 것으로 기대되는 세율을 사용하여 측정한다.

(2) 누진세율 적용 시: 일시적 차이가 소멸되는 기간의 **평균세율**로 계산

예제 법인세회계 말문제

C-02 법인세에 관한 설명으로 옳지 않은 것은? 2010. CTA

① 이연법인세 자산과 부채는 보고기간말까지 제정되었거나 실질적으로 제정된 세율(및 세법)에 근거하여 당해 자산이 실현되거나 부채가 결제될 회계기간에 적용될 것으로 기대되는 세율을 사용하여 측정한다.

② 동일 회계기간 또는 다른 회계기간에 당기손익 이외로 인식되는 항목과 관련된 당기 법인세와 이연법인세는 당기손익 이외의 항목으로 인식한다.

③ 종속기업 및 관계기업에 대한 투자자산과 관련된 모든 가산할 일시적 차이에 대하여 항상 이연법인세부채를 인식하는 것은 아니다.

④ 미사용 세무상결손금과 세액공제가 사용될 수 있는 미래 과세소득의 발생가능성이 높은 경우 그 범위 안에서 이월된 미사용 세무상결손금과 세액공제에 대하여 이연법인세자산을 인식한다.

⑤ 이연법인세 자산과 부채는 현재가치로 할인한다.

C-03 법인세 회계처리에 대한 다음 설명으로 옳지 않은 것은? 2016. CPA

① 이연법인세 자산과 부채는 현재가치로 할인하지 아니한다.

② 모든 가산할 일시적차이에 대하여 이연법인세부채를 인식하는 것을 원칙으로 한다.

③ 당기 및 과거기간에 대한 당기법인세 중 납부되지 않은 부분을 부채로 인식한다. 만일 과거기간에 이미 납부한 금액이 그 기간 동안 납부하여야 할 금액을 초과하였다면 그 초과금액은 자산으로 인식한다.

④ 이연법인세 자산과 부채는 보고기간말까지 제정되었거나 실질적으로 제정된 세율(및 세법)에 근거하여 당해 자산이 실현되거나 부채가 결제될 회계기간에 적용될 것으로 기대되는 세율을 사용하여 측정한다.

⑤ 이연법인세자산의 장부금액은 매 보고기간말에 검토한다. 이연법인세자산의 일부 또는 전부에 대한 혜택이 사용되기에 충분한 과세소득이 발생할 가능성이 더 이상 높지 않다면, 이연법인세자산의 장부금액을 감액시킨다. 감액된 금액은 사용되기에 충분한 과세소득이 발생할 가능성이 높아지더라도 다시 환입하지 아니한다.

C-04 기업회계기준서 제1012호 '법인세'에 대한 다음 설명 중 옳지 않은 것은? 2019. CPA

① 미사용 세무상결손금과 세액공제가 사용될 수 있는 미래 과세소득의 발생가능성이 높은 경우 그 범위 안에서 이월된 미사용 세무상결손금과 세액공제에 대하여 이연법인세자산을 인식한다.

② 부채의 세무기준액은 장부금액에서 미래 회계기간에 당해 부채와 관련하여 세무상 공제될 금액을 차감한 금액이다. 수익을 미리 받은 경우, 이로 인한 부채의 세무기준액은 당해 장부금액에서 미래 회계기간에 과세되지 않을 수익을 차감한 금액이다.

③ 이연법인세 자산과 부채의 장부금액은 관련된 일시적차이의 금액에 변동이 없는 경우에도 세율이나 세법의 변경, 예상되는 자산의 회수 방식 변경, 이연법인세자산의 회수가능성 재검토로 인하여 변경될 수 있다.

④ 과세대상수익의 수준에 따라 적용되는 세율이 다른 경우에는 일시적차이가 소멸될 것으로 예상되는 기간의 과세소득(세무상결손금)에 적용될 것으로 기대되는 평균세율을 사용하여 이연법인세 자산과 부채를 측정한다.

⑤ 당기에 취득하여 보유중인 토지에 재평가모형을 적용하여 토지의 장부금액이 세무기준액보다 높은 경우에는 이연법인세부채를 인식하며, 이로 인한 이연법인세효과는 당기손익으로 인식한다.

C-05 기업회계기준서 제1012호 '법인세'에 대한 다음 설명 중 옳지 않은 것은? 2020. CPA

① 이연법인세자산은 차감할 일시적차이, 미사용 세무상결손금의 이월액, 미사용 세액공제 등의 이월액과 관련하여 미래 회계기간에 회수될 수 있는 법인세 금액이다.

② 자산의 세무기준액은 자산의 장부금액이 회수될 때 기업에 유입될 과세대상 경제적효익에서 세무상 차감될 금액을 말하며, 부채의 세무기준액은 장부금액에서 미래 회계기간에 당해 부채와 관련하여 세무상 공제될 금액을 차감한 금액이다.

③ 당기 및 과거기간에 대한 당기법인세 중 납부되지 않은 부분을 부채로 인식한다. 만일 과거기간에 이미 납부한 금액이 그 기간동안 납부하여야 할 금액을 초과하였다면 그 초과금액은 자산으로 인식한다.

④ 매 보고기간말에 인식되지 않은 이연법인세자산에 대하여 재검토하며, 미래 과세소득에 의해 이연법인세자산이 회수될 가능성이 높아진 범위까지 과거 인식되지 않은 이연법인세자산을 인식한다.

⑤ 당기법인세자산과 부채는 기업이 인식된 금액에 대한 법적으로 집행가능한 상계권리를 가지고 있는 경우 또는 순액으로 결제하거나, 자산을 실현하고 부채를 결제할 의도가 있는 경우에 상계한다.

C-06 법인세회계에 관한 설명으로 옳지 않은 것은? 2024. CTA

① 이연법인세자산은 차감할 일시적차이, 미사용 세무상결손금의 이월액, 미사용 세액공제 등의 이월액과 관련하여 미래 회계기간에 회수될 수 있는 법인세 금액이다.

② 매 보고기간말에 인식되지 않은 이연법인세자산에 대하여 재검토하며, 미래 과세소득에 의해 이연법인세 자산이 회수될 가능성이 높아진 범위까지 과거 인식되지 않은 이연법인세자산을 인식한다.

③ 당기법인세자산과 부채는 기업이 인식된 금액에 대한 법적으로 집행가능한 상계권리를 가지고 있는 경우 또는 순액으로 결제하거나, 자산을 실현하고 부채를 결제할 의도가 있는 경우에 상계한다.

④ 과세대상수익의 수준에 따라 적용되는 세율이 다른 경우에는 일시적차이가 소멸될 것으로 예상되는 기간의 과세소득(세무상결손금)에 적용될 것으로 기대되는 평균세율을 사용하여 이연법인세 자산과 부채를 측정한다.

⑤ 사업결합에서 발생한 영업권을 최초로 인식하는 경우에는 이연법인세부채를 인식하지 않는다.

C-07 다음은 기업회계기준서 제1012호 '법인세'와 관련된 내용이다. 이에 대한 설명으로 옳은 것은? 2022. CPA

① 복합금융상품(예: 전환사채)의 발행자가 해당 금융상품의 부채요소와 자본요소를 각각 부채와 자본으로 분류하였다면, 그러한 자본요소의 최초 인식 금액에 대한 법인세효과(이연법인세)는 자본요소의 장부금액에 직접 반영한다.

② 과세대상수익의 수준에 따라 적용되는 세율이 다른 경우에는 일시적차이가 소멸될 것으로 예상되는 기간의 과세소득(세무상결손금)에 적용될 것으로 기대되는 한계세율을 사용하여 이연법인세 자산과 부채를 측정한다.

③ 일시적차이는 포괄손익계산서 상 법인세비용차감전순이익과 과세당국이 제정한 법규에 따라 납부할 법인세를 산출하는 대상이 되는 이익 즉, 과세소득 간의 차이를 말한다.

④ 재평가모형을 적용하고 있는 유형자산과 관련된 재평가잉여금은 법인세효과를 차감한 후의 금액으로 기타포괄손익에 표시하고 법인세효과는 이연법인세자산으로 인식한다.

⑤ 이연법인세 자산과 부채는 장기성 채권과 채무이기 때문에 각 일시적차이의 소멸시점을 상세히 추정하여 신뢰성 있게 현재가치로 할인한다.

C-08 법인세회계에 관한 설명으로 옳지 않은 것은? 2023. CTA

① 자산의 세무기준액은 자산의 장부금액이 회수될 때 기업에 유입될 과세대상 경제적효익에 세무상 가산될 금액을 말한다.

② 과거기간에 이미 납부한 법인세 금액이 그 기간 동안 납부하여야 할 금액을 초과하였다면 그 초과금액은 자산으로 인식한다.

③ 사업결합에서 발생한 영업권을 최초로 인식하는 경우에는 이연법인세부채를 인식하지 않는다.

④ 이연법인세자산의 일부 또는 전부에 대한 혜택이 사용되기에 충분한 과세소득이 발생할 가능성이 더 이상 높지 않다면 이연법인세자산의 장부금액을 감액시킨다.

⑤ 이연법인세 자산과 부채는 현재가치로 할인하지 않는다.

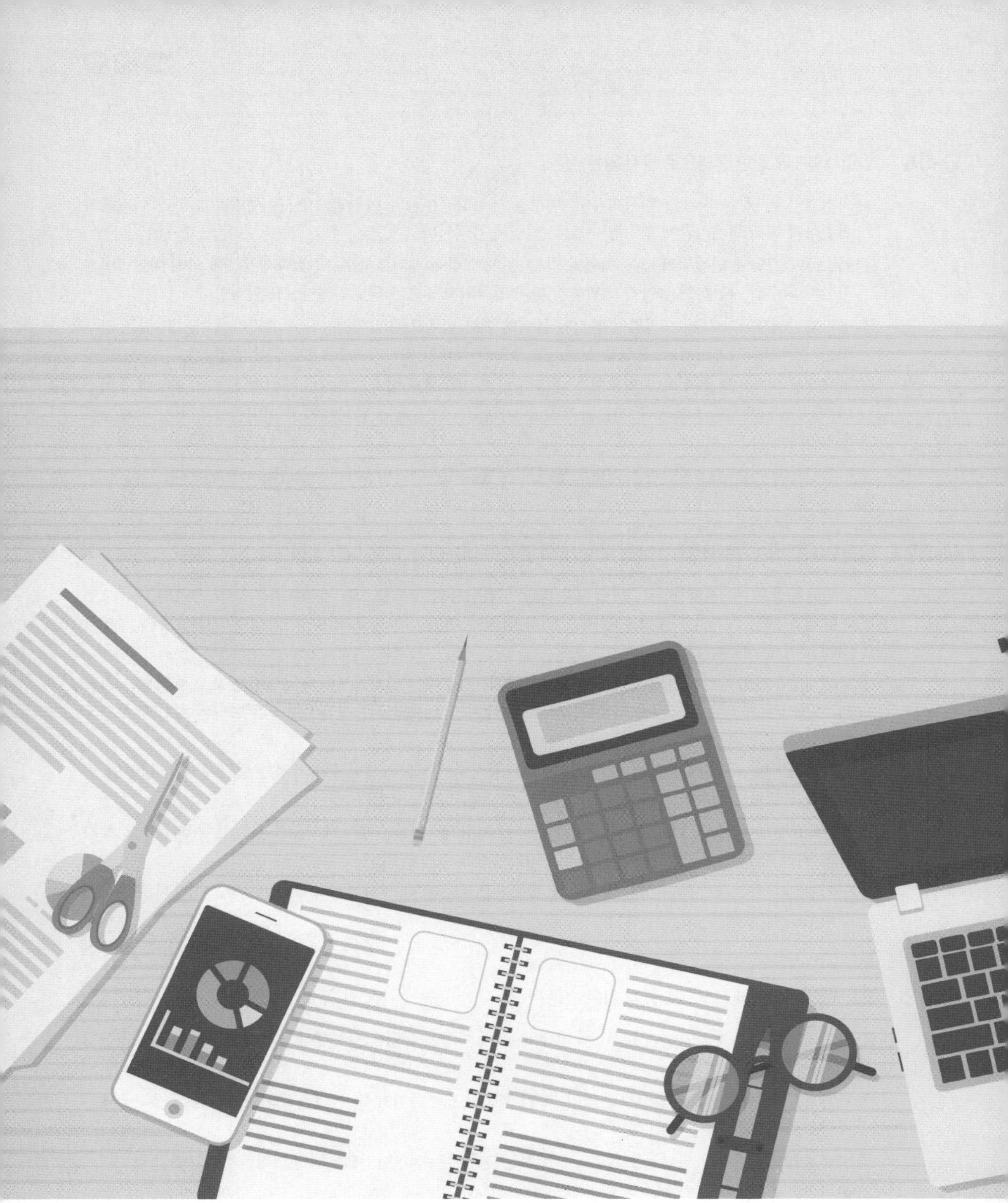

객 관 식

C·H·A·P·T·E·R

17

현금흐름표

[1] 현금흐름표의 의의

[2] 영업활동 현금흐름-직접법

[3] 영업활동 현금흐름-간접법

[4] 영업에서 창출된 현금

[5] 투자·재무활동 현금흐름

[6] 현금흐름표 말문제 심화

17 CHAPTER 현금흐름표

1 현금흐름표의 의의

1. 현금흐름의 종류

영업활동 현금흐름	투자활동 현금흐름	재무활동 현금흐름
재화의 구입/판매 종업원 관련 지출 법인세의 납부/환급 단기매매목적 계약	유·무형자산, 금융자산의 취득/처분 선급금, 대여금 지급/회수 파생상품 관련 현금흐름	증자 자기주식 거래 사채 및 차입금의 발행/상환 리스부채 상환

2. 법인세로 인한 현금흐름: 비영업에 명백히 관련되지 않는 한 영업

법인세로 인한 현금흐름은 별도로 공시하며, 재무활동과 투자활동에 명백히 관련되지 않는 한 영업활동 현금흐름으로 분류한다.

3. 이자와 배당금의 수취 및 지급: 출제진 마음대로

이자와 배당금의 수취 및 지급에 따른 현금흐름은 각각 별도로 공시한다. 각 현금흐름은 매 기간 일관성 있게 영업활동, 투자활동 또는 재무활동으로 분류한다. 문제에서는 위 현금흐름을 주로 영업활동으로 분류한다.

예 제 현금흐름의 종류

A-01 현금흐름표는 회계기간 동안 발생한 현금흐름을 영업활동, 투자활동 및 재무활동으로 분류하여 보고한다. 다음 중 현금흐름의 분류가 다른 것은? 2010. CTA 수정

① 리스이용자의 리스부채 상환에 따른 현금유출
② 판매목적으로 보유하는 재고자산을 제조하거나 취득하기 위한 현금유출
③ 보험회사의 경우 보험금과 관련된 현금유출
④ 기업이 보유한 특허권을 일정기간 사용하도록 하고 받은 수수료 관련 현금유입
⑤ 단기매매목적으로 보유하는 계약에서 발생한 현금유입

A-02 다음 중 현금흐름표상 투자활동 현금흐름으로만 구성된 것은 무엇인가?

2016. 계리사 수정

> ㉠ 종업원과 관련하여 직·간접적으로 발생하는 현금유출
> ㉡ 단기매매목적의 계약에서 발생하는 현금의 유·출입
> ㉢ 제3자에 대한 선급금 및 대여금의 회수 또는 지급에 따른 현금의 유·출입(금융회사의 현금 선지급과 대출채권 제외)
> ㉣ 주식 등의 지분상품 발행에 따른 현금의 유입
> ㉤ 어음의 발행 및 장·단기차입에 따른 현금의 유입
> ㉥ 유형자산의 취득 및 처분에 따른 현금의 유·출입
> ㉦ 타기업 지분상품의 취득·처분에 따른 현금의 유·출입(현금성자산, 단기매매금융자산 제외)
> ㉧ 재무·투자활동과 관련 없는 법인세 납부 및 환급에 따른 현금의 유·출입
> ㉨ 리스이용자의 리스부채 상환에 따른 현금의 유출
> ㉩ 차입금의 상환에 따른 현금의 유출

① ㉠, ㉢, ㉧　② ㉢, ㉥, ㉦　③ ㉢, ㉦, ㉨　④ ㉦, ㉧, ㉩

2 영업활동 현금흐름-직접법

〈현금흐름에 대한 이해: 자산은 반대로, 부채는 그대로〉

현금흐름(CF)	=	NI	−	△자산	+	△부채
영업활동 현금흐름	=	영업 손익	−	△영업 자산	+	△영업 부채

STEP 1 활동과 관련된 손익

수익은 (+)로, 비용은 (−)로 적기

STEP 2 활동과 관련된 자산, 부채의 증감

자산 증감액은 부호를 반대로, 부채 증감액은 그대로 적기

STEP 3 현금흐름

현금흐름이 (+)로 나오면 유입, (−)로 나오면 유출을 의미

김수석의 꿀팁! **이연 항목들의 자산/부채 구분 방법: 계정의 의미를 생각해보자!**

	의미	구분
미수수익	안 받은 돈	자산(반대로)
선수수익	먼저 받은 돈	부채(그대로)
미지급비용	안 준 돈	
선급비용	먼저 준 돈	자산(반대로)

1. 고객 및 공급자에 대한 현금흐름

영업활동 현금흐름		영업 손익		△영업 자산		△영업 부채
고객으로부터의 현금유입액	=	매출액 (대손상각비)	−	매출채권	+	선수금 대손충당금
(공급자에 대한 현금유출액)		(매출원가) (재고감모 · 평가손실)		재고자산 선급금		매입채무

(1) 외환차이, 외화환산손익: 손익이 발생한 계정과 관련 있는 현금흐름에 반영

(2) 외상매출금과 외상매입금: 매출채권과 매입채무

> 매출채권 = 받을어음 + 외상매출금
> 매입채무 = 지급어음 + 외상매입금

문제에 외상매출금이나 외상매입금이 제시되면 매출채권과 매입채무로 보고 문제를 풀면 됨.

(3) 대손충당금(=손실충당금): 음수로 제시되더라도 양수인 부채로 보고 증감을 그대로 쓰기

예 제 고객 및 공급자에 대한 현금흐름

A-03 ㈜세무의 20X1년도 재무제표의 상품매매와 관련된 자료이다. 20X1년도 ㈜세무의 상품매입과 관련된 현금유출액은?

2016. CTA

기초매출채권	₩40,000	기말매출채권	₩50,000
기초상품재고액	30,000	기말상품재고액	28,000
기초매입채무	19,000	기말매입채무	20,000
기초선수금	20,000	기말선수금	15,000
기초선급금	10,000	기말선급금	5,000
매출액	400,000	매출원가	240,000
환율변동이익*	4,000		

*환율변동이익은 매입채무에 포함된 외화외상매입금에서만 발생함

① ₩222,000 ② ₩228,000 ③ ₩236,000 ④ ₩240,000 ⑤ ₩248,000

A-04 ㈜세무는 재고자산의 매입과 매출을 모두 외상으로 처리한 후, 나중에 현금으로 결제하고 있다. 다음은 이와 관련된 거래내역 일부를 20x0년과 20X1년도 재무상태표와 포괄손익계산서로부터 추출한 것이다. 20X1년 12월 31일 (A)에 표시될 현금은? (단, 현금의 변동은 제시된 영업활동에서만 영향을 받는다고 가정한다.)

2020. CTA

재무상태표 계정과목	20X1. 12. 31	20x0. 12. 31
현금	(A)	₩300,000
매출채권	110,000	100,000
매출채권 손실충당금	10,000	9,000
재고자산	100,000	80,000
매입채무	80,000	60,000
포괄손익계산서 계정과목	**20X1년도**	**20x0년도**
매출	₩1,800,000	₩1,500,000
매출원가	1,500,000	1,200,000
매출채권 손상차손	7,000	6,000

① ₩584,000 ② ₩590,000 ③ ₩594,000 ④ ₩604,000 ⑤ ₩610,000

A-05 다음은 ㈜대한의 20X1년도 재무제표의 일부 자료이다. 직접법을 사용하여 20X1년도 현금흐름표의 영업활동 현금흐름을 구할 때, 고객으로부터 유입된 현금흐름과 공급자에 대해 유출된 현금흐름으로 옳은 것은? 2010. CPA

Ⅰ. 재무상태표의 일부

계정과목	기초 잔액	기말 잔액
매출채권(총액)	₩200,000	₩140,000
대손충당금	10,000	14,000
재고자산	60,000	50,000
매입채무	50,000	100,000
선수금	10,000	8,000

Ⅱ. 손익계산서의 일부

계정과목	금액
매출액	₩1,500,000
매출원가	1,000,000
대손상각비	7,000
재고자산평가손실	50,000
외환차익(매입채무 관련)	20,000

㈜대한은 재고자산평가손실과 외환차익을 매출원가에 반영하지 않는다.

	고객으로부터 유입된 현금흐름	공급자에 대해 유출된 현금흐름
①	₩1,555,000	₩970,000
②	₩1,555,000	₩995,000
③	₩1,560,000	₩950,000
④	₩1,560,000	₩970,000
⑤	₩1,560,000	₩995,000

A-06 ㈜국세의 재무상태표상 재고1자산과 매입채무의 금액은 다음과 같다.

구 분	20X1년 초	20X1년 말
재고자산	₩600,000	₩750,000
매입채무	550,000	660,000

한편, 20X1년도 포괄손익계산서상 매입채무와 관련된 외환차익은 ₩80,000, 외화환산이익은 ₩200,000으로 계상되었다. ㈜국세의 20X1년도 현금흐름표상 공급자에 대한 유출(재고자산 매입)이 ₩610,000이라면 20X1년도 포괄손익계산서상 매출원가는 얼마인가? 2011. CTA

① ₩750,000 ② ₩800,000 ③ ₩850,000 ④ ₩900,000 ⑤ ₩950,000

A-07 다음은 유통업을 영위하는 ㈜대한의 현금흐름표 관련 자료이다.

• 20X1년 재무상태표 관련 자료

계정과목	기초	기말
재고자산	₩300,000	₩170,000
재고자산평가충당금	—	3,000
매입채무	280,000	400,000

• ㈜대한의 재고자산은 전부 상품이며, 재고자산평가충당금은 전액 재고자산평가손실로 인한 것이다. ㈜대한은 당기 발생한 재고자산평가손실 ₩3,000을 기타비용(영업외비용)으로 처리하였다.
• ㈜대한의 당기 상품 매입액 중 ₩25,000은 현금매입액이며, 나머지는 외상매입액이다.
• 20X1년도에 매입채무와 관련하여 발생한 외화환산이익은 ₩11,000이다.

㈜대한의 20X1년도 현금흐름표 상 공급자에 대한 현금유출(상품 매입)이 ₩660,000이라면, 20X1년도 포괄손익계산서 상 매출원가는 얼마인가? 2024. CPA

① ₩885,000 ② ₩896,000 ③ ₩910,000 ④ ₩921,000 ⑤ ₩924,000

A-08 다음의 자료를 이용하여 ㈜대한의 20X1년도 매출액과 매출원가를 구하면 각각 얼마인가? 2022. CPA

• ㈜대한의 20X1년도 현금흐름표 상 '고객으로부터 유입된 현금'과 '공급자에 대한 현금유출'은 각각 ₩730,000과 ₩580,000이다.
• ㈜대한의 재무상태표에 표시된 매출채권, 매출채권 관련 손실충당금, 재고자산, 매입채무의 금액은 각각 다음과 같다.

구분	20X1년 초	20X1년 말
매출채권	₩150,000	₩115,000
(손실충당금)	(40,000)	(30,000)
재고자산	200,000	230,000
매입채무	90,000	110,000

• 20X1년도 포괄손익계산서에 매출채권 관련 외환차익과 매입채무 관련 외환차익이 각각 ₩200,000과 ₩300,000으로 계상되어 있다.
• 20X1년도 포괄손익계산서에 매출채권에 대한 손상차손 ₩20,000과 기타비용(영업외비용)으로 표시된 재고자산감모손실 ₩15,000이 각각 계상되어 있다.

	매출액	매출원가		매출액	매출원가
①	₩525,000	₩855,000	②	₩525,000	₩645,000
③	₩545,000	₩855,000	④	₩545,000	₩645,000
⑤	₩725,000	₩555,000			

2. 종업원에 대한 현금유출액

영업활동 현금흐름	=	영업 손익	−	△영업 자산	+	△영업 부채
(종업원에 대한 현금유출액)		(급여) (퇴직급여) 재측정요소		선급급여 사외적립자산		미지급급여 확정급여채무

(1) 재측정요소: 사외적립자산과 확정급여채무의 증감에 영향을 미치므로 **손익으로 반영**

(2) 주식기준보상 심화

① 주식결제형 주식기준보상: 재무활동 현금흐름 → 주식보상비용, 주식선택권 무시

② 현금결제형 주식기준보상: 영업활동 현금흐름 → 주식보상비용, 장기미지급비용 반영

예 제 종업원에 대한 현금유출액

A-09 ㈜바다의 재무담당자는 20X1년도 영업활동 유형별로 현금의 흐름내역을 살펴보고자 한다. 다음에 제시된 ㈜바다의 20X1년도 재무제표의 일부 자료에 근거하여 20X1년도 직접법에 의한 영업활동현금흐름상 공급자에 대한 현금유출액과 종업원에 대한 현금유출액을 구하면 얼마인가? (단, 주식보상비용은 당기 중 부여한 주식결제형 주식기준보상거래에 따른 용역의 대가로 모두 급여에 포함되어 있으며, 외화환산이익은 모두 외화매입채무의 기말환산과 관련하여 발생하였다.) 2011. CPA

Ⅰ. 포괄손익계산서

계정과목	금 액
매출액	₩6,000,000
매출원가	(3,200,000)
급여	(1,200,000)
감가상각비	(890,000)
대손상각비	(120,000)
유형자산처분이익	570,000
외화환산이익	320,000
이자비용	(450,000)
재고자산감모손실	(250,000)
법인세비용	(180,000)
당기순이익	₩600,000

Ⅱ. 간접법에 의한 영업활동현금흐름

당기순이익	₩600,000
주식보상비용	140,000
이자비용	450,000
감가상각비	890,000
유형자산처분이익	(570,000)
법인세비용	180,000
매출채권(순액)의 증가	(890,000)
선급금의 증가	(120,000)
선급급여의 감소	210,000
재고자산의 감소	390,000
매입채무의 증가	430,000
미지급급여의 감소	(170,000)
영업에서 창출된 현금	₩1,540,000
이자지급	(420,000)
법인세납부	(80,000)
영업활동순현금흐름	₩1,040,000

	공급자에 대한 현금유출액	종업원에 대한 현금유출액
①	₩2,180,000	₩1,160,000
②	₩2,430,000	₩1,020,000
③	₩2,430,000	₩1,160,000
④	₩2,500,000	₩1,020,000
⑤	₩2,500,000	₩1,160,000

3. 법인세납부액

영업활동 현금흐름	=	영업 손익	−	△영업 자산	+	△영업 부채
(법인세납부액)		(법인세비용)		이연법인세자산		이연법인세부채 당기법인세부채

4. 영업비용으로 인한 현금유출

영업활동 현금흐름	=	영업 손익	−	△영업 자산	+	△영업 부채
(영업비용으로 인한 현금유출액)		(영업비용)		선급비용		미지급비용

예제 영업비용으로 인한 현금유출

A-10 ㈜갑의 20X1년 현금매출 및 신용매출은 각각 ₩160,000과 ₩1,200,000이고, 20X1년 기초와 기말의 매출채권 잔액은 각각 ₩180,000과 ₩212,000이다. ㈜갑의 20X1년 영업비용은 ₩240,000이다. 20X1년 선급비용 기말잔액은 기초보다 ₩16,000이 증가하였고, 20X1년 미지급비용 기말잔액은 기초보다 ₩24,000이 감소하였다. 20X1년에 고객으로부터 유입된 현금흐름과 영업비용으로 유출된 현금흐름은 얼마인가?

2012. CPA

	고객으로부터 유입된 현금흐름	영업비용으로 유출된 현금흐름
①	₩1,328,000	₩232,000
②	₩1,328,000	₩280,000
③	₩1,360,000	₩232,000
④	₩1,360,000	₩280,000
⑤	₩1,332,000	₩202,000

5. 이자지급액

이자지급액과 사채로 인한 순현금흐름 계산 시에는 사채발행차금과 상각액을 처리하는 것이 굉장히 어렵다. 이때 **각 금액을 양수로 적을 건지, 음수로 적을 건지가 중요하지, 자산 밑에 적을지, 부채 밑에 적을지는 전혀 중요하지 않다.** 부호만 정확하면 되며, 적는 위치는 이해하기 편한 대로 적자.

현금흐름	=	NI	−	△자산	+	△부채
(이자지급액)		(이자비용)		선급이자 사채할인발행차금 상각액		미지급이자 (사채할증발행차금 상각액)

유효이자율 상각 시 이자비용은 유효이자만큼 인식한다. 하지만 이자지급액은 액면이자만큼 발생한다. 따라서 유효이자와 액면이자의 차이인 사채 상각액은 이자비용에 가감해야 한다.

① 사채할인발행차금: 자산(= 사채의 감소), 상각액은 양수로
사채할인발행차금은 사채를 감소시키는 역할을 하므로 자산으로 본다. 사채할인발행차금 상각액은 영업자산의 감소로 보아 이자 지급액 계산 시 더해야 한다.

② 사채할증발행차금: 부채(= 사채의 증가), 상각액은 음수로
사채할증발행차금은 사채를 증가시키는 역할을 하므로 부채로 본다. 사채할증발행차금 상각액은 영업부채의 감소로 보아 이자 지급액 계산 시 빼야 한다.

예 제 이자지급액

A-11 다음은 ㈜대한의 20X1년도 이자지급과 관련된 자료이다.

• 포괄손익계산서에 인식된 이자비용 ₩20,000에는 사채할인발행차금 상각액 ₩2,000이 포함되어 있다.
• 재무상태표에 인식된 이자 관련 계정과목의 기초 및 기말잔액은 다음과 같다.

계정과목	기초잔액	기말잔액
미지급이자	₩2,300	₩3,300
선급이자	₩1,000	₩1,300

㈜대한의 20X1년도 이자지급으로 인한 현금유출액은 얼마인가? 2014. CTA

① ₩16,300 ② ₩17,300 ③ ₩18,700 ④ ₩21,300 ⑤ ₩22,700

A-12 다음은 ㈜대한의 재무상태표에 표시된 두 종류의 상각후원가(AC)로 측정하는 금융부채(A사채, B사채)와 관련된 계정의 장부금액이다. 상기 금융부채 외에 ㈜대한이 보유한 이자발생 부채는 없으며, ㈜대한은 20X1년 포괄손익계산서 상 당기손익으로 이자비용 ₩48,191을 인식하였다. 이자지급을 영업활동으로 분류할 경우, ㈜대한이 20X1년 현금흐름표의 영업활동현금흐름에 표시할 이자지급액은 얼마인가? 단, 당기 중 사채의 추가발행·상환·출자전환 및 차입금의 신규차입은 없었으며, 차입원가의 자본화는 고려하지 않는다. 2021. CPA

구분	20X1년 1월 1일	20X1년 12월 31일
미지급이자	₩10,000	₩15,000
A사채(순액)	94,996	97,345
B사채(순액)	110,692	107,334

① ₩42,182 ② ₩43,192 ③ ₩44,200 ④ ₩45,843 ⑤ ₩49,200

3 영업활동 현금흐름-간접법

1. 간접법 풀이법

영업활동 현금흐름 = 영업 손익 (NI − 비영업 손익) − △영업 자산 + △영업 부채

STEP 1 투자, 재무 I/S 계정 부인

비영업인 경우 비용이면 가산, 이익이면 차감

STEP 2 영업관련 B/S 계정 증감: 자산은 반대로, 부채는 그대로

손익 계정은 '비영업' 항목들을 제거하지만, 자산, 부채는 '영업' 항목들을 인식

주의! 자본거래 손익과 기타포괄손익은 무시할 것!

자본거래 손익: 자기주식처분손익, 감자차손익 등
기타포괄손익: 재평가잉여금, FVOCI금융자산 평가손익 등
− 애초에 당기순이익에 포함되어 있지 않으므로 부인 X

2. 계정별 활동 구분

	영업활동	투자활동	재무활동
I/S 항목	매출액, 매출원가 대손상각비(= 매출채권손상차손) 급여 등 영업비용	감가상각비, 무형자산상각비 유형·금융자산처분손익 유형자산손상차손	사채상환손익
B/S 항목	매출채권, 대손충당금 매입채무, 재고자산 선수금, 선급금 단기매매증권 법인세 자산, 부채	토지, 건물, 기계장치 등 유형자산, 무형자산, 금융자산, 대여금	납입자본, 자기주식 장단기차입금, 사채

계정	활동	계정	활동	영업 대응 계정
선수수익	영업	선수금	영업	N/A
선급비용		선급금		
미수수익		**미수금**	**비영업**	매출채권
미지급비용		**미지급금**		매입채무

(1) **'~비용' 혹은 '~수익'으로 끝나는 계정과목: 선수수익, 선급비용, 미수수익, 미지급비용**

영업손익(급여, 임차료, 이자수익, 이자비용 등)을 인식하면서 발생한 계정 → 전부 영업활동

(2) **'~금'으로 끝나는 계정과목: 선수금, 선급금, 미수금, 미지급금**

선은 재고자산 거래, 미는 비재고 거래 → 선영업, 미비영업

주의 문제에 제시된 투자·재무활동 현금흐름은 무시

유형자산의 취득, 유상증자, 배당금 지급, 차입금 차입/상환 등 투자·재무활동 현금흐름
: '현금흐름'이지, 비영업손익이나 영업 자산·부채가 아니므로 간접법 문제 풀이 시 무시

예제 영업활동 현금흐름-간접법

B-01 다음은 ㈜세무의 20X1년도 간접법에 의한 현금흐름표를 작성하기 위한 자료의 일부이다.

• 20X1년도 포괄손익계산서 자료
— 당기순이익: ₩500,000
— 매출채권손상차손: ₩9,000
— 상각후원가측정금융자산처분손실: ₩3,500
— 유형자산처분손실: ₩50,000
— 법인세비용: ₩60,000
— 감가상각비: ₩40,000
— 사채상환이익: ₩5,000

• 20X1년 말 재무상태표 자료

구분	20X1년 1월 1일	20X1년 12월 31일
매출채권(순액)	₩120,000	₩90,000
재고자산(순액)	80,000	97,000
매입채무	65,000	78,000
유형자산(순액)	3,000,000	2,760,000
당기법인세부채	40,000	38,000
이연법인세부채	55,000	70,000

20X1년도 현금흐름표상 영업활동순현금흐름은? (단, 법인세납부는 영업활동으로 분류한다.) 2019. CTA

① ₩627,500 ② ₩640,500 ③ ₩649,500 ④ ₩687,500 ⑤ ₩877,000

B-02 다음은 ㈜갑의 20X1년도 간접법에 의한 현금흐름표를 작성하기 위한 자료이다.

(1) 20X1년도 포괄손익계산서 자료

- 당기순이익 : ₩500
- 법인세비용 : ₩100
- 재고자산평가손실 : ₩10
- 대손상각비 : ₩90(매출채권에서 발생)
- 외화환산이익 : ₩40(매출채권에서 발생)
- 외화환산손실 : ₩50(매입채무에서 발생)
- 단기매매금융자산처분이익 : ₩80
- 단기매매금융자산평가손실 : ₩60

(2) 20X1년말 재무상태표 자료

- 20X1년 기초금액 대비 기말금액의 증감은 다음과 같다.

자 산		부채와 자본	
계정과목	증가(감소)	계정과목	증가(감소)
현금및현금성자산	₩30	단기차입금	₩(70)
단기매매금융자산	120	매입채무	(330)
매출채권(순액)	650	미지급법인세	(20)
재고자산(순액)	(480)	이연법인세부채	30
유형자산(순액)	(230)	자본	480

(3) 20X1년도 유형자산 취득금액은 ₩70이고 처분은 없으며, 20X1년도 감가상각비는 ₩300이다.

(4) 이자와 배당금의 수취, 이자지급 및 법인세납부 또는 환급은 영업활동으로 분류하고, 배당금의 지급은 재무활동으로 분류한다.

㈜갑의 20X1년도 현금흐름표상 영업활동순현금흐름은 얼마인가? 2013. CPA

① ₩190 ② ₩200 ③ ₩210 ④ ₩310 ⑤ ₩1,410

B-03 다음은 ㈜대한의 20X1년도 현금흐름표를 작성하기 위한 자료이다.

• 20X1년도 포괄손익계산서 관련 자료

법인세비용차감전순이익	₩2,150,000
법인세비용	?
이자비용	30,000
감가상각비	77,000

• 20X1년 말 재무상태표 관련 자료

계정과목	기말잔액	기초잔액	증감
매출채권	₩186,000	₩224,000	₩38,000 감소
재고자산	130,000	115,000	15,000 증가
매입채무	144,000	152,000	8,000 감소
미지급이자	9,500	12,000	2,500 감소
당기법인세부채	31,000	28,000	3,000 증가
이연법인세부채	2,600	4,000	1,400 감소

㈜대한은 간접법으로 현금흐름표를 작성하며, 이자지급과 법인세납부는 영업활동현금흐름으로 분류한다. ㈜대한이 20X1년도 현금흐름표에 보고한 영업활동순현금유입액이 ₩1,884,900일 경우, 20X1년도 당기순이익은 얼마인가?

2023. CPA

① ₩1,713,600 ② ₩1,754,200 ③ ₩1,791,300 ④ ₩1,793,800 ⑤ ₩1,844,100

HONEY 김수석의 꿀팁! **사채발행차금 상각액 처리방법** ★중요!

구분	이자손익 영업손익	상각액 영업 자산/부채
①영업CF – 직접법(이자지급액)	반영	반영
②영업CF – 간접법	무시	반영
③영창현	부인	무시

기준서에 따르면, 이자의 수취 및 지급에 따른 현금흐름은 매 기간 일관성 있게 영업활동, 투자활동 또는 재무활동으로 분류하면 된다. 대부분 문제에서는 이자의 수취 및 지급을 영업활동으로 구분한다. 이 구분법에 따르면, 각 현금흐름 계산 시 사채할인/할증발행차금 상각액을 위와 같이 처리하면 된다.

① 영업CF – 직접법: 이자의 수취 및 지급을 영업활동으로 구분하므로 이자손익은 영업손익에, 사채발행차금 상각액은 영업 자산/부채에 해당한다. 따라서 직접법으로 영업CF 계산 시 이자손익과 상각액을 모두 반영하면 된다.

② 영업CF – 간접법: 간접법에서는 NI에서 비영업손익을 부인하는데, 이자손익이 영업손익이므로 부인하지 않고 무시하면 된다. 상각액은 직접법과 똑같이 반영하면 된다.

③ 영창현: 영창현 계산 시에는 이자수취액 및 이자지급액을 따로 직접법으로 표시하므로 이자 관련 현금흐름을 '비영업활동처럼' 본다. 따라서 NI에서 이자손익을 부인하고, 상각액은 무시한다.

B-04 ㈜세무의 20X1년도 현금흐름표 상 영업활동순현금유입액은 ₩100,000이다. 다음 자료를 이용하여 계산한 ㈜세무의 20X1년도 당기순이익은? 2023. CTA

- 법인세비용 ₩50,000
- 대손상각비 ₩20,000
- 감가상각비 ₩25,000
- 사채이자비용 ₩40,000(사채할인발행차금 상각액 ₩10,000 포함)
- 토지처분이익 ₩30,000
- 미지급이자 감소액 ₩10,000
- 매출채권(순액) 증가액 ₩15,000
- 법인세부채 증가액 ₩5,000
- ㈜세무는 간접법을 사용하여 영업활동현금흐름을 산출하며, 이자지급 및 법인세납부는 영업활동으로 구분한다.

① ₩105,000 ② ₩115,000 ③ ₩125,000 ④ ₩135,000 ⑤ ₩145,000

B-05 다음은 유통업을 영위하는 ㈜대한의 20X1년 현금흐름표를 작성하기 위한 자료이다. ㈜대한은 간접법으로 현금흐름표를 작성하며, 이자지급 및 법인세납부는 영업활동현금흐름으로 분류한다. ㈜대한이 20X1년 현금흐름표에 보고할 영업활동순현금흐름은 얼마인가? 2020. CPA

- 법인세비용차감전순이익: ₩534,000
- 건물 감가상각비: ₩62,000
- 이자비용: ₩54,000(유효이자율법에 의한 사채할인발행차금상각액 ₩10,000 포함)
- 법인세비용: ₩106,800
- 매출채권 감소: ₩102,000
- 재고자산 증가: ₩68,000
- 매입채무 증가: ₩57,000
- 미지급이자 감소: ₩12,000
- 당기법인세부채 증가: ₩22,000

① ₩556,200 ② ₩590,200 ③ ₩546,200 ④ ₩600,200 ⑤ ₩610,200

4 영업에서 창출된 현금

: 영업활동 현금흐름 중 4가지 현금흐름(이자수취, 이자지급, 배당금수취, 법인세납부)을 제외한 현금흐름

1. 영업에서 창출된 현금 vs 영업활동 현금흐름 ★중요!

4가지 활동의	영창현	+직접법	=영업활동 현금흐름
관련 손익	부인 O	인식	무시
자산, 부채 증감	무시	반영 O	반영 O

(1) 영업활동 현금흐름-간접법: 4가지 현금흐름을 **영업활동**으로 처리!

영업CF	=	NI	−	비영업 손익	−	△영업 자산	+	△영업 부채
				무시		4가지 활동의 자산, 부채 증감 반영 O		

(2) 영업활동 현금흐름-영창현 표시법: 4가지 현금흐름을 **비영업활동처럼** 처리!

	=	NI	−	비영업 손익	−	△영업 자산	+	△영업 부채
영업에서 창출된 현금	=	NI		투자, 재무 손익 + 아래 4개 손익		아래 자산, 부채를 제외한 영업 자산, 부채		
+ 이자수취	=			이자수익		미수이자		선수이자
− 이자지급	=			이자비용		선급이자		미지급이자
+ 배당금수취	=			배당금수익		미수배당금		
− 법인세납부	=			법인세비용		선급법인세 이연법인세자산		당기법인세부채 이연법인세부채
=영업CF								

2. 영업에서 창출된 현금 풀이법: 4가지 활동을 '비영업활동인 것처럼' 처리! ★중요!

STEP 1 투자, 재무 I/S 계정 부인: 4가지 활동 손익 부인

4가지 활동과 관련된 손익도 비영업손익으로 보고 같이 부인

STEP 2 영업 관련 B/S 계정 증감: 자산은 반대로, 부채는 그대로

4가지 활동과 관련된 계정은 비영업 자산, 부채로 보고 무시

STEP 3 직접법 표시

현금흐름	=	손익	−	△자산	+	△부채
이자수취		이자수익		미수이자		선수이자
이자지급		이자비용		선급이자		미지급이자
배당금수취		배당금수익		미수배당금		
법인세납부		법인세비용		선급법인세 이연법인세자산		당기법인세부채 이연법인세부채

김수석의 핵심콕! 영업활동 현금흐름 계산 시 EBT에 대한 이해 ★중요!

(1) 간접법: NI에서 출발
(2) 영창현: EBT(법인세비용차감전순이익)에서 출발

(1) 간접법: NI에서 출발 후 법인세비용(영업비용) 무시
→ 문제에서 EBT를 제시하면 법인세비용 차감 후 NI에서 출발

(2) 영창현: NI에서 4가지 손익(법인세비용 포함) 부인
→ 문제에서 EBT를 제시하면 그대로 두고 나머지 3가지 손익만 더 부인

<table>
<tr><th></th><th>=</th><th>손익</th><th>−</th><th>비영업 손익</th><th>−</th><th>△영업 자산</th><th>+</th><th>△영업 부채</th></tr>
<tr><td rowspan="2">영업에서 창출된 현금</td><td>=</td><td>NI</td><td></td><td>투자, 재무 손익
이자수익, 비용
배당금수익
+ 법인세비용</td><td rowspan="2"></td><td colspan="3" rowspan="2">4가지 활동과 관련된 자산, 부채를 제외한 영업 자산, 부채</td></tr>
<tr><td>=</td><td>EBT</td><td></td><td>투자, 재무 손익
이자수익, 비용
배당금수익</td></tr>
</table>

예제 영업에서 창출된 현금

C-01 다음은 제조기업인 ㈜대한의 20X1년도 간접법에 의한 현금흐름표를 작성하기 위한 자료이다.

- 법인세비용차감전순이익 : ₩500,000
- 대손상각비 : ₩30,000
- 재고자산평가손실 : ₩10,000
- 건물 감가상각비 : ₩40,000
- 이자비용 : ₩50,000
- 법인세비용 : ₩140,000
- 단기매매금융자산 처분이익 : ₩15,000
- 재무상태표 계정과목의 기초금액 대비 기말금액의 증감
  - 매출채권(순액) : ₩100,000 증가
  - 매입채무 : ₩50,000 감소
  - 재고자산(순액) : ₩20,000 증가
  - 단기매매금융자산 : ₩50,000 감소
  - 미지급이자 : ₩70,000 증가

이자지급 및 법인세납부를 영업활동으로 분류한다고 할 때, 20X1년 ㈜대한이 현금흐름표에 보고할 영업에서 창출된 현금은 얼마인가? 2014. CPA

① ₩420,000 ② ₩456,000 ③ ₩470,000 ④ ₩495,000 ⑤ ₩535,000

C-02 ㈜대한의 20X1년도 현금흐름표상 영업에서 창출된 현금(영업으로부터 창출된 현금)은 ₩100,000이다. 다음에 제시된 자료를 이용하여 계산한 ㈜대한의 20X1년도 포괄손익계산서상 법인세비용차감전순이익은 얼마인가? 단, 이자와 배당금 수취, 이자지급 및 법인세납부는 영업활동으로 분류한다. 2019. CPA

감가상각비	₩2,000	미지급이자 감소	₩1,500
유형자산처분이익	1,000	재고자산(순액) 증가	3,000
이자비용	5,000	매입채무 증가	4,000
법인세비용	4,000	매출채권(순액) 증가	2,500
재고자산평가손실	500	미수배당금 감소	1,000
배당금수익	1,500	미지급법인세 감소	2,000

① ₩90,000 ② ₩96,500 ③ ₩97,000 ④ ₩97,500 ⑤ ₩99,000

C-03 ㈜한국의 20X1년도 현금흐름표상 영업에서 창출된 현금(영업으로부터 창출된 현금)이 ₩100,000이고 영업활동 현금흐름은 ₩89,000이다. 다음에 제시된 자료를 이용하여 ㈜한국의 20X1년도 포괄손익계산서상 법인세비용차감전순이익을 구하면 얼마인가? (단, 이자지급 및 법인세납부는 영업활동으로 분류한다.) 2010. CPA

〈20X1년도 ㈜한국의 재무자료〉

이자비용	₩2,000	감가상각비	₩1,000
유형자산처분손실	3,000	사채상환이익	2,000
법인세비용	7,000	미지급이자의 증가	1,000
재고자산(순액)의 증가	3,000	매출채권(순액)의 증가	2,000
매입채무의 증가	3,000	미지급법인세의 감소	3,000

① ₩91,000 ② ₩98,000 ③ ₩101,000 ④ ₩103,000 ⑤ ₩105,000

C-04 다음 자료는 ㈜코리아의 20X0년말과 20X1년말 재무상태표와 20X1년 포괄손익계산서 및 현금흐름표에서 발췌한 회계자료의 일부이다. ㈜코리아는 이자의 지급을 영업활동으로 분류하고 있다. 다음의 자료만을 이용할 때 20X1년도 '법인세비용차감전순이익' 및 '영업에서 창출된 현금'을 계산하면 각각 얼마인가? 2015. CPA

(1) 감가상각비	₩40,000
(2) 유형자산처분손실	20,000
(3) 이자비용	25,000
(4) 법인세비용	30,000
(5) 미지급법인세의 감소액	5,000
(6) 이연법인세부채의 증가액	10,000
(7) 이자지급액	25,000
(8) 매출채권의 증가액	15,000
(9) 대손충당금의 증가액	5,000
(10) 재고자산의 감소액	4,000
(11) 매입채무의 감소액	6,000
(12) 영업활동순현금흐름	200,000

	법인세비용차감전순이익	영업에서 창출된 현금
①	₩177,000	₩250,000
②	₩172,000	₩245,000
③	₩225,000	₩192,000
④	₩167,000	₩240,000
⑤	₩172,000	₩220,000

C-05 ㈜세무의 20X2년도 현금흐름표의 영업활동현금흐름에 표시된 항목과 금액이 다음과 같을 때, 영업활동순현금흐름은?

2018. CTA

항목	금액	항목	금액
당기순이익	₩200,000	매출채권 감소	₩15,000
이자수익	20,000	매입채무 감소	12,000
이자비용	35,000	미지급급여 증가	6,000
법인세비용	40,000	이자지급	26,000
감가상각비	50,000	이자수취	18,000
기계장치처분이익	8,000	법인세납부	42,000
재고자산 증가	25,000		

① ₩223,000 ② ₩231,000 ③ ₩239,000 ④ ₩281,000 ⑤ ₩311,000

3. 영업활동 문제에서 투자·재무활동 처리방법 심화

(1) 투자·재무활동 현금흐름만 제시한 경우: 무시

ex〉 건물의 취득 ₩500

영업활동 현금흐름을 간접법으로 계산할 때에는 당기순이익에서 '비영업손익'을 제거하고, '영업 자산·부채'의 증감을 반영한다. 영업활동 현금흐름을 간접법으로 계산하는 문제에 **유형자산의 취득/처분, 차입금 차입/상환, 유상증자, 배당금 지급** 등과 같은 투자·재무활동 현금흐름이 제시될 수 있다. 이들은 '현금흐름'이지, 비영업손익이나 영업 자산·부채가 아니므로, **무시해야 한다**.

(2) 투자·재무활동 거래 자료를 자세히 제시한 경우: 관련 손익 계산 후 부인

ex〉₩4,000에 구입한 건물(감가상각누계액 ₩3,000)을 당기에 ₩500에 매각하였다.

한편, 단순히 현금흐름만 제시하는 것이 아니라, 거래 자료를 같이 제시하는 경우가 있다. 이 경우에는 거래 자료를 바탕으로 **유형자산처분손익 및 감가상각비** 등의 비영업손익을 계산할 수 있다. 영업활동 현금흐름이나 영업에서 창출된 현금 계산 시에는 비영업손익을 부인하므로 이 손익들을 **계산한 뒤, 부인해야 한다**.

C-06 다음 자료를 이용할 경우 20X1년도 현금흐름표에 계상될 영업활동순현금흐름은 얼마인가? 2012. CTA

• 당기순이익		₩250,000
• 감가상각비		₩40,000
• 사채상환이익		₩35,000
• 기타포괄손익 – 공정가치측정금융자산처분손실		₩20,000
• 배당금지급		₩80,000
• 유상증자		₩110,000

• 자산 및 부채 계정잔액의 일부

	20X1년 1월 1일	20X1년 12월 31일
매출채권(순액)	₩50,000	₩70,000
단기대여금	110,000	130,000
유형자산(순액)	135,000	95,000
매입채무	40,000	30,000
미지급비용	30,000	45,000

① ₩260,000 유입 ② ₩265,000 유입 ③ ₩270,000 유입
④ ₩275,000 유입 ⑤ ₩290,000 유입

C-07 ㈜한국은 당기 중에 장부금액 ₩40,000인 기계장치를 ₩52,000에 처분하였으며 당기 중 취득한 기계장치는 없다. 법인세차감전순이익은 ₩30,000이며, 액면 발행된 사채의 이자비용이 ₩2,000이다. 영업에서 창출된 현금은? 2015. CTA 심화

계정과목	기초	기말
매출채권(총액)	₩120,000	₩90,000
매출채권 대손충당금	4,000	5,000
재고자산	250,000	220,000
기계장치(총액)	400,000	300,000
기계장치 감가상각누계액	230,000	190,000
매입채무	245,000	280,000

① ₩116,000 ② ₩126,000 ③ ₩136,000 ④ ₩146,000 ⑤ ₩156,000

C-08 ㈜세무의 20X1년도 현금흐름표를 작성하기 위한 자료는 다음과 같다. ㈜세무가 20X1년도 현금흐름표에 보고할 영업활동순현금유입액은?

2022. CTA **심화**

- 법인세비용차감전순이익 : ₩1,000,000
- 법인세비용 : ₩120,000 (20X1년 중 법인세납부액과 동일)
- 이자비용 : ₩30,000 (모두 사채의 이자비용이며, 사채할인발행차금 상각액을 포함함)
- 자산과 부채의 증감

계정과목	기초금액	기말금액
매출채권	₩200,000	₩210,000
재고자산	280,000	315,000
건 물	1,200,000	1,150,000
건물감가상각누계액	(380,000)	(370,000)
사 채	300,000	300,000
사채할인발행차금	(15,000)	(10,000)

- 20X1년 중 건물관련 거래가 ㈜세무의 순현금흐름을 ₩30,000 증가시켰다.
- 20X1년 중 사채관련 거래가 ㈜세무의 순현금흐름을 ₩25,000 감소시켰으며, 20X1년 중 사채의 발행 및 상환은 없었다.
- ㈜세무는 간접법을 사용하여 영업활동현금흐름을 산출하며, 이자지급 및 법인세납부는 영업활동으로 구분한다.

① ₩850,000 ② ₩880,000 ③ ₩890,000 ④ ₩930,000 ⑤ ₩970,000

5 투자 · 재무활동 현금흐름

1. 유 · 무형자산 관련 현금흐름

현금흐름	=	관련 손익	−	△관련 자산	+	△관련 부채, 자본
순현금흐름		(감가상각비) (무형자산상각비) 처분손익 재평가잉여금		유 · 무형자산 미수금		감가상각누계액 미지급금 납입자본

STEP 1 관련 손익 채우기

(1) 관련 손익: 감가상각비, 무형자산상각비, 처분손익, 재평가잉여금

(2) 감가상각비가 제시되지 않은 경우
: 아래 공식을 이용하여 감가상각비 대입 (문제에 감가상각비가 없다고 무시하면 안 됨!)

기초 감가상각누계액 + **감가상각비** − 처분 자산의 감가상각누계액 = 기말 감가상각누계액

STEP 2 자산, 부채 증감

(1) 감누는 부채로, 장부금액은 자산으로
① 감누: 자산의 차감적 평가 계정 → 양수인 부채로 보자!
ex〉 기초 감누 20,000, 기말 감누 30,000: 부채 아래에 10,000 적기
ex〉 기초 감누 (49), 기말 감누 (35): 부채 아래에 (14) 적기 (∵35 − 49 = (−)14)

② 장부금액: 유형자산의 취득원가 − 감가상각누계액
장부금액은 이미 감누가 차감된 금액이므로 감누를 고려하지 말고 장부금액의 증감만 반대로 적기

(2) 미수금, 미지급금
① 유 · 무형자산 외상 거래: 미수금 증감은 반대로, 미지급금 증감은 그대로
② 유 · 무형자산 취득 시 인수한 부채: 양수로 적기

(3) 현물출자 시
유형자산 취득 대가로 주식을 발행하는 경우 주식의 발행가액(= 납입자본)만큼 가산

STEP 3 현금흐름

(1) 순현금흐름

'순현금흐름'만 묻는다면 대변에 손익과 자산, 부채의 증감을 대입하여 순현금흐름만 계산

(2) 개별 현금흐름: 취득원가, 처분가액, 차입액, 상환액

① 대변을 먼저 마무리해서 순현금흐름을 구하기

② 문제에 제시된 일부 현금흐름을 먼저 대입

③ 순현금흐름이 되게끔 나머지 현금흐름을 끼워 넣기

예제 유·무형자산 관련 현금흐름

D-01 ㈜한국은 20X1년도 현금흐름표를 작성 중이다. 기계장치 관련 내역은 다음과 같으며, 당기 중 취득 및 처분 거래는 모두 현금으로 이루어졌다.

계정과목	기초금액	기말금액
기계장치	₩300,000	₩320,000
감가상각누계액	₩55,000	₩60,000

㈜한국은 당기 중 기계장치를 ₩100,000에 취득하였으며, 포괄손익계산서에는 기계장치처분이익 ₩5,000과 감가상각비(기계장치) ₩35,000이 보고되었다.

㈜한국의 기계장치 관련 거래가 20X1년도의 투자활동 현금흐름에 미치는 영향은? 2017. CPA

① 현금유출 ₩45,000 ② 현금유출 ₩15,000 ③ 현금유출 ₩10,000

④ 현금유입 ₩5,000 ⑤ 현금유입 ₩30,000

D-02 ㈜세무의 기계장치와 관련된 내역은 다음과 같다. 기계장치는 원가모형을 적용한다.

계정과목	기초금액	기말금액
기계장치	₩400,000	₩410,000
감가상각누계액	55,000	65,000

한편, 당기 중에 기계장치를 ₩100,000에 취득하였으며, 포괄손익계산서에는 기계장치처분이익 ₩10,000과 감가상각비(기계장치) ₩40,000이 보고되었다. 당기 중 취득 및 처분거래는 모두 현금거래이다. ㈜세무의 당기 중 기계장치 관련 거래가 현금흐름표상 투자활동 현금흐름에 미치는 순효과는? 2024. CTA

① 현금유출 ₩30,000 ② 현금유출 ₩60,000 ③ 현금유출 ₩70,000

④ 현금유입 ₩30,000 ⑤ 현금유입 ₩70,000

D-03 다음은 ㈜대한의 20X1년도 비교재무상태표의 일부이다. 한편, ㈜서울은 20X1년 중에 취득원가 ₩80,000이고 감가상각누계액 ₩70,000인 기계장치를 ₩12,000에 매각하였다. ㈜대한이 20X1년에 취득한 기계장치의 취득원가는? (단, 기계장치의 취득 및 매각은 현금거래이다.) 2016. 서울시 7급 수정

	20X1.1.1.	20X1.12.31.
기계장치	₩200,000	₩350,000
감가상각누계액	₩50,000	₩40,000

① ₩206,000 ② ₩218,000 ③ ₩220,000 ④ ₩230,000 ⑤ ₩242,000

D-04 다음은 ㈜여름의 기계장치와 관련하여 20X1년도 중 발생한 일부 거래내역과 20X1년도 부분재무제표의 자료이다. ㈜여름의 유형자산은 모두 기계장치이다. 다음의 자료만을 이용하여 계산한 20X1년도 기계장치의 처분으로 인한 현금유입액은 얼마인가? 2011. CPA

Ⅰ. 부분재무상태표

계 정 과 목	기초잔액	기말잔액	증 감
기계장치	₩8,700,000	₩8,670,000	₩(30,000)
감가상각누계액	(3,700,000)	(2,500,000)	(1,200,000)

Ⅱ. 부분포괄손익계산서

계 정 과 목	금 액
유형자산감가상각비	₩(850,000)
유형자산처분이익	570,000

(1) 20X1년 7월 1일 ㈜여름은 공정개선을 위해 보유중인 기계장치 일부를 ㈜겨울의 기계장치와 교환하였다. 교환시점에서 ㈜여름이 보유한 기계장치의 취득금액은 ₩3,300,000(감가상각누계액 ₩1,100,000)이고 공정가치는 ₩2,300,000이었으며, ㈜겨울이 보유한 기계장치의 취득금액은 ₩4,000,000(감가상각누계액 ₩2,500,000)이고 공정가치는 ₩2,000,000이었다. 동 거래는 상업적 실질이 있는 교환으로 공정가치 보상을 위한 현금수수는 없었으며, ㈜여름이 보유한 기계장치의 공정가치가 더 명백하였다.

(2) 20X1년 10월 1일 취득원가가 ₩4,000,000인 기계장치를 취득하였으며, 당기 중 기계장치의 추가 취득거래는 발생하지 않았다. 또한 (1)의 교환거래를 제외한 기계장치관련 거래는 모두 현금으로 이루어졌으며, ㈜여름은 기계장치에 대해 원가모형을 적용하였다.

① ₩2,080,000 ② ₩2,550,000 ③ ₩2,650,000 ④ ₩3,300,000 ⑤ ₩3,400,000

D-05 20X0년 초에 설립된 ㈜대한의 20X0년 12월 31일 현재 토지의 장부금액은 ₩5,400,000이다. 이는 재평가로 인하여 증가된 ₩1,100,000이 포함된 금액이다. 또한 ㈜대한은 20X0년 3월 1일에 취득한 기계장치(내용연수 5년, 잔존가치 ₩400,000, 정액법 상각)를 20X0년 5월 31일 ₩5,300,000에 전부 처분하고 유형자산처분손실 ₩1,845,000을 인식하였다. ㈜대한은 감가상각에 대해 월할계산하고 있으며, 자산의 취득 및 처분과 관련된 모든 거래는 현금으로 이루어지고 있다. ㈜대한의 20X0년도 현금흐름표에 계상될 투자활동순현금흐름은 얼마인가? (단, 토지는 20X0년 초에 취득하였으며, 재평가모형을 적용한다.) 2012. CTA

① ₩4,300,000 유출 ② ₩5,500,000 유입 ③ ₩6,500,000 유출
④ ₩7,500,000 유입 ⑤ ₩11,800,000 유출

※ 다음의 자료를 이용하여 문제 6번과 문제 7번에 답하시오.

㈜갑의 재무상태표상 각 항목의 20X1년 기초대비 기말잔액의 증감액은 다음과 같다.

자산		부채와 자본	
계정과목	증가(감소)	계정과목	증가(감소)
현금	₩?	매입채무	(₩10,000)
재고자산	90,000	장기차입금	110,000
장기투자자산	(100,000)	자본금	0
건물	300,000	이익잉여금	?
감가상각누계액	(0)		

다음은 20X1년중에 발생한 거래의 일부이다.

- 20X1년 당기순이익은 ₩300,000이다.
- 취득원가 ₩500,000(장부금액 ₩250,000)의 건물을 ₩250,000에 처분하였고, 당기에 취득한 건물 중 ₩110,000은 건물과 관련된 장기차입금 ₩110,000을 인수하는 방식으로 취득하였다.
- 장기투자자산 중 일부를 ₩135,000에 처분하였으며, 장기투자자산에 영향을 미치는 다른 거래는 없었다.

D-06 ㈜갑의 20X1년 현금흐름표상 영업활동순현금흐름은 얼마인가? 2012. CPA

① ₩450,000 ② ₩425,000 ③ ₩415,000 ④ ₩175,000 ⑤ ₩165,000

D-07 ㈜갑의 20X1년 현금흐름표상 투자활동순현금흐름은 얼마인가? 2012. CPA

① (₩555,000) ② (₩690,000) ③ (₩305,000) ④ (₩195,000) ⑤ (₩385,000)

※ 다음은 유통업을 영위하는 ㈜대한의 20X1년도 현금흐름표를 작성하기 위한 자료이다. 이를 이용하여 문제 8번과 문제 9번에 답하시오.

(1) 20X1년 포괄손익계산서 관련 자료

- 매출 : ₩435,000
- 매출원가 : ₩337,000
- 급여 : ₩8,000
- 매출채권 대손상각비 : ₩1,500
- 차량운반구 감가상각비 : ₩16,000
- 재고자산평가손실(기타 비용) : ₩5,000
- 매출채권 외화환산이익 : ₩1,000
- 유형자산처분손실 : ₩2,000

(2) 20X1년 재무상태표 관련 자료(단위 : ₩)

계정과목	기초	기말
매출채권	92,400	135,500
매출채권 대손충당금	4,400	5,500
재고자산	120,000	85,000
재고자산평가충당금	—	5,000
매입채무	70,000	40,000
차량운반구	400,000	371,000
차량운반구 감가상각누계액	100,000	77,000

(3) 20X1년 중 취득가액이 ₩40,000(감가상각누계액 ₩20,000)인 차량운반구를 처분하여 처분손실 ₩2,000이 발생하였다. 또한 차량운반구를 ₩50,000에 신규 취득하였으며 이는 당기 중 유일한 취득 거래이다. 당기 중 차량운반구의 증감은 전부 취득과 처분으로 발생한 것이다.

(4) 매출액 중 ₩25,000은 현금매출이며 나머지는 신용매출이다.

(5) 별도의 언급이 없는 한, 당기 중 거래는 현금으로 이루어졌다.

D-08 ㈜대한이 20X1년 현금흐름표에 보고할 영업으로부터 창출된 현금은 얼마인가? 2018. CPA 심화

① ₩27,500 ② ₩51,500 ③ ₩52,500 ④ ₩60,500 ⑤ ₩384,500

D-09 ㈜대한의 차량운반구 관련 거래가 20X1년도 투자활동 현금흐름에 미치는 영향은? 2018. CPA

① 현금유출 ₩12,000 ② 현금유출 ₩32,000 ③ 현금유출 ₩50,000
④ 현금유입 ₩30,000 ⑤ 현금유입 ₩38,000

2. 자산, 부채의 증감을 알 수 없는 경우: 문제에 제시된 현금흐름 바로 이용!

자산, 부채의 증감을 제시하지 않고 거래내용만 제공하는 문제는 우리가 지금까지 이용했던 현금흐름 공식을 이용할 수 없다. 따라서 표를 그리지 않고 문제에 제시된 취득가액, 처분가액 등의 자료를 이용하여 현금흐름을 바로 계산한다.

예제 자산, 부채의 증감을 알 수 없는 경우

D-10 ㈜세무의 현금흐름표 작성을 위한 20X1년 자료가 다음과 같을 때, ㈜세무의 20X1년도 투자활동순현금흐름과 재무활동순현금흐름은? (단, ㈜세무는 이자의 지급, 이자 및 배당금의 수입은 영업활동으로, 배당금의 지급은 재무활동으로 분류하고 있다.)

2017. CTA

- 유상증자로 ₩250,000, 장기차입금으로 ₩300,000을 조달하였다.
- 20X1년 초 매출채권 잔액은 ₩300,000이었고, 여기에 대손충당금 잔액이 ₩20,000 설정되어 있다. 20X1년 말 매출채권 잔액은 ₩500,000이며, 대손추정을 통하여 기말 대손충당금 잔액이 ₩50,000으로 증가하였다.
- 20X0년 경영성과에 대해 20X1년 3월 주주총회 결의를 통해 주주들에게 배당금으로 ₩200,000을 지급하였다.
- 기초와 기말의 법인세 부채는 각각 ₩300,000과 ₩400,000이었다.
- 당기에 유형자산을 총원가 ₩1,500,000에 취득하였으며, 이 중에서 ₩900,000은 금융리스로 취득하였다. 나머지 ₩600,000은 현금으로 지급하였다. 금융리스부채의 상환은 20X2년 초부터 이루어진다.
- 취득원가가 ₩800,000이고 감가상각누계액이 ₩500,000인 공장 설비를 현금매각하고, 유형자산처분이익 ₩100,000을 인식하였다.

	투자활동순현금흐름	재무활동순현금흐름
①	₩200,000 유출	₩350,000 유입
②	₩200,000 유출	₩550,000 유입
③	₩400,000 유입	₩200,000 유출
④	₩600,000 유출	₩350,000 유입
⑤	₩600,000 유출	₩550,000 유입

6 현금흐름표 말문제 심화

현금흐름표는 말문제가 거의 출제되지 않는 주제이다. 다음 내용만 가볍게 보고 넘어가자.

1. 현금 및 현금성자산

(1) 현금: 보유 현금과 요구불예금

(2) 현금성자산: 유동성이 매우 높은 단기 투자자산으로서 확정된 금액의 현금으로 전환이 용이하고 가치 변동의 위험이 경미한 자산

(3) 투자자산: 일반적으로 만기일이 단기에 도래하는 경우(예를 들어, **취득일로부터 만기일이 3개월 이내인** 경우)에만 현금성자산으로 분류

(4) 지분상품: 현금성자산에서 제외. (상환일이 정해져 있고 취득일로부터 상환일까지의 기간이 단기인 우선주와 같이 실질적인 현금성자산은 예외)

2. 직접법 vs 간접법: 직접법이 미래현금흐름 추정에 보다 유용한 정보를 제공

3. 총액 및 순액 표시

(1) 원칙: 총액

투자활동과 재무활동에서 발생하는 총현금유입과 총현금유출은 주요 항목별로 구분하여 총액으로 표시한다.

(2) 예외: 순액

다음의 영업활동, 투자활동 또는 재무활동에서 발생하는 현금흐름은 순증감액으로 보고할 수 있다.

① 현금흐름이 기업의 활동이 아닌 고객의 활동을 반영하는 경우로서 고객을 대리함에 따라 발생하는 현금유입과 현금유출

② 회전율이 높고 금액이 크며 만기가 짧은 항목과 관련된 현금유입과 현금유출

4. 외화 현금의 환율변동효과: 영업, 투자 및 재무활동 현금흐름과 구분하여 별도로 표시

5. 비현금거래: 현표에서 제외, 주석 공시

예제 현금흐름표 말문제

D-11 현금흐름표에 관한 설명으로 옳지 않은 것은? 2021. CTA

① 영업활동 현금흐름은 일반적으로 당기순손익의 결정에 영향을 미치는 거래나 그 밖의 사건의 결과로 발생한다.

② 법인세로 인한 현금흐름은 별도로 공시하며, 재무활동과 투자활동에 명백히 관련되지 않는 한 영업활동 현금흐름으로 분류한다.

③ 현금및현금성자산의 사용을 수반하지 않는 투자활동과 재무활동 거래는 현금흐름표에서 제외한다.

④ 이자와 배당금의 수취 및 지급에 따른 현금흐름은 각각 별도로 공시한다. 각 현금흐름은 매 기간 일관성 있게 영업활동, 투자활동 또는 재무활동으로 분류한다.

⑤ 단기매매목적으로 보유하는 유가증권의 취득과 판매에 따른 현금흐름은 투자활동으로 분류한다.

D-12 현금흐름표에 관한 설명으로 옳지 않은 것은? 2012. CTA

① 이자와 차입금을 함께 상환하는 경우, 이자지급은 영업활동으로 분류될 수 있고 원금상환은 재무활동으로 분류된다.

② 회전율이 높고 금액이 크며 만기가 짧은 항목과 관련된 재무활동에서 발생하는 현금흐름은 순증감액으로 보고할 수 있다.

③ 타인에게 임대할 목적으로 보유하다가 후속적으로 판매목적으로 보유하는 자산을 제조하거나 취득하기 위한 현금 지급액은 영업활동 현금흐름이다.

④ 지분상품은 현금성자산에서 제외하므로 상환일이 정해져 있고 취득일로부터 상환일까지의 기간이 3개월 이내인 우선주의 경우에도 현금성자산에서 제외한다.

⑤ 간접법보다 직접법을 적용하는 것이 미래현금흐름을 추정하는 데 보다 유용한 정보를 제공하므로 영업활동 현금흐름을 보고하는 경우에는 직접법을 사용할 것을 권장한다.

객 관 식

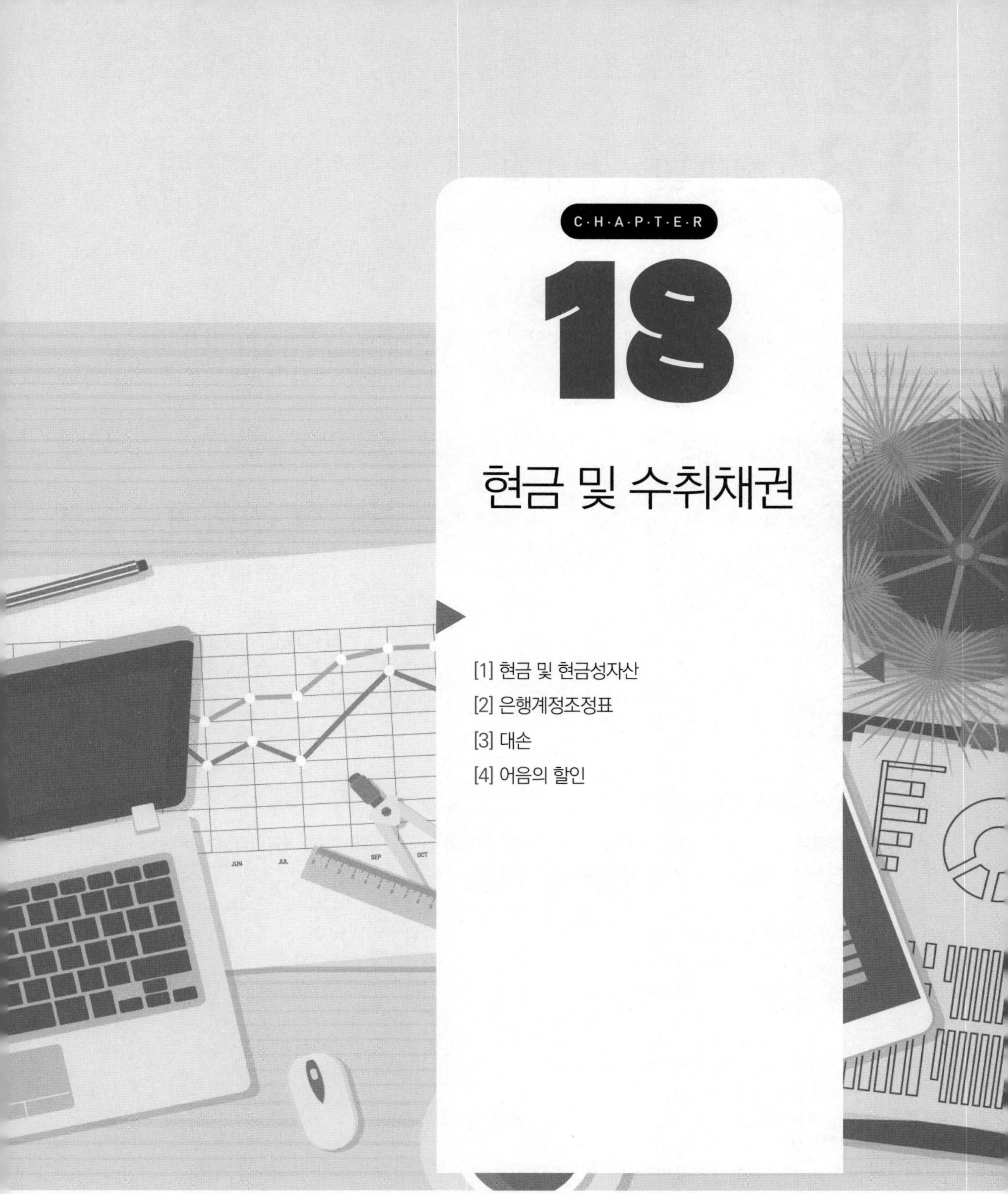

C·H·A·P·T·E·R

18

현금 및 수취채권

[1] 현금 및 현금성자산
[2] 은행계정조정표
[3] 대손
[4] 어음의 할인

18 현금 및 수취채권

CHAPTER

본 장의 내용은 회계사 시험에 출제될 가능성이 거의 없다. 세무사 수험생만 공부할 것을 추천한다.

1 현금 및 현금성자산

<table>
<tr><th>현금성 자산: 즉시 현금화 가능</th><th>현금성이 아닌 항목: (즉시) 현금화 불가</th></tr>
<tr><td>통화, 전도금, 보통예금, 당좌예금</td><td>적금, 당좌차월, 당좌개설보증금</td></tr>
<tr><td>타인발행수표, 자기앞수표</td><td>어음, 선일자수표</td></tr>
<tr><td>우편환, 송금환</td><td>우표, 수입인지</td></tr>
<tr><td>배당금지급통지표, 기일이 도래한 채권이자표</td><td>직원가불금, 차용증서</td></tr>
<tr><td colspan="2">양도성예금증서, 환매채, 국공채, 상환우선주
: 취득일로부터 만기일이 3개월 이내인 경우 현금성 자산</td></tr>
</table>

예제 현금 및 현금성자산

A-01 다음은 서울회사의 20X3년 12월 31일 결산일 현재의 현금 및 예금 등의 내역이다. 이 자료를 이용하여 현금및현금성자산으로 보고해야 할 금액을 구하시오. 2003. CTA

- 지폐와 동전: ₩30,000
- 수입인지: ₩10,000
- 당좌개설보증금: ₩80,000
- 당좌차월: ₩50,000
- 타인발행수표: ₩30,000
- 배당금지급통지표: ₩20,000
- 만기가 2개월 이내인 국공채 (20X3년 12월 1일 취득): ₩150,000
- 양도성 예금증서 (120일 만기): ₩500,000
- 기일이 도래한 공채이자표: ₩10,000
- 선일자수표: ₩200,000
- 환매채 (20X3년 11월 1일 취득한 90일 환매조건): ₩300,000
- 정기적금 (2년후 만기도래): ₩400,000
- 정기적금 (1년 이내 만기도래): ₩300,000

① ₩540,000 ② ₩550,000 ③ ₩740,000 ④ ₩750,000 ⑤ ₩1,240,000

2 은행계정조정표

1. 회사측 조정 사항

조정 사항	내용	회사 잔액에서
미통지예금	회사계좌에 입금되었으나 회사가 기록하지 않음	가산
받을어음 추심	어음을 회수하였으나 회사는 이를 누락함	
부도수표	회사 보유 수표가 부도처리되었으나 회사가 누락함	차감
은행수수료	은행수수료를 회사가 누락함	
이자손익	이자수익, 이자비용을 회사가 누락함	조정
회사측 오류	거래 금액을 잘못 기재함	

2. 은행측 조정 사항

조정 사항	내용	은행 잔액에서
미기입예금 (마감후 입금)	회사가 입금한 내역을 은행이 누락함	가산
기발행미인출수표 (미지급수표)	회사가 발행한 수표가 은행에서 출금되지 않음	차감
은행 측 오류	다른 회사의 거래를 본 회사의 거래로 잘못 반영함	조정

3. 조정 전 금액과 조정 후 금액의 명칭

	회사	은행
조정 전 금액	회사 측 당좌예금 잔액 ㈜한국의 당좌예금 잔액 ㈜한국의 수정 전 당좌예금 잔액 당좌예금 장부상 잔액 당좌예금계정 장부가액	은행계정명세서상의 잔액 예금잔액증명서상 당좌예금 잔액 은행 측 잔액증명서 은행계산서의 당좌예금 잔액
조정 후 금액	정확한 당좌예금 잔액, 정확한 당좌예금계정의 잔액	

주의 은행 측 잔액은 은행의 돈이 아니라 회사의 돈임!

회사 측 잔액도 회사 돈, 은행 측 잔액도 회사 돈이다. 은행이 회사의 계좌에 돈을 잘못 입금하거나, 잘못 인출하였을 경우 은행의 오류이므로 '은행 측 잔액'을 조정해야지, 회사 측 잔액을 조정하면 안 된다.

예 제 은행계정조정표

A-02 ㈜국세는 20X1년 12월 31일 자금담당직원이 회사자금을 횡령하고 잠적한 사건이 발생하였다. 12월 31일 현재 회사 장부상 당좌예금계정 잔액을 검토한 결과 ₩106,000이었으며, 은행측 당좌예금계정 잔액을 조회한 결과 ₩70,000으로 확인되었다. 회사측 잔액과 은행측 잔액이 차이가 나는 이유는 다음과 같다고 할 경우 자금담당직원이 회사에서 횡령한 것으로 추정할 수 있는 금액은 얼마인가? 2012. CTA

• 은행미기입예금	₩60,000
• 은행수수료	10,000
• 기발행 미인출수표	50,000
• 미통지입금	46,000
• 타사발행수표를 ㈜국세의 당좌예금 계좌에서 차감한 금액	22,000

① ₩22,000 ② ₩26,000 ③ ₩32,000 ④ ₩36,000 ⑤ ₩40,000

A-03 20X1년 말 ㈜세무와 관련된 자료는 다음과 같다. 20X1년 말 ㈜세무의 재무상태표에 표시해야 하는 현금및현금성자산은? (단, 사용이 제한된 것은 없다.) 2016. CTA

(1) ㈜세무의 실사 및 조회자료

- 소액현금: ₩100,000
- 지급기일이 도래한 공채이자표: ₩200,000
- 수입인지: ₩100,000
- 양도성예금증서(만기 20X2년 5월 31일): ₩200,000
- 타인발행당좌수표: ₩100,000
- 우표: ₩100,000
- 차용증서: ₩300,000
- 은행이 발급한 당좌예금잔액증명서 금액: ₩700,000

(2) ㈜세무와 은행 간 당좌예금잔액 차이 원인

- 은행이 ㈜세무에 통보하지 않은 매출채권 추심액: ₩50,000
- 은행이 ㈜세무에 통보하지 않은 은행수수료: ₩100,000
- ㈜세무가 당해연도 발행했지만 은행에서 미인출된 수표: ₩200,000
- 마감시간 후 입금으로 인한 은행미기입예금: ₩300,000

① ₩1,050,000 ② ₩1,200,000 ③ ₩1,300,000 ④ ₩1,350,000 ⑤ ₩1,400,000

A-04 ㈜세무의 20X1년 말 자료가 다음과 같을 때, 재무상태표의 현금및현금성자산으로 인식하는 금액은? 2018. CTA 수정

당좌개설보증금	₩10,000	당좌차월	₩1,200
당좌예금	( )	우편환증서	4,000
차용증서	1,000	수입인지	500
소액현금	300	배당금지급통지서	1,500
종업원 가불증서	2,500	환매채	1,500
타인발행약속어음	10,000	정기적금	2,000

〈추가자료〉
- 아래 사항을 조정하기 이전 은행측 당좌예금 잔액은 ₩12,800이다.
  - 거래처에 상품 매입 대금 결제로 발행한 수표 ₩7,500이 아직 인출되지 않았다.
  - 거래처에서 판매 대금으로 입금 통보한 ₩2,800을 ㈜세무는 회계처리하였으나, 은행은 전산장애로 인해 입금처리하지 못했다.
- 환매채의 취득일은 20X1년 12월 1일이며, 4개월 후 환매조건이다.
- 정기적금은 1년 만기이며, 만기일은 20X2년 1월 31일이다.

① ₩12,100 ② ₩13,900 ③ ₩15,400 ④ ₩15,900 ⑤ ₩25,100

3 대손

1. 회수불능(=대손 확정, 손상차손): 대손충당금 감소

(차) 대손충당금 XXX (대) 매출채권 XXX

회수하지 못할 것으로 예상하여 대손충당금을 설정한 매출채권이 실제로 회수 불가능해진 경우에는 대손충당금과 매출채권을 상계

— 상계할 대손충당금 잔액이 부족한 경우에는 부족분을 대손상각비로 인식

2. 대손 채권의 회수: 대손충당금 증가

(차) 현금 XXX (대) 대손충당금 XXX

3. 기초, 기말 대손충당금 잔액

(1) 추정 현금흐름이 제시된 경우	매출채권 − 추정 현금흐름
(2) 손실률이 제시된 경우	Σ매출채권 금액 × 손실률

4. 대손충당금 설정

(1) 설정 전 잔액 = 기초 대손충당금 − 회수불능액 + 대손 채권 회수액
(2) 대손상각비 = 기말 대손충당금 − 설정 전 잔액
(차) 대손상각비 XXX (대) 대손충당금 XXX

예제 대손

A-05 ㈜대경은 20X1년 1월 1일에 상품을 ₩4,000,000에 판매하고 대금은 20X1년부터 매년 12월 31일에 ₩1,000,000씩 4회에 분할수령하기로 하였다. 장기할부판매대금의 명목가액과 현재가치의 차이는 중요하고 유효이자율은 연 10%이다. 할부판매로 인하여 발생한 장기매출채권에 대하여 20X2년말 현재 대손 추산액은 ₩300,000이다. 장기매출채권의 20X2년말 현재 장부금액(순액)은 얼마인가? 계산과정에서 소수점 이하는 첫째자리에서 반올림한다. 그러나 계산방식에 따라 단수차이로 인해 오차가 있는 경우, 가장 근사치를 선택한다. 또한 유동성대체는 하지 않는다. 2014. CPA

할인율	단일금액 ₩1의 현재가치				정상연금 ₩1의 현재가치			
	1년	2년	3년	4년	1년	2년	3년	4년
10%	0.9091	0.8265	0.7513	0.6830	0.9091	1.7355	2.4869	3.1699

① ₩1,435,579 ② ₩1,735,580 ③ ₩2,086,857 ④ ₩2,869,900 ⑤ ₩3,535,579

4 어음의 할인

1. 어음 할인 시 현금 수령액

(1) 만기 수령액 = 어음의 액면가액 × (1 + 어음 이자율 × 만기월수/12)
(2) 어음 할인 시 현금 수령액 = 만기 수령액 − 만기 수령액 × 은행 이자율 × 잔여월수/12
= 만기 수령액 × (1 − 은행 이자율 × 잔여월수/12)

2. 어음 할인 시 회계처리

(차)	현금	수령액	(대)	받을어음	액면가액
	매출채권처분손실	XXX		이자수익	액면가액 × 이자율 × 월수/12

(1) 이자수익 = 어음 액면가액 × 어음 이자율 × 보유월수/12
(2) 매출채권처분손실 = 어음 액면가액 + 이자수익 − 현금 수령액

예 제 어음의 할인

A-06 ㈜세무는 ㈜한국에 상품을 판매한 대가로 이자부약속어음(액면가액 ₩160,000, 5개월 만기, 표시이자 연 9%)을 받고, 이 어음을 2개월간 보유한 후 은행에서 할인하여 ₩161,518을 수령하였다. 동 어음할인 거래는 금융자산의 제거요건을 충족한다. 이 어음 거래에 적용된 연간 할인율은? (단, 이자는 월할 계산한다.) 2018. CTA

① 10.2% ② 10.4% ③ 10.5% ④ 10.6% ⑤ 10.8%

객 관 식

C·H·A·P·T·E·R

19

재무제표 표시

[1] 재무제표
[2] 일반사항
[3] 재무상태표
[4] 포괄손익계산서
[5] 주석

19 재무제표 표시

CHAPTER

회계사 1차 시험과 세무사 1차 시험 모두 재무제표 표시와 개념체계를 합쳐서 1.5문제 정도 출제된다. 재무제표 표시보다는 개념체계에서 더 많은 문제가 출제되는 편이다. 두 장 모두 상당히 많은 기준서 문장으로 구성되어 있는데, 모든 문장을 다 기억하는 것은 굉장히 비효율적이다. 한 문장, 한 문장 곱씹으면서 의미를 생각하기보다는, 빠르게 여러 번 봐서 문장에 익숙해지도록 하자.

1 재무제표

1. 재무제표의 목적

재무제표의 목적은 **광범위한 정보이용자의 경제적 의사결정에 유용한 기업의 재무상태, 재무성과와 재무상태변동에 관한 정보를 제공**하는 것이다. 또한 재무제표는 위탁받은 자원에 대한 경영진의 수탁책임 결과도 보여준다.

2. 전체 재무제표의 표시

각각의 재무제표는 전체 재무제표에서 **동등한**(not 상이한) **비중**으로 표시한다.

3. 재무제표의 식별

(1) 재무제표는 명확하게 구분되고 식별되어야 함

재무제표는 동일한 문서에 포함되어 함께 공표되는 그 밖의 정보와 명확하게 구분되고 식별되어야 한다. 각 재무제표와 주석은 명확하게 식별되어야 한다.

(2) K-IFRS의 적용범위: 오직 재무제표 (그 밖의 정보는 반드시 적용 X)

한국채택국제회계기준은 오직 재무제표에만 적용하며 **연차보고서, 감독기구 제출서류 또는 다른 문서에 표시되는 그 밖의 정보에 반드시 적용하여야 하는 것은 아니다.**

(3) 천 단위나 백만 단위 표시: 이해가능성 제고

재무제표의 표시통화를 천 단위나 백만 단위로 표시할 때 더욱 **이해가능성**이 제고될 수 있다.

2 일반사항

1. 공정한 표시와 한국채택국제회계기준의 준수

한국채택국제회계기준에 따라 작성된 재무제표는 공정하게 표시된 재무제표로 본다. 한국채택국제회계기준을 준수하여 재무제표를 작성하는 기업은 그러한 준수 사실을 주석에 명시적이고 제한없이 기재한다.

2. 부적절한 회계정책: 정당화 X ★중요!

부적절한 회계정책은 이에 대하여 공시나 주석 또는 보충 자료를 통해 설명하더라도 **정당화될 수 없다.**

3. 한국채택국제회계기준의 일탈

극히 드문 상황으로서 한국채택국제회계기준의 요구사항을 준수하는 것이 오히려 '개념체계'에서 정하고 있는 재무제표의 목적과 상충되어 재무제표이용자의 오해를 유발할 수 있다고 경영진이 결론을 내리는 경우에는, 관련 감독체계가 이러한 요구사항으로부터의 일탈을 의무화하거나 금지하지 않는다면, 요구사항을 달리 적용한다.

4. 계속기업

(1) 재무제표 작성의 기본전제

경영진은 재무제표를 작성할 때 계속기업으로서의 존속가능성을 평가해야 한다. 경영진이 기업을 청산하거나 경영활동을 중단할 의도를 가지고 있지 않거나, 청산 또는 경영활동의 중단 외에 다른 현실적 대안이 없는 경우가 아니면 **계속기업을 전제로 재무제표를 작성한다.**

(2) 계속기업 가정 평가

계속기업의 가정이 적절한지의 여부를 평가할 때 경영진은 적어도 보고기간말로부터 향후 12개월 기간에 대하여 이용가능한 모든 정보를 고려한다. **기업이 상당 기간 계속 사업이익을 보고하였고, 보고기간말 현재 경영에 필요한 재무자원을 확보하고 있는 경우에는 자세한 분석이 없이도 계속기업을 전제로 한 회계처리가 적절하다는 결론을 내릴 수 있다.**

(3) 계속기업 관련 중요한 불확실성

계속기업으로서의 존속능력에 유의적인 의문이 제기될 수 있는 사건이나 상황과 관련된 중요한 불확실성을 알게 된 경우, 경영진은 그러한 **불확실성을 공시**하여야 한다. **재무제표가 계속기업의 기준하에 작성되지 않는 경우**에는 그 사실과 함께 재무제표가 작성된 **기준** 및 그 기업을 계속기업으로 보지 않는 **이유**를 공시하여야 한다.

5. 발생기준 회계

기업은 현금흐름 정보를 제외하고는 발생기준 회계를 사용하여 재무제표를 작성한다.

6. 중요성과 통합표시

(1) 유사한 항목과 상이한 항목 ★중요!

유사한 항목은 중요성 분류에 따라 재무제표에 **구분하여 표시**한다. **상이한** 성격이나 기능을 가진 **항목은 구분하여 표시**한다. 다만 중요하지 않은 항목은 성격이나 기능이 유사한 항목과 통합하여 표시할 수 있다.

(2) 재무제표 본문과 주석의 중요성은 다를 수 있음

(3) 중요하지 않은 정보는 공시할 필요 X ★중요!

한국채택국제회계기준의 요구에 따라 공시되는 **정보가 중요하지 않다면 그 공시를 제공할 필요는 없다.**

7. 상계

(1) 원칙: 상계 X

자산과 부채, 그리고 수익과 비용은 구분하여 표시한다. 한국채택국제회계기준에서 요구하거나 허용하지 않는 한 **자산과 부채 그리고 수익과 비용은 상계하지 아니한다.**

(2) 상계에 해당하지 않는 사례: 재고자산평가충당금, 대손충당금 ★중요!

(3) 허용하는 상계

동일 거래에서 발생하는 수익과 관련비용의 상계표시가 거래나 그 밖의 사건의 실질을 반영한다면 그러한 거래의 결과는 상계하여 표시한다. 예를 들면 다음과 같다.

① 비유동자산의 처분손익은 처분대가에서 그 자산의 장부금액과 관련처분비용을 차감하여 표시
② 충당부채와 관련된 지출을 제3자와의 계약관계(예: 공급자의 보증약정)에 따라 보전 받는 경우, 당해 지출과 보전받는 금액은 상계하여 표시
③ 외환손익 또는 단기매매 금융상품에서 발생하는 손익과 같이 유사한 거래의 집합에서 발생하는 차익과 차손은 순액으로 표시
(but, 그러한 **차익과 차손이 중요한 경우에는 구분하여 표시**)

8. 보고빈도

(1) 전체 재무제표는 적어도 1년마다 작성 (52주 보고기간 허용)

(2) 보고기간종료일을 변경하는 경우

보고기간종료일을 변경하여 재무제표의 보고기간이 1년을 초과하거나 미달하는 경우 재무제표 해당 기간뿐만 아니라 다음 사항을 추가로 공시한다.

① 보고기간이 1년을 초과하거나 미달하게 된 이유 ② 재무제표에 표시된 금액이 완전하게 비교가능하지는 않다는 사실

9. 비교정보

(1) 금액에 대한 전기 비교정보 표시(서술형 정보 포함)

한국채택국제회계기준이 달리 허용하거나 요구하는 경우를 제외하고는 당기 재무제표에 보고되는 모든 금액에 대해 전기 비교정보를 표시한다. 당기 재무제표를 이해하는 데 목적적합하다면 **서술형 정보의 경우에도 비교정보를 포함한다.**

(2) 표시되는 비교정보

최소한, 두 개의 재무상태표와 두 개의 포괄손익계산서, 두 개의 별개 손익계산서(표시하는 경우), 두 개의 현금흐름표, 두 개의 자본변동표 그리고 관련 주석을 표시해야 한다.

(3) 표시나 분류 변경 시 비교금액도 재분류

재무제표 항목의 표시나 분류를 변경하는 경우 실무적으로 적용할 수 없는 것이 아니라면 **비교금액도 재분류해야 한다.**

10. 표시의 계속성

(1) 표시의 계속성의 예외

재무제표 항목의 표시와 분류는 다음의 경우를 제외하고는 매기 동일하여야 한다.

① 사업내용의 유의적인 변화나 재무제표를 검토한 결과 다른 표시나 분류방법이 더 적절한 것이 명백한 경우 ② 한국채택국제회계기준에서 표시방법의 변경을 요구하는 경우

(2) 재무제표의 표시방법을 변경하는 경우

기업은 변경된 표시방법이 재무제표이용자에게 신뢰성 있고 더욱 목적적합한 정보를 제공하며, 변경된 구조가 지속적으로 유지될 가능성이 높아 비교가능성을 저해하지 않을 것으로 판단할 때에만 재무제표의 표시방법을 변경한다.

3 재무상태표

1. 재무상태표에 표시되는 정보

한국채택국제회계기준은 표시되어야 할 항목의 순서나 형식을 규정하지 아니한다. 기업의 재무상태를 이해하는 데 목적적합한 경우 재무상태표에 항목, 제목 및 중간합계를 추가하여 표시한다.

2. 재무상태표 표시방법

(1) 유동성 순서 배열법 및 유동·비유동 배열법

① 유동성 순서 배열법: 모든 자산과 부채를 유동성이 가장 높은 항목부터 유동성이 가장 낮은 항목까지 순서대로 배열하는 방법

② 유동·비유동 배열법: 자산, 부채를 유동 항목과 비유동 항목으로 구분하여 표시하는 것

③ 유동성 순서에 따른 표시방법이 신뢰성 있고 더욱 목적적합한 정보를 제공하는 경우를 제외하고는 유동자산과 비유동자산, 유동부채와 비유동부채로 재무상태표에 구분하여 표시한다.

(2) 이연법인세자산(부채): **유동 항목으로 분류 X** 중요!

3. 유동과 비유동의 구분 중요!

자산은 다음의 경우에 유동자산(부채)으로 분류한다. 그 밖의 모든 자산(부채)은 비유동자산(부채)으로 분류한다.

<table>
<tr><th>유동자산</th><th>유동부채</th></tr>
<tr><td colspan="2">보고기간 후 12개월 이내 or 정상영업주기 내에 실현(결제)될 것으로 예상하거나,
정상영업주기 내에 판매하거나 소비할 의도가 있다. ex>재고자산, 매출채권/매입채무, 미지급비용</td></tr>
<tr><td colspan="2">주로 단기매매 목적으로 보유하고 있다.</td></tr>
<tr><td>현금이나 현금성자산으로서, 교환이나 부채 상환 목적으로의 사용에 대한 제한 기간이 보고기간 후 12개월 이상이 아니다.</td><td>보고기간 후 12개월 이상 부채의 결제를 연기할 수 있는 무조건의 권리를 가지고 있지 않다.</td></tr>
</table>

(1) 12개월 or 정상영업주기 이내에 실현(결제)될 것으로 예상

① 영업주기의 정의

영업주기는 영업활동을 위한 자산의 취득시점부터 그 자산이 현금이나 현금성자산으로 실현되는 시점까지 소요되는 기간이다. 기업의 정상영업주기가 명확하게 식별되지 않는 경우 그 주기는 12개월인 것으로 가정한다.

② 정상영업주기 내에 실현(결제)될 것으로 예상하면 유동자산 및 유동부채에 포함 중요!

유동자산은 보고기간 후 12개월 이내에 실현될 것으로 예상되지 않는 경우에도 재고자산과 매출채권과 같이 정상영업주기의 일부로서 판매, 소비 또는 실현되는 자산을 포함한다.

매입채무 그리고 종업원 및 그 밖의 영업원가에 대한 미지급비용과 같은 유동부채는 기업의 정상영업주기 내에 사용되는 운전자본의 일부이다. 이러한 항목은 **보고기간 후 12개월 후에 결제일이 도래한다 하더라도 유동부채로 분류한다.**

(2) 단기매매 목적으로 보유하는 자산, 부채

유동자산은 주로 단기매매목적으로 보유하고 있는 자산과 비유동금융자산의 유동성 대체 부분을 포함한다. 기타 유동부채는 정상영업주기 이내에 결제되지는 않지만 보고기간 후 12개월 이내에 결제일이 도래하거나 주로 단기매매목적으로 보유한다.

(3) 12개월 이상 부채의 결제를 연기할 수 있는 무조건의 권리를 가지고 있지 않은 부채

(4) 즉시 상환요구가 가능한 장기성 채무

① 만기 12개월 이상 연장 재량권이 존재하면 비유동부채, 재량권이 없다면 유동부채
② 대여자가 즉시 상환 요구할 수 있으면 상환 요구하지 않기로 약속해도 유동부채 ★중요!
③ 대여자가 즉시 상환 요구할 수 없다면 비유동부채
그러나 대여자가 보고기간말 이전에 보고기간 후 적어도 12개월 이상의 유예기간을 주는 데 합의하여 그 유예기간 내에 기업이 위반사항을 해소할 수 있고, 또 그 유예기간 동안에는 **대여자가 즉시 상환을 요구할 수 없다면 그 부채는 비유동부채로 분류한다.**

4 포괄손익계산서

1. 성격별 분류 vs 기능별 분류 ★중요!

기업은 비용의 성격별 또는 기능별 분류방법 중에서 **신뢰성 있고 더욱 목적적합한 정보를 제공할 수 있는 방법을 적용**하여 당기손익으로 인식한 비용의 분석내용을 표시한다.

기능별 분류(=매출원가법)	성격별 분류
비용을 매출원가, 그리고 물류원가와 관리활동원가 등과 같이 기능별로 분류하는 방법	비용을 성격(ex〉원재료의 구입, 감가상각비, 급여 등)별로 표시하는 방법
더욱 목적적합한 정보를 제공	적용이 간단, 미래 현금흐름 예측에 용이
자의적인 판단 개입 → **기능별** 분류 시 **성격별** 분류 정보를 추가로 주석에 공시	

2. 특별손익 표시 X ★중요!

– ‘주석에도’ 표시할 수 없다

3. 영업이익

(1) 영업이익=매출액-매출원가-판매비와관리비 or 영업수익-영업비용

일반적으로 **이자손익과 유형자산 및 금융자산처분손익은 영업외손익으로 분류**

(2) 영업이익 공시

한국채택국제회계기준은 포괄손익계산서 본문에 영업이익을 구분하여 표시하도록 요구하고 있다. 영업이익(또는 영업손실) 산출에 포함된 주요항목과 그 금액을 포괄손익계산서 본문에 표시하거나 주석으로 공시한다.

(3) 조정영업이익

영업이익(또는 영업손실)에 포함되지 않은 항목 중 기업의 영업성과를 반영하는 그 밖의 수익 또는 비용 항목이 있다면 이러한 항목을 추가하여 조정영업이익(또는 조정영업손실) 등의 명칭을 사용하여 주석(not 포괄손익계산서)으로 공시할 수 있다.

4. 포괄손익계산서의 표시방법

해당 기간에 인식한 모든 수익과 비용 항목은 다음 중 한 가지 방법으로 표시한다.

(1) 단일 포괄손익계산서

단일 포괄손익계산서	
수익	XXX
비용	(XXX)
NI(당기순이익)	XXX
OCI(기타포괄손익)	XXX
CI(총포괄손익)	XXX

(2) 두 개의 보고서: 당기손익 부분을 표시하는 별개의 손익계산서와 포괄손익을 표시하는 보고서

별개의 손익계산서	
수익	XXX
비용	(XXX)
NI(당기순이익)	XXX

포괄손익을 표시하는 보고서	
NI(당기순이익)	XXX
OCI(기타포괄손익)	XXX
CI(총포괄손익)	XXX

5. 기타포괄손익

(1) 한 기간에 인식되는 모든 수익과 비용 항목은 한국채택국제회계기준이 달리 정하지 않는 한 **당기손익**으로 인식한다.

(2) 기타포괄손익과 관련된 법인세비용 공시

기타포괄손익의 항목(**재분류조정 포함**)과 관련한 법인세비용은 포괄손익계산서나 주석에 **공시한다.** 기타포괄손익의 항목은 다음 중 한 가지 방법으로 표시할 수 있다.

> ① 관련 법인세 효과를 차감한 순액으로 표시
> ② 기타포괄손익의 항목과 관련된 법인세 효과 반영 전 금액으로 표시하고, 각 항목들에 관련된 법인세 효과는 단일 금액으로 합산하여 표시

(3) 재분류조정 공시

재분류조정은 포괄손익계산서나 주석에 표시할 수 있다. 재분류조정을 주석에 표시하는 경우에는 관련 재분류조정을 반영한 후에 **기타포괄손익**(not 당기손익)의 항목을 표시한다.

(4) 기타포괄손익 공시 방법

기타포괄손익 부분에는 해당 기간의 금액을 표시하는 항목을 성격별로 분류하고, 다른 한국채택국제회계기준에 따라 다음의 집단으로 묶은 기타포괄손익의 항목을 표시한다.

> ① 후속적으로 당기손익으로 재분류되지 않는 항목
> ② 후속적으로 당기손익으로 재분류되는 항목

5 주석

1. 주석이 제공하는 정보

> ① 재무제표 작성 근거와 구체적인 회계정책에 대한 정보
> ② 한국채택국제회계기준에서 요구하는 정보이지만 재무제표 어느 곳에도 표시되지 않는 정보
> ③ 재무제표 어느 곳에도 표시되지 않지만 재무제표를 이해하는 데 목적적합한 정보

2. 주석은 가능한 한 체계적인 방법으로 표시

주석은 실무적으로 적용 가능한 한 체계적인 방법으로 표시한다. 체계적인 방법을 결정할 때, 재무제표의 이해가능성과 비교가능성에 미치는 영향을 고려한다.

3. 회계정책의 공시

(1) 다음으로 구성된 유의적인 회계정책을 공시한다.

① 재무제표를 작성하는 데 사용한 측정기준 ② 재무제표를 이해하는 데 목적적합한 그 밖의 회계정책

(2) 재무제표에 가장 유의적인 영향을 미친 경영진이 내린 판단은 공시 ★중요!

회계정책을 적용하는 과정에서 추정에 관련된 공시와는 별도로, 재무제표에 인식되는 금액에 가장 유의적인 영향을 미친 **경영진이 내린 판단은 유의적인 회계정책 또는 기타 주석 사항과 함께 공시한다.**

예제 재무제표 표시

A-01 재무제표 표시에 관한 설명으로 옳은 것은? 2021. CTA

① 재무제표는 동일한 문서에 포함되어 함께 공표되는 그 밖의 정보와 명확하게 구분되고 식별되어야 한다.

② 각각의 재무제표는 전체 재무제표에서 중요성에 따라 상이한 비중으로 표시한다.

③ 상이한 성격이나 기능을 가진 항목은 구분하여 표시하므로 중요하지 않은 항목이라도 성격이나 기능이 유사한 항목과 통합하여 표시할 수 없다.

④ 동일 거래에서 발생하는 수익과 관련비용의 상계표시가 거래나 그 밖의 사건의 실질을 반영하더라도 그러한 거래의 결과는 상계하여 표시하지 않는다.

⑤ 공시나 주석 또는 보충 자료를 통해 충분히 설명한다면 부적절한 회계정책도 정당화될 수 있다.

A-02 재무제표 표시에 관한 설명으로 옳지 않은 것은? 2014. CTA

① 재고자산에 대한 재고자산평가충당금과 매출채권에 대한 대손충당금과 같은 평가충당금을 차감하여 관련 자산을 순액으로 측정하는 것은 상계표시에 해당한다.

② 중요하지 않은 정보일 경우 한국채택국제회계기준에서 요구하는 특정 공시를 제공할 필요는 없다.

③ 상이한 성격이나 기능을 가진 항목을 구분하여 표시하되, 중요하지 않은 항목은 성격이나 기능이 유사한 항목과 통합하여 표시할 수 있다.

④ 투자자산 및 영업용자산을 포함한 비유동자산의 처분손익은 처분대금에서 그 자산의 장부금액과 관련처분비용을 차감하여 표시한다.

⑤ 외환손익 또는 단기매매금융상품에서 발생하는 손익과 같이 유사한 거래의 집합에서 발생하는 차익과 차손은 순액으로 표시하되, 그러한 차익과 차손이 중요한 경우에는 구분하여 표시한다.

A-03 재무제표 표시에 관한 설명으로 옳은 것은? 2023. CTA

① 포괄손익계산서에 기타포괄손익의 항목은 관련 법인세 효과를 차감한 순액으로 표시할 수 있다.

② 한국채택국제회계기준은 재무제표 이외에도 연차보고서 및 감독기구 제출서류에 반드시 적용한다.

③ 서술형 정보의 경우에는 당기 재무제표를 이해하는 데 목적적합 하더라도 비교정보를 포함하지 않는다.

④ 재무상태표에 자산과 부채는 유동자산과 비유동자산, 그리고 유동부채와 비유동부채로 구분하여 표시하며, 유동성순서에 따른 표시방법은 허용하지 않는다.

⑤ 한국채택국제회계기준의 요구에 따라 공시되는 정보가 중요하지 않더라도 그 공시를 제공하여야 한다.

A-04 재무제표 표시와 관련된 다음의 설명 중 옳지 않은 것은? 2014. CPA

① 기업이 재무상태표에 유동자산과 비유동자산, 그리고 유동부채와 비유동부채로 구분하여 표시하는 경우, 이연법인세자산(부채)은 유동자산(부채)으로 분류하지 아니한다.

② 보고기간말 이전에 장기차입약정을 위반했을 때 대여자가 즉시 상환을 요구할 수 있는 채무는 보고기간 후 재무제표 발행승인일 전에 채권자가 약정위반을 이유로 상환을 요구하지 않기로 합의한다면 비유동부채로 분류한다.

③ 기업은 변경된 표시방법이 재무제표이용자에게 신뢰성 있고 더욱 목적적합한 정보를 제공하며, 변경된 구조가 지속적으로 유지될 가능성이 높아 비교가능성을 저해하지 않을 것으로 판단할 때에만 재무제표의 표시방법을 변경한다.

④ 극히 드문 상황으로서 한국채택국제회계기준의 요구사항을 준수하는 것이 오히려 '개념체계'에서 정하고 있는 재무제표의 목적과 상충되어 재무제표이용자의 오해를 유발할 수 있다고 경영진이 결론을 내리는 경우에는 관련 감독체계가 이러한 요구사항으로부터의 일탈을 의무화하거나 금지하지 않는다면, 한국채택국제회계기준의 요구사항을 달리 적용한다.

⑤ 기업이 기존의 대출계약조건에 따라 보고기간 후 적어도 12개월 이상 부채를 차환하거나 연장할 것으로 기대하고 있고, 그런 재량권이 있다면, 보고기간 후 12개월 이내에 만기가 도래한다 하더라도 비유동부채로 분류한다.

A-05 '재무제표 표시'에 관한 내용으로 옳지 않은 것은? 2011. CTA

① 한국채택국제회계기준을 준수하여 작성된 재무제표는 국제회계기준을 준수하여 작성된 재무제표임을 주석으로 공시할 수 있다.

② 보고기간말 이전에 장기차입약정을 위반했을 때 대여자가 즉시 상환을 요구할 수 있는 채무는 보고기간 후 재무제표 발행승인일 전에 채권자가 약정위반을 이유로 상환을 요구하지 않기로 합의한다면 비유동부채로 분류한다.

③ 비용을 기능별로 분류하는 기업은 감가상각비, 기타 상각비와 종업원급여비용을 포함하여 비용의 성격에 대한 추가 정보를 공시한다.

④ 정상영업주기 내에 사용되는 운전자본의 일부인 매입채무 그리고 종업원 및 그 밖의 영업원가에 대한 미지급비용은 보고기간 후 12개월 후에 결제일이 도래한다 하더라도 유동부채로 분류한다.

⑤ 재고자산에 대한 재고자산평가충당금과 매출채권에 대한 대손충당금과 같은 평가충당금을 차감하여 관련 자산을 순액으로 측정하는 것은 상계표시에 해당하지 아니한다.

A-06 재무제표 표시에 관한 설명으로 옳지 않은 것은? 2013. CTA

① 비용을 기능별로 분류하는 기업은 감가상각비, 기타 상각비와 종업원급여비용을 포함하여 비용의 성격에 대한 추가 정보를 공시한다.

② 부적절한 회계정책은 이에 대하여 공시나 주석 또는 보충 자료를 통해 설명하더라도 정당화될 수 없다.

③ 계속기업의 가정이 적절한지의 여부를 평가할 때 경영진은 적어도 보고기간말로부터 향후 12개월 기간에 대하여 이용가능한 모든 정보를 고려한다.

④ 보고기간 종료일을 변경하여 재무제표의 보고기간이 1년을 초과하거나 미달하는 경우에는 재무제표 해당 기간뿐만 아니라 보고기간이 1년을 초과하거나 미달하게 된 이유와 재무제표에 표시된 금액이 완전하게 비교가능하지 않다는 사실을 추가로 공시한다.

⑤ 기업이 재무상태표에 유동자산과 비유동자산, 그리고 유동부채와 비유동부채로 구분하여 표시하는 경우, 이연법인세자산(부채)은 유동자산(부채)으로 분류한다.

A-07 재무상태표와 포괄손익계산서에 관한 설명으로 옳지 않은 것은? 2014. CTA

① 자산항목을 재무상태표에서 구분표시하기 위해서는 금액의 크기, 성격, 기능 및 유동성을 고려한다.

② 기업이 재무상태표에 유동자산과 비유동자산, 그리고 유동부채와 비유동부채로 구분하여 표시하는 경우, 이연법인세자산(부채)은 유동자산(부채)으로 분류하지 아니한다.

③ 당기손익으로 인식한 비용항목은 기능별 또는 성격별로 분류하여 표시할 수 있다.

④ 수익과 비용의 어느 항목도 포괄손익계산서 또는 주석에 특별손익항목으로 표시할 수 없다.

⑤ 과거기간에 발생한 중요한 오류를 해당 기간에는 발견하지 못하고 당기에 발견하는 경우, 그 수정효과는 당기손익으로 인식한다.

A-08 재무제표 표시에 관한 설명으로 옳지 않은 것은? 2022. CTA

① 비용을 기능별로 분류하는 기업은 감가상각비, 기타 상각비와 종업원급여비용을 포함하여 비용의 성격에 대한 추가 정보를 공시한다.

② 수익과 비용의 어느 항목도 당기손익과 기타포괄손익을 표시하는 보고서 또는 주석에 특별손익 항목으로 표시할 수 없다.

③ 비용의 기능별 분류 정보가 비용의 성격에 대한 정보보다 미래현금흐름을 예측하는데 유용하다.

④ 동일 거래에서 발생하는 수익과 관련비용의 상계표시가 거래나 그 밖의 사건의 실질을 반영한다면 그러한 거래의 결과는 상계하여 표시한다.

⑤ 기업이 재무상태표에 유동자산과 비유동자산, 그리고 유동부채와 비유동부채로 구분하여 표시하는 경우, 이연법인세자산(부채)은 유동자산(부채)으로 분류하지 아니한다.

B-01 기업회계기준서 제1001호 '재무제표 표시'에 대한 다음 설명 중 옳지 않은 것은? 2022. CPA

① 한국채택국제회계기준에서 요구하거나 허용하지 않는 한 자산과 부채 그리고 수익과 비용은 상계하지 아니한다.

② 계속기업의 가정이 적절한지의 여부를 평가할 때 기업이 상당 기간 계속 사업이익을 보고하였고 보고기간 말 현재 경영에 필요한 재무자원을 확보하고 있는 경우에도, 자세한 분석을 의무적으로 수행하여야 하며 이용가능한 모든 정보를 고려하여 계속기업을 전제로 한 회계처리가 적절하다는 결론을 내려야 한다.

③ 기업은 비용의 성격별 또는 기능별 분류방법 중에서 신뢰성 있고 더욱 목적적합한 정보를 제공할 수 있는 방법을 적용하여 당기손익으로 인식한 비용의 분석내용을 표시한다.

④ 유사한 항목은 중요성 분류에 따라 재무제표에 구분하여 표시하고, 상이한 성격이나 기능을 가진 항목은 구분하여 표시한다. 다만 중요하지 않은 항목은 성격이나 기능이 유사한 항목과 통합하여 표시할 수 있다.

⑤ 재무제표 항목의 표시나 분류를 변경하는 경우 실무적으로 적용할 수 없는 것이 아니라면 비교금액도 재분류해야 한다.

B-02 다음 중 재무제표의 작성과 표시에 대한 설명으로 타당하지 않은 것은 어느 것인가? 2011. CPA

① 해당 기간에 인식한 모든 수익과 비용 항목은 (1) 별개의 손익계산서와 당기순손익에서 시작하여 기타포괄손익의 구성요소를 표시하는 보고서 또는 (2) 단일 포괄손익계산서 중 한 가지 방법으로 표시한다.

② 유동성 순서에 따른 표시방법을 적용할 경우에는 모든 자산과 부채를 유동성의 순서에 따라 표시한다.

③ 영업활동을 위한 자산의 취득시점부터 그 자산이 현금이나 현금성자산으로 실현되는 시점까지 소요되는 기간이 영업주기이다.

④ 매입채무 그리고 종업원 및 그 밖의 영업원가에 대한 미지급비용과 같은 기업의 정상영업주기 내에 사용되는 운전자본 항목은 보고기간 후 12개월 후에 결제일이 도래한다 하더라도 유동부채로 분류한다.

⑤ 비용의 기능에 대한 정보가 미래현금흐름을 예측하는 데 유용하기 때문에, 비용을 성격별로 분류하는 경우에는 비용의 기능에 대한 추가 정보를 공시하는 것이 필요하다.

B-03 재무제표 표시에 관한 설명으로 옳지 않은 것은? 2017. CTA

① 기업은 비용의 성격별 또는 기능별 분류방법 중에서 신뢰성 있고 더욱 목적적합한 정보를 제공할 수 있는 방법을 적용하여 당기손익으로 인식한 비용의 분석내용을 표시한다.

② 상법 등 관련 법규에서 이익잉여금처분계산서의 작성을 요구하는 경우에는 재무상태표의 이익잉여금에 대한 보충정보로서 이익잉여금처분계산서를 주석으로 공시한다.

③ 영업이익에 포함되지 않은 항목 중 기업의 영업성과를 반영하는 그 밖의 수익 또는 비용 항목이 있다면 이러한 항목을 추가하여 조정영업이익 등의 명칭을 사용하여 주석으로 공시할 수 있다.

④ 이익의 분배에 대해 서로 다른 권리를 가지는 보통주 종류별로 이에 대한 기본주당이익과 희석주당이익을 포괄손익계산서에 표시한다. 그러나 기본주당이익과 희석주당이익이 부의 금액(즉, 주당손실)인 경우에는 표시하지 않는다.

⑤ 기업이 상당 기간 계속 사업이익을 보고하였고, 보고기간말 현재 경영에 필요한 재무자원을 확보하고 있는 경우에는 자세한 분석이 없이도 계속기업을 전제로 한 회계처리가 적절하다는 결론을 내릴 수 있다.

B-04

재무제표 표시에 대한 다음의 설명 중 옳지 않은 것은? 2013. CPA

① 한국채택국제회계기준에서 요구하거나 허용하지 않는 경우 자산과 부채 그리고 수익과 비용은 상계하지 않는다. 따라서 재고자산평가충당금을 차감하여 재고자산을 순액으로 표시할 수 없다.

② 기타포괄손익의 항목은 이와 관련된 법인세효과 반영 전 금액으로 표시하고 각 항목들에 관련된 법인세효과는 단일금액으로 합산하여 표시할 수 있다.

③ 회계정책을 적용하는 과정에서 추정에 관련된 공시와는 별도로, 재무제표에 인식되는 금액에 유의적인 영향을 미친 경영진이 내린 판단을 유의적인 회계정책의 요약 또는 기타 주석 사항으로 공시한다.

④ 영업손익을 포괄손익계산서 본문에 구분하여 표시하여야 한다. 이 경우 영업손익은 영업의 특수성을 고려할 필요가 있는 경우나 비용을 성격별로 분류하는 경우를 제외하고는 수익에서 매출원가 및 판매비와 관리비를 차감하여 산출한다.

⑤ 수익과 비용의 어떠한 항목도 포괄손익계산서, 별개의 손익계산서(표시하는 경우) 또는 주석에 특별손익 항목으로 표시할 수 없다.

B-05

영업이익 공시에 관한 설명으로 옳지 않은 것은? 2013. CTA

① 한국채택국제회계기준은 포괄손익계산서의 본문에 영업이익을 구분하여 표시하도록 요구하고 있다.

② 비용을 기능별로 분류하는 기업은 수익에서 매출원가 및 판매비와 관리비(물류원가 등을 포함)를 차감하여 영업이익을 측정한다.

③ 금융회사와 같이 영업의 특수성으로 인해 매출원가를 구분하기 어려운 경우, 영업수익에서 영업비용을 차감하는 방식으로 영업이익을 측정할 수 있다.

④ 영업이익에는 포함되지 않았지만, 기업의 영업성과를 반영하는 그 밖의 수익 또는 비용항목이 있다면 영업이익에 이러한 항목을 가감한 금액을 조정영업이익 등의 명칭으로 포괄손익계산서 본문에 보고한다.

⑤ 영업이익 산출에 포함된 주요항목과 그 금액을 포괄손익계산서 본문에 표시하거나 주석으로 공시한다.

B-06

㈜대한의 20X3년 말 회계자료는 다음과 같다.

매출액	₩300,000	매출원가	₩128,000
대손상각비*	4,000	급여	30,000
사채이자비용	2,000	감가상각비	3,000
임차료	20,000	유형자산처분이익	2,800
기타포괄손익 – 공정가치측정금융자산처분이익	5,000		

*대손상각비는 매출채권에서 발생한 것이다.

㈜대한이 20X3년도 기능별 포괄손익계산서에 보고할 영업이익은 얼마인가? 2014. CTA

① ₩113,000　② ₩115,000　③ ₩117,800　④ ₩120,000　⑤ ₩120,800

B-07 다음 중 재무제표 표시에 대한 설명으로 옳지 않은 것은?

2012. CPA

① 기업이 재무상태표에 유동자산과 비유동자산, 유동부채와 비유동부채로 구분하여 표시하는 경우, 이연법인세자산(부채)은 유동자산(부채)으로 분류한다.

② 기타포괄손익은 재평가잉여금의 변동, 해외사업장의 재무제표 환산으로 인한 손익, 기타포괄손익-공정가치측정금융자산의 재측정 손익, 현금흐름위험회피의 위험회피수단의 평가손익 중 효과적인 부분 등을 포함한다.

③ 유동자산에는 보고기간 후 12개월 이내에 실현될 것으로 예상되지 않는 경우에도 재고자산 및 매출채권과 같이 정상영업주기의 일부로서 판매, 소비 또는 실현되는 자산이 포함된다.

④ 재무제표가 계속기업의 가정하에 작성되지 않는 경우에는 그 사실과 함께 재무제표가 작성된 기준 및 그 기업을 계속기업으로 보지 않는 이유를 공시하여야 한다.

⑤ 회계정책을 적용하는 과정에서 추정에 관련된 공시와는 별도로, 재무제표에 인식되는 금액에 유의적인 영향을 미친 경영진이 내린 판단은 유의적인 회계정책의 요약 또는 기타 주석사항으로 공시한다.

B-08 재무제표 표시에 관한 설명으로 옳지 않은 것은?

2016. CTA

① 한국채택국제회계기준서는 재무제표에 표시되어야 할 항목의 순서나 형식을 규정하지 아니한다.

② 충당부채와 관련된 지출을 제3자와의 계약관계에 따라 보전 받는 경우, 당해 지출과 보전받는 금액은 상계하여 표시할 수 있다.

③ 기업이 기존의 대출계약조건에 따라 보고기간 후 적어도 12개월 이상 부채를 차환하거나 연장할 것으로 기대하고 있지만, 그런 재량권이 없다면 차환가능성을 고려하지 않고 유동부채로 분류한다.

④ 기타포괄손익-공정가치측정금융자산의 재측정손익, 확정급여제도의 재측정요소, 현금흐름위험회피 파생상품의 평가손익 중 효과적인 부분은 재분류조정이 되는 기타포괄손익이다.

⑤ 회계정책을 적용하는 과정에서 추정에 관련된 공시와는 별도로, 재무제표에 인식되는 금액에 유의적인 영향을 미친 경영진이 내린 판단은 유의적인 회계정책 또는 기타 주석 사항과 함께 공시한다.

객 관 식

C·H·A·P·T·E·R

20

개념체계

[1] 개념체계 및 일반목적재무보고

[2] 유용한 재무정보의 질적 특성

[3] 재무제표의 요소

[4] 인식과 제거

[5] 측정기준

[6] 자본 및 자본유지개념

[7] 보고기업

20 CHAPTER

개념체계

1 개념체계 및 일반목적재무보고

1. 개념체계의 위상과 목적

(1) 개념체계의 목적

① 한국회계기준위원회가 일관된 개념에 기반하여 한국채택국제회계기준을 제·개정하는 데 도움을 준다. ② 특정 거래나 다른 사건에 적용할 회계기준이 없거나 회계기준에서 회계정책 선택이 허용되는 경우에 재무제표 작성자가 일관된 회계정책을 개발하는 데 도움을 준다. ③ 모든 이해관계자가 회계기준을 이해하고 해석하는 데 도움을 준다.

(2) 개념체계의 한계: 회계기준 우선!

개념체계는 회계기준이 아니다. 따라서 개념체계의 어떠한 내용도 회계기준이나 회계기준의 요구사항에 우선하지 아니한다.

2. 일반목적재무보고

(1) 일반목적재무보고의 목적

현재 및 잠재적 투자자, 대여자와 그 밖의 채권자가 기업에 자원을 제공하는 것과 관련된 **의사결정을 할 때 유용한** 보고기업 **재무정보를 제공하는** 것이다.

(2) 일반목적재무보고서의 주요이용자

① 투자자, 대여자, 채권자: 정보 직접 요구 불가 → 일반목적재무보고서의 주요이용자 O

② 규제기관, 일반대중: 일반목적재무보고서의 주요이용자 X

③ 경영진: 재무정보에 관심은 있지만, 일반목적재무보고서에 의존 X

3. 일반목적재무보고의 한계

(1) 모든 정보 제공 X

(2) 보고기업의 가치를 보여주기 위해 고안된 것 X (추정하는 데에는 도움 O)

(3) 정보이용자의 상충된 정보 수요 및 욕구

→ 회계기준위원회는 회계기준을 제정할 때 최대 다수의 주요이용자 수요를 충족하는 정보를 제공하기 위해 노력

(4) 상당 부분 추정 개입 ★중요!

재무보고서는 정확한 서술보다는 **상당 부분 추정, 판단 및 모형에 근거한다.**

4. 일반목적재무보고서가 제공하는 정보: 재무제표

일반목적재무보고서는 보고기업의 재무상태에 관한 정보, 즉 기업의 경제적자원 및 보고기업에 대한 청구권에 관한 정보를 제공한다. 재무보고서는 보고기업의 경제적자원과 청구권을 변동시키는 거래와 그 밖의 사건의 영향에 대한 정보도 제공한다. 보고기업의 경제적자원 및 청구권의 변동은 그 기업의 재무성과, 그리고 채무상품이나 지분상품의 발행과 같은 그 밖의 사건이나 거래에서 발생한다.

예 제 일반목적재무보고

A-01 다음은 재무보고를 위한 개념체계 중 일반목적재무보고의 목적에 관한 설명이다. 이 중 옳지 않은 것은? 2016. CPA

① 현재 및 잠재적 투자자, 대여자 및 기타 채권자는 일반목적재무보고서가 대상으로 하는 주요 이용자이다.
② 일반목적재무보고서는 주요 이용자가 필요로 하는 모든 정보를 제공하지는 않으며 제공할 수도 없다.
③ 일반목적재무보고서는 주요 이용자가 보고기업의 가치를 추정하는 데 도움이 되는 정보를 제공한다.
④ 회계기준위원회는 재무보고기준을 제정할 때 주요 이용자 최대 다수의 수요를 충족하는 정보를 제공하기 위해 노력할 것이다.
⑤ 보고기업의 경영진도 해당 기업에 대한 재무정보에 관심이 있기 때문에 일반목적재무보고서에 의존할 필요가 있다.

A-02 일반목적재무보고에 관한 설명으로 옳지 않은 것은? 2019. CTA

① 현재 및 잠재적 투자자, 대여자 및 기타채권자에 해당하지 않는 기타 당사자들(예를 들어, 감독당국)이 일반목적재무보고서가 유용하다고 여긴다면 이들도 일반목적재무보고의 주요 대상에 포함된다.
② 일반목적재무보고서는 현재 및 잠재적 투자자, 대여자 및 기타 채권자가 필요로 하는 모든 정보를 제공하지는 않으며 제공할 수도 없다. 그 정보이용자들은, 예를 들어, 일반 경제적 상황 및 기대, 정치적 사건과 정치 풍토, 산업 및 기업 전망과 같은 다른 원천에서 입수한 관련 정보를 고려할 필요가 있다.
③ 재무보고서는 정확한 서술보다는 상당 부분 추정, 판단 및 모형에 근거한다.
④ 일반목적재무보고서는 보고기업의 가치를 보여주기 위해 고안된 것이 아니다. 그러나 그것은 현재 및 잠재적 투자자, 대여자 및 기타 채권자가 보고기업의 가치를 추정하는 데 도움이 되는 정보를 제공한다.
⑤ 일반목적재무보고의 목적은 현재 및 잠재적 투자자, 대여자 및 기타 채권자가 기업에 자원을 제공하는 것에 대한 의사결정을 할 때 유용한 보고기업 재무정보를 제공하는 것이다. 그 의사결정은 지분상품 및 채무상품을 매수, 매도 또는 보유하는 것과 대여 및 기타 형태의 신용을 제공 또는 결제하는 것을 포함한다.

A-03 일반목적재무보고에 관한 설명으로 옳지 않은 것은? 2024. CTA

① 일반목적재무보고의 목적은 현재 및 잠재적 투자자, 대여자와 그 밖의 채권자가 기업에 자원을 제공하는 것과 관련된 의사결정을 할 때 유용한 보고기업 재무정보를 제공하는 것이다.

② 일반목적재무보고서는 보고기업의 가치를 보여주기 위해 고안된 것이 아니지만 현재 및 잠재적 투자자, 대여자와 그 밖의 채권자가 보고기업의 가치를 추정하는 데 도움이 되는 정보를 제공한다.

③ 한 기간의 보고기업의 재무성과에 투자자와 채권자에게서 직접 추가 자원을 획득한 것이 아닌 경제적자원 및 청구권의 변동이 반영된 정보는 기업의 과거 및 미래 순현금유입 창출 능력을 평가하는 데 유용하다.

④ 많은 현재 및 잠재적 투자자, 대여자 및 그 밖의 채권자는 정보를 제공하도록 보고기업에 직접 요구하고, 그들이 필요로 하는 재무정보의 많은 부분을 일반목적재무보고서에 의존하는 것은 아니다.

⑤ 재무보고서는 정확한 서술보다는 상당 부분 추정, 판단 및 모형에 근거한다.

A-04 '일반목적재무보고의 목적'에 대한 다음 설명 중 옳지 않은 것은? 2023. CPA 심화

① 많은 현재 및 잠재적 투자자, 대여자 및 그 밖의 채권자는 정보를 제공하도록 보고기업에 직접 요구할 수 없고, 그들이 필요로 하는 재무정보의 많은 부분을 일반목적재무보고서에 의존해야만 한다.

② 회계기준위원회는 회계기준을 제정할 때 최대 다수의 주요이용자 수요를 충족하는 정보를 제공하기 위해 노력할 것이다. 그러나 공통된 정보수요에 초점을 맞춘다고 해서 보고기업으로 하여금 주요이용자의 특정 일부집단에게 가장 유용한 추가 정보를 포함하지 못하게 하는 것은 아니다.

③ 보고기업의 경영진도 해당 기업에 대한 재무정보에 관심이 있다. 그러나 경영진은 필요로 하는 재무정보를 내부에서 구할 수 있기 때문에 일반목적재무보고서에 의존할 필요가 없다.

④ 보고기업의 경제적자원 및 청구권의 성격 및 금액에 대한 정보는 이용자들이 보고기업의 재무적 강점과 약점을 식별하는데 도움을 줄 수 있다.

⑤ 보고기업의 경제적자원 및 청구권은 재무성과 외의 사유로는 변동될 수 없다.

A-05 일반목적재무보고서가 제공하는 정보에 관한 설명으로 옳지 않은 것은? 2021. CTA 심화

① 보고기업의 경제적자원 및 청구권의 성격 및 금액에 대한 정보는 이용자들이 기업의 경제적자원에 대한 경영진의 수탁책임을 평가하는 데 도움이 될 수 있다.

② 보고기업의 재무성과에 대한 정보는 그 기업의 경제적자원에서 해당 기업이 창출한 수익을 이용자들이 이해하는 데 도움을 준다.

③ 보고기업의 경제적자원 및 청구권은 그 기업의 재무성과 그리고 채무상품이나 지분상품의 발행과 같은 그 밖의 사건이나 거래에서 발생한다.

④ 보고기업의 과거 재무성과와 그 경영진이 수탁책임을 어떻게 이행했는지에 대한 정보는 기업의 경제적자원에서 발생하는 미래 수익을 예측하는 데 일반적으로 도움이 된다.

⑤ 한 기간의 보고기업의 재무성과에 투자자와 채권자에게서 직접 추가 자원을 획득한 것이 아닌 경제적자원 및 청구권의 변동이 반영된 정보는 기업의 과거 및 미래 순현금유입 창출 능력을 평가하는 데 유용하다.

2 유용한 재무정보의 질적 특성

유용한 재무정보의 질적특성은 재무제표에서 제공되는 재무정보뿐만 아니라 **그 밖의 방법으로 제공되는 재무정보에도** 적용된다. (↔K－IFRS: 오직 재무제표에만 적용)

1. 질적 특성의 종류: 목표, 비검적이

근본적 질적 특성	보강적 질적 특성
목적적합성 **표**현충실성	**비**교가능성 **검**증가능성 **적**시성 **이**해가능성

2. 근본적 질적 특성

(1) 목적적합성

목적적합한 재무정보는 이용자들의 **의사결정에 차이가 나도록** 할 수 있다. 재무정보에 **예측가치, 확인가치** 또는 이 둘 모두가 있다면 그 재무정보는 의사결정에 차이가 나도록 할 수 있다.

1) 예측가치

① 예측가치의 정의

이용자들이 미래 결과를 예측하기 위해 사용하는 절차의 투입요소로 재무정보가 사용될 수 있다면, 그 재무정보는 예측가치를 갖는다.

② 예측가치를 갖기 위해 예측치 또는 예상치일 필요 X

2) 확인가치

재무정보가 과거 평가에 대해 피드백을 제공한다면 확인가치를 갖는다.

3) 재무정보의 예측가치와 확인가치는 상호 연관되어 있다. ★중요!

예측가치를 갖는 정보는 확인가치도 갖는 경우가 많다.

4) 중요성

① 중요성의 정의: **기업 특유 측면의 목적적합성**, 의사결정에 영향을 준다면 중요한 것

② 회계기준위원회는 중요성을 미리 결정 X

(2) 표현충실성

재무보고서는 경제적 현상을 글과 숫자로 나타내는 것이다. 완벽한 표현충실성을 위해서 서술은 **완전하고, 중립적이며, 오류가 없어야** 할 것이다.

1) 완전한 서술: 이용자가 현상을 이해하는 데 **필요한 모든 정보를 포함하는 것**

2) 중립적 서술
① 중립적 서술의 의미: 편의가 없는 것
② 중립적 정보≠영향력이 없는 정보 ★중요!

3) 오류 없는 서술
① 오류가 없다는 것의 의미: 현상의 기술에 오류나 누락이 없고, 보고 정보를 생산하는 데 사용되는 절차의 선택과 적용 시 절차 상 오류가 없음
② 오류가 없다≠모든 면에서 정확하다 ★중요!
③ 합리적인 추정치의 사용은 정보의 유용성을 저해 X

3. 보강적 질적 특성

(1) 비교가능성

비교가능성은 이용자들이 항목 간의 **유사점과 차이점**을 식별하고 이해할 수 있게 하는 질적특성이다. 다른 질적특성과 달리 비교가능성은 단 하나의 항목에 관련된 것이 아니다. 비교하려면 최소한 두 항목이 필요하다.

① 비교가능성≠일관성 (비교가능성: 목표, 일관성: 목표 달성에 도움을 줌)
일관성: 한 보고기업 내에서 기간 간 또는 같은 기간 동안에 기업 간, 동일한 항목에 대해 동일한 방법을 적용하는 것

② 비교가능성≠통일성

③ 동일한 경제적 현상에 대체적인 회계처리방법 허용: **비교가능성↓** ★중요!

(2) 검증가능성

: 합리적인 판단력이 있고 독립적인 서로 다른 관찰자가 어떤 서술이 표현충실성에 있어, 비록 반드시 완전히 의견이 일치하지는 않더라도, **합의**에 이를 수 있다는 것
① 정보가 검증가능하기 위해 단일 점추정치이어야 할 필요 X

(3) 적시성

: 의사결정에 영향을 미칠 수 있도록 의사결정자가 정보를 **제때**에 이용가능하게 하는 것
① 오래된 정보: 일반적으로 유용성이 낮아짐 (일부 정보는 예외)

(4) 이해가능성

: 정보를 명확하고 간결하게 분류하고, 특징지으며, 표시하는 것

① 이해하기 어려운 정보를 제외하면 안 됨!

② 이해가능성은 회린이도 이해할 수 있어야 한다는 뜻이 아님! ★중요!

재무보고서는 사업활동과 경제활동에 대해 합리적인 지식이 있고, 부지런히 정보를 검토하고 분석하는 이용자들을 위해 작성된다. 때로는 박식하고 부지런한 이용자들도 복잡한 경제적 현상에 대한 정보를 이해하기 위해 자문가의 도움을 받는 것이 필요할 수 있다.

(5) 보강적 질적특성의 적용

① 보강적 질적특성의 의의: 근본적 특성이 같다면 보강적 특성이 높은 방법 사용

② 근본적 질적 특성 미충족 시 보강적 질적 특성 의미 X

보강적 질적특성은 가능한 한 극대화되어야 한다. 그러나 보강적 질적특성은, **정보가 목적적합하지 않거나 나타내고자 하는 바를 충실하게 표현하지 않으면,** 개별적으로든 집단적으로든 **그 정보를 유용하게 할 수 없다.**

③ 다른 질적 특성 향상을 위해 보강적 질적 특성 감소 가능

보강적 질적특성을 적용하는 것은 어떤 규정된 순서를 따르지 않는 반복적인 과정이다. **때로는 하나의 보강적 질적특성이 다른 질적특성의 극대화를 위해 감소되어야 할 수도 있다.**

4. 재무보고에 대한 포괄적 제약요인: 원가

예제 재무정보의 질적 특성

A-06 재무보고를 위한 개념체계에 관한 설명으로 옳지 않은 것은? 2012. CTA

① 목적적합하고 충실하게 표현된 정보의 유용성을 보강시키는 질적 특성으로는 비교가능성, 검증가능성, 중립성 및 이해가능성이 있다.

② 새로운 재무보고기준의 전진 적용으로 인한 비교가능성의 일시적 감소는 장기적으로 목적적합성이나 표현충실성을 향상시키기 위해 감수할 수도 있다.

③ 재무정보가 유용하기 위해서는 목적적합해야 하고 나타내고자 하는 바를 충실하게 표현해야 한다. 따라서 목적적합성과 표현충실성은 근본적 질적 특성이다.

④ 검증가능성은 합리적인 판단력이 있고 독립적인 서로 다른 관찰자가 어떤 서술이 충실한 표현이라는 데, 비록 반드시 완전히 일치하지는 못하더라도, 의견이 일치할 수 있다는 것을 의미한다.

⑤ 표현충실성은 모든 면에서 정확한 것을 의미하지는 않는다. 오류가 없다는 것은 현상의 기술에 오류나 누락이 없고, 보고 정보를 생산하는 데 사용되는 절차의 선택과 적용 시 절차 상 오류가 없음을 의미한다.

A-07 재무보고를 위한 개념체계 내용 중 재무정보의 질적 특성에 관한 설명으로 옳은 것은? 2013. CTA 수정

① 중립적 서술은 재무정보의 선택이나 표시에 편의가 없는 것이다. 중립적 정보는 목적이 없거나 행동에 대한 영향력이 없는 정보를 의미한다.

② 일관성은 비교가능성과 관련은 되어 있지만 동일하지는 않다. 즉 일관성은 목표이고, 비교가능성은 그 목표를 달성하는 데 도움을 준다고 할 수 있다.

③ 오류가 없다는 것은 현상의 기술에 오류나 누락이 없고, 보고 정보를 생산하는 데 사용되는 절차의 선택과 적용 시 절차 상 오류가 없음을 의미하는 것이므로 표현충실성이란 모든 측면에서 정확함을 의미한다.

④ 중요성은 개별 기업 재무보고서 관점에서 해당 정보와 관련된 항목의 성격이나 규모 또는 이 둘 모두에 근거하여 해당 기업에 특유한 측면의 목적적합성을 의미한다.

⑤ 재무보고서는 사업활동과 경제활동에 대해 박식하고, 정보를 검토하고 분석하는데 부지런한 정보이용자보다는 모든 수준의 정보이용자들이 자력으로 이해할 수 있도록 작성되어야 한다.

A-08 재무정보의 질적 특성에 관한 설명으로 옳지 않은 것은? 2014. CTA 수정

① 중요성은 개별 기업 재무보고서 관점에서 해당 정보와 관련된 항목의 성격이나 규모 또는 이 둘 모두에 근거하여 해당 기업에 특유한 측면의 목적적합성을 의미한다.

② 완벽한 표현충실성을 위해서는 서술이 완전하고, 중립적이며, 오류가 없어야 한다.

③ 보강적 질적 특성은 만일 어떤 두 가지 방법이 현상을 동일하게 목적적합하고 충실하게 표현하는 것이라면 이 두 가지 방법 가운데 어느 방법을 현상의 서술에 사용해야 할지를 결정하는 데에도 도움을 줄 수 있다.

④ 단 하나의 경제적 현상을 충실하게 표현하는데 여러 방법이 있을 수 있으나 동일한 경제적 현상에 대해 대체적인 회계처리방법을 허용하면 비교가능성이 감소한다.

⑤ 일관성은 한 보고기업 내에서 기간 간 또는 같은 기간 동안에 기업 간, 동일한 항목에 대해 동일한 방법을 적용하는 것을 의미하므로 비교가능성과 동일한 의미로 사용된다.

A-09 재무보고를 위한 개념체계에 관한 설명으로 옳지 않은 것은? 2015. CTA

① 중요성은 개별 기업 재무보고서 관점에서 해당 정보와 관련된 항목의 성격이나 규모 또는 이 둘 모두에 근거하여 해당 기업에 특유한 측면의 목적적합성을 의미한다.

② 재무보고를 위한 개념체계는 외부 이용자를 위한 재무보고의 기초가 되는 개념으로 한국채택국제회계기준이다.

③ 일반목적재무보고서는 보고기업의 가치를 보여주기 위해 고안된 것이 아니다. 그러나 그것은 현재 및 잠재적 투자자, 대여자 및 기타 채권자가 보고기업의 가치를 추정하는데 도움이 되는 정보를 제공한다.

④ 목적적합한 재무정보는 정보이용자의 의사결정에 차이가 나도록 할 수 있다.

⑤ 표현충실성은 모든 면에서 정확한 것을 의미하지는 않는다.

A-10 재무정보의 질적 특성에 관한 설명으로 옳지 않은 것은? 2017. CTA

① 유용한 재무정보의 근본적 질적 특성은 목적적합성과 표현충실성이다. 유용한 재무정보의 질적 특성은 재무제표에서 제공되는 재무정보에도 적용되며, 그 밖의 방법으로 제공되는 재무정보에도 적용된다.

② 비교가능성, 검증가능성, 적시성 및 이해가능성은 목적적합하고 충실하게 표현된 정보의 유용성을 보강시키는 질적 특성이다. 보강적 질적 특성을 적용하는 것은 어떤 규정된 순서를 따르지 않는 반복적인 과정이다. 때로는 하나의 보강적 질적 특성이 다른 질적 특성의 극대화를 위해 감소되어야 할 수도 있다.

③ 검증가능성은 합리적인 판단력이 있고 독립적인 서로 다른 관찰자가 어떤 서술이 표현충실성이라는 데, 비록 반드시 완전히 일치하지는 못하더라도, 의견이 일치할 수 있다는 것을 의미한다. 계량화된 정보가 검증가능하기 위해서 단일 점추정치이어야 한다.

④ 표현충실성은 모든 면에서 정확한 것을 의미하지는 않는다. 오류가 없다는 것은 현상의 기술에 오류나 누락이 없고, 보고 정보를 생산하는 데 사용되는 절차의 선택과 적용 시 절차 상 오류가 없음을 의미한다. 이 맥락에서 오류가 없다는 것은 모든 면에서 완벽하게 정확하다는 것을 의미하지는 않는다.

⑤ 목적적합한 재무정보는 정보이용자의 의사결정에 차이가 나도록 할 수 있다. 재무정보에 예측가치, 확인가치 또는 이 둘 모두가 있다면 그 재무정보는 의사결정에 차이가 나도록 할 수 있다.

A-11 유용한 재무정보의 질적특성에 관한 설명으로 옳지 않은 것은? 2020. CTA

① 재무정보가 예측가치를 갖기 위해서 그 자체가 예측치 또는 예상치일 필요는 없다.

② 하나의 경제적 현상은 여러 가지 방법으로 충실하게 표현될 수 있으나, 동일한 경제적 현상에 대해 대체적인 회계처리방법을 허용하면 비교가능성이 감소한다.

③ 목적적합하지 않은 현상에 대한 표현충실성과 목적적합한 현상에 대한 충실하지 못한 표현 모두 이용자들이 좋은 결정을 내리는 데 도움이 되지 않는다.

④ 회계기준위원회는 중요성에 대한 획일적인 계량 임계치를 정하거나 특정한 상황에서 무엇이 중요한 것인지를 미리 결정할 수 없다.

⑤ 보강적 질적특성은 정보가 목적적합하지 않거나 나타내고자 하는 바를 충실하게 표현하지 않더라도 그 정보를 유용하게 만들 수 있다.

A-12 유용한 재무정보의 질적 특성에 관한 설명으로 옳지 않은 것은? 2022. CTA

① 재무보고서는 경제적 현상을 글과 숫자로 나타내는 것이다.

② 재무정보가 과거 평가에 대해 피드백을 제공한다면(과거 평가를 확인하거나 변경시킨다면) 확인가치를 갖는다.

③ 중립적 정보는 목적이 없거나 행동에 대한 영향력이 없는 정보를 의미한다.

④ 회계기준위원회는 중요성에 대한 획일적인 계량 임계치를 정하거나 특정한 상황에서 무엇이 중요한 것인지를 미리 결정할 수 없다.

⑤ 합리적인 추정치의 사용은 재무정보의 작성에 필수적인 부분이며, 추정이 명확하고 정확하게 기술되고 설명되는 한 정보의 유용성을 저해하지 않는다.

A-13 재무보고를 위한 개념체계에 대한 다음 설명 중 옳지 않은 것은? 2015. CPA

① 일반목적 재무보고서는 보고기업의 가치를 보여주기 위해 고안된 것이 아니다. 그러나 일반목적 재무보고서는 현재 및 잠재적 투자자, 대여자 및 기타 채권자가 보고기업의 가치를 추정하는데 도움이 되는 정보를 제공한다.

② 보강적 질적 특성은 가능한 한 극대화 되어야 한다. 그러나 보강적 질적 특성은 정보가 목적적합하지 않거나 충실하게 표현되지 않으면, 개별적으로든 집단적으로든 그 정보를 유용하게 할 수 없다.

③ 재무정보의 예측가치와 확인가치는 상호 연관되어 있어, 예측가치를 갖는 정보는 확인가치도 갖는 경우가 많다.

④ 재무보고서는 사업활동과 경제활동에 대해 합리적인 지식이 있고, 부지런히 정보를 검토하고 분석하는 정보이용자를 위해 작성된다.

⑤ 통일성은 한 보고기업 내에서 기간 간 또는 같은 기간 동안에 기업 간, 동일한 항목에 대해 동일한 방법을 적용하는 것을 말한다.

A-14 재무보고를 위한 개념체계 중 '유용한 재무정보의 질적 특성'에 관한 다음 설명 중 옳지 않은 것은? 2018. CPA 심화

① 유용한 재무정보의 질적 특성은 재무보고서에 포함된 정보(재무정보)에 근거하여 보고기업에 대한 의사결정을 할 때 현재 및 잠재적 투자자, 대여자 및 기타 채권자에게 가장 유용할 정보의 유형을 식별하는 것이다.

② 유용한 재무정보의 질적 특성은 재무제표에서 제공되는 재무정보에 적용되며, 그 밖의 방법으로 제공되는 재무정보에는 적용되지 않는다.

③ 목적적합한 재무정보는 정보이용자의 의사결정에 차이가 나도록 할 수 있다. 정보는 일부 정보이용자가 이를 이용하지 않기로 선택하거나 다른 원천을 통하여 이미 이를 알고 있다고 할지라도 의사결정에 차이가 나도록 할 수 있다.

④ 재무정보의 예측가치와 확인가치는 상호 연관되어 있으며, 예측가치를 갖는 정보는 확인가치도 갖는 경우가 많다.

⑤ 근본적 질적 특성 중 하나인 표현충실성은 그 자체가 반드시 유용한 정보를 만들어 내는 것은 아니다.

3 재무제표의 요소

1. 자산

자산은 **과거사건의 결과로 기업이 통제하는 현재의 경제적자원**이다.

〈자산의 세 가지 조건〉

(1) 권리
(2) 경제적효익을 창출할 잠재력
(3) 통제

(1) 자산의 첫 번째 조건: 권리

① 다른 당사자의 의무에 해당하는 권리
– 현금을 수취할 권리 ex〉미수수익
– 재화나 용역을 제공받을 권리 ex〉선급비용
② 다른 당사자의 의무에 해당하지 않는 권리
ex〉유형자산 또는 재고자산과 같은 물리적 대상에 대한 권리

1) 많은 권리들은 계약, 법률 또는 이와 유사한 수단에 의해 성립된다. 그러나 기업은 그 밖의 방법으로도 권리를 획득할 수 있다. 예를 들면 다음과 같다.

① 공공의 영역(public domain)에 속하지 않는 노하우의 획득이나 창작
ex〉 풀이법, 예술작품
② 실무 관행, 공개한 경영방침, 특정 성명(서)과 상충되는 방식으로 행동할 수 있는 실제 능력이 없기 때문에 발생하는 다른 당사자의 의무

2) 일부 재화나 용역(예: 종업원이 제공한 용역)은 제공받는 즉시 소비된다. 이러한 재화나 용역으로 창출된 경제적효익을 얻을 권리는 기업이 재화나 용역을 소비하기 전까지 일시적으로 존재한다.

3) 기업의 모든 권리가 그 기업의 자산이 되는 것은 아니다.
① 권리가 기업의 자산이 되기 위해서는, 해당 권리가 그 기업을 위해서 다른 당사자들이 이용가능한 경제적효익을 초과하는 **경제적효익을 창출할 잠재력**이 있고, 그 기업에 의해 **통제**되어야 한다.
② **모든 당사자들이 이용가능한 권리는 기업의 자산이 아니다.** ex〉 도로에 대한 공공권리

4) 기업은 기업 스스로부터 경제적효익을 획득하는 권리를 가질 수는 **없다.**
① 기업이 발행한 후 재매입하여 보유하고 있는 채무상품이나 지분상품(예: 자기사채, 자기주식)은 기업의 경제적자원이 아니다.

② 만약 보고기업이 둘 이상의 법적 실체를 포함하는 경우, 그 법적 실체들 중 하나가 발행하고 다른 하나가 보유하고 있는 채무상품이나 지분상품은 그 보고기업의 경제적자원이 아니다.

(2) 자산의 두 번째 조건: 경제적효익을 창출할 잠재력

1) 잠재력이 있기 위해 권리가 **경제적효익을 창출할** 것이라고 확신하거나 그 **가능성이 높아야 하는 것은 아니다.** ★중요!

2) 경제적자원의 가치가 미래경제적효익을 창출할 현재의 잠재력에서 도출되지만, **경제적자원은** 그 잠재력을 포함한 현재의 권리이며, 그 권리가 창출할 수 있는 **미래경제적효익이 아니다.**

3) 지출의 발생과 자산의 취득은 밀접하게 관련되어 있으나 양자가 반드시 일치하는 것은 아니다.

(3) 자산의 세 번째 조건: 통제

1) 통제는 경제적자원을 기업에 결부시킨다.
통제의 존재 여부를 평가하는 것은 기업이 회계처리할 경제적자원을 식별하는 데 도움이 된다.

2) 하나의 경제적자원에 대해서 둘 이상의 당사자가 통제할 수는 없다. 따라서 **일방의 당사자가 경제적자원을 통제하면 다른 당사자는 그 자원을 통제하지 못한다.**

3) 기업은 경제적자원을 자신의 활동에 투입할 수 있는 권리가 있거나, 다른 당사자가 경제적자원을 그들의 활동에 투입하도록 허용할 권리가 있다면, 그 경제적자원의 사용을 지시할 수 있는 현재의 능력이 있다.

4) 경제적자원의 통제는 일반적으로 법적 권리를 행사할 수 있는 능력에서 비롯된다. 그러나 통제는 경제적자원의 사용을 지시하고 이로부터 유입될 수 있는 효익을 얻을 수 있는 현재의 능력이 기업에게만 있도록 할 수 있는 경우에도 발생할 수 있다.

5) 기업이 경제적자원을 통제하기 위해서는 해당 자원의 미래경제적효익이 다른 당사자가 아닌 그 기업에게 직접 또는 간접으로 유입되어야 한다.

6) 본인이 통제하는 경제적자원은 대리인의 자산이 아님

2. 부채

부채는 **과거사건의 결과로 기업이 경제적자원을 이전해야 하는 현재의무**이다.

〈부채의 세 가지 조건〉

(1) 기업에게 의무가 있다.
(2) 의무는 경제적자원을 이전하는 것이다.
(3) 의무는 과거사건의 결과로 존재하는 현재의무이다.

(1) 부채의 첫 번째 조건: 의무

의무란 기업이 회피할 수 있는 실제 능력이 없는 책무나 책임을 말한다.

1) 의무를 이행할 대상인 당사자의 신원을 알 필요는 없다. (not 신원을 알아야 한다) ex>제품보증충당부채
다른 당사자는 사람이나 또 다른 기업, 사람들 또는 기업들의 집단, 사회 전반이 될 수 있다.

2) 한 당사자가 경제적자원을 이전해야 하는 의무가 있는 경우, 다른 당사자는 그 경제적자원을 수취할 권리가 있다. 그러나 한 당사자가 부채를 인식하고 이를 특정 금액으로 측정해야 한다는 요구사항이 다른 당사자가 자산을 인식하거나 동일한 금액으로 측정해야 한다는 것을 의미하지는 않는다. ex>사채발행비가 발생한 경우 사채

3) 모든 의무가 계약, 법률에 의해 성립되는 것은 아님 (의제의무)

4) 기업이 청산하는 것 외에는 이전을 회피할 수 없다면 반드시 그 의무를 져야 한다.
기업이 그 기업을 청산하거나 거래를 중단하는 것으로만 이전을 회피할 수 있고 그 외는 이전을 회피할 수 없다면, 기업의 재무제표가 계속기업 기준으로 작성되는 것이 적절하다는 결론은 그러한 이전을 회피할 수 있는 실제 능력이 없다는 결론도 내포하고 있다.

(2) 부채의 두 번째 조건: 경제적자원의 이전

1) 경제적자원의 이전가능성이 낮더라도 의무가 부채의 정의를 충족할 수 있다.

(3) 부채의 세 번째 조건: 과거사건으로 생긴 현재의무

1) 현재의무

현재의무는 다음 모두에 해당하는 경우에만 과거사건의 결과로 존재한다.

① 기업이 이미 경제적효익을 얻었거나 조치를 취했고, ② 그 결과로 기업이 이전하지 않아도 되었을 경제적자원을 이전해야 하거나 이전하게 될 수 있는 경우

2) 법률제정 그 자체로는 기업에 현재의무를 부여하기에 충분 X

3) 미래의 특정 시점까지 경제적자원의 이전이 집행될 수 없더라도 현재의무는 존재할 수 있다. ex>장기미지급금

4) 미이행계약: 현재의무 X ex> 종업원과의 근로계약

3. 자본: 기업의 자산에서 모든 부채를 차감한 후의 잔여지분

4. 수익과 비용: 자본청구권 보유자의 출자 및 보유자에 대한 분배는 제외

4 인식과 제거

1. 인식 절차

인식은 자산, 부채, 자본, 수익 또는 비용과 같은 재무제표 요소 중 하나의 정의를 충족하는 항목을 재무상태표나 재무성과표에 포함하기 위하여 포착하는 과정이다. 인식은 그러한 재무제표 중 하나에 어떤 항목(단독으로 또는 다른 항목과 통합하여)을 명칭과 화폐금액으로 나타내고, 그 항목을 해당 재무제표의 하나 이상의 합계에 포함시키는 것과 관련된다.

거래나 그 밖의 사건에서 발생된 자산이나 부채의 최초 인식에 따라 수익과 관련 비용을 동시에 인식할 수 있다. ex〉 재화의 현금판매에 따른 수익과 비용 동시 인식

2. 인식기준

자산, 부채 또는 자본의 **정의를 충족하는 항목만이 재무상태표에** 인식된다. 마찬가지로 수익이나 비용의 **정의를 충족하는 항목만이 재무성과표에** 인식된다. 그러나 **그러한 요소 중 하나의 정의를 충족하는 항목이라고 할지라도 항상 인식되는 것은 아니다.**

자산이나 부채를 인식하고 이에 따른 결과로 수익, 비용 또는 자본변동을 인식하는 것이 재무제표이용자들에게 다음과 같이 유용한 정보를 모두 제공하는 경우에만 자산이나 부채를 인식한다.

(1) 목적적합한 정보
(2) 충실한 표현

3. 제거

자산	일반적으로 기업이 인식한 자산의 전부 또는 일부에 대한 통제를 상실하였을 때 제거
부채	일반적으로 기업이 인식한 부채의 전부 또는 일부에 대한 현재의무를 더 이상 부담하지 않을 때 제거

예 제 인식과 제거

B-01 '재무보고를 위한 개념체계'에서 인식과 제거에 대한 다음 설명 중 옳지 않은 것은? 2023. CPA

① 인식은 자산, 부채, 자본, 수익 또는 비용과 같은 재무제표 요소 중 하나의 정의를 충족하는 항목을 재무상태표나 재무성과표에 포함하기 위하여 포착하는 과정이다.

② 거래나 그 밖의 사건에서 발생된 자산이나 부채의 최초 인식에 따라 수익과 관련 비용을 동시에 인식할 수 있다. 수익과 관련 비용의 동시 인식은 때때로 수익과 관련 원가의 대응을 나타낸다.

③ 재무제표이용자들에게 자산이나 부채 그리고 이에 따른 결과로 발생하는 수익, 비용 또는 자본변동에 대한 목적적합한 정보와 충실한 표현 중 어느 하나를 제공하는 경우 자산이나 부채를 인식한다.

④ 자산은 일반적으로 기업이 인식한 자산의 전부 또는 일부에 대한 통제를 상실하였을 때 제거하고, 부채는 일반적으로 기업이 인식한 부채의 전부 또는 일부에 대한 현재의무를 더 이상 부담하지 않을 때 제거한다.

⑤ 제거에 대한 회계 요구사항은 제거를 초래하는 거래나 그 밖의 사건 후의 잔여 자산과 부채, 그리고 그 거래나 그 밖의 사건으로 인한 기업의 자산과 부채의 변동 두 가지를 모두 충실히 표현하는 것을 목표로 한다.

5 측정기준

1. ~원가 vs ~가치

	~원가(취득 시 지급액: 유입가치)	~가치(처분 시 수령액: 유출가치)
과거	역사적 원가 : 과거에 주고 산 금액	
현재	현행원가 : 지금 새로 살 때의 금액	공정가치 : 지금 시장에서 정상적으로 팔 때의 금액
미래		사용가치 : 미래에 쓰다가 파는 금액의 PV

2. 역사적 원가 vs 현행가치

(1) 역사적 원가: 가치 변동 반영 X

현행가치와 달리 역사적 원가는 자산의 손상이나 손실부담에 따른 부채와 관련되는 변동을 제외하고는 가치의 변동을 반영하지 않는다.

(2) 현행가치: 현행원가, 공정가치, 사용가치

역사적 원가와는 달리, 자산이나 부채의 현행가치는 자산이나 부채를 발생시킨 거래나 그 밖의 사건의 가격으로부터 부분적으로라도 도출되지 않는다.

(3) 역사적 원가를 식별할 수 없을 때 현행가치를 간주원가로 사용

3. 역사적 원가

(1) 역사적 원가의 정의

① 자산의 역사적 원가: 자산을 취득하기 위하여 지급한 대가 + **거래원가**

② 부채의 역사적 원가: 부채를 발생시키거나 인수하면서 수취한 대가 − **거래원가**

(2) 역사적 원가 측정의 사례: **상각후원가**

4. 현행원가

(1) 현행원가의 정의: 지금 새로 살 때의 금액

① 자산의 현행원가: 측정일에 지급할 대가 + **거래원가**

② 부채의 현행원가: 측정일 현재 동등한 부채에 대해 수취할 수 있는 대가 − **거래원가**

(2) 현행원가는 유입가치에 해당 (=역사적 원가 ↔ 공정가치, 사용가치: 유출가치)

(3) 측정일의 조건 반영 (↔역사적 원가)

5. 공정가치

(1) 공정가치의 정의

: 측정일에 시장참여자 사이의 정상거래에서 자산을 매도할 때 받거나 부채를 이전할 때 지급하게 될 가격

(2) 시장참여자의 관점 반영: 활성시장에서 직접 결정 or 현금흐름기준 측정기법으로 결정

6. 사용가치 및 이행가치

(1) 사용가치: 기업이 자산의 사용과 궁극적인 처분으로 얻을 것으로 기대하는 현금흐름 또는 그 밖의 경제적효익의 현재가치

(2) 이행가치: 기업이 부채를 이행할 때 이전해야 하는 현금이나 그 밖의 경제적자원의 현재가치

(3) 거래원가: 현재 거래원가는 포함 X, 미래 거래원가는 포함 O

사용가치와 이행가치는 미래에 발생하는 현금흐름에 기초하기 때문에 **자산을 취득하거나 부채를 인수할 때 발생하는 거래원가는 포함하지 않는다.**

그러나 사용가치와 이행가치에는 기업이 **자산을 궁극적으로 처분하거나 부채를 이행할 때 발생할 것으로 기대되는 거래원가의 현재가치가 포함된다.**

김수석의 꿀팁! **거래원가: ~원가에는 반영 O, ~가치에는 반영 X** 중요!

> 자산의 역사적 원가와 현행원가는 거래원가를 포함하고, 부채의 역사적 원가와 현행원가는 거래원가를 차감한다. 반면, 공정가치와 사용가치 및 이행가치는 거래원가로 인해 증가하거나 감소하지 않는다.
> 예외적으로, 사용가치와 이행가치는 '~가치'임에도 불구하고 미래에 발생할 것으로 기대되는 거래원가의 현재가치가 포함된다.

(4) 기업 특유의 가정 반영 & 현금흐름기준 측정기법으로 결정

예제 측정기준

B-02 자산의 인식과 측정에 관한 설명으로 옳지 않은 것은? 2020. CTA

① 자산의 정의를 충족하는 항목만이 재무상태표에 자산으로 인식된다.

② 합리적인 추정의 사용은 재무정보 작성의 필수적인 부분이며 추정치를 명확하고 정확하게 기술하고 설명한다면 정보의 유용성을 훼손하지 않는다.

③ 사용가치는 기업이 자산의 사용과 궁극적인 처분으로 얻을 것으로 기대하는 현금흐름 또는 그 밖의 경제적효익의 현재가치이다.

④ 공정가치는 자산을 취득할 때 발생한 거래원가로 인해 증가하지 않는다.

⑤ 경제적효익의 유입가능성이 낮으면 자산으로 인식해서는 안된다.

B-03 측정기준에 관한 설명으로 옳지 않은 것은? 2021. CTA

① 자산을 취득하거나 창출할 때의 역사적 원가는 자산의 취득 또는 창출에 발생한 원가의 가치로서, 자산을 취득 또는 창출하기 위하여 지급한 대가와 거래원가를 포함한다.

② 부채가 발생하거나 인수할 때의 역사적 원가는 발생시키거나 인수하면서 수취한 대가에서 거래원가를 차감한 가치이다.

③ 공정가치는 측정일에 시장참여자 사이의 정상거래에서 자산을 매도할 때 받거나 부채를 이전할 때 지급하게 될 가격이다.

④ 사용가치와 이행가치는 자산을 취득하거나 부채를 인수할 때 발생하는 거래원가를 포함한다.

⑤ 자산의 현행원가는 측정일 현재 동등한 자산의 원가로서 측정일에 지급할 대가와 그날에 발생할 거래원가를 포함한다.

B-04 재무보고를 위한 개념체계 중 측정에 관한 다음의 설명 중 옳지 않은 것은? 2021. CPA 심화

① 역사적 원가 측정기준을 사용할 경우, 다른 시점에 취득한 동일한 자산이나 발생한 동일한 부채가 재무제표에 다른 금액으로 보고될 수 있다.

② 공정가치는 자산을 취득할 때 발생한 거래원가로 인해 증가하지 않으며, 또한 자산의 궁극적인 처분에서 발생할 거래원가를 반영하지 않는다.

③ 자산의 현행원가는 측정일 현재 동등한 자산의 원가로서 측정일에 지급할 대가와 그 날에 발생할 거래원가를 포함한다.

④ 현행가치와 달리 역사적 원가는 자산의 손상이나 손실부담에 따른 부채와 관련되는 변동을 제외하고는 가치의 변동을 반영하지 않는다.

⑤ 이행가치는 부채가 이행될 경우보다 이전되거나 협상으로 결제될 때 특히 예측가치를 가진다.

B-05 ㈜세무는 20X1년 초 ₩100,000을 지급하고 토지를 취득하였다. 취득당시 거래원가 ₩20,000이 추가로 발생하였다. 20X1년 말 현재 동 토지와 동등한 토지를 취득하기 위해서는 ₩110,000을 지급하여야 하며, 추가로 취득관련 거래원가 ₩5,000을 지급하여야 한다. 한편 ㈜세무는 20X1년 말 현재 시장참여자 사이의 정상거래에서 동 토지를 매도할 경우 거래원가 ₩20,000을 차감하고 ₩98,000을 수취할 수 있다. 20X1년 말 현재 토지의 역사적원가, 공정가치, 현행원가를 금액이 큰 순으로 옳게 나열한 것은? 2023. CTA

① 역사적원가 〉 현행원가 〉 공정가치
② 역사적원가 〉 공정가치 〉 현행원가
③ 현행원가 〉 공정가치 〉 역사적원가
④ 현행원가 〉 역사적원가 〉 공정가치
⑤ 공정가치 〉 역사적원가 〉 현행원가

6 자본 및 자본유지개념

1. 자본의 개념

	재무적 개념	실물적 개념
자본의 정의	투자된 화폐액 또는 **구매력** (= 순자산, 지분)	**조업능력** (ex〉1일 생산수량)
재무제표이용자들의 관심	투하자본의 **구매력 유지**	**조업능력 유지**

2. 자본유지개념

자본유지개념은 기업이 유지하려고 하는 자본을 어떻게 정의하는지와 관련된다. **자본유지개념**은 이익이 측정되는 준거기준을 제공함으로써 **자본개념과 이익개념 사이의 연결고리**를 제공한다. 자본유지개념은 기업의 자본에 대한 **투자수익과 투자회수를 구분하기 위한 필수요건**이다.

<table>
<tr><td colspan="2" rowspan="2"></td><td colspan="2">재무자본유지개념</td><td rowspan="2">실물자본유지개념</td></tr>
<tr><td>명목화폐</td><td>불변구매력</td></tr>
<tr><td colspan="2">영업이익</td><td rowspan="3">이익</td><td rowspan="2">이익</td><td>이익</td></tr>
<tr><td rowspan="2">보유
이익</td><td>초과이익</td><td rowspan="2">자본유지조정</td></tr>
<tr><td>물가상승</td><td>자본유지조정</td></tr>
</table>

(1) 재무자본유지개념

① 재무자본유지개념 – 명목화폐 단위

이익: 해당 기간 중 명목화폐자본의 증가액을 의미

→ 기간 중 보유한 자산가격의 증가 부분, 즉 **보유이익은 이익**에 속함

② 재무자본유지개념 – 불변구매력 단위: 물가상승에 따른 이익은 제외

이익: 해당 기간 중 투자된 구매력의 증가

→ **일반물가수준에 따른 가격상승을 초과하는 자산가격의 증가 부분만이 이익**으로 간주

(2) 실물자본유지개념: 보유이익은 제외

이익: 해당 기간 동안 소유주에게 배분하거나 소유주가 출연한 부분을 제외하고 **기업의 기말 실물생산능력이나 조업능력이 기초 실물생산능력을 초과하는 경우에만 발생**

→ 기업의 자산과 부채에 영향을 미치는 모든 가격변동: **자본유지조정으로 처리**

(3) 측정기준: 실물자본유지-현행원가 ★중요!

실물자본유지개념	현행원가기준
재무자본유지개념	특정한 측정기준 X

예제 자본유지개념

B-06 재무제표 요소의 측정과 자본유지의 개념에 대한 다음의 설명 중 옳지 않은 것은? 2013. CPA 수정

① 부채의 현행원가는 측정일에 시장참여자 사이의 정상거래에서 부채를 이전할 때 지급하게 될 가격이다.

② 이행가치는 기업이 부채를 이행할 때 이전해야 하는 현금이나 그 밖의 경제적자원의 현재가치이다.

③ 실물자본유지개념을 사용하기 위해서는 자산과 부채를 현행원가기준에 따라 측정해야 한다.

④ 재무자본유지개념과 실물자본유지개념의 주된 차이는 기업의 자산과 부채에 대한 가격변동 영향의 처리 방법에 있다.

⑤ 재무자본유지개념이 불변구매력단위로 정의된다면 일반물가수준에 따른 가격상승을 초과하는 자산가격의 증가 부분만이 이익으로 간주되며, 그 이외의 가격증가 부분은 자본의 일부인 자본유지조정으로 처리된다.

B-07 다음 중 재무제표의 작성과 표시를 위한 개념체계에서의 자본과 자본유지개념에 대한 설명으로 옳지 않은 것은 어느 것인가? 2011. CPA

① 기업은 재무제표이용자의 정보요구에 기초하여 적절한 자본개념을 선택하여야 하는데, 만약 재무제표의 이용자가 주로 투하자본의 구매력 유지에 관심이 있다면 재무적 개념의 자본을 채택하여야 한다.

② 실물자본유지개념을 사용하기 위해서는 현행원가기준에 따라 측정해야 하는 반면 재무자본유지개념을 사용하기 위해서는 역사적 원가기준에 따라 측정해야 한다.

③ 실물자본유지개념하에서 기업의 자산과 부채에 영향을 미치는 모든 가격변동은 자본의 일부인 자본유지조정으로 처리된다.

④ 자본유지개념은 이익이 측정되는 준거기준을 제공함으로써 자본개념과 이익개념사이의 연결고리를 제공한다. 자본유지개념은 기업의 자본에 대한 투자수익과 투자회수를 구분하기 위한 필수요건이다.

⑤ 재무자본유지개념이 명목화폐단위로 정의된다면 기간 중 보유한 자산가격의 증가된 부분은 개념적으로 이익에 속한다.

B-08 자본 및 자본유지개념에 관한 설명으로 옳지 않은 것은? 2018. CTA

① 자본유지개념은 이익이 측정되는 준거기준을 제공하며, 기업의 자본에 대한 투자수익과 투자회수를 구분하기 위한 필수요건이다.

② 자본을 투자된 화폐액 또는 투자된 구매력으로 보는 재무적 개념 하에서 자본은 기업의 순자산이나 지분과 동의어로 사용된다.

③ 자본을 불변구매력 단위로 정의한 재무자본유지개념 하에서는 일반물가수준에 따른 가격상승을 초과하는 자산가격의 증가 부분만이 이익으로 간주된다.

④ 재무자본유지개념을 사용하기 위해서는 현행원가기준에 따라 측정해야 하며, 실물자본유지개념은 특정한 측정기준의 적용을 요구하지 아니한다.

⑤ 자본을 실물생산능력으로 정의한 실물자본유지개념 하에서 기업의 자산과 부채에 영향을 미치는 모든 가격변동은 해당 기업의 실물생산능력에 대한 측정치의 변동으로 간주되어 이익이 아니라 자본의 일부로 처리된다.

B-09 재무보고를 위한 개념체계에 대한 다음 설명 중 옳지 않은 것은? 2019. CPA

① 재무보고서는 정확한 서술보다는 상당 부분 추정, 판단 및 모형에 근거하며, '개념체계'는 그 추정, 판단 및 모형의 기초가 되는 개념을 정한다.

② 원가는 재무보고로 제공될 수 있는 정보에 대한 포괄적 제약요인이다. 재무정보의 보고에는 원가가 소요되고, 해당 정보 보고의 효익이 그 원가를 정당화한다는 것이 중요하다.

③ 실물자본유지개념을 사용하기 위해서는 현행원가기준에 따라 측정해야 한다. 그러나 재무자본유지개념은 특정한 측정기준의 적용을 요구하지 아니하며, 재무자본유지개념 하에서 측정기준의 선택은 기업이 유지하려는 재무자본의 유형과 관련이 있다.

④ 근본적 질적 특성을 적용하는 것은 어떤 규정된 순서를 따르지 않는 반복적인 과정이다.

⑤ 중요성은 개별 기업 재무보고서 관점에서 해당 정보와 관련된 항목의 성격이나 규모 또는 이 둘 모두에 근거하여 해당 기업에 특유한 측면의 목적적합성을 의미한다.

3. 실물자본유지개념에 따른 이익

> (1) 총이익 = 기말 자본 − 기초 자본
> (2) 자본유지조정 = 기초 자본 × (기말 현행원가 − 기초 현행원가)/기초 현행원가
>   − 기초 자본으로 자산을 전부 구입하지 않더라도 기초 자본 전부 이용
> (3) (당기순)이익 = 총이익 − 자본유지조정

B-10 20X1년 초 도소매업으로 영업을 개시한 ㈜세무는 현금 ₩1,800을 투자하여 상품 2개를 단위당 ₩600에 구입하고, 구입한 상품을 단위당 ₩800에 판매하여 20X1년 말 현금은 ₩2,200이 되었다. 20X1년 중 물가상승률은 10%이며, 20X1년 기말 상품의 단위당 구입 가격은 ₩700이다. 실물자본유지개념을 적용하여 산출한 20X1년 말에 인식할 이익과 자본유지조정 금액은? 2020. CTA

① 이익 ₩100, 자본유지조정 ₩300
② 이익 ₩180, 자본유지조정 ₩220
③ 이익 ₩220, 자본유지조정 ₩180
④ 이익 ₩300, 자본유지조정 ₩100
⑤ 이익 ₩400, 자본유지조정 ₩0

B-11 ㈜세무는 20X1년 초에 상품매매업을 영위할 목적으로 현금 ₩100,000을 납입받아 설립되었다. 회사는 20X1년 초에 상품 40단위를 단위당 ₩2,000에 현금으로 구입하였으며, 20X1년 말까지 단위당 ₩3,000에 모두 현금 판매하였다. 동 상품은 20X1년 말 단위당 ₩2,500에 구입가능하다. 20X1년 초 물가지수를 100이라고 할 때 20X1년 말 물가지수는 120이다. 실물자본유지개념을 적용하여 산출한 20X1년 말에 인식할 이익과 자본유지조정 금액은? 2024. CTA

	이익	자본유지조정
①	₩10,000	₩30,000
②	₩15,000	₩25,000
③	₩20,000	₩20,000
④	₩25,000	₩15,000
⑤	₩30,000	₩10,000

B-12 ㈜한국은 20X1년 초 보통주 1,000주(주당 액면금액 ₩1,000)를 주당 ₩1,500에 발행하고 전액 현금으로 납입받아 설립되었다. 설립과 동시에 영업을 개시한 ㈜한국은 20X1년 초 상품 400개를 개당 ₩3,000에 현금으로 구입하고, 당기에 개당 ₩4,500에 모두 현금으로 판매하여, 20X1년 말 ㈜한국의 자산총계는 현금 ₩2,100,000이다. 20X1년 말 동 상품은 개당 ₩4,000에 구입할 수 있다. 실물자본유지개념하에서 ㈜한국의 20X1년도 당기순이익은? 2015. CTA

① ₩100,000　② ₩250,000　③ ₩350,000　④ ₩450,000　⑤ ₩600,000

7 보고기업

보고기업은 재무제표를 작성해야 하거나 작성하기로 선택한 기업이다. 보고기업은 단일의 실체이거나 어떤 실체의 일부일 수 있으며, 둘 이상의 실체로 구성될 수도 있다.

1. 보고기업이 반드시 법적 실체일 필요는 없다.

'역합병'을 하는 경우 보고기업과 법적 실체가 일치하지 않을 수 있다. 다음과 카카오의 합병이 역합병의 대표적인 사례이다. 이 경우 다음이 법적 실체이지만, 카카오가 보고기업이기 때문에 보고기업이 반드시 법적 실체일 필요는 없다.

2. 연결재무제표, 비연결재무제표, 결합재무제표

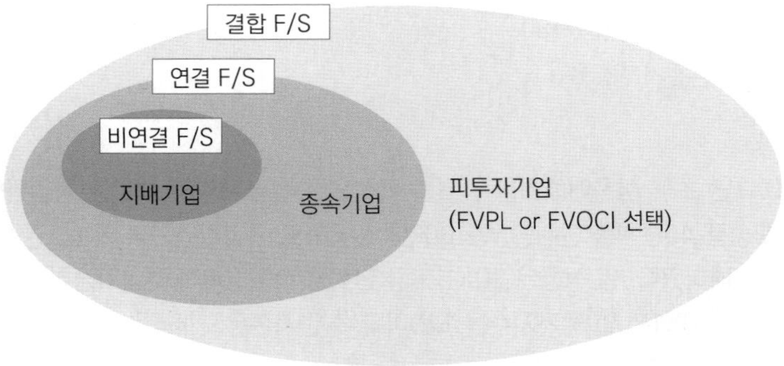

(1) 연결재무제표

한 기업(지배기업)이 다른 기업(종속기업)을 지배하는 경우가 있다. 보고기업이 지배기업과 종속기업으로 구성된다면 그 보고기업의 재무제표를 '연결재무제표'라고 부른다.

(2) 비연결재무제표

반면, 보고기업이 지배기업 단독인 경우 그 보고기업의 재무제표를 '비연결재무제표'라고 부른다. 연결회계에서 지배기업만의 재무제표를 '별도재무제표'라고 부르는데, 이를 개념체계에서는 '비연결'재무제표라고 부른다. 둘은 같은 의미이다.

(3) 결합재무제표

보고기업이 지배 – 종속관계로 모두 연결되어 있지는 않은 둘 이상 실체들로 구성된다면 그 보고기업의 재무제표를 '결합재무제표'라고 부른다.

투자기업이 피투자기업에 대해 지배력을 보유할 때 피투자기업을 종속기업으로 분류한다. 만약 지배력을 보유하지 못해 일반적인 금융자산(FVPL 금융자산 or FVOCI 선택 금융자산)으로 분류하는 기업의 재무제표까지 합친 재무제표를 결합재무제표라고 부른다.

예제 보고기업

B-13 재무제표와 보고기업에 대한 설명으로 옳지 않은 것은? 2021. 국가직 7급

① 보고기업은 단일의 실체이거나 어떤 실체의 일부일 수 있으며, 둘 이상의 실체로 구성될 수도 있으므로, 보고기업이 반드시 법적 실체일 필요는 없다.

② 보고기업이 지배기업 단독인 경우 그 보고기업의 재무제표를 '비연결재무제표'라고 부른다.

③ 보고기업이 지배-종속관계로 모두 연결되어 있지는 않은 둘 이상 실체들로 구성된다면, 그 보고기업의 재무제표를 '결합재무제표'라고 부른다.

④ 연결재무제표는 특정 종속기업의 자산, 부채, 자본, 수익 및 비용에 대한 별도의 정보를 제공하기 위해 만들어졌다.

B-14 '재무보고를 위한 개념체계'에 대한 다음 설명 중 옳지 않은 것은? 2024. CPA 심화

① 보고기업이 지배-종속관계로 모두 연결되어 있지는 않은 둘 이상 실체들로 구성된다면 그 보고기업의 재무제표를 '비연결재무제표'라고 부른다.

② 일반목적재무보고서의 대상이 되는 주요이용자는 필요한 재무정보의 많은 부분을 일반목적재무제표에 의존해야 하는 현재 및 잠재적 투자자, 대여자와 그 밖의 채권자를 말한다.

③ 만일 어떤 두 가지 방법이 모두 현상에 대하여 동일하게 목적적합한 정보이고 동일하게 충실한 표현을 제공하는 것이라면, 보강적 질적특성은 이 두 가지 방법 가운데 어느 방법을 그 현상의 서술에 사용해야 할지를 결정하는 데 도움을 줄 수 있다.

④ 일반적으로 재무제표는 계속기업가정 하에 작성되나, 기업이 청산을 하거나 거래를 중단하려는 의도가 있다면 계속기업과는 다른 기준에 따라 작성되어야 하고 사용한 기준을 재무제표에 기술한다.

⑤ 일반목적재무보고의 목적을 달성하기 위해 회계기준위원회는 '개념체계'의 관점에서 벗어난 요구사항을 정하는 경우가 있을 수 있다.

객 관 식

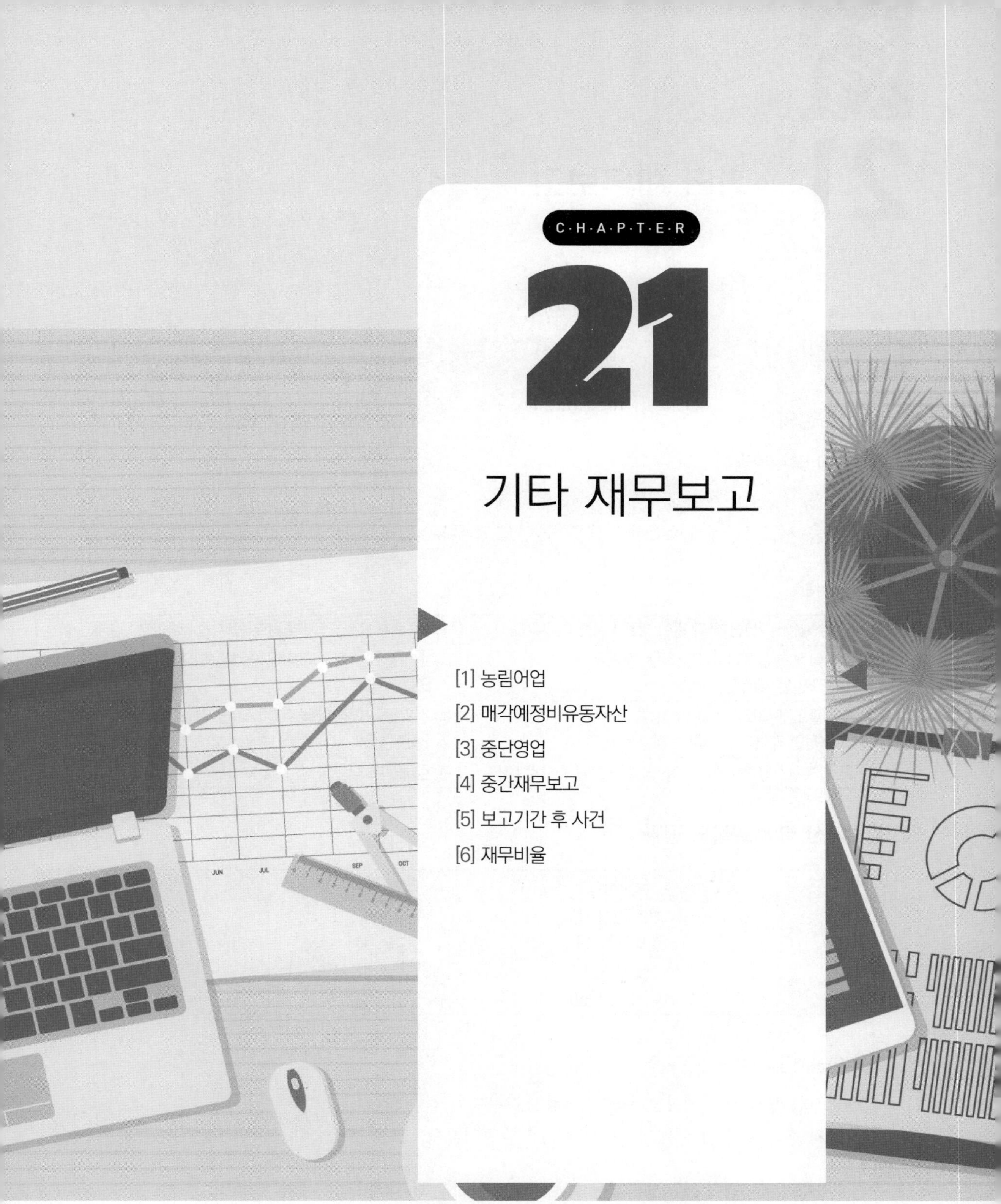

C·H·A·P·T·E·R

21

기타 재무보고

[1] 농림어업
[2] 매각예정비유동자산
[3] 중단영업
[4] 중간재무보고
[5] 보고기간 후 사건
[6] 재무비율

21 CHAPTER

기타 재무보고

1 농림어업

1. 용어의 정의

(1) 생물자산 및 수확물

① 생물자산: 살아있는 동물이나 식물 ex〉양과 젖소

② 수확물: 생물자산에서 수확한 생산물 ex〉양모 및 우유

(2) 생산용식물

수확물을 '생산'하기 위한 식물 : 생산용식물 O	수확물로 '판매'하기 위한 식물 : 생산용식물 X
① 수확물을 생산하거나 공급하는 데 사용 EX〉 과일을 재배하는 나무	① 수확물로 수확하기 위해 재배하는 식물 EX〉 목재로 사용하는 나무
② 수확물로 판매될 가능성이 희박 (부수적인 폐물로 판매하는 경우는 제외)	② 수확물로도 식물을 수확하고 판매할 가능성이 희박하지 않은 경우
③ 한 회계기간을 초과하여 생산물을 생산할 것으로 예상	③ 한해살이 작물

2. 생물자산 및 수확물의 평가

	평가시점	평가금액	평가손익
생물자산	최초 인식 시, 매 보고기간말	순공정가치 (＝공정가치 － 처분부대원가)	당기손익(PL)
수확물	최초 인식 시 (＝수확 시점)		

(1) 최초 인식시점에 발생하는 손익

① 생물자산 취득 시 발생하는 손실＝추정 매각부대원가

② 생물자산, 수확물 취득 시 발생하는 이익＝순공정가치

(2) 순공정가치가 불분명한 경우 생물자산 최초 인식 시점에 한해 '원가-감누-손누'로 측정

→ 이후 신뢰성 있는 측정이 가능하면: 순공정가치로 측정

(3) 수확물: 무조건 순공정가치로 측정

4. 정부보조금

정부보조금에 부수되는 조건	당기손익 인식 시점
X	수취할 수 있게 되는 시점
O	조건을 충족하는 시점

예제 농림어업

A-01 농림어업 기준서의 내용으로 옳지 않은 것은? 2018. CTA

① 최초의 인식시점에 생물자산의 공정가치를 신뢰성 있게 측정할 수 없다면, 원가에서 감가상각누계액 및 손상차손누계액을 차감한 금액으로 측정한다.

② 생물자산을 이전에 순공정가치로 측정하였다면 처분시점까지 계속하여 당해 생물자산을 순공정가치로 측정한다.

③ 수확물을 최초 인식시점에 순공정가치로 인식하여 발생하는 평가손익은 발생한 기간의 당기손익에 반영한다.

④ 목재로 사용하기 위해 재배하는 나무와 같이 수확물로 수확하기 위해 재배하는 식물은 생산용식물이 아니다.

⑤ 과일과 목재 모두를 얻기 위해 재배하는 나무는 생산용식물이다.

A-02 농림어업 기준서의 내용으로 옳지 않은 것은? 2013. CTA

① 생물자산은 공정가치를 신뢰성 있게 측정할 수 없는 경우를 제외하고는 최초인식시점과 매 보고기간말에 순공정가치로 측정한다.

② 최초로 인식하는 생물자산을 공정가치로 신뢰성 있게 측정할 수 없는 경우에는 원가에서 감가상각누계액과 손상차손누계액을 차감한 금액으로 측정한다.

③ 생물자산을 최초인식시점에 순공정가치로 인식하여 발생하는 평가손익과 생물자산의 순공정가치 변동으로 발생하는 평가손익은 발생한 기간의 당기손익에 반영한다.

④ 수확물을 최초인식시점에 순공정가치로 인식하여 발생하는 평가손익은 발생한 기간의 당기손익에 반영한다.

⑤ 순공정가치로 측정하는 생물자산과 관련된 정부보조금에 부수되는 조건이 있는 경우에는 이를 수취할 수 있게 되는 시점에만 당기손익으로 인식한다.

A-03 다음 중 재고자산 회계처리에 대한 설명으로 옳지 않은 것은 어느 것인가? 2011. CPA

① 자가건설한 유형자산의 구성요소로 사용되는 재고자산처럼 재고자산의 원가를 다른 자산계정에 배분하는 경우에는 다른 자산에 배분된 재고자산 원가는 해당 자산의 내용연수 동안 비용으로 인식한다.

② 재고자산을 순실현가능가치로 감액한 평가손실과 모든 감모손실은 감액이나 감모가 발생한 기간에 비용으로 인식한다. 순실현가능가치의 상승으로 인한 재고자산 평가손실의 환입은 환입이 발생한 기간의 비용으로 인식된 재고자산 금액의 차감액으로 인식한다.

③ 생물자산에서 수확한 농림어업수확물로 구성된 재고자산은 순공정가치로 측정하여 수확시점에 최초로 인식한다.

④ 순실현가능가치를 추정할 때에는 재고자산으로부터 실현가능한 금액에 대하여 추정일 현재 사용가능한 가장 신뢰성 있는 증거에 기초하여야 한다. 또한 보고기간 후 사건이 보고기간말 존재하는 상황에 대하여 확인하여 주는 경우에는, 그 사건과 직접 관련된 가격이나 원가의 변동을 고려하여 추정하여야 한다.

⑤ 완성될 제품이 원가 이상으로 판매될 것으로 예상하는 경우에는 그 생산에 투입하기 위해 보유하는 원재료 및 기타 소모품을 감액하지 아니한다. 따라서 원재료 가격이 하락하여 제품의 원가가 순실현가능가치를 초과할 것으로 예상되더라도 해당 원재료를 순실현가능가치로 감액하지 않는다.

A-04 유형자산의 회계처리에 관한 다음 설명 중 옳지 않은 것은? 2018. CPA

① 손상된 유형자산에 대해 제3자로부터 보상금을 받는 경우, 이 보상금은 수취한 시점에 당기손익으로 반영한다.

② 생산용식물은 유형자산으로 회계처리하지만, 생산용식물에서 자라는 생산물은 생물자산으로 회계처리한다.

③ 유형자산을 다른 비화폐성자산과 교환하여 취득하는 경우, 교환거래에 상업적 실질이 결여되었다면 취득한 유형자산의 원가를 제공한 자산의 장부금액으로 측정한다.

④ 유형자산의 제거로 인하여 발생하는 손익은 순매각금액과 장부금액의 차이로 결정한다.

⑤ 유형자산의 감가상각방법과 잔존가치 및 내용연수는 적어도 매 회계연도말에 재검토한다.

A-05 ㈜대한은 우유 생산을 위하여 20X1년 1월 1일에 어미 젖소 5마리를 마리당 ₩1,500,000에 취득하였으며, 관련 자료는 다음과 같다.

- 20X1년 10월 말에 처음으로 우유를 생산하였으며, 동 일자에 생산된 우유 전체의 순공정가치는 ₩1,000,000이다.
- 20X1년 11월 초 전월에 생산된 우유 전체를 유제품 생산업체에 ₩1,200,000에 납품하였다.
- 20X1년 11월 말에 젖소 새끼 2마리가 태어났다. 이 시점의 새끼 젖소의 순공정가치는 마리당 ₩300,000이다.
- 20X1년 12월 말 2차로 우유를 생산하였으며, 동 일자에 생산된 우유 전체의 순공정가치는 ₩1,100,000이다. 또한 20X1년 12월 말에도 어미 젖소와 새끼 젖소의 수량 변화는 없으며, 기말 현재 어미 젖소의 순공정가치는 마리당 ₩1,550,000, 새끼 젖소의 순공정가치는 마리당 ₩280,000이다.

위 거래가 ㈜대한의 20X1년도 포괄손익계산서상 당기순이익에 미치는 영향은 얼마인가? 2011. CTA

① 증가 ₩250,000 ② 증가 ₩640,000 ③ 증가 ₩2,100,000

④ 증가 ₩2,700,000 ⑤ 증가 ₩3,110,000

A-06 20X1년 초 ㈜세무낙농은 우유 생산을 위하여 젖소 5마리(1마리당 순공정가치 ₩5,000,000)를 1마리당 ₩5,200,000에 취득하고 목장운영을 시작하였다. 20X1년 12월 25일에 처음으로 우유를 생산하였으며, 생산된 우유는 전부 1,000리터(ℓ)이다. 생산시점 우유의 1리터(ℓ)당 순공정가치는 ₩10,000이다. 20X1년 12월 27일 ㈜세무낙농은 생산된 우유 중 500리터(ℓ)를 유가공업체인 ㈜대한에 1리터(ℓ)당 ₩9,000에 판매하였다. 20X1년 말 목장의 실제 젖소는 5마리이고, 우유보관창고의 실제 우유는 500리터(ℓ)이다. 20X1년 말 젖소 1마리당 순공정가치는 ₩5,100,000이고 우유 1리터(ℓ)당 순실현가능가치는 ₩11,000이다. 위 거래가 ㈜세무낙농의 20X1년도 포괄손익계산서상 당기순이익에 미치는 영향은? 2022. CTA

① ₩9,000,000 증가　② ₩10,000,000 증가　③ ₩11,000,000 증가
④ ₩12,000,000 증가　⑤ ₩13,000,000 증가

A-07 낙농업을 영위하는 ㈜대한목장은 20X1년 1월 1일에 우유 생산이 가능한 젖소 10마리를 보유하고 있다. ㈜대한목장은 우유의 생산 확대를 위하여 20X1년 6월 젖소 10마리를 1마리당 ₩100,000에 추가로 취득하였으며, 취득시점의 1마리당 순공정가치는 ₩95,000이다. 한편 ㈜대한목장은 20X1년에 100리터(ℓ)의 우유를 생산하였으며, 생산시점(착유시점) 우유의 1리터(ℓ)당 순공정가치는 ₩3,000이다. ㈜대한목장은 생산된 우유 전부를 20X1년에 거래처인 ㈜민국유업에 1리터(ℓ)당 ₩5,000에 판매하였다. 20X1년 말 현재 ㈜대한목장이 보유 중인 젖소 1마리당 순공정가치는 ₩100,000이다. 위 거래로 인한 ㈜대한목장의 20X1년 포괄손익계산서 상 당기순이익의 증가액은 얼마인가? 단, 20x0년 말 젖소의 1마리당 순공정가치는 ₩105,000이다. 2021. CPA

① ₩340,000　② ₩450,000　③ ₩560,000　④ ₩630,000　⑤ ₩750,000

2 매각예정비유동자산

1. 처분자산집단에 대한 손상차손

STEP 1 손상차손

손상차손 = 매각예정으로 분류하기 직전에 재측정한 장부금액 − 처분자산집단의 순공정가치

− 12월 말의 장부금액을 재측정한 장부금액으로 평가 (재고 − 저가법, 유형자산 − 재평가모형, 금융자산 − FV 평가 등)

− 재측정한 장부금액을 순공정가치로 손상차손 인식

STEP 2 영업권 먼저 제거

STEP 3 잔여 손상차손을 남은 비유동자산(유형자산)의 장부금액에 비례하여 배분

− 재고자산(유동자산), 금융자산, 공정가치모형을 적용하는 투자부동산(FV 평가) 제외

→ 잔여 손상차손을 **유형자산**의 장부금액에 비례하여 배분

예제 처분자산집단에 대한 손상차손

B-01 ㈜사직은 12월 말에 특정자산집단을 매각방식으로 처분하기로 하였고 이는 매각예정의 분류기준을 충족한다. 처분자산집단에 속한 자산은 다음과 같이 측정한다.

구분	매각예정으로 분류하기 전 12월 말의 장부금액	매각예정으로 분류하기 직전에 재측정한 장부금액
영업권	₩3,000	₩3,000
유형자산 (재평가액으로 표시)	18,000	17,000
재고자산	5,000	4,000
기타포괄손익 – 공정가치측정금융자산	3,000	2,000
합계	₩29,000	₩26,000

한편, ㈜사직은 매각예정으로 분류하는 시점에서 처분자산집단의 순공정가치를 ₩20,000으로 추정하였으며, 따라서 처분자산집단에 대한 손상차손을 인식하고자 한다. 손상차손 배분 후 유형자산과 재고자산의 장부금액은 각각 얼마인가?

2010. CPA

	유형자산	재고자산
①	₩14,571	₩3,429
②	₩14,000	₩4,000
③	₩13,304	₩3,696
④	₩12,143	₩2,857
⑤	₩10,957	₩3,043

B-02 ㈜세무는 20X1년 12월 말에 다음의 자산집단을 매각방식으로 처분하기로 하였고, 이는 매각예정의 분류 기준을 충족한다. 처분자산집단에 속한 자산은 다음과 같이 측정한다.

구분	매각예정으로 분류하기 전 12월 말의 장부가액	매각예정으로 분류하기 직전에 재측정한 장부가액
재고자산	₩1,100	₩1,000
기타포괄손익 – 공정가치 측정 금융자산	1,300	1,000
유형자산 Ⅰ(재평가액으로 표시)	1,200	1,000
유형자산 Ⅱ(원가로 표시)	3,400	3,000
영업권	1,000	1,000
합 계	₩8,000	₩7,000

한편, ㈜세무는 매각예정으로 분류하는 시점에서 처분자산집단의 순공정가치를 ₩4,000으로 추정하였다. 20X1년 12월 말 손상차손 배분 후, 재고자산과 유형자산 Ⅱ의 장부금액은? 2024. CTA

	재고자산	유형자산 Ⅱ
①	₩500	₩1,500
②	₩500	₩2,500
③	₩500	₩3,000
④	₩1,000	₩1,500
⑤	₩1,000	₩2,500

B-03 ㈜한국은 20X1년 12월 말에 다음의 자산집단을 매각방식으로 처분하기로 하였고, 이는 매각예정의 분류기준을 충족한다. 처분자산집단에 속한 자산은 다음과 같이 측정한다.

구분	매각예정으로 분류하기 전 12월 말의 장부금액	매각예정으로 분류하기 직전에 재측정한 장부금액
영업권	₩100,000	₩100,000
유형자산 Ⅰ (재평가액으로 표시)	1,200,000	1,000,000
유형자산 Ⅱ (원가로 표시)	2,000,000	2,000,000
재고자산	1,100,000	1,050,000
기타포괄손익 – 공정가치측정금융자산	1,300,000	1,250,000
합계	₩5,700,000	₩5,400,000

한편, ㈜한국은 매각예정으로 분류하는 시점에서 처분자산집단의 순공정가치를 ₩5,000,000으로 추정하였다. 20X1년 12월 말에 ㈜한국이 처분자산집단에 대하여 인식할 총포괄손익(A)과 손상차손 배분 후 유형자산 Ⅰ의 장부금액(B)은 각각 얼마인가?

2016. CPA

	처분자산집단에 대하여 인식할 총포괄손익(A)	손상차손 배분 후 유형자산 Ⅰ의 장부금액(B)
①	₩(300,000)	₩800,000
②	₩(400,000)	₩800,000
③	₩(400,000)	₩900,000
④	₩(700,000)	₩800,000
⑤	₩(700,000)	₩900,000

2. 매각예정으로 분류

비유동자산(또는 처분자산집단)의 장부금액이 **계속사용이 아닌 매각거래를 통하여 주로 회수될 것이라면 이를 매각예정으로 분류**한다. 매각예정으로 분류하기 위해서는 당해 자산은 현재의 상태에서 통상적이고 관습적인 거래조건만으로 즉시 매각가능하여야 하며 **매각될 가능성이 매우 높아야 한다.**

(1) 보고기간 후에 매각예정 분류 요건 충족 시: 매각예정으로 분류 X
but, 이들 요건이 보고기간 후 공표될 재무제표의 승인 이전에 충족된다면: 그 내용을 **주석으로 공시**한다.

(2) 폐기될 비유동자산: 매각예정으로 분류 X
한편, 일시적으로 사용을 중단한 비유동자산은 폐기될 자산으로 회계처리할 수 없다.

3. 매각예정으로 분류된 비유동자산의 표시

(1) 매각예정비유동자산은 다른 자산과 별도로 표시, 매각예정 자산 – 부채 상계 X
(2) 매각예정비유동자산과 관련된 OCI는 별도 표시

4. 매각예정 비유동자산의 측정

(1) 매각예정비유동자산 = min[순공정가치, 장부금액]

(2) 1년 이후에 매각 예상 시: 매각부대원가는 현재가치로 측정
– 기간 경과에 따라 발생하는 매각부대원가 현재가치의 증가분은 **당기손익**으로 회계처리

(3) 매각예정 분류 시 감가상각 X, 이자비용은 계속 인식 ★중요!

(4) 순공정가치의 하락은 손상차손, 증가는 이익으로 인식
– 이익은 과거에 인식하였던 손상차손누계액을 초과할 수 없다. (손상차손환입 한도 O)

5. 매각계획의 변경

매각예정으로 분류되던 자산(또는 처분자산집단)이 매각예정 분류 요건을 더 이상 충족할 수 없다면 그 자산(또는 처분자산집단)은 매각예정으로 분류할 수 없다.

(1) 매각예정으로 분류할 수 없는 비유동자산의 측정

다음 중 작은 금액으로 측정 (= 원가모형 손상차손환입 한도)

> ① 당해 자산(또는 처분자산집단)을 매각예정으로 분류하기 전 장부금액에 감가상각, 상각, 또는 재평가 등 매각예정으로 분류하지 않았더라면 인식하였을 조정사항을 반영한 금액
> ② 매각하지 않거나 분배하지 않기로 결정한 날의 회수가능액

(2) 과거 B/S의 매각예정 분류는 최근의 매각예정 분류를 반영하기 위하여 재분류 X

3 중단영업

1. 중단영업

: 이미 처분되었거나 매각예정으로 분류되고 다음 중 하나에 해당하는 기업의 구분단위

> ① 별도의 주요 사업계열이나 영업지역이다.
> ② 별도의 주요 사업계열이나 영업지역을 처분하려는 단일 계획의 일부이다.
> ③ 매각만을 목적으로 취득한 종속기업이다.

2. 공시사항

(1) 포괄손익계산서

다음의 합계를 포괄손익계산서에 **단일금액**으로 표시한다.

> ① 세후 중단영업손익
> ② 중단영업에 포함된 자산이나 처분자산집단을 공정가치에서 처분부대원가를 뺀 금액으로 측정하거나 처분함에 따른 세후 손익

① 세후 중단영업손익

중단영업에서 발생한 손익은 포괄손익계산서에 **세후로 표시**한다.

매출액	XXX
매출원가	(XXX)
매출총이익	XXX
판매비와 관리비	(XXX)
영업이익	XXX
영업외손익	XXX
법인세비용차감전순이익(EBT)	XXX
법인세비용	(XXX)
계속영업이익	XXX
중단영업손익	XXX
당기순이익(NI)	XXX

(2) 현금흐름: 중단영업으로부터 발생한 순현금흐름은 **주석이나 재무제표 본문**에 표시

3. 매각예정비유동자산의 평가손익

	매각예정 분류 O	매각예정 분류 X
중단영업 정의 O	**중단영업손익**	계속영업손익
중단영업 정의 X	계속영업손익	

매각예정비유동자산의 평가손익이 중단영업손익에 포함되기 위해서는 매각예정 분류 조건과 중단영업의 정의를 모두 충족해야 한다. 하나라도 충족하지 못한다면 계속영업손익에 포함한다.

예 제 매각예정비유동자산과 중단영업

B-04 매각예정비유동자산과 중단영업에 관한 설명으로 옳지 않은 것은? 2013. CTA

① 처분자산집단에 대하여 인식한 손상차손은 우선 영업권을 감소시키고 나머지 금액은 유동자산에 배분한다.
② 매각예정으로 분류하였으나 중단영업의 정의를 충족하지 않는 비유동자산(또는 처분자산집단)을 재측정하여 인식하는 평가손익은 계속영업손익에 포함한다.
③ 비유동자산이 매각예정으로 분류되거나 매각예정으로 분류된 처분자산집단의 일부이면 그 자산은 감가상각(또는 상각)하지 아니한다.
④ 매각예정으로 분류된 비유동자산(또는 처분자산집단)은 순공정가치와 장부금액 중 작은 금액으로 측정한다.
⑤ 매각예정으로 분류된 비유동자산(또는 처분자산집단)과 관련하여 기타포괄손익으로 인식한 손익누계액은 별도로 표시한다.

B-05 기업회계기준서 제1105호 '매각예정비유동자산과 중단영업'에 대한 다음 설명 중 옳지 않은 것은? 2021. CPA

① 비유동자산의 장부금액이 계속사용이 아닌 매각거래를 통하여 주로 회수될 것이라면 이를 매각예정으로 분류한다.
② 매각예정비유동자산으로 분류하기 위한 요건이 보고기간 후에 충족된 경우 당해 비유동자산은 보고기간 후 발행되는 당해 재무제표에서 매각예정으로 분류할 수 없다.
③ 매각예정으로 분류된 비유동자산은 공정가치에서 처분부대원가를 뺀 금액과 장부금액 중 작은 금액으로 측정한다.
④ 비유동자산이 매각예정으로 분류되거나 매각예정으로 분류된 처분자산집단의 일부이면 그 자산은 감가상각(또는 상각)하지 아니하며, 매각예정으로 분류된 처분자산집단의 부채와 관련된 이자와 기타 비용 또한 인식하지 아니한다.
⑤ 과거 재무상태표에 매각예정으로 분류된 비유동자산 또는 처분자산집단에 포함된 자산과 부채의 금액은 최근 재무상태표의 분류를 반영하기 위하여 재분류하거나 재작성하지 아니한다.

B-06 중단영업에 관한 설명으로 옳은 것은? 2019. CTA 심화

① 매각만을 목적으로 취득한 종속기업의 경우에는 이미 처분된 경우에만 중단영업에 해당한다.
② '세후 중단영업손익'과 '중단영업에 포함된 자산이나 처분자산집단을 순공정가치로 측정하거나 처분함에 따른 세후 손익'을 구분하여 포괄손익계산서에 별도로 표시한다.
③ 중단영업의 영업활동, 투자활동 및 재무활동으로부터 발생한 순현금흐름은 주석으로 공시해야 하며, 재무제표 본문에 표시할 수 없다.
④ 기업의 구분단위를 매각예정으로 더 이상 분류할 수 없는 경우, 중단영업으로 표시하였던 당해 구분단위의 영업성과를 비교표시되는 모든 회계기간에 재분류하여 계속영업손익에 포함하고 과거기간에 해당하는 금액이 재분류되었음을 주석으로 기재한다.
⑤ 중단영업의 정의를 충족하지 않더라도 매각예정으로 분류된 처분자산집단과 관련하여 발생한 평가손익은 중단영업손익에 포함한다.

4 중간재무보고

1. 중간재무보고서

(1) 중간재무보고서의 구성요소

① 요약재무상태표	② 요약포괄손익계산서
③ 요약자본변동표	④ 요약현금흐름표
⑤ 선별적 주석	

(2) 중간재무제표가 제시되어야 하는 기간

① 당해 중간보고기간말과 직전 연차보고기간말을 비교하는 형식으로 작성한 재무상태표
② 당해 중간기간과 당해 회계연도 누적기간을 직전 회계연도의 동일기간과 비교하는 형식으로 작성한 포괄손익계산서
③ 당해 회계연도 누적기간을 직전 회계연도의 동일기간과 비교하는 형식으로 작성한 자본변동표, 현금흐름표

|중간재무제표 예시|

		당기 (X2년)	전기 (X1년)
재무상태표		X2.6.30	X1.12.31
포괄손익계산서	중간기간	X2.4.1~X2.6.30	X1.4.1~X1.6.30
	누적기간	X2.1.1~X2.6.30	X1.1.1~X1.6.30
자본변동표, 현금흐름표		X2.1.1~X2.6.30	X1.1.1~X1.6.30

(3) 중간재무보고서에는 연차재무제표에 비해 적은 정보만 공시하는 것도 가능

2. 중요성: 중간기간(not 전체기간)에 근거하여 판단 ★중요!

3. 중간재무보고의 인식과 측정

(1) 회계정책: 연차재무제표와 동일한 회계정책 적용 (EX〉연결기준)

↔ 직전 연차보고기간 말 후에 회계정책을 변경하여 그 후의 연차재무제표에 반영하는 경우
: **변경된 회계정책** 적용

(2) IFRS의 적용: 개별적으로 평가!

(3) 계절적, 주기적 또는 일시적인 수익: 연차보고기간말에 미리 예측하여 인식하거나 이연하는 것이 적절하지 않은 경우 **중간보고기간말에도 미리 예측하여 인식하거나 이연 X**

(4) 연중 고르지 않게 발생하는 원가: 연차보고기간말에 미리 비용으로 예측하여 인식하거나 이연하는 것이 타당한 방법으로 인정되는 경우에 한하여 **중간재무보고서에서도 동일하게 처리**

(5) 추정치의 사용

특정 중간기간에 보고된 추정금액이 최종 중간기간에 중요하게 변동하였지만 최종 중간기간에 대하여 별도의 재무보고를 하지 않는 경우, 추정의 변동 내용과 금액을 해당 회계연도의 연차재무제표에 주석으로 공시

예제 중간재무보고

C-01 다음은 중간재무보고에 대한 설명이다.

A	중간재무제표에 포함되는 포괄손익계산서, 자본변동표 및 현금흐름표는 당해 회계연도 누적기간만을 직전 회계연도의 동일기간과 비교하는 형식으로 작성한다.
B	계절적, 주기적 또는 일시적으로 발생하는 수익은 연차보고기간말에 미리 예측하여 인식하거나 이연하는 것이 적절하지 않은 경우 중간보고기간말에도 미리 예측하여 인식하거나 이연해서는 안 된다.
C	특정 중간기간에 보고된 추정금액이 최종 중간기간에 중요하게 변동하였지만 최종 중간기간에 대하여 별도의 재무보고를 하지 않는 경우, 추정의 변동 성격과 금액을 해당 회계연도의 연차재무제표에 주석으로 공시해야 한다.

위의 기술 중 옳은 것을 모두 고른다면? 2018. CPA

① B ② C ③ A, B ④ B, C ⑤ A, B, C

C-02 기업회계기준서 제1034호 '중간재무보고'에 대한 다음 설명 중 옳지 않은 것은? 2022. CPA

① 중간재무보고서는 최소한 요약재무상태표, 요약된 하나 또는 그 이상의 포괄손익계산서, 요약자본변동표, 요약현금흐름표 그리고 선별적 주석을 포함하여야 한다.

② 중간재무보고서에는 직전 연차보고기간 말 후 발생한 재무상태와 경영성과의 변동을 이해하는 데 유의적인 거래나 사건에 대한 설명을 포함한다.

③ 특정 중간기간에 보고된 추정금액이 최종 중간기간에 중요하게 변동하였지만 최종 중간기간에 대하여 별도의 재무보고를 하지 않는 경우에는, 추정의 변동 성격과 금액을 해당 회계연도의 연차재무제표에 주석으로 공시하지 않는다.

④ 중간재무보고서를 작성할 때 인식, 측정, 분류 및 공시와 관련된 중요성의 판단은 해당 중간기간의 재무자료에 근거하여 이루어져야 한다.

⑤ 중간재무제표는 연차재무제표에 적용하는 회계정책과 동일한 회계정책을 적용하여 작성한다. 다만 직전 연차보고기간 말 후에 회계정책을 변경하여 그 후의 연차재무제표에 반영하는 경우에는 변경된 회계정책을 적용한다.

C-03 중간재무보고에 관한 설명으로 옳지 않은 것은? 2017. CTA

① 직전 연차재무보고서를 연결기준으로 작성하였다면 중간재무보고서도 연결기준으로 작성해야 한다. 연차보고기간말에 연결재무제표를 작성할 때에 자세하게 조정되는 일부 내부거래 잔액은 중간보고기간말에 연결재무제표를 작성할 때는 덜 자세하게 조정될 수 있다.

② 중간재무보고서는 당해 중간보고기간말과 직전 연차보고기간말을 비교하는 형식으로 작성한 재무상태표, 당해 중간기간과 당해 회계연도 누적기간을 직전 회계연도의 동일기간과 비교하는 형식으로 작성한 포괄손익계산서, 당해 회계연도 누적기간을 직전 회계연도의 동일기간과 비교하는 형식으로 작성한 자본변동표와 당해 회계연도 누적기간을 직전 회계연도의 동일기간과 비교하는 형식으로 작성한 현금흐름표를 포함한다.

③ 계절적, 주기적 또는 일시적으로 발생하는 수익은 연차보고기간말에 미리 예측하여 인식하거나 이연하는 것이 적절하지 않은 경우 중간보고기간말에도 미리 예측하여 인식하거나 이연하여서는 아니된다. 배당수익, 로열티수익 및 정부보조금 등이 예이다.

④ 중간재무보고서를 작성할 때 인식, 측정, 분류 및 공시와 관련된 중요성의 판단은 연차재무보고서의 재무자료에 근거하여 이루어져야 한다. 중요성을 평가하는 과정에서 중간기간의 측정은 연차재무자료의 측정에 비하여 추정에 의존하는 정도가 크다는 점을 고려하여야 한다.

⑤ 중간기간의 법인세비용은 기대총연간이익에 적용될 수 있는 법인세율, 즉 추정평균연간유효법인세율을 중간기간의 세전이익에 적용하여 계산한다. 세무상결손금의 소급공제 혜택은 관련 세무상결손금이 발생한 중간기간에 반영한다.

C-04 중간재무보고에 관한 내용으로 옳은 것은? 2020. CTA

① 한국채택국제회계기준에 따라 중간재무보고서를 작성한 경우, 그 사실을 공시할 필요는 없다.

② 중간재무보고서상의 재무상태표는 당해 중간보고기간 말과 직전연도 동일 기간 말을 비교하는 형식으로 작성한다.

③ 중간재무보고서상의 포괄손익계산서는 당해 중간기간과 당해 회계연도 누적기간을 직전 회계연도의 동일기간과 비교하는 형식으로 작성한다.

④ 중간재무보고서를 작성할 때 인식, 측정, 분류 및 공시와 관련된 중요성의 판단은 직전 회계연도의 재무자료에 근거하여 이루어져야 한다.

⑤ 중간재무보고서상의 재무제표는 연차재무제표보다 더 많은 정보를 제공하므로 신뢰성은 높고, 적시성은 낮다.

C-05 중간재무보고에 관한 설명으로 옳지 않은 것은? 2024. CTA 심화

① 직전 연차재무보고서를 연결기준으로 작성하였다면 중간재무보고서도 연결기준으로 작성해야 한다.

② 중간재무보고서에 포함해야 하는 최소한의 구성요소는 요약재무상태표, 요약된 하나 또는 그 이상의 포괄손익계산서, 요약자본변동표, 요약현금흐름표이다.

③ 중간재무보고서에는 직전 연차보고기간말 후 발생한 재무상태와 경영성과의 변동을 이해하는 데 유의적인 거래나 사건에 대한 설명을 포함한다.

④ 중요성을 평가하는 과정에서 중간기간의 측정은 연차재무자료의 측정에 비하여 추정치에 의존하는 정도가 크다는 점을 고려하여야 한다.

⑤ 계절적, 주기적 또는 일시적으로 발생하는 수익은 연차보고기간말에 미리 예측하여 인식하거나 이연하는 것이 적절하지 않은 경우 중간보고기간말에도 미리 예측하여 인식하거나 이연하여서는 아니된다.

5 보고기간 후 사건

1. 보고기간후사건의 유형

보고기간후사건: 보고기간말과 재무제표 발행승인일 사이에 발생한 유리하거나 불리한 사건

	수정을 요하는 보고기간후사건	수정을 요하지 않는 보고기간후사건
비고	**보고기간말에 존재하였던 상황**에 대해 증거를 제공하는 사건	**보고기간 후에 발생한 상황**을 나타내는 사건
수정	재무제표 인식된 금액 **수정 O**	재무제표 인식된 금액 **수정 X**
사례	① 보고기간말에 존재하였던 소송 확정 ② 보고기간말에 이미 자산손상이 발생되었음을 나타내는 정보를 보고기간 후에 입수 EX〉 매출처 파산, 재고자산 판매: 대손충당금 및 재고자산평가충당금에 대한 정보 제공 ③ 보고기간말 이전에 구입한 자산의 취득원가나 매각한 자산의 대가를 보고기간 후에 결정 ④ 보고기간말에 종업원에게 지급하여야 할 법적 의무나 의제의무가 있는 이익분배나 상여금지급 금액을 보고기간 후에 확정	① **보고기간말과 재무제표 발행승인일 사이에 투자자산의 공정가치 하락** ② 보고기간 후에 지분상품 보유자에 대해 배당선언

– 투자자산의 공정가치 하락, 보고기간 후 배당선언을 제외하고는 전부 수정을 요하는 보고기간후사건의 예라고 기억할 것

2. 계속기업

경영진이 **보고기간 후에**, 기업을 청산하거나 경영활동을 중단할 의도를 가지고 있거나, 청산 또는 경영활동의 중단 외에 다른 현실적 대안이 없다고 판단하는 경우에는 계속기업의 기준에 따라 재무제표를 작성해서는 아니 된다.

예 제 보고기간 후 사건

C-06 재무제표에 인식된 금액을 수정할 필요가 없는 보고기간 후 사건의 예로 옳은 것은? 2019. CTA

① 보고기간말에 존재하였던 현재의무가 보고기간 후에 소송사건의 확정에 의해 확인되는 경우

② 보고기간말에 이미 자산손상이 발생되었음을 나타내는 정보를 보고기간 후에 입수하는 경우나 이미 손상차손을 인식한 자산에 대하여 손상차손금액의 수정이 필요한 정보를 보고기간 후에 입수하는 경우

③ 보고기간말 이전 사건의 결과로서 보고기간말에 종업원에게 지급하여야 할 법적 의무나 의제의무가 있는 이익분배나 상여금지급 금액을 보고기간 후에 확정하는 경우

④ 보고기간말과 재무제표 발행승인일 사이에 투자자산의 공정가치 하락이 중요하여 정보이용자의 의사결정에 영향을 줄 수 있는 경우

⑤ 보고기간말 이전에 구입한 자산의 취득원가나 매각한 자산의 대가를 보고기간 후에 결정하는 경우

C-07 보고기간 후 사건에 관한 설명으로 옳은 것은? 2020. CTA

① 보고기간 후에 발생한 상황을 나타내는 사건을 반영하기 위하여, 재무제표에 인식된 금액을 수정한다.

② 보고기간말과 재무제표 발행승인일 사이에 투자자산의 공정가치가 하락한다면, 재무제표에 투자자산으로 인식된 금액을 수정한다.

③ 보고기간 후에 지분상품 보유자에 대해 배당을 선언한 경우, 그 배당금을 보고기간말의 부채로 인식하지 아니한다.

④ 보고기간말에 존재하였던 상황에 대한 정보를 보고기간 후에 추가로 입수한 경우에도 그 정보를 반영하여 공시 내용을 수정하지 않는다.

⑤ 경영진이 보고기간 후에, 기업을 청산하거나 경영활동을 중단할 의도를 가지고 있거나, 청산 또는 경영활동의 중단 외에 다른 현실적 대안이 없다고 판단하는 경우에도 계속기업의 기준에 따라 재무제표를 작성할 수 있다.

6 재무비율

1. 재무비율

유동비율	유동자산/유동부채
당좌비율	당좌자산/유동부채 (당좌자산 = 유동자산 − 재고자산)
부채비율	부채/자본
이자보상비율	영업이익/이자비용
매출액순이익률	당기순이익/매출액
총자산이익률	당기순이익/평균 자산
자기자본이익률	당기순이익/평균 자기자본
매출총이익률	매출총이익/매출액
매출원가율	매출원가/매출액
원가 기준 이익률	매출총이익/매출원가
총자산회전율	매출액/평균 자산
매출채권회전율	매출액/평균 매출채권
재고자산회전율	매출원가/평균 재고자산
매입채무회전율	매입액/평균 매입채무
매출채권회수기간	365일 ÷ 매출채권회전율
재고자산처리기간	365일 ÷ 재고자산회전율
정상영업주기	매출채권회수기간 + 재고자산처리기간
PER(주가수익비율)	주가/EPS = 시가총액/NI
배당성향	주당 배당액/EPS
배당수익률	주당 배당액/주가

예제 재무비율

D-01 ㈜세무의 20X1년도 회계자료가 다음과 같을 때, 20X1년의 재고자산평균보유기간은? (단, 재고자산회전율 계산 시 평균재고자산을 사용하며, 1년은 360일로 가정한다.) 2017. CTA

- 매출총이익: ₩106,000
- 당기 현금매출액: ₩45,000
- 기초 매출채권: ₩60,000
- 기말 매출채권: ₩105,000
- 당기 매출채권 회수액: ₩250,000
- 기초 상품재고: ₩150,000
- 당기 상품매입액: ₩194,000

① 200일 ② 210일 ③ 220일 ④ 230일 ⑤ 240일

D-02 해외에 거주하는 A씨는 여유자금을 이용하여 스마트폰 제조를 주업으로 하는 ㈜미래에 투자를 하려고 한다. A씨는 투자여부를 판단하는 주요 재무지표로 주가수익비율(PER)을 활용하고 있는데, 20X1년 말 현재 ㈜미래의 재고자산(₩1,500,000)과 시가총액(₩5,000,000)을 제외하고는 관련 재무자료를 입수하지 못해 고민하고 있다. 공인회계사인 B씨에게 의뢰한 결과 공시되고 있는 20X1년도 동종업종(스마트폰 제조사) 평균자료를 이용하여 ㈜미래의 주가수익비율(PER)을 추정할 수 있다는 답변을 얻었다. 다음의 자료만을 이용하여 B씨가 추정한 ㈜미래의 20X1년 말 기준 주가수익비율(PER)은 얼마인가? (단, 1년은 360일로 계산하고, 자산과 부채의 계정은 모두 기말잔액과 연평균잔액이 동일하다고 가정한다. 우선주는 없으며, 당기 중 자본거래는 없는 것으로 가정한다. 또한 소수점 셋째자리에서 반올림하며, 단수차이로 인해 약간의 오차가 있으면 가장 근사치를 선택한다.) 2011. CPA

〈20X1년 스마트폰 제조사 평균자료〉

- 총자산 기준 부채비율 : 60%
- 자기자본순이익률 : 40%
- 재고자산회전기간 : 72일
- 매출총이익률 : 25%
- 총자산회전율 : 1.6

① 0.20 ② 1.95 ③ 2.00 ④ 3.33 ⑤ 5.00

D-03 ㈜대한은 회계감사를 받기 전 20X1년말 현재 자산 ₩6,000, 부채 ₩3,000, 수익 ₩5,000, 비용 ₩4,000을 보고하였다. ㈜대한은 실지재고조사법을 적용하여 창고에 있는 상품만 기말재고로 보고하였다. 회계감사 중 공인회계사는 다음 사항을 발견하였다.

> 가) ㈜대한의 전년도 기말재고자산은 ₩200 과대평가되었다.
> 나) 20X1년 12월 15일 ㈜대한은 ㈜만세에 원가 ₩300의 상품을 인도하고 매출 ₩500을 인식하면서, 동 상품을 ₩600에 재매입하도록 요구할 수 있는 풋옵션을 ㈜만세에게 부여하였다.

㈜대한은 위 사항이 대출약정에 어떠한 영향을 미치는지 우려하고 있다. 대출약정에서 가장 중요한 지표는 부채비율이며 다음과 같이 계산한다. 위 사항을 반영하는 경우 부채비율의 변동으로 올바른 결과는? 단, 위 사항은 각각 독립적이라고 가정한다. 2017. CPA

	가)	나)
①	감소	감소
②	불변	증가
③	증가	증가
④	불변	감소
⑤	증가	불변

D-04 ㈜세무는 선입선출법(실지재고조사법)으로 재고자산을 평가하고 있다. 20X1년 12월 20일 외상으로 구입한 재고자산이 선적지인도조건으로 기말 현재 운송 중에 있으나 이에 대한 회계처리가 누락되었고, 동 재고자산은 기말 재고 실사에도 포함되지 않았다. 이러한 오류를 수정하지 않았을 경우, 재무비율에 미치는 영향으로 옳은 것은? (단, 오류 수정 전 재무비율 산정 시 분모·분자 값은 모두 양(+)의 값을 갖는다.) 2018. CTA 심화

① 20X1년도 매출원가율은 오류가 발생하지 않았을 경우에 비하여 높다.
② 20X1년도 총자산회전율은 오류가 발생하지 않았을 경우에 비하여 낮다.
③ 20X1년도 말 현재 당좌비율은 오류가 발생하지 않았을 경우에 비하여 낮다.
④ 20X1년도 말 현재 부채비율은 오류가 발생하지 않았을 경우에 비하여 낮다.
⑤ 20X1년도 총자산이익률은 오류가 발생하지 않았을 경우에 비하여 낮다.

2. 화재, 도난 등이 발생한 경우 재고자산 손실액

STEP 1 매출원가 구하기

① 매출원가 = 매출액 × (1 − 매출총이익률)
② 매출원가 = 매출액/(1 + 원가 기준 이익률)

STEP 2 평균 재고자산=매출원가/재고자산회전율

STEP 3 기말 재고자산=평균 재고자산×2-기초 재고자산

D-05 ㈜세무는 20X1년 12월 31일 독립 사업부로 운영되는 A공장에 화재가 발생하여 재고자산 전부와 장부가 소실되었다. 화재로 인한 재고자산 손실을 확인하기 위하여 A공장의 매출처 및 매입처, 그리고 외부감사인으로부터 다음과 같은 자료를 수집하였다.

- 매출: ₩1,000,000
- 기초재고: ₩100,000
- 20x0년 재무비율
  - 매출총이익률: 15%
  - 재고자산회전율: 680%

㈜세무가 추정한 재고자산 손실 금액은? (단, 매출총이익률과 재고자산회전율은 매년 동일하며, 재고자산회전율은 매출원가와 평균재고자산을 이용한다.) 2020. CTA

① ₩150,000 ② ₩150,500 ③ ₩151,000 ④ ₩151,500 ⑤ ₩152,000

D-06 ㈜도매는 20X1년 말 화재로 인해 창고에 보관 중이던 재고자산이 모두 소실되었다. 다음 자료를 이용하여 ㈜도매의 화재로 인한 재고자산 손실금액을 추정하면 얼마인가?
(단, ㈜도매는 현금매출이 없으며, 재고자산과 관련하여 화재로 인한 손실 외의 손실은 없다. 그리고 1년은 360일로 가정한다.) 2010. CPA

- 20X1년 초 장부상 재고자산의 금액은 ₩4,500이고, 재고실사를 통해 확인한 금액이다.
- 20X1년 ㈜도매의 평균매출채권은 ₩12,500이며 매출채권 회수기간은 90일이다.
- 20X1년 ㈜도매의 매출총이익률은 20%이다.
- ㈜도매는 시장수요에 대비하여 재고자산보유(회전)기간을 36일로 하는 재고보유 정책을 유지하여 왔으며, 20X1년 말 화재가 발생하지 않았다면 해당 정책에 따른 재고를 보유하고 있을 것이다.

① ₩3,000 ② ₩3,500 ③ ₩4,000 ④ ₩4,500 ⑤ ₩5,000

D-07 20X1년 12월 31일 ㈜세무의 창고에 화재가 발생하여 재고자산의 90%가 소실되었다. ㈜세무의 이용가능한 회계자료가 다음과 같을 때, 재고자산의 추정 손실금액은? (단, ㈜세무의 매출은 모두 신용거래이다.) 2018. CTA

기초재고		₩150,000	당기매입액		₩12,000,000
매출채권(기초)	₩80,000		매출채권(기말)	₩120,000	
손실충당금	(8,000)	72,000	손실충당금	(10,000)	110,000

- 당기 매출채권 현금회수액: ₩11,500,000
- 당기 회수불능으로 인한 매출채권 제거 금액: ₩5,000
- 최근 3년간 평균매출총이익률은 40%이며 큰 변동은 없었다.

① ₩4,696,920 ② ₩4,700,700 ③ ₩4,704,480 ④ ₩5,223,000 ⑤ ₩5,268,000

D-08

㈜대한은 20X2년도 결산을 앞둔 시점에 화재가 발생하여 장부와 창고에 보관 중이던 재고자산 전부를 잃게 되었다. ㈜대한은 재고자산 손실액을 파악할 목적으로 외부감사인, 매입처 및 매출처 등으로부터 다음과 같은 자료를 수집하였다.

외부감사인으로부터 수집한 20X1년도 재무자료
• 20X1년도 매출총이익률: 25% • 20X1년도 기초 재고자산: ₩700,000 • 20X1년도 매출원가: ₩5,000,000 • 20X1년도 재고자산평균보유기간: 72일
매입처 및 매출처로부터 수집한 20X2년도 재무자료 • 20X2년도 매입액: ₩7,500,000 • 20X2년도 매출액: ₩9,000,000

㈜대한의 20X2년도 매출총이익률이 20X1년도와 동일하다고 가정할 때, 화재와 관련된 재고자산 손실액은? (단, 재고자산회전율 계산시 평균재고자산을 사용하며, 1년은 360일로 가정한다.) 2013. CTA

① ₩2,050,000 ② ₩2,150,000 ③ ₩2,250,000 ④ ₩2,350,000 ⑤ ₩2,450,000

D-09

신용판매만을 하는 ㈜대한은 20X1년 중 창고에 보관 중이던 상품의 일부를 도난당하였다. 사고조사 과정에서 수집된 20X0년도 및 20X1년도 재고자산 거래와 관련된 자료는 다음과 같다.

- ㈜대한의 20X0년도 신용 매출액과 평균매출채권을 이용하여 계산한 매출채권회전율은 10.5회, 매출원가와 평균재고자산을 이용하여 계산한 재고자산회전율은 8회이었다. 또한 ㈜대한은 20X0년도에 매출원가에 25%를 가산하여 상품을 판매하였다.
- ㈜대한의 20X0년 1월 1일 매출채권은 ₩10,000, 상품재고액은 ₩8,000이었으며, 20X0년도에는 경기부진으로 인해 기말 매출채권은 기초 대비 80% 증가하였다.
- 20X1년 1월 1일부터 상품의 도난시점까지 ㈜대한의 상품매입액과 상품매출액은 각각 ₩260,000과 ₩330,000이었으며, 매출원가율은 20X0년도와 동일하였다.
- 경찰의 신속한 수사로 인해 도난 당일에 원가 ₩10,000의 상품을 회수하였다.

도난사건과 관련하여 회수하지 못한 상품의 원가는 얼마로 추정되는가? 2012. CTA

① ₩6,400 ② ₩7,400 ③ ₩16,400 ④ ₩17,400 ⑤ ₩21,400

PART 2

고급회계

CHAPTER 01 환율변동효과

CHAPTER 02 위험회피회계

CHAPTER 03 사업결합

CHAPTER 04 연결회계

CHAPTER 05 연결회계-기타사항

CHAPTER 06 지분법

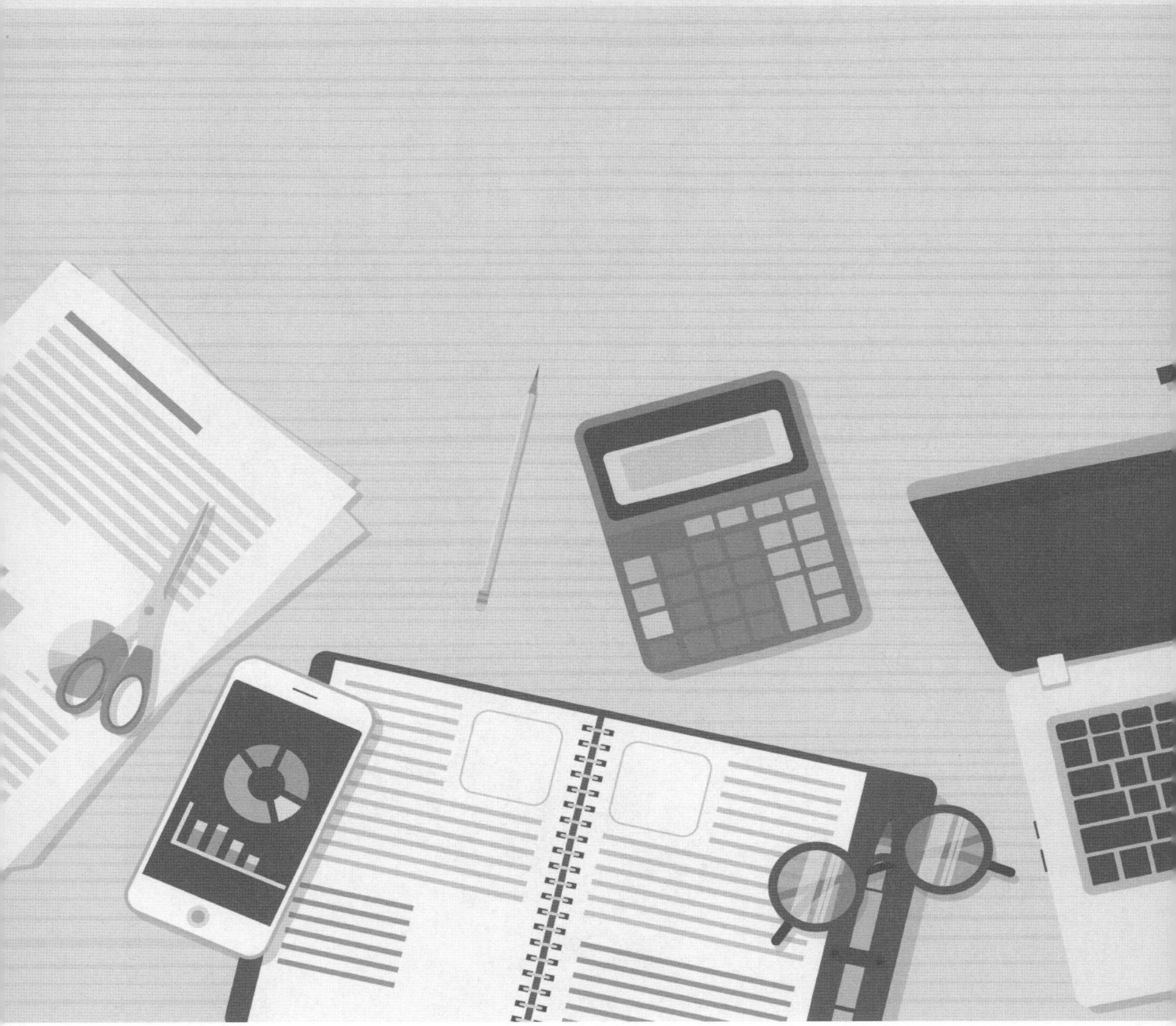

객 관 식

C·H·A·P·T·E·R

1

환율변동효과

[1] 기능통화로의 환산
[2] 재무제표의 표시통화로의 환산
[3] 환율변동효과 말문제
[4] 삼각 외화환산 심화

01 환율변동효과

CHAPTER

1 기능통화로의 환산

1. 화폐성 항목 vs 비화폐성 항목

화폐성 항목 : 미래의 현금흐름이 확정된 항목	비화폐성 항목 : 미래의 현금흐름이 확정되지 않은 항목
매출채권, 매입채무, 대여금, 차입금	재고자산, 유·무형자산
미지급금, 미수금	선급금, 선수금
채권	주식

구분		평가 방법	외환차이
화폐성 항목		마감환율 or 결제일의 환율	PL
비화폐성 항목	역사적원가로 측정	거래일의 환율	없음
	공정가치로 측정	공정가치 측정일의 환율	전부 PL or OCI
	재고자산	min[원화 NRV, 취득원가]	PL

2. 화폐성 항목의 외화환산

(1) 거래일: 거래일의 환율로 환산

(2) 보고기간 말: 마감환율(= 기말환율)로 환산, 외환차이는 PL로 인식

(3) 결제일: 결제일의 환율로 환산, 외환차이는 PL로 인식

3. 비화폐성 항목의 외화환산: 원화 금액만 계산해서 원래 하던 대로 회계처리

(1) 역사적원가로 평가하는 자산 ex〉유형자산 원가모형

원화 취득원가 = 취득원가($) × 거래일 환율

역사적원가로 측정하는 비화폐성 외화항목: **거래일의 환율**로 환산

→ 취득 시 계상한 금액을 그대로 기말에 계상 (환율변동효과 발생 X)

(2) 공정가치로 평가하는 자산 ex>유형자산 재평가모형, 금융자산

원화 공정가치 = 기말 FV($) × 기말 환율

공정가치 변동 손익과 환율변동효과를 구분하지 않고 전부 OCI 또는 PL로 인식

(3) 둘 이상의 금액을 비교하여 장부금액이 결정되는 항목 ex>재고자산

저가 = min[원화 NRV, 취득원가] 단, 원화 NRV = 기말 NRV($) × 기말 환율

예제 기능통화로의 환산

A-01 유럽에서의 사업 확장을 계획 중인 ㈜대한(기능통화 및 표시통화는 원화(₩)임)은 20X1년 10월 1일 독일 소재 공장용 토지를 €1,500에 취득하였다. 그러나 탄소 과다배출 가능성 등 환경 이슈로 독일 주무관청으로부터 영업허가를 얻지 못함에 따라 20X2년 6월 30일 해당 토지를 €1,700에 처분하였다. 이와 관련한 추가정보는 다음과 같다.

• 환율(₩/€) 변동정보

일자	20X1.10.1.	20X1.12.31.	20X2.6.30.
환율	1,600	1,500	1,550

• 20X1년 12월 31일 현재 ㈜대한이 취득한 토지의 공정가치는 €1,900이다.

상기 토지에 대해 (1) 원가모형과 (2) 재평가모형을 적용하는 경우, ㈜대한이 20X2년 6월 30일 토지 처분 시 인식할 유형자산처분손익은 각각 얼마인가? 2022. CPA

	(1) 원가모형	(2) 재평가모형
①	처분이익 ₩165,000	처분손실 ₩185,000
②	처분이익 ₩235,000	처분손실 ₩215,000
③	처분이익 ₩235,000	처분손실 ₩185,000
④	처분이익 ₩385,000	처분손실 ₩215,000
⑤	처분이익 ₩385,000	처분손실 ₩185,000

A-02 ㈜세무는 원화를 기능통화로 사용하는 해외사업장으로 20X1년 초 달러 표시 재고자산을 $100에 매입하여 20X1년 말까지 보유하고 있다. 동 재고자산의 순실현가능가치와 거래일 및 20X1년 말의 환율이 다음과 같을 때, 20X1년 말 현재 재고자산의 장부금액 및 재고자산평가손실은? 2017. CTA

구 분	외화금액	환 율
취득원가	$100	거래일 환율(₩1,000/$)
순실현가능가치	$96	20X1년 말 마감환율(₩1,050/$)

	장부금액	재고자산평가손실
①	₩96,000	₩4,000
②	₩100,000	₩0
③	₩100,000	₩4,000
④	₩100,000	₩4,200
⑤	₩100,800	₩0

A-03 원화를 기능통화로 사용하고 있는 ㈜갑은 20X1년 3월 1일 중국에서 생산시설을 확장하기 위하여 토지를 CNY10,000에 취득하였다. ㈜갑은 토지를 회계연도말의 공정가치로 재평가하고 있으며, 20X1년말에 토지의 공정가치는 CNY9,500이다. 또한, ㈜갑은 20X1년 10월 1일에 중국 현지공장에서 재고자산을 CNY2,000에 매입하여 기말까지 보유하고 있으며, 이 재고자산의 기말 순실현가능가치는 CNY1,800이다.
CNY 대비 원화의 환율은 다음과 같다.

- 20X1년 3월 1일: CNY1 = ₩100
- 20X1년 10월 1일: CNY1 = ₩110
- 20X1년 12월 31일: CNY1 = ₩115

외화표시 토지와 재고자산의 기능통화로의 환산이 ㈜갑의 20X1년도 당기순이익에 미치는 영향은? 2012. CPA

① ₩79,500 증가 ② ₩74,750 감소 ③ ₩23,000 감소
④ ₩20,000 감소 ⑤ ₩13,000 감소

A-04 ㈜대한(기능통화는 원화(₩)임)의 다음 외화거래 사항들로 인한 손익효과를 반영하기 전 20X1년 당기순이익은 ₩20,400이다.

- ㈜대한은 20X1년 11월 1일에 재고자산 ¥500을 현금 매입하였으며 기말 현재 순실현가능가치는 ¥450이다. ㈜대한은 계속기록법과 실지재고조사법을 병행·적용하며 장부상 수량은 실제수량과 같았다.
- ㈜대한은 20X1년 1월 1일에 일본 소재 토지를 장기 시세차익을 얻을 목적으로 ¥2,000에 현금 취득하였으며 이를 투자부동산으로 분류하였다.
- 동 토지(투자부동산)에 대해 공정가치모형을 적용하며 20X1년 12월 31일 현재 공정가치는 ¥2,200이다.
- 20X1년 각 일자별 환율정보는 다음과 같다.

구분	20X1. 1. 1.	20X1. 11. 1.	20X1. 12. 31.	20X1년 평균
₩/¥	10.0	10.3	10.4	10.2

- 기능통화와 표시통화는 모두 초인플레이션 경제의 통화가 아니다.
- 거래일을 알 수 없는 수익과 비용은 해당 회계기간의 평균환율을 사용하여 환산하며, 설립 이후 기간에 환율의 유의한 변동은 없었다.

위 외화거래들을 반영한 후 ㈜대한의 20X1년 포괄손익계산서 상 당기순이익은 얼마인가? 2021. CPA

① ₩23,750 ② ₩23,000 ③ ₩22,810 ④ ₩21,970 ⑤ ₩21,930

A-05 해외사업장이 없는 ㈜갑의 기능통화는 원(₩)화이며, 20X1년말 현재 외화자산·부채와 관련된 자료는 다음과 같다.

계정과목	외화 금액	최초 인식금액
매출채권	$20	₩22,000
기타포괄손익 – 공정가치측정 금융자산	50	44,000
선급금	10	9,000
매입채무	30	28,000
선수금	40	43,000
차입금	80	85,000

- 기타포괄손익 – 공정가치측정 금융자산은 지분증권으로 $40에 취득하였고, 20X1년말 공정가치는 $50이다.

20X1년말의 마감환율은 $1당 ₩1,000이다. 위 외화자산·부채와 관련하여 발생하는 외환차이가 ㈜갑의 20X1년도 포괄손익계산서의 당기순이익에 미치는 영향은 얼마인가? 단, 위 외화자산·부채에 대해서는 위험회피회계가 적용되지 않으며, 모두 20X1년에 최초로 인식되었고, 법인세효과는 고려하지 않는다. 2013. CPA 수정

① ₩3,000 감소 ② ₩2,000 감소 ③ ₩1,000 증가 ④ ₩2,000 증가 ⑤ ₩3,000 증가

A-06 기능통화가 원화인 ㈜한국이 20X1년 12월 31일 현재 보유하고 있는 외화표시 자산·부채 내역과 추가정보는 다음과 같다.

계정과목	외화표시금액	최초인식금액
당기손익 – 공정가치측정 금융자산	$30	₩28,500
매 출 채 권	$200	₩197,000
재 고 자 산	$300	₩312,500
선 수 금	$20	₩19,000

- 20X1년말 현재 마감환율은 ₩1,000/$이다. 위 자산·부채는 모두 20X1년 중에 최초 인식되었으며, 위험회피회계가 적용되지 않는다.
- 당기손익 – 공정가치측정 금융자산은 지분증권으로 $25에 취득하였으며, 20X1년말 공정가치는 $30이다.
- 20X1년말 현재 재고자산의 순실현가능가치는 $310이다.

위 외화표시 자산·부채에 대한 기말평가와 기능통화로의 환산이 ㈜한국의 20X1년도 당기순이익에 미치는 영향(순액)은? 2017. CPA

① ₩500 증가 ② ₩1,000 증가 ③ ₩2,000 증가 ④ ₩3,500 증가 ⑤ ₩4,500 증가

4. 외화사채의 외화환산 심화

STEP 1 외화($)로 유효이자율 상각표 그리기

EX〉 액면금액 $1,000의 사채 발행 시 상각표 (표시이자율 8%, 유효이자율 10%, 만기 3년)

	유효이자(10%)	액면이자(8%)	상각액	장부금액
X0			1,000 × 0.751 + 80 × 2.487 =	950
X1	95	80	15	965
X2	97	80	17	982
X3	98	80	18	1,000

STEP 2 평균환율로 이자비용 인식하기

STEP 3 지급일 환율로 액면이자 지급하기

이자 지급일이 기말이면 기말환율, 기말이 아니라면 지급일의 환율로 환산

STEP 4 기말환율로 차입금 환산하기

기말 사채 장부금액 = 상각표 상 외화 장부금액 × 기말환율

STEP 5 대차차액은 외환차이로 맞추기

|외화사채 회계처리|

이자비용	유효이자 × 평균환율	현금	액면이자 × 지급일 환율
사채(기초)	기초 BV × 기초환율	사채(기말)	기말 BV × 기말환율
		외환차이(PL) XXX	

예제 외화사채의 외화환산

A-07 ㈜대한의 기능통화는 원화이다. ㈜대한은 20X1년 7월 1일에 은행으로부터 미화 1,000달러를 1년 만기로 차입하였다. 차입금의 표시이자율은 연 6%이며, 만기시점에 원금과 이자를 일시상환하는 조건이다. 차입기간 중 달러화 대비 원화의 환율변동내역은 다음과 같다.

구분	일자 또는 기간	환율(₩/$)
차입일	20X1. 7. 1.	1,100
평균	20X1. 7. 1. ~ 20X1. 12. 31.	1,080
기말	20X1. 12. 31.	1,050
평균	20X2. 1. 1. ~ 20X2. 6. 30.	1,020
상환일	20X2. 6. 30.	1,000

㈜대한은 20X2년 6월 30일에 외화차입금의 원리금을 모두 상환하였다. ㈜대한의 20X2년도 포괄손익계산서에 당기손익으로 보고되는 외환차이(환율변동손익)는 얼마인가? 단, 이자비용은 월할 계산한다. 2018. CPA

① ₩52,100 손실 ② ₩50,900 손실 ③ ₩50,000 이익 ④ ₩50,900 이익 ⑤ ₩52,100 이익

2 재무제표의 표시통화로의 환산

STEP 1 순자산: '(자산-부채)×기말환율'을 재무상태표 차변에 적기

STEP 2 당기순이익=(수익-비용)×평균환율

STEP 3 자본: 자본 증가 시점의 환율

(1) 자본금: **증자일**의 환율

(2) 이익잉여금: **NI가 집계된 연도**의 평균환율

이익잉여금 = X1년도 NI × X1년도 평균환율 + X2년도 NI × X2년도 평균환율 + …

STEP 4 기타포괄손익누계액(해외사업장환산차이): 대차차액

B/S

① 자산 − 부채: 기말환율	② 자본: 자본 증가 시점의 환율 − 자본금: 증자일의 환율 − 이익잉여금: NI가 집계된 연도의 평균환율 ③ OCI: **대차차액**

− 해외사업장환산차이는 재분류 조정 대상

STEP 5 포괄손익계산서상 기타포괄손익 및 총포괄손익

기타포괄손익(OCI) = 당기말 기타포괄손익누계액 − 전기말 기타포괄손익누계액 총포괄손익(CI) = 당기순이익(NI) + 기타포괄손익(OCI)

(1) Step 4의 기타포괄손익누계액: 재무상태표에 표시되는 '잔액'

(2) '포괄손익계산서상' 기타포괄손익: 변동분

> **참고** '기능통화는 초인플레이션 경제의 통화가 아니다.'
> 기능통화가 초인플레이션 경제의 통화인 경우: 자산, 부채, 자본, 수익, 비용 및 비교표시되는 금액을 포함한 모든 금액을 최근 재무상태표 일자의 **마감환율**로 환산
> 기능통화가 초인플레이션 경제의 통화가 아닌 경우: Step 1~Step 5의 방법으로 환산

예제 재무제표의 표시통화로의 환산

B-01 20X1년초에 설립된 ㈜한국의 기능통화는 미국달러화($)이며 표시통화는 원화(₩)이다. ㈜한국의 기능통화로 작성된 20X2년말 요약재무상태표와 환율변동정보 등은 다음과 같다.

요약재무상태표

㈜한국　　　　20X2. 12. 31 현재　　　　(단위: $)

자산		부채 및 자본	
자 산	2,400	부 채	950
		자 본 금	1,000
		이 익 잉 여 금	450
	2,400		2,400

- 자본금은 설립 당시의 보통주 발행금액이며 이후 변동은 없다.
- 20X1년과 20X2년의 당기순이익은 각각 $150와 $300이며, 수익과 비용은 연중 균등하게 발생하였다.
- 20X1년부터 20X2년말까지의 환율변동정보는 다음과 같다.

	기초(₩/$)	평균(₩/$)	기말(₩/$)
20X1년	900	940	960
20X2년	960	980	1,000

- 기능통화와 표시통화는 모두 초인플레이션 경제의 통화가 아니며, 위 기간에 환율의 유의한 변동은 없었다.

㈜한국의 표시통화로 환산된 20X2년말 재무상태표상 환산차이(기타포괄손익누계액)는? 2017. CPA

① ₩0　② ₩72,500　③ ₩90,000　④ ₩115,000　⑤ ₩122,500

B-02 ㈜한국은 20X1년 초 미국에 지분 100%를 소유한 해외현지법인 ㈜ABC를 설립하였다. 종속기업인 ㈜ABC의 기능통화는 미국달러화($)이며 지배기업인 ㈜한국의 표시통화는 원화(₩)이다. ㈜ABC의 20X2년 말 요약재무상태표와 환율변동정보 등은 다음과 같다.

요약재무상태표

㈜ABC　　　20X2. 12. 31. 현재　　　(단위: $)

자 산	3,000	부 채	1,500
		자 본 금	1,000
		이 익 잉 여 금	500
	3,000		3,000

- 자본금은 설립 당시의 보통주 발행금액이며, 이후 변동은 없다.
- 20X2년의 당기순이익은 $300이며, 수익과 비용은 연중 균등하게 발생하였다. 그 외 기타 자본변동은 없다.
- 20X1년부터 20X2년 말까지의 환율변동정보는 다음과 같다.

	기초(₩/$)	평균(₩/$)	기말(₩/$)
20X1년	800	?	850
20X2년	850	900	1,000

- 기능통화와 표시통화는 모두 초인플레이션 경제의 통화가 아니다. 수익과 비용은 해당 회계기간의 평균환율을 사용하여 환산하며, 설립 이후 기간에 환율의 유의한 변동은 없었다.

20X2년 말 ㈜ABC의 재무제표를 표시통화인 원화로 환산하는 과정에서 대변에 발생한 외환차이가 ₩100,000일 때, 20X1년 말 ㈜ABC의 원화환산 재무제표의 이익잉여금은 얼마인가? 2020. CPA

① ₩30,000　② ₩100,000　③ ₩130,000　④ ₩300,000　⑤ ₩330,000

B-03 ㈜대한은 20X1년 초 설립된 해운기업이다. 우리나라에 본사를 두고 있는 ㈜대한의 표시통화는 원화(₩)이나, 해상운송을 주된 영업활동으로 하고 있어 기능통화는 미국달러화($)이다. 기능통화로 표시된 ㈜대한의 20X1년 및 20X2년 요약 재무정보(시산표)와 관련 정보는 다음과 같다.

• ㈜대한의 20X1년 및 20X2년 요약 재무정보(시산표)

계정과목	20X1년		20X2년	
	차변	대변	차변	대변
자 산	$3,000		$4,000	
부 채		$1,500		$2,300
자 본 금		1,000		1,000
이 익 잉 여 금		—		500
수 익		2,500		3,000
비 용	2,000		2,800	
합 계	$5,000	$5,000	$6,800	$6,800

• 20X1년 및 20X2년 환율(₩/$) 변동정보

구분	기초	연평균	기말
20X1년	1,000	1,100	1,200
20X2년	1,200	1,150	1,100

• 기능통화와 표시통화는 모두 초인플레이션 경제의 통화가 아니며, 설립 이후 환율에 유의적인 변동은 없었다.
• 수익과 비용은 해당 회계기간의 연평균환율을 사용하여 환산한다.

㈜대한의 20X1년도 및 20X2년도 원화(₩) 표시 포괄손익계산서 상 총포괄이익은 각각 얼마인가? 2022. CPA

	20X1년	20X2년
①	₩600,000	₩120,000
②	₩600,000	₩320,000
③	₩800,000	₩70,000
④	₩800,000	₩120,000
⑤	₩800,000	₩320,000

3 환율변동효과 말문제

1. 통화

(1) 기능통화: **영업활동이 이루어지는 주된 경제 환경의 통화**
(2) 표시통화: 재무제표를 표시할 때 사용하는 통화
(3) 외화: '**기능통화**' (not 표시통화) 이외의 통화 ★중요!
– 외화가 '표시통화' 이외의 통화라고 하면 틀린 문장이므로 주의하자.

2. 기능통화 및 표시통화의 변경: 기전표소

(1) **기능통화의 변경: 전진법**

기능통화가 변경되는 경우에는 새로운 기능통화에 의한 환산절차를 변경한 날부터 **전진적용**한다.

(2) **표시통화의 변경: 소급법**

표시통화의 변경은 회계정책의 변경에 해당한다. 따라서 표시통화를 변경한 경우에는 비교표시되는 **재무제표를 변경 후의 표시통화로 재작성**해야 한다.

3. 환율

(1) 환율: 두 통화 사이의 교환비율
(2) 현물환율: 즉시 인도가 이루어지는 거래에서 사용하는 환율
(3) 마감환율: 보고기간말의 현물환율

예 제 환율변동효과 말문제

C-01 다음 중 기업회계기준서 제1021호 '환율변동효과'에서 사용하는 용어의 정의로 옳지 않은 것은? 2021. CPA

① 환율은 두 통화 사이의 교환비율이다.
② 외화는 회사 본사 소재지 국가 외에서 통용되는 통화이다.
③ 마감환율은 보고기간 말의 현물환율이다.
④ 표시통화는 재무제표를 표시할 때 사용하는 통화이다.
⑤ 현물환율은 즉시 인도가 이루어지는 거래에서 사용하는 환율이다.

C-02 '환율변동효과'에 관한 설명으로 옳지 않은 것은? 2011. CTA

① 기능통화란 영업활동이 이루어지는 주된 경제 환경의 통화를 말한다.

② 재무제표는 어떠한 통화로도 보고할 수 있으며, 표시통화와 기능통화가 다른 경우에는 경영성과와 재무상태를 기능통화로 환산한다.

③ 외환차이란 특정 통화로 표시된 금액을 변동된 환율을 사용하여 다른 통화로 환산할 때 생기는 차이를 말한다.

④ 기능통화가 초인플레이션 경제의 통화가 아닌 경우 경영성과와 재무상태를 기능통화와 다른 표시통화로 환산하는 방법은 재무상태표의 자산과 부채는 해당 보고기간말의 마감환율로 환산하며, 포괄손익계산서의 수익과 비용은 해당 거래일의 환율로 환산한다.

⑤ 화폐성항목이란 보유하는 화폐단위들과 확정되었거나 결정가능한 화폐단위 수량으로 회수하거나 지급하는 자산·부채를 말한다.

C-03 외화거래와 해외사업장의 운영을 재무제표에 반영하는 방법과 기능통화재무제표를 표시통화로 환산하는 방법에 관한 다음 설명 중 옳지 않은 것은? 단, 기능통화는 초인플레이션 경제의 통화가 아닌 것으로 가정한다. 2018. CPA

① 기능통화를 표시통화로 환산함에 있어 재무상태표의 자산과 부채는 해당 보고기간말의 마감환율을 적용한다.

② 기능통화를 표시통화로 환산함에 있어 포괄손익계산서의 수익과 비용은 해당 거래일의 환율을 적용한다.

③ 공정가치로 측정하는 비화폐성 외화항목은 공정가치가 측정된 날의 환율로 환산하며, 이 과정에서 발생하는 외환차이는 당기손익으로 인식한다.

④ 보고기업의 해외사업장에 대한 순투자의 일부인 화폐성항목에서 생기는 외환차이는 보고기업의 별도재무제표나 해외사업장의 개별재무제표에서 당기손익으로 인식한다.

⑤ 해외사업장을 처분하는 경우에 기타포괄손익으로 인식한 해외사업장관련 외환차이의 누계액은 해외사업장의 처분손익을 인식하는 시점에 자본에서 당기손익으로 재분류한다.

C-04 기업회계기준서 제1021호 '환율변동효과'에 대한 다음 설명 중 옳지 않은 것은? 2024. CPA

① 해외사업장을 처분하는 경우 기타포괄손익과 별도의 자본항목으로 인식한 해외사업장 관련 외환차이의 누계액은 당기손익으로 재분류하지 않는다.

② 기능통화가 변경되는 경우 변경된 날의 환율을 사용하여 모든 항목을 새로운 기능통화로 환산한다. 비화폐성항목의 경우에는 새로운 기능통화로 환산한 금액이 역사적원가가 된다.

③ 보고기업과 해외사업장의 경영성과와 재무상태를 연결하는 경우, 내부거래에서 생긴 화폐성자산(또는 화폐성부채)과 관련된 환율변동효과는 연결재무제표에서 당기손익으로 인식한다. 다만, 보고기업의 해외사업장에 대한 순투자의 일부인 화폐성 항목에서 생기는 외환차이는 해외사업장이 처분될 때까지 연결재무제표에서 기타포괄손익으로 인식한다.

④ 해외사업장을 포함한 종속기업을 일부 처분시 기타포괄손익에 인식된 외환차이의 누계액 중 비례적 지분을 그 해외사업장의 비지배지분으로 재귀속시킨다.

⑤ 비화폐성항목에서 생긴 손익을 기타포괄손익으로 인식하는 경우에 그 손익에 포함된 환율변동효과도 기타포괄손익으로 인식한다. 그러나 비화폐성항목에서 생긴 손익을 당기손익으로 인식하는 경우에는 그 손익에 포함된 환율변동효과도 당기손익으로 인식한다.

C-05 ㈜샛별은 통신 및 관측에 사용되는 민간용 인공위성을 제조 판매하는 기업이다. 아래 자료를 이용하여 물음에 답하라.

> (가) 인공위성의 제조판매 산업은 단위당 판매금액이 ₩100억 이상이며, 매출순이익률(당기순이익/매출)이 80% 내외가 되는 높은 이익률이 보장된 산업이다.
> (나) ㈜샛별이 생산하는 인공위성의 수요자 중 90%는 유럽연합(EU)에 속한 국가의 통신회사이고, 나머지 10%는 미국의 통신회사이다. 따라서 ㈜샛별은 영업활동이 이루어지는 주된 경제 환경인 유럽의 법규와 제품규격에 맞게 제품을 생산하며, 제품의 가격 역시 해당 기준 충족 여부에 따라 차이가 있다.
> (다) ㈜샛별의 매매계약서에 표시된 인공위성 제품의 가격은 수요자가 속한 국가의 통화인 유로(€) 또는 달러($)로 표시하고, 제품이 판매되는 거래일의 국제환율을 적용하여 구매자로부터 유럽통화인 유로(€)로 수령하여 보유 관리한다. ㈜샛별이 인공위성을 제조하는데 필요한 부품의 매입과 제작에 종사하는 근로자의 임금지급 결제통화는 한국통화인 원(₩)이다.

기능통화 및 외화의 정의와 ㈜샛별의 경영환경을 고려하여 자료에서 제시된 통화들을 모두 분류할 때 다음 중 가장 적절한 것은? 2010. CPA 수정

	기능통화	외화
①	원	원, 유로
②	유로	원, 유로
③	유로	달러, 원
④	달러	원, 유로
⑤	달러	달러, 원

C-06 ㈜갑은 20X1년초에 설립되었으며, 미국달러화(USD)를 기능통화로 사용하여 왔다. 20X3년초 주된 경제 환경의 변화로 인해 ㈜갑은 원화(KRW)를 새로운 기능통화로 결정하였다. 달러화로 측정된 ㈜갑의 20X3년초 현재 요약재무상태표와 환율정보는 다음과 같다.

요약재무상태표

㈜갑 20X3년 1월 1일 현재 (단위: 달러)

자산	$ 8,400	부채	$ 5,250
		자본금	2,000
		이익잉여금	1,150
자산총계	$ 8,400	부채및자본총계	$ 8,400

- 자본금은 설립시의 발행금액으로서 설립 후 변동은 없다. 또한 20X1년과 20X2년의 당기순이익은 각각 $450과 $700이다.
- ㈜갑의 설립시부터 20X3년초까지 환율변동정보는 다음과 같다.

일 자	환율(₩/$)
20X1년초	1,000
20X1년 평균	1,020
20X1년말·20X2년초	1,050
20X2년 평균	1,080
20X2년말·20X3년초	1,100

20X3년초 현재 새로운 기능통화로 환산된 재무상태표상 자본금, 이익잉여금 및 환산차이(기타포괄손익누계액)는 각각 얼마인가?

2014. CPA **심화**

	자본금	이익잉여금	환산차이
①	₩2,200,000	₩1,265,000	₩0
②	₩2,200,000	₩1,215,000	₩50,000
③	₩2,000,000	₩1,265,000	₩185,000
④	₩2,000,000	₩1,242,500	₩222,500
⑤	₩2,000,000	₩1,215,000	₩250,000

4 삼각 외화환산 심화

1) 거래가 발생한 통화, 2) 기능통화, 3) 표시통화 모두 같지 않을 수 있다. 예를 들어, 중국 위안화(CNY) 매입채무가 발생했는데, 기능통화는 달러화($)이고, 표시통화는 원화(₩)일 수 있다. 이러한 상황을 본서에서는 '삼각 외화환산'이라고 부르겠다. 삼각 외화환산 문제는 다음 순서대로 풀면 된다.

STEP 1 기능통화로 환산: 손익은 기능통화로 표시

우선, 거래가 발생한 통화를 기능통화로 환산한다. 기능통화로 환산하는 방법은 본 장의 맨 처음에 설명한 내용이다. **화폐성 항목인지, 비화폐성 항목인지에 따라 환산 방법을 결정하자. 기능통화 환산 시 발생하는 손익은 '기능통화'로 계산된다.** 기능통화가 표시통화와 다르더라도 자신있게 기능통화로 답하자.

STEP 2 표시통화로 환산: 손익은 OCI로 표시

표시통화로 환산할 때는 순자산은 기말 환율로, 수익·비용은 평균 환율로, 자본은 증가 시점의 환율로 환산한 뒤 대차차액은 OCI로 인식하면 된다. 따라서 **표시통화 환산 시에는 당기순이익에 미치는 영향이 없으며, 기타포괄손익에 미치는 영향은 표시통화로 답하면 된다.**

예 제 삼각 외화환산

C-07 ㈜대한은 20X0년말에 상품(취득가액 CNY10,000)을 외상으로 매입하였으나, 동 매입대금을 20X1년말까지 상환하지 못하고 있다. ㈜대한의 기능통화는 달러화($)이지만 표시통화는 원화(₩)이며, 환율정보는 다음과 같다.

일 자	환율($/CNY)	환율(₩/$)
20X0년말	0.20	1,000
20X1년말	0.18	1,200

20X1년말에 ㈜대한이 재무제표 작성시 동 외화표시 매입채무를 기능통화 및 표시통화로 환산함에 따라 당기순이익 혹은 기타포괄이익에 미치는 영향을 올바르게 표시한 것은? 2015. CPA 심화

	기능통화	표시통화
①	당기순이익 $200 감소	당기순이익 ₩160,000 증가
②	당기순이익 $200 증가	당기순이익 ₩160,000 감소
③	당기순이익 $200 증가	기타포괄이익 ₩160,000 감소
④	기타포괄이익 $200 증가	기타포괄이익 ₩160,000 감소
⑤	기타포괄이익 $200 증가	기타포괄이익 ₩160,000 증가

C-08 ㈜대한은 20X1년 1월 1일에 설립되었다. ㈜대한의 표시통화는 원화(₩)이나, 기능통화는 미국달러화($)이다. 기능통화로 표시된 ㈜대한의 20X1년 요약재무정보는 다음과 같다.

㈜대한의 20X1년 요약재무정보(시산표)

계정과목	차변	대변
자 산	$7,000	
부 채		$4,500
자 본 금		1,500
이 익 잉 여 금		–
수 익		4,000
비 용	3,000	
합 계	$10,000	$10,000

- ㈜대한은 20X1년 중에 유럽의 회사에 수출을 하고 대금을 20X2년에 유로화(€)로 받기로 했다. 수출대금은 €300이었고, ㈜대한은 수출시 이를 미국달러화($)로 환산하여 장부에 기록하고 20X1년 말에 환산하지 않았다. 수출시 환율($/€)은 1.2였기 때문에, 위의 요약정보에는 동 수출관련 매출채권이 자산에 $360로 기록되어 있다.
- 20X1년 환율(₩/$, $/€) 변동정보

구분	20X1.1.1.	연평균	20X1.12.31.
₩/$	1,300	1,340	1,400
$/€	1.3	1.2	1.1

- 기능통화와 표시통화는 모두 초인플레이션 경제의 통화가 아니며, 설립 이후 환율에 유의적인 변동은 없었다.
- 수익과 비용은 해당 회계기간의 연평균환율을 사용하여 환산한다.

㈜대한의 20X1년도 원화(₩) 표시 포괄손익계산서 상 총포괄이익은 얼마인가? 단, 위에 제시된 자료 외에 총포괄이익에 영향을 미치는 항목은 없다.

2024. CPA 심화

① ₩1,106,000 ② ₩1,165,000 ③ ₩1,340,000 ④ ₩1,358,000 ⑤ ₩1,508,000

객 관 식

C·H·A·P·T·E·R

2

위험회피회계

[1] 외환채권, 채무에 대한 위험회피
[2] 공정가치위험회피
[3] 현금흐름위험회피 ★중요!
[4] 외화확정계약
[5] 스왑 위험회피 심화
[6] 위험회피회계 말문제

CHAPTER 02

위험회피회계

1 외환채권, 채무에 대한 위험회피

〈환율변동표〉

	계약일	손익	12.31	손익	만기
대상: 외환채권	현물환율	±XXX	현물환율	±XXX	현물환율
수단: 선도매도	(선도환율)	±XXX	(선도환율)	±XXX	(선도환율)

	계약일	손익	12.31	손익	만기
대상: 외환채무	(현물환율)	±XXX	(현물환율)	±XXX	(현물환율)
수단: 선도매입	선도환율	±XXX	선도환율	±XXX	선도환율

STEP 1 대상과 수단 적기

1. 위험회피대상: 외환채권, 외환채무

2. 위험회피수단: 선도계약

STEP 2 날짜 적기

: 계약일, 기말(12.31), 만기일

STEP 3 환율 적기

1. 위험회피대상: 현물환율

외화 매출채권과 매입채무는 화폐성 항목으로, 매 보고기간 말과 결제일마다 현물환율로 평가

2. 위험회피수단: 선도환율

3. 부호 적기

(1) 수단(선도계약): **선도매도**이면 선도환율을 **음수**로, **선도매입**이면 선도환율을 **양수**로 적기

(2) 대상: 대상의 부호는 수단과 무조건 반대

STEP 4 손익 계산하기

환율 사이의 차이 부분을 손익으로 채워 넣기

STEP 5 재무제표에 미치는 영향

위험회피대상(외환채권, 채무)과 수단(선도계약)의 **평가손익 모두 PL로 인식**

→ 외화채권, 채무에 대해서는 위험회피회계를 적용하는 실익 X (회계불일치 X)

예제 외환채권, 채무에 대한 위험회피

A-01 ㈜한국은 20X1년 10월 1일에 제품을 $200에 수출하고 판매대금은 20X2년 3월 31일에 받기로 하였다. ㈜한국은 동 수출대금의 환율변동위험을 회피하기 위해 다음과 같은 통화선도계약을 체결하였다.

- 통화선도계약 체결일: 20X1년 10월 1일
- 계약기간: 20X1년 10월 1일~20X2년 3월 31일(만기 6개월)
- 계약조건: 계약만기일에 $200을 ₩1,100/$(선도환율)에 매도하기로 함.
- 환율정보:

일 자	현물환율 (₩/$)	통화선도환율 (₩/$)
20X1. 10. 1	1,070	1,100 (만기 6개월)
20X1. 12. 31	1,050	1,075 (만기 3개월)
20X2. 3. 31	1,090	

외화매출채권 및 통화선도거래가 ㈜한국의 20X2년 당기순이익에 미치는 영향(순액)은 얼마인가? 단, 현재가치 평가 및 채권의 회수가능성에 대한 평가는 고려하지 않으며, 통화선도거래의 결제와 매출채권의 회수는 예정대로 이행되었음을 가정한다. 2016. CPA

① ₩5,000 증가 ② ₩4,000 증가 ③ ₩3,000 증가
④ ₩2,000 증가 ⑤ 영향없음

2 공정가치위험회피

1. 보유자산에 대한 공정가치위험회피

〈환율변동표〉

	계약일	손익	12.31	손익	만기
대상: 보유자산	현물가격	±XXX	현물가격	±XXX	현물가격
수단: 선도매도	(선도가격)	∓XXX	(선도가격)	∓XXX	(선도가격)

STEP 1 대상과 수단 적기

(1) 위험회피 대상: 공정가치 변동위험이 있는 보유자산 ex〉재고자산

(2) 위험회피 수단: 선도계약 (선도매도)

STEP 2 날짜 적기

: 계약일, 기말(12.31), 만기일

STEP 3 가격 적기

(1) 위험회피 대상(보유자산): 현물가격

(2) 위험회피 수단: 선도가격

(3) 부호 적기

① 수단(선도계약): **선도매도**이면 선도가격을 **음수**로, **선도매입**이면 선도가격을 **양수**로 적기

② 대상: 대상의 부호는 수단과 무조건 반대

STEP 4 손익 계산하기

가격 사이의 차이 부분을 손익으로 채워 넣기

STEP 5 재무제표에 미치는 영향

(1) 위험회피대상으로 지정하지 않은 경우

재고자산	재고자산	선도매도	PL
BP 〉 NRV	평가손실 / 재고자산	선도계약 / 이익	상쇄
BP 〈 NRV	― 회계처리 없음 ―	손실 / 선도계약	**감소 (회계 불일치)**

(2) 위험회피대상으로 지정한 경우

재고자산	재고자산	선도매도	PL
BP 〉 NRV	평가손실 / 재고자산	선도계약 / 이익	상쇄
BP 〈 NRV	**재고자산 / 평가이익**	손실 / 선도계약	**상쇄 (불일치 해소)**

공정가치위험회피대상으로 지정 시 위험회피대상의 평가손익을 PL로 인식

예제 보유자산에 대한 공정가치위험회피

A-02 ㈜대한은 20X1년 9월 1일에 옥수수 100단위를 ₩550,000에 취득하였다. 20X1년 10월 1일에 ㈜대한은 옥수수 시가하락을 우려하여 만기가 20X2년 3월 1일인 선도가격(₩520,000)에 옥수수 100단위를 판매하는 선도계약을 체결하여 위험회피관계를 지정하였으며, 이는 위험회피회계 적용요건을 충족한다. 일자별 옥수수 현물가격 및 선도가격은 다음과 같다.

일자	옥수수 100단위 현물가격	옥수수 100단위 선도가격
20X1. 10. 1.	₩550,000	₩520,000(만기 5개월)
20X1. 12. 31.	510,000	480,000(만기 2개월)
20X2. 3. 1.	470,000	

자산에 대한 손상 징후에 따른 시가 하락은 고려하지 않는다. 파생상품평가손익 계산 시 화폐의 시간가치는 고려하지 않는다. 20X2년 3월 1일에 수행하는 회계처리가 포괄손익계산서 상 당기순이익에 미치는 순효과는 얼마인가?

2021. CPA

① ₩50,000 이익　② ₩45,000 손실　③ ₩30,000 이익
④ ₩30,000 손실　⑤ ₩10,000 이익

2. 확정계약에 대한 공정가치위험회피 중요!

〈환율변동표〉

	계약일	손익	12.31	손익	만기
대상: 확정매출	(선도가격)	∓XXX	(선도가격)	∓XXX	(선도가격)
수단: 선도매입	선도가격	±XXX	선도가격	±XXX	선도가격

	계약일	손익	12.31	손익	만기
대상: 확정매입	선도가격	±XXX	선도가격	±XXX	선도가격
수단: 선도매도	(선도가격)	∓XXX	(선도가격)	∓XXX	(선도가격)

STEP 1 대상과 수단 적기

(1) 위험회피 대상: (외화)확정계약

(2) 위험회피 수단: 통화선도계약

– 확정계약은 주로 **외화확정계약**으로 출제함

– 확정매입계약 체결 시 외화선도매입, 확정매출계약 체결 시 외화선도매도 체결

STEP 2 날짜 적기

: 계약일, 기말(12.31), 만기일

STEP 3 환율 적기

(1) 위험회피 대상(확정계약): 선도환율

(2) 위험회피 수단: 선도환율

(3) 부호 적기

① 수단(선도계약): 선도매입이면 양수로, 선도매도이면 음수로

② 대상: 대상의 부호는 수단과 무조건 반대

STEP 4 손익 계산하기

확정계약에 대한 공정가치 위험회피는 수단과 대상 모두 선도환율 사용

→ **금액이 같고 부호만 다름**

STEP 5 손익계산서에 미치는 영향

(1) 위험회피대상으로 지정하지 않은 경우

	확정계약	선도계약	PL
확정계약 – 손실	손실 / 확정계약	선도계약 / 이익	0
확정계약 – 이익	– 회계처리 없음 –	손실 / 선도계약	**감소 (회계 불일치)**

① 확정계약에서 손실이 발생하는 경우: 충당부채 계상, 선도계약에서는 이익이 발생
→ 대상과 수단 모두 선도환율로 평가(평가손익은 PL)하므로 **당기순이익에 미치는 영향** X

② 확정계약에서 이익이 발생하는 경우: 이익은 인식 X, 선도계약에서는 손실 발생
→ 당기순이익 **감소** (회계 불일치)

(2) 위험회피대상으로 지정한 경우

	확정계약	선도계약	PL
확정계약 – 손실	손실 / 확정계약	선도계약 / 이익	0
확정계약 – 이익	**확정계약 / 이익**	손실 / 선도계약	0 (**불일치 해소**)

공정가치위험회피대상으로 지정 시 위험회피대상의 평가손익을 PL로 인식
→ 확정계약에서 이익이 발생하는 경우에도 이익 인식 O, 당기순이익 **불변**

STEP 6 재무상태표에 미치는 영향 ★중요!

	지정 X		지정 O	
확정계약 – 이익	– 회계처리 없음 –	손실 / 선도계약	확정계약 / 이익	손실 / 선도계약
확정계약 – 손실	손실 / 확정계약	선도계약 / 이익	손실 / 확정계약	선도계약 / 이익

FV회피	지정 X		지정 O
	확정계약 이익	확정계약 손실	
NI	감소	0 (100% 상계됨)	
OCI	N/A		
자산	불변	증가	
부채	증가	증가	
자본	감소	불변	
취득원가 or 매출액	현물가격	선도가격	

1. 취득원가(매입거래) or 매출액(매출거래)

(1) 위험회피대상으로 지정 X, 확정계약 이익

확정계약과 관련하여 자산이나 부채 인식 X → 만기의 **현물가격**으로 인식

(2) 위험회피대상으로 지정 X, 확정계약 손실 or 위험회피대상으로 지정 O

확정계약과 관련하여 자산이나 부채 인식 O → **선도가격**으로 인식

예 제 확정계약에 대한 공정가치위험회피

A-03 회계시스템을 수출하는 ㈜선진은 20X1년 10월 1일에 6개월 후 뉴욕에 있는 고객에게 새로 개발된 회계시스템을 $2,000에 판매하는 확정계약을 체결하였다. 이 확정계약은 법적 강제력을 갖는 계약으로 불이행시에는 그에 따른 위약금을 지불해야 한다. ㈜선진은 환율하락위험을 회피하기 위해 20X2년 3월 31일에 $2,000를 ₩1,060/$에 매도하는 통화선도계약을 20X1년 10월 1일 체결하였다. 환율에 대한 정보는 아래와 같다.

일 자	현물환율(₩/$)	통화선도환율(₩/$)
20X1. 10. 1	₩1,020	₩1,060(만기 6개월)
20X1. 12. 31	₩1,080	₩1,130(만기 3개월)
20X2. 3. 31	₩1,150	–

확정계약이 (1) 공정가치 위험회피대상으로 지정된 경우와 (2) 위험회피대상으로 지정되지 않은 경우 각각에 대하여, 위 거래가 20X1년말 순자산에 미치는 영향은 얼마인가? 2015. CPA

	(1)	(2)
①	영향없음	영향없음
②	영향없음	₩140,000 감소
③	₩140,000 감소	영향없음
④	영향없음	₩140,000 증가
⑤	₩140,000 증가	영향없음

A-04 ㈜대한은 20X1년 11월 1일에 선박 1척을 US$2,000에 구입하기로 하는 확정계약을 체결하였다. 선박의 인수일은 20X2년 4월 30일이고, 인수일에 구입대금을 지급하고 선박을 인수함으로써 계약이 이행된다. 이 확정계약은 법적구속력을 갖기 때문에 불이행시에는 위약금을 지급해야 한다. ㈜대한은 계약체결시점부터 대금지급시점까지의 환율변동에 따른 확정계약의 위험을 회피하기 위해 20X1년 11월 1일에 통화선도계약을 체결하였다. 관련 정보는 다음과 같다.

- 통화선도 계약기간: 20X1년 11월 1일 ~ 20X2년 4월 30일
- 통화선도 계약조건: ₩2,600,000을 지급하고 US$2,000을 수취한다.
- 환율 정보:

일 자	현물환율(₩/$)	통화선도환율(₩/$)
20X1. 11. 1.	1,200	1,300 (만기 6개월)
20X1. 12. 31.	1,340	1,400 (만기 4개월)
20X2. 4. 30.	1,380	

㈜대한이 위 거래에 대해 공정가치위험회피회계를 적용하는 경우, ㈜대한의 20X1년 말 재무상태표 상 확정계약자산(또는 부채)은 얼마인가? 단, 현재가치 평가는 고려하지 않는다. 2024. CPA

① 부채 ₩200,000 ② 부채 ₩280,000 ③ 자산 ₩200,000
④ 자산 ₩280,000 ⑤ 자산 및 부채 ₩0

3 현금흐름위험회피 ★중요!

〈환율변동표〉

	계약일	손익	12.31	손익	만기	누적액
대상: 예상매출	현물환율	+40	현물환율	+160	현물환율	+200
수단: 선도매도	(선도환율)	−100	(선도환율)	−30	(선도환율)	−130
효과적(OCI) 비효과적(PL)		① −40 ❶ −60		③ −90 ❸ +60		② −130 ❷0

STEP 1 대상과 수단 적기

(1) 위험회피 대상: 예상거래

예상거래: 이행해야 하는 구속력은 없으나 앞으로 거래가 발생할 것이 '거의 확실한' 거래

(2) 위험회피 수단: 선도계약

STEP 2 날짜 적기

: 계약일, 12.31, 만기

STEP 3 환율 적기

(1) 위험회피 대상(예상거래): 현물환율(or 현물가격)

(2) 위험회피 수단: 선도환율(or 선도가격)

(3) 부호 적기

① 수단(선도계약): 선도매입이면 양수로, 선도매도이면 음수로

② 대상: 대상의 부호는 수단과 무조건 반대

STEP 4 손익 계산하기

(1) 손익의 금액, 부호: 연도별 가격 변동분을 손익으로 채워 넣기

(2) 효과적(OCI) vs 비효과적(PL)

선도계약의 평가손익 중 **효과적인 부분은** OCI로, **비효과적인 부분은** PL로 인식

① X1년도의 대상과 수단의 손익을 기준으로 효과적/비효과적 구분

② 누적된 대상과 수단의 손익을 기준으로 효과적/비효과적 구분

③ X2년도 손익 = 손익 누적액 − X1년도 손익

STEP 5 손익계산서에 미치는 영향

(1) 위험회피대상으로 지정하지 않은 경우

예상거래	선도계약	PL	OCI
—	선도계약 / PL	선도계약 평가손익	—

예상거래: 실제로 거래가 발생한 시점에 회계처리
→ 거래가 발생하기 전까지는 예상거래는 회계처리 X, 선도 평가만 회계처리

(2) 위험회피대상으로 지정한 경우

예상거래	선도계약		PL	OCI
—	선도계약	OCI(효과적) PL(비효과적)	비효과적	효과적

선도계약의 평가손익 중 효과적인 부분은 OCI로, 비효과적인 부분은 PL로 인식

STEP 6 재무상태표에 미치는 영향 중요!

CF회피	지정X	지정O
NI	선도 평가손익	비효과적
OCI	N/A	효과적
자산	선도계약 변동분	
부채		
자본		
취득원가	현물가격(or 환율)	현물가격(or 환율) − 효과적
매출액		현물가격(or 환율) + 효과적

1. 자산, 부채, 자본에 미치는 영향

현금흐름위험회피를 적용하든, 안 하든 PL과 OCI의 계정 분류만 바뀔 뿐, 순자산에 미치는 영향은 동일, 선도계약의 변동분만큼 자본 변동

2. 자산의 취득원가(매입거래) or 매출액(매출거래)

(1) 지정하지 않은 경우: 선도계약과 무관하게 만기일에 현물가격(or 환율)로 거래를 한 것

(2) 지정한 경우: 기존에 계상했던 OCI가 제거되면서 자산의 취득원가나 매출액에 반영

→ 취득원가 및 매출액 = 현물가격(or 환율)에 OCI(효과적인 부분)을 반영한 금액

① 취득원가 = 현물가격(or 환율) − OCI

② 매출액 = 현물가격(or 환율) + OCI

김수석의 Why? 효과적인 부분(OCI)을 취득원가에는 빼고, 매출액에는 더하는 이유

OCI는 자본이므로 대변에 온다. 예를 들어, 선도계약의 평가손익 중 효과적인 부분이 100이라고 하자. 이 경우 OCI가 제거될 때는 차변에 오는데 자산을 취득하면 자산이 대변에 오면서 취득원가가 감소할 것이고, 판매를 하면 매출이 대변에 오면서 매출액은 증가할 것이다.

김수석의 꿀팁! 선도계약의 매입/매도: 대상과 일치!

	통화	대상	선도계약
확정계약	$	확정판매	통화매도
	$	확정매입	통화매입
예상거래	$	예상판매	통화매도
	₩	예상판매	자산매도
	$	예상매입	통화매입
	₩	예상매입	자산매입

예제 현금흐름위험회피

A-05 ㈜한국은 20X1년중 미래의 재고매입에 대한 현금흐름위험을 회피하고자 파생상품계약을 체결하였으며, 이를 위험회피수단으로 지정하였다. 동 거래에서 발생한 20X1년과 20X2년의 연도별 파생상품평가손익과 위험회피대상의 현금흐름 변동액(현재가치)이 다음과 같다면, 20X2년의 당기손익에 보고될 파생상품평가이익(손실)은 얼마인가? 2014. CPA

구분	20X1년	20X2년
파생상품평가이익(손실)	₩50,000	₩(30,000)
예상거래 현금흐름 변동액의 현재가치	(48,000)	32,000

① ₩30,000 손실　② ₩2,000 손실　③ ₩0
④ ₩2,000 이익　⑤ ₩4,000 이익

A-06

㈜한국은 20X2년 2월 28일에 $500의 상품수출을 계획하고 있으며 판매대금은 미국달러화($)로 수취할 것이 예상된다. ㈜한국은 동 수출과 관련된 환율변동위험에 대비하기 위해 20X1년 11월 1일에 다음과 같은 통화선도계약을 체결하였다.

- 계약기간: 20X1년 11월 1일~20X2년 2월 28일(만기 4개월)
- 계약내용: 계약만기일에 $500를 ₩1,050/$(선도환율)에 매도하기로 함
- 환율정보:

일 자	현물환율(₩/$)	통화선도환율(₩/$)
20X1. 11. 1	1,060	1,050 (만기 4개월)
20X1. 12. 31	1,040	1,020 (만기 2개월)
20X2. 2. 28	1,000	

㈜한국이 위 통화선도계약을 (가)위험회피수단으로 지정한 경우, 또는 (나)위험회피수단으로 지정하지 않은 경우에 수행하여야 할 각각의 회계처리에 관하여 옳은 설명은? 단, 파생상품에 대한 현재가치 평가는 고려하지 않는다.

2017. CPA

① (가)의 경우 ㈜한국은 통화선도거래에 대해 공정가치위험회피회계를 적용해야 한다.

② (나)의 경우 ㈜한국은 통화선도 계약체결일에 현물환율과 선도환율의 차이인 ₩5,000을 통화선도(부채)로 인식한다.

③ (가)의 경우 ㈜한국이 20X1년도에 당기손익으로 인식하는 파생상품평가손익은 ₩10,000 이익이다.

④ (나)의 경우 ㈜한국이 20X1년도에 당기손익으로 인식하는 파생상품평가손익은 ₩15,000 손실이다.

⑤ ㈜한국이 20X1년말 재무상태표에 계상하는 통화선도(자산) 금액은 (가)의 경우와 (나)의 경우가 동일하다.

A-07 ㈜대한은 제조공정에서 사용하는 금(원재료)을 시장에서 매입하고 있는데, 향후 예상매출을 고려할 때 금 10온스를 20X2년 3월 말에 매입할 것이 거의 확실하다. 한편 ㈜대한은 20X2년 3월 말에 매입할 금의 시장가격 변동에 따른 미래현금흐름변동위험을 회피하기 위해 20X1년 10월 1일에 다음과 같은 금선도계약을 체결하고, 이에 대해 위험회피회계를 적용(적용요건은 충족됨을 가정)하였다.

- 계약기간: 6개월(20X1. 10. 1. ~ 20X2. 3. 31.)
- 계약조건: 결제일에 금 10온스의 선도계약금액과 결제일 시장가격의 차액을 현금으로 수수함(금선도계약가격: ₩200,000/온스)
- 금의 현물가격, 선도가격에 대한 자료는 다음과 같다.

일자	현물가격(₩/온스)	선도가격(₩/온스)
20X1년 10월 1일	190,000	200,000(만기 6개월)
20X1년 12월 31일	195,000	210,000(만기 3개월)
20X2년 3월 31일	220,000	

- 현재시점의 현물가격은 미래시점의 기대현물가격과 동일하며, 현재가치평가는 고려하지 않는다.

㈜대한은 예상과 같이 20X2년 3월 말에 금(원재료)을 시장에서 매입하여 보유하고 있다. 금선도계약 만기일에 ㈜대한이 당기손익으로 인식할 파생상품평가손익은 얼마인가? 2020. CPA

① ₩50,000 손실 ② ₩100,000 손실 ③ ₩0 ④ ₩50,000 이익 ⑤ ₩100,000 이익

A-08 ㈜대한은 20X2년 3월말에 미화 100달러의 재고자산(원재료)을 구입할 계획이며, 예상 생산량을 고려할 때 구입거래가 이루어질 것이 거의 확실하다. ㈜대한은 원재료 매입에 관한 환율변동위험을 회피하고자 20X1년 10월 1일에 다음과 같은 통화선도계약을 체결하고, 이에 대해 위험회피회계를 적용(적용요건은 충족됨을 가정)하였다.

- 계약기간 : 20X1년 10월 1일 ~ 20X2년 3월 31일(만기 6개월)
- 계약내용 : 계약만기일에 미화 100달러를 ₩1,110/$(선도환율)에 매입하기로 함
- 환율정보 :

일자	현물환율(₩/$)	통화선도환율(₩/$)
20X1. 10. 1.	1,100	1,110(만기 6개월)
20X1. 12. 31.	1,110	1,130(만기 3개월)
20X2. 3. 31.	1,130	

㈜대한은 예상한대로 20X2년 3월말에 원재료를 미화 100달러에 매입하여 보유하고 있다. 통화선도계약 만기일에 ㈜대한이 당기손익으로 보고할 파생상품손익은 얼마인가? 단, 현재시점의 현물환율이 미래시점의 기대현물환율과 동일한 것으로 가정하며, 현재가치평가는 고려하지 않는다. 2018. CPA

① ₩2,000 손실 ② ₩1,000 손실 ③ ₩0 ④ ₩1,000 이익 ⑤ ₩2,000 이익

A-09

액정표시 기계장치를 제조하는 ㈜건지는 미국기업인 TH & Co.에 동 기계장치 10대(대당 판매가격 : US$100)를 20X2년 2월 28일에 수출할 가능성이 매우 높다. ㈜건지는 동 예상거래에서 발생할 수 있는 현금흐름 변동위험을 회피하기 위해 20X2년 2월 28일에 기계장치의 판매대금인 US$1,000를 ₩1,100/US$에 매도하는 통화선도계약을 20X1년 12월 1일 EC Bank와 체결하였다. 통화선도계약의 최초원가와 공정가치는 '₩0'이며, 통화선도계약은 법적 구속력을 갖는 해지불능계약이다. ㈜건지는 위 예상거래의 현금흐름변동에 대한 위험회피수단으로 통화선도계약을 지정하고 문서화하는 등 위험회피회계의 적용요건을 모두 충족한다. 통화선도계약에 대한 현재가치평가는 고려하지 않으며, 통화선도계약의 공정가치변동 중 위험회피에 비효과적인 부분은 없다.

	현물환율(₩/US$)	선도환율(₩/US$)
20X1.12. 1	₩1,076	₩1,100(만기 3개월)
20X1.12.31	₩1,040	₩1,080(만기 2개월)
20X2. 2.28	₩1,076	—

㈜건지가 위 거래에 대해 현금흐름위험회피회계를 적용하는 경우 통화선도계약이 ㈜건지의 20X1년도와 20X2년도의 포괄손익계산서상 당기순이익에 미치는 영향은 얼마인가? (단, 위의 예상거래가 ㈜건지의 당기순이익에 미치는 영향은 제외하며, 법인세 효과는 고려하지 않는다.)

2011. CPA

	20X1	20X2
①	영향없음	₩24,000 증가
②	₩20,000 감소	₩4,000 증가
③	₩20,000 증가	₩4,000 감소
④	₩24,000 증가	₩20,000 감소
⑤	₩24,000 감소	₩20,000 증가

A-10 ㈜대한은 전기차용 배터리를 생산 및 판매하는 회사이다. ㈜대한은 20X2년 3월 말에 100개의 배터리를 국내 전기차 제조사들에게 판매할 가능성이 매우 높은 것으로 예측하였다. ㈜대한은 배터리의 판매가격 하락을 우려하여 20X1년 12월 1일에 선도계약을 체결하고, 이를 위험회피수단으로 지정하였다. 관련 정보는 다음과 같다.

- 선도거래 계약기간: 20X1년 12월 1일 ~ 20X2년 3월 31일(만기 4개월)
- 선도거래 계약내용: 결제일에 100개의 배터리에 대해 선도거래 계약금액(개당 ₩12,000)과 시장가격의 차액이 현금으로 결제된다.
- 현물가격 및 선도가격 정보:

일 자	현물가격(개당)	선도가격(개당)
20X1. 12. 1.	₩13,000	₩12,000 (만기 4개월)
20X1. 12. 31.	12,500	11,300 (만기 3개월)
20X2. 3. 31.	10,500	

- 배터리의 개당 제조원가는 ₩10,000이고, 판매와 관련하여 다른 비용은 발생하지 않는다.

예측과 같이, ㈜대한은 20X2년 3월 말에 배터리를 판매하였다. ㈜대한이 위 거래에 대해 현금흐름위험회피회계를 적용하는 경우 ㈜대한의 20X2년도 당기순이익에 미치는 영향은 얼마인가? 단, 파생상품 평가손익 계산 시 화폐의 시간가치는 고려하지 않으며, 배터리 판매가 당기순이익에 미치는 영향은 포함한다. 2023. CPA 심화

① ₩0 (영향 없음) ② ₩130,000 증가 ③ ₩150,000 증가
④ ₩180,000 증가 ⑤ ₩200,000 증가

4 외화확정계약

외화확정계약: 원화가 아닌 다른 통화($, ¥ 등)로 체결한 확정계약

〈환율변동표〉

	계약일	손익	12.31	손익	만기
대상: 확정매출	선도환율	±XXX	선도환율	±XXX	선도환율
수단: 선도매도	(선도환율)	∓XXX	(선도환율)	∓XXX	(선도환율)

	계약일	손익	12.31	손익	만기
대상: 확정매입	(선도환율)	∓XXX	(선도환율)	∓XXX	(선도환율)
수단: 선도매입	선도환율	±XXX	선도환율	±XXX	선도환율

STEP 1 대상과 수단 적기

1. 위험회피 대상: 외화확정계약

2. 위험회피 수단: 선도계약

STEP 2 날짜 적기

: 계약일, 12.31, 만기

STEP 3 환율 적기

1. 위험회피 대상(외화확정계약): 선도환율

2. 위험회피 수단: 선도환율

3. 부호 적기

(1) 수단(선도계약): 선도매입이면 양수로, 선도매도이면 음수로

(2) 대상: 대상의 부호는 수단과 무조건 반대

STEP 4 손익 계산하기

연도별 선도환율 변동분을 손익으로 채워 넣기

STEP 5 손익계산서에 미치는 영향 ★중요!

외화확정계약은 공정가치위험회피와 현금흐름위험회피 모두 적용할 수 있다.

1. 공정가치위험회피를 적용하는 경우: 대상의 평가손익을 PL로 인식

	확정계약	선도계약	PL
확정계약 – 손실 발생	PL / 확정계약	선도계약 / PL	0
확정계약 – 이익 발생	확정계약 / PL	PL / 선도계약	0

공정가치위험회피에서 대상과 수단 모두 선도환율로 평가하고, 대상과 수단의 평가손익을 모두 PL로 인식하므로 손익이 상계되어, 손익에 미치는 영향이 없다.

2. 현금흐름위험회피를 적용하는 경우: 수단의 평가손익을 OCI로 인식

	확정계약	선도계약	PL	OCI
확정계약 – 손실 발생	– 회계처리 없음 –	선도계약 / OCI	0	선도계약 평가손익
확정계약 – 이익 발생	– 회계처리 없음 –	OCI / 선도계약		

현금흐름위험회피 적용 시 효과적인 부분은 OCI로, 비효과적인 부분은 PL로 인식한다. **외화확정계약은** 대상과 수단의 평가손익이 금액이 같고, 부호만 다르므로 100% **효과적**이다. 따라서 **선도계약 평가손익을** PL로 인식하는 부분 없이 **전액 OCI로 인식한다.**

STEP 6 재무상태표에 미치는 영향

외화확정계약	FV회피	CF회피
NI	0	
OCI	N/A	선도 평가손익
자산 부채	증가 증가	선도계약 변동분
자본	불변	
취득원가 or 매출액	선도환율	

1. 공정가치위험회피를 적용하는 경우

대상과 수단의 평가손익이 서로 상계되면서 PL에 미치는 영향은 없다. 대상과 수단은 같은 금액으로 부호만 반대로 움직이기 때문에 **자산, 부채는 무조건 증가하며, 자본은 불변**이다.

2. 현금흐름위험회피를 적용하는 경우

선도 평가손익을 전부 OCI로 인식하면서 평가손익만큼 자본이 변동한다.

3. 취득원가 or 매출액: 어느 위험회피를 적용하든 동일 ★중요!

(1) 공정가치위험회피: 원래 선도환율로 인식

(2) 현금흐름위험회피: 비효과적인 부분이 없으므로 효과적인 부분을 반영하면 선도환율임

예 제 외화확정계약

※ 다음의 자료를 이용하여 문제 1번과 문제 2번에 답하시오.

기능통화가 원화인 ㈜갑은 20X1년 10월 1일에 외국으로부터 원재료 $2,000을 6개월 후에 매입하기로 하는 확정계약을 체결하였다. 이 확정계약은 법적 강제력을 갖는 계약으로서 불이행시 그에 따른 위약금을 지불해야 하는 내용을 포함하고 있다. 동 계약일에 ㈜갑은 환율변동위험을 회피하기 위하여 6개월 후 $2,000를 ₩1,150/$에 매입하기로 하는 통화선도계약을 체결하였다. 이 통화선도계약은 확정계약에 대한 효과적인 위험회피수단이며, 문서화 등 위험회피요건을 충족하였다.

환율에 대한 정보는 다음과 같다.

일자	현물환율(₩/$)	통화선도환율(₩/$)
20X1년 10월 1일	1,000	1,150(만기 6개월)
20X1년 12월 31일	1,080	1,100(만기 3개월)
20X2년 3월 31일	1,180	

B-01 ㈜갑이 상기 확정계약에 대한 위험회피를 공정가치위험회피로 회계처리한다면, 동 확정계약과 통화선도계약이 ㈜갑의 20X1년말 현재 자산과 부채에 미치는 영향은 얼마인가? 단, ㈜갑이 통화선도환율을 적용하여 확정계약의 공정가치를 측정한다고 가정하며, 현재가치 계산은 생략한다. 2012. CPA

	자 산	부 채
①	영향 없음	영향 없음
②	영향 없음	₩100,000 증가
③	₩100,000 증가	영향 없음
④	₩100,000 증가	₩100,000 증가
⑤	₩100,000 감소	₩100,000 감소

B-02 ㈜갑은 현금흐름위험회피회계를 적용하는 경우, 기타포괄손익으로 인식되는 위험회피수단의 평가손익을 위험회피대상인 예상거래에 따라 향후 인식하는 비금융자산의 최초 장부금액에 조정하는 정책을 채택하고 있다. 만일 ㈜갑이 상기 확정계약에 대한 위험회피를 현금흐름위험회피로 회계처리한다면, 20X2년 3월 31일 확정계약과 통화선도계약이 실행될 때 기타포괄손익누계액이 재고자산의 최초 장부금액에 미치는 영향은 얼마인가? 단, 통화선도계약에서 발생하는 손익은 전액 위험회피에 효과적이라고 가정하며, 현재가치 계산은 생략한다. 2012. CPA

① ₩60,000 감소 ② ₩60,000 증가 ③ ₩160,000 감소
④ ₩160,000 증가 ⑤ ₩200,000 증가

B-03 ㈜한국이 아래 자료의 확정계약의 위험회피에 대하여 현금흐름위험회피회계를 적용한다면, 동 위험회피거래에 대한 회계처리가 20X1년 12월 31일 현재의 재무상태표와 20X1년도 포괄손익계산서에 미치는 영향은? 2010. CPA

12월 결산법인인 ㈜한국은 20X1년 11월 1일에 $20,000,000의 계약을 수주하고 5개월 후 제품인도 및 현금수취 계약을 체결하였다. 동 계약일에 ㈜한국은 환율변동의 위험을 회피하기 위하여 5개월 후 $20,000,000를 달러 당 ₩1,160에 매도하기로 하는 통화선도계약을 체결하였다. 환율에 대한 자료는 다음과 같다. (단, 매출계약은 확정계약이고 수익은 제품인도시점에 인식하며 현재가치 계산은 생략한다. 또한 통화선도계약은 확정계약에 대한 효과적인 위험회피수단이며 문서화 등 위험회피요건을 충족한 것으로 가정한다.)

일 자	현물환율(₩/$)	통화선도환율(₩/$)
20X1. 11. 1	1,100	1,160(만기5개월)
20X1. 12. 31	1,120	1,180(만기3개월)
20X2. 3. 31	1,150	

	자산	부채	자본	당기순이익	총포괄손익
①	변화없음	변화없음	변화없음	변화없음	변화없음
②	증가	증가	변화없음	변화없음	감소
③	변화없음	증가	감소	변화없음	감소
④	변화없음	변화없음	증가	증가	변화없음
⑤	증가	감소	변화없음	감소	감소

5 스왑 위험회피 심화

1. 스왑 분석방법

STEP 1 스왑 전 금리 쓰기

스왑 이전 기존 차입금 혹은 대여금의 금리 적기
－차입 상황이면 화살표를 밖으로, 대여 상황이면 화살표를 안으로 그리기

STEP 2 스왑으로 주고 받는 금리 쓰기

스왑을 통해 주는 금리는 밖으로, 받는 금리는 안으로 그리기

STEP 3 스왑 후 금리 쓰기

스왑 전 금리에, 스왑으로 주고 받는 금리를 반영하여 스왑 후 금리 적기

ex〉 A는 고정이자율 연 5%로 차입 후, 동 일자에 LIBOR를 지급하고 고정이자율 연 4%를 수취하는 이자율스왑계약 체결

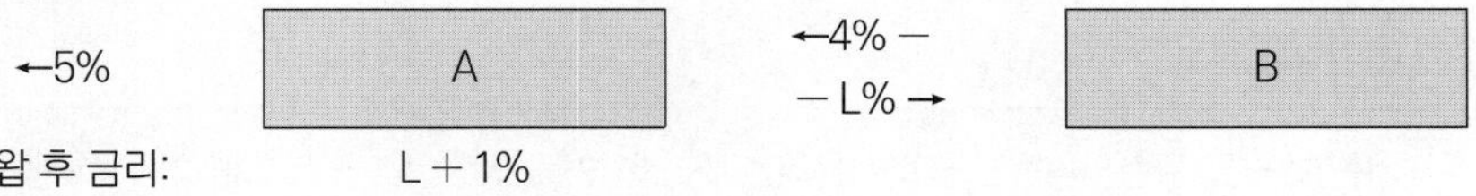

A는 스왑 전 5%를 지급하지만 스왑을 통해 L%를 지급하고, 4%를 받는다. 고정금리는 4%를 받아서 5%를 지급하므로 최종적으로 부담하는 금리는 (L + 1)%이다.

2. 스왑 위험회피의 종류

	고정금리	변동금리
노출된 위험	공정가치 변동위험	현금흐름 변동위험
필요한 위험회피	공정가치위험회피 (고정금리 → 변동금리)	현금흐름위험회피 (변동금리 → 고정금리)

3. 공정가치위험회피 (고정금리 → 변동금리)

	X0		X1		X2		X3
고정차입금	(액면가)	∓XXX	(액면가 + FV)	∓XXX	(액면가 + FV)	∓XXX	(액면가)
스왑	0	±XXX	FV	±XXX	FV	±XXX	0
변동차입금	(액면가)		(액면가)		(액면가)		(액면가)

STEP 1 대상과 수단 적기

(1) 위험회피 대상: 고정금리 차입금 or 고정금리 대여금

(2) 위험회피 수단: 고정금리를 변동금리로 바꾸는 스왑

STEP 2 날짜 적기

만기 3년인 경우 X0, X1, X2, X3 적기 (표에 적은 날짜는 전부 기말을 의미)

STEP 3 금액 적기

(1) 위험회피 수단(스왑): 공정가치

주의 스왑의 부호

문제에 제시된 스왑과 위험회피수단으로 사용하는 스왑이 반대 방향이라면 부호를 반대로 적어야 할 수도 있다. 회사가 스왑에서 이익을 보고 있는지, 손실을 보고 있는지에 따라 부호를 결정하자. '스왑으로 수취하는 금리>지급하는 금리'라면(이득) 스왑의 공정가치를 양수로 적고, 그 반대라면(손실) 스왑의 공정가치를 음수로 적으면 된다.

(2) 위험회피 대상(고정차입금 or 고정대여금): 액면가±스왑의 공정가치

① 부호: 차입금이면 음수로, 대여금이면 양수로 다음 금액을 적기

② 금액

(고정차입금) + 스왑의 FV = (변동차입금) = (액면가) (고정차입금) = (액면가 + 스왑의 FV)
고정대여금 + 스왑의 FV = 변동대여금 = 액면가 고정대여금 = 액면가 − 스왑의 FV

STEP 4 손익 계산하기=스왑 후 이자손익

공정가치위험회피는 대상과 수단(스왑)의 평가손익을 모두 PL로 인식하므로 평가손익이 상계되어, 당기손익에 미치는 영향이 없음 → **스왑 후 이자손익**만 인식

주의! 이자손익 계산 시 주의사항

(1) 스프레드를 빼먹지 말 것!
ex〉 스왑 후 이자율이 'L + 2%'이고 L이 3%인 경우 이자율은 5%임 (not 3%)

(2) 변동금리는 기초의 LIBOR를 적용한다!
ex〉 X2년말에 지급하는 이자는 X2년초 LIBOR로 계산

STEP 5 차입금(대여금) 장부금액: 기존 차입금(대여금) 장부금액

기존 차입금이 고정차입금이므로, 가치변동표에 적은 고정차입금의 가치가 장부금액임

4. 현금흐름위험회피 (변동금리 → 고정금리)

	X0		X1		X2		X3
변동차입금	(액면가)	0	(액면가)	0	(액면가)	0	(액면가)
스왑	FV	±XXX	FV	±XXX	FV	±XXX	FV

STEP 1 대상과 수단 적기

(1) 위험회피 대상: 변동금리 차입금 or 변동금리 대여금

(2) 위험회피 수단: 변동금리를 고정금리로 바꾸는 스왑

STEP 2 날짜 적기

만기 3년인 경우 X0, X1, X2, X3 적기 (표에 적은 날짜는 전부 기말을 의미)

STEP 3 금액 적기

(1) 위험회피 수단(스왑): 공정가치 (부호 주의!)

(2) 위험회피 대상(변동차입금 or 변동대여금): 액면가
액면가를 차입금이면 음수로, 대여금이면 양수로 적기

STEP 4 손익 계산하기=스왑 후 이자손익

변동금리 차입금의 가치는 액면가로 불변, 현금흐름위험회피를 적용하므로 **스왑의 평가손익은 전액 OCI로 인식** (100% 효과적으로 봄) → **스왑 후 이자손익**만 인식

STEP 5 차입금(대여금) 장부금액: 기존 차입금(대여금) 장부금액=액면가

기존 차입금이 변동차입금이므로, 장부금액은 액면가임

김수석의 핵심콕! 스왑 위험회피 요약 ★중요!

스왑	위험회피	NI =스왑 후 이자손익	OCI	차입금 BV : 기존 차입금	스왑 평가손익
고 → 변	FV회피	변동이자	X	액면가 + 스왑	100% 상계됨
변 → 고	CF회피	고정이자	스왑 평가손익	액면가	100% 효과적

주의 이자 스프레드를 빼먹지 말 것!

예제 스왑 위험회피

※ 다음의 자료를 이용하여 문제 4번과 문제 5번에 답하시오.

위험회피회계가 적용되는 위험회피수단 및 위험회피대상항목과 관련된 ㈜갑의 자료는 다음과 같다.

〈상황 1〉

㈜갑은 20X1년 1월 1일에 만기가 3년인 차입금 ₩1,000을 연 'LIBOR + 1%'로 차입하였다. ㈜갑은 시장이자율 변동에 따른 위험을 회피하기 위하여 동 일자에 LIBOR를 수취하고 고정이자율 연 4%를 지급하는 이자율스왑계약을 체결하였다.

〈상황 2〉

㈜갑은 20X1년 1월 1일에 만기가 3년인 차입금 ₩1,000을 고정이자율 연 5%로 차입하였다. ㈜갑은 시장이자율 변동에 따른 위험을 회피하기 위하여 동 일자에 고정이자율 연 4%를 수취하고 LIBOR를 지급하는 이자율스왑계약을 체결하였다.

〈공통사항〉

장기차입금과 이자율스왑 각각의 만기, 원금과 계약금액, 이자지급일과 이자율스왑 결제일은 동일하며, 장기차입금의 이자지급과 이자율스왑의 결제는 매년 말에 이루어지고, 이를 결정하는 LIBOR는 매년 초에 각각 확정된다. 12개월 만기 LIBOR는 다음과 같다.

20X1년초	20X2년초	20X3년초
4.0%	5.0%	2.0%

장기차입금과 이자율스왑계약의 공정가치는 무이표채권할인법(zero-coupon method)에 의하여 산정하며, 20X1년초와 20X1년말 및 20X2년말의 이자율스왑의 공정가치는 각각 ₩0, (−)₩18, ₩19으로 한다. ㈜갑의 차입원가는 모두 비용으로 인식하고, 매년 말 이자율 스왑의 위험회피효과는 모두 효과적이며, 법인세효과는 고려하지 않는다.

B-04 위 〈상황 1〉에서 장기차입금과 이자율스왑 관련 거래가 ㈜갑의 20X2년도 포괄손익계산서의 당기순이익에 미치는 영향과 20X2년말 재무상태표에 계상될 차입금 금액은 얼마인가? 2013. CPA

	당기순이익에 미치는 영향	차입금 금액
①	₩13 감소	₩1,000
②	₩13 감소	₩1,019
③	₩40 감소	₩1,000
④	₩50 감소	₩1,000
⑤	₩50 감소	₩1,019

B-05 위 〈상황 2〉에서 장기차입금과 이자율스왑 관련 거래가 ㈜갑의 20X2년도 포괄손익계산서의 당기순이익에 미치는 영향과 20X2년말 재무상태표에 계상될 차입금 금액은 얼마인가? 2013. CPA

	당기순이익에 미치는 영향	차입금 금액
①	₩23 감소	₩1,000
②	₩23 감소	₩1,019
③	₩50 감소	₩1,019
④	₩60 감소	₩1,000
⑤	₩60 감소	₩1,019

B-06 ㈜한국은 20X1년 1월 1일에 만기가 3년인 차입금 ₩100,000을 'LIBOR+1%'로 차입하였다. ㈜한국은 시장이자율 변동에 따른 위험을 회피하고자 다음과 같은 이자율스왑계약을 체결하고, 이를 위험회피수단으로 지정하였다.

- 이자율스왑계약 체결일: 20X1년 1월 1일
- 만기일: 20X3년 12월 31일
- 계약금액: ₩100,000
- 계약내용: 고정이자율 4%를 지급하고, 변동이자율 LIBOR를 수취함.

차입금의 이자지급과 이자율스왑의 결제는 매년말에 이루어지고, 이를 결정하는 LIBOR는 직전년도말(또는 매년초)에 확정된다. 계약체결일에 수수된 프리미엄은 없으며, 확정된 LIBOR는 다음과 같다.

20X1년 초	20X1년 말	20X2년 말
4%	5%	3%

위 거래와 관련된 ㈜한국의 회계처리로서 옳은 것은? 단, 이자율스왑계약의 위험회피효과는 100%이며, 동 계약에 따른 순결제금액은 이자비용으로 인식한다. 2016. CPA

① ㈜한국은 이자율스왑계약에 대해 공정가치위험회피회계를 적용하여야 한다.
② 20X1년에 ㈜한국이 당기손익으로 인식하는 이자비용은 ₩5,000보다 큰 금액이다.
③ 20X1년말 ㈜한국의 재무상태표에 계상되는 차입금의 장부금액은 ₩100,000보다 작은 금액이다.
④ 20X1년말 ㈜한국의 포괄손익계산서에는 이자율스왑평가이익이 계상된다.
⑤ 20X2년말 ㈜한국의 재무상태표에 계상되는 차입금의 장부금액은 ₩100,000보다 작은 금액이다.

B-07 ㈜대한은 20X1년 1월 1일 ₩500,000(3년 만기, 고정이자율 연 5%)을 차입하였다. 고정이자율 연 5%는 20X1년 1월 1일 한국은행 기준금리(연 3%)에 ㈜대한의 신용스프레드(연 2%)가 가산되어 결정된 것이다. 한편, ㈜대한은 금리변동으로 인한 차입금의 공정가치 변동위험을 회피하고자 다음과 같은 이자율스왑계약을 체결하고 위험회피관계를 지정하였다(이러한 차입금과 이자율스왑계약 간의 위험회피관계는 위험회피회계의 적용 요건을 충족한다).

- 이자율스왑계약 체결일 : 20X1년 1월 1일
- 이자율스왑계약 만기일 : 20X3년 12월 31일
- 이자율스왑계약 금액 : ₩500,000
- 이자율스왑계약 내용 : 매년 말 연 3%의 고정이자를 수취하고, 매년 초(또는 전년도 말)에 결정되는 한국은행 기준금리에 따라 변동이자를 지급

차입금에 대한 이자지급과 이자율스왑계약의 결제는 매년 말에 이루어지며, 이자율스왑계약의 공정가치는 무이표채권할인법으로 산정된다. 전년도 말과 당년도 초의 한국은행 기준금리는 동일하며, 연도별로 다음과 같이 변동하였다.

20X1.1.1.	20X1.12.31.	20X2.12.31.
연 3%	연 2%	연 1%

㈜대한이 상기 거래와 관련하여 20X1년도에 인식할 차입금평가손익과 이자율스왑계약평가손익은 각각 얼마인가? 단, 단수차이로 인해 오차가 있다면 가장 근사치를 선택한다. 2022. CPA **심화**

	차입금	이자율스왑계약
①	평가이익 ₩9,708	평가손실 ₩9,708
②	평가손실 ₩9,708	평가이익 ₩9,708
③	₩0	₩0
④	평가이익 ₩9,430	평가손실 ₩9,430
⑤	평가손실 ₩9,430	평가이익 ₩9,430

6 위험회피회계 말문제

1. 위험회피회계 요약 중요!

<table>
<tr><th rowspan="2"></th><th rowspan="2">FV회피</th><th rowspan="2">CF회피</th><th colspan="2">외화확정계약</th></tr>
<tr><th>FV회피</th><th>CF회피</th></tr>
<tr><td>NI</td><td>0</td><td>비효과적</td><td colspan="2">0</td></tr>
<tr><td>OCI</td><td>0</td><td>효과적</td><td>0</td><td>선도 평가손익</td></tr>
<tr><td>자산
부채</td><td>증가
증가</td><td rowspan="2">선도계약 변동분</td><td>증가
증가</td><td rowspan="2">선도계약
변동분</td></tr>
<tr><td>자본</td><td>불변</td><td>불변</td></tr>
<tr><td>취득원가</td><td rowspan="2">선도환율</td><td>현물환율 − 효과적</td><td colspan="2" rowspan="2">선도환율</td></tr>
<tr><td>매출액</td><td>현물환율 + 효과적</td></tr>
</table>

스왑	위험회피	NI =스왑 후 이자손익	OCI	차입금 BV : 기존 차입금
고 → 변	FV회피	변동이자	X	액면가 + 스왑
변 → 고	CF회피	고정이자	스왑 평가손익	액면가

2. 위험회피수단

위험회피수단 지정 가능	위험회피수단 지정 불가
FVPL 파생상품 FVPL 비파생금융자산, 비파생금융부채 비파생금융자산이나 비파생금융부채의 외화위험 부분	FVPL 지정 금융부채 **FVOCI 선택 금융자산 (지분상품)** 자기지분상품

– 공정가치 변동을 PL로 인식할 수 없다면 수단으로 지정 불가

(1) 위험회피수단의 지정

① 원칙: 조건을 충족하는 금융상품은 **전체**를 위험회피수단으로 지정해야 함

② 예외: 금융상품 **일부**를 위험회피수단으로 지정하는 것을 허용

3. 위험회피대상항목

(1) 위험회피대상항목의 범위

위험회피대상항목 지정 가능	위험회피대상항목 지정 불가
인식된 자산, 부채 인식되지 않은 확정계약 '발생가능성이 매우 큰' 예상거래	사업을 취득하기로 하는 확정계약 (단, **외화위험**에 대하여는 지정 가능)
개별기업 사이의 거래 – 개별 or 별도 F/S	개별기업 사이의 거래 – 연결 F/S
해외사업장순투자, **FVOCI 선택 금융자산**	지분법적용투자주식, 종속기업투자주식

– 외화위험: 수단, 대상 모두 지정 가능
– FVOCI 금융자산(지분상품): 대상은 가능, 수단은 불가

(2) 위험회피대상항목의 지정

위험회피관계에서 항목 전체나 항목의 **구성요소**를 위험회피대상항목으로 지정할 수 있다.

(3) 보고기업의 외부 당사자와 관련된 자산, 부채, 계약만 위험회피수단 및 대상 항목으로 지정 가능

4. 위험회피회계의 적용 조건

(1) 위험회피관계는 적격한 위험회피수단과 적격한 위험회피대상항목으로만 구성된다.

(2) 문서화

(3) 위험회피효과에 관한 요구사항 모두 충족

① 위험회피대상항목과 위험회피수단 사이에 **경제적 관계가 있다.**
② **신용위험의 효과가** 위험회피대상항목과 위험회피수단의 경제적 관계로 인한 가치 변동 보다 **지배적이지 않다.**
③ 위험회피관계의 **위험회피비율은** 기업이 실제로 위험을 회피하는 위험회피대상항목의 수량과 위험회피대상항목의 수량의 위험을 회피하기 위해 기업이 실제 사용하는 **위험회피수단의 수량의 비율과 같다.**

5. 위험회피회계의 중단

(1) 기업의 자발적 중단 불가 ★중요!

(2) 위험회피관계 전체 중단

위험회피관계가 전체적으로 적용조건을 충족하지 못하는 경우에는 위험회피관계 전체를 중단한다.

(3) 위험회피관계 일부 중단

위험회피관계의 일부만이 적용조건을 더 이상 충족하지 못하는 경우에 일부 위험회피관계를 중단한다(나머지 위험회피관계에 대하여 위험회피회계를 지속한다).

> ① 위험회피관계를 재조정할 때 위험회피대상항목의 수량 중 일부가 더 이상 위험회피관계의 일부가 되지 않도록 **위험회피비율을 조정할 수 있다.** 따라서 더 이상 위험회피관계의 일부가 아닌 위험회피대상항목의 수량에 대해서만 위험회피회계를 중단한다.
> ② 위험회피대상항목인 예상거래 수량의 일부가 더 이상 발생할 가능성이 매우 크지 않다면 더 이상 발생할 가능성이 매우 크지 않은 위험회피대상항목의 수량에 대해서만 위험회피회계를 중단한다.

6. 현금흐름위험회피적립금

(1) 현금흐름위험회피적립금의 측정

현금흐름위험회피수단인 선도계약의 평가손익 중 위험회피에 효과적인 부분은 기타포괄손익(현금흐름위험회피적립금)으로 인식한다. 효과적인 부분은 다음 중 적은 금액으로 조정한다.

> ① 위험회피**수단의 손익누계액**
> ② 위험회피**대상**항목**의 공정가치**(현재가치) **변동 누계액**
> (위험회피대상 미래예상현금흐름의 변동 누계액의 현재가치)

(2) 현금흐름위험회피적립금의 처리

현금흐름위험회피적립금 누계액은 다음과 같이 회계처리한다.

	OCI 처리 방법	재분류조정
예상거래로 비금융자산/부채 인식 or (외화)확정계약	자산, 부채의 장부금액에 직접 포함	X
위 상황이 아닌 경우	PL에 영향을 미치는 기간에 반영	O
OCI가 차손이며 회복되지 않을 것으로 예상	회복되지 않을 것으로 예상되는 금액을 즉시 재분류조정	O

예제 위험회피회계 말문제

C-01 파생상품을 이용한 위험회피회계와 관련된 다음의 설명 중 옳은 것은? 2014. CPA 수정

① 공정가치위험회피회계를 적용하는 경우 위험회피대상항목의 손익은 기타포괄손익으로 인식한다.

② 현금흐름위험회피회계를 적용하는 경우 위험회피수단의 손익 중 위험회피에 효과적인 부분은 당기손익으로 인식한다.

③ 미인식 확정계약의 공정가치변동위험을 회피하기 위해 파생상품을 이용하는 경우 파생상품의 공정가치 변동은 확정계약이 이행되는 시점에 당기손익으로 인식한다.

④ 지분법적용투자주식과 종속기업에 대한 투자주식은 공정가치위험회피의 위험회피대상항목이 될 수 있다.

⑤ 변동이자율 수취조건의 대출금에 대해 이자율스왑(변동금리 지급, 고정금리 수취)계약을 체결하면 이는 현금흐름위험회피유형에 해당한다.

C-02 위험회피회계에 관하여 옳지 않은 설명은? 2017. CPA

① 위험회피의 개시시점에 위험회피관계, 위험관리목적 및 위험관리전략을 공식적으로 지정하고 문서화하였다면 사후적인 위험회피결과와 관계없이 위험회피회계를 적용할 수 있다.

② 위험회피관계의 유형은 공정가치위험회피, 현금흐름위험회피, 해외사업장순투자의 위험회피로 구분한다.

③ 공정가치위험회피회계를 적용하는 경우 회피대상위험으로 인한 위험회피대상항목의 손익은 당기손익으로 인식한다.

④ 현금흐름위험회피회계를 적용하는 경우 위험회피수단의 손익 중 위험회피에 효과적인 부분은 기타포괄손익으로 인식한다.

⑤ 해외사업장순투자의 위험회피회계를 적용하는 경우 위험회피수단의 손익 중 위험회피에 비효과적인 부분은 당기손익으로 인식한다.

C-03 기업회계기준서 제1109호 '금융상품'에 대한 다음 설명 중 옳지 않은 것은? 2019. CPA

① 인식된 자산이나 부채, 인식되지 않은 확정계약, 예상거래나 해외사업장순투자는 위험회피대상항목이 될 수 있다. 이 중 위험회피대상항목이 예상거래(또는 예상거래의 구성요소)인 경우 그 거래는 발생 가능성이 매우 커야 한다.

② 사업결합에서 사업을 취득하기로 하는 확정계약은 외화위험을 제외하고는 위험회피대상항목이 될 수 없다. 그러나 지분법적용투자주식과 연결대상 종속기업에 대한 투자주식은 공정가치위험회피의 위험회피대상항목이 될 수 있다.

③ 해외사업장순투자의 위험회피에 대한 회계처리 시, 위험회피수단의 손익 중 위험회피에 효과적인 것으로 결정된 부분은 기타포괄손익으로 인식하고 비효과적인 부분은 당기손익으로 인식한다.

④ 현금흐름위험회피가 위험회피회계의 적용조건을 충족한다면 위험회피대상항목과 관련된 별도의 자본요소(현금흐름위험회피적립금)는 (가)위험회피 개시 이후 위험회피수단의 손익누계액과 (나)위험회피 개시 이후 위험회피대상항목의 공정가치(현재가치) 변동 누계액 중 적은 금액(절대금액 기준)으로 조정한다.

⑤ 외화위험회피의 경우 비파생금융자산이나 비파생금융부채의 외화위험 부분은 위험회피수단으로 지정할 수 있다. 다만, 공정가치의 변동을 기타포괄손익으로 표시하기로 선택한 지분상품의 투자는 제외한다.

C-04 기업회계기준서 제1109호 '금융상품'에 따른 위험회피회계에 대한 다음 설명 중 옳지 않은 것은? 2022. CPA

① 위험회피회계의 목적상, 보고실체의 외부 당사자와 체결한 계약만을 위험회피수단으로 지정할 수 있다.

② 일부 발행한 옵션을 제외하고, 당기손익-공정가치 측정 파생상품은 위험회피수단으로 지정할 수 있다.

③ 인식된 자산이나 부채, 인식되지 않은 확정계약, 예상거래나 해외사업장순투자는 위험회피대상항목이 될 수 있다. 다만, 위험회피대상 항목이 예상거래인 경우 그 거래는 발생 가능성이 매우 커야 한다.

④ 공정가치위험회피회계의 위험회피대상항목이 자산을 취득하거나 부채를 인수하는 확정계약인 경우에는 확정계약을 이행한 결과로 인식하는 자산이나 부채의 최초 장부금액이 재무상태표에 인식된 위험회피대상항목의 공정가치 누적변동분을 포함하도록 조정한다.

⑤ 위험회피수단을 제공하는 거래상대방이 계약을 미이행할 가능성이 높더라도(즉, 신용위험이 지배적이더라도) 위험회피대상항목과 위험회피수단 사이에 경제적 관계가 있는 경우에는 위험회피회계를 적용할 수 있다.

C-05 기업회계기준서 제1109호 '금융상품'에 대한 다음 설명 중 옳지 않은 것은? 2023. CPA

① 외화위험회피의 경우 비파생금융자산이나 비파생금융부채의 외화위험 부분은 위험회피수단으로 지정할 수 있다. 다만, 공정가치의 변동을 기타포괄손익으로 표시하기로 선택한 지분상품의 투자는 제외한다.

② 연결실체 내의 화폐성항목이 기업회계기준서 제1021호 '환율변동효과'에 따라 연결재무제표에서 모두 제거되지 않는 외환손익에 노출되어 있다면, 그러한 항목의 외화위험은 연결재무제표에서 위험회피대상항목으로 지정할 수 있다.

③ 위험회피관계가 위험회피비율과 관련된 위험회피 효과성의 요구사항을 더는 충족하지 못하지만 지정된 위험회피관계에 대한 위험관리의 목적이 동일하게 유지되고 있다면, 위험회피관계가 다시 적용조건을 충족할 수 있도록 위험회피관계의 위험회피비율을 조정해야 한다.

④ 단일 항목의 구성요소나 항목 집합의 구성요소는 위험회피대상항목이 될 수 있다.

⑤ 사업결합에서 사업을 취득하기로 하는 확정계약은 위험회피대상항목이 될 수 있다. 다만, 외화위험에 대하여는 위험회피대상항목으로 지정할 수 없다.

Memo

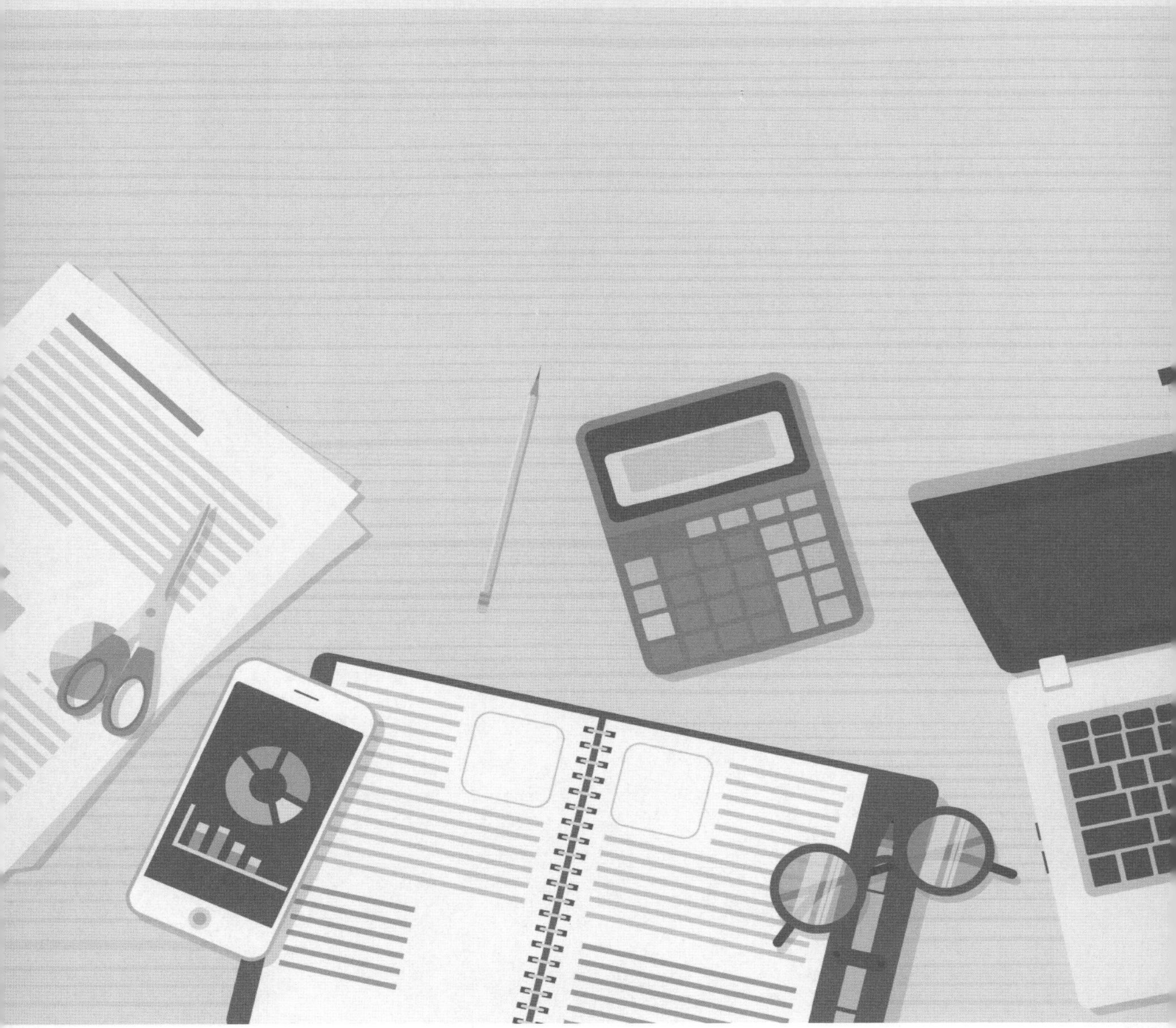

객 관 식

C·H·A·P·T·E·R

3

사업결합

[1] 영업권과 염가매수차익
[2] 취득자산과 인수부채의 측정
[3] 잠정금액
[4] 조건부대가
[5] 단계적 취득 및 이전대가 중 비화폐성 자산
[6] 기존 관계 심화
[7] 현금창출단위
[8] 사업결합이 아닌 자산집단 취득 심화
[9] 사업결합 말문제
[10] 지배력

03 사업결합

CHAPTER

1 영업권과 염가매수차익

영업권 = 이전대가 − 피취득자의 순자산 공정가치 × 지분율 (영업권이 음수인 경우 염가매수차익(PL) 인식)

1. 이전대가: FV 평가

이전대가로 주식을 지급하는 경우 주식을 공정가치(not 액면금액)로 평가

2. 피취득자의 순자산: FV 평가

3. (흡수)합병: 지분율=100%

2 취득자산과 인수부채의 측정

1. 리스

(1) 피취득자가 (금융)리스 이용자인 경우

① 리스부채 = 취득일의 리스료의 PV

취득한 리스가 **취득일에 새로운 리스인 것처럼 나머지 리스료의 현재가치**로 리스부채를 측정

② 사용권자산 = 리스부채 + 유리한 조건의 가치 − 불리한 조건의 가치

(2) 피취득자가 (운용)리스 제공자인 경우: 유, 불리한 조건 반영 X!

2. 무형자산

(1) 피취득자가 인식 못 해도 취득자는 무형자산으로 인식 가능

ex〉 피취득자가 비용으로 처리한 브랜드명, 특허권, 고객 관계 등

(2) 무형자산으로 인식 불가능한 항목 ★중요!

> ① **잠재적 계약**
> ② **집합적 노동력** (시너지 효과)
> ③ 피취득자의 영업권

3. 매각예정비유동자산: 순공정가치로 측정

4. 우발부채

: 유출가능성 낮아도 FV를 신뢰성 있게 측정할 수 있으면 인수부채로 인식 ★중요!

5. 보상자산: 우발부채를 인식할 때만 FV로 인식

6. 재취득한 권리: 계약갱신을 고려하지 말고, '잔여계약기간에 기초하여' 측정

7. 자산과 부채의 정의를 충족하지 못하는 항목

식별할 수 있는 취득 자산과 인수 부채는 취득일에 개념체계의 자산과 부채의 정의를 충족하여야 한다. 계획의 실행에 따라 미래에 생길 것으로 예상하지만 의무가 아닌 원가는 취득일의 부채가 아니다.
ex〉 피취득자의 영업활동 종료, 피취득자의 고용관계 종료, 피취득자의 종업원 재배치

8. 법인세

- 취득자는 사업결합으로 취득자산과 인수부채에서 생기는 이연법인세 자산이나 부채를 기업회계기준서 제1012호 '법인세'에 따라 인식하고 측정
- 취득자는 취득일에 존재하거나 취득의 결과로 생기는 일시적 차이와 피취득자의 이월액이 잠재적으로 법인세에 미치는 영향을 기업회계기준서 제1012호에 따라 회계처리

9. 취득관련원가: 영업권에 미치는 영향 X

구분	처리방법
중개수수료, 컨설팅 수수료, 일반관리원가	당기비용
지분상품의 발행원가	주식의 발행금액에서 차감
유형자산 관련 지출 (Ex〉등기비용)	유형자산의 취득원가에 가산

예제 취득자산과 인수부채의 측정

A-01 20X3년 초 ㈜대한은 ㈜세종의 보통주식 100%를 취득하여 흡수합병하면서 합병대가로 ₩200,000을 지급하였으며, 합병관련 자문수수료로 ₩20,000이 지출되었다. 합병 시 ㈜세종의 재무상태표는 다음과 같다.

재무상태표

㈜세종 20X3년 1월 1일 현재 (단위: 원)

매출채권	₩46,000	매입채무	₩92,000
상품	50,000	납입자본	60,000
토지	78,000	이익잉여금	22,000
자산총계	₩174,000	부채와 자본총계	₩174,000

20X3년 초 ㈜대한이 ㈜세종의 자산·부채에 대하여 공정가치로 평가한 결과, 매출채권과 매입채무는 장부금액과 동일하고, 상품은 장부금액 대비 20% 더 높고, 토지는 장부금액 대비 40% 더 높았다. ㈜대한이 흡수합병과 관련하여 인식할 영업권은 얼마인가? 2014. CTA

① ₩76,800 ② ₩86,800 ③ ₩96,800 ④ ₩118,000 ⑤ ₩138,000

A-02 20X1년 초 ㈜세무는 ㈜대한의 주주들에게 현금 ₩700,000을 지급하고 ㈜대한을 흡수합병하였다. 합병당시 ㈜대한의 자산과 부채의 장부금액과 공정가치는 다음과 같다.

	장부금액	공정가치
자산	₩3,000,000	₩3,200,000
부채	2,700,000	2,800,000

한편, 합병일 현재 ㈜세무는 ㈜대한이 자산으로 인식하지 않았으나, 자산의 정의를 충족하고 식별가능한 진행 중인 연구개발프로젝트를 확인하였다. 또한, 해당 프로젝트의 공정가치를 ₩50,000으로 신뢰성 있게 측정하였다. 20X1년 초 ㈜세무가 합병 시 인식할 영업권은? 2021. CTA

① ₩250,000 ② ₩300,000 ③ ₩350,000 ④ ₩400,000 ⑤ ₩450,000

A-03

㈜세무는 20X1년 7월 1일 ㈜대한을 현금 ₩1,200,000에 흡수합병하였다. ㈜대한이 보유하고 있는 건물(장부금액 ₩430,000, 공정가치 ₩410,000, 순공정가치 ₩400,000)은 취득일에 매각예정비유동자산으로 분류되었다. 취득일 현재 건물을 제외한 ㈜대한의 자산, 부채 장부금액과 공정가치는 다음과 같다.

계정과목	장부금액	공정가치
현금	₩100,000	₩100,000
매출채권	100,000	100,000
제품	200,000	240,000
투자부동산	320,000	250,000
토지	200,000	300,000
매입채무	50,000	50,000
사채	170,000	170,000

20X1년 7월 1일 합병 시 ㈜세무가 인식할 영업권은? 2020. CTA

① ₩0 ② ₩20,000 ③ ₩30,000 ④ ₩70,000 ⑤ ₩100,000

A-04

다음은 ㈜대한과 ㈜민국에 대한 자료이다.

- ㈜대한은 20X1년 1월 1일을 취득일로 하여 ㈜민국을 흡수합병하였다. 두 기업은 동일 지배하에 있는 기업이 아니다. 합병대가로 ㈜대한은 ㈜민국의 기존주주에게 ₩800,000의 현금과 함께 ㈜민국의 보통주(1주당 액면가 ₩1,000) 3주당 ㈜대한의 보통주(1주당 액면가 ₩3,000, 1주당 공정가치 ₩10,000) 1주를 교부하였다.
- 취득일 현재 ㈜민국의 요약재무상태표는 다음과 같다.

요약재무상태표

20X1년 1월 1일 현재

	장부금액	공정가치
유동자산	₩600,000	₩800,000
유형자산(순액)	1,500,000	2,300,000
무형자산(순액)	500,000	700,000
자산	₩2,600,000	
부채	₩600,000	₩600,000
보통주자본금	900,000	
이익잉여금	1,100,000	
부채와 자본	₩2,600,000	

- ㈜대한은 합병시 취득한 ㈜민국의 유형자산 중 일부를 기업회계기준서 제1105호 '매각예정비유동자산과 중단영업'에 따라 매각예정자산으로 분류하였다. 20X1년 1월 1일 현재 해당 자산의 장부금액은 ₩200,000이고 공정가치는 ₩300,000이며, 이 금액은 취득일 현재 ㈜민국의 요약재무상태표에 반영되어 있다. 매각예정자산으로 분류된 동 유형자산의 순공정가치는 ₩250,000이다.

㈜대한이 합병일(20X1년 1월 1일)에 수행한 사업결합 관련 회계처리를 통해 인식한 영업권은 얼마인가? 2024. CPA

① ₩350,000 ② ₩400,000 ③ ₩600,000 ④ ₩650,000 ⑤ ₩700,000

A-05 20X2년 1월 1일에 ㈜지배는 ㈜종속의 의결권 있는 보통주식 60%를 ₩360,000에 취득하여 지배력을 획득하였다. 20X2년 1월 1일 현재 ㈜종속의 요약재무상태표상 장부금액과 공정가치는 다음과 같다.

요약재무상태표

㈜종속 20X2. 1. 1 현재 (단위: ₩)

계정과목	장부금액	공정가치	계정과목	장부금액	공정가치
현 금	180,000	180,000	부 채	100,000	100,000
재고자산	140,000	160,000	자 본 금	300,000	—
유형자산	200,000	300,000	이익잉여금	120,000	—
자산총계	520,000		부채・자본총계	520,000	

20X2년 1월 1일에 ㈜종속은 20X1년말 현재의 주주에게 배당금 ₩20,000을 지급하였다. 위 요약재무상태표상의 이익잉여금은 배당금 지급을 반영하기 전의 금액이다. 이 경우 ㈜지배가 지배력 획득시 인식할 영업권의 금액은 얼마인가? 단, 비지배지분은 종속기업의 식별가능한 순자산공정가치에 비례하여 결정한다. 2015. CPA

① ₩28,000 ② ₩36,000 ③ ₩48,000 ④ ₩60,000 ⑤ ₩108,000

A-06 ㈜대한은 20X1년 1월 1일 ㈜민국의 지배력을 획득하였다. 지배력 획득시점의 양사의 재무상태표와 연결재무상태표는 다음과 같다.

	㈜대한의 재무상태표	㈜민국의 재무상태표	㈜대한 및 ㈜민국의 연결재무상태표
현금	₩400,000	₩60,000	₩460,000
재고자산	200,000	300,000	580,000
투자주식(㈜민국)	?	—	—
영업권	—	—	30,000
자산총계 :	?	₩360,000	₩1,070,000
매입채무	₩70,000	₩40,000	₩110,000
자본금	?	150,000	250,000
이익잉여금	?	170,000	550,000
비지배지분	—	—	160,000
부채·자본총계 :	?	₩360,000	₩1,070,000

㈜대한이 지배력 획득을 위해 지급한 대가는 얼마인가? 단, 비지배지분은 종속기업의 식별가능한 순자산공정가치에 비례하여 결정한다. 2015. CPA

① ₩110,000 ② ₩192,000 ③ ₩222,000
④ ₩270,000 ⑤ ₩292,000

A-07 ㈜대한은 20X1년 10월 1일에 ㈜민국의 모든 자산과 부채를 취득·인수하고, 그 대가로 현금 ₩1,000,000을 지급하는 사업결합을 하였다. 관련 자료는 다음과 같다.

> • 취득일 현재 ㈜민국의 재무상태표상 자산과 부채의 장부금액은 각각 ₩1,300,000과 ₩600,000이다.
> • 취득일 현재 ㈜민국의 재무상태표상 자산의 장부금액에는 건물 ₩350,000과 영업권 ₩100,000 및 사용권자산 ₩50,000이 포함되어 있으며, 부채의 장부금액에는 리스부채 ₩50,000이 포함되어 있다.
> • 취득일 현재 ㈜민국은 기계장치를 운용리스로 이용하고 있다. 취득일 현재 잔여리스료의 현재가치로 측정된 리스부채는 ₩70,000이다. 동 운용리스의 조건은 시장조건보다 유리하며, 유리한 리스조건의 공정가치는 ₩30,000이다.
> • 취득일 현재 ㈜민국은 건물을 운용리스로 제공하고 있다. 동 운용리스의 조건은 시장조건보다 불리하며, 불리한 리스조건의 공정가치는 ₩50,000이다.
> • 취득일 현재 ㈜민국의 식별가능한 자산·부채 중 건물을 제외한 나머지는 장부금액과 공정가치가 동일하다.

㈜대한이 취득일에 인식한 영업권이 ₩180,000이라면, 취득일 현재 건물의 공정가치는 얼마인가? 2018. CPA 수정

① ₩440,000 ② ₩490,000 ③ ₩520,000 ④ ₩540,000 ⑤ ₩570,000

3 잠정금액

1. 수정 시점에 따른 잠정금액 수정 가능 여부

취득일로부터 1년 내에 수정	잠정금액 수정 O
취득일로부터 1년 후에 수정	잠정금액 수정 X
예외: 오류수정에 해당하는 경우	잠정금액 수정 O

(1) 측정기간 및 오류수정

측정기간은 취득한 날부터 1년을 초과할 수 없다. 취득일로부터 1년 내에는 잠정금액을 수정할 수 있지만, 1년 후에는 잠정금액을 수정할 수 없다. 단, 오류수정의 경우 예외적으로 1년 후에도 잠정금액을 수정할 수 있다.

(2) 잠정금액 수정 시 영업권 수정

1년 내에 수정하거나, 오류수정에 해당하여 **잠정금액을 수정하는 경우** 피취득자의 순자산이 변하므로 **영업권도 같이 수정한다.**

2. 감가상각비, 영업권 손상차손: 전년도에 인식한 손익은 이익잉여금으로 심화

잠정금액을 수정하면, 해당 자산과 관련하여 기존에 인식한 감가상각비, 영업권 손상차손 등 손익도 수정될 텐데, 손익을 전년도에 인식했다면 이는 이익잉여금으로 집계되었을 것이다. 따라서 **회계연도가 바뀐 후에 수정분개를 한다면 '손익' 계정이 아닌 '이익잉여금'을 조정**해야 한다.

예제 잠정금액

B-01 ㈜대한은 20X1년 10월 1일에 ㈜민국의 의결권 있는 보통주식 100%를 ₩480,000에 취득하고 ㈜민국을 흡수합병하였다. 취득일 현재 ㈜민국의 식별가능한 순자산 장부금액과 공정가치는 아래와 같다.

㈜민국의 식별가능한 순자산	장부금액	공정가치
유형자산	₩30,000	?
유형자산을 제외한 순자산	₩290,000	₩350,000

㈜대한은 ㈜민국의 식별가능한 순자산 중 유형자산에 대한 가치평가를 20X1년말까지 완료하지 못해 잠정적으로 ₩50,000을 공정가치로 인식하였다. 취득일 현재 동 유형자산의 잔존내용연수는 5년이며, 잔존가치 없이 정액법으로 상각한다. ㈜대한이 20X2년 4월 1일에 위 유형자산의 취득일 현재 공정가치를 ₩40,000으로 추정한 독립된 가치평가결과를 받았다면, ㈜대한의 20X2년말 재무상태표에 보고될 영업권과 위 유형자산의 장부금액은 얼마인가? 단, 영업권의 손상여부는 고려하지 않는다. 2016. CPA

	영업권	유형자산의 장부금액
①	₩70,000	₩30,000
②	₩70,000	₩29,000
③	₩80,000	₩37,500
④	₩90,000	₩30,000
⑤	₩90,000	₩29,000

※ 다음 자료를 이용하여 2번과 3번에 답하시오.

㈜대한은 20X1년 7월 1일을 취득일로 하여 ㈜민국을 흡수합병하고, ㈜민국의 기존 주주들에게 현금 ₩350,000을 이전대가로 지급하였다. ㈜대한과 ㈜민국은 동일 지배하에 있는 기업이 아니다. 합병 직전 양사의 장부금액으로 작성된 요약재무상태표는 다음과 같다.

요약재무상태표
20X1. 7. 1. 현재 (단위: ₩)

계정과목	㈜대한	㈜민국
현금	200,000	100,000
재고자산	360,000	200,000
사용권자산(순액)	–	90,000
건물(순액)	200,000	50,000
토지	450,000	160,000
무형자산(순액)	90,000	50,000
	1,300,000	650,000
유동부채	250,000	90,000
리스부채	–	100,000
기타비유동부채	300,000	200,000
자본금	350,000	150,000
자본잉여금	100,000	50,000
이익잉여금	300,000	60,000
	1,300,000	650,000

〈추가자료〉

다음에서 설명하는 사항을 제외하고 장부금액과 공정가치는 일치한다.

- ㈜대한은 ㈜민국이 보유하고 있는 건물에 대해 독립적인 평가를 하지 못하여 취득일에 잠정적인 공정가치로 ₩60,000을 인식하였다. ㈜대한은 20X1년 12월 31일에 종료하는 회계연도의 재무제표 발행을 승인할 때까지 건물에 대한 가치평가를 완료하지 못했다. 하지만 20X2년 5월 초 잠정금액으로 인식했던 건물에 대한 취득일의 공정가치가 ₩70,000이라는 독립된 가치평가 결과를 받았다. 취득일 현재 양사가 보유하고 있는 모든 건물은 잔존내용연수 4년, 잔존가치 ₩0, 정액법으로 감가상각한다.
- ㈜민국은 기계장치를 기초자산으로 하는 리스계약의 리스이용자로 취득일 현재 잔여리스료의 현재가치로 측정된 리스부채는 ₩110,000이다. 리스의 조건은 시장조건에 비하여 유리하며, 유리한 금액은 취득일 현재 ₩10,000으로 추정된다. 동 리스는 취득일 현재 단기리스나 소액 기초자산 리스에 해당하지 않는다.
- ㈜민국은 취득일 현재 새로운 고객과 향후 5년간 제품을 공급하는 계약을 협상하고 있다. 동 계약의 체결가능성은 매우 높으며 공정가치는 ₩20,000으로 추정된다.
- ㈜민국의 무형자산 금액 ₩50,000 중 ₩30,000은 ㈜대한의 상표권을 3년 동안 사용할 수 있는 권리이다. 잔여계약기간(2년)에 기초하여 측정한 동 상표권의 취득일 현재 공정가치는 ₩40,000이다. 동 상표권을 제외하고 양사가 보유하고 있는 다른 무형자산의 잔존내용연수는 취득일 현재 모두 5년이며, 모든 무형자산(영업권 제외)은 잔존가치 없이 정액법으로 상각한다.
- ㈜민국은 취득일 현재 손해배상소송사건에 계류 중에 있으며 패소할 가능성이 높지 않아 이를 우발부채로 주석공시하였다. 동 소송사건에 따른 손해배상금액의 취득일 현재 신뢰성 있는 공정가치는 ₩10,000으로 추정된다.

B-02 ㈜대한이 취득일(20X1년 7월 1일)에 수행한 사업결합 관련 회계처리를 통해 최초 인식한 영업권은 얼마인가?

2020. CPA

① ₩40,000 ② ₩50,000 ③ ₩60,000 ④ ₩70,000 ⑤ ₩90,000

B-03 위에서 제시한 자료를 제외하고 추가사항이 없을 때 20X2년 6월 30일 ㈜대한의 재무상태표에 계상될 건물(순액)과 영업권을 제외한 무형자산(순액)의 금액은 각각 얼마인가? 단, ㈜대한은 건물과 무형자산에 대하여 원가모형을 적용하고 있으며, 감가상각비와 무형자산상각비는 월할계산한다.

2020. CPA

	건물(순액)	영업권을 제외한 무형자산(순액)
①	₩187,500	₩108,000
②	₩195,000	₩108,000
③	₩195,000	₩116,000
④	₩202,500	₩108,000
⑤	₩202,500	₩116,000

4 조건부대가

1. 조건부대가의 측정: FV

2. 조건부대가의 계정 분류

<table>
<tr><td rowspan="2">주식 지급</td><td>확정 수량</td><td>자본</td></tr>
<tr><td>변동 수량</td><td rowspan="2">부채</td></tr>
<tr><td colspan="2">현금 지급</td></tr>
</table>

3. 조건부대가의 공정가치 변동

(1) 취득일에 존재했던 사실로 인한 가치 변동: 소급법 (영업권 수정 O)

– 측정기간의 조정(잠정금액)에 해당함

– 측정기간 내의 수정은 소급법을 적용하여 잠정금액을 수정하므로 조건부대가와 영업권 수정

영업권	XXX	조건부 대가 (자본 or 부채)	XXX

(2) 취득일 이후에 발생한 사실로 인한 가치 변동: 전진법 (영업권 수정 X)

조건부대가의 계정 분류		조건부대가의 변동손익	회계처리
확정 수량 주식 지급	자본	자본	없음 (자본/자본)
변동 수량 주식 or 현금 지급	부채	당기손익(PL)	PL / 부채

4. 조건부대가 지급 시 회계처리

(1) 확정 수량 주식 지급 시

조건부대가(자본)	BV	자본금	액면가
		주발초	XXX

자본은 가치 변동을 인식하지 않으므로 조건부대가 장부금액(= 최초의 공정가치)을 제거하면서 자본금, 주발초를 증가시킴

(2) 변동 수량 주식 or 현금 지급 시: 지급 시에도 평가 후 지급

① 변동 수량 주식 지급 시

FV 평가	PL	FV − BV	조건부대가(부채)	FV − BV	┘ FV
지급	조건부대가(부채)	FV	자본금 주발초	액면가 XXX	

② 현금 지급 시

FV 평가	PL	지급액 − BV	조건부대가(부채)	지급액 − BV	┘ 지급액
지급	조건부대가(부채)	지급액	현금	지급액	

예제 조건부대가

B-04 ㈜대한은 20X1년 10월 1일에 ㈜민국의 모든 자산과 부채를 ₩450,000에 취득 · 인수하는 사업결합을 하였다. 20X1년 10월 1일 현재 ㈜민국의 요약재무상태표는 다음과 같다.

요약재무상태표

㈜민국 20X1. 10. 1 현재 (단위: ₩)

계정과목	장부금액	공정가치	계정과목	장부금액	공정가치
자 산	500,000	600,000	부 채	100,000	100,000
			자 본 금	100,000	
			자 본 잉 여 금	200,000	
			이 익 잉 여 금	100,000	
	500,000			500,000	

㈜대한은 20X2년말에 시장점유율이 15%를 초과하면 ㈜민국의 기존 주주들에게 추가로 ₩100,000을 지급하기로 하였다. 20X1년 10월 1일 현재 이러한 조건부대가의 공정가치는 ₩60,000으로 추정되었다. 그러나 ㈜대한은 20X1년 12월 31일에 동 조건부대가의 추정된 공정가치를 ₩80,000으로 변경하였다. 이러한 공정가치 변동은 20X1년 10월 1일에 존재한 사실과 상황에 대하여 추가로 입수한 정보에 기초한 것이다. 20X2년말 ㈜대한의 시장점유율이 18%가 되어 ㈜민국의 기존 주주들에게 ₩100,000을 지급하였다.
㈜대한의 20X1년말 재무상태표에 계상되는 영업권과 20X2년도에 조건부대가 지급으로 ㈜대한이 인식할 당기손익은?
2017. CPA

	영업권	당기손익
①	₩10,000	₩20,000 손실
②	₩10,000	₩40,000 손실
③	₩30,000	₩20,000 손실
④	₩30,000	₩40,000 손실
⑤	₩50,000	₩0

※ 다음 〈자료〉를 이용하여 5번과 6번에 답하시오.

〈자료〉

• 자동차제조사인 ㈜대한과 배터리제조사인 ㈜민국은 동일 지배 하에 있는 기업이 아니다.
• ㈜대한은 향후 전기자동차 시장에서의 경쟁력 확보를 위해 20X1년 7월 1일을 취득일로 하여 ㈜민국을 흡수합병했으며, 합병대가로 ㈜민국의 기존주주에게 ㈜민국의 보통주(1주당 액면가 ₩100) 2주당 ㈜대한의 보통주(1주당 액면가 ₩200, 1주당 공정가치 ₩1,400) 1주를 교부하였다.
• 취득일 현재 ㈜민국의 요약재무상태표는 다음과 같다.

요약재무상태표
20X1년 7월 1일 현재

	장부금액	공정가치
현금	₩50,000	₩50,000
재고자산	140,000	200,000
유형자산(순액)	740,000	800,000
무형자산(순액)	270,000	290,000
자산	₩1,200,000	
매입채무	₩80,000	₩80,000
차입금	450,000	450,000
자본금	160,000	
주식발행초과금	320,000	
이익잉여금	190,000	
부채와 자본	₩1,200,000	

• ㈜대한은 ㈜민국의 유형자산에 대해 독립적인 가치평가를 진행하려 하였으나, 20X1년 재무제표 발행이 승인되기 전까지 불가피한 사유로 인해 완료하지 못하였다. 이에 ㈜대한은 ㈜민국의 유형자산을 잠정적 공정가치인 ₩800,000으로 인식하였다. ㈜대한은 취득일 현재 동 유형자산(원가모형 적용)의 잔존내용연수를 5년으로 추정하였으며, 잔존가치없이 정액법으로 감가상각(월할상각)하기로 하였다.
• ㈜대한은 합병 후 배터리사업 부문의 영업성과가 약정된 목표치를 초과할 경우 ㈜민국의 기존주주에게 현금 ₩100,000의 추가 보상을 실시할 예정이며, 취득일 현재 이러한 조건부대가에 대한 합리적 추정치는 ₩60,000이다.
• 취득일 현재 ㈜민국은 배터리 급속 충전 기술에 대한 연구·개발 프로젝트를 진행 중이다. ㈜민국은 합병 전까지 동 프로젝트와 관련하여 총 ₩60,000을 지출하였으나, 아직 연구 단계임에 따라 무형자산으로 인식하지 않았다. ㈜대한은 합병 과정에서 동 급속 충전 기술 프로젝트가 자산의 정의를 충족하고 있으며 개별적인 식별이 가능하다고 판단하였다. ㈜대한이 평가한 동 프로젝트의 공정가치는 ₩90,000이다.

B-05 대한이 취득일(20X1년 7월 1일)에 수행한 사업결합 관련 회계처리를 통해 최초 인식한 영업권은 얼마인가? 2021. CPA

① ₩240,000 ② ₩260,000 ③ ₩280,000 ④ ₩300,000 ⑤ ₩320,000

B-06 다음의 〈추가자료〉 고려 시, 20X2년 12월 31일에 ㈜대한의 흡수합병과 관련하여 재무상태표에 계상될 영업권과 유형자산의 장부금액(순액)은 각각 얼마인가? 2021. CPA

〈추가자료〉

- 합병 후 ㈜민국의 배터리 제품에 대한 화재 위험성 문제가 제기되어 20X1년 12월 31일 현재 추가 현금보상을 위한 영업성과 목표치가 달성되지 못했다. 그 결과 ㈜민국의 기존주주에 대한 ㈜대한의 추가 현금보상 지급의무가 소멸되었다. 이는 취득일 이후 발생한 사실과 상황으로 인한 조건부대가의 변동에 해당한다.
- ㈜대한이 ㈜민국으로부터 취득한 유형자산에 대한 독립적인 가치평가는 20X2년 4월 1일(즉, 20X1년 재무제표 발행 승인 후)에 완료되었으며, 동 가치평가에 의한 취득일 당시 ㈜민국의 유형자산 공정가치는 ₩900,000이다. 잔존내용연수, 잔존가치, 감가상각방법 등 기타 사항은 동일하다.
- 자산과 관련한 손상징후는 없다.

	영업권	유형자산(순액)
①	₩120,000	₩640,000
②	₩280,000	₩630,000
③	₩180,000	₩640,000
④	₩280,000	₩540,000
⑤	₩180,000	₩630,000

5 단계적 취득 및 이전대가 중 비화폐성 자산

1. 단계적 취득

(1) 기존 보유 주식의 평가: 취득일의 FV로 평가 (일괄법)

(2) 주식의 평가손익

FVPL or 관계기업투자주식	PL
FVOCI 선택	OCI

예제 단계적 취득

※ 다음의 자료를 이용하여 문제 7번과 문제 8번에 답하시오.

- ㈜갑은 20X1년중에 ㈜을의 보통주 10주(지분율 10%)를 ₩3,000에 취득하고, 이를 기타포괄손익 – 공정가치 측정 금융자산으로 선택하였다.
- ㈜갑은 20X2년초에 ㈜을의 나머지 지분 90%를 취득하여 합병하였다. 그 대가로 ㈜갑은 보유하고 있던 보통주 자기주식 18주(주당 장부금액 ₩1,800)를 ㈜을의 다른 주주에게 교부하였다.
- 합병일 현재 ㈜갑의 보통주 공정가치는 주당 ₩2,000, 액면금액은 주당 ₩1,000이며, ㈜갑이 보유하고 있던 ㈜을의 보통주 공정가치는 주당 ₩350이다.
- 합병일 현재 ㈜을의 순자산 장부금액과 공정가치는 다음과 같다.

재무상태표

㈜을 20X2년 1월 1일 현재 (단위:원)

	장부금액	공정가치		장부금액	공정가치
유동자산	₩20,000	₩22,000	부채	₩25,000	₩25,000
유형자산	30,000	35,000	자본금	10,000	
무형자산	10,000	13,000	이익잉여금	25,000	
합계	₩60,000		합계	₩60,000	

- 위 재무상태표에 추가적으로 다음과 같은 사실이 발견되었다.
  - ㈜을은 운용리스계약에서 리스제공자인데, 당해 운용리스의 조건이 시장조건에 비하여 ₩500만큼 유리한 것으로 추정된다.
  - 합병일 현재 ㈜을은 새로운 고객과 협상중인 계약이 있으며, 잠재적 계약의 가치는 ₩2,000으로 추정된다.
  - 합병일 현재 ㈜을은 손해배상소송사건에 피소되어 있으며, 손해배상손실금액의 공정가치는 ₩1,500으로 추정된다. 그러나 패소할 가능성은 50% 미만으로 평가된다.
  - ㈜을의 연구개발부서는 우수한 인적자원을 보유하고 있으며, 이로 인한 합병 후의 시너지효과는 상당할 것으로 예상된다. ㈜을이 측정한 인적자원의 공정가치는 ₩1,000이다.

B-07 ㈜갑이 ㈜을의 합병과 관련하여 합병일에 인식할 취득자산과 인수부채의 순액은 얼마인가? 단, 법인세효과는 고려하지 않는다. 2014. CPA 수정

① ₩43,500 ② ₩44,000 ③ ₩44,750 ④ ₩45,500 ⑤ ₩46,000

B-08 위 7번 문제의 결과와 관계없이, ㈜갑이 ㈜을의 합병과 관련하여 합병일에 인식할 취득자산과 인수부채의 순액을 ₩30,000으로 가정한다. ㈜갑이 합병일에 인식할 영업권의 금액은 얼마인가? 단, 법인세효과는 고려하지 않는다. 2014. CPA

① ₩5,400 ② ₩5,900 ③ ₩6,000 ④ ₩9,000 ⑤ ₩9,500

2. 이전대가 중 비화폐성 자산 심화

통제 이전	평가	평가손익	영업권 계산 시
O	FV	PL	반영
X	BV	없음	무시

※ 다음의 자료를 이용하여 문제 9번과 문제 10번에 답하시오.

㈜증식은 20X1년 5월 1일에 ㈜소멸의 보통주 5%를 ₩25,000에 취득하여 당기손익-공정가치 측정 금융자산으로 분류하였다. ㈜소멸은 유통업을 운영하고 있으며, ㈜증식은 새로이 유통업에 진출하기 위해 20X2년 4월 1일 ㈜소멸의 자산과 부채를 모두 취득·인수하여 사업결합을 하였다.
20X2년 4월 1일 현재 ㈜소멸의 요약재무상태표상 장부금액과 공정가치는 다음과 같다.

요약재무상태표

㈜소멸 20X2. 4. 1 현재 (단위: ₩)

계정과목	장부금액	공정가치	계정과목	장부금액	공정가치
현금 등	160,000	160,000	부　채	120,000	120,000
재고자산	180,000	150,000	자 본 금	500,000	—
유형자산	320,000	380,000	이익잉여금	40,000	—
자산총계	660,000		부채·자본총계	660,000	

- 취득일 현재 ㈜소멸의 재무상태표에 제시되어 있는 자산과 부채 이외에 추가적으로 식별가능한 자산과 부채는 없다.
- 20X1년 12월 31일에 ㈜증식이 보유하고 있는 ㈜소멸의 주식의 공정가치는 ₩27,000이며, 20X2년 4월 1일의 공정가치는 ₩30,000이다. (단, 법인세 효과는 고려하지 않으며, 아래의 각 물음은 독립적이다.)

B-09 ㈜증식은 사업결합의 이전대가로 ㈜소멸의 주주들에게 ㈜증식의 보통주 100주(주당 액면금액 ₩5,000, 주당 공정가치 ₩5,700)를 발행·교부하였으며, 보통주 발행과 직접 관련된 비용 ₩10,000과 기타 수수료 ₩20,000을 현금으로 지급하였다. 20X2년 4월 1일에 ㈜증식이 인식해야 하는 영업권(혹은 염가매수차익)과 주식발행초과금은 각각 얼마인가? (단, ㈜증식이 보유하고 있는 ㈜소멸의 주식에 대해서는 ㈜증식의 주식을 교부하지 않고 소각하였다.) 2011. CPA

	영업권 또는 염가매수차익	주식발행초과금
①	영 업 권 ₩30,000	₩60,000
②	염가매수차익 ₩30,000	₩60,000
③	영 업 권 ₩60,000	₩70,000
④	염가매수차익 ₩60,000	₩70,000
⑤	영 업 권 ₩90,000	₩70,000

B-10 ㈜증식은 사업결합의 이전대가로 ㈜소멸에게 현금 ₩500,000과 신축건물(장부금액 ₩250,000, 공정가치 ₩330,000)을 이전하였으며, 동 건물은 사업결합 이후에도 ㈜증식에 남아있고, 동 건물에 대한 통제도 ㈜증식이 계속 보유한다. 20X2년 4월 1일에 ㈜증식이 인식해야 하는 영업권(혹은 염가매수차익)은 얼마인가? (단, ㈜증식이 보유하고 있는 ㈜소멸의 주식에 대해서는 대가를 지불하지 않고 소각하였다.) 2011. CPA

①	영 업 권	₩10,000
②	영 업 권	₩30,000
③	영 업 권	₩90,000
④	염가매수차익	₩40,000
⑤	염가매수차익	₩70,000

6 기존 관계 심화

1. 기존 관계의 측정 및 정산손익

사업결합을 고려하기 전에 취득자와 피취득자 사이에 어떤 관계가 존재하였을 수 있다. 이를 '기존 관계'라 한다. 취득자와 피취득자 사이의 기존 관계는 계약적 또는 비계약적일 수 있다. 사업결합으로 기존 관계를 사실상 정산하는 경우에 취득자는 계약적이냐, 비계약적이냐에 따라 다음과 같이 측정한 차손익을 인식한다.

기존 관계	계약적	비계약적
사례	판매자와 고객, 라이선스 제공자와 이용자	**원고와 피고**
기존 관계 측정	min[①, ②] ① 현행 시장거래조건과 비교하여 취득자의 관점에서 유불리한 금액 ② 계약상의 정산 금액(= 위약금)	**공정가치**
정산손익	사업결합 이전에 인식한 부채 – 기존 관계 측정금액	

2. 기존 관계 존재 시 회계처리

정산손익(PL)	재측정 금액 – BV	기존 부채	재측정 금액 – BV
종속기업 순자산	FV	이전대가	현금 OR 주식
기존 부채	재측정 금액		
영업권	XXX		

계약적/비계약적 여부에 따라 기존 관계를 측정하면서 정산손익을 인식한 뒤, 사업결합을 통해 종속기업 순자산을 계상하면서 재측정된 기존 부채를 제거한다. 기존 부채는 '취득자'의 부채이므로 종속기업 순자산에 포함되어 있지 않다. 따라서 취득자의 장부상에 계상되어 있던 부채를 별도로 제거해주어야 하며, 대차차액은 영업권으로 인식한다.

예 제 기존 관계

※ 다음 〈자료〉를 이용하여 1번과 2번에 답하시오.

〈자료〉

- ㈜대한은 20X1년 중에 ㈜민국의 의결권 있는 보통주 150주(지분율 15%)를 ₩150,000에 취득하고, 이를 기타포괄손익 – 공정가치 측정 금융자산(FVOCI 금융자산)으로 분류하였다.
- ㈜대한은 20X2년 초에 추가로 ㈜민국의 나머지 의결권 있는 보통주 850주(지분율 85%)를 취득하여 합병하였다. 이 주식의 취득을 위해 ㈜대한은 ₩200,000의 현금과 함께 보통주 500주(액면총액 ₩500,000, 공정가치 ₩800,000)를 발행하여 ㈜민국의 주주들에게 지급하였다. 합병일 현재 ㈜민국의 의결권 있는 보통주 공정가치는 주당 ₩1,200, 액면가는 주당 ₩1,000이다. ㈜대한은 신주 발행과 관련하여 ₩10,000의 신주발행비용을 지출하였다.
- 취득일 현재 ㈜민국의 요약재무상태표는 다음과 같다.

요약재무상태표

20X2년 1월 1일 현재

	장부금액	공정가치
유동자산	₩150,000	₩200,000
유형자산(순액)	1,050,000	1,280,000
자산	₩1,200,000	
부채	₩600,000	₩600,000
자본금	200,000	
이익잉여금	400,000	
부채와 자본	₩1,200,000	

- ㈜대한은 합병과 관련하여 만세회계법인에게 ㈜민국의 재무상태 실사 용역을 의뢰하였고, ₩30,000의 용역수수료를 지급하였다. 그리고 ㈜대한은 합병업무 전담팀을 구성하였는데, 이 팀 유지 원가로 ₩20,000을 지출하였다.
- 합병일 현재 ㈜민국의 종업원들은 회사 경영권의 변동에도 불구하고 대부분 이직하지 않았다. 이 때문에 ㈜대한은 합병일 이후 즉시 ㈜민국이 영위하던 사업을 계속 진행할 수 있었으며, ㈜대한의 경영진은 이러한 ㈜민국의 종업원들의 가치를 ₩80,000으로 추정하였다.
- 합병일 현재 ㈜민국의 상표명 'K – World'는 상표권 등록이 되어 있지 않아 법적으로 보호받을 수 없는 것으로 밝혀졌다. 그러나 ㈜민국이 해당 상표를 오랫동안 사용해왔다는 것을 업계 및 고객들이 인지하고 있어, 합병 이후 ㈜대한이 이 상표를 제3자에게 매각하거나 라이선스 계약을 체결할 수 있을 것으로 확인되었다. ㈜대한은 이 상표권의 가치를 ₩30,000으로 추정하였다.

C-01 ㈜대한이 합병일(20X2년 1월 1일)에 수행한 사업결합 관련 회계처리를 통해 인식한 영업권은 얼마인가?

2023. CPA

① ₩240,000　② ₩270,000　③ ₩290,000　④ ₩300,000　⑤ ₩330,000

C-02 다음은 ㈜대한과 ㈜민국에 대한 〈추가자료〉이다.

〈추가자료〉
- 합병일 현재 ㈜대한은 ㈜민국이 제기한 손해배상청구소송에 피소된 상태이다. 합병일 현재 ㈜대한과 ㈜민국 간에 계류 중인 소송사건의 배상금의 공정가치는 ₩20,000으로 추정되고, 합병에 의해 이 소송관계는 정산되었다. ㈜대한은 이와 관련하여 충당부채를 설정하지 않았다.

위 〈자료〉와 〈추가자료〉가 ㈜대한의 20X2년도 당기순이익에 미치는 영향은 얼마인가? 2023. CPA

① ₩0 (영향 없음) ② ₩20,000 감소 ③ ₩30,000 감소 ④ ₩50,000 감소 ⑤ ₩70,000 감소

7 현금창출단위

	토지	건물	영업권	계
손상 전 BV	15,000	5,000	3,000	23,000
손상	②(3,000)	②(1,000)	①(3,000)	(7,000)
X1말 BV	12,000	4,000	0	16,000
감가상각	—	(1,000)		(1,000)
X2 환입 전	12,000	3,000		15,000
환입	3,250	750	0	4,000
X2말 BV	15,250	3,750		19,000
한도		3,750		

STEP 1 현금창출단위의 손상

1. 영업권 먼저 제거

2. 잔여 손상차손을 남은 자산 BV에 비례하여 배분 (한도: 개별자산의 회수가능액)

(1) 현금창출단위에 속하는 다른 자산에 각각의 **장부금액**에 비례하여 잔여 손상차손을 배분

(2) 개별자산의 회수가능액을 추정할 수 있는 경우
개별자산의 회수가능액(= MAX[순공정가치, 사용가치])까지만 손상차손을 배분하고, 회수가능액을 추정할 수 없는 다른 개별자산에 손상차손을 추가로 배분

STEP 2 감가상각

손상차손을 인식한 다음 해에 감가상각 수행 (토지는 상각 X)

STEP 3 손상차손환입

회수가능액이 회복된 경우 손상차손환입 인식

1. 영업권 손상차손환입 X 중요!

2. 나머지 자산의 BV에 비례하여 손상차손환입 배분

3. 손상차손환입 한도 중요!

(1) 한도: 손상차손을 인식하지 않았을 경우의 장부금액 (= 원가모형)

(2) 한도에 걸리는 자산은 한도까지만 환입한 후, 나머지 자산에 환입액을 더 배분

예제 현금창출단위

C-03 ㈜대한은 모든 유형자산에 대하여 원가모형을 적용하며, 매 결산일에 손상발생의 여부를 검토한다. 다음 자료를 이용하여 ㈜대한이 20X0년 말 재무상태표에 인식하여야 할 기계장치의 장부금액을 계산하면 얼마인가?

2012. CTA

- ㈜대한은 보유하고 있는 유형자산 중 건물과 기계장치에 대해 개별적으로 회수가능액을 추정하기 어려워 현금창출단위로 구분하고 있다.
- 동 현금창출단위에는 사업결합으로 취득한 영업권의 배분액이 포함되어 있다.
- 20X0년 말 감가상각 반영 후 손상차손 인식 전 현금창출단위를 구성하는 개별자산인 건물, 기계장치 및 영업권의 장부금액은 각각 ₩9,000,000, ₩3,000,000 및 ₩1,000,000이다.
- ㈜대한은 현금창출단위에 대해 20X0년 말의 회수가능액을 ₩11,000,000으로 추정하였다. 이는 가치의 현저한 하락으로서 손상차손의 인식요건을 충족하며, ㈜대한은 손상차손을 인식하기로 하였다.

① ₩2,000,000 ② ₩2,250,000 ③ ₩2,500,000 ④ ₩2,538,462 ⑤ ₩2,750,000

C-04 ㈜한국은 20X1년 1월 1일에 A사업부문과 B사업부문 두 개의 현금창출단위를 가진 ㈜동일을 ₩4,500,000에 100% 취득했다. 이전대가는 각 사업부문별 식별가능한 자산의 공정가치에 따라 배분되며, 20X1년 1월 1일 현재 A사업부문과 B사업부문에 관련된 식별가능한 자산의 공정가치와 배분된 영업권은 다음과 같다.

	식별가능한 유형자산의 공정가치			영업권
	토 지	기계장치	차량운반구	
A사업부문	₩900,000	₩1,200,000	₩300,000	₩300,000
B사업부문	600,000	400,000	600,000	200,000
합 계	₩1,500,000	₩1,600,000	₩900,000	₩500,000
잔존내용연수		4년	3년	
잔존가치		₩0	₩0	
상각방법		정액법	정액법	

20X1년 말 수출규제로 인해 A사업부문의 생산물에 대한 수요가 급감할 것으로 예상되어 ㈜한국이 A사업부문의 회수가능액을 추정한 결과 ₩1,900,000으로 추정되었으며, 따라서 손상차손을 인식했다. 20X1년 말 ㈜한국의 재무상태표에 표시될 A사업부문의 차량운반구의 장부금액은 얼마인가? (단, ㈜한국은 유형자산에 대하여 원가모형을 적용하고 있다. 또한 20X1년 말 개별 자산의 순공정가치와 사용가치는 결정할 수 없다고 가정한다.) 2010. CPA

① ₩190,000 ② ₩200,000 ③ ₩290,000 ④ ₩300,000 ⑤ ₩590,000

C-05 ㈜대한은 20X1년 초 두 개의 현금창출단위(A사업부, B사업부)를 보유하고 있는 ㈜민국을 흡수합병(사업결합)하였으며, 이전대가로 지급한 ₩30,000은 각 현금창출단위에 다음과 같이 배분되었다.

구분	이전대가	식별가능한 순자산의 공정가치
A사업부	₩22,000	₩19,000
B사업부	8,000	6,000
합계	₩30,000	₩25,000

20X1년 말 현재 강력한 경쟁기업의 등장으로 인해 A사업부의 매출이 상당히 위축될 것으로 예상되자, ㈜대한은 A사업부(현금창출단위)의 회수가능액을 ₩13,500으로 추정하였다. 손상차손을 인식하기 전 A사업부에 속하는 모든 자산의 20X1년 말 장부금액과 추가정보는 다음과 같다.

구분	손상 전 장부금액	추가정보
토지	₩5,000	순공정가치는 ₩5,500임
건물	8,000	순공정가치는 ₩6,800이며, 사용가치는 ₩7,200임
기계장치	2,000	회수가능액을 측정할 수 없음
영업권	?	

손상차손을 인식한 후, ㈜대한의 20X1년 말 재무상태표에 보고되는 A사업부의 기계장치 장부금액은 얼마인가? 단, ㈜대한은 유형자산에 대해 원가모형을 적용하고 있다. 2022. CPA

① ₩1,700 ② ₩1,300 ③ ₩1,200 ④ ₩800 ⑤ ₩500

8 사업결합이 아닌 자산집단 취득 심화

취득자는 **매수일의 상대적 공정가치에 기초하여 일괄구입가격을 각 자산과 부채에 배분, 영업권 발생 X** (= 일괄취득)

예제 사업결합이 아닌 자산집단 취득

C-06 ㈜대한은 20X1년 7월 1일 ㈜민국의 A부문을 ₩450,000에 인수하였다. 다음은 20X1년 7월 1일 현재 ㈜민국의 A부문 현황이다. A부문에 귀속되는 부채는 없다.

A부문

㈜민국 20X1년 7월 1일 현재 (단위 : ₩)

계정과목	장부금액	공정가치
토 지	200,000	220,000
건 물	150,000	200,000
기계장치	50,000	80,000
	400,000	

공정가치는 실제보다 과대평가되지 않았다. 20X1년 7월 1일 현재 건물과 기계장치의 잔존 내용연수는 각각 10년과 5년이며 모두 잔존가치 없이 정액법으로 감가상각한다. 20X1년 말까지 ㈜대한은 동 자산들을 보유하고 있으며 손상징후는 없다. 취득일 현재 ㈜민국의 A부문에 표시된 자산 외에 추가적으로 식별가능한 자산은 없으며 20X1년 말까지 다른 거래는 없다.
㈜민국의 A부문이 (가)별도의 사업을 구성하고 ㈜대한이 지배력을 획득하여 사업결합 회계처리를 하는 상황과 (나)별도의 사업을 구성하지 못하여 ㈜대한이 자산 집단을 구성하는 각 자산의 취득원가를 결정하기 위한 회계처리를 하는 상황으로 나눈다. 각 상황이 20X1년 7월 1일부터 20X1년 12월 31일까지 ㈜대한의 당기순이익에 미치는 영향은 각각 얼마인가? 2019. CPA

	(가)	(나)
①	₩32,000 증가	₩16,200 감소
②	₩32,000 감소	₩16,200 감소
③	₩18,000 감소	₩32,400 감소
④	₩18,000 증가	₩32,400 증가
⑤	₩18,000 감소	₩32,400 증가

9 사업결합 말문제

1. 사업

(1) 사업의 요소: 투입물, 과정

– **사업의 정의를 충족하기 위해 산출물이 요구되는 것은 아니다.**

(2) 사업인지 여부를 파악할 때는 취득자가 사업을 운영할 의도와 관련 없이 평가한다.

2. 사업결합 기준서의 적용을 배제하는 경우

(1) 공동기업: 지분법 적용

(2) 사업을 구성하지 않는 자산이나 자산 집단: 단순한 자산 취득

(3) 동일지배 하에 있는 기업이나 사업 간 결합

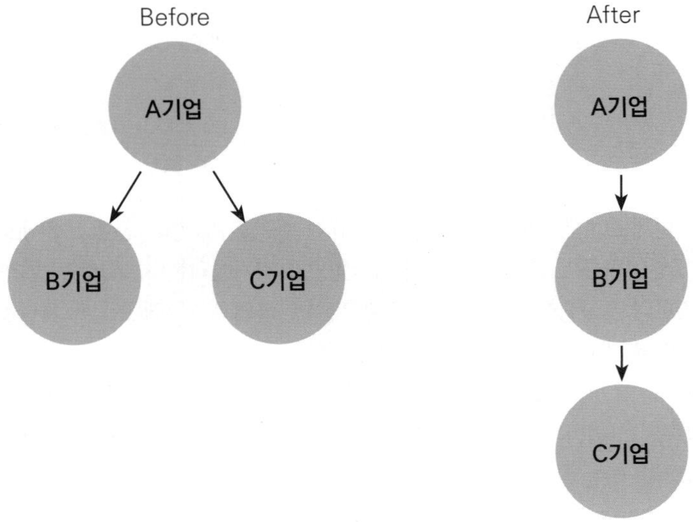

3. 취득자 및 취득일

(1) 취득자

취득자란 피취득자에 대한 지배력을 획득하는 기업을 말한다. 취득자를 명확히 파악하지 못한다면, 다음의 특성을 갖는 경우 취득자로 식별한다.

① 현금이나 자산을 이전한 기업 또는 부채를 부담하는 기업 ② 지분을 발행하는 기업 (예외: 역취득 시 지분을 발행하는 기업이 '피'취득자) ③ 상대적 크기가 중요하게 큰 기업 ④ 기업이 셋 이상 포함된 사업결합의 경우 결합을 제안한 기업

(2) 취득일: 취득자가 피취득자의 **지배력을 획득한 날**

① 원칙: 종료일

일반적으로 취득일은 취득자가 법적으로 대가를 이전하여, 피취득자의 자산을 취득하고 부채를 인수한 날인 **종료일**이다.

② 예외: 종료일보다 이른 날 또는 늦은 날 ★중요!

취득자는 관련된 모든 사실과 상황을 고려하여 취득일을 식별한다. 취득자는 **종료일보다 이른 날 또는 늦은 날**에 지배력을 획득하는 경우도 있다.

4. 식별가능한 자산, 부채의 인식원칙

(1) 개념체계의 자산과 부채의 정의를 충족해야 한다.

– 미래에 생길 것으로 예상하지만 의무가 아닌 원가 (ex〉피취득자의 영업활동 종료, 피취득자의 고용관계 종료, 피취득자의 종업원 재배치): 취득일의 부채 X

(2) 식별가능한 자산, 부채는 별도 거래가 아니라 **사업결합** 거래로 교환된 것이어야 한다.

5. 공정가치로 측정된 자산: 별도의 평가충당금 인식 X ex〉공정가치로 측정한 보상자산

6. 지분만을 교환하는 사업결합

지분만을 교환하고, 피취득자의 주식의 공정가치가 더 신뢰성 있다면: **피취득자의 주식의 공정가치**를 이용하여 영업권의 금액 산정

7. 사업결합으로 취득하는 무형자산

: 무형자산은 분리 가능성 기준 or 계약적 · 법적 기준 충족 시 식별 가능

(1) 계약적 · 법적 기준

계약적 · 법적 기준을 충족하는 무형자산은 피취득자에게서 또는 그 밖의 권리와 의무에서 이전하거나 **분리할 수 없더라도 식별할 수 있다.**

(2) 분리 가능성(=식별가능성) 기준

분리 가능성 기준은 취득한 무형자산이 피취득자에게서 분리되거나 분할될 수 있고, 개별적으로 또는 관련된 계약, 식별할 수 있는 자산이나 부채와 함께 매각 · 이전 · 라이선스 · 임대 · 교환을 할 수 있음을 의미한다.

① 의도가 없더라도 교환할 수 있으면 분리 가능성 충족

② 개별적으로는 분리 못 해도 결합해서 분리할 수 있다면 분리 가능성 충족

예 제 사업결합 말문제

D-01 사업결합의 회계처리에 관한 다음 설명으로 옳지 않은 것은? 2012. CPA

① 취득자는 취득일을 식별하며, 취득일은 피취득자에 대한 지배력을 획득한 날이다.

② 사업결합의 이전대가는 취득자가 이전하는 자산, 취득자가 피취득자의 이전 소유주에 대하여 부담하는 부채 및 취득자가 발행하는 지분의 취득일의 공정가치의 합계로 산정한다.

③ 취득자가 피취득자에 대한 교환으로 이전한 대가에는 조건부 대가 약정으로 인한 자산이나 부채를 모두 포함한다.

④ 지배력을 획득한 날은 항상 종료일이며, 종료일은 취득자가 법적으로 대가를 이전하여 피취득자의 자산을 취득하고 부채를 인수한 날이다.

⑤ 취득자와 피취득자가 지분만을 교환하여 사업결합을 하는 경우 취득일에 피취득자 지분의 공정가치가 취득자 지분의 공정가치보다 더 신뢰성 있게 측정되는 경우가 있다.

D-02 기업회계기준서 제1103호 '사업결합'에 대한 다음 설명 중 옳지 않은 것은? 2019. CPA

① 사업이라 함은 투입물, 산출물 및 산출물을 창출할 수 있는 과정으로 구성되며 이 세 가지 요소 모두 사업의 정의를 충족하기 위한 통합된 집합에 반드시 필요하다.

② 공동약정 자체의 재무제표에서 공동약정의 구성에 대한 회계처리에는 기업회계기준서 제1103호 '사업결합'을 적용하지 않는다.

③ 동일 지배하에 있는 기업이나 사업 간의 결합에는 기업회계기준서 제1103호 '사업결합'을 적용하지 않는다.

④ 일반적으로 지배력을 획득한 날이라 함은 취득자가 법적으로 대가를 이전하여, 피취득자의 자산을 취득하고 부채를 인수한 날인 종료일이다.

⑤ 취득자가 피취득자에게 대가를 이전하지 않더라도 사업결합이 이루어질 수 있다.

D-03 사업결합의 회계처리에 대한 다음 설명 중 옳은 것은? 2018. CPA

① 사업을 구성하지 않는 자산이나 자산 집단을 취득한 경우에도 그 취득거래에서 취득자를 식별할 수 있다면 사업결합으로 회계처리한다.

② 취득일은 피취득자에 대한 지배력을 획득한 날이므로 취득자가 법적으로 대가를 이전하여, 피취득자의 자산을 취득하고 부채를 인수한 날인 종료일보다 이른 날 또는 늦은 날이 될 수 없다.

③ 피취득자의 영업활동 종료, 피취득자의 고용관계 종료, 피취득자의 종업원 재배치와 같은 계획의 실행에 따라 미래에 생길 것으로 예상하지만 의무가 아닌 원가도 취득일의 부채로 인식한다.

④ 취득법에 따른 인식요건을 충족하려면, 식별할 수 있는 취득자산과 인수 부채는 취득자와 피취득자 사이에서 별도거래의 결과로 교환한 항목의 일부이어야 한다.

⑤ 시장참여자가 공정가치를 측정할 때 계약의 잠재적 갱신을 고려하는지와 무관하게, 취득자는 무형자산으로 인식하는, 다시 취득한 권리의 가치를 관련 계약의 남는 계약기간에 기초하여 측정한다.

D-04 사업결합의 회계처리에 관한 다음의 설명 중 옳은 것은? 2016. CPA

① 취득자는 식별가능한 취득 자산과 인수 부채를 취득일의 공정가치로 측정하며, 이러한 공정가치 측정에 예외는 인정되지 않는다.

② 취득자가 사업결합을 통해 취득한 식별가능한 무형자산은 영업권과 분리하여 인식하지만, 집합적 노동력과 같이 식별가능하지 않은 무형자산의 가치는 영업권에 포함한다.

③ 단계적으로 이루어지는 사업결합에서, 취득자는 이전에 보유하고 있던 피취득자에 대한 지분을 취득일의 공정가치로 재측정하고 그 결과 차손익이 있다면 기타포괄손익으로 인식한다.

④ 사업결합을 하는 과정에서 발생한 취득관련원가(중개수수료, 일반관리원가, 지분증권의 발행원가 등)는 원가가 발생한 기간에 비용으로 회계처리한다.

⑤ 사업결합을 통해 취득한 영업권은 적정한 내용연수에 걸쳐 상각하며, 상각 후 장부금액에 대해서는 매 보고기간마다 손상검사를 수행한다.

D-05 기업회계기준서 제1103호 '사업결합'에 대한 다음 설명 중 옳지 않은 것은? 2022. CPA

① 취득자는 식별할 수 있는 취득 자산과 인수 부채를 취득일의 공정가치로 측정한다. 다만 일부 제한적인 예외항목은 취득일의 공정가치가 아닌 금액으로 측정한다.

② 취득자는 사업결합으로 취득 자산과 인수 부채에서 생기는 이연법인세 자산이나 부채를 기업회계기준서 제1012호 '법인세'에 따라 인식하고 측정한다.

③ 시장참여자가 공정가치를 측정할 때 계약의 잠재적 갱신을 고려하는지와 무관하게, 취득자는 무형자산으로 인식하는 '다시 취득한 권리'의 가치를 관련 계약의 남은 계약기간에 기초하여 측정한다.

④ 조건부 대가를 자본으로 분류한 경우, 조건부 대가의 공정가치 변동이 측정기간의 조정 사항에 해당하지 않는다면 재측정하지 않는다.

⑤ 사업결합에서 인식한 우발부채는 이후 소멸하는 시점까지 기업회계기준서 제1037호 '충당부채, 우발부채, 우발자산'에 따라 후속 측정하여야 한다.

D-06 사업결합의 회계처리에 관한 설명으로 옳지 않은 것은? 2017. CTA

① 이전한 자산이나 부채가 사업결합을 한 후에도 결합기업에 여전히 남아 있고, 취득자가 그 자산이나 부채를 계속 통제하는 경우에는, 취득자는 그 자산과 부채를 취득일의 공정가치로 측정하고, 그 자산과 부채에 대한 차손익을 당기손익으로 인식한다.

② 취득자가 피취득자에 대한 지배력을 획득한 날은 일반적으로 취득자가 법적으로 대가를 이전하여, 피취득자의 자산을 취득하고 부채를 인수한 날인 종료일이다. 그러나 취득자는 종료일보다 이른 날 또는 늦은 날에 지배력을 획득하는 경우도 있다.

③ 취득자와 피취득자가 지분만을 교환하여 사업결합을 하는 경우에 취득일에 피취득자 지분의 공정가치가 취득자 지분의 공정가치보다 더 신뢰성 있게 측정되는 경우가 있다. 이 경우에 취득자는 이전한 지분의 취득일 공정가치 대신에 피취득자 지분의 취득일 공정가치를 사용하여 영업권의 금액을 산정한다.

④ 과거사건에서 생긴 현재의무이고 그 공정가치를 신뢰성 있게 측정할 수 있다면, 해당 의무를 이행하기 위하여 경제적 효익이 있는 자원이 유출될 가능성이 높지 않더라도 취득자는 취득일에 사업결합으로 인수한 우발부채를 인식한다.

⑤ 공정가치로 측정한 보상자산의 경우에 회수 가능성으로 인한 미래현금흐름의 불확실성 영향을 공정가치 측정에 포함하였으므로 별도의 평가충당금은 필요하지 않다.

D-07 기업회계기준서 제1103호 '사업결합'에 대한 다음 설명 중 옳지 않은 것은? 2024. CPA

① 취득자와 피취득자가 지분만을 교환하여 사업결합을 하는 경우에 취득일에 피취득자 지분의 공정가치가 취득자 지분의 공정가치보다 더 신뢰성 있게 측정되는 경우, 취득자는 이전한 지분의 취득일 공정가치 대신에 피취득자 지분의 취득일 공정가치를 사용하여 영업권의 금액을 산정한다.

② 계약적, 법적 기준을 충족하는 무형자산은 피취득자에게서 또는 그 밖의 권리와 의무에서 이전하거나 분리할 수 없더라도 식별할 수 있다.

③ 역취득에 따라 작성한 연결재무제표는 회계상 피취득자의 이름으로 발행하지만 회계상 취득자의 재무제표가 지속되는 것으로 주석에 기재하되, 회계상 피취득자의 법적 자본을 반영하기 위하여 회계상 취득자의 법적 자본을 소급하여 수정한다.

④ 취득일에 공정가치와 장부금액이 다른 취득자의 자산과 부채를 이전대가에 포함하였으나 이전한 자산이나 부채가 사업결합을 한 후에도 결합기업에 여전히 남아 있고 취득자가 그 자산이나 부채를 계속 통제하는 경우, 취득자는 그 자산과 부채를 취득일 직전의 장부금액으로 측정하고 사업결합 전이나 후에도 여전히 통제하고 있는 자산과 부채에 대한 차손익을 당기손익으로 인식하지 않는다.

⑤ 과거사건에서 생긴 현재의무이고 그 공정가치를 신뢰성 있게 측정할 수 있으나, 해당 의무를 이행하기 위하여 경제적효익이 있는 자원이 유출될 가능성이 높지 않다면 취득자는 취득일에 사업결합으로 인수한 우발부채를 인식할 수 없다.

D-08 다음 중 사업결합 거래로 인하여 취득한 무형자산의 인식과 관련된 설명으로 옳지 않은 것은? 2015. CPA 심화

① 취득한 무형자산이 피취득자에게서 분리되거나 분할될 수 있고, 개별적으로 또는 관련된 계약, 식별가능한 자산이나 부채와 함께 매각, 이전, 라이선스, 임대 또는 교환할 수 있으면 식별가능하다고 본다.

② 계약상 권리나 기타 법적 권리에서 발생한 무형자산은 피취득자로부터 또는 그 밖의 권리와 의무로부터 이전하거나 분리할 수 없으면 식별가능하지 않다고 본다.

③ 피취득자가 자신의 재무제표에 인식하지 않았던 식별가능한 무형자산을 취득자의 자산으로 인식할 수도 있다.

④ 취득자는 취득일에 피취득자가 미래의 새로운 고객과 협상중인 잠재적 계약은 식별가능하지 않다고 본다.

⑤ 취득자가 사업결합 이전에 피취득자에게 자신의 자산을 사용하도록 부여했던 권리를 사업결합의 일부로서 재취득할 경우, 재취득한 권리는 식별가능하다고 본다.

10 지배력

1. 지배력의 3요소

① 피투자자에 대한 힘 ② 피투자자에 관여함에 따른 변동이익에 대한 노출 또는 권리 ③ 투자자의 이익금액에 영향을 미치기 위하여 피투자자에 대한 자신의 힘을 사용하는 능력

2. 힘: 투자자가 관련 활동을 지시하는 현재의 능력을 갖게 하는 현존 권리

(1) 둘 이상의 투자자들이 서로 다른 활동을 지시하는 권리를 보유하는 경우

피투자자의 이익에 가장 유의적인 영향을 미치는 활동을 지시할 수 있는 투자자가 힘이 있다.

(2) 방어권만을 보유하는 투자자는 힘을 갖지 않는다. ★중요!

3. 변동이익에 대한 노출 또는 권리

투자자가 피투자자에 관여하여 투자자의 이익이 피투자자의 성과에 따라 달라질 가능성이 있는 경우 투자자는 변동이익에 노출되거나 변동이익에 대한 권리를 가진다. 투자자의 이익은 양(+)의 금액이거나, 부(−)의 금액이거나, 둘 모두에 해당할 수 있다.

4. 이익에 영향을 미치기 위하여 자신의 힘을 사용하는 능력

(1) 대리인이라면 지배력을 갖지 않는다.

(2) 한 당사자가 실질적인 해임권을 갖고 있다면 나는 대리인이다.

한 당사자(다른 사람)가 실질적인 해임권을 갖고 있다면 의사결정자(나)가 대리인이라는 결론을 내리기에 충분하다.

(3) 의결권

① 의결권의 과반수 보유로 힘을 가지는 경우

㉠ 의결권 과반수 보유자의 결의로 관련 활동을 지시하거나, ㉡ 관련 활동을 지시하는 의사결정기구 구성원의 과반수를 의결권 과반수 보유자의 결의로 선임할 수 있는 경우

② 의결권의 과반수를 보유하나 힘을 가지지 않는 경우

투자자는 피투자자의 의결권 과반수를 보유하고 있더라도 그러한 권리가 실질적이지 않다면 피투자자에 대한 힘을 가지지 못한다.

ex〉정부, 법원, 관재인, 채권자, 청산인, 감독당국이 관련 활동을 지시

③ 의결권의 과반수를 보유하지 않고도 힘을 가지는 경우

㉠ 투자자와 다른 의결권 보유자 사이의 계약상 약정: 투자자가 계약상 약정이 없으면 자신에게 힘을 부여할 충분한 의결권이 없더라도, 투자자와 다른 의결권 보유자 사이의 계약상 약정으로 투자자에게 힘을 부여하기에 충분한 의결권을 행사할 권리를 갖게 할 수 있다. ㉡ 그 밖의 계약상 약정에서 발생하는 권리: 그 밖의 의사결정권은 의결권과 결합하여 투자자에게 관련 활동을 지시하는 현재의 능력을 부여할 수 있다. ㉢ 투자자의 의결권: 일방적으로 관련 활동을 지시하는 실질적 능력을 가진 경우 자신에게 힘을 부여하는 충분한 권리를 가진다. ㉣ 잠재적 의결권: 투자자는 다른 당사자가 보유한 잠재적 의결권뿐만 아니라 자신이 보유한 잠재적 의결권도 고려한다.

예제 지배력

D-09 다음은 투자자의 피투자자에 대한 지배력에 관한 설명이다. 옳지 않은 것은? 2014. CPA

① 투자자가 피투자자에 대한 지배력을 갖기 위해서는 지배력의 세 가지 요소인 피투자자에 대한 힘, 피투자자에 대한 관여로 인한 변동이익에 대한 노출 또는 권리, 그리고 투자자의 이익금액에 영향을 미치기 위하여 피투자자에 대하여 자신의 힘을 사용하는 능력을 모두 가져야 한다.

② 둘 이상의 투자자들이 각각에게 다른 관련활동을 지시하는 일방적인 능력을 갖게 하는 현존 권리를 보유하는 경우, 투자자 어느 누구도 개별적으로 피투자자를 지배하지 못한다.

③ 투자자가 피투자자에 대한 의결권 과반수를 보유하고 있더라도 그러한 권리가 실질적이지 않다면 피투자자에 대한 힘을 가지지 않는다.

④ 투자자가 피투자자 의결권의 과반수 미만을 보유하더라도 일방적으로 관련활동을 지시하는 실질적 능력을 가진 경우에는 힘을 가질 수 있다.

⑤ 대리인인 투자자가 자신에게 위임된 의사결정권을 행사하는 경우에는 의결권의 과반수를 행사하더라도 피투자자를 지배하는 것으로 볼 수 없다.

D-10 투자자의 피투자자에 대한 지배력을 설명한 것으로 옳지 않은 것은? 2024. CTA

① 투자자는 피투자자에 관여함에 따라 변동이익에 노출되거나 변동이익에 대한 권리가 있고, 피투자자에 대한 자신의 힘으로 변동이익에 영향을 미치는 능력이 있을 때 피투자자를 지배한다.

② 둘 이상의 투자자가 관련 활동을 지시하기 위해 함께 행동해야 하는 경우 어떠한 투자자도 다른 투자자의 협력 없이 관련 활동을 지시할 수 없으므로 어느 누구도 개별적으로 피투자자를 지배하지 못한다.

③ 투자자가 피투자자의 이익에 유의적으로 영향을 미치는 활동 등 관련 활동을 지시하는 현재의 능력을 갖게 하는 현존 권리를 보유하고 있을 때, 투자자는 피투자자에 대한 힘이 있다.

④ 투자자는 피투자자에 대한 힘이 있거나 투자자의 이익금액에 영향을 미치기 위하여 피투자자에 대한 자신의 힘을 사용하는 능력이 있을 때 피투자자를 지배한다.

⑤ 둘 이상의 투자자 각각이 다른 관련 활동을 지시하는 일방적인 능력을 갖게 하는 현존 권리를 보유하는 경우, 피투자자의 이익에 가장 유의적으로 영향을 미치는 활동을 지시하는 현재의 능력이 있는 투자자는 피투자자에 대한 힘이 있다.

D-11 취득자가 하나 이상의 사업에 대한 지배력을 획득하는 거래나 그 밖의 사건을 사업결합이라고 한다. 다음 중 사업결합에서 피취득자에 대한 지배력을 획득하는 기업인 취득자에 대한 설명으로 옳지 않은 것은 어느 것인가? (단, 제시된 예의 모든 보통주는 의결권이 있으며, 의결권의 과반수를 소유하는 경우 지배력을 갖는다고 가정하라.) 2011. CPA 심화

① ㈜TK는 ㈜JY의 보통주 60%를 20X1년에 취득하였으며, ㈜TK는 20X2년 1월 3일에 ㈜SJ의 보통주 40%를 취득하였다. 20X2년 2월 1일에 ㈜JY가 ㈜SJ의 보통주 50%를 취득하는 경우 ㈜TK는 20X2년 2월 1일에 ㈜SJ의 취득자가 된다.

② ㈜TK는 ㈜EH의 보통주 45%를 20X1년에 취득하였으며, ㈜EH의 보통주 20%를 소유하고 있는 ㈜JY와 법적 구속력을 갖는 약정을 맺고 20X2년 1월 1일부터 ㈜JY가 보유하고 있는 ㈜EH의 보통주 의결권을 대리하여 행사하기로 하였다. 따라서 ㈜TK는 20X2년 1월 1일에 ㈜EH의 취득자가 된다.

③ ㈜TK는 20X1년에 ㈜KR의 보통주 50%를 취득하였으며, 20X2년 3월 2일부터 ㈜KR의 보통주로 전환할 수 있는 주식매입권을 20X2년 2월 1일에 취득하였다. ㈜KR의 보통주로 전환될 수 있는 ㈜TK의 주식매입권을 포함하여 ㈜KR의 보통주로 전환될 수 있는 모든 금융상품이 전환되는 경우 ㈜TK가 ㈜KR의 보통주 80%를 보유하게 된다. 따라서 ㈜TK는 20X2년 2월 1일에 ㈜KR의 취득자가 된다.

④ ㈜TK는 20X1년 2월 1일에 ㈜EJ의 보통주 40%를 취득하였으며, ㈜EJ의 보통주 취득과 함께 ㈜EJ의 이사회 구성원 중 60%를 임명하거나 해임할 수 있는 권한을 부여받았다. 따라서 ㈜TK는 20X1년 2월 1일에 ㈜EJ의 취득자가 된다.

⑤ ㈜TK는 20X1년 2월 1일에 ㈜ES의 보통주 50%를 취득하였으며, 20X1년 2월 1일에 다른 주주와의 법적 구속력을 갖는 약정에 의해 ㈜ES의 재무정책과 영업정책을 결정할 수 있는 능력을 위임받았다. 따라서 ㈜TK는 20X1년 2월 1일에 ㈜ES의 취득자가 된다.

객 관 식

C·H·A·P·T·E·R

4

연결회계

[1] 연결NI, 지배NI, 비지배NI
[2] 영업권의 손상

04 연결회계

CHAPTER

1 연결NI, 지배NI, 비지배NI

STEP 1 FV-BV

	FV-BV	X1	X2
재고자산 유형자산	A B	(A × 판매율) (B × 상각률)	(A × 판매율) 처분 시: (남은 금액)
계	A + B	XXX	XXX

주의 유형자산 상각 시 잔존가치는 무시

주의 기중 취득 시 첫해는 월할 상각을 주의할 것

STEP 2 영업권

영업권 = 이전대가 − 종속기업의 순자산 FV × R
　　　= 이전대가 − (종속기업 BV + FV − BV) × R
(영업권이 음수인 경우 당기손익인 **염가매수차익**으로 처리)

STEP 3 내부거래 제거

	X1	X2
하향 (재고)	(매출총이익) 매출총이익 × 판매율	매출총이익 × 판매율
상향 (유형)	(처분손익) 처분손익 × 상각률	처분손익 × 상각률

1. 대여 거래: 표시할 것 없음!

	X1
대여 거래	0

지배기업과 종속기업 간에 대여 거래가 있더라도 내부거래 조정 시 무시하면 된다. 같은 금액만큼 이자수익과 이자비용을 상계하므로 연결당기순이익에 미치는 영향이 없기 때문이다.

STEP 4 당기순이익 조정

X1	지배	종속	합		
1. 조정 전	NI	NI			
2. 내부거래	하향	상향			
3. FV 차이		FV			
4. 손상차손 or 차익	− 손상차손 + 염가매수차익				
5. 배당	− 배당 총액 × R				
6. 조정 후	A	B	A + B	연결 NI	
7. 지배	A	B × R	A + B × R	지배 NI	→ 연결 이잉에 가산
8. 비지배		B × (1 − R)	B × (1 − R)	비지배 NI	→ 비지배지분에 가산

STEP 5 비지배지분

1. 비지배지분을 종속기업의 순자산 공정가치에 비례하여 결정하는 경우

: 비지배지분의 영업권 존재 X

> 비지배지분 = 취득일 종속기업 순자산 FV × (1 − R) + Σ비지배NI
> (지배기업지분의) 영업권 = 이전대가 − 종속기업의 순자산 FV × R

2. 비지배지분을 취득일의 공정가치로 측정하는 경우

(1) 비지배지분의 영업권

> 비지배지분의 영업권 = 취득일 비지배지분의 FV − 종속기업의 순자산 FV × (1 − R)
> (취득일 비지배지분의 FV = 비지배 주식수 × @취득일 종속기업 주식의 주당 FV)

(2) 영업권

> 영업권 총액 = 지배기업지분의 영업권 + 비지배지분의 영업권
> = 이전대가 + 취득일 비지배지분의 FV − 종속기업의 순자산 FV

(3) 비지배지분

> 비지배지분 = 취득일 종속기업 순자산 FV × (1 − R) + Σ비지배NI + **비지배지분의 영업권**
> = 취득일 비지배지분의 FV + Σ비지배NI

3. 종속기업이 배당을 지급한 경우 비지배지분

배당 지급 시 비지배지분 = 일반적인 비지배지분 − **종속기업이 지급한 배당** × (1 − R)

(1) 종속기업이 지배기업에 지급한 배당: 배당금수익만큼 지배기업의 조정 전 NI에서 차감

(2) 종속기업이 비지배지분에 지급한 배당: 비지배지분의 장부금액에서 차감

김수석의 핵심콕! **비지배지분의 평가 방법 요약** ★중요!

	일반적인 경우	예외
비지배지분 계산 방법	비지배지분은 **종속기업의 식별가능한 순자산 공정가치**에 비례하여 결정	비지배지분은 **취득일의 공정가치**로 측정
비지배지분의 영업권	0	취득일 비지배지분의 FV − 종속기업의 순자산 FV × (1 − R)
(총) 영업권	이전대가 − 종속기업의 순자산 FV × R	이전대가 − 종속기업의 순자산 FV × R + **비지배지분의 영업권**
비지배지분	취득일 종속기업 순자산 FV × (1 − R) + Σ비지배NI	취득일 종속기업 순자산 FV × (1 − R) + Σ비지배NI + **비지배지분의 영업권**
		= 취득일 비지배지분의 FV + Σ비지배NI
관점 이론	지배기업 이론	실체이론

예제 합병재무상태표 & 연결재무상태표

A-01 제조업을 영위하는 ㈜한국은 ㈜서울에 대한 지배력을 획득하기 위해 다음의 두 가지 방안을 고려하고 있다.

> 방안(1) ㈜서울의 의결권 있는 보통주식 100%를 ₩20,000에 취득하고 ㈜서울을 흡수합병한다.
> 방안(2) ㈜서울의 의결권 있는 보통주식 60%를 ₩14,000에 취득한다.

사업결합이 검토되는 시점에서 ㈜한국과 ㈜서울의 요약재무상태표는 다음과 같다.

구 분	㈜한국	㈜서울	
		장부금액	공정가치
자산	₩80,000	₩30,000	₩35,000
부채	50,000	20,000	20,000
자본	30,000	10,000	

㈜한국이 방안(1)을 실행함에 따라 합병 직후에 작성되는 '합병재무상태표'와 방안(2)를 실행함에 따라 지배력획득 직후에 작성되는 '연결재무상태표'에 대한 비교설명으로 옳은 것은? 단, 비지배지분은 종속기업의 식별가능한 순자산공정가치에 비례하여 결정한다. 2016. CPA

① 합병재무상태표에 계상되는 영업권과 연결재무상태표에 계상되는 영업권은 그 금액이 동일하다.
② 합병재무상태표의 자산합계액은 연결재무상태표의 자산합계액보다 크다.
③ 합병재무상태표의 부채합계액은 연결재무상태표의 부채합계액보다 작다.
④ 합병재무상태표의 자본합계와 연결재무상태표의 자본합계는 그 금액이 동일하다.
⑤ 합병재무상태표에 계상되는 비지배지분과 연결재무상태표에 계상되는 비지배지분은 그 금액이 동일하다.

예제 FV-BV

A-02 ㈜세무는 20X1년 1월 1일 ㈜한국의 의결권주식 70%를 취득하여 지배력을 획득하였다. 다음 자료에 근거할 때, 20X1년도 연결포괄손익계산서의 지배기업 소유주 당기순이익은? 2018. CTA

• 20X1년 1월 1일 연결분개

(차)	자본금	200,000	(대)	투자주식	240,000
	이익잉여금	30,000		비지배지분	90,000
	재고자산	10,000			
	유형자산	60,000			
	영업권	30,000			

• 위 분개에서 재고자산은 당기에 모두 처분되었으며, 유형자산은 5년간 정액법으로 상각한다.
• 20X1년도 ㈜세무와 ㈜한국의 당기순이익은 각각 ₩50,000과 ₩30,000이다.
• 20X1년도 ㈜세무와 ㈜한국 간의 내부거래는 없다.

① ₩49,000 ② ₩55,600 ③ ₩62,600 ④ ₩64,000 ⑤ ₩71,000

예제 내부거래

A-03 ㈜갑은 20X1년 1월 1일 ㈜을의 의결권 있는 보통주식 60%를 취득하여 지배력을 획득하였으며, 지배력 획득 시점에서 ㈜을의 모든 자산과 부채의 공정가치는 장부금액과 일치하였다. ㈜을은 20X1년에 ₩50,000의 당기순이익을 보고하였으며, 비지배지분은 종속기업의 식별가능한 순자산공정가치에 비례하여 결정한다. 20X1년말 ㈜갑과 ㈜을 사이에 발생한 거래는 다음과 같다. 각 상황은 독립적이다.

상황 (1) : 20X1년말 ㈜갑은 장부금액 ₩10,000(취득원가 ₩30,000, 감가상각누계액 ₩20,000, 잔존내용연수 5년, 잔존가치 ₩0, 정액법 상각)인 기계를 ㈜을에 ₩13,000에 판매하였다. ㈜을은 이 기계를 20X2년에 외부로 판매하였다.
상황 (2) : 20X1년말 ㈜을은 장부금액 ₩10,000(취득원가 ₩30,000, 감가상각누계액 ₩20,000, 잔존내용연수 5년, 잔존가치 ₩0, 정액법 상각)인 기계를 ㈜갑에 ₩13,000에 판매하였다. ㈜갑은 이 기계를 20X2년에 외부로 판매하였다.

㈜갑은 ㈜을의 주식을 원가법으로 회계처리하고 있으며, 법인세 효과는 고려하지 않는다. 각 상황에서 20X1년 비지배주주 귀속 순이익은 얼마인가? 2015. CPA

	상황 (1)	상황 (2)
①	₩18,800	₩19,040
②	₩18,800	₩20,000
③	₩19,040	₩20,000
④	₩20,000	₩18,800
⑤	₩20,000	₩19,040

A-04

㈜대한은 20X1년 초에 ㈜민국의 보통주 60%를 취득하여 지배력을 획득하였다. 지배력 획득일 현재 ㈜민국의 순자산 장부금액과 공정가치는 일치하였다. 20X2년 초에 ㈜대한은 사용 중이던 기계장치(취득원가 ₩50,000, 감가상각누계액 ₩30,000, 잔존내용연수 5년, 잔존가치 ₩0, 정액법 상각, 원가모형 적용)를 ㈜민국에 ₩40,000에 매각하였다. 20X3년 말 현재 해당 기계장치는 ㈜민국이 사용하고 있다. ㈜대한과 ㈜민국이 별도(개별)재무제표에서 보고한 20X3년도 당기순이익은 다음과 같다.

구분	㈜대한	㈜민국
당기순이익	₩20,000	₩10,000

㈜대한의 20X3년도 연결포괄손익계산서에 표시되는 지배기업소유주 귀속당기순이익은 얼마인가? 2023. CPA

① ₩22,000 ② ₩23,600 ③ ₩26,000 ④ ₩28,400 ⑤ ₩30,000

A-05

제조업을 영위하는 ㈜지배는 ㈜종속의 의결권 있는 보통주식 60%를 소유함으로써 지배력을 보유하고 있다. 20X1년중 ㈜지배와 ㈜종속간에 발생한 내부거래 및 20X1년말 별도(개별)재무제표에 보고된 당기순이익은 다음과 같다.

(1) 20X1년 4월 1일, ㈜지배는 원가 ₩20,000의 상품을 ㈜종속에게 ₩30,000에 판매하였다. 20X1년말 현재 이 상품의 40%는 ㈜종속의 재고자산으로 남아있다.
(2) 20X1년 7월 1일, ㈜종속은 ㈜지배에게 ₩50,000을 대여하였다. 동 대여금의 만기일은 20X2년 6월 30일이며, 이자율은 연8%이다.
(3) ㈜지배는 별도재무제표상 ㈜종속 주식을 원가법으로 회계처리 하고 있으며, ㈜지배와 ㈜종속이 20X1년에 보고한 당기순이익은 각각 ₩20,000과 ₩10,000이다.

㈜지배의 20X1년도 연결포괄손익계산서에 보고되는 지배기업소유주귀속당기순이익과 비지배지분귀속당기순이익은 각각 얼마인가? 2016. CPA

	지배기업소유주귀속 당기순이익	비지배지분귀속 당기순이익
①	₩21,200	₩4,800
②	₩22,000	₩4,000
③	₩22,800	₩3,200
④	₩24,800	₩3,200
⑤	₩24,000	₩4,000

A-06 ㈜지배는 ㈜종속 보통주의 80%를 소유하고 있는 지배기업이다. 20X1년중 ㈜지배는 취득원가 ₩25,000의 토지를 ㈜종속에 매각하였으며, 20X1년말 현재 해당 토지는 ㈜종속이 보유하고 있다. 20X1년말 ㈜지배와 ㈜종속의 별도재무제표와 연결재무제표상 토지의 장부금액이 아래와 같다면, ㈜지배와 ㈜종속간 토지의 매매금액은 얼마인가? 단, ㈜지배와 ㈜종속은 토지를 취득원가로 기록하고 있으며, 위 매각거래 이외의 내부거래는 없다. 2014. CPA

계정과목	㈜지배	㈜종속	연결재무제표
토지	₩100,000	₩80,000	₩168,000

① ₩10,000 ② ₩13,000 ③ ₩25,000 ④ ₩37,000 ⑤ ₩40,000

예제 FV-BV & 내부거래

A-07 ㈜세무는 20X1년 초 순자산 장부금액이 ₩1,000,000인 ㈜한국의 의결권 있는 보통주 80%를 ₩900,000에 취득하여 지배력을 획득하였다. 취득일 현재 ㈜한국의 자산과 부채의 장부금액과 공정가치는 건물을 제외하고 모두 일치하였다. 건물의 장부금액과 공정가치는 각각 ₩500,000과 ₩600,000이고, 정액법(잔존 내용연수 10년, 잔존가치 ₩0)으로 상각한다. ㈜한국은 원가에 25%의 이익을 가산하여 ㈜세무에 상품을 판매하고 있으며, 20X1년 ㈜세무가 ㈜한국으로부터 매입한 상품 중 ₩50,000이 기말상품재고액으로 계상되어 있다. 20X1년도 ㈜세무의 별도재무제표에 보고된 당기순이익은 ₩250,000이고, ㈜한국의 당기순이익이 ₩120,000이라고 할 때, ㈜세무의 20X1년도 연결포괄손익계산서 상 지배기업소유주 귀속 당기순이익은? (단, ㈜세무는 별도재무제표 상 ㈜한국의 주식을 원가법으로 회계처리하고 있으며, 비지배지분은 종속기업의 식별가능한 순자산 공정가치에 비례하여 결정한다.) 2023. CTA

① ₩328,000 ② ₩330,000 ③ ₩338,000 ④ ₩346,000 ⑤ ₩350,000

※ 다음의 자료를 이용하여 문제 8번과 문제 9번에 답하시오.

제조업을 영위하는 ㈜대한은 20X1년 1월 1일 ㈜민국의 의결권 있는 보통주식 60%를 ₩120,000에 취득하여 지배력을 획득하였다. 취득일 현재 ㈜민국의 요약재무상태표는 다음과 같다.

요약재무상태표

㈜민국 20X1. 1. 1 현재 (단위: ₩)

계정과목	장부금액	공정가치	계정과목	장부금액	공정가치
현 금	30,000	30,000	부 채	110,000	110,000
재고자산	40,000	50,000	자 본 금	100,000	
유형자산	120,000	150,000	이익잉여금	40,000	
기타자산	60,000	60,000			
	250,000			250,000	

〈추가자료〉

- ㈜민국의 재고자산은 20X1년 중에 모두 외부판매되었다.
- ㈜민국의 유형자산은 본사건물이며, 취득일 현재 잔존내용연수는 5년이고 잔존가치 없이 정액법으로 감가상각한다.
- 20X1년 중 ㈜대한은 토지(장부금액 ₩30,000)를 ㈜민국에게 ₩25,000에 매각하였다. ㈜민국은 해당 토지를 20X1년 말 현재 보유하고 있다.
- ㈜대한과 ㈜민국의 20X1년 당기순이익은 각각 ₩50,000과 ₩30,000이다.
- ㈜대한은 ㈜민국의 주식을 원가법으로 회계처리하며, 연결재무제표 작성시 비지배지분은 종속기업의 식별가능한 순자산 공정 가치에 비례하여 결정한다.
- 취득일 현재 ㈜민국의 요약재무상태표에 표시된 자산과 부채 외에 추가적으로 식별가능한 자산과 부채는 없으며, 영업권 손상은 고려하지 않는다.

A-08 ㈜대한의 20X1년말 연결재무제표에 계상되는 영업권은? 2017. CPA

① ₩0 ② ₩12,000 ③ ₩24,000 ④ ₩36,000 ⑤ ₩48,000

A-09 ㈜대한의 20X1년도 연결재무제표에 표시되는 지배기업소유주귀속당기순이익과 비지배지분귀속당기순이익은? 2017. CPA

	지배기업소유주귀속 당기순이익	비지배지분귀속 당기순이익
①	₩55,400	₩3,600
②	₩53,400	₩5,600
③	₩63,400	₩5,600
④	₩53,400	₩7,600
⑤	₩61,400	₩7,600

※ 다음 자료를 이용하여 10번과 11번에 답하시오.

- 제조업을 영위하는 ㈜지배는 20X1년 초 ㈜종속의 의결권 있는 보통주 80%를 취득하여 지배력을 획득하였다.
- 지배력획득일 현재 ㈜종속의 순자산의 장부금액은 ₩400,000이고, 공정가치는 ₩450,000이며, 장부금액과 공정가치가 다른 자산은 토지로 차이내역은 다음과 같다.

	장부금액	공정가치
토지	₩100,000	₩150,000

- ㈜종속은 위 토지 전부를 20X1년 중에 외부로 매각하고, ₩70,000의 처분이익을 인식하였다.
- 20X1년 중에 ㈜지배는 ㈜종속에게 원가 ₩60,000인 상품을 ₩72,000에 판매하였다. ㈜종속은 ㈜지배로부터 매입한 상품의 80%를 20X1년에, 20%를 20X2년에 외부로 판매하였다.
- ㈜지배와 ㈜종속이 별도(개별)재무제표에서 보고한 20X1년과 20X2년의 당기순이익은 다음과 같다.

구분	20X1년	20X2년
㈜지배	₩300,000	₩400,000
㈜종속	80,000	100,000

- ㈜종속은 20X2년 3월에 ₩10,000의 현금배당을 결의하고 지급하였다.
- ㈜종속은 20X2년 10월 1일에 장부금액 ₩20,000(취득원가 ₩50,000, 감가상각누계액 ₩30,000, 잔존내용연수 4년, 잔존가치 ₩0, 정액법 상각)인 기계를 ㈜지배에 ₩40,000에 매각하였으며, 20X2년 말 현재 해당 기계는 ㈜지배가 보유하고 있다.
- ㈜지배는 별도재무제표상 ㈜종속 주식을 원가법으로 회계처리하고 있다. ㈜지배와 ㈜종속은 유형자산에 대해 원가모형을 적용하고, 비지배지분은 종속기업의 식별가능한 순자산공정가치에 비례하여 결정한다.

A-10 ㈜지배의 20X1년도 연결포괄손익계산서에 표시되는 지배기업소유주귀속당기순이익과 비지배지분귀속당기순이익은 각각 얼마인가? 단, 영업권 손상은 고려하지 않는다. 2020. CPA

	지배기업소유주귀속 당기순이익	비지배지분귀속 당기순이익
①	₩321,600	₩5,520
②	₩321,600	₩6,000
③	₩322,080	₩5,520
④	₩327,600	₩5,520
⑤	₩327,600	₩6,000

A-11 ㈜지배의 20X2년도 연결포괄손익계산서에 표시되는 비지배지분귀속당기순이익은 얼마인가? 2020. CPA

① ₩13,210 ② ₩14,650 ③ ₩14,810 ④ ₩16,250 ⑤ ₩17,000

※ 다음 〈자료〉를 이용하여 12번과 13번에 답하시오.

〈자료〉

- ㈜대한은 20X1년 1월 1일에 ㈜민국의 의결권 있는 주식 60%를 ₩300,000에 취득하여 지배력을 획득하였다. 지배력 획득시점의 ㈜민국의 순자산 장부금액은 공정가치와 동일하다.
- 다음은 20X1년부터 20X2년까지 ㈜대한과 ㈜민국의 요약재무정보이다.

요약포괄손익계산서

계정과목	20X1년		20X2년	
	㈜대한	㈜민국	㈜대한	㈜민국
매출	₩850,000	₩500,000	₩800,000	₩550,000
(매출원가)	(700,000)	(380,000)	(670,000)	(420,000)
기타수익	210,000	170,000	190,000	150,000
(기타비용)	(270,000)	(230,000)	(200,000)	(210,000)
당기순이익	₩90,000	₩60,000	₩120,000	₩70,000

요약재무상태표

계정과목	20X1년		20X2년	
	㈜대한	㈜민국	㈜대한	㈜민국
현금등	₩450,000	₩270,000	₩620,000	₩300,000
재고자산	280,000	150,000	250,000	200,000
종속기업투자	300,000	–	300,000	–
유형자산	670,000	530,000	630,000	400,000
자산	₩1,700,000	₩950,000	₩1,800,000	₩900,000
부채	₩710,000	₩490,000	₩690,000	₩370,000
자본금	700,000	250,000	700,000	250,000
이익잉여금	290,000	210,000	410,000	280,000
부채와자본	₩1,700,000	₩950,000	₩1,800,000	₩900,000

• ㈜대한과 ㈜민국 간의 20X1년과 20X2년 내부거래는 다음과 같다.

연도	내부거래 내용
20X1년	㈜대한은 보유 중인 재고자산을 ₩100,000(매출원가 ₩80,000)에 ㈜민국에게 판매하였다. ㈜민국은 ㈜대한으로부터 매입한 재고자산 중 20X1년 말 현재 40%를 보유하고 있으며, 20X2년 동안 연결실체 외부로 모두 판매하였다.
20X2년	㈜민국은 보유 중인 토지 ₩95,000을 ㈜대한에게 ₩110,000에 매각하였으며, ㈜대한은 20X2년 말 현재 동 토지를 보유 중이다.

• ㈜대한의 별도재무제표에 ㈜민국의 주식은 원가법으로 표시되어 있다.
• 자산의 손상 징후는 없으며, 연결재무제표 작성 시 비지배지분은 종속기업의 식별 가능한 순자산 공정가치에 비례하여 결정한다.

A-12 20X1년 12월 31일 현재 ㈜대한의 연결재무상태표에 표시되는 영업권을 포함한 자산총액은 얼마인가?

2021. CPA 심화

① ₩2,402,000 ② ₩2,500,000 ③ ₩2,502,000
④ ₩2,702,000 ⑤ ₩2,850,000

A-13 20X2년 ㈜대한의 연결포괄손익계산서에 표시되는 연결당기순이익은 얼마인가? 2021. CPA

① ₩208,000 ② ₩197,000 ③ ₩183,000
④ ₩182,000 ⑤ ₩177,000

예 제 비지배지분

B-01 20X1년 1월 1일에 ㈜대한은 ㈜민국의 지분 60%를 ₩35,000에 취득하여 ㈜민국의 지배기업이 되었다. ㈜대한의 ㈜민국에 대한 지배력 획득일 현재 ㈜민국의 자본총계는 ₩40,000(자본금 ₩5,000, 자본잉여금 ₩10,000, 이익잉여금 ₩25,000)이며, 장부금액과 공정가치가 차이를 보이는 계정과목은 다음과 같다.

계정과목	장부금액	공정가치	비고
토지	₩17,000	₩22,000	20X2년 중 매각완료
차량운반구 (순액)	8,000	11,000	잔존내용연수 3년 잔존가치 ₩0 정액법으로 감가상각

㈜민국이 보고한 당기순이익이 20X1년 ₩17,500, 20X2년 ₩24,000일 때 ㈜대한의 20X2년 연결포괄손익계산서 상 비지배주주 귀속 당기순이익과 20X2년 12월 31일 연결재무상태표 상 비지배지분은 얼마인가? 단, 비지배지분은 ㈜민국의 식별가능한 순자산 공정가치에 비례하여 결정하고, 상기 기간 중 ㈜민국의 기타포괄손익은 발생하지 않은 것으로 가정한다. 2021. CPA

	비지배주주 귀속 당기순이익	비지배지분
①	₩7,200	₩33,000
②	₩7,200	₩32,600
③	₩7,600	₩33,000
④	₩7,600	₩32,600
⑤	₩8,000	₩33,000

B-02 ㈜국세는 20X1년 1월 1일 ㈜대한의 발행주식 중 70%를 ₩20,000,000에 취득하여 지배력을 획득하였다. 취득 당시 ㈜대한의 자본은 자본금 ₩20,000,000과 이익잉여금 ₩5,000,000으로 구성되어 있으며, ㈜대한의 순자산의 공정가치와 장부금액의 차이는 ₩500,000이다. 이는 건물(잔존내용연수 5년, 정액법 상각)의 공정가치 ₩2,500,000과 장부금액 ₩2,000,000의 차이이다. 한편, ㈜국세는 20X1년 7월 2일 ㈜대한에 원가 ₩1,000,000인 제품을 ₩1,200,000에 매출하였으며, ㈜대한은 20X1년 말 현재 동 제품을 판매하지 못하고 보유하고 있다. ㈜대한이 20X1년도 포괄손익계산서의 당기순이익으로 ₩7,000,000을 보고하였다면, ㈜국세가 20X1년 말 연결재무상태표에 인식할 비지배지분은 얼마인가? (단, 비지배지분은 종속기업 순자산의 공정가치에 비례하여 인식한다.) 2011. CTA

① ₩9,660,000 ② ₩9,720,000 ③ ₩9,750,000
④ ₩9,780,000 ⑤ ₩9,840,000

※ 다음 자료를 이용하여 3번과 4번에 답하시오.

제조업을 영위하는 ㈜대한은 20X1년 초에 ㈜민국의 보통주 60%를 ₩140,000에 취득하여 지배력을 획득하였다. 취득일 현재 ㈜민국의 순자산 장부금액은 ₩150,000(자본금 ₩100,000, 이익잉여금 ₩50,000)이다.

〈추가자료〉

- 취득일 현재 ㈜민국의 식별가능한 자산과 부채 중 장부금액과 공정가치가 다른 내역은 다음과 같다.

구분	장부금액	공정가치	추가정보
재고자산 (상품)	₩50,000	₩60,000	20X1년 중에 모두 외부판매됨
기계장치	120,000	160,000	취득일 현재 잔존내용연수는 8년이고, 잔존가치 없이 정액법으로 상각함

- 20X1년 중에 ㈜대한은 장부금액 ₩20,000의 재고자산(제품)을 ㈜민국에게 ₩30,000에 판매하였다. ㈜민국은 이 재고자산의 50%를 20X1년에, 나머지 50%를 20X2년에 외부로 판매하였다.
- 20X2년 1월 1일에 ㈜민국은 ㈜대한으로부터 ₩100,000을 차입하였다. 동 차입금의 만기는 20X2년 12월 31일이며, 이자율은 연 10%이다.
- ㈜대한과 ㈜민국이 별도(개별)재무제표에서 보고한 20X1년과 20X2년의 당기순이익은 다음과 같다.

구분	20X1년	20X2년
㈜대한	₩80,000	₩100,000
㈜민국	30,000	50,000

- ㈜대한은 별도재무제표에서 ㈜민국에 대한 투자주식을 원가법으로 회계처리한다. 연결재무제표 작성 시 유형자산에 대해서는 원가모형을 적용하고, 비지배지분은 종속기업의 식별가능한 순자산 공정가치에 비례하여 결정한다.

B-03 ㈜대한의 20X1년 말 연결재무상태표에 표시되는 비지배지분은 얼마인가? 2022. CPA

① ₩80,000 ② ₩82,000 ③ ₩84,000 ④ ₩86,000 ⑤ ₩92,000

B-04 ㈜대한의 20X2년도 연결포괄손익계산서에 표시되는 지배기업소유주귀속당기순이익은 얼마인가? 2022. CPA

① ₩132,000 ② ₩130,000 ③ ₩128,000 ④ ₩127,000 ⑤ ₩123,000

B-05 ㈜대한은 20X1년 1월 1일 ㈜민국의 의결권 있는 보통주 70%를 ₩210,000에 취득하여 지배력을 획득하였다. 주식취득일 현재 ㈜민국의 자산과 부채는 아래의 자산을 제외하고는 장부금액과 공정가치가 일치하였다.

구분	재고자산	건물(순액)
공정가치	₩20,000	₩60,000
장부금액	10,000	40,000

20X1년 초 ㈜민국의 납입자본은 ₩150,000이고, 이익잉여금은 ₩50,000이었다. ㈜민국의 20X1년 초 재고자산은 20X1년 중에 모두 판매되었다. 또한 ㈜민국이 보유하고 있는 건물의 주식취득일 현재 잔존내용연수는 5년이며, 잔존가치 없이 정액법으로 감가상각한다. 20X1년 ㈜민국의 당기순이익은 ₩40,000이다. ㈜대한의 20X1년 말 연결재무상태표상 비지배지분은 얼마인가? 단, 비지배지분은 주식취득일의 공정가치로 측정하며, 주식취득일 현재 비지배지분의 공정가치는 ₩70,000이었다. 더불어 영업권 손상은 고려하지 않는다.

2020. CPA

① ₩67,800 ② ₩72,000 ③ ₩77,800 ④ ₩82,000 ⑤ ₩97,800

B-06 ㈜갑은 20X1년 1월 1일 ㈜을의 의결권있는 보통주식 80%를 ₩400,000에 취득하여 지배기업이 되었으며, 취득일 현재 ㈜을의 재무상태표는 다음과 같다.

재무상태표

㈜을 20X1년 1월 1일 현재 (단위: ₩)

계정과목	장부금액	공정가치	계정과목	장부금액	공정가치
현금	30,000	30,000	부채	100,000	100,000
재고자산	150,000	180,000	자본금	200,000	–
건물(순액)	200,000	150,000	이익잉여금	80,000	–
자산총계	380,000		부채및자본총계	380,000	

- 취득일 현재 ㈜을의 재무상태표상 표시된 자산과 부채를 제외하고는 추가적으로 식별 가능한 자산과 부채는 존재하지 않는다.
- 건물의 잔존내용연수는 10년이고, 잔존가치는 없으며, 정액법으로 상각한다.
- 재고자산은 20X1년 중에 모두 외부로 판매되었다.
- ㈜을의 20X1년 당기순이익은 ₩80,000이며, 20X1년 중 ㈜을의 다른 자본변동거래는 없다.
- 비지배지분은 취득일의 공정가치로 측정하며, 취득일 현재 비지배지분의 공정가치는 ₩96,000이다.
- 20X1년말 현재 ㈜을은 ㈜갑의 유일한 종속기업이다.

㈜갑이 20X1년말 연결재무상태표에 표시할 비지배지분은 얼마인가? 단, 법인세효과는 없는 것으로 가정한다.

2012. CPA

① ₩61,000 ② ₩63,000 ③ ₩105,000 ④ ₩107,000 ⑤ ₩110,000

예제 종속기업이 배당을 지급한 경우

※ 다음 자료를 이용하여 문제 7번과 문제 8번에 답하시오.

제조업을 영위하는 ㈜대한은 20X1년 1월 1일 ㈜민국의 의결권 있는 보통주 70%를 ₩150,000에 취득하여 지배력을 획득하였다. 취득일 현재 ㈜민국의 요약재무상태표는 다음과 같다.

요약재무상태표

㈜민국 20X1. 1. 1. 현재 (단위 : ₩)

계정과목	장부금액	공정가치	계정과목	장부금액	공정가치
현 금	30,000	30,000	부 채	150,000	150,000
재고자산	80,000	80,000	자 본 금	100,000	
유형자산	150,000	200,000	이익잉여금	70,000	
기타자산	60,000	60,000			
	320,000			320,000	

〈추가자료〉

- ㈜민국의 유형자산은 본사건물이며, 취득일 현재 잔존내용연수는 10년이고 잔존가치 없이 정액법으로 상각한다.
- 20X2년 10월초에 ㈜대한은 장부금액 ₩20,000의 재고자산(제품)을 ㈜민국에게 ₩30,000에 판매하였다. 이 제품은 20X2년말 현재 외부에 판매되지 않고 ㈜민국의 재고자산으로 남아있다.
- ㈜대한과 ㈜민국이 별도(개별)재무제표에서 보고한 20X1년과 20X2년의 당기순이익은 다음과 같다.

구분	20X1년	20X2년
㈜대한	₩100,000	₩130,000
㈜민국	40,000	50,000

- ㈜대한과 ㈜민국은 20X2년 3월에 각각 ₩50,000과 ₩20,000의 현금배당을 결의하고 지급하였다.
- 취득일 현재 ㈜민국의 요약재무상태표에 표시된 자산과 부채 외에 추가적으로 식별가능한 자산과 부채는 없다.
- ㈜대한은 별도재무제표에서 ㈜민국의 주식을 원가법으로 회계처리한다. 연결재무제표 작성시 유형자산에 대해서는 원가모형을 적용하고, 비지배지분은 종속기업의 식별가능한 순자산 공정가치에 비례하여 결정한다.

B-07 ㈜대한의 20X1년 연결포괄손익계산서에 표시되는 연결당기순이익은 얼마인가? 2018. CPA

① ₩129,000 ② ₩130,000 ③ ₩135,000 ④ ₩139,000 ⑤ ₩140,000

B-08 ㈜대한의 20X2년말 연결재무상태표에 표시되는 비지배지분은 얼마인가? 2018. CPA

① ₩84,000 ② ₩85,500 ③ ₩87,000 ④ ₩90,000 ⑤ ₩91,500

※ 다음 자료를 이용하여 9번과 10번에 답하시오.

• ㈜대한은 20X1년 초에 ㈜민국의 의결권 있는 보통주 80%를 ₩200,000에 취득하고 지배력을 획득하였다. 취득일 현재 ㈜민국의 요약재무상태표는 다음과 같다.

요약재무상태표

㈜민국　　20X1. 1. 1. 현재　　(단위: ₩)

계정과목	장부금액	공정가치	계정과목	장부금액	공정가치
현 금	20,000	20,000	부 채	120,000	120,000
매출채권	40,000	40,000	자 본 금	50,000	
재고자산	60,000	70,000	이익잉여금	100,000	
유형자산	150,000	190,000			
	270,000			270,000	

• ㈜민국의 위 재고자산은 상품이며, 20X1년 중에 모두 외부로 판매되었다.
• ㈜민국의 위 유형자산은 기계장치이며, 지배력 획득일 현재 잔존내용연수는 8년이고 잔존가치 없이 정액법으로 상각한다.
• 20X1년 중에 ㈜대한은 장부금액 ₩20,000의 재고자산(제품)을 ㈜민국에게 ₩30,000에 판매하였다. ㈜민국은 이 재고자산의 50%를 20X1년 중에 외부로 판매하였으며, 나머지 50%를 20X2년 중에 외부로 판매하였다.
• ㈜대한과 ㈜민국이 20X1년도 및 20X2년도에 각각 보고한 당기순이익은 다음과 같다.

구분	20X1년	20X2년
㈜대한	₩50,000	₩60,000
㈜민국	₩30,000	₩20,000

• ㈜대한과 ㈜민국은 20X2년 3월에 각각 ₩20,000과 ₩10,000의 현금배당(결산배당)을 결의하고 지급하였다.
• ㈜대한은 별도재무제표에서 ㈜민국의 주식을 원가법으로 회계처리한다. 연결재무제표 작성시 유형자산에 대해서는 원가모형을 적용하고, 비지배지분은 종속기업의 식별가능한 순자산 공정가치에 비례하여 결정한다.

B-09 ㈜대한의 20X1년도 연결재무상태표에 표시되는 비지배지분은 얼마인가? 2024. CPA

① ₩40,000　② ₩41,000　③ ₩42,000　④ ₩43,000　⑤ ₩44,000

B-10 ㈜대한의 20X2년도 연결포괄손익계산서에 표시되는 지배기업소유주귀속당기순이익은 얼마인가? 2024. CPA

① ₩64,000　② ₩69,000　③ ₩72,000　④ ₩76,000　⑤ ₩77,000

2 영업권의 손상

1. 영업권 손상차손=영업권-회수가능액

2. 영업권 손상차손환입 인식 X

예 제 영업권 손상

※ 다음의 자료를 이용하여 문제 1번과 문제 2번에 답하시오.

㈜지배는 20X1년 1월 1일에 ㈜종속의 보통주 90%를 ₩550,000에 취득하여 ㈜종속의 지배기업이 되었으며, 취득일 현재 ㈜종속의 요약재무상태표상 장부금액과 공정가치는 다음과 같다.

요약재무상태표

㈜종속 20X1. 1. 1 현재 (단위: ₩)

계정과목	장부금액	공정가치	계정과목	장부금액	공정가치
현금 등	30,000	30,000	부채	150,000	150,000
재고자산	120,000	170,000	자본금	300,000	—
건물(순액)	500,000	550,000	이익잉여금	200,000	—
자산총계	650,000		부채・자본총계	650,000	

- ㈜종속은 건물을 정액법으로 상각하며, 20X1년 1월 1일에 건물의 잔존내용연수는 5년, 잔존가치는 없고, 모든 건물은 내용연수동안 사용한다.
- ㈜종속의 재고자산은 20X1년에 60%가, 20X2년도에 40%가 외부로 판매되었다.
- 20X1년과 20X2년의 당기순이익으로 ㈜지배는 각각 ₩150,000과 ₩250,000을 보고하였으며, ㈜종속은 각각 ₩70,000과 ₩100,000을 보고하였다.
- 연결재무제표 작성시 비지배지분은 ㈜종속의 식별가능한 순자산의 공정가치 중 비례적 지분으로 측정하며, 재무상태표상 제시된 자산·부채를 제외하고는 추가적으로 식별가능한 자산·부채는 없다.
- ㈜지배는 ㈜종속을 제외한 다른 종속기업을 갖고 있지 않다. 또한 20X1년 1월 1일 이후 ㈜지배와 ㈜종속의 자본관련 거래는 없으며, 문제에 제시되어 있는 것을 제외한 어떠한 내부거래도 없었다.(단, 법인세 효과는 고려하지 않는다.)

C-01 ㈜지배가 20X1년 12월 31일에 연결재무제표를 작성하는 경우 인식해야 하는 연결당기순이익과 비지배지분은 각각 얼마인가? (단, 20X1년 12월 31일에 영업권의 회수가능액은 ₩7,000으로 추정하였다.) 2011. CPA

	연결당기순이익	비지배지분
①	₩220,000	₩60,000
②	₩210,000	₩61,000
③	₩180,000	₩62,000
④	₩177,000	₩63,000
⑤	₩174,000	₩64,000

C-02 ㈜지배는 20X2년 1월 1일에 ㈜종속에 건물(취득원가 ₩100,000, 감가상각누계액 ₩50,000, 정액법상각, 잔존내용연수 5년, 잔존가치 없음)을 ₩80,000에 매각하였다. ㈜지배가 20X2년 12월 31일에 연결재무제표를 작성하는 경우 인식해야 하는 연결당기순이익과 비지배지분은 각각 얼마인가? (단, 20X2년도에는 영업권의 손상차손은 발생하지 않았다.) 2011. CPA

	연결당기순이익	비지배지분
①	₩336,000	₩74,000
②	₩326,000	₩73,000
③	₩316,000	₩72,000
④	₩306,000	₩71,000
⑤	₩296,000	₩70,000

※ 다음의 자료를 이용하여 문제 3번과 문제 4번에 답하시오.

- 20X1년초에 ㈜지배는 ㈜종속의 의결권 있는 주식 80%를 ₩140,000에 취득하는 사업결합을 하였다.
- 취득일 현재 ㈜종속의 순자산의 장부금액은 ₩120,000이고 공정가치는 ₩150,000이며, 양자의 차이는 토지의 공정가치가 장부금액을 ₩30,000 초과하는데 기인한다. ㈜종속은 동 토지를 20X2년 중에 연결실체의 외부로 모두 매각하였으며, 이 때 ₩35,000의 처분이익이 발생하였다.
- 20X1년 중에 ㈜종속은 ㈜지배에게 상품을 판매하였는데, 20X1년말 현재 내부거래 미실현이익은 ₩24,000이며, 동 미실현이익은 20X2년 중에 모두 실현되었다.
- ㈜지배의 20X1년과 20X2년의 당기순이익은 각각 ₩300,000과 ₩350,000이고, ㈜종속의 20X1년과 20X2년의 당기순이익은 각각 ₩60,000과 ₩70,000이다.
- 비지배지분은 ㈜종속의 순자산 공정가치에 지분율을 적용한 금액으로 측정한다.
- 20X1년말과 20X2년말 현재 영업권의 회수가능액은 각각 ₩15,000과 ₩16,000이다.
- 법인세효과는 고려하지 않는다.

C-03 20X1년말 연결재무상태표에 표시될 비지배지분 금액은 얼마인가? 2013. CPA

① ₩30,800 ② ₩37,200 ③ ₩38,200 ④ ₩42,000 ⑤ ₩46,800

C-04 20X2년도 연결손익계산서에 표시될 당기순이익은 얼마인가? 2013. CPA

① ₩361,000 ② ₩390,000 ③ ₩409,000 ④ ₩414,000 ⑤ ₩444,000

※ 다음 자료를 이용하여 문제 5번부터 7번까지의 물음에 답하시오. (단, 법인세효과는 고려하지 않는다.)

㈜현재는 설립 후 상품매매업을 영위해 왔던 기업이다. ㈜현재는 장기 성장전략의 일환으로 새로운 사업 분야 진출을 위해 노력하던 중 20X1년 7월 1일 비상장기업인 ㈜미래의 지분을 100% 인수하였다. ㈜현재는 ㈜미래를 제외하고 다른 기업의 주식을 보유한 적이 없으며, 추가적인 취득 계획도 없다. ㈜미래는 의약품과 건강보조식품 등을 제조 판매하는 회사로서 다양한 신약 후보물질을 개발하여 제조와 판매의 승인을 기다리고 있다.

(가) ㈜미래는 비만에 대한 치료효과가 탁월할 것으로 기대되는 신약 예비물질 '갑'을 개발하여 20X0년 말에 식품의약품안전청(이하 식약청)에 제조와 판매승인을 신청했다. ㈜현재는 해당 정보를 20X1년 초에 입수하고, '갑'의 향후 판매로 인한 이익확대를 기대하여 ㈜미래를 인수하였다. 만약 ㈜미래가 개발한 '갑'과 관련된 정보를 알지 못했다면, ㈜현재는 ㈜미래를 인수하지 않았을 것이다.

(나) 20X1년 7월 1일 기준 ㈜미래의 주식 취득관련 사항 : ㈜현재는 자신의 주식 10주를 발행하여 ㈜미래의 지배주주에게 지급하고, ㈜미래의 발행주식 100%를 모두 인수하였다. 지급당시 ㈜현재의 1주당 액면금액은 ₩50이고, 공정가치는 ₩100이다. 인수 당시 ㈜미래의 장부상 자산과 부채 금액은 각각 ₩900과 ₩200이며, 식별 가능한 자산과 부채의 공정가치는 각각 ₩800과 ₩200이다.

(다) ㈜현재의 ㈜미래 인수 이후의 사건 :

- 20X2년 중 : ㈜현재의 유통망을 이용하여 ㈜미래가 생산하는 건강보조식품을 매입하여 판매하기로 하였다. ㈜현재는 20X2년 중 ㈜미래로부터 원가 ₩200의 건강보조식품을 ₩300에 매입하였다. 20X2년 말까지 해당 상품 중 50%를 ₩200에 판매하였고, 나머지는 보관중이다.
- 20X2년 말 : 식약청에 사용승인을 신청했던 신약 예비물질 '갑'이 부작용 등의 위험으로 인해 제조 및 시판이 금지되었다. 이 사건으로 인해 ㈜미래는 심각한 경영위기에 있고, 현재 상황으로는 향후에도 ㈜미래는 시장대비 초과이익을 창출할 가능성이 없으며, ㈜미래의 지분을 ㈜미래 순자산의 공정가치 이상으로 처분할 수도 없다.
- 20X3년 중 : ㈜미래는 식약청으로부터 치매치료제로서 신약 후보 물질인 '을'의 제조 및 판매 승인을 받았다. 향후 '을'의 판매로 인해 ㈜미래의 매출과 이익의 상승이 기대되며, 그 효과는 ㈜현재가 ㈜미래를 인수할 당시 '갑'의 판매로 인해 기대했던 이익의 규모를 훨씬 초과한다.

C-05 ㈜현재의 20X1년도 연결재무제표에 포함되는 영업권 또는 염가매수차익의 금액과 별도재무제표에 표시되는 투자주식의 금액은? (단, 별도재무제표의 투자주식 평가는 원가법을 적용하고, 영업권의 손상차손은 없다. 만약 제시된 ①, ②, ③, ④ 항목 중 정답이 없다면 ⑤를 선택하라.) 2010. CPA

	연결재무제표	별도재무제표
①	염가매수차익 ₩100	투자주식 ₩500
②	염가매수차익 ₩200	투자주식 ₩500
③	영업권 ₩300	투자주식 ₩1,000
④	영업권 ₩400	투자주식 ₩1,000
⑤	①, ②, ③, ④ 중 정답 없음	

C-06 ㈜현재의 20X2년도 연결재무제표 상의 매출총이익은 ₩300이고, 별도재무제표 상의 매출총이익은 ₩200이라고 가정할 때 ㈜미래의 20X2년도 재무제표 상의 매출총이익은 얼마인가? (단, 위의 자료에서 제시한 거래 외에는 ㈜현재와 ㈜미래 사이의 거래는 없다.) 2010. CPA

① ₩50 ② ₩100 ③ ₩150 ④ ₩200 ⑤ ₩250

C-07 만일 ㈜미래의 인수로 인해 ㈜현재의 20X1년 연결재무제표에서 영업권이 ₩100 발생한다고 가정하면, 20X2년 말과 20X3년 말 연결재무제표에서 영업권의 장부상 금액은 각각 얼마인가? (단, 자료에서 제시한 (나) 외의 사항은 동일하고, ㈜미래는 단일 현금창출단위이다.) 2010. CPA

	20X2년 말	20X3년 말
①	₩95	₩90
②	₩80	₩60
③	₩100	₩100
④	₩0	₩100
⑤	₩0	₩0

객 관 식

C·H·A·P·T·E·R

6

연결회계-기타사항

[1] 법인세가 있는 경우 연결 중요!
[2] 기타포괄손익이 있는 경우 연결
[3] 모자손
[4] 역취득
[5] 종속기업투자주식의 취득, 처분 심화
[6] 종속기업의 자본거래 심화
[7] 연결 말문제
[8] 해외사업장 순투자
[9] 해외사업장에 대한 연결 심화
[10] 해외사업장 순투자에 대한 위험회피

05 연결회계-기타사항

CHAPTER

1 법인세가 있는 경우 연결 ★중요!

1. 결손금

(1) '피취득자'로부터 승계한 결손금: 영업권에 반영 O

(2) '취득자'의 결손금의 미래 실현가능성 변동: 영업권에 반영 X

2. FV-BV

	FV-BV	X1	X2
자산	차액 × **(1 − t)**	(상각액) × **(1 − t)**	(상각액) × **(1 − t)**

(1) 영업권에 미치는 영향

t가 법인세율이라고 가정할 때, 영업권은 다음과 같이 구한다.

> 법인세가 없는 경우: 영업권 = 이전대가 − {종속기업의 순자산 BV + (FV − BV)} × 지분율
> 법인세가 있는 경우: 영업권 = 이전대가 − {종속기업의 순자산 BV + (FV − BV) × **(1 − t)**} × 지분율

(2) 공정가치 평가차액 상각

취득일 현재 공정가치 평가차액에 (1 − t)를 곱했으므로, 상각액에도 (1 − t)를 곱해서 상각

3. 영업권의 이연법인세부채: 인식 X ★중요!

4. 내부거래 제거

	X1	X2
하향 (재고)	(매출총이익) × **(1 − t)** 매출총이익 × 판매율 × **(1 − t)**	매출총이익 × 판매율 × **(1 − t)**
상향 (유형)	(처분손익) × **(1 − t)** 처분손익 × 상각률 × **(1 − t)**	처분손익 × 상각률 × **(1 − t)**

내부거래 제거표를 원래 그리던 대로 그린 뒤, 모든 금액에 (1 − t)를 곱하면 된다.

예 제 법인세가 있는 경우 연결

A-01 ㈜갑은 20X1년초에 ㈜을의 모든 자산과 부채를 취득·인수하는 사업결합을 하였으며, 관련 자료는 다음과 같다.

> • 취득일 현재 ㈜을 자산의 장부금액 ₩400,000(공정가치 ₩450,000)
> • 취득일 현재 ㈜을 부채의 장부금액 ₩320,000(공정가치 ₩320,000)
> • ㈜갑은 취득일에 이전대가로 ㈜갑의 주식(공정가치 ₩200,000)을 발행·교부하였다.
> • 취득일 현재 ㈜갑은 미래 실현가능성이 높지 않다는 판단 하에 이연법인세자산을 인식하지 않은 세무상결손금 ₩70,000을 가지고 있는데, 사업결합으로 인하여 세무상결손금의 미래 실현가능성이 높아졌다고 판단하였다.
> • 20X1년 및 20X2년 이후 ㈜갑에 적용할 법인세율은 모두 20%이다.

법인세효과를 고려하여 사업결합 회계처리를 할 때, ㈜갑이 취득일에 인식할 영업권은 얼마인가? 단, ㈜을의 자산 및 부채의 세무기준액은 장부금액과 동일하다. 2013. CPA

① ₩46,000 ② ₩66,000 ③ ₩70,000 ④ ₩74,000 ⑤ ₩80,000

※ 다음의 자료를 이용하여 문제 2번과 문제 3번에 답하시오.

> 제조업을 영위하는 ㈜대한은 20X1년 1월 1일 ㈜민국의 보통주식 80%를 ₩270,000에 취득하여 지배력을 획득하였다. 지배력획득일 현재 ㈜민국의 순자산 장부금액은 ₩200,000(자본금 ₩100,000, 이익잉여금 ₩100,000)이다.
>
> 〈추가자료〉
>
> (1) 지배력획득일 현재 ㈜민국의 자산과 부채 중 장부금액과 공정가치가 다른 자산은 건물로서 차이내역은 다음과 같다.
>
> | | 장부금액 | 공정가치 |
> |---|---|---|
> | 건 물 | ₩150,000 | ₩200,000 |
>
> 위 건물은 원가모형에 따라 회계처리 되며, 지배력획득일 현재 잔존내용연수는 10년이고 잔존가치 없이 정액법으로 감가상각한다.
>
> (2) 20X1년중에 ㈜민국은 원가 ₩20,000의 상품을 ㈜대한에게 ₩30,000에 판매하였다. ㈜대한은 이 재고자산 중 80%를 20X1년에 외부로 판매하고, 나머지 20%는 20X1년말 현재 재고자산으로 보유하고 있다.
>
> (3) ㈜민국은 20X1년 당기순이익으로 ₩20,000을 보고하였다.
>
> (4) ㈜대한은 별도재무제표상 ㈜민국 주식을 원가법으로 회계처리하고 있으며, 연결재무제표 작성시 비지배지분은 종속기업의 식별가능한 순자산공정가치에 비례하여 결정한다.

A-02 ㈜대한의 20X1년말 연결재무제표에 계상되는 영업권과 비지배지분귀속당기순이익은 각각 얼마인가? 단, 영업권 손상여부는 고려하지 않는다. 2016. CPA

	영업권	비지배지분귀속당기순이익
①	₩70,000	₩2,600
②	₩70,000	₩3,600
③	₩80,000	₩4,000
④	₩60,000	₩2,600
⑤	₩60,000	₩3,600

A-03 ㈜대한과 ㈜민국에 적용되는 법인세율은 모두 25%이며, 이는 당분간 유지될 전망이다. 이러한 법인세효과를 추가적으로 고려하는 경우, 지배력획득일에 작성되는 ㈜대한의 연결재무상태표에 계상되는 영업권은 얼마인가? 2016. CPA

① ₩57,500 ② ₩70,000 ③ ₩72,500 ④ ₩80,000 ⑤ ₩82,500

A-04 ㈜갑은 20X1년말과 20X2년말 현재 ㈜을의 의결권있는 보통주식 60%를 보유하고 있다. 20X1년과 20X2년에 ㈜갑과 ㈜을 사이에 발생한 거래는 다음과 같다.

- 20X1년중 ㈜을은 ㈜갑에게 장부금액 ₩100,000인 상품을 ₩150,000에 판매하였다. ㈜갑은 20X1년중에 이 상품의 40%를 외부로 판매하였으며 나머지는 20X2년에 외부로 판매하였다.
- 20X2년중 ㈜갑은 ㈜을에게 장부금액 ₩60,000인 상품을 ₩80,000에 판매하였으며, ㈜을은 20X2년말 현재 이 상품의 50%를 보유하고 있다.

㈜갑은 ㈜을의 주식을 원가법으로 회계처리하고 있으며, 양사의 법인세율은 30%이다. 내부거래·미실현손익을 제거하기 위한 연결제거분개가 20X1년과 20X2년의 지배기업 소유주지분 당기순이익에 미치는 영향은 얼마인가? 2012. CPA

	20X1년	20X2년
①	₩12,600 감소	₩8,400 증가
②	₩12,600 감소	₩5,600 증가
③	₩18,000 감소	₩8,000 증가
④	₩18,000 감소	₩12,000 증가
⑤	₩21,000 감소	₩14,000 증가

※ 다음 〈자료〉를 이용하여 5번과 6번에 답하시오.

〈자료〉

• ㈜대한은 20X1년 초에 ㈜민국의 보통주 75%를 ₩150,000에 취득하여 지배력을 획득하였다. 지배력 획득일 현재 ㈜민국의 순자산 장부금액은 ₩150,000(자본금 ₩100,000, 이익잉여금 ₩50,000)이다.
• 지배력 획득일 현재 ㈜민국의 식별가능한 자산과 부채 중 장부금액과 공정가치가 다른 내역은 다음과 같다.

구분	장부금액	공정가치	추가정보
토지	₩50,000	₩80,000	원가모형 적용

• 20X1년 중에 ㈜민국은 원가 ₩10,000의 재고자산(제품)을 ㈜대한에게 ₩20,000에 판매하였다. ㈜대한은 이 재고자산의 50%를 20X1년 중에 외부로 판매하고, 나머지 50%는 20X1년 말 현재 재고자산으로 보유하고 있다.
• ㈜민국이 보고한 20X1년도 당기순이익은 ₩30,000이다.
• ㈜대한은 별도재무제표에서 ㈜민국에 대한 투자주식을 원가법으로 회계처리하고 있으며, 연결재무제표 작성 시 비지배지분은 종속기업의 식별가능한 순자산공정가치에 비례하여 결정한다.
• ㈜대한과 ㈜민국에 적용되는 법인세율은 모두 20%이며, 이는 당분간 유지될 전망이다.

A-05 법인세효과를 고려하는 경우, ㈜대한이 지배력 획득일에 인식할 영업권은 얼마인가? 2023. CPA

① ₩10,500 ② ₩15,000 ③ ₩19,500 ④ ₩32,000 ⑤ ₩43,500

A-06 법인세효과를 고려하는 경우, ㈜대한의 20X1년 말 연결포괄손익계산서에 표시되는 비지배지분귀속당기순이익은 얼마인가? 단, 영업권 손상 여부는 고려하지 않는다. 2023. CPA

① ₩6,000 ② ₩6,500 ③ ₩7,000 ④ ₩8,000 ⑤ ₩8,500

2 기타포괄손익이 있는 경우 연결

	FV-BV	X1
유형	차액	(차액 × 상각률) **(평가액) (OCI)**

	X1
상향 (유형)	(처분손익) 처분손익 × 상각률 **평가액 (OCI)**

STEP 1 공정가치 평가차액 및 내부거래 미실현손익 제거

OCI가 발생하기 전까지는 공정가치 평가차액과 내부거래 미실현손익을 기존과 같은 방식으로 제거한다.

STEP 2 평가액 추인

평가액 추인액 = 별도의 OCI − 연결의 OCI = 차액 잔액

– 기존에는 별도재무제표와 연결재무제표 사이에 차이가 있었지만, 별도와 연결 모두 공정가치 평가를 통해 자산 금액이 같아지기 때문

예 제 기타포괄손익이 있는 경우 연결

※ 다음 자료를 이용하여 7번과 8번에 답하시오.

㈜대한은 20X1년 초에 ㈜민국의 보통주 80%를 ₩1,200,000에 취득하여 지배력을 획득하였다. 지배력 획득시점의 ㈜민국의 순자산 장부금액은 공정가치와 동일하다. 다음은 지배력 획득일 현재 ㈜민국의 자본 내역이다.

㈜민국	20X1년 1월 1일
보통주자본금(주당 액면금액 ₩100)	₩500,000
자본잉여금	200,000
이익잉여금	800,000
	₩1,500,000

〈추가자료〉

• 20X1년과 20X2년 ㈜대한과 ㈜민국 간의 재고자산 내부거래는 다음과 같다. 매입회사 장부상 남아있는 각 연도말 재고자산은 다음 회계연도에 모두 외부에 판매되었다.

연도	판매회사 → 매입회사	판매회사 매출액	판매회사 매출원가	매입회 장부상 기말재고
20X1	㈜대한 → ㈜민국	₩80,000	₩64,000	₩40,000
20X1	㈜민국 → ㈜대한	₩50,000	₩40,000	₩15,000
20X2	㈜대한 → ㈜민국	₩100,000	₩70,000	₩40,000
20X2	㈜민국 → ㈜대한	₩80,000	₩60,000	₩20,000

• ㈜대한은 20X1년 4월 1일에 보유 토지 ₩90,000을 ㈜민국에게 ₩110,000에 매각하였다. ㈜대한과 ㈜민국은 20X2년 12월 말부터 보유 토지에 대해 재평가모형을 적용하기로 함에 따라 ㈜민국은 ㈜대한으로부터 매입한 토지를 ₩120,000으로 재평가하였다.
• ㈜대한의 20X1년과 20X2년 당기순이익은 각각 ₩300,000과 ₩200,000이며, ㈜민국의 20X1년과 20X2년 당기순이익은 각각 ₩80,000과 ₩100,000이다.
• ㈜대한의 별도재무제표상 ㈜민국의 주식은 원가법으로 표시되어 있다. 연결재무제표 작성 시 비지배지분은 종속기업의 식별가능한 순자산 공정가치에 비례하여 결정한다.

A-07 20X1년 말 ㈜대한의 연결재무상태표에 표시되는 비지배지분은 얼마인가? 2019. CPA

① ₩300,000 ② ₩313,800 ③ ₩315,400 ④ ₩316,000 ⑤ ₩319,800

A-08 ㈜대한의 20X2년도 연결포괄손익계산서에 표시되는 지배기업소유주귀속당기순이익과 비지배지분귀속당기순이익은 각각 얼마인가? 2019. CPA

	지배기업소유주귀속 당기순이익	비지배지분귀속 당기순이익
①	₩264,400	₩18,400
②	₩264,400	₩19,000
③	₩264,400	₩19,600
④	₩274,400	₩19,600
⑤	₩274,400	₩21,600

3 모자손

1. 모자손 손익변동표

EX〉 모 ─(70%)→ 자 ─(80%)→ 손

NI	모	자	손	계
조정전	NI	NI	NI	
내부거래	판 쪽에서 조정			
FV				
조정후 NI	A	B	C	연결 NI
지배	A × 100%	B × 70%	C × 70% × 80%	지배 NI → 연결 이잉에 가산
비지배		B × 30%	C × 44%	비지배 NI → 비지배지분에 가산

(1) 조정 전 NI: 문제에서 제시한 각 기업의 당기순이익

(2) 내부거래: 상각표는 똑같이 그리고, 누가 샀는지는 신경쓰지 말고 **'판 쪽에서'** 조정

(3) FV 차이: 상각표는 똑같이 그리고, 차이가 나는 기업의 당기순이익 아래에 표시

— 모자손 문제에서 주로 FV 차이는 제시 X

(4) 연결 NI=A+B+C

(5) 지배 NI: 손회사 NI 중 모회사의 몫을 직접 구하기

EX1〉 지배 NI = A + 0.7B + 0.56C A —(70%)→ B —(80%)→ C EX2〉 지배 NI = A + 0.7B + 0.54C A —(70%)→ B —(20%)→ C A —(40%)→ C

(6) 비지배 NI=연결 NI-지배 NI

2. 영업권과 비지배지분

(1) 영업권 = 자회사 이전대가-자회사 순자산 FV × 70% + 손회사 이전대가-손회사 순자산 FV × 80% (2) 비지배지분 = 취득일의 (자회사 순자산 FV × 30% + 손회사 순자산 FV × 20%) + Σ비지배 NI

손회사에 대한 금액 계산 시 모회사의 자회사에 대한 지분율(70%)을 곱하지 않음 (↔지배 NI)

예 제 모자손

B-01 ㈜대한은 20X1년 1월 1일 ㈜민국의 보통주 80%를 ₩450,000에 취득하여 지배력을 획득하였으며, 동일자에 ㈜민국은 ㈜만세의 주식 60%를 ₩200,000에 취득하여 지배력을 획득하였다. 지배력 획득시점에 ㈜민국과 ㈜만세의 순자산 공정가치와 장부금액은 동일하다. 다음은 지배력 획득시점 이후 20X1년 말까지 회사별 순자산 변동내역이다.

구분	㈜대한	㈜민국	㈜만세
20x1. 1. 1.	₩800,000	₩420,000	₩300,000
별도(개별)재무제표상 당기순이익	100,000	80,000	50,000
20x1. 12. 31.	₩900,000	₩500,000	₩350,000

20X1년 7월 1일 ㈜대한은 ㈜민국에게 장부금액 ₩150,000인 기계장치를 ₩170,000에 매각하였다. 매각시점에 기계장치의 잔존 내용연수는 5년, 정액법으로 상각하며 잔존가치는 없다. 20X1년 중 ㈜민국이 ㈜만세에게 판매한 재고자산 매출액은 ₩100,000(매출총이익률은 30%)이다. 20X1년 말 현재 ㈜만세는 ㈜민국으로부터 매입한 재고자산 중 40%를 보유하고 있다.

㈜대한과 ㈜민국은 종속회사 투자주식을 별도재무제표상 원가법으로 표시하고 있다. ㈜대한의 20X1년도 연결포괄손익계산서에 표시되는 비지배지분귀속당기순이익은 얼마인가? 단, 연결재무제표 작성 시 비지배지분은 종속기업의 식별가능한 순자산 공정가치에 비례하여 결정한다. 2019. CPA

① ₩19,600 ② ₩20,000 ③ ₩38,600 ④ ₩39,600 ⑤ ₩49,600

B-02 ㈜갑은 20X1년 1월 1일에 ㈜을의 보통주 70%를 ₩210,000에 취득하였으며, 동 일자에 ㈜을은 ㈜병의 보통주 80%를 ₩80,000에 취득하였다. 취득일 현재 ㈜을과 ㈜병의 주주지분은 다음과 같으며, 순자산의 장부금액과 공정가치는 일치하였다.

	㈜을	㈜병
자 본 금	₩150,000	₩50,000
이익잉여금	100,000	30,000
계	₩250,000	₩80,000

20X1년 ㈜을과 ㈜병의 당기순이익은 각각 ₩26,000과 ₩5,000이며, 배당 및 기타 자본변동은 없다. ㈜갑과 ㈜을은 각각 ㈜을과 ㈜병의 투자주식을 원가법으로 회계처리하고 있으며, 비지배지분은 종속기업의 식별가능한 순자산 공정가치에 비례하여 결정한다. 20X1년말 연결재무제표상 비지배지분은 얼마인가? 단, 영업권은 손상되지 않았으며, 법인세효과는 고려하지 않는다. 2014. CPA

① ₩91,000 ② ₩98,800 ③ ₩99,800 ④ ₩101,000 ⑤ ₩101,300

B-03 ㈜대한은 20X1년 1월 1일에 ㈜민국의 보통주 60%를 ₩200,000에 취득하여 지배력을 획득하였다. 또한 동 일자에 ㈜만세의 보통주 10%를 ₩10,000에 취득하였다. 한편 ㈜민국도 20X1년 1월 1일에 ㈜만세의 보통주 60%를 ₩60,000에 취득하여 지배력을 획득하였다. 취득일 당시 ㈜민국과 ㈜만세의 자본은 다음과 같으며, 자산과 부채의 장부금액과 공정가치는 일치하였다.

구분	㈜민국	㈜만세
자본금	₩150,000	₩50,000
이익잉여금	100,000	30,000

㈜민국과 ㈜만세의 20X1년도 별도(개별)재무제표상 당기순이익은 각각 ₩17,000과 ₩5,000이며, 배당 및 기타 자본변동은 없다. ㈜대한은 별도재무제표에서 ㈜민국과 ㈜만세의 투자주식을 원가법으로 회계처리하며, ㈜민국도 별도재무제표에서 ㈜만세의 투자주식을 원가법으로 회계처리하고 있다.
㈜대한이 작성하는 20X1년말 연결재무상태표에 표시되는 비지배지분은 얼마인가? 단, 비지배지분은 종속기업의 식별가능한 순자산 공정가치에 비례하여 결정한다. 2018. CPA

① ₩108,000 ② ₩132,300 ③ ₩133,500 ④ ₩183,300 ⑤ ₩184,500

4 역취득

	다음	카카오
법적(＝형식적)	취득자	피취득자
회계적(＝실질적)	피취득자	취득자

사례

카카오와 다음의 발행 주식 수가 각각 300주와 400주인 상태에서, 20X2년 7월 1일에 다음이 카카오 주식 1주당 다음 주식 2주를 발행하여 카카오를 취득하였다.

STEP 1 카카오가 발행한 것으로 보는 주식 수 구하기

카카오가 발행한 것으로 보는 주식 수 ＝ 다음의 합병 전 발행 주식 수 ÷ 주식 교환비율

ER ＝ 1:2		카카오	다음	
합병 전 주식 수	x2(형식) →	300	400	÷ 2(실질) ↓
합병 후 (형식)		600(60%)	400(40%)	
합병 후 (실질)		300(60%)	**200(40%)**	

사례 400주÷2=200주

STEP 2 영업권

영업권 = 카카오가 발행한 것으로 보는 주식 수(200주) × 카카오 주당 FV
− 다음 순자산 공정가치 × **100%**

STEP 3 납입자본

1. 납입자본(= 자본금 + 주발초)
= 합병 전 카카오 납입자본 + 카카오가 발행한 것으로 보는 주식 수(200주) × 카카오 주당 FV
2. 자본금 = 합병 후 '다음' 주식 수(1,000주) × 다음 주당 액면가
3. 합병 후 주발초 = 납입자본 − 자본금

예 제 역취득

※ 다음의 자료를 이용하여 문제 4번과 문제 5번**에 답하시오.**

법적 취득자인 ㈜갑은 20X1년 9월 30일에 법적 피취득자인 ㈜을의 보통주 1주당 ㈜갑의 보통주 2주를 발행하여 취득하고, ㈜을의 주주는 자신들이 보유하고 있는 ㈜을의 주식을 모두 ㈜갑의 주식으로 교환한다. 20X1년 9월 30일 현재 ㈜갑과 ㈜을의 요약재무상태표는 다음과 같다.

요약재무상태표

20X1년 9월 30일 현재 (단위: ₩)

계정과목	㈜갑	㈜을	계정과목	㈜갑	㈜을
재고자산	1,000	1,400	부 채	1,400	3,400
유형자산	2,600	6,000	자 본 금	600	1,200
			이익잉여금	1,600	2,800
자산총계	3,600	7,400	부채및자본총계	3,600	7,400

• 취득 직전일 현재 두 회사의 발행주식은 다음과 같다.

구 분	㈜갑	㈜을
발행주식수	100주	60주
주당 액면금액	₩6	₩20
주당 공정가치	₩30	₩60

• 취득일 현재 ㈜갑의 유형자산의 공정가치는 ₩3,000이고, 유형자산을 제외한 자산과 부채의 공정가치는 장부금액과 동일하다.
• 관련 회계처리에서 법인세효과는 고려하지 않는다.

B-04 회계상 취득자가 ㈜을이라면 사업결합 직후 연결재무제표에 표시될 발행자본(자본금과 주식발행초과금의 합계)은 얼마인가? 2012. CPA

① ₩2,200 ② ₩2,800 ③ ₩4,200 ④ ₩4,300 ⑤ ₩7,000

B-05 회계상 취득자가 ㈜을이라면 사업결합 직후 연결재무제표에 표시될 영업권 또는 염가매수차익은 얼마인가? 2012. CPA

① 영 업 권 ₩7,000
② 염가매수차익 ₩1,000
③ 영 업 권 ₩1,000
④ 염가매수차익 ₩400
⑤ 영 업 권 ₩400

5 종속기업투자주식의 취득, 처분 심화

1. 지배력 획득 후 추가 취득

지배기업 F/S	종속기업투자	취득가액	현금	취득가액
+				
종속기업 F/S	— 회계처리 없음 —			
‖				
합산 F/S	종속기업투자	취득가액	현금	취득가액
+				
연결조정분개	**비지배지분**	**지분율 하락분**	**종속기업투자**	**취득가액**
			자본 XXX	
⇓				
연결 F/S	비지배지분	지분율 하락분	현금	취득가액
			자본 XXX	

참고 지배력 획득 후 추가 취득 vs 단계적 취득

	최초 취득 시 지배력 획득	추가 취득 시 지배력 획득	영업권 계상 시점 (=지배력 획득 시점)
지배력 획득 후 추가 취득	O	X	최초 취득 시
단계적 취득	X	O	추가 취득 시

– 지배력 획득 후 추가 취득 시에는 단계적 취득 시와 달리 영업권에 영향 X

2. 지배력을 잃지 않는 범위 내에서의 처분

지배기업 F/S	현금	처분가액	종속기업투자 처분이익	취득원가 처분이익
+				
종속기업 F/S	− 회계처리 없음 −			
‖				
합산 F/S	현금	처분가액	종속기업투자 처분이익	취득원가 처분이익
+				
연결조정분개	**종속기업투자 처분이익**	**취득원가 처분이익**	**비지배지분**	**지분율 상승분**
		자본 XXX		
⇓				
연결 F/S	현금	처분가액	비지배지분	지분율 상승분
		자본 XXX		

김수석의 핵심콕! 추가 취득 및 처분 시 비지배지분 증감액

> 비지배지분 증감액 = 자본거래 전 비지배지분/Old 비지배지분율 × (New 비지배지분율 − Old 비지배지분율)
> − 양수이면 비지배지분 증가, 음수이면 비지배지분 감소

6 종속기업의 자본거래 심화

1. 종속기업 유상증자

지배기업 F/S	종속기업투자	지배기업 증자액	현금	지배기업 증자액
+				
종속기업 F/S	현금	전체 증자액	자본금 + 주발초	전체 증자액
‖				
합산 F/S	종속기업투자 현금	지배기업 증자액 비지배지분 증자액	자본금 + 주발초	전체 증자액
+				
연결조정분개	**자본금 + 주발초**	**전체 증자액**	**종속기업투자 비지배지분**	**지배기업 증자액 증가액**
		자본 XXX		
⇓				
연결 F/S	현금	비지배지분 증자액	비지배지분	증가액
		자본 XXX		

2. 종속기업이 비지배지분으로부터 자기주식 취득

지배기업 F/S	— 회계처리 없음 —			
+				
종속기업 F/S	자기주식	자기주식 취득액	현금	자기주식 취득액
‖				
합산 F/S	자기주식	자기주식 취득액	현금	자기주식 취득액
+				
연결조정분개	**비지배지분**	**감소액**	**자기주식**	**자기주식 취득액**
	자본 XXX			
⇓				
연결 F/S	비지배지분	감소액	현금	자기주식 취득액
	자본 XXX			

	비지배지분 증감액=자본거래 후 비지배지분-자본거래 전 비지배지분
유상증자	(자본거래 전 종속기업 순자산 FV + 전체 증자액) × 자본거래 후 비지배지분율 − 자본거래 전 비지배지분
자기주식 취득	(자본거래 전 종속기업 순자산 FV − 자기주식 취득액) × 자본거래 후 비지배지분율 − 자본거래 전 비지배지분

김수석의 **핵심**콕! **종속기업투자주식의 취득, 처분 vs 종속기업의 자본거래**

구분	종속기업의 순자산 변화	자본거래 후 비지배지분
종속기업투자주식의 취득, 처분	X	거래 전 비지배지분 × 거래 후 비지배지분율 /거래 전 비지배지분율
종속기업의 자본거래	O	(자본거래 전 종속기업 순자산 FV ±현금유출입) × 자본거래 후 비지배지분율

예 제 종속기업투자주식의 취득, 처분

B-06 ㈜대한은 20X1년 1월 1일 ㈜민국의 의결권 있는 보통주식 70주(지분율 70%)를 ₩210,000에 취득하여 지배력을 획득하였다. 취득일 현재 ㈜민국의 자본은 자본금 ₩200,000과 이익잉여금 ₩100,000이며, 자산과 부채의 장부금액과 공정가치는 일치하였다. ㈜대한은 ㈜민국의 주식을 원가법으로 회계처리하며, 연결재무제표 작성시 비지배지분은 ㈜민국의 식별가능한 순자산 공정가치에 비례하여 결정한다. 20X2년 1월 1일 ㈜대한은 ㈜민국의 보통주식 10주(지분율 10%)를 ₩40,000에 추가로 취득하였다. 20X1년과 20X2년에 ㈜민국이 보고한 당기순이익은 각각 ₩20,000과 ₩40,000이며, 동 기간에 이익처분은 없었다. ㈜대한이 작성하는 20X2년말 연결재무상태표상 비지배지분은? 2017. CPA

① ₩64,000 ② ₩66,000 ③ ₩68,000 ④ ₩70,000 ⑤ ₩72,000

예 제 종속기업의 자본거래

B-07 ㈜지배는 20X1년 초 ㈜종속의 의결권 있는 보통주 800주(총 발행주식의 80%)를 취득하여 지배력을 획득하였다. 지배력획득일 현재 ㈜종속의 순자산 장부금액은 ₩250,000이며, 순자산 공정가치와 장부금액은 동일하다. ㈜종속의 20X1년과 20X2년의 당기순이익은 각각 ₩100,000과 ₩150,000이다. ㈜종속은 20X2년 1월 1일에 200주를 유상증자(주당 발행가액 ₩1,000, 주당 액면가액 ₩500)하였으며, 이 중 100주를 ㈜지배가 인수하였다. ㈜지배는 별도재무제표상 ㈜종속 주식을 원가법으로 회계처리하고 있으며, 비지배지분은 종속기업의 식별가능한 순자산공정가치에 비례하여 결정한다. 20X2년 말 ㈜지배의 연결재무상태표에 표시되는 비지배지분은 얼마인가? 2020. CPA

① ₩100,000 ② ₩112,500 ③ ₩125,000 ④ ₩140,000 ⑤ ₩175,000

7 연결 말문제

1. 연결 규정

(1) 연결의 시작과 중지: 지배력을 획득하는 날 ~ 지배력을 상실할 때

(2) 지배기업과 종속기업의 재무제표는 보고기간 종료일이 같음

- 지배기업의 보고기간 종료일과 종속기업의 보고기간 종료일이 다른 경우: 종속기업은 지배기업과 동일한 보고기간 종료일의 재무제표를 추가로 작성
  but, 실무적으로 적용할 수 없는 경우에는 작성 X

(3) 재무제표일의 차이는 3개월 초과 X

- 보고기간의 길이와 재무제표일의 차이는 기간마다 같아야 함

(4) 동일한 회계정책 적용

지배기업은 비슷한 상황에서 발생한 거래에 **동일한 회계정책**을 적용하여 연결재무제표를 작성

(5) 당기순손익과 자본변동을 지배기업지분과 비지배지분에 배분하는 비율

: 현재의 소유지분에만 기초하여 결정, 잠재적 의결권 및 행사 가능성 반영 X

(6) 비지배지분 구분 표시

지배기업은 비지배지분을 연결재무상태표에서 자본에 포함하되 지배기업의 소유주지분과는 구분하여 별도로 표시한다.

2. 연결재무제표 작성면제 조건

(1) 다음 조건 '모두' 만족 시 (=지분법 면제조건)

① 내가 지배기업인데 a) 내 완전 모회사가 있거나, b)'완전' 모회사는 아니더라도 모회사 이외의 주주들에게 알리고 반대하지 않은 경우 ② 내 상위 지배기업이 연결한 경우 ③ 상장과 관계가 없는 경우

- 연결재무제표 작성 면제 시 별도재무제표만 작성해도 됨

(2) 투자기업이 지배기업인 경우: 투자지분을 공정가치로 측정

3. 개별재무제표와 별도재무제표

주식의 계정과목	기준	F/S(재무제표)	주식의 평가	별도 F/S에
FVPL or FVOCI 선택	—	개별 F/S	FV	포함
관계기업투자	유의적인 영향력	지분법 적용 F/S	지분법	포함
종속기업투자	지배력	연결 F/S	주식이 없음	불포함
		별도 F/S	원가	포함

(1) 좁은 의미의 별도재무제표

: 별도 F/S + 종속기업 F/S = 합산 F/S, 합산 F/S + 연결조정분개 = 연결 F/S

(2) 넓은 의미의 별도재무제표 (기준서 상 별도재무제표)

: 좁은 의미의 별도재무제표 + 개별재무제표 + 지분법 적용 재무제표

4. 연결현금흐름표 ★중요!

지배력의 획득 또는 상실에 따른 현금흐름	**투자**활동
지배력을 상실하지 않는 지배기업의 소유지분 변동	**재무**활동

– 종속기업에 대한 지배력을 상실하지 않는 범위에서 지배기업이 종속기업 지분을 추가로 취득하거나 처분하는 거래는 **자본거래**로 회계처리

5. 누적적우선주

종속기업이 자본으로 분류하는 누적적우선주를 발행하고 이를 비지배지분이 소유하는 경우 보고기업은 **'배당결의에 관계없이'**(not 배당결의에 따라) 이러한 주식의 배당금을 조정한 후 당기순이익에 대한 자신의 지분을 산정한다.

6. 실체이론 vs 지배기업이론

	실체이론	지배기업이론
주주의 범위	**지배주주 + 비지배주주**	지배주주
비지배지분	**자본**	부채
부(–)의 비지배지분	**가능** → 음수여도 총포괄손익을 비지배지분에 배분	불가
연결 NI	**비지배 NI 포함**	비지배 NI 제외
영업권	**비지배지분의 영업권 포함**	**비지배지분의 영업권 제외**

예 제 연결 말문제

C-01 연결재무제표의 유용성과 한계점에 관한 설명들이다. 내용이 가장 적절하지 않은 것은? 2010. CPA

① 연결재무제표는 연결대상이 되는 기업들을 하나의 경제적 실체로 파악하므로, 지배기업만의 재무상태와 경영성과를 표시한 재무제표를 작성할 때보다 종속기업을 이용한 지배기업의 이익조정이 용이해진다는 한계점이 있을 수 있다.

② 지배기업과 종속기업은 경제적으로 단일실체이다. 따라서 지배기업의 경영자가 연결실체를 총체적으로 파악하고 경영자원을 활용하기 위해서는 연결대상 전체의 재무상태와 경영성과에 대한 정보인 연결재무제표가 유용할 수 있다.

③ 연결대상 기업의 범위를 경제적 실질에 맞게 규정하지 못한 경우 또는 연결대상이 되는 개별 기업들의 업종이나 회계처리방법 등이 서로 다른 경우 연결재무제표가 제공하는 정보는 왜곡될 수 있다.

④ 채권자나 법적인 계약당사자, 과세당국 등 개별기업의 이해관계자들에게 연결재무제표만을 제공하는 경우에는 정보의 유용성에 한계가 있을 수 있다.

⑤ 지배기업은 종속기업의 재무정책과 영업정책을 결정할 수 있으므로 지배기업만의 재무상태와 경영성과를 표시한 재무보고는 이해관계자가 지배기업을 평가하는데 한계가 있을 수 있다. 따라서 연결재무제표는 지배기업과 종속기업으로 구성된 경제적 실체의 재무상태와 경영성과를 평가하는데 유용할 수 있다.

C-02 연결재무제표의 주체를 보는 관점에 따라 다양한 연결이론이 있으며, 연결과정에서 각각의 연결이론에 바탕을 둔 회계처리가 가능하다. 다음 중 실체(연결실체 또는 기업실체)이론이 주장하는 내용과 가장 차이가 있는 것은? 2010. CPA

① 주주의 지위에 있어서 비지배주주는 지배기업과 종속기업으로 구성되는 연결실체의 주주로서 지배주주와 동등한 지위를 갖는 것으로 본다.

② 연결재무제표 작성에 있어서 영업권 또는 염가매수차익은 지배력획득일의 지배기업의 투자액과 종속기업의 식별가능한 순자산공정가치 중 지배지분에 속하는 금액과의 차이로 계산된다.

③ 연결대상 기업들 사이의 거래는 모두 연결실체 내의 거래로 보고, 하향판매와 상향판매에 관계없이 모든 내부거래에서 발생한 미실현손익은 전액 제거되어야 한다.

④ 연결재무제표는 연결대상이 되는 기업들로 구성된 경제적 단일실체에 대한 정보제공이 주요 목적이므로, 종속기업의 당기순손익 중 비지배주주에 귀속되는 부분도 모두 연결당기순손익에 포함된다.

⑤ 종속기업의 손실 등으로 비지배지분이 '0' 미만이 될 경우에는 연결재무제표 상에 부(-)의 비지배지분이 표시된다.

C-03 연결재무제표에 관한 설명으로 옳지 않은 것은? 2018. CTA

① 투자기업의 지배기업은 자신이 투자기업이 아닐 경우에는, 종속기업인 투자기업을 통해 지배하는 기업을 포함하여 지배하는 모든 종속기업을 공정가치로 측정하여 당기손익에 반영한다.

② 지배기업은 비슷한 상황에서 발생한 거래와 그 밖의 사건에 동일한 회계정책을 적용하여 연결재무제표를 작성한다.

③ 지배기업은 비지배지분을 연결재무상태표에서 자본에 포함하되 지배기업의 소유주지분과는 구분하여 별도로 표시한다.

④ 지배기업이 소유한 종속기업 지분이 변동되더라도 지배기업이 종속기업에 대한 지배력을 상실하지 않는다면, 그것은 자본거래이다.

⑤ 피투자자와의 연결은 투자자가 피투자자에 대한 지배력을 획득하는 날부터 시작되어 투자자가 피투자자에 대한 지배력을 상실할 때에 중지된다.

C-04 기업회계기준서 제1027호 '별도재무제표'에 대한 다음 설명 중 옳지 않은 것은? 2019. CPA

① 별도재무제표를 작성할 때, 종속기업, 공동기업, 관계기업에 대한 투자자산은 원가법, 기업회계기준서 제1109호 '금융상품'에 따른 방법, 제1028호 '관계기업과 공동기업에 대한 투자'에서 규정하고 있는 지분법 중 하나를 선택하여 회계처리한다.

② 종속기업, 공동기업, 관계기업으로부터 받는 배당금은 기업이 배당을 받을 권리가 확정되는 시점에 투자자산의 장부금액에서 차감하므로 당기손익으로 반영되는 경우는 없다.

③ 종속기업, 관계기업, 공동기업 참여자로서 투자지분을 소유하지 않은 기업의 재무제표는 별도재무제표가 아니다.

④ 기업회계기준서 제1109호 '금융상품'에 따라 회계처리하는 투자의 측정은 매각예정이나 분배예정으로 분류되는 경우라 하더라도 기업회계기준서 제1105호 '매각예정비유동자산과 중단영업'을 적용하지 않는다.

⑤ 기업회계기준서 제1110호 '연결재무제표'에 따라 연결이 면제되는 경우, 그 기업의 유일한 재무제표로서 별도재무제표만을 재무제표로 작성할 수 있다.

C-05 기업회계기준서 제1110호 '연결재무제표'에 관한 다음 설명 중 옳은 것은? 2021. CPA

① 투자자가 피투자자 의결권의 과반수를 보유하는 경우 예외 없이 피투자자를 지배하는 것으로 본다.

② 지배기업과 종속기업의 보고기간 종료일이 다른 경우 실무적으로 적용할 수 없지 않다면 종속기업은 연결재무제표 작성을 위해 지배기업의 보고기간 종료일을 기준으로 재무제표를 추가로 작성해야 한다.

③ 투자자가 시세차익, 투자이익이나 둘 다를 위해서만 자금을 투자하는 기업회계기준서 제1110호 상의 투자기업으로 분류되더라도 지배력을 가지는 종속회사에 대해서는 연결재무제표를 작성해야 한다.

④ 투자자는 권리 보유자의 이익을 보호하기 위해 설계된 방어권으로도 피투자자에 대한 힘을 가질 수 있다.

⑤ 연결재무제표에 추가로 작성하는 별도재무제표에서 종속기업과 관계기업에 대한 투자지분은 지분법으로 표시할 수 없다.

C-06 기업회계기준서 제1110호 '연결재무제표'에 대한 다음 설명 중 옳은 것은? 2024. CPA

① 투자자가 피투자자에 대한 힘이 있거나 피투자자에 관여함에 따라 변동이익에 노출되거나 피투자자에 대한 자신의 힘을 사용하는 능력이 있을 때 피투자자를 지배한다.

② 지배기업과 종속기업의 재무제표는 보고기간 종료일이 같아야 하는 것이 원칙이며, 어떠한 경우라도 종속기업의 재무제표일과 연결재무제표일의 차이는 6개월을 초과해서는 안 된다.

③ 보고기업은 총포괄손익을 지배기업의 소유주와 비지배지분에 귀속시킨다. 다만, 비지배지분이 부(-)의 잔액이 되는 경우는 총포괄손익을 모두 지배기업의 소유주에게 귀속시킨다.

④ 연결재무제표를 작성할 때 당기순손익을 지배기업지분과 비지배지분에 배분하는 비율은 현재의 소유지분뿐만 아니라 잠재적 의결권의 행사 가능성을 반영하여 결정한다.

⑤ 지배기업이 종속기업에 대한 지배력을 상실한 경우에는 그 종속기업과 관련하여 기타포괄손익으로 인식한 모든 금액을 지배기업이 관련 자산이나 부채를 직접 처분한 경우의 회계처리와 같은 기준으로 회계처리한다.

C-07 연결재무제표 작성에 관한 다음 설명 중 옳지 않은 것은? 2018. CPA

① 종속기업이 채택한 회계정책이 연결재무제표에서 채택한 회계정책과 다른 경우에는 연결실체의 회계정책과 일치하도록 종속기업의 재무제표를 적절히 수정하여 연결재무제표를 작성한다.

② 보고기업은 당기순손익과 기타포괄손익의 각 구성요소를 지배기업의 소유주와 비지배지분에 귀속시킨다. 다만 비지배지분이 부(-)의 잔액이 되는 경우에는 총포괄손익을 모두 지배기업의 소유주에게 귀속시킨다.

③ 종속기업의 취득에서 발생하는 영업권에 대해서는 이연법인세부채를 인식하지 않는다.

④ 연결현금흐름표 작성시 종속기업에 대한 지배력의 획득 및 상실에 따른 총현금흐름은 별도로 표시하고 투자활동으로 분류한다.

⑤ 지배력을 상실하지 않는 범위내에서 종속기업에 대한 지분을 추가로 취득하거나 처분하는 현금흐름은 연결현금흐름표에서 재무활동으로 분류한다.

C-08 연결재무제표의 작성에 관하여 옳지 않은 설명은? 2017. CPA

① 지배기업은 종속기업에 대해 지배력을 획득하는 시점부터 지배력을 상실하기 전까지 종속기업의 수익과 비용을 연결재무제표에 포함한다.

② 지배기업은 비슷한 상황에서 발생한 거래와 그 밖의 사건에 동일한 회계정책을 적용하여 연결재무제표를 작성한다.

③ 종속기업에 대한 지배력을 상실하지 않는 범위에서 지배기업이 종속기업 지분을 추가로 취득하거나 처분하는 거래는 자본거래로 회계처리한다.

④ 종속기업이 누적적우선주(자본)를 발행하고 이를 비지배지분이 소유하고 있는 경우, 지배기업은 종속기업의 배당결의 여부와 관계없이 해당 주식의 배당금을 조정한 후 종속기업 당기순손익에 대한 자신의 지분을 산정한다.

⑤ 지배기업이 종속기업에 대한 지배력을 상실하게 되면 그 종속기업과 관련하여 기타포괄손익으로 인식한 모든 금액을 당기손익으로 재분류한다.

C-09 다음 중 연결재무제표와 별도재무제표에 대한 설명으로 옳지 않은 것은 어느 것인가? 2011. CPA

① 당기순손익과 기타포괄손익의 각 구성요소는 지배기업의 소유주와 비지배지분에 귀속된다. 그러나 비지배지분이 부(-)의 잔액이 되는 경우 총포괄손익은 지배기업의 소유주에 전액 귀속된다.

② 별도재무제표는 지배기업, 관계기업의 투자자 또는 공동지배기업의 참여자가 투자자산을 피투자자의 보고된 성과와 순자산에 근거하지 않고 직접적인 투자지분에 근거한 회계처리로 표시한 재무제표이다.

③ 동일한 보고기간종료일에 작성된 지배기업의 재무제표와 종속기업의 재무제표를 사용하여 연결재무제표를 작성한다. 지배기업의 보고기간종료일과 종속기업의 보고기간종료일이 다른 경우, 종속기업은 실무적으로 적용할 수 없지 않다면 연결재무제표를 작성하기 위하여 지배기업의 재무제표와 동일한 보고기간종료일의 재무제표를 추가로 작성한다.

④ 연결재무제표를 작성하기 위하여 사용되는 종속기업 재무제표의 보고기간종료일이 지배기업 재무제표의 보고기간종료일과 다른 경우에는 지배기업 재무제표의 보고기간종료일과 종속기업 재무제표의 보고기간종료일 사이에 발생한 유의적인 거래나 사건의 영향을 반영한다. 어떠한 경우라도 종속기업의 보고기간종료일과 지배기업의 보고기간종료일의 차이는 3개월을 초과해서는 안된다. 보고기간의 길이 그리고 보고기간종료일의 차이는 매 기간마다 동일하여야 한다.

⑤ 지배력을 상실하지 않는 종속기업에 대한 지배기업의 소유지분 변동은 자본거래로 회계처리한다. 이러한 상황에서 지배지분과 비지배지분의 장부금액은 종속기업에 대한 상대적 지분변동을 반영하여 조정한다. 비지배지분의 조정금액과 지급하거나 수취한 대가의 공정가치의 차이는 자본으로 직접 인식하고 지배기업의 소유주에게 귀속시킨다.

C-10 연결재무제표에 관한 다음 설명 중 옳지 않은 것은? 2012. CPA

① 종속기업에 대한 비지배지분을 연결재무제표상 자본의 일부로 표시하도록 한 것은 실체(연결실체 또는 기업실체)이론을 반영한 것이다.

② 지배기업이면서 동시에 다른 기업의 종속기업인 비상장기업이 연결재무제표 작성의무가 면제되는 모든 조건을 충족하여 연결재무제표를 작성하지 않기로 한 경우, 해당 지배기업은 별도재무제표만을 작성할 수 있다.

③ 종속기업의 취득일 전에 지배기업과 해당 종속기업 사이에 발생한 거래는 연결재무제표 작성시 제거한다.

④ 종속기업에 대한 지배력을 상실한 경우, 그 종속기업이 인식한 기타포괄손익-공정가치 측정 금융자산(채무상품)평가손익과 관련하여 연결재무제표상 과거에 인식한 기타포괄손익이 있다면 해당 종속기업에 대한 지배력을 상실한 날에 당기손익으로 재분류한다.

⑤ 지배력을 상실하지 않는 종속기업에 대한 지배기업의 소유지분 변동은 자본거래로 회계처리한다.

8 해외사업장 순투자

1. 해외사업장순투자

(1) 해외사업장: 보고기업과 다른 국가에서 또는 다른 통화로 영업활동을 하는 종속기업, 관계기업, 공동약정이나 지점

(2) 해외사업장에 대한 순투자: 해외사업장의 순자산에 대한 보고기업의 지분 금액

(3) 해외사업장에 대한 순투자의 일부로 보는 항목: 기업이 해외사업장으로부터 수취하거나 해외사업장에 지급할 화폐성항목 중에서 예측할 수 있는 미래에 결제할 계획이 없고 결제될 가능성이 낮은 항목 (**장기채권이나 대여금 포함 O, 매출채권과 매입채무 포함 X**)

2. 해외사업장순투자의 환산

	지배기업 대여금	환산손익
(1) 별도 F/S	재무상태표에 표시 O	PL
(2) 연결 F/S	**재무상태표에 표시 X**	**OCI**

(1) **별도재무제표: 당기손익**

보고기업의 해외사업장에 대한 순투자의 일부인 화폐성항목에서 생기는 외환차이는 보고기업의 별도재무제표나 해외사업장의 개별재무제표에서 당기손익으로 적절하게 인식한다.

(2) **연결재무제표: OCI (재분류조정 O)**

그러나 보고기업과 해외사업장을 포함하는 재무제표(예: 해외사업장이 종속기업인 경우의 연결재무제표)에서는 이러한 외환차이를 처음부터 기타포괄손익으로 인식하고 관련 순투자의 처분시점에 자본에서 당기손익으로 재분류한다.

예제 해외사업장순투자

D-01 환율변동효과에 관한 다음의 설명 중 옳은 것은? 2016. CPA

① 영업활동이 이루어지는 주된 경제 환경의 통화를 기능통화, 재무제표를 표시할 때 사용하는 통화를 표시통화라고 하며, 표시통화 이외의 다른 통화를 외화라고 한다.

② 외화거래를 기능통화로 보고함에 있어서 매 보고기간말의 화폐성 외화항목은 거래일의 환율로 환산하며, 비화폐성 외화항목은 마감환율로 환산한다.

③ 비화폐성항목에서 발생한 손익을 당기손익으로 인식하는 경우에는 그 손익에 포함된 환율변동효과도 당기손익으로 인식하며, 비화폐성항목에서 발생한 손익을 기타포괄손익으로 인식하는 경우에는 그 손익에 포함된 환율변동효과도 기타포괄손익으로 인식한다.

④ 기능통화의 변경에 따른 효과는 소급법을 적용하여 회계처리한다.

⑤ 보고기업의 해외사업장에 대한 순투자의 일부인 화폐성항목에서 생기는 외환차이는 보고기업의 별도재무제표나 해외사업장의 개별재무제표에서 기타포괄손익으로 인식한다.

D-02 기업회계기준서 제1021호 '환율변동효과'에 대한 다음 설명 중 옳지 않은 것은? 2023. CPA 심화

① 해외사업장의 취득으로 생기는 영업권과 자산·부채의 장부금액에 대한 공정가치 조정액은 해외사업장의 자산·부채로 본다. 따라서 이러한 영업권과 자산·부채의 장부금액에 대한 공정가치 조정액은 해외사업장의 기능통화로 표시하고 마감환율로 환산한다.

② 기능통화가 초인플레이션 경제의 통화인 경우 모든 금액(즉, 자산, 부채, 자본항목, 수익과 비용. 비교표시되는 금액 포함)을 최근 재무상태표 일자의 마감환율로 환산한다. 다만, 금액을 초인플레이션이 아닌 경제의 통화로 환산하는 경우에 비교표시되는 금액은 전기에 보고한 재무제표의 금액(즉, 전기 이후의 물가수준변동효과나 환율변동효과를 반영하지 않은 금액)으로 한다.

③ 보고기업의 해외사업장에 대한 순투자의 일부인 화폐성항목에서 생기는 외환차이는 보고기업의 별도재무제표나 해외사업장의 개별재무제표 및 보고기업과 해외사업장을 포함하는 재무제표에서 외환차이가 처음 발생되는 시점부터 당기손익으로 인식한다.

④ 기능통화가 변경되는 경우에는 새로운 기능통화에 의한 환산절차를 변경한 날부터 전진적용한다.

⑤ 재무제표를 작성하는 해외사업장이 없는 기업이나 기업회계기준서 제1027호 '별도재무제표'에 따라 별도재무제표를 작성하는 기업은 재무제표를 어떤 통화로도 표시할 수 있다.

D-03 20X1년초에 ㈜갑은 지분 100%를 소유한 해외종속기업 ㈜ABC에 무이자로 $1,000을 대여하였다. ㈜갑의 기능통화와 표시통화는 원화(₩)이고, ㈜ABC의 기능통화는 달러화($)이다. 동 외화대여금은 '해외사업장에 대한 순투자의 일부'에 해당한다. 20X1년 환율정보는 다음과 같다.

구 분	환율(₩/$)
20X1년초	1,000
20X1년말	1,100
20X1년 평균	1,050

20X1년도에 동 외화대여금과 관련된 회계처리(연결절차 포함)는 모두 적절히 수행되었다. ㈜갑이 작성하는 20X1년말 연결재무상태표상 외화대여금의 잔액과 동 회계처리가 20X1년도 연결포괄손익계산서상 기타포괄이익에 미치는 영향은 각각 얼마인가? 단, 20X1년초 연결재무상태표상 외화대여금 잔액은 ₩0이고, 동 외화대여거래 이외에 다른 거래는 없었다. 2015. CPA

	외화대여금의 잔액	기타포괄이익에 미치는 영향
①	₩0	₩100,000 증가
②	₩0	영향없음
③	₩1,000,000	영향없음
④	₩1,100,000	영향없음
⑤	₩1,100,000	₩100,000 증가

9 해외사업장에 대한 연결 심화

STEP 1 지배기업의 표시통화로 기말 종속기업의 재무상태표 환산

B/S

① 자산 – 부채(BV): 기말 환율	② 자본: 자본 증가 시점의 환율 – 자본금: 증자일의 환율 – 이익잉여금: NI가 집계된 연도의 평균환율 ③ OCI: **대차차액**

(1) 기말(not 취득일) 재무상태표 환산

(2) 장부금액(not 공정가치) 환산
– 종속기업의 순자산은 공정가치가 아닌 '장부금액'을 기준으로 작성

(3) 해외사업장환산차이(OCI): 해외종속기업에 대한 지배력을 상실할 때 **재분류 조정 O**

STEP 2 영업권

(1) $ 기준 영업권 = 이전대가 − (X1초 순자산 BV + FV − BV) × 지분율

(2) 기말 영업권: $ 기준 영업권 × 기말 환율

(3) 영업권 환산 시 발생하는 OCI = $ 기준 영업권 × (기말 환율 − 취득일 환율)

STEP 3 FV-BV

(1) 공정가치 차이표: $로 작성

(2) 공정가치 차액 조정 시 발생하는 해외사업장환산차이(OCI)

재고자산	(FV − BV − 환입액) × 기말 환율	재고자산	(FV − BV) × 취득일 환율
매출원가	환입액 × 평균 환율		
유형자산	(FV − BV − 상각액) × 기말 환율	유형자산	(FV − BV) × 취득일 환율
감가상각비	상각액 × 평균 환율		
토지	(FV − BV) × 기말 환율	토지	(FV − BV) × 취득일 환율
	OCI XXX		

① '기초 FV − BV × 취득일 환율' 제거 후 '기말 FV − BV 잔액 × 기말 환율' 인식
② 공정가치 차액 환입액(손익)은 평균환율로 환산
③ 대차차액은 OCI로 인식

STEP 4 NI 조정표: 종속기업 NI 조정액은 전부 평균 환율로 환산

X1	지배	종속	계
조정 전 FV 차이	지배기업 NI	$ NI × 평균 환율 (환입액) × 평균 환율	
조정 후	A	B	A + B
지배(R) 비지배(1 − R)	A	B × R B × (1 − R)	A + B × R B × (1 − R)

(1) 조정 전 NI: 종속기업 NI는 평균 환율 곱해서 적기

(2) 공정가치 차액: 평균 환율 곱해서 적기

(3) 연결NI, 지배NI, 비지배NI: 당기순이익 조정표와 같은 방식으로 계산

STEP 5

해외사업장환산차이(OCI) 조정표

	지배	종속	계
재무제표 환산		1. 환산차이	
FV 차이	–	3. (2) FV차이 OCI	
영업권	2. (3) 영업권 OCI	–	
해외사업장순투자	XXX	–	
조정 후	A	B	A + B
지배(R)	A	B × R	A + B × R
비지배(1 – R)		B × (1 – R)	B × (1 – R)

STEP 6

기말 비지배지분: X1초 순자산 FV($)×(1-지분율)×취득일 환율+비지배NI+비지배OCI

예제 해외사업장에 대한 연결

D-04 ㈜대한(기능통화와 표시통화는 원화(₩))은 20X1년 1월 1일에 일본소재 기업인 ㈜동경(기능통화는 엔화(¥))의 보통주 80%를 ¥80,000에 취득하여 지배력을 획득하였다. 지배력 획득일 현재 ㈜동경의 순자산 장부금액과 공정가치는 ¥90,000으로 동일하다. ㈜동경의 20X1년도 당기순이익은 ¥10,000이며 수익과 비용은 연중 균등하게 발생하였다. 20X1년 말 ㈜동경의 재무제표를 표시통화인 원화로 환산하는 과정에서 대변에 발생한 외환차이는 ₩19,000이다. ㈜동경은 종속회사가 없으며, 20X1년의 환율정보는 다음과 같다.

(환율 : ₩/¥)

20X1년 1월 1일	20X1년 12월 31일	20X1년 평균
10.0	10.2	10.1

㈜대한은 ㈜동경 이외의 종속회사는 없으며 지배력 획득일 이후 ㈜대한과 ㈜동경 간의 내부거래는 없다. 기능통화와 표시통화는 초인플레이션 경제의 통화가 아니며, 위 기간에 환율의 유의한 변동은 없었다. 20X1년 말 ㈜대한의 연결재무상태표상 영업권 금액과 비지배지분 금액은 각각 얼마인가? 단, 연결재무제표 작성 시 비지배지분은 종속기업의 식별가능한 순자산 공정가치에 비례하여 결정한다. 2019. CPA

	영업권	비지배지분
①	₩80,000	₩190,000
②	₩80,800	₩204,000
③	₩81,600	₩204,000
④	₩81,600	₩206,000
⑤	₩82,000	₩206,000

D-05 ㈜한국(기능통화는 원화임)은 20X1년초에 미국에 소재하는 ㈜ABC(기능통화는 달러화임)의 의결권 있는 주식 70%를 $900에 취득하여 지배기업이 되었다. 취득일 현재 ㈜ABC의 순자산의 장부금액은 $1,000이며, 공정가치와 일치하였다. 20X1년 중에 두 회사 간의 내부거래는 없었으며, 20X1년도 ㈜ABC의 당기순이익은 $100이고, 그 이외의 자본변동은 없다. 20X1년도 원화 대 달러화의 환율(₩/$)은 다음과 같다.

20X1년초	20X1년 평균	20X1년말
₩1,100	₩1,130	₩1,200

㈜한국이 표시통화인 원화로 20X1년말을 기준일로 하여 연결재무제표를 작성할 경우 연결재무상태표에 표시할 외환차이(기타포괄손익)의 금액은 얼마인가? 단, ㈜ABC의 외화재무제표를 원화로 환산할 때 수익과 비용은 평균환율을 적용하며, ㈜한국의 별도재무제표에는 외환차이가 표시되어 있지 않다. 또한 비지배지분은 종속기업 순자산의 공정가치에 지분율을 적용한 금액으로 측정하며, 법인세효과는 고려하지 않는다. 2013. CPA

① ₩52,100 ② ₩74,900 ③ ₩94,900 ④ ₩107,000 ⑤ ₩127,000

10 해외사업장 순투자에 대한 위험회피

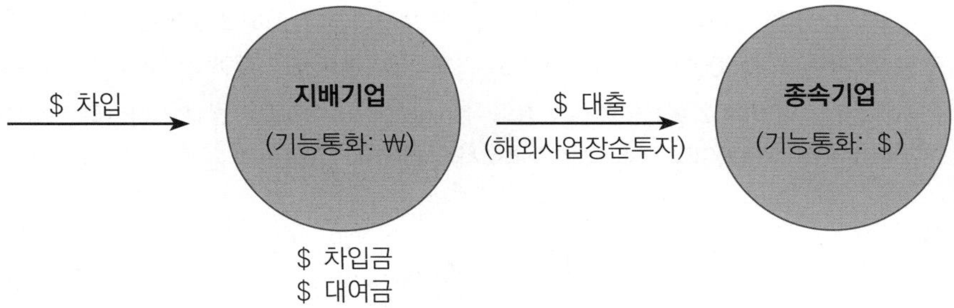

1. 재무제표에 미치는 영향

	지배기업 차입금 (수단)		지배기업 대여금 (대상)	
	재무상태표에 표시	환산손익	재무상태표에 표시	환산손익
(1) 별도 F/S	O	PL	O	PL
(2) 연결 F/S	O	PL	X	OCI
(3) 위험회피	O	효과적 OCI 비효과적 PL	X	OCI

2. 현금흐름 위험회피와 동일 중요!

해외사업장순투자의 위험회피를 적용하게 되면 수단의 평가손익 중 효과적인 부분을 PL에서 OCI로 바꾸어 인식한다. 이 점이 **현금흐름 위험회피와 동일**하다.

예 제 해외사업장 순투자에 대한 위험회피

D-06 파생상품 및 위험회피회계에 대한 다음 설명 중 옳은 것은? 2020. CPA

① 현금흐름위험회피에서 위험회피수단의 손익은 기타포괄손익으로 인식한다.

② 기업은 위험회피관계의 지정을 철회함으로써 자발적으로 위험회피회계를 중단할 수 있는 자유로운 선택권을 이유에 상관없이 가진다.

③ 확정계약의 외화위험회피에 공정가치위험회피회계 또는 현금흐름위험회피회계를 적용할 수 있다.

④ 해외사업장순투자의 위험회피는 공정가치위험회피와 유사하게 회계처리한다.

⑤ 고정금리부 대여금에 대하여 고정금리를 지급하고 변동금리를 수취하는 이자율스왑으로 위험회피하면 이는 현금흐름위험회피 유형에 해당한다.

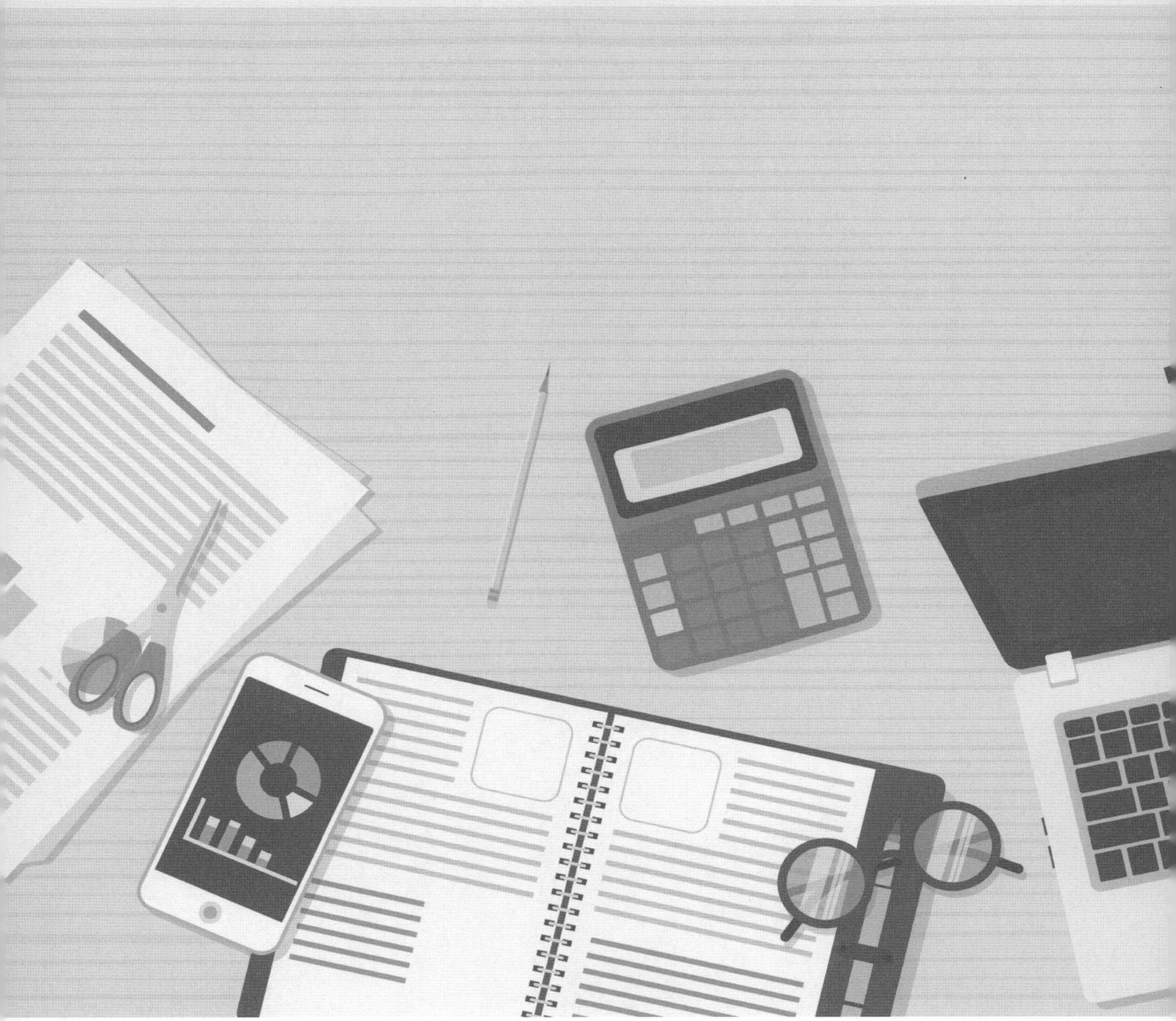

객 관 식

C·H·A·P·T·E·R

6

지분법

[1] 지분법 회계처리

[2] 지분법손익, 관계기업투자주식 장부금액

[3] 관계기업투자주식의 처분

[4] 연결의 중단

[5] 관계기업투자주식의 손상

[6] 현물출자를 통한 유의적인 영향력 획득 심화

[7] 지분법 말문제

CHAPTER 06

지분법

1 지분법 회계처리

1. 취득 시: 영업권 인식 X

(차) 관계기업투자	1,000,000	(대) 현금	1,000,000

- 관계기업투자는 취득원가로 기록
- 영업권 상당액은 별도의 계정으로 인식하는 것이 아니라, 관계기업투자 장부금액에 포함

2. 배당: 지분율 곱해야 함!

(차) 현금	50,000	(대) 관계기업투자	50,000

(1) 배당은 관계기업투자주식 장부금액에서 차감

(2) 관계기업투자주식 차감액 = 배당 총액 × R

3. 지분법이익 및 지분법자본변동: 관투 장부금액에 가산

(차) 관계기업투자	150,000	(대) 지분법이익	150,000
(차) 관계기업투자	25,000	(대) 지분법자본변동	25,000

(1) 지분법이익 = 당기순이익 × 지분율

(2) 지분법자본변동 = 기타포괄손익 × 지분율

2 지분법손익, 관계기업투자주식 장부금액

STEP 1 FV-BV: 연결과 동일

	FV-BV	X1	X2
재고자산 유형자산	A B	(A × 판매율) (B × 상각률)	(A × 판매율) 처분 시: (남은 금액)
계	A + B	XXX	XXX

STEP 2 영업권 상당액=취득원가-관계기업 순자산 공정가치×R

: 양수이면 무시, 음수(염가매수차익)이면 지분법이익에 포함

STEP 3 내부거래 제거: 연결과 동일

	X1	X2
하향 (재고)	(매출총이익) 매출총이익 × 판매율	매출총이익 × 판매율
상향 (유형)	(처분손익) 처분손익 × 상각률	처분손익 × 상각률

1. 내부거래의 손실이 자산손상의 징후인 경우

: 제거한 내부거래 미실현손익을 다시 인식 → **내부거래를 무시하면 됨**

STEP 4 지분법이익

	X1
조정 전 내부거래 FV 차이	NI 상향 & 하향 (FV)
조정 후	A
투자(R) + 염가매수차익	A × R 염가매수차익
지분법이익	A × R + 차익

1. 조정 전 NI: 문제에 제시한 관계기업의 당기순이익

2. 내부거래

(1) 'Step 3. 내부거래 제거' 표에 있는 모든 금액

(2) 상향과 하향 손익을 전부 반영

3. FV 차이

'Step 1. FV-BV' 표에서 X1 아래에 있는 금액

4. 조정 후 NI=조정 전 NI+내부거래+FV 차이

5. 지분법이익=조정 후 NI×지분율+염가매수차익

– 염가매수차익은 지분법이익에 포함

STEP 5 관계기업투자주식 장부금액

X1
취득원가 Σ지분법이익 Σ지분법자본변동 – Σ배당액 × R
관투

1. 취득원가: 투자기업이 관계기업투자주식을 취득하기 위해 지급한 금액

2. Σ지분법이익, Σ지분법자본변동: 관계기업투자주식의 장부금액에 가산

3. 배당금: '배당 총액×지분율'만큼 관투 장부금액에서 차감

예제 지분법손익, 관계기업투자주식 장부금액

A-01 ㈜세무는 20X1년 초에 ㈜한국의 주식 25%를 ₩1,000,000에 취득하면서 유의적인 영향력을 행사할 수 있게 되었다. 취득일 현재 ㈜한국의 순자산 장부금액은 ₩4,000,000이며, 자산 및 부채의 장부금액은 공정가치와 동일하다. ㈜한국은 20X1년도 총포괄이익 ₩900,000(기타포괄이익 ₩100,000 포함)을 보고하였다. ㈜세무가 20X1년 중에 ㈜한국으로부터 중간배당금 ₩60,000을 수취하였다면, ㈜세무가 20X1년도 당기손익으로 인식할 지분법이익은? 2017. CTA

① ₩60,000 ② ₩165,000 ③ ₩200,000 ④ ₩225,000 ⑤ ₩260,000

A-02 ㈜국세는 20X3년 초에 ㈜대한의 주식 20%를 ₩50,000에 취득하면서 유의적인 영향력을 행사할 수 있게 되었다. 추가자료는 다음과 같다.

> • 20X3년 중에 ㈜대한은 토지를 ₩20,000에 취득하고 재평가모형을 적용하였다.
> • ㈜대한은 20X3년 말 당기순이익 ₩10,000과 토지의 재평가에 따른 재평가이익 ₩5,000을 기타포괄이익으로 보고하였다.
> • 20X3년 중에 ㈜대한은 중간배당으로 현금 ₩3,000을 지급하였다.

㈜국세의 20X3년 말 재무상태표에 인식될 관계기업투자주식은 얼마인가? 2014. CTA

① ₩51,400 ② ₩52,400 ③ ₩53,600 ④ ₩55,000 ⑤ ₩62,000

A-03 ㈜대한은 20X1년 1월 1일에 ㈜민국의 발행주식 총수의 40%에 해당하는 100주를 총 ₩5,000에 취득하여, 유의적인 영향력을 행사하게 되어 지분법을 적용하기로 하였다. 취득일 현재 ㈜민국의 장부상 순자산가액은 ₩10,000이었고, ㈜민국의 장부상 순자산가액과 공정가치가 일치하지 않는 이유는 재고자산과 건물의 공정가치가 장부금액보다 각각 ₩2,000과 ₩400이 많았기 때문이다. 그런데 재고자산은 모두 20X1년 중에 외부에 판매되었으며, 20X1년 1월 1일 기준 건물의 잔존내용연수는 4년이고 잔존가치는 ₩0이며, 정액법으로 상각한다. ㈜민국은 20X1년도 당기순이익 ₩30,000과 기타포괄이익 ₩10,000을 보고하였으며, 주식 50주(주당 액면 ₩50)를 교부하는 주식배당과 ₩5,000의 현금배당을 결의하고 즉시 지급하였다. ㈜대한이 20X1년도 재무제표에 보고해야 할 관계기업투자주식과 지분법손익은? 2013. CTA

① 관계기업투자주식 ₩17,160 지분법이익 ₩11,160
② 관계기업투자주식 ₩17,160 지분법이익 ₩15,160
③ 관계기업투자주식 ₩18,160 지분법이익 ₩11,160
④ 관계기업투자주식 ₩18,160 지분법이익 ₩15,160
⑤ 관계기업투자주식 ₩20,160 지분법이익 ₩15,160

A-04 20X1년 1월 1일에 ㈜대한은 ㈜민국의 의결권 있는 주식 20%를 ₩600,000에 취득하여 유의적인 영향력을 가지게 되었다. 20X1년 1월 1일 현재 ㈜민국의 순자산 장부금액은 ₩2,000,000이다.

- ㈜대한의 주식 취득일 현재 ㈜민국의 자산 및 부채 가운데 장부금액과 공정가치가 일치하지 않는 계정과목은 다음과 같다.

계정과목	장부금액	공정가치
토지	₩350,000	₩400,000
재고자산	180,000	230,000

- ㈜민국은 20X1년 7월 1일에 토지 전부를 ₩420,000에 매각하였으며, 이 외에 20X1년 동안 토지의 추가 취득이나 처분은 없었다.
- ㈜민국의 20X1년 1월 1일 재고자산 중 20X1년 12월 31일 현재 보유하고 있는 재고자산의 장부금액은 ₩36,000이다.
- ㈜민국은 20X1년 8월 31일에 이사회 결의로 ₩100,000의 현금배당(중간배당)을 선언·지급하였으며, ㈜민국의 20X1년 당기순이익은 ₩300,000이다.

㈜대한의 20X1년 12월 31일 현재 재무상태표에 표시되는 ㈜민국에 대한 지분법적용투자주식의 장부금액은 얼마인가? 단, 상기 기간 중 ㈜민국의 기타포괄손익은 발생하지 않은 것으로 가정한다. 2021. CPA

① ₩622,000 ② ₩642,000 ③ ₩646,000 ④ ₩650,000 ⑤ ₩666,000

A-05 ㈜대한은 20X1년 초에 ㈜민국의 의결권 있는 보통주 25%를 ₩50,000에 취득하고 유의적인 영향력을 행사할 수 있게 되었다.

- 취득일 현재 ㈜민국의 순자산 장부금액은 ₩150,000이며, 장부금액과 공정가치가 다른 자산·부채 내역은 다음과 같다.

계정과목	장부금액	공정가치
건물	₩100,000	₩140,000

- 위 건물은 20X1년 초 현재 잔존내용연수 20년에 잔존가치 없이 정액법으로 상각한다.
- ㈜민국은 20X1년 8월에 총 ₩10,000의 현금배당(중간배당)을 결의하고 지급하였다.
- ㈜민국은 20X1년도에 당기순이익 ₩20,000과 기타포괄손실 ₩8,000을 보고하였다.

㈜대한이 ㈜민국의 보통주를 지분법에 따라 회계처리하는 경우, 20X1년 말 재무상태표에 계상되는 관계기업투자주식의 장부금액은 얼마인가? 2024. CPA

① ₩50,000 ② ₩50,500 ③ ₩51,000 ④ ₩52,000 ⑤ ₩52,500

A-06

20X1년 1월 1일 ㈜대한은 ㈜민국의 의결권 있는 보통주 30주(총 발행주식의 30%)를 ₩400,000에 취득하여 유의적인 영향력을 행사하게 되었다. 취득일 현재 ㈜민국의 순자산 장부금액은 ₩1,300,000이며, ㈜민국의 자산·부채 중에서 장부금액과 공정가치가 일치하지 않는 항목은 다음과 같다. ㈜대한이 20X1년 지분법이익으로 인식할 금액은 얼마인가? 2020. CPA

• 주식취득일 현재 공정가치와 장부금액이 다른 자산은 다음과 같다.

구분	재고자산	건물(순액)
공정가치	₩150,000	₩300,000
장부금액	100,000	200,000

• 재고자산은 20X1년 중에 전액 외부로 판매되었다.
• 20X1년 초 건물의 잔존내용연수는 5년, 잔존가치 ₩0, 정액법으로 감가상각한다.
• ㈜민국은 20X1년 5월 말에 총 ₩20,000의 현금배당을 실시하였으며, 20X1년 당기순이익으로 ₩150,000을 보고하였다.

① ₩59,000 ② ₩53,000 ③ ₩45,000 ④ ₩30,000 ⑤ ₩24,000

A-07

㈜대한은 20X1년초에 ㈜민국의 의결권 있는 보통주 30주(지분율 30%)를 ₩120,000에 취득하였다. 이로서 ㈜대한은 ㈜민국에 대해 유의적인 영향력을 행사할 수 있게 되었다.

• 취득일 현재 ㈜민국의 순자산장부금액은 ₩350,000이며, 자산・부채의 장부금액과 공정가치가 차이나는 내역은 다음과 같다.

계정과목	장부금액	공정가치
재고자산	₩50,000	₩60,000
기계장치	100,000	150,000

• 위의 자산 중 재고자산은 20X1년중에 전액 외부에 판매되었으며, 기계장치는 20X1년초 현재 잔존내용연수 5년에 잔존가치 없이 정액법으로 상각한다.
• 20X1년에 ㈜민국이 보고한 당기순이익은 ₩50,000이며, 동 기간 중에 결의되거나 지급된 배당금은 없다.

㈜대한이 ㈜민국의 보통주를 지분법에 따라 회계처리하는 경우, 20X1년말 재무제표에 계상되는 관계기업투자주식의 장부금액은 얼마인가? 단, 법인세효과는 고려하지 않는다. 2014. CPA

① ₩120,000 ② ₩129,000 ③ ₩132,000 ④ ₩135,000 ⑤ ₩138,000

A-08 ㈜대한은 20X1년 초 ㈜민국의 의결권 있는 주식 20%를 ₩60,000에 취득하여 유의적인 영향력을 행사할 수 있게 되었다. ㈜민국에 대한 추가 정보는 다음과 같다.

> • 20X1년 1월 1일 현재 ㈜민국의 순자산 장부금액은 ₩200,000이며, 자산과 부채는 장부금액과 공정가치가 모두 일치한다.
> • ㈜대한은 20X1년 중 ㈜민국에게 원가 ₩20,000인 제품을 ₩25,000에 판매하였다. ㈜민국은 20X1년 말 현재 ㈜대한으로부터 취득한 제품 ₩25,000 중 ₩10,000을 기말재고로 보유하고 있다.
> • ㈜민국의 20X1년 당기순이익은 ₩28,000이며, 기타포괄이익은 ₩5,000이다.

㈜민국에 대한 지분법적용투자주식과 관련하여 ㈜대한이 20X1년도 포괄손익계산서 상 당기손익에 반영할 지분법이익은 얼마인가? 2022. CPA

① ₩5,200 ② ₩5,700 ③ ₩6,200 ④ ₩6,700 ⑤ ₩7,200

※ 다음 자료를 이용하여 9번과 10번에 답하시오.

> ㈜대한은 20X1년 초에 ㈜민국의 보통주 30%를 ₩350,000에 취득하여 유의적인 영향력을 행사하고 있으며 지분법을 적용하여 회계처리한다. 20X1년 초 현재 ㈜민국의 순자산 장부금액과 공정가치는 동일하게 ₩1,200,000이다.
>
> 〈추가자료〉
> • 다음은 ㈜대한과 ㈜민국 간의 20X1년 재고자산 내부거래 내역이다.

판매회사 → 매입회사	판매회사 매출액	판매회사 매출원가	매입회사 장부상 기말재고
㈜대한 → ㈜민국	₩25,000	₩20,000	₩17,500

> • 20X2년 3월 31일 ㈜민국은 주주에게 현금배당금 ₩10,000을 지급하였다.
> • 20X2년 중 ㈜민국은 20X1년 ㈜대한으로부터 매입한 재고자산을 외부에 모두 판매하였다.
> • 다음은 ㈜민국의 20X1년도 및 20X2년도 포괄손익계산서 내용의 일부이다.

구분	20X1년	20X2년
당기순이익	₩100,000	₩(−)100,000
기타포괄이익	₩50,000	₩110,000

A-09 20X1년 말 현재 ㈜대한의 재무상태표에 표시되는 ㈜민국에 대한 지분법적용투자주식 기말 장부금액은 얼마인가? 2019. CPA

① ₩403,950 ② ₩400,000 ③ ₩395,000 ④ ₩393,950 ⑤ ₩350,000

A-10 지분법 적용이 ㈜대한의 20X2년도 당기순이익에 미치는 영향은 얼마인가? 2019. CPA

① ₩18,950 감소 ② ₩28,950 감소 ③ ₩33,950 증가 ④ ₩38,950 증가 ⑤ ₩38,950 감소

A-11 ㈜한국은 20X1년초에 ㈜서울의 의결권 있는 주식 30%를 ₩40,000에 취득하여 유의적인 영향력을 갖게 되었다. ㈜한국은 ㈜서울의 투자주식에 대해서 지분법을 적용하기로 하였으며, 관련 자료는 다음과 같다.

- 20X1년초 ㈜서울의 순자산의 장부금액은 ₩100,000이고, 공정가치는 ₩130,000인데, 건물(잔존내용연수 10년, 잔존가치 없이 정액법 상각)의 공정가치가 장부금액을 ₩30,000 초과한다.
- 20X1년 중에 ㈜한국이 ㈜서울에 상품매출을 하였는데, 20X1년말 현재 ₩2,000의 내부거래이익이 미실현된 상태이다.
- 20X1년 중에 ㈜서울의 순자산의 장부금액이 ₩20,000 증가하였는데, 이 중 ₩15,000은 당기순이익이며, 나머지 ₩5,000은 기타포괄이익이다.

㈜한국이 20X1년말에 ㈜서울의 투자주식에 대해서 당기손익으로 인식할 지분법이익은 얼마인가? 2013. CPA

① ₩1,600 ② ₩2,900 ③ ₩3,000 ④ ₩4,410 ⑤ ₩4,500

A-12 다음은 ㈜세무 및 그 종속기업인 ㈜한국과 관련된 자료이다. 다음의 설명 중 옳은 것은? 2022. CTA 심화

- ㈜세무는 20X1년 1월 1일 ㈜한국의 의결권 있는 보통주식의 60%를 ₩700,000에 취득하여 지배력을 획득하였다.
- 취득일 현재 ㈜한국의 재무상태표상 자본총액은 ₩1,000,000(자본금 ₩700,000, 이익잉여금 ₩300,000)이다.
- 취득일 현재 공정가치와 장부금액이 서로 다른 자산은 재고자산(장부금액 ₩300,000, 공정가치 ₩350,000)이 유일하고, 부채의 공정가치는 장부금액과 동일하다.
- ㈜한국은 상기 재고자산의 70%를 20X1년도 중 연결실체 외부에 판매하였고, 나머지는 20X1년 말까지 보유하고 있다.
- 20X1년도 ㈜한국의 당기순이익은 ₩50,000이고, 취득일 이후 ㈜세무와 ㈜한국 간의 내부거래는 없다.
- ㈜세무가 20X1년도 연결포괄손익계산서에 표시한 연결당기순이익은 ₩100,000이다.
- 영업권과 관련된 손상차손은 고려하지 않으며, 비지배지분은 종속기업의 식별가능한 순자산 공정가치에 비례하여 결정하기로 한다.
- 20X1년 말 현재 ㈜한국은 ㈜세무의 유일한 종속기업이다.

① ㈜세무가 20X1년 말 연결재무상태표에 표시할 영업권은 ₩100,000이다.

② ㈜세무가 20X1년도 연결포괄손익계산서에 표시할 연결당기순이익 중 비지배주주에 귀속되는 부분은 ₩15,000이다.

③ ㈜세무가 20X1년도 연결포괄손익계산서에 표시할 연결당기순이익 중 지배기업소유주에 귀속되는 부분은 ₩85,000이다.

④ ㈜세무가 종속기업에 대한 투자를 원가법을 적용하여 표시한 20X1년도의 별도재무제표상 당기순이익은 ₩91,000이다.

⑤ ㈜세무가 종속기업에 대한 투자를 지분법을 적용하여 표시한 20X1년도의 별도재무제표상 당기순이익은 ₩94,000이다.

A-13 ㈜대한은 20X1년초에 ㈜민국의 의결권 있는 보통주 250주(지분율 25%)를 ₩150,000에 취득하고, 유의적인 영향력을 행사할 수 있게 되었다. 취득일 현재 ㈜민국의 식별가능한 순자산의 장부금액과 공정가치는 모두 ₩500,000으로 동일하다. 20X1년 중 발생한 두 기업 간 거래내역 및 ㈜민국의 보고이익 정보는 다음과 같다.

- 20X1년 10월초 ㈜대한은 ㈜민국에게 원가 ₩50,000인 상품을 ₩80,000에 판매하였다. ㈜민국은 20X1년말 현재 동 상품의 50%를 외부에 판매하였고, 나머지 50%는 재고자산으로 보유하고 있다.
- 20X1년 12월초 ㈜민국은 ㈜대한에게 원가 ₩50,000인 상품을 ₩30,000에 판매하였고, ㈜대한은 20X1년말 현재 동 상품 모두를 재고자산으로 보유하고 있다. 판매가격 ₩30,000은 해당 상품의 순실현가능가치에 해당한다.
- ㈜민국이 보고한 20X1년도 당기순이익은 ₩60,000이다.

㈜대한이 ㈜민국에 대한 투자주식과 관련하여, 20X1년도의 포괄손익계산서에 보고할 지분법이익은 얼마인가? 2018. CPA

① ₩10,500　② ₩11,250　③ ₩12,500　④ ₩15,000　⑤ ₩16,250

3 관계기업투자주식의 처분

1. 처분으로 유의적인 영향력을 상실하는 경우

기업은 투자가 관계기업이나 공동기업의 정의를 충족하지 못하게 된 시점부터 지분법의 사용을 중단한다.

현금	①수령액	관계기업투자주식	②처분 전 장부금액
FVPL or FVOCI	③팔고 남은 거의 FV		
지분법자본변동	④OCI 중 **재분류 조정되는 것만**		
	⑤관계기업투자처분손익 XXX **(PL)**		

STEP 1 현금 수령액: 주식을 처분하여 수령한 금액

STEP 2 관계기업투자주식 장부금액 전부 제거

STEP 3 금융자산 공정가치 평가: 팔고 남은 주식을 공정가치로 계상

STEP 4 지분법자본변동 제거

지분법의 사용을 중단한 경우, 그 투자와 관련하여 기타포괄손익으로 인식한 모든 금액에 대하여 기업은 피투자자가 관련 자산이나 부채를 직접 처분한 경우의 회계처리와 동일한 기준으로 회계처리한다.

재분류 조정 X	유형자산 재평가잉여금, FVOCI 지분상품 평가손익, 재측정요소 등
재분류 조정 O	FVOCI 채무상품 평가손익, 해외사업장환산차이 등

– 지분법 사용을 중단한 경우 관계기업과 관련하여 인식한 지분법자본변동 제거
– 재분류조정 대상은 재분류조정, 재분류조정 대상이 아니면 이익잉여금으로 직접 대체 가능

STEP 5 관계기업투자주식처분손익: 무조건 PL ★중요!

– Step 1~4까지 완료 후 **대차차액을 당기손익으로 계상**
– **남은 금융자산을 어느 계정으로 분류하든 상관없이 무조건 대차차액을 PL로 계상**

2. 처분 후에도 유의적인 영향력을 유지하는 경우

현금	①수령액	관계기업투자주식	②장부금액 × 지분율
지분법자본변동	③OCI 중 **재분류 조정되는 것만**		
	④관계기업투자처분손익 XXX (PL)		

(1) 유의적인 영향력을 상실하지 않는 범위 내에서 관계기업에 대한 보유지분의 변동

: **손익거래** (↔지배력을 상실하지 않는 범위 내에서 보유지분의 변동: 자본거래)

→ 관계기업투자주식 장부금액 중 처분한 부분만큼 제거하면서 처분손익 인식

(2) 금융자산 계상 X: 관계기업투자주식을 처분하더라도 유의적인 영향력을 계속 유지

→ 금융자산(FVPL or FVOCI)으로 분류되는 금액 없음

예 제 **관계기업투자주식의 처분**

B-01 ㈜대한은 20X1년초에 ㈜민국의 의결권 있는 보통주식 30주(지분율 30%)를 ₩150,000에 취득하여 유의적인 영향력을 행사하게 되었다. 취득 당시 ㈜민국의 순자산 장부금액은 ₩500,000이며 공정가치와 일치하였다. 20X1년도에 ㈜민국은 당기순이익 ₩120,000과 기타포괄이익(FVOCI 채무상품 평가이익) ₩50,000을 보고하였으며 배당결의나 지급은 없었다. ㈜대한은 20X2년초에 보유하고 있던 ㈜민국의 주식 20주(지분율 20%)를 주당 공정가치 ₩6,500에 매각하여 유의적인 영향력을 상실하였다. 나머지 10주는 FVOCI 금융자산으로 재분류하였다.
㈜민국의 주식 20주 처분과 10주의 재분류가 ㈜대한의 20X2년도 당기순이익에 미치는 영향은? 2017. CPA 수정

① ₩6,000 감소 ② ₩9,000 증가 ③ ₩6,000 증가 ④ ₩9,000 감소 ⑤ ₩15,000 증가

4 연결의 중단

현금	①수령액	종속기업 순자산	②BV
비지배지분	②비지배지분 BV	영업권	②영업권 잔액
FVPL or FVOCI or 관투	③팔고 남은 거의 FV		
OCI	④OCI 중 **재분류 조정되는 것만**		
⑤종속기업투자처분손익 XXX **(PL)**			

STEP 1 현금 수령액

STEP 2 지배력을 상실한 날의 종속기업의 순자산, 영업권, 비지배지분 제거

(1) 종속기업 자산, 부채의 장부금액 제거
: '지배력을 상실한 날'의 연결재무상태표 상 장부금액(not 공정가치)을 제거

(2) 영업권 제거

(3) 비지배지분 장부금액 제거

STEP 3 잔여 주식 공정가치 평가

남은 주식을 공정가치로 평가 후 FVPL 금융자산, FVOCI 선택 금융자산, 혹은 관계기업투자주식으로 계상

STEP 4 종속기업에 관하여 OCI로 인식한 금액은 재분류조정 or 이잉 직접 대체

기존에 회사가 종속기업에 관하여 인식한 OCI 중 재분류 조정 대상은 제거한다.

STEP 5 대차차액은 PL로 인식

김수석의 핵심콕! 단계적 취득 vs 지분법 or 연결 중단

1. 단계적 취득: PL or OCI

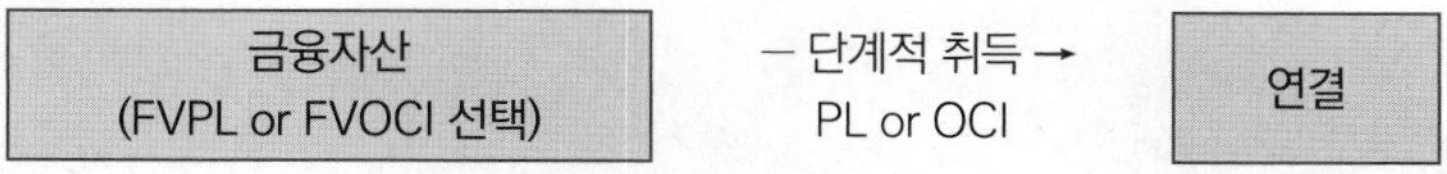

2. 지분법 or 연결의 중단: PL

예 제 연결의 중단

B-02 ㈜대한은 20X1년 초에 ㈜민국의 보통주 80주(80%)를 ₩240,000에 취득하여 지배력을 획득하였다. 취득일 현재 ㈜민국의 순자산은 자본금 ₩150,000과 이익잉여금 ₩100,000이며, 식별가능한 자산과 부채의 장부금액과 공정가치는 일치하였다. 취득일 이후 20X2년까지 ㈜대한과 ㈜민국이 별도(개별)재무제표에 보고한 순자산변동(당기순이익)은 다음과 같으며, 이들 기업 간에 발생한 내부거래는 없다.

구분	20X1년	20X2년
㈜대한	₩80,000	₩120,000
㈜민국	20,000	30,000

20X3년 1월 1일에 ㈜대한은 보유중이던 ㈜민국의 보통주 50주(50%)를 ₩200,000에 처분하여 ㈜민국에 대한 지배력을 상실하였다. 남아있는 ㈜민국의 보통주 30주(30%)의 공정가치는 ₩120,000이며, ㈜대한은 이를 관계기업투자주식으로 분류하였다. ㈜민국에 대한 지배력 상실시점의 회계처리가 ㈜대한의 20X3년도 연결당기순이익에 미치는 영향은 얼마인가? 단, 20X3년 말 현재 ㈜대한은 다른 종속기업을 지배하고 있어 연결재무제표를 작성한다. 2022. CPA

① ₩10,000 감소 ② ₩10,000 증가 ③ ₩40,000 증가 ④ ₩50,000 증가 ⑤ ₩80,000 증가

5 관계기업투자주식의 손상

1. 손상차손=손상 전 관계기업투자주식 장부금액-회수가능액

- 영업권에 대해 별도의 손상검사 X

2. 손상차손환입=회수가능액-환입 전 관계기업투자주식 기말 장부금액

- 관계기업투자주식의 손상차손환입 한도 규정 X
- 회수가능액까지 환입 (어차피 '회수가능액〈손상을 인식하지 않을 경우의 BV'으로 줄 것임)

예 제 관계기업투자주식의 손상

B-03 ㈜한국은 20X1년초에 ㈜서울의 의결권 있는 보통주식 30%를 ₩40,000에 취득하여 유의적인 영향력을 갖게 되었다. 20X1년초 ㈜서울의 순자산의 장부금액은 ₩73,000이고 공정가치는 ₩70,000인데, 건물(잔존내용연수 10년, 잔존가치 ₩0, 정액법 상각)의 공정가치가 장부금액보다 ₩3,000 낮음에 기인한다. 20X1년 ㈜서울의 당기순이익은 ₩10,000이지만, 자금난으로 결국 부도처리 되었으며 이는 손상차손 발생에 대한 객관적 증거에 해당한다. 20X1년 12월 31일 현재 ㈜한국이 보유한 ㈜서울 주식의 회수가능액은 ₩14,000이다. ㈜한국이 ㈜서울의 관계기업투자주식에 대해서 지분법을 적용할 때 20X1년말에 인식해야 할 손상차손은 얼마인가? 2015. CPA

① ₩28,100 ② ₩28,910 ③ ₩29,000 ④ ₩29,090 ⑤ ₩29,900

6 현물출자를 통한 유의적인 영향력 획득 심화

	상업적 실질 O	상업적 실질 X
이전대가	비화폐성자산의 FV – 현금 수령액	비화폐성자산의 BV – 현금 수령액
유형자산처분이익	비화폐성자산의 FV – 비화폐성자산의 BV	0
미실현이익	처분이익 × (FV – 현금 수령액)/FV	
지분법이익	(조정 전 NI – 미실현이익) × 지분율	조정 전 NI × 지분율

1. 이전대가: 비화폐성자산의 FV or BV–현금 수령액

상업적 실질 O	관계기업투자주식	FV – 현금 수령액	토지	BV
	현금	현금 수령액	유형자산처분이익	FV – BV
상업적 실질 X	관계기업투자주식	BV – 현금 수령액	토지	BV
	현금	현금 수령액		

2. 당기순이익에 미치는 영향: 유형자산처분이익+지분법이익 중요!

3. 관계기업투자주식의 장부금액=이전대가+Σ지분법이익

예 제 현물출자를 통한 유의적인 영향력 획득

B-04 ㈜대한은 20X1년 초에 보유하던 토지(장부금액 ₩20,000, 공정가치 ₩30,000)를 ㈜민국에 출자하고, 현금 ₩10,000과 ㈜민국의 보통주 30%를 수취하여 유의적인 영향력을 행사하게 되었다. 출자 당시 ㈜민국의 순자산 장부금액은 ₩50,000이며 이는 공정가치와 일치하였다. 20X1년 말 현재 해당 토지는 ㈜민국이 소유하고 있으며, ㈜민국은 20X1년도 당기순이익으로 ₩10,000을 보고하였다. ㈜민국에 대한 현물출자와 지분법 회계처리가 ㈜대한의 20X1년도 당기순이익에 미치는 영향은 얼마인가? 단, 현물출자는 상업적 실질이 결여되어 있지 않다.

2023. CPA

① ₩6,000 증가 ② ₩8,000 증가 ③ ₩9,000 증가 ④ ₩11,000 증가 ⑤ ₩13,000 증가

7 지분법 말문제

1. 관계기업

(1) 관계기업의 정의: 투자자가 **유의적인 영향력**을 보유하는 기업

(2) 관계기업에 대한 투자

관계기업이나 공동기업에 대한 투자를 최초 인식시 **원가**로 인식한다.

2. 유의적인 영향력

: 피투자자의 **재무정책과 영업정책에 관한 의사결정에 참여할 수 있는 능력**

(≠정책의 지배력이나 공동지배력)

(1) 의결권의 20% 기준이 절대적이진 않음

기업이 다음 중 하나 이상에 해당하는 경우 일반적으로 유의적인 영향력을 보유함

① 피투자자의 이사회나 이에 준하는 의사결정기구에 참여
② 배당이나 다른 분배에 관한 의사결정에 참여하는 것을 포함하여 정책결정과정에 참여
③ 기업과 피투자자 사이의 중요한 거래
④ 경영진의 상호 교류
⑤ 필수적 기술정보의 제공

(2) 다른 투자자가 지배력을 가져도 유의적인 영향력을 보유할 수 있음 ★중요!

(3) 간접 소유 주식: 종속기업만 고려 (not 관계기업)

간접 소유하는 주식에는 종속기업이 소유하는 주식만 포함, 관계기업이 소유하는 주식은 제외

(4) 잠재적 의결권

① 유의적인 영향력: 잠재적 의결권 고려 O

② 지분법 적용 시(지분법손익, 관투): 잠재적 의결권 고려 X

(5) 지분율 변동 없이도 유의적인 영향력 상실 가능

3. 상호거래 (≒내부거래)

(1) 투자자와 관계기업 사이의 **상향거래 또는 하향거래**의 결과로 발생한 당기손익 중 투자자는 그 관계기업에 대한 **지분과 무관한 손익**까지만 투자자의 재무제표에 인식한다.

(2) 상호거래가 손상차손의 증거를 제공하는 경우

하향거래	투자자는 손실을 **모두** 인식
상향거래	투자자는 손실 중 **자신의 몫**을 인식

4. 관계기업투자의 손실

	분류	부(-)의 금액
비지배지분	자본	가능
관계기업투자	자산	불가

(1) 지분법초과손실

기업의 지분이 '영(0)'으로 감소된 이후 추가 손실분에 대하여 기업은 법적의무 또는 의제의무가 있거나 관계기업이나 공동기업을 대신하여 지급하여야 하는 경우, 그 금액까지만 손실과 부채로 인식한다.

(2) 추후에 이익을 보고할 경우

만약 관계기업이나 공동기업이 추후에 이익을 보고할 경우 투자자는 자신의 지분에 해당하는 이익의 인식을 재개하되, 인식하지 못한 손실을 초과한 금액만을 이익으로 인식한다.

5. 관계기업투자의 매각예정 분류

(1) 매각예정 분류

① 관계기업투자가 매각예정 분류기준을 충족하는 경우: 관계기업투자를 매각예정비유동자산으로 재분류
② 측정: min[BV, 순공정가치]
③ 평가손실: PL로 인식

(2) 일부만 매각예정인 경우 매각예정으로 분류되지 않은 잔여분

: 매각예정으로 분류된 부분이 매각될 때까지 **지분법 적용**

6. 지분법 기타사항 (=연결과 유사)

(1) 보고기간 종료일

- 기업의 보고기간종료일과 관계기업이나 공동기업의 보고기간종료일이 다른 경우: 관계기업이나 공동기업은 기업의 재무제표와 동일한 보고기간종료일의 재무제표를 작성
- 어떠한 경우라도 기업의 보고기간종료일 간의 차이는 **3개월** 이내여야 함
- **보고기간의 길이** 그리고 **보고기간종료일의 차이**는 매 기간마다 같아야 함

(2) 동일한 회계정책

유사한 상황에서 발생한 동일한 거래와 사건에 대하여 **동일한 회계정책을 적용하여 기업의 재무제표 작성**

(3) 지분법적용 면제 조건

> ① 기업이 그 자체의 지분 전부를 소유하고 있는 다른 기업의 종속기업이거나, 그 자체의 지분 일부를 소유하고 있는 다른 기업의 종속기업이면서 그 기업이 지분법을 적용하지 않는다는 사실을 그 기업의 다른 소유주들(의결권이 없는 소유주 포함)에게 알리고 그 다른 소유주들이 그것을 반대하지 않는 경우
> ② 기업의 채무상품 또는 지분상품이 공개시장(국내 · 외 증권거래소나 장외시장. 지역시장 포함)에서 거래되지 않는 경우
> ③ 기업이 공개시장에서 증권을 발행할 목적으로 증권감독기구나 그 밖의 감독기관에 재무제표를 제출한 적이 없으며 현재 제출하는 과정에 있지도 않은 경우
> ④ 기업의 최상위 지배기업이나 중간 지배기업이 한국채택국제회계기준을 적용하여 작성한 공용 가능한 재무제표에 종속기업을 연결하거나 종속기업을 공정가치로 측정하여 당기손익에 반영한 경우

(4) 누적적우선주

관계기업이나 공동기업이 자본으로 분류되는 누적적 우선주를 발행하였고 이를 기업 이외의 다른 측이 소유하고 있는 경우, 기업은 **배당결의 여부에 관계없이** 이러한 주식의 배당금에 대하여 조정한 후 당기순손익에 대한 자신의 몫을 산정한다.

7. 공동약정

: 둘 이상의 당사자들이 **공동지배력**을 보유하는 약정

(1) 공동지배력

: 약정의 지배력에 대한 합의된 공유로서, 관련활동에 대한 결정에 지배력을 공유하는 당사자들 **전체의 동의가 요구될 때에만** 존재

(2) 공동약정의 종류: 공동영업과 공동기업

<table>
<tr><th colspan="2">별도기구로 구조화</th><th>공동약정 구분</th><th>재무제표</th></tr>
<tr><td colspan="2">X</td><td rowspan="2">공동영업</td><td rowspan="2">각자 자산, 부채, 손익 인식</td></tr>
<tr><td rowspan="2">O</td><td>당사자에게 자산, 부채 부여 O</td></tr>
<tr><td>당사자에게 자산, 부채 부여 X</td><td>공동기업</td><td>지분법</td></tr>
</table>

(3) 공동영업 및 공동기업의 재무제표

① 공동영업: **약정의 자산에 대한 권리와 부채에 대한 의무**를 보유하는 공동약정
 – 각자 자산, 부채, 손익 중 자신의 지분에 해당되는 금액 인식

② 공동기업: **약정의 순자산에 대한 권리를 보유**하는 공동약정
　— 지분법 적용

(4) 관계기업 ↔ 공동기업: 계속하여 지분법 적용. 잔여 보유 지분 재측정 X ★중요!

예 제 지분법 말문제

C-01 관계기업과 공동기업에 대한 투자 및 지분법 회계처리에 대한 설명으로서 옳지 않은 것은? 2016. CPA

① 관계기업이란 투자자가 유의적인 영향력을 보유하고 있는 기업을 말하며, 여기에서 유의적인 영향력은 투자자가 피투자자의 재무정책과 영업정책에 관한 의사결정에 참여할 수 있는 능력을 의미한다.

② 기업이 피투자자에 대한 의결권의 20% 이상을 소유하고 있다면 명백한 반증이 없는 한 유의적인 영향력을 보유하는 것으로 판단한다. 이때 의결권은 투자자가 직접 보유하는 지분과 투자자의 다른 관계기업이 소유하고 있는 지분을 합산하여 판단한다.

③ 투자자와 관계기업 사이의 '상향'거래나 '하향'거래에서 발생한 손익에 대하여 투자자는 그 관계기업에 대한 지분과 무관한 손익까지만 재무제표에 인식한다.

④ 관계기업 투자가 공동기업 투자로 되거나 공동기업 투자가 관계기업 투자로 되는 경우, 투자자는 지분법을 계속 적용하며 잔여 보유 지분을 재측정하지 않는다.

⑤ 관계기업에 대한 투자 장부금액의 일부를 구성하는 영업권은 분리하여 인식하지 않으므로 영업권에 대한 별도의 손상검사를 하지 않는다.

C-02 관계기업과 공동기업에 대한 투자 및 지분법 회계처리에 대한 다음 설명 중 옳은 것은? 2020. CPA

① 관계기업의 결손이 누적되면 관계기업에 대한 투자지분이 부(-)의 잔액이 되는 경우가 발생할 수 있다.

② 피투자자의 순자산변동 중 투자자의 몫은 전액 투자자의 당기순손익으로 인식한다.

③ 관계기업의 정의를 충족하지 못하게 되어 지분법 사용을 중단하는 경우로서 종전 관계기업에 대한 잔여보유지분이 금융자산이면 기업은 잔여보유지분을 공정가치로 측정하고, '잔여보유지분의 공정가치와 관계기업에 대한 지분의 일부 처분으로 발생한 대가의 공정가치'와 '지분법을 중단한 시점의 투자자산의 장부금액'의 차이를 기타포괄손익으로 인식한다.

④ 하향거래가 매각대상 또는 출자대상 자산의 순실현가능가치의 감소나 그 자산에 대한 손상차손의 증거를 제공하는 경우 투자자는 그러한 손실 중 자신의 몫을 인식한다.

⑤ 관계기업이 해외사업장과 관련된 누적 외환차이가 있고 기업이 지분법의 사용을 중단하는 경우, 기업은 해외사업장과 관련하여 이전에 기타포괄손익으로 인식했던 손익을 당기손익으로 재분류한다.

C-03 관계기업과 공동기업에 대한 투자 및 지분법 회계처리에 대한 다음 설명 중 옳지 않은 것은? 2023. CPA

① 지분법은 투자자산을 최초에 원가로 인식하고, 취득시점 이후 발생한 피투자자의 순자산 변동액 중 투자자의 몫을 해당 투자자산에 가감하여 보고하는 회계처리방법이다.

② 투자자와 관계기업 사이의 상향거래가 구입된 자산의 순실현가능가치의 감소나 그 자산에 대한 손상차손의 증거를 제공하는 경우, 투자자는 그러한 손실 중 자신의 몫을 인식한다.

③ 유의적인 영향력을 상실하지 않는 범위 내에서 관계기업에 대한 보유지분의 변동은 자본거래로 회계처리한다.

④ 관계기업에 대한 순투자 장부금액의 일부를 구성하는 영업권은 분리하여 인식하지 않으므로 별도의 손상검사를 하지 않는다.

⑤ 관계기업이 자본으로 분류되는 누적적 우선주를 발행하였고 이를 제3자가 소유하고 있는 경우, 투자자는 배당결의 여부에 관계없이 이러한 주식의 배당금에 대하여 조정한 후 당기순손익에 대한 자신의 몫을 산정한다.

C-04 다음 중 관계기업 투자와 관련한 설명으로 옳지 않은 것은 어느 것인가? 2011. CPA 수정

① 하향거래가 매각대상 또는 출자대상 자산의 순실현가능가치의 감소나 그 자산에 대한 손상차손의 증거를 제공하는 경우 투자자는 그러한 손실을 모두 인식한다. 상향거래가 구입된 자산의 순실현가능가치의 감소나 그 자산에 대한 손상차손의 증거를 제공하는 경우, 투자자는 그러한 손실 중 자신의 몫을 인식한다.

② 관계기업이 유사한 상황에서 발생한 동일한 거래와 사건에 대하여 투자자의 회계정책과 다른 회계정책을 사용한 경우 투자자는 지분법을 적용하기 위하여 관계기업의 재무제표를 사용할 때 관계기업의 회계정책을 투자자의 회계정책과 일관되도록 하여야 한다.

③ 관계기업에 대한 유의적인 영향력을 상실한 경우, 투자자는 관계기업이 관련 자산이나 부채를 직접 처분한 경우의 회계처리와 동일한 기준으로 그 관계기업과 관련하여 기타포괄손익으로 인식한 모든 금액에 대하여 회계처리한다. 그러므로 관계기업이 이전에 기타포괄손익으로 인식한 손익을 관련 자산이나 부채의 처분으로 당기손익으로 재분류하게 되는 경우, 투자자는 관계기업에 대한 유의적인 영향력을 상실한 때에 손익을 자본에서 당기손익으로 재분류(재분류 조정)한다.

④ 투자자가 직접으로 또는 간접(예: 종속기업을 통하여)으로 피투자자에 대한 의결권의 20% 이상을 소유하고 있다면 유의적인 영향력이 있는 것으로 본다. 다만 유의적인 영향력이 없다는 사실을 명백하게 제시할 수 있는 경우는 제외한다. 따라서 투자자 외의 다른 투자자가 해당 피투자자의 주식을 상당한 부분 또는 과반수 이상을 소유하고 있는 경우 투자자가 피투자자에 대하여 유의적인 영향력이 있다는 것을 배제한다.

⑤ 투자자와 관계기업 사이의 '상향' 거래나 '하향' 거래에서 발생한 당기손익에 대하여 투자자는 그 관계기업에 대한 투자지분과 무관한 손익까지만 재무제표에 인식한다.

C-05 '관계기업 투자'에 관한 설명으로 옳지 않은 것은?

2011. CTA 수정

① 관계기업이란 투자자가 유의적인 영향력을 보유하는 기업을 의미한다.

② 지분법 적용시 투자자의 지분이 '영(0)'으로 감소된 이후 추가 손실분에 대하여 투자자는 법적의무 또는 의제의무가 있거나 관계기업을 대신하여 지급하여야 하는 경우, 그 금액까지만 손실과 부채로 인식한다.

③ 별도재무제표란 기업이 이 기준서의 규정에 따라 종속기업, 공동기업 및 관계기업에 대한 투자를 원가법, 기업회계기준서 제1109호 '금융상품'에 따른 방법, 기업회계기준서 제1028호 '관계기업과 공동기업에 대한 투자'에서 규정하고 있는 지분법 중 어느 하나를 적용하여 표시한 재무제표이다.

④ 지분법 적용 시 잠재적 의결권이나 잠재적 의결권이 포함된 파생상품이 있는 경우, 관계기업이나 공동기업에 대한 기업의 지분은 현재 소유하고 있는 지분율과 잠재적 의결권의 행사가능성이나 전환가능성을 반영하여 산정한다.

⑤ 투자자(A) 외의 다른 투자자(B)가 해당 피투자자(C)의 주식을 과반수 이상 소유하고 있다고 하여도 투자자(A)가 피투자자(C)에 대하여 유의적인 영향력이 있다는 것을 배제할 필요는 없다.

C-06 공동약정(joint arrangement)에 대한 다음의 설명 중 옳지 않은 것은?

2013. CPA

① 공동약정은 둘 이상의 당사자들이 공동지배력을 보유하는 약정이며, 공동지배력은 관련활동에 대한 결정에 약정을 집합적으로 지배하는 당사자들 전체의 동의가 요구될 때에만 존재한다.

② 공동약정은 공동영업 또는 공동기업으로 분류하는데, 별도기구로 구조화되지 않은 공동약정은 공동영업으로 분류한다.

③ 별도기구로 구조화된 공동약정의 경우, 별도기구의 법적 형식이 당사자에게 약정의 자산에 대한 권리와 부채에 대한 의무를 부여한다면 공동기업으로 분류한다.

④ 공동영업자는 공동영업의 자산, 부채, 수익 및 비용 중 자신의 지분에 해당되는 금액을 공동영업자의 별도재무제표에 각각 자산, 부채, 수익 및 비용으로 인식한다.

⑤ 공동기업 참여자는 공동기업에 대한 자신의 지분을 별도재무제표에 투자자산으로 인식하고, 지분법으로 회계처리한다.

C-07 지분법 회계처리에 관한 설명으로 옳지 않은 것은?

2016. CTA

① 관계기업이나 공동기업에 대한 투자를 최초 인식시 원가로 인식한다.

② 취득일 이후에 발생한 피투자자의 당기순손익 중 투자자의 몫은 투자자의 당기순손익으로 인식한다.

③ 기업은 투자가 관계기업이나 공동기업의 정의를 충족하지 못하게 된 시점부터 지분법의 사용을 중단한다.

④ 지분법의 사용을 중단한 경우, 그 투자와 관련하여 기타포괄손익으로 인식한 모든 금액에 대하여 기업은 피투자자가 관련 자산이나 부채를 직접 처분한 경우의 회계처리와 동일한 기준으로 회계처리한다.

⑤ 관계기업 투자가 공동기업 투자로 되거나 공동기업 투자가 관계기업 투자로 되는 경우, 기업은 지분법을 계속 적용하며 잔여 보유 지분을 재측정한다.

C-08 기업회계기준서 제1028호 '관계기업과 공동기업에 대한 투자'에 관한 다음 설명 중 옳지 않은 것은? 2021. CPA

① A기업이 보유하고 있는 B기업의 지분이 10%에 불과하더라도 A기업의 종속회사인 C기업이 B기업 지분 15%를 보유하고 있는 경우, 명백한 반증이 제시되지 않는 한 A기업이 B기업에 대해 유의한 영향력을 행사할 수 있는 것으로 본다.

② 관계기업 투자가 공동기업 투자로 되거나 공동기업 투자가 관계기업 투자로 되는 경우, 기업은 보유 지분을 투자 성격 변경시점의 공정가치로 재측정한다.

③ 기업이 유의적인 영향력을 보유하는지를 평가할 때에는 다른 기업이 보유한 잠재적 의결권을 포함하여 현재 행사할 수 있거나 전환할 수 있는 잠재적 의결권의 존재와 영향을 고려한다.

④ 손상차손 판단 시 관계기업이나 공동기업에 대한 투자의 회수가능액은 각 관계기업이나 공동기업별로 평가하여야 한다. 다만, 관계기업이나 공동기업이 창출하는 현금유입이 그 기업의 다른 자산에서 창출되는 현금흐름과 거의 독립적으로 구별되지 않는 경우에는 그러하지 아니한다.

⑤ 관계기업이나 공동기업에 대한 지분 일부를 처분하여 잔여 보유 지분이 금융자산이 되는 경우, 기업은 해당 잔여 보유 지분을 공정가치로 재측정한다.

C-09 기업회계기준서 제1111호 '공동약정'에 대한 다음 설명 중 옳지 않은 것은? 2024. CPA

① 공동약정은 둘 이상의 당사자들이 공동지배력을 보유하는 약정이다.

② 공동지배력은 약정의 지배력에 대한 합의된 공유인데, 관련 활동에 대한 결정에 지배력을 공유하는 당사자들 전체의 동의가 요구될 때에만 존재한다.

③ 약정의 모든 당사자들이 약정의 공동지배력을 보유하지 않는다면 그 약정은 공동약정이 될 수 없다.

④ 공동약정은 약정의 당사자들의 권리와 의무에 따라 공동영업이거나 공동기업으로 분류한다.

⑤ 공동기업은 약정의 공동지배력을 보유하는 당사자들이 약정의 순자산에 대한 권리를 보유하는 공동약정이다.

※ 다음 자료를 이용하여 문제 10번과 11번의 물음에 답하시오.

㈜한국은 20X1년 아래 자료에서 제시하는 주식을 모두 취득하였다.

(가) 음식점 운영을 주업으로 하는 ㈜한식의 지분 20% :
㈜한식의 나머지 지분 80%를 보유한 주주들은 서로 특수관계가 없고, 지배력의 획득 목적이 없으며, 단순 배당투자만을 목적으로 한다. 이 주주들은 ㈜한국에게 의결권을 위임한다. ㈜한국은 주식취득 직후 ㈜한식의 이사회 구성원 전원을 임명하였고, ㈜한식의 재무정책과 영업정책은 이사회가 결정한다.

(나) 토지만으로 구성된 자산을 가진 ㈜평지의 지분 100% :
㈜평지는 ㈜한국과 특수관계가 없는 ㈜바다가 과거 공장부지용도로 취득했던 토지를 자산으로 하여 물적분할을 통해 설립한 회사이다. ㈜평지는 사업을 구성하지 않으며, ㈜한국이 ㈜평지의 지분을 취득한 직후 ㈜한국과 ㈜평지는 합병하였다.

(다) 자동차부품을 제조하는 기업인 ㈜엔진의 지분 30% :
㈜한국의 해당 주식 취득과는 무관하게 ㈜한국과 특수관계가 없는 기업인 ㈜고속이 ㈜엔진의 지분 중 40%를 보유하고 있다. 나머지 30%의 지분 역시 ㈜한국과 특수관계가 없는 다수의 주주들이 각각 1% 미만의 지분을 보유하고 있다.

(라) 원자력발전소 건설이 주요 사업인 ㈜원전의 지분 50% :
㈜원전은 ㈜원자력과 ㈜발전이 각각 50%씩 출자하여 설립한 기업이다. ㈜한국은 ㈜원자력으로부터 해당 지분을 인수하였다. ㈜원전의 주요의사결정은 ㈜원전의 이사회결의에 의해 이루어지며, 정관상 이사회의 구성원인 이사는 ㈜원전의 지분비율에 비례하여 임명되고, 이사회는 이사의 전체 동의에 의해 의결한다.

C-10

위에서 제시한 사례 중 ㈜한국의 해당 주식 취득이 사업결합에 해당하는 것으로만 모두 묶인 것은? 2010. CPA

① ㈎ ② ㈏ ③ ㈎, ㈏ ④ ㈏, ㈑ ⑤ ㈏, ㈐, ㈑

C-11

다음 중 ㈜한국이 20X1년 말 연결재무제표 작성에 있어서, 보유 지분에 대한 회계처리 방법으로 타당한 것은?
2010. CPA

	㈎ : ㈜한식	㈐ : ㈜엔진	㈑ : ㈜원전
①	지분법	지분법	연결
②	원가법	지분법	연결
③	지분법	비례연결 또는 지분법	비례연결
④	연결	지분법	비례연결 또는 지분법
⑤	연결	연결	연결

PART 3

정답 및 해설

1 중급회계

2 고급회계

1 중급회계

CHAPTER 01 재고자산

A-01. ②

실지재고조사법으로 회계처리하고 가중평균법을 적용하고 있으므로 총평균법을 적용하는 것이다.

판매가능상품 금액: 1,000 × @200 + 1,000 × @200 + 1,000 × @300 + 1,000 × @400 = 1,100,000
판매가능상품 수량: 1,000 + 1,000 + 1,000 + 1,000 = 4,000개

매출원가: 1,100,000 × 2,500개/4,000개 = 687,500
매출액: 687,500 × (1 + 20%) = **825,000**
— '상품의 매입원가'는 판매하는 상품의 원가로, 매출원가와 같은 말이다. 매출원가에 20%를 더하여 판매하고 있으므로 매출원가에 1.2를 곱해야 한다.

|별해| 매출원가 = 2,500개 × @275 = 687,500
기초 재고와 매입 수량이 전부 1,000단위씩이므로, 단가만 가중평균해도 된다.
평균 단가 = (200 + 200 + 300 + 400)/4 = 275

A-02. ④

	회사	정답	조정
실사 금액			1,000,000
(1) 선적지인도조건 매입	재고 X	재고 O	200,000
(2) 도착지인도조건 매입	재고 X	재고 X	—
(3) 도착지인도조건 판매	재고 X	재고 O	400,000
(4) 선적지인도조건 판매	재고 X	재고 O	500,000
실제 금액			**2,100,000**

(1) 선적지인도조건 매입: X1년에 선적되었으므로 재고자산이 맞으나, X2년에 입고되었으므로 실사 재고에는 포함되어 있지 않다.
(2) 도착지인도조건 매입: 도착지인도조건 매입이므로 올바른 재고에는 포함되지 않는다. X2년도에 입고되었으므로 실사 재고에도 포함되지 않으므로 조정사항은 없다.
(3) 도착지인도조건 판매: 도착지인도조건 판매이므로 올바른 재고에 포함된다. 하지만 X1년말 현재 운송 중이므로 실사 재고에 포함되지 않는다. 따라서 가산해주어야 한다.
(4) 선적지인도조건 판매: 선적지인도조건인데, X2년에 선적되었으므로 X1년말 현재 올바른 재고에 포함된다. 그런데 기말 실사 과정에서 누락되었으므로 가산해주어야 한다.

A-03. ④

	회사	정답	조정
실사 금액			200,000
(1) 시송품	재고 X	재고 O	30,000
(2) 도착지인도조건 매입	재고 X	재고 X	—
(3) 적송품	재고 X	재고 O	60,000
(4) 선적지인도조건 매입	재고 X	재고 O	30,000
실제 금액			**320,000**

A-04. ③

	회사	정답	조정
실사 금액			100,000
(1) 시송품	재고 X	재고 O	80,000
(2) 저당상품	재고 X	재고 O	80,000
(3) 적송품	재고 X	재고 O	40,000
(4) 도착지인도조건 매입	재고 X	재고 X	—
실제 금액			**300,000**

A-05. ⑤

	회사	정답	조정
실사 금액			5,000,000
(1) 장기할부판매	재고 X	재고 X	—
(2) 적송품	재고 X	재고 O	800,000
(3) 재구매 조건부 판매	재고 X	재고 O	1,200,000
(4) 선수금 판매	재고 O	재고 O	—
실제 금액			**7,000,000**

(1) 할부판매: 판매대금 수령여부와 관계없이 매출이 발생한 것이므로 재고자산에 포함 X

(2) 적송품: 2,000,000 × (1 − 60%) = 800,000

(3) 재구매 조건부 판매: 재매입가격(1,800,000)이 최초 판매가격(1,600,000)보다 높기 때문에(깊은 내가격) 풋옵션이 행사될 가능성이 높다. 따라서 재고는 다시 돌아올 것이므로 원가인 1,200,000을 재고자산에 포함한다.

(4) 선수금 판매: 수익 인식 기준은 '재고자산의 통제가 이전될 때'이다. 제품이 X2년에 이전되므로 X1년 말까지는 재고자산에 포함되어야 한다. 실사금액에 포함되어 있으므로 조정할 필요는 없다.

A-06. ③

	회사	정답	조정
실사 금액			5,000,000
(1) 시송품	재고 X	재고 O	600,000
(2) A — 도착지인도조건 매입	재고 X	재고 X	—
(2) B — 선적지인도조건 매입	재고 X	재고 O	400,000
(3) 장기할부판매	재고 X	재고 X	—
(4) 재구매조건부 판매	재고 X	재고 O	100,000
(5) 미인도청구약정	재고 O	재고 X	(150,000)
실제 금액			**5,950,000**

(4) 재구매조건부 판매: 약정금액 재구매 약정을 체결하였으므로 재고자산에 포함한다.

(5) 미인도청구약정: 판매대금을 수수한 시점에 소유권이 이전된다. 하지만 실사 재고에 포함되어 있으므로 차감해야 한다.

A-07. ⑤

	회사	정답	조정
실사 금액			600,000
(1) 미인도청구약정	재고 X	재고 O	10,000
(2) 적송품	재고 X	재고 O	20,000
(3) 선적지인도조건 매입	재고 X	재고 O	80,000
(4) 재구매조건부 판매	재고 X	재고 O	40,000
(5) 인도결제판매	재고 X	재고 O	30,000
실제 금액			**780,000**

(4) 재구매조건부 판매: 아무런 추가 조건 없이 '재구매하겠다는 조건으로' 판매하였으므로, 반드시 재구매가 이루어진다. 따라서 판매자의 재고자산에 포함시킨다.

(5) 인도결제판매: 인도 후 결제까지 완료되어야 소유권이 이전되는데, 결제가 되지 않았으므로 판매자의 재고자산에 포함시킨다.

A-08. ③

	회사	정답	조정
실사 금액			2,000,000
(1) 선적지인도조건 매입	재고 X	재고 O	250,000
(2) 수탁재고	재고 O	재고 X	(110,000)
(3) 재구매 조건부 판매	재고 X	재고 O	80,000
(4) 적송품	재고 X	재고 O	100,000
(5) 시송품	재고 X	재고 O	200,000
실제 금액			**2,520,000**

(1) 선적지인도조건 매입: 기말 현재 재고가 운송 중이므로 회사의 재고에 포함되어야 하나, 실사금액에 포함되어 있지 않으므로 가산해야 한다.

(2) 수탁재고: ㈜대한이 아닌 ㈜부산의 재고이므로 재고자산에 포함되면 안 된다.

150,000 − 40,000 = 110,000

(3) 재구매 조건부 판매: 약정금액 재구매 약정을 체결하였으므로 재고자산에 포함한다.

(4) 적송품: 500,000 × (1 − 80%) = 100,000

(5) 시송품: 10개를 고객에게 전달하여 이 중 6개만 매입 의사를 표시하였으므로, 4개는 재고자산에 가산해야 한다. 50,000 × 4개 = 200,000

A-09. ③

	회사	정답	조정
실사 금액			1,500,000
(1) 수탁품	재고 O	재고 X	(80,000)
(2) 장기할부판매	재고 X	재고 X	−
(3) 위탁판매	재고 X	재고 O	80,000
(4) 선적지인도조건 매입	재고 X	재고 O	100,000
(5) 재구매조건부 판매	재고 X	재고 O	50,000
실제 금액			**1,650,000**

(1) 수탁품: 수탁품은 수탁자의 재고이므로 회사의 재고가 아니지만 실사금액에 포함되어 있으므로 차감한다.

(2) 장기할부판매: 판매 시 회사의 재고가 아니며, 재고가 창고에도 없으므로 조정사항은 없다.

(5) 재구매조건부 판매: 약정금액 재구매 약정을 체결하였으므로 재고자산에 포함한다.

A-10. ⑤

매출원가: 기초 재고 + 매입액 − 기말 재고 = 200,000 + 1,000,000 − 310,000 = **890,000**

	회사	정답	조정
실사 금액			300,000
(1) 수탁품	재고 O	재고 X	(100,000)
(2) 선적지인도조건 매입	재고 X	재고 O	60,000
(3) 반품가능판매	재고 X	재고 O	50,000
실제 금액			310,000

(3) 반품가능판매

반품가능판매 시 반품률을 신뢰성 있게 추정할 수 없다면 회사의 재고에 포함시킨다.

A-11. ③

매출원가: 기초 재고 + 매입액 − 기말 재고 = 2,000,000 + 12,000,000 − 3,000,000 = **11,000,000**

	회사	정답	조정
실사 금액			1,000,000
(1) 선적지인도조건 매입	재고 X	재고 O	1,500,000
(2) 도착지인도조건 매입	재고 X	재고 X	−
(3) 시송품	재고 X	재고 O	500,000
(4) 담보제공재고	재고 O	재고 O	−
실제 금액			3,000,000

A-12. ④

(1) 재고자산화재손실

다음은 매출채권, 매입채무, 재고자산의 X1년 상반기 원장이다.

매출채권

1.1	200,000	회수	
매출	① 2,800,000	6.30	

매입채무

상환		1.1	150,000
6.30		매입	② 2,150,000

재고자산

1.1	450,000	매출원가	③ 2,240,000
매입	② 2,150,000	6.30	④ **360,000**

① X1.1.1~X1.6.30 매출

: 매출채권원장 차변 합계액 − X1.1.1 매출채권 = 3,000,000 − 200,000 = 2,800,000

− 매출채권원장 차변에는 기초 매출채권과 X1.1.1~X1.6.30 매출이 기록된다. 따라서 차변 합계에서 기초 매출채권을 차감하면 매출을 계산할 수 있다.

② X1.1.1~X1.6.30 매입

: 매입채무원장 대변 합계액 − X1.1.1 매입채무 = 2,300,000 − 150,000 = 2,150,000

− 매입채무원장 대변에는 기초 매입채무와 X1.1.1~X1.6.30 매입이 기록된다. 따라서 대변 합계에서 기초 매입채무를 차감하면 매입을 계산할 수 있다.

③ X1.1.1~X1.6.30 매출원가: 매출 × (1 − 매출총이익률) = 2,800,000 × 80% = 2,240,000

− X0년도 매출총이익률: (8,000,000 − 6,400,000)/8,000,000 = 20%

− 6월말까지의 매출원가는 X0년도 매출총이익률을 사용하여 추정한다.

④ 재고자산화재손실: X1.6.30 재고 = 450,000 + 2,150,000 − 2,240,000 = **360,000**

− 6월말 화재로 인해 '모든' 재고자산이 소실되었으므로 6월말 재고가 화재손실과 일치한다.

(2) 기말재고자산: 600,000

	회사	정답	조정
실사 금액		재고 O	200,000
바. 담보제공재고	재고 X	재고 O	100,000
사. 장기할부판매	재고 X	재고 X	−
아. 위탁판매	재고 X	재고 O	300,000
실제 금액			**600,000**

A-13. ③

(1) X1년 당기순이익: 4,973,700(매출액) − 4,500,000(매출원가) + 497,370(이자수익) = **971,070**

매출액(= 매출채권): 2,000,000 × 2.48685 = 4,973,700

이자수익: 4,973,700 × 10% = 497,370

(2) X2년 당기순이익: **347,107**

이자수익: (4,973,700 × 1.1 − 2,000,000) × 10% = 347,107

|회계처리|

X1초	매출채권	4,973,700	매출	4,973,700
	매출원가	4,500,000	상품	4,500,000
X1말	현금	2,000,000	이자수익	497,370
			매출채권	1,502,630
X2말	현금	2,000,000	이자수익	347,107
			매출채권	1,652,893

A-14. ③

x2.7.1 장기미수금: 40,000 × 2.48685 = 99,474

x3.7.1 장기미수금: 99,474 × 1.1 − 40,000 = 69,421

X3년도 이자수익: 99,474 × 10% × 6/12 + 69,421 × 10% × 6/12 = **8,445**

− 현금 수령일이 6.30이므로 7.1을 기준으로 6개월씩 이자수익을 인식해야 한다.

|회계처리|

x2.7.1	장기미수금	99,474	토지	60,000
			유형자산처분이익	39,474
x2.12.31	장기미수금	4,974	이자수익	4,974
x3.6.30	장기미수금	4,974	**이자수익**	**4,974**
	현금	40,000	장기미수금	40,000
x3.12.31	장기미수금	3,471	**이자수익**	**3,471**

B-01. ③

(1) 기말 재고: 90,000 + 63,000 + 110,000 = 263,000

	A	B	C
BQ × BP			
감모손실			
AQ × BP			
평가충당금			
AQ × 저가	900개 × @100 = 90,000	350개 × @180 = 63,000	500개 × @220 = 110,000

(2) 매출원가: 4,222,000

재고자산

기초(순액)	485,000	**매출원가**	**4,222,000**
		기타비용	−
매입	4,000,000	기말(순액)	263,000
계	4,485,000	계	4,485,000

문제에서 감모손실과 평가손실 모두 매출원가에 포함한다고 제시했으므로 기타비용은 없다.

B-02. ①

BQ × BP	200개 × @2,200 = 440,000
감모손실	(22,000)
AQ × BP	190개 × @2,200 = 418,000
평가충당금	(57,000)
AQ × 저가	190개 × @1,900 = 361,000

재고자산(X2년)

기초(순액)	160,000	**매출원가**	**1,377,000**
		기타비용	22,000
매입	1,600,000	기말(순액)	361,000
계	1,760,000	계	1,760,000

– 기초 재고(순액): X1말 재고자산은 X2초 재고자산이 된다. X1말 재고자산의 순실현가능가치(NRV)가 취득원가(BP)보다 작으므로, X2초 재고자산의 순액은 160,000이 된다.

|별해| 매출원가의 구성

매출원가 = 일반적인 매출원가 + 평가손실 = 1,360,000 + 17,000 = **1,377,000**

– 일반적인 매출원가: 200,000 + 1,600,000 – 440,000 = 1,360,000

– 평가손실: 57,000 – 40,000(기초 평가충당금) = 17,000

감모손실을 제외한 금액을 매출원가로 인식하므로, 매출원가는 장부상 기말 재고자산을 기준으로 계산한 일반적인 매출원가에 평가손실을 가산한 금액이 된다. 하지만 매출원가를 계산할 때 매출원가에 포함되는 항목들을 하나씩 가산하기보다는, 총비용을 구한 뒤 기타비용을 차감하는 것을 추천한다.

B-03. ⑤

BQ × BP	3,000개 × @200 = 600,000
감모손실	(100,000)
AQ × BP	2,500개 × @200 = 500,000
평가충당금	–
AQ × 저가	2,500개 × @200 = 500,000

저가 = min[BP, NRV] = min[200, 240] = 200

재고자산

기초(순액)	700,000	**총비용**	**6,200,000**
매입	6,000,000	기말(순액)	500,000
계	6,700,000	계	6,700,000

문제에서 매출원가가 아닌 '비용의 합계액'을 물었으므로 매출원가와 기타비용을 구분할 필요가 없다. 문제에서 매출원가와 기타비용의 구분 기준을 주지도 않았다.

B-04. ④

BQ × BP	500개 × @900	
감모손실	(18,000)	< 정상감모: 12,600 비정상감모: 5,400
AQ × BP	480개 × @900	
평가충당금	(48,000)	
AQ × 저가	480개 × @800 = 384,000	

재고자산

기초(순액)	**589,400**	매출원가	1,050,000
		기타비용	5,400
매입	850,000	기말(순액)	384,000
계	1,439,400	계	1,439,400

(1) 매입액: 800,000 + 60,000 − 10,000 = 850,000
매입운임은 매입액에 가산하고, 관세환급금은 매입액에 차감한다.

(2) 매출원가
'재고자산의 정상적인 수량부족과 평가손실을 반영하지 않은' 매출원가는 989,400이므로, 정상감모와 평가손실까지 포함한 총 매출원가는 1,050,000(= 989,400 + 12,600 + 48,000)이다. (기초 평가충당금에 대한 언급이 없으므로 기말 평가충당금이 곧 평가손실이다.)

(3) 기초 재고
매출원가에 기타비용으로 분류되는 비정상감모와, 기말 재고 순액을 가산하면 판매가능재고는 1,439,400이다. 여기에 매입액을 차감하면 기초 재고를 구할 수 있다.

간편법〉 기초재고자산: 일반적인 매출원가 + BQ × BP − 매입액
= 989,400 + 450,000 − 850,000 = **589,400**
− 989,400에는 정상감모와 평가손실이 반영되어 있지 않으므로, 기말 재고를 '정상감모와 평가손실이 포함된' 금액인 BQ × BP로 보면 기초재고를 구할 수 있다.

B-05. ②

재고자산(X2)

기초(순액)	100,000	**매출원가**	**488,500**
		기타비용	5,250
매입	600,000	기말(순액)	206,250
계	700,000	계	700,000

(1) X1년 말(= X2년 초) 재고자산

BQ × BP	
감모손실	
AQ × BP	
평가충당금	
AQ × 저가	400개 × @250 = 100,000

X2년도 매출원가를 물었으므로, X2년 초 재고자산의 순액이 필요하다. 따라서 X1년 말 재고자산의 마지막 줄만 채운다. 우리는 재고자산 원장에 기타비용을 채울 것인데, 문제에서 평가손실(= 기말 평가충당금 − 기초 평가충당금)은 기타비용으로 분류하지 않으므로 구할 필요가 없다. 따라서 기초 평가충당금 또한 필요하지 않다.

(2) X2년 말 재고자산

BQ × BP	650개 × @350 = 227,500
감모손실	(8,750)
AQ × BP	625개 × @350 = 218,750
평가충당금	(12,500)
AQ × 저가	625개 × @330 = **206,250**

비정상적: (25개 − 10개) × @350 = **5,250**

B-06. ⑤

1. X1년도 총비용

문제에서 당기비용을 물었기 때문에 매출원가와 기타비용을 나눌 필요가 없다. 따라서 기말 재고 순액만 계산한 뒤, T계정에 대입하면 된다.

	A	B
BQ × BP		
감모손실		
AQ × BP		450개 × @100 = 45,000
평가충당금		(9,000)
AQ × 저가	400개 × @400 = 160,000	450개 × @80 = 36,000

기말 재고(순액): 160,000 + 36,000 = 196,000

X1년도 총 비용: 200,000 + 6,000,000 − 196,000 = 6,004,000

재고자산

기초(순액)	200,000	**매출원가 &기타비용**	**6,004,000**
매입	6,000,000	기말(순액)	196,000
계	6,200,000	계	6,200,000

2. X2년도 재고자산평가손실 환입액: 9,000

X2년도에 순실현가능가치가 BP(100)을 넘기 때문에 X2년도 기말 평가충당금은 0이 되며, X1년도에 계상한 평가충당금을 전부 환입하면 된다.

B-07. ②

(1) 기말 재고(순액): 4,200,000

BQ × BP	4,000개 × @1,250
감모손실	
AQ × BP	3,500개 × @1,250
평가충당금	
AQ × 저가	3,500개 × @1,200 = 4,200,000

① BP: 1,250

선입선출법을 적용하므로 기초 재고(X1말 재고)는 전부 판매된 상태이며, X2년에 매입한 재고만 X2말 재고로 남는다. 따라서 BP는 1,250이다.

② 저가 = min[1,250, 1,500 − 300] = 1,200

(2) 총비용: 11,300,000

재고자산

기초(순액)	4,000,000	**총비용**	**11,300,000**
매입	11,500,000	기말(순액)	4,200,000
계	15,500,000	계	15,500,000

(3) X2년 당기손익: 매출액 − 총비용 = 15,000,000 − 11,300,000 = **3,700,000 이익**

B-08. ④

(1) BQ 및 BP (총평균법)

BQ: 300 − 200 + 300 + 400 − 400 = 400개

BP: (300개 × @100 + 300개 × @120 + 400개 × @130)/1,000개 = @118

(2) 저가법 평가

BQ × BP	400개 × @118 = 47,200
감모손실	정상감모(80%): 2,832 비정상감모(20%): 708
AQ × BP	370개 × @118
평가충당금	(2,960)
AQ × 저가	370개 × @110 = 40,700

AQ: 2,960/(118 − 110) = 370개

감모손실: 30개 × @118 = 3,540

(3) 매출원가

재고자산

기초(순액)	−	**매출원가**	**76,592**
		기타비용	708
매입	118,000	기말(순액)	40,700
계	118,000	계	118,000

B-09. ①

이동평균법 풀이에 시간이 너무 많이 걸리므로 실전에서는 풀지 않았어야 하는 문제이다.

(1) 장부상 기말 재고

계속기록법과 평균법을 적용하고 있으므로 이동평균법으로 기말 재고자산을 계산해야 한다.

일자	적요	수량	단가	금액	잔액	잔량
1월 1일	기초재고	100	300	30,000	30,000	100
5월 1일	매입	200	400	80,000	110,000	300
6월 1일	매입	200	300	60,000	170,000	500
8월 1일	매출	200		(68,000)	102,000	300
9월 1일	매입	100	200	20,000	122,000	400
10월 1일	매출	200		(61,000)	61,000	200
12월 15일	매입	100	200	20,000	**81,000**	**300**

BQ: 300개, BP: 81,000/300 = @270

(2) 기말 평가충당금: 21,000

BQ × BP	300개 × @270 = 81,000
감모손실	
AQ × BP	300개 × @270 = 81,000
평가충당금	**(21,000)**
AQ × 저가	300개 × @200 = 60,000

(3) 평가손실: 21,000 − 0 = 21,000

— 기초 평가충당금이 없으므로 기말 평가충당금이 곧 평가손실이 된다.

B-10. ②

이동평균법 풀이에 시간이 너무 많이 걸리므로 실전에서는 풀지 않았어야 하는 문제이다.

(1) 장부상 기말재고 (있어야 하는 기말재고): 42,000 (100개)

	수량	단가	금액	잔액	잔량
1.1	100	@300	30,000	30,000	100개
6.1	400	@400	160,000	190,000	500개
7.1	(300)		(114,000)	76,000	200개
9.1	100	@500	50,000	126,000	300개
10.1	(200)		(84,000)	**42,000**	100개

— 계속기록법과 평균법을 적용하므로 이동평균법으로 계산한다.

(2) 기말재고 분석

BQ × BP	100개 × @420 = 42,000
AQ × BP	100개 × @420 = 42,000
AQ × 저가	100개 × @300 = 30,000

BP: 42,000/100개 = 420
AQ = BQ = 100개 (실제 수량과 장부수량이 일치한다)
저가: min[420, 300] = 300

(3) 매출원가

재고자산

기초(순액)	26,000	매출원가	**206,000**
		기타비용	—
매입	210,000	기말(순액)	30,000

기초재고(순액): 30,000 − 4,000 = 26,000
감모손실은 없으며, 평가손실을 매출원가에서 조정하므로 기타비용은 없다.

(4) 매출총이익: 300개 × @600 + 200개 × @500 − 206,000 = **74,000**

B-11. ⑤

(1) 장부상 기말 재고

	회사	정답	조정
실사 금액			150,000
(1) 위탁판매	재고 X	재고 O	25,000
(2) 재구매조건부 판매	재고 X	재고 O	15,000
실제 금액			190,000

(2) 기말 재고 순액: 190,000 − 35,000 = 155,000

BQ × BP	
감모손실	정상감모: 5,000 비정상감모: 8,000
AQ × BP	190,000
평가충당금	(35,000)
AQ × 저가	155,000

실사 금액 150,000은 감모손실을 차감한 후, 기말 평가를 하기 전 금액이므로 'AQ × BP' 중 창고에 있는 금액에 해당한다. 여기에 창고 밖에 있는 재고 40,000을 가산하여 190,000을 'AQ × BP'로 보아야 한다. 참고로, 감모가 13,000이므로 'BQ × BP'는 203,000이라고 역산할 수 있다.

(3) 총비용

재고자산

기초(순액)	70,000	**총비용**	**495,000**
매입	580,000	기말(순액)	155,000
계	650,000	계	650,000

B-12. ④

(1) 장부상 기말 재고 (있어야 하는 기말 재고): 48,000 (200개)

	수량	단가	금액	잔액	잔량
1.1	100	@200	20,000	20,000	100
3.1	200	@200	40,000	60,000	300
6.1	200	@300	60,000	120,000	500
7.1	(200)		(48,000)	72,000	300
11.1	(100)		(24,000)	**48,000**	**200**

– 계속기록법과 가중평균법을 적용하므로 이동평균법으로 계산한다.
– 9.1 매입계약 체결분은 도착지 인도조건으로 매입하였는데 12월말 현재 운송중이므로 X1년 현재 매입이 이루어지지 않았다.

(2) 감모 후 기말 재고 수량 (실제 기말 재고)

실사 수량	300
수탁품	(160)
적송품	20
계	160

(3) 기말 재고 분석

BQ × BP	200개 × @240 = 48,000
AQ × BP	160개 × @240 = 38,400
AQ × 저가	160개 × @200 = 32,000

BP: 48,000/200개 = 240
저가: min[240, 200] = 200

(4) 매출원가

재고자산

기초(순액)	17,000	매출원가	**85,000**
		기타비용	–
매입	100,000	기말(순액)	32,000

감모손실과 평가손실을 매출원가에서 조정하므로 기타비용은 없다.
기초 재고(순액): 20,000 – 3,000 = 17,000

C-01. ⑤

(1) 제품별 저가

① A

– 1,300개: min[1,000, 950] = 950
– 500개: min[1,000, 1,050] = 1,000

② B: min[950, 900] = 900
③ C: min[1,200, 1,050] = 1,050

(2) 기말 평가충당금: 65,000 + 50,000 + 75,000 = 190,000

	A	B	C
BQ × BP 감모손실			
AQ × BP 평가충당금	1,800개 × @1,000 (65,000)	1,000개 × @950 (50,000)	500개 × @1,200 (75,000)
AQ × 저가	1,300개 × @950 + 500개 × @1,000	1,000개 × @900	500개 × @1,050

(3) 재고자산평가손실: **190,000**
— 기초 회사를 설립하였으므로 기초 평가충당금이 없으며, 기말 평가충당금이 평가손실이다.

C-02. ③

1. 상품별 저가 = min[BP, NRV]
(1) A: min[150, 160 − 20] = 140

(2) B
① 확정판매분: min[200, 190] = 190
② 확정판매 초과분: min[200, 230 − 20] = 200

(3) C
① 확정판매분: min[250, 230] = 230
② 확정판매 초과분: min[250, 260 − 20] = 240

2. 기말 평가충당금(= 평가손실): 1,000 + 1,000 + 4,500 = 6,500
— 기초 평가충당금에 대한 언급이 없으므로 기말 평가충당금이 곧 당기 평가손실이 된다.

	A	B	C
AQ × BP 평가충당금	100개 × @150 = 15,000 **(1,000)**	200개 × @200 = 40,000 **(1,000)**	300개 × @250 = 75,000 **(4,500)**
AQ × 저가	100개 × @140 = 14,000	100개 × @190 + 100개 × @200 = 39,000	150개 × @230 + 150개 × @240 = 70,500

평가와 관련된 손익을 물었으므로, BQ × BP는 생략한다.

C-03. ⑤

1. 상품별 저가
A: min[500, 600 − 20] = 500
B: min[300, 280] = 280

C: min[200, 180] = 180

D: min[250, 300 − 20] = 250

E: min[300, 290] = 290

− B, C, E는 확정판매계약이 되어 있으므로 계약가격이 NRV가 된다. 계약가격과 BP 중 작은 금액이 저가이며, 계약가격을 바로 저가로 쓰지 않도록 주의하자.

2. 기말 평가충당금(= 평가손실): 4,000 + 3,200 + 500 = **7,700**

− 기초 평가충당금은 없다고 했으므로 기말 평가충당금이 곧 당기 평가손실이 된다.

	A	B	C	D	E
BQ × BP					
AQ × BP	300개 × @500 = 150,000	200개 × @300 = 60,000	160개 × @200 = 32,000	150개 × @250 = 37,500	50개 × @300 = 15,000
평가충당금	−	**(4,000)**	**(3,200)**	−	**(500)**
AQ × 저가	300개 × @500 = 150,000	200개 × @280 = 56,000	160개 × @180 = 28,800	150개 × @250 = 37,500	50개 × @290 = 14,500

문제에서 '평가와 관련된 회계처리가 당기순이익에 미치는 영향'을 물었기 때문에 평가충당금을 구해야 한다. 문제에서 감모는 발생하지 않았다고 가정했으므로 문제에 제시된 수량은 BQ이자 AQ이다. 따라서 위 표의 첫 번째 줄은 생략하고 두 번째, 세 번째 줄을 구한 뒤 차이를 계산한다.

C-04. ③

	A	B
BQ × BP	50개 × @1,000 = 50,000	100개 × @2,000 = 200,000
감모손실	(20,000)	(60,000)
AQ × BP	30개 × @1,000 = 30,000	70개 × @2,000 = 140,000
평가충당금	(2,000)	(7,000)
AQ × 저가	20개 × @900 + 10개 × @1,000 = 28,000	70개 × @1,900 = 133,000

항목별 저가 = min[BP, NRV]

① A

− 20단위: min[1,000, 900] = 900

− 10단위: min[1,000, 1,300 − 300] = 1,000

② B: min[2,000, 2,200 − 300] = 1,900

− 일반 판매 시 A와 B 모두 300의 판매비용이 발생하므로 NRV 계산 시 예상 판매가격에서 판매비용을 차감해야 한다.

재고자산

기초(순액)	—	**매출원가**	**415,000**
		기타비용	24,000
매입	600,000	기말(순액)	161,000
계	600,000	계	600,000

기초 재고: 기초에 설립하였으므로 없다.

기말 재고(순액): 28,000 + 133,000 = 161,000

매입액: 200단위 × @1,000 + 200단위 × @2,000 = 600,000

기타비용(비정상감모손실): (20,000 + 60,000) × 30% = 24,000

– 정상감모손실과 재고자산평가손실은 매출원가에 가산하므로, 비정상감모손실만 기타비용으로 처리한다.

C-05. ①

1. 항목별기준

재고자산

기초(순액)	855,000	**매출원가**	**7,549,000**
		기타비용	—
매입	7,500,000	기말(순액)	806,000
계	8,355,000	계	8,355,000

감모손실과 평가손실을 매출원가에 포함하므로 기타비용은 없다.

기말 재고(순액): 77,000 + 190,000 + 224,000 + 315,000 = 806,000

	A1	A2	B1	B2
BQ × BP	120개 × @800 = 96,000	200개 × @1,000 = 200,000	300개 × @900 = 270,000	350개 × @1,050 = 367,500
감모손실				
AQ × BP	110개 × @800 = 88,000	200개 × @1,000 = 200,000	280개 × @900 = 252,000	300개 × @1,050 = 315,000
평가충당금				
AQ × 저가	110개 × @700 = 77,000	200개 × @950 = 190,000	280개 × @800 = 224,000	300개 × @1,050 = 315,000

2. 조별기준

재고자산

기초(순액)	855,000	**매출원가**	**7,521,000**
		기타비용	—
매입	7,500,000	기말(순액)	834,000
계	8,355,000	계	8,355,000

기말 재고(순액): 267,000 + 567,000 = 834,000

|별해| 조별 매출원가 = 항목별 매출원가 − 기말 재고 증가분
= 7,549,000 − 280개 × (900 − 800) = 7,521,000

	A	B
BQ × BP	120개 × @800 + 200개 × @1,000 = 296,000	300개 × @900 + 350개 × @1,050 = 637,500
감모손실		
AQ × BP	110개 × @800 + 200개 × @1,000 = 288,000	280개 × @900 + 300개 × @1,050 = 567,000
평가충당금		
AQ × 저가	min[288,000, 110개 × @700 + 200개 × @950] = 267,000	min[567,000, 280개 × @800 + 300개 × @1,150] = 567,000

C-06. ②

1. 항목별기준(=종목별기준)

재고자산

기초(순액)		매출원가	8,000,000
매입		기말(순액)	810,500
계	8,810,500	계	8,810,500

매출원가와 기말 재고의 합이 8,810,500이므로, 판매가능상품(기초 + 매입)도 8,810,500이다.

기말 재고(순액): 126,000 + 81,000 + 123,500 + 480,000 = 810,500

	A	B	C	D
BQ × BP	150개 × @1,000 = 150,000	180개 × @500 = 90,000	200개 × @750 = 150,000	430개 × @1,200 = 516,000
감모손실	(10,000)	−	(7,500)	(36,000)
AQ × BP	140개 × @1,000 = 140,000	180개 × @500 = 90,000	190개 × @750 = 142,500	400개 × @1,200 = 480,000
평가충당금	(14,000)	(9,000)	(19,000)	−
AQ × 저가	140개 × @900 = 126,000	180개 × @450 = 81,000	190개 × @650 = 123,500	400개 × @1,200 = 480,000

2. 조별기준

재고자산

기초(순액)		매출원가	**7,981,000**
매입		기말(순액)	829,500
계	8,810,500	계	8,810,500

조별기준으로 저가법을 적용하더라도 판매가능상품은 8,810,500인데, 기말 재고가 829,500이므로, 매출원가는 7,981,000이 된다. 평가손실은 매출원가에 포함하므로 평가손실 변화는 매출원가에 반영된다.

기말 재고(순액): 207,000 + 622,500 = 829,500

	I (A, B)	II (C, D)
BQ × BP	150개 × @1,000 + 180개 × @500 = 240,000	200개 × @750 + 430개 × @1,200 = 666,000
감모손실	(10,000)	(43,500)
AQ × BP	140개 × @1,000 + 180개 × @500 = 230,000	190개 × @750 + 400개 × @1,200 = 622,500
평가충당금	(23,000)	–
AQ × 저가	min[230,000, 140개 × @900 + 180개 × @450] = 207,000	min[622,500, 190개 × @650 + 400개 × @1,300] = 622,500

|별해| 조별 매출원가 = 항목별 매출원가 – 기말 재고 증가분
= 8,000,000 – 190개 × (750 – 650) = 7,981,000

C-07. ④

	제품 (1순위)	원재료 (2순위)
BQ × BP	200개 × @300 = 60,000	500kg × @50 = 25,000
감모손실	**15,000**	**5,000**
AQ × BP	150개 × @300 = 45,000	400kg × @50 = 20,000
평가충당금	–	–
AQ × 저가	150개 × @300 = 45,000	400kg × @50 = 20,000

(1) 저가

제품: 'NRV = 350〉300(BP)'이므로 BP인 300이 그대로 저가가 된다.

원재료: 제품이 저가법을 적용하지 않으므로 원재료도 평가손실을 인식하지 않는다.

단일 제품만을 생산·판매하고 있으므로, 이 원재료가 제품에 투입된다.

(2) 감모손실: 5,000 + 15,000 = 20,000

(3) 평가손실: 0 – 3,000(기초 충당금) = (–)3,000 (환입)

위 표에서 계산되는 금액은 기말 평가충당금이므로, 평가손실 계산 시에는 기초 평가충당금을 항상 주의하자.

(4) 평가손실과 감모손실 합계: 20,000 – 3,000 = **17,000**

감모손실, 평가손실(환입)을 매출원가에서 조정하고 있으므로 매출원가에 17,000이 가산된다.

C-08. ④

	제품 (1순위)	원재료 (2순위)
BQ × BP	200개 × @300 = 60,000	500개 × @52 = 26,000
감모손실	**15,000**	**2,080**
AQ × BP	150개 × @300 = 45,000	460개 × @52 = 23,920
평가충당금	—	—
AQ × 저가	150개 × @300 = 45,000	460개 × @52 = 23,920

(1) BP

제품: (100,000 + 200,000)/(500 + 500) = 300

원재료: (25,000 + 27,000)/(500 + 500) = 52

– 회사는 재고자산에 대하여 실지재고조사법과 가중평균법을 적용하고 있으므로, 총평균법을 적용한다는 뜻이다. 기초 재고와 당기 원재료 매입액 및 당기제품제조원가를 한꺼번에 평균하여 단가를 구한다.

(2) 저가

제품: 'NRV = 350 – 30 = 320>300(BP)'이므로 BP인 300이 그대로 저가가 된다.

원재료: **제품이 저가법을 적용하지 않으므로 원재료도 평가손실을 인식하지 않는다.** 하나의 원재료를 가공하여 제품을 생산하고 있으므로, 이 원재료가 제품에 투입된다.

(3) 감모손실: 15,000 + 2,080 = 17,080

(4) 평가손실: 0

기말 평가충당금이 0이며, X0년 말까지 평가손실이 발생하지 않았으므로 기초 평가충당금도 0이다.

(5) 감모손실 + 평가손실 = **17,080**

D-01. ④

	원가	매가		원가	매가
기초	2,000,000	3,000,000	매출	⑤**6,602,000**	10,000,000
매입	5,782,000	9,600,000	**정상**		
순인상		200,000	종업원할인		500,000
순인하		(300,000)			
비정상			기말	④1,180,000	③2,000,000
계	①7,782,000	②12,500,000	계	①7,782,000	②12,500,000

순매입액: 6,000,000 + 100,000 – 318,000 = 5,782,000

원가율(FIFO, 저가법) = (7,782,000 – 2,000,000)/(12,500,000 – 3,000,000 + 300,000) = 59%

기말 재고자산 원가: 2,000,000 × 59% = 1,180,000

매출원가: 7,782,000 – 1,180,000 = 6,602,000

D-02. ⑤

	원가	매가		원가	매가
기초	9,000	8,950	매출	**⑤71,390**	98,000
매입	64,600	94,100	**정상**		
순인상		900	**종업원할인**		2,000
순인하		(700)			
비정상			기말	④2,210	③3,250
계	①73,600	②103,250	계	①73,600	②103,250

원가율(FIFO, 저가법): (73,600 − 9,000)/(103,250 − 8,950 + 700) = 68%
기말 재고자산 원가: 3,250 × 68% = 2,210
매출원가: 73,600 − 2,210 = **71,390**

D-03. ⑤

	원가	매가		원가	매가
기초	12,000	14,000	매출	**⑤652,800**	999,500
매입	650,000	999,500	**정상**	**100**	200
순인상		500	**종업원할인**		
순인하		(300)			
비정상			기말	④9,100	③14,000
계	①662,000	②1,013,700	계	①662,000	②1,013,700

원가율(FIFO, 저가법): (662,000 − 12,000)/(1,013,700 − 14,000 + 300) = 65%
기말 재고자산 원가: 14,000 × 65% = 9,100
매출원가: 652,800 + 100 = **652,900**
— 매출원가 계산 시 정상파손의 원가까지 포함해야 한다.

D-04. ③

	원가	매가		원가	매가
기초	80,000	100,000	매출	⑤788,200	1,026,000
매입	756,000	1,000,000	**정상**		50,000
순인상		95,000	**종업원할인**		
순인하		(50,000)			
비정상	(10,000)	(15,000)	기말	④37,800	③54,000
계	①826,000	②1,130,000	계	①826,000	②1,130,000

원가율(평균법, 저가법): 826,000/(1,130,000 + 50,000) = 70%
기말 재고자산 원가: 54,000 × 70% = 37,800
매출원가: 826,000 − 37,800 = 788,200
매출총이익: 1,026,000 − 788,200 = **237,800**

D-05. ①

	원가	매가		원가	매가
기초	**70,000**	120,000	매출	⑤525,000	700,000
매입	630,000	800,000	**정상**		
순인상		80,000	**종업원할인**		50,000
순인하					
비정상			기말	④175,000	③250,000
계	①700,000	②1,000,000	계	①700,000	②1,000,000

계산과정이 상당히 복잡한 문제였다.

②: 120,000 + 800,000 + 80,000 = 1,000,000

③: 1,000,000 − 700,000 − 50,000 = 250,000

원가율(평균법) = ①/1,000,000 …ⓐ식

④ = 250,000 × 원가율

− 원가율에 ⓐ식을 대입하면

→ ④ = 250,000 × ①/1,000,000

→ ④ = 0.25 × ① …ⓑ식

① = 525,000 + ④

− ④에 ⓑ식을 대입하면

525,000 + 0.25 × ① = ①

∴ ① = 700,000

기초 재고자산: 700,000 − 630,000 = 70,000

E-01. ③

후속 생산단계에 투입하기 전에 보관이 필요한 경우 이외의 보관원가는 재고자산의 취득원가에 포함할 수 없으며 발생기간의 비용으로 인식하여야 하는 원가에 해당한다.

E-02. ①

재고자산의 지역별 위치나 과세방식이 다르다는 이유만으로 동일한 재고자산에 다른 단위원가 결정방법을 적용하는 것이 정당화될 수는 없다.

E-03. ③

① 회사가 실지재고조사법만을 사용하더라도 순실현가능가치가 취득원가보다 작다면 재고자산평가손실을 파악할 수 있다. 우리가 저가법을 적용하는 것은 사실 실지재고조사법을 기반으로 하고 있다. 장부상에는 BQ로 수량을 파악하지만, 실사를 통해 AQ를 파악한 뒤 NRV가 BP보다 작다면 평가손실을 인식한다. 저가법과 실지재고조사법은 공존할 수 있는 방법이다. (O)

② 물가가 지속적으로 상승하는 경우 기말 재고자산은 '파>이>총>라'이다. 따라서 선입선출법이 평균법보다 작지 않다. (O)

③ 선입선출 소매재고법을 사용할 경우 매출원가는 **기초 재고자산을 제외한** 판매가능재고자산의 원가와 판매가를 이용하여 산출한 원가율을 매출액에 곱하여 결정한다. (X)

④ 재고자산이 여러 항목으로 나뉘는 경우, '순실현가능가치>취득원가'인 항목은 평가손실을 인식하지 않지만, '순실현가능가치<취득원가'인 항목은 평가손실을 인식한다. '순실현가능가치<취득원가'인 항목이 있더라도 보유하고 있는 재고자산의 순실현가능가치 총합계액은 취득원가 총합계액을 초과할 수 있다. 따라서 재고자산평가손실은 계상될 수 있다. (O)

⑤ 보유하고 있는 재고자산이 확정판매계약의 이행을 위한 것이라면 동 재고자산의 순실현가능가치는 그 계약가격을 기초로 한다. (O)

E-04. ①

완성될 제품이 원가 이상으로 판매될 것으로 예상하는 경우에는 그 생산에 투입하기 위해 보유하는 원재료 및 기타 소모품을 감액하지 아니한다.

E-05. ⑤

① 리베이트는 재고자산의 매입원가에서 **차감**한다.

② 정상신용조건의 매입가격과 실제 지급액 간의 차이는 **이자비용**으로 인식한다.

③ 확정판매계약 또는 용역계약을 이행하기 위하여 보유하는 재고자산의 순실현가능가치는 **계약가격**에 기초한다.

④ 완성될 제품이 원가 이상으로 판매될 것으로 예상하는 경우에는 그 생산에 투입하기 위해 보유하는 원재료 및 기타 소모품을 **감액하지 아니한다.** 그러나 원재료 가격이 하락하여 제품의 원가가 순실현가능가치를 초과할 것으로 예상된다면 해당 원재료를 순실현가능가치로 **감액한다.** 결론이 뒤바뀌었다.

E-06. ③

순실현가능가치를 추정할 때 재고자산의 보유 목적을 고려한다. 보유 목적에 따라 순실현가능가치의 추정 방법은 달라진다.

E-07. ②

순실현가능가치는 통상적인 영업과정에서 재고자산의 판매를 통해 실현할 것으로 기대하는 순매각금액을 말한다. 공정가치는 측정일에 재고자산의 주된 (또는 가장 유리한) 시장에서 시장참여자 사이에 일어날 수 있는 그 재고자산을 판매하는 정상거래의 가격을 반영한다. 전자는 기업특유가치이지만, 후자는 그러하지 아니하다.

① 너무 지엽적인 내용이다. 몰라도 된다.

CHAPTER

02 유형자산

A-01. ④

(1) 건물의 취득원가: (14,000,000 + 1,000,000) × 6,400,000/(9,600,000 + 6,400,000) = 6,000,000
– 취득 관련 직접원가는 취득원가에 가산한다. 공통으로 발생한 원가이므로 토지와 건물에 공정가치 비율로 안분한다.

(2) X2년도 감가상각비: (6,000,000 – 1,000,000) × (4/10 × 6/12 + 3/10 × 6/12) = **1,750,000**
– X1.7.1에 취득하였으므로 X2년에는 4/10과 3/10의 상각률이 각각 6개월씩 적용된다.

A-02. ③

토지 취득가격	700,000
토지 취득세 및 등기비용	50,000
토지 중개수수료	10,000
창고 철거비용	30,000
창고 철거 시 발생한 폐자재 처분 수입	(20,000)
영구적으로 사용가능한 하수도 공사비	15,000
토지의 구획정리비용	10,000
토지의 취득원가	**795,000**

취득세 및 등기비용, 중개수수료는 유형자산의 원가를 구성한다.

A-03. ②

건물신축 허가비	25,000
신축건물 공사원가	150,000
건축설계비	15,000
건물등록비	20,000
건물의 취득원가	**210,000**

(1) 토지의 정지 및 측량비, 토지소유권이전비
: 토지와 관련된 지출이므로 토지의 취득원가에 가산한다.

(2) 진입로 공사비, 울타리 설치공사
: 내용연수나 관리 주체에 따라 토지 또는 구축물로 처리한다. 문제에서 내용연수나 관리 주체를 제시했어야 하나 어떠한 경우에도 건물로 처리하지는 않으므로 건물의 취득원가에서 제외한다.

(3) 가건물 철거비, 가건물 철거 부산물 매각수입
: 건물과 토지를 일괄취득하여 건물을 즉시 철거한 뒤 건물을 신축하므로 철거비와 부산물 매각수입을 토지의 취득원가에 가감한다.

(4) 토지분 재산세: 비용 처리한다.

B-01. ③

〈상황 1 – 상업적 실질이 있는 경우〉

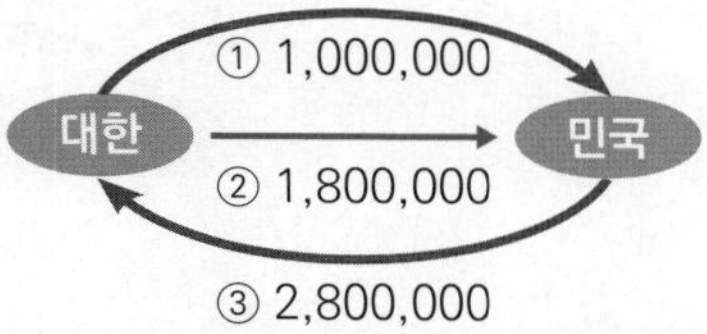

① 상업적 실질이 있으므로, 대한이 제공하는 자산의 FV인 1,000,000을 먼저 쓴다.
② 대한이 기계장치에 추가로 현금 1,800,000을 지급하였으므로 화살표를 민국 쪽으로 그린다.
③ 대한이 총 2,800,000을 주었으므로 민국으로부터 받는 신자산의 취득원가도 2,800,000이다.

〈상황 2 – 상업적 실질이 결여된 경우〉

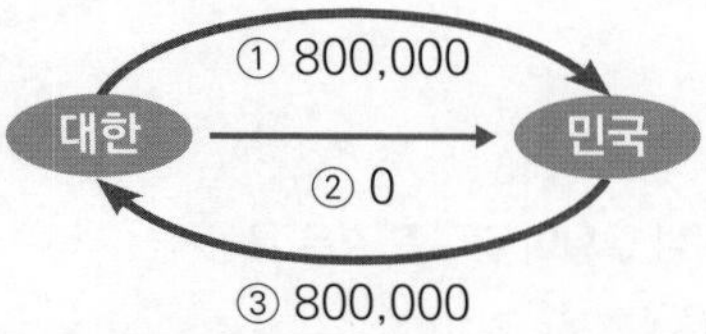

① 상업적 실질이 없으므로, 대한이 제공하는 자산의 BV인 800,000(= 2,000,000 – 1,200,000)을 먼저 쓴다.
② 현금 수수액은 없다.
③ 대한이 총 800,000을 주었으므로 민국으로부터 받는 신자산의 취득원가도 800,000이다.

참고 대한의 유형자산처분손익
상황 1: 구 자산 FV – BV = 1,000,000 – 800,000 = 200,000 이익
상황 2: 0 (상업적 실질 결여)

B-02. ④

① 상업적 실질이 존재하는 경우, ㈜대전의 취득원가: 500,000 (O)

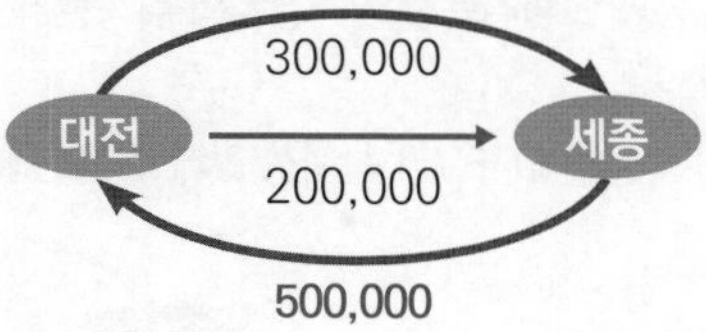

② 상업적 실질이 결여된 경우, ㈜대전의 취득원가: 800,000 (O)

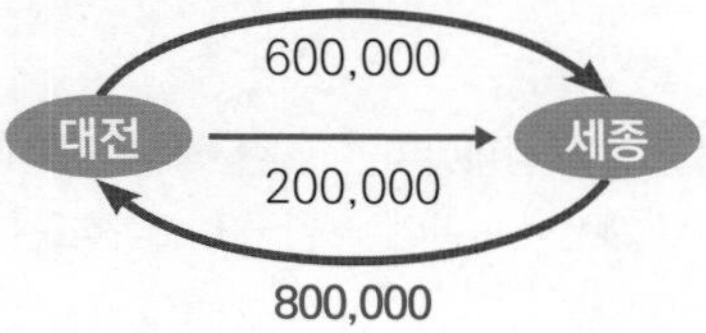

③ 상업적 실질이 존재하는 경우, ㈜세종의 취득원가: 300,000 (O)

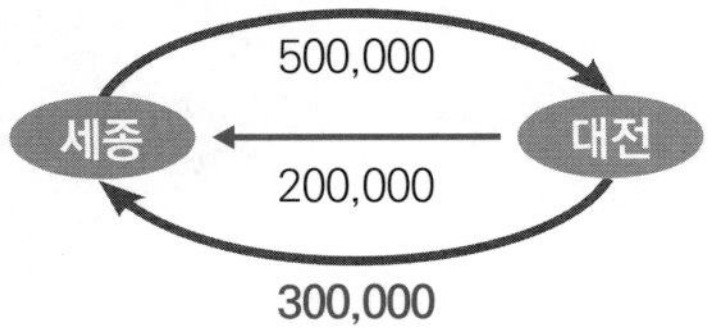

④ 상업적 실질이 결여된 경우, ㈜세종의 취득원가: 500,000 (X)

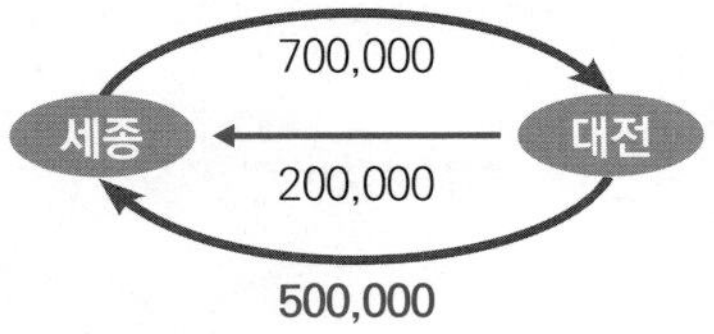

⑤ 상업적 실질이 결여된 경우 유형자산처분손익 = 0 (O)

B-03. ⑤

계산형 말문제였고, 각 선지별로 다른 상황을 주었기 때문에 시간이 많이 소요되는 문제이다. 현장에서는 풀지 말고 넘겼어야 한다.

① 상업적 실질 O, FV가 신뢰성 있게 측정 – ㈜세무 입장

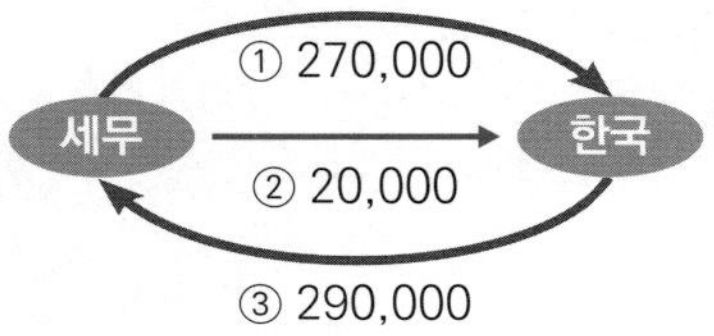

㈜세무의 입장을 물었기 때문에 ㈜세무의 공정가치를 기준으로 신자산의 취득원가를 계산해야 한다. ㈜세무가 교환취득한 기계장치의 취득원가는 **₩290,000**이다. (X)

② 상업적 실질 O, FV가 신뢰성 있게 측정 – ㈜한국 입장

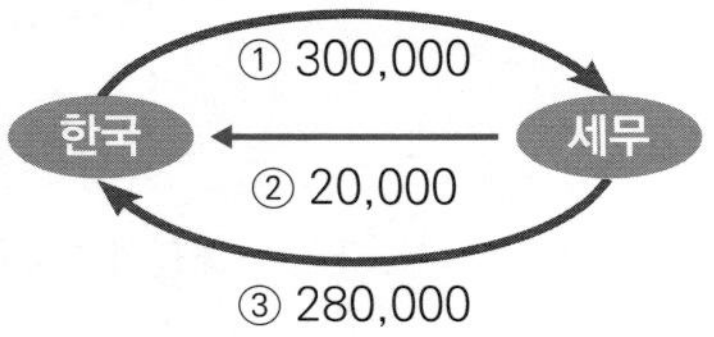

①번과 같은 상황이지만, ㈜한국의 입장을 물었으므로 ㈜한국의 공정가치를 기준으로 신자산의 취득원가를 계산해야 한다. ㈜한국이 교환취득한 기계장치의 취득원가는 **₩280,000**이다. (X)

③ 상업적 실질 O, 세무의 FV가 명백 X

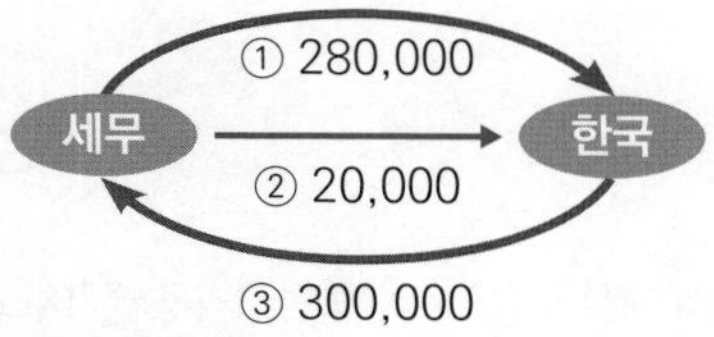

세무 입장임에도 불구하고 세무의 공정가치가 명백하지 않으므로 한국의 FV를 먼저 적는다. ㈜세무가 교환취득한 기계장치의 취득원가는 **₩300,000**이다. (X)

참고 ㈜세무의 유형자산처분손익
: 280,000(다시 구한 세무의 FV) − 280,000(세무의 BV) = 0
− 세무의 FV가 명백하지 않으므로, 한국의 FV를 바탕으로 세무의 FV를 문제에 제시된 270,000이 아닌 280,000으로 다시 구했다. 유형자산처분손익은 280,000을 기준으로 계산해야 한다.

④ 교환거래에 상업적 실질이 없으면 계산해보지 않고도 양사 모두 처분손익은 0이다. (X)

⑤ 상업적 실질 O, FV가 신뢰성 있게 측정
양사의 처분손익은 '구 자산의 FV − 구 자산의 BV'로 계산된다. 양사 모두 손실을 인식하므로 맞는 선지이다. (O)
세무: 270,000 − 280,000(세무의 BV) = (−)10,000 손실
한국: 300,000 − 330,000(한국의 BV) = (−)30,000 손실

B-04. ④

구지게차에 대해 공정가치가 두 개가 등장한다. 감정평가사와 지게차 판매회사가 평가한 공정가치. 이 중 감정평가사의 평가가 더 명백하다고 제시하였으므로, 지게차 판매회사가 인정한 구지게차의 가치 ₩20,000,000은 무시하고 구지게차의 공정가치를 ₩17,000,000으로 본다.

	상업적 실질이 있는 경우	상업적 실질이 결여된 경우
상황	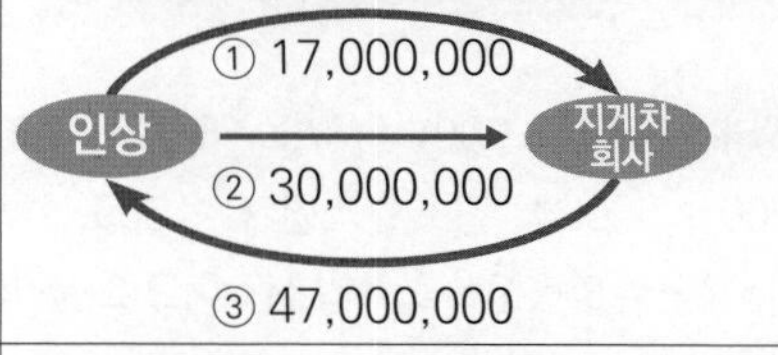	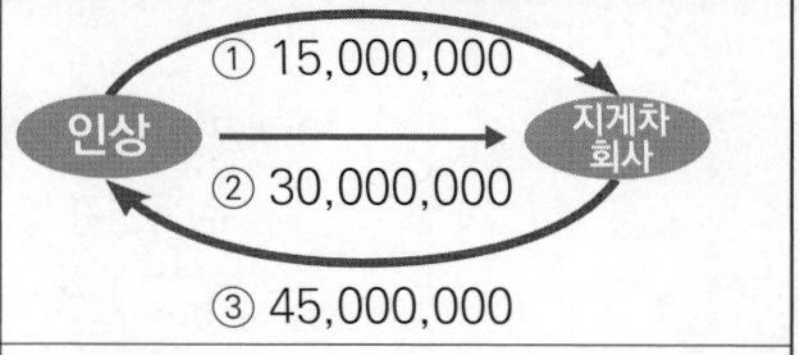
처분손익	②,⑤ 17,000,000 − 15,000,000 = 2,000,000	③0
신 자산의 취득원가	①47,000,000	④45,000,000

B-05. ②

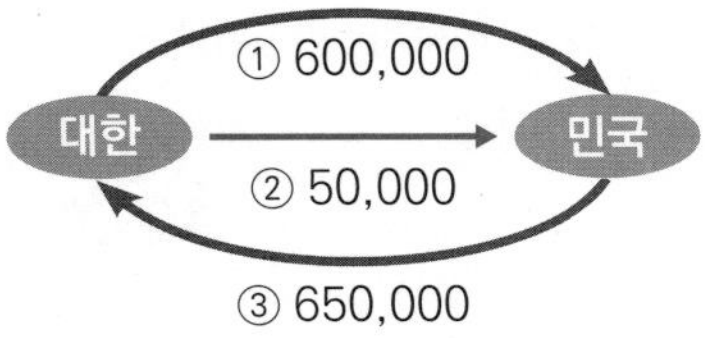

문제에서 대한의 공정가치가 민국의 공정가치보다 명백하다고 가정했으므로, 대한의 공정가치에 현금 지급액을 가산하여 민국으로부터 취득한 신자산의 취득원가를 구해야 한다. 그런데 문제에서 대한의 공정가치를 제시해주지 않았다. 대신, 대한이 인식한 처분손실을 제시하였으므로 처분손실에서 역산하여 대한의 FV를 구한 뒤, 민국으로부터 취득한 자산의 취득원가를 계산해야 한다.

처분손익 = 대한의 FV − 700,000(대한의 BV) = (−)100,000 손실
→ 대한의 FV = 600,000
대한이 취득한 자산의 취득원가 = 600,000 + 50,000 = 650,000

총 취득원가: 650,000 + 50,000 + 50,000 = 750,000
− 설치장소 준비원가와 설치원가는 취득원가 가산항목이다.

X1년 감가비: (750,000 − 50,000)/5 = **140,000**

B-06. ④

(1) 세무의 기계장치 공정가치: 7,000 − 1,000 = 6,000
상업적실질이 있는데 처분손실 1,000을 인식하였으므로 구자산 공정가치는 구자산 장부금액보다 1,000이 작은 6,000이다.

(2) 세무가 국세로부터 취득한 기계장치의 취득원가: 6,500

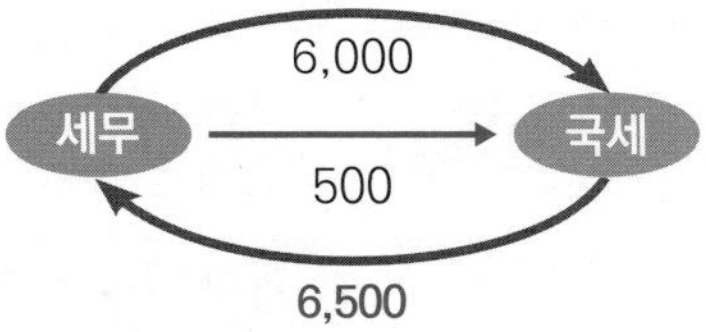

(3) X2년도 감가상각비: (7,500 − 500) × (3/6 × 6/12 + 2/6 × 6/12) = **2,917**
− 취득원가: 6,500 + 500(설치장소 준비원가) + 500(설치원가) = 7,500
− x1.7.1 취득, 내용연수 3년, 연수합계법 상각이므로 상각률은 3/6과 2/6이 반씩 적용된다.

B-07. ②

(1) 기계장치의 취득원가: 800,000

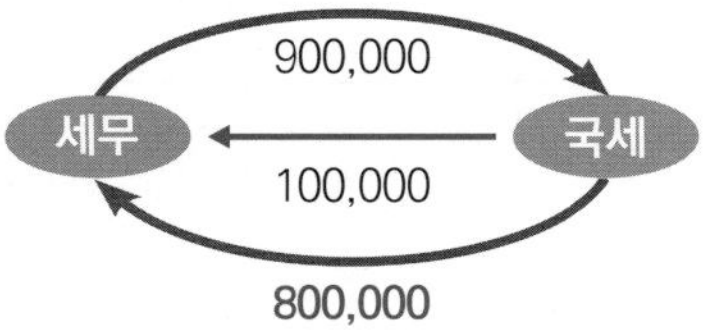

(2) 기계장치의 재평가

X0 800,000 n = 4, s = 0, 정액
↓ (200,000)
X1 600,000 —(−)30,000 → 570,000 n = 3, s = 0, 정액
↓ **(190,000)**
X2 380,000 —**(+)30,000** → 420,000
⊕10,000

(3) X2년도 당기순이익: 30,000(재평가이익) − 190,000(감가상각비) = **(−)160,000**

B-08. ①

(1) 차량운반구의 취득원가: 3,000,000

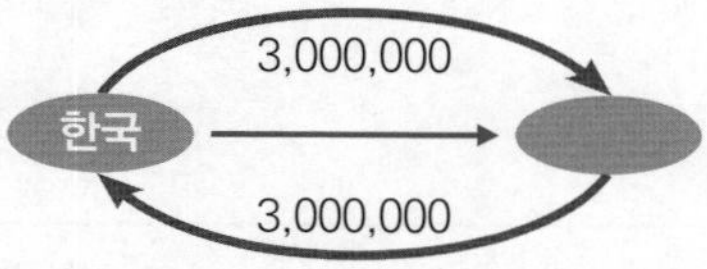

교환이 상업적 실질이 있으므로 기계장치를 공정가치로 평가한다. 현금 수수액은 없으므로 차량운반구의 취득원가는 기계장치의 공정가치와 일치한다. 차량운반구의 장부금액 4,500,000은 교환하는 상대방의 장부에 기록된 금액이다. ㈜한국의 취득원가와 무관하다.

(2) 기계장치의 재평가

X0 3,000,000 n = 4, s = 500,000, 정액
↓ (625,000)
X1 2,375,000 —⊕1,425,000 → 3,800,000 n = 3, s = 500,000, 정액
↓ (1,100,000)
X2 2,700,000 —⊕1,100,000 → 3,800,000

(3) X2년도 자본의 증감: 1,100,000(재평가잉여금) − 1,100,000(감가상각비) = **0**
X1년 말 공정가치와 X2년 말 공정가치가 일치하므로 X2년도 자본의 증감은 없다.

C-01. ③

X1		12.31			
1.1	100,000 × 12/12	= 100,000			
10.1	50,000 × 3/12	= 12,500			
		112,500			
특정	30,000 × 12/12	= 30,000	(8%)	→2,400	
일반	(112,500	− 30,000)	(8%)	→6,600	(한도: 8,000)
				9,000	
R	= 8,000/100,000 = 8%				
B	50,000 × 12/12	= 50,000	(10%)	→5,000	
C	100,000 × 6/12	= 50,000	(6%)	→3,000	
계		100,000		8,000	

C-02. ②

X2		12.31			
1.1	200,000 × 12/12	= 200,000			
7.1	300,000 × 6/12	= 150,000			
		350,000			
특정	300,000 × 6/12	= 150,000	(9%)	→13,500	
일반	(350,000	− 150,000)	(7.5%)	→15,000	(한도: 37,500)
				28,500	
R	= 37,500/500,000 = 7.5%				
일반	500,000 × 6/12	= 250,000	(7%)	→17,500	
일반	250,000 × 12/12	= 250,000	(8%)	→20,000	
계		500,000		37,500	

C-03. ③

X1		12.31			
4.1	2,000,000 × 9/12	= 1,500,000			
6.1	4,800,000 × 7/12	= 2,800,000			
		4,300,000			
특정	1,000,000 × 9/12	= 750,000	(5%)	→37,500	
일반	(4,300,000	− 750,000)	(10%)	→355,000	(한도: 300,000)
				337,500	
R	= 300,000/3,000,000 = 10%				
일반	1,500,000 × 12/12	= 1,500,000	(8%)	→120,000	
일반	1,800,000 × 10/12	= 1,500,000	(12%)	→180,000	
계		3,000,000		300,000	

C-04. ①

X1		12.31			
1.1	10,000 × 12/12	= 10,000			
7.1	7,000 × 6/12	= 3,500			
		13,500			
특정	10,000 × 12/12	= 10,000	(5%)	→500	
일반	(13,500	− 10,000)	(7%)	→245	(한도: 140)
				640	
R	= 140/2,000 = 7%				
A	1,000 × 12/12	= 1,000	(8%)	→80	
B	3,000 × 4/12	= 1,000	(6%)	→60	
계		2,000		140	

C-05. ④

X1		12.31			
1.1	50,000,000 × 12/12	= 50,000,000			
7.1	100,000,000 × 6/12	= 50,000,000			
		100,000,000			
특정	20,000,000 × 12/12	= 20,000,000	(9%)	→1,800,000	
일반	(100,000,000	− 20,000,000)	(7%)	→5,600,000	(한도: 4,200,000)
				6,000,000	
R	= 4,200,000/60,000,000 = 7%				
B	30,000,000 × 12/12	= 30,000,000	(8%)	→2,400,000	
C	90,000,000 × 4/12	= 30,000,000	(6%)	→1,800,000	
계		60,000,000		4,200,000	

C-06. ⑤

X1		12.31			
4.1	200,000 × 9/12	= 150,000			
5.1	1,200,000 × 8/12	= 800,000			
		950,000			
특정	600,000 × 9/12	= 450,000	(6%)	→27,000	
일반	(950,000	− 450,000)	(9.6%)	→48,000	(한도: 240,000)
				75,000	
R	= 240,000/2,500,000 = 9.6%				
일반	2,000,000 × 12/12	= 2,000,000	(10%)	→200,000	
일반	1,000,000 × 6/12	= 500,000	(8%)	→40,000	
계		2,500,000		240,000	

— 각종 인·허가를 얻는 과정에서 지출된 금액도 연평균 지출액에 포함한다.

— 건설공사를 중단하더라도 상당한 기술 및 관리활동을 진행하고 있는 기간에는 차입원가 자본화를 중단하지 않는다.

C-07. ③

X1		12.31			
1.1	60,000 × 12/12	= 60,000			
1.1	(10,000) × 12/12	= (10,000)			
7.1	40,000 × 6/12	= 20,000			
		70,000			
특정	40,000 × 12/12	= 40,000	(8%)	→3,200	
일반	(70,000	− 40,000)	(10.8%)	→3,240	(한도: 2,700)
				5,900	
R	= 2,700/25,000 = 10.8%				
B	10,000 × 12/12	= 10,000	(12%)	→1,200	
C	30,000 × 6/12	= 15,000	(10%)	→1,500	
계		25,000		2,700	

C-08. ①

X1		12.31			
1.1	60,000,000 × 12/12	= 60,000,000			
7.1	100,000,000 × 6/12	= 50,000,000			
7.1	(30,000,000) × 6/12	= (15,000,000)			
		95,000,000			
특정	20,000,000 × 12/12	= 20,000,000	(10%)	→2,000,000	
일반	(95,000,000	− 20,000,000)	(9%)	→6,750,000	(한도: 3,600,000)
				5,600,000	
R	= 3,600,000/40,000,000 = 9%				
A	40,000,000 × 6/12	= 20,000,000	(10%)	→2,000,000	
B	20,000,000 × 12/12	= 20,000,000	(8%)	→1,600,000	
계		40,000,000		3,600,000	

C-09. ⑤

X1		12.31			
1.1	3,000,000 × 12/12	= 3,000,000			
7.1	5,000,000 × 6/12	= 2,500,000			
10.1	4,000,000 × 3/12	= 1,000,000			
		6,500,000			
특정	4,000,000 × 12/12	= 4,000,000	(8%)	→320,000	
일시	(1,000,000) × 6/12	= (500,000)	(5%)	→(25,000)	
일반	(6,500,000	− 3,500,000)	(8%)	→240,000	(한도: 960,000)
				535,000	
R	= 960,000/12,000,000 = 8%				
B	6,000,000 × 12/12	= 6,000,000	(10%)	→600,000	
C	8,000,000 × 9/12	= 6,000,000	(6%)	→360,000	
계		12,000,000		960,000	

C-10. ②

X1		12.31			
4.1	400,000 × 9/12	= 300,000			
10.1	1,000,000 × 3/12	= 250,000			
10.1	(200,000) × 3/12	= (50,000)			
		500,000			
특정	500,000 × 9/12	= 375,000	(6%)	→22,500	
일시	(100,000) × 6/12	= (50,000)	(4%)	→(2,000)	
일반	(500,000	− 325,000)	(10%)	→17,500	(한도: 200,000)
				38,000	
R	= 10%				
일반	2,000,000 × 12/12	= 2,000,000	(10%)	→200,000	

C-11. ①

X1		12.31			
7.1	1,500,000 × 6/12	= 750,000			
7.1	(200,000) × 6/12	= (100,000)			
10.1	3,000,000 × 3/12	= 750,000			
		1,400,000			
특정	2,500,000 × 6/12	= 1,250,000	(5%)	→62,500	
일시	(300,000) × 3/12	= (75,000)	(4%)	→(3,000)	
일반	(1,400,000	− 1,175,000)	(6%)	→13,500	(한도: 240,000)
				73,000	
R	= 240,000/4,000,000 = 6%				
일반	2,000,000 × 12/12	= 2,000,000	(4%)	→80,000	
일반	4,000,000 × 6/12	= 2,000,000	(8%)	→160,000	
계		4,000,000		240,000	

C-12. ②

X1		12.31			
7.1	300,000 × 6/12	= 150,000			
10.1	960,000 × 3/12	= 240,000			
10.1	(240,000) × 3/12	= (60,000)			
12.1	1,200,000 × 1/12	= 100,000			
		430,000			
특정	500,000 × 6/12	= 250,000	(8%)	→20,000	
일시	(200,000) × 3/12	= (50,000)	(10%)	→(5,000)	
일반	(430,000	− 200,000)	(7%)	→16,100	(한도: 70,000)
				31,100	
R	= 70,000/1,000,000 = 7%				
A	500,000 × 12/12	= 500,000	(8%)	→40,000	
B	1,000,000 × 6/12	= 500,000	(6%)	→30,000	
계		1,000,000		70,000	

D-01. ④

X1		12.31			
1.1	950,000 × 12/12	= 950,000			
		950,000			
특정	600,000 × 12/12	= 600,000	(%)	→60,000	
일반	(950,000	− 600,000)	(**12%**)	→42,000	(한도: 54,000)
				102,000	

특정차입금의 상환일이 제시되지 않았으므로 X1년에는 12개월 내내 차입하는 것으로 보았다.

D-02. ①

X1		12.31			
7.1	12,000,000 × 6/12	= 6,000,000			
		6,000,000			
특정	2,000,000 × 6/12	= 1,000,000	(5%)	→50,000	
일시	(1,000,000) × 3/12	= (250,000)	(2%)	→(5,000)	
일반	(6,000,000	− 750,000)	(**2%**)	→105,000	(한도: 520,000)
				150,000	

일반차입금 자본화액: 150,000 − (50,000 − 5,000) = 105,000
일반차입금 자본화이자율: 105,000/(6,000,000 − 750,000) = **2%**

D-03. ④

X1년도 차입원가 자본화액: 2,333,000 − (500,000 + 600,000 + 1,200,000) = 33,000

X1		12.31		
7.1	500,000 × 6/12	= 250,000		
10.1	600,000 × 3/12	= 150,000		
12.1	1,200,000 × 1/12	= 100,000		
		500,000		
특정	800,000 × 6/12	= 400,000	(5%)	→20,000
일시	(400,000) × 3/12	= (100,000)	(3%)	→(3,000)
일반	(500,000	− 300,000)	(**8%**)	→16,000
				33,000

D-04. ②

연평균		900,000		
특정	600,000 × 12/12	= 600,000	(10%)	→60,000
일시	(200,000) × 12/12	= (200,000)	(8%)	→(16,000)
일반	(900,000	− 400,000)	(11.2%)	→56,000
				100,000

특정차입금의 차입 기간과 일시투자의 투자 기간이 제시되지 않았지만, 특정차입금으로 사용한 연평균 지출액이 400,000이다. 특정차입금이 600,000, 일시투자가 200,000이므로 둘 다 12개월로 보아야 한다.

총 자본화액이 100,000인데 특정 차입금 자본화액이 44,000(= 60,000 − 16,000)이므로 일반 차입금 자본화액은 56,000이다. 따라서 일반차입금 가중평균 차입이자율은 11.2%(= 56,000/500,000)이다.

D-05. ③

(1) 전기 지출액: 300,000 + 400,000 − 200,000(정부보조금) = 500,000

— 전기 이전에 자본화한 차입원가는 연평균 지출액 계산 시 포함하지 않으므로, X1년도 차입원가 자본화 금액은 구하지 않아도 된다.

X2		9.30			
전기	500,000 × 9/12	= 375,000			
1.1	300,000 × 9/12	= 225,000			
9.1	120,000 × 1/12	= 10,000			
		610,000			
특정	240,000 × 9/12	= 180,000	(6%)	→10,800	
일반	(610,000	− 180,000)	(7%)	→30,100	(한도: 12,600)
				23,400	
R	= 12,600/180,000 = 7%				
B	240,000 × 6/12	= 120,000	(6%)	→7,200	
C	60,000 × 12/12	= 60,000	(9%)	→5,400	
계		180,000		12,600	

D-06. ③

전기 이전에 자본화한 차입원가는 연평균 지출액 계산 시 포함하지 않으므로 X1년 자본화 차입원가는 계산할 필요가 없다.

X2		10.31			
1.1	600,000 × 10/12	= 500,000			
1.1	300,000 × 10/12	= 250,000			
10.1	120,000 × 1/12	= 10,000			
		760,000			
특정	240,000 × 10/12	= 200,000	(4%)	→8,000	
일반	(760,000	− 200,000)	(6%)	→33,600	(한도: 10,800)
				18,800	
R	= 10,800/180,000 = 6%				
B	240,000 × 6/12	= 120,000	(4%)	→4,800	
C	60,000 × 12/12	= 60,000	(10%)	→6,000	
계		180,000		10,800	

D-07. ④

(1) 전기 지출액: 1,000,000 + 2,000,000 − 500,000(정부보조금) = 2,500,000
 − 자본화한 차입원가는 연평균 지출액 계산 시 포함하지 않으므로, X1년도 차입원가 자본화 금액은 구하지 않아도 된다.

(2) 차입원가 자본화액: 162,000

X2		9.30			
전기	2,500,000 × 9/12	= 1,875,000			
4.1	1,500,000 × 6/12	= 750,000			
9.1	2,400,000 × 1/12	= 200,000			
		2,825,000			
특정	1,500,000 × 6/12	= 750,000	(5%)	→37,500	
일반	(2,825,000	− 750,000)	(6%)	→124,500	(한도: 180,000)
				162,000	
R	= 180,000/3,000,000 = 6%				
A	2,000,000 × 9/12	= 1,500,000	(4%)	→60,000	
B	2,000,000 × 9/12	= 1,500,000	(8%)	→120,000	
계		3,000,000		180,000	

D-08. ①

(1) X1년 자본화 차입원가: **3,075**

X1		12.31			
4.1	100,000 × 9/12	= 75,000			
11.1	30,000 × 2/12	= 5,000			
	130,000	80,000			
특정	90,000 × 9/12	= 67,500	(3%)	→2,025	
일시	(30,000) × 3/12	= (7,500)	(2%)	→(150)	
일반	(80,000	− 60,000)	(6%)	→1,200	(한도: 3,000)
				3,075	
R	3,000/50,000 = 6%				
B	60,000 × 8/12	= 40,000	(5%)	→2,000	
C	30,000 × 4/12	= 10,000	(10%)	→1,000	
계		50,000		3,000	

(2) X2년 자본화 차입원가: **5,250**

X2		10.31			
전기	130,000 × 10/12	= 108,333			
2.1	20,000 × 9/12	= 15,000			
7.1	20,000 × 4/12	= 6,667			
		130,000			
특정	90,000 × 10/12	= 75,000	(3%)	→2,250	
일반	(130,000	− 75,000)	(6%)	→3,300	(한도: 3,000)
				5,250	
R	3,000/50,000 = 6%				
B	60,000 × 8/12	= 40,000	(5%)	→2,000	
C	30,000 × 4/12	= 10,000	(10%)	→1,000	
계		50,000		3,000	

D-09. ④

(1) X1년 자본화 차입원가: 360,000

'적격자산 평균지출액은 회계기간동안 건설중인자산의 매월말 장부금액 가중평균으로 계산'하므로, X1년도 자본화 차입원가를 계산해야 한다.

X1		12.31			
3.1	3,000,000 × 10/12	= 2,500,000			
9.1	6,000,000 × 4/12	= 2,000,000			
	9,000,000	4,500,000			
일반	(4,500,000	− 0)	(8%)	→360,000	(한도: 480,000)
				360,000	
R	= 480,000/6,000,000 = 8%				

(2) X2년 자본화 차입원가: 643,000

X2		7.1			
1.1	9,360,000 × 6/12	= 4,680,000			
4.1	7,000,000 × 3/12	= 1,750,000			
		6,430,000			
일반	(6,430,000	− 0)	(10%)	→643,000	(한도: 700,000)
				643,000	
R	= 700,000/7,000,000 = 10%				

X1년에 발생한 총 지출액은 9,000,000이나, 자본화한 차입원가가 360,000이므로 1.1에 9,360,000을 대입한다.

D-10. ③

사옥의 취득원가: 500,000(총 지출액) + 15,000 + 22,500 = **537,500**

(1) X1년 자본화 차입원가: 15,000

X1		12.31			
1.1	200,000 × 12/12	= 200,000			
특정	100,000 × 12/12	= 100,000	(5%)	→5,000	
일반	(200,000	− 100,000)	(10%)	→10,000	(한도: 20,000)
				15,000	
R	= 10%				
일반	200,000 × 12/12	= 200,000	(10%)	→20,000	

(2) X2년 자본화 차입원가: 22,500

X2		9.30			
1.1	200,000 × 9/12	= 150,000			
1.1	300,000 × 9/12	= 225,000			
		375,000			
특정	100,000 × 6/12	= 50,000	(5%)	→2,500	
일반	(375,000	− 50,000)	(10%)	→32,500	(한도: 20,000)
				22,500	
R	= 10%				
일반	200,000 × 12/12	= 200,000	(10%)	→20,000	

D-11. ①

일반목적차입금에서 발생한 일시투자수익은 자본화 차입원가에서 차감하지 않는다. 일시투자수익을 차감하는 것은 특수목적차입금만이다.

D-12. ②

적격자산을 의도된 용도로 사용(또는 판매) 가능하게 하는 데 필요한 활동은 당해 자산의 물리적인 제작뿐만 아니라 그 이전단계에서 이루어진 **기술 및 관리상의 활동도 포함한다.**
나머지 문장은 중요하지 않으니, 한 번만 읽어보고 넘어가자.

E-01. ③

X1.10.1	취득원가	n = 3, s = 12,000, 연수합계법
	↓ (60,000) = (취득원가 − 12,000) × 3/6 × 3/12	
X1	432,000	
	↓ (220,000)	
X2	212,000	

(1) X1년 감가상각비: 60,000 = (취득원가 − 12,000) × 3/6 × 3/12

→ 취득원가 = 492,000

(2) X2년 말 장부금액: 492,000 − 280,000 = **212,000**

X2년 말 감가상각누계액: (492,000 − 12,000) × (3/6 + 2/6 × 3/12) = 280,000

− X1.10.1부터 X2.12.31까지 1년 3개월이므로, 첫 번째 해의 상각률인 3/6은 전부 들어가고, 두 번째 해의 상각률인 2/6은 3/12만 들어간다.

참고 X2년도 감가상각비

: (492,000 − 12,000) × (3/6 × 9/12 + 2/6 × 3/12) = 220,000

E-02. ⑤

X1.9.1	취득원가	n = 5, r = 36%
	↓	
X1	704,000	
	↓ (253,440)	
X2	450,560	
	↓ (162,202)	
X3		

X1년말 장부금액 = 253,440/36% = 704,000

X2년말 장부금액 = 704,000 × (1 − 36%) = 450,560

X3년도 감가상각비 = 450,560 × 36% = **162,202**

빠른 풀이법

X3년도 감가상각비 = 253,440 × (1 − 36%) = **162,202**

계산기사용법 253,440 × 36% −

매년 기초 장부금액의 36%를 상각하고, (1 − 36%)만큼 비례적으로 남기 때문에, 당기 감가상각비에 (1 − 36%)를 곱하면 차기 감가상각비를 구할 수 있다.

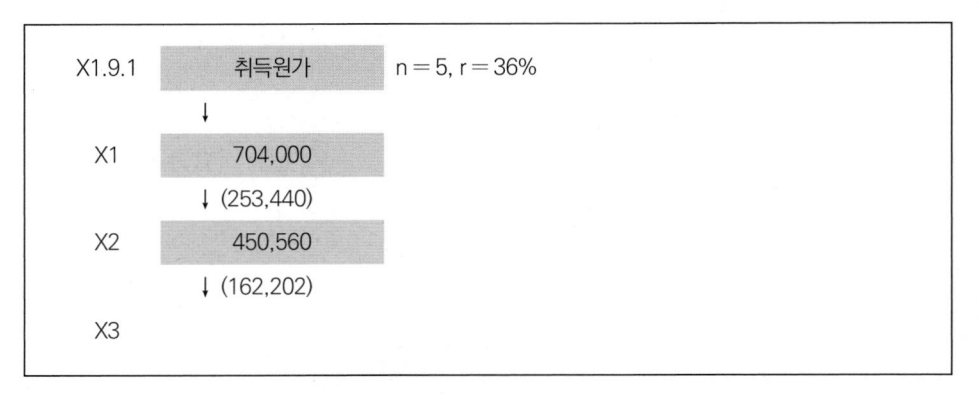

참고 취득원가

X1년말 장부금액 = 취득원가 × (1 − 36% × 4/12) = 704,000

→ 취득원가 = 800,000

E-03. ⑤

X0	1,000,000	n = 5, s = 100,000, 연수합계
	↓ (300,000) = (1,000,000 − 100,000) × 5/15	
X1	700,000	
↰	900,000	n = 4 + 2, s = 120,000, 이중체감(r = 2/6)
	↓ **(300,000)** = 900,000 × 2/6	
X2	600,000	

(1) 본사 사옥 증축비

본사 사옥 증축비는 자본적지출이라는 언급이 없지만 자본적지출로 보자. 잔존가치의 증가, 내용연수의 연장으로 보아 일상적인 수선 · 유지와 관련하여 발생하는 원가는 아니다.

(2) 잔존내용연수(n)

최초 취득 시 내용연수는 5년이었으나 1년 뒤에 내용연수가 2년 연장되었으므로 5 − 1 + 2 = 6년이다.

(3) 이중체감법 상각률: 2/n = 2/6

잔존내용연수가 6년이므로 상각률은 2/6이다.

E-04. ④

X1.4.1	30,000	n = 4, s = 0, 연수합계
	↓ (9,000) = (30,000 − 0) × 4/10 × 9/12	
X1	21,000	
	↓ **(9,750)** = (30,000 − 0) × (4/10 × 3/12 + 3/10 × 9/12)	
X2	11,250	
↰	21,250	n = 5, s = 500, 정액법
	↓ (4,150)	
X3	**17,100**	

E-05. ④

X0	100,000	n = 10, s = 0, 정액
	↓ (10,000)	
X1	90,000	n = 9
	↓ (10,000)	
X2	80,000	
⤹	110,000	n = 8 + 2, 연수합계
	↓ **(20,000)**	
X3		

(1) X2년도 감가상각비: (100,000 − 0) × 1/10 = (90,000 − 0) × 1/9 = 10,000

(2) X3년도 감가상각비: (110,000 − 0) × 10/55 = **20,000**
− 잔여 내용연수가 10년이므로 상각률의 분모는 10 × 11/2 = 55이고, 분자는 10이 된다.

E-06. ①

X1.10.1	4,800,000	n = 5, s = 0, 정액
	↓ (480,000) = (4,800,000 − 0)/5 × 6/12	
X2.4.1	4,320,000	
⤹	5,520,000	n = 8, s = 120,000, 연수합계
	↓ (1,462,500) = (5,520,000 − 120,000) × (8/36 + 7/36 × 3/12)	
X3.7.1	4,057,500	

X2.4.1과 X3.7.1의 장부금액이 필요하므로 X1말, X2말 장부금액을 구하지 않고 바로 두 시점의 장부금액을 구했다.

처분손익: 4,000,000 − 4,057,500 = **(−)57,500 손실**

E-07. ④

X0	1,000,000	n = 4, s = 0, 정액
	↓ (500,000)	
X2	500,000	
⤹	1,000,000	n = 4, s = 100,000, 연수합계
	↓ (360,000) = (1,000,000 − 100,000) × 4/10	
X3	640,000	

처분손실 = 장부금액 − 처분가액 = 640,000 − 처분가액 = 60,000
→ 처분가액 = **580,000**

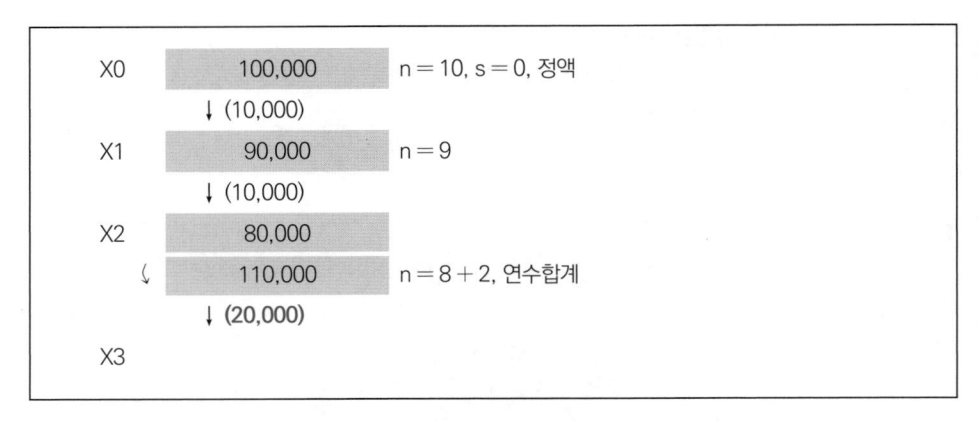

E-08. ②

1. ㈜세무

X0	9,000,000	n = 4, s = 500,000, 정률(r = 55%)
	↓ (4,950,000) = 9,000,000 × 55%	
X1	4,050,000	
	↓ (2,227,500) = 4,050,000 × 55%	
X2	1,822,500	n = 2, s = 500,000, 정액법
	↓ (661,250) = (1,822,500 − 500,000)/2	
X3	1,161,250	

2. ㈜한국

X0	9,000,000	n = 4, s = 500,000, 정액
	↓ (2,125,000) = (9,000,000 − 500,000)/4	
X1	6,875,000	n = 3, s = 500,000, 연수합계
	↓ (3,187,500) = (6,875,000 − 500,000) × 3/6	
X2	3,687,500	
	↓ (2,125,000) = (6,875,000 − 500,000) × 2/6	
X3	1,562,500	

① 20X1년도 감가상각비는 ㈜한국이 더 작으므로 당기순이익은 ㈜한국이 더 크다. (X)

② X3년 말 장부금액이 ㈜세무가 더 작으므로 20X4년 초에 인식하는 유형자산처분이익은 ㈜세무가 더 크다. (O)

③ ㈜세무의 20X2년도 감가상각비는 ₩2,227,500이다. (X)

④ ㈜한국의 20X3년 말 차량 장부금액은 ₩1,562,500이다. (X)

⑤ ㈜세무의 20X3년도 감가상각비는 ₩661,250이다.

E-09. ①

X2.4.1	5,000,000	n = 5, s = 500,000, 이중체감(r = 2/5)
	↓ (1,500,000) = 5,000,000 × 2/5 × 9/12	
X2	3,500,000	
	↓ (1,400,000) = 3,500,000 × 2/5	
X3	2,100,000	**s = 2,500,000**
	↓ 0	
X4	2,100,000	

X4년 말에 감가상각비를 인식해야 하는데, 잔존가치가 상승하여 장부금액보다 크므로 X4년에는 감가상각비를 인식하지 않는다. 감가상각비는 기말에 기말수정분개를 통해 인식하므로 기말에 잔존가치 변경을 파악하면 해당 연도의 감가상각비에 반영된다.

E-10. ③

X0.1.1	21,000,000	n = 10, s = 1,000,000, 정액
	↓ (12,000,000) = (21,000,000 − 1,000,000) × 6/10	
X6.1.1	9,000,000	n = **8**, s = 0, 연수합계
	↓ (5,250,000) = (9,000,000 − 0) × 21/36	
X9.1.1	3,750,000	

X8년도 감가상각비: 9,000,000 × (n − 2)/{n(n + 1)/2} = 1,500,000
정리하면 $n^2 - 11n + 24 = 0$
→ n = 3 or 8
X6년 초 잔존내용연수가 3년이라면 X8년에 감가상각 후 잔존가치가 0이어야 하므로, n = 8이어야 한다.

F-01. ②

계산 없이 문장만 읽어봐도 답을 고를 수 있는 문제였다.

빠른 풀이법

① IFRS는 이연수익법과 원가차감법 모두 인정한다. (X)
② 정확한 금액을 계산해야 하므로 △ 표시하고 넘어간다.
③ 원가차감법을 적용하는 경우 정부보조금 상각액을 수익이 아닌 감가상각비의 감소로 인식한다. (X)
④ 어느 방법을 적용하더라도 유형자산처분손익은 일치한다. (X)
⑤ 이연수익법을 적용하는 경우 정부보조금이 이연수익(부채)으로 계상된다. (X)

②번을 제외하고 전부 틀린 문장이므로 ②번을 답으로 표시하고 넘어간다. 시간이 남으면 다시 돌아와서 계산을 해보면 된다.

참고

② X1년 말 정부보조금 잔액: 20,000,000 × 9/10 = 18,000,000
X1년 말 유형자산 장부금액
− 이연수익법: 100,000,000 × 9/10 = 90,000,000
− 원가차감법: 90,000,000 − 18,000,000
= (100,000,000 − 20,000,000) × 9/10 = 72,000,000 (간편법)
③ 정부보조금 환입액: 20,000,000 × 10,000,000/(100,000,000 − 0) = 2,000,000
④ 유형자산처분손익: 35,000,000 − (100,000,000 − 20,000,000) × 5/10 = (−)5,000,000 (손실)

| 처분 시 회계처리 |

현금	35,000,000	기계장치	100,000,000
감가상각누계액	50,000,000		
국고보조금	10,000,000		
유형자산처분손실	**5,000,000**		

F-02. ④

X2년도 감가상각비: 500,000 − 80,000 = **420,000**

X0	2,000,000	(500,000)	n = 5, s = 0, 정액
	↓ (400,000)	↓ 100,000	
X1	1,600,000		
⤹	2,600,000	(400,000)	n = 5, s = 100,000
	↓ **(500,000)**	↓ **80,000**	
X2			

정부보조금 환입액

(1) X1년도: 500,000 × 400,000/(2,000,000 − 0) = 100,000

(2) X2년도: 400,000 × 500,000/(2,600,000 − 100,000) = 80,000

| 간편법 |

취득원가 순액: 2,000,000 − 500,000 = 1,500,000

X0	1,500,000	n = 5, s = 0, 정액
	↓ (300,000)	
X1	1,200,000	
⤹	2,200,000	n = 5, s = 100,000
	↓ **(420,000)**	
X2		

정부보조금을 원가차감법으로 회계처리하고, 정액법으로 상각하므로 정부보조금을 취득원가에서 차감하는 간편법을 사용해도 된다.

F-03. ④

X2년도 당기손익: 정부보조금 환입액 − 감가상각비 = 70,000 − 280,000 = **(−)210,000 손실**

− X2년도 감가상각비: (1,000,000 − 200,000) × (4/10 × 6/12 + 3/10 × 6/12) = 280,000

− X2년도 정부보조금 환입액: 200,000 × 280,000/(1,000,000 − 200,000) = 70,000

빠른 풀이법

취득원가 순액: 1,000,000 − 200,000 = 800,000

X2년도 감가상각비: (800,000 − 200,000) × (4/10 × 6/12 + 3/10 × 6/12) = **210,000**

| 회계처리 |

X1.7.1	유형자산	1,000,000	현금 정부보조금	800,000 200,000
X1.12.31	감가비 정부보조금	160,000 40,000	감누 감가상각비 or 기타수익	160,000 40,000
X2.12.31	감가비 정부보조금	**280,000** 70,000	감누 감가상각비 or 기타수익	280,000 **70,000**

문제에서 정부보조금의 회계처리 방법을 제시하지 않았다. 하지만 어느 방법을 적용하든 정부보조금 환입액은 당기손익을 증가시킨다.

F-04. ④

x3.7.1 감가상각누계액: (1,200,000 − 200,000) × 27/60 = 450,000

x3.7.1까지 정부보조금 환입액의 누적액

: 360,000 × 450,000/(1,200,000 − 200,000) = 360,000 × 27/60 = 162,000

x3.7.1 정부보조금 잔액: 360,000 − 162,000 = **198,000**

F-05. ③

x4.7.1 감가상각누계액: (500,000 − 0) × 3/10 = 150,000

x4.7.1까지 정부보조금 환입액의 누적액: 50,000 × 150,000/(500,000 − 0) = 15,000

x4.7.1 정부보조금 잔액: 50,000 − 15,000 = 35,000

x4.7.1 장부금액: 500,000 − 150,000 − 35,000 = 315,000

유형자산처분손익: 300,000 − 315,000 = **(−)15,000 손실**

빠른 풀이법

취득원가 순액: 500,000 − 50,000 = 450,000

x4.7.1 장부금액: 450,000 − (450,000 − 0) × 3/10 = 315,000

유형자산처분손익: 300,000 − 315,000 = **(−)15,000 손실**

| 회계처리 |

X1.6.30	기계장치	500,000	현금	450,000
			정부보조금	50,000
X1.6.30 ~ X4.6.30	감가비	150,000	감누	150,000
	정부보조금	15,000	감가상각비	15,000
X2.12.31	현금	300,000	기계장치	500,000
	감누	150,000		
	정부보조금	35,000		
	처분손실	**15,000**		

F-06. ⑤

x3.12.31 감가상각누계액: (50,000,000 − 5,000,000) × (5 + 4 + 3)/15 = 36,000,000
x3.12.31까지 정부보조금 환입액의 누적액
: 9,000,000 × 36,000,000/(50,000,000 − 5,000,000) = 7,200,000
x3.12.31 정부보조금 잔액: 9,000,000 − 7,200,000 = 1,800,000
x3.12.31 장부금액: 50,000,000 − 36,000,000 − 1,800,000 = 12,200,000
유형자산처분손익: 10,000,000 − 12,200,000 = **(−)2,200,000 손실**

빠른 풀이법

취득원가 순액: 50,000,000 − 9,000,000 = 41,000,000
x3.12.31 장부금액: 41,000,000 − (41,000,000 − 5,000,000) × (5 + 4 + 3)/15 = 12,200,000
유형자산처분손익: 10,000,000 − 12,200,000 = **(−)2,200,000 손실**

F-07. ①

X1년도 당기순이익: (−)감가상각비 + 정부보조금 환입액 + 유형자산처분손익
= (−)50,000 + 12,500 − 112,500 = **(−)150,000 감소**

(1) X1년도 감가상각비: (2,000,000 − 1,200,000) × 25% × 3/12 = 50,000

(2) X1년도 정부보조금 환입액: 450,000 × 50,000/(2,000,000 − 200,000) = 12,500

(3) 유형자산처분손익: 처분가액 − 장부금액 = 500,000 − 612,500 = (−)112,500 손실
x1.4.1 감가상각누계액: 1,200,000 + 50,000 = 1,250,000
x1.4.1까지 정부보조금 환입액의 누적액: 450,000 × 1,250,000/(2,000,000 − 200,000) = 312,500
x1.4.1 정부보조금 잔액: 450,000 − 312,500 = 137,500
x1.4.1 장부금액: 2,000,000 − 1,250,000 − 137,500 = 612,500

취득	2,000,000	(450,000)	r = 25%
	↓(1,200,000)	↓300,000	
X1	800,000	(150,000)	
	↓(50,000)	↓12,500	
X1.4.1	750,000	(137,500)	

| 별해 | 당기순이익 = 기말 자산 − 기초 자산

= 500,000(현금 수령액) − (800,000 − 150,000) = **(−)150,000 감소**

F-08. ②

X0	2,000	(500)
	↓(800)	↓200
X2	1,200	(300)

정부보조금 환입액: 500 × 800/(2,000 − 0) = 200

유형자산처분손익 = 구 자산 공정가치 − 구 자산 장부금액 = 1,000 − 900 = **100 이익**

(1) 구 자산 공정가치: 1,400 − 400 = 1,000

  − 기계설비의 공정가치가 문제에 제시되지 않았으므로 토지의 공정가치를 이용하여 역산했다.

(2) 구 자산 장부금액: 1,200 − 300 = 900

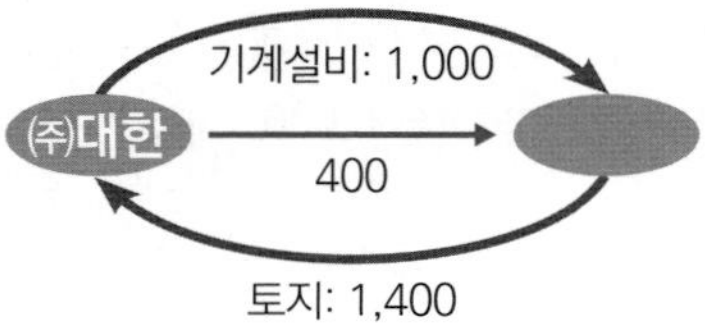

| 회계처리 |

X1.1.1	기계설비	2,000	현금 정부보조금	1,500 500
X1.12.31	감가비 정부보조금	400 100	감누 감가상각비 or 기타수익	400 100
X2.12.31	감가비 정부보조금	400 100	감누 감가상각비 or 기타수익	400 100
X3.1.1	토지 감누 정부보조금	1,400 800 300	기계설비 현금 **처분이익**	2,000 400 **100**

F-09. ⑤

(1) 정부보조금: 200,000 × (10% − 2%) × 3.7908 = 60,652 (≒60,657, 단수차이)
객관식 보기 상 60,652와 가장 가까운 60,657을 정부보조금으로 본다.
시장이자율이 10%이므로 문제에서도 10%의 현가계수를 제공해주었다.

(2) 기계장치 장부금액: (200,000 − 60,657) × 4/5 = 111,474
원가차감법을 적용하고, 정액법이므로 취득원가 순액을 이용하여 간편법으로 계산해도 된다.
잔존가치가 0이므로 취득원가 순액에 4/5를 곱하면 장부금액을 구할 수 있다.

F-10. ⑤

(1) 정부보조금: 400,000 × (8% − 3%) × 3.3121 = 66,242

(2) 기계장치 장부금액: (400,000 − 66,242) × 3/4 = 250,319 (≒250,309, 단수차이)
원가차감법을 적용하고, 정액법이므로 취득원가 순액을 이용하여 간편법으로 계산해도 된다.
잔존가치가 0이므로 취득원가 순액에 3/4를 곱하면 장부금액을 구할 수 있다.

F-11. ③

(1) 정부보조금: 400,000 × (8% − 0%) × 3.3121 = 105,987
− 차입금의 만기는 4년이다.

(2) X1년도 감가상각비: (400,000 − 105,987)/5 = **58,803** (≒58,800, 단수차이)
− 기계장치의 추정내용연수는 5년이다.
− 원가차감법을 적용하고, 정액법이므로 취득원가 순액을 이용하여 간편법으로 계산해도 된다.

F-12. ④

(1) 정부보조금: 1,000,000 × (10% − 2%) × 3.7908 = 303,264

(2) X1년도 감가상각비: (1,000,000 − 303,264)/5 = 139,347
− 원가차감법을 적용하고, 정액법이므로 취득원가 순액을 이용하여 간편법으로 계산해도 된다.

(3) 이자비용: 696,716 × 10% = 69,672
− X1년 초 차입금: 1,000,000 × 0.6209 + 20,000 × 3.7908 = 696,716

(4) 당기비용: 감가상각비 + 이자비용 = **209,019** (≒209,015, 단수차이)

F-13. ①

X3년도 당기비용: (1) + (2) = **10,469**
(1) 감가상각비: (50,000 − 17,059)/5 = 6,588
− 정부보조금: 50,000 × (10% − 1%) × 3.7908 = 17,059

(2) 이자비용: {(32,940 × 1.1 − 500) × 1.1 − 500} × 10% = 3,881
− X1초 차입금: 50,000 × 0.6209 + 500 × 3.7908 = 32,940

F-14. ③

취득원가 순액: 10,000,000 − 5,000,000 = 5,000,000
− 원가차감법을 적용하고, 정액법이므로 취득원가 순액을 이용하여 간편법으로 계산해도 된다.

① 20X1년 말 차량의 장부금액: (5,000,000 − 0) × 4/5 = 4,000,000 (O)
② 20X2년 말 정부보조금 잔액: 5,000,000 − 2,000,000 = 3,000,000 (O)
20X2년 말 감가상각누계액: (10,000,000 − 0) × 2/5 = 4,000,000
20X2년 말 정부보조금 환입액: 5,000,000 × 4,000,000/(10,000,000 − 0) = 2,000,000
③ 20X2년도 당기손익: **(−)1,000,000** (X)
20X2년도 감가상각비: (5,000,000 − 0) × 1/5 = 1,000,000
④ 20X3년 처분에 따른 유형자산처분이익: 4,000,000 − 5,000,000 × 2.5/5 = 1,500,000 (O)
⑤ 20X3년 정부보조금 상환금액: 5,000,000 × 2.5/5 = 2,500,000 (O)
− 차량 중도처분 시 내용연수 미사용 기간에 비례하여 정부보조금 잔액을 상환하므로, 잔존내용연수 2.5년에 해당하는 만큼 상환한다.

| 회계처리 |

X1.1.1	차량	10,000,000	현금	5,000,000
			정부보조금	5,000,000
X1.12.31	감가상각비	2,000,000	감누	2,000,000
	정부보조금	1,000,000	감가상각비	1,000,000
X2.12.31	감가상각비	2,000,000	감누	2,000,000
	정부보조금	1,000,000	감가상각비	1,000,000
X3.7.1	감가상각비	1,000,000	감누	1,000,000
	정부보조금	500,000	감가상각비	500,000
X3.7.1	현금	4,000,000	차량	10,000,000
	감누	5,000,000		
	정부보조금	2,500,000	처분이익	1,500,000
	상환손실	2,500,000	현금	2,500,000

F-15. ⑤

정부보조금을 인식한 후에 상환의무가 발생하면 회계**추정**의 변경으로 회계처리한다.
나머지 문장은 중요하지 않으므로 넘어가자.

G-01. ④

손상차손환입: **20,000**

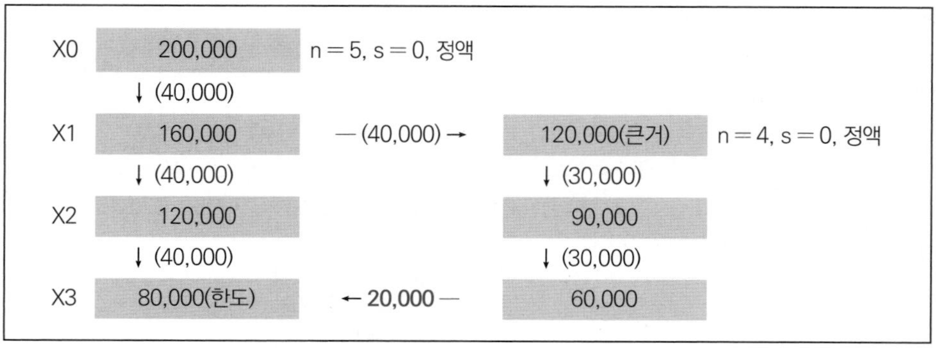
X0
200,000
n = 5, s = 0, 정액
↓ (40,000)
X1
160,000
− (40,000) →
120,000(큰거)
n = 4, s = 0, 정액
↓ (40,000)
↓ (30,000)
X2
120,000
90,000
↓ (40,000)
↓ (30,000)
X3
80,000(한도)
← 20,000 −
60,000

G-02. ②

X0	2,000,000			n = 10, s = 400,000, 정액
X1	↓ (320,000) = (2,000,000 − 400,000) × 2/10			
X2	1,680,000	— (280,000) →	1,400,000(큰거)	n = 8, s = 400,000, 정액
X3	↓ (320,000)		↓ (250,000) = (1,400,000 − 400,000) × 2/8	
X4	1,360,000(한도)	← **210,000** —	1,150,000	

G-03. ②

X3년도 당기순이익에 미치는 영향: (−)140,000(감가비) + 120,000(손상차손환입) = **(−)20,000 감소**

X0	1,000,000					n = 5, s = 0, 정액
	↓ (200,000)					
X1	800,000	— (100,000) →	700,000			n = 4, s = 0, 정액
	↓ (200,000)		↓ (175,000)			
X2	600,000		525,000	— (105,000) →	420,000	n = 3, s = 0, 정액
	↓ (200,000)				↓ **(140,000)**	
X3	400,000(한도)		← **120,000** —		280,000	

G-04. ④

X3년 당기순이익: 손상차손환입 − 감가상각비 = 200,000 − 190,000 = **10,000**

X0	2,000,000				n = 5, s = 200,000, 정액
X1	↓ (720,000)				
X2	1,280,000		— (510,000) →	770,000	n = 3, s = 200,000
	↓ (360,000)			↓ **(190,000)**	
X3	920,000(한도)	780,000	← **200,000** —	580,000	

− 원가모형임에도 불구하고 한도에 걸리지 않았으므로 주의하자.

G-05. ④

X4년도 당기순이익에 미치는 영향: (−)980,000(감가비) + 120,000(손상차손환입)
= **(−)860,000 감소**

X0	10,000,000	n = 10, s = 0, 정액				
X1	↓ (2,000,000)					
X2	8,000,000		— (500,000) →		7,500,000	n = 8, s = 0, 정액
	↓ (1,000,000)				↓ (937,500)	
X3	7,000,000(한도)		6,860,000	←297,500—	6,562,500	
	↓ (1,000,000)		↓ **(980,000)**			
X4	6,000,000(한도)	←**120,000**—	5,880,000			

G-06. ⑤

X0	700,000	n = 5, s = 100,000, 정액			
	↓ (120,000)				
X1	580,000	— (20,000) →	560,000	n = 4, s = 100,000, 정액	
			↓ (115,000)		
X2			445,000	— (15,000) →	**430,000**

X2년도 감가상각비: (560,000 − 100,000)/4 = 115,000
X2년도 손상차손: 130,000 − 115,000 = 15,000
X2년 말 회수가능액: 445,000 − 15,000 = 430,000

G-07. ①

X2년 당기순이익에 미치는 영향
: (−)20,000(수익적지출) − 72,000(감가비) + 112,000(환입) = **20,000 증가**

X0	600,000	n = 6, s = 0, 정액		
	↓ (100,000)			
X1	500,000	— (140,000) →	360,000	n = 5, s = 0, 정액
	↓ (100,000)		↓ (72,000)	
X2	400,000(한도)	← 112,000 —	288,000	

X1말 회수가능액 = MAX[순공정가치, 사용가치] = 360,000
(1) 순공정가치 = 공정가치 − 처분부대원가 = 370,000 − 10,000 = 360,000
(2) 사용가치 = 80,000 × 3.9927 = 319,416
− X2년 말부터 내용연수 종료 시점인 X6년 말까지 5회의 현금유입이 발생하므로 5기간 연금현가계수를 사용한다.

G-08. ③

X2년말 손상차손누계액: 14,000 + 12,500 = **26,500**

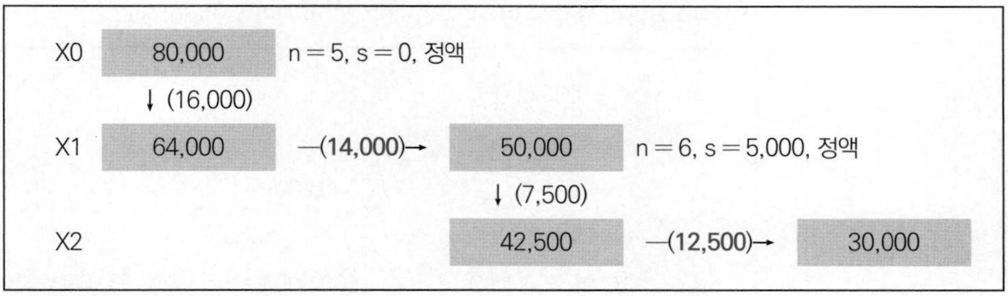

G-09. ③

X4년말 손상차손누계액: 300,000 − 100,000 = **200,000**

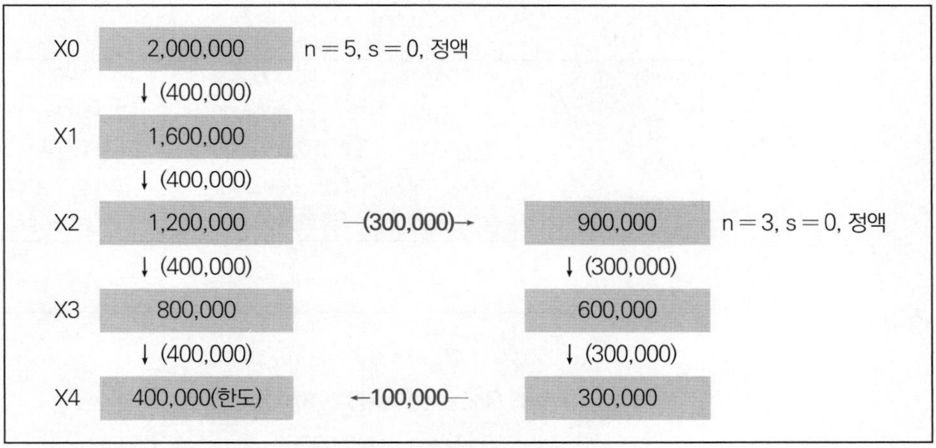

X1년말과 X3년말에는 상각후 원가와 회수가능액이 일치하기 때문에 손상차손(환입)을 인식하지 않는다.

| 회계처리 |

X1.1.1	기계	2,000,000	현금	2,000,000
X1.12.31	감가상각비	400,000	감가상각누계액	400,000
X2.12.31	감가상각비 손상차손	400,000 300,000	감가상각누계액 **손상차손누계액**	400,000 **300,000**
X3.12.31	감가상각비	300,000	감가상각누계액	300,000
X4.12.31	감가상각비 **손상차손누계액**	300,000 **100,000**	감가상각누계액 손상차손환입	300,000 100,000

G-10. ⑤

20X2년 말 기계의 장부금액은 **3,000,000**이다. 20X2년 말 회수가능액은 3,500,000이지만, 원가모형 손상차손환입 시 한도가 있으므로 3,000,000까지만 환입해야 한다.

X0	5,000,000	n = 5, s = 0, 정액		
	↓ (1,000,000)			
X1	4,000,000	— (2,000,000) →	2,000,000(큰거)	n = 4, s = 0, 정액
	↓ (1,000,000)		↓ (500,000)	
X2	3,000,000(한도)	← 1,500,000 —	1,500,000	

설치장소 준비 원가는 취득원가에 포함한다. 따라서 취득원가는 5,000,000이다.

| 회계처리 |

X1.1.1	기계	5,000,000	현금	5,000,000
X1.12.31	감가상각비	1,000,000	감가상각누계액	1,000,000
	손상차손	2,000,000	손상차손누계액	2,000,000
X2.12.31	감가상각비	500,000	감가상각누계액	500,000
	손상차손누계액	1,500,000	손상차손환입	1,500,000

G-11. ⑤

X0	550,000	n = 10, s = 10,000, 정액		
X1	↓ (108,000) = (550,000 − 10,000) × 2/10			
X2	442,000	— (142,000) →	300,000	n = 8, s = 10,000, 정액
X3	↓ (108,000)		↓ (72,500) = (300,000 − 10,000) × 2/8	
X4	334,000 (한도)	← 106,500 —	227,500	

③ 20X3년에 인식하는 감가상각비: (300,000 − 10,000) × 1/8 = 36,250 (O)
④ 20X4년 말 감가상각누계액: 108,000 + 72,500 = 180,500 (O)
⑤ 20X4년에 인식하는 손상차손환입액: **106,500** (X)

G-12. ④

X0	280,000	n = 4, s = 0, 정액		
	↓ (70,000)			
X1	210,000	— (60,000) →	150,000(큰거)	n = 3, s = 0, 정액
	↓ (70,000)		↓ (50,000)	
X2	140,000(한도)	← 40,000 —	100,000	

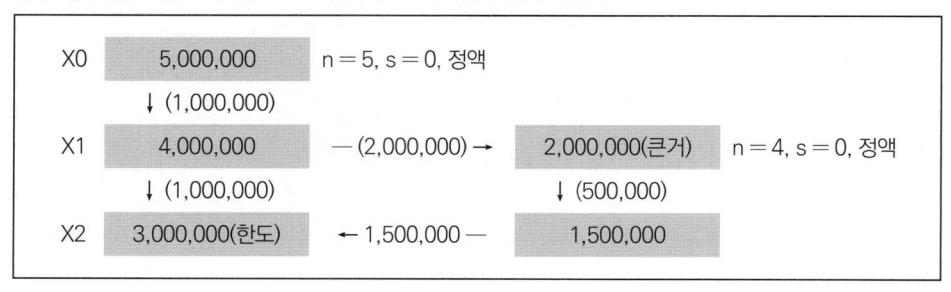

틀린 문장들을 수정하면 다음과 같다.
① 20X1년 손상차손은 ₩60,000이다.
② 20X1년 감가상각비는 ₩70,000이다.
— 시운전비는 유형자산의 원가에 포함하고, 시제품의 매각액은 당기손익으로 처리한다.
— 재배치 과정에서 발생하는 원가는 전부 비용처리한다.
③ 20X2년 감가상각비는 ₩50,000이다.
⑤ 20X2년 손상차손환입액은 ₩40,000이다.

H-01. ③

토지의 취득원가: 2,400 × 1,500/2,500 = 1,440
— 일괄 취득 시 일괄구입가격을 각 자산의 공정가치 비율로 안분한다.

X0		X1		X2		X3
1,440	—(−) 40→	1,400	—(+) 40→ ⊕ 60	1,500	—⊖ 60→ (−) 1,040	400

틀린 문장을 바르게 수정하면 다음과 같다.
① 20X1년 12월 31일 당기순이익 ₩40 감소
② 20X2년 12월 31일 당기순이익 ₩40 증가
④ 20X3년 12월 31일 재평가잉여금 ₩60 감소
⑤ 20X3년 12월 31일 당기순이익 ₩1,040 감소

| 회계처리 |

X1.1.1	토지	1,440	현금	2,400
	건물	960		
X1.12.31	재평가손실(PL)	40	토지	40
X2.12.31	토지	100	재평가이익(PL)	40
			재평가잉여금(OCI)	60
X3.12.31	재평가잉여금(OCI)	60	토지	1,100
	재평가손실(PL)	1,040		

H-02. ②

X2년 당기순이익: 5,000(토지 재평가이익) − 3,000(감가상각비) + 500(건물 재평가이익) = 2,500 증가

(1) 토지 재평가

X0		X1		X2
100,000	—(−) 5,000→	95,000	—(+) 5,000→ ⊕ 20,000	120,000

(2) 건물 재평가

X0 10,000 n = 4, s = 0, 정액
↓ (2,500)
X1 7,500 — (−) 500 → 7,000
↳ 9,000 n = 3, s = 0, 정액
↓ (3,000)
X2 6,000 — (+) 500 → 6,500

H-03. ①

X0 1,000,000 n = 5, s = 100,000, 이중체감(r = 0.4)
↓ (400,000)
X1 600,000 — ⊕ 300,000 → 900,000

	재평가 전	→	재평가 후	
			감누 제거법	비례수정법 (참고)
취득원가	1,000,000		900,000	1,500,000
감가상각누계액	(400,000)	→	—	(600,000)
장부금액	600,000		900,000	900,000

감누 제거법: 건물 100,000 감소, 감가상각누계액 400,000 감소, 재평가잉여금 300,000 증가
→ ①번이 답임

참고 비례수정법 회계처리

(차변)		(대변)	
건물	500,000	감가상각누계액	200,000
		재평가잉여금	300,000

H-04. ②

PL에 미치는 영향: (−)531,250(감가비) − 68,000(재평가손실) = **(−)599,250 감소**

X0 5,000,000 n = 9, s = 500,000, 정액
↓ (500,000)
X1 4,500,000 — ⊕ 250,000 → 4,750,000 n = 8, s = 500,000, 정액
↓ (531,250)
X2 4,218,750 — ⊖ 250,000 → (−) 68,000 3,900,750

H-05. ④

X2년도 당기비용: 110,000(감가비) + 16,000(재평가손실) = **126,000**

X0	600,000	n = 6, s = 0, 정액			
	↓ (100,000)				
X1	500,000	− ⊕ 50,000→	550,000	n = 5, s = 0, 정액	
			↓ **(110,000)**		
			440,000	− ⊖ 50,000→ **(−) 16,000**	374,000

H-06. ③

X2년도 당기순이익에 미치는 영향: (−)125,000(감가비) + 140,000(재평가이익) = **15,000 증가**

X0	1,000,000	n = 5, s = 200,000, 정액			
	↓ (160,000)				
X1	840,000	−(−) 140,000→	700,000	n = 4, s = 200,000, 정액	
			↓ **(125,000)**		
			575,000	**−(+) 140,000→** ⊕ 85,000	800,000

H-07. ①

X0	1,500,000	n = 5, s = 100,000, 정액			
	↓ (280,000)				
X1	1,220,000	−(−)200,000→	1,020,000		
		↲	1,320,000	n = 6, s = 120,000	
			↓ (200,000)		
X2			1,120,000	−(+)200,000→ ⊕30,000	1,350,000

(1) X1년도 당기순이익: (−)280,000(감가상각비) − 200,000(재평가손실) = **(−)480,000**

(2) X2년도 당기순이익: (−)200,000(감가상각비) + 200,000(재평가이익) = **0**

H-08. ④

X3년도 당기순이익: −980,000(감가비) − 470,000(재평가손실) = **(−)1,450,000**

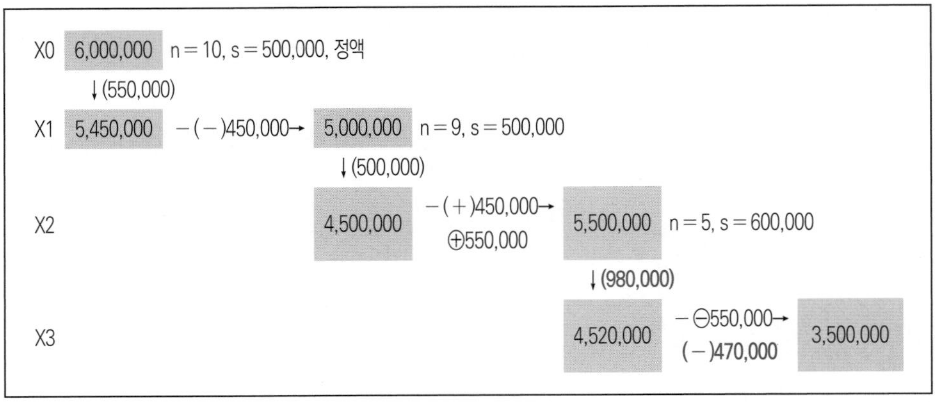
X0
6,000,000
n = 10, s = 500,000, 정액
(550,000)
X1
5,450,000
−(−)450,000→
5,000,000
n = 9, s = 500,000
(500,000)
X2
4,500,000
−(+)450,000→
⊕550,000
5,500,000
n = 5, s = 600,000
(980,000)
X3
4,520,000
−⊖550,000→
(−)470,000
3,500,000

H-09. ③

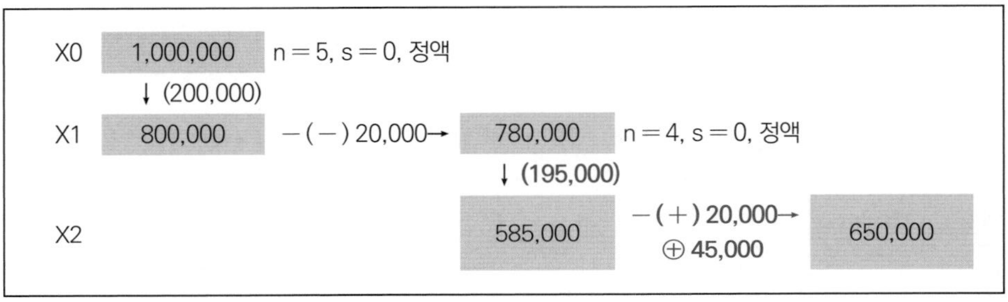

PL에 미치는 영향: (−)195,000(감가비) + 20,000(재평가이익) = **175,000 감소**

− PL에 미치는 영향 계산 시 감가비를 빼놓지 않도록 주의하자.

OCI에 미치는 영향: **45,000 증가**

H-10. ②

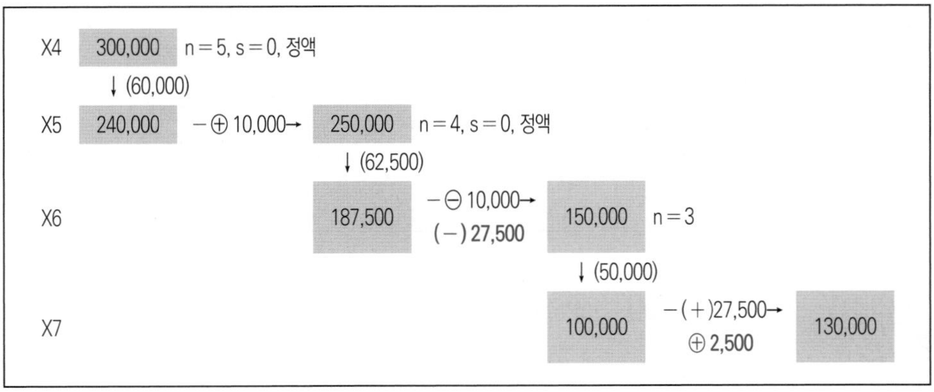

X6년도 재평가손실: 27,500

X7년도 재평가잉여금: 2,500

H-11. ⑤

연도별 자본 증감액

X1년: − 110,000(감가비) + 20,000(재평가잉여금) = **90,000 감소**

X2년: − 115,000(감가비) − 20,000(재평가잉여금) − 10,000(재평가손실) = **145,000 감소**

X0 600,000 n = 5, s = 50,000, 정액

↓ (110,000)

X1 490,000 − ⊕ 20,000 → 510,000 n = 4, s = 50,000, 정액

↓ (115,000)

X2 395,000 − ⊖ 20,000 → (−) 10,000 365,000

| 별해 | 자본 증감액 = 기말 자산 − 기초 자산

X1년: 510,000 − 600,000 = **90,000 감소**

X2년: 365,000 − 510,000 = **145,000 감소**

I-01. ③

재평가잉여금 대체액: 90,000/9 = **10,000**

X0 1,000,000 n = 10, s = 0, 정액

↓ (100,000)

X1 900,000 − ⊕ 90,000 → 990,000 n = 9, s = 0, 정액

↓ (110,000)

X2 ⊖10,000↻ 880,000

I-02. ②

재평가잉여금 대체액: 60,000/4 = **15,000**

X0 210,000 n = 7, s = 0, 정액

↓ (90,000)

X3 120,000 − ⊕ 60,000 → 180,000 n = 4, s = 0, 정액

↓ (45,000)

X4 ⊖15,000↻ 135,000

I-03. ④

X2년도 비용: 45,000(감가비) + 60,000(재평가손실) = **105,000**

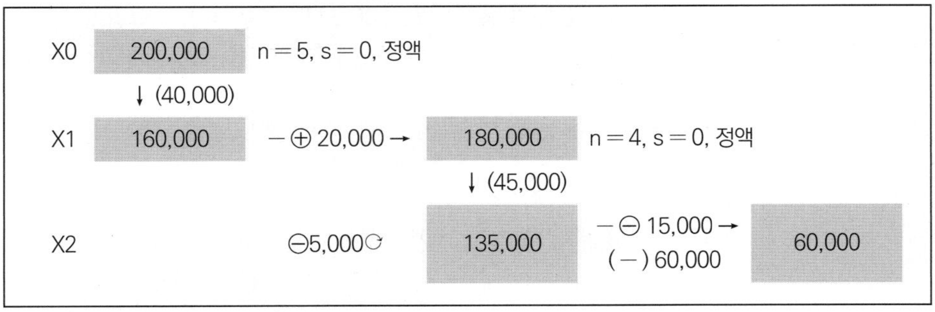

재평가잉여금 대체액: 20,000/4 = 5,000

I-04. ④

X2년 말 재평가잉여금 잔액: 8,000 — 2,000 + 3,300 = **9,300**

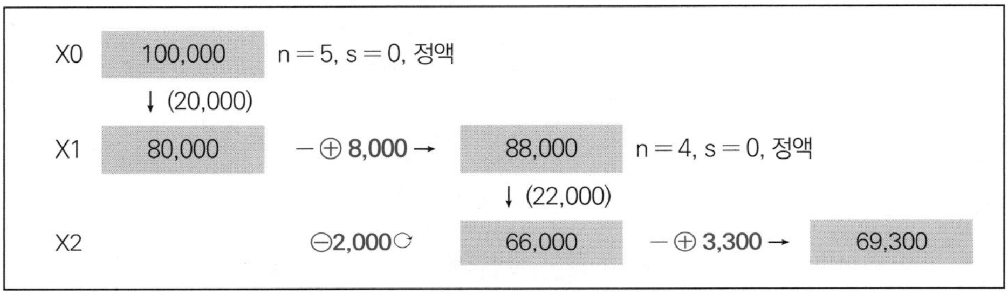

재평가잉여금의 이익잉여금 대체액: 8,000/4 = 2,000

I-05. ④

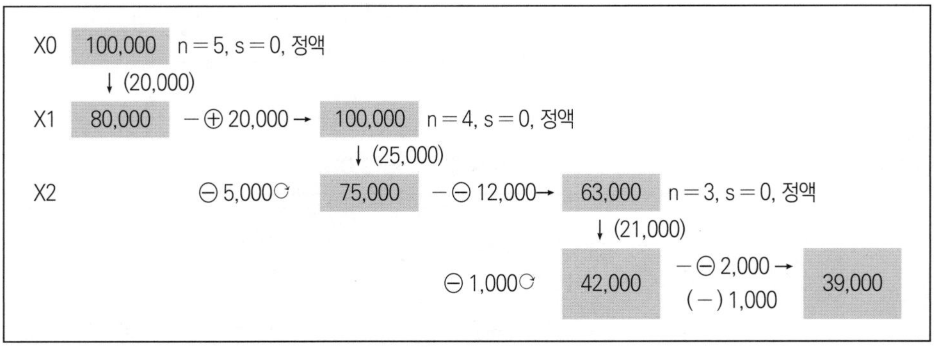
X0
100,000
n = 5, s = 0, 정액
↓ (20,000)
X1
80,000
— ⊕ 20,000 →
100,000
n = 4, s = 0, 정액
↓ (25,000)
X2
⊖ 5,000
75,000
— ⊖ 12,000 →
63,000
n = 3, s = 0, 정액
↓ (21,000)
⊖ 1,000
42,000
— ⊖ 2,000 →
(—) 1,000
39,000

재평가잉여금의 이익잉여금 대체액

X2년 말: 20,000/4 = 5,000

X3년 말: (20,000 — 5,000 — 12,000)/3 = 1,000

① 20X2년도 감가상각비: (100,000 — 0)/4 = 25,000 (O)

② 20X2년도 이익잉여금의 변동분: − 25,000(감가비) + 5,000(이잉 대체) = (−)20,000 (O)

③ 20X2년 말 재평가손실: 0 (O)

− 20X2년에는 재평가잉여금의 감소만 인식할 뿐, 재평가손실이 발생하지 않는다.

④ 20X3년 말 재평가손실: 42,000 − 39,000 − 2,000 = **1,000** (X)

⑤ 20X3년도 이익잉여금의 변동분

: − 21,000(감가비) + 1,000(이잉 대체) − 1,000(재평가손실) = (−)21,000 (O)

I-06. ④

X0: 1,000,000 —⊕100,000→ X1: 1,100,000 —⊖100,000→ (−)100,000 → X2: 900,000 —(+)100,000→ ⊕200,000 → X3: 1,200,000

유형자산처분손익: 1,150,000 − 1,200,000 = **(−)50,000 손실**

| 처분 시 회계처리 |

X4.1.1	현금	1,150,000	토지	1,200,000
	유형자산처분손실	**50,000**		
	재평가잉여금(OCI)	200,000	이익잉여금	200,000

재평가잉여금의 이익잉여금 직접 대체는 포괄손익계산서에는 표시되지 않는다.

I-07. ④

① 유형자산처분손익: 28,000,000 − 25,000,000 = 3,000,000 (O)

② ₩7,000,000의 자산재평가이익이 이익잉여금으로 대체되어 반영될 수 있다. (O)

자산을 사용함에 따라 재평가잉여금을 대체하지 않는 경우〉

X0: 40,000,000 (n = 10, s = 0, 정액)
↓ (12,000,000)
X3: 28,000,000 —⊕ 7,000,000→ 35,000,000 (n = 7, s = 0, 정액)
↓ (10,000,000)
X5: 25,000,000

재평가잉여금 잔액: 7,000,000

| 처분 시 회계처리 |

X6.1.1	현금	28,000,000	기계장치(순액)	25,000,000
			유형자산처분이익	3,000,000
	재평가잉여금(OCI)	7,000,000	이익잉여금	7,000,000

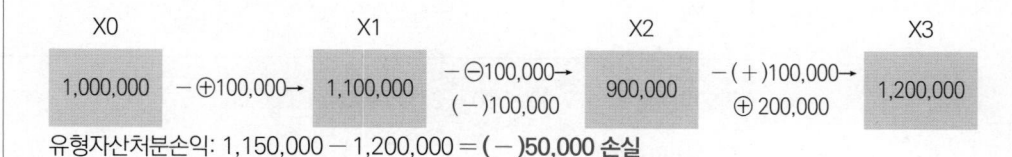

③ ₩5,000,000의 자산재평가이익이 이익잉여금으로 대체되어 반영될 수 있다. (O)

자산을 사용함에 따라 재평가잉여금을 대체하는 경우〉

X0	40,000,000	n = 10, s = 0, 정액		
	↓ (12,000,000)			
X3	28,000,000	— ⊕ 7,000,000 →	35,000,000	n = 7, s = 0, 정액
			↓ (10,000,000)	
X5		⊖2,000,000	25,000,000	

재평가잉여금 잔액: 7,000,000 − 2,000,000 = 5,000,000

| 처분 시 회계처리 |

X6.1.1	현금	28,000,000	기계장치(순액)	25,000,000
			유형자산처분이익	3,000,000
	재평가잉여금(OCI)	5,000,000	이익잉여금	5,000,000

④ 자산재평가이익(재평가잉여금)은 재분류조정 대상이 아니므로, 당기손익으로 대체될 수 없다. (X)

⑤ 비례수정법으로 회계처리하는 경우 처분 시 감가상각누계액은 25,000,000이 된다. (O)

	X3년 말 재평가 전		X3년 말 재평가 후
취득원가	40,000,000		50,000,000
감가상각누계액	(12,000,000)	— × 1.25 →	(15,000,000)
장부금액	28,000,000		35,000,000

X6.1.1 감가상각누계액: 15,000,000 + 10,000,000(X4, X5년 감가비) = 25,000,000

| 처분 시 회계처리 |

X6.1.1	현금	28,000,000	기계장치	50,000,000
	감가상각누계액	25,000,000	유형자산처분이익	3,000,000
	재평가잉여금(OCI)	5,000,000	이익잉여금	5,000,000

I-08. ②

X0	400,000	n = 8, s = 0, 정액			
	↓ (50,000)				
X1	350,000	— ⊕ 30,000 →	380,000	n = 4, s = 0, 정액	
			↓ (95,000)		
X2			285,000	— ⊖ 30,000 → **(−) 13,000**	242,000

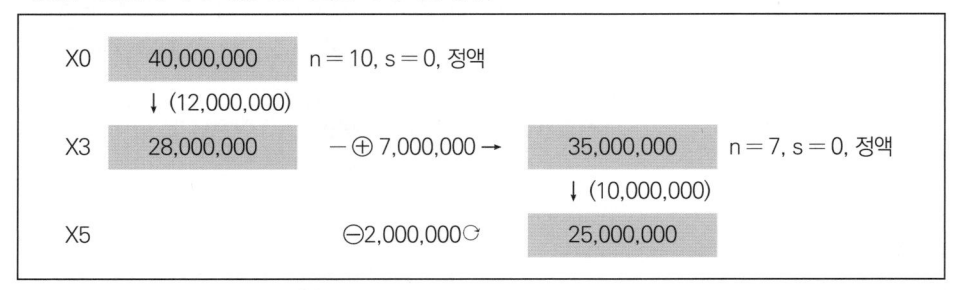

(1) X1년말 재평가

X1년도에는 회수가능액이 공정가치 이상이므로 손상을 인식하지 않는다. 따라서 회수가능액은 무시하고 공정가치로 재평가한다.

(2) X2년말 재평가&손상

X2년말에는 문제에서 손상을 인식한다고 했기 때문에 공정가치를 무시하고 회수가능액까지 장부금액을 감소시키면 된다. 기존에 인식했던 재평가잉여금 30,000을 제거하고, 추가분 13,000만 PL로 인식하면 된다.

(3) PL로 인식할 손상차손: 13,000

참고 X2년 회계처리

X2말	감가상각비	95,000	설비자산	95,000
	재평가잉여금	30,000	설비자산	43,000
	PL(손상차손)	13,000		

I-09. ④

당기순이익에 미치는 영향: − 감가상각비 − 재평가손실 = − 700,000 − 400,000 = **1,100,000 감소**

X0 2,000,000 n = 3, s = 200,000, 정액
↓ (600,000)
X1 1,400,000 − ⊕200,000 → 1,600,000 n = 2, s = 200,000
↓ **(700,000)**
X2 900,000 − ⊖200,000 → **(−)400,000** 300,000

I-10. ④

X2년 총비용: 400,000(감가비) + 140,000(손상차손) = **540,000**

X0 2,000,000 n = 5, s = 200,000, 정액
↓ (360,000)
X1 1,640,000 − ⊕ 160,000 → 1,800,000 n = 4, s = 200,000, 정액
↓ **(400,000)**
X2 1,400,000 − ⊖ 160,000 → **(−) 140,000** 1,100,000

참고 X2년 회계처리

X2말	감가상각비	400,000	차량운반구	400,000
	재평가잉여금	160,000	차량운반구	100,000
	PL(손상차손)	140,000	손상차손누계액	200,000

I-11. ④

X2년도 당기비용: 감가상각비 + 손상차손 = 400 + 140 = **540**

X0 2,000 n = 5, s = 200, 정액
↓ (360)
X1 1,640 — ⊕160 → 1,800 n = 4, s = 200
↓ **(400)**
X2 1,400 — ⊖160 → (—)**140** 1,100

— 바로 앞에 있는 2021년 회계사 기출문제의 숫자를 0 세 개만 떼서 출제한 문제이다.

J-01. ②

복구충당부채: 200,000 × 0.6209 = 124,180
X1년 복구충당부채 이자비용: 124,180 × 10% × 6/12 = **6,209**
— 원상복구의무는 폐기물처리장에 대해 존재한다. 폐기물처리장을 X1.7.1에 취득하였으므로 복구충당부채를 X1.7.1에 계상한다. 따라서 X1년에는 6개월치 이자비용만 인식한다.

J-02. ④

X2년 당기비용: 247,674(감가비) + 24,837(이자비용) = **272,511**

(1) X2년 감가비: (1,248,368 — 10,000)/5 = 247,674
복구충당부채: 400,000 × 0.62092 = 248,368
축사의 취득원가: 1,000,000 + 248,368 = 1,248,368

(2) X2년 이자비용: 248,368 × 10% = 24,837

J-03. ④

X1년 당기비용: 562,500(감가비) + 27,320(이자비용) = 589,820

(1) X1년 감가비: (4,546,400 — 46,400)/4 × 6/12 = 562,500
복구충당부채: 800,000 × 0.6830 = 546,400
축사의 취득원가: 4,000,000 + 546,400 = 4,546,400

(2) X1년 이자비용: 546,400 × 10% × 6/12 = 27,320
— 7.1에 취득하였기 때문에 감가비와 이자비용의 월할상각에 유의하자.

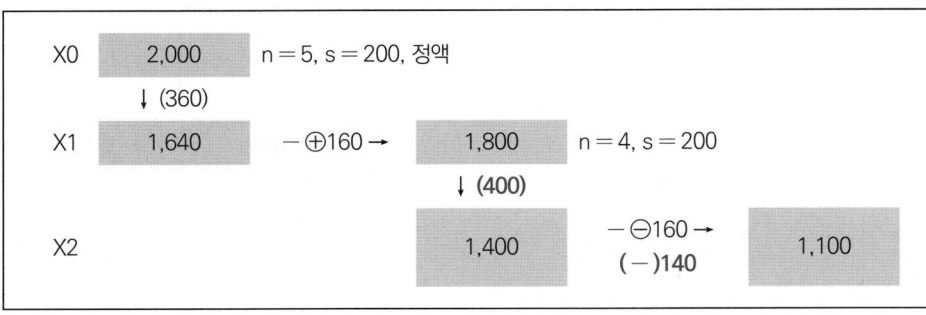

J-04. ③

X3년 당기비용: 375,000(감가비) + 13,500(이자비용) = **388,500**

(1) X3년 감가비: (2,600,000 − 100,000)/5 × 9/12 = 375,000
저유설비의 취득원가: 2,400,000 + 200,000 = 2,600,000
− 저유설비를 신축하기 위하여 기존건물이 있는 토지를 취득하였으므로, 기존건물 철거비는 토지의 취득원가에 가산하며, 저유설비의 취득원가와 무관하다.

(2) X3년 이자비용: 200,000 × 9% × 9/12 = 13,500

J-05. ④

X2년 당기비용: 351,715(감가비) + 21,515(이자비용) = **373,230**

(1) X2년 감가비: (1,204,900 − 200,000) × (4/10 × 6/12 + 3/10 × 6/12) = 351,715
− 7.1 취득 후 연수합계법으로 상각하고 있기 때문에 상각률을 6개월씩 적용해야 한다.
복구충당부채: 300,000 × 0.6830 = 204,900
설비자산의 취득원가: 1,000,000 + 204,900 = 1,204,900

(2) X2년 이자비용: 215,145 × 10% = 21,515
X1년 말 복구충당부채: 204,900 × (1 + 10% × 6/12) = 215,145
− 7.1에 복구충당부채를 계상하므로, X1년에는 6개월 치 이자비용만 가산한 뒤, X2년에 10%의 이자율을 곱한다.

J-06. ⑤

X5년 총비용: 400,000(감가비) + 27,273(이자비용) + 14,000(복구공사손실) = **441,273** (단수차이)

(1) X5년 감가비: (1,200,000 − 0)/3 = 400,000
복구충당부채: 300,000 × 0.75131 = 225,393
축사의 취득원가: 974,607 + 225,393 = 1,200,000

(2) X5년 이자비용: 272,726 × 10% = 27,273 (= 300,000/1.1 × 10%)
X4년 말 복구충당부채: 225,393 × 1.1^2 = 272,726

(3) 복구공사손익: 300,000 − 314,000 = (−)14,000 손실

J-07. ④

X3년 총비용: (1) + (2) + (3) + (4) = 170,000 + 9,091 + 20,000 + 1,300 = **200,391**

(1) X3년 감가비: (515,130 − 5,130)/3 = 170,000
복구충당부채: 100,000 × 0.7513 = 75,130
축사의 취득원가: 440,000 + 75,130 = 515,130

(2) X3년 이자비용: 90,907 × 10% = 9,091 (= 100,000/1.1 × 10%)
X2년 말 복구충당부채: 75,130 × 1.1^2 = 90,907

(3) 복구공사손익: 100,000 − 120,000 = (−)20,000 손실

(4) 유형자산처분손익: 3,830 − 5,130 = (−)1,300 손실
  − 내용연수 종료 시점에 처분하였으므로 처분 시 장부금액은 잔존가치인 5,130이다.

J-08. ⑤

① 축사의 취득원가: 12,418 + 379,080 = 391,498 (O)
  복구충당부채: 20,000 × 0.6209 = 12,418
  장기미지급금: 100,000 × 3.7908 = 379,080
② X1년 감가비: (391,498 − 0)/5 = 78,300 (O)
③ X2년 복구충당부채 증가액: 12,418 × 1.1 × 0.1 = 1,366 (O)
④ X3년말 복구충당부채 잔액: 12,418 × 1.1 × 1.1 × 1.1 = 16,528 (단수차이) (O)
  계산기사용법 1.1 × × 12,418 = = =
⑤ X5년 복구공사이익: 20,000 − 17,000 = 3,000 이익 (X)
  − 복구비용을 20,000으로 추정하였는데 실제로 17,000만 지출하였으므로 3,000 이익이다.

| 회계처리 |
답은 위에 있는 식으로 풀고, 회계처리는 참고 목적으로만 보자. 실전에서는 회계처리까지 할 시간이 없다.

취득 시		축사	391,498	미지급금	379,080
				충당부채	12,418
X1말	상각	감가비	78,300	감누	78,300
	이자	이자비용	1,242	충당부채	1,242
	상환	이자비용	37,908	현금	100,000
		미지급금	62,092		
X2말	상각	감가비	78,300	감누	78,300
	이자	이자비용	1,366	충당부채	1,366
	상환	이자비용	31,699	현금	100,000
		미지급금	68,301		
X3말	상각	감가비	78,300	감누	78,300
	이자	이자비용	1,503	충당부채	1,503
	상환	이자비용	24,869	현금	100,000
		미지급금	75,131		
X5말 복구비용 지출 시		충당부채	20,000	현금	17,000
			이익	3,000	

J-09. ③

① 감가상각방법을 변경할 경우, 회계추정의 변경으로 회계처리한다. (X)
② 자산을 해체, 제거하거나 부지를 복구하는 데 소요될 것으로 최초에 추정되는 원가는 유형자산의 원가를 구성한다. (X)
④ 재평가모형을 선택한 유형자산에 대해서도 자산손상에 대한 회계처리를 적용한다. (X)
⑤ 유형자산의 잔존가치는 해당 자산의 장부금액과 같거나 큰 금액으로 증가한 경우에는 자산의 잔존가치가 장부금액보다 작은 금액으로 감소될 때까지는 유형자산의 감가상각액을 영(0)으로 한다. 감가상각누계액을 환입하는 것이 아니다. (X)

J-10. ④

① 자산이 운휴 중이거나 적극적인 사용상태가 아니어도 감가상각이 완전히 이루어지기 전까지는 **감가상각을 중단하지 않는다.**
② 유형자산의 잔존가치와 내용연수는 적어도 **매 회계연도 말에 재검토**한다.
③ 유형자산의 전체원가에 비교하여 해당 원가가 유의적이지 않은 부분은 별도로 분리하여 감가상각할 수 **있다.**
④ 자산의 사용을 포함하는 활동에서 창출되는 수익에 기초한 감가상각방법은 적절하지 않다. 그러한 활동으로 창출되는 수익은 일반적으로 자산의 경제적효익의 소비 외의 요소를 반영한다. 예를 들어, 수익은 그 밖의 투입요소와 과정, 판매활동과 판매 수량 및 가격 변동에 영향을 받는다. 수익의 가격 요소는 자산이 소비되는 방식과 관계가 없는 인플레이션에 영향을 받을 수 있다.
⑤ 유형자산의 공정가치가 장부금액을 초과하더라도 **감가상각액을 계속 인식한다.**

J-11. ①

①번이 확실하게 올바른 문장이므로 나머지는 가볍게 읽어보고 넘어가면 된다. 나머지 문장을 다 기억할 필요는 없다.
② 자산을 해체, 제거하거나 부지를 복구하는 데 소요될 것으로 최초에 추정되는 원가는 유형자산의 원가를 구성한다. 회사가 자산을 해체, 제거하거나 부지를 복구할 의무는 해당 유형자산을 취득한 시점에 또는 해당 유형자산을 특정기간 동안 **재고자산 생산 이외의 목적**으로 사용한 결과로서 발생한다. (X)
③ 유형자산을 사용하거나 이전하는 과정에서 발생하는 원가는 당해 유형자산의 장부금액에 포함하여 인식하지 아니한다. (X)
④ 자가건설에 따른 내부이익과 자가건설 과정에서 원재료, 인력 및 기타 자원의 낭비로 인한 비정상적인 원가는 자산의 원가에 포함하지 않는다. (X)
⑤ 유형자산의 원가는 인식시점의 현금가격상당액이다. 대금지급이 일반적인 신용기간을 초과하여 이연되는 경우, 현금가격상당액과 실제 총지급액과의 차액은 자본화하지 않는 한 신용기간에 걸쳐 이자로 인식한다. (X)

J-12. ③

③ 손상, 소실 또는 포기된 유형자산에 대해 제3자로부터 보상금을 받는 경우 보상금은 수취할 권리가 발생하는 시점에 **당기손익**으로 반영한다.

CHAPTER 03 투자부동산

A-01. ⑤

X2년도 평가손익: 140,000,000 − 150,000,000 = **(−)10,000,000 손실**

A-02. ①

X2년도 당기순이익 크기: A〉B〉C

A. 원가모형 적용 유형자산 (감가비만 인식): 10,000 − 1,000 = 9,000

X0 10,000 n = 10, s = 0, 정액
↓ (1,000)
X1 9,000
↓ **(1,000)**
X2 8,000

B. 재평가모형 적용 유형자산 (감가비 & 재평가): 10,000 − 1,200 = 8,800

X0 10,000 n = 10, s = 0, 정액
↓ (1,000)
X1 9,000 —⊕1,800→ 10,800 n = 9, s = 0, 정액
↓ **(1,200)**
X2 ↻ ⊖200 9,600 —⊖800→ 8,800

− 이잉 대체 금액: 1,800/9 = 200

C. 공정가치모형 적용 투자부동산 (평가손익만 인식): 10,000 − 2,000 = 8,000

X0 10,000
↓ 800
X1 10,800
↓ **(2,000)**
X2 8,800

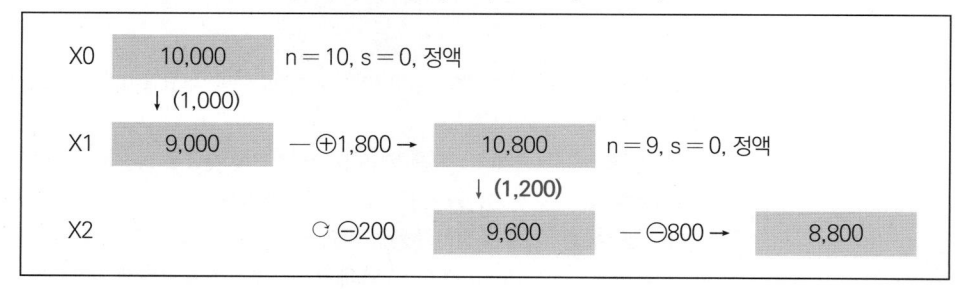

A-03. ④

X2년도 PL에 미치는 영향: 100,000 − 55,000 = 45,000

X1 1,000,000
↓ **100,000**
X2.7.1 1,100,000 n = 10, s = 0, 정액
↓ **(55,000)**
X2 1,045,000

(1) 투자부동산 → 유형자산 재분류: FV 평가하면서 차액은 PL로 인식한다.

(2) 유형자산 원가모형: 재분류 이후에 원가모형을 적용하므로 FV 평가 없이 감가상각만 한다. 7.1에 재분류하였으므로 월할 상각에 주의하자.

A-04. ②

X2년도 당기순이익: 200,000(재분류이익) − 360,000(감가상각비) = **(−)160,000 감소**

X1.4.1 2,000,000
↓ 400,000
X1 2,400,000
↓ **200,000**
X2.4.1 2,600,000 n = 5, s = 200,000, 정액
↓ **(360,000)** = (2,600,000 − 200,000)/5 × 9/12
X2 2,240,000

A-05. ②

X2년도 PL에 미치는 영향: 200,000 − 480,000 = **(−)280,000 감소**

X0 2,000,000
↓ 200,000
X1 2,200,000
↓ **200,000**
X2.7.1 2,400,000 n = 2.5, s = 0, 정액
↓ **(480,000)**
X2 1,920,000 — ⊕580,000 → 2,500,000

(1) 투자부동산 → 유형자산 재분류: FV 평가하면서 차액은 PL로 인식한다.

(2) 유형자산 재평가모형: 재분류 이후에 재평가모형을 적용하므로 감가상각 후 FV 평가를 한다.
감가비: (2,400,000 − 0) × 1/2.5 × 6/12 = 480,000
이때 내용연수는 '2.5 = 4 − 1.5'이고, 7.1에 계정 재분류가 이루어지므로 월할 상각에 유의한다.

A-06. ②

X0 2,000,000 n = 20, s = 200,000, 정액
↓ (180,000)
X2 1,820,000
↓ (45,000)
X3.7.1 1,775,000 —⊕725,000→ 2,500,000
↓ (+)500,000
X3 3,000,000

x3년 당기순이익: −(1) + (2) = **455,000**

(1) 감가상각비: (1,820,000 − 200,000)/18 × 6/12 = 45,000

(2) 투자부동산평가이익: 3,000,000 − 2,500,000 = 500,000
투자부동산 공정가치모형은 감가상각을 하지 않고, 평가손익만 PL로 인식한다.

(3) 재분류 손익: 2,500,000 − 1,775,000 = 725,000 (OCI)
유형자산을 공정가치모형을 적용하는 투자부동산으로 재분류하였으므로, 재분류 시 공정가치 평가하며, 평가손익은 재평가모형 논리대로 인식한다. 평가증이므로 재평가잉여금(기타포괄이익)을 인식하며, 당기순이익에 미치는 영향이 없다.

A-07. ②

(1) 건물을 원가모형으로 평가하는 경우 건물이 당기순이익에 미치는 영향: 140,000 증가

X1 1,000,000
↓ 200,000
X2.7.1 1,200,000 n = 10, s = 0, 정액
↓ (60,000)
X2 1,140,000

(2) 건물을 재평가모형으로 평가하는 경우 건물이 당기순이익에 미치는 영향: 0

X1 1,000,000
↓ 200,000
X2.7.1 1,200,000 n = 10, s = 0, 정액
↓ (60,000)
X2 1,140,000 —(−) 140,000→ 1,000,000

(3) 재평가모형 적용 시 X2년 당기순이익: 750,000(원가모형) − 140,000 = **610,000**

B-01. ①

금융리스로 제공한 부동산은 소유권이 이전되기 때문에 회사의 자산이 아니다.

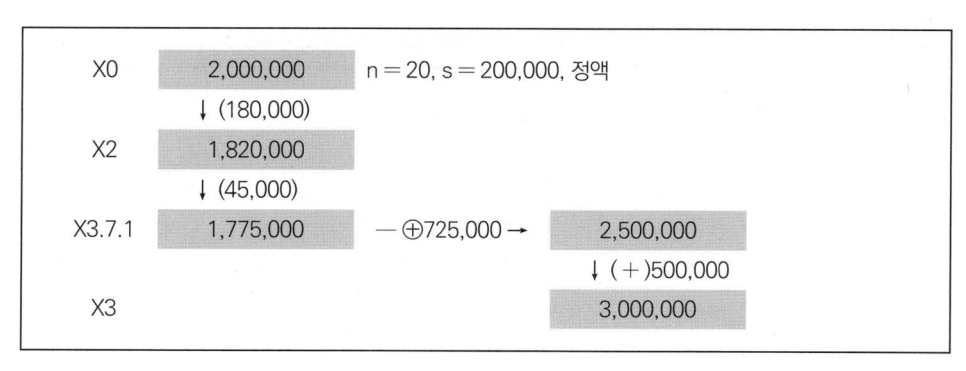

B-02. ③

장래에 사용목적으로 결정하지 못한 채로 보유하는 토지는 **투자부동산**으로 분류한다.

② 종업원이 사용하고 있는 부동산은 종업원이 임차료를 시장가격으로 지급하고 있는지 여부와 관계없이 투자부동산으로 분류하지 않는다.

B-03. ④

틀린 문장을 수정하면 다음과 같다.

① 판매하기 위해 취득한 부동산은 **재고자산**으로 분류한다.

② 장래 용도를 결정하지 못한 채로 보유하고 있는 토지는 **투자부동산**으로 분류한다.

③ 호텔을 소유하고 직접 경영하는 경우 투숙객에게 제공하는 용역이 전체 계약에서 유의적인 비중을 차지하므로 **자가사용부동산**으로 분류한다.

⑤ 사무실 건물의 소유자가 그 건물을 사용하는 리스이용자에게 경미한 비중의 보안과 관리용역을 제공하는 경우 부동산 보유자는 당해 부동산을 **투자부동산**으로 분류한다.

B-04. ①

지배기업 또는 다른 종속기업에게 부동산을 리스하는 경우, 이러한 부동산은 연결재무제표에 투자부동산으로 분류할 수 없다. 연결 실체 관점에서는 자가사용부동산에 해당하기 때문이다.

B-05. ④

부분별로 분리하여 매각할 수 없다면 재화나 용역의 생산 또는 제공이나 관리목적에 사용하기 위하여 **보유하는 부분이 경미한 경우에만 해당 부동산을 투자부동산으로 분류한다.** 직접 사용 부분이 중요하면 투자부동산으로 분류할 수 없다.

B-06. ⑤

모두 올바른 문장이다.

B-07. ⑤

보상금은 실제로 '수취한' 시점이 아닌 '받을 수 있게 되는' 시점에 손익으로 인식한다.

B-08. ②

지엽적인 문제였다. ①, ③, ⑤를 제외한 나머지 두 선지 중에서 찍는 것이 최선이었다.

② 계획된 사용수준에 도달하기 전에 발생하는 부동산의 운영손실은 투자부동산의 원가에 **포함하지 아니한다.**

B-09. ⑤

투자부동산을 공정가치로 측정해 온 경우라면 비교할만한 시장의 거래가 줄어들거나 시장가격 정보를 쉽게 얻을 수 없게 되더라도, 당해 부동산을 처분할 때까지 또는 자가사용부동산으로 대체하거나 통상적인 영업과정에서 판매하기 위하여 개발을 시작하기 전까지는 **계속하여 공정가치로 측정한다.**

CHAPTER 04 무형자산

A-01. ③

자산이 계약상 권리 또는 기타 법적 권리로부터 발생하는 경우 식별가능하다. 이 경우 그러한 권리가 이전가능한지 여부 또는 기업이나 기타 권리와 의무에서 **분리가능한지 여부는 고려하지 아니한다.**

A-02. ④

교육훈련비는 비용처리한다.

A-03. ④

연구결과를 최종선택, 응용하는 활동과 관련된 지출은 연구단계에서 발생한 지출로, 무형자산의 취득원가에 포함하는 것이 아니라, 비용처리한다.

A-04. ①

② 새로운 지역에서 또는 새로운 계층의 고객을 대상으로 사업을 수행하는 데서 발생하는 원가는 무형자산 원가에 **포함하지 않는다.**

③ 내부적으로 창출한 브랜드, 제호, 출판표제, 고객 목록은 개발하는 데 발생한 원가를 전체 사업과 구별할 수 없으므로 **무형자산으로 인식하지 않는다.**

④ 무형자산에 대한 대금지급기간이 일반적인 신용기간보다 긴 경우 무형자산의 원가는 **현금가격상당액 (= 현재가치)**이 된다.

⑤ 새롭거나 개선된 재료, 장치, 제품, 공정, 시스템이나 용역에 대한 여러 가지 대체안을 최종 선택하는 활동은 **연구활동**의 예로서 해당 지출은 **비용**으로 인식한다.

A-05. ①

개별 취득하는 무형자산과 사업결합으로 취득하는 무형자산은 무형자산 인식조건 중 자산에서 발생하는 미래경제적효익이 기업에 유입될 가능성이 높다는 조건을 **항상 충족하는 것으로 본다.**

A-06. ①

무형자산을 사용하거나 재배치하는 데 발생하는 원가는 비용 처리한다.

A-07. ②

최초에 비용으로 인식한 무형자산에 대한 지출은 그 이후에 무형자산의 원가로 인식할 수 없다.

A-08. ②

① 무형자산을 최초로 인식할 때에는 **원가**로 측정한다.

③ 내용연수가 비한정인 무형자산을 유한 내용연수로 재평가하는 경우에는 자산손상의 징후에 해당한다. 회수가능액이 장부금액보다 작다면 **손상차손을 인식**한다.

④ 무형자산의 잔존가치는 '특별한 경우가 아니면' 0으로 본다. 특별한 경우가 있다면 **잔존가치를 0으로 보지 않는다.**

⑤ 내부적으로 창출한 영업권은 **무형자산으로 인식할 수 없다.**

A-09. ⑤

① 무형자산을 최초로 인식할 때에는 **원가**로 측정한다.

② 내부적으로 창출한 브랜드, 제호, 출판표제, 고객 목록과 이와 실질이 유사한 항목은 **무형자산으로 인식하지 않는다.**

③ 연구결과를 최종선택, 응용하는 활동과 관련된 지출은 **비용**처리한다.

④ 무형자산을 창출하기 위한 내부 프로젝트를 연구단계와 개발단계로 구분할 수 없는 경우에는 그 프로젝트에서 발생한 지출은 모두 **연구**단계에서 발생한 것으로 본다.

A-10. ④

① 내용연수가 비한정인 무형자산의 비한정 내용연수를 유한 내용연수로 변경하는 것은 회계**추정**의 변경이다.

② 자산을 운용하는 직원의 교육훈련과 관련된 지출은 비용처리한다.

③ 내부적으로 창출한 브랜드, 제호, 출판표제, 고객 목록과 이와 실질이 유사한 항목은 무형자산으로 인식하지 않는다.

⑤ 내용연수가 비한정인 무형자산은 상각하지 않는다. 내용연수가 유한한 무형자산이 경제적 효익이 소비될 것으로 예상되는 형태를 신뢰성 있게 결정할 수 없을 때 정액법을 적용한다.

A-11. ③

내용연수가 비한정인 무형자산을 유한 내용연수로 재평가하는 경우에는 자산손상의 징후에 해당한다. 회수가능액이 장부금액보다 작다면 손상차손을 인식한다.

A-12. ⑤

무형자산 원가의 인식은 그 자산을 경영자가 의도하는 방식으로 운용될 수 있는 상태에 이르면 중지한다. 따라서 무형자산을 사용하거나 재배치하는 데 발생하는 원가는 **자산의 장부금액에 포함하지 않는다.**

A-13. ②

무형자산의 잔존가치는 장부금액과 같거나 큰 금액으로 증가할 수도 있다. 이 경우 상각을 중단한 뒤, 잔존가치가 이후에 장부금액보다 작은 금액으로 감소될 때 상각을 재개하면 된다.

A-14. ①

유, 무형자산의 잔존가치는 장부금액과 같거나 큰 금액으로 증가할 수도 있다.

A-15. ③

지엽적인 문제였다. 실전에서는 넘겼어야 한다.
미래경제적효익이 기업에 유입될 가능성은 무형자산의 내용연수 동안의 경제적 상황에 대한 **경영자**의 최선의 추정치를 반영하는 합리적이고 객관적인 가정에 근거하여 평가하여야 한다.

B-01. ③

X2.7.1 60,000 n = 5, s = 0, 정액
↓(6,000)
X2 54,000

연구단계에서 발생한 지출은 전부 비용처리한다. 따라서 연구단계에서 발생한 특정차입금 차입원가도 비용처리한다. 개발단계에서 발생한 지출 60,000을 사용이 가능한 x2.7.1부터 상각한다.

B-02. ④

x3년도 당기순이익: − 175,000(무형자산상각비) − 1,281,250(손상차손) = **(−)1,456,250 감소**

X2.10.1 3,500,000 n = 20, s = 0, 정액
↓(43,750)
X2 3,456,250 n = 19.75, s = 0, 정액
↓(175,000)
X3 3,281,250 —(−) 1,281,250→ 2,000,000

신기술이 x2.10.1부터 사용가능하였으므로 이 날부터 상각을 시작한다.

B-03. ②

X5 30,000 —(10,000)→ 20,000
⤹ 60,000 ⤹ 50,000
↓ ↓
X6 60,000(한도) ←10,000— 50,000

(1) x5년도 PL: (−)70,000(연구개발비) − 10,000(손상차손) = **80,000 감소**

연구개발비(비용): 70,000

개발비(무형자산)의 취득원가: 30,000

− x5.10.1에 무형자산 인식기준을 충족하였으므로 10.1 이후 지출만 자산으로 계상한다.
 손상차손: 30,000 − 20,000 − 10,000

− 무형자산을 상각하지 않는다고 가정했기 때문에 손상만 인식한다.

(2) x6년도 PL: **10,000 증가**

손상차손환입: 10,000

− 원가모형을 적용하므로 '손상을 인식하지 않았을 경우 장부금액'까지만 장부금액을 환입할 수 있다. 손상을 인식하지 않았다면 무형자산의 장부금액은 '30,000(최초 취득원가) + 30,000(x6년도 지출액) = 60,000'이므로 환입액은 10,000이다.

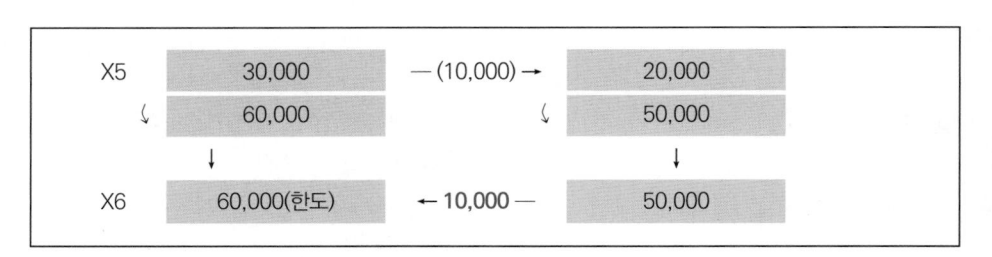

B-04. ⑤

x3년도 비용총액: 5,000(개발비 상각비) + 7,500(손상차손) + 200(특허권 상각비) = **12,700**

(1) 개발비

X2.7.1 40,000 n = 8, s = 0, 정액
↓ (2,500)
X2 37,500 n = 7.5, s = 0, 정액
↓ (5,000)
X3 32,500 —(−) 7,500→ 25,000

개발비 취득원가: 10,000(x1년) + 30,000(x2년) = 40,000
내용연수의 축소는 'x3년 말 손상사유'로 인해 발생한 것이므로 x3년 상각 시에는 반영하지 않는다.

(2) 특허권

X2.10.1 1,000 n = 5, s = 0, 정액
↓ (50)
X2 950 n = 57/12, s = 0, 정액
↓ (200)
X3 750

x2년 특허권 무형자산상각비 = (1,000 − 0)/5 = (950 − 0) × 12/57 = 200
– 정액법은 매년 상각비가 동일하므로, 취득원가를 내용연수로 나눠도 되고, 기초 장부금액을 잔존내용연수로 나눠도 된다.

B-05. ②

x3년 당기손익: (−)647,750(무형자산상각비) − 2,250(재평가손실) = **(−)650,000 손실**

X0 6,000,000 n = 10, s = 0, 정액
↓ (600,000)
X1 5,400,000
↓ (600,000)
X2 4,800,000 —⊕ 382,000→ 5,182,000 n = 8, s = 0, 정액
↓ **(647,750)**
X3 4,534,250 —⊖ 382,000→ (−) **2,250** 4,150,000

B-06. ④

X1.10.1		X1		X2
40,000	—⊕ 5,000 →	45,000	—⊖ 5,000 → **(—) 4,000**	36,000

문제의 가정에 따라 무형자산을 상각하지 않으므로, 재평가 및 손상만 인식해주면 된다. 손상으로 배부받은 9,000 중 5,000은 재평가잉여금의 감소로 처리하므로, 당기손실은 4,000이다.

| 회계처리 |

X1.1.1~ X1.12.31	연구비(PL) 개발비(자산)	60,000 40,000	현금	100,000
X1.12.31	개발비	5,000	재평가잉여금	5,000
X2.12.31	재평가잉여금 **손상차손(PL)**	5,000 **4,000**	개발비	9,000

B-07. ⑤

x2년 말에는 손상징후가 발생하였으므로 공정가치와 관계없이 회수가능액으로 감액하면 된다. 따라서 문제에서 공정가치를 제시하지 않았다.

(1) 상표권 (내용연수가 비한정적)

손상차손: 2,000

X0		X1		X2
20,000	—⊕ 1,000 →	21,000	—⊖ 1,000 → **(—) 2,000**	18,000

(2) 특허권 (내용연수가 유한)

x2년 말 재평가잉여금: 18,000 — 7,000 = **11,000**

X0	80,000	n = 4, s = 0, 정액			
	↓ (20,000)				
X1	60,000	—⊕ **18,000** →	78,000	n = 3, s = 0, 정액	
			↓ (26,000)		
X2			52,000	—⊖ **7,000** →	45,000

B-08. ④

(1) x1년말 기계장치의 장부금액

취득원가: 500,000 — 100,000 + (60,000 — 40,000) = 420,000

장부금액: 420,000 × 4/5 = **336,000**

(2) 특허권의 취득원가: 20,000

— 특허권 취득과 직접 관련된 지출만 특허권의 취득원가에 가산하며, 개발단계에서 지출된 금액은 개발비로 계상하고 있다고 제시하고 있으므로 특허권의 취득원가에 포함하지 않는다.

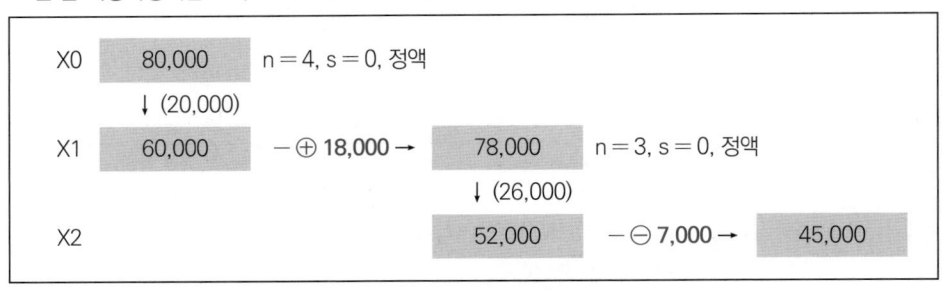

CHAPTER 05 금융부채

A-01. ①

	유효이자(10%)	액면이자	상각액	BV
X1				82,000
X2	8,200	6,200	2,000	84,000
X3	8,400	6,200	2,200	**86,200**

X1말 BV: 84,000 − 2,000 = 82,000

유효이자율: 8,200/82,000 = 10%

X3말 BV: 84,000 × 1.1 − 6,200 = **86,200**

A-02. ①

	유효이자(14%)	액면이자	상각액	BV
X0				
X1	148,420	120,000	28,420	
X2	152,400	120,000	32,400	

X2년도 상각액: 152,400 − 120,000 = 32,400

X1년도 상각액: 148,420 − 120,000 = 28,420

32,400/28,420 = 1 + 유효R

→ 유효R = 14%

A-03. ①

	유효이자(10%)	액면이자(5%)	상각액	BV
X0				875,640
X1	87,564	50,000	37,564	913,204
X2	**91,320**			

X1초 사채의 발행금액: 1,000,000 × 0.7938 + 50,000 × 2.5771 − 47,015 = 875,640

– 사채발행비로 인해 현금 유입액이 감소하므로 사채의 장부금액도 감소한다.

사채발행비를 고려한 유효이자율: 87,564/875,640 = 10%

– 문제에서 X1년도 이자비용을 제시했으므로 이자비용을 기초 장부금액으로 나누면 유효이자를 계산할 수 있다.

X2년도 이자비용: 913,204 × 10% = **91,320**

A-04. ⑤

	유효이자(9%)	액면이자(6%)	상각액	BV
X0				4,692,100
X1	422,289	300,000	122,289	4,814,389
X2	433,295			

X1초 사채의 발행금액: 5,000,000 × 0.7938 + 300,000 × 2.5770 − 50,000 = 4,692,100
X1년 말 상각액: 4,814,389 − 4,692,100 = 122,289
− 문제에서 X1년 말 장부금액을 제시하였으므로, 기초 장부금액(= 발행금액)에서 차감하면 상각액을 구할 수 있다.

X1년도 유효이자: 액면이자 + 상각액 = 300,000 + 122,289 = 422,289

사채발행비를 고려한 유효이자율: 422,289/4,692,100 = 9%
X2년도 이자비용: 4,814,389 × 9% = **433,295**

A-05. ③

	유효이자(12%)	액면이자(8%)	상각액	BV
X0				1,807,900
X1	216,948	160,000	56,948	1,864,848
X2	223,782	160,000	63,782	1,928,630

X1초 사채의 발행금액: 1,900,504 − 92,604 = 1,807,900
사채발행비를 고려한 유효이자율: 216,948/1,807,900 = 12%
사채상환이익: 1,864,848 × 1.12 − 2,000,000 = (1,928,630 + 160,000) − 2,000,000 = **88,630**
− 경과이자를 포함하여 상환하였으므로 사채의 장부금액에 액면이자를 더한 금액에서 상환금액을 차감해야 한다.

A-06. ①

사채상환손익: 965,260 × (1 + 12% × 6/12) − 970,000 = **53,176 이익**

	유효이자(12%)	액면이자(10%)	상각액	BV
X0				965,260
X1.7.1	57,916	50,000	7,916	973,176

X1.7.1 총부채: 973,176 + 50,000 = 1,023,176
사채상환손익: 1,023,176 − 970,000 = 53,176 이익

A-07. ②

상환손익: 982,164 × (1 + 12% × 6/12) × 50% − 525,000 = **(−)4,453 손실** (단수차이)

	유효이자(12%)	액면이자(10%)	상각액	BV
X0				951,980
X1	114,238	100,000	14,238	966,218
X2	115,946	100,000	15,946	982,164
X3.6.30	58,930	50,000	8,930	991,094

X1초 발행금액: 1,000,000 × 0.7118 + 100,000 × 2.4018 = 951,980
X2말 장부금액: (951,980 × 1.12 − 100,000) × 1.12 − 100,000 = 982,164
≒ (1,000,000 + 100,000)/1.12 = 982,143

A-08. ④

상환손익: 50,925 × (1 + 8% × 3/12) × 50% − 25,000 = **972 이익** (단수차이)

	유효이자(8%)	액면이자(10%)	상각액	BV
X0				52,576
X1	4,206	5,000	794	51,782
X2	4,143	5,000	857	50,925
X3.4.1	1,018	1,250	232	50,693

할증발행 상황이므로 기초 장부금액에서 상각액을 차감해야 기말 장부금액을 구할 수 있다.

X1초 현재가치: 50,000 × 0.7938 + 5,000 × 2.5771 = 52,576
X2말 장부금액: (52,576 × 1.08 − 5,000) × 1.08 − 5,000 = 50,925
≒ (50,000 + 5,000)/1.08 = 50,926

A-09. ②

	유효이자(10%)	액면이자(5%)	상각액	BV
X0				875,645
X1	87,565	50,000	37,565	913,210
X2	91,321	50,000	41,321	954,531

X1말(= X2초) 장부금액: 875,645 × 1.1 − 50,000 = 913,210
사채상환손익: 913,210 × 상환비율 − 637,000 = 2,247
→상환비율 = 70%

X2말 장부금액: (913,210 × 1.1 − 50,000) × 30% = **286,359**
− X2초에 70%를 상환하였으므로 X2말에는 30%만 남는다.

A-10. ⑤

당기순이익에 미치는 영향: (−)71,268 − 1,122 = (−)72,390 감소
(1) 이자비용: 950,244 × (50% + 50% × 6/12) × 10% = 71,268
(2) 사채상환손익: 950,244 × (1 + 10% × 6/12) × 50% − 500,000 = (−)1,122 (손실)

| 별해 | 당기순이익 = 기초 사채 − 상환금액 − 기말 사채 − 기말 액면이자 지급액
= 950,244 − 500,000 − 482,634 − 40,000 = (−)72,390 감소
− 기말 사채: (950,244 × 1.1 − 80,000) × 50% = 482,634
− 액면이자 지급액 = 80,000 × 50% = 40,000

A-11. ④

	유효이자(10%)	액면이자(7%)	상각액	BV
X0				925,380
X1	92,538	70,000	22,538	947,918
X2.5.31	39,497			

X1초 BV: 1,000,000 × 0.7722 + 70,000 × 2.5313 − 24,011 = 925,380
사채발행비를 고려한 유효이자율: 92,538/925,380 = 10%

X1말 BV: 925,380 × 1.1 − 70,000 = 947,918
사채상환손익: 947,918 × (1 + 10% × 5/12) − 1,050,000 = **(−)62,585 손실**

계산기사용법 0.1 × 5/12 + 1 × 947,918 − 1,050,000 =
− 이자율 월할 계산을 먼저 한 뒤, 기초 BV를 곱하는 것이 편리하다.

A-12. ⑤

	유효이자(10%)	액면이자(5%)	상각액	BV
X0				875,657
X1	87,566	50,000	37,566	913,223
X2	91,322	50,000	41,322	954,545
X3.4.1	23,864	12,500	11,364	965,909

X1초 BV: 1,000,000 × 0.7938 + 50,000 × 2.5771 − 46,998 = 875,657
사채발행비를 고려한 유효이자율: 87,566/875,657 = 10%

X2말 장부금액: (875,657 × 1.1 − 50,000) × 1.1 − 50,000 = 954,545
사채상환손익: 954,545 × (1 + 10% × 3/12) × 60% − 570,000 = **17,045 이익**

B-01. ③

	유효이자(10%)	액면이자(8%)	상각액	BV
X0				950,244
X1	95,024	80,000	15,024	965,268
X2.7.1	48,263			
X2	96,527			

빠른 풀이법 X2년 PL에 미치는 영향 = 기초 사채 − 상환금액
= 965,268 − 1,000,000 = **(−)34,732 감소**

X1초 PV: 1,000,000 × 0.7513 + 80,000 × 2.4868 = 950,244
X1말 BV: 950,244 × 1.1 − 80,000 = 965,268
= 1,000,000 × 0.8264 + 80,000 × 1.7355 = 965,240 (단수차이)
− 3기간을 할인한 후 1년을 상각하든, 2기간을 할인하든 금액은 똑같다.

상환이익: 965,268 × (1 + 10% × 6/12) − 1,000,000 = 13,531 이익

이자비용: 965,268 × 10% × 6/12 = 48,263

X2년 PL에 미치는 영향: 13,531 − 48,263 = **(−)34,732 감소**

참고 X2년 회계처리

X2.7.1〉 상각 & 기중 상환

이자비용	48,263	미지급이자	40,000	
		사채	8,263	┘ 973,531
사채	973,531	현금	1,000,000	
미지급이자	40,000	상환이익	13,531	

발행한 사채를 매입하는 것은 상환과 같은 의미이다. 사채를 상환하면 사채가 제거되므로, 사채 매입 후에 소각하더라도 이미 사채는 제거되었기 때문에 상환에 대한 회계처리만 하면 되며, 소각에 대한 회계처리는 없다.

X2.12.31〉 재발행 시

현금	589,097	사채	589,097

PV: (600,000 × 1.08) × 0.9091 = 589,097

− 액면이자율이 8%이므로 총 648,000의 현재가치가 발행금액이 된다.

상환 후 재발행 시까지는 이자비용을 인식하지 않는다. 또한, 기존 사채를 재발행하더라도 새로운 사채를 발행하는 것으로 본다. 재발행 시 사채의 장부금액만큼 현금이 유입되므로 손익이 발생하지 않는다.

B-02. ④

사채A X4초 BV: 1,000,000 × 0.8264 + 50,000 × 1.7355 = 913,175

사채B 발행금액: 1,000,000 × 0.8573 + 30,000 × 1.7833 = **910,799**

− 사채A와 사채B는 별도의 사채이므로 사채B 발행 시 유효이자율로 할인하여 사채B의 발행금액을 계산한다.

상환손익: 913,175 − 910,799 = **2,376 이익**

| 회계처리 |

현금	910,799	사채(B)	**910,799**
사채(A)	913,175	현금	910,799
		상환이익	**2,376**

B-03. ②

	유효이자(12%)	액면이자(8%)	상각액	BV
X0				903,944
X1.4.1	**27,118**			
X1	108,473			

X1초 PV: 1,000,000 × 0.7118 + 80,000 × 2.4018 = **903,944**
발행 시 현금 수령액: 903,944 × (1 + 12% × 3/12) = **931,062**

참고 X1년도 이자비용: 108,473 × 9/12 = 81,355

B-04. ②

	유효이자(12%)	액면이자(8%)	BV
X0			18,079
X1.4.1	542	400	18,221
X1	2,169	1,600	18,648

X1.1.1 PV: 20,000 × 0.7118 + 1,600 × 2.4018 = 18,079
X1.12.31 장부금액: 18,079 × 1.12 − 1,600 = 18,648
≒ 20,000 × 0.7972 + 1,600 × 1.6901 = 18,648

B-05. ②

	유효이자(12%)	액면이자(6%)	상각액	BV
X0.1.1				2,453,283
X0.8.1	171,730	105,000	66,730	2,520,013
X0.12.31	294,394	180,000	114,394	2,567,677

① X0초 사채발행금액: 3,000,000 × 0.63552 + 180,000 × 3.03735 = 2,453,283
실제 발행일의 순수 사채발행금액: 2,453,283 × (1 + 12% × 7/12) − 180,000 × 7/12
= 2,520,013 (O)
② × 0년 사채할인발행차금 상각액: (2,453,283 × 12% − 180,000) × 5/12 = **47,664** (X)
③ × 0년 말 사채할인발행차금 잔액: 3,000,000 − 2,567,677 = 432,323 (O)
④ X0초와 X0.8.1 사이의 액면발생이자: 180,000 × 7/12 = 105,000 (O)
⑤ X0초와 X0.8.1 사이의 사채가치의 증가분(경과이자 포함): 2,453,283 × 12% × 7/12 = 171,730 (O)

| 회계처리 |

X0.8.1	현금	2,625,013	사채	3,000,000
	사채할인발행차금	479,987	미지급이자	105,000
X0.12.31	이자비용	122,664	미지급이자	75,000
			사채할인발행차금	**47,664**
	미지급이자	180,000	현금	180,000

B-06. ①

x2년 당기순이익: −(1)+(2)=**(−)3,945 (단수차이)**

(1) 이자비용

: 1,037,766×(40%+60%×3/12)×4%=22,831

− x1년말 금융부채 장부금액: 1,000,000×0.9246+60,000×1.8861=1,037,766

− 40%는 12개월을 모두 보유하지만, 60%는 3개월만 보유하므로 월할상각을 해야 한다.

(2) 상환손익

: 1,037,766×(1+4%×3/12)×60%−610,000=18,886 이익

| 별해 | 당기순이익=기초 사채−상환금액−기말 사채−기말 액면이자 지급액

=1,037,766−610,000−407,711−24,000=(−)3,945

− 기초 사채: 1,037,766

− 기말 사채: (1,037,766×1.04−60,000)×40%=407,711

− 액면이자 지급액: 60,000×40%=24,000

B-07. ④

현금 수령액=사채의 기초 BV×(1+유효R×경과 월수/12)

A(유효R=8%)

1.1 BV: 3,000,000×0.7938+180,000×2.5770=2,845,260

현금 수령액=2,845,260×(1+8%×2/12)=2,883,197

B(유효R=7%)

1.1 BV: 3,000,000×0.8163+180,000×2.6243=2,921,274

현금 수령액=2,921,274×(1+7%×2/12)=2,955,356

A가 B보다 수취하는 금액이 72,159(=2,955,356−2,883,197)만큼 적다.

A와 B 모두 구해야 되기 때문에 시간이 많이 소요되는 문제이다. 실전에서는 넘긴 후 시간이 남으면 마지막에 풀었어야 한다. 시간이 부족했다면 최소한 ③번과 ④번 중에서 찍었어야 한다. A가 B보다 유효이자율이 높기 때문에 현금 수령액은 적기 때문이다.

B-08. ②

사채상환손익=사채의 기초 BV×(1+유효R×경과 월수/12)−상환금액

=2,944,311×(1+8%×3/12)×30%−915,000=**(−)14,041 손실** (단수차이)

− X3년 초 BV: (2,845,260×1.08−180,000)×1.08−180,000=2,944,311

− 30%를 상환하였으므로 상환 시점 총부채에 30%를 곱해야 한다.

빠른 풀이법 X3년 초 BV 구하기

(3,000,000 + 180,000)/1.08 = 2,944,444

− X1년초 BV에서 2번 상각하는 것보다, X3년말의 현금흐름을 1번 할인하는 것이 더 편하다. 이 금액으로 계산하면 손실이 14,000(= 2,944,444 × (1 + 8% × 3/12) × 30% − 915,000)으로 계산되는데 이 금액이 정확한 금액이고, 정답인 14,030은 단수차이가 있는 금액이다. 객관식이기 때문에 가장 가까운 금액을 답으로 하면 된다.

참고 유효이자율 상각표

	유효이자(8%)	액면이자(6%)	BV
X0			2,845,260
X1.3.1	37,937		
X1	227,621	180,000	2,892,881
X2	231,431	180,000	2,944,311

선행 문제 A 현금수령액: 2,845,260 + 37,937 = 2,883,197

B-09. ④

이자수익 + 장부금액 = (1) + (2) = **1,020,000**

(1) X6년 이자수익: 80,000 × 3/12 = 20,000

(2) X6년 말 장부금액: 1,000,000

	유효이자(8%)	액면이자(8%)	BV
X6.7.1			1,000,000
X6.10.1	20,000	20,000	1,000,000
X6.12.31	40,000	40,000	1,000,000
X7.6.30	80,000	80,000	1,000,000

X6.7.1 PV: 1,000,000 × 0.7938 + 80,000 × 2.5771 = 999,968 (≒1,000,000)

− 유효이자와 표시이자율 모두 8%이므로 액면발행이다.

B-10. ③

(1) 현금흐름

	X1말	X2말	X3말
액면금액 액면이자	400,000 60,000	400,000 40,000	400,000 20,000
현금흐름 계	460,000	440,000	420,000

연도별 액면이자

X1년: 1,200,000 × 5% = 60,000

X2년: 800,000 × 5% = 40,000

X3년: 400,000 × 5% = 20,000

(2) 발행금액: 460,000 × 0.9434 + 440,000 × 0.8900 + 420,000 × 0.8396 = 1,178,196

(3) X1말 장부금액: 1,178,196 × 1.06 − 60,000 − 400,000 = **788,888**
≒ 440,000 × 0.9434 + 420,000 × 0.8900 = **788,896** (단수차이)
− X1초의 현재가치를 구한 뒤 상각하는 것보다, X1말의 현재가치를 바로 구하는 것이 더 빠르다.

참고 유효이자율 상각표

	유효이자(6%)	액면이자(5%)	액면금액 상환액	장부금액
X0				1,178,196
X1	70,692	60,000	400,000	**788,888**
X2	47,333	40,000	400,000	396,221
X3	23,773	20,000	400,000	(6) (단수차이)

B-11. ②

(1) 현금흐름

	X1말	X2말	X3말	X4말
액면금액		400,000	400,000	400,000
액면이자	60,000	60,000	40,000	20,000
현금흐름 계	60,000	460,000	440,000	420,000

X1초에 발행하지만 X2년 말부터 400,000씩 상환하므로 X1말과 X2말 이자는 60,000이다.

(2) 발행금액: 60,000 × 0.9434 + 460,000 × 0.8900 + 440,000 × 0.8396 + 420,000 × 0.7921
= 1,168,110

(2) X2말 장부금액: (1,168,110 × 1.06 − 60,000) × 1.06 − 460,000 = **788,888** (단수차이)
≒ 440,000 × 0.9434 + 420,000 × 0.8900 = **788,896**

참고 유효이자율 상각표

	유효이자(6%)	액면이자(5%)	액면금액 상환액	장부금액
X0				1,168,110
X1	70,087	60,000		1,178,197
X2	70,692	60,000	400,000	**788,888**
X3	47,333	40,000	400,000	396,222
X4	23,773	20,000	400,000	(5) (단수차이)

B-12. ③

	유효이자(10%)	액면이자(6%)	상각액	장부금액
X0				900,508
X1.4.1	22,513	15,000	7,513	908,021
X1	90,051	60,000		

X1초 PV: 1,000,000 × 0.7513 + 60,000 × 2.4868 = 900,508

A(FVPL 금융부채)
X1.4.1 사채의 장부금액: 900,508 × (1 + 10% × 3/12) − 15,000 = **908,021**
FVPL 금융부채는 공정가치로 평가한다. 따라서 X1.4.1의 시장이자율인 10%로 할인하며, 사채발행비용은 금융부채의 장부금액에 영향을 미치지 않는다. 사채발행비용은 당기비용 처리한다.

B(AC 금융부채)
X1.4.1 사채의 장부금액: 900,508 × (1 + 10% × 3/12) − 15,000 − 10,000 = **898,021**
AC 금융부채 발행 시 발생한 사채발행비용은 금융부채의 장부금액에서 차감한다.

B-13. ②

	유효이자(12%)	액면이자(8%)	상각액	장부금액
X0	1,000,000 × 0.7118 + 80,000 × 2.4018 =			903,944
X1.4.1	27,118	20,000	7,118	**911,062**
X1	108,473	80,000		

FVPL 금융부채는 공정가치로 평가한다. 따라서 X1.4.1의 시장이자율인 12%로 할인하며, 사채발행비용은 금융부채의 장부금액에 영향을 미치지 않는다. 사채발행비용은 당기비용 처리한다.

CHAPTER 06 금융자산

A-01. ⑤

① 20X1년 취득원가: 100,000 + 500 = 100,500 (X)
② 20X1년 평가이익: 110,000 − 100,500 = 9,500 (X)
③ 20X2년 평가손실: 98,000 − 110,000 + 9,500 = (−)2,500 (X)
 − FVOCI 평가이익과 평가손실은 모두 OCI이므로 이익과 손실 계정을 별도로 사용한다. 따라서 이익을 먼저 제거한 뒤, 초과분만 손실로 인식한다. 회계처리를 참고하자.
④ 20X3년 처분 직전 평가손실 잔액
: 9,500 − 12,000 + 1,000 = 99,000 − 100,500 = (−)1,500 (X)
 '처분 직전'이라는 것은 처분하기 전 공정가치로 평가한 후를 의미한다. 따라서 99,000을 기준으로 계산한다.
⑤ 20X3년 당기손실: 200 (O)
 − FVOCI 선택 금융자산의 처분 시 발생한 부대비용은 당기비용으로 인식한다.

| 회계처리 |

X1초	FVOCI	100,500	현금	100,500
X1말	FVOCI	9,500	평가이익(OCI)	9,500
X2말	평가이익(OCI) 평가손실(OCI)	9,500 2,500	FVOCI	12,000
X3중	FVOCI	1,000	평가손실(OCI)	1,000
	현금 처분손실(PL)	99,000 200	FVOCI 현금	99,000 200

X2말에는 평가손실이 생기지만, FVOCI 금융자산 평가이익은 OCI이므로, X1말에 계상된 이익 9,500을 먼저 상계한 후, 초과분 2,500만 평가'손실'로 인식한다.

A-02. ①

1. 주식 A (FVPL)
(1) X1년 PL: (100) + 200 = **100**
 − FVPL의 취득부대비용은 당기비용으로 처리한다.
 − 평가손익: 120 × 10주 − 1,000 = 200 이익
(2) X2년 처분이익: (130 − 120) × 10주 = **100**

2. 주식 B (FVOCI)
(1) X1년 OCI: **100**
 − FVOCI의 취득부대비용은 취득원가에 가산한다.
 − 평가손익: 230 × 10주 − 2,200 = 100 이익
(2) X4년 OCI: (240 − 250) × 10주 = **(−)100 손실**

참고 회계처리

1. 주식 A

X1.7.1	FVPL **평가손실(PL)**	1,000 **100**	현금	1,100
X1.12.31	FVPL	200	**평가이익(PL)**	**200**
X2.2.5	현금	1,300	FVPL **처분이익(PL)**	1,200 **100**

2. 주식 B

X1.10.1	FVOCI	2,200	현금	2,200
X1.12.31	FVOCI	100	**평가이익(OCI)**	**100**
X2.12.31	평가이익(OCI) 평가손실(OCI)	100 200	FVOCI	300
X3.12.31	FVOCI	500	평가손실(OCI) 평가이익(OCI)	200 300
X4.1.5	**평가이익(OCI)** 현금	**100** 2,400	FVOCI FVOCI	100 2,400

A-03. ③

	FVPL 금융자산	FVOCI 금융자산
① 취득원가	3,000,000	3,030,000
② 20X3년 말 공정가치 변화가 PL에 미치는 영향	3,500,000 − 3,000,000 = 500,000	0
③ X3년 총포괄이익	− 30,000 + 500,000 = 470,000	3,500,000 − 3,030,000 = 470,000
X4년 처분손익	3,400,000 − 3,500,000 − 50,000 = ④ (−)150,000	3,400,000 − 3,500,000 = ⑤ (−)100,000

| 회계처리 |

(1) FVPL 금융자산

X3.10.7	FVPL 금융자산 PL	3,000,000 30,000	현금	3,030,000
X3.12.31	FVPL 금융자산	500,000	PL	500,000
X4.1.20	현금 처분손실(PL) 처분손실(PL)	3,400,000 100,000 50,000	FVPL 금융자산 현금	3,500,000 50,000

(2) FVOCI 금융자산

X3.10.7	FVOCI 금융자산	3,030,000	현금	3,030,000
X3.12.31	FVOCI 금융자산	470,000	OCI	470,000
X4.1.20	OCI	100,000	FVOCI 금융자산	100,000
	현금	3,400,000	FVOCI 금융자산	3,400,000
	처분손실(PL)	50,000	현금	50,000

A-04. ②

X2초 취득원가: 20,000,000 × 0.79383 + 1,000,000 × 2.5771 = 18,453,700

X1 18,453,700 n = 3, r = 8%, (1,000,000)
↓ 1,476,296
X2 18,929,996 — ⊖129,996 → 18,800,000

A-05. ①

X2년도 OCI: 18,019 − 28,137 = **(−)10,118 감소**
X3년도 PL(처분손익): 950,000 − 963,615 = **(−)13,615 감소**

X0 900,508 n = 3, r = 10%, (60,000)
↓ 90,051
X1 930,559 — ⊖18,019 → / ← **⊕18,019** — 912,540
↓ 93,056
X2 963,615 — **⊖28,137** → / ← ⊕28,137 — 935,478
↓ **(13,615)**
950,000

A-06. ⑤

X0 95,198 n = 3, r = 12%, (10,000)
↓ 11,424
X1 96,622 — ⊖3,205 → / ← ⊕3,205 — 93,417
↓ 11,595
X2 98,217 — ⊕882 → / ← ⊖882 — 99,099
↓ 882
99,099

① 자본은 '자산 − 부채'이므로 자산에 비례한다. AC로 분류하는 경우 기말 금융자산은 96,622이지만, FVOCI로 분류하는 경우 공정가치인 93,417이므로 AC로 분류할 때 자본총액이 더 크다. (O)
② X1년도 이자수익: 95,198 × 12% = 11,424 (O)
③ AC로 분류하든, FVOCI로 분류하든 당기손익은 일치한다. 계산해서 판단하는 문장이 아니다. (O)
④ X2년말 OCI 잔액: 882 (O)
 − X1년에 인식한 OCI 3,205는 취소를 통해 제거하므로 X2년에 인식한 OCI가 곧 잔액이 된다.
⑤ AC로 분류하든, FVOCI로 분류하든 당기손익은 일치한다. 따라서 처분손익도 일치한다. (X)

A-07. ③

(1) FVPL 금융자산: 240,000 − 53,508 = 186,492
 이자수익(= 액면이자): 3,000,000 × 8% = 240,000
 평가손익: 2,797,224 − 2,850,732 = (−)53,508

(2) FVOCI 금융자산: 100,000
 이자수익(= 유효이자): 1,000,000 × 10% = 100,000
 − 평가손익은 OCI로 처리하므로, 당기순이익에 영향을 미치지 않는다.

(3) 당기순이익: 186,492 + 100,000 = **286,492 증가**

A-08. ④

① FVPL 분류 시 X1년 PL: 80,000 + 19,780 = 99,780 증가
 − 이자수익(액면이자): 80,000
 − 평가이익: 970,000 − 950,220 = 19,780
②, ③ X1년도 PL: 95,022 (이자수익)
④, ⑤ X2년도 PL: 975,000 − 965,242 = 9,758 (처분이익)
 AC로 분류하든, FVOCI로 분류하든 PL에 미치는 영향은 일치한다. 편의상 AC를 가정하고 PL을 계산하자. 문제에서 PL만 물었기 때문에 실전에서는 아래 그림처럼 평가와 취소는 할 필요가 없다.

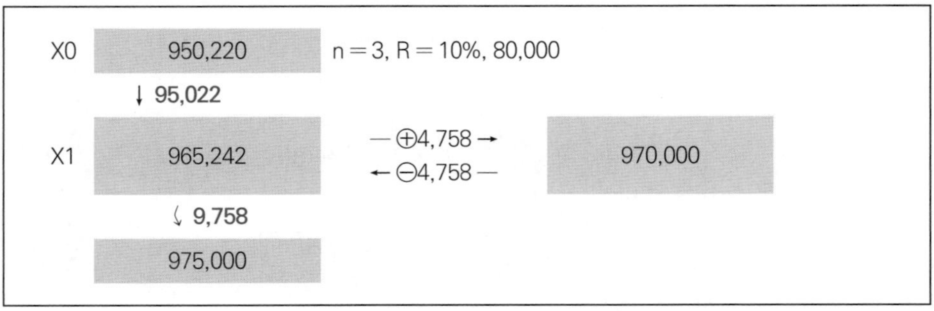

참고 회계처리

	AC 금융자산				FVOCI 금융자산			
X1.1.1	AC	950,220	현금	950,220	FVOCI	950,220	현금	950,220
X1.12.31 – 상각	현금 AC	80,000 15,022	이자수익	95,022	현금 FVOCI	80,000 15,022	이자수익	95,022
X1.12.31 – 평가	– 회계처리 없음 –				FVOCI	4,758	OCI	4,758
X2.1.1 – 취소	– 회계처리 없음 –				OCI	4,758	FVOCI	4,758
X2.1.1 – 처분	현금	975,000	AC 처분이익	965,242 9,758	현금	975,000	FVOCI 처분이익	965,242 9,758

	FVPL 금융자산			
X1.1.1	FVPL	950,220	현금	950,220
X1.12.31 – 이자	현금	80,000	이자수익	80,000
X1.12.31 – 평가	FVPL	19,780	PL	19,780
X2.1.1 – 처분	현금	975,000	FVOCI 처분이익	970,000 5,000

A-09. ③

X1 당기순이익: (1) + (2) + (3) = **399,755 증가**

(1) A사채: 207,218

이자수익: 2,000,000 × 6% = 120,000

평가손익: 1,888,234 – 1,801,016 = 87,218

(2) B사채

이자수익: 1,425,366 × 10% = 142,537

(3) C사채

이자수익: 500,000 × 10% = 50,000

– FVOCI 금융자산의 평가손익은 OCI로 인식하므로 NI에 미치는 영향은 이자수익밖에 없다.

A-10. ④

(1) ㈜한국 〉 ㈜민국

원칙적으로, 금융자산을 FVPL로 분류하든, FVOCI로 분류하든 CI에 미치는 영향은 동일하다. 취득 시 지급한 대가가 같으며, 기말에 공정가치로 평가하기 때문이다. 그런데 ㈜한국의 경우 매입수수료가 ㈜민국에 비해 적으므로 ㈜한국의 CI가 ㈜민국의 CI에 비해 크다.

(2) ㈜민국 〉 ㈜대한

FVOCI와 AC의 당기순이익은 같다. 그런데 문제에서 CI에 미치는 영향을 물었으므로, OCI가 이익인지, 손실인지에 따라 CI의 대소가 결정된다.

㈜대한은 매입수수료를 취득원가에 가산하여 취득원가가 898,084가 된다. 하지만 여전히 할인발행 상황이므로 X1말 상각후원가는 1,000,000보다 작다. 따라서 X1년말 평가손익(OCI)은 양수이며, ㈜민국(FVOCI)의 CI가 ㈜대한(AC)의 CI보다 크다.

A-11. ③

금융자산처분손익: 490,000 − 965,268 × (1 + 10% × 6/12) × 50% = **(−)16,766 손실**

− X1말 상각후원가: 950,244 × 1.1 − 80,000 = 965,268

− FVOCI와 AC의 당기순이익은 같다. 따라서 AC를 기준으로 당기순이익을 구하면 된다.

참고

X0 950,244 n = 3, r = 10%, (80,000)

↓ 95,024

X1 965,268 — ⊖40,268 → / ← ⊕40,268 — 925,000

A-12. ②

처분손익: 610,000 − 963,311 × (1 + 6% × 9/12) × 60% = **6,004 이익**

	유효이자(6%)	액면이자(4%)	상각액	BV
X0				946,520
X1	56,791	40,000	16,791	963,311
X2.10.1	43,349	30,000	13,349	976,660

X1초 현재가치: 1,000,000 × 0.8396 + 40,000 × 2.6730 = 946,520

X1말 장부금액: 946,520 × 1.06 − 40,000 = 963,311

≒1,000,000 × 0.8900 + 40,000 × 1.8334 = 963,336

− 회사는 채권을 X1.4.1에 취득하였지만, 사채의 발행일은 X1.1.1이므로 X1초의 현재가치에서부터 상각하면 된다. 이때, 취득일인 4.1의 유효이자율인 6%를 이용하여 현재가치를 구하고, 유효이자율 상각을 해야 한다.

A-13. ⑤

① FVPL과 FVOCI 모두 기말에 공정가치로 평가하므로 X1말 B/S 상에는 990,000으로 표시된다. (O)

② FVPL로 분류한 경우 20X1년 당기순이익: 100,000 + 62,090 = 162,090 증가 (O)

− 이자수익: 1,000,000 × 10% = 100,000

− 평가손익: 990,000 − 927,910 = 62,090

③ FVPL로 분류하든, FVOCI로 분류하든 CI에 미치는 영향은 동일하다. (O)

− FVPL: 162,090 증가 (② 참고)

− FVOCI: 111,349(NI) + 50,741(OCI) = 162,090 증가

이자수익(NI): 927,910 × 12% = 111,349

평가손익(OCI): 990,000 − 939,259 = 50,741

④ FVPL로 분류한 경우 20X2년 당기순이익: 1,020,000 − 990,000 = 30,000 증가 (O)

⑤ FVOCI로 분류한 경우, 20X2년 당기순이익

: 처분금액 − 기초 채권의 BV = 1,020,000 − 939,259 = **80,741 증가** (X)

− FVOCI 금융자산의 당기순이익은 AC 금융자산과 일치하므로, 기초 채권의 장부금액을 AC로 보고 계산하였다.

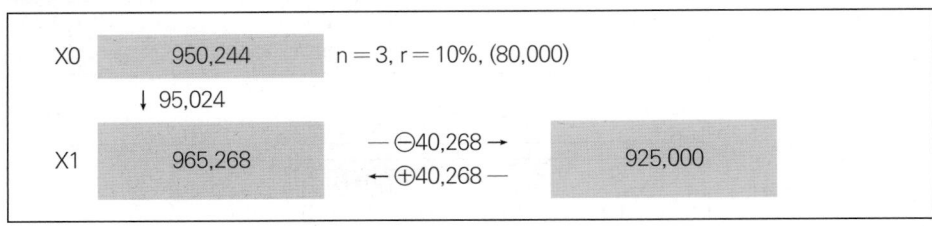

| 별해 | 당기순이익 = 이자수익 + 처분손익 = 28,178 + 52,563 = 80,741 증가
이자수익: 939,259 × 12% × 3/12 = 28,178
처분손익: 1,020,000 − 939,259 × (1 + 12% × 3/12) = 52,563

A-14. ②

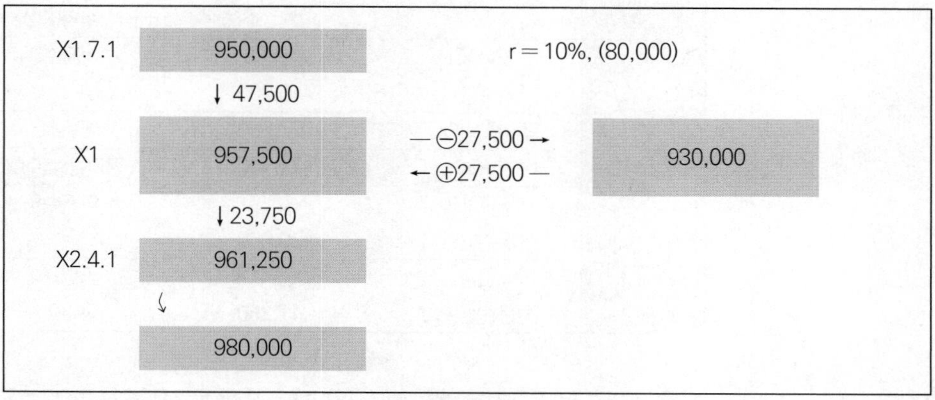

(1) 취득원가: 950,000
최초 인식시점에 공정가치가 거래가격과 다르고, 그러한 공정가치가 활성시장의 공시가격에 따라 입증된다면 공정가치로 측정한다. 최초 인식시점에 공정가치와 거래가격 간의 차이는 손익(PL)으로 인식한다.

(2) X1년 말 금융자산평가손익(OCI): 930,000 − 957,500 = (−)27,500 손실
X1말 상각후원가: 950,000 × (1 + 10% × 6/12) − 80,000 × 6/12 = 957,500
− 7.1에 취득하였으므로 유효이자와 액면이자 모두 6/12를 곱하여 계산한다.

(3) X2년 이자수익: 950,000 × 10% × 3/12 = 23,750
− X1.7.1~X2.6.30까지가 1년이므로, X1.7.1의 장부금액을 기준으로 1년치 이자수익을 계산한 뒤, 3개월치(X2.1.1~X2.4.1) 이자수익만 인식해야 한다.

(4) 처분손익: 980,000 − (961,250 + 60,000) = (−)41,250 손실
X2.4.1 장부금액: 957,500 + 23,750 − 20,000 = 961,250
− 이자 지급일이 6.30인데, 이자 지급일 전에 경과이자를 포함하여 상환하므로 미수이자를 더해야 한다.

(5) 정답
① x2년도 당기순이익: (3) + (4) = 23,750 − 41,250 = **(−)17,500 감소**

| 별해 | 당기순이익 = 처분가액 − 기초 자산 = 980,000 − (950,000 + 47,500) = (−)17,500
FVOCI와 AC의 당기순이익은 같다. 따라서 AC를 기준으로 당기순이익을 구하면 된다. 기초에는 채권과 미수이자가 있는데, X1.7.1 취득원가에 6개월치 유효이자를 더하면 채권과 미수이자의 합을 구할 수 있다. 처분가액에서 기초 자산을 차감하면 이자수익과 처분손익의 합을 구할 수 있다.

② x2년도 기타포괄이익: **27,500 증가**

– x1말 평가손익이 (–)27,500이므로, 취소를 통해 제거하면 OCI는 27,500 증가한다.

| 회계처리 |

X1.7.1	FVOCI	950,000	현금	940,000
			수익(PL)	10,000
X1.12.31	FVOCI	7,500	이자수익	47,500
	미수이자	40,000		
	평가손실(OCI)	27,500	FVOCI	27,500
X2.1.1	FVOCI	27,500	**평가손실(OCI)**	**27,500**
X2.4.1	FVOCI	3,750	**이자수익**	**23,750**
	미수이자	20,000		
	현금	980,000	FVOCI	961,250
	처분손실(PL)	**41,250**	미수이자	60,000

B-01. ③

X1년 당기순이익에 미치는 영향: (1) – (2) = **(–)172,885** (단수차이)

X0	939,240	n = 4, R = 12%, (100,000)	
	↓ 112,709		
X1	951,949	– (285,594) →	666,355

(1) 이자수익: 939,240 × 12% = 112,709

(2) 손상차손: 30,000 × 2.4018 + 300,000 × 0.7118 = 285,594

B-02. ②

X1년 당기순이익에 미치는 영향: (1) – (2) = **(–)4,382 감소** (단수차이)

X0	95,024	n = 3, R = 10%, (8,000)	
	↓ 9,502		
X1	96,526	– (13,884) →	82,642

(1) 이자수익: 95,024 × 10% = 9,502

x1초 취득원가: 90,394 + 4,630 = 95,024

– 취득 당시 '유효'이자율은 거래원가로 인한 취득원가 증가분까지 고려한 이자율을 의미한다. 따라서 유효이자율 상각 시 10%를 이용한다. 한편, '시장'이자율은 거래원가를 고려하기 전 이자율을 의미한다.

(2) 손상차손: 8,000 × 1.7355 = 13,884

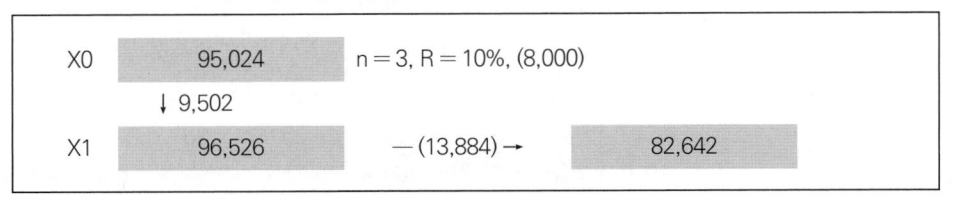

B-03. ②

X2년 손상차손환입: 60,000 × 1.7355 = **104,130** (단수차이)

– X2년말 현재 앞으로 2년간 60,000(= 210,000 – 150,000)씩 더 받을 수 있게 되었으므로 60,000에 연금현가계수를 곱한 금액만큼 환입을 인식하면 된다. 손상차손환입을 물었기 때문에 X1년초부터 상각할 필요 없이, 계산 한 번에 답을 구할 수 있는 문제였다.

참고

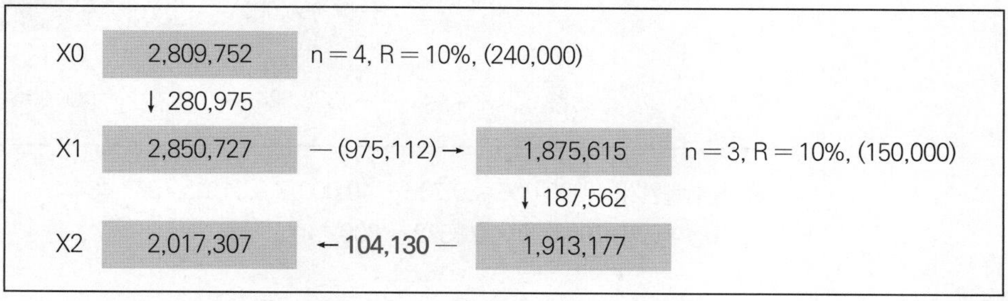

X1초 PV: 3,000,000 × 0.6830 + 240,000 × 3.1698 = 2,809,752

X1말 상각후원가: 2,809,752 × 1.1 – 240,000 = 2,850,727

X1년 손상차손: (3,000,000 – 2,000,000) × 0.7513 + (240,000 – 150,000) × 2.4868 = 975,112

X1말 BV: 2,850,727 – 975,112 = 1,875,615

X2말 상각후원가: 1,875,615 × 1.1 – 150,000 = 1,913,177

X2말 BV: 1,913,177 + 104,130 = 2,017,307

B-04. ③

빠른 풀이법

(1) 손상차손: 80,000 × 1.7355 = **138,840** (단수차이)

(2) X2년도 이자수익: 826,400 × 10% = **82,640** (단수차이)

– X1년말 BV: 1,000,000 × 0.8264 = 826,400

– 손상차손이 발생하더라도 그 이후의 상각은 역사적 이자율(10%)로 이루어진다. 현행이자율(12%)을 이용하지 않도록 주의하자.

참고

다음 그림은 X1초부터 상각하여 단수차이가 발생한다. 실전에서는 위의 빠른 풀이처럼 X1년말 BV를 바로 구한 다음 이자수익을 구하자.

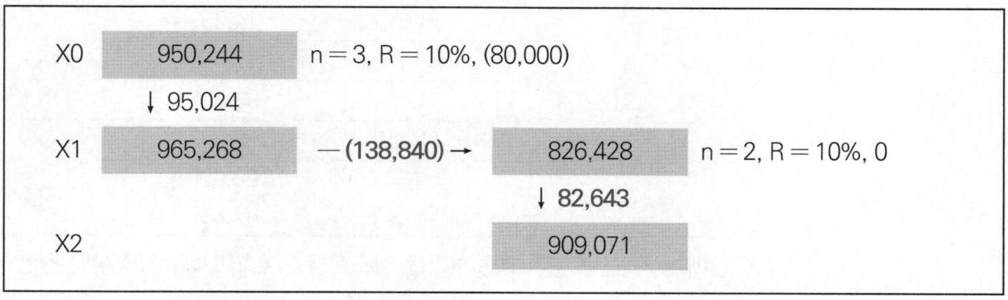

B-05. ①

x1년 당기순이익: 69,399(이자수익) − 50,000(손상차손) = **19,399 증가**

x2년 당기순이익: 71,751(이자수익) + 50,000 − 328,524(손상차손) = **(−)206,773 감소**

X0	867,484	n = 4, R = 8%, (40,000)	
	↓ 69,399		
X1	896,883	—(−)50,000→ ←(+)50,000—	846,883
	↓ 71,751		
X2	928,634	—(328,524)→	600,110

x1초 취득원가: 1,000,000 × 0.735 + 40,000 × 3.3121 = 867,484

x2말 장부금액: 700,000 × 0.8573 = 600,110

B-06. ④

X0	951,990	n = 3, R = 12%, 100,000			
	↓ **114,239**				
X1	966,229	—(**67,604**)→	898,625	—⊖**98,625**→ ←⊕98,625—	800,000
X2 (참고)			↓ 107,835 946,460		

(1) X1년 PL: 114,239(이자수익) − 67,604(손상차손) = **46,635 증가** (단수차이)

X1초 PV: 1,000,000 × 0.7118 + 100,000 × 2.4019 = 951,990

X1년 손상차손 = 40,000 × 1.6901 = 67,604

− X2년말부터 2년간 40,000씩 못받게 되었으므로 연금현가계수를 곱하면 손상차손을 구할 수 있다.

(2) X1년 OCI: 800,000 − 898,625 = **(−)98,625 감소** (단수차이)

참고 회계처리

X1.1.1	FVOCI	951,990	현금	951,990
X1.12.31-상각	현금 FVOCI	100,000 14,239	이자수익	114,239
X1.12.31-손상	PL	67,604	FVOCI	67,604
X1.12.31-평가	OCI	98,625	FVOCI	98,625
X2.1.1-취소	FVOCI	98,625	OCI	98,625
X2.12.31-상각	현금 FVOCI	60,000 47,835	이자수익	107,835

X2년에는 X1년말 평가 회계처리를 취소한 뒤, 유효이자율 상각부터 진행하면 된다. X2년말부터는 40,000씩 못받으므로 현금으로 수취하는 이자는 60,000이다.

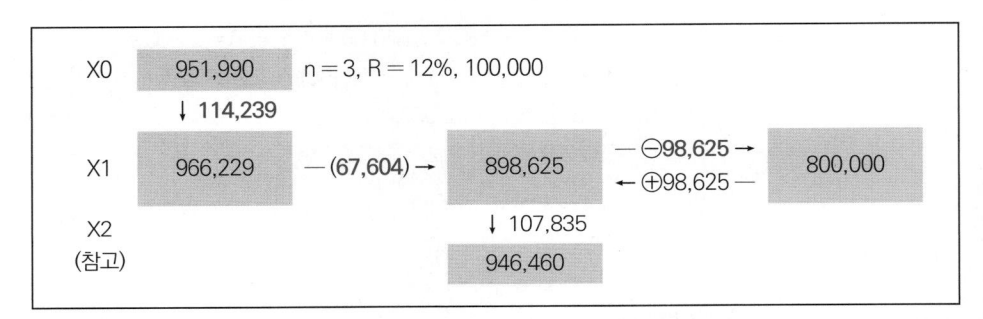

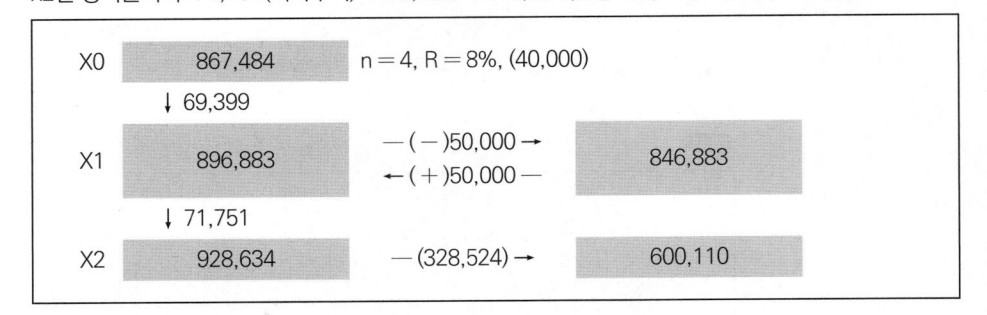

B-07. ②

X0	946,520	n = 3, R = 6%, (40,000)						
	↓ 56,791							
X1	963,311	—(251,311)→	712,000	—⊖12,000→ ←⊕12,000—	700,000			
			↓ 42,720					
X2			754,720	—(+)188,680→	943,400	—⊖123,400→	820,000	

(1) X1년 총포괄손익: ① − ② + ③ = 56,791 − 251,311 − 12,000 = **(−)206,520**

① 이자수익: 946,520 × 6% = 56,791

② 손상차손: 963,311 − 712,000 = 251,311

 − X1년 말 상각후원가: 800,000 × 0.89 = 712,000

③ 공정가치평가손익: 700,000 − 712,000 = (−)12,000

| 별해 | 총포괄손익 = 기말 자산(사채, 현금) − 기초 자산

 : (700,000 + 40,000) − 946,520 = **(−)206,520**

(2) X2년 당기순이익: ① + ② = **231,400**

① 이자수익: 712,000 × 6% = 42,720

② 손상차손환입: 943,400 − 754,720 = 188,680

 − X2년 말 상각후원가: 1,000,000 × 0.9434 = 943,400

C-01. ③

X0	925,376	n = 3, R = 10%, 70,000	
	↓ 92,538		
X1	947,914		
	↓ 94,791		
X2	972,705	—(97,065)→	875,640

Step 1. 조건 변경 시점까지 상각하기

 X1초 PV: 1,000,000 × 0.7513 + 70,000 × 2.4868 = 925,376

 X2말 PV: (925,376 × 1.1 − 70,000) × 1.1 − 70,000 = 972,705

 ≒ (1,000,000 + 70,000)/1.1 = 972,727

Step 2. 조건 변경 후의 현금흐름을 '역사적' 이자율로 현재가치하기

 X3초 조건 변경 후 PV: 1,000,000 × 0.7513 + 50,000 × 2.4868 = 875,640

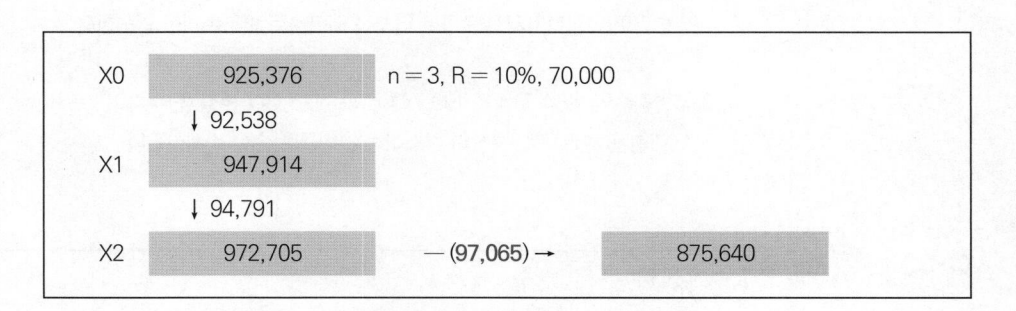

Step 3. 조건 변경이 실질적인지 판단하기

원래는 실질적 조건 변경을 판단해야 하나, 문제에서 제거조건을 충족하지 않았다고 가정했으므로 판단을 생략한다.

Step 4. 채권, 채무 금액 조정하기 & 이자수익 인식하기

조건 변경이 실질적이지 않으므로, 역사적 이자율(10%)을 그대로 사용한다.

(1) 조건변경손익: 875,640 − 972,705 = **(−)97,065 손실**

— ㈜대한은 채권자로, 자산이 감소하는 것이므로 손실이 계상된다.

C-02. ④

X0

↓

X2 490,741 — **(26,427)** → 464,314 n = 2, R = 8%, (20,000)

Step 1. 조건 변경 시점까지 상각하기

x2말 조건 변경 전 PV: (500,000 + 30,000)/1.08 = 490,741

Step 2. 조건 변경 후의 현금흐름을 '역사적' 이자율로 할인하기

X2말 조건 변경 후 PV: 500,000 × 0.8573 + 20,000 × 1.7832 = 464,314

Step 3. 조건 변경이 실질적인지 판단하기

제거조건(= 실질적 조건)을 충족하지 않는다고 문제에서 제시하였다.

Step 4. 채권, 채무 금액 조정하기 & 이자수익 인식하기

조건 변경이 실질적이지 않으므로 역사적 이자율로 변경손익을 인식한다.

(1) 조건변경손익: 464,314 − 490,741 = **(−)26,427 손실** (단수차이)

— ㈜대한은 채권자로, 자산이 감소하는 것이므로 손실이 계상된다.

C-03. ①

X0

↓

X1 966,218 — **(217,390)** → 748,828 n = 3, R = 15%, 40,000

Step 1. 조건 변경 시점까지 상각하기

문제에서 조건 변경 전 X1말 장부금액을 966,218로 제시해주었다.

Step 2. 조건 변경 후의 현금흐름을 '역사적' 이자율로 현재가치하기

X1말 조건 변경 후 PV: 1,000,000 × 0.7118 + 40,000 × 2.4018 = 807,872

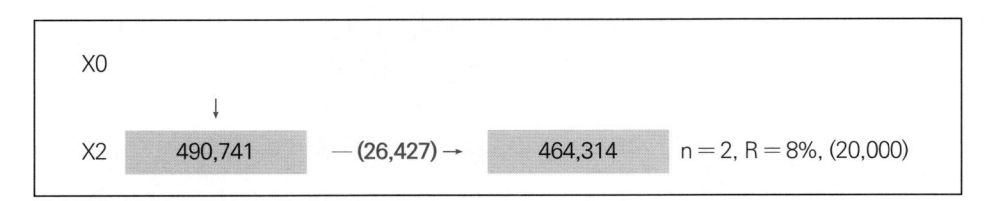

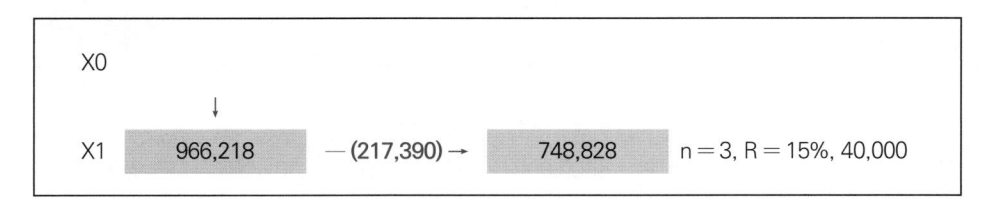

Step 3. 조건 변경이 실질적인지 판단하기

966,218 × 0.9 = 869,596〉807,872 (실질적)

Step 4. 채권, 채무 금액 조정하기 & 이자수익 인식하기

조건 변경이 실질적이므로 현행 이자율로 다시 할인한다.

(1) 조건변경이익: 966,218 − 748,828 = **217,390**

− X1말 조건 변경 후 PV(현행 이자율 − 15%): 1,000,000 × 0.6575 + 40,000 × 2.2832 = 748,828

− ㈜대한은 채무자로, 부채가 감소하는 것이므로 이익이 계상된다.

C-04. ⑤

X0	↓			
X1	965,240	− (181,386) →	783,854	n = 3, R = 12%, 30,000
			↓ 94,062	
X2			847,916	

Step 1. 조건 변경 시점까지 상각하기

X1말 PV: 1,000,000 × 0.8264 + 80,000 × 1.7355 = 965,240

Step 2. 조건 변경 후의 현금흐름을 '역사적' 이자율로 할인하기

X2초 조건 변경 후 PV: 1,000,000 × 0.7513 + 30,000 × 2.4868 = 825,904

Step 3. 조건 변경이 실질적인지 판단하기

965,240 × 0.9 = 868,716〉825,904 (실질적)

Step 4. 채권, 채무 금액 조정하기 & 이자수익 인식하기

조건 변경이 실질적이므로 현행 이자율로 다시 할인한다.

(1) 조건변경이익: 965,240 − 783,854 = **181,386** (단수차이)

− X2초 조건 변경 후 PV(현행 이자율 − 12%): 1,000,000 × 0.7118 + 30,000 × 2.4018 = 783,854

− ㈜대한은 채무자로, 부채가 감소하는 것이므로 이익이 계상된다.

(2) X2년도 이자비용: 783,854 × 12% = **94,062**

− 조건 변경이 실질적이어서 부채를 12%로 할인했기 때문에 이자비용도 12%로 인식한다.

C-05. ②

X0	1,946,500	n = 3, R = 6%, (100,000)		
	↓ 116,790			
X1	1,963,290	− (324,150) →	1,639,140	n = 3, R = 8%, (20,000)
			↓ 131,131	
X2				

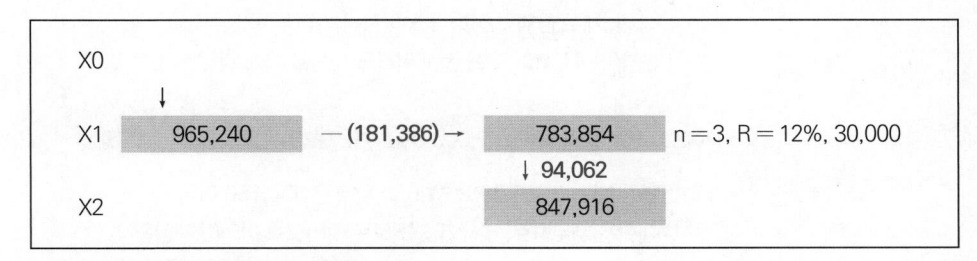

Step 1. 조건 변경 시점까지 상각하기

X1초 PV: 2,000,000 × 0.8396 + 100,000 × 2.6730 = 1,946,500

X2초 PV: 1,946,500 × 1.06 − 100,000 = 1,963,290

≒ 2,000,000 × 0.8900 + 100,000 × 1.8334 = 1,963,340

Step 2. 조건 변경 후의 현금흐름을 '역사적' 이자율로 현재가치하기

X2초 조건 변경 후 PV: 2,000,000 × 0.8396 + 20,000 × 2.6730 = 1,732,660

Step 3. 조건 변경이 실질적인지 판단하기

1,963,290 × 0.9 = 1,766,961〉1,732,660 (실질적)

Step 4. 채권, 채무 금액 조정하기 & 이자비용 인식하기

조건 변경이 실질적이므로, 현행 이자율(8%)로 다시 할인한다.

(1) X2초 조건 변경 후 PV: 2,000,000 × 0.7938 + 20,000 × 2.5770 = 1,639,140

(2) 조건변경손익: 1,963,290 − 1,639,140 = **324,150 이익**

− ㈜대한은 채무자로, 부채가 감소하는 것이므로 이익이 계상된다.

(3) 이자비용: 1,639,140 × 8% = **131,131**

C-06. ⑤

X2년도 당기순이익: 조건변경이익 − 이자비용 = 177,907 − 94,484 = **83,423 증가**

X0	950,252	n = 3, R = 10%, (80,000)		
	↓ (95,025)			
X1	965,277	− **177,907** →	787,370	n = 4, R = 12%, (50,000)
			↓ **(94,484)**	
X2			831,854	

Step 1. 조건 변경 시점까지 상각하기

X1말 PV: 950,252 × 1.1 − 80,000 = 965,277

Step 2. 조건 변경 후의 현금흐름을 '역사적' 이자율로 현재가치하기

X2초 조건 변경 후 PV(4년, 10%): 1,000,000 × 0.6830 + 50,000 × 3.1699 = 841,495

Step 3. 조건 변경이 실질적인지 판단하기

965,277 × 90% = 868,749〉841,495 (실질적)

Step 4. 채권, 채무 금액 조정하기 & 이자수익 인식하기

조건 변경이 실질적이므로, 현행 이자율(12%)로 다시 할인한다.

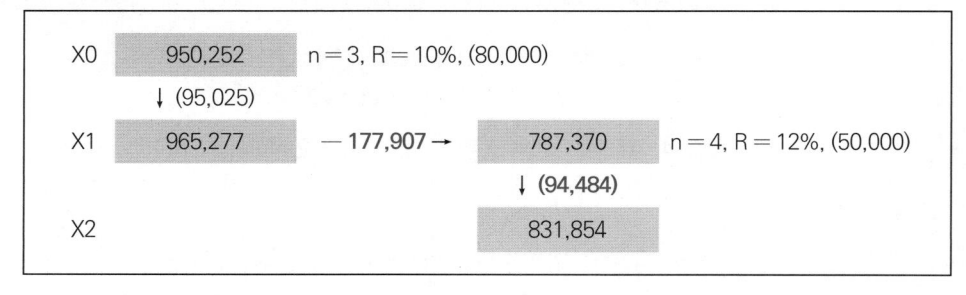

(1) 조건변경이익: 965,277 − 787,370 = 177,907

− X2초 조건 변경 후 PV(4년, 12%): 1,000,000 × 0.6355 + 50,000 × 3.0374 = 787,370

− ㈜세무는 채무자로, 부채가 감소하는 것이므로 이익이 계상된다.

(2) X2년도 이자비용: 787,370 × 12% = 94,484

− 조건 변경이 실질적이어서 부채를 12%로 할인했기 때문에 이자비용도 12%로 인식한다.

C-07. ①

X0	↓			
X1	500,000	−(119,773)→	380,227	n = 5, R = 8%, (10,000)

Step 1. 조건 변경 시점까지 상각하기

X2말 조건 변경 전 PV: 500,000 × 0.9070 + 25,000 × 1.8594 = 499,985 (≒500,000)

− 유효이자율과 표시이자율이 모두 5%로 동일하므로, 장부금액이 액면금액과 동일하다.

Step 2. 조건 변경 후의 현금흐름을 '역사적' 이자율로 현재가치하기

X2말 조건 변경 후 PV: 500,000 × 0.7835 + 10,000 × 4.3295 = 435,045

Step 3. 조건 변경이 실질적인지 판단하기

500,000 × 0.9 = 450,000〉435,045 (실질적)

Step 4. 채권, 채무 금액 조정하기 & 이자수익 인식하기

X2말 조건 변경 후 PV(현행 이자율 − 8%): 500,000 × 0.6806 + 10,000 × 3.9927 = **380,227**

− 조건 변경이 실질적이므로 현행 이자율로 다시 할인한다.

C-08. ⑤

(1) 현금흐름

	X1말	X2말	X3말	X4말	X5말
액면금액 액면이자	200,000 80,000	200,000 64,000	200,000 48,000	200,000 32,000	200,000 16,000
계	280,000	264,000	248,000	232,000	216,000

(2) 정답 찾기

① X1초 발행금액

: 280,000 × 0.9091 + 264,000 × 0.8265 + 248,000 × 0.7513 + 232,000 × 0.6830
+ 216,000 × 0.6209 = 951,637 (X)

② X2년도 이자비용: (951,637 × 1.1 − 280,000) × 10% = 76,680 (X)

③ X3년초 제거될 사채의 장부금액: (951,637 × 1.1 − 280,000) × 1.1 − 264,000 = 579,481 (X)

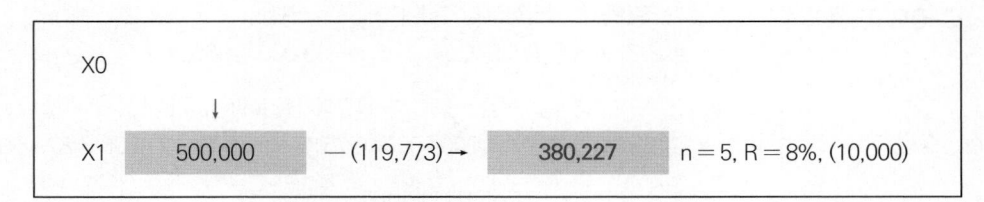

④ X3년초 인식할 사채의 장부금액(12%, 3기): 600,000 × 0.7118 = 427,080 (X)

— X3초 조건 변경 후 PV(10%, 3기): 600,000 × 0.7513 = 450,780

— 실질적 조건 변경 여부: 579,481 × 0.9 = 521,533〉450,780 (실질적 O)

⑤ 조건변경이익: 579,481 − 427,080 = **152,401** (O)

— 채무자이므로 이익을 인식한다.

C-09. ①

Step 1. 조건 변경 시점까지 상각하기

x1말 조건 변경 전 PV: 950,244 × 1.1 − 80,000 = 965,268

Step 2. 조건 변경 후의 현금흐름을 '역사적' 이자율로 할인하기

X1말 조건 변경 후 PV: 1,000,000 × 0.7513 + 50,000 × 2.4868 = 875,640

Step 3. 조건 변경이 실질적인지 판단하기

제거조건(= 실질적 조건)을 충족하지 않는다고 문제에서 제시하였다.

Step 4. 채권, 채무 금액 조정하기

조건 변경 후 채권: 875,640 + 124,360 = 1,000,000

— 조건 변경이 실질적이지 않으므로 수수료를 채권의 장부금액에 가산한다.

조건변경손익: 875,640 − 965,268 = (−)89,628 손실

— ㈜대한은 채권자로, 자산이 감소하는 것이므로 손실이 계상된다.

Step 5. 이자수익 인식하기

x2년 이자수익: 1,000,000 × 5% = **50,000**

— 수수료가 발생하였으므로 새로운 유효이자율로 상각해야 한다.

— 현재가치가 액면금액과 동일하므로, 유효이자율은 표시이자율인 5%과 같다.

| 회계처리 |

x1.1.1	AC 금융자산	950,244	현금	950,244	
x1.12.31	현금	80,000	이자수익	95,024	
	AC 금융자산	15,024			┘ 965,268
	조건변경손실	89,628	AC 금융자산	89,628	
	AC 금융자산	124,360	현금	124,360	┘ 1,000,000
x2.12.31	현금	50,000	이자수익	50,000	

D-01. ③

FVOCI를 FVPL로 재분류할 경우 기존에 인식한 OCI는 이익잉여금으로 직접 대체하는 것이 아니라, 재분류일에 **재분류조정**으로 자본에서 당기손익으로 재분류한다.

D-02. ②

'원금과 이자지급으로 구성되어 있는 현금흐름이 발생하는 금융자산'이란 채무상품을 의미한다.

ㄴ. 계약상 현금흐름의 수취와 금융자산의 매도 둘 다를 통해 목적을 이루는 사업모형 하에서 금융자산을 보유하고, 금융자산의 계약 조건에 따라 특정일에 원금과 원금잔액에 대한 이자 지급만으로 구성되어 있는 현금흐름이 발생하는 금융자산은 **기타포괄손익 – 공정가치**로 측정한다.

ㄹ. 금융자산을 기타포괄손익 – 공정가치 측정 범주에서 당기손익 – 공정가치 측정 범주로 재분류하는 경우, 재분류 전에 인식한 기타포괄손익누계액은 재분류일에 **재분류조정으로 자본에서 당기손익으로 재분류한다.**

D-03. ⑤

금융자산을 재분류하는 경우에 그 재분류를 재분류일부터 **전진적으로 적용한다.**

D-04. ③

X7년 초 장부금액(상각후원가): 10,000,000 × 0.8638 + 400,000 × 2.7232 = 9,727,280

금융자산평가손익(OCI): 9,800,000 – 9,727,280 = **72,720 이익** (단수차이)

X0			
	↓		
X6	9,727,280	— ⊕72,720 →	9,800,000

D-05. ③

자본 증가액: 34,784 + 2,648 = **37,432**

X0	285,594	n = 3, r = 12%, (30,000)	
	↓ 34,271		
X1	289,865	— ⊖9,614 → ← ⊕9,614 —	280,251
	↓ **34,784**		
X2	294,649	— ⊕2,648 →	297,297

이자수익: 289,865 × 12% = 34,784

평가손익: 297,297 – 294,649 = 2,648

– X1년 중에 사업모형을 변경하였으므로, 재분류일은 X2.1.1이다. 따라서 공정가치 평가손익을 X2년도에 인식한다. 하지만 FVOCI는 취소를 통해 다시 상각후원가로 평가하므로 재분류일의 평가손익이 상쇄된다. 결과적으로 X2년 말에 인식한 평가손익만 남는다.

| 회계처리 |

X2.1.1 (재분류일)	FVOCI OCI	280,251 **9,614**	AC	289,865
X2.1.1 (취소)	FVOCI	9,614	OCI	**9,614**
X2.12.31 (상각)	현금 FVOCI	30,000 4,784	**이자수익**	**34,784**
X2.12.31 (평가)	FVOCI	2,648	OCI	**2,648**

D-06. ④

X1년 당기순이익: 228,471 + 51,392 = **279,863 증가**

X0	1,903,926	n = 3, r = 12%, (200,000)
	↓ 228,471	
X1	1,932,397	

이자수익: 1,903,926 × 12% = 228,471
처분손익: 1,017,591 − 1,932,397 × 50% = 51,392
− X1말 공정가치: 1,000,000 × 0.84168 + 100,000 × 1.75911 = 1,017,591

X1년 말에 재분류하였으므로, 재분류일은 X2.1.1이다. 따라서 공정가치 평가손익은 X2년도에 인식한다. 어차피 평가손익을 OCI로 분류하기 때문에 당기순이익에 반영되지도 않는다.

D-07. ③

X3년 당기손익: (−)2,000 + 5,000 + 1,000 = **4,000 증가**

(1) 재분류 시 평가손익: 45,000 − (50,000 − 3,000) = (−)2,000 손실
　− 재분류 시 평가손익은 손실충당금을 차감한 순액 기준으로 계산한다.

(2) 이자수익: 50,000 × 10% = 5,000
　− 재분류 후 FVPL이므로 액면이자만 이자수익으로 인식한다.

(3) X3년말 평가손익: 46,000 − 45,000 = 1,000 이익

참고 회계처리

X1.1.1	AC	50,000	현금	50,000
X1.12.31	현금	5,000	이자수익	5,000
X2.12.31	현금	5,000	이자수익	5,000
	손상차손	3,000	손실충당금	3,000
X3.1.1 (재분류일)	FVPL 손실충당금 PL	45,000 3,000 **2,000**	AC	50,000
X3.12.31	현금	5,000	**이자수익**	**5,000**
	FVPL	1,000	PL	**1,000**

사채를 액면금액으로 취득했으므로, 유효이자율은 액면이자율과 같은 10%이다.

D-08. ⑤

X2년 당기손익: (－)22,869＋80,000＋49,420＝**106,551 증가**

X0 950,252 n＝3, r＝10%, (80,000)
↓ 95,025
X1 965,277 —(10,000)→ 955,277 —⊖22,869→ 932,408
↓ 80,000
X2 932,408 —(+)49,420→ 981,828

(1) X1말 금융자산평가손익(OCI): 932,408－(965,277－10,000)＝(－)22,869 손실
  － FVOCI 금융자산은 기대신용손실이 있더라도 B/S상에 공정가치로 표시되어야 한다. 또한, 손상차손은 PL로 인식한다. 따라서 OCI로 인식하는 금융자산평가손익은 기대신용손실을 차감한 상각후원가와 공정가치의 차이이다.
  － FVOCI 금융자산을 FVPL 금융자산으로 재분류할 경우 OCI 잔액을 PL로 재분류 조정한다.

(2) 이자수익: 1,000,000×8%＝80,000
  － 재분류 후 FVPL로 분류하므로 액면이자만 이자수익으로 인식한다.

(3) X2년말 평가손익: 981,828－932,408＝49,420 이익

| 회계처리 |

X1.1.1	FVOCI	950,252	현금	950,252
X1.12.31	현금	80,000	이자수익	95,025
	FVOCI	15,025		
	손상차손	10,000	손실충당금	10,000
	OCI	22,869	FVOCI	22,869
X2.1.1 (재분류일)	FVPL	932,408	FVOCI	942,408
	손실충당금	10,000		
	PL	**22,869**	OCI	22,869
X2.12.31	현금	80,000	**이자수익**	**80,000**
	FVPL	49,420	**PL**	**49,420**

재분류일 현재 FVOCI 금융자산의 장부금액은 932,408이지만, 이 중 10,000은 손실충당금으로 인해 차감된 것이므로 재분류일에 FVOCI 942,408과 손실충당금 10,000을 동시에 제거해야 한다.

E-01. ⑤

미리 정한 가격으로 재매입하는 경우 위험과 보상의 대부분을 보유하는 것으로 보고 금융자산을 제거하지 않는다.

E-02. ①

FVOCI에서 AC로 재분류하는 경우 취소를 통해 OCI만 제거하고, 기존 유효이자율 상각표를 이용한다. 따라서 '최초 인식시점부터 상각후원가로 측정했었던 것처럼' 측정한다는 표현은 맞는 설명이다.

② 발생 가능성이 높은 신용손실의 보상을 보증하면서 매도한 것은 위험과 보상의 대부분을 **보유**하는 경우이다.
③ FVOCI 금융자산을 FVPL 금융자산으로 재분류하는 경우 OCI를 **재분류 조정**한다.
④ 공정가치로 재매입할 수 있다면 위험과 보상의 대부분을 **이전**하는 경우이다.
⑤ 정한 가격으로 재매입하는 거래는 위험과 보상의 대부분을 **보유**하는 경우이다.

E-03. ③

양도자가 금융자산의 소유에 따른 위험과 보상의 대부분을 소유하지도 아니하고 이전하지도 아니한 상태에서, 양도자가 금융자산을 통제하고 있다면 **지속적으로 관여하는 정도까지 자산을 계속 인식한다.**
④번 문장은 지엽적인 문장이므로 한 번만 읽어보고 넘어가자.

E-04. ③

금융자산 전체가 제거 조건을 충족하는 양도로 금융자산을 양도하고, 수수료를 대가로 해당 양도자산의 관리용역을 제공하기로 한다면 관리용역제공계약과 관련하여 **자산이나 부채를 인식한다.**

E-05. ⑤

1. 수취채권(금융자산) 회계처리: 금융약정

X5.1.1	수취채권	825,920	현금	825,920
X5.12.31	현금 수취채권	30,000 52,592	이자수익	82,592
X6.12.31	현금 수취채권	30,000 57,851	이자수익	87,851

양수자가 해당 금융자산에 대한 풋옵션을 보유하고 있으며, 최초 구입 가격(847,895)보다 행사가격(1,000,000)이 크므로 풋옵션이 깊은 내가격 상태이다. 따라서 금융자산 양도를 **금융약정(= 차입거래)**로 본다. 기존 금융자산과 무관하게 추가로 차입한 것이므로 **금융자산을 제거하지 않으며, 금융자산은 양도 전에 하던 유효이자율 상각을 계속한다.**

2. 금융부채 회계처리

X6.1.1	현금	847,895	금융부채	847,895
X6.12.31	이자비용	101,747	현금 금융부채	30,000 71,747
X7.1.1	금융부채 상환손실	919,642 **80,358**	현금	1,000,000

(1) x7.1.1 부채의 장부금액: 847,895 × 1.12 − 30,000 = 919,642
금융자산의 양도 금액 847,895에 유효이자율은 12%로 제시되어 있지만, 액면이자율은 제시되어 있지 않다. 그런데 x7.1.1 부채의 장부금액을 계산할 때는 액면이자 30,000을 차감하고 계산해야 한다. 수취채권 양도가 회계상으로는 금융약정으로 보아 제거하지 않았지만, 수취채권은 양수자가 보유하고 있다. 따라서 **액면이자를 양수자가 수령한다.** 수취채권 회계처리에서 X6.12.31에 수령한 현금 30,000을 양수자에게 지급한 것으로 보면 된다. 결과적으로 ㈜한국은 액면이자를 받지 못한다.

(2) 풋옵션 행사 시 당기손실 = 행사가격 − x7.1.1 부채의 장부금액
= 919,642 − 1,000,000 = **(−)80,358**
풋옵션 행사는 부채의 상환과 같다. 금융자산 양도를 차입거래로 보아 부채를 계상하였는데 풋옵션이 행사되면 ㈜한국은 행사가격만큼 현금을 지급하고 부채가 제거되기 때문이다.

E-06. ⑤

㈜대한은 양도받은 동 매출채권을 제3자에게 매도할 수 있는 능력이 없으므로, ㈜대한이 매출채권을 통제할 수 있는 상황은 아니다. 따라서 ㈜세무가 통제할 수 있는 상황으로 보아야 한다. ㈜세무는 위험과 보상의 대부분을 이전하지도 않고 보유하지도 않는데, 통제는 가능하므로 다음과 같이 지속적 관여 정도까지 자산을 인식해야 한다.

관련부채: 100,000(지급 보증액) + 20,000(보증의 공정가치) = **120,000**

| 회계처리 |

현금	480,000	매출채권	500,000
지속적 관여 자산	100,000	관련 부채	**100,000**
처분손실	40,000	관련 부채	**20,000**

E-07. ④

100원과 동일한 공정가치에 해당하는 자기지분상품을 인도할 계약은 인도할 자기지분상품의 수량이 확정되지 않았으므로 금융부채로 분류한다.

E-08. ①

② 지분상품을 FVOCI 금융자산으로 선택하는 것은 '최초 인식시점에는' 가능하다.
③ 회수를 합리적으로 예상할 수 없는 경우 손상차손을 인식하여 총장부금액을 직접 줄일 수 있다.
④ FVOCI 금융자산도 AC 금융자산과 마찬가지로 손상차손과 손상차손환입은 모두 PL로 인식한다.
⑤ 회계불일치를 제거하거나 유의적으로 줄이는 경우 FVOCI 금융자산이 아닌 **FVPL 금융자산**으로 지정할 수 있으며, 지정 후 이를 취소할 수 **없다.**

E-09. ④

최초 인식시점에 공정가치가 거래가격과 다르고, 그러한 공정가치가 활성시장의 공시가격에 따라 입증된다면 **공정가치**로 측정한다.
② 수량과 금액이 모두 확정된 파생상품(옵션)을 발행하였으므로 지분상품으로 분류하는 것이 맞다.

CHAPTER 07 복합금융상품

A-01. ①

1. 상환할증금: 1,000,000 × (10% − 5%) × (1.1^2 + 1.1 + 1) = 165,500

2. 발행가액 분석

부채	(1,000,000 + 165,500) × 0.7118 + 50,000 × 2.4018	= ① 949,693
자본		③ **50,307**
계		② 1,000,000

A-02. ⑤

1. 상환할증금: 1,000,000 × 5% = 50,000

2. 발행가액 분석

부채	(1,000,000 + 50,000) × 0.62092 + 80,000 × 3.79079	= ① 955,229
자본		③ 44,771
계		② 1,000,000

3. 부채비율: 6,955,229/4,044,771 = **1.72**
   부채: 6,000,000 + 955,229 = 6,955,229
   자본: 4,000,000 + 44,771 = 4,044,771

A-03. ②

주발초 증가액: (107,018 + 1,184 − 100,000/1,000 × 500) × 0.6 = **34,921**
− 문제에서 전환시점의 전환사채와 전환권대가를 제시하였으므로 주발초 증가액만 바로 구하면 된다.

| 전환 시 회계처리 |

X3초	부채	64,211	자본금	30,000
	전환권대가	710	주발초	**34,921**

A-04. ③

다섯 번 계산해야 하는 계산형 말문제이다. 실전에서 이와 같은 문제를 마주친다면 넘기고 시간이 남으면 풀자.

Step 1. 상환할증금
상환할증금: 1,000,000 × 16.87% = 168,700

Step 2. 발행가액 분석

부채	(1,000,000 + 168,700) × 0.6575 + 70,000 × 2.2832 =	= ① 928,244
자본		③ 71,756
계		② 1,000,000

① 부채요소: 928,244 (X)
② 자본요소: 71,756 (X)
③ X1년도 이자비용: 928,244 × 15% = 139,237 (O)

참고 X2년도 이자비용: 997,481 × 15% × (1 − 50%) = 74,811
− 전환권 행사 시 할증금 금액도 같이 줄여야 한다.
④ 전환권 행사로 증가하는 자본: (928,244 × 1.15 − 70,000) × 50% = 498,740 (X)
⑤ 전환권 행사로 증가하는 주발초: (997,481 + 71,756 − 1,000,000/20,000 × 5,000) × 50% = 409,618 (X)

| 회계처리 |

X1초	현금	1,000,000	부채	928,244	
			전환권대가(자본)	71,756	
X1말	이자비용	139,236	현금	70,000	
			부채	69,236	⌋ 997,481
X2초	부채	498,740	자본금	125,000	
	전환권대가	35,878	주발초	**409,618**	⌋ 498,741
X2말	이자비용	74,811	현금	35,000	
			부채	39,811	⌋ 538,552
X3말	이자비용	80,783	현금	35,000	
			부채	45,783	⌋ 584,334
	부채	584,334[1]	현금	584,334	

[1]만기 지급액: (1,000,000 + 168,700) × (1 − 50%) = 584,350 (≒584,334, 단수차이)

참고 미전환 시 만기까지 총 이자비용
1,168,700 + 70,000 × 3 − 928,244 = 450,456

계산기사용법 펜 안 쓰고 주식발행초과금 구하기 (중요!)

① 1,168,700 × 0.6575M + 70,000 × 2.2832M +
② MR 부호전환 + 1,000,000 =
③ MR × 15% + − 70,000 + GT MC M +
④ 1,000,000/20,000 × 5,000 M − MR × 0.5 =

A-05. ⑤

1. 상환할증금: 1,000,000 × 6% = 60,000

2. 발행가액 분석

부채	(1,000,000 + 60,000) × 0.7938 + 40,000 × 2.5770	= ① 944,508
자본		③ 35,492
계		② 980,000

3. X2말 전환사채 장부금액(A)
: {(944,508 × 1.08 − 40,000) × 1.08 − 40,000} × (1 − 60%) = **407,390**

4. 전환권대가 장부금액(B)
: 35,492 × (1 − 60%) = **14,197**

B-01. ③

1. 상환할증금: 1,000,000 × 10% = 100,000

2. 발행가액 분석

액면사채	1,000,000 × 0.6209 + 70,000 × 3.7908	= ① 886,256
할증금	100,000 × 0.6209	= ② 62,090
자본		④ 51,654
계		③ 1,000,000

3. 사채 장부금액: 886,256 + 62,090 = **948,346**
회계처리의 편의상 액면사채 부분과 할증금 부분을 따로 나눠서 계산하지만, '사채'의 장부금액을 묻는다면 할증금 부분까지 포함하여 답해야 한다.

B-02. ②

1. 상환할증금: 1,000,000 × 13.5% = 135,000

2. 발행가액 분석

액면사채	1,000,000 × 0.7118 + 70,000 × 2.4018	= ① 879,926
할증금	135,000 × 0.7118	= ② 96,093
자본		④ 23,981
계		③ 1,000,000

3. X1년도 이자비용: (879,926 + 96,093) × 12% = **117,122**

B-03. ⑤

1. 상환할증금: 1,000,000 × 9.74% = 97,400

2. 발행가액 분석

액면사채	1,000,000 × 0.7938 + 40,000 × 2.5771	= ① 896,884
할증금	97,400 × 0.7938	= ② 77,316
자본		④ 25,800
계		③ 1,000,000

3. 신주인수권 행사로 증가하는 주발초

: (100주 × 10,000 + 83,501 + 25,800 − 100주 × 5,000) × 70% = **426,511**

− X2초 할증금: 77,316 × 1.08 = 83,501

− 행사가액이 10,000이고, 행사비율이 100%라는 것은 액면금액 10,000당 현금 10,000을 납입하고 주식 1주를 인수할 수 있다는 것을 의미한다. 따라서 총 행사 가능 주식 수는 100주(= 1,000,000/10,000)이다.

| 행사 시 회계처리 |

X2초	현금	700,000	자본금	350,000
	할증금	58,451		
	대가	18,060	주발초	**426,511**

B-04. ④

1. 상환할증금: 100,000 × (6% − 4%) × (1.06^2 + 1.06 + 1) = 6,367

2. 발행가액 분석

액면사채	100,000 × 0.7938 + 4,000 × 2.5770	= ① 89,688
할증금	6,367 × 0.7938	= ② 5,054
자본		④ 5,258
계		③ 100,000

3. 신주인수권 행사로 증가하는 주발초

: (10주 × 10,000 + 5,458 + 5,258 − 10주 × 5,000) × 40% = **24,286**

− X2초 할증금: 5,054 × 1.08 = 5,458

| 행사 시 회계처리 |

X2초	현금	40,000	자본금	20,000
	할증금	2,183		
	대가	2,103	주발초	**24,286**

B-05. ⑤

발행가액 분석

액면사채	100,000 × 0.7513 + 6,000 × 2.4869	= ① 90,051
할증금	0	= ② 0
자본		④ 7,949
계		③ 98,000

(1) 신주인수권 행사로 증가하는 주발초

: (100,000/1,000 × 8,000 + 7,949 − 100,000/1,000 × 5,000) × 70% = 215,564

(2) X2년도 이자비용: (90,051 × 1.1 − 6,000) × 0.1 = 9,306
  − 할증금이 없으므로 액면사채에 대한 이자비용만 인식하면 된다.

| 회계처리 |

X1초	현금	98,000	BW 대가	90,051 7,949	
X1말	이자비용	9,005	현금 BW	6,000 3,005	┘93,056
X2초	현금 대가	560,000 5,564	자본금 주발초	350,000 215,564	
X2말	이자비용	9,306	현금 BW	6,000 3,306	┘96,362
X3말	이자비용	9,636	현금 BW	6,000 3,636	┘99,998
X3말	BW	99,998[1]	현금	99,998	

[1]만기 상환액: 단수차이이다. 100,000을 의미한다.

B-06. ④

1. 상환할증금: 0

2. 신주인수권 행사로 증가하는 자본
  : 행사가 + 할증금 감소액 = 1,000,000 × 60% = **600,000**
  − 할증금이 없으므로 신주인수권 행사 시 행사가만큼 자본이 증가한다.

| 행사 시 회계처리 |

X3초	현금 대가	**600,000** 74,616	자본금 주발초	150,000 524,616

대가 감소액: 124,360 × 60% = 74,616
자본 증가액: 150,000 + 524,616 − 74,616 = **600,000**

참고 발행가액 분석

액면사채	1,000,000 × 0.7513 + 50,000 × 2.4868	= ① 875,640
할증금		② 0
자본		④ 124,360
계		③ 1,000,000

B-07. ②

1. 상환할증금: 100,000 × 5% = 5,000

2. X1말 상환할증금: 5,000 × 0.89 = 4,450

3. 신주인수권 행사로 증가하는 자본
　: 행사가 + 할증금 감소액 = 60주 × 1,000 + 4,450 × 60% = **62,670**

| 행사 시 회계처리 |

X2초	현금 할증금 대가	**60,000** **2,670** 690	자본금 & 주발초	61,980

할증금 감소액: 4,450 × 60% = 2,670
대가 감소액: 1,150 × 60% = 690
자본 증가액: 61,980 − 690 = **62,670**
− 주식의 액면금액을 주지 않았기 때문에 자본금과 주발초의 금액을 각각 구할 수는 없다.
− 신주인수권대가의 주발초 대체 여부는 제시하지 않았으나, 대체하는 것으로 회계처리하였다.

참고 발행가액 분석

액면사채	100,000 × 0.8396 + 4,000 × 2.6730	= ① 94,652
할증금	5,000 × 0.8396	② 4,198
자본		④ 1,150
계		③ 100,000

B-08. ②

1. 상환할증금: 1,000,000 × 10% = 100,000

2. 발행가액 분석

액면사채	1,000,000 × 0.7938 + 40,000 × 2.5770	= ① 896,880
할증금	100,000 × 0.7938	= ② 79,380
자본		④ **23,740**
계		③ 1,000,000

B-09. ④

신주인수권 행사로 증가하는 자본: (행사가격 + 상환할증금 장부금액) × 40%
　= (1,000,000 + 85,730) × 40% = **434,292**
− X2초 상환할증금: 79,380 × 1.08 = 85,730

| 행사 시 회계처리 |

X2초	현금 상환할증금 신주인수권대가	400,000 34,292 9,496	자본금 주발초	100,000 343,788

B-10. ③

1. 상환할증금: 언급 없음

2. 발행가액 분석

액면사채	2,000,000 × 0.7118 + 160,000 × 2.4018	= ① 1,807,888
할증금		② 0
자본		④ 96,072
계		③ 1,903,960

3. X2년도 이자비용: (1,807,888 × 1.12 − 160,000) × 12% = **223,780**

— 신주인수권부사채는 신주인수권 행사 시 사채가 감소하지 않으므로 이자비용을 정상적으로 인식한다.

4. X2말 신주인수권대가: 96,072 × (1 − 25%) = **72,054**

— X2년 초에 액면금액의 25%(= 500,000/2,000,000)가 행사되었으므로 75%만 남는다.

C-01. ④

발행가액 분석

액면사채	1,000,000 × 0.7118 + 100,000 × 2.4019	= ① 951,990
할증금	0	= ② 0
자본		④ **48,010**
계		③ 1,000,000

① 자본요소: 48,010 (X)

② X2년도 이자비용: (951,990 × 1.12 − 100,000) × 0.12 = 115,947 (X)

③ X2년말 BW 장부금액: (951,990 × 1.12 − 100,000) × 1.12 − 100,000 = 982,176 (X)

④ 신주인수권 행사로 증가하는 주발초

: (행사가 + 할증금 BV + 신주인수권대가 − 주당 액면가 × 총 전환 가능 주식 수) × 행사율

= (50주 × 20,000 + 48,010 − 5,000 × 50주) × 40% = 319,204 (O)

— 사채 액면 20,000당 1주를 인수할 수 있으므로 총 50주(= 1,000,000/20,000)를 인수할 수 있으며, 행사금액은 20,000이다. 할증금이 없으므로 할증금은 고려할 필요 없다.

⑤ X3년도 이자비용: 982,176 × 0.12 = 117,861 (X)

— 할증금이 없으므로 할증금을 고려할 필요 없이, 기존 사채의 이자비용 계산 식을 이용한다. BW는 CB와 달리 행사를 하더라도 사채가 감소하지 않는다는 것을 주의하자.

| 회계처리 |

X1초	현금	1,000,000	BW	951,990	
			대가	48,010	
X1말	이자비용	114,239	현금	100,000	
			BW	14,239	⌟ 966,229
X2말	이자비용	115,947	현금	100,000	
			BW	15,947	⌟ 982,176
X3초	현금	400,000	자본금	100,000	
	대가	19,204	주발초	319,204	
X3말	이자비용	117,861	현금	100,000	
			BW	17,861	⌟ 1,000,037
X3말	BW	1,000,037[1]	현금	1,000,037	

[1]만기 상환액: 단수차이이다. 1,000,000을 의미한다.

C-02. ⑤

① X1초 신주인수권대가: 11,160 (X)

사채	1,000,000 × 0.7513 + 50,000 × 2.4869	= 875,645
할증금	150,000 × 0.7513	= 112,695
자본		**11,660**
계		1,000,000

– 상환할증금: 1,000,000 × 15% = 150,000

② X1년도 이자비용: (875,645 + 112,695) × 10% = 98,834 (X)

③ X2초 행사 시 자본 증가액: (1,000,000 + 123,965) × 40% = 449,586 (X)

– X2초 할증금 장부금액: 112,695 × 1.1 = 123,965

④ X2초 행사 후 사채 장부금액: 913,210 + 123,965 × (1 – 40%) = 987,589 (X)

– X2초 사채 장부금액: 875,645 × 1.1 – 50,000 = 913,210

⑤ X2년도 이자비용: 987,589 × 10% = 98,758 (O)

C-03. ⑤

1. 상환할증금: 없음 (미지급조건)

2. 발행가액 분석

부채	1,000,000 × 0.7118 + 50,000 × 2.4018	= ① 831,890
자본		③ 168,110
계		② 1,000,000

3. X2초 전환 시 주발초 증가액

: (881,717 + 168,110 – 100주 × @5,000) × 전환비율 = 329,896

– X1말 부채: 831,890 × 1.12 – 50,000 = 881,717

→ 전환비율 = **60%**

| 회계처리 |

X1초	현금	1,000,000	부채	831,890	
			전환권대가(자본)	168,110	
X1말	이자비용	99,827	현금	50,000	
			부채	49,827	⌋ 881,717
X2초	부채	529,030	자본금	300,000	
	전환권대가	100,866	주발초	**329,896**	

C-04. ③

1. 상환할증금: 1,000,000 × (8% – 5%) × (1.08^2 + 1.08 + 1) = 97,392

2. 발행가액 분석

액면사채	1,000,000 × 0.7118 + 50,000 × 2.4018	= ① 831,890
할증금	97,392 × 0.7118	② 69,324
자본		④ 98,786
계		③ 1,000,000

3. X3년 이자비용: (X2말 액면사채 + X2말 할증금 × 50%) × 12%
   = (937,523 + 86,960 × 50%) × 12% = **117,720 (단수차이)**
   — X2말 액면사채: (831,890 × 1.12 − 50,000) × 1.12 − 50,000 = 937,523
   — X2말 할증금: 69,324 × 1.12^2 = 86,960

C-05. ⑤

상환할증금: 1,000,000 × (8% − 5%) × (1.08^2 + 1.08 + 1) = 97,392
만기일에 지급할 총금액: 1,000,000 + 50,000 + 97,392 × 50% = **1,098,696**
— 만기'까지' 지급할 총금액이 아니라 '만기일에' 지급할 총금액이므로 액면이자는 1회만 지급한다.
— 신주인수권부사채는 전환사채와 달리 신주인수권이 행사되더라도 사채가 감소하지 않고 상환할증금만 감소한다는 것에 유의하자.

C-06. ②

신주인수권조정은 신주인수권부사채의 액면금액과 상환할증금의 사채할인발행차금 역할을 한다. 따라서 '액면금액 + 상환할증금'과 '액면금액 + 상환할증금의 현재가치' 사이의 차이가 14,843이다. 상환할증금을 A라고 할 때, 신주인수권조정은 다음과 같이 표현할 수 있다.
: 100,000 + A − (100,000 + A) × 0.6575 − 10,000 × 2.2832 = 14,843
→ A(상환할증금) = 10,000

만기일에 지급할 총금액: 100,000 + 10,000 × 40% = **104,000**
— 이자지급액은 제외하라는 단서가 있으므로 표시이자 10,000은 포함시키지 않는다.

| 회계처리 |

X1초	현금	100,000	BW	100,000
	신주인수권조정	14,843	상환할증금	10,000
			신주인수권대가	4,843
X3말 (상환)	BW	100,000	현금	**104,000**
	상환할증금	4,000		

D-01. ③

(1) 발행가액 분석

부채	1,059,600 × 0.7513 + 50,000 × 2.4869	= ① 920,422
자본		③ 49,577
계		② 970,000

부채는 미래현금흐름의 현재가치이므로, 할인발행의 효과는 전부 자본에 반영된다.

(2) X2년 말 전환사채 장부금액: {(920,422 × 1.1 − 50,000) × 1.1 − 50,000} × 0.3 = **302,613** (단수차이)

(3) 전환권대가: 49,577 × 0.3 = **14,873**
   — 전환사채의 액면금액 중 70%를 행사하였으므로 전환사채와 전환권대가 모두 30%만 남는다.

D-02. ①

1. 상환할증금: 없음

2. 발행가액 분석

부채	1,000,000 × 0.7118 + 80,000 × 2.4018	= ① 903,944
자본		③ **46,408**
계		② 950,352

전환권대가는 발행가액에서 부채를 차감한 잔여액으로 구하지, 전환권대가의 공정가치를 직접 이용하지 않는다. X1말까지 전환사채의 전환이 없으므로, 발행 시 전환권대가가 X1말에도 그대로 계상된다.

3. X1말 전환사채 장부금액: 903,944 × 1.12 − 80,000 = **932,417**

D-03. ①

부채	1,060,000 × 0.6209 + 40,000 × 3.7908	= ① 809,786	× 89/90	= **800,788**
자본		③ 90,214	× 89/90	= **89,212**
계		② 900,000	× 89/90	890,000

발행금액이 900,000인데, 발행비용 10,000이 있다. 따라서 부채와 자본에 각각 89/90을 곱해주면 증가액을 구할 수 있다.

D-04. ⑤

(1) 상환 시점 사채의 FV = 2,000,000 × 0.8264 + 120,000 × 1.7355 = 1,861,060
  − 공정가치는 현행이자율(10%)로 할인해야 한다.

(2) 자본요소에 대한 상환대가: 2,400,000 − 1,861,060 = **538,940**

참고 상환 시 회계처리

사채	1,928,600	현금	①1,861,060
		PL	②67,540
전환권대가	103,148	현금	③**538,940**
자본요소	④435,792		

(1) 발행가액 분석

부채	2,000,000 × 0.7938 + 120,000 × 2.5771	= ① 1,896,852
자본		③ 103,148
계		② 2,000,000

(2) 상환시점(X2년초) 사채 BV: 1,896,852 × 1.08 − 120,000 = 1,928,600

(3) 사채상환손익(PL): 1,928,600 − 1,861,060 = 67,540 이익

D-05. ②

(1) 상환시점 사채의 BV = 3,000,000 × 0.82645 + 240,000 × 1.73554 = 2,895,880

(2) 상환시점 사채의 FV = 3,000,000 × 0.84168 + 240,000 × 1.75911 = 2,947,226
　－ 공정가치는 현행이자율(9%)로 할인해야 한다.

(3) 사채상환손익(PL): 2,895,880 − 2,947,226 = **(−)51,346 손실** (단수차이)

참고 상환 시 회계처리

사채 PL	2,895,880 ② **51,346**	현금	① 2,947,226
전환권대가	149,226	현금 자본요소	③ 12,774 ④ 136,452

(1) 발행가액 분석

부채	3,000,000 × 0.75131 + 240,000 × 2.48685	= ① 2,850,774
자본		③ 149,226
계		② 3,000,000

D-06. ④

(1) x2년초 전환사채의 장부금액(10%, 2기): 1,150,000 × 0.8265 + 50,000 × 1.7355 = 1,037,250
(2) x2년초 일반사채의 공정가치(12%, 2기): 1,150,000 × 0.7972 + 50,000 × 1.6901 = 1,001,285
(3) 사채상환이익: (1,037,250 − 1,001,285) × 50% = **17,983** (단수차이)

참고

1. 상환할증금: 1,000,000 × 15% = 150,000
2. 발행가액 분석

부채	1,150,000 × 0.7513 + 50,000 × 2.4869	= ① 988,340
자본		③ 11,660
계		② 1,000,000

3. X1년말 전환사채 장부금액
　: 988,340 × 1.1 − 50,000 = 1,037,174

| 상환 시 회계처리 |

전환사채	518,587	현금 사채상환이익	500,643 **17,944**
전환권대가 자본	5,830 43,527	현금	49,357

D-07. ④

전환 시 자본 증가액: 전환 시 사채 장부금액 × 전환율 = 1,002,356 × 40% = **400,942 (단수차이)**
－ X1말 사채 장부금액: 1,086,000 × 0.8573 + 40,000 × 1.7832 = 1,002,356
－ 할증금이 86,000(= 1,000,000 × 8.6%) 있으므로 이를 포함하여 장부금액을 계산해야 한다.

D-08. ②

(1) 상환시점(X3년초) 사채 BV: (1,086,000 + 40,000)/1.08 × 60% = 625,556
  – 전환을 고려하지 않고 X2말 장부금액을 바로 구한 뒤, 전환율 40%를 고려하여 마지막에 60%를 곱해도 된다.

(2) 상환시점 사채의 FV = (1,086,000 + 40,000)/1.1 × 60% = 614,182
  – 공정가치는 현행이자율(10%)로 할인해야 한다.

(3) 사채상환손익(PL): 625,556 – 614,182 = **11,374 이익 (단수차이)**

D-09. ⑤

1. 상환할증금: 100,000 × 13.24% = 13,240

2. 발행가액 분석

부채	113,240 × 0.7118 + 6,000 × 2.4018	= ① 95,015
자본		③ 4,985
계		② 100,000

① 전환사채 발행시점 부채요소의 장부금액은 ₩95,015이다. (O)
② 20x1년 12월 31일 전환사채의 자본요소는 ₩4,985이다. (O)

③ 20x2년 부채 증가금액은 ₩6,050이다. (O)
: (95,015 × 1.12 – 6,000) × 12% – 6,000 = 6,050
④ 전환청구 시 전환권대가 대체액: 4,985 × 40% = 1,994 (O)

⑤ 사채상환손익(PL): 106,464 – 108,400 = **(–)1,936 손실 (X)**
(1) 상환시점(X3년초) 사채 BV: (113,240 + 6,000)/1.12 = 106,464
(2) 상환시점 사채의 FV = (113,240 + 6,000)/1.1 = 108,400
  – 공정가치는 현행이자율(10%)로 할인해야 한다.

D-10. ⑤

1. 상환할증금: 없음

2. 발행가액 분석

부채	1,000,000 × 0.79383 + 40,000 × 2.57710	= ① 896,914
자본		③ 103,086
계		② 1,000,000

① 발행 당시 전환권대가는 ₩103,086이다. (O)
② X1년 전환권조정 상각액: 896,914 × 8% – 40,000 = 31,753 (O)
③ 20X2년 초 전환사채의 장부금액: 896,914 × 1.08 – 40,000 = 928,667 (O)
④ 상환시점 사채의 공정가치: 1,000,000 × 0.75614 + 40,000 × 1.62571 = 821,168 (O)
⑤ 사채상환손익: 928,667 – 821,168 = **107,499 이익** (X)

E-01. ④

(1) 상환시점 사채의 BV = 3,000,000 × 0.7972 + 300,000 × 1.6901 = 2,898,630
(2) 상환시점 사채의 FV = 3,000,000 × 0.7561 + 300,000 × 1.6257 = 2,756,010
 − 공정가치는 현행이자율(15%)로 할인해야 한다.
(3) 사채상환손익(PL): 2,898,630 − 2,756,010 = **142,620 이익** (단수차이)

참고 상환 시 회계처리

사채	2,898,630	현금	① 2,756,010
		PL	② **142,620**
전환권대가	144,030	현금	③ 343,990
자본요소	④ 199,960		

(1) 발행가액 분석

부채	3,000,000 × 0.7118 + 300,000 × 2.4019	= ① 2,855,970
자본		③ 144,030
계		② 3,000,000

E-02. ⑤

조건변경손실
(1) A: 9,000주 × @200 = **1,800,000**
 − 전환 주식 수: 3,000,000/1,000 × 3 = 9,000주

(2) B: 600주 × @700 = **420,000**
원래 조건 하에서는 9,000주로 전환할 수 있으나, 조건 변경 시 9,600주로 전환할 수 있다.
 − 조건 변경으로 더 주는 주식 수: 3,000,000/1,000 × (3.2 − 3) = 600주

E-03. ③

전환 시 자본 증가액: 전환 시 사채 장부금액 × 전환율 = 918,670 × 70% = **643,069 (단수차이)**
 − X1말 사채 장부금액: 1,000,000 × 0.7561 + 100,000 × 1.6257 = 918,670

E-04. ④

조건변경손실: 100주 × @7,000 = **700,000**
 − 조건 변경으로 더 주는 주식 수: 1,000,000/10,000 × (2 − 1) = 100주

E-05. ⑤

전환권을 행사할 가능성이 변동되는 경우에도 전환상품의 부채요소와 자본요소의 분류를 **수정하지 않는다.**

CHAPTER 08 리스

A-01. ⑤

고정리스료 × 3.3121 + 100,000 × 0.7350 = 1,000,000
→ 고정리스료 = **279,732**

A-02. ⑤

고정리스료 × 2.48685 + 50,000 × 0.75131 = 500,000
→ 고정리스료 = 185,952

A-03. ③

고정리스료 × 2.4869 + 400,000 × 0.7513 = 2,000,000
→ 고정리스료 = **683,373**

A-04. ②

정기리스료 × (1 + 2.4018) + 100,000 × 0.7118 = 500,000 + 20,000 = 520,000
→ 정기리스료 = 131,936

최초 리스료는 리스실행일에 수취하며, 매년말 3회에 걸쳐 추가로 수취하므로 리스료는 총 '4회' 지급된다. 따라서 3년 연금현가계수에 1을 더한 뒤, 정기리스료에 곱해야 한다.

B-01. ④

이자비용 + 감가상각비: **878,765**

(1) 이자비용: 2,862,550 × 10% = 286,255
　— 리스부채: 1,000,000 × 2.4869 + 500,000 × 0.7513 = 2,862,550

(2) 감가상각비: (2,962,550 − 0)/5 = 592,510
　— 사용권자산: 리스부채 + 리스개설직접원가: 2,862,550 + 100,000 = 2,962,550
　— 자산이 반환되지 않으므로 리스기간인 3년이 아닌 자산의 내용연수인 5년으로 상각한다.

	이용자(대한)			
X1초	사용권자산	2,962,550	리스부채	2,862,550
			현금	100,000
X1말	이자비용	**286,255**	현금	1,000,000
	리스부채	713,745		
	감가상각비	**592,510**	사용권자산	592,510

B-02. ②

이자비용 + 감가상각비: **433,942**

(1) 이자비용: 1,093,140 × 10% = 109,314

— 리스부채: 500,000 × 1.7355 + 300,000 × 0.7513 = 1,093,140

(2) 감가상각비: (1,623,140 − 0)/5 = 324,628

— 사용권자산: 리스부채 + 리스개설직접원가 + 리스개시일에 지급한 리스료
= 1,093,140 + 30,000 + 500,000 = 1,623,140

— 연장선택권을 행사하는 경우 소유권이 이전되므로 기초자산의 경제적 내용연수인 5년간 상각해야 한다.

| 회계처리 |

X1.1.1	사용권자산	1,623,140	리스부채	1,093,140
			현금	500,000
			현금	30,000
X1.12.31	감가상각비	324,628	사용권자산	324,628
	이자비용	109,314	리스부채	109,314

B-03. ②

(1) 이자비용: 711,916 × 10% = **71,192**

— 리스부채: 286,278 × 2.4868 = 711,916

— '보증액<리스기간 종료 시 예상잔존가치'이므로 리스기간 종료 시 예상 지급액은 없다.

(2) 감가상각비: (741,916 − 0)/3 = **247,305**

— 사용권자산: 리스부채 + 리스개설직접원가: 711,916 + 30,000 = 741,916

— 자산이 반환되므로 리스기간인 3년간 상각한다.

	이용자(갑)			
X1초	사용권자산	741,916	리스부채	711,916
			현금	30,000
X1말	이자비용	**71,192**	현금	286,278
	리스부채	215,086		
	감가상각비	**247,305**	사용권자산	247,305

B-04. ⑤

이자비용 + 감가상각비 = **401,172**

(1) 이자비용: 1,137,240 × 10% = 113,724

— 리스부채: 300,000 × 3.7908 = 1,137,240

— '보증액>리스기간 종료 시 예상잔존가치'이므로 리스기간 종료 시 예상 지급액은 없다.

(2) 감가상각비: (1,437,240 − 0)/5 = 287,448

— 사용권자산: 1,137,240 + 300,000 = 1,437,240

— 리스 자산 반환 조건이므로 리스 기간인 5년, 잔존가치 0으로 상각한다.

B-05. ④

X2년도 총비용: 142,659 + 337,290 = **479,949**

(1) 이자비용: 1,426,593 × 10% = 142,659

— X2년도 비용을 물었으므로 X1말 리스부채 잔액에 내재이자율을 곱해야 한다.

① X1초 리스부채: 428,500 × 3.7908 + 100,000 × 0.6209 = 1,686,448

② X1말 리스부채: 1,686,448 × 1.1 − 428,500 = 1,426,593

(2) 감가상각비: (1,686,448 − 0)/5 = 337,290

— 사용권자산 = 1,686,448 (리스개설직접원가는 없음)

— 자산이 반환되므로 리스기간인 5년간 상각한다.

	이용자(국세)			
X1초	사용권자산	1,686,448	리스부채	1,686,448
X1말	이자비용 리스부채 감가상각비	168,645 259,855 337,290	현금 사용권자산	428,500 337,290
X1말	이자비용 리스부채 감가상각비	**142,659** 285,841 **337,290**	현금 사용권자산	428,500 337,290

B-06. ①

x1초 리스부채: 743,823 × 2.4868 + 200,000 × 0.7513 = 2,000,000

x1말 리스부채: 2,000,000 × 1.1 − 743,823 = **1,456,177**

B-07. ①

X1년도 PL에 미치는 영향

(1) 대한리스: **131,853 증가** (이자수익)

(2) 민국: 131,853(이자비용) + 334,633(감가비) = **466,486 감소**

	제공자(대한리스)				이용자(민국)			
X1초	리스채권	1,318,530	리스자산 현금	1,288,530 30,000	사용권자산	1,338,530	리스부채[1] 현금	1,318,530 20,000
X1말	현금	500,000	이자수익 리스채권	**131,853** 368,147	이자비용 리스부채 감가상각비[2]	**131,853** 368,147 **334,633**	현금 사용권자산	500,000 334,633

[1]리스부채: 500,000 × 2.4868 + 100,000 × 0.7513 = 1,318,530 = 리스채권

[2]감가상각비: (1,338,530 − 0)/4 = 334,633

— 자산이 반환되지 않으므로 리스기간인 3년이 아닌 자산의 내용연수인 4년으로 상각한다.

B-08. ③

(1) 리스채권: 50,000 × 0.6830 + 4,000,000 × 3.1699 = 12,713,750

(2) 감가상각비: (12,759,600 − 0)/4 = 3,189,900

— 리스 자산 반환 조건이므로 리스 기간인 4년, 잔존가치 0으로 상각한다.

① 리스부채: 4,000,000 × 3.1699 = 12,679,600

– 리스 자산 반환 시 리스 제공자와 달리 리스 이용자는 지급 예상액만을 부채로 계상한다. 추정 잔존가치가 보증액보다 크므로 지급 예상액은 0이다.

② 사용권자산: 12,679,600 + 80,000 = 12,759,600

참고 회계처리

	제공자(코리아리스)				이용자(서울)			
X1초	리스채권	**12,713,750**	리스자산 현금	12,713,750 0	사용권자산	12,759,600	리스부채 현금	12,679,600 80,000
X1말	현금	4,000,000	이자수익 리스채권	1,271,375 2,728,625	이자비용 리스부채 감가상각비	1,267,960 2,732,040 **3,189,900**	현금 사용권자산	4,000,000 3,189,900

B-09. ⑤

리스채권 = 정기리스료 × 3.7908 + 100,000 × 0.6209 = 19,016,090

리스부채 = 정기리스료 × 3.7908 + 예상 지출액 × 0.6209 = 사용권자산 = 18,991,254

(∵리스개설직접원가가 없으므로)

→ 예상 지출액 = 60,000

보증 잔존가치: 예상 잔존가치 + 예상 지출액 = 100,000 + 60,000 = **160,000**

B-10. ①

(1) 취득원가

취득원가 + 리스개설직접원가 = PV(정기리스료 + 추정 잔존가치)

취득원가 + 300,000 = 3,000,000 × 2.4868 + 10,000,000 × 0.7513 = 14,973,400

→ 취득원가 = **14,673,400**

(2) 회수 시 손실금액: ① – ② = **3,000,000**

① 잔존가치 하락분 = 추정 잔존가치 – 실제 잔존가치 = 10,000,000 – 5,000,000 = 5,000,000

② 보증으로 인한 수령액 = 보증 잔존가치 – 실제 잔존가치 = 7,000,000 – 5,000,000 = 2,000,000

– 실제 잔존가치가 5,000,000이지만, 리스이용자로부터 2,000,000을 수령하므로 손실은 3,000,000이다.

| 회수 시 회계처리 |

x3.12.31	기계설비 PL	5,000,000 **5,000,000**	리스채권	10,000,000
	현금	2,000,000	PL	**2,000,000**

B-11. ②

x1년 초 리스채권: 8,152,500 + 50,000 = 8,202,500
x2년 말 리스채권: (8,202,500 × 1.1 − 2,000,000) × 1.1 − 2,000,000 = 5,725,025

리스채권손상차손: min[200,000, 400,000] × 0.7513 = 150,260
− 무보증잔존가치가 200,000이라는 것은 예상잔존가치가 800,000(= 600,000 + 200,000)이라는 것을 의미한다. 예상잔존가치가 1,000,000에서 800,000으로 200,000 감소하였다. 무보증잔존가치 감소액의 한도는 최초의 무보증잔존가치인 400,000인데, 한도를 초과하지 않으므로 무보증잔존가치의 감소분을 손상차손으로 인식한다. 남은 리스기간이 3년이므로 3년 현가계수를 이용한다.

x3년 초 리스채권: 5,725,025 − 150,260 = 5,574,765
x3년도 이자수익: 5,574,765 × 10% = **557,477 (단수차이)**

| 회계처리 |

X1.1.1	리스채권	8,202,500	현금	8,152,500
			현금	50,000
X1.12.31	현금	2,000,000	이자수익	820,250
			리스채권	1,179,750
X2.12.31	현금	2,000,000	이자수익	702,275
			리스채권	1,297,725
X3.1.1	손상차손	150,260	리스채권	150,260
X3.12.31	현금	2,000,000	**이자수익**	**557,477**
			리스채권	1,442,523

┘ 5,574,765 (단수차이)

| 간편법 |
무보증잔존가치 추정 변경 후 20x3년 초 리스채권
: 2,000,000 × 2.4868 + (600,000 + 200,000) × 0.7513 = 5,574,640
− 무보증잔존가치 추정 변경 후 예상잔존가치는 800,000이므로 800,000을 이용하여 20x3년 초 리스채권을 바로 계산할 수 있다.

x3년도 이자수익: 5,574,640 × 10% = **557,464**

B-12. ④

x1년도 당기순이익에 미치는 영향: 60,000 − 13,660 = **46,340**

X1.1.1	리스채권	600,000	현금	600,000
X1.12.31	현금	150,000	**이자수익**	**60,000**
			리스채권	90,000
	손상차손	**13,660**	리스채권	13,660

리스채권손상차손: min[50,540 − 30,540 = 20,000, 50,540 − 30,000 = 20,540] × 0.6830 = 13,660
− 잔존가치 감소분이 최초의 무보증잔존가치보다 작으므로 무보증잔존가치의 감소분을 손상차손으로 인식한다.

C-01. ④

식 하나만 계산하면 끝나는 문제이다. 실전에서는 회계처리 없이 계산만으로 문제를 풀어야 한다.

매출총이익 = PV(정기리스료 + 추정 잔존가치) − BV
= 1,071,693 × 2.4868 + 300,000 × 0.7513 − 2,000,000 = **890,476**
− 이자율: 10%, 10%의 현가계수인 2.4868과 0.7513을 사용한다.

| 회계처리 |

매출채권	2,890,476	매출액	2,740,216
매출원가	1,849,740	재고자산	2,000,000

매출채권: 1,071,693 × 2.4868 + 300,000 × 0.7513 = 2,890,476
매출액: 1,071,693 × 2.4868 + 100,000 × 0.7513 = 2,740,216 (한도: 3,000,000)
매출원가: 2,000,000 − 200,000 × 0.7513 = 1,849,740
매출총이익 = 2,740,216 − 1,849,740 = 2,890,476 − 2,000,000 = 890,476

C-02. ③

판매일의 당기손익 = 매출총이익 − 판관비 = PV(정기리스료 + 추정 잔존가치) − BV − 판관비
= 3,500,000 × 3.3121 + 1,000,000 × 0.7350 − 9,000,000 − 350,000 = **2,977,350**
− 이자율: 8%

| 회계처리 |

매출채권	12,327,350	매출액	**12,033,350**
매출원가	**8,706,000**	재고자산	9,000,000
판관비	**350,000**	현금	350,000

매출채권: 3,500,000 × 3.3121 + 1,000,000 × 0.7350 = 12,327,350
매출액: 3,500,000 × 3.3121 + 600,000 × 0.7350 = 12,033,350
매출원가: 9,000,000 − (1,000,000 − 600,000) × 0.7350 = 8,706,000
매출총이익 = 2,740,216 − 1,849,740 = 2,890,476 − 2,000,000 = 890,476

C-03. ③

당기순이익에 미치는 영향: 25,789 − 1,000 + 15,095 = **39,884 증가**

(1) 매출총이익 = PV(정기리스료 + 행사가격) − BV
= 50,000 × 2.4019 + 8,000 × 0.7118 − 100,000 = 25,789
− 이자율: 12%. 12%의 현가계수인 2.4019과 0.7118을 사용한다.
− 리스자산을 반환하는 것이 아니라 매수할 것이 상당히 확실하므로, 행사가격인 8,000을 현재가치한다.

(2) 판관비: ㈜대한이 지출한 수수료 1,000을 판관비로 비용처리한다.

(3) 이자수익: 매출채권 × 이자율 = 125,789 × 12% = 15,095
− 매출채권 = 50,000 × 2.4019 + 8,000 × 0.7118 = 125,789

| 회계처리 |

X1초	매출채권	125,789	매출액	**125,789**
	매출원가	**100,000**	재고자산	100,000
	판관비	**1,000**	현금	1,000
X1말	현금	50,000	이자수익	**15,095**
			매출채권	34,905

— 매출액이 한도인 130,000을 초과하지 않았다.

C-04. ③

매출액: min[10,000,000 × 2.57710 + 2,000,000 × 0.79383 = 27,358,660, 27,000,000]
= **27,000,000**

— 리스자산을 반환하는 것이 아니라 매수할 것이 상당히 확실하므로, 행사가격인 2,000,000을 할인한다.
— 이자율: 8%
— 공정가치가 미래 현금흐름의 현재가치로 계산한 매출액보다 작으므로, 공정가치인 27,000,000을 매출액으로 한다.

| 회계처리 |

X1초	매출채권	27,000,000	매출액	**27,000,000**
	매출원가	20,000,000	재고자산	20,000,000

C-05. ⑤

③ 리스부채: 600,000 × 3.1699 = 1,901,940
④ 사용권자산: 2,100,000 × (1,901,940 + 2,500,000 − 2,500,000)/2,500,000 = 1,597,630
⑤ 기계장치의 판매는 20X1년 1월 1일 ㈜갑의 당기손익을 **₩95,690만큼 증가**시킨다.

| ㈜갑의 회계처리 |

판매 조건 미충족 시				판매 조건 충족 시			
현금	2,500,000	금융부채	2,500,000	현금	2,500,000	자산	2,100,000
				사용권자산	1,597,630	리스부채	1,901,940
						처분이익	**95,690**

C-06. ①

현금	650,000	자산	500,000
사용권자산	457,421	리스부채	598,905
처분이익 8,516			

Step 1. 현금: 판매가(650,000) 유입, 자산 BV(500,000) 제거

Step 2. 리스부채: PV(정기리스료) = 150,000 × 3.9927 = 598,905

Step 3. 사용권자산

$$사용권자산 = BV \times \frac{리스부채 + (FV - 판매가)}{FV} = 500,000 \times \frac{598,905 + (600,000 - 650,000)}{600,000}$$

$= 457,421$

Step 4. 처분손익(PL): 650,000 + 457,421 − 500,000 − 598,905 = **8,516 이익**

C-07. ③

처분 시 건물의 장부금액: 14,000,000 × 5/7 = 10,000,000

현금	12,000,000	자산	10,000,000
사용권자산	10,038,017	리스부채	12,045,620
처분손실 7,603			

Step 1. 현금: 판매가(12,000,000) 유입, 자산 BV(10,000,000) 제거

Step 2. 리스부채: PV(정기리스료) = 3,800,000 × 3.1699 = 12,045,620

Step 3. 사용권자산

$$사용권자산 = 10,000,000 \times \frac{12,045,620 + (12,000,000 - 12,000,000)}{12,000,000}$$

$= 10,038,017$

Step 4. 처분손익(PL): 12,000,000 + 10,038,017 − 10,000,000 − 12,045,620 = **(−)7,603 손실**

D-01. ③

(1) x1년 초 리스부채: 3,000,000 × 2.5770 = 7,731,000
　− 매수선택권을 행사하지 않을 것이라고 판단하였으므로, 리스료만 할인한 금액이다.

(2) x1년초 사용권자산: 7,731,000
　− 리스개설직접원가에 대한 언급이 없다.

(3) x2년말 리스부채 증가액: ② − ① = 404,412
① 재측정 전 리스부채: (7,731,000 × 1.08 − 3,000,000) × 1.08 − 3,000,000 = 2,777,438
② 재측정 후 리스부채: (3,000,000 + 500,000) × 0.9091 = 3,181,850
　− 매수선택권 평가에 변동이 있으므로 수정 할인율로 리스부채를 재측정한다.

(4) x2년말 사용권자산: 7,731,000 × 1/3 + 404,412 = 2,981,412

(5) x3년도 감가상각비: (2,981,412 − 0)/2 = **1,490,706**
　− 매수선택권을 행사할 것이 확실하다고 판단을 변경하였으므로 사용권자산의 내용연수는 4년이며, x3년 초 잔존내용연수는 2년(= 4년 − 2년)이다.

| 회계처리 |

X1.1.1	사용권자산	7,731,000	리스부채	7,731,000
X1.12.31	감가상각비	2,577,000	사용권자산	2,577,000
	이자비용	618,480	현금	3,000,000
	리스부채	2,381,520		
X2.12.31	감가상각비	2,577,000	사용권자산	2,577,000
	이자비용	427,958	현금	3,000,000
	리스부채	2,572,042		
	사용권자산	404,412	리스부채	404,412
X3.12.31	**감가상각비**	**1,490,706**	사용권자산	**1,490,706**
	이자비용	318,185	현금	3,500,000
	리스부채	3,181,815		
	기계장치	1,490,706	사용권자산	1,490,706

D-02. ②

(1) x1년초 리스부채: 2,000,000 × 2.577 = 5,154,000

(2) x1년초 사용권자산: 5,154,000 + 246,000 = 5,400,000

(3) x3년초 리스부채 증가액: ② − ① = 3,437,514
① 재측정 전: (5,154,000 × 1.08 − 2,000,000) × 1.08 − 2,000,000 = 1,851,626
② 재측정 후: 2,000,000 × 0.9091 + 2,200,000 × 0.8264 + 2,200,000 × 0.7513 = 5,289,140
 − 매수선택권 평가에 변동이 있으므로 수정 할인율로 리스부채를 재측정한다.

(4) x3년초 사용권자산: 1,800,000 + 3,437,514 = 5,237,514
① 재측정 전 사용권자산: 5,400,000 × 1/3 = 1,800,000

(5) x3년말 사용권자산: 5,237,514 × 2/3 = **3,491,676 (단수차이)**

| x3년도 회계처리 |

x3.1.1	사용권자산	3,437,514	리스부채	3,437,514
x3.12.31	이자비용	528,914	현금	2,000,000
	리스부채	1,471,086		
	감가상각비	1,745,838	사용권자산	1,745,838

D-03. ③

(1) 리스부채
① A: 50,000 × (0.9259 + 0.8573) = 89,160
② B: 30,000 × (0.9259 + 0.8573) = 53,496

(2) 리스부채 증감
① A: 지수나 요율(이율)의 변동이 아닌 다른 이유로 리스료가 변동하는 경우 리스부채의 증감을 가져오지 않는다.

② B: 63,555 − 57,776 = **5,779 (단수차이)**
재측정 전 리스부채(B): 53,496 × 1.08 = 57,776
재측정 후 리스부채(B): 33,000 × (1 + 0.9259) = 63,555
− 20X2년 초부터 지급할 리스료: 30,000 × 132/120 = 33,000

| 기초자산 A 회계처리 |

X1.1.1	사용권자산	139,160	리스부채	89,160
			현금	50,000
X1.12.31	감가상각비	46,387	사용권자산	46,387
	이자비용	7,133	리스부채	7,133
	비용	2,000	미지급비용	2,000

기초자산 사용수익과 관련된 비용: 200,000 × 1% = 2,000

| 기초자산 B 회계처리 |

X1.1.1	사용권자산	83,496	리스부채	53,496
			현금	30,000
X1.12.31	감가상각비	27,832	사용권자산	27,832
	이자비용	4,280	리스부채	4,280
	사용권자산	5,779	**리스부채**	**5,779**

D-04. ②

	사용권자산	리스부채	PL
X3	51,954	55,782	
감소	↓(17,318)	↓(18,594)	+ 1,276
	34,636	37,188	
재조정	↓ + 3,828	↓ + 3,828	
	38,464	41,016	
상각	↓(19,232)		
X4	19,232		

(1) 리스부채 및 사용권자산 감소 (대차차액은 PL)
① 리스부채 증감: 55,782/3 = 18,594
− X3년 말 리스부채(5%, 2기): 30,000 × 1.8594 = 55,782
② 사용권자산 감소분: 51,954/3 = 17,318
− X3년 말 사용권자산: 30,000 × 4.3295 × 2/5 = 51,954
③ PL: 18,594 − 17,318 = 1,276 이익

(2) 리스부채 재조정 (대차차액은 사용권자산)

① 리스부채 증감: 41,016 − 37,188 = 3,828 증가

 − X4년 초 리스부채(8%, 2기): 23,000 × 1.7833 = 41,016

② 사용권자산 증감: 3,828 증가

(3) X4년 말 사용권자산: (34,636 + 3,828)/2 = **19,232**

| 회계처리 |

X4.1.1	리스부채	18,594	사용권자산	17,318
			PL	1,276
	사용권자산	3,828	리스부채	3,828
X4.12.31	감가상각비	19,232	사용권자산	19,232
	이자비용	3,281	현금	23,000
	리스부채	19,719		

D-05. ④

	사용권자산	리스부채	PL
X1	248,408	257,707	
감소	↓ − 82,803	↓ − 79,377	− 3,426
	165,605	178,330	
재조정	↓ − 4,780	↓ − 4,780	
	160,825	173,550	
상각	↓ (80,413)	↓ (17,355)	− 97,768
X2	80,412	90,905	

(1) 리스부채 및 사용권자산 감소 (대차차액은 PL)

① 리스부채 증감: 178,330 − 257,707 = (−)79,377

 − X1년 말 리스부채(8%, 2기): 100,000 × 1.7833 = 178,330

② 사용권자산 감소분: 248,408 × 1/3 = 82,803

③ PL: 79,377 − 82,803 = (−)3,426

(2) 리스부채 재조정 (대차차액은 사용권자산)

① 리스부채 증감: 173,550 − 178,330 = (−)4,780 감소

 X1년 말 리스부채(10%, 2기): 100,000 × 1.7355 = 173,550

② 사용권자산 증감: (−)4,780 감소

(3) 감가상각비 및 이자비용

① 감가상각비: 160,825/2 = 80,413

 − X2년 초 사용권자산: 248,408 − 82,803 − 4,780 = 160,825

② 이자비용: 173,550 × 10% = 17,355

 − X2년 초 리스부채(10%, 2기): 100,000 × 1.7355 = 173,550

(4) X2년도 당기순이익: 리스부채 및 사용권자산 감소 시 손익 − 감가상각비 − 이자비용
= (−)3,426 − 80,413 − 17,355 = **(−)101,194**

| 회계처리 |

X2.1.1	리스부채	79,377	사용권자산	82,803
	PL	3,426		
	리스부채	4,780	사용권자산	4,780
X2.12.31	감가상각비	80,413	사용권자산	80,413
	이자비용	17,355	현금	100,000
	리스부채	82,645		

E-01. ①

x2년 당기순이익: 30,000 − 25,000 = **5,000 증가**
(1) 리스료수익: 360,000 × 3/36 = 30,000
총 리스료: 100,000 + 120,000 + 140,000 = 360,000

(2) 감가상각비: (800,000/10 + 60,000/3) × 3/12 = 25,000

E-02. ⑤

1. ㈜대한리스의 x1년도 당기순이익: (1) − (2) = **3,800,000 증가**
(1) 리스료수익: (6,000,000 + 8,000,000 + 10,000,000)/3 = 8,000,000
(2) 감가상각비: 40,000,000/10 + 600,000/3 = 4,200,000

2. ㈜민국의 x1년도 당기순이익: (1) + (2) = **8,512,077 감소**
(1) 이자비용: 20,351,800 × 8% = 1,628,144
x1년초 리스부채: 6,000,000 × 0.9259 + 8,000,000 × 0.8573 + 10,000,000 × 0.7938
= 20,351,800
(2) 감가상각비: 20,651,800/3 = 6,883,933
x1년초 사용권자산: 20,351,800 + 300,000 = 20,651,800

| 회계처리 |
(1) ㈜대한리스

X1.1.1	기계장치	40,000,000	현금	40,000,000
	운용리스자산	40,600,000	기계장치	40,000,000
			현금	600,000
X1.12.31	현금	6,000,000	**리스료수익**	**8,000,000**
	미수리스료	2,000,000		
	감가상각비	**4,200,000**	운용리스자산	4,200,000

(2) ㈜민국

리스계약이 운용리스로 분류되더라도, 리스이용자는 금융리스와 똑같이 회계처리를 한다.

X1.1.1	사용권자산	20,651,800	리스부채	20,351,800
			현금	300,000
X1.12.31	**감가상각비**	**6,883,933**	사용권자산	6,883,933
	이자비용	**1,628,144**	현금	6,000,000
	리스부채	4,371,856		

E-03. ③

① 제조자 또는 판매자인 리스제공자의 운용리스 체결은 판매와 동등하지 않으므로 운용리스 체결 시점에 **매출이익을 인식하지 않는다.**

② 금융리스로 분류되는 경우 리스제공자는 자신의 **리스순투자** 금액에 일정한 기간수익률을 반영하는 방식으로 리스기간에 걸쳐 금융수익을 인식한다.

④ 기초자산의 소유에 따른 위험과 보상의 대부분을 이전하는 리스는 **금융**리스로 분류하고, 기초자산의 소유에 따른 위험과 보상의 대부분을 이전하지 않는 리스는 **운용**리스로 분류한다.

⑤ 제조자 또는 판매자인 리스제공자의 금융리스 체결은 금융리스 체결 시점에 기초자산의 원가(원가와 장부금액이 다를 경우에는 장부금액)에서 **무보증잔존가치의 현재가치**를 뺀 금액을 매출원가로 인식한다.

E-04. ①

리스이용자는 리스개시일에 그날 현재 지급되지 않은 리스료의 현재가치로 리스부채를 측정한다. 리스의 **내재이자율**을 쉽게 산정할 수 있는 경우에는 그 이자율로 리스료를 할인한다. 그 이자율을 쉽게 산정할 수 없는 경우에는 리스이용자의 **증분차입이자율**을 사용한다. 내재이자율을 산정할 수 없는 경우 증분차입이자율을 사용하는 것이지, 그 반대가 아니다.

E-05. ②

① 리스기간이 12개월을 **초과**하고 기초자산이 소액이 아닌 모든 리스에 대하여 리스이용자가 자산과 부채를 인식하여야 한다.

③ 기초자산이 소액인지는 **절대적** 기준에 따라 평가한다.

④ 단기리스에 대한 선택은 사용권이 관련되어 있는 **기초자산의 유형별**로 한다.

⑤ 소액 기초자산 리스에 대한 선택은 **리스별**로 할 수 있다.

E-06. ⑤

리스이용자는 하나 이상의 기초자산 사용권이 추가되어 리스의 범위가 넓어지고, 개별 가격에 적절히 상응하여 리스대가가 증액된 경우에 리스변경을 별도 리스로 회계처리한다. 두 가지 조건을 모두 충족하는 경우에만 별도 리스로 회계처리한다.

E-07. ②

계약의 약정시점에, 계약 자체가 리스인지, 계약이 리스를 포함하는지를 판단한다.
②번을 제외한 나머지 선지가 모두 올바른 문장이므로 ②번을 정답으로 골랐어야 한다.

CHAPTER 09 충당부채

A-01. ④

충당부채는 최초 인식과 관련 있는 지출에만 사용한다. 본래의 충당부채와 관련된 지출에만 그 충당부채를 사용한다.

A-02. ①

제삼자와 연대하여 의무를 지는 경우에는 이행할 전체 의무 중 제삼자가 이행할 것으로 예상되는 부분을 **우발부채**로 처리한다.

A-03. ④

① (경제적효익의 유입가능성이 높지 않다가) 경제적효익의 유입가능성이 높아진 경우 **우발자산을 공시한다.**
② 손실부담계약을 체결하고 있는 경우에는 관련된 현재의무를 **충당부채로 인식한다.**
③ 충당부채를 현재가치로 평가하는 경우 적용될 할인율은 부채의 특유위험과 화폐의 시간가치에 대한 현행 시장의 평가를 반영한 **세전** 이율이다.
⑤ 화폐의 시간가치 영향이 중요한 경우에 충당부채는 의무를 이행하기 위하여 예상되는 지출액의 현재가치로 평가한다.

A-04. ⑤

미래 영업에서 생길 원가는 충당부채로 인식하지 아니한다. 재무제표는 미래 시점의 예상 재무상태가 아니라 보고기간 말의 재무상태를 표시하는 것이므로 보고기간 말에 존재하는 현재 의무만을 재무상태표에 부채로 인식한다.

A-05. ⑤

손실부담계약의 경우 계약상의 의무에 따른 회피 불가능한 원가는 계약을 해지하기 위한 최소순원가로서 계약을 이행하기 위하여 소요되는 원가와 계약을 이행하지 못하였을 때 지급하여야 할 보상금(또는 위약금) 중에서 **작은** 금액을 말한다.

A-06. ①

① 항공기를 정비하지 않고 그대로 사용하거나, 아예 팔아버리면 미래의 지출을 회피할 수 있으므로, 충당부채를 인식하지 않는다.
② 법률 제정이 거의 확실하므로 충당부채를 인식한다.
③ 사업부 폐쇄에 대한 공식적이고 구체적인 계획이 존재하고, 구조조정 당사자(해고될 인원)가 기업이 구조조정을 실행할 것이라는 정당한 기대를 가지므로 의제의무가 생기며, 충당부채를 인식한다.
④ 오염된 토지를 정화한다는 방침을 공표하고 준수하므로 의제의무가 생기며, 충당부채를 인식한다.
⑤ 매연여과장치 설치에 대해서는 충당부채를 인식하지 않으나, 벌과금이 부과될 가능성이 높으므로 충당부채를 인식한다.

A-07. ①

연대의무를 부담하는 경우 제3자가 이행할 것으로 기대하는 부분은 우발부채로 인식한다.

② 할인율에 미래현금흐름 추정 시 고려된 위험은 반영하지 않는다.

③ 충당부채는 세전 금액으로 인식한다.

④ 지출액의 일부 또는 전부를 제3자가 변제할 것이 예상되는 경우 변제금액을 별도의 자산으로 처리하지, 충당부채와 상계하지 않는다. 참고로, 관련 비용과 수익은 상계가 가능하다.

⑤ 충당부채는 최초 인식과 관련있는 지출에만 사용한다.

A-08. ③

자원의 유출가능성은 높으나 신뢰성 있는 추정이 불가능하므로 우발부채로 공시하는 것이 맞다.

① 정기적인 수선 및 검사원가는 충당부채로 인식하지 않는다.

②, ④ 자원이 유출될 가능성이 '높기' 때문에 (유출 가능성〉유출되지 않을 가능성) 우발부채가 아닌 충당부채로 인식해야 한다.

⑤ 과거 사건이 발생하지 않았다. 자산의 예상처분손익은 우발자산으로 인식하지 않는다.

A-09. ③

	20x1년말	20x2년말
사례 A	X	O
사례 B	O	X
사례 C	X	O

(1) 사례 A: 법률이 제정될 것이 확실한 것은 20x2년말이므로, 20x2년말에만 충당부채를 인식한다.

(2) 사례 B: 20x1년말 현재 벌과금이 부과될 가능성이 높으므로 충당부채를 인식한다. 20x2년말에는 실제로 벌과금 납부서를 통지받았으므로 충당부채가 아닌 일반적인 부채(미지급비용)를 인식한다. 반면, 매연 여과장치의 설치원가는 충당부채를 인식하지 않는다.

(3) 사례 C: 20x2년말에 감원을 통보하여 대상자들이 정당한 기대를 가지므로 의제의무가 발생하며, 충당부채를 인식한다. 반면, 20x1년말에는 의제의무가 없으므로 충당부채를 인식하지 않는다.

A-10. ②

140,000(다) + 200,000(라) = 340,000

가. 구조조정에 대한 계획은 수립하였으나, 실제로 착수하지 않았으므로 관련 당사자가 이에 대한 정당한 기대를 갖지 않는다. 충당부채 인식 X.

나. 변호사가 손해배상의 발생 가능성을 높지 않다고 판단했기 때문에 충당부채 인식 X.

다. 복구충당부채는 현재가치로 인식한다. 140,000 포함

라. 지출액의 일부 또는 전부를 제3자가 변제할 것이 예상되는 경우 변제금액을 별도의 자산으로 처리하며, 충당부채와 상계하지 않는다. 200,000 포함

A-11. ④

가	90,000
나	—
계	**90,000**

가. 20x1년 12월 31일 현재 굴착장치는 건설되었으나 석유는 채굴되지 않은 상태이다. 따라서 20x1년 12월 31일 현재 유정 굴착장치 제거와 그 장치의 건설로 말미암은 손상의 원상 복구에 관련된 원가(최종 원가의 90%)의 최선의 추정치인 ₩90,000은 충당부채로 인식하며, 석유 채굴로 생기는 나머지 10%의 원가에 대한 최선의 추정치인 ₩10,000은 충당부채로 인식하지 않는다.
나. 충당부채를 인식하지 아니한다. 기업에 책임이 있는지 밝혀지지 않을 가능성이 높으므로, 경제적 효익이 있는 자원의 유출 가능성이 높지 않기 때문이다.

B-01. ⑤

X3년말 충당부채: (3,000 + 4,000 + 6,000) × @200 × 5% − (20,000 + 30,000 + 40,000) = **40,000**

참고 충당부채의 증감

	X1년	X2년	X3년
기초 충당부채	−	10,000	20,000
+ 제품보증비	30,000	40,000	60,000
− 지출액	20,000	30,000	40,000
기말 충당부채	10,000	20,000	**40,000**

B-02. ③

x1년 말 제품보증충당부채: $384/1.2 + 288/1.2^2 = $ **520**
− x1년 말 현재 x2년과 x3년에 품질을 보증할 의무가 있으므로 x2년과 x3년에 예상되는 품질보증비의 현재가치를 제품보증충당부채로 계상한다.
(1) x2년 예상 품질보증비: 144 × 10% + 296 × 60% + 640 × 30% = 384
(2) x3년 예상 품질보증비: 220 × 40% + 300 × 50% + 500 × 10% = 288

B-03. ②

(1) 연도별 예상품질보증비
X2년: 1,800 × 20% + 3,000 × 50% + 7,000 × 30% = 3,960
X3년: 3,000 × 30% + 4,000 × 60% + 5,000 × 10% = 3,800

(2) X1말 제품보증충당부채: 3,960 × 0.9091 + 3,800 × 0.8264 = **6,740**
− 예상영업손실은 충당부채로 인식하지 않는다.

B-04. ②

X4년말 충당부채 잔액 = 800개 × 5% × 1,500 − 30,000 = **30,000**
− 무상보증기간이 1년이므로, X4년말 현재에는 X4년 판매분에 대해서만 보증의무를 진다. 따라서 X3년 판매량과 보증비용 지출액은 무시하고, X4년의 자료만 이용해서 기말 충당부채 잔액을 구하면 된다.

참고 충당부채의 증감

	X3년	X4년
기초 충당부채	—	21,000
+ 제품보증비[1]	600개 × 5% × 1,200 = 36,000	800개 × 5% × 1,500 = 60,000
− 지출액	15,000	47,000
− 충당부채환입[2]	—	36,000 − 15,000 − 17,000 = 4.000
기말 충당부채	21,000	**30,000**

[1]연도별 제품보증비

: 각 연도별 판매량에 연도별 개당 보증비용을 곱해서 계산하였다.

[2]충당부채환입

: 무상보증기간이 1년이므로, X3년 판매분에 대해서는 X4년말 현재 보증의무를 지지 않는다. 따라서 'X3년 매출과 관련된' 충당부채 잔액을 환입해야 한다. X3년 매출과 관련된 충당부채 잔액은 X3년에 인식한 제품보증비 36,000에 X3년과 X4년에 발생한 지출액 15,000과 17,000을 차감한 4,000이다.

B-05. ②

X3말 충당부채: 1,000개 × 730 × 3% − 8,000 = **13,900**

− 보증기간이 1년이므로 X3말 현재 X2년도 판매분에 대해서는 보증의무가 존재하지 않는다. 따라서 X3년도 판매분에 대해서만 충당부채만 계상한다.

B-06. ③

(1) 이익잉여금에 미치는 영향

	x1	x2
오류수정 (3%)	60,000	
올바른 보증비 (2%)	(40,000)	(50,000)
	x2년말 이익잉여금: **30,000 감소**	

x2년에 오류를 발견하고, x2년에는 회계처리를 적절히 수행했으므로 x1년도 오류만 수정하면 된다. 기초 이익잉여금을 20,000 증가시키고, x2년에 비용 50,000을 인식하면 기말 이익잉여금은 30,000 감소한다.

(2) x2년 말 제품보증충당부채: (2,000,000 + 2,500,000) × 2% − (8,000 + 17,000) = **65,000**

| 회계처리 |

x1년 회사 회계처리	제품보증비	60,000	제품보증충당부채	60,000
	제품보증충당부채	8,000	현금	8,000
오류수정	제품보증충당부채	20,000	이익잉여금	20,000
x2년 올바른 회계처리	제품보증비	50,000	제품보증충당부채	50,000
	제품보증충당부채	17,000	현금	17,000

CHAPTER 10 종업원급여

A-01. ⑤

(1) NI에 미치는 영향: 824,000 감소

(2) OCI에 미치는 영향: 276,000 감소

	비용	자산	부채	OCI
기초		4,200,000	4,500,000	
이자(8%)	24,000	336,000	360,000	
지급		(1,000,000)	(1,000,000)	
적립		200,000		
당기	500,000		500,000	
과거	300,000		300,000	
재측정 전	**824,000**	3,736,000	4,660,000	
재측정		64,000	340,000	**(276,000)**
재측정 후		3,800,000	5,000,000	

— 이자손익 계산 시 '기초' 우량회사채의 시장수익률을 사용한다.

A-02. ①

	비용	자산	부채	OCI
기초		560,000	600,000	
이자(15%)	6,000	84,000	90,000	
당기	450,000		450,000	
지급		(150,000)	(150,000)	
적립		400,000		
재측정 전	**456,000**	894,000	990,000	
재측정		26,000	60,000	**(34,000)**
재측정 후		920,000	1,050,000	

'할인율을 제외한 보험수리적 가정': 할인율은 퇴직급여에 반영하므로, 보험수리적가정에는 할인율이 반영되지 않으므로 등장한 표현이다. 문제 풀이와 전혀 관계가 없으니 할인율 제외라는 표현을 무시하자.

A-03. ④

	비용	자산	부채	OCI
기초			200,000	
이자(5%)	10,000		10,000	
지급		(250,000)	(250,000)	
적립		500,000		
당기	200,000		200,000	
과거	100,000		100,000	
재측정 전	**310,000**	250,000	260,000	
재측정		(250,000)	(160,000)	**(90,000)**
재측정 후			100,000	

기말 순확정급여부채를 제시하였으므로 자산을 전부 제거하고, 부채를 100,000으로 맞추면 된다.

A-04. ②

	비용	자산	부채	OCI
기초		120,000	150,000	
이자	3,000	12,000	15,000	
당기	25,000		25,000	
과거	5,000		5,000	
지급		(3,000)	(3,000)	
적립		35,000		
재측정 전	**33,000**	164,000	192,000	
재측정		500	(600)	1,100
재측정 후		164,500	191,400	

A-05. ④

	비용	자산	부채	OCI
기초		600,000	1,000,000	
이자(10%)	40,000	60,000	100,000	
당기	240,000		240,000	
지급		(100,000)	(100,000)	
적립		300,000		
재측정 전	**280,000**	860,000	1,240,000	
재측정		(10,000)	(40,000)	**30,000**
재측정 후		850,000	1,200,000	

A-06. ⑤

순확정급여부채: 523,000 − 420,000 = **103,000**

	비용	자산	부채	OCI
기초		400,000	500,000	
이자(5%)	5,000	20,000	25,000	
당기	20,000		20,000	
지급		(30,000)	(30,000)	
적립		25,000		
재측정 전	**25,000**	415,000	515,000	
재측정		5,000	8,000	(3,000)
재측정 후		420,000	523,000	
순자산			**103,000**	

25,000(실제 운용수익) = 20,000(이자수익) + 5,000(자산 재측정요소)

자산 FV = 415,000(재측정 전 자산) + 5,000(자산 재측정요소) = 420,000

'보험수리적손실 8,000'은 확정급여채무에서 발생한 재측정요소 (－)8,000을 의미한다. OCI를 8,000만큼 줄이면서, 부채를 8,000만큼 늘리면 된다. 자산에서 발생한 재측정요소 5,000으로 인해 총 재측정요소는 (－)3,000이다.

A-07. ③

CI(총포괄이익): NI + OCI = (－)652,400 + 12,400 = **(－)640,000 감소**

(1) NI에 미치는 영향: 652,400 감소

(2) OCI에 미치는 영향: 12,400 증가

	비용	자산	부채	OCI
기초		460,000	500,000	
이자(6%)	2,400	27,600	30,000	
지급		(40,000)	(40,000)	
적립		380,000		
당기	650,000		650,000	
재측정 전	**652,400**	827,600	1,140,000	
재측정		22,400	10,000	**12,400**
재측정 후		850,000	1,150,000	

기초 자산, 부채: 문제에서 X2년도 총포괄이익을 물었으므로 X1년말 자산, 부채를 기초 자리에 대입하면 된다. 확정급여채무의 장부금액이 기초 부채가 되며, X1년말에 사외적립자산에 출연한 금액이 기초 자산이 된다. X1년말 확정급여채무의 현재가치와 사외적립자산의 공정가치가 제시되지 않았으므로 이 금액들을 사용하면 된다.

A-08. ⑤

(A) 사외적립자산 공정가치: **1,500,000**

(B) NI에 미치는 영향: **314,000 감소**

	비용	자산	부채	OCI
기초		1,000,000	1,200,000	
이자(7%)	14,000	70,000	84,000	
당기	300,000		300,000	
지급		(150,000)	(150,000)	
적립		200,000		
재측정 전	**314,000**	1,120,000	1,434,000	
재측정		380,000	466,000	(86,000)
재측정 후		**1,500,000**	1,900,000	
순자산			400,000	

X2년말 확정급여부채: 1,434,000 + 466,000 = 1,900,000

X2년말 사외적립자산: 1,900,000 − 400,000 = 1,500,000

A-09. ②

	비용	자산	부채	OCI
기초			2,000	
⑥이자(7%)			⑤140	
당기	4,000		4,000	
지급		(3,000)	(3,000)	
적립		2,000		
재측정 전		①(1,000)	④3,140	
재측정		②1,000	③2,040	(1,040)
재측정 후			5,180	

① 재측정 전 사외적립자산: $-3,000+2,000=(-)1,000$

② 순확정급여부채가 제시되어 있으므로 재측정 후 사외적립자산은 0이 되어야 한다. 따라서 1,000을 전부 제거한다.

③ 기타포괄손실 1,040이 발생하였으므로 재측정으로 인해 부채가 2,040 증가해야 한다.

④ 순확정급여부채가 재측정 후 5,180이므로, 재측정 전에는 3,140이 되어야 한다.

⑤ 이자로 인한 순확정급여부채 증가액은 140이다.

⑥ 이자율 $= 140/2,000 = 7\%$

B-01. ②

	비용	자산	부채	OCI
기초		720,000	900,000	
이자(10%)	18,000	72,000	90,000	
당기	120,000		120,000	
지급(9.1)		(90,000)	(90,000)	
-이자 월할		(3,000)	(3,000)	
적립(10.1)		60,000		
-이자 월할	(1,500)	1,500		
재측정 전	136,500	760,500	1,017,000	
순부채			**256,500**	

이자 월할 금액

− 지급: $(90,000) \times 10\% \times 4/12 = (3,000)$

− 적립: $60,000 \times 10\% \times 3/12 = 1,500$

사외적립자산의 공정가치 및 확정급여채무의 현재가치를 제시하지 않았으므로 재측정은 생략한다.

B-02. ①

	비용	자산	부채	OCI
기초		900,000	1,200,000	
이자(10%)	30,000	90,000	120,000	
지급(5.1)		(240,000)	(240,000)	
-월할 상각		(16,000)	(16,000)	
출연(9.1)		120,000		
-월할 상각	(4,000)	4,000		
당기	300,000		300,000	
재측정 전	**326,000**	858,000	1,364,000	
재측정		62,000	36,000	**26,000**
재측정 후		920,000	1,400,000	

당기순이익: 326,000 감소

기타포괄이익: 26,000 증가

총포괄이익: (−)326,000 + 26,000 = **(−)300,000**

| 별해 | 총포괄이익 = 기말 순자산 − 기초 순자산 − 출연액

= (920,000 − 1,400,000) − (900,000 − 1,200,000) − 120,000 = **(−)300,000**

B-03. ②

PL에 미치는 영향: **112,000 감소**

OCI에 미치는 영향: − 138,000 − 30,000 = **168,000 감소**

	비용	자산	상한효과	부채	OCI
기초		900,000		1,000,000	
이자(12%)	12,000	108,000		120,000	
당기	100,000			100,000	
지급		(150,000)		(150,000)	
적립		400,000			
재측정 전	**112,000**	1,258,000		1,070,000	
재측정		92,000		230,000	(138,000)
재측정 후		1,350,000		1,300,000	
상한효과			(30,000)		(30,000)
인식 후		1,350,000	(30,000)	1,300,000	**(168,000)**

자산인식상한효과

− 기초: 기초에는 부채가 자산보다 크므로 상한효과를 고려할 필요가 없다.

− 기말: 기말 순자산이 50,000(= 1,350,000 − 1,300,000)인데, 상한이 20,000이므로 자산을 30,000 감소시키면서 자산인식상한효과를 인식해야 한다.

| 자산인식상한효과 회계처리 |

(차) 재측정요소(OCI) 30,000 (대) 자산인식상한효과 30,000

B-04. ⑤

PL에 미치는 영향: **697,500 감소**

OCI에 미치는 영향: 147,500 − 50,000 = **97,500 증가**

	비용	자산	상한효과	부채	OCI
기초		550,000		500,000	0
이자(5%)	(2,500)	27,500		25,000	
당기	700,000			700,000	
지급		(100,000)		(100,000)	
적립		650,000			
재측정 전	**697,500**	1,127,500		1,125,000	
재측정		222,500		75,000	147,500
재측정 후		1,350,000		1,200,000	
상한효과			(50,000)		(50,000)
인식 후		1,350,000	(50,000)	1,200,000	**97,500**

자산인식상한효과

− 기초: 550,000 − 500,000 − 50,000 = 0

− 기말: 1,350,000 − 1,200,000 − 100,000 = 50,000

| 자산인식상한효과 회계처리 |

(차) 재측정요소(OCI) 50,000 (대) 자산인식상한효과 50,000

B-05. ③

기타포괄손익: (−)200 − 1,000 = **(−)1,200 손실**

	비용	자산	상한효과	부채	OCI
기초		120,000		150,000	
이자(6%)	1,800	7,200		9,000	
당기	50,000			50,000	
과거	12,000			12,000	
지급		(90,000)		(90,000)	
적립		100,000			
재측정 전	**63,800**	137,200		131,000	
재측정		8,800		9,000	(200)
재측정 후		146,000		140,000	
상한효과			(1,000)		(1,000)
인식 후		146,000	(1,000)	140,000	**(1,200)**

자산인식상한효과

− 기초: 기초에는 부채가 자산보다 크므로 상한효과를 고려할 필요가 없다.

− 기말: 146,000 − 140,000 − 5,000 = 1,000

B-06. ②

(1) 퇴직급여: 172,500 손실

(2) 기타포괄손익: 1,500 손실

	비용	자산	상한효과	부채	OCI
기초		300,000		305,000	
이자(10%)	500	30,000		30,500	
출연(1.1)		180,000			
-이자 월할	(18,000)	18,000			
당기	190,000			190,000	
지급		(150,000)		(150,000)	
재측정 전	**172,500**	378,000		375,500	
재측정		(3,000)		(2,500)	(500)
재측정 후		375,000		373,000	
상한효과			(1,000)		(1,000)
인식 후		375,000	(1,000)	373,000	**(1,500)**

— 기말 자산인식상한효과: 375,000 − 373,000 − 1,000 = 1,000

— 사외적립자산의 적립 및 퇴직금의 지급은 주로 기말에 이루어지나, 본 문제에서는 사외적립자산 출연을 기초에 하였다. 따라서 출연분에 대해서는 1년치 이자를 추가로 인식해야 한다.

— 기타포괄손익은 현재 손실인 상황이기 때문에 보기를 음수로 제시했으면 하는 아쉬움이 남는다. 객관식이기 때문에 어쩔 수 없이 2번을 답으로 고를 수 밖에 없다.

B-07. ②

OCI에 미치는 영향: (8,000) + (6,800) = **14,800 감소**

	비용	자산	상한효과	부채	OCI
기초		1,100,000	(40,000)	1,000,000	
이자(8%)	(4,800)	88,000	(3,200)	80,000	
당기	900,000			900,000	
지급		(100,000)		(100,000)	
적립		1,000,000			
재측정 전	**895,200**	2,088,000	(43,200)	1,880,000	
재측정		212,000		220,000	(8,000)
재측정 후		2,300,000	(43,200)	2,100,000	(8,000)
상한효과			(6,800)		(6,800)
인식 후		2,300,000	(50,000)	2,100,000	**(14,800)**

자산인식상한효과

— 기초: 1,100,000 − 1,000,000 − 60,000 = 40,000

— 기말: 2,300,000 − 2,100,000 − 150,000 = 50,000

기초 상한효과에 이자비용을 반영한 상한효과가 43,200이므로 추가로 6,800을 늘려야 한다.

B-08. ④

퇴직급여제도 중 확정급여제도 하에서 보험수리적위험과 투자위험은 **기업이** 실질적으로 부담한다.
① 정산손익은 근무원가(당기손익)로 인식하므로 보험수리적손익에 포함하지 않는다.

B-09. ④

재측정요소는 재분류조정 대상이 아니므로 자본 내에서 (이익잉여금으로) 대체할 수 있다. 재분류조정 대상이 아닌 기타포괄손익은 이익잉여금으로 대체할 수 있다.

B-10. ③

자산인식상한효과에 대한 순확정급여부채(자산)의 순이자도 당기손익으로 인식한다.

B-11. ⑤

순확정급여부채(자산)의 순이자는 연차보고기간 **초**의 순확정급여부채(자산)와 할인율을 사용한다.

CHAPTER

11 자본

A-01. ③

⑤ 지분법자본변동은 OCI가 발생한 원천에 따라 재분류조정 여부가 달라진다. 유, 무형자산 재평가로 인한 재평가잉여금은 재분류조정 대상이 아니므로 지분법자본변동도 재분류조정 대상이 아니다.

A-02. ④

자본 증가액 = 현금 순유입액 = 발행가액 − 발행원가 = 500주 × @15,000 − 500,000 = **7,000,000**

| 회계처리 |

현금	7,500,000	자본금	2,500,000
		주식할인발행차금	800,000
		주식발행초과금	4,200,000
주식발행초과금	500,000	현금	500,000

A-03. ①

X1.4.30	현금	48,000	자기주식	68,000
	자기주식처분이익	3,000		
	자기주식처분손실	17,000		

4.30에 처분한 자기주식의 취득원가: 10주 × @6,800 = 68,000

— 선입선출법을 적용하고 있으므로, 3.1에 취득한 50주 중 4.21에 30주를 처분한 후 20주가 남아있는 상태이다. 4.30에는 10주만 처분하므로 3.1에 취득한 주식을 처분했다고 본다.

자기주식처분이익 감소액: (6,900 − 6,800) × 30주 = 3,000

— 4.21에 자기주식처분이익이 발생하였다. 자기주식처분이익과 자기주식처분손실은 동시에 계상될 수 없으므로 처분 전에 존재한 자기주식처분이익을 제거해야 한다.

A-04. ④

자본 증가액: 30주 × @5,000 = **150,000**

X1	자기주식	180,000	현금	180,000
X2	현금	150,000	**자기주식**	**90,000**
			자기주식처분이익	**60,000**

— 자기주식 90,000 감소, 자기주식처분이익 60,000 증가로 인해 자본은 150,000 증가한다.

— 자기주식은 타사의 주식과 달리 금융자산으로 분류하지 않으므로, 공정가치 평가를 하지 않는다.

A-05. ①

자본 증감(= 현금 순증감): − 100 × @14,000 + 60 × @18,000 − 40 × @16,000 + 60 × @10,000
= (−)360,000 감소 (O)

− 자기주식 소각 시에는 현금 유출입이 없으므로 자본 변동이 없다.

②, ③ 자기주식처분손익은 당기손익이 아니므로 포괄손익계산서에 계상되지 않는다.

참고 자기주식처분손익

: − 100 × @14,000 + 60 × @18,000 − 20 × @16,000 + 60 × @10,000 = (−)40,000 손실

− 자기주식처분이익과 자기주식처분손실은 B/S에 동시에 계상될 수 없으므로 서로 상계한다.

− 자기주식에 대해 선입선출법을 적용하므로 당기 중 매각한 총 120주의 취득원가를 각각 14,000(100주), 16,000(20주)으로 본다.

④ 기말 자본금: (1,000 − 20) × @5,000 = 4,900,000

− 20주를 소각하였으므로 기말 주식수는 980주이다. 자기주식 취득 및 처분 시에는 자본금을 건드리지 않는다.

⑤ 감자차손익: (5,000 − 16,000) × 20주 = (−)220,000 손실

자기주식에 선입선출법을 적용하므로 당기 중 소각한 20주의 취득원가를 16,000으로 본다.

| 회계처리 |

회계처리는 참고용으로만 보자. 실전에서는 회계처리할 시간이 없다.

3.1	자기주식	1,400,000	현금	1,400,000
6.1	현금	1,080,000	자기주식 자기주식처분이익	840,000 240,000
9.1	자기주식	640,000	현금	640,000
12.1	현금 자기주식처분이익 자기주식처분손실	600,000 240,000 40,000	자기주식	880,000
12.31	자본금 감자차손	100,000 220,000	자기주식	320,000

A-06. ⑤

기초 자본잉여금	100,000
주식발행초과금	90,000
감자차익	50,000
자기주식처분이익	25,000
기말 자본잉여금	**265,000**

(1) 주식발행초과금: (700 − 500) × 600주 − 30,000 = 90,000

(2) 감자차익: (1 − 0.8) × 3,000주 × @500 − 250,000 = 50,000

− 이월결손금 보전을 위한 주식병합은 자본금과 이월결손금이 동시에 감소하므로 무상감자와 같다. 3,000주를 1주당 0.8주로 주식병합 시 2,400주만 남으므로 600주가 감소한다. 일반적인 주식병합과 달리 액면금액이 ₩500으로 불변이며, 자본금은 감소한다.

(3) 자기주식처분이익: (700 − 650) × 500주 = 25,000

| 회계처리 |

2.1	현금	420,000	자본금	300,000
			주식발행초과금	**120,000**
	주식발행초과금	**30,000**	현금	30,000
3.10	자본금	300,000	이월결손금	250,000
			감자차익	**50,000**
5.2	유형자산처분손실	400,000	유형자산	400,000
	현금	40,000	보험금수익	40,000
8.23	이익준비금	200,000	자본금	200,000
9.30	현금	80,000	정부보조금	80,000
11.17	현금	350,000	자기주식	325,000
			자기주식처분이익	**25,000**

이익준비금은 이익잉여금 중 법정적립금에 해당하며, 자본잉여금과 무관하다.

A-07. ①

X1말 미처분이잉		800,000
X2년 NI		1,200,000
X2말 미처분이잉		2,000,000
X2년 처분 (X3년 2월)	감채기금적립금 이입	300,000
	현금배당	(400,000)
	주식배당	(100,000)
	사업확장적립금 적립	(250,000)
	이익준비금 적립	(40,000)
X2 차기이월 미처분이잉		**1,510,000**

이익준비금을 법정최소금액만큼 적립하므로 배당액(주식배당 제외)의 10%인 40,000을 적립한다.

A-08. ①

X1말 미처분이잉		250,000
X1년 처분 (X2년 3월)	현금배당	(100,000)
	주식배당	(20,000)
	사업확장적립금 적립	(25,000)
	이익준비금 적립	(10,000)

X2 전기이월 미처분이잉 X2년 NI		95,000 **545,000**
X2말 미처분이잉		640,000
X2년 처분 (X3년 2월)	현금배당 이익준비금 적립	(200,000) (20,000)
X2 차기이월 미처분이잉		420,000

A-09. ④

| 회계처리 |

①		자기주식	8,000	현금	8,000
②		토지 주발초	70,000 1,000	자본금 주발초 현금	50,000 20,000 1,000
③		— 회계처리 없음 —			
④	X1 8월	이익잉여금	50,000	현금	50,000
	X2 3월	이익잉여금	200,000	미지급배당금 미교부주식배당금	100,000 100,000
⑤		FVOCI 선택 금융자산	20,000	금융자산평가이익(OCI)	20,000

② 현물출자 시 주식의 발행금액은 받은 자산의 공정가치로 하나, 자산의 공정가치를 알 수 없는 경우 주식의 공정가치로 한다. 신주발행비용은 주발초에서 차감한다.

③ 저가법은 평가손실만 인식하지, 평가증은 인식하지 않으므로, 회계처리는 없다.

④ 결산배당은 X2년에 이루어지므로 자본변동표(X1.1.1~X1.12.31)에는 표시되지 않는다.

D 올바른 자본변동표〉

	납입자본	이익잉여금	기타자본요소	총계
X1년	—	(50,000)	—	(50,000)
X2년	—	(200,000)	100,000	(100,000)

B-01. ④

기초 자본	11,000,000 − 5,000,000	= 6,000,000
현금배당		(500,000)
OCI		100,000
NI		**3,400,000**
기말 자본	15,000,000 − 6,000,000	= 9,000,000

토지재평가를 당기에 처음으로 실시했는데, 재평가이익이 발생했으므로 OCI로 인식한다.

B-02. ④

유상증자		500,000
현금배당		(800,000)
자기주식 취득		(600,000)
OCI		400,000
NI		**6,500,000**
자본 증감액	4,000,000 + 2,000,000	= 6,000,000

B-03. ⑤

기초 자본	6,000,000 − 2,800,000	= 3,200,000
유상증자		1,000,000
현금배당		(600,000)
CI		**6,400,000**
기말 자본	20,000,000 − 10,000,000	= 10,000,000

– 주식배당과 이익준비금 적립은 자본 내에서 계정만 대체될 뿐 자본에 미치는 영향이 없다.
– '총포괄이익(CI)'을 물었으므로 자본 증가 내역에서 기타포괄이익을 차감하면 안 된다.

참고 기타포괄이익(OCI)과 당기순이익(NI)
OCI: 500,000(재평가잉여금) + 800,000(금융자산평가이익) = 1,300,000
NI: 6,400,000 − 1,300,000 = 5,100,000

B-04. ④

2.1	1,500 × 200주	= 300,000
3.31	1,000 × 50주	= (50,000)
9.1	800 × 100주	= (80,000)
12.31(OCI)	(1,200 − 1,500) × 150주	= (45,000)
자본 증가액		**125,000**

무상감자 시에는 자본이 불변이지만, 유상감자 시에는 현금 지급액만큼 자본이 감소한다.

B-05. ⑤

기초 자본		3,000,000
4.1	12,000 × 100주	= 1,200,000
7.30		(200,000)
10.1	11,000 × 20주	= (220,000)
11.30	13,000 × 10주	= 130,000
CI	850,000 + 130,000	= 980,000
기말 자본		**4,890,000**

B-06. ①

기초 자본	3,500,000 − 1,300,000	= 2,200,000
2.28		(130,000)
5.8	600 × 200주 − 30,000	= 90,000
10.9		80,000
CI		40,000
기말 자본		**2,280,000**

− X1.2.28에 현금배당을 결의하면서 자본이 130,000 감소한다. (X0년도에 대한 주총은 X1년에 이루어진다.) 주식배당 및 이익준비금 적립 시에는 자본이 불변이다.

− 자기주식은 X0년에 취득하였으므로, X1년에는 재발행(= 처분)만 반영하면 된다.

− 문제에서 총포괄이익을 제시하였으므로 이를 가산해야 한다. 당기순이익을 가산하지 않도록 주의하자.

B-07. ②

자기주식처분손익을 계산할 필요 없이, 현금 유출입만 계산하면 된다.

기초 자본		9,500,000
3.1	60 × 6,000	= (360,000)
5.10	20 × 7,500	= 150,000
7.25	10 × 5,000	= 50,000
9.15	20 × 4,500	= 90,000
NI		300,000
기말 자본		**9,730,000**

자기주식의 무상취득: 무상으로 취득한 자기주식은 0으로 계상한다. 따라서 자기주식을 무상으로 취득하는 경우 회계처리는 없으며, 자본에 미치는 영향은 없다.

B-08. ④

보통주자본금	500,000
주식발행초과금	40,000
자기주식	(35,000)
감자차익	1,000
재평가잉여금	30,000
미처분이익잉여금	10,000
기초 자본	546,000
A	−
B	(20,000)
C	16,000
D	200,000
E	(1,500) 10,000
기말 자본	**750,500**

(1) 기초 자본: 자기주식이 양수로 제시되었지만 자기주식은 자본의 차감이므로 기초 자본 계산 시 차감해야 한다.

(2) A: 자기주식 소각 시 자본 변동 없음.

(3) B
① 토지의 기초 장부금액: 70,000(취득원가) + 30,000(재평가잉여금) = 100,000
'x1년 초 현재 보유하고 있는 토지'라고 언급했지, 'x1년 초 현재 취득한 토지'라고 언급하지 않았다. 기초에 재평가잉여금에 이미 계상되어 있으므로, 이 토지는 x1년 이전에 70,000에 취득한 뒤 재평가 과정에서 재평가잉여금 30,000을 인식한 토지이다. 따라서 토지의 기초 장부금액은 100,000이다.
② x1년 토지의 재평가손익: OCI 20,000 감소
토지를 100,000에서 80,000으로 재평가하므로 20,000의 평가손실이 발생하는데, 기존에 재평가잉여금 30,000이 계상되어 있으므로, 재평가잉여금(OCI) 20,000을 감소시킨다.

(4) C: 20 × 800 = 16,000 증가

(5) D: 현물출자 시 주식의 발행가액은 납입 자산의 공정가치로 한다.

(6) E: 중간배당으로 인한 1,500 감소, NI 10,000 증가

C-01. ④

	우선주	보통주	계
누적적	5,000,000 × 3% × 2 = 300,000	10,000,000 × 3% = 300,000	600,000
비참가적		400,000	400,000
계	300,000	**700,000**	1,000,000

C-02. ①

	우선주	보통주	계
누적적	2,000,000 × 6% × 3 = 360,000	3,000,000 × 4% = 120,000	480,000
완전참가	520,000 × 2/5 = 208,000	520,000 × 3/5 = 312,000	520,000
계	568,000	**432,000**	1,000,000

C-03. ②

	우선주	보통주	계
누적적	2,000,000 × 3% × 3회 = 180,000	8,000,000 × 2% = 160,000	340,000
부분참가적	min[①, ②] = 40,000 ①2,000,000 × (5% − 3%) = 40,000 ②260,000 × 2/10 = 52,000	260,000 − 40,000 = 220,000	260,000
계	220,000	**380,000**	600,000

C-04. ②

	우선주	보통주	계
누적적	3,000,000 × 3% × 3 = 270,000	5,000,000 × 3% = 150,000	420,000
부분참가(6%)	min[①, ②] = 67,500 ① 3,000,000 × (6% − 3%) = 90,000 ② 180,000 × 3/8 = 67,500	180,000 − 67,500 = 112,500	180,000
계	**337,500**	**262,500**	600,000

C-05. ④

(1) 누적적, 부분참가적: 540,000

	우선주	보통주	계
누적	6,000,000 × 2% × 3회 = 360,000	10,000,000 × 2% = 200,000	560,000
부분참가	min[①, ②] = 180,000 ① 6,000,000 × (5% − 2%) = 180,000 ② 520,000 × 6/16 = 195,000	520,000 − 180,000 = 340,000	520,000
계	540,000	**540,000**	1,080,000

(2) 비누적적, 완전참가적

	우선주	보통주	계
비누적	6,000,000 × 2% = 120,000	10,000,000 × 2% = 200,000	320,000
완전참가	760,000 × 6/16 = 285,000	760,000 × 10/16 = 475,000	760,000
계	405,000	**675,000**	1,080,000

C-06. ⑤

보유자가 발행자에게 특정일이나 그 후에 확정되었거나 결정 가능한 금액으로 상환해줄 것을 청구할 수 있는 권리가 있는 우선주는 **금융부채**이다.
④ 액면주식을 액면발행한 경우, 주식발행초과금이 발생하지 않으므로 직접원가가 발생하면 차변에 주식할인발행차금을 계상한다. (O)

C-07. ③

의무적으로 상환해야 하므로 부채로 분류한다. 우선주가 비누적적이므로 배당액은 발행금액에 포함되지 않으며, 배당 지급 시 이자비용이 아닌 이익잉여금의 감소로 처리한다.

(1) 발행금액: 700,000 × 0.8573 = 600,110

(2) X1년도 이자비용: 600,110 × 8% = **48,009**

C-08. ⑤

상환금액: 200주 × @600 = 120,000
배당금: 200주 × @500 × 3% = 3,000

발행금액: 120,000 × 0.89 + 3,000 × 1.8334 = 112,300
– 상환우선주는 의무적으로 상환해야 하며, 우선주가 누적적(배당이 지급되지 않는 경우 가산하여 지급)이므로 배당액은 발행금액에 포함되며, 배당 지급 시 이자비용으로 처리한다.

x1년도 이자비용: 112,300 × 6% = **6,738**

X1초	현금	112,300	부채	112,300
X1말	**이자비용**	**6,738**	부채 현금	3,738 3,000

C-09. ④

당기순이익에 미치는 영향: **42,164 감소**

– 당기순이익에 미치는 영향은 B 우선주의 이자비용 밖에 없다.

(1) A 우선주: ㈜리비가 상환할 수 있는 권리를 가지므로 자본으로 분류한다. 배당 지급 시 이익잉여금의 감소로 처리한다. 따라서 당기순이익에 미치는 영향이 없다.

(2) B 우선주: 의무적으로 상환해야 하므로 부채로 분류한다. 우선주가 비누적적이므로 배당액은 발행금액에 포함되지 않으며, 배당 지급 시 이자비용이 아닌 이익잉여금의 감소로 처리한다.

① 발행금액: 500,000 × 0.8227 = 411,350

② 이자비용: 20,568 + 21,596 = **42,164**

– X1년도: 411,350 × 5% = 20,568

– X2년도: 411,350 × 1.05 × 5% = 21,596

| 회계처리 |

X1초	현금	발행가액	우선주자본금 주식발행초과금	500,000 XXX
	현금	411,350	부채	411,350
X1말	이자비용	20,568	부채	20,568
X2말	이자비용	21,596	부채	21,596
	이익잉여금	30,000	현금	30,000
	이익잉여금	20,000	현금	20,000

– A 우선주는 발행가액을 제시하지 않았으므로 발행 시 회계처리를 할 수 없다.

| X2년 말 배당금 |

– A우선주: 5,000 × 100주 × 3% × 2(누적적) = 30,000

– B우선주: 5,000 × 100주 × 4%(비누적적) = 20,000

CHAPTER 12 수익

A-01. ①

(상황 1)
㈜대한이 고객인 ㈜민국에게 지급한 대가 50,000은 고객으로부터 받은 청소용역에 대한 대가이긴 하지만 공정가치인 40,000을 초과하므로 공정가치 초과분(50,000 − 40,000)을 리베이트로 보고 수익에서 차감한다.
수익 = 600,000 − (50,000 − 40,000) = **590,000**

(상황 2)
고객에게서 받은 재화나 용역의 공정가치를 합리적으로 추정할 수 없으므로, 고객에게 지급할 대가 전액을 거래가격에서 차감하여 회계처리한다.
수익 = 600,000 − 50,000 = **550,000**

A-02. ③

거래가격에는 변동대가도 포함한다.

A-03. ⑤

① 수행의무에는 사업 관행, 공개한 경영방침 등으로 인해 고객이 갖는 정당한 기대도 포함된다.
② 준비활동은 수행의무에 포함되지 않는다.
③ 변동대가 추정치의 제약을 받는 금액은 거래가격에 포함하지 않는다.
④ 제삼자를 대신해서 회수한 금액은 거래가격에서 제외한다.

A-04. ②

① 계약 '개시' 시점과 같은 기준으로 배분하므로 계약 개시 '후의' 개별 판매가격 변동은 반영하지 않는다.
③ 비현금대가는 공정가치로 측정한다.
④ 변동대가는 상황에 따라 기댓값이나 가능성이 가장 높은 금액으로 측정한다.
⑤ 판매비로 처리하는 것이 아니라, 거래가격에서 차감한다.

A-05. ③

변동대가(금액)는 둘 중 **기업이 받을 권리**를 갖게 될 대가(금액)를 더 잘 예측할 것으로 예상하는 방법을 사용하여 추정한다. 변동대가는 고객이 기업에게 지급하는 것이므로, 기업이 받을 권리를 갖는다.
⑤번은 지엽적인 문장이므로 넘어가자.

A-06. ①

고객이란 기업의 통상적인 활동의 산출물을 대가와 교환하여 획득하기로 그 기업과 계약한 당사자를 말한다. 계약상대방이 기업의 산출물을 취득하기 위해서가 아니라 활동이나 과정에 참여하기 위해 계약하였고, 그 계약 당사자들이 그 활동이나 과정에서 생기는 위험과 효익을 공유한다면, 그 계약상대방은 고객이 아니다. 유형자산의 처분 시 계약상대방도 기업의 산출물을 취득하기 때문에 수익 기준서에서 정의하고 있는 고객에 해당한다. (X)

A-07. ⑤

먼저 **기간에 걸쳐 이행되는 수행의무인지를 판단하고, 이에 해당하지 않는다면 그 수행의무는 한 시점에 이행하는 수행의무로 본다.**

B-01. ⑤

구분	기존	잔여	추가
수량	30개	170개	100개
단가	@1,000	(170개 × @1,000 + 100개 × @800)/270개 = 925.9	

추가 제품의 계약금액이 개별 판매가격을 반영하지 않으므로 잔여가 기존과 구분되는지 여부를 판단해야 한다. 기준서에서 본 사례는 기존과 잔여는 구분되는 것으로 보았으므로, 기존계약을 종료하고 새로운 계약을 체결한 것처럼 처리해야 한다.

X1.1.1~X1.6.30 수익: 30개 × @1,000 + 108개 × @925.9 = **130,000**

B-02. ⑤

(1) 개별 판매가격을 반영하는 경우 (별도계약으로)

구분	기존	잔여	추가
수량	50개	70개	30개
단가	@1,000	@1,000	@800

x1년 수익: 90개 × @1,000 + 20개 × @800 = **106,000**

(2) 개별 판매가격을 반영하지 않은 경우 (기존계약을 종료하고 새로운 계약을 체결한 것처럼)

구분	기존	잔여	추가
수량	50개	70개	30개
단가	@1,000	(70개 × @1,000 + 30개 × @800)/100개 = @940	

x1년 수익: 50개 × @1,000 + 60개 × @940 = **106,400**

B-03. ②

x3년 수익: (1,000,000 + 900,000X4년)/5년 = **920,000**

– 추가된 기간에 대한 용역 대가가 개별 판매가격을 반영하지 않지만, 계약변경일 이후에 제공할 용역이 이미 제공한 용역과 구별된다. 따라서 '기존 계약을 종료하고 새로운 계약을 체결한 것처럼' 회계처리해야 한다.

B-04. ⑤

출제진은 문제에 제시된 청소용역의 기간 연장을 '기존 계약을 종료하고 새로운 계약을 체결한 것처럼' 회계처리하는 것으로 보았다. 문제에 제시된 자료만 가지고는 이러한 결론을 내기 위한 근거가 부족하다. 개별 판매가격을 반영하지 못한 것은 제시되어 있지만, 기존과 잔여가 구별된다는 것은 제시되지 않았기 때문이다. 이 문제는 기준서 상 사례를 바탕으로 낸 것으로, 기준서의 관점으로 풀이를 진행한다.

① 실질적으로 서로 같고 고객에게 이전하는 방식도 같은 일련의 구별되는 재화나 용역을 이전하는 것은 단일 수행의무로 식별한다. 기준서 사례에서 청소용역은 이에 해당하는 것으로 보았으니, '그런가보다' 하고 넘어가자. (X)

② 기준서 사례에서 추가된 2년은 구별된다고 보았다. (X)

— 기준서 사례를 외우지 않았다면 정오를 판단할 수 없는 선지였다.

③ 자료상 마지막 줄을 보면 연장 기간의 개별 판매가격은 연 540,000이지만, 연장기간에 대해서 연 510,000을 지급하므로 개별 판매가격을 반영하지 못하고 있다. (X)

④ ③번 해설에서 설명하였듯, 추가된 용역은 개별 판매가격을 반영하지 못한다. 만약 ②번에 따라 구별되지 않는다고 본다면 ④번에서 언급하고 있는 기존 계약의 일부인 것처럼 회계처리해야 한다. 객관식 문제에서 2개의 답이 존재할 수 없으므로, ②, ④번은 둘 다 정답이 아니며, 틀린 문장으로 보아야 한다. (X)

⑤ ②, ④번 모두 틀린 문장이라고 본다면 마지막으로 남은 가능성은 '기존 계약을 종료하고 새로운 계약을 체결한 것처럼' 회계처리하는 것이다. 따라서 정답이 될 수 있는 것은 ⑤번 밖에 없다.

x2년에 인식해야 할 수익: (540,000 + 1,020,000)/3 = 520,000 (O)

B-05. ③

②, ③ 계약 당사자들끼리 계약변경 범위나 가격(또는 둘 다)에 다툼이 있거나, **당사자들이 계약 범위의 변경을 승인하였지만 아직 이에 상응하는 가격 변경을 결정하지 않았더라도, 계약변경은 존재할 수 있다.**

B-06. ⑤

x1.12.15	계약자산	8,000	수익	8,000
x2.1.10	수취채권	2,000	수익	2,000
x2.1.10	수취채권	8,000	계약자산	8,000
x2.1.15	현금	10,000	수취채권	10,000

(1) 거래가격의 배분

A: 8,000, B: 2,000

원칙적으로 수행의무가 두 개 이상인 경우 상대적 개별 판매가격을 기준으로 거래가격을 배분한다. 하지만 잔여접근법으로 거래가격을 배분하기로 하며, A의 개별 판매가격만 제시되어 있으므로, B에 배분되는 거래가격은 2,000(= 10,000 − 8,000)이다.

(2) X1.12.15

제품 A를 인도하였으므로 8,000의 수익을 인식한다. 하지만 제품 A에 대한 대가는 제품 B까지 모두 인도한 이후에 받을 권리가 생기므로 수취채권이 아닌 계약자산을 인식한다.

(3) X2.1.10

제품 B를 인도하였으므로 2,000의 수익을 인식한다. 이제 제품 B까지 모두 인도하였으므로 수취채권을 인식하며, 제품 A에 대한 계약자산도 수취채권으로 재분류한다.

(4) X2.1.15

현금을 모두 수령하였으므로 수취채권을 제거하고 현금을 계상한다.

(5) 정답 찾기

① X1년에는 수취채권이 표시되지 않는다.

② X1년 말 계약자산은 8,000이다.

③ X1년 수익은 8,000이다.

④ X1년 말 계약부채는 표시되지 않는다.
⑤ ㈜세무의 20X2년 1월 10일 회계처리로 인하여 계약자산은 **₩8,000 감소한다.**

B-07. ③

수취채권: 700(A)
계약자산: 400(B)
계약부채: 1,000(A)

(1) 제품A

x1.11.30	수취채권 현금	1,000 300	계약부채 수취채권	1,000 300
x2.1.15	현금	700	수취채권	700
x2.1.31	계약부채	1,000	수익	1,000

x1.11.30: 현금을 지급해야 하는 약정일이므로 현금을 받았건, 받지 않았건 수취채권 1,000을 계상한다. 이 중 300은 현금을 받았으므로 수취채권을 제거한다.
x2.1.15: 현금을 수령하였으므로 수취채권을 제거한다.
x2.1.31: 제품을 이전하였으므로 계약부채를 제거하고 수익을 인식한다.

(2) 제품B, C

x1.11.30	계약자산(B)	400	수익	400
x2.1.31	수취채권 수취채권	400 600	계약자산(B) 수익(C)	400 600

x1.11.30: 제품 B를 이전하였으므로 수익을 인식한다. 하지만 제품 C를 이전해야 대가를 수취할 권리가 생기므로 수취채권이 아닌 계약자산을 계상한다.
x2.1.31: 제품 C를 이전했으므로 B와 C에 대한 대가를 받을 수 있는 권리가 생겼다. B에 대해 인식한 계약자산을 수취채권으로 대체하고, C에 대해서도 수취채권을 인식한다.

C-01. ⑤

①~③ 고객이 풋옵션을 보유하는 상황에서 풋옵션을 행사할 유인이 유의적이고, 풋옵션의 행사가격(210,000)이 원래 판매가격(200,000)보다 크므로, 금융약정으로 회계처리한다. 따라서 ㈜한국은 금융자산을, ㈜세무는 금융부채를 인식한다.
④ 20X1년 6월 30일 이자비용: 210,000 − 200,000 = 10,000
⑤ 풋옵션을 행사하지 않았으므로, 콜옵션이 소멸되면서 부채가 제거되고, 매출을 인식한다. 이자비용을 인식하면서 부채를 210,000으로 증가시켰으므로 20X1년 6월 30일 매출액은 **210,000**이다. (X)

| 회계처리 |

X1.1.1	현금	200,000	부채	200,000
X1.6.30	이자비용	10,000	부채	10,000
X1.6.30	부채 매출원가	210,000 100,000	매출 재고자산	210,000 100,000

C-02. ④

X1.12.1	현금	1,000,000	부채	1,000,000
X1.12.31	이자비용	25,000	부채	25,000
X2.3.31	이자비용	**75,000**	부채	75,000
X2.3.31	부채 매출원가	1,100,000 **500,000**	매출 재고자산	**1,100,000** 500,000

1. 연도별 이자비용
(1) x1년: (1,100,000 − 1,000,000) × 1/4 = 25,000
(2) x2년: (1,100,000 − 1,000,000) × 3/4 = 75,000
x1.12.1~x2.3.31까지 4달간 차입한 것으로 보아, 100,000의 이자비용을 월할계산한다.

2. x2년 당기순이익에 미치는 영향
: 1,100,000(매출) − 500,000(매출원가) − 75,000(이자비용) = 525,000 증가

C-03. ⑤

① 20X1년 매출액: 95개 × @200 = 19,000 (O)
② 20X1년 이익: 95개 × @(200 − 150) = 19,000(매출) − 14,250(매출원가) = 4,750 (O)
③ 회수권: 5개 × @150 = 750 (O)
④ 반품 여부에 따라 고객으로부터 수취할 수 있는 대가가 변동하므로, 거래가격은 변동대가이다. 변동대가는 받게 될 금액을 추정하여 수익으로 인식한다. (O)
⑤ 20X1년 말 부채: 5개 × @200 = 1,000 (X)

| 회계처리 |

판매 시	현금	20,000	환불부채 매출	⑤**1,000** ①19,000
	회수권 매출원가	③750 ②14,250	재고자산	15,000

만약 5개 중 3개를 반품하였다고 가정하면, 회계처리는 다음과 같다.

반품 시	환불부채	1,000	현금 매출	600 400
	재고자산 매출원가	450 300	회수권	750

C-04. ①

회수권: 1,200,000 × 5% − 반품관련비용 = **26,000**
− 반품관련비용: 반품 상품원가의 손상액 + 반품직접비용
= 1,200,000 × 5% × 40% + 10,000 = 34,000

| 회계처리 |

X1말	현금	1,500,000	환불부채 매출	75,000 1,425,000
	회수권 비용 매출원가	**26,000** 34,000 1,140,000	재고자산	1,200,000

C-05. ③

X1년도 당기순이익: 1,425,000(매출) − 2,250(반품비용) − 997,500(매출원가) = **425,250 증가**

(1) 매출: 1,500,000 × (1 − 5%) = 1,425,000

(2) 반품비용: 1,500,000 × 5% × 3% = 2,250

− 반품관련비용: '반환금액'이라는 것은 말 그대로 회사가 고객에게 돌려주는 금액을 의미한다. 따라서 원가가 아닌 매가를 기준으로 계산해야 한다.

(3) 매출원가: 1,050,000 − 50,250 − 2,250 = 997,500

− 회수권: 1,050,000 × 5% − 2,250 = 50,250

| 회계처리 |

X1말	현금	1,500,000	환불부채 **매출**	75,000 **1,425,000**
	회수권 **비용** **매출원가**	50,250 **2,250** **997,500**	재고자산	1,050,000

계약부채(예상 반환금액): 1,500,000 × 5% = 75,000

C-06. ②

총 수익: (1) + (2) = 9,000

(1) 수익: 0

콜옵션을 회사가 보유하고 있으므로 옵션의 행사 가능성은 검토할 필요 없이, 재매입가격이 당초 판매가격보다 높기 때문에 이를 금융약정(차입거래)로 본다. 따라서 현금 수 령액을 수익이 아닌 차입금으로 인식한다.

| 회계처리 |

X1.12.1	현금	10,000	차입금	10,000

참고 X1년도 이자비용: (120 − 100) × 100개/2 = 1,000

회사는 차입금에 대한 이자비용을 인식할 것이다. 문제에서 비용은 묻지 않았으므로 답과는 무관하다. 12월 1일부터 2월 1일까지 2달간 월할상각하여 X1년과 X2년에 나누어 비용으로 인식한다.

(2) 수익: 90개 × @100 = 9,000

변동대가 추정치의 제약이 있는 경우 '유의적인 부분을 되돌리지 않을 가능성이 매우 높은 정도까지만' 수익으로 인식한다. 따라서 기댓값인 90개에 대해서는 수익을 인식한다. 문제에서 '순이익'을 물은 것이 아니라, '수익'을 물었기 때문에 원가는 차감하지 않는다.

| 회계처리 |

X1.12.26	현금	10,000	환불부채	1,000
			매출	9,000
	회수권	800	재고자산	8,000
	매출원가	7,200		

회수원가가 중요하지 않기 때문에 회수권은 재고자산 개당 80씩 온전히 인식한다.

C-07. ②

Step 1. 계약부채: 1,000,000 × 250,000/(1,000,000 + 250,000) = 200,000

Step 2. 매출 = 현금 수령액 − 계약부채 = 1,000,000 − 200,000 = 800,000

Step 3. X1년 포인트 매출 = X1년 포인트 매출 누적액 = 80,000
X1년 포인트 매출 (누적액): 200,000 × 180,000/450,000 = 80,000

Step 4. X2년 포인트 매출 = X2년 포인트 매출 누적액 − X1년 포인트 매출 누적액
X2년 포인트 매출 누적액: 200,000 × 432,000/480,000 = 180,000
X2년 포인트 매출: 180,000 − 80,000 = 100,000

X2년 말 계약부채 잔액: 200,000 − 80,000 − 100,000 = **20,000**

빠른 풀이법 200,000 × (480,000 − 180,000 − 252,000)/480,000 = **20,000**
문제에서 연도별 매출액이 아니라, X2년 말 계약부채 잔액을 물었기 때문에 매출 시 계약부채를 먼저 구한 뒤, X2년 말 '1 − 포인트 교환율'인 0.1을 곱하면 된다.

| 회계처리 |

X1년 매출 시	현금	1,000,000	계약부채	200,000
			매출	800,000
X1년 말	계약부채	80,000	매출	80,000
X2년 말	계약부채	100,000	매출	100,000

C-08. ⑤

Step 1. 계약부채
: 200,000 × 18,000/(200,000 + 18,000) = 16,514

Step 2. 매출 = 현금 수령액 − 계약부채
: 200,000 − 16,514 = 183,486

Step 3. X1년 포인트 매출 = X1년 포인트 매출 누적액 = **0**

X1년 중 교환된 포인트는 없기 때문에 X1년 포인트 매출은 없다.

Step 4. X2년 포인트 매출 = X2년 포인트 매출 누적액 − X1년 포인트 매출 누적액

X2년 포인트 매출 누적액: 16,514 × 10,000/18,000 = 9,174

X2년 포인트 매출: 9,174 − 0 = 9,174

| 회계처리 |

X1년 매출 시	현금	200,000	계약부채 매출	16,514 **183,486**
X1년 말	− 회계처리 없음 −			
X2년 말	계약부채	9,174	매출	**9,174**

C-09. ③

Step 1. 계약부채

계약부채: 300,000,000 × 4,200,000/(300,000,000 + 4,200,000) = 4,142,012

− 부여한 포인트: 300,000,000/10,000 = 30,000

− 포인트의 공정가치: 30,000 × 140 = 4,200,000

Step 2. X2년 포인트 매출 누적액

: 4,142,012 × (8,400 + 6,000)/(30,000 × 80%) = 2,485,207

Step 3. X3년 포인트 매출 = X3년 포인트 매출 누적액 − X2년 포인트 매출 누적액

X3년 포인트 매출 누적액: X2년 포인트 매출 누적액 + X3년 포인트 매출

= 2,485,207 + 1,035,503 = 3,520,710

X3년 포인트 매출 누적액 = 4,142,012 × (8,400 + 6,000 + x3년 회수 포인트)/(30,000 × 90%)
= 3,520,710

→ x3년 회수 포인트 = **8,550**

D-01. ①

총 수익: 462,500 + 12,500 = **475,000**

X1년 말 부채 잔액: 37,500 − 12,500 = **25,000**

매출 시	현금	500,000	**매출** 계약부채	**462,500** 37,500
보증 시	계약부채 비용	12,500 10,000	**(보증) 매출** 현금	**12,500** 10,000

용역 유형의 보증이므로 보증에 대해 거래가격을 배분한 뒤, 보증 시에 매출로 인식한다.

계약부채: 500,000 × 39,000/(481,000 + 39,000) = 37,500

− 총 판매대가를 개별 판매가격의 비율대로 안분한다.

매출: 500,000 − 37,500 = 462,500

계약부채 환입액(＝보증 매출): 37,500 × 10,000/30,000 = 12,500

― 총 예상 보증비 중 투입된 보증비의 비율만큼 계약부채를 수익으로 인식한다.

D-02. ④

(1) ~5,000대: 민국은 본인

민국이 5,000대에 대해서는 판매를 보장하므로, 재고위험은 민국에게 있는 것이다. 민국이 본인이다.

(2) 5,000대~: 민국은 대리인

민국이 5,000대를 초과하여 판매한 경우에는 판매되지 않은 게임기를 대한에게 반납할 수 있으므로, 재고위험은 대한에게 있는 것이다. 대한이 본인이며, 민국은 대리인이다.

(3) 단위당 수익

	㈜대한의 수익	㈜민국의 수익
민국이 본인인 경우	100	110(본인)
민국이 대리인인 경우	110(본인)	10(대리인)

대한이나 민국이 본인인 경우 총액인 단위당 ₩110씩 수익을 인식한다. 반면, 민국이 대리인인 경우 순액으로 수익을 인식해야 하므로, 민국은 판매수수료 ₩10을 수익으로 인식한다. 민국이 본인인 경우 대한은 ₩110 중 ₩10의 판매수수료를 차감한 ₩100을 수령하므로 단위당 ₩100의 수익을 인식한다.

(4) 연도별 수익

	㈜대한	㈜민국
X1년	5,000대 × @100 = ①500,000	4,500대 × @110(본인) = ②495,000
X2년	5,000대 × @100 + 1,000대 × @110(본인) = ③610,000	5,000대 × @110(본인) + 1,000대 × @10(대리인) = ④**560,000**

D-03. ④

1. 제품 A

(1) ㈜대한

① ~200개: 대한은 본인

대한이 200개에 대해서는 판매를 보장하고, 재판매 여부에 관계없이 매입대금을 지급하므로 재고위험은 대한에게 있는 것이며, 대한이 본인이다.

② 200개 초과분: 대한은 대리인

대한이 모두 조건 없이 민국에게 반환할 수 있으므로 재고위험은 민국에게 있는 것이며, 대한은 대리인이다.

(2) 단위당 수익

	㈜민국의 수익	㈜대한의 수익
대한이 본인인 경우	1,350	1,500(본인)
대한이 대리인인 경우	1,500(본인)	150(대리인)

대한이나 민국이 본인인 경우 총액인 단위당 ₩1,500씩 수익을 인식한다. 반면, 대한이 대리인인 경우 순액으로 수익을 인식해야 하므로, 대한은 판매수수료 ₩150을 수익으로 인식한다.
대한이 본인인 경우 민국은 ₩1,500 중 ₩150의 판매수수료를 차감한 ₩1,350을 수령하므로 단위당 ₩1,350의 수익을 인식한다. 이 경우 일반적인 상거래라고 생각하면 된다. 민국이 1,350에 파는 제품을 대한이 취득하여 1,500에 판매하는 것이다.

2. 제품 B
(1) 본인 – 민국, 대리인 – 대한
대한의 보장 판매 수량 없이 모두 민국에게 반환할 수 있으므로 재고위험은 민국에게 있는 것이며, 가격 결정권이 민국에게 있으므로, 민국이 본인이다.

(2) 대한: 80개 × 50(대리인)
대한은 보장 판매 수량이 없으므로 판매량 80개에 대해 수익을 인식하며, 대리인이므로 판매수수료 50이 단위당 수익이 된다.

(3) 민국: 80개 × 1,000(본인)
민국도 보장 판매 수량이 없으므로 판매량 80개에 대해 수익을 인식하며, 본인이므로 고객에게 판매한 단위당 판매가격 1,000이 단위당 수익이 된다.

3. 총 수익

	㈜민국	㈜대한
제품 A	200개 × @1,350 = 270,000	150개 × @1,500(본인) = 225,000
제품 B	80개 × @1,000(본인) = 80,000	80개 × @50(대리인) = 4,000
수익 계	**350,000**	**229,000**

D-04. ①

㈜대한이 계약상 식별해야 하는 수행의무는 특수프린터, 예비부품 및 **보관용역**으로 세 가지이다.
② 특수프린터는 ㈜민국이 사업장으로 인수하므로 20x2년 12월 31일에 ㈜민국에게 이전된다.
④ 예비부품은 미인도청구약정에서 고객이 제품을 통제하는 다음 기준을 모두 충족하고 있다. 따라서 ㈜민국은 예비부품을 통제할 수 있다.
1) 고객인 ㈜민국이 ㈜대한의 창고에 보관하도록 요청하였다.
2) 부품은 ㈜민국의 소유물로 식별될 수 있다.
3) 부품은 ㈜민국의 요청에 따라 즉시 운송할 준비가 되어 있다.
4) ㈜대한은 예비부품을 직접 사용하거나 다른 고객에게 넘길 능력은 없다.
③ 20x2년 12월 31일에 고객인 ㈜민국이 예비부품을 통제할 수 있으므로, ㈜대한도 수익을 인식할 수 있다.
⑤ 보관용역을 제공하는 수행의무는 2년에서 4년간 용역이 제공되는 기간에 걸쳐 이행된다. 기업은 지급조건에 유의적인 금융요소가 포함되어 있는지 고려한다.

D-05. ⑤

X1년도 수익: (1) + (2) = **1,950,000**

(1) 설비: 1,500,000(고정대가)

– 설비는 X1년도에 인도되었으므로 X1년도에 수익을 인식한다.

(2) 판매기준 로열티: (7,000,000 + 8,000,000) × 3% = 450,000

– 판매기준 로열티의 수익은 다음 중 나중의 사건이 일어날 때 인식한다.

① 후속 판매나 사용

② 판매기준 로열티의 일부나 전부가 배분된 수행의무를 이행함

판매는 11월과 12월에 이루어졌으며, 계약일부터 라이선스를 부여하였으므로 수행의무도 계약일에 이루어졌다고 볼 수 있다. 따라서 11월 매출액분만 아니라 12월 매출액에 대해서도 로열티 수익을 인식할 수 있다.

D-06. ①

(1) 할인권의 개별 판매가격: 1,500 × (30% – 10%) × 80% = 240

– 고객이 선택권을 행사하지 않고도 받을 수 있는 할인액(10%)과 선택권이 행사될 가능성(80%)을 모두 조정한다.

(2) 계약부채(할인권): 2,000 × 240/(2,000 + 240) = **214**

D-07. ⑤

상품권 1매당 상황별 수익 인식 금액

사용 시	만기 경과 시(1년 경과 시)	의무 소멸 시(2년 경과 시)
액면금액 – 반환금액	액면금액 × 10% = 1,000	액면금액 × 90% = 9,000

	x1년	x2년
x1년 발행분	42매 사용 / 8매 만기 경과 42 × 10,000 – 31,000 + 8매 × 1,000 = 397,000	5매 상환 / 3매 소멸 3매 × 9,000 = 27,000
x2년 발행분		90매 사용 / 10매 만기 경과 90 × 10,000 – 77,000 + 10매 × 1,000 = 833,000
수익 계	397,000	**860,000**

| 회계처리 |

(1) x1년 발행분

x1.1.1	현금	500,000	부채	500,000
x1년중	부채	420,000	현금 수익	31,000 389,000
x1.12.31	부채	8,000	수익	8,000
x2년중	부채	45,000	현금	45,000
x2.12.31	부채	27,000	**수익**	**27,000**

(2) x2년 발행분

x2.1.1	현금	1,000,000	부채	1,000,000
x2년중	부채	900,000	현금	77,000
			수익	**823,000**
x2.12.31	부채	10,000	수익	**10,000**

D-08. ③

	X1년	X2년
진행률	1,000,000/4,000,000 = 25%	3,000,000/4,000,000 = 75%
누적계약수익	5,000,000 × 25% = 1,250,000	5,000,000 × 75% = 3,750,000
계약수익	1,250,000	2,500,000
계약원가	(1,000,000)	(2,000,000)
공사손익	250,000	**500,000**

D-09. ④

(1) 연도별 공사손익

	X1년	X2년
진행률	432,000/720,000 = 60%	580,000/725,000 = 80%
누적계약수익	850,000 × 60% = 510,000	850,000 × 80% = 680,000
계약수익	510,000	170,000
계약원가	(432,000)	(148,000)
공사손익	78,000	**22,000**

(2) X1년 말 미청구공사: 120,000

계정과목	누적 수익		누적 청구액		누적 수령액		잔액
미청구공사	510,000	−	390,000			=	**120,000**
공사미수금			390,000	−	450,000	=	(60,000)
현금					450,000	=	450,000
계	510,000					=	510,000

D-10. ③

	X1년	X2년
진행률	?	300,000/500,000 = 60%
누적계약수익	120,000	600,000 × 60% = 360,000
계약수익	120,000	240,000
계약원가	120,000	180,000
공사손익	0	**60,000**

CHAPTER 13 주식기준보상

A-01. ③

	명수	× 개수	× 금액	× 1/n	= 누적액	비용
X1	(100 − 10 − 20)	1,000	360	1/3	8,400,000	8,400,000
X2	(100 − 10 − 15 − 13)	1,000	360	2/3	14,880,000	**6,480,000**
X3	(100 − 10 − 15 − 8)	1,000	360	3/3	24,120,000	9,240,000

부여일의 공정가치인 360을 사용하며, 이후 주식선택권의 공정가치가 변화하더라도 반영하지 않는다.

A-02. ③

	명수	× 개수	× 금액	× 1/n	= 누적액	비용
X1	(50 − 4 − 2)	200	2,000	1/2	8,800,000	**8,800,000**
X2	(50 − 4 − 3)	200	2,000	2/2	17,200,000	**8,400,000**

주식보상비용은 매 기말에 계산하는 것이다. 따라서 퇴사자 수도 부여일이 아닌 기말에 계산한 수를 대입해야 한다.

A-03. ①

1. 당기순이익: **31,000 감소**

	명수	× 개수	× 금액	× 1/n	= 누적액	비용
X1	10명 × 84%	10	1,000	1/3	28,000	28,000
X2	10명 × 84%	10	1,000	2/3	56,000	28,000
X3	10명 × 87%	10	1,000	3/3	87,000	**31,000**

2. 자본총계(= 현금 수령액): 50개 × @15,000 = **750,000**

| X3말 회계처리 |

비용	31,000	SO	31,000
현금	**750,000**	자기주식	700,000
SO	50,000	자처익	100,000

SO 감소액: 50개 × @1,000 = 50,000

A-04. ⑤

자본총계(= 현금 수령액): 33명 × 40개 × 50% × @600 = **396,000**

	명수	× 개수	× 금액	× 1/n	= 누적액	비용
X3	(40 − 2 − 6)	40	300	1/3	128,000	128,000
X4	(40 − 2 − 4 − 2)	40	300	2/3	256,000	128,000
X5	(40 − 2 − 4 − 1)	40	300	3/3	396,000	140,000

| X6초 회계처리 |

현금	**396,000**	자본금	330,000
SO	198,000	주발초	264,000

X5말 주식선택권 잔액 396,000 중 50%가 행사되었으므로 SO 198,000을 제거한다.
주식보상비용은 X5말에 인식하므로, X6초에는 비용을 인식하지 않는다.

A-05. ①

	명수	× 개수	× 금액	× 1/n	= 누적액	비용
X1	10	10	20	1/2	1,000	**1,000**
X2	10	10	20	2/2	2,000	**1,000**

주식결제형 주식선택권은 부여일의 공정가치로 측정하므로 공정가치 변동이 없다.

X3년도 비용: 0
— 주식결제형 주식선택권 행사 시 발생하는 비용은 없다.

| X3년도 회계처리 |

현금	5 × 10 × 10 = 500	자본금 & 주발초	1,500
주식선택권	2,000 × 5/10 = 1,000		

A-06. ⑤

	명수	× 개수	× 금액	× 1/n	= 누적액	비용
X1	10	10	30	1/2	1,500	**1,500**
X2	10	10	25	2/2	2,500	**1,000**
	(10 − 5)	10	25		1,250	
X3	(10 − 5)	10	35		1,750	**500**

현금결제형 주식선택권은 매기 말의 공정가치로 측정한다.
X3년초는 X2년말과 같으므로 X3년초 행사 후 잔액(1,250)을 X2에 같이 적었지만, 행사는 X3년에 하였으므로 X3년도 비용에 계상해야 한다.

X3년도 비용: 500 − 250 = **250**
(1) 평가비용: 1,750 − 1,250 = 500
(2) 주식보상비용환입: 5명 × 10개 × (25 − 20) = 250

| X3년도 회계처리 |

X3초 (행사)	부채	2,500 × 5/10 = 1,250	현금	(30 − 10) × 5명 × 10개 = 1,000
			비용	**250**
X3말 (평가)	비용	**500**	부채	500

X3년초 행사 후 나머지 금액은 그대로 두고, 공정가치 변화(25 → 35)만 인식한다.

A-07. ②

	명수	× 개수	× 금액	× 1/n	= 누적액	비용
X1	(100 − 10 − 15)	10	1,000	1/3	250,000	250,000
X2	(100 − 10 − 12 − 8)	10	1,260	2/3	588,000	338,000
X3	(100 − 10 − 12 − 5)	10	1,400	3/3	1,022,000	**434,000**
	(73 − 28)	10	1,400		630,000	

| X3년말 회계처리 |

비용	**434,000**	부채	434,000
부채	392,000	현금	336,000
		비용	**56,000**

현금 지급액: 28명 × 10개 × @1,200 = 336,000

X3년도 비용: 434,000 − 56,000 = **378,000**

A-08. ③

	명수	× 개수	× 금액	× 1/n	= 누적액	비용
X8	(100 − 6 − 4)	100	400	1/2	1,800,000	1,800,000
X9	(100 − 6 − 7)	100	420	2/2	3,654,000	**1,854,000**
	(100 − 6 − 7 − 50)	100	420		1,554,000	

| X9년말 회계처리 |

비용	**1,854,000**	부채	1,854,000
부채	2,100,000	현금	2,050,000
		비용	**50,000**

현금 지급액: 50명 × 100개 × @410 = 2,050,000

X3년도 비용: 1,854,000 − 50,000 = **1,804,000**

A-09. ②

	명수	× 개수	× 금액	× 1/n	= 누적액	비용
X2	10	200	1,400	1/1	2,800,000	2,800,000
X3	10	200	1,300		2,600,000	(200,000)
X4	10	200	1,500		3,000,000	**400,000**
	(10 − 5)	200	1,500		1,500,000	

행사가 X4년말에 최초로 이루어졌으므로, 그 전에는 나머지 금액을 그대로 두고 공정가치 변화(1,400→1,300→1,500)만 인식한다.

|X4년말 회계처리|

비용	**400,000**	부채	400,000
부채	1,500,000	현금	**900,000**
		비용	**600,000**

X4년도 비용: 400,000 − 600,000 = **(−)200,000 환입**
현금 지급액: (1,900 − 1,000) × 1,000개 = **900,000**
− 부채는 FV로 계상하지만, 현금은 내재가치로 지급한다는 것을 꼭 기억하자.

B-01. ①

	명수	× 개수	× 금액	× 1/n	= 누적액	비용
X1	(100 − 12)	10	3,000	**1/2**	1,320,000	1,320,000
X2	(100 − 18)	10	3,000	**2/3**	1,640,000	**320,000**

(1) 시장조건 vs 비시장조건
문제에 제시된 '연평균 시장점유율'이라는 조건은 주가가 아니므로 비시장조건에 해당한다. 따라서 연평균 시장점유율의 변화를 반영한다.

(2) X1년도
X1년의 시장점유율이 11%였으며, X2년도 동일한 시장점유율을 예상하므로 연평균 시장점유율은 11%이며, 가득일은 X2년말이 된다. 따라서 가득 기간은 2년이 되며, 예상 재직인원도 2년간의 퇴사자인 12명만 빼야 한다.

(3) X2년도
X2년도에 시장점유율이 하락하며 연평균 시장점유율 10%을 달성하지 못했다. 대신 연평균 시장점유율 9%(=(11 + 8 + 8)/3)이 예상되기 때문에 가득 기간은 3년이 된다. 가득 기간 3년 가운데 2년이 경과하였으므로 2/3을 곱하며, 예상 재직인원은 3년간의 퇴사자인 18명을 뺀다.

B-02. ⑤

1. 연도별 연평균 매출액증가율 추정치 및 1인당 주식선택권 수량

	연평균 매출액증가율 추정치	1인당 가득되는 주식선택권 수량
x1	15%	200개
x2	(15% + 11% + 11%)/3 = 12.3%	150개
x3	(15% + 11% + 1%)/3 = 9%	0개

문제에 제시된 매출액증가율은 비시장조건이므로 매출액증가율 달성여부에 따라 주식선택권 수량을 바꿔주어야 한다.

2. x3년도 당기순이익에 미치는 영향: **3,000,000 증가**

	명수	× 개수	× 금액	× 1/n	= 누적액	비용
X1	100	200	300	1/3	2,000,000	2,000,000
X2	100	150	300	2/3	3,000,000	1,000,000
X3	100	0	300	3/3	0	**(3,000,000)**

최종적으로 가득조건을 달성하지 못하였으므로 기존에 인식한 주식선택권을 전부 환입하면서, 비용을 감소시킨다. 비용이 3,000,000 감소하므로 당기순이익은 3,000,000 증가한다.

B-03. ①

	명수	× 개수	× 금액	× 1/n	= 누적액	비용
X1	(20 − 5)	1,000	600	1/2	4,500,000	4,500,000
X2	(20 − 4)	1,000	500	2/2	8,000,000	**3,500,000**

(1) 시장조건 vs 비시장조건

문제에 제시된 '연평균 판매량'이라는 조건은 주가가 아니므로 비시장조건에 해당한다. 따라서 연평균 판매량의 변화를 반영한다.

(2) X1년도

명수: X1년초에 X2년말까지 총 5명이 퇴직할 것으로 예상하였고, 이러한 예상에는 변동이 없었으므로 X1년 말에는 5명을 차감한다.

금액: X1년에는 연평균 판매량 증가율을 달성가능할 것으로 예측하므로, 행사가격은 800이며, 이때 '부여일의 공정가치'는 600이다.

(3) X2년도

명수: X2년말까지 실제로 4명이 퇴사하였으므로 4명을 차감한다.

금액: X2년에는 연평균 판매량 증가율을 달성하지 못하였으므로, 행사가격은 1,000이며, 이때 '부여일의 공정가치'는 500이다. 행사가격이 바뀌더라도 주식결제형 주식선택권은 원칙대로 '부여일(X1년초)의 공정가치'로 평가한다는 원칙을 기억하자.

B-04. ③

	명수	× 개수	× 금액	× 1/n	= 누적액	비용
07	(400 − 30 − 55)	200	200	1/3	4,200,000	4,200,000
08	(400 − 55 − 33)	200	200	2/3	8,320,000	**5,368,000**
	(400 − 55 − 33)	200	(120 − 80)	1/2	1,248,000	
09	(400 − 90)	200	200	3/3	12,400,000	**5,312,000**
	(400 − 90)	200	(120 − 80)	2/2	2,480,000	

(1) 08년도

종업원에게 행사가격을 낮춰주는 조건변경이 발생하였다. 종업원은 주식을 더 싼 가격에 매입할 수 있으므로 종업원에게 '유리한' 조건변경이다. 따라서 조건변경을 반영해야 한다.

조건변경 시 주식선택권의 공정가치의 증가분을 잔여기간에 나누어 비용으로 인식하면 된다. 따라서 08년도 원래 계산식에서 금액을 수정하고, 잔여기간이 2년이므로 1/2를 곱하면 된다.

08년도 비용: (8,320,000 − 4,200,000) + 1,248,000 = 5,368,000

(2) 09년도

08년도의 계산식에서 명수만 수정하고, 1/n의 분자만 1씩 키우면 된다.

09년도 비용: (12,400,000 − 8,320,000) + (2,480,000 − 1,248,000) = 5,312,000

B-05. ③

	명수	× 개수	× 금액	× 1/n	= 누적액	비용
X1	300 × 0.8	10	200	1/4	120,000	120,000
X2	300 × 0.9	10	200	2/4	270,000	**168,000**
	300 × 0.9	10	20	1/3	18,000	

B-06. ④

(A) 10개→9개 x2년도 비용: 76,920

	명수	× 개수	× 금액	× 1/n	= 누적액	비용
X1	(100 − 10 − 20)	10	360	1/3	84,000	84,000
X2	(100 − 10 − 15 − 13)	9	360	2/3	133,920	**76,920**
	(100 − 10 − 15)	1	360	1/1	27,000	

행사수량 감소분은 X2년말에 즉시 가득되었다고 보므로 X2년 말까지 퇴직자만 차감하며, 연수 계산 시 1/1을 곱한다.

(B) 10개→12개 x3년도 비용: 105,400

	명수	× 개수	× 금액	× 1/n	= 누적액	비용
X1	(100 − 10 − 20)	10	360	1/3	84,000	84,000
X2	(100 − 10 − 15 − 13)	10	360	2/3	148,800	64,800
X3	(100 − 10 − 15 − 13)	10	360	3/3	223,200	**105,400**
	(100 − 10 − 15 − 13)	2	250	1/1	31,000	

행사수량 증가는 X2년말에 이루어졌는데, 이를 남은 기간 동안 전진적으로 인식하면 X3년말에 전부 인식한다. X2년말에 잔여 가득기간이 1년만 남았기 때문이다.
주식선택권의 수를 늘려줬을 때에는 조건변경일에 새로 주식선택권을 부여한 것으로 보아 변경일의 공정가치로 평가한다. 따라서 360이 아닌 250으로 평가해야 한다.

B-07. ②

	명수	× 개수	× 금액	× 1/n	= 누적액	비용
X1	100	100	400	1/4	1,000,000	1,000,000
X2	100	100	410	2/4	2,050,000	**1,050,000**

| 회계처리 |

x1.12.31	주식보상비용	1,000,000	장기미지급비용	1,000,000
x2.12.31	장기미지급비용	1,000,000	주식선택권	2,050,000
	주식보상비용	1,050,000		

B-08. ④

	명수	× 개수	× 금액	× 1/n	= 누적액	비용
X1	30	30	100	1/5	18,000	18,000
X2	30	30	**③130**	2/5	②46,800	①28,800

① x2년 비용은 문제에서 제시한 28,800이다.
② x1년 말 누적액에 x2년 비용을 가산하면 x2년 말 누적액은 46,800이다.
③ x2년 말에 주식선택권을 부여하였으므로, x2년 말 주식선택권의 단위당 공정가치로 평가해야 하는데, 누적액에서 역산하면 130이다. 1/n 자리에 2/5를 대입해야 함을 주의하자.

| 회계처리 |

x1.12.31	주식보상비용	18,000	장기미지급비용	18,000
x2.12.31	장기미지급비용	18,000	주식선택권	46,800
	주식보상비용	28,800		

C-01. ①

	명수	× 개수	× 금액	= 가치
부채		1,000	400	400,000
자본				**104,000**
총 가치		1,400	360	504,000

참고로, X1년말 주가가 주당 420이라고 가정하면 회계처리는 다음과 같다.

X1말	비용	34,667	SO	34,667
	비용	140,000	부채	140,000

SO 증가액: 104,000/3 = 34,667
X1년말 부채: 1,000 × 420 × 1/3 = 140,000

SO는 매년 34,667씩 비용을 인식하여 3년 뒤 104,000가 될 것이고, 부채는 매년 말 평가를 통해 3년 뒤 '1,000주 × X3년 말 공정가치'가 될 것이다.

C-02. ③

A: 현금결제형

	명수	× 개수	× 금액	× 1/n	= 누적액	비용
X1		1,000	520	1/2	260,000	**260,000**

현금결제형 가정 시 매년 말 공정가치로 평가해야 하므로 520으로 평가한다.

B: 주식결제형

	명수	× 개수	× 금액	× 1/n	= 누적액	비용
X1		1,200	400	1/2	240,000	**240,000**

주식결제형 가정 시 부여일의 공정가치로 평가해야 하므로 400으로 평가한다.
현금결제 시 주식 수(1,000주)와 주식결제 시 주식 수(1,200주)가 다르므로 유의하자.

C-03. ⑤

	자본	부채	계	비용
X1말	20명 × 50주 × 450 × 1/3		150,000	150,000
X2말(추가)	20명 × 50주 × **30** × 2/3 = 20,000	20명 × 50주 × **420** × 2/3 = **280,000**	300,000	**150,000**

X2말 (추가 시)	비용	**150,000**	부채	**280,000**
	자본	130,000		

참고 만약 X3년말 주식의 공정가치가 410이라고 가정하면, 회계처리는 다음과 같다.

	자본	부채	계	비용
X2말(추가)	20명 × 50주 × 30 × 2/3 = 20,000	20명 × 50주 × 420 × 2/3 = 280,000	300,000	150,000
X3말	20명 × 50주 × 30 × **3/3** = 30,000	20명 × 50주 × **410** × **3/3** = 410,000	440,000	140,000

X3말	비용	140,000	부채	130,000
			SO	10,000

C-04. ④

1. 청산 전 SO 잔액: 4,000,000

	명수	× 개수	× 금액	× 1/n	= 누적액	비용
X1	100	100	600	1/3	2,000,000	2,000,000
X2	100	100	600	2/3	4,000,000	2,000,000

2. 잔여 비용: 6,000,000 − 4,000,000 = 2,000,000
 − 가득 시 SO 잔액: 100 × 100 × 600 × **3/3** = 6,000,000

3. 청산비용: 7,000,000 − 6,600,000 = 400,000
 − 현금 지급액: 100명 × 100개 × @700 = 7,000,000
 − 주식선택권 공정가치: 100명 × 100개 × @660 = 6,600,000

4. 중도 청산 시 당기순이익 = (−)2,000,000(잔여비용) − 400,000(청산비용) = **(−)2,400,000 감소**

| 회계처리 |

잔여 비용	주식보상비용(잔여 비용)	**2,000,000**	주식선택권	2,000,000
청산	주식선택권	6,000,000	현금	7,000,000
	자본요소	600,000		
	주식보상비용(청산 비용)	**400,000**		

− 자본요소 감소액: 6,600,000 − 6,000,000 = 600,000

C-05. ②

Step 1. 청산 전 SO 잔액 구하기: 4,000,000

	명수	× 개수	× 금액	× 1/n	= 누적액	비용
X1	6,000	100	10	1/3	2,000,000	2,000,000
X2	6,000	100	10	2/3	4,000,000	2,000,000

Step 2. 잔여 비용 인식하면서 가득 시 SO 잔액으로 키우기

잔여 비용	주식보상비용(잔여 비용)	**2,000,000**	주식선택권	2,000,000
청산	주식선택권	6,000,000	현금	12,000,000
	자본	**3,600,000**		
	주식보상비용(청산 비용)	**2,400,000**		

가득 시 SO 잔액: 6,000 × 100 × 10 × **3/3** = 6,000,000
잔여 비용: 6,000,000 − 4,000,000 = 2,000,000

Step 3. 청산손실 계산

주식선택권 공정가치: 6,000명 × 100개 × @16 = 9,600,000

자본: 9,600,000 − 6,000,000 = 3,600,000
청산 비용: 12,000,000 − 9,600,000 = 2,400,000
− 현금 지급액: 6,000명 × 100개 × @20 = 12,000,000

Step 4. 중도 청산 시 총 비용 = 잔여 비용 + 청산 비용
= 2,000,000 + 2,400,000 = **4,400,000**

Step 5. 중도 청산으로 인해 자본에 미치는 영향 = 현금 지급액 = **12,000,000 감소**

D-01. ③

	명수	× 개수	× 금액	× 1/n	= 누적액
A	90	20	300	× 9/12	405,000
B		200	320		64,000
C		80,000 + 50,000 =			130,000
계					**599,000**

(1) A

종업원과의 거래에서는 부여한 지분상품의 공정가치에 기초하여 보상원가를 측정한다.

(2) B

종업원이 아닌 상대방과의 거래는 재화나 용역을 제공받는 날, 제공받는 재화나 용역의 공정가치로 측정한다. 하지만 제공받는 재화나 용역의 공정가치를 신뢰성 있게 측정할 수 없는 경우 부여된 지분상품의 공정가치로 측정한다.

(3) C

종업원이 아닌 상대방과의 거래는 재화나 용역을 제공받는 날, 제공받는 재화나 용역의 공정가치로 측정한다. 따라서 지급한 주식을 원재료의 공정가치로 측정한다.

| 회계처리 |

A	주식보상비용	405,000	자본요소	405,000
B	기계장치	64,000	자본요소	64,000
C	원재료	130,000	자본요소	130,000

D-02. ①

종업원과의 주식기준보상거래는 준 날, 준 것의 공정가치로 측정한다. 제공받는 날이 아닌 부여일을 기준으로 측정한다.

D-03. ③

현금결제형 주식기준보상거래에서 부채는 부여일과 부채가 결제될 때까지 매 보고기간 말과 결제일에 주가차액보상권의 공정가치로 측정한다.

D-04. ⑤

① 현금결제형 주식기준보상거래의 경우에 제공받는 재화나 용역과 그 대가로 부담하는 부채를 부채의 공정가치로 측정하며, 부채가 결제될 때까지 매 보고기간 말과 결제일에 부채의 공정가치를 **재측정한다.** (X)
② 주식결제형 주식기준보상거래로 가득된 지분상품이 추후 상실되거나 주식선택권이 행사되지 않은 경우에도 종업원에게서 제공받은 근무용역에 대해 인식한 금액을 **환입하지 않는다.** (X)
③ 지엽적인 내용이다. 부여한 지분상품의 공정가치를 신뢰성 있게 추정할 수 없어 내재가치로 측정한 경우에는 **매 보고기간 말과 최종 결제일에 내재가치를 재측정하고 내재가치 변동액은 당기손익으로 인식한다.** (X)
④ 시장조건이 있는 지분상품을 부여한 때에는 **그러한 시장조건이 충족되는지에 관계없이** 다른 모든 가득조건(예: 정해진 기간에 계속 근무하는 종업원에게서 제공받는 근무용역)을 충족하는 거래상대방에게서 제공받는 재화나 용역을 인식해야 한다. (X)

D-05. ②

현금결제형 주식기준보상거래의 경우에 제공받는 재화나 용역과 그 대가로 부담하는 부채를 부채의 공정가치로 측정한다. 또 부채가 결제될 때까지 매 보고기간 말과 결제일에 부채의 공정가치를 재측정하고, 공정가치의 변동액은 **당기손익**으로 인식한다.

D-06. ②

부여한 지분상품의 공정가치에 기초하여 거래를 측정하는 때에는, 시장가격을 구할 수 있다면 **시장가격을 기초로 하되** 지분상품의 부여조건을 고려하여 측정기준일 현재 공정가치를 측정한다. 만일 **시장가격을 구할 수 없다면 가치평가기법을 사용**하여 부여한 지분상품의 공정가치를 추정한다. 시장가격과 가치평가기법 중 한 가지를 '선택'하는 것이 아니다.

CHAPTER 14 주당순이익

A-01. ⑤

	1,1	2,1	9,1	11.1	계
주식배당 가중평균	15,000 × 1.1 × 12/12	3,000 × 1.1 × 11/12	(1,800) × 4/12	900 × 2/12	
	16,500	3,025	(600)	150	**19,075**

자기주식 소각 시에는 유통주식수에 변동이 없다.

A-02. ②

	1,1	3,1	5,1	9.1	10.1	계
무상증자 가중평균	24,000 × 1.125 × 12/12	8,000 × 1.125 × 10/12	(6,000) × 8/12	3,000 × 4/12	1,000 × 3/12	
	27,000	7,500	(4,000)	1,000	250	**31,750**

유상증자로 보는 주식 수: 12,000 × 1,000/1,500 = 8,000주

무상증자로 보는 주식 수: 12,000 − 8,000 = 4,000주

= 12,000주 × (1,500 − 1,000)/1,500 = 4,000주

무상증자율: 4,000/(24,000 + 8,000) = 12.5%

→ 기초 주식수와 유상증자로 보는 주식 수에 각각 1.125를 곱한다.

A-03. ③

(1) n = 6,275

	1,1	4,1	12.1	계
주식배당 가중평균	5,000 × 1.1 × 12/12	1,000 × 1.1 × 9/12	(600) × 1/12	
	5,500	825	(50)	6,275

(2) EPS: 5,522,000/6,275 = **880**

A-04. ③

(1) n = 1,960

	1,1	9,1	계
무상증자 가중평균	1,800 × 1.05 × 12/12	200 × 1.05 × 4/12	
	1,890	70	1,960

유상증자로 보는 주식 수: 300 × 40,000/60,000 = 200주
무상증자로 보는 주식 수: 300 − 200 = 100주
무상증자율: 100/(1,800 + 200) = 5%

(2) EPS: 2,450,000/1,960 = **1,250**

A-05. ④

(1) n = 14,300

	1,1	4,1	계
무상증자 가중평균	10,000 × 1.1 × 12/12	4,000 × 1.1 × 9/12	
	11,000	3,300	**14,300**

(2) 우선주 배당금: 7,000주 × @5,000 × 20% = 7,000,000

(3) EPS: (29,880,000 − 7,000,000)/14,300 = **1,600**

A-06. ②

n = 131,925

	1,1	7,1	10,1	계
무상증자 저가 유상증자 가중평균	100,000 + 20,000 × 1.08 × 12/12	5,000 × 1.08 × 6/12	(1,500) × 3/12	
	129,600	2,700	(375)	131,925

유상증자로 보는 주식 수: 15,000 × 5,000/15,000 = 5,000주
무상증자로 보는 주식 수: 15,000 − 5,000 = 10,000주
무상증자율 = 10,000/(120,000 + 5,000) = 0.08

계산기사용법

100,000 + 20,000 × 1.08 × 12 M + 5,000 × 1.08 × 6 M + 1,500 × 3 M − MR ÷ 12 =

우선주 배당금: 0 (우선주는 없다.)
기본 EPS: 500,000,000/131,925 = **3,790**

A-07. ⑤

(1) n = 1,030

	1,1	4,1	10,1	계
무상증자 가중평균	800 × 1.1 × 12/12	200 × 1.1 × 9/12	(60) × 3/12	
	880	165	(15)	**1,030**

유상증자로 보는 주식 수: 300 × 1,000/1,500 = 200주

무상증자로 보는 주식 수: 300 − 200 = 100주

= 300주 × (1,500 − 1,000)/1,500 = 100주

무상증자율 = 100/(800 + 200) = 10%

(2) EPS: (575,300 − 50,000)/1,030 = **510**

우선주가 비누적적이므로 당기에 결의된 배당금을 차감한다.

A-08. ③

(1) n = 10,120

	1,1	4,1	7,1	10.1	계
가중평균	10,000 × 12/12	160 × 9/12	(250) × 6/12	500 × 3/12	
	10,000	120	(125)	125	**10,120**

전환사채 전환으로 발행하는 보통주식수: 20,000/50 × 40% = 160주

전환우선주 전환으로 발행하는 보통주식수: 1,000주/2주 = 500주

− 전환우선주 2주당 보통주 1주로 전환된다.

(2) 우선주 배당금: (3,000주 − 1,000주) × @100 × 10% = 20,000

기중 전환된 전환우선주에 대해서는 우선주배당금을 지급하지 않는다.

(3) EPS: (1,335,600 − 20,000)/10,120 = **130**

A-09. ④

n = 1,100,000

	1,1	4,1	10,1	계
주식분할 가중평균	500,000 × 2 × 12/12	100,000 × 2 × 9/12	(200,000) × 3/12	
	1,000,000	150,000	(50,000)	1,100,000

계산기사용법 500,000 × 2 × 12 M + 100,000 × 2 × 9 M + 200,000 × 3 M − MR ÷ 12 =

(1) 주식분할: 9.1에 이루어졌으므로 그전에 있었던 자본거래에 전부 2를 곱한다.

(2) 우선주 배당금: (150,000주 − 100,000주) × @10,000 × 10% = 50,000,000
기중에 전환된 전환우선주에 대해서는 우선주배당금을 지급하지 않으므로 차감하고 우선주배당금을 계산한다.

(3) 기본 EPS: (710,000,000 − 50,000,000)/1,100,000 = **600**

A-10. ④

(1) n = 8,295

	1.1	3.1	7.1	10.1	계
	6,400	1,600	250	200	
무상증자	× 1.05	× 1.05			
가중평균	× 12/12	× 10/12	× 6/12	× 3/12	
	6,720	1,400	125	50	8,295

기초유통보통주식수: 7,000 − 600(자기주식) = 6,400주

유상증자로 보는 주식 수: 2,000 × 2,000/2,500 = 1,600주
무상증자로 보는 주식 수: 2,000 − 1,600 = 400주
무상증자율 = 400/(6,400 + 1,600) = 5%

전환사채 전환으로 발행하는 보통주식수: 500,000/500 × 25% = 250주

전환우선주 전환으로 발행하는 보통주식수: 600주/3주 = 200주
− 전환우선주 3주당 보통주 1주로 전환된다.

(2) 우선주 배당금: (900주 − 600주) × @200 × 20% = 12,000
기중 전환된 전환우선주에 대해서는 우선주배당금을 지급하지 않는다.

(3) EPS: (2,334,600 − 12,000)/8,295 = **280**

A-11. ①

(1) n: 20,000

	1.1	4.1	9.1	계
주식수	10,000	2,000	(4,350)	
주식배당	+ 8,000			
무상증자	× 1.1	× 1.1		
가중평균	× 12/12	× 9/12	× 4/12	
계	19,800	1,650	(1,450)	**20,000**

− 12.31에 전환된 보통주는 n 계산 시 무시한다.
− 무상증자로 보는 주식수: 4,000주 × (10,000 − 5,000)/10,000 = 2,000
− 무상증자율: 2,000/20,000 = 10%

(2) 우선주 배당금: 5,000주 × @5,000 × 10% = 2,500,000

– 기중 전환된 우선주에 대해서는 전환일까지에 대해 우선주 배당금을 지급하는데, 우선주가 12월 31일에 전환되었으므로 1년치 배당금을 전부 지급 받는다.

(3) 기본 eps: (10,000,000 − 2,500,000)/20,000 = **375**

A-12. ④

(1) n = 11,875

	1.1	7.1	11.1	계
무상증자 가중평균	10,000 × 1.06 × 12/12	2,500 × 1.06 × 6/12	(300) × 2/12	
	10,600	1,325	(50)	**11,875**

(2) 우선주 배당금: 1,192.5주 × @5,000 × 7% = 417,375

	1.1	7.1	계
무상증자 가중평균	1,000 × 1.06 × 12/12	250 × 1.06 × 6/12	
	1,060	132.5	**1,192.5**

유상신주의 배당기산일은 납입한 때이며, 무상신주의 배당기산일은 원래의 구주에 따른다. 따라서 유상주는 발행일을 이용하여 월할 평균하고, 무상주는 소급적용한다.
우선주는 누적적이고, 연체배당금이 있지만 당기 배당금만 계산한다.

(3) EPS: (5,170,000 − 417,375)/11,875 = **400**

B-01. ③

(1) n = 2,000 (변동 없음)

(2) 희석 EPS: 672

	분자	분모	EPS	희석여부
기본 전환사채	1,500,000 120,000 × 0.8 = 96,000	2,000 375	750 256	O
희석 EPS	1,596,000	2,375	**672**	

전환사채 전환 시 발행주식 수: 50,000/100 × 9/12 = 375

전환사채 이자비용은 발행 시점부터 인식된 비용이므로, 이미 9개월치 이자비용이다. 또 9/12를 곱하지 않도록 주의하자.

B-02. ②

(1) n = 3,500

	1,1	10,1	11,1	계
주식배당 가중평균	3,000 × 1.15 × 12/12	1,000 × 3/12	(1,200) × 2/12	
	3,450	250	(200)	**3,500**

(2) 희석 EPS: **305**

	분자	분모	EPS	희석여부
기본 전환사채	1,232,500 200,000 × 0.7 = 140,000	3,500 1,000	352 140	O
희석 EPS	1,372,500	4,500	**305**	

전환사채 전환 시 발행주식 수: 500매 × 2 = 1,000주

B-03. ④

(1) n = 34,200

	1,1	7,1	10.1	계
무상증자 가중평균	30,000 × 1.1 × 12/12	2,000 × 1.1 × 6/12	400 × 3/12	
	33,000	1,100	100	34,200

— 무상증자율: 3,200주/32,000주 = 10%
— 전환사채 전환 시 발행주식 수: 1,000,000/500 × 20% = 400주

(2) 우선주 배당금: 20,000주 × 5,000 × 5% = 5,000,000

(3) 잠재적 보통주가 EPS에 미치는 영향

	분자	분모	EPS	희석여부
기본 전환사채	10,260,000 171,000 × 0.8 = 136,800	34,200 1,900[1]	300 72	O
	10,396,800	36,100	**288**	

[1]1,000,000/500 × (80% + 20% × 9/12) = 1,900주

— 2,000주 중 80%는 전환되지 않았으므로 전부 더하고, 20%는 10.1에 전환되었으므로 1.1에 전환되었다고 가정하고 9/12를 곱한 금액을 더한다.

B-04. ③

(1) n = 14,100

	1,1	7,1	계
가중평균	15,000 × 12/12	(1,800) × 6/12	
	15,000	(900)	14,100

(2) 잠재적 보통주가 EPS에 미치는 영향

	분자	분모	EPS	희석여부
기본 전환사채	4,624,800 47,512 × 0.8 = 38,010	14,100 500	328 76	 O
	4,662,810	14,600	**319**	

(당기순이익 − 우선주배당금)/n = 328

→ 당기순이익 − 우선주배당금 = 14,100 × 328 = 4,624,800

(3) 전환사채가 EPS에 미치는 영향

① 발행가액 분석

부채	500,000 × 0.7513 + 40,000 × 2.4868	= ①475,122
자본		③24,878
계		②500,000

② 이자비용: 475,122 × 10% = 47,512

③ 분모 증가분: 500,000/1,000 × 12/12 = 500

− 1.1에 발행하였으므로 12/12를 곱한다.

B-05. ②

(1) n = 1,260

	1.1	7.1	계
 무상증자 가중평균	1,000 × 1.12 × 12/12	250 × 1.12 × 6/12	
	1,120	140	1,260

유상증자로 보는 주식 수: 400주 × 500/800 = 250주

무상증자로 보는 주식 수: 400 − 250 = 150주

무상증자율 = 150/(1,000 + 250) = 12%

(2) 희석 EPS: 700

	분자	분모	EPS	희석여부
기본 신주인수권	919,800 0	1,260 160[1]	730 0	 O
희석 EPS	919,800	1,420	**648**	

[1]800 × (750 − 600)/750 = 160주

B-06. ④

(1) n = 10,350

	1,1	4,1	9,1	계
무상증자 가중평균	8,000 × 1.1 × 12/12	2,000 × 1.1 × 9/12	(300) × 4/12	
	8,800	1,650	(100)	**10,350**

유상증자로 보는 주식 수: 3,000 × 400/600 = 2,000주
무상증자로 보는 주식 수: 3,000 − 2,000 = 1,000주
무상증자율 = 1,000/(8,000 + 2,000) = 10%

(2) 잠재적 보통주

	분모
기본	10,350
옵션	600개 × (500 − 300)/500 × 3/12 = 60
전환사채	500,000/10,000 = 50
희석 EPS	**10,460**

① 옵션: 10.1에 발행하였으므로 3/12를 곱해야 한다.
② 전환사채: 전년도에 발행하여, 당년도 12.31까지 전환되지 않았으므로 50주가 전부 포함된다.

B-07. ③

(1) n = 205,000

	1,1	10.1	계
가중평균	200,000 × 12/12	20,000 × 3/12	
	200,000	5,000	205,000

주식매입권은 행사가격을 납입하고 주식을 발행받으므로 신주인수권(콜옵션)에 해당한다.

(2) 잠재적 보통주가 EPS에 미치는 영향

	분자	분모	EPS	희석여부
기본	205,000,000	205,000	1,000	
신주인수권	0	5,000[1]	0	O
	205,000,000	210,000	**976**	

[1](10,000 + 20,000 × 9/12) × (25,000 − 20,000)/25,000 = 5,000
– 희석 EPS 계산 시 신주인수권은 1.1에 행사되었다고 가정한다. 10,000개는 아예 행사되지 않았으므로 그대로 들어가지만, 20,000개는 10.1에 행사되었으므로, 9개월 빨리 행사되었다고 본다. 따라서 9/12를 곱한 뒤, 행사가격 및 시장가격을 고려한다.

B-08. ③

(1) n = 900

	1.1	4.1	7.1	계
가중평균	1,000 × 12/12	(200) × 9/12	100 × 6/12	
	1,000	(150)	50	900

(2) 잠재적 보통주가 EPS에 미치는 영향

	분자	분모	EPS	희석여부
기본 신주인수권	⑤856,800 0	①900 ②120	⑥**952** 0	
	④856,800	③1,020	840	

② 신주인수권으로 인한 분모 증가분: 600개 × (10,000 − 8,000)/10,000 = 120

 − 신주인수권은 분자가 0이므로, 무조건 희석효과가 발생한다.

④ 희석 EPS의 분자 = 1,020 × 840 = 856,800

 − 신주인수권은 분자 조정 사항이 없으므로 이 금액이 그대로 ⑤'당기순이익 − 우선주배당금'이 된다.

⑥ 기본 EPS = 856,800/900 = 952

B-09. ③

(1) n = 10,200

	1.1	10.1	계
가중평균	10,000 × 12/12	800 × 3/12	
	10,000	200	10,200

기초 유통보통주식수: 50,000,000/5,000 = 10,000주

 − 자기주식이 없으므로 보통주식수가 유통보통주식수가 된다.

(2) 잠재적 보통주가 EPS에 미치는 영향

	분자	분모	EPS	희석여부
기본 신주인수권	⑤**6,522,400** 0	①10,200 ②320	639 0	 O
	④6,522,400	③10,520	620	

② 신주인수권으로 인한 분모 증가분: (200 + 800 × 9/12) × (10,000 − 6,000)/10,000 = 320

 − 희석 EPS 계산 시 신주인수권은 1.1에 행사되었다고 가정한다. 200개는 아예 행사되지 않았으므로 그대로 들어가지만, 800개는 10.1에 행사되었으므로, 9개월 빨리 행사되었다고 본다. 따라서 9/12를 곱한 뒤, 행사가격 및 시장가격을 고려한다.

 희석 EPS의 분자 = 10,520 × 620 = ④6,522,400

 − 신주인수권은 분자 조정 사항이 없으므로 이 금액이 그대로 ⑤'당기순이익 − 우선주배당금'이 된다. 또한, 우선주가 없는 상황이므로 이 금액이 당기순이익이다.

B-10. ②

(1) n = 12,392

	1.1	3.1	7.1	10.1	계
유상증자 가중평균	10,000 × 1.04 × 12/12	2,500 × 1.04 × 10/12	(500) × 6/12	300 × 3/12	
	10,400	2,167	(250)	75	12,392

유상증자로 보는 주식 수 = 3,000 × 2,500/3,000 = 2,500주
무상증자로 보는 주식 수 = 3,000 − 2,500 = 500주
무상증자율: 500/(10,000 + 2,500) = 0.04

(2) 잠재적 보통주가 EPS에 미치는 영향

	분자	분모	EPS	희석여부
기본 BW	4,000,000 0	12,392 750	323 0	 O
	4,000,000	13,142	**304**	

① BW 분자: 상환할증금 미지급조건이므로 분자에서 조정할 금액은 없다.
② BW 분모: 1,000,000/500 × (800 − 500)/800 = 750
 − 행사가: 사채 액면 ₩500당 보통주 1주를 지급하고, 행사비율이 사채액면금액의 100%이므로, 보통주 1주를 인수하기 위한 행사가는 500 × 100% = 500이다.

B-11. ②

n = 1,200

	1.1	계
무상증자 가중평균	1,000[1] × 1.2 × 12/12	
	1,200	1,200

[1]기초 보통주식수: 5,000,000/5,000 = 1,000주

잠재적 보통주가 EPS에 미치는 영향

	분자	분모	EPS	희석여부
기본 BW	7,200,000 0	1,200 ③50	6,000 0	 O
	7,200,000	②1,250	①5,760	

BW 분자: 상환할증조건이 없으므로 분자에서 조정할 금액은 없다. 문제에서 제시한 이자비용 180,000을 대입하지 않도록 주의하자.

① 희석 EPS가 5,760이라고 문제에서 제시해주었다.

② BW의 분모 효과까지 반영한 분모는 '7,200,000/5,760 = 1,250'이다.

③ BW의 분모 효과는 '1,250 − 1,200 = 50'이다.

BW 분모: 100 × (시가 − 2,000)/시가 = 50

∴ 시가 = **4,000**

C-01. ③

(1) n = 100 (기초부터 변동 없음)

(2) 희석 EPS: 198

	분자	분모	EPS	희석여부
기본	21,384	100	214	
신주인수권	0	8[1]	0	O
	21,384	108	**198**	
전환사채	5,250 × 0.8 = 4,200	20	210	X

[1]신주인수권 분모 조정 사항: 20 × (5,000 − 3,000)/5,000 = 8

전환사채의 EPS(210)가 전환사채를 희석하기 전의 EPS(198)보다 더 크므로 반희석 효과가 생긴다. 신주인수권까지만 타야 된다. 전환사채까지 희석하게 되면 EPS는 200(= 25,584/128)으로 198보다 더 커진다. 굳이 200을 계산해보지 않고도 전환사채의 분자, 분모 조정 사항만 이용해도 희석여부를 판단할 수 있다.

C-02. ②

(1) n = 10,200

	1.1	7.1	계
가중평균	10,000 × 12/12	400 × 6/12	
	10,000	200	10,200

7.1 전환우선주로 전환된 보통주: 2,000주/5주 = 400주

(2) 희석 EPS: **53**

	분자	분모	EPS	희석여부
기본	693,600[1]	10,200	68	
신주인수권	0	3,000[2]	0	O
희석 EPS	693,600	13,200	**53**(희석)	
전환우선주	300,000	800[3]	375	X

[1]보통주 귀속 NI: 993,600 − 300,000 = 693,600

− 우선주 배당금: (5,000주 − 2,000주) × @1,000 × 10% = 300,000

[2]신주인수권 분모 조정 사항: 10,000 × 9/12 × (5,000 − 3,000)/5,000 = 3,000

[3]전환우선주 분모 조정 사항: 5,000주/5주 − 400주 × 6/12 = 800주

C-03. ④

(1) n = 1,180

	1.1	4.1	10.1	계
가중평균	1,000 × 12/12	200 × 9/12	120 × 3/12	
	1,000	150	30	**1,180**

(2) 희석 EPS: 700

	분자	분모	EPS	희석여부
기본 BW	840,000 0	1,180 20[1]	712 0	O
희석 EPS	840,000	1,200	**700**	

[1]120주 × (9,000 − 6,000)/9,000 × 6/12 = 20주

– 4.1에 발행하였으나, 실제로는 10.1에 행사되었으므로 4.1에 발행하자마자 실제보다 6개월 빨리 행사되었다고 가정한다.

C-04. ①

누적적 우선주의 배당금은 '배당결의 여부와 관계없이' 당해 배당금을 보통주 귀속 당기순손익에서 차감한다.

② 할증배당우선주의 할인발행차금 상각액은 이자비용이 아닌 우선주 배당금으로 처리한다. (O)

③ 누적적, 비누적적 모두 '1년치만' 차감한다. (O)

⑤ 상환우선주가 부채로 분류될 경우 배당금은 이자비용으로 분류되므로 당기순이익에서 차감할 필요가 없다. (O)

C-05. ①

① 매입옵션은 반희석 효과가 발생하므로 희석 EPS 계산 시 고려하지 않는다. (O)

② 주식분할은 자본 변동이 없으므로 발행일이 아닌 소급 적용하여 n을 계산한다. (X)

③ 당기 중에 발행된 잠재적보통주는 '발행일부터' 분모에 포함한다. (X)

④ 지엽적인 문장이다. 지배기업의 보통주에 귀속되는 당기순이익 계산시 비지배지분에 귀속되는 순이익이나 우선주 배당금은 **차감**한다. (X)

⑤ 희석효과가 가장 '큰' 잠재적보통주부터 순차적으로 고려한다. (X)

C-06. ③

희석주당이익을 계산할 때 희석효과가 있는 옵션이나 주식매입권은 행사된 것으로 가정한다. 이 경우 권리행사에서 예상되는 현금유입액은 보통주를 **회계기간의 평균시장가격**으로 발행하여 유입된 것으로 가정한다.

C-07. ②

기업이 공개매수 방식으로 우선주를 재매입할 때 우선주 주주에게 지급한 **대가의 공정가치가 우선주의 장부금액을 초과하는 부분**은 지배기업의 보통주에 귀속되는 당기순손익을 계산할 때 차감한다.

③, ④번은 지엽적인 문장이므로 넘어가자. 맞는 문장이다.

CHAPTER 15 회계변경 및 오류수정

A-01. ④

	X1	X2
X1	(22,000)	22,000
X2		(18,000)
계		X2 당기순이익: 4,000 증가
	X2 기말 이잉: 18,000 감소	

수정 후 X2년 NI: 160,000 + 4,000 = **164,000**
수정 후 X2말 이잉: 540,000 − 18,000 = **522,000**

A-02. ④

	20X1년	20X2년	20X3년
X1년	2,000	(2,000)	
X2년		3,000	(3,000)
X3년			4,000
	기초 이잉: 3,000 증가		NI: 1,000 증가
	기말 이잉: 4,000 증가		

당기순이익에 미치는 영향: 1,000 증가
→ 매출원가에 미치는 영향: 1,000 감소 (부호만 반대로)
X3년말 이익잉여금에 미치는 영향: 4,000 증가

수정 후 매출원가: 70,000 − 1,000 = **69,000**
수정 후 이익잉여금: 600,000 + 4,000 = **604,000**

A-03. ①

	X1	X2
X1	?	(?)
X2		300,000
	기초 이잉	NI (200,000)
	기말 이잉	

FIFO 대비 평균법 적용시 매출원가가 200,000(= 8,200,000 − 8,000,000) 크므로, 정책변경으로 X2년 NI는 200,000 감소한다.

X1년말 재고자산이 X2년 순이익에 미치는 영향: (500,000)

	X1	X2
X1 X2	**500,000**	**(500,000)** 300,000
	기초 이잉	NI (200,000)
	기말 이잉	

FIFO 대비 평균법의 재고자산이 500,000 더 크므로 FIFO 기준 X2년초 재고자산은 **3,100,000**이다.

A-04. ④

	20X1년	20X2년
감가비 부인 평가손익 인식	100,000 (50,000)	 (70,000)
	x1말 이잉: 50,000 증가	NI: 70,000 감소
	x2말 이잉: 20,000 감소	

(1) 감가상각비: (1,000,000 − 0)/10 = 100,000

(2) 공정가치 평가손익
　X1년: 950,000 − 1,000,000 = (−)50,000 손실
　X2년: 880,000 − 950,000 = (−)70,000 손실

① X2말 투부 잔액: 880,000
② X2년 평가손익: 70,000 손실
③ X1말 투부 잔액: 950,000 (소급 적용)
④ 소급 적용하므로 공정가치모형을 적용하며, 감가상각비는 표시되지 않는다. (X)
⑤ X1말 이잉: 300,000 + 100,000(감가비 부인) − 50,000(평가손실 인식) = 350,000
　− 이익잉여금은 NI의 누적액이다. X1년 NI가 50,000 증가하므로 이잉도 50,000 증가한다.

A-05. ③

	X1	X2
감가상각비 부인 평가손익 인식	400,000 (500,000)	 300,000
	X1말 이잉 100,000 감소	X2 당기순이익 300,000 증가
	X2말 이잉 200,000 증가	

회계정책 변경 후 X1말 이익잉여금: 300,000 − 100,000 = 200,000
회계정책 변경 후 X2년 당기순이익: 700,000 + 300,000 = 1,000,000
− 700,000은 투자부동산 회계처리를 반영하기 전 금액이므로 감가상각비를 부인하면 안 된다.
X2말 이익잉여금: 200,000 + 1,000,000 = **1,200,000**

|별해| X2말 이익잉여금의 변화 이용

변경 전 X2말 이익잉여금: 300,000 + 700,000 = 1,000,000

– 문제에 제시된 X1말 이잉에 X2년 NI를 가산하면 X2말 이잉이 계산된다.

변경 후 X2말 이익잉여금: 1,000,000 + 200,000 = **1,200,000**

A-06. ①

X1	X2
1,100,000	(400,000)
기초 이잉	NI
기말 이잉 700,000	

1,100,000의 비용을 X1년도에 부인한 뒤, X2년에 400,000을 비용으로 인식한다.

– X1년도 비용: 1,200,000 × 3개월/36개월 = 100,000

– X2년도 비용: 1,200,000 × 12개월/36개월 = 400,000

|계정별 증감|

기초 이익잉여금	보험료(비용)	기말 선급비용(자산)
1,100,000 증가	400,000 증가	700,000 증가

|오류수정 회계처리|

X2말	비용	400,000	이익잉여금	1,100,000
	선급보험료	700,000		

① 전기이월이익잉여금(= 기초 이익잉여금): ₩1,100,000 증가 (O)

② 당기 비용: ₩400,000 발생 (X)

③ 기말 이익잉여금: ₩700,000 증가 (X)

④ 기말 자산: ₩700,000 증가 (X)

⑤ 기말 순자산(= 자본): ₩700,000 증가 (X)

– 동 오류와 관련된 자본 항목은 이익잉여금밖에 없으므로, 기말 이익잉여금의 변동으로 답하면 된다.

A-07. ②

	X1	X2
X1	(10,000)	10,000
	기초 이잉	NI
	기말 이잉	

기초 이잉: 10,000 감소

기말 이잉: 불변

	20X1년 말	20X2년 말
수정 전 이익잉여금 오류 수정으로 인한 증감	150,000 + 60,000 = 210,000 (10,000)	210,000 + 130,000 = 340,000 —
수정 후 이익잉여금	**200,000**	**340,000**

| 별해 |

20X1년 초 이익잉여금 20X1년 NI	150,000 60,000 − 10,000 = 50,000
20X1년 말 이익잉여금 20X2년 NI	**200,000** 130,000 + 10,000 = 140,000
20X2년 말 이익잉여금	**340,000**

A-08. ④

	X1	X2
수정 전 NI		500,000
x1 재고	(10,000)	10,000
x2 재고		5,000
x1 미지급이자	(7,000)	7,000
x2 미지급이자		(3,000)
배당금수익		(6,000)
지분법이익		120,000
수정 후 NI		**633,000**

(1) 배당금수익

주식을 원가법으로 회계처리했다는 것은 주식을 취득원가 그대로 두고, 배당금 수령액은 일반적인 금융자산처럼 배당금수익(PL)으로 인식했다는 것을 의미한다. 지분법에서는 배당금 수령액을 배당금수익이 아닌 주식 장부금액의 차감으로 인식하므로 배당금수익만큼 당기순이익을 감소시켜야 한다.

(2) 지분법이익

지분법에서는 피투자회사의 당기순이익 중 지분율에 해당하는 금액만큼 지분법이익을 인식해야 하므로 120,000(= 400,000 × 30%)만큼 당기순이익을 증가시켜야 한다.

B-01. ①

	X1	X2
유형자산	(500,000)	
감누	50,000	50,000
	기초 이잉 (450,000)	NI 50,000
	기말 이잉 **(400,000)**	

X2년 말 순자산에 미치는 효과는 X2년 말 자본(= 기말 이잉)에 미치는 영향과 일치하므로 **400,000 감소**이다. 건물은 500,000 감소하면서, 감누는 100,000 감소한다.

1. 지출 시점: 자산화 검토
회사는 수리비를 장부금액에 가산하였으나, 비용처리하는 것이 타당하므로 X1년도에 비용 500,000을 인식하면서 유형자산을 줄인다.

2. 매년 말: 감가상각하기
회사는 500,000을 장부금액에 가산한 뒤, 10년 정액법이므로 매년 500,000/10 = 50,000씩 감가상각을 추가로 인식했을 것이다. 따라서 매년 50,000씩 감가상각비를 부인한다.

| X2년도 수정분개 |

감가상각누계액	② 100,000	건물	① 500,000
이익잉여금	④ 450,000	감가상각비	③ 50,000

B-02. ②

<table>
<tr><th></th><th>X0</th><th>X1</th><th>X2</th></tr>
<tr><td>임차료</td><td></td><td>(180,000)</td><td>180,000</td></tr>
<tr><td>재고자산</td><td>~~150,000~~</td><td>~~(150,000)~~
200,000</td><td>(200,000)</td></tr>
<tr><td>유형자산</td><td></td><td>100,000</td><td></td></tr>
<tr><td>감누</td><td></td><td>(20,000)</td><td>(20,000)</td></tr>
<tr><td rowspan="2"></td><td colspan="2">기초 이잉 100,000</td><td>NI (40,000)</td></tr>
<tr><td colspan="3">기말 이잉 60,000</td></tr>
</table>

1. 임차료
회사는 X1년도에 비용을 인식하지 않고, X2년도에 2년치 비용을 전부 인식했다. 따라서 X2년 비용 중 1년치는 부인하고, X1년도 비용으로 인식해야 한다.

2. 유형자산
자산화할 지출을 비용화하였으므로 비용을 부인한 뒤, 잔존내용연수 5년에 나누어 비용으로 인식한다. X2년 말 현재 잔존내용연수가 3년이므로 X1년 초 잔존내용연수는 5년(3 + 2)이다.

참고 X2년 말 유형자산 수정분개

기계장치	① 100,000	감누	② 40,000
감가상각비	③ 20,000	이익잉여금	④ 80,000

B-03. ④

	X1	X2	X3
재고자산	~~20,000~~	~~(20,000)~~ (30,000)	30,000 (35,000)
보험료		15,000	(15,000)
유형자산	50,000		
감누	(10,000)	(10,000)	(10,000)
	기초 이잉 15,000		**NI (30,000)**
	기말 이잉 (15,000)		

1. 보험료
X3년도 비용이므로 X2년에는 비용을 부인한 뒤, X3년도에 비용을 인식한다.

2. 유형자산
자산화할 지출을 비용화하였으므로 비용을 부인한 뒤, 잔존내용연수 5년에 나누어 비용으로 인식한다. 문제에서 'X3년 말 현재 잔존내용연수가 2년이다.'라고 제시해주었는데, 상각을 X1년초부터 해야 하므로 잔존내용연수는 5년(2 + 3)이다.

참고 X3년 말 유형자산 수정분개
재고자산과 보험료를 제외한 '유형자산의' 수정분개만 표시하면 다음과 같다.

기계장치	① 50,000	감누	② 30,000
감가상각비	③ 10,000	이익잉여금	④ 30,000

B-04. ①

	X1	X2
건물	(100,000)	(100,000)
자본적지출	190,000 (10,000)	(20,000)
미수이자	50,000	(50,000) 50,000
	기초 이잉 **130,000**	NI **(120,000)**
	기말 이잉 10,000	

건물의 내용연수: 8년 + 2년 = 10년 (∵X2년 말 잔존내용연수가 8년이므로)
자본적 지출: 7.1에 발생하였으므로 X1년에는 10,000(= 190,000 × 0.5/9.5)을 환입한다.
참고로, 건물의 취득원가에 대한 감가상각비 조정 시에는 잔존가치를 고려하고, 냉난방설비 지출에 대한 감가상각비 조정 시에는 잔존가치를 고려하지 않는다. 어차피 잔존가치가 0이므로 문제 풀이 시 잔존가치를 고려하지 않았더라도 상관은 없었다.

B-05. ②

	X1	X2
재고자산	(20,000)	20,000 6,000
미지급급여	(3,000)	3,000 2,000
유형자산	20,000 (4,000)	(4,000)
무형자산상각비	(1,000)	(1,000)
	기초 이잉 (8,000)	NI **26,000**
	기말 이잉 **18,000**	

무형자산 상각비 누락: 그냥 연도별로 상각비를 인식하기만 하면 된다. 당기순이익은 '수익 − 비용'이다. 무형자산상각비는 비용이다. 따라서 문제에서 제시한 연도별 무형자산상각비만큼 차감하면 끝이다. 반면, 재고자산, 유형자산, 미지급비용은 자산 혹은 부채이다. 따라서 자산, 부채가 각 연도별 수익이나 비용에 미치는 영향을 분석해야 한다. 자산, 부채는 위 손익변동표와 같이 2년 이상의 손익에 영향을 미친다.

B-06. ②

(1) 오류수정

	X1	X2
수정 전 NI (라) 오류	 (400,000)	400,000 100,000
수정 후 NI		500,000

− (마): 회계추정의 변경이므로 전진법을 적용한다. 회계변경의 X2년도에 대한 효과는 이미 반영되었으므로 조정할 것이 없다.

(2) 이익잉여금

X1년 말 이잉 (라) 오류수정 효과 X2년 NI	500,000 (400,000) 500,000
X2년 말 이잉	**600,000**

(3) 자본총계

X1년 말 자본 (라) 오류수정 효과 X2년 NI (가) 유상증자 (나) 자기주식 취득 (다) OCI	2,580,000 (400,000) 500,000 800,000 (45,000) (30,000)
X2년 말 자본	**3,405,000**

− (다) 기타포괄손익: (40,000 + 10,000) − (30,000 + 50,000) = (−)30,000 감소

(4) 총포괄이익

NI OCI	500,000 (30,000)
CI	**470,000**

B-07. ②

(1) 정액법에 의한 사채할인발행차금 상각액

: (100,000 − 87,565)/3 = 4,145

− 사채할인발행차금의 정액법 상각은 말 그대로 사채할인발행차금을 매년 같은 금액만큼 상각하는 방법을 말한다. 따라서 사채할인발행차금을 만기로 나누면 연도별 상각액을 구할 수 있다.

(2) 유효이자율 상각표

	유효이자(10%)	액면이자(5%)	상각액	장부금액
X0				87,565
X1	8,757	5,000	3,757	91,322
X2	9,132	5,000	4,132	95,454

(3) 연도별 이자비용 수정

X1	X2
388	13
기초 이잉 388	NI 13

X1년 이자비용: 3,757 − 4,145 = (−)388 감소

X2년 이자비용: 4,132 − 4,145 = (−)13 감소

이자비용을 감소시키므로 연도별 당기순이익은 증가한다. 수정 시점이 X2년이므로 X1년 이자비용은 이익잉여금으로 마감되어 있는 상태이다. 따라서 이익잉여금으로 수정해야 한다.

(4) 수정분개

사채할인발행차금	388	이익잉여금	388
사채할인발행차금	13	이자비용	13

B-08. ④

B-09. ③

X0말 이잉에 미치는 영향: **58 증가**

X1년 NI에 미치는 영향: **359 감소**

	Y9	X0	X1
이자비용 Y9 X0	 (100) 	(142) 100 200	(159) (200)
조정 사항	X0말 이잉 58		X1 NI (359)

1. 사할차 상각액

회사가 액면이자만큼만 이자비용을 인식했으므로, 사할차 상각액만큼 추가로 이자비용을 인식해주어야 한다. 문제에 제시된 '이자율이 연 10%'라는 것은 액면이자율을 의미한다. 문제에서 유효이자율을 따로 줬기 때문에 액면이자율이라는 것을 파악할 수 있었는데, 문제에서 자세한 언급 없이 사채의 이자율을 그냥 주는 경우에도 액면이자율을 의미한다.

- X0년도 사할차 상각액: 9,520 × 12% − 1,000 = 142
- X1년도 사할차 상각액: (9,520 + 142) × 12% − 1,000 = 142 × 1.12 = 159

2. 재고자산 정책변경

선입선출법에서 가중평균법으로 변경하였으므로 재고자산의 차액을 반영하면 된다. 이때, X1년말 금액은 조정하지 않는다. 이미 X1년 기말 재고자산을 1,100으로 적용하여 매출원가를 계상했기 때문이다. 회사가 이미 정책변경 후의 금액으로 처리했으므로 추가로 조정해주면 안 된다.

B-10. ①

	X1	X2	X3
급여	(1,000,000)	1,000,000 (1,000,000)	1,000,000 (1,000,000)
사채	(28,471)		(31,888)
차량운반구			100,000
	기초 이잉		**NI 68,112**
	기말 이잉		

1. 급여

회사는 급여를 근로 월의 다음 달에 지급하면서 비용으로 인식하고 있다. 따라서 매년 12월말에는 미지급급여가 1,000,000씩 과소계상된다. 따라서 매년 당기순이익을 1,000,000을 감소시킨 뒤, 그 다음 해에는 다시 1,000,000을 증가시켜야 한다. X2년도와 X3년도에는 기초 미지급급여로 인한 당기순이익 증가분과 기말 미지급급여로 인한 당기순이익 감소분이 상쇄되어 당기순이익에 미치는 영향이 없다.

2. 사채 − 유효이자율 상각

회사는 사채를 발행한 뒤 액면이자만 이자비용으로 인식하였으므로, 상각액만큼 추가로 이자비용을 인식하면 된다.

	유효이자(12%)	액면이자(10%)	상각액	장부금액
X1				1,903,926
X2	228,471	200,000	28,471	1,932,397
X3	231,888	200,000	31,888	1,964,285

3. 정부보조금

정부보조금 취득 시 회계처리 방법과 관계없이 정부보조금 환입액만큼 당기순이익이 증가한다. (원가차감법 – 감가비 감소, 이연수익법 – 수익 인식) 하지만 회사가 정부보조금 회계처리를 누락하였으므로, 정부보조금 환입액만큼 당기순이익을 증가시켜주어야 한다.

정부보조금 환입액: 정부보조금 × 감가상각비/(취득원가 – 잔존가치)

= 1,000,000 × 1,000,000/(10,000,000 – 0) = 100,000

– 감가상각비: (10,000,000 – 0)/10 = 1,000,000

B-11. ④

	x0	x1	x2
상품	100,000	(100,000) 150,000	(150,000)
기계장치		60,000 (15,000)	(15,000)
사채		(1,587)	(1,714)
	X2 전기이월 이잉: **193,413 증가**		NI: **166,714 감소**

(1) 기계장치

감가상각비 증가액: 60,000/4 = 15,000

– X2말 잔존내용연수가 2년이므로, X1초 잔존내용연수는 4년이다.

(2) 사채 이자비용 증가액

X1: 94,842 × 8% – 6,000 = 1,587

X2: (94,842 × 1.08 – 6,000) × 8% – 6,000 = 1,714

B-12. ④

	X1
수정 전 NI 사채발행비 이자비용	100,000 9,500 (4,340)
수정 후 NI	**105,160**

1. 사채발행비: 사채발행비는 사채의 발행금액에서 차감해야 하나, 비용처리하였으므로 비용을 부인한다.

2. 이자비용: 4,340 증가

(1) 오류 수정 전 이자비용: 274,000 × 10% = 27,400

(2) 오류 수정 후 이자비용: 264,500 × 12% = 31,740

– 오류를 수정하면 사채의 발행금액은 264,500(= 274,000 – 9,500)이고, 유효이자율은 12%가 된다.

B-13. ②

	X0	X1
(1)	100,000 (10,000)	(10,000)
(2)	(20,000)	20,000 (30,000)
	기초 이잉 70,000 × 0.7 = 49,000 증가	**EBT 20,000 감소**

(1) 기계장치 오류

자본적 지출을 비용화하였으므로 비용 부인 후, 감가상각비를 인식한다. 이때, X1년 말 현재 잔존내용연수가 8년이므로 지출이 발생한 X0년 초 현재 잔존내용연수는 10년이다. 따라서 감가상각비는 10,000(= 100,000/10)이다.

(2) 선수금 오류

선수금을 수령할 때 수익으로 인식했는데, 수익은 상품을 인도할 때 인식해야 한다. 따라서 이미 인식한 수익을 부인한 뒤 그 다음 해에 인식해야 한다.

(3) 정답

① 전기이월이익잉여금(법인세효과 고려): 법인세효과를 고려하라는 단서가 있으므로 오류수정이 미치는 영향에 (1 − 30%)를 곱한다.

② 법인세비용차감전순이익: 세전이익이므로 법인세효과를 고려하지 않고 오류수정이 미치는 영향 그대로 답한다.

참고 x1년도 당기순이익에 미치는 영향: (20.000) × 0.7 = 14,000 감소

'당기순이익 = EBT − 법인세비용'이다. 당기순이익에 미치는 영향을 묻는다면 EBT에 미치는 영향 (1 − 30%)를 곱한다.

C-01. ③

ㄱ, ㄹ은 회계정책의 변경에 해당하지 않는다. ㅁ은 오류수정에 해당한다.

C-02. ①

전기오류의 수정은 오류가 **발견된 기간의 당기손익으로 보고하지 않는다.** 따라서 과거 재무자료의 요약을 포함한 과거기간의 정보는 실무적으로 적용할 수 있는 최대한 앞선 기간까지 소급재작성한다.

C-03. ③

과거에 발생한 거래와 실질이 다른 거래, 기타 사건 또는 상황에 대하여 다른 회계정책을 적용하는 경우 회계정책의 변경에 해당하지 아니한다.

출퇴근용버스의 감가상각과 배달용트럭의 감가상각과은 다른 거래이므로 다른 회계정책을 적용하더라도 회계정책의 변경에 해당하지 않는다.

C-04. ⑤

문제에 등장하는 '전기재무제표 재작성여부'란 소급법 적용 여부를 의미한다. '재작성함'은 소급법을 의미하고, '재작성 안함'은 전진법을 의미한다.

① 오류수정, 재작성함.
  — K — IFRS에서 후입선출법은 허용하지 않기 때문에 후입선출법을 적용한 것은 오류이다.

② 오류수정. 재작성함.
  — 충당부채로 인식할 사항을 우발부채로 공시하였기 때문에 오류이다.

③ 추정변경. 재작성 안 함.
  — 추정변경과 정책변경 중 불분명하면 추정변경으로 본다.

④ 오류수정, 재작성함.
  — 장기건설계약은 진행기준을 적용해야 하나, 완성기준을 적용했으므로 오류이다. 이를 수정하는 것이므로 오류수정이며, 재작성해야 한다.

CHAPTER

16 법인세회계

A-01. ③

	X2(20%)	X3(20%)	X4~(20%)
EBT 감가상각비 접대비	500,000 (80,000) 130,000	(80,000)	(80,000)
과세소득	550,000		
법인세부담액	110,000	(16,000)	(16,000)

기말 이연법인세자산 = 16,000 + 16,000 = 32,000

1. 기초 제거	이연법인세부채	–	이연법인세자산	48,000
2. 기말 계상	이연법인세자산	32,000	이연법인세부채	–
3. 당기 부채&비용	법인세비용	**126,000**	당기법인세부채	110,000

차감할 일시적차이가 사용될 수 있는 과세소득의 발생가능성은 매우 높으므로, 이연법인세자산을 전부 인식한다.

A-02. ②

	X1(20%)	X2~(18%)
EBT FVPL 금융자산 접대비 미수이자	700,000 100,000 100,000 (20,000)	 (100,000) 20,000
과세소득	880,000	
법인세부담액	176,000	(18,000) 3,600

(1) FVPL 금융자산

세법에서는 금융자산의 공정가치 평가를 인정하지 않으므로, X1년도에는 손不 유보 세무조정이 발생하며, X2년도에 손入 △유보 세무조정이 발생하며 유보가 추인된다.

(2) 미수이자

세법에서는 이자수익을 현금주의로 인식하므로 미수이자는 인정하지 않으며, 이후에 실제로 이자를 수령할 때 수익으로 인식한다.

1. 기초 제거	이연법인세부채	–	이연법인세자산	–
2. 기말 계상	이연법인세자산	18,000	이연법인세부채	3,600
3. 당기 부채&비용	법인세비용	**161,600**	당기법인세부채	176,000

– 20x1년 초에 설립되었으므로 기초 이연법인세자산, 부채는 없다.
– 일시적 차이가 사용될 수 있는 미래 과세소득의 발생가능성은 높으므로, 이연법인세자산을 전부 인식한다.

A-03. ②

	X1(20%)	X2~(20%)
EBT 미수이자 접대비 벌금과 과태료 감가상각비	1,000,000 (200,000) 150,000 70,000 50,000	 200,000 (50,000)
과세소득	1,070,000	
법인세부담액	214,000	40,000 (10,000)

벌금과 과태료는 영구적 차이(기타사외유출)이므로 이연법인세자산을 인식하지 않는다.

1. 기초 제거	이연법인세부채	–	이연법인세자산	–
2. 기말 계상	이연법인세자산	10,000	이연법인세부채	40,000
3. 당기 부채&비용	법인세비용	**244,000**	당기법인세부채	214,000

20x1년 초에 설립되었으므로 기초 이연법인세자산, 부채는 없다.
일시적 차이가 사용될 수 있는 미래 과세소득의 발생가능성은 높으므로 이연법인세자산을 전부 인식한다.

A-04. ④

(1) X1년 말 이연법인세자산(부채): 이연법인세자산 1,600, 이연법인세부채 600

	X1(30%)	X2(30%)	X3~(25%)
EBT 감가상각비 FVPL 금융자산	 6,000 (2,000)	 (2,000) 2,000	 (4,000)
과세소득		(2,000) 2,000	(4,000)
법인세부담액		**(600)** **600**	**(1,000)**

X2년 법인세비용을 물었으므로, X2년 초(=X1년 말) 이연법인세자산, 부채를 계산해야 한다. X1년 말 당기법인세부채는 구할 필요가 없다.
차감할 일시적차이가 사용될 수 있는 과세소득의 발생가능성은 매우 높으므로, 이연법인세자산을 전부 인식한다.

(2) X2년 법인세 분석

	X2(30%)	X3~(25%)
EBT	600,000	
감가상각비	(2,000)	(4,000)
FVPL 금융자산	2,000	
제품보증충당부채	3,000	(3,000)
미수이자	(4,000)	4,000
과세소득	599,000	(7,000) 4,000
법인세부담액	**179,700**	**(1,750)** **1,000**

미수이자는 X2년에 '손入 △유보' 세무조정이 발생하므로, X3년에 '익入 유보' 세무조정으로 추인된다.

| X2년 법인세 회계처리 |

1. 기초 제거	이연법인세부채	600	이연법인세자산	1,600
2. 기말 계상	이연법인세자산	1,750	이연법인세부채	1,000
3. 당기 부채&비용	법인세비용	**179,950**	당기법인세부채	179,700

A-05. ③

	X2(24%)	X3(22%)	X4~(20%)
EBT	1,200,000		
감가상각비	(50,000)		
FVPL금융자산	90,000	(90,000)	
퇴직급여충당금	(20,000)	(20,000)	(40,000)
접대비 한도초과	30,000		
과세소득	1,250,000	(110,000)	(40,000)
법인세부담액	300,000	(24,200)	(8,000)

— 퇴직급여 한도초과액은 X2년부터 4년간 20,000씩 추인되므로 X4년과 X5년에 총 40,000 추인된다.
— 기말 이연법인세자산: 24,200 + 8,000 = 32,200

1. 기초 제거	이연법인세부채	—	이연법인세자산	31,200
2. 기말 계상	이연법인세자산	32,200	이연법인세부채	—
3. 당기 부채&비용	법인세비용	**299,000**	당기법인세부채	300,000

A-06. ④

	X1(20%)	X2~(20%)
EBT	?	
일시적차이	10,000	(235,000) 65,000
과세소득	?	
법인세부담액	70,000	(47,000) 13,000

기초 유보 대비 기말 유보가 10,000 증가하였으므로 과세소득도 10,000 증가한다.

1. 기초 제거 2. 기말 계상 3. 당기 부채&비용	이연법인세부채 이연법인세자산 법인세비용	10,000 47,000 **68,000**	이연법인세자산 이연법인세부채 당기법인세자산 당기법인세부채	42,000 13,000 30,000 40,000

기초 이연법인세부채: 50,000 × 20% = 10,000

기초 이연법인세자산: 210,000 × 20% = 42,000

법인세부담액 70,000 중 기중에 30,000을 납부하였으므로, 당기법인세부채는 40,000이다.

A-07. ②

	X1(20%)	X2~(20%)
EBT	?	
매출채권 대충	20	(480)
미수이자	30	70
감누	40	(340)
충당부채	(190)	(150)
준비금		600
과세소득	?	(300)
법인세부담액	1,000	(60)

기말 이연법인세자산: 300 × 20% = **60**

– 본 문제에서는 이연법인세자산, 부채의 상계 후 금액을 물었기 때문에 X2년 이후의 과세소득을 상계 후 금액으로 표시하였다.

– 기말 유보 300이 이후에 전부 △유보로 추인될 것이므로 기말 유보에 세율을 곱하면 간단하게 답을 구할 수 있다.

A-08. ④

기초 이연법인세자산: 400 × 20% = 80

– 법인세비용을 물었기 때문에 편의상 자산, 부채를 상계하였다.

1. 기초 제거	이연법인세부채	–	이연법인세자산	80
2. 기말 계상	이연법인세자산	60	이연법인세부채	–
3. 당기 부채&비용			선급법인세	400
	법인세비용	**1,020**	당기법인세부채	600

기중에 중간예납 등을 선급법인세로 자산화하였으므로, 이를 제거하면서 나머지 600만 당기법인세부채로 계상해야 한다.

B-01. ③

	X1(20%)	X2(20%)	X3(20%)	X4(20%)
EBT 감가비 준비금	5,700,000 300,000 (600,000)	 200,000	 200,000	 (300,000) 200,000
과세소득	5,400,000	200,000	200,000	**(250,000)** 200,000
법인세부담액	1,080,000	40,000	40,000	**(50,000)** 40,000

(1) 기말 이연법인세자산, 부채

— 부채: 200,000 × 20% × 3 = 120,000

— 자산: 250,000 × 20% = 50,000

감가비 한도초과는 X4년에 소멸한다. 하지만 X4년도에 EBT는 50,000으로 예상되며, 유보 추인액은 200,000이므로, 손入할 수 있는 최대 금액은 250,000이다. 따라서 유보는 총 300,000이지만 250,000에 대해서만 이연법인세자산을 인정한다.

(2) 기초 이연법인세자산, 부채: 0

— 당기 초에 설립하였으므로 0이다.

1. 기초 제거	이연법인세부채	–	이연법인세자산	–
2. 기말 계상	이연법인세자산	50,000	이연법인세부채	120,000
3. 당기 부채&비용	법인세비용	**1,150,000**	당기법인세부채	1,080,000

B-02. ②

	X2(20%)	X3~(20%)
EBT 미수이자 접대비 자기주식처분이익	1,000,000 (20,000) 15,000 100,000*	 120,000
과세소득	1,095,000	
법인세부담액	219,000	24,000

기초 일시적차이가 (100,000)이었는데, X2년에 (20,000)이 추가로 발생하였으므로, 기말 일시적차이는 (120,000)이다. 따라서 X3년도부터 120,000의 익금산입이 발생한다.

기초 이연법인세부채: 100,000 × 20% = 20,000

1. 기초 제거	이연법인세부채	20,000	이연법인세자산	–
2. 기말 계상	이연법인세자산	–	이연법인세부채	24,000
3. 당기 부채&비용	법인세비용	**223,000**	당기법인세부채	219,000
4. 기타 세무조정	자기주식처분이익	20,000	법인세비용	**20,000**

법인세비용: 223,000 – 20,000 = **203,000**

법인세비용 상계액
– 자기주식처분이익: 100,000 × 20% = 20,000

B-03. ②

	X1(30%)	X2~(20%)
EBT	1,000,000	
접대비	30,000	
재고자산평가손실	10,000	(10,000)
금융자산	250,000	(250,000)
OCI	(250,000)*	
과세소득	1,040,000	
법인세부담액	312,000	(52,000)

X2년부터 적용할 세율이 20%이므로, X3년도에 소멸되는 일시적차이도 X2~ 아래에 적었다.

1. 기초 제거	이연법인세부채	–	이연법인세자산	–
2. 기말 계상	이연법인세자산	52,000	이연법인세부채	
3. 당기 부채&비용	법인세비용	**260,000**	당기법인세부채	312,000
4. 기타 세무조정	법인세비용	**50,000**	금융자산평가손실 (OCI)	50,000

법인세비용: 260,000 + 50,000 = **310,000**

법인세비용 상계액
– FVOCI 금융자산 평가손실: 250,000 × 20% = 50,000
– 금융자산평가손실은 기중에 차변에 계상했을 것이므로 상계 시 대변에 계상하면서 법인세비용을 늘린다.

B-04. ⑤

	X1(30%)	X2~(30%)
EBT	3,000,000	
접대비	300,000	
자처익	25,000*	
토지 유보	(10,000)	10,000
토지 OCI	10,000*	
과세소득	3,325,000	10,000
법인세부담액	997,500	3,000

기초 이연법인세자산, 부채: 0 (전기이월 일시적차이는 없다고 가정)

기말 이연법인세부채: 10,000 × 30% = **3,000**

1. 기초 제거	이연법인세부채	－	이연법인세자산	－
2. 기말 계상	이연법인세자산	－	이연법인세부채	3,000
3. 당기 부채&비용	법인세비용	**1,000,500**	당기법인세부채	997,500
4. 기타 세무조정	자기주식처분이익	7,500	법인세비용	**7,500**
	재평가잉여금	3,000	법인세비용	**3,000**

법인세비용: 1,000,500 － 7,500 － 3,000 = **990,000**

법인세비용 상계액

－ 자기주식처분이익: 10,000 × 30% = 3,000

－ 재평가잉여금(OCI): 10,000 × 30% = 3,000

자처익과 재평가잉여금 둘 다 이익이므로 기중에 대변에 계상했을 것이다. 따라서 법인세비용과 상계 시 차변에 계상하면서 법인세비용을 줄여야 한다.

B-05. ③

	X1(20%)	X2~(20%)
EBT	1,000,000	
자기주식처분이익	20,000*	
재고평가손실	30,000	(30,000)
접대비	50,000	
토지	(100,000)	100,000
재평가잉여금	100,000*	
과세소득	1,100,000	
법인세부담액	220,000	(6,000) 20,000

1. 기초 제거	이연법인세부채	—	이연법인세자산	—
2. 기말 계상	이연법인세자산	6,000	이연법인세부채	20,000
3. 당기 부채&비용	법인세비용	**234,000**	당기법인세부채	220,000
4. 기타 세무조정	자기주식처분이익	4,000	법인세비용	**4,000**
	재평가잉여금	20,000	법인세비용	**20,000**

법인세비용: 234,000 − 4,000 − 20,000 = **210,000**

법인세비용 상계액
— 자기주식처분이익: 20,000 × 20% = 4,000
— 재평가잉여금(OCI): 100,000 × 20% = 20,000

B-06. ③

	X1(20%)	X2~(20%)
EBT	500,000	
접대비	20,000	
재고자산	5,000	(5,000)
자처익	10,000*	
FVOCI 유보	20,000	(20,000)
FVOCI OCI	(20,000)*	
토지 유보	(20,000)	20,000
토지 OCI	20,000*	
과세소득	535,000	(25,000) 20,000
법인세부담액	107,000	(5,000) 4,000

기초 이연법인세: 0 (전기이월 일시적차이는 없다고 가정)

기말 이연법인세
— 자산: 25,000 × 20% = 5,000 (일시적 차이에 사용될 수 있는 과세소득의 발생가능성은 높음)
— 부채: 20,000 × 20% = 4,000

1. 기초 제거	이연법인세부채	—	이연법인세자산	—
2. 기말 계상	이연법인세자산	5,000	이연법인세부채	4,000
3. 당기 부채&비용	법인세비용	**106,000**	당기법인세부채	107,000
4. 기타 세무조정	자기주식처분이익	2,000	법인세비용	**2,000**
	법인세비용	**4,000**	OCI(FVOCI 평가손실)	4,000
	OCI(재평가잉여금)	4,000	법인세비용	**4,000**

법인세비용: 106,000 − 2,000 + 4,000 − 4,000 = **104,000**

법인세비용 상계액
— 자기주식처분이익: 10,000 × 20% = 2,000

– FVOCI 금융자산 평가손실(OCI): (20,000) × 20% = (4,000)
– 재평가잉여금(OCI): 20,000 × 20% = 4,000

자처익과 재평가잉여금 둘 다 이익이므로 기중에 대변에 계상했을 것이다. 따라서 법인세비용과 상계 시 차변에 계상하면서 법인세비용을 줄여야 한다. 반대로, 금융자산 평가손실은 기중에 차변에 계상했을 것이므로 상계 시 대변에 계상하면서 법인세비용을 늘린다.

C-01. ②

1. 전환사채 발행가액 분석

부채	50,000,000 × 0.7722 + 3,500,000 × 2.5313	= ①47,469,550
자본		③2,530,450
계		②50,000,000

2. 전환사채 회계처리 및 세무조정

(1) X1년초

회계기준 상 회계처리	현금	50,000,000	부채	47,469,550	
			자본	2,530,450	

⊕

세무조정	자본	2,530,450	~~PL~~	~~2,530,450~~	익入 기타
	~~PL~~	~~2,530,450~~	부채	2,530,450	손入 △유보

⇓

세법상 회계처리	현금	50,000,000	부채	50,000,000

세무조정: 익入 전환권대가 2,530,450 기타 & 손入 전환사채 2,530,450 △유보

세법에서는 전환사채와 관련하여 자본요소에 해당하는 부분을 인정하지 않으므로 '익入 기타' 세무조정을 통해 전환권대가를 PL로 전환한다. 또한, 세법에서는 부채를 액면금액으로 보기 때문에 '손入 △유보' 세무조정을 통해 전환권대가 금액만큼 부채 금액을 늘린다.

(2) X1년말

회계기준 상 회계처리	이자비용	4,272,260	현금	3,500,000
			부채	772,260

⊕

세무조정	부채	772,260	이자비용	772,260	손不 유보

⇓

세법상 회계처리	이자비용	3,500,000	현금	3,500,000

세무조정: 손不 전환사채 772,260 유보

세법에서는 부채를 액면금액으로 보기 때문에 부채의 유효이자율 상각을 인정하지 않는다. 따라서 '손不 유보' 세무조정을 통해 부채의 상각액을 부인한다.

3. 기말 이연법인세자산, 부채

	X1(40%)	X2~(40%)
EBT 전환권대가 부채 부채	? 2,530,450* (2,530,450) 772,260	 1,758,190
과세소득	?	
법인세부담액	?	703,276

기말 이연법인세부채: (2,530,450 − 772,260) × 40% = 703,276

− 기초에 설정한 △유보 중 일부가 추인되었으므로 잔액에 대해서 이연법인세부채를 계상한다.

4. 법인세 관련 회계처리

1. 기초 제거	이연법인세부채	−	이연법인세자산	−
2. 기말 계상	이연법인세자산	−	이연법인세부채	703,276
3. 당기 부채&비용	법인세비용	**703,276**	당기법인세부채	−
4. 기타 세무조정	전환권대가	1,012,180	법인세비용	**1,012,180**

이연법인세자산□부채와 관련된 법인세비용이 20X1년도 당기순이익에 미치는 영향

: (−)703,276 + 1,012,180 = **308,904 증가**

전환권대가로 인한 이연법인세부채 발생분 1,012,180(= 2,530,450 × 40%)은 전환권대가가 부담한다. 문제에서 '이연법인세자산□부채'의 당기순이익 효과만 물었으므로, 당기법인세부채는 무시한다.

|간편법|

위 회계처리는 다음과 같이 수행할 수도 있다. 전환권대가로 인한 이연법인세부채 발생분 1,012,180은 전환권대가가 부담하고, 기말에 유보 추인으로 인해 법인세비용이 감소한다.

X1년 초	전환권대가	1,012,180	이연법인세부채	1,012,180
X1년 말	이연법인세부채	308,904	법인세비용	**308,904**

C-02. ⑤

이연법인세 자산과 부채는 현재가치로 할인하지 않는다.

③ 지엽적인 문장이므로 기억하지 않아도 된다.

다음의 두 가지 조건을 모두 만족하는 정도까지를 제외하고는 종속기업, 지점 및 관계기업에 대한 투자자산과 공동약정 투자지분과 관련된 모든 가산할 일시적차이에 대하여 이연법인세부채를 인식한다.

(1) 지배기업, 투자자 또는 공동기업 참여자 또는 공동영업자가 일시적차이의 소멸시점을 통제할 수 있다.

(2) 예측가능한 미래에 일시적차이가 소멸하지 않을 가능성이 높다.

위 두 가지 조건을 모두 만족하는 정도는 제외하고 이연법인세부채를 인식하므로, 모든 가산할 일시적 차이에 대하여 항상 이연법인세부채를 인식하는 것은 아니다.

C-03. ⑤

사용되기에 충분한 과세소득이 발생할 가능성이 높아진다면 다시 **이연법인세자산을 환입한다.**

① 이연법인세자산, 부채는 현재가치 평가를 적용하지 않는다.

② 자산성 검토를 하는 이연법인세자산과 달리 이연법인세부채는 모든 일시적 차이를 인식한다.

③ 당기법인세 중 미납된 부분은 부채로 인식하고, 이미 납부한 금액이 부채 금액을 초과한다면 초과분을 자산으로 인식한다.

④ 이연법인세 자산, 부채는 일시적 차이가 소멸될 시점의 세율(미래세율)을 이용하여 측정한다.

C-04. ⑤

기타포괄손익으로 발생한 이연법인세효과는 **기타포괄손익**으로 인식한다.

① 미래 과세소득의 발생가능성이 높은 경우(= 자산성이 있는 경우) 그 범위 내에서 이연법인세자산을 인식한다.

② 선수수익을 예로 들면, 회계상으로는 부채로 보지만, 세법상으로는 부채로 보지 않는다. 또한, 미래에 회계상으로 선수수익을 제거하면서 수익을 인식하더라도 이를 세법상으로 수익으로 보지 않는다. 따라서 부채의 세무기준액은 장부금액에서 미래에 세무상 공제될 금액을 차감한 금액이다. '세무상 공제될 금액'이라는 표현은 '손入' 세무조정을 통해 과세소득에서 차감할 금액을 뜻한다.

③ 이연법인세자산은 일시적차이의 변동이 없더라도 재검토로 인해 변경될 수 있다.

④ 누진세율이 적용되는 경우 '평균'세율로 이연법인세자산, 부채를 계산한다.

C-05. ⑤

상계 권리를 갖고 있고 'and' 의도가 있어야 상계한다. 'or' 이 아니다.

C-06. ③

상계 권리를 갖고 있고 'and' 의도가 있어야 상계한다. 'or' 이 아니다.

C-07. ①

전환사채의 자본요소(전환권대가)에 대한 법인세효과는 전환권대가에서 감소시킨다. 따라서 자본요소의 장부금액에 직접 반영한다는 표현이 맞는 말이다.

② 과세대상수익의 수준에 따라 적용되는 세율이 다른 경우에는 일시적차이가 소멸될 것으로 예상되는 기간의 과세소득(세무상결손금)에 적용될 것으로 기대되는 **평균**세율을 사용하여 이연법인세 자산과 부채를 측정한다.

③ 법인세비용차감전순이익과 과세소득 간의 차이에는 일시적차이 뿐만 아니라 영구적차이도 포함된다.

④ 유형자산의 재평가잉여금과 관련된 법인세효과는 이연법인세**부채**로 인식한다. '손入 △유보' 세무조정으로 인해 이연법인세'부채'가 발생한다.

⑤ 이연법인세 자산과 부채는 **할인하지 아니한다.**

C-08. ①

자산의 세무기준액은 자산의 장부금액이 회수될 때 기업에 유입될 과세대상 경제적효익에서 세무상 **차감**될 금액을 말한다.

CHAPTER 17 현금흐름표

A-01. ①

①번만 재무활동 현금흐름에 해당하며, 나머지는 모두 영업활동 현금흐름에 해당한다.

A-02. ②

각 현금흐름을 활동별로 구분하면 다음과 같다.
㉠, ㉡, ㉧: 영업
㉢, ㉥, ㉦: 투자
㉣, ㉤, ㉨, ㉩: 재무

A-03. ②

	현금흐름	=	영업 손익	−	△영업 자산	+	△영업 부채
공급자	**(228,000)**		4,000 환율변동이익 (240,000) 매출원가		2,000 상품 5,000 선급금		1,000 매입채무

A-04. ①

X1년 말 현금: 300,000 + 284,000 = **584,000**
− 현금흐름: 1,784,000 − 1,500,000 = 284,000 증가

	현금흐름	=	영업 손익	−	△영업 자산	+	△영업 부채
고객	1,784,000		1,800,000 매출액 (7,000) 손상차손		(10,000) 매출채권		1,000 손실충당금
공급자	(1,500,000)		(1,500,000) 매출원가		(20,000) 재고자산		20,000 매입채무

자료상 기말 금액이 왼쪽에, 기초 금액이 오른쪽에 있으므로 주의하자. 또한, 재무상태표 계정과목은 'X1년 말 − X0년 말' 금액을 이용하지만, 포괄손익계산서 계정과목은 X1년도 금액을 이용한다. X0년도 손익은 X0년도 현금흐름을 구할 때 이용한다.

A-05. ①

	현금흐름	=	영업 손익	−	△영업 자산	+	△영업 부채
고객	**1,555,000**		1,500,000 매출액 (7,000) 대손상각비		60,000 매출채권		4,000 대손충당금 (2,000) 선수금
공급자	**(970,000)**		(1,000,000) 매출원가 (50,000) 평가손실 20,000 외환차익		10,000 재고자산		50,000 매입채무

재고자산평가손실과 외환차익: 고객 및 공급자와 관련된 손익이므로 위 식에 포함되어야 한다. 그런데 문제에서 '매출원가에 반영하지 않는다'고 가정했기 때문에 따로 반영해주어야 한다. 만약 매출원가에 반영되었다고 가정했다면 평가손실과 외환차익을 반영하지 말아야 한다.

A-06. ③

	현금흐름	=	영업 손익	−	△영업 자산	+	△영업 부채
공급자	(610,000)		80,000 외환차익 200,000 외화환산이익 **(850,000)** 매출원가		(150,000) 재고자산		110,000 매입채무

A-07. ④

	현금흐름	=	영업 손익	−	△영업 자산	+	△영업 부채
공급자	(660,000)		**(921,000)** 매출원가 (3,000) 평가손실 11,000 외화환산이익		130,000 재고자산		3,000 평가충당금 120,000 매입채무

– 평가손실: 평가손실은 관련 손익에 반영되어야 하는데 기타비용으로 처리하였으므로 매출원가 밑에 따로 써야 한다.
– 현금매입액: 문제에서 공급자에 대한 현금유출액 총액을 제시하였으므로 따로 쓸 필요 없다. 참고로, 외상매입액은 635,000(= 660,000 − 25,000)이다.

A-08. ①

	현금흐름	=	영업 손익	−	△영업 자산	+	△영업 부채
고객	730,000		200,000 외환차익 (20,000) 손상차손 **525,000** **매출액**		35,000 매출채권		(10,000) 손실충당금
공급자	(580,000)		300,000 외환차익 (15,000) 감모손실 **(855,000)** **매출원가**		(30,000) 재고자산		20,000 매입채무

A-09. ②

	현금흐름	=	영업 손익	−	△영업 자산	+	△영업 부채
공급자	**(2,430,000)**		(3,200,000) 매출원가 320,000 외화환산이익 (250,000) 감모손실		(120,000) 선급금 390,000 재고자산		430,000 매입채무
종업원	**(1,020,000)**		(1,060,000) 급여		210,000 선급급여		(170,000) 미지급급여

주식보상비용은 주식결제형 주식기준보상에서 발생한 것이므로, 종업원에 대한 현금유출액 계산 시 반영하면 안 된다. 그런데 주식보상비용이 급여에 포함되어 있으므로, 주식보상비용 140,000을 제외한 급여 1,060,000을 반영한다.

A-10. ②

	현금흐름	=	영업 손익	−	△영업 자산	+	△영업 부채
고객	**1,328,000**		1,360,000 매출액		(32,000) 매출채권		
영업 비용	**(280,000)**		(240,000) 영업비용		(16,000) 선급비용		(24,000) 미지급비용

매출액: 160,000 + 1,200,000 = 1,360,000

– 매출액에는 현금매출과 신용매출이 전부 포함된다.

A-11. ②

	현금흐름	=	영업 손익	−	△영업 자산	+	△영업 부채
이자 지급액	(17,300)		(20,000) 이자비용		(300) 선급이자 2,000 사할차 상각액		1,000 미지급이자

사채할인발행차금(영업자산) 상각으로 인해 영업자산이 감소하므로 사할차 상각액을 양수로 적어야 한다.

A-12. ③

	현금흐름	=	영업 손익	−	△영업 자산	+	△영업 부채
이자 지급액	(44,200)		(48,191) 이자비용		2,349 A 사할차 상각액		5,000 미지급이자 (3,358) B 사할증차 상각액

추가발행·상환·출자전환 및 차입금의 신규차입이 없었으므로, 사채의 장부금액(순액) 변화는 전부 사할(증)차 상각으로 인한 것으로 보아야 한다.

B-01. ①

영업CF	=	NI	−	비영업 손익	−	△영업 자산	+	△영업 부채
627,500		500,000		3,500 금융자산처분손실 50,000 유형자산처분손실 40,000 감가상각비 (5,000) 사채상환이익		30,000 매출채권 (17,000) 재고자산		13,000 매입채무 (2,000) 당기법인세부채 15,000 이연법인세부채

법인세납부는 영업활동으로 분류하므로, 법인세비용은 부인하지 않고, 법인세부채의 증감은 그대로 반영한다.

B-02. ①

영업CF	=	NI	−	비영업 손익	−	△영업 자산	+	△영업 부채
190		500		300 감가상각비		(120) 단기매매금융자산 (650) 매출채권 480 재고자산		(330) 매입채무 (20) 미지급법인세 30 이연법인세부채

(1) 단기매매금융자산
단기매매금융자산은 영업활동으로 본다. 따라서 관련 손익은 부인하지 않고, 자산 증감액만 반대로 반영한다. 13년도 기출문제여서 '단기매매금융자산'이라는 계정과목이 등장하였는데, 실전에서는 당기손익 인식 – 공정가치 측정 금융자산(FVPL 금융자산)으로 제시될 가능성이 높다.

(2) 대손상각비, 외화환산손익
매출채권과 매입채무에서 발생한 손익이므로 영업활동에 해당한다. 따라서 부인하지 않고 그대로 둔다.

(3) 미지급법인세, 이연법인세부채
문제에서 법인세납부는 영업활동으로 분류한다고 가정하였으므로, 부채의 증감을 그대로 반영한다.

B-03. ④

영업CF	=	NI	−	비영업 손익	−	△영업 자산	+	△영업 부채
1,884,900		**1,793,800**		77,000 감가상각비		38,000 매출채권 (15,000) 재고자산		(8,000) 매입채무 (2,500) 미지급이자 3,000 당기법인세부채 (1,400) 이연법인세부채

이자지급과 법인세납부를 영업활동으로 분류하므로, 이자비용과 법인세비용은 부인하지 않으며, 미지급이자와 법인세부채의 증감은 반영한다.

B-04. ②

영업CF	=	NI	−	비영업 손익	−	△영업 자산	+	△영업 부채
100,000		**115,000**		25,000 감가상각비 (30,000) 토지처분이익		(15,000) 매출채권		10,000 사할차 상각액 (10,000) 미지급이자 5,000 법인세부채

B-05. ④

영업CF	=	NI	−	비영업 손익	−	△영업 자산	+	△영업 부채
600,200		427,200[1]		62,000 감가비		10,000 사할차 상각액 102,000 매출채권 (68,000) 재고자산		57,000 매입채무 (12,000) 미지급이자 22,000 당기법인세부채

[1] NI: 534,000(EBT) − 106,800(법인세비용) = 427,200

(1) NI: 영업활동현금흐름은 NI에서 출발해야 하므로 EBT에서 법인세비용을 차감해서 NI를 계산한다.

(2) 사할차 상각액

사할차는 영업자산으로 보는데, 영업자산이 감소하므로 양수로 적는다.

(3) 미지급이자, 당기법인세부채

문제에서 '이자지급 및 법인세납부는 영업활동현금흐름으로 분류'한다고 가정했으므로, 미지급이자와 당기법인세부채는 영업 부채로 본다. 따라서 부채의 증감을 그대로 반영한다.

C-01. ③

영창현	=	EBT	−	비영업 손익	−	△영업 자산	+	△영업 부채
470,000		500,000		40,000 감가비 50,000 이자비용		(100,000) 매출채권 (20,000) 재고자산 50,000 단기매매금융자산		(50,000) 매입채무

(1) 이자비용과 미지급이자

영창현 계산 시에는 비영업활동으로 보므로 이자비용을 부인하고, 미지급이자의 증감은 반영하지 않는다.

(2) 법인세비용차감전순이익: 어차피 법인세비용을 부인해야 하므로 EBT에서 출발하면 된다.

C-02. ③

영창현	=	EBT	−	비영업 손익	−	△영업 자산	+	△영업 부채
100,000		**97,000**		2,000 감가비 (1,000) 유형자산처분이익 5,000 이자비용 (1,500) 배당금수익		(3,000) 재고자산 (2,500) 매출채권		4,000 매입채무

C-03. ②

영창현	=	EBT	−	비영업 손익	−	△영업 자산	+	△영업 부채
100,000		**98,000**		2,000 이자비용 3,000 처분손실 1,000 감가상각비 (2,000) 사채상환이익		(3,000) 재고자산 (2,000) 매출채권		3,000 매입채무

C-04. ①

	CF	=	EBT	−	비영업 손익	−	△영업 자산	+	△영업 부채
영창현	② 250,000		③177,000		40,000 감가비 20,000 유형처분손실 25,000 이자비용		(15,000) 매출채권 4,000 재고자산		5,000 대손충당금 (6,000) 매입채무
이자지급	(25,000)				(25,000) 이자비용				
법인세납부	① (25,000)				(30,000) 법인세비용				(5,000) 미지급법인세 10,000 이연법인세부채
영업CF	200,000								

① 법인세납부를 먼저 계산하여 영업활동현금흐름에서 ②영창현을 구한 뒤, ③EBT를 제일 마지막에 구하는 문제였다.
이자지급액은 문제에서 제시해주었기 때문에 구하지 않고 직접 대입하였다.

C-05. ②

	CF	=	EBT	−	비영업 손익	−	△영업 자산	+	△영업 부채
영창현	281,000		240,000		(20,000) 이자수익 35,000 이자비용 50,000 감가상각비 (8,000) 기계처분이익		(25,000) 재고자산 15,000 매출채권		(12,000) 매입채무 6,000 미지급급여
이자지급	(26,000)				(35,000) 이자비용		?		?
이자수취	18,000				20,000 이자수익		?		?
법인세납부	(42,000)				(40,000) 법인세비용		?		?
영업CF	**231,000**								

문제에서 이자지급, 이자수취, 법인세납부를 직접 제시하였으므로 영업에서 창출된 현금을 먼저 구한 뒤, 영업활동 현금흐름을 구해야 한다. 세 활동과 관련된 자산, 부채의 증감을 제시하지 않았으므로 당기순이익에서 바로 영업활동 현금흐름을 구할 수 는 없다.

C-06. ①

영업CF	=	NI	−	비영업 손익	−	△영업 자산	+	△영업 부채
260,000		250,000		40,000 감가상각비 (35,000) 사채상환이익 20,000 금융자산처분손실		(20,000) 매출채권		(10,000) 매입채무 15,000 미지급비용

FVOCI 금융자산 '처분'손실은 당기손익 항목이므로 NI에서 제거해야 한다. 참고로, 금융자산이 지분상품인 경우 처분손익은 처분부대비용을 의미하며, 채무상품인 경우 '처분가액 − AC'을 의미한다.
배당금지급과 유상증자는 현금흐름으로, 비영업손익, 영업자산, 영업부채 어느 곳에도 해당하지 않으므로 문제 풀이에 반영하지 않는다.

C-07. ③

영창현	=	EBT	−	비영업 손익	−	△영업 자산	+	△영업 부채
136,000		30,000		(12,000) 유형자산처분이익 20,000 감가상각비 2,000 이자비용		30,000 매출채권 30,000 재고자산		1,000 대손충당금 35,000 매입채무

(1) 감가상각비
: 기초 감누 + 감가상각비 − 처분 자산의 감누 = 기말 감누
230,000 + 감가상각비 − 60,000 = 190,000
→ 감가상각비 = 20,000

처분 자산의 감누: 60,000
− 당기 중 취득한 기계장치는 없으므로, 기계장치(총액)의 변화는 처분밖에 없다. 기초 기계장치에 비해 기말 기계장치가 100,000 감소하였으므로 처분한 기계장치의 취득원가는 100,000이다. 그런데 장부금액(= 취득원가 − 감누)이 40,000인 기계장치를 처분하였으므로, 처분 자산의 감누는 60,000이 된다.

C-08. ①

영업CF	=	NI	−	비영업 손익	−	△영업 자산	+	△영업 부채
850,000		880,000[1]		10,000 감가비 & 유형자산처분손익		(10,000) 매출채권 (35,000) 재고자산 5,000 사할차 상각액		

[1]NI: 1,000,000(EBT) − 120,000(법인세비용) = 880,000

(1) 건물 관련 현금흐름

건물 CF	=	관련 손익	−	△건물	+	△감가상각누계액
30,000		**(10,000)**		50,000		(10,000)

건물 관련 현금흐름을 제시하였는데, 건물과 감누의 기초 기말 잔액을 같이 제시하였으므로 관련 손익을 계산해야 한다.

건물 관련 현금흐름을 직접법 공식에 대입하면 건물과 관련된 손익이 손실 10,000으로 계산된다. 이 금액은 감가상각비와 유형자산처분손익의 합이다. 문제에 건물 처분에 대한 자료가 제시되지 않았으므로 감가상각비와 유형자산처분손익을 각각 구할 수는 없지만, 둘 다 비영업손익이므로 영업CF 계산 시에는 부인하면 된다.

(2) 사채 관련 현금흐름

사채의 발행 및 상환이 없었으므로, 사채 관련 현금흐름은 이자지급액을 의미한다. 이자비용 30,000 중 5,000은 사할차 상각으로, 나머지 25,000은 실제로 지급된 금액이다.

D-01. ①

	CF	=	관련 손익	−	△관련 자산	+	△관련 부채
기계장치	**(45,000)**		(35,000) 감가비 5,000 처분이익		(20,000) 기계		5,000 감누

대변에 손익과 자산, 부채의 증감을 대입하면 순현금흐름이 **45,000 유출**로 계산된다.

D-02. ①

	CF	=	관련 손익	−	△관련 자산	+	△관련 부채
투자활동	**(30,000)**		10,000 처분이익 (40,000) 감가상각비		(10,000) 기계장치		10,000 감누

D-03. ④

현금흐름	=	NI	−	△자산	+	△부채
12,000 처분 **(230,000)** **취득원가**		2,000 처분이익 (60,000) 감가상각비		(150,000) 기계장치		(10,000) 감가상각누계액
(218,000)				(218,000)		

(1) 유형자산처분이익: 12,000 − (80,000 − 70,000) = 2,000

(2) 감가상각비

50,000 + 감가상각비 − 70,000 = 40,000

→ 감가상각비 = 60,000

(3) 기계장치 취득원가

투자활동 순현금흐름: 218,000 유출

기계장치 처분으로 인한 현금유입이 12,000이므로, 기계장치의 취득으로 인한 현금유출(= 취득원가)은 230,000이다.

참고 문제에 제시된 취득원가 ₩80,000 vs 정답 취득원가 ₩230,000

취득원가 ₩80,000은 20X1년 중에 '매각한' 기계장치의 취득원가이다. 한편, 문제에서 물어본 취득원가는 20X1년 중에 '취득한' 기계장치의 취득원가이다. 즉, 과거에 ₩80,000에 취득한 기계장치를 20X1년에 ₩12,000에 매각하고, ₩230,000짜리 기계장치를 추가로 취득한 것이다.

D-04. ②

	CF	=	관련 손익	−	△관련 자산	+	△관련 부채
기계장치	③(4,000,000) 취득 ④**2,550,000** 처분		(850,000) 감가상각비 570,000 처분이익		30,000 기계장치		(1,200,000) 감누
계	②(1,450,000)		①(1,450,000)				

교환 시 유형자산처분손익이 발생하지만, 손익계산서 상 처분이익에 이미 다 반영되어 있으므로 교환 거래를 분석할 필요는 없다.

참고 감가상각누계액의 증감

감가상각누계액이 (3,700,000)에서 (2,500,000)으로 1,200,000 증가했음에도 증감이 (1,200,000)으로 표시되어 있다. 원 기출문제에 이렇게 표기되어있기 때문에 본서에도 그대로 수록하였다. 문제를 풀 때는 기초, 기말 잔액을 직접 비교하여 부채가 1,200,000 감소하였다고 보면 된다.

D-05. ③

(1) 계정과목별 기초, 기말 금액

계정과목	기초금액	기말금액
토지	0	5,400,000
기계장치	0	0
감가상각누계액	0	0

㈜대한은 20 × 0년 초에 설립되었으므로 기초금액은 모두 0이다. 토지는 기말에 남아있지만, 기계장치는 기중에 처분하였으므로 기말 잔액이 없다.

(2) 감가상각비: ① − ② = 7,500,000 − 7,145,000 = 355,000

① 취득원가 = 7,500,000

20 × 0년 5월 31일 기계장치의 장부금액 = 취득원가 − 감가상각비

= 취득원가 − (취득원가 − 400,000)/5 × 3/12 = 7,145,000

② 20 × 0년 5월 31일 기계장치의 장부금액: 5,300,000 + 1,845,000 = 7,145,000

(3) 투자활동현금흐름

	CF	=	관련 손익	−	△관련 자산	+	△관련 부채
투자활동	**(6,500,000)**		1,100,000 재평가잉여금 (1,845,000) 처분손실 (355,000) 감가상각비		(5,400,000) 토지		

재평가잉여금: 재평가로 인하여 토지의 장부금액이 증가했으므로 재평가잉여금(OCI)이 계상된다.

참고 개별 현금흐름

	CF	=	관련 손익	−	△관련 자산	+	△관련 부채
토지	(4,300,000) 취득		1,100,000 재평가잉여금		(5,400,000) 토지		
기계장치	(7,500,000) 취득 5,300,000 처분		(1,845,000) 처분손실 (355,000) 감가상각비				

문제에서 기계장치의 처분가액을 제시했고, 우리가 기계장치의 취득원가를 구했으므로 개별 현금흐름을 구해서 투자활동현금흐름을 계산하는 것도 가능하다.

D-06. ③

영업CF	=	NI	−	비영업 손익	−	△영업 자산	+	△영업 부채
415,000		300,000		250,000 감가비 (35,000) 장기투자자산 처분이익		(90,000) 재고자산		(10,000) 매입채무

(1) 감가상각비: 250,000

감가상각누계액

처분	250,000	기초	A
기말	A	감가비	**250,000**

기초 대비 기말의 감누 변동이 없으므로, 처분 자산의 감누가 당기 감가비와 일치한다. 처분 자산의 취득원가가 500,000이고, 장부금액이 250,000이므로 처분 자산의 감누는 250,000이다.

(2) 유형자산처분이익: 250,000 − 250,000 = 0
처분금액과 장부금액이 모두 250,000이므로 처분이익은 0이다.

(3) 장기투자자산 처분손익: 135,000 − 100,000 = 35,000 이익
장기투자자산은 처분 이외에 영향을 미치는 다른 거래가 없었으므로, 당기 중 감소액 100,000은 처분 자산의 장부금액이다.

D-07. ③

	CF	=	관련 손익	−	△관련 자산	+	△관련 부채
건물	(440,000)		(250,000) 감가비 0 처분이익		(300,000) 건물		0 감누 110,000 장기차입금
장기투자자산	135,000		35,000 처분이익		100,000		
계	**(305,000)**						

건물 취득 시 장기차입금을 인수하였으므로 장기차입금은 건물과 관련이 있는 부채가 되며, 장기차입금 증가도 반영해야 한다.

참고 건물의 취득원가

	CF	=	관련 손익	−	△관련 자산	+	△관련 부채
건물	250,000 처분 **③(690,000) 취득**		(250,000) 감가비 0 처분이익		(300,000) 건물		0 감누 110,000 장기차입금
계	②(440,000)				①(440,000)		

대변에 ①순현금흐름을 먼저 계산한 뒤, 대차가 일치해야 하므로 같은 금액을 ②에 적는다. 당기 중 건물을 250,000에 처분하였으므로 차변에 현금유입 250,000을 적는다. 마지막으로 건물 취득으로 인한 현금유출 ③(690,000)을 적으면 대차가 맞는다.

참고 회계처리

건물 회계처리				건물	감누
기초				0	0
감가비	250,000	감누	250,000	0	250,000
현금 감누	**250,000** 250,000	건물 처분이익	500,000 0	(500,000)	0
건물	②800,000	장기차입금 **현금**	110,000 **③690,000**	①300,000	0

① 당기 중 건물이 300,000만큼 증가해야 한다.
② 그런데 처분 회계처리까지만 하면 건물이 500,000 감소한다. 따라서 취득액이 800,000이 된다.
③ 800,000짜리 건물을 취득하면서 장기차입금 110,000을 인수하였으므로 현금유출액은 690,000이다.

장기투자자산 회계처리				장기투자자산
현금	**135,000**	장기투자자산	100,000	(100,000)
		처분이익	35,000	

장기투자자산은 처분 이외에 영향을 미치는 다른 거래가 없었으므로, 위 거래가 전부이다.

D-08. ③

	CF	=	관련 손익	−	△관련 자산	+	△관련 부채
고객	392,500		435,000 매출 (1,500) 대손상각비 1,000 외화환산이익		(43,100) 매출채권		1,100 대손충당금
공급자	(332,000)		(337,000) 매출원가 (5,000) 재고평가손실		35,000 재고자산		5,000 평가충당금 (30,000) 매입채무
직원	(8,000)		(8,000) 급여				
영창현	**52,500**						

원칙적으로 영업에서 창출된 현금을 구하기 위해서는 EBT가 필요하나, 문제에서 제시하지 않았으므로 직접법으로 각 현금흐름을 계산한 뒤, 총합으로 구했다.

D-09. ①

CF	=	관련 손익	−	△관련 자산	+	△관련 부채
(12,000)		(16,000) 감가상각비 (2,000) 처분손실		29,000 차량운반구		(23,000) 감누

차량운반구의 처분과 관련된 자료가 제시되어있지만, 감가상각비와 처분손실을 문제에서 제시하였으므로 자료를 분석할 필요가 없다.

D-10. ①

(1) 투자활동현금흐름

유형자산 취득 공장 설비 처분	(600,000) 400,000
계	**(200,000)**

유형자산 취득 시 600,000만 지급하였고, 금융리스부채 900,000의 상환은 20X2년부터 이루어지므로, 20X1년 현금흐름에 반영되지 않는다.

(2) 재무활동현금흐름

유상증자 장기차입금 차입 배당금 지급	250,000 300,000 (200,000)
계	**350,000**

배당금의 지급은 재무활동으로 분류하고 있으므로 배당금 지급액을 재무활동현금흐름에 반영해야 한다.

D-11. ⑤ 단기매매목적으로 보유하는 유가증권의 취득과 판매에 따른 현금흐름은 **영업**활동으로 분류한다.

D-12. ④ 투자자산은 취득일로부터 만기일이 3개월 이내인 경우에만 현금성자산으로 분류된다. 취득일로부터 상환일까지의 기간이 3개월 이내인 상환우선주는 현금성자산으로 분류한다.

③ 예를 들어 렌트카 회사의 경우 '차량을 임대하다가 처분하는 것'까지가 영업활동이다. 차량의 임대가 종료되어 판매 목적으로 전용(轉用)하는 경우 유형자산을 재고자산으로 대체한다. 렌트카 회사 입장에서 차량은 유형자산이지만 재고자산의 성격도 띄므로 차량과 관련된 현금흐름은 영업활동 현금흐름이다. 반면, 택시 회사의 경우 차량을 직접 사용하므로 차량과 관련된 현금흐름이 투자활동 현금흐름에 해당한다.

CHAPTER 18 현금 및 수취채권

A-01. ①

지폐와 동전	30,000
타인발행수표	30,000
배당금지급통지표	20,000
국공채	150,000
공채이자표	10,000
환매채	300,000
계	**540,000**

적금은 만기가 2년 후에 도래하든, 1년 이내에 도래하든 현금성자산으로 분류하지 않는다.

A-02. ⑤

	회사		은행
조정 전	106,000	조정 전	70,000
은행수수료	(10,000)	미기입예금	60,000
미통지입금	46,000	기발행미인출수표	(50,000)
횡령액	**(40,000)**	은행 측 오류	22,000
조정 후	102,000	조정 후	102,000

(1) 미통지입금

문제에 '은행미기입예금'이 등장했으므로, '미통지입금'은 회사 측 조정 사항일 것이다. 미통지입금도 은행 측 조정 사항으로 보면 미기입예금과 같은 개념이 되기 때문이다. 출제진이 같은 개념을 다른 용어로 표시하지는 않았을 것이다. 미통지입금은 입금되었는데 은행이 회사에 통지하지 않아 회사 측 잔액이 과소계상되어 있는 금액을 의미한다.

(2) 타사발행수표를 ㈜국세 계좌에서 차감한 금액

타사가 발행한 수표를 받은 사람이 은행에 와서 현금으로 바꾸어갈 때 은행은 ㈜국세가 발행한 수표인 줄 알고 ㈜국세 계좌에서 차감했다면 '은행이 계산한' ㈜국세의 계좌 잔액이 과소 계상되어 있을 것이다. 따라서 은행 측 잔액을 증가시켜야 한다.

(3) 횡령액

회사 측 조정 사항들을 전부 반영한다면 142,000이 남아야 한다. 하지만 조정 후 올바른 금액은 102,000이므로 횡령액은 40,000이라는 것을 알 수 있다. 자금담당직원이 횡령액인 40,000만큼 당좌예금계정 잔액(회사측 잔액)을 과대 계상한 상황이다.

A-03. ②

(1) 기말 현금및현금성자산

소액현금	100,000
공채이자표	200,000
타인발행당좌수표	100,000
당좌예금	800,000
계	**1,200,000**

(2) 정확한 당좌예금 잔액: 800,000

	회사		은행
조정 전	850,000	조정 전	700,000
매출채권 추심	50,000	기발행미인출수표	(200,000)
은행수수료	(100,000)	미기입예금	300,000
조정 후	**800,000**	조정 후	**800,000**

은행에서 계산한 당좌예금은 700,000이지만 은행계정 조정 후 금액은 800,000이므로, 재무상태표에는 800,000으로 표시해야 한다.
문제에서 묻지는 않았지만, 회사 측 조정 전 금액은 850,000으로 계산할 수 있다.

A-04. ②

(1) 기말 현금및현금성자산

당좌예금	8,100
소액현금	300
우현환증서	4,000
배당금지급통지서	1,500
계	**13,900**

환매채는 취득 당시 만기가 4개월로, 3개월을 초과하므로 현금성자산에 해당하지 않는다.

(2) 정확한 당좌예금 잔액: 8,100

	은행
조정 전	12,800
기발행미인출수표	(7,500)
미기입예금	2,800
조정 후	**8,100**

A-05. ①

대손 전 X2년 말 매출채권 장부금액: 1,000,000 × 1.7355 = 1,735,500
대손 후 X2년 말 매출채권 장부금액: 1,735,500 − 300,000 = **1,435,500** (단수차이)

A-06. ⑤

만기 수령액: 160,000 × (1 + 9% × 5/12) = 166,000
현금 수령액: 166,000 × (1 − 할인율 × 3/12) = 161,518
→ 할인율 = **10.8%**

CHAPTER 19 재무제표 표시

A-01. ①

② 각각의 재무제표는 전체 재무제표에서 **동등한 비중**으로 표시한다.
③ 상이한 성격이나 기능을 가진 항목은 구분하여 표시한다. 다만 중요하지 않은 항목은 성격이나 기능이 유사한 항목과 **통합하여 표시할 수 있다.**
④ 동일 거래에서 발생하는 수익과 관련비용의 상계표시가 거래나 그 밖의 사건의 실질을 반영한다면 그러한 거래의 결과는 **상계하여 표시한다.**
⑤ 부적절한 회계정책은 이에 대하여 공시나 주석 또는 보충 자료를 통해 설명하더라도 **정당화될 수 없다.**

A-02. ①

재고자산에 대한 재고자산평가충당금과 매출채권에 대한 대손충당금과 같은 평가충당금을 차감하여 관련 자산을 순액으로 측정하는 것은 **상계표시에 해당하지 않는다.**

A-03. ①

② 재무제표 이외의 보고서는 한국채택국제회계기준의 적용범위에 해당하지 않는다. (X)
③ 당기 재무제표를 이해하는 데 목적적합하다면 서술형 정보의 경우에도 비교정보를 포함한다. (X)
④ 유동성 순서에 따른 표시방법이 신뢰성 있고 더욱 목적적합한 정보를 제공하는 경우를 제외하고는 유동자산과 비유동자산, 유동부채와 비유동부채로 재무상태표에 구분하여 표시한다. 즉, 유동성 순서에 따른 표시방법이 더 나은 경우에는 사용해도 되므로, 허용되지 않는 것은 아니다. (X)
⑤ 한국채택국제회계기준의 요구에 따라 공시되는 정보가 중요하지 않다면 그 공시를 제공할 필요는 없다. (X)

A-04. ②

보고기간말 이전에 장기차입약정을 위반했을 때 대여자가 즉시 상환을 요구할 수 있는 채무는 보고기간 후 재무제표 발행승인일 전에 채권자가 약정위반을 이유로 상환을 요구하지 않기로 합의하더라도 **유동부채로 분류한다.**

A-05. ②

보고기간말 이전에 장기차입약정을 위반했을 때 대여자가 즉시 상환을 요구할 수 있는 채무는 보고기간 후 재무제표 발행승인일 전에 채권자가 약정위반을 이유로 상환을 요구하지 않기로 합의하더라도 **유동부채로 분류한다.**

A-06. ⑤

이연법인세자산(부채)은 유동자산(부채)으로 분류하지 않는다.

A-07. ⑤

중요한 오류를 후속기간에 발견하는 경우, 이러한 전기오류는 해당 후속기간의 재무제표에 비교표시된 재무정보를 재작성하여 수정한다. (수정효과는 기초 이익잉여금에 반영한다.)

A-08. ③ 비용의 성격에 대한 정보가 미래현금흐름을 예측하는 데 유용하다.

B-01. ② 기업이 상당 기간 계속 사업이익을 보고하였고, 보고기간말 현재 경영에 필요한 재무자원을 확보하고 있는 경우에는 자세한 분석이 없이도 계속기업을 전제로 한 회계처리가 적절하다는 결론을 내릴 수 있다.

B-02. ⑤ 비용의 성격에 대한 정보가 미래현금흐름을 예측하는 데 유용하기 때문에, 비용을 기능별로 분류하는 경우에는 추가 공시가 필요하다.

B-03. ④ 주당이익이 부의 금액인 경우에도 포괄손익계산서에 표시한다.

B-04. ① 재고자산평가충당금을 차감하여 재고자산을 순액으로 표시하는 것은 상계에 해당하지 않는다. 따라서 순액으로 표시할 수 있다.

B-05. ④ 영업이익(또는 영업손실)에 포함되지 않은 항목 중 기업의 영업성과를 반영하는 그 밖의 수익 또는 비용 항목이 있다면 이러한 항목을 추가하여 조정영업이익(또는 조정영업손실) 등의 명칭을 사용하여 **주석**으로 공시할 수 있다.

B-06. ②

매출액	300,000
매출원가	(128,000)
매출총이익	172,000
대손상각비	(4,000)
급여	(30,000)
감가상각비	(3,000)
임차료	(20,000)
영업이익	**115,000**

이자비용, 유형자산처분이익 및 금융자산처분이익은 영업외손익에 해당한다.

참고로, FVOCI 금융자산 처분이익은 채무상품에서 발생한 처분이익을 의미한다. 지분상품은 처분 시 '평가손익'을 인식하기 때문이다. 채무상품은 처분이익을 당기손익으로 인식하므로 OCI가 아닌 영업외손익에 포함된다.

B-07. ① 이연법인세자산(부채)은 유동자산(부채)으로 분류하지 않는다.

B-08. ④ FVOCI 금융자산이 지분상품인지, 채무상품인지 언급이 없기 때문에 판단할 수 없다고 하더라도, 재측정요소는 재분류조정이 되지 않는 OCI이므로 틀린 문장이다.

CHAPTER

20 개념체계

A-01. ⑤

보고기업의 경영진도 해당 기업에 대한 재무정보에 관심이 있다. 그러나 경영진은 필요로 하는 재무정보를 내부에서 구할 수 있기 때문에 일반목적재무보고서에 의존할 필요가 없다.

A-02. ①

규제기관 그리고(투자자, 대여자와 그 밖의 채권자가 아닌) 일반대중도 일반목적재무보고서가 유용하다고 여길 수 있다. 그렇더라도 일반목적재무보고서는 이러한 그 밖의 집단을 주요 대상으로 한 것이 아니다.

A-03. ④

많은 현재 및 잠재적 투자자, 대여자 및 그 밖의 채권자는 정보를 제공하도록 보고기업에 직접 **요구할 수 없고**, 그들이 필요로 하는 재무정보의 많은 부분을 일반목적재무보고서에 **의존해야만 한다.**

A-04. ⑤

보고기업의 경제적자원 및 청구권은 채무상품이나 지분상품의 발행과 같이 재무성과 외의 사유로도 변동될 수 있다.

A-05. ③

너무 어려운 말장난이었다. 보고기업의 경제적자원 및 청구권의 '변동'은 그 기업의 재무성과, 그리고 채무상품이나 지분상품의 발행과 같은 그 밖의 사건이나 거래에서 발생한다.

A-06. ①

보강적 질적 특성으로는 비교가능성, 검증가능성, **적시성** 및 이해가능성이 있다.

A-07. ④

① 중립적 정보는 목적이 없거나 행동에 대한 영향력이 없는 정보를 의미하지 않는다.
② 비교가능성은 목표이고 일관성은 그 목표를 달성하는 데 도움을 준다.
③ 표현충실성은 모든 측면에서 측정이 완벽하게 정확해야 한다는 것을 의미하지는 않는다.
⑤ 재무보고서는 사업활동과 경제활동에 대해 합리적인 지식이 있고, 부지런히 정보를 검토하고 분석하는 이용자들을 위해 작성된다. 모든 정보이용자들이 이해할 수 있도록 작성되어야 하는 것은 아니다.

A-08. ⑤

일관성은 비교가능성과 '동일한' 의미는 아니다. '비교가능성은 ~과 동일하다.'는 틀린 문장이다.
① 중요성의 정의이다. (O)
② 표현충실성의 3가지 요건이다. (O)
③ 두 가지 방법이 근본적 질적 특성을 '동일하게' 충족시킨다면 보강적 질적 특성을 기준으로 두 가지 방법 중에 선택할 수 있다는 뜻이다. (O)
④ 하나의 거래에 대해 대체적인 회계처리방법을 허용하면 회계처리만 봐서는 같은 거래인지 파악할 수 없으므로 비교가능성은 감소한다. (O)

A-09. ② 개념체계는 회계기준이 아니다.

A-10. ③ 정보가 검증가능하기 위해서 단일 점추정치이어야 할 필요는 없다.

A-11. ⑤ 보강적 질적특성은 정보가 목적적합하지 않거나 나타내고자 하는 바를 충실하게 표현하지 않으면 그 정보를 유용하게 만들 수 **없다.**

A-12. ③ 중립적 정보는 목적이 없거나 행동에 대한 영향력이 없는 정보를 의미하지 않는다.

A-13. ⑤ **일관성**은 한 보고기업 내에서 기간 간 또는 같은 기간 동안에 기업 간, 동일한 항목에 대해 동일한 방법을 적용하는 것을 말한다.

A-14. ② 유용한 재무정보의 질적특성은 재무제표에서 제공되는 재무정보뿐만 아니라 그 밖의 방법으로 제공되는 재무정보에도 적용된다.
⑤ 표현충실성 자체로는 부족하며, 목적적합성까지 충족되어야 유용한 정보를 만들어낼 수 있다.

B-01. ③ 자산이나 부채를 인식하고 이에 따른 결과로 수익, 비용 또는 자본변동을 인식하는 것이 재무제표이용자들에게 **목적적합한 정보와 표현충실성과 같이 유용한 정보를 모두 제공하는 경우에만 자산이나 부채를 인식한다.** 어느 하나가 아니라 모두 제공해야 한다.

B-02. ⑤ 경제적효익을 창출할 가능성이 낮더라도 권리가 경제적자원의 정의를 충족할 수 있고, 따라서 자산이 될 수 있다.

B-03. ④ 사용가치와 이행가치는 미래현금흐름에 기초하기 때문에 자산을 취득하거나 부채를 인수할 때 발생하는 거래원가는 **포함하지 않는다.**

B-04. ⑤ 이행가치는 부채가 이전되거나 협상으로 결제될 때보다는 특히 이행될 경우에 예측가치를 가질 수 있다.

B-05. ② 역사적원가>공정가치>현행원가

(1) 역사적원가: 100,000 + 20,000 = 120,000
자산의 역사적 원가는 자산을 취득 또는 창출하기 위하여 지급한 대가와 거래원가를 포함한다. 따라서 거래원가 20,000을 가산해야 한다.

(2) 공정가치: 98,000 + 20,000 = 118,000
공정가치는 측정일에 시장참여자 사이의 정상거래에서 자산을 매도할 때 받을 가격이다. 공정가치는 거래원가와 무관하다. 98,000은 거래원가가 차감된 금액이므로, 다시 더해야 공정가치를 구할 수 있다.

(3) 현행원가: 110,000 + 5,000 = 115,000
자산의 현행원가는 측정일 현재 동등한 자산의 원가로서 측정일에 지급할 대가와 그 날에 발생할 거래원가를 포함한다. 따라서 거래원가 5,000을 가산해야 한다.

B-06. ①

부채의 현행원가는 측정일 현재 동등한 부채에 대해 수취할 수 있는 대가에서 그 날에 발생할 거래원가를 차감한다.

B-07. ②

실물자본유지개념을 사용하기 위해서는 현행원가기준에 따라 측정해야 한다. 그러나 재무자본유지개념은 특정한 측정기준의 적용을 요구하지 아니한다.

B-08. ④

④ 실물자본유지개념을 사용하기 위해서는 현행원가기준에 따라 측정해야 하며, 재무자본유지개념은 특정한 측정기준의 적용을 요구하지 아니한다.

B-09. ④

보강적 질적특성을 적용하는 것은 어떤 규정된 순서를 따르지 않는 반복적인 과정이다.

B-10. ①

<table>
<tr><th colspan="2"></th><th>명목화폐</th><th>불변구매력</th><th>실물자본</th></tr>
<tr><td colspan="2">영업이익</td><td rowspan="3">이익: 400</td><td rowspan="2">이익: 220</td><td>이익: 100</td></tr>
<tr><td rowspan="2">보유
이익</td><td>초과이익</td><td rowspan="2">자본유지조정
: 300</td></tr>
<tr><td>물가상승</td><td>1,800 × 10% = 180</td></tr>
</table>

총이익: 2,200 − 1,800 = 400
자본유지조정: 1,800 × (700 − 600)/600 = 300

B-11. ②

<table>
<tr><th colspan="2"></th><th>명목화폐</th><th>불변구매력</th><th>실물자본</th></tr>
<tr><td colspan="2">영업이익</td><td rowspan="3">이익: 40,000</td><td rowspan="2">이익: 20,000</td><td>이익: 15,000</td></tr>
<tr><td rowspan="2">보유
이익</td><td>초과이익</td><td rowspan="2">자본유지조정
: 25,000</td></tr>
<tr><td>물가상승</td><td>100,000 × 20% = 20,000</td></tr>
</table>

총이익: (3,000 − 2,000) × 40단위 = 40,000
자본유지조정: 100,000 × (2,500 − 2,000)/2,000 = 25,000

B-12. ①

<table>
<tr><th colspan="2"></th><th>실물자본유지개념</th></tr>
<tr><td colspan="2">영업이익</td><td>이익: 100,000</td></tr>
<tr><td rowspan="2">보유
이익</td><td>초과이익</td><td rowspan="2">자본유지조정
: 500,000</td></tr>
<tr><td>물가상승</td></tr>
</table>

총이익: 2,100,000 − 1,500,000 = 600,000
자본유지조정: 1,500,000 × (4,000 − 3,000)/3,000 = 500,000

B-13. ④

연결재무제표는 **단일의 보고기업으로서의 지배기업과 종속기업의** 자산, 부채, 자본, 수익 및 비용에 대한 정보를 제공한다.
연결재무제표는 지배기업과 종속기업의 재무정보를 모두 보여준다. 종속기업만의 정보를 제공하지 않는다.

B-14. ①

보고기업이 지배 – 종속관계로 모두 연결되어 있지는 않은 둘 이상 실체들로 구성된다면 그 보고기업의 재무제표를 '**결합재무제표**'라고 부른다.

CHAPTER 21 기타 재무보고

A-01. ⑤

식물이 수확물로 판매될 가능성이 희박하지 않다면 생산용식물이 아니다. 따라서, 과일과 목재 모두를 얻기 위해 재배하는 나무는 **생산용식물이 아니다.**

A-02. ⑤

정부보조금에 부수되는 조건이 있는 경우에는 **그 조건을 충족하는 시점**에만 당기손익으로 인식한다.

A-03. ⑤

원재료 가격이 하락하여 제품의 원가가 순실현가능가치를 초과할 것으로 예상되면 해당 원재료를 순실현가능가치로 **감액한다.** 제품이 'BP〉NRV'인 상황이므로 원재료도 평가손실을 인식해야 한다.

A-04. ①

손상, 소실 또는 포기된 유형자산에 대해 제3자로부터 보상금을 받는 경우 보상금은 **수취할 권리가 발생하는 시점**에 당기손익으로 반영한다.

A-05. ⑤

당기순이익: 1,000,000 + 1,200,000 − 1,000,000 + 600,000 + 1,100,000 + 210,000
= **3,110,000 증가**

1.1	(차)	생물자산	7,500,000	(대)	현금	7,500,000
10.31	(차)	수확물	1,000,000	(대)	**평가이익(PL)**	**1,000,000**
	(차)	재고자산	1,000,000	(대)	수확물	1,000,000
11.1	(차)	현금	1,200,000	(대)	**매출**	**1,200,000**
	(차)	**매출원가**	**1,000,000**	(대)	재고자산	1,000,000
11.30	(차)	생물자산	600,000	(대)	**평가이익(PL)**	**600,000**
12.31	(차)	수확물	1,100,000	(대)	**평가이익(PL)**	**1,100,000**
	(차)	재고자산	1,100,000	(대)	수확물	1,100,000
	(차)	생물자산	210,000	(대)	**평가이익(PL)**	**210,000**

기말 생물자산평가손익: (1,550,000 − 1,500,000) × 5마리(어미 젖소) + (280,000 − 300,000) × 2마리(새끼 젖소) = 210,000

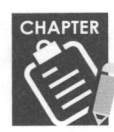

A-06. ①

당기순이익에 미치는 영향

: − 1,000,000 + 10,000,000 + 4,500,000 − 5,000,000 + 500,000 = 9,000,000 증가

1.1	(차)	생물자산 **평가손실(PL)**	25,000,000 **1,000,000**	(대)	현금	26,000,000
12.25	(차)	수확물	10,000,000	(대)	**평가이익(PL)**	**10,000,000**
	(차)	재고자산	10,000,000	(대)	수확물	10,000,000
12.27	(차)	현금	4,500,000	(대)	**매출**	**4,500,000**
	(차)	**매출원가**	**5,000,000**	(대)	재고자산	5,000,000
12.31	(차)	생물자산	500,000	(대)	**평가이익(PL)**	**500,000**

수확물은 최초 인식 후 재고자산으로 분류한다. 기말에 저가법을 적용하여 NRV(11,000)가 BP(10,000)보다 크므로 평가손실을 인식하지 않는다.

A-07. ②

당기순이익에 미치는 영향: − 50,000 + 300,000 + 500,000 − 300,000 = **450,000**

(차)	생물자산 **평가손실(PL)**	950,000 **50,000**	(대)	현금	1,000,000
(차)	수확물	300,000	(대)	**평가이익(PL)**	**300,000**
(차)	재고자산	300,000	(대)	수확물	300,000
(차)	현금	500,000	(대)	**매출**	**500,000**
(차)	**매출원가**	**300,000**	(대)	재고자산	300,000

기말 생물자산평가손익: 20마리 × 100,000 − (10마리 × 105,000 + 10마리 × 95,000) = 0

B-01. ②

(1) 손상차손: 26,000 − 20,000 = 6,000

(2) 손상차손 배분 과정

	영업권	유형자산	계
손상 전 영업권 손상	3,000 (3,000)	17,000	20,000 (3,000)
영업권 손상 후 손상	−	17,000 (3,000)	17,000 (3,000)
손상 후		**14,000**	14,000

(3) 손상차손 배분 후 장부금액

유형자산: **14,000**, 재고자산: **4,000**

− 재고자산은 유동자산이고, 금융자산은 공정가치로 평가하므로 손상차손을 배분받지 않는다.

B-02. ④

	재고자산	FVOCI	유형자산 Ⅰ	유형자산 Ⅱ	영업권	계
손상 전	1,000	1,000	1,000	3,000	1,000	7,000
영업권					(1,000)	(1,000)
손상 후	1,000	1,000	1,000	3,000	—	6,000
손상	—	—	(500)	(1,500)		(2,000)
손상 후	**1,000**	1,000	500	**1,500**		4,000

처분자산집단에 대한 손상차손은 1) 영업권을 먼저 제거한 후, 재고자산과 금융자산을 제외한 2) 유형자산에 잔여 손상차손을 배부하면 된다.

B-03. ⑤

(1) 총포괄손익(A): 5,000,000 − 5,700,000 = (700,000)
장부금액을 재측정한 뒤, 순공정가치로 평가해야 하므로 12월 말 장부금액에서 순공정가치를 차감하면 된다.

(2) 손상차손: 5,400,000 − 5,000,000 = 400,000

(3) 손상차손 배분 과정

	영업권	유형자산 Ⅰ	유형자산 Ⅱ	계
손상 전	100,000	1,000,000	2,000,000	3,100,000
영업권 손상	(100,000)			(100,000)
영업권 손상 후	—	1,000,000	2,000,000	3,000,000
손상		(100,000)	(200,000)	(300,000)
손상 후	—	**900,000**	1,800,000	2,700,000

손상차손 배분 후 유형자산 Ⅰ의 장부금액(B): 900,000
재고자산과 금융자산에 대해서는 손상차손을 배분하지 않는다.

| 회계처리 |

재평가잉여금 or 재평가손실	200,000	유형자산 Ⅰ	200,000
재고자산평가손실	50,000	재고자산평가충당금	50,000
금융자산평가손실	50,000	FVOCI 금융자산	50,000
손상차손	400,000	영업권	100,000
		유형자산 Ⅰ	100,000
		유형자산 Ⅱ	200,000

매각예정으로 분류하기 전 12월 말의 장부금액과 재측정한 장부금액 사이에 차이가 나는 자산은 유형자산 Ⅰ, 재고자산, 금융자산이다. 각각 다음과 같이 금액이 변한 것이다.
① 유형자산 Ⅰ: 재평가모형을 적용하므로 감가상각 후 장부금액을 공정가치로 재평가한 것이다.
② 재고자산: 저가법을 적용하여 장부금액이 감소한 것이다.
③ 금융자산: 공정가치 평가를 한 것이다.

B-04. ①

처분자산집단에 대하여 인식한 손상차손은 우선 영업권을 감소시키고 나머지 금액은 **비유동자산**에 배분한다.

B-05. ④

비유동자산이 매각예정으로 분류되거나 매각예정으로 분류된 처분자산집단의 일부이면 그 자산은 감가상각(또는 상각)하지 아니한다. **매각예정으로 분류된 처분자산집단의 부채와 관련된 이자와 기타 비용은 계속해서 인식한다.**

B-06. ④

④번을 제외한 나머지 선지가 모두 틀렸으므로 ④번을 답으로 골랐어야 한다. ④번 문장은 기억하지 않아도 된다.

① 중단영업은 이미 처분되었거나 **매각예정으로 분류된** 기업의 구분단위이다.
② 세후 중단영업손익과 중단영업에 포함된 자산이나 처분자산집단을 공정가치에서 처분부대원가를 뺀 금액으로 측정하거나 처분함에 따른 세후 손익의 합계를 포괄손익계산서에 **단일금액으로 표시한다.**
③ 중단영업의 영업활동, 투자활동 및 재무활동으로부터 발생한 순현금흐름은 **주석이나 재무제표 본문에 표시한다.**
⑤ 매각예정으로 분류하였으나 중단영업의 정의를 충족하지 않는 비유동자산(또는 처분자산집단)을 재측정하여 인식하는 평가손익은 **계속영업손익**에 포함한다.

C-01. ④

A. 포괄손익계산서는 당해 회계연도 누적기간분 아니라, 중간기간도 직전 회계연도의 동일기간과 비교하는 형식으로 작성한다.

C-02. ③

특정 중간기간에 보고된 추정금액이 최종 중간기간에 중요하게 변동하였지만 최종 중간기간에 대하여 별도의 재무보고를 하지 않는 경우, 추정의 변동 내용과 금액을 해당 회계연도의 연차재무제표에 **주석으로 공시하여야 한다.**

C-03. ④

중간재무보고서를 작성할 때 인식, 측정, 분류 및 공시와 관련된 중요성의 판단은 **중간재무보고서**의 재무자료에 근거하여 이루어져야 한다.

C-04. ③

① 한국채택국제회계기준에 따라 중간재무보고서를 작성한 경우, 그 사실을 공시해야 한다. (X)
② 중간재무보고서상의 재무상태표는 당해 중간보고기간 말과 직전 연차보고기간 말을 비교하는 형식으로 작성한다. (X)
④ 중간재무보고서를 작성할 때 인식, 측정, 분류 및 공시와 관련된 중요성의 판단은 해당 중간기간의 재무자료에 근거하여 이루어져야 한다. (X)

⑤ 중간재무보고서상의 재무제표는 연차재무제표보다 더 빨리 보고되므로 적시성은 높고, 신뢰성은 낮다. (X)

C-05. ②

중간재무보고서는 최소한 다음의 구성요소를 포함하여야 한다. '선별적 주석'이 누락되었다.

(1) 요약재무상태표
(2) 요약된 하나 또는 그 이상의 포괄손익계산서
(3) 요약자본변동표
(4) 요약현금흐름표
(5) 선별적 주석

C-06. ④

④번만 수정을 요하지 않는 보고기간후사건이다.

C-07. ③

① 보고기간 후에 발생한 상황을 나타내는 사건은 수정을 요하지 않는 보고기간후사건이다. 수정을 요하지 않는 보고기간후사건을 반영하기 위하여 재무제표에 인식된 금액을 수정하지 아니한다. (X)
② 투자자산의 공정가치 하락은 일반적으로 보고기간말의 상황과 관련된 것이 아니라 보고기간 후에 발생한 상황이 반영된 것이다. 따라서 그 투자자산에 대해서 재무제표에 인식된 금액을 수정하지 아니한다. (X)
④ 보고기간말에 존재하였던 상황에 대한 정보를 보고기간 후에 추가로 입수한 경우에는 그 정보를 반영하여 공시 내용을 수정한다. (X)
⑤ 경영진이 보고기간 후에, 기업을 청산하거나 경영활동을 중단할 의도를 가지고 있거나, 청산 또는 경영활동의 중단 외에 다른 현실적 대안이 없다고 판단하는 경우에는 계속기업의 기준에 따라 재무제표를 작성해서는 아니 된다. (X)

D-01. ①

외상매출: 기말 매출채권 + 회수액 − 기초 매출채권 = 105,000 + 250,000 − 60,000 = 295,000
매출액: 외상매출 + 현금매출 = 295,000 + 45,000 = 340,000
매출원가: 340,000 − 106,000(매출총이익) = 234,000
기말 재고자산: 150,000 + 194,000 − 234,000 = 110,000
평균 재고자산: (150,000 + 110,000)/2 = 130,000
재고자산회전율: 매출원가/평균 재고자산 = 234,000/130,000 = 1.8회
재고자산평균보유기간(= 처리기간): 360일/1.8회 = **200일**

D-02. ⑤

재고자산회전율 = 360일/72일 = 5회
매출원가: 재고자산 × 5회 = 7,500,000

매출액: 7,500,000/0.75 = 10,000,000
총자산: 매출액/총자산회전율 = 10,000,000/1.6 = 6,250,000
자본: 6,250,000 × (1 − 60%) = 2,500,000
NI: 자본 × 자기자본순이익률 = 2,500,000 × 40% = 1,000,000

PER = 주가/EPS = 시가총액/NI = 5,000,000/1,000,000 = **5.00**

D-03. ②

가)

X0	X1
(200)	200
(기초) 이익잉여금	당기손익

| 회계처리 |

가)	이익잉여금	200	매출원가	200

전년도(X0년) 기말재고자산은 당기 중에 전부 판매되므로 당년도 기말재고자산은 오류가 없다. 전년도 기말재고자산의 오류는 (기초) 이익잉여금으로 계상하고, 당기 매출원가를 감소시켜 당기순이익은 증가시킨다.

기말부채	기말자본	부채비율
불변	불변	**불변**

매출원가는 기말에 이익잉여금으로 누적되므로 기말 자본은 불변이다.

나)
풋옵션의 행사가가 현재 판매가를 기준으로 깊은 내가격이기 때문에 풋옵션이 행사될 가능성이 높다. 따라서 재고는 다시 돌아올 것이므로 매출과 매출원가를 취소시키며, 재고자산을 증가시킨다.

| 회계처리 |

나)	매출	500	매출채권	500
	재고자산	300	매출원가	300

기말부채	기말자본	부채비율
불변	− 500 + 300 = 200 감소	**증가**

D-04. ④

| 회계처리 |

재고자산	XXX	매입채무	XXX

외상 구입 회계처리가 누락되었으므로 재고자산과 매입채무를 증가시키면 된다.

① 20x1년도 매출원가율(매출원가/매출액): 매출원가와 매출액 모두 불변이므로 불변이다. (X)
② 20x1년도 총자산회전율(매출액/평균 총자산): 평균 총자산이 과소계상되어 있으므로 오류가 발생하지 않았을 경우에 비하여 높다. (X)

③ 20x1년도 말 현재 당좌비율(당좌자산/유동부채): 유동부채가 과소계상되어 있으므로 오류가 발생하지 않았을 경우에 비하여 높다. (X)

④ 20x1년도 말 현재 부채비율(부채/자본): 부채가 과소계상되어 있으므로 오류가 발생하지 않았을 경우에 비하여 낮다. (O)

⑤ 20x1년도 총자산이익률(당기순이익/평균 총자산): 평균 총자산이 과소계상되어 있으므로 오류가 발생하지 않았을 경우에 비하여 높다. (X)

D-05. ①

매출원가: 1,000,000 × (1 − 15%) = 850,000
평균 재고자산: 매출원가/재고자산회전율 = 850,000/680% = 125,000
기말 재고자산: 평균 재고자산 × 2 − 기초 재고자산 = 125,000 × 2 − 100,000 = **150,000**

D-06. ②

매출채권 회전율: 360일/90일 = 4회
매출액: 12,500 × 4회 = 50,000
매출원가: 50,000 × (1 − 20%) = 40,000

재고자산 회전율: 360일/36일 = 10회
평균 재고자산: 매출원가/재고자산회전율 = 40,000/10회 = 4,000
기말 재고자산: 평균 재고자산 × 2 − 기초 재고자산 = 4,000 × 2 − 4,500 = **3,500**
− 기말에 보관 중이던 재고자산이 모두 소실되었으므로 기말 재고자산이 곧 재고자산 손실액이 된다.

D-07. ②

기초 매출채권 + 매출액 − 회수불능액 − 현금회수액 = 기말 매출채권
: 80,000 + 매출액 − 5,000 − 11,500,000 = 120,000
→ 매출액 = 11,545,000

매출원가: 11,545,000 × (1 − 40%) = 6,927,000

기말 재고자산: 150,000 + 12,000,000 − 6,927,000 = 5,223,000
재고자산 손실액: 5,223,000 × 90% = **4,700,700**

D-08. ①

(1) 20X1년
재고자산회전율: 360일/72일 = 5회
평균 재고자산: 매출원가/재고자산회전율 = 5,000,000/5회 = 1,000,000
기말 재고자산: 평균 재고자산 × 2 − 기초 재고자산 = 1,300,000

(2) 20X2년
매출원가: 9,000,000 × (1 − 25%) = 6,750,000
기말 재고자산: 1,300,000 + 7,500,000 − 6,750,000 = **2,050,000**

D-09. ②

(1) 20X0년

기말 매출채권: 10,000 × 1.8 = 18,000

평균 매출채권: (10,000 + 18,000)/2 = 14,000

매출액: 14,000 × 10.5회 = 147,000

매출원가: 147,000/1.25 = 117,600

평균 재고자산 = 매출원가/재고자산회전율 = 117,600/8회 = 14,700

기말 재고자산: 평균 재고자산 × 2 − 기초 재고자산 = 14,700 × 2 − 8,000 = 21,400

(2) 20X1년

매출원가: 330,000/1.25 = 264,000

도난시점 재고자산: 21,400 + 260,000 − 264,000 = 17,400

도난액: 17,400 − 10,000 = 7,400

− 경찰이 10,000의 상품을 회수하였으므로 회수하지 못한 상품은 7,400이다.

2 고급회계

CHAPTER 01 환율변동효과

A-01. ②

토지는 비화폐성 항목이므로, **원화 금액만 계산해서 원래 하던 대로 회계처리**하면 된다. 원가모형을 적용하면 취득원가 그대로 두고, 공정가치모형을 적용하면 기말에 공정가치로 평가해야 한다.

1. 토지의 유형자산처분손익 = 처분가액 − 처분 시점의 장부금액
(1) 원가모형: €1,700 × @1,550 − €1,500 × @1,600 = **235,000 이익**
(2) 재평가모형: €1,700 × @1,550 − €1,900 × @1,500 = **(−)215,000 손실**

| 회계처리 |
(1) 원가모형

X1.10.1	토지	2,400,000	현금	2,400,000
X1.12.31	− 회계처리 없음 −			
X2.6.30	현금	2,635,000	토지 유형자산처분이익	2,400,000 **235,000**

(2) 재평가모형

X1.10.1	토지	2,400,000	현금	2,400,000
X1.12.31	토지	450,000	재평가잉여금	450,000
X2.6.30	현금 유형자산처분손실	2,635,000 **215,000**	토지	2,850,000

A-02. ②

(1) 취득원가: $100 × 1,000 = 100,000

(2) NRV: $96 × 1,050 = 100,800

(3) 저가(= 장부금액): min[100,000, 100,800] = **100,000**
→ 평가손실(PL): 취득원가 − 저가 = **0**

A-03. ⑤

(1) 토지(비화폐성 − 재평가모형)
취득원가: CNY10,000 × 100 = 1,000,000

FV: CNY9,500 × 115 = 1,092,500
→ 평가증이므로 PL에 미치는 영향은 없다.

참고 재평가잉여금(OCI): 1,092,500 − 1,000,000 = 92,500

(2) 재고자산(비화폐성 − 저가 평가)
취득원가: CNY2,000 × 110 = 220,000
NRV: CNY1,800 × 115 = 207,000
저가: min[220,000, 207,000] = 207,000
평가손실(PL): 220,000 − 207,000 = 13,000

(3) PL에 미치는 영향: 13,000 감소

A-04. ③

(1) 재고자산(비화폐성 − 저가 평가)
취득원가: ￥500 × 10.3 = 5,150
NRV: ￥450 × 10.4 = 4,680
저가: min[5,150, 4,680] = 4,680
평가손실(PL): 5,150 − 4,680 = 470

(2) 투자부동산(비화폐성 − 공정가치모형)
취득원가: ￥2,000 × 10 = 20,000
FV: ￥2,200 × 10.4 = 22,880
평가이익: 22,880 − 20,000 = 2,880

(3) x1년 당기순이익: 20,400 − 470 + 2,880 = **22,810**

A-05. ③

(1) 매출채권, 매입채무 (화폐성)
매출채권 외환차이: $20 × 1,000 − 22,000 = (−)2,000
매입채무 외환차이: 28,000 − $30 × 1,000 = (−)2,000

(2) FVOCI 금융자산 (비화폐성 − FV평가)
FV: $50 × 1,000 = 50,000
평가손익(OCI): 50,000 − 44,000 = 6,000
− 평가손익을 OCI로 인식하므로 당기순이익에 미치는 영향은 없다.

(3) 선급금, 선수금 (비화폐성)
선수금과 선급금은 비화폐성 항목이고, 공정가치 평가를 하지 않는 계정이므로 취득원가 그대로 둔다.

(4) 차입금 (화폐성)
외환차이: 85,000 − $80 × 1,000 = 5,000

(5) PL에 미치는 영향: (−)2,000 − 2,000 + 5,000 = **1,000 증가**
– 매입채무와 차입금은 부채이므로 '최초 인식금액 − 기말금액'이 외환차이가 된다.

A-06. ③

(1) FVPL 금융자산(비화폐성 − FV평가)
FV: $30 × 1,000 = 30,000
평가손익(PL): 30,000 − 28,500 = 1,500

(2) 매출채권(화폐성)
외환차이: $200 × 1,000 − 197,000 = 3,000

(3) 재고자산(비화폐성 − 저가 평가)
NRV: $310 × 1,000 = 310,000
저가: min[310,000, 312,500] = 310,000
평가손실(PL): 312,500 − 310,000 = 2,500

(4) 선수금(비화폐성)
선수금은 비화폐성 항목이고, 평가를 하지 않는 계정이므로 취득원가 그대로 둔다.

(5) PL에 미치는 영향: 1,500 + 3,000 − 2,500 = **2,000 증가**

A-07. ⑤

Step 1. 외화($)로 상각표 그리기

	유효이자(6%)	액면이자(6%)	상각액	장부금액
X1.7.1				1,000
X1.12.31	30	30	0	1,000
X2.6.30	30	30	0	1,000

문제에 유효이자율이 제시되지 않았으므로, 표시이자율과 같다고 본다. 쉽게 생각해서, 1,000달러를 6%의 이자율로 빌린 상황이다.

Step 2. 평균환율로 이자비용 인식하기
X2년 이자비용: $30 × 1,020 = 30,600

Step 3. 지급일 환율로 액면이자 지급하기
현금 지급액: $60 × 1,000 = 60,000
기초 미지급이자: $30 × 1,050 = 31,500
– 본 문제는 사채를 7.1에 발행했기 때문에 기초에 미지급이자가 있다. 따라서 기초 미지급이자까지 제거해주어야 한다.

Step 4. 기말환율로 차입금 환산하기
X1년 말 차입금 잔액: $1,000 × 1,050 = 1,050,000
X2년 7월 1일 차입금 잔액: $1,000 × 1,000 = 1,000,000

Step 5. 대차차액은 외환차이로 맞추기

| 회계처리 |

X1.7.1	현금	1,100,000	차입금(X1.7.1)	1,100,000
X1.12.31	이자비용	32,400	미지급이자	31,500
	차입금(X1.7.1)	1,100,000	차입금(X1.12.31)	1,050,000
			외환차이(PL)	50,900
X2.6.30	이자비용	30,600	현금	60,000
	미지급이자	31,500		
	차입금(X1.12.31)	1,050,000	차입금(X2.6.30)	1,000,000
			외환차이(PL)	**52,100**
	차입금(X2.6.30)	1,000,000	현금	1,000,000

B-01. ④

X2말 B/S	
① 자산 − 부채: 기말환율 = $(2,400 − 950) × 1,000(X2말) = 1,450,000	② 자본: 자본 증가 시점의 환율 − 자본금: 증자일의 환율 = $1,000 × 900(X1초) = 900,000 − 이익잉여금: NI가 집계된 연도의 평균환율 = $150 × 940(X1) + $300 × 980(X2) = 435,000 ③ OCI: 대차차액 = 1,450,000 − 900,000 − 435,000 = **115,000**

B-02. ⑤

X2년 말 B/S	
① 자산 − 부채: 기말환율 = $(3,000 − 1,500) × 1,000(X2말) = 1,500,000	② 자본: 자본 증가 시점의 환율 − 자본금: 증자일의 환율 = $1,000 × 800(X1초) = 800,000 − 이익잉여금: NI가 집계된 연도의 평균환율 = 1,500,000 − 800,000 − 100,000 = 600,000 ③ OCI: 대차차액 = 100,000 (문제 제시)

OCI가 100,000이므로 X2말 이잉은 600,000이다.

X2말 이잉 = X1말 이잉 + X2년도 NI = X1말 이잉 + $300 × 900(X2) = 600,000

→ X1말 이잉 = **330,000**

B-03. ③

1. X1년 총포괄이익: 550,000 + 250,000 = **800,000**

X1년 말 B/S	
① 자산 − 부채: 기말환율 = $(3,000 − 1,500) × 1,200(X1말) = 1,800,000	② 자본: 자본 증가 시점의 환율 − 자본금: 증자일의 환율 = $1,000 × 1,000(X1초) = 1,000,000 − 이익잉여금: NI가 집계된 연도의 평균환율 = ($2,500 − $2,000) × 1,100 = 550,000 ③ OCI: 대차차액 = 1,800,000 − 1,000,000 − 550,000 = 250,000

2. X2년 총포괄이익: (1) + (2) = **70,000**

(1) NI: ($3,000 − $2,800) × 1,150 = 230,000

(2) OCI: X2말 OCI − X1말 OCI = 90,000 − 250,000 = (−)160,000

X2년 말 B/S	
① 자산 − 부채: 기말환율 = $(4,000 − 2,300) × 1,100(X2말) = 1,870,000	② 자본: 자본 증가 시점의 환율 − 자본금: 증자일의 환율 = $1,000 × 1,000(X1초) = 1,000,000 − 이익잉여금: NI가 집계된 연도의 평균환율 = 550,000 + 230,000 = 780,000 ③ OCI: 대차차액 = 1,870,000 − 1,000,000 − 780,000 = 90,000

C-01. ②

외화는 **기능통화 이외의 통화**이다.

C-02. ②

표시통화와 기능통화가 다른 경우에는 경영성과와 재무상태를 **표시통화**로 환산한다.

C-03. ③

공정가치로 측정하는 비화폐성 항목에 대한 외환차이는 원래 평가손익을 어떻게 처리하느냐에 따라 **OCI 혹은 PL**로 인식한다.

C-04. ①

해외사업장을 처분하는 경우 기타포괄손익과 별도의 자본항목으로 인식한 해외사업장 관련 외환차이의 누계액은 당기손익으로 **재분류한다.** (해외사업장환산차이는 재분류조정 대상이다.)

C-05. ③

(1) 기능통화: 영업활동이 이루어지는 주된 경제 환경의 통화
(나)에 '영업활동이 이루어지는 주된 경제 환경'이 유럽이라는 설명이 있으므로 기능통화는 유로이다.

(2) 외화: 기능통화 이외의 통화
유로를 제외한 달러와 원이 외화이다.

C-06. ①

기능통화를 변경하는 경우 전진법으로 처리한다. 따라서 자산, 부채, 자본 모두 변경일의 환율로 평가하며, 외환차이는 발생하지 않는다.

자본금: $2,000 × 1,100(X3초) = **2,200,000**
이잉: $1,150 × 1,100(X3초) = **1,265,000**
외환차이: **0**

C-07. ③

	기초	기말	손익
기능통화	CNY10,000 × $0.20 = $2,000	CNY10,000 × $0.18 = $1,800	**$200 (PL)**
표시통화	$2,000 × ₩1,000 = ₩2,000,000	$1,800 × ₩1,200 = ₩2,160,000	**(−)₩160,000 (OCI)**

– 기능통화로의 환산에서 발생하는 손익은 당기손익으로, 표시통화로의 환산에서 발생하는 손익은 기타포괄손익으로 인식한다.
– 매입채무(부채)를 환산하고 있으므로, 매입채무가 증가하면 손실이, 감소하면 이익이 발생한다.

C-08. ⑤

(1) 기능통화로의 환산
기말 매출채권($): €300 × $1.1/€ = $330
외환차이: $330 − $360 = (−)$30

(2) 표시통화로의 환산

X1년 말 B/S	
① 자산 − 부채: 기말환율 = $(7,000 − 4,500 − 30) × 1,400 = 3,458,000	② 자본: 자본 증가 시점의 환율 – 자본금: 증자일의 환율 = $1,500 × 1,300 = 1,950,000 – 이익잉여금: NI가 집계된 연도의 평균환율 = $(4,000 − 3,000 − 30) × 1,340 = 1,299,800 ③ OCI: 대차차액 = 3,458,000 − 1,950,000 − 1,299,800 = 208,200

– 기능통화로의 환산으로 인해 자산과 당기순이익이 각각 $30씩 감소한다.

(3) 총포괄이익: NI + OCI = 1,299,800 + 208,200 = **1,508,000**

CHAPTER 02 위험회피회계

A-01. ①

환율변동표〉

	10.1	손익	12.31	손익	3.31
매출채권	1,070	−20	1,050	+40	1,090
선도매도	(1,100)	+25	(1,075)	−15	(1,090)

X2년 PL에 미치는 영향: (40 − 15) × \$200 = **5,000 증가**

참고 회계처리

12.31	외환차이(PL)	4,000	매출채권	4,000
	선도계약	5,000	평가이익(PL)	5,000
3.31	매출채권	8,000	**외환차이(PL)**	**8,000**
	평가손실(PL)	**3,000**	선도계약	3,000
	현금	2,000	선도계약	2,000
	현금	218,000	매출채권	218,000

A-02. ④

환율변동표〉

	계약일	손익	기말	손익	만기
옥수수	550,000	−40,000	510,000	−40,000	470,000
선도매도	(520,000)	+40,000	(480,000)	+10,000	(470,000)

X2년도 당기순이익에 미치는 영향: (−)40,000 + 10,000 = **(−)30,000**

10.1	− 회계처리 없음 −			
12.31	평가손실(PL)	40,000	옥수수	40,000
	선도계약	40,000	평가이익(PL)	40,000
3.1	**평가손실(PL)**	**40,000**	옥수수	40,000
	선도계약	10,000	**평가이익(PL)**	**10,000**
	현금	50,000	선도계약	50,000

A-03. ②

빠른 풀이법

FV회피	지정X		지정O
	확정계약 이익	확정계약 손실	
자산	불변	증가	
부채	증가	증가	
자본	감소	불변	

(1) 지정한 경우

공정가치위험회피로 지정한 경우에는 선도계약에서 이익이 발생하든, 손실이 발생하든 확정계약이 같은 금액으로 부호만 반대로 인식되므로 계산을 해볼 것도 없이 순자산은 불변이다.

(2) 지정하지 않은 경우

순자산은 불변 혹은 감소인데 출제자의 심리상 지정한 경우와 지정하지 않은 경우가 같은 경우를 냈을 가능성은 거의 없다. 지정하지 않으면 감소로 찍자. 답은 ②번이다.

환율변동표〉

	계약일	손익	기말	손익	만기
확정매출	1,060	+70	1,130	+20	1,150
선도매도	(1,060)	−70	(1,130)	−20	(1,150)

X1년도 금액: 70 × $2,000 = 140,000

FV회피	(1) 지정 O	(2) 지정 X
자산	140,000 증가	−
부채	140,000 증가	140,000 증가
자본	**불변**	**140,000 감소**

지정하지 않은 경우, 확정계약에서 이익이 나기 때문에 확정계약에 대한 회계처리 없이, 선도계약만 평가한다. 선도계약에서 평가손실이 발생하므로 순자산은 감소한다.

| 회계처리 |

회계처리는 참고용으로만 보자. 실전에서는 환율변동표만 그리고 답을 골라낼 수 있어야 한다.

(1) 지정한 경우

10.1	− 회계처리 없음 −			
12.31	PL	140,000	선도계약	140,000
	확정계약	140,000	PL	140,000
3.31	PL	40,000	선도계약	40,000
	확정계약	40,000	PL	40,000
3.31	선도계약	180,000	현금	180,000
	현금	2,300,000	확정계약	180,000
			매출	2,120,000

(2) 지정하지 않은 경우 (확정계약에서 이익 발생)

10.1	— 회계처리 없음 —			
12.31	PL	140,000	선도계약	140,000
	— 확정계약 회계처리 없음 — (이익이므로)			
3.31	PL	40,000	선도계약	40,000
	— 확정계약 회계처리 없음 — (이익이므로)			
3.31	선도계약	180,000	현금	180,000
	현금	2,300,000	매출	2,300,000

A-04. ①

	11.1	손익	12.31	손익	4.30
확정계약	(1,300)	－100	(1,400)	＋20	(1,380)
선도매입	1,300	＋100	1,400	－20	1,380

X1말 확정계약: －100 × $2,000 = **부채 200,000**

| 회계처리 |

11.1	— 회계처리 없음 —			
12.31	PL	200,000	확정계약(부채)	**200,000**
	선도계약	200,000	PL	200,000
4.30	확정계약	40,000	PL	40,000
	PL	40,000	선도계약	40,000
4.30	현금	160,000	선도계약	160,000
	확정계약	160,000	현금	2,760,000
	선박	2,600,000		

A-05. ④

	계약일	손익	12.31	손익	만기	누적액
대상: 예상거래		－48,000		＋32,000		－16,000
수단: 파생상품		＋50,000		－30,000		＋20,000
효과적(OCI)		①48,000		③－32,000		②16,000
비효과적(PL)		❶2,000		❸2,000		❷4,000

A-06. ⑤

환율변동표〉

	계약일	손익	12.31	손익	만기	누적액
대상: 예상매출	1,060	－20	1,040	－40	1,000	－60
수단: 선도매도	(1,050)	＋30	(1,020)	＋20	(1,000)	＋50
효과적(OCI)		①20		③30		②50
비효과적(PL)		❶10		❸－10		❷0

① 예상거래이므로 현금흐름위험회피를 적용해야 한다.
② 계약 체결일에는 회계처리를 하지 않는다.
③ X1 PL: 10 × $500 = 5,000 이익
④ X1 PL: 30 × $500 = 15,000 이익. 부호가 잘못되었다.
⑤ 손익이 PL과 OCI로 계정만 바뀔뿐, 현금흐름 위험회피를 적용하더라도 선도계약의 금액은 똑같이 계상된다.

참고 회계처리

(1) 지정한 경우

11.1	— 회계처리 없음 — (선도는 계약 시 현금 유출입이 없으므로.)			
12.31	선도계약	15,000	OCI PL	10,000 5,000
2.28	선도계약 PL	10,000 5,000	OCI	15,000
2.28	현금 OCI 현금	25,000 25,000 500,000	선도계약 매출	25,000 525,000

매출액: 1,000(현물환율) × $500 + 25,000(효과적) = 525,000
매출거래이므로 효과적인 부분을 매출액에 가산한다.

(2) 지정하지 않은 경우

11.1	— 회계처리 없음 — (선도는 계약 시 현금 유출입이 없으므로.)			
12.31	선도계약	15,000	PL	15,000
2.28	선도계약	10,000	PL	10,000
2.28	현금 현금	25,000 500,000	선도계약 매출	25,000 500,000

매출액: 1,000(현물환율) × $500 = 500,000

A-07. ①

환율변동표〉

	계약일	손익	12.31	손익	만기	누적액
대상: 예상매입	(190,000)	− 5,000	(195,000)	− 25,000	(220,000)	− 30,000
수단: 선도매입	200,000	+ 10,000	210,000	+ 10,000	220,000	+ 20,000
효과적(OCI) 비효과적(PL)		①5,000 ❶5,000		③15,000 ❸ − 5,000		②20,000 ❷0

x2년도 PL: − 5,000 × 10온스 = **(−)50,000**
문제에서 선도계약이 매입인지, 매도인지 제시하지 않았지만, 금을 예상매입하는 상황이므로, 매입 시 지출하는 현금을 고정시키기 위하여 선도매입을 체결하였다는 것을 유추할 수 있다.

참고 회계처리

회계처리는 참고용으로만 보자. 실전에서는 환율변동표만 그리고 답을 골라낼 수 있어야 한다.

(1) 지정한 경우

10.1	— 회계처리 없음 — (선도는 계약 시 현금 유출입이 없으므로.)			
12.31	선도계약	100,000	OCI	50,000
			PL	50,000
3.31	선도계약	100,000	OCI	150,000
	PL	**50,000**		
3.31	현금	200,000	선도계약	200,000
	OCI	200,000	현금	2,200,000
	금	2,000,000		

금 취득원가: 220,000(현물환율) × 10온스 − 200,000 = 2,000,000

자산의 취득원가이므로 효과적인 부분을 차감한다.

(2) 지정하지 않은 경우

10.1	— 회계처리 없음 — (선도는 계약 시 현금 유출입이 없으므로.)			
12.31	선도계약	100,000	PL	100,000
3.31	선도계약	100,000	PL	100,000
3.31	현금	200,000	선도계약	200,000
	금	2,200,000	현금	2,200,000

금 취득원가: 220,000(현물환율) × 10온스 = 2,200,000

A-08. ②

환율변동표〉

	계약일	손익	12.31	손익	만기	누적액
대상: 예상매입	(1,100)	−10	(1,110)	−20	(1,130)	−30
수단: 선도매입	1,110	+20	1,130	0	1,130	+20
효과적(OCI)		①10		③10		②20
비효과적(PL)		❶10		❸−10		❷0

만기일의 PL: −10 × 100$ = **(−)1,000 손실**

A-09. ①

환율변동표〉

	계약일	손익	12.31	손익	만기	누적액
대상: 예상판매	1,076	−36	1,040	+36	1,076	0
수단: 선도매도	(1,100)	+20	(1,080)	+4	(1,076)	+24
효과적(OCI)		①20		③−20		②0
비효과적(PL)		❶0		❸24		❷24

x1년도 PL: **0**
x2년도 PL: 24 × $1,000 = **24,000 증가**

| 회계처리 |

12.1	— 회계처리 없음 —			
12.31	선도계약	20,000	OCI	20,000
2.28	OCI 선도계약	20,000 4,000	PL	**24,000**
2.28	현금 현금	24,000 1,076,000	선도계약 매출	24,000 1,076,000

문제의 가정에 따라 예상거래가 당기순이익에 미치는 영향은 제외하므로 매출액은 제외하고 답한다.

A-10. ④

	계약일	손익	12.31	손익	만기	누적액
대상: 예상판매	13,000	− 500	12,500	− 2,000	10,500	− 2,500
수단: 선도매도	(12,000)	700	(11,300)	800	(10,500)	1,500
효과적(OCI) 비효과적(PL)		①500 ❶200		③1,000 ❸ − 200		②1,500 ❷0

문제에서 선도매도인지, 선도매입인지 언급이 없다. ㈜대한은 판매를 예상하고 있는데, 판매가격 하락을 우려하고 있다. 따라서 고정적인 현금을 확보하기 위해서는 선도매도 계약을 체결해야 한다. 선도매도를 체결하면 향후 현물가격의 변동과 관계없이 고정된 가격에 판매할 수 있다.

x2년도 당기순이익: − 20,000 + 1,200,000 − 1,000,000 = **180,000 증가**
(1) 선도계약평가손실(비효과적): (−)200 × 100개 = (−)20,000
(2) 매출: (10,500 + 1,500) × 100개 = 1,200,000
(3) 매출원가: 10,000 × 100개 = 1,000,000

| 회계처리 |

12.1	— 회계처리 없음 — (선도는 계약 시 현금 유출입이 없으므로.)			
12.31	선도계약	70,000	OCI PL	50,000 20,000
3.31	선도계약 **PL**	80,000 **20,000**	OCI	100,000
3.31	현금 현금 OCI **매출원가**	150,000 1,050,000 150,000 **1,000,000**	선도계약 **매출** 재고자산	150,000 **1,200,000** 1,000,000

B-01. ④

공정가치위험회피를 적용하면, 계산해보지 않고도 자산, 부채는 무조건 증가한다.

환율변동표〉

	계약일	손익	기말	손익	만기
확정계약	(1,150)	+50	(1,100)	−80	(1,180)
선도매입	1,150	−50	1,100	+80	1,180

자산, 부채 증가액: 50 × $2,000 = **100,000**

자산	부채	순자산
+100,000(확정계약)	+100,000(선도계약)	−

B-02. ①

OCI가 장부금액에 미치는 영향: 30 × $2,000 = **60,000 감소**
선도계약에서 인식한 OCI가 원재료의 취득원가에 반영된다. 선도계약에서 OCI 60,000을 인식했으므로 OCI가 제거되면서 원재료 60,000이 대변에 오고, 취득원가는 60,000 감소한다.

참고 회계처리

(1) 공정가치 위험회피

10.1	− 회계처리 없음 −			
12.31	PL	100,000	선도계약	100,000
	확정계약	100,000	PL	100,000
3.31	선도계약	160,000	PL	160,000
	PL	160,000	확정계약	160,000
3.31	현금	60,000	선도계약	60,000
	확정계약	60,000	현금	2,360,000
	원재료	2,300,000		

(2) 현금흐름 위험회피

10.1	− 회계처리 없음 −			
12.31	OCI	100,000	선도계약	100,000
3.31	선도계약	160,000	OCI	160,000
3.31	현금	60,000	선도계약	60,000
	OCI	60,000	현금	2,360,000
	원재료	2,300,000		

외화확정계약에 대해서 FV회피를 적용하든, CF회피를 적용하든 자산의 취득원가 및 매출액은 동일하다.
OCI가 없었다면 원재료의 취득원가가 2,360,000일텐데, OCI로 인해서 원재료의 취득원가는 60,000 감소한다.

B-03. ③

환율변동표〉

	계약일	손익	기말	손익	만기
확정계약	1,160	+20	1,180	−30	1,150
선도매도	(1,160)	−20	(1,180)	+30	(1,150)

X1년도 금액: 20 × $20,000,000 = 4억원

자산	부채	순자산	PL	OCI
−	+4억(선도계약)	−4억	−	−4억

외화확정계약에 대해 현금흐름위험회피 적용 시 선도계약만 평가손익을 OCI로 인식한다. 선도계약에서 손실이 발생하므로 부채가 증가하면서 순자산과 OCI가 감소한다.

참고 회계처리 (현금흐름 위험회피)

11.1	− 회계처리 없음 −			
12.31	OCI	4억	선도계약	4억
3.31	선도계약	6억	OCI	6억
3.31	현금 OCI 현금	2억 2억 230억	선도계약 매출	2억 232억

빠른 풀이법

외화확정계약에 대하여 현금흐름위험회피를 적용하였으므로, 당기순이익은 변화가 없다. 2, 3번 모두 총포괄손익은 감소이므로 자본도 감소한다. 답은 3번이다. 또한, 현금흐름위험회피는 선도계약만 발생하므로 자산 또는 부채 하나만 변화가 있다. 하나만 변화하는 것도 3번밖에 없다.

B-04. ④

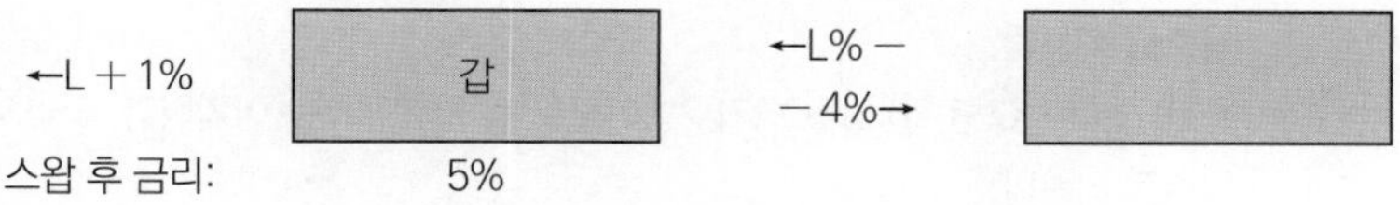

가치변동표〉

	X0		X1		X2		X3
변동차입금	(1,000)	0	(1,000)	0	(1,000)	0	(1,000)
스왑	0	+18	18	−37	(19)	+19	0

X2년 초(= X1년 말) LIBOR가 5%이므로 갑 입장에서는 이익이다. 따라서 X1말 스왑의 공정가치 18을 양수로 적는다.

X3년 초(= X2년 말) LIBOR가 2%이므로 갑 입장에서는 손해이다. 따라서 X2말 스왑의 공정가치 19를 음수로 적는다.

X3년 말에는 스왑이 종료되었으므로 스왑의 가치는 0이다.

(1) 당기순이익에 미치는 영향 = 이자손익 = 1,000 × 5% = 50 감소
(2) 차입금 금액 = 기존 차입금 장부금액 = 1,000

참고 회계처리

X1초	현금	1,000	차입금	1,000
X1말	이자비용	50	현금	50
	스왑	18	OCI	18
X2말	이자비용	50	현금	50
	OCI	37	스왑	37
X3말	이자비용	50	현금	50
	스왑	19	OCI	19
	차입금	1,000	현금	1,000

B-05. ⑤

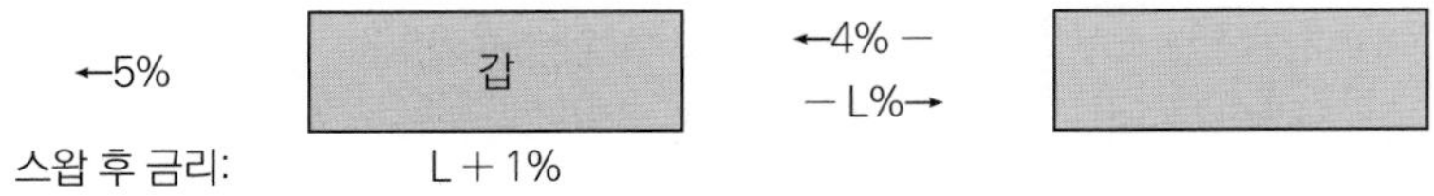

가치변동표〉

	X0		X1		X2		X3
고정차입금	(1,000)	+ 18	(982)	− 37	(1,019)	+ 19	(1,000)
스왑	0	− 18	(18)	+ 37	19	− 19	0
변동차입금	(1,000)		(1,000)		(1,000)		(1,000)

X2년 초(= X1년 말) LIBOR가 5%이므로 갑 입장에서는 손해이다. 따라서 X1말 스왑의 공정가치 18을 음수로 적는다.
X3년 초(= X2년 말) LIBOR가 2%이므로 갑 입장에서는 이익이다. 따라서 X2말 스왑의 공정가치 19를 양수로 적는다.
X3년 말에는 스왑이 종료되었으므로 스왑의 가치는 0이다.

(1) 당기순이익에 미치는 영향 = 이자손익 = 1,000 × (5 + 1)% = 60 감소
X2년말에 지급하는 이자는 X2년초 LIBOR 5%를 바탕으로 계산한다.

(2) 차입금 금액 = 기존 차입금 장부금액 = 1,019
고정차입금의 공정가치와 스왑의 가치의 합이 액면금액인 1,000이 되어야 한다. 따라서 X2년말 고정차입금은 1,019이다.

참고 회계처리

X1초	현금	1,000	차입금	1,000
X1말	이자비용	50	현금	50
	차입금	18	PL	18
	PL	18	스왑	18
X2말	이자비용	60	현금	60
	PL	37	차입금	37
	스왑	37	PL	37
X3말	이자비용	30	현금	30
	차입금	19	PL	19
	PL	19	스왑	19
	차입금	1,000	현금	1,000

B-06. ④

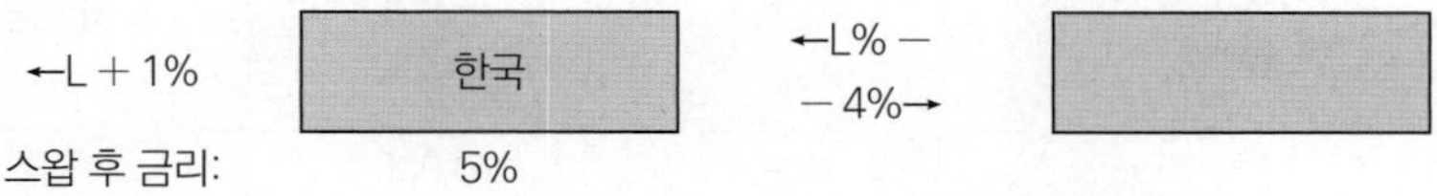

고정금리 4%를 지급하는데, 앞으로 수취할 LIBOR 금리가 5%이므로 스왑평가이익(OCI)을 계상한다.

① 변동금리를 고정금리로 바꾸므로 현금흐름위험회피를 적용한다.

② 스왑으로 인해 고정금리만큼 이자비용으로 인식하므로 100,000 × 5% = 5,000이다.

③,⑤ 기존 차입금이 변동금리이므로 차입금의 장부금액은 변하지 않고, 100,000이다.

B-07. ⑤

가치변동표〉

	X0		X1		X2		X3
고정차입금	(500,000)	− 9,430	(509,430)	− 279	(509,709)	+ 9,709	(500,000)
스왑	0	+ 9,430	9,430	+ 279	9,709	− 9,709	0
변동차입금	(500,000)		(500,000)		(500,000)		(500,000)

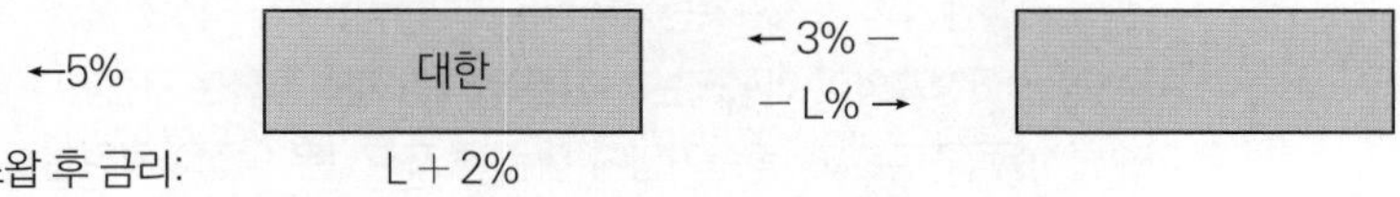

(1) 고정차입금의 가치

① x1년 말: 25,000/1.04 + 525,000/1.04² = 509,430

② x2년 말: 525,000/1.03 = 509,709

고정차입금은 이자율이 연 5%로 고정이다. 액면금액이 500,000이므로 매년 지급할 이자는 25,000이다. 대한은 스왑 후 '기준금리 + 2%'의 이자율을 부담한다. 3%를 수취하지만 신용스프레드 연 2%가 남아 있기 때문이다. 따라서 x1년 말에는 4%(= 2% + 2%)로 할인하고, x2년 말에는 3%(= 1% + 2%)로 할인한다.

(2) 스왑의 가치

원래는 스왑의 가치를 문제에서 제시하고 고정차입금의 가치를 우리가 구해야 하나, 문제에서 스왑의 가치를 제시하지 않았으므로 고정차입금의 가치를 이용하여 스왑의 가치를 간접적으로 구했다. 고정차입금과 스왑의 가치 합계는 변동차입금의 가치인 액면금액과 같아야 하므로, 이 관계를 이용하면 스왑의 가치를 구할 수 있다.

(3) 답

차입금평가손익: 500,000 − 509,430 = **(−)9,430 손실**

이자율스왑평가손익: **9,430 이익**

| 회계처리 |

X1초	현금	500,000	차입금	500,000
X1말	이자비용	25,000	현금	25,000
	PL	**9,430**	차입금	9,430
	스왑	9,430	PL	**9,430**
X2말	이자비용	20,000	현금	20,000
	PL	279	차입금	279
	스왑	279	PL	279
X3말	이자비용	15,000	현금	15,000
	차입금	9,709	PL	9,709
	PL	9,709	스왑	9,709
	차입금	500,000	현금	500,000

C-01. ⑤

① 공정가치위험회피회계를 적용하는 경우 위험회피대상항목의 손익은 **당기손익**으로 인식한다.

② 현금흐름위험회피회계를 적용하는 경우 위험회피수단의 손익 중 위험회피에 효과적인 부분은 **기타포괄손익**으로 인식한다.

③ 미인식 확정계약의 공정가치변동위험을 회피하기 위해 파생상품을 이용하는 경우 파생상품의 공정가치 변동은 **확정계약이 이행되는 시점뿐 아니라 재측정하는 시점마다** 당기손익으로 인식한다.

④ 지분법적용투자주식과 종속기업에 대한 투자주식은 공정가치위험회피의 위험회피대상항목이 될 수 **없다.**

C-02. ①

위험회피관계가 적격한 수단과 대상으로 구성되고, 개시시점에 문서화했더라도, 위험회피효과에 관한 요구사항을 모두 충족해야 한다. (경제적 관계, 신용위험의 효과, 위험회피비율)

⑤ 해외사업장순투자의 위험회피회계는 현금흐름위험회피와 같은 방식으로 적용하므로, 비효과적인 부분은 당기손익으로 인식한다.

C-03. ②

지분법적용투자주식과 연결대상 종속기업에 대한 투자주식은 공정가치위험회피의 위험회피대상항목이 될 수 없다.

③ 해외사업장순투자의 위험회피는 현금흐름위험회피와 같으므로, 효과적인 부분은 OCI로, 비효과적인 부분은 PL로 인식한다.

C-04. ⑤

위험회피대상항목과 위험회피수단 사이의 경제적 관계가 더 이상 존재하지 않거나 신용위험의 효과가 경제적 관계에서 비롯된 가치 변동보다 지배적이 되기 시작한다면 **위험회피관계 전체를 중단한다.**

C-05. ⑤

사업결합에서 사업을 취득하기로 하는 확정계약은 위험회피대상항목이 될 수 **없다**. 다만, 외화위험에 대하여는 위험회피대상항목으로 지정할 수 **있다**.

CHAPTER 03 사업결합

A-01. ①

1. 영업권: 이전대가 − 종속기업의 순자산 FV × 지분율
= 200,000 − 123,200 × 100% = **76,800**
− 합병관련 수수료는 당기비용 처리한다.

2. 종속기업의 순자산 FV = 종속기업의 순자산 BV + (FV − BV) = 82,000 + 41,200 = 123,200
(1) 종속기업의 순자산 BV: 174,000 − 92,000 = 82,000
(2) 종속기업의 순자산 FV − BV: 50,000 × 20% + 78,000 × 40% = 41,200

A-02. ①

1. 종속기업의 순자산 FV: 3,200,000 − 2,800,000 + 50,000 = 450,000

2. 영업권: 이전대가 − 종속기업의 순자산 FV × 100%
= 700,000 − 450,000 × 100% = **250,000**
− 흡수합병 시 두 회사는 하나가 되므로, 종속기업에 대한 지분율은 100%이다.

A-03. ③

1. 종속기업의 순자산 FV

현금	100,000
매출채권	100,000
제품	240,000
투자부동산	250,000
토지	300,000
매입채무	(50,000)
사채	(170,000)
건물	400,000
계	1,170,000

취득자는 취득일에 매각예정비유동자산으로 분류한 비유동자산을 순공정가치로 측정한다.

2. 영업권: 이전대가 − 종속기업의 순자산 FV × 100%
= 1,200,000 − 1,170,000 = **30,000**
− 흡수합병 시 두 회사는 하나가 되므로, 종속기업에 대한 지분율은 100%이다.

A-04. ④

(1) 이전대가: 800,000 + 300주 × @10,000 = 3,800,000
− 교부 주식 수: 900,000(자본금) ÷ 1,000(액면금액) ÷ 3주 = 300주

(2) 순자산 공정가치

유동자산 유형자산 무형자산 부채	2,300,000 − 300,000 + 250,000	800,000 = 2,250,000 700,000 (600,000)
계		3,150,000

− 매각예정비유동자산은 순공정가치로 평가해야 하나, 공정가치로 포함되어 있으므로 금액을 감소시켜야 한다.

(3) 영업권: 3,800,000 − 3,150,000 = **650,000**

A-05. ③

1. 종속기업의 순자산 FV: 180,000 + 160,000 + 300,000 − 100,000 − 20,000(배당금) = 520,000
   − 재무상태표 상 순자산은 배당금 지급을 반영하기 전 금액이므로, 배당금까지 차감해야 순자산을 정확히 구할 수 있다.
2. 영업권: 이전대가 − 종속기업의 순자산 FV × 60%
   = 360,000 − 520,000 × 60% = **48,000**

A-06. ④

영업권 = 이전대가 − 종속기업의 순자산 FV × 지분율 = 30,000

(1) 종속기업의 순자산 FV = 400,000
종속기업의 순자산 BV: 150,000(자본금) + 170,000(이잉) = 320,000
종속기업의 순자산 FV: 320,000 + 80,000(재고자산의 FV 평가차액) = 400,000
− 별도재무상태표의 단순합과 연결재무상태표의 금액이 차이나는 것이 재고자산밖에 없으므로, 재고자산을 제외한 나머지 자산은 BV와 FV가 일치한다. 재고자산의 FV 평가차액만 반영하면 종속기업의 순자산 FV를 구할 수 있다.

(2) 지분율 = 60%
비지배지분 = 400,000 × (1 − 지분율) = 160,000
− 비지배지분은 종속기업의 순자산 FV에 비례하여 결정하므로, 400,000에 (1 − 지분율)을 곱하면 비지배지분을 계산할 수 있다.

(3) 이전대가 = **270,000**
이전대가 − 400,000 × 60% = 30,000

A-07. ④

1. 종속기업의 순자산 BV: 1,300,000 − 600,000 = 700,000
2. 영업권: 이전대가 − 종속기업의 순자산 FV × 100%
   = 1,000,000 − 종속기업의 순자산 FV × 100% = 180,000

→ 종속기업의 순자산 FV = 820,000
— ㈜민국의 '모든' 자산과 부채를 취득·인수하였으므로 지분율은 100%이다.

3. 종속기업의 순자산 FV − BV
: 건물 평가차액 − 100,000(영업권) − 20,000(리스부채) + 50,000(사용권자산)
= 건물 평가차액 − 70,000

(1) '피취득자'의 영업권은 식별가능한 자산이 아니므로 공정가치 평가 시 제거한다.
(2) 리스부채 FV − BV: 70,000 − 20,000 = 20,000
— 리스부채는 취득일 현재 잔여리스료의 현재가치로 측정한다.
(3) 사용권자산 FV − BV: 100,000 − 50,000 = 50,000
— 사용권자산 FV = 70,000(리스부채의 PV) + 30,000 = 100,000
(4) 리스 제공자의 불리한 조건: 리스 제공자는 리스조건의 유, 불리를 반영하지 않는다. 보유하는 건물의 공정가치에 이미 반영되어 있을 것이기 때문이다.

4. 종속기업의 순자산 FV: 700,000(BV) + 건물 평가차액 − 70,000 = 820,000
→ 건물 평가차액: 190,000

5. 건물 FV: 350,000(BV) + 190,000(평가차액) = **540,000**

B-01. ④

취득일이 X1년 10월 1일이고, X2년 4월 1일에 잠정금액을 수정하려고 하기 때문에 1년 이내이다. 따라서 잠정금액을 수정할 수 있다.

(1) 영업권: 480,000 − (350,000 + 40,000) × 100% = **90,000**
(2) X2말 유형자산 BV: 40,000 × 45/60 = **30,000**
— 잔존가치 없이, X1.10.1~X2.12.31까지 총 15개월을 상각하므로 45/60을 곱했다.

B-02. ③

(1) 순자산 BV: 260,000

(2) 순자산 FV − BV: 10,000 + 30,000 − 10,000 + 10,000 − 10,000 = 30,000
① 건물 평가차액: 60,000 − 50,000 = 10,000
② 사용권자산 평가차액: 120,000 − 90,000 = 30,000
— 사용권자산: 110,000(리스부채) + 10,000(유리한 금액) = 120,000
③ 리스부채 평가차액: 110,000 − 100,000 = 10,000
④ 재취득한 권리: 40,000 − 30,000 = 10,000
— 잔여계약기간에 기초하여 평가한다.
⑤ 우발부채: 10,000

(3) 순자산 공정가치: 260,000 + 30,000 = 290,000
(4) 영업권: 350,000 − 290,000 = **60,000**

B-03. ④

취득일이 X1년 7월 1일이고, X2년 5월 1일에 잠정금액을 수정하려고 하므로 1년 이내이다. 따라서 잠정금액을 수정할 수 있다.

X2.6.30 건물(순액): (200,000 + 70,000) × 3/4 = **202,500**

— 대한이 민국을 흡수합병하였으므로 두 회사는 하나가 되었다. '대한'의 B/S상 건물을 물었기 때문에 합병 전 대한의 B/S상 건물 200,000까지 고려해주어야 한다.

무형자산 순액: (90,000 + 20,000) × 4/5 + 40,000 × 1/2 = **108,000**

— 대한의 무형자산 90,000에 민국의 무형자산 중 상표권을 제외한 20,000(= 50,000 − 30,000)은 내용연수 5년으로 상각하고, 상표권은 잔여계약기간 2년으로 상각한다.

참고 잠정금액 수정 시 영업권

: 60,000(수정 전 영업권) − 10,000(잠정금액으로 인한 건물 평가증) = 50,000

B-04. ③

이전대가: 450,000 + 80,000 = 530,000

영업권: 530,000 − (600,000 − 100,000) = **30,000**

— X1년 말 조건부대가의 FV 변동은 '취득일'에 존재한 사실로 인한 것이기 때문에 소급법을 적용하고, 영업권을 수정한다.

X2년도 당기손실: 100,000 − 80,000 = **20,000**

— 조건부 대가를 현금으로 지급하므로 조건부대가를 **부채**로 분류하고, 평가손익을 **PL**로 인식한다. X1년말 조건부대가를 80,000으로 평가한 뒤, 실제 지급액은 100,000이므로 평가손익은 (−)20,000이다.

| 회계처리 |

X1.10.1	순자산	500,000	현금	450,000	
	영업권	**10,000**	조건부대가(부채)	60,000	
X1.12.31	**영업권**	**20,000**	조건부대가(부채)	20,000	┘ 80,000
X2.12.31	**PL**	**20,000**	조건부대가(부채)	20,000	┘ 100,000
	조건부대가(부채)	100,000	현금	100,000	

B-05. ③

영업권: (1) − (2) = **280,000**

(1) 이전대가: 1,600주/2 × @1,400 + 60,000(조건부대가) = 1,180,000

— ㈜민국의 합병 전 보통주식수: 자본금/액면가 = 160,000/100 = 1,600주

(2) ㈜민국의 순자산 공정가치: 50,000 + 200,000 + 800,000 + 290,000 − 80,000 − 450,000 + 90,000(프로젝트) = 900,000

B-06. ⑤

(1) 조건부대가의 변동
취득일 이후에 발생한 사실로 인한 변동이므로, 영업권을 수정하지 않고 공정가치 변동을 당기손익으로 인식한다.

(2) 잠정금액
측정기간(x2.7.1) 이내에 잠정금액이 확정되었으므로, 소급법을 적용하여 영업권을 수정한다.

(3) 영업권: 280,000(추가자료 반영 전) − 100,000 = **180,000**
피취득자의 순자산이 100,000 증가했으므로 영업권은 100,000 감소한다.

(4) 유형자산(순액): 900,000 × 3.5/5 = **630,000**
취득일 현재 잔존내용연수가 5년이므로, x1.7.1~x2.12.31까지 1.5년을 잔존가치 없이 정액법으로 상각하면 공정가치의 3.5/5가 남는다.

B-07. ①

종속기업 순자산 FV: 22,000 + 35,000 + 13,000 − 25,000 − 1,500(충당부채) = **43,500**
− 리스 제공자는 리스조건의 유, 불리를 반영하지 않는다. 유형자산의 공정가치에 이미 반영되어 있을 것이기 때문이다.
− 잠재적 계약, 시너지효과는 인수자산으로 보지 않는다.

B-08. ⑤

(1) 이전대가: 10주 × @350(을) + 18주 × @2,000(갑) = 39,500

(2) 영업권: 39,500 − 30,000 = **9,500**
− 두 번째 문제에서 순자산 FV를 30,000으로 가정한다는 조건을 유의하자.

B-09. ①

(1) 영업권: 600,000 − 570,000 = **30,000**
이전대가: 30,000(기존 보유 주식) + 100주 × @5,700 = 600,000
종속기업 순자산 FV: 160,000 + 150,000 + 380,000 − 120,000 = 570,000

(2) 주식발행초과금: 100주 × (5,700 − 5,000) − 10,000(직접발행비용) = **60,000**

| 취득일 회계처리 |

FVPL	3,000	PL	3,000
순자산	570,000	FVPL	30,000
영업권	30,000	자본금	500,000
		주발초	70,000
주발초	10,000	현금	30,000
PL	20,000		

X1말 소멸의 주식의 공정가치가 27,000이므로, X2.4.1에는 평가이익을 3,000만 인식한다. 주식을 FVPL로 분류하므로 평가이익은 PL에 해당한다.

참고 증식에게 지급하는 증식의 보통주

증식은 소멸의 주주에게 증식의 주식을 교부하는 상황이다. 그런데 증식이 취득일 전에 소멸의 주식을 일부 보유하고 있으므로 증식도 소멸의 주주이다. 따라서 증식도 증식의 주식을 교부 받을 수 있다.
하지만 문제의 단서를 보면 ㈜증식이 보유하고 있는 ㈜소멸의 주식에 대해서는 주식을 교부하지 않았으므로, 발행·교부한 100주는 증식을 제외한 나머지 95%의 주주에게 발행한 것이다.

B-10. ④

영업권: 530,000 − 570,000 = **(−)40,000** (염가매수차익)

(1) 이전대가: 30,000(기존 보유 주식) + 500,000 = 530,000
건물은 사업결합 이후에도 ㈜증식에 남아있고, 동 건물에 대한 통제도 ㈜증식이 계속 보유하므로 이전대가에 포함하지 않는다.

(2) 종속기업 순자산 FV: 160,000 + 150,000 + 380,000 − 120,000 = 570,000

| 취득일 회계처리 |

FVPL	3,000	PL	3,000
순자산	570,000	FVPL 현금 염가매수차익	30,000 500,000 40,000
건물	250,000	건물	250,000

참고 문제의 가정과 달리 건물의 통제가 이전되었다면

영업권: (330,000 + 30,000 + 500,000) − 570,000 = 290,000

FVPL	3,000	PL	3,000
건물	80,000	PL	80,000
순자산 영업권	570,000 290,000	FVPL 현금 건물	30,000 500,000 330,000

C-01. ②

영업권: (1) − (2) = **270,000**

(1) 이전대가: 150주 × 1,200 + 200,000 + 800,000 = 1,180,000

(2) ㈜민국의 순자산 공정가치

유동자산 유형자산 부채 상표권	200,000 1,280,000 (600,000) 30,000
계	910,000

합병 직접 비용은 당기비용 처리하며, 집합적 노동력은 식별가능한 취득 자산으로 보지 않는다.

C-02. ⑤

당기순이익에 미치는 영향: 70,000 감소

용역수수료	(30,000)
유지원가	(20,000)
정산손실	(20,000)
계	**(70,000)**

기존 관계가 비계약적(원고와 피고)이므로 취득자는 기존 관계를 공정가치로 인식한다. 취득자는 사업결합 이전에 부채를 인식하지 않았으므로 부채를 인식하면서 정산손실을 당기비용으로 인식한다.

| 취득일 회계처리 |

FVOCI	30,000	OCI	30,000
비용(정산손실)	**20,000**	기존 부채	20,000
유동자산	200,000	부채	600,000
유형자산	1,280,000	FVOCI	180,000
상표권	30,000	현금	200,000
기존 부채	20,000	자본금	500,000
영업권	250,000	주발초	300,000
주발초	10,000	현금	60,000
비용(용역수수료)	**30,000**		
비용(팀유지원가)	**20,000**		

C-03. ⑤

	건물	기계장치	영업권	계
손상 전 BV	9,000,000	3,000,000	1,000,000	13,000,000
손상차손	②(750,000)	②(250,000)	①(1,000,000)	(2,000,000)
계	8,250,000	**2,750,000**	—	11,000,000

기계장치에 배부될 손상차손

: (2,000,000 − 1,000,000) × 3,000,000/(9,000,000 + 3,000,000) = 250,000

C-04. ①

	토지	기계	차량	영업권	계
X1초	900,000	1,200,000	300,000	300,000	
상각		(300,000)	(100,000)		
손상 전 BV	900,000	900,000	200,000	300,000	2,300,000
손상	②(45,000)	②(45,000)	(10,000)	①(300,000)	(400,000)
X1말 BV	855,000	855,000	**190,000**	0	1,900,000

영업권에 손상차손을 우선적으로 배부한 뒤, 나머지 자산의 장부금액에 비례해서 손상차손을 배부하면 된다.

C-05. ②

	토지	건물	기계장치	영업권	계
손상 전 BV	5,000	8,000	2,000	3,000	18,000
손상	②0	③(800)	④(700)	①(3,000)	(4,500)
X1말 BV	5,000	7,200	**1,300**	0	13,500
한도		7,200			

(1) 영업권: 22,000(이전대가) − 19,000(순자산 FV) = 3,000

(2) 토지: 순공정가치가 이미 장부금액보다 크므로 손상차손을 배분하지 않는다.

(3) 건물 및 기계장치

: 토지에 손상차손을 배분하지 않았으므로, 건물과 기계장치의 장부금액에 비례하여 남은 손상차손 1,500을 배분해야 한다.

이 경우 건물은 1,200(= 8,000 × 1,500/10,000)의 손상차손을 배부받고, 건물은 6,800(= 8,000 − 1,200)이 된다. 하지만 건물의 회수가능액은 7,200(= MAX[6,800, 7,200]) 이므로 7,200까지만 손상차손을 인식하고, 나머지 손상차손은 기계장치에 배분해야 한다.

C-06. ①

(가) 사업결합: 50,000(염가매수차익) − 18,000(감가상각비) = **32,000 증가**

구분	취득원가	감가상각비
토지	220,000	−
건물	200,000	200,000/10 × 6/12 = 10,000
기계장치	80,000	80,000/5 × 6/12 = 8,000
계	500,000	18,000

| 회계처리 |

20X1.7.1	토지	220,000	현금	450,000
	건물	200,000	**염가매수차익**	**50,000**
	기계장치	80,000		
20X1.12.31	**감가상각비**	**10,000**	건물	10,000
	감가상각비	**8,000**	기계장치	8,000

사업결합 시에는 피취득자의 자산, 부채를 공정가치로 평가한 뒤 영업권이나 염가매수차익을 인식한다.

(나) 자산집단 취득: **16,200 감소** (감가상각비)

구분	취득원가	감가상각비
토지	450,000 × 220,000/500,000 = 198,000	−
건물	450,000 × 200,000/500,000 = 180,000	180,000/10 × 6/12 = 9,000
기계장치	450,000 × 80,000/500,000 = 72,000	72,000/5 × 6/12 = 7,200
계	450,000	16,200

| 회계처리 |

20X1.7.1	토지	198,000	현금	450,000
	건물	180,000		
	기계장치	72,000		
20X1.12.31	**감가상각비**	**9,000**	건물	9,000
	감가상각비	**7,200**	기계장치	7,200

자산집단 취득 시에는 일괄취득으로 보아 일괄구입가격을 공정가치 비율로 안분하며, 영업권이나 염가매수차익이 발생하지 않는다.

D-01. ④

취득자는 자산/부채 인수일의 종료일보다 이른 날 또는 늦은 날에 지배력을 획득하는 경우도 있다.

D-02. ①

사업이 되기 위해서 산출물의 생산을 반드시 요구하지 않는다.

⑤ 취득자는 때로 대가를 이전하지 않고 피취득자에 대한 지배력을 획득한다. 다음과 같은 경우 등이 있다.

(1) 기존 투자자(취득자)가 지배력을 획득할 수 있도록, 피취득자가 충분한 수량의 자기주식을 다시 사는 경우

(2) 피취득자 의결권의 과반수를 보유하고 있는 취득자가 피취득자를 지배하는 것을 막고 있던 소수거부권이 소멸한 경우

(3) 취득자와 피취득자가 계약만으로 사업결합하기로 약정한 경우

D-03. ⑤

① 사업을 구성하지 않는 자산이나 자산 집단을 취득한 경우 사업결합 기준서를 적용하지 않는다.

② 취득일은 종료일보다 이른 날 또는 늦은 날이 될 수 **있다.**

③ 의무가 아닌 원가는 부채로 인식하지 않는다.

④ 식별가능한 자산 및 부채는 별도 거래가 아니라 사업결합 거래로 교환된 것이어야 한다.

D-04. ②

① 공정가치 측정에는 우발부채, 보상자산, 리스, 매각예정비유동자산 등의 예외가 있다. (X)

② 집합적 노동력은 별도 무형자산으로 분리하여 인식하지 않으므로, 영업권에 포함한다. (O)

③ 취득자는 이전에 보유하고 있던 피취득자에 대한 지분을 취득일의 공정가치로 재측정하고 그 결과 차손익이 있다면 당기손익 또는 기타포괄손익으로 인식한다. (X)

④ 취득관련원가 중 지분증권의 발행원가는 지분상품의 발행금액에서 차감한다. (X)

⑤ 영업권은 내용연수가 비한정인 무형자산이다. 내용연수가 비한정인 무형자산은 상각하지 않으며, 매 보고기간마다 손상검사를 수행한다. (X)

D-05. ⑤

사업결합에서 인식한 우발부채는 기준서 제1037호(중급회계에서 배운 충당부채 내용)의 요구사항을 적용하지 않는다. 제1037호와 달리 유출가능성이 높지 않더라도 취득자는 사업결합으로 인수한 우발부채를 인식한다.

D-06. ①

사업결합 후 결합기업에 여전히 남아 있고, 취득자가 계속 통제하는 경우에는 이전대가를 공정가치로 평가하지 않고, 그대로 취득일 직전의 장부금액으로 계상하며, 재평가하지 않았기 때문에 평가손익은 발생하지 않는다.

D-07. ⑤

해당 의무를 이행하기 위하여 경제적 효익이 있는 자원이 유출될 가능성이 높지 않더라도 **취득자는 취득일에 사업결합으로 인수한 우발부채를 인식한다.**

D-08. ②

계약적·법적 기준을 충족하는 무형자산은 피취득자에게서 또는 그 밖의 권리와 의무에서 이전하거나 분리할 수 없더라도 식별할 수 있다.

D-09. ②

둘 이상의 투자자들이 각각에게 다른 관련활동을 지시하는 일방적인 능력을 갖게 하는 현존 권리를 보유하는 경우 피투자자의 이익에 '가장 유의적인 영향을 미치는 활동을 지시할 수 있는 투자자'가 힘을 갖고, 피투자자를 지배한다.

D-10. ④

피투자자를 지배하기 위해서는 1)힘, 2)변동이익에 대한 노출 또는 권리, 3)힘을 사용하는 능력을 '모두' 가져야 한다. 이 중 하나만 갖고 있다면 지배할 수 없다.

D-11. ③

주식매입권은 3월 2일부터 전환할 수 있다. 따라서 3월 2일부터 취득자가 된다.

① TK가 JY를 지배하므로, JY가 보유하는 SJ의 주식은 TK가 통제할 수 있으므로, TK의 의결권은 90%(= 40% + 50%)이다.

②, ⑤ 다른 의결권 보유자와의 계약상 약정으로 의결권을 행사할 수 있으므로 힘을 가진다.

④ 관련 활동을 지시하는 의사결정기구 구성원의 과반수를 선임할 수 있으므로 힘을 가진다.

CHAPTER 04 연결회계

A-01. ①

1. 회계처리

방안 (1)	자산	35,000	현금	20,000
	영업권	5,000	부채	20,000
방안 (2)	자산	35,000	현금	14,000
	영업권	5,000	부채	20,000
			비지배지분	6,000

2. 재무상태표

(1) 합병재무상태표

자산	100,000	부채	70,000
		자본	30,000

(2) 연결재무상태표

자산	106,000	부채	70,000
		자본	36,000

3. 정답

	방안(1) 합병재무상태표	방안(2) 연결재무상태표
① 영업권	20,000 − (35,000 − 20,000) × 100% = **5,000**	14,000 − (35,000 − 20,000) × 60% = **5,000**
② 자산	80,000 + 35,000 + 5,000 − 20,000 = 100,000	80,000 + 35,000 + 5,000 − 14,000 = 106,000
③ 부채	50,000 + 20,000 = 70,000	50,000 + 20,000 = 70,000
④ 자본	30,000	30,000 + 6,000(비지배지분) = 36,000
⑤ 비지배지분	0	6,000

A-02. ②

1. FV − BV

	FV − BV	X1
재고자산	10,000	(10,000)
유형자산	60,000	(12,000)

2. 영업권: 30,000

3. 내부거래: 없음

4. 당기순이익 조정

X1	지배	종속	계
조정 전	50,000	30,000	
내부거래			
FV 차이		(22,000)	
− 손상			
− 배당			
조정 후	50,000	8,000	58,000
지배(70%)	50,000	5,600	**55,600**
비지배(30%)		2,400	2,400

A-03. ④

| 손익변동표 |

		X1	X2
상황 (1)	하향 (기계)	(3,000)	3,000
상황 (2)	상향 (기계)	(3,000)	3,000

상황 (1)은 지배기업이 종속기업에 판매하였으므로 내부거래가 하향거래에 해당하지만, 상황 (2)는 종속기업이 지배기업에 판매하였으므로 내부거래가 상향거래에 해당한다. 하향거래인지, 상향거래인지만 다를 뿐 손익변동표는 같다.

x1년 비지배지분 귀속 당기순이익
상황 (1): 50,000 × (1 − 60%) = **20,000**
상황 (2) (50,000 − 3,000) × (1 − 60%) = **18,800**
− 상황 (1)은 하향거래이므로 비지배지분 귀속 당기순이익 계산 시 반영하지 않는다.

A-04. ⑤

1. FV − BV: 없음

2. 영업권: 이전대가를 제시하지 않아서 구할 수 없음

3. 내부거래

	X2	X3
하향 (기계)	(20,000) 4,000	4,000

4. 당기순이익 조정

X3	지배	종속	계
조정 전 내부거래 FV 차이 – 손상 – 배당	20,000 4,000	10,000	
조정 후	24,000	10,000	34,000
지배(60%) 비지배(40%)	24,000	6,000 4,000	**30,000** 4,000

→ 지배NI: 30,000

A-05. ②

1. FV – BV: 공정가치에 대한 언급이 없으므로 생략

2. 영업권: 문제에 인수대가가 제시되지 않았으므로 생략

3. 내부거래

	X1
하향 (재고)	(10,000) 6,000

대여 거래는 내부거래 조정 시 무시하자.

4. 당기순이익 조정

X1	지배	종속	계
조정 전 내부거래 FV 차이 – 손상 – 배당	20,000 (4,000)	10,000	
조정 후	16,000	10,000	26,000
지배(60%) 비지배(40%)	16,000	6,000 4,000	**22,000** **4,000**

A-06. ④

연결 토지: 100,000 + 80,000 – 미실현이익 = 168,000
→ 미실현이익 = 12,000

	X1
하향 (토지)	(12,000)

내부거래 처분가액: 25,000 + 12,000 = **37,000**

참고 연결조정분개

내부거래 제거	유형자산처분이익	12,000	토지	12,000

A-07. ②

1. FV − BV

	FV − BV	X1
건물	100,000	(10,000)

2. 영업권: 900,000 − (1,000,000 + 100,000) × 80% = 20,000

3. 내부거래

	X1
상향 (재고)	(10,000)

미실현이익: 50,000/1.25 × 25% = 10,000

− ㈜세무는 내부거래의 구매자이다. 따라서 ㈜세무의 장부상에 기재된 50,000은 매가에 해당한다. 원가에 25%의 이익을 가산하였으므로 1.25를 나누면 원가는 40,000이고, 여기에 다시 25%를 곱하면 남은 재고자산의 매출총이익이 10,000으로 계산된다.

4. 당기순이익 조정

X1	지배	종속	계
조정 전	250,000	120,000	
내부거래		(10,000)	
FV 차이		(10,000)	
− 손상			
− 배당			
조정 후	250,000	100,000	350,000
지배(80%)	250,000	80,000	**330,000**
비지배(20%)		20,000	20,000

A-08. ②

1. FV − BV

	FV − BV	X1
재고자산	10,000	(10,000)
유형자산	30,000	(6,000)

A-09. ③

2. 영업권: 120,000 − (140,000 + 40,000) × 60% = **12,000**

3. 내부거래

	X1
하향 (토지)	5,000

장부금액 30,000인 토지를 25,000에 처분하였으므로 유형자산처분손실 5,000이 발생한다. 따라서 이를 제거하면 당기순이익은 5,000 증가한다.

4. 당기순이익 조정

X1	지배	종속	계
조정 전	50,000	30,000	
내부거래	5,000		
FV 차이		(16,000)	
— 손상			
— 배당			
조정 후	55,000	14,000	69,000
지배(60%)	55,000	8,400	**63,400**
비지배(40%)		5,600	**5,600**

참고 X1말 비지배지분
: (140,000 + 40,000) × 40% + 5,600 = 77,600

A-10. ②

A-11. ④

1. FV — BV

	FV — BV	X1
토지	50,000	(50,000)

X1년 중에 외부로 매각하였으므로 공정가치 차액을 전부 X1년에 제거한다. 연결 전과 후의 차이를 조정하는 것이므로, 연결 전에 처분이익을 얼마 인식했는지는 중요하지 않다.

2. 영업권: 문제에 이전대가가 제시되지 않았으므로 생략

3. 내부거래

	X1	X2
하향 (재고)	(12,000) 9,600	 2,400
상향 (기계)		(20,000) 1,250[1]

[1]20,000/4 × 3/12 = 1,250

4. 당기순이익 조정

X1	지배	종속	계
조정 전	300,000	80,000	
내부거래	(2,400)		
FV 차이		(50,000)	
— 손상			
— 배당			
조정 후	297,600	30,000	327,600
지배(80%)	297,600	24,000	**321,600**
비지배(20%)		6,000	**6,000**

X2	지배	종속	계
조정 전	400,000	100,000	
내부거래	2,400	(18,750)	
FV 차이			
— 손상			
— 배당	(8,000)		
조정 후	394,400	81,250	475,650
지배(80%)	394,400	65,000	459,400
비지배(20%)		16,250	**16,250**

참고 비지배지분

X1말: (400,000 + 50,000) × 20% + 6,000 = 96,000

X2말: (400,000 + 50,000) × 20% + 6,000 + 16,250 − 2,000(배당) = 110,250

A-12. ① 1. FV − BV: 없음

A-13. ③ 2. 영업권: 300,000 − (460,000 − 60,000) × 60% = 60,000

— 재무상태표는 언급이 없더라도 '기말' 금액을 표시한다. ㈜민국의 자본은 x1년말에 460,000이므로, x1년초 자본은 x1년도 당기순이익을 차감한 400,000이다. 자본에 변동을 가져오는 요소는 당기순이익 이외에도 자본거래가 있지만, 자본거래가 제시되지 않았으므로 당기순이익에 의해서만 자본이 증가했다고 본다.

3. 내부거래

	X1	X2
하향 (재고)	(20,000) 12,000	8,000
상향 (토지)		(15,000)

4. 당기순이익 조정

X1	지배	종속	계
조정 전	90,000	60,000	
내부거래	(8,000)		
FV 차이			
− 손상			
− 배당			
조정 후	82,000	60,000	142,000
지배(60%)	82,000	36,000	118,000
비지배(40%)		24,000	24,000

X2	지배	종속	계
조정 전	120,000	70,000	
내부거래	8,000	(15,000)	
FV 차이			
− 손상			
− 배당			
조정 후	128,000	55,000	183,000
지배(60%)	128,000	33,000	161,000
비지배(40%)		22,000	22,000

5. x1년 말 연결재무상태표 상 자산총액: 2,650,000(단순합) − 8,000(내부거래) + 60,000(영업권) − 300,000(종속기업투자) = **2,402,000**

| x1년 말 연결조정분개 |

투자-자본 상계 제거	자본금	250,000	종속기업투자주식	300,000
	이익잉여금	150,000	비지배지분	160,000
	영업권	60,000		
내부거래 제거	매출	100,000	매출원가	80,000
			재고자산	20,000
	재고자산	12,000	매출원가	12,000
비지배지분	이익잉여금	18,000	비지배지분	18,000

B-01. ①

1. FV − BV

	FV − BV	X1	X2
토지	5,000		(5,000)
차량운반구	3,000	(1,000)	(1,000)

2. 영업권: 35,000 − (40,000 + 8,000) × 60% = 6,200

3. 내부거래: 없음

4. 당기순이익 조정

X1	지배	종속	계
조정 전	?	17,500	
내부거래			
FV 차이		(1,000)	
− 손상			
− 배당			
조정 후	?	16,500	?
지배(60%)	?	9,900	?
비지배(40%)		6,600	6,600

X2	지배	종속	계
조정 전	?	24,000	
내부거래			
FV 차이		(6,000)	
− 손상			
− 배당			
조정 후	?	18,000	?
지배(60%)	?	10,800	?
비지배(40%)		7,200	**7,200**

5. X2말 비지배지분
: (40,000 + 8,000) × 40% + 6,600 + 7,200 = **33,000**

B-02. ②

1. FV − BV

	FV − BV	X1
건물	500,000	(100,000)

2. 영업권: 20,000,000 − (25,000,000 + 500,000) × 70% = 2,150,000

3. 내부거래

	X1
하향 (제품)	(200,000)

4. 당기순이익 조정

X1	지배	종속	계
조정 전 내부거래 FV 차이 －손상 －배당	? (200,000)	7,000,000 (100,000)	
조정 후	?	6,900,000	?
지배(70%) 비지배(30%)	?	4,830,000 2,070,000	? **2,070,000**

5. X1말 비지배지분: 취득일 종속기업 순자산 FV × (1 － R) ＋ Σ비지배NI
   ＝25,500,000 × 30% ＋ 2,070,000 ＝ **9,720,000**

B-03. ④

B-04. ①

1. FV － BV

	FV － BV	X1	X2
상품	10,000	(10,000)	
기계장치	40,000	(5,000)	(5,000)

2. 영업권: 140,000 － (150,000 ＋ 50,000) × 60% ＝ 20,000

3. 내부거래

	X1	X2
하향 (제품)	(10,000) 5,000	5,000

4. 당기순이익 조정

X1	지배	종속	계
조정 전 내부거래 FV 차이 －손상 －배당	80,000 (5,000)	30,000 (15,000)	
조정 후	75,000	15,000	90,000
지배(60%) 비지배(40%)	75,000	9,000 6,000	84,000 6,000

X2	지배	종속	계
조정 전 내부거래 FV 차이 – 손상 – 배당	100,000 5,000	50,000 (5,000)	
조정 후	105,000	45,000	150,000
지배(60%) 비지배(40%)	105,000	27,000 18,000	**132,000** 18,000

5. X1말 비지배지분: 취득일 종속기업 순자산 FV × (1 − R) + Σ비지배NI
   = 200,000 × 40% + 6,000 = **86,000**

B-05. ③

1. FV − BV

	FV − BV	X1	X2
재고 건물	10,000 20,000	(10,000) (4,000)	 (4,000)
계	30,000	(14,000)	(4,000)

2. 비지배지분의 영업권: 70,000 − (200,000 + 30,000) × 30% = 1,000
   − 비지배지분을 공정가치로 측정하므로 비지배지분도 영업권을 계상한다.

참고 영업권: 49,000(지배) + 1,000(비지배) = 50,000
지배기업지분 영업권: 210,000 − (200,000 + 30,000) × 70% = 49,000

3. 내부거래: 없음

4. 당기순이익 조정

X1	지배	종속	계
조정 전 내부거래 FV 차이 – 손상 – 배당	?	40,000 (14,000)	
조정 후	?	26,000	?
지배(70%) 비지배(30%)		18,200 7,800	? 7,800

→ 비지배NI = 7,800

5. X1말 비지배지분

(1) 취득일 종속기업 순자산 FV × (1 − R) + Σ비지배NI + **비지배지분의 영업권**

= 230,000 × 30% + 7,800 + 1,000 = **77,800**

(2) 취득일의 비지배지분 FV + Σ비지배NI

= 70,000 + 7,800 = **77,800**

B-06. ④

1. FV − BV

	FV − BV	X1
재고자산	30,000	(30,000)
건물	(50,000)	5,000

2. 영업권: 192,000 + 44,000 = 236,000

지배기업지분의 영업권: 400,000 − (280,000 − 20,000) × 80% = 192,000

비지배지분의 영업권: 96,000 − (280,000 − 20,000) × 20% = 44,000

3. 내부거래: 없음

4. 당기순이익 조정

X1	지배	종속	계
조정 전	?	80,000	
내부거래			
FV 차이		(25,000)	
− 손상			
− 배당			
조정 후	?	55,000	?
지배(80%)	?	44,000	?
비지배(20%)		11,000	**11,000**

5. X1말 비지배지분

(1) 취득일 종속기업 순자산 FV × (1 − R) + Σ비지배NI + **비지배지분의 영업권**

= 260,000 × 20% + 11,000 + 44,000 = **107,000**

(2) 취득일의 비지배지분 FV + Σ비지배NI

= 96,000 + 11,000 = **107,000**

B-07. ④

B-08. ①

1. FV − BV

	FV − BV	X1	X2
건물	50,000	(5,000)	(5,000)

2. 영업권: 150,000 − (170,000 + 50,000) × 70% = (−)4,000 염가매수차익

3. 내부거래

	X1	X2
하향 (재고)		(10,000)

4. 당기순이익 조정

X1	지배	종속	계
조정 전	100,000	40,000	
내부거래			
FV 차이		(5,000)	
염가매수차익	4,000		
− 손상			
− 배당			
조정 후	104,000	35,000	**139,000**
지배(70%)	104,000	24,500	128,500
비지배(30%)		10,500	10,500

x1년도 연결NI: 139,000

X2	지배	종속	계
조정 전	130,000	50,000	
내부거래	(10,000)		
FV 차이		(5,000)	
− 손상			
− 배당	(14,000)		
조정 후	106,000	45,000	151,000
지배(70%)	106,000	31,500	137,500
비지배(30%)		13,500	13,500

5. X2년 기말 비지배지분

: (170,000 + 50,000) × 30% + 10,500 + 13,500 − 20,000 × 30%(배당 지급액) = **84,000**

− 비지배지분은 종속기업의 식별가능한 순자산 공정가치에 비례하여 결정하므로 비지배지분의 영업권은 없다.

B-09. ④

B-10. ②

1. FV − BV

	FV − BV	X1	X2
재고자산	10,000	(10,000)	
건물	40,000	(5,000)	(5,000)

2. 영업권: 200,000 − (150,000 + 50,000) × 80% = 40,000

3. 내부거래

	X1	X2
하향 (재고)	(10,000) 5,000	5,000

4. 당기순이익 조정

X1	지배	종속	계
조정 전	50,000	30,000	
내부거래	(5,000)		
FV 차이		(15,000)	
− 손상			
− 배당			
조정 후	45,000	15,000	60,000
지배(80%)	45,000	12,000	57,000
비지배(20%)		3,000	3,000

X2	지배	종속	계
조정 전	60,000	20,000	
내부거래	5,000		
FV 차이		(5,000)	
− 손상			
− 배당	(8,000)		
조정 후	57,000	15,000	72,000
지배(80%)	57,000	12,000	**69,000**
비지배(20%)		3,000	3,000

5. 비지배지분

X1년말: 200,000 × 20% + 3,000 = **43,000**

참고 X2년말: 200,000 × 20% + 3,000 + 3,000 − 10,000 × 20% = 44,000

C-01. ④

C-02. ⑤

1. FV − BV

	FV − BV	X1	X2
재고자산	50,000	(30,000)	(20,000)
건물	50,000	(10,000)	(10,000)

2. 영업권: 550,000 − (500,000 + 100,000) × 90% = 10,000

3. 내부거래 (두 번째 문제에서 제시)

	X1	X2
하향 (건물)		(30,000) 6,000

4. 당기순이익 조정

X1	지배	종속	계
조정 전	150,000	70,000	
내부거래			
FV 차이		(40,000)	
− 손상	(3,000)		
− 배당			
조정 후	147,000	30,000	**177,000**
지배(90%)	147,000	27,000	174,000
비지배(10%)		3,000	3,000

영업권 손상차손: 10,000 − 7,000 = 3,000

X2	지배	종속	계
조정 전	250,000	100,000	
내부거래	(24,000)		
FV 차이		(30,000)	
− 손상			
− 배당			
조정 후	226,000	70,000	**296,000**
지배(90%)	226,000	63,000	289,000
비지배(10%)		7,000	7,000

5. 비지배지분

X1년말: 600,000 × 10% + 3,000 = **63,000**

X2년말: 600,000 × 10% + 3,000 + 7,000 = **70,000**

C-03. ②

C-04. ④

1. FV − BV

	FV − BV	X1	X2
토지	30,000		(30,000)

2. 영업권: 140,000 − (120,000 + 30,000) × 80% = 20,000
   − 비지배지분은 종속기업의 순자산 공정가치에 지분율을 적용한 금액으로 측정하므로 비지배지분의 영업권은 없다.

3. 내부거래

	X1	X2
상향 (재고)	(24,000)	24,000

   − 미실현이익은 내부거래에서 발생한 이익 중 환입되지 않은 부분을 의미한다. 따라서 24,000을 감소시킨다.

4. 당기순이익 조정

X1	지배	종속	계
조정 전	300,000	60,000	
내부거래		(24,000)	
FV 차이			
염가매수차익			
− 손상	(5,000)		
− 배당			
조정 후	295,000	36,000	331,000
지배(80%)	295,000	28,800	323,800
비지배(20%)		7,200	7,200

영업권 손상차손: 20,000 − 15,000 = 5,000

5. X1말 비지배지분: 150,000 × 20% + 7,200 = **37,200**
   비지배지분은 종속기업의 순자산 공정가치에 지분율을 적용한 금액으로 측정하므로 비지배지분의 영업권은 없다.

6. X2년 연결NI = 414,000

X2	지배	종속	계
조정 전 내부거래 FV 차이 염가매수차익 − 손상 − 배당	350,000 −	70,000 24,000 (30,000)	
조정 후	350,000	64,000	**414,000**
지배(80%) 비지배(20%)	350,000	51,200 12,800	401,200 12,800

영업권은 손상차손만 인식할 뿐, 손상차손환입을 인식하지 않는다.

C-05. ④

1. 연결재무제표 상 영업권
   : 10주 × @100 − (800 − 200) × 100% = **400**

2. 별도재무제표 상 투자주식: 10주 × @100 = **1,000**

| 별도재무제표 상 회계처리 |

종속기업투자주식	**1,000**	자본금 주식발행초과금	500 500

| 연결조정분개 |

자산 **영업권**	800 **400**	부채 종속기업투자주식	200 1,000

C-06. ③

	X2
상품(상향)	(100) 50

연결매출총이익 = 별도재무제표 상 ㈜현재의 매출총이익 + ㈜미래의 매출총이익 − 50
300 = 200 + ㈜미래의 매출총이익 − 50
→㈜미래의 매출총이익 = **150**

C-07. ⑤

(1) x2년 말: ㈜미래는 심각한 경영위기에 있으므로 현금창출단위에 손상징후가 발생하였다. 현금창출단위의 회수가능액은 제시되지 않았지만 영업권은 전부 제거하는 것이 타당하다.

(2) x3년 말: x3년 중에 ㈜미래의 매출과 이익의 상승이 기대되지만 영업권은 손상차손환입을 인식할 수 없으므로 영업권은 그대로 0이다.

CHAPTER 05 연결회계-기타사항

A-01. ⑤

1. FV – BV

	FV – BV
자산	50,000 × **80%**

평가차액 50,000 중 20%는 이연법인세부채로 계상되므로 80%만 평가차액으로 인식해야 한다.

2. 영업권: 200,000 – (80,000 + 50,000 × **80%**) × 100% = **80,000**

(1) 이전대가: 주식을 공정가치로 평가해야 한다.

(2) 결손금: '갑'의 세무상 결손금이므로 인수자산으로 보지 않고, 영업권에 반영하지 않는다.

A-02. ①

1. FV – BV

	FV – BV	X1
건물	50,000	(5,000)

2. 영업권: 270,000 – (200,000 + 50,000) × 80% = **70,000**

3. 내부거래

	X1
상향 (재고)	(10,000) 8,000

4. 당기순이익 조정

X1	지배	종속	계
조정 전		20,000	
내부거래		(2,000)	
FV 차이		(5,000)	
염가매수차익			
– 손상			
– 배당			
조정 후		13,000	
지배(80%)		10,400	
비지배(20%)		2,600	**2,600**

영업권: 70,000, 비지배NI: 2,600

A-03. ④

1. FV − BV

	FV − BV	X1
건물	50,000 × **75%**	(5,000) × **75%**

평가차액 50,000 중 25%는 이연법인세부채로 계상되므로 75%만 평가차액으로 인식해야 한다.

2. 영업권: 270,000 − (200,000 + 50,000 × **75%**) × 80% = **80,000**

참고 법인세가 있는 경우 비지배NI: 2,950

3. 내부거래

	X1
재고 (상향)	(10,000) × 75% 8,000 × 75%

4. 당기순이익 조정

X1	지배	종속	계
조정 전 내부거래 FV 차이 염가매수차익 − 손상 − 배당		20,000 (1,500) (3,750)	
조정 후		14,750	
지배(80%) 비지배(20%)		11,800 2,950	 **2,950**

A-04. ②

1. 내부거래

	X1	X2
상향 (상품)	(50,000) × 70% = (35,000) 14,000	 21,000
하향 (상품)		(20,000) × 70% = (14,000) 7,000

2. 당기순이익 조정

(1) X1년 지배 NI에 미치는 영향: 12,600 감소

X1	지배	종속	계
조정 전			
내부거래		(21,000)	
FV 차이			
염가매수차익			
— 손상			
— 배당			
조정 후		(21,000)	
지배(60%)		(12,600)	**(12,600)**
비지배(40%)		(8,400)	

(2) X2년 지배 NI에 미치는 영향: 5,600 증가

X2	지배	종속	계
조정 전			
내부거래	(7,000)	21,000	
FV 차이			
염가매수차익			
— 손상			
— 배당			
조정 후	(7,000)	21,000	
지배(60%)	(7,000)	12,600	**5,600**
비지배(40%)		8,400	

A-05. ③

1. FV — BV

	FV — BV	X1
토지	30,000 × 0.8 = 24,000	—

A-06. ②

2. 영업권: 150,000 — (150,000 + 24,000) × 75% = **19,500**

3. 내부거래

	X1
상향 (재고)	(10,000) × 0.8 5,000 × 0.8
계	(4,000)

4. 당기순이익 조정

X1	지배	종속	계
조정 전 내부거래 FV 차이 – 손상 – 배당		30,000 (4,000)	
조정 후		26,000	
지배(75%) 비지배(25%)		19,500 **6,500**	

→ 비지배NI: 6,500

A-07. ③

A-08. ④

1. FV – BV: 없음

2. 영업권: 1,200,000 – (1,500,000) × 80% = 0

3. 내부거래

	X1	X2
재고 (하향)	(16,000) 8,000	 8,000
재고 (상향)	(10,000) 7,000	 3,000
재고 (하향)		(30,000) 18,000
재고 (상향)		(20,000) 15,000
토지 (하향)	(20,000)	**20,000(OCI)**

참고 토지의 재평가 분석
연결 전 종속기업의 재평가잉여금: 120,000 – 110,000 = 10,000
연결 후 종속기업의 재평가잉여금: 120,000 – 90,000 = 30,000
OCI 차이: 30,000 – 10,000 = 20,000

재평가잉여금의 차이 20,000을 추가로 인식한다. 이는 X1년도에 인식한 미실현이익 20,000과 일치한다. 내부거래로 인한 처분이익을 부인하기 때문에 별도재무제표와 연결재무제표 사이의 토지의 금액에 차이가 있었지만, 공정가치 평가를 통해 차이가 사라졌기 때문에 미실현손익을 전부 제거하면 된다.

4. 당기순이익 조정

X1	지배	종속	계
조정 전	300,000	80,000	
내부거래	(28,000)	(3,000)	
FV 차이			
염가매수차익			
− 손상			
− 배당			
조정 후	272,000	77,000	349,000
지배(80%)	272,000	61,600	333,600
비지배(20%)		15,400	15,400

X1년 말 비지배지분 잔액: 1,500,000 × 20% + 15,400 = **315,400**

X2	지배	종속	계
조정 전	200,000	100,000	
내부거래	(4,000)	(2,000)	
FV 차이			
염가매수차익			
− 손상			
− 배당			
조정 후	196,000	98,000	294,000
지배(80%)	196,000	78,400	**274,400**
비지배(20%)		19,600	**19,600**

− 위 손익변동표는 'NI'를 조정하는 것이기 때문에 X2년도 내부거래에서 조정한 OCI 20,000는 반영하지 않는다.

X2년 지배NI: **274,400**, 비지배NI: **19,600**

B-01. ④

1. 소유구조 요약
대한 −(80%)→ 민국 −(60%)→ 만세

2. FV − BV: 없음

3. 내부거래

	X1
기계 (대한)	(20,000) 2,000
재고 (민국)	(30,000) 18,000

기계장치 미실현손익 환입액 = (170,000 − 150,000)/5 × 6/12 = 2,000
− 기계장치를 7.1에 처분하였으므로 월할상각에 주의하자.

4. 손익 조정표

NI	모	자	손	계
조정전 내부거래 FV	100,000 (18,000)	80,000 (12,000)	50,000	
조정후 NI	82,000	68,000	50,000	200,000
지배	82,000	68,000 × 0.8	50,000 × 0.48	160,400
비지배		68,000 × 0.2	50,000 × 0.52	**39,600**

손회사 손익 중 지배 NI에 포함될 비율: 0.8 × 0.6(간접 보유) = 0.48
손회사 손익 중 비지배 NI에 포함될 비율: 1 − 0.48 = 0.52
X1년 비지배NI = 200,000 − 160,400 = **39,600**

참고 영업권과 비지배지분
(1) 손회사 순자산 중 지배기업 몫의 비율: 0.6(간접 보유)
− NI 계산 시와 달리 영업권과 비지배지분 계산 시에는 대한의 민국에 대한 지분율 80%를 곱하지 않고 민국의 만세에 대한 지분율 60%를 바로 쓴다.
(2) 영업권: 450,000 − 420,000 × 80% + 200,000 − 300,000 × 60% = 134,000
(3) X1년 말 비지배지분: 420,000 × 20% + 300,000 × 40% + 39,600 = 243,600

B-02. ④

1. 소유구조 요약
갑 −(70%)→ 을 −(80%)→ 병

2. FV − BV: 없음

3. 내부거래: 없음

4. 손익 조정표

NI	모	자	손	계
조정전 내부거래 FV	?	26,000	5,000	
조정후 NI	?	26,000	5,000	?
지배	?	26,000 × 0.7	5,000 × 0.56	?
비지배		26,000 × 0.3	5,000 × 0.44	**10,000**

손회사 손익 중 지배 NI에 포함될 비율: 0.7 × 08(간접 보유) = 0.56
손회사 손익 중 비지배 NI에 포함될 비율: 1 − 0.56 = 0.44
X1년 비지배 NI: 10,000

5. X1년 말 비지배지분: 250,000 × 30% + 80,000 × 20% + 10,000 = **101,000**

B-03. ③

1. 소유구조 요약
대한 −(60%)→ 민국 −(60%)→ 만세
대한 −(10%)→ 만세

2. FV − BV: 없음

3. 내부거래: 없음

4. 손익 조정표

NI	모	자	손	계
조정전 내부거래 FV	A	17,000	5,000	
조정후 NI	A	17,000	5,000	연결 NI
지배 비지배	A	17,000 × 0.6 17,000 × 0.4	5,000 × 0.46 5,000 × 0.54	지배 NI **9,500**

손회사 손익 중 지배 NI에 포함될 비율: 0.6 × 0.6(간접 보유) + 0.1(직접 보유) = 0.46
손회사 손익 중 비지배 NI에 포함될 비율: 1 − 0.46 = 0.54

연결 NI: A + 22,000
지배 NI: A + 12,500
비지배 NI = 9,500

5. 비지배지분
(1) 손회사 순자산 중 지배기업 몫의 비율: 0.6(간접 보유) + 0.1(직접 보유) = 0.7
− NI 계산 시와 달리 비지배지분 계산 시에는 대한의 민국에 대한 지분율 60%를 곱하지 않고 민국의 만세에 대한 지분율 60%를 바로 쓴다.
(2) X1년 말 비지배지분: 250,000 × 40% + 80,000 × 30% + 9,500 = **133,500**

B-04. ③

B-05. ⑤

1. 주식 수 변동내역 분석

ER = 1:2		을(카카오)	갑(다음)	
합병 전 주식 수	x2(형식)	60	100	
합병 후 (형식)		120(55%)	100(45%)	÷ 2(실질)
합병 후 (실질)		60(55%)	50(45%)	

을이 회계상 취득자이므로 카카오에 대응된다. 형식적으로는 을 주식 1주당 갑 주식 2주를 지급하지만, 실질적으로는 갑 주식 1주당 을 주식 0.5를 지급하는 것이다.

2. 영업권

: 50주 × @60 − (2,200 + 400) × 100% = **400**

− ㈜갑의 순자산 장부금액은 2,200이나, 유형자산의 공정가치가 장부금액에 비해 400 크므로 ㈜갑의 순자산 공정가치는 2,600이다.

3. 납입자본

: 1,200 + 50 × @60 = **4,200**

참고 자본금과 주발초

(1) 자본금: 220주(형식적 갑 발행주식수) × 6(갑 액면가) = 1,320

(2) 주발초: 4,200 − 1,320 = 2,880

B-06. ⑤

x1년 말 비지배지분: (300,000 + 20,000) × 30% = 96,000

추가 취득으로 인한 비지배지분 증감: 96,000/30% × (20% − 30%) = (−)32,000 감소

x2년 비지배 NI: 40,000 × 20% = 8,000

x2년 말 비지배지분: 96,000 − 32,000 + 8,000 = **72,000**

| x2년도 연결조정분개 |

비지배지분	32,000	종속기업투자	40,000
자본요소	8,000		
이익잉여금	8,000	비지배지분	8,000

B-07. ⑤

x1년 말 비지배지분: (250,000 + 100,000) × 20% = 70,000

유상증자 후 비지배지분의 지분율: (200 + 100)/(1,000 + 200) = 25%

− 유상증자 전 총 발행주식 수는 1,000주였는데, 200주를 발행하였다. 유상증자를 하는 200주 중 100주를 ㈜지배가 인수하였으므로 나머지 100주는 비지배지분이 인수한다.

유상증자 후 x2년 초 비지배지분: (350,000 + 200주 × @1,000) × 25% = 137,500

x2년 비지배 NI: 150,000 × 25% = 37,500
x2년 말 비지배지분: 137,500 + 37,500 = **175,000**

| x2년도 연결조정분개 |

자본금	100,000	종속기업투자	100,000
주식발행초과금	100,000	비지배지분	67,500
		자본요소	32,500
이익잉여금	37,500	비지배지분	37,500

유상증자 시 비지배지분 증가액: 550,000 × 25% − 350,000 × 20% = 67,500

C-01. ①

연결재무제표는 내부거래를 제거하므로 종속기업을 이용한 지배기업의 이익조정을 예방할 수 있다.

C-02. ②

영업권을 '이전대가 − 종속기업 순자산 공정가치 × 지분율'로 계산하는 것은 지배기업이론에 따른 계산 방법이다. 나머지는 전부 실체이론에 대한 설명이다.

C-03. ①

지배기업이 투자기업인 경우 종속기업에 대한 주식을 공정가치로 평가한다. 지배기업은 '자신이 투자기업이 아닐 경우에는'이라고 서술하고 있으므로 틀린 문장이다.

C-04. ②

지분법을 적용하는 경우에는 배당금을 관투에서 차감하지만, 나머지 경우에는 배당금을 당기손익으로 인식한다. 문제에서 '별도재무제표'에 대한 설명을 물었는데, 별도재무제표에서는 내부거래를 제거하기 전이므로 배당금수익을 있는 그대로 당기손익으로 인식한다.

C-05. ②

① 투자자가 피투자자 의결권의 과반수를 보유하더라도 피투자자를 지배하지 못할 수 있다. (X)
③ 투자자가 투자기업으로 분류된다면 연결재무제표를 작성하지 않는다. (X)
④ 방어권만 갖는 경우 힘을 가질 수 없다. (X)
⑤ 별도재무제표에서 **관계기업에 대한 투자지분은 지분법으로 표시할 수 있다.** (X)

C-06. ⑤

① 투자자가 피투자자에 대한 힘이 있고 피투자자에 관여함에 따라 변동이익에 노출되거나 변동이익에 대한 권리가 있을 뿐만 아니라, 자신의 이익금액에 영향을 미치도록 자신의 힘을 사용하는 능력이 있다면 투자자는 피투자자를 지배한다. 세 조건을 '모두' 충족해야 지배력을 갖는다.
② 지배기업과 종속기업의 재무제표는 보고기간 종료일이 같아야 하는 것이 원칙이며, 어떠한 경우라도 종속기업의 재무제표일과 연결재무제표일의 차이는 **3개월**을 초과해서는 안 된다.
③ 보고기업은 총포괄손익을 지배기업의 소유주와 비지배지분에 귀속시킨다. 다만, 비지배지분이 부(−)의 잔액이 되더라도 총포괄손익을 지배기업의 소유주와 **비지배지분에 귀속시킨다.**
④ 연결재무제표를 작성할 때 잠재적 의결권이나 잠재적 의결권을 포함하는 그 밖의 파생상품이 있는 경

우에 당기순손익과 자본변동을 지배기업지분과 비지배기업지분에 배분하는 비율은 현재의 소유지분에만 기초하여 결정하고 **잠재적 의결권과 그 밖의 파생상품의 행사 가능성이나 전환 가능성은 반영하지 아니한다.**

C-07. ②

비지배지분은 자본으로 보기 때문에 음수가 되더라도 총포괄손익을 지배기업 소유주와 비지배 소유주에 나누어 귀속시킨다.

① 종속기업과 연결실체의 회계정책은 일치해야 한다.
③ 영업권은 순환문제 때문에 이연법인세부채를 인식하지 않는다.
④ 지배력 획득 및 상실에 따른 현금흐름은 **투자활동**으로 분류한다.
⑤ 지배력을 상실하지 않는 범위 내에서의 지분 취득, 처분은 **재무활동**으로 분류한다.

C-08. ⑤

지배력 상실 시 종속기업과 관련하여 인식한 OCI 중 '재분류 조정 대상만' 재분류 조정한다. 재분류 조정 대상이 아닌 OCI는 그대로 두거나, 이잉으로 직접 대체할 수 있다. '지분법 및 연결의 중단'을 참고하자.

C-09. ①

비지배지분이 부(—)의 잔액이 되는 경우에도 총포괄손익을 지배기업 소유주와 비지배지분에 각각 귀속시킨다.

C-10. ③

종속기업의 취득일 전에 지배기업과 해당 종속기업 사이에 발생한 거래는 연결재무제표 작성시 제거하지 않는다. 취득일 '이후에' 발생한 내부거래만 연결재무제표 작성 시 제거한다.

D-01. ③

① **기능통화** 이외의 통화를 외화라고 한다.
② 화폐성 외화항목은 **마감환율**로 환산하며, 비화폐성 외화항목은 거래일(취득원가로 측정하는 항목) or 공정가치 측정일(공정가치로 측정하는 항목)의 환율로 환산한다.
④ 기능통화의 변경에 따른 효과는 **전진법**을 적용하여 회계처리한다. '기전표소'를 기억하자.
⑤ 보고기업의 별도재무제표나 해외사업장의 개별재무제표에서 **당기손익**으로 인식한다. 기타포괄손익으로 인식하는 것은 연결재무제표이다.

D-02. ③

보고기업의 해외사업장에 대한 순투자의 일부인 화폐성항목에서 생기는 외환차이는 보고기업의 별도재무제표나 해외사업장의 개별재무제표에서 당기손익으로 적절하게 인식한다. 그러나 **보고기업과 해외사업장을 포함하는 재무제표에서는 이러한 외환차이를 처음부터 기타포괄손익으로 인식**하고 관련 순투자의 처분시점에 자본에서 당기손익으로 재분류한다.

D-03. ①

	지배기업 대여금 (환산손익)
1. 별도 F/S	1,100,000 (100,000 PL)
2. 연결 F/S	**0 (100,000 OCI)**

(1) 외화대여금 잔액: 0

연결재무제표 작성 시 연결조정분개를 통해 지배기업의 대여금과 종속기업의 차입금을 서로 상계 제거하기 때문에 대여금 잔액은 없다.

(2) OCI에 미치는 영향: 100,000 증가

별도재무제표에서는 대여금을 기말 환율로 환산하므로 (1,100 − 1,000) × \$1,000 = 100,000을 PL로 인식하지만, 연결재무제표에서는 PL을 OCI로 대체한다.

D-04. ③

(1) 기말 영업권: ¥8,000 × 10.2 = **81,600**

영업권(¥): ¥80,000 − ¥90,000 × 80% = ¥8,000

(2) 기말 비지배지분: 180,000 + 20,200 + 3,800 = **204,000**

X1.1.1 비지배지분: ¥90,000 × 20% × 10 = 180,000

X1년 비지배 NI: ¥10,000 × 10.1 × 20% = 20,200

X1년 비지배 OCI: ₩19,000 × 20% = 3,800

D-05. ③

1. 지배기업의 표시통화로 기말 종속기업의 재무상태표 환산

X1말 B/S	
① 자산 − 부채 = \$1,100 × 1,200 = 1,320,000	② 자본: 취득일의 자본 + NI = \$1,000 × 1,100 + \$100 × 1,130 = 1,213,000 ③ OCI = 1,320,000 − 1,213,000 = 107,000

2. 영업권

(1) \$ 기준 영업권 = \$900 − \$1,000 × 70% = \$200

(2) 기말 영업권: \$200 × 1,200 = 240,000

(3) 영업권 환산 시 발생하는 OCI = \$200 × (1,200 − 1,100) = 20,000

3. FV − BV: 없음

4. 당기순이익 조정: 생략

5. 해외사업장환산차이(OCI) 조정표

	지배	종속	계
재무제표 환산		107,000	
FV 차이		−	
영업권	20,000		
해외사업장순투자	−		
조정 후	20,000	107,000	127,000
지배(70%)	20,000	74,900	**94,900**
비지배(30%)		32,100	32,100

연결포괄손익계산서에는 해외사업장환산차이(OCI)가 127,000이 표시되지만, 32,100은 비지배지분에 가산되므로 연결재무상태표에는 94,900만 표시된다.

D-06. ③

① 현금흐름위험회피에서 위험회피수단의 손익은 **효과적인 부분은 기타포괄손익으로, 비효과적인 부분은 당기손익**으로 인식한다.
② 위험회피의 지정 및 철회를 하기 위해서는 엄격한 조건을 모두 충족시켜야 한다.
④ 해외사업장순투자의 위험회피는 **현금흐름위험회피**와 유사하게 회계처리한다.
⑤ '고정금리→변동금리' 스왑은 **공정가치위험회피** 유형에 해당한다.

CHAPTER 06 지분법

A-01. ③

1. FV − BV: 없음

2. 영업권 상당액: 1,000,000 − 4,000,000 × 25% = 0 (염가매수차익 없음)

3. 내부거래: 없음

4. 지분법이익

X1	관계
조정 전 내부거래 FV 차이	800,000 − −
조정 후	800,000
투자(25%) + 염가매수차익	200,000 −
지분법이익	**200,000**

참고 X1년말 관계기업투자주식 장부금액

X1	관계
취득원가 Σ지분법이익 Σ지분법자본변동 − Σ배당액 × R	1,000,000 200,000 25,000 (60,000)
관투	1,165,000

− 지분법자본변동: 100,000 × 25% = 25,000
− 이 문제에서는 ㈜세무의 배당금 '수령액'을 제시하였으므로 지분율을 곱하면 안 된다.

A-02. ②

1. FV − BV: 언급 없음

2. 영업권 상당액: ㈜대한의 순자산 공정가치를 알 수 없으므로 계산 불가

3. 내부거래: 없음

4. 지분법이익

X3	관계
조정 전 내부거래 FV 차이	10,000 — —
조정 후	10,000
투자(20%) + 염가매수차익	2,000 —
지분법이익	2,000

5. X1년말 관계기업투자주식 장부금액: **52,400**

X3	관계
취득원가 Σ지분법이익 Σ지분법자본변동 − Σ배당액 × R	50,000 2,000 1,000 (3,000) × 20% = (600)
관투	52,400

− 지분법자본변동: 5,000 × 20% = 1,000

A-03. ③

1. FV − BV

	FV − BV	X1
재고자산	2,000	(2,000)
건물	400	(100)

2. 영업권 상당액: 5,000 − (10,000 + 2,400) × 40% = 40 (염가매수차익 없음)

3. 내부거래: 없음

4. 지분법이익

X1	관계
조정 전 내부거래 FV 차이	30,000 — (2,100)
조정 후	27,900
투자(40%) + 염가매수차익	11,160 —
지분법이익	**11,160**

5. X1년말 관계기업투자주식 장부금액

X1	관계
취득원가	5,000
Σ지분법이익	11,160
Σ지분법자본변동	4,000
− Σ배당액 × R	(5,000) × 40% = (2,000)
관투	**18,160**

− 지분법자본변동: 10,000 × 40% = 4,000

− 주식배당을 지급하더라도 관계기업의 순자산에는 변동이 없으며, 지분율도 불변이므로 관계기업투자주식 장부금액에는 영향이 없다.

A-04. ①

1. FV − BV

	FV − BV	X1
토지	50,000	(50,000)
재고자산	50,000	(40,000)

재고자산 판매비율: 1 − 36,000/180,000 = 80%

2. 영업권 상당액: 600,000 − (2,000,000 + 100,000) × 20% = 180,000 (염가매수차익 없음)

3. 내부거래: 없음

4. 지분법이익

X1	관계
조정 전	300,000
내부거래	−
FV 차이	(90,000)
조정 후	210,000
투자(20%)	42,000
+ 염가매수차익	−
지분법이익	42,000

5. X1년말 관계기업투자주식 장부금액

X1	관계
취득원가	600,000
Σ지분법이익	42,000
Σ지분법자본변동	−
− Σ배당액 × R	(20,000)
관투	**622,000**

A-05. ①

1. FV − BV

	FV − BV	X1
건물	40,000	(2,000)

2. 영업권 상당액: 50,000 − (150,000 + 40,000) × 25% = 2,500 (염가매수차익 없음)

3. 내부거래: 없음

4. 지분법이익

X1	관계
조정 전 내부거래 FV 차이	20,000 (2,000)
조정 후	18,000
투자(25%) + 염가매수차익	4,500 −
지분법이익	4,500

5. X1년말 관계기업투자주식 장부금액

X1	관계
취득원가 Σ지분법이익 Σ지분법자본변동 − Σ배당액 × R	50,000 4,500 (2,000) 10,000 × 25% = (2,500)
관투	**50,000**

지분법자본변동: (−)8,000 × 25% = (−)2,000

A-06. ①

1. FV − BV

	FV − BV	X1
재고자산	50,000	(50,000)
건물	100,000	(20,000)

2. 영업권 상당액: 400,000 − (1,300,000 + 150,000) × 30% = (−)35,000 (염가매수차익)

3. 내부거래: 없음

4. 지분법이익

X1	관계
조정 전 내부거래 FV 차이	150,000 — (70,000)
조정 후	80,000
투자(30%) + 염가매수차익	24,000 35,000
지분법이익	**59,000**

참고 X1년말 관계기업투자주식 장부금액

X1	관계
취득원가 Σ지분법이익 Σ지분법자본변동 — Σ배당액 × R	400,000 59,000 — (6,000)
관투	453,000

A-07. ③

1. FV–BV

	FV — BV	X1
재고자산	10,000	(10,000)
기계장치	50,000	(10,000)

2. 영업권 상당액: 120,000 — (350,000 + 60,000) × 30% = (—)3,000 (염가매수차익)

3. 내부거래: 없음

4. 지분법이익

X1	관계
조정 전 내부거래 FV 차이	50,000 — (20,000)
조정 후	30,000
투자(30%) + 염가매수차익	9,000 3,000
지분법이익	**12,000**

5. X1년말 관계기업투자주식 장부금액

X1	관계
취득원가 Σ지분법이익 Σ지분법자본변동 − Σ배당액 × R	120,000 12,000 — —
관투	**132,000**

A-08. ①

1. FV − BV: 없음

2. 영업권 상당액: 60,000 − 200,000 × 20% = 20,000 (염가매수차익 없음)

3. 내부거래

	X1
하향 (제품)	(5,000) 3,000

내부거래 제품 판매비율: 1 − 10,000/25,000 = 60%

4. 지분법이익

X1	관계
조정 전 내부거래 FV 차이	28,000 (2,000) —
조정 후	26,000
투자(20%) + 염가매수차익	5,200 —
지분법이익	**5,200**

참고 X1년말 관계기업투자주식 장부금액

X1	관계
취득원가 Σ지분법이익 Σ지분법자본변동 − Σ배당액 × R	60,000 5,200 1,000 —
관투	66,200

− 지분법자본변동: 5,000 × 20% = 1,000

A-09. ①

A-10. ②

1. FV − BV: 없음

2. 영업권 상당액: 350,000 − 1,200,000 × 30% = (−)10,000 (염가매수차익)

3. 내부거래

	X1	X2
재고 (하향)	(5,000) 1,500	3,500

당기 중 25,000 매입 후 기말에 17,500이 계상되어 있으므로 기중에 30%가 팔린 것이다. 미실현이익 5,000 중 30%인 1,500을 환입한다. ㈜민국은 매입한 재고자산을 X2년 중에 모두 판매하였으므로 X2년에 미실현이익 3,500을 전부 환입한다.

4. 지분법이익

	X1	X2
조정 전	100,000	(100,000)
내부거래	(3,500)	3,500
FV 차이	−	−
조정 후	96,500	(96,500)
투자(30%)	28,950	(28,950)
+ 염가매수차익	10,000	−
지분법이익	38,950	(28,950)

X1년 지분법이익 = 38,950

X2년 지분법손실 = **(−)28,950**

5. 관계기업투자주식 장부금액

	X1	X2
취득원가	350,000	350,000
Σ지분법이익	38,950	10,000[1]
Σ지분법자본변동	15,000	48,000[1]
− Σ배당액 × R	−	(3,000)
관투	403,950	405,000

[1]관투 장부금액에 지분법이익과 지분법자분변동의 누적액을 더해야 하므로, x2년에는 '38,950 − 28,950 = 10,000'과 '15,000 + 33,000 = 48,000'을 가산한다.

X1년말 관계기업투자주식 장부금액: **403,950**

X2년말 관계기업투자주식 장부금액: 405,000

A-11. ③

1. FV − BV

	FV − BV	X1
건물	30,000	(3,000)

2. 영업권 상당액: 40,000 − (100,000 + 30,000) × 30% = 1,000 (염가매수차익 없음)

3. 내부거래

	X1
재고 (하향)	(2,000)

2,000의 미실현이익이 있으므로 2,000을 감소시킨다.

4. 지분법이익

X1	관계
조정 전	15,000
내부거래	(2,000)
FV 차이	(3,000)
조정 후	10,000
투자(30%)	3,000
+ 염가매수차익	−
지분법이익	**3,000**

지분법이익 = 3,000

참고 X1년말 관계기업투자주식 장부금액: 44,500

X1	관계
취득원가	40,000
Σ지분법이익	3,000
Σ지분법자본변동	1,500
− Σ배당액 × R	−
관투	44,500

− 지분법자본변동: 5,000 × 30% = 1,500

A-12. ⑤

1. FV − BV

	FV − BV	X1
재고자산	50,000	(35,000)

2. 영업권: 700,000 − (1,000,000 + 50,000) × 60% = 70,000

3. 내부거래: 없음

4. 당기순이익 조정

X1	지배	종속	계
조정 전 내부거래 FV 차이 – 손상 – 배당	85,000	50,000 (35,000)	
조정 후	85,000	15,000	100,000
지배(60%) 비지배(40%)		9,000 6,000	94,000 6,000

5. 답 찾기

① 영업권: 70,000 (X)

② 비지배 NI: 15,000 × 40% = 6,000 (X)

③ 지배 NI: 연결 NI – 비지배 NI = 100,000(문제 제시) – 6,000 = 94,000 (X)

④ 원가법 적용 별도재무제표상 당기순이익: 85,000 (X)

– 연결 NI가 100,000이므로 조정 후 지배기업의 NI는 85,000이다. 하향거래, 영업권 손상차손 및 배당이 문제에 제시되지 않았기 때문에 조정 전 지배기업의 NI도 85,000이다. 종속기업 투자를 원가법으로 표시하면 지배기업은 종속기업과 관련된 손익을 인식하지 않으므로 조정 전 지배기업의 NI만 표시된다.

⑤ 지분법 적용 별도재무제표상 당기순이익: 85,000 + 9,000 = 94,000 (O)

– 지분법을 적용하는 경우 ㈜세무는 지분법이익을 인식한다. 지분법이익은 (50,000 – 35,000) × 60% = 9,000이므로 조정 전 지배기업의 NI에 9,000을 가산한 금액이 별도재무제표상 NI가 된다.

A-13. ②

1. FV – BV: 없음

2. 영업권 상당액: 150,000 – 500,000 × 25% = 25,000 (염가매수차익 없음)

3. 내부거래

	X1
하향 (상품)	(30,000) 15,000
상향 (상품)	–

원가 50,000인 상품을 30,000에 판매하였으나, 순실현가능가치가 30,000이므로 내부거래가 없었어도 상품은 평가손실을 인식했을 것이다. 따라서 내부거래를 제거하지 않고 그대로 둔다. 내부거래를 제거한 뒤, 미실현손실을 제거하는 것으로 보아도 된다.

4. 지분법이익

X1	관계
조정 전 내부거래 FV 차이	60,000 (15,000) —
조정 후	45,000
투자(25%) + 염가매수차익	11,250 —
지분법이익	**11,250**

참고 X1년말 관계기업투자주식 장부금액

X1	관계
취득원가 Σ지분법이익 Σ지분법자본변동 − Σ배당액 × R	150,000 11,250 — —
관투	161,250

B-01. ②

현금 FVOCI 지분법 자본변동	①130,000 ③65,000 ④15,000	관계기업투자주식 관계기업투자처분이익(PL)	②201,000 ⑤**9,000**

1. 현금 수령액: 20주 × @6,500 = 130,000

2. 관계기업투자주식 장부금액: 201,000

	X1
취득원가 Σ지분법이익 Σ지분법자본변동 − Σ배당액 × R	150,000 36,000 15,000 —
관투	201,000

(1) 지분법이익: 120,000 × 30% = 36,000
  - FV − BV 및 내부거래: 없음
  - 영업권 상당액: 150,000 − 500,000 × 30% = 0 (염가매수차익 없음)

(2) 지분법자본변동: 50,000 × 30% = 15,000

3. 금융자산 공정가치: 10주 × @6,500 = 65,000

4. 지분법 자본변동: 50,000 × 30% = 15,000
   FVOCI '채무상품' 평가이익이므로 재분류조정 대상이다. 따라서 지분법 자본변동을 제거한다.

5. 관계기업투자주식처분손익: 130,000 + 65,000 + 15,000 − 201,000 = 9,000 이익(PL)
→ 당기순이익 **9,000 증가**

B-02. ③

현금	①200,000	종속기업 순자산	②300,000
비지배지분	②60,000	영업권	②40,000
관계기업투자주식	③120,000		
OCI	④0	⑤종속기업투자처분이익 (PL)	⑤**40,000**

1. 현금 수령액: 200,000

2. 종속기업의 순자산, 영업권, 비지배지분 제거
(1) 지배력을 상실한 날의 종속기업 순자산 장부금액
: 250,000(X1년초 순자산 FV) + 20,000(X1년 NI) + 30,000(X2년 NI) = 300,000
(2) 영업권: 240,000 − 250,000 × 80% = 40,000
(3) 비지배지분: 250,000 × 20% + (20,000 + 30,000) × 20% = 60,000
− 비지배지분의 평가방법에 대한 언급이 없고 비지배지분의 공정가치가 제시되지 않았으므로, 비지배지분의 영업권은 없다고 본다.

3. 잔여 주식 공정가치 평가: 120,000

4. 종속기업에 관하여 OCI로 인식한 금액은 재분류조정 or 이잉 직접 대체: 없음

5. 대차차액은 PL로 인식
처분손익: 200,000 + 60,000 + 120,000 − 300,000 − 40,000 = **40,000 이익**

B-03. ④

1. FV − BV

	FV − BV	X1
건물	(3,000)	300

2. 영업권 상당액: 40,000 − (73,000 − 3,000) × 30% = 19,000 (염가매수차익 없음)

3. 내부거래: 없음

4. 지분법이익

X1	관계
조정 전	10,000
내부거래	−
FV 차이	300
조정 후	10,300
투자(30%)	3,090
+ 염가매수차익	−
지분법이익	3,090

5. X1년말 관계기업투자주식 장부금액

X1	관계
취득원가	40,000
Σ지분법이익	3,090
Σ지분법자본변동	–
– Σ배당액 × R	–
관투	43,090

6. 손상차손: 43,090 – 14,000 = **29,090**

B-04. ④

(1) FV – BV: 없음

(2) 이전대가: 토지의 공정가치 – 현금 수령액 = 20,000

– 상업적 실질이 결여되어 있지 않으므로, 즉 있으므로 토지를 공정가치로 평가하며, 현금 수령액을 차감한다.

(3) 영업권 상당액: 20,000 – 50,000 × 30% = 5,000 (염가매수차익 없음)

(4) 내부거래

① 유형자산처분이익: 공정가치 – 장부금액 = 30,000 – 20,000 = 10,000

② 내부거래(하향 거래) 미실현이익: 처분이익 × (공정가치 – 현금 수령액)/공정가치
= 10,000 × 20,000/30,000 = 6,667

(5) 지분법이익

조정 전 NI	10,000
내부거래	(6,667)
조정 후 NI	3,333
× R	× 30%
지분법이익	1,000

(6) X1년도 당기순이익: 유형자산처분이익 + 지분법이익 = 10,000 + 1,000 = **11,000 증가**

참고 상업적 실질이 결여된 경우

(1) 이전대가: 10,000

(2) 영업권 상당액: 10,000 – 50,000 × 30% = (–)5.000 (염가매수차익)

(3) 유형자산처분이익: 0

(4) 지분법이익: 10,000 × 30% + 5,000 = 8,000

| 회계처리 |

(1) 상업적 실질이 있는 경우

x1.1.1	관계기업투자주식	20,000	토지	20,000
	현금	10,000	**유형자산처분이익**	**10,000**
x1.12.31	관계기업투자주식	1,000	**지분법이익**	**1,000**

X1년 말 관계기업투자주식 장부금액: 21,000

(2) 상업적 실질이 결여된 경우

x1.1.1	관계기업투자주식	10,000	토지	20,000
	현금	10,000		
x1.12.31	관계기업투자주식	8,000	지분법이익	8,000

X1년 말 관계기업투자주식 장부금액: 18,000

C-01. ②

기업이 직접 또는 '간접으로' 의결권의 20% 이상을 소유한다면 유의적인 영향력을 보유하는 것으로 본다. 간접적으로 소유하는 것은 종속기업을 의미한다. 종속기업이 아닌 관계기업이 소유하는 주식을 합산한다고 했으므로 틀린 문장이다.

C-02. ⑤

해외사업장환산차이는 재분류 조정 대상이므로, 지분법 중단 시 당기손익으로 재분류한다.

① 관투는 자산으로 보기 때문에 음수가 될 수 없다.

② 피투자자의 순자산 변동 중 OCI는 투자자의 당기순손익(PL)이 아닌 **OCI(관계기업자본변동)**로 인식한다. 또한, 피투자자에게서 지급받은 배당은 투자자의 당기순손익이 아닌 관투의 감소로 인식한다.

③ 지분법을 중단하는 경우 FVPL 혹은 FVOCI 금융자산으로 분류하며, 공정가치로 평가한다. 이때, 공정가치 평가손익은 '계정이 무엇이든 상관없이' **PL**로 인식한다.

④ 내부거래가 손상차손의 증거를 제공하는 경우 상향거래라면 자신의 몫을 인식하지만, 하향거래라면 **모두** 인식한다.

C-03. ③

유의적인 영향력을 상실하지 않는 범위 내에서 관계기업에 대한 보유지분의 변동은 **손익**거래로 회계처리한다. 지배력을 상실하지 않는 범위 내에서 종속기업에 대한 보유지분의 변동은 자본거래로 회계처리하는 것과 다르니, 주의하자.

C-04. ④

다른 투자자가 해당 피투자자의 주식을 상당한 부분 또는 과반수 이상을 소유하고 있다고 하여도 기업이 피투자자에 대하여 유의적인 영향력을 보유하고 있다는 것을 **반드시 배제하는 것은 아니다.**

C-05. ④

지분법 적용 시에는 잠재적 의결권이나 잠재적 의결권이 포함된 파생상품이 있는 경우, 관계기업이나 공동기업에 대한 기업의 지분은 현재 소유하고 있는 소유지분에만 기초하여 산정하며, **잠재적 의결권과 그**

밖의 파생상품의 행사가능성이나 전환가능성은 반영하지 않는다.
실제로 지분법 회계처리를 적용할 때에는 현재 지분율만 고려하지, 잠재적 의결권 등은 반영하지 않는다는 뜻이다.

C-06. ③

구조화된 공동약정은 공동기업 또는 공동영업으로 분류한다. 법적 형식이 자산, 부채에 대한 권리 및 의무를 부여한다면 **공동영업**으로 분류한다.

C-07. ⑤

관계기업 투자가 공동기업 투자로 되거나 공동기업 투자가 관계기업 투자로 되는 경우, 기업은 **지분법을 계속 적용하며 잔여 보유 지분을 재측정하지 않는다.**

C-08. ②

관계기업 투자가 공동기업 투자로 되거나 공동기업 투자가 관계기업 투자로 되는 경우, 기업은 **지분법을 계속 적용하며 잔여 보유 지분을 재측정하지 않는다.**

C-09. ③

공동약정은 '둘 이상의' 당사자들이 공동지배력을 보유하는 약정으로, '모든' 당사자들이 공동지배력을 보유하는 것은 아니다. 모든 당사자들이 공동지배력을 보유하지 않아도 공동약정이 될 수 있다.

C-10. ①

C-11. ④

	사업결합 여부	회계처리 방법
(가)	O	연결
(나)	X	–
(다)	X	지분법
(라)	X	비례연결 또는 지분법

(가): ㈜한국의 지분율은 20%이지만 80%의 의결권을 위임받았으며, 정책을 결정하는 이사회 구성원 전원을 임명하였으므로 지배력을 행사할 수 있다. 따라서 사업결합에 해당한다.
(나): ㈜평지가 사업을 구성하지 않으므로 사업결합이 아니다.
(다): ㈜한국의 지분율이 30%이고, 특수관계가 없는 ㈜고속의 지분율이 40%이므로 지배력을 행사할 수 없다. 따라서 사업결합이 아니다. 유의적인 영향력(지분율 20% 이상)은 있다고 보는 것이 타당하며, 지분법을 적용한다.
(라): ㈜한국과 ㈜발전이 공동지배력을 행사하므로 공동약정에 해당한다. 따라서 공동영업이라면 비례연결(각자 자산, 부채, 손익 인식), 공동약정이라면 지분법을 적용한다.

김용재의 객관식 재무회계 빠른 정답표

1장 재고자산

	1	2	3	4	5	6	7	8	9	10	11	12	13	14	15
A	②	④	④	③	⑤	③	⑤	③	③	⑤	③	④	③	③	
B	③	①	⑤	④	②	⑤	②	④	①	②	⑤	④			
C	⑤	③	⑤	③	①	②	④	④							
D	④	⑤	⑤	③	①										
E	③	①	③	①	⑤	③	②								

2장 유형자산

	1	2	3	4	5	6	7	8	9	10	11	12	13	14	15
A	④	③	②												
B	③	④	⑤	④	②	④	②	①							
C	③	②	③	①	④	⑤	③	①	⑤	②	①	②			
D	④	①	④	②	③	③	④	①	④	③	①	②			
E	③	⑤	⑤	④	④	①	④	②	①	③					
F	②	④	④	④	③	⑤	①	②	⑤	⑤	③	④	①	③	⑤
G	④	②	②	④	④	⑤	①	③	③	⑤	⑤	④			
H	③	②	①	②	④	③	①	④	③	②	⑤				
I	③	②	④	④	④	④	④	②	④	④	④				
J	②	④	④	③	④	⑤	④	⑤	③	④	①	③			

3장 투자부동산

	1	2	3	4	5	6	7	8	9	10	11	12	13	14	15
A	⑤	①	④	②	②	②	②								
B	①	③	④	①	④	⑤	⑤	②	⑤						

4장 무형자산

	1	2	3	4	5	6	7	8	9	10	11	12	13	14	15
A	③	④	④	①	①	①	②	②	⑤	④	③	⑤	②	①	③
B	③	④	②	⑤	②	④	⑤	④							

5장 금융부채

	1	2	3	4	5	6	7	8	9	10	11	12	13	14	15
A	①	①	①	⑤	③	①	②	④	②	⑤	④	⑤			
B	③	④	②	②	②	①	④	②	④	③	②	③	②		

6장 금융자산

	1	2	3	4	5	6	7	8	9	10	11	12	13	14	15
A	⑤	①	③	②	①	⑤	③	④	③	④	③	②	⑤	②	
B	③	②	②	③	①	④	②								
C	③	④	①	⑤	②	⑤	①	⑤	①						
D	③	②	⑤	③	③	④	③	⑤							
E	⑤	①	③	③	⑤	⑤	④	①	④						

7장 복합금융상품

	1	2	3	4	5	6	7	8	9	10	11	12	13	14	15
A	①	⑤	②	③	⑤										
B	③	②	⑤	④	⑤	④	②	②	④	③					
C	④	⑤	⑤	③	⑤	②									
D	③	①	①	⑤	②	④	④	②	⑤	⑤					
E	④	⑤	③	④	⑤										

8장 리스

	1	2	3	4	5	6	7	8	9	10	11	12	13	14	15
A	⑤	⑤	③	②											
B	④	②	②	⑤	④	①	①	③	⑤	①	②	④			
C	④	③	③	③	⑤	①	③								
D	③	②	③	②	④										
E	①	⑤	③	①	②	⑤	②								

9장 충당부채

	1	2	3	4	5	6	7	8	9	10	11	12	13	14	15
A	④	①	④	⑤	⑤	①	①	③	③	②	④				
B	⑤	③	②	②	②	③									

10장 종업원급여

	1	2	3	4	5	6	7	8	9	10	11	12	13	14	15
A	⑤	①	④	②	④	⑤	③	⑤	②						
B	②	①	②	⑤	③	②	②	④	④	③	⑤				

11장 자본

	1	2	3	4	5	6	7	8	9	10	11	12	13	14	15
A	③	④	①	④	①	⑤	①	①	④						
B	④	④	⑤	④	⑤	①	②	④							
C	④	①	②	②	④	⑤	③	⑤	④						

12장 수익

	1	2	3	4	5	6	7	8	9	10	11	12	13	14	15
A	①	③	⑤	②	③	①	⑤								
B	⑤	⑤	②	⑤	③	⑤	③								
C	⑤	④	⑤	①	③	②	②	⑤	③						
D	①	④	④	①	⑤	①	⑤	③	④	③					

13장 주식기준보상

	1	2	3	4	5	6	7	8	9	10	11	12	13	14	15
A	③	③	①	⑤	①	⑤	②	③	②						
B	①	⑤	①	③	③	④	②	④							
C	①	③	⑤	④	②										
D	③	①	③	⑤	②	②									

14장 주당순이익

	1	2	3	4	5	6	7	8	9	10	11	12	13	14	15
A	⑤	②	③	③	④	②	⑤	③	④	④	①	④			
B	③	②	④	③	②	④	③	③	③	②	②				
C	③	②	④	①	①	③	②								

15장 회계변경 및 오류수정

	1	2	3	4	5	6	7	8	9	10	11	12	13	14	15
A	④	④	①	④	③	①	②	④							
B	①	②	④	①	②	②	②	④	③	①	④	④	②		
C	③	①	③	⑤											

16장 법인세회계

	1	2	3	4	5	6	7	8	9	10	11	12	13	14	15
A	③	②	②	④	③	④	②	④							
B	③	②	②	⑤	③	③									
C	②	⑤	⑤	⑤	⑤	③	①	①							

17장 현금흐름표

	1	2	3	4	5	6	7	8	9	10	11	12	13	14	15
A	①	②	②	①	①	③	④	①	②	②	②	③			
B	①	①	④	②	④										
C	③	③	②	①	②	①	③	①							
D	①	①	④	②	③	③	③	③	①	①	⑤	④			

18장 현금 및 수취채권

	1	2	3	4	5	6	7	8	9	10	11	12	13	14	15
A	①	⑤	②	②	①	⑤									

19장 재무제표 표시

	1	2	3	4	5	6	7	8	9	10	11	12	13	14	15
A	①	①	①	②	②	⑤	⑤	③							
B	②	⑤	④	①	④	②	①	④							

20장 개념체계

	1	2	3	4	5	6	7	8	9	10	11	12	13	14	15
A	⑤	①	④	⑤	③	①	④	⑤	②	③	⑤	③	⑤	②	
B	③	⑤	④	⑤	②	①	②	④	④	①	②	①	④	①	

21장 기타 재무보고

	1	2	3	4	5	6	7	8	9	10	11	12	13	14	15
A	⑤	⑤	⑤	①	⑤	①	②								
B	②	④	⑤	①	④	④									
C	④	③	④	③	②	④	③								
D	①	⑤	②	④	①	②	②	①	②						

1장 환율변동효과

	1	2	3	4	5	6	7	8	9	10	11	12	13	14	15
A	②	②	⑤	③	③	③	⑤								
B	④	⑤	③												
C	②	②	③	①	③	①	③	⑤							

2장 위험회피회계

	1	2	3	4	5	6	7	8	9	10	11	12	13	14	15
A	①	④	②	①	④	⑤	①	②	①	④					
B	④	①	③	④	⑤	④	⑤								
C	⑤	①	②	⑤	⑤										

3장 사업결합

	1	2	3	4	5	6	7	8	9	10	11	12	13	14	15
A	①	①	③	④	③	④	④								
B	④	③	④	③	③	⑤	①	⑤	①	④					
C	②	⑤	⑤	①	②	①									
D	④	①	⑤	②	⑤	①	⑤	②	②	④	③				

4장 연결회계

	1	2	3	4	5	6	7	8	9	10	11	12	13	14	15
A	①	②	④	⑤	②	④	②	②	③	②	④	①	③		
B	①	②	④	①	③	④	④	①	④	②					
C	④	⑤	②	④	④	③	⑤								

5장 연결회계 - 기타사항

	1	2	3	4	5	6	7	8	9	10	11	12	13	14	15
A	⑤	①	④	②	③	②	③	④							
B	④	④	③	③	⑤	⑤	⑤								
C	①	②	①	②	②	⑤	②	⑤	①	③					
D	③	③	①	③	③	③									

6장 지분법

	1	2	3	4	5	6	7	8	9	10	11	12	13	14	15
A	③	②	③	①	①	①	③	①	①	②	③	⑤	②		
B	②	③	④	④											
C	②	⑤	③	④	④	③	⑤	②	③	①	④				

객관식 재무회계 공식 요약

[1] 해병대 vs 정치인

해병대: 한 번 OO이면 영원히 OO	정치인: A↔B 전환 가능
최초에 비용으로 인식한 무형항목에 대한 지출: 이후에 자산으로 인식 X	내용연수가 비한정인 무형자산: 비한정이라는 가정이 더이상 적절하지 않다면 상각
FVOCI 금융자산(지분상품), FVPL 금융부채 : 지정 시 취소 불가	충당부채↔우발부채
거래가격의 후속 변동: 계약 개시시점의 개별 판매가격을 기준으로 배분	우발자산↔자산 or 주석 공시 X
이자와 배당금의 수취 및 지급에 따른 현금흐름 분류: 매기간 일관성 있게 적용	이연법인세자산: 자산성 검토에 따라 유무

[2] 손익 = 기말 − 기초

1. 감가상각대상 자산의 NI(처분손익 − 감가상각비) = 처분가액 − 기초 BV
2. 원가모형 적용 유형자산의 총비용(감가상각비 + 손상차손) = 기초 BV − 기말 회수가능액
3. 재평가모형 적용 유형자산의 CI = 기말 FV − 기초 FV
4. 금융부채의 기중 상환 시 NI(상환손익 − 이자비용) = 기초 BV − 상환가액
5. 금융부채의 기중 '일부' 상환 시 NI(상환손익 − 이자비용)
   = 기초 BV − 상환가액 − 액면이자 지급액 − 기말 BV
6. 금융자산의 기중 처분 시 NI(처분손익 + 이자수익) = 처분가액 − 기초 AC
7. FVOCI 금융자산의 CI = FVPL 금융자산의 NI = 기말 FV − 기초 FV + 액면이자
8. 확정급여제도의 CI = 기초 순부채 − 기말 순부채 − 사외적립자산 출연액

[3] △자본 = CF + 부채 감소액

1. CB 전환 시 자본 증가액 = 전환일의 사채 BV(할증금 포함) × 전환율
2. BW 행사 시 자본 증가액 = 행사가 + 행사일의 할증금 BV × 행사율
3. 자본거래 시 자본에 미치는 영향 = 현금 순유입액 + CI
4. 주식선택권 행사 시 자본 증가액 = 행사가